Franz Hauner
Licht, Luft, Sonne, Hygiene

**Studien
zur
Zeitgeschichte**

Herausgegeben
vom
Institut für Zeitgeschichte

Band 93

Franz Hauner

Licht, Luft, Sonne, Hygiene

Architektur und Moderne
in Bayern
zur Zeit der Weimarer Republik

DE GRUYTER
OLDENBOURG

Inaugural-Dissertation zur Erlangung des Doktorgrades der Philosophie
an der Ludwig-Maximilians-Universität München, leicht überarbeitete Fassung

ISBN: 978-3-11-077742-0
e-ISBN (PDF): 978-3-11-063670-3
e-ISBN (EPUB): 978-3-11-063574-4

Library of Congress Control Number: 2019952851

Bibliografische Information der Deutschen Nationalbibliothek
Die Deutsche Nationalbibliothek verzeichnet diese Publikation in der Deutschen National-bibliografie; detaillierte bibliografische Daten sind im Internet über https://portal.dnb.de abrufbar.

© 2021 Walter de Gruyter GmbH, Berlin/Boston
Dieser Band ist text- und seitenidentisch mit der 2020 erschienenen gebundenen Ausgabe.

Titelbild: Ledigenheim in München, von Theodor Fischer, im Hintergrund die Auferste-hungskirche von German Bestelmeyer, um 1930; Foto: Anton Zahner, ©Franz Hauner

Einbandgestaltung: hauser lacour
Satz: Typodata GmbH
Druck und Bindung: CPI books GmbH, Leck

www.degruyter.com

Inhalt

Einleitung 1

I. Politische, wirtschaftliche und soziale Rahmenbedingungen 25
   1. Bayern und das Reich 26
   2. Kommunalpolitische Entwicklungen 1918-1933 35
   3. Allgemeine wirtschaftliche und soziale Lage 45

II. Architektur in der Weimarer Republik 51
   1. Bauhaus – Neue Sachlichkeit – Neues Bauen – Heimatschutz ... 51
   2. Architektenszene der zwanziger Jahre 56
   3. Einfluss staatlicher und kommunaler Stellen auf die architektonische Gestaltung 61
   4. Kunststadt – Provinzstadt 66

III. „Bauten der Gemeinschaft" 73
   1. Kirchenbau 73
     1.1. Die Kirchen in Politik und Gesellschaft 76
     1.2. Tendenzen im Sakralbau 83
     1.3. Katholische Kirche und Neues Bauen 91
     Kirchenbauprogramm in München (95) – Kirchliche Bauprojekte von Albert Boßlet in Würzburg (103) – Kirchenbau von Michael Kurz in Augsburg (114)
     1.4. Protestantische Kirche und Neues Bauen 119
     Evangelische Kirchen von German Bestelmeyer in Nürnberg (121) – Die evangelische Auferstehungskirche in München (128)
   2. Krankenhausbau 131
     2.1. Wandel des Gesundheitswesens und Aufstieg der Hygiene ... 134
     2.2. Grundlagen für den modernen Klinikbau im Freistaat 138
     Innovativer Krankenhausbau von Richard Schachner in München (145) – Die Frauenklinik als Ergänzung der Nürnberger Krankenanstalten (165) – Neubau der Universitätsklinik Würzburg (176) – Augsburg – die Vision eines modernen Zentralklinikums (187)
   3. Sportstätten 195
     3.1. Die Bedeutung von Sport zur Zeit der Weimarer Republik .. 195
     3.2. Vom Flussbad zum Hallen- und Volksbad 200
     3.3. Stadionbau 206
     3.4. „Sportliches Bayern" 211
     Sporthochburg Nürnberg (215) – Münchner Sportstätten (225) – Wunsch und Planung in Augsburg und Würzburg (248)

IV. Wohnbauten und Siedlungen	261
1. Die neue Wohnung – neue Wohnkultur	270
2. Wohnbauten und Siedlungen in München	273
3. Nürnberger Wohnungsbauprojekte	301
4. Moderner Wohnungsbau in Augsburg	314
5. Wohnungsbau und Musterhäuser in Würzburg	331
V. „Bauten der Arbeit"	353
1. Der moderne Zweckbau	354
1.1. Die bayerische Postbauschule und ihre Postämter	356
1.2. Der Nürnberger Milchhof	368
2. Das Hochhaus der zwanziger Jahre	376
2.1. Das Technische Rathaus – ein Hochhaus in München	379
2.2. Das Hochhaus in Würzburg	388
VI. Zusammenfassung	395
VII. Anhang	402
1. Abbildungen	403
2. Bildnachweis	451
3. Abkürzungen	453
4. Quellen und Literatur	457
5. Danksagung	485
6. Personenregister	487

*„Gute Architektur muß das Leben der Zeit widerspiegeln.
Und das erfordert intime Kenntnis der biologischen,
sozialen, technischen und künstlerischen Fragen."*[1]

Einleitung

Die Erfahrung von Krieg und Entbehrung ließ nach dem Ersten Weltkrieg nicht nur den Ruf nach einem politischen Wandel laut werden. Neben dem Transformationsprozess von der Monarchie zur Demokratie wurden vielfach auch die Lösung von den strikten Normen des Kaiserreiches und ein Neuanfang in Kunst und Kultur gefordert.[2] „Licht, Luft, Sonne, Hygiene"[3] avancierten in der Weimarer Zeit zu allgegenwärtigen architektonischen und städtebaulichen Schlagworten. Im Zentrum der bisherigen Forschung zu diesem Thema steht der Wohnungsbau, da Wohnungsnot und soziale Misere die Nationalversammlung veranlasst hatten, das Anrecht auf gesundes Wohnen in § 155 der Weimarer Verfassung zu verankern. Die Aufmerksamkeit konzentriert sich dabei auf Zentren des Neuen Bauens, wie Stuttgart mit der Weißenhofsiedlung, Frankfurt mit Ernst Mays Siedlungen des „Neuen Frankfurt"[4] oder die Siedlungen des „Neuen Berlin"[5], die mit den Namen Walter Gropius und Bruno Taut verbunden sind.

Bandbreite, Ausmaß und Intensität der Auseinandersetzung um das Neue Bauen sind noch wenig erforscht.[6] Welchen Raum das Neue Bauen in den einzelnen Regionen und Ländern des Deutschen Reiches einnahm, ist kaum bekannt. Eine regionalhistorische Untersuchung, die unterschiedliche Städte eines Landes und die Thematik „Architektur und Moderne" zur Zeit der Weimarer Republik einer näheren Betrachtung unterwirft und Architektur als gegenständliche Quelle begreift, stellt bisher für Bayern ein Forschungsdesiderat dar. Dies gilt umso mehr,

---

[1] Gropius, Walter: Architektur. Wege zu einer optischen Kultur. Frankfurt a. M./Hamburg 1956, S. 14.

[2] So auch Pevsner: „Es war die Lösung einer Aufgabe, die die Zeit selber gestellt hat, und der Stil, den sie geschaffen haben, entspricht den sozialen und technischen Gegebenheiten des heraufkommenden Jahrhunderts." Pevsner, Nikolaus: Europäische Architektur von den Anfängen bis zur Gegenwart. München 1973, S. 457.

[3] Preis, Karl Sebastian: Die Beseitigung der Wohnungsnot in München. Denkschrift und Anträge des städt. Wohnungsreferenten vom 24. Dezember 1927. München 1928, S. 89. Zeitgenössische Quellen beschränken sich meistens auf den Dreisatz „Licht, Luft und Sonne". Fragen der Hygiene spielen in Debatten aber eine wichtige Rolle; vgl. May, Nicola: „Hurra ... wir treiben Sport!" Leibesertüchtigung auf der Bühne der 20er Jahre. In: Genge, Gabriele (Hg.): 1926-2004. GeSoLei. Kunst, Sport und Körper. Bd. 2. Methoden und Perspektiven. Düsseldorf 2004, S. 34.

[4] Zur Popularität des „Neuen Frankfurt" mag die Zeitschrift *Das Neue Frankfurt* beigetragen haben, die wegweisende Ideen der Protagonisten aus dem Stadtbauamt unter Ernst May öffentlichkeitswirksam präsentierte; vgl. Höpfner, Rosemarie (Hg.): Ernst May und das neue Frankfurt. 1925-1930. Berlin 1986.

[5] Der Berliner Stadtbaurat Martin Wagner gab mit Adolf Behne als Redakteur ebenfalls eine eigene Monatszeitschrift *Das Neue Berlin. Monatshefte für Probleme der Großstadt* heraus; Das Neue Berlin (Anzeige). In: DBZ, Nr. 23, 20. März 1929, S. 2.

[6] Nur wenige Arbeiten befassen sich mit dieser Thematik. Bis heute grundlegend: Miller Lane, Barbara: Architektur und Politik in Deutschland 1918-1945. Braunschweig/Wiesbaden 1986, S. 94-160.

als die Adaption der Moderne in Bayern gegenüber der Avantgarde eigene Akzente setzte, weshalb Gebäude aus dieser Epoche nicht immer auf den ersten Blick dem Neuen Bauen zuzuordnen sind.[7] Vielleicht ist auch deshalb der Umgang mit dem baukünstlerischen Erbe der zwanziger Jahre bis heute schwierig und verengt sich oft auf die Frage Erhalt oder Abriss.[8] Die vorliegende Arbeit stellt das Baugeschehen dieser Zeit in einen größeren Kontext und bereichert dadurch die gängigen Interpretationsmuster um neue Aspekte.

Zunächst hatte es nicht danach ausgesehen, dass die erste Deutsche Republik aufgrund ihrer Krisenanfälligkeit zu herausragenden künstlerischen Leistungen in der Lage sein würde. Die Abfolge von Krisen und allgemeiner Verunsicherung dürften aber die eigentliche Voraussetzung dafür gewesen sein, dass sich in der Weimarer Republik die Kreativität der „klassischen Moderne" entfalten konnte.[9] Walter Gropius konstatierte 1934 rückblickend: „Es kam der Krieg und mit seinem Ende entfaltete sich die neue Baubewegung gleichzeitig an verschiedenen Zentren. Am organischsten und stetig sich fortentwickelnd war die Bewegung in Deutschland [...]."[10]

Weimars Anfänge lagen in der Revolution von 1918 begründet, ausgelöst durch den Schock der Kriegsniederlage des deutschen Kaiserreiches. Viele hatten sich nach dem Diktatfrieden von Brest-Litowsk 1917 in trügerischer Sicherheit darauf verlassen, dass der Sieg im Westen folgen werde.[11] Die mangelnde Reformbereitschaft des politischen Systems, in dem sich Vertreter der Mehrheitsparteien (SPD, Zentrum und Teile der Liberalen) und Verteidiger des politischen Status quo gegenüberstanden, schränkte die Handlungsfähigkeit der Reichsregierung derart ein, dass erst mit dem Parlamentarisierungserlass Wilhelms II. vom 30. September 1918

[7] Vgl. Schmidt, Alexander: Kultur in Nürnberg 1918-1933. Die Weimarer Moderne in der Provinz. Nürnberg 2005, S. 217-220; Krämer, Steffen: Das Münchner Wohnungsbauprogramm von 1928-1930. In: Billeter, Felix/Günther, Antje/Krämer, Steffen (Hg.): Münchner Moderne. Kunst und Architektur der zwanziger Jahre. München/Berlin 2002, S. 77; Wolf, Barbara: Wohnarchitektur in Augsburg. Kommunale Bauten der Weimarer Republik. Augsburg 2000, S. 12.
[8] Beispiele aus jüngerer Zeit sind Debatten um den Erhalt des Schwabinger Krankenhauses und der Dermatologischen Klinik in München, die Sanierung des Hochhauses an der Augustinerstraße in Würzburg sowie der Abriss des Alten Krankenhauses in Schweinfurt; vgl. Sanierung der städtischen Kliniken. In: SZ, Nr. 30, 6. Februar 2014, S. R2. Zum allgemeinen Umgang mit der Architektur der Moderne in der Gegenwart s.: Weissmüller, Laura: Das verdrängte Stilgewissen. In: SZ, Nr. 58, 11. März 2014, S. 11; Schmuck, Suse: Das Hochhaus Augustinerstraße 9. Würzburg 2007, S. 6; dies.: Das Alte Krankenhaus. Würzburg 2011, S. 6.
[9] Feulner, Adolf: Neue Werkkunst. O. O. Kurz und E. Herbert. Berlin/Leipzig/Wien 1927, S. IX; Pfankuch, Peter/Schneider Martina: Von der futuristischen zur funktionellen Stadt – Planen und Bauen in Europa 1913-1933. In: Waetzoldt, Stephan/Haas, Verena (Gesamtredaktion): Tendenzen der Zwanziger Jahre. 15. Europäische Kunstausstellung. Berlin 1977, S. 2/1.
[10] Gropius: Architektur, S. 58. Gropius verweist dazu auf seinen Artikel *The Formal and Technical Problems of Modern Architecture and Planning* im *Journal of the Royal Institute of British Architects* vom 19. Mai 1934.
[11] Siehe Hobsbawm, Eric: Das Zeitalter der Extreme. Weltgeschichte des 20. Jahrhunderts. München 2007, S. 46; Wehler, Hans-Ulrich: Deutsche Gesellschaftsgeschichte. Bd. 4. Vom Beginn des Ersten Weltkriegs bis zur Gründung der beiden deutschen Staaten 1914-1949. München 2003, S. 148-160, 174-188.

die längst überfälligen Reformen eingeleitet werden konnten.[12] Die Niederlage des Heeres war zu diesem Zeitpunkt nicht mehr zu leugnen.[13] Das Inkrafttreten der sogenannten Oktoberreform am 28. Oktober 1918 wurde überschattet von der politischen Debatte um den Notenaustausch zwischen dem Deutschen Reich und den Alliierten zur Vorbereitung eines Waffenstillstands. In dieser Situation verschmolzen außen- und innenpolitische Forderungen nach Frieden und Abdankung des Kaisers miteinander. Das von der Obersten Heeresleitung (OHL) veranlasste Waffenstillstandsgesuch kam einer Bankrotterklärung gleich, welche das überkommene Kaiserreich gründlich diskreditierte.[14] Die Reise des Kaisers nach Spa und das eigenmächtige Handeln der Marineleitung demonstrierten in aller Deutlichkeit, dass weder der Monarch noch das Militär willens waren, sich den neuen Gegebenheiten anzupassen.[15] Schon kurz nach der Meuterei der Matrosen der kaiserlichen Marine in Kiel sprang der Funke der Revolution auf das ganze Reich über. In Berlin wurde am 9. November die Republik ausgerufen.[16] Angesichts der veränderten Verhältnisse fühlten sich viele Menschen verunsichert. Orientierungslosigkeit und Identitätsverlust führten mitunter zu einer extremen Polarisierung der Öffentlichkeit.[17]

Der Neubeginn für Deutschland unter demokratischen Vorzeichen war durch eine Fülle von Problemen belastet – Umstellung von Kriegs- auf Friedenswirtschaft, Demobilisierung, hohe Arbeitslosigkeit, Reparationszahlungen, steigende Inflationsrate, schlechte Versorgungslage und katastrophale Wohnverhältnisse.[18]

---

[12] Vgl. Büttner, Ursula: Weimar. Die überforderte Republik 1918-1933. Leistung und Versagen in Staat, Gesellschaft, Wirtschaft und Kultur. Bonn 2010, S. 27-31; Kolb, Eberhard: Die Weimarer Republik. München 2009, S. 2f.; Wehler: Deutsche Gesellschaftsgeschichte. Bd. 4, S. 161-178. Ebert vertrat in diesem Zusammenhang die Auffassung, die Demokratisierung sei für Volk und Reich zur Lebensnotwendigkeit geworden; vgl. Möller, Horst: Weimar. Die unvollendete Demokratie. München 1985, S. 14f.

[13] Wehler: Deutsche Gesellschaftsgeschichte. Bd. 4, S. 160-174.

[14] Büttner, U.: Weimar. Die überforderte Republik, S. 31-33; Grau, Bernhard: Kurt Eisner. 1867-1919. Eine Biographie. München 2001, S. 344-347; Kolb: Weimarer Republik, S. 4f.; Wehler: Deutsche Gesellschaftsgeschichte. Bd. 4, S. 179-189.

[15] Büttner, U.: Weimar. Die überforderte Republik, S. 32-34. Kolb spricht von einer „Flucht" des letzten Hohenzollernkaisers; vgl. Kolb: Weimarer Republik, S. 5. Sehr treffend auch die Anmerkung Max Webers, dass „der Kaiser ‚durch Desertieren aus der Hauptstadt und Spielen mit dem Staatsstreich die Revolution geradezu provoziert'"; vgl. Wehler: Deutsche Gesellschaftsgeschichte. Bd. 4, S. 167, 179-189.

[16] Büttner, U.: Weimar. Die überforderte Republik, S. 33; Wehler: Deutsche Gesellschaftsgeschichte. Bd. 4, S. 188, 192.

[17] Büttner, U.: Weimar. Die überforderte Republik, S. 65-104; Kolb: Weimarer Republik, S. 76-79; Möller, Horst: Die Weimarer Republik. Eine unvollendete Demokratie. München 2006, S. 99, 106-110; Peukert, Detlev J. K.: Die Weimarer Republik. Krisenjahre der klassischen Moderne. Frankfurt a. M. 1987, S. 205-209; Wehler: Deutsche Gesellschaftsgeschichte. Bd. 4, S. 353-360.

[18] Blaich, Fritz: Der Schwarze Freitag. Inflation und Weltwirtschaftskrise. München 1985, S. 38f.; Rudloff, Wilfried: Die Wohlfahrtsstadt. Kommunale Ernährungs-, Fürsorge- und Wohnungspolitik am Beispiel Münchens 1910-1933. Bd. 1. Göttingen 1998, S. 393-407; Götschmann, Dirk: Wirtschaftsgeschichte Bayerns. 19. und 20. Jahrhundert. Regensburg 2010, S. 274-278; Gut, Albert: Der Wohnungsbau in Deutschland nach dem Weltkriege. Seine Entwicklung unter der unmittelbaren und mittelbaren Förderung durch die deutschen Gemeindeverwaltungen. München 1928, S. 159.

Soziale Lage und „Neue Zeit" konfrontierten die Kommunen mit Problemen und Aufgaben des gemeinnützigen Wohnungsbaus, der Wohlfahrtspflege und sozialen Fürsorge, des Arbeitslebens sowie der Freizeitgestaltung.[19] Im Bestreben, die Lebensverhältnisse der Bevölkerung zu verbessern, kam es in den zwanziger Jahren in den Städten zu einer Welle von Neuerungen. Die Umsetzung der in den vergangenen Jahrzehnten gewonnenen Erkenntnisse in der Politik und besonders auf sozialem Gebiet wirkte sich auf alle Bereiche des täglichen Lebens aus.[20] Eine Abkehr vom Historismus hatte sich um die Jahrhundertwende mit einer Reduzierung des ornamentalen Gebäudeschmucks und dem Aufkommen der Stahlbetonbauweise angebahnt. Die „Neue Zeit" kennzeichneten Urbanität, neueste Technologien, neue Formensprache, Funktionalität, Normierung und Typisierung wie auch sozialreformerische Bestrebungen im Bereich der Wohnungshygiene.[21] Erkenntnisse auf dem Gebiet der Hygiene revolutionierten nicht nur den Krankenhausbau, sondern wurden nach dem Krieg in vielen Bereichen in Bezug auf „Volksgesundheit" und „Volkserziehung" umgesetzt.[22] Unter dem Aspekt der Volksgesundheit setzte man auf weitgehende Prävention durch Hygiene und Sport.[23]

Die Forderung der Bauhaus-Architekten nach einer besseren Versorgung der Gebäude mit Licht und Frischluft[24] beeinflusste zusammen mit der Hygienedebatte ganze Siedlungs- und Baukonzepte und brachte für Städtebau und urbanes Leben nachhaltige Veränderungen.[25] Da das politische und soziale Spannungsfeld

---

[19] Mulert, Oskar: Zum Geleit. In: Gut: Wohnungsbau in Deutschland, S. 11; Miller Lane: Architektur und Politik, S. 94-122.
[20] Rudloff: Die Wohlfahrtsstadt. Bd. 1, S. 330-407.
[21] Steidle, Sabine: Kinoarchitektur als Chiffre für großstädtisches Leben und Modernität. In: Clemens, Gabriele B./El Gammal, Jean/Lüsebrink, Hans-Jürgen (Hg.): Städtischer Raum im Wandel. Modernität – Mobilität – Repräsentationen. Espaces urbains en mutation. Modernités – mobilités – représentations. Berlin 2011, S. 285; Hellweg, Werner: Die Einflussnahme der Gemeinden auf die Planung und Ausführung der Bauten in schönheitlicher Beziehung. In: Gut: Wohnungsbau in Deutschland, S. 144.
[22] Peukert: Die Weimarer Republik. Krisenjahre der klassischen Moderne, S. 105. Zur Entwicklung des Badewesens seit Anfang des 19. Jahrhunderts s.: Sarasin, Philipp: Reizbare Maschinen. Eine Geschichte des Körpers 1765-1914. Frankfurt a. M. 2001, S. 301-309; Krebs, Walter: Die Hygiene des Badens. In: Gärtner, A[ugust] (Hg.): Weyl's Handbuch der Hygiene. Bd. 5/3. Leipzig 1918, S. 483-496; Schultze, Rud.: Das deutsche Badewesen der Gegenwart, In: Gärtner: Handbuch der Hygiene. Bd. 5/3, S. 499-631. Aufschluss über die Veränderungen im Krankenhausbau gibt: Ruppel, F[riedrich]: Der allgemeine Krankenhausbau der Neuzeit – seine Planung, Ausführung und Einrichtung nach hygienisch-technischen Grundsätzen. In: Gärtner, A[ugust] (Hg.): Weyl's Handbuch der Hygiene. Bd. 5/2. Leipzig, S. 197-475. Zahlreiche Ausstellungen der Weimarer Zeit bemühten sich, der Bevölkerung den Hygiene-Gedanken nahezubringen: vgl. Duden, Barbara: „Körper" der Moderne. Rückblicke auf das 20. Jahrhundert von der Historikerin des erlebten Frauenkörpers. In: Genge: GeSoLei. Kunst, Sport und Körper. Bd. 2, S. 50.
[23] In ihrem Aufsatz verweist Nicola May auf die staatliche Förderung von Leibeserziehung und Vereinssport in der Weimarer Republik; vgl. May: „Hurra ... wir treiben Sport!", S. 34.
[24] Gropius, Walter: Die neue Architektur und das Bauhaus. Grundzüge und Entwicklung einer Konzeption. Mainz 1965, S. 65-74.
[25] Hellweg: Die Einflussnahme der Gemeinden auf die Planung und Ausführung der Bauten, S. 141; Kurz, O. O.: Das ideale Heim von heute. In: ders.: Die kleine Wohnung in Halle 1 der Ausstellung Heim und Technik München 1928. 21 Wohnungen in Grundrissen, Vogelschaubildern u. Erläuterungen. München 1928, S. 3-21.

nicht unwesentlich die Entwicklung von Kunst und Kultur in der Weimarer Republik bestimmte, wurde Barbara Miller Lane zufolge das Neue Bauen „[u]m 1930 [...] für große Teile der Öffentlichkeit zum Symbol der politischen, sozialen und kulturellen Veränderungen der Weimarer Republik"[26]. Während das Bauhaus den Bruch mit allen künstlerischen Konventionen propagierte und Berlin sich neben Nord- und Südwestdeutschland als Zentrum der linken, freidenkenden Avantgarde etablierte, orientierten sich konservative Künstler an überkommenen Konzepten. Konservative Kreise lehnten überwiegend moderne, fortschrittliche Errungenschaften ab und diffamierten progressive Entwicklungen in Kunst und Architektur als „undeutsch" und unvereinbar mit der Tradition.[27]

Im Gegensatz zu nord- und südwestdeutschen Städten, die den Fortschritt verkörperten, indem sie mit wegweisenden Bauprojekten den Aufbruch in eine neue Zeit propagierten, galt Bayern gemessen an den Normen des Neuen Bauens und des Bauhauses als konservativ, rückständig und seinen historisch gewachsenen Stadtbildern verpflichtet. Landschaft und Städte Bayerns prägt bis heute die jahrhundertelange Bautätigkeit der katholischen Kirche und der bayerischen Herrscher. Fürsten und Könige des Hauses Wittelsbach sowie Fürstbischöfe der geistlichen Territorien vor 1806 betätigten sich vielfach als Mäzene und förderten Kunst und Kultur nach Kräften. Nicht zuletzt seit den Rekatholisierungsmaßnahmen unter Kurfürst Maximilian I. beeinflusste diese Symbiose das tägliche Leben der bayerischen Bevölkerung nachhaltig.[28] Barocke Kirchen und Schlösser, klassizistische Bauten Ludwigs I. und der Historismus der Prinzregentenzeit spiegeln ein reiches Kulturleben wider. Schwerpunkt dieser Entwicklung war naturgemäß Altbayern, insbesondere die Haupt- und Residenzstadt München. Andere Städte, wie Augsburg, Nürnberg oder Würzburg, die durch Säkularisierung und Mediatisierung der napoleonischen Ära zu Bayern kamen, hatten durch ihre Vergangenheit als freie Reichsstadt oder fürstbischöfliche Residenz jeweils ihre eigene baukünstlerische Prägung[29], zu der auch konfessionelle Unterschiede zwischen alt- und neubayerischen Territorien mit beigetragen hatten.

---

[26] Miller Lane: Architektur und Politik, S. 20.
[27] Vgl. Schultze-Naumburg, Paul: Kunst und Rasse. München 1928, S. 108-119; Straub, Karl Willy: Die Architektur im Dritten Reich. Stuttgart 1932.
[28] Kraus, Andreas: Maximilian I. Bayerns großer Kurfürst. Graz u. a. 1990, S. 322-324; Albrecht, Dieter: Das konfessionelle Zeitalter. Die Herzöge Wilhelm V. und Maximilian I. In: Spindler, Max (Hg.): Handbuch der bayerischen Geschichte. Bd 2. Das alte Bayern. Der Territorialstaat vom Ausgang des 12. Jahrhunderts bis zum Ausgang des 18. Jahrhunderts. München 1988, S. 406-457; Dehio, Georg (Hg.): Handbuch der Deutschen Kunstdenkmäler. Bayern. Bd. 4. München und Oberbayern. München/Berlin 1990, S. 664f.
[29] Leo von Klenze und Friedrich von Gärtner schufen in der Landeshauptstadt München unter der Regentschaft von Ludwig I. (1825-1848) die Prachtbauten des „Isar-Athen" am Königsplatz und in der Ludwigstraße. Max II. (1848-1864) fügte dem Stadtbild mit Maximilianstraße und Maximilianeum weitere städtebauliche Akzente hinzu. Zum historischen Stadtkern Augsburgs gehören neben Dom und St. Ulrichskirche auch das weltberühmte renaissancezeitliche Neue Rathaus von Elias Holl. Nürnberg prägt die gotische Altstadt unterhalb der Burg mit St. Lorenz und St. Sebald. Würzburgs Stadtbild hat neben dem romanischen Dom mit den fürstbischöflichen Bauten Julius Echters sowie Balthasar Neumanns Residenz mehr ein barockes baukünstlerisches Erbe aufzuweisen; Dehio: Deutsche Kunstdenkmäler. Bayern. Bd. 4, S. 669-674; ders.: Handbuch der Deut-

Nach der Proklamation des Freistaats Bayern und dem Übergang zur Demokratie drohte dieser gewachsenen Tradition ein rapider Bedeutungsverlust, da nicht nur das Ancien Regime, sondern auch das alte System des Mäzenatentums zerbrach.[30] „Die bayerische Bevölkerung, in der das ländliche Element vorwiegend sei, hänge an ihren geschichtlichen Rechten und Traditionen"[31], urteilte Eugenio Pacelli, der damalige päpstliche Nuntius in München, 1921. Zehn Jahre später konstatierte der Kunstkritiker Hans Eckstein nüchtern: „Ein neues München in dem Sinne, wie von einem neuen Frankfurt, einem neuen Berlin, einem neuen Stuttgart gesprochen werden darf, gibt es nicht."[32] Vertreter der Avantgarde blieben in Bayern in der Minderheit, die Mehrheit der Architekten suchte den Mittelweg zwischen alten Beharrungskräften und ungestümer Modernisierung.[33] In diesem Spannungsfeld zwischen den beiden Polen von Avantgarde und konservativ-reaktionärer Ablehnung bewegte sich das Neue Bauen. Ein schroffer Gegensatz „[...] zwischen der optimistischen Zeichnung kultureller Avantgardeleistungen und der pessimistischen Vision politischer und sozialer Misere"[34] ist kennzeichnend für die gesamte Epoche der Weimarer Republik.

Ansatz und Fragestellungen

Eine Untersuchung ausschließlich unter dem kunsthistorischen Blickwinkel wird den komplexen Hintergründen von Bauprojekten bei weitem nicht gerecht. Die vorliegende Arbeit bezieht Gemeinsamkeiten zwischen den Stilströmungen (Bauhaus, Neue Sachlichkeit, Neues Bauen, Heimatschutz), die Architektenszene, politische, wirtschaftliche und soziale Rahmenbedingungen, kommunalpolitische Entwicklungen sowie das Verhältnis zwischen Bayern und Reich mit ein. Der Aspekt der Moderne ermöglicht eine Annäherung an Bauwerke aus verschiedenen Perspektiven. Die Betrachtung unterschiedlicher Gebäudetypen in ausgewählten

---

schen Kunstdenkmäler. Bayern. Bd. 3. Schwaben. München/Berlin 1989, S. 40–42; Schindler, Herbert: Große Bayerische Kunstgeschichte. Bd. 2. Neuzeit. München 1976, S. 103–107; Dehio, Georg: Handbuch der Deutschen Kunstdenkmäler. Bayern Bd. 1. Franken. [München/Berlin] 1979, S. 543–545, 900–905.

[30] Peters, Paulhans: Architektur nach 1918. In: Petzet, Michael (Hg.): Bayern – Kunst und Kultur. München 1972, S. 176.

[31] Indirekte Wiedergabe einer Äußerung Eugenio Pacellis in einem Interview mit der französischen Zeitung *Le Matin*, zur allgemeinen politischen Situation im *Würzburger General-Anzeiger*; zit. nach: Pacelli über den „bayerischen Monarchismus". In: WGA, Nr. 222, 27. September 1921, S. 1.

[32] Eckstein, Hans: Die Kunststadt München und das Neue Bauen. In: Kunst und Künstler. Illustrierte Monatsschrift für bildende Kunst und Kunstgewerbe, Nr. 9, September 1931, S. 346.

[33] Diese Einschätzung der Moderne wird auch von der Forschung gestützt; nach Peukert lief der Modernisierungsprozess im Deutschland der zwanziger Jahre „brutaler, unverblümter" ab als in anderen Ländern; vgl. dazu Peukert: Die Weimarer Republik. Krisenjahre der klassischen Moderne, S. 271. Zur Zurückhaltung Bayerns gegenüber dem Neuen Bauen s.: Büttner, Frank: Die Kunst. In: Spindler, Max (Hg.): Handbuch der bayerischen Geschichte. Bd. 4/2. Das Neue Bayern. Von 1800 bis zur Gegenwart. Die innere und kulturelle Entwicklung. München 2007, S. 664–667.

[34] Peukert: Weimarer Republik. Krisenjahre der klassischen Moderne, S. 11.

Städten in einem allgemein als eher konservativ geltenden Land wie Bayern, in dem das Neue Bauen scheinbar mit Skepsis aufgenommen wurde[35], könnte den Blick wieder mehr darauf lenken, was die Gesellschaft einer „Neuen Zeit" unter moderner Architektur verstand[36] und welcher Stellenwert dem Neuen Bauen beigemessen wurde. Die Moderne erschöpfte sich nicht in formalarchitektonischen Grundsätzen. Konzeption, Grundrisse und Innenausstattung der Häuser etwa erweisen sich oft fortschrittlicher, als ihre Fassaden vermuten lassen.[37]

Entlang dieser Linien versucht die Arbeit aufzuzeigen, dass in Bayern wie im Deutschen Reich nach der Barbarei des Krieges verstärkt auf die alten Werte der deutschen Kulturnation gesetzt und der Architektur die Rolle zugedacht wurde, Deutschland wieder international Bedeutung zu verschaffen.[38] Die Beschränkungen des Versailler Vertrages schlossen ein militärisches Kräftemessen aus und die politische Bewegungsfreiheit war zunächst stark eingeschränkt. Auf wirtschaftlichem, technischem und gesundheitlichem Gebiet sowie in Kunst und Kultur bot sich ein Weg zum „Wiederaufstieg"[39]. Zur Repräsentation der neuen demokratischen Verhältnisse schien es erforderlich, im internationalen Wettbewerb einen Baustil „Made in Germany" zu kreieren, dessen radikalste Variante das Bauhaus darstellen dürfte.[40] Bayern reklamierte dabei eine herausragende Stellung für sich

---

[35] Vgl. Büttner, F.: Die Kunst, S. 664–667: „In Bayern allerdings hatten die Vertreter der Moderne einen schweren Stand." Büttner bezieht sich auf Charakteristika des Neuen Bauens, wie kubische Baukörper oder Flachdach, die in Bayern am deutlichsten an den Bauten der Münchner Postbauschule zutage treten.

[36] Müller-Wulckow erklärte, dass jede Generation die ihrer Zeit entsprechende Lebensform anstrebe, aber „die Diskussion über einzelne Symptome, z. B. Kino, Jazz, Flaches Dach, den Blick ablenkt vom Wesentlichen, gemeinsam Bedingenden"; Müller-Wulckow, Walter: Deutsche Baukunst der Gegenwart. Wohnbauten und Siedlungen. Königstein im Taunus/Leipzig 1929, S. 5; Miller Lane: Architektur und Politik, S. 129 f.

[37] Blümm, Anke: „Entartete Baukunst"? Zum Umgang mit dem Neuen Bauen 1933–1945. München 2013, S. 23.

[38] Barabara Miller Lane verweist auf die 1918 gehaltene Rede Kurt Eisners *Der sozialistische Staat und der Künstler* mit einer ähnlichen Zielsetzung; Miller Lane: Architektur und Politik, S. 52 f., 208. Karl Alexander von Müller drückte es so aus: „[...] der Kampf um unsere Stellung in der Welt ist uns geblieben"; Berg, Matthias: Ein zweifacher Aufbruch? Die Bayerische Akademie der Wissenschaften nach 1914 und 1918. In: Eckart, Wolfgang/Godel, Rainer (Hg.): „Krieg der Gelehrten" und die Welt der Akademien 1914–1924. Halle (Saale) 2016, S. 118.

[39] In diesem Zusammenhang steht Theodor Fischers Appell: „Mit dem Bauen soll ein armes Volk anfangen, damit es wieder reich wird, so paradox das klingen mag. Durch das Bauen beginnt das Geld zu rollen wie das Blut durch die Adern. Und wenn es sein muß: mit künstlicher Atmung. Nur Atmen! Nur bauen! Ein Volk, das nicht baut, stirbt!"; Fischer, Theodor: Der Bauherr. In: Form und Sinn, Nr. 5, 15. Dezember 1925, S. 84. Eine ähnliche Auffassung vertrat Wilhelm Kreis, Architekt der Ausstellungsbauten der Gesolei in Düsseldorf; vgl. Wiener, Jürgen: Rhythmus, Körper, Maschine. Aspekte der Architekturtheorie des Wilhelm Kreis im Licht der Gesolei. In: Körner, Hans/Stercken, Angela (Hg.): 1926–2004. GeSoLei. Kunst, Sport und Körper. Bd. 1. Düsseldorf 2004, S. 171.

[40] „That Germany has been a pioneer of the newer architectural styles must be knowledge common to every wide-awake traveller. Yet it is still difficult for the inexpert to sift the mature from the immature, the lasting from the ephemeral, the artistic from the sentimental, or the essential from the superficial in the ferment of inventive impulses which have been changing the scale and style of the big German cities." Modern German

und ließ sich nicht nur von den Metropolen des Reiches, sondern auch von Großstädten benachbarter Staaten wie Wien oder Amsterdam inspirieren. Sorgen vor Amerikanisierung oder bolschewistischen Einflüssen weisen auf eine gewisse Auseinandersetzung mit neuen Architekturströmungen in den Vereinigten Staaten und in der Sowjetunion hin.[41] Der soziale Gedanke spielte dabei eine große Rolle[42], insofern war die Weimarer Republik, die auf der Bismarck'schen Sozialgesetzgebung aufbauen konnte, gegenüber anderen Ländern gewissermaßen im Vorteil.

Viele Infrastrukturmaßnahmen, wie Ausbau des lokalen Verkehrsnetzes, der Energie- und Trinkwasserversorgung sowie die Schaffung von Einrichtungen im Gesundheits- und Dienstleistungssektor waren Aufgaben des neuen demokratischen Staates, die primär die Kommunen zu schultern hatten. Ihnen oblag es, die Lebensbedingungen des „kranken Volkskörpers"[43], einer von Hunger, Krieg, Krankheiten und katastrophalen Wohnverhältnissen gezeichneten Bevölkerung zu verbessern und nach den Erfordernissen der „neuen Zeit" auszurichten. Dies ging über die Sicherstellung von Wohnraum hinaus und beinhaltete auch die Sorge um Arbeit und Wohlfahrt der Bürger. Da die Fortschrittsgläubigkeit durch die Kriegsjahre stark gelitten hatte, neue Erkenntnisse in Wissenschaft, Medizin und Technik aber eine Weiterentwicklung des Bestehenden erforderten, wurden Bildung und Aufklärung der örtlichen Bevölkerung zunehmend wichtiger.[44] Das neue Bewusstsein um die eminente Bedeutung der Hygiene und die Forderung nach Licht, Luft und Sonne mussten bei Wohnungsbauten, Krankenhäusern, Sportstätten, Verwaltungsbauten und modernen Arbeitsstätten berücksichtigt werden.

Politische Zielsetzungen, Vorgaben und Vorschriften der Behörden, ideologische Debatten oder Auseinandersetzungen um die Realisierbarkeit kennzeichnen

---

Buildings. The Steel Cage Start. Berlin and London. In: The Times, 1. April 1932, S. 13f. Vgl. auch The New Architecture: Modern Buildings in Germany. In: The Times, 1. April 1931, S. 16. Bereits vier Jahre zuvor hatte die *Times* über die neue Architektur in Deutschland berichtet; vgl. Junghanns, Kurt: Bruno Taut 1880-1938. Architektur und sozialer Gedanke. Leipzig 1998, S. 75.

[41] Peukert: Weimarer Republik. Krisenjahre der klassischen Moderne, S. 178-190. Der Einzug des American Style of Life in einer deutschen Wohnung 1926 wird satirisch überzeichnet; vgl. Brecht, Bertolt: Nordseekrabben. In: ders.: Nordseekrabben. Geschichten und Gespräche. Berlin/Leipzig 1987, S. 31-44. Zum „Kunstbolschewismus" s. Miller Lane: Architektur und Politik, S. 133-141.

[42] Den Zusammenhang von Architektur und sozialem Gedanken stellt Erich Baron in Bruno Tauts programmatischer Schrift *Die Stadtkrone* heraus; Baron, Erich: Aufbau. In: Taut, Bruno: Die Stadtkrone. Jena 1919, S. 101.

[43] Zit. nach: Fehlemann, Silke/Woelk, Wolfgang: Der „Wiedergesundungsprozess des deutschen Menschen". Zum Verhältnis von Gesundheit, Hygiene und Gesellschaft auf der Düsseldorfer Gesolei. In: Körner/Stercken: GeSoLei. Kunst, Sport und Körper. Bd. 1, S. 186.

[44] Die Brisanz der Volkserziehung verdeutlicht das Konzept der Gesolei 1926 in Düsseldorf, das auf Unterweisung und Aufklärung der Besucher abzielte und Vorbild zahlreicher Wanderausstellungen war; s. Stercken, Angela: Die Gesolei als Schaubild des Körpers. Sektionen, Überblick. In: Körner/Stercken: GeSoLei. Kunst, Sport und Körper. Bd. 1, S. 107.

diese Jahre. Inflation und Weltwirtschaftskrise beeinträchtigten die Planungssicherheit für Bauprojekte, wobei unterschiedlichste Vorstellungen der Bauherren und Architekten mit Wünschen und Forderungen der Bürger oder Bedenken der Skeptiker in Einklang gebracht werden mussten. Vor diesem Hintergrund konnten Bauvorhaben jener Zeit kaum eine reine Bauaufgabe darstellen – insbesondere bei kommunalen Projekten spielten immer auch Gesichtspunkte der Sozialpolitik, der Wirtschaftlichkeit, der Finanzierbarkeit, der gesellschaftlichen Akzeptanz oder des technischen Fortschritts eine Rolle. Architektur und Moderne in Bayern zur Zeit der Weimarer Republik sollen daher aus unterschiedlichen Blickwinkeln betrachtet und ein architekturgeschichtlicher Ansatz um Aspekte der Sozial- und Diskursgeschichte erweitert werden.[45] Da sich in den Jahren der Weimarer Republik der Verstädterungsprozess der industriellen Revolution weiter verfestigte, bietet es sich an, auf die von der Urbanisierungsforschung entwickelten Stadtplanungsmodelle und Migrationsanalysen zurückzugreifen. Von den bayerischen Städten hatten München, Nürnberg, Augsburg und Würzburg ein besonders signifikantes Bevölkerungswachstum aufzuweisen.[46] Somit sahen sich diese Städte verstärkt beim Wohnungsbau und infrastrukturellen Bauvorhaben mit Neuem Bauen konfrontiert.

Die komparative Untersuchung berücksichtigt Standortfaktoren, Bevölkerungsstruktur sowie konfessionelle und regionale Prägung einerseits sowie das Spannungsfeld zwischen urbanen Zentren und Provinz andererseits. Die Untersuchungsräume orientieren sich grob an der Einteilung Bayerns in Altbayern, Franken und Schwaben[47] und umfassen Städte mit einem historisch gewachsenen Stadtbild, welche Sitz wichtiger Regierungsbehörden waren, ein Industriezentrum bildeten oder über bedeutende kulturelle Einrichtungen verfügten beziehungsweise eine gute infrastrukturelle Erschließung aufwiesen. Administrativ und kul-

---

[45] Der interdisziplinäre Ansatz von Barbara Wolfs Publikation über den Wohnungsbau in Augsburg geht über eine rein architekturhistorische Sichtweise hinaus: Wolf: Wohnarchitektur in Augsburg, S. 12. Nerdingers Forschung zur NS-Architektur bezieht auch die politische und ideologische Dimension von Architektur mit ein, um „Bauten zum Sprechen zu bringen, damit sie ihre Geschichte erzählen und helfen, historische Zusammenhänge zu verstehen. [...] Architektur gibt der Erinnerung einen Ort und verankert sie damit stärker als Schrift oder Wort im Gedächtnis von Individuen und Völkern." Nerdinger, Winfried: Architektur – Macht – Erinnerung. Stellungnahmen 1984 bis 2004. München u. a. 2004, S. 6-8.

[46] Dirk Götschmann gibt einen Überblick über die Entwicklung der Bevölkerungszahlen aller bayerischen Städte über 10 000 Einwohner zwischen 1910 und 1939. Demnach hatte München 1910 596 467, 1925 680 704 und 1933 735 388 Einwohner. Vergleichszahlen für Nürnberg: 333 142/392 494/410 438, Augsburg: 123 015/165 522/176 575, Würzburg: 84 496/89 910/101 003; vgl. Götschmann: Wirtschaftsgeschichte Bayerns, S. 315; Borchardt, Karl: Heidingsfeld in bayerischer Zeit bis zur Eingemeindung 1930. In: Wagner, Ulrich (Hg.): Geschichte der Stadt Würzburg. Bd. 3/1. Vom Übergang an Bayern bis zum 21. Jahrhundert. Stuttgart 2007, S. 1127.

[47] Die mehrheitlich protestantische Rheinpfalz, die bis 1945 zu Bayern gehörte, wurde nicht berücksichtigt, da ihre Entwicklung in der Weimarer Zeit wegen der zeitweiligen französischen Besatzung und separatistischer Bestrebungen teilweise anders verlief als im übrigen Freistaat. Architektur und Moderne unter diesen Bedingungen stellt ein eigenes Forschungsdesiderat dar.

turell am bedeutendsten war und ist mit Abstand die Landeshauptstadt München. Die schwäbische Bezirkshauptstadt Augsburg und das mittelfränkische Nürnberg beziehen ihre Bedeutung neben ihrer Geschichte als freie Reichsstädte auch aus der Ansiedlung wichtiger Industriezweige. Als Eisenbahnknotenpunkt und Universitätsstadt und dank der Lage am Main durch Binnenschifffahrt und Energiegewinnung gewann auch die ehemalige fürstbischöfliche Residenz- und Garnisonstadt Würzburg zentrale Bedeutung.

Für die Studie sind neben dem formalarchitektonischen Kanon folgende Fragen von Interesse: Welche Anstrengungen unternahmen bayerische Städte zur Zeit der Weimarer Republik auf dem Gebiet des Städtebaus, um sich Fortschritt und Moderne zu öffnen? Standen die Verantwortlichen kommunaler und staatlicher Stellen einer neuzeitlichen Architektur gewogen oder eher ablehnend gegenüber? Inwieweit wurde die Forderung nach Licht, Luft, Sonne und Hygiene bei den jeweiligen Bauprojekten berücksichtigt und welche Bedeutung wurde ihr beigemessen? Welche Kriterien waren ausschlaggebend für die Wahl der Architekten und welcher Stellenwert wurde einzelnen, nach Kriterien des Neuen Bauens ausgerichteten Bauprojekten zugebilligt? Wie wurden Projekte in der Öffentlichkeit präsentiert und wie gestaltete sich die Aufklärung der Bevölkerung? Fragen der Urbanisierungsforschung, wie Menschen den städtischen Raum wahrnehmen, wie sie ihn gestalten und welche Möglichkeiten sich ihnen dazu überhaupt bieten[48], spielen ebenfalls eine Rolle.

Aufgrund der Tatsache, dass die katholische Kirche die bayerische Geschichte über Jahrhunderte hinweg wesentlich mitbestimmt hatte und ihren Einfluss als religiös-moralische Instanz weiterhin geltend machte, wird der Kirchenbau in München, Augsburg und Würzburg unter Berücksichtigung der Bistumszugehörigkeit und der amtierenden Bischöfe mit einbezogen.[49] Für den evangelischen Kirchenbau wurden die Städte Nürnberg und München ausgewählt. Der Kirchenbau ist den „Bauten der Gemeinschaft"[50] zugeordnet, wobei es die Einstellung der großen Konfessionen zum Neuen Bauen und ihre Intentionen bei Kirchenneubauten zu hinterfragen gilt.

Begriff der „Moderne"

Angesichts von Kriegsniederlage, sozialen Missständen, wirtschaftlicher Misere, politischer Unsicherheit und nationalem Geltungsdrang erzeugte eine Fülle an Innovationen die Erwartung an die Kommunen, neue Wege zu gehen und sich den Herausforderungen der Moderne zu stellen. Der Begriff „Moderne" wird sowohl

---

[48] Clemens/El Gammal/Lüsebrink: Städtischer Raum im Wandel, S. 9f.
[49] Vgl. Stuckenberger, Peter: Gottesburgen. Kirchenbau unter Erzbischof Jacobus von Hauck 1912–1943. Bamberg 2004, S. 12 f., 24.
[50] Walter Müller-Wulckow ordnete in den zwischen 1925 und 1932 erschienenen „Blauen Büchern" zur deutschen Baukunst der Gegenwart den Kirchenbau den Bauten der Gemeinschaft zu; Müller-Wulckow, Walter: Deutsche Baukunst der Gegenwart. Bauten der Gemeinschaft. Königstein im Taunus/Leipzig 1929, S. 8. Bartning setzte sich intensiv mit dem Kirchenbau nach dem Ersten Weltkrieg und dem Gemeinschaftsgedanken auseinander: Bartning, Otto: Vom neuen Kirchbau. Berlin 1919, S. 106–108, 119.

in den zwanziger Jahren als auch retrospektiv häufig verwendet, wobei der Terminus heute mitunter eine andere Bedeutung haben kann als zur Zeit der Weimarer Republik. Zeitgeschichtlich lässt sich „Moderne" nicht eindeutig definieren. Christof Dipper nennt allein drei verschiedene Definitionen. Ihm zufolge bezeichnet Moderne einmal „eine Stilrichtung in Literatur, Musik, Kunst oder Architektur, die sich gegenüber dem Bestehenden als das absolut Neue, Präzedenzlose, als radikaler Bruch mit jeglicher Konvention ausgab"[51]. Eine in Soziologie, Politologie und Philosophie bevorzugte Begriffsbestimmung begreift Moderne als „Verbindung von Zeitdiagnose und Weltverhalten: Rationalismus gilt als die wichtigste Errungenschaft der Moderne, nach seinem Rezept soll die Welt umgestaltet werden"[52]. Im Gegensatz zur Stadtgeschichtsforschung, welche sich auch mit „dunkle[n] Seite[n] der Moderne"[53] befasst, wie Pauperisierung und Benachteiligung breiter Bevölkerungsschichten, erscheint hier „Moderne" in einem besseren Licht.

Als „Moderne" wird auch eine in ihren zeitlichen Grenzen nicht scharf umrissene geschichtliche Epoche verstanden.[54] Manche setzen ihren Beginn mit der Neuzeit, also um 1500, gleich; andere wiederum sehen die industrielle oder die Französische Revolution als Ausgangspunkt.[55] Umstritten ist ebenfalls die einsetzende Hochindustrialisierung als Beginn der Moderne. Beide Datierungen werden jedoch nicht der unterschiedlichen Entwicklung der einzelnen Länder Europas gerecht. Es gibt mithin keine konkrete historische Zäsur, sondern „eine Fülle kontingenter Umstände, die sich im Verlauf der Zeit zu einem Bewusstseins- und Verhaltenswandel verbanden"[56]. „Moderne" hängt also zu einem guten Teil davon ab, ob die Zeitgenossen den Eindruck hatten, in einer Epoche des Wandels und des Umbruchs zu leben.[57] Mit dem Einsetzen der Hochindustrialisierung in Deutschland um 1886 kam der Begriff „Moderne" erstmals in Gebrauch. Nicht zufällig spielte der gleichzeitige Aufschwung der „modernen" Wissenschaften als Träger des medizinischen und technischen Fortschritts eine Schlüsselrolle bei der Entfaltung der Moderne.[58] Es ist leicht nachvollziehbar, dass damit einhergehende grundlegende Veränderungen auf wirtschaftlichem Gebiet durch Industrialisierung und Durchsetzung des Kapitalismus sowie in der Politik durch Reichsgründung, Aufstieg Deutschlands zur Großmacht und Imperialismus bei der damaligen Bevölkerung das Empfinden hinterließen, in einer Zeit des Wandels zu leben, in der ständig Neues auf sie einstürmte. Ein solcher Wandel muss nicht notwendigerweise mit größeren politischen Veränderungen wie Revolutionen zusammen-

---

[51] Dipper, Christof: Moderne. Version 2.0. In: Docupedia-Zeitgeschichte (Stand 17. Januar 2018), Permalink: http://dx.doi.org/10.14765/zzf.dok.2.1114.v2 (abger. 12. Januar 2019), S. 2.
[52] Dipper: Moderne, S. 2.
[53] Clemens/El Gammal/Lüsebrink: Städtischer Raum im Wandel, S. 10.
[54] Dipper: Moderne, S. 2f.
[55] Andere Historiker verorten den Beginn der Moderne entweder in der zweiten Hälfte des 18. oder des 19. Jahrhunderts; vgl. Raithel, Thomas: Konzepte der „Moderne" und Ansätze der „Postmoderne". In: Wirsching, Andreas (Hg.): Neueste Zeit. München 2009, S. 268.
[56] Dipper: Moderne, S. 5.
[57] Ebd., S. 10.
[58] Goschler, Constantin: Die Revolution der Wissenschaften. In: Wirsching: Neueste Zeit, S. 76.

fallen. Unter diesem Blickwinkel ist jede neue Epoche, die bereits von den Zeitgenossen als solche erkannt wird, vorbehaltlich einer späteren Benennung, zunächst als „Moderne" zu bezeichnen.

Die Weimarer Zeit kann als neue Epoche gesehen werden, da die grundlegenden Veränderungen der Hochindustrialisierung als längerfristige Basisprozesse über den Ersten Weltkrieg hinaus wirksam blieben. Gemeinsam mit neuen Entwicklungsprozessen bildeten sie eine neue Epochenschwelle aus, die in eine neue Zeit überleitete. Viele sprechen von der „Klassischen Moderne", deren Höhepunkt Peukert zwischen 1918 und 1933 definiert, während er den Beginn um die Jahrhundertwende verortet.[59]

Wie Thomas Mann erlebten die Menschen der Weimarer Republik vielfach den Ersten Weltkrieg als Einschnitt: „[D]ie hochgradige Verflossenheit unserer Geschichte rührt daher, daß sie vor einer gewissen, Leben und Bewußtsein tief zerklüftenden Wende und Grenze spielt [...] Sie spielt, oder, um jedes Präsens geflissentlich zu vermeiden, sie spielte und hat gespielt vormals, ehedem, in den alten Tagen, der Welt vor dem großen Kriege, mit dessen Beginn so vieles begann, was zu beginnen wohl kaum schon aufgehört hat."[60] Ein vergleichbares Empfinden beschrieb Stefan Zweig in seiner Autobiographie *Die Welt von Gestern. Erinnerungen eines Europäers*. Besonders augenfällig ist dieser Bruch im Bereich des Wohnungswesens, wo dem Stellenwert der Wohnung zunehmend eine neue Bedeutung zukam. In seiner Monographie *Der Wohnungsbau in Deutschland nach dem Weltkriege. Seine Entwicklung unter der unmittelbaren und mittelbaren Förderung durch die deutschen Gemeindeverwaltungen* setzte der Münchner Stadtbaudirektor Albert Gut für diesen Sektor den Wendepunkt ebenfalls mit dem Ersten Weltkrieg an: „In der Geschichte des deutschen Wohnungswesens bildet der Weltkrieg mit seinen Folgeerscheinungen einen tiefen Einschnitt. Vor dem Weltkriege war das Wohnungswesen in Deutschland das Stiefkind der Gesetzgebung und der öffentlichen Fürsorge. [...] Nach dem Weltkriege trat die Wohnungsfrage in ihrer ungeheuren Bedeutung für Staats- und Volkswohl in den Mittelpunkt der öffentlichen Erörterung und das Wohnungswesen wurde Gegenstand einer weitverzweigten Gesetzgebung."[61] Einem tiefgreifenden Wandel waren in der Weimarer Republik auch Kunst und Kultur ausgesetzt, was einen ungeahnten Aufschwung unter anderem in Malerei, Plastik und Architektur nach sich zog.

Was architektonisch als modern galt, war in den zwanziger Jahren selbst unter Fachleuten umstritten, wobei die politische Ausrichtung zusehends eine Rolle spielte. Während Konservative und Völkische die Moderne rundheraus als Bedrohung alles Guten und Bewährten ablehnten, vertraten andere gemäßigte Positionen und forderten lediglich die Übernahme von Neuerungen, die auf breitere Akzeptanz stießen und die konventionelle Architektur nicht allzu sehr veränderten. Sie räumten allgemein einen großen Gestaltungsspielraum ein. Andere vertraten deutlich radikalere Auffassungen, auf der linken Seite des politischen Spektrums

---

[59] Peukert: Weimarer Republik. Krisenjahre der Klassischen Moderne, S. 90 f., 266.
[60] Mann, Thomas: Der Zauberberg. Frankfurt a. M. 2010, S. 9 f.
[61] Gut, Albert: Die Entwicklung des Wohnungswesens in Deutschland nach dem Weltkriege. In: ders.: Wohnungsbau in Deutschland, S. 19.

trat das Bauhaus mit dem Anspruch auf, ohne Vorbilder auszukommen und postulierte den Bruch mit jeglicher Tradition.[62] Der Münchner Architekt O. O. Kurz definierte Modernität folgendermaßen: „Unabhängig davon hat jede Generation den Drang, anderes zu wollen, und in diesem Anderswollen und Anderssein liegt der Ausdruck einer Zeit: die M o d e r n i t ä t . [...] Die Betonung des Funktionellen kann daher als das Kennwort unserer Zeit angesehen werden."[63]

Die Aussicht auf eine neue Wohn- und Arbeitskultur beflügelte Architekten und Stadtplaner, und es entstanden kühne Visionen idealer Städte.[64] In seiner programmatischen Schrift *Die Stadtkrone* entwarf Bruno Taut das Ideal einer vom Gemeinschaftsgedanken getragenen Stadt, welche dem Volk ein neuartiges Zusammenleben ermöglichen sollte.[65] Der empfundene Aufbruch in eine neue Zeit spiegelt sich auch in der Wortwahl zeitgenössischer Printmedien wider. Kritiken zu neuen Wohnbauten betonen immer wieder die „neuzeitliche" Ausstattung der Wohnungen beziehungsweise der Wohnanlagen. Gleiches gilt auch für andere Bereiche des öffentlichen Bauwesens. Für die *Augsburger Zeitung* gehörte zum Beispiel Lichtreklame zu „moderner Stadtentwicklung"[66]. Anlässlich der Eröffnung des Kinderkrankenhauses im Klinikum München-Schwabing merkte die *Münchener Zeitung* lobend an: „Der Neubau trägt den m o d e r n s t e n A n s p r ü c h e n an ein Kinderkrankenhaus in möglichstem Umfange Rechnung."[67] „Modern", „neu", „neuzeitlich" sind in der Sprache der Weimarer Zeit nahezu omnipräsente Schlagworte, die das Ausmaß der Innovationen in der kurzen Phase der Weimarer Republik zum Ausdruck bringen. Neues, Andersartiges drang in praktisch alle Lebensbereiche. Bisher für selbstverständlich Gehaltenes und alte Gewissheiten wurden in Frage gestellt. Moderne spaltete in fortschrittliche Anhänger der Moderne und „rückständige" Modernisierungsskeptiker. Vor diesem Hintergrund erscheinen Kompromisslösungen, wie sie in der gemäßigten modernen Architektur zu finden sind, weniger als konservativ, denn als Versuch, die Moderne verträglicher zu gestalten.

Ob die Zeit des Nationalsozialismus noch zur klassischen Moderne zählt, ist umstritten.[68] Nicht zu bestreiten ist jedoch, dass neben einer Monumentalisierung der Architektur in dieser dunklen Zeit einige Entwicklungsstränge die Zäsur von 1933 überstanden und zum Teil bis Mitte der dreißiger Jahre oder sogar bis

---

[62] Miller Lane: Architektur und Politik, S. 23.
[63] Kurz: Das ideale Heim, S. 3 f.; vgl. auch Behne, Adolf: Der moderne Zweckbau. München 1926; Zacharias, Thomas: Blick der Moderne. Einführung in ihre Kunst. München/Zürich 1984, S. 292.
[64] Vgl. Stankiewitz, Karl: München. Stadt der Träume. Projekte, Pleiten, Utopien. München 2005, S. 58 f.; Philipp, Klaus Jan: Das Reclam Buch der Architektur. Stuttgart 2006, S. 376, 384 f. Architekturutopien waren kein singulär deutsches Phänomen, wie Le Corbusiers *Ville Contemporaine* von 1922 zeigt; Pevsner: Europäische Architektur, S. 460; Schneider, Martina: Von der futuristischen zur funktionellen Stadt. Planen und Bauen in Europa von 1913 bis 1933. In: Waetzoldt/Haas: Tendenzen der Zwanziger Jahre. Bd. 2, S. 1–3.
[65] Taut: Die Stadtkrone, S. 57.
[66] Lichtreklame. Unsere Forderungen an München als Großstadt. In: AllgZ, Nr. 185, 1. Juli 1925, S. 3.
[67] Ein neues Kinderkrankenhaus. Eröffnung des Kinderbaues im Krankenhaus Schwabing. In: MZ, Nr. 199, 20. Juni 1928.
[68] Blümm: „Entartete Baukunst"?, S. 11.

zum Ausbruch des Zweiten Weltkrieges unbehelligt weiterliefen. Beispielsweise wurden Gebäude noch nach Plänen aus der Zeit der Weimarer Republik errichtet oder fertiggestellt. Im Industriebau dominierte nach wie vor ein sachlicher Baustil mit Konstruktionsweisen unter Verwendung von Stahl, Beton und Glas.[69] Teile der neuen Baustile wurden abgewandelt oder sogar unverändert übernommen und in den Dienst des NS-Regimes gestellt, wozu mitunter auch persönliche Kontinuitäten beitrugen.[70]

Forschungslage

Die Forschung zur Architektur der Weimarer Zeit gestaltet sich oft unreflektiert und folgt mit einer Fokussierung auf die alte Diskussion Heimatschutz versus Bauhaus beziehungsweise Neues Bauen und Steildach gegen Flachdach im Wesentlichen demselben Interpretationsmuster.[71] Für Bayern werden in der Regel nur die herausragenden Beispiele des Neuen Bauens aufgezählt und das Baugeschehen im Rahmen der allgemeinen Stadtgeschichte oder in lokalhistorischen Untersuchungen thematisiert. Auch im *Handbuch der bayerischen Geschichte* werden Kunst, Kultur, Gesellschaft, Wirtschaft, Politik und Architektur in Form eines allgemeinen Überblicks behandelt.[72]

Eine umfassende Darstellung, die sich mit Architektur als historischer Quelle befasst und die Projektierung eines Gebäudes sowie die Diskussion darüber mit einbezieht, fehlt bislang.[73] Das Bauhaus beziehungsweise die Neue Sachlichkeit gelten gemeinhin als Stile der Weimarer Republik, wobei zu wenig differenziert wird und das Neue Bauen mit seiner großen Bandbreite an Stilströmungen und Entwicklungssträngen, die vom Kaiserreich bis in die NS-Zeit reichen, nur eingeschränkt berücksichtigt wird. Meist steht die Avantgarde der deutschen beziehungsweise internationalen Architektur im Zentrum und die Beurteilungskriterien orientieren sich vorwiegend an den Maßstäben, welche die spektakulären Bauten

---

[69] Mittmann, Markus: Bauen im Nationalsozialismus. Braunschweig, die „Deutsche Siedlungsstadt" und die „Mustersiedlung der Deutschen Arbeitsfront" Braunschweig-Mascherode. Ursprung – Gestaltung – Analyse. Hameln 2003, S. 24.

[70] Blümm: „Entartete Baukunst"?, S. 30-34; Miller Lane: Architektur und Politik, S. 196; Donath, Matthias: Architektur in München 1933-1945. Ein Stadtführer. Berlin 2007, S. 15; Nerdinger, Winfried (Hg.): Bauhaus-Moderne im Nationalsozialismus. Zwischen Anbiederung und Verfolgung. München 1993, S. 7; ders.: Modernisierung – Bauhaus – Nationalsozialismus. In: ders.: Bauhaus-Moderne im Nationalsozialismus, S. 9-23; ders.: Bauhaus-Architekten im „Dritten Reich". In: ders.: Bauhaus-Moderne im Nationalsozialismus, S. 153-178; Bauer, Friedrich/Wiedenmann, Alfred: Die bayerische Postbauschule (1920-1934). In: Aicher, Florian/Drepper, Uwe (Hg.): Robert Vorhoelzer – Ein Architektenleben. Die klassische Moderne der Post. München 1990, S. 157.

[71] Peters: Architektur nach 1918, S. 176f.; Becker, Nikola: Bürgerliche Lebenswelt und Politik in München. Autobiographien über das Fin de Siècle, den Ersten Weltkrieg und die Weimarer Republik. Kallmünz/Opf. 2014, S. 53.

[72] Spindler, Max (Hg.): Handbuch der bayerischen Geschichte. Bde. 4/1 und 4/2. München 2007.

[73] Ausgenommen einige Monographien, die sich ausschließlich mit der Architektur des „Dritten Reiches" beschäftigen, z. B. Mittmann: Bauen im Nationalsozialismus. Braunschweig; Nerdinger: Architektur – Macht – Erinnerung.

von Walter Gropius, Bruno Taut, Hans Poelzig, Erich Mendelsohn oder Ernst May gesetzt hatten.[74] Neben dem Heimatschutzstil als Antagonist des Bauhauses sind gemäßigte Richtungen der Moderne, konservative Gegenströmungen beziehungsweise Antworten auf die Kunstströmungen Bauhaus oder Neue Sachlichkeit in geringerem Maße erforscht. Untersuchungen, die sich mit dem Baugeschehen in der Weimarer Zeit im historischen, politischen, gesellschaftlichen und sozialen Kontext auseinandersetzen, sind eher die Ausnahme, wie Barbara Miller Lanes Monographie *Architektur und Politik in Deutschland 1918-1945*[75] oder Christian Welzbachers Studie *Die Staatsarchitektur der Weimarer Republik*[76] über die Architektur in der Reichshauptstadt Berlin.

Generell wird in der Fachliteratur dem Wohnungs- und Siedlungsbau die meiste Aufmerksamkeit zuteil.[77] Einzelne Publikationen beschäftigen sich mit der Architektur von Industrie-[78] oder Verwaltungsbauten. Einen Querschnitt durch das Baugeschehen der Weimarer Zeit bietet John Zukowskys Monographie *Architektur in Deutschland 1919-1939. Die Vielfalt der Moderne.*[79] Sportbauten spielen in der Forschung trotz der allgemeinen Sportbegeisterung der Weimarer Zeit eine untergeordnete Rolle.[80] Der Krankenhausbau wird fast nur im Rahmen der Medizingeschichte kurz abgehandelt.[81]

---

[74] Biundo, Christina/Haus, Andreas (Hg.): Bauhaus-Ideen 1919-1994. Bibliografie und Beiträge zur Rezeption des Bauhausgedankens. Berlin 1994; Wingler, Hans Maria: Das Bauhaus 1919-1933. Weimar – Dessau – Berlin und die Nachfolge in Chicago seit 1937. Köln 2009; Höpfner, Rosemarie (Hg.): Ernst May und das neue Frankfurt. 1925-1930. Berlin 1986; Kähler, Gert: Wohnung und Stadt. Hamburg – Frankfurt – Wien. Modelle sozialen Wohnens in den zwanziger Jahren. Braunschweig/Wiesbaden 1985; Zednicek, Walter (Hg.): Architektur des Roten Wien. Wien 2009; Huse, Norbert: „Neues Bauen" 1918 bis 1933. Moderne Architektur in der Weimarer Republik. Berlin 1985.

[75] Miller Lane: Architektur und Politik.

[76] Welzbacher, Christian: Die Staatsarchitektur der Weimarer Republik. Berlin 2006.

[77] Kähler, Gert (Hg.): Geschichte des Wohnens. Bd. 4. 1918-1945. Reform, Reaktion, Zerstörung. Stuttgart 1996; Poppelreuter, Tanja: Das Neue Bauen für den Neuen Menschen. Zur Wandlung und Wirkung des Menschenbildes in der Architektur der 1920er Jahre in Deutschland. Hildesheim/Zürich/New York 2007.

[78] Boyken, Immo: Otto Ernst Schweizer. Milchhof, Nürnberg. Stuttgart/London 2006.

[79] Zukowsky, John (Hg.): Architektur in Deutschland 1919-1939. Die Vielfalt der Moderne. München/New York 1994.

[80] Koller, Christian (Hg.): Sport als städtisches Ereignis. 45. Arbeitstagung. Ostfildern 2008; insbesondere Löffelmeier, Anton: Vom Deutschen Turnfest zum Nanga-Parbat. Kommunale Sportförderung und Sportpolitik in München zwischen 1919 und 1935, S. 95-114. Mehrere Publikationen vernachlässigen die Bedeutung der Sportstätte als Stadionbau: Oswald, Rudolf: „Fußball-Volksgemeinschaft". Ideologie, Politik und Fanatismus im deutschen Fußball 1919-1964. Frankfurt a. M./New York 2008; Eisenberg, Christiane: „English sports" und deutsche Bürger. Eine Gesellschaftsgeschichte 1800-1939. Paderborn u. a. 1999; dies.: Massensport in der Weimarer Republik. Ein statistischer Überblick. In: Archiv für Sozialgeschichte, Nr. 33, 1993, S. 137-177.

[81] Toellner, Richard: Illustrierte Geschichte der Medizin. Bd. 3. Augsburg 2000, S. 1541-1599; Murken, Axel Hinrich: Vom Armenhospital zum Großklinikum. Die Geschichte des Krankenhauses vom 18. Jahrhundert bis zur Gegenwart. Köln 1995; Stollenwerk, Manfred: Krankenhausentwürfe, die nicht verwirklicht wurden. Beispiele aus dem deutschen Sprachraum von den Anfängen bis gegen 1930. Ein Beitrag zur Ideengeschichte des Krankenhausbaues in Westeuropa. Aachen 1971. Münchner Krankenhäuser sind

Bis auf wenige Ausnahmen wie Stuckenbergers Studie *Gottesburgen*[82] oder Holger Brülls' *Neue Dome. Wiederaufnahme romanischer Bauformen und antimoderne Kulturkritik im Kirchenbau der Weimarer Republik und der NS-Zeit*[83] werden Kirchenneubauten isoliert von den politischen und gesellschaftlichen Umbrüchen betrachtet.[84] Mit dem katholischen Kirchenbau der zwanziger Jahre im Erzbistum München-Freising beschäftigt sich nur der Ausstellungskatalog *Kardinal Michael von Faulhaber. 1869-1952*[85] des erzbischöflichen Archivs, des Bayerischen Hauptstaatsarchivs und des Münchner Stadtarchivs, der auch Faulhabers Einfluss auf Politik und Kunstpolitik beleuchtet. Den modernen Kirchenbau im Bistum Augsburg thematisieren die Publikationen des Architekturmuseums Schwaben *Bauen für die Kirche. Der Architekt Michael Kurz 1876-1957*[86] und *Thomas Wechs 1893-1970. Architektur der Moderne in Schwaben*[87]. Insgesamt stellt eine fundierte wissenschaftliche Auseinandersetzung mit bayerischen Sakralbauten ein Forschungsdesiderat dar.[88]

Neben Studien und Ausstellungskatalogen, welche selten in die Tiefe gehen, gibt es eine Anzahl lokalhistorischer Publikationen unterschiedlicher Qualität.[89] Der Ausstellungskatalog des Münchner Stadtmuseums *Die Zwanziger Jahre in München*[90] differenziert zwar zwischen „Historisierenden Tendenzen"[91], „Münch-

---

Gegenstand einiger lokalhistorischer Untersuchungen: Bauer, Jakob: Schwabinger Krankenhaus im Wandel. Vom Dorfspital zum Großstadtklinikum. 1861-1961. München 1997; Kamp, Michael: Die städtischen Kliniken Münchens in Geschichte und Gegenwart. München 2009.

[82] Stuckenberger, Peter: Gottesburgen. Kirchenbau unter Erzbischof Jacobus von Hauck 1912-1943. Bamberg 2004.

[83] Brülls, Holger: Neue Dome. Wiederaufnahme romanischer Bauformen und antimoderne Kulturkritik im Kirchenbau der Weimarer Republik und der NS-Zeit. Berlin/München 1994.

[84] Bezug auf innerkirchliche Erneuerungstendenzen nimmt Schnell, Hugo: Der Kirchenbau des 20. Jahrhunderts in Deutschland. Dokumentation – Darstellung – Deutung. München/Zürich 1973.

[85] [Forstner, Thomas] (Hg.): Kardinal Michael von Faulhaber. 1869-1952. Eine Ausstellung des Archivs des Erzbistums München und Freising, des Bayerischen Hauptstaatsarchivs und des Stadtarchivs München zum 50. Todestag. München 2002.

[86] Laible, Ulrike: Bauen für die Kirche. Der Architekt Michael Kurz. 1876-1957. Berlin 2003.

[87] Nerdinger, Winfried (Hg.): Thomas Wechs 1893-1970. Architekt der Moderne in Schwaben. Berlin 2005.

[88] Wie Lydia Schmidt konstatiert, liegt in Bezug auf das Kultusministerium der Fokus der Forschung auf den Bereichen Bildung, Kunst und Wissenschaft. Die Beziehungen zu den Kirchen finden kaum Beachtung; Schmidt, Lydia: Kultusminister Franz Matt (1920-1926). Schul-, Kirchen- und Kunstpolitik in Bayern nach dem Umbruch von 1918. München 2000, S. 8f.

[89] Eine äußerst knappe Darstellung der oben genannten Themenbereiche liefert Hollweck, Ludwig: München in den Zwanziger Jahren. Zwischen Tradition und Fortschritt. München 1982. Einen groben Überblick über noch vorhandene Bauten dieser Epoche bietet: Bayerischer Architekten- und Ingenieur-Verband e. V. (Hg.): München und seine Bauten nach 1912. München 1984.

[90] Stölzl, Christoph (Hg.): Die Zwanziger Jahre in München. Katalog zur Ausstellung im Münchner Stadtmuseum Mai bis September 1979. [München 1979].

[91] Ebd., S. 337-353.

ner Weg"[92], „Münchner Funktionalismus"[93] sowie „Ausstellungen und Projekte"[94], behandelt aber Krankenhäuser, Kirchen oder Sportstätten eher kursorisch. Er stellt dennoch das bis heute umfassendste Werk zu Kunst, Kultur, Gesellschaft und Architektur in München dar. In seiner Arbeit *Kommunale Kulturpolitik in München von 1919 bis 1935* analysiert Michael Hermann eingehend Kulturpolitik und Kunststadtdebatte in München, blendet aber das Gebiet der Architektur weitgehend aus.[95] Stadtteilbücher berücksichtigen teilweise den Wohnungs- und Kirchenbau der Zwischenkriegszeit.[96] Mit Stadtplanung und Wohnhausbau setzt sich die Aufsatzsammlung Felix Billeters zur Münchner Moderne auseinander.[97] Zu den Architekten Theodor Fischer[98], Robert Vorhoelzer[99] oder Fritz Landauer[100] liegen Monographien vor.

Zum Wohnungsbau in Augsburg hat das Architekturmuseum Schwaben mehrere Monographien veröffentlicht. Barbara Wolfs interdisziplinäre Untersuchung *Wohnarchitektur in Augsburg. Kommunale Bauten der Weimarer Republik* behandelt die Auswirkungen der Wohnungspolitik der Weimarer Republik in Augsburg. Eine von Winfried Nerdinger herausgegebene Aufsatzsammlung setzt sich mit dem Architekten Thomas Wechs und seinen spektakulären Augsburger Wohnungsbauten Schubert- und Lessinghof auseinander.[101]

Alexander Schmidt befasst sich eingehend mit Kunst, Kultur, Gesellschaft und Architektur in Nürnberg.[102] Aufschlussreich sind Stadtteilbücher zu den Nürn-

---

[92] Ebd., S. 385-416.
[93] Ebd., S. 445-462.
[94] Ebd., S. 467-485.
[95] Hermann, Michael: Kommunale Kulturpolitik in München von 1919 bis 1935. München 2003.
[96] Winterstein, Axel: Borstei. Bernhard Borst – Leben für eine Idee. München 2005; Müller-Rieger, Monika: Westend. Von der Sendlinger Haid' zum Münchner Stadtteil. München 1995; Meier, Friederike/Perouansky, Serge/Stintzing, Jürgen (Hg.): Das Westend. Geschichte und Geschichten eines Münchner Stadtteils. München 2005; Laturell, Volker D./Mooseder, Georg: Moosach. Geschichte und Gegenwart. München 1993; Wilhelm, Hermann: München-Haidhausen. Vorstadt im Lauf der Zeit. München 2009; Krack, Roland (Hg.): Die Parkstadt Bogenhausen in München. München 2006; Kasberger, Erich: Unsere Jahre in Ramersdorf und Berg am Laim. Die Siedlung Neu-Ramersdorf und ihre Geschichte. München 2010; Lutzenberger, Karin: Alte Haide. Geschichte und Geschichten. Bd. 1. Von der Schafweide zur Arbeitersiedlung. München [2003?].
[97] Billeter, Felix/Günther, Antje/Krämer, Steffen (Hg.): Münchner Moderne. Kunst und Architektur der zwanziger Jahre. München/Berlin 2002.
[98] Nerdinger, Winfried: Theodor Fischer. Architekt und Städtebauer 1862-1938: Ausstellung der Architektursammlung der Technischen Universität München und des Münchner Stadtmuseums in Verbindung mit dem Württembergischen Kunstverein. München 1988; Kerkhoff, Ulrich: Eine Abkehr vom Historismus oder ein Weg zur Moderne. Theodor Fischer. Stuttgart 1987; Pfister, Rudolf: Theodor Fischer. Leben und Wirken eines deutschen Baumeisters. München 1968.
[99] Aicher, Florian/Drepper, Uwe (Hg.): Robert Vorhoelzer – Ein Architektenleben. Die klassische Moderne der Post. München 1990.
[100] Klotz, Sabine: Fritz Landauer. Leben und Werk eines jüdischen Architekten. Berlin 2001.
[101] Nerdinger: Thomas Wechs.
[102] Schmidt: Kultur in Nürnberg 1918-1933.

berger Stadtvierteln Gostenhof[103], Gibitzenhof[104], St. Johannis[105] und Nordostbahnhof[106]. Die Aufsatzsammlung *Architektur Nürnberg. Bauten und Biografien. Vom Mittelalter bis zum Wiederaufbau*[107] verschafft einen groben, aber guten Überblick über die Bautätigkeit in Nürnberg zur Zeit der Weimarer Republik. Immo Boyken widmet sich eingehend den Bauprojekten Otto Ernst Schweizers und seinem architektonischen Wirken in Nürnberg.[108] Das Nürnberger Gesundheitswesen im späten 19. und 20. Jahrhundert ist Gegestand einer Monographie Bernd Windsheimers.[109]

Neues Bauen in Würzburg thematisieren kleine, wissenschaftlich-informative Hefte der Heiner-Reitberger-Stiftung und eine Aufsatzsammlung.[110] Die von Ulrich Wagner editierte *Geschichte der Stadt Würzburg*[111] behandelt die Phase der Weimarer Zeit sehr disparat, auf verschiedene Themenbereiche (Politik, Wirtschaft, Soziales Leben, Kirche, Sport) verteilt und oft mit der NS-Zeit vermengt. Werner Dettelbachers Bildband *Damals in Würzburg. Bilddokumente aus der Zeit von 1914-1945*[112] vermittelt einen kleinen Einblick in das Leben in Würzburg während der zwanziger Jahre. Bettina Keß widmet in *Kunstleben und Kulturpolitik in der Provinz. Würzburg 1919 bis 1945*[113] ein kleineres Kapitel dem Neuen Bauen und der Siedlung Lerchenhain von Peter Feile.

Quellen

Aufgrund großer Bestandsverluste im Zweiten Weltkrieg gestaltet sich die Quellenlage uneinheitlich. Aus dem Nachlass Michael Kardinal von Faulhabers im Erzbischöflichen Archiv München-Freising konnten die unveröffentlichte Autobio-

---

[103] Bielefeldt, Katrin (Hg.): Gostenhof. Muggenhof, Eberhardshof & Kleinweidenmühle. Nürnberg 2005.
[104] Windsheimer, Bernd: Gibitzenhof. Werderau – Sandreuth. StadtteilGeschichte. Nürnberg 2010.
[105] Schieber, Martin/Schmidt, Alexander/Windsheimer, Bernd: St. Johannis. Geschichte eines Stadtteils. Nürnberg 2000.
[106] Mittenhuber, Martina/Schmidt, Alexander/Windsheimer, Bernd: Der Nürnberger Nordosten. StadtteilGeschichte. Nürnberg 2012.
[107] Schieber, Martin/Schmidt, Alexander/Windsheimer, Bernd: Architektur Nürnberg. Bauten und Biografien. Bd. 1. Vom Mittelalter bis zum Wiederaufbau. Nürnberg 2007.
[108] Boyken, Immo: Otto Ernst Schweizer 1890-1965. Bauten und Projekte. Stuttgart 1996; ders.: Otto Ernst Schweizer. Milchhof.
[109] Windsheimer, Bernd: 100 Jahre Klinikum Nürnberg. Die Geschichte des Nürnberger Gesundheitswesens im späten 19. und 20. Jahrhundert. Nürnberg [1997].
[110] Schmuck, Suse: Die Lerchenhainsiedlung. Würzburg 2002; dies.: Das Hochhaus Augustinerstraße 9; dies.: Von Kistenhäusern und Flachdächern. Peter Feile und das Neue Bauen in Würzburg. In: Keß, Bettina/Reese, Beate (Hg.): Tradition und Aufbruch. Würzburg und die Kunst der 1920er Jahre. Würzburg 2003, S. 113-135.
[111] Wagner, Ulrich (Hg.): Geschichte der Stadt Würzburg. Bd. 3/1. Vom Übergang an Bayern 1814 bis zum 21. Jahrhundert. Stuttgart 2007.
[112] Dettelbacher, Werner: Damals in Würzburg. Bilddokumente aus der Zeit von 1914-1945. Würzburg 1971.
[113] Keß, Bettina: Kunstleben und Kulturpolitik in der Provinz. Würzburg 1919 bis 1945. Würzburg 2001, S. 189-201.

graphie[114], Briefe, gesammelte Zeitungsberichte und Predigten herangezogen werden. Intentionen und Hintergründe des von Faulhaber initiierten Kirchenbauprogrammes und seine Einstellung zu einem neuen Stil im Sakralbau werden daraus ersichtlich. Im Bistum Augsburg sind die meisten Akten aus der Weimarer Zeit bei den jeweiligen Pfarrarchiven verblieben, weshalb nur die teilweise repertorisierten Unterlagen einer einzelnen Pfarrei exemplarisch für mögliche Interventionen des Baukunstausschusses im Kirchenbau herangezogen wurden.[115] Zum Kirchenbau im Bistum Würzburg während der Weimarer Republik waren keine Nachforschungen möglich, da bei der Zerstörung Würzburgs 1945 ein Großteil des Diözesanarchivs verloren ging.[116]

Zum Baukunstausschuss, damals dem Bayerischen Staatsministerium für Unterricht und Kultus unterstellt, konnte im Bayerischen Hauptstaatsarchiv kaum nennenswertes Material ausgewertet werden, da die relevanten Akten 1944 bei einem Luftangriff auf München vernichtet wurden. Die kunstpolitische Ausrichtung oder Einflussnahme hinsichtlich stilistischer Aspekte bei einzelnen Bauprojekten von Seiten des Baukunstausschusses lassen sich ansatzweise durch zufällig aufgefundenen Schriftverkehr mit der Behörde, Andeutungen in der zeitgenössischen Berichterstattung oder Notizen von Zeitzeugen nachvollziehen.[117]

Zur Auswertung im Münchner Stadtarchiv gelangten Bauakten zu kommunalen Bauten mit Planmaterial und umfangreichem Schriftverkehr, Stadtratsprotokolle und Pressemappen mit Zeitungsausschnitten zum Wohnungs-, Krankenhaus- und Sportstättenbau. Das Stadtarchiv Würzburg verfügt aufgrund der Zerstörungen durch den Zweiten Weltkrieg für die Weimarer Zeit nur über lückenhafte Bestände. Erhalten blieben Rechnungen der Stadtkämmerei sowie Bauakten[118] mit einzelnen Plänen und bruchstückhaftem behördlichen Schriftverkehr. In Pressemappen fehlen Zeitungsausschnitte aus der Zeit vor 1945 fast völlig. Die Allgemeine Bautätigkeit im Würzburg der zwanziger Jahre kann durch intensive Auswertung lokaler Zeitungen wie des *Würzburger General-Anzeigers* und der von der Stadt Würzburg herausgegebenen Verwaltungsberichte in Teilen rekonstruiert werden. Da das Stadtarchiv Nürnberg kaum Kriegsverluste verzeichnet, konnte für die Frauenklinik von Robert Erdmannsdorffer umfangreiches Material eingesehen

---

[114] Faulhaber, Michael von: Autobiographie. unveröff. Manuskript, München 1944. In: AdEMF, NL Faulhaber 9280.

[115] Siehe Stuckenberger: Gottesburgen, S. 52–54.

[116] Nach Angaben des Archivs befinden sich unter Umständen noch Unterlagen aus dieser Zeit in den einzelnen Pfarrarchiven, vermutlich unsachgemäß verwaltet. An Pfarreien beziehungsweise Pfarrarchive gerichtete Anfragen blieben meist unbeantwortet. Zum desolaten Zustand zahlreicher Pfarrarchive und verstreuten Beständen vgl. Stuckenberger: Gottesburgen, S. 9, 52–54.

[117] Die Akten zum Bau der Kirche St. Raphael in Großohrenbronn (Bistum Augsburg, Landkreis Ansbach) beinhalten neben mehreren Plantekturen fast die gesamte Korrespondenz zwischen Pfarrei, Ordinariat, Architekt und Oberster Baubehörde. In: AdBA, GVPfAkt 305.1.1.; vgl. auch Hendschel, Richard: 19 Jahre Kunstreferat 1915-1933. Einige Erlebnisse und Erfahrungen im Kunstreferat aus den Jahren 1915-1933. Auszüge aus den Lebenserinnerungen des Ministerialdirektors a. D. Richard Hendschel. Garmisch 1946. In: Bayerische Staatsbibliothek (unveröff. Manuskript).

[118] XXX. Bericht über die Verwaltung und den Stand der Gemeinde-Angelegenheiten der Stadt Würzburg für 1. April 1933 mit März 1938. Würzburg 1950, S. 1.

werden. Die autobiographischen Aufzeichnungen des damaligen Oberbürgermeisters Hermann Luppe geben Aufschluss über die Einstellung der Stadtspitze zur Wohnungsbaupolitik der Stadt Nürnberg wie auch zur modernen Architektur.[119] Bauakten mit Korrespondenz und eingebundenen Zeitungsausschnitten im Stadtarchiv Augsburg machen Projektierungen wie das neue Krankenhaus nachvollziehbar. Nach Auskunft des Archivs gab die Stadt wegen erheblicher Finanzprobleme in der Weimarer Zeit keinerlei Verwaltungsberichte heraus. Aus dem Nachlass des Architekten Thomas Wechs im Architekturmuseum Schwaben konnten die Memoiren und die *Denkschrift zur Ausarbeitung eines Augsburger Stadtbauplans*[120] zu Wohnungs- und Städtebau herangezogen werden.

Ergänzend zu archivalischen Quellen können in der zeitgenössischen Presseberichterstattung Bauvorhaben der einzelnen Städte annähernd nachverfolgt werden. Da die Zeitungslandschaft der Weimarer Republik bei weitem vielfältiger war als heute[121], beschränkt sich die Auswahl der Printmedien auf lokale Tageszeitungen von regionaler Bedeutung, die sich politisch weitgehend neutral präsentieren, wie der *Würzburger General-Anzeiger* oder die *Nürnberger Zeitung*. Von den Blättern für den Raum München und Augsburg wurden die *München-Augsburger Allgemeine Abendzeitung* und die *Münchner Neuesten Nachrichten* herangezogen. Beide Zeitungen richteten sich vorwiegend an einen deutschnationalen Leserkreis und druckten oftmals die gleichen Beiträge ab.[122] Andere Positionen werden punktuell durch verschiedene parteinahe Zeitungen abgedeckt, beispielsweise durch die *Münchener Post*, die *Augsburger Zeitung* oder den *Fränkischen Volksfreund*.[123] Für den Kirchenbau und allgemeine Fragen des gesellschaftlichen Lebens sind kirchliche Wochenzeitschriften[124] oder Amtsblät-

[119] Luppe, Hermann: Mein Leben. Nürnberg 1977. Luppes Memoiren sind ähnlich wie die anderer Bürgermeister der Weimarer Zeit eine Antwort auf Diffamierungen und Schikanen, denen er nach der nationalsozialistischen „Machtergreifung" ausgesetzt war. Er sah sich gezwungen, Nürnberg zu verlassen und in seine Geburtsstadt Kiel zurückzukehren, wo er gegen Kriegsende bei einem Luftangriff ums Leben kam. Seine unvollendeten Aufzeichnungen zeigen Luppe als scharfen Beobachter seiner Zeit. Angesichts der exponierten Stellung als Oberbürgermeister von Nürnberg und als einer der bekanntesten Republikaner der Weimarer Ära enthalten die Memoiren interessante Informationen zu Politik und Persönlichkeiten.
[120] Thomas Wechs: Denkschrift zur Ausarbeitung eines Augsburger Stadtbauplans. Augsburg 1926.
[121] Hoser, Paul: Die politischen, wirtschaftlichen und sozialen Hintergründe der Münchner Tagespresse zwischen 1914 und 1934. Methoden der Pressebeeinflussung. Frankfurt a. M. 1990, S. 857–862.
[122] Zur Münchner Presselandschaft weist Paul Hoser auf die häufig intransparenten Eigentümerverhältnisse gerade der deutschnational ausgerichteten Zeitungsverlage hin; Hoser: Münchner Tagespresse zwischen 1914 und 1934, S. 18–26.
[123] Die *Augsburger Zeitung* (AZ) ist DNVP-nah, während der *Fränkische Volksfreund* (FV) und die *Münchener Post* (MP) sich SPD-freundlich geben; Hoser: Münchner Tagespresse zwischen 1914 und 1934, S. 113–115.
[124] Die *Münchner Katholische Kirchenzeitung. Organ der Pfarrgemeinden, Kongregationen und des katholischen Preßvereins für Bayern (E.V.)* (MKKZ) informierte auch über neue Kirchenbauprojekte im Erzbistum München-Freising. Die *Bayerische Katholische Kirchenzeitung* (BKKZ) brachte kleinere Beiträge zum konfessionellen Baugeschehen. Neben sittlichen und religiösen Fragen würdigte das *Katholische Kirchenblatt für die Pfarreien*

ter[125] aufschlussreich. Fachzeitschriften wie *Die Christliche Kunst, Deutsche Bauzeitung* oder *Der Baumeister* kommentierten das Baugeschehen der Weimarer Zeit auch in Bezug auf Bayern mit Fotos und baukünstlerischer Kritik. Sie boten auch ein Forum für architekturtheoretische Debatten, an denen sich namhafte Architekten der Zeit beteiligten.

Festschriften anlässlich einer Kirchenweihe beinhalten oft Baubeschreibungen und Beiträge zur Bedeutung des Bauwerks, so die *Festschrift zur Einweihung der Gustav-Adolf-Gedächtniskirche*[126] von 1930 in Nürnberg oder die *Festschrift zur Einweihung der St. Barbarakirche in Würzburg*[127]. Zur Eröffnung oder zum Jubiläum eines Krankenhauses, wie der Frauenklinik in Nürnberg 1932[128] oder des städtischen Krankenhauses München-Schwabing[129], schilderten Festschriften neben der Baugeschichte die für den neuzeitlichen Krankenhausbau relevanten Anforderungen.

Als weitere Quellengruppe befassten sich theoretische Abhandlungen mit der Entwicklung des Bauwesens auf einem bestimmten Gebiet, wie Richard Schachners Baubeschreibung *Das Hochhaus im Krankenhausbauwesen* am Beispiel der Dermatologischen Klinik München[130] oder die *Richtlinien für den Bau und Betrieb von Krankenanstalten* des Gutachterausschusses für das öffentliche Krankenhauswesen[131]. Der Thematik Wohnungsnot, sozialer Wohnungsbau und zeitgemäßer Architektur in München und Deutschland widmeten sich die 1928 erschienenen Veröffentlichungen des damaligen Münchner Stadtbaudirektors Albert Gut.[132] Mit Funktionalität und Hygiene einer modernen Wohnkultur setzte sich der Münchner Architekt O. O. Kurz mehrfach im Rahmen der Ausstellung *Heim und Technik* in Schriften und Vorträgen auseinander.[133] Monographien der Reihe *Neue*

---

der Stadt Würzburg (KKBW) neue Kirchen. In der Diözese Augsburg konnten Katholiken zu diesen Themen das *Katholische Sonntagsblatt für die Diözese Augsburg* (KSBDA) lesen.

[125] Das kirchliche Amtsblatt, das *Würzburger Diöcesan-Blatt* (WDB) veröffentlichte Richtlinien zum modernen Kirchenbau: [Gröber, Conrad]: Merkblatt für den Clerus und geistliche Institutionen über die Zusammenarbeit mit Künstlern. In: WDB, Nr. 17, 19. Juli 1933.

[126] Pfarramt Lichtenhof (Hg.): Festschrift zur Einweihung der Gustav-Adolf-Gedächtniskirche Nürnberg-Lichtenhof. 29. Juni 1930. Nürnberg 1930.

[127] Katholischer Kirchenbauverein St. Barbara in Würzburg (Hg.): Festschrift zur Einweihung der St. Barbara-Kirche in Würzburg. Würzburg 1927.

[128] Erdmannsdorffer, Robert: Frauenklinik und Säuglingsheim Nürnberg. Nürnberg 1931.

[129] Schachner, Richard: Das städtische Krankenhaus München-Schwabing. Eine Baubeschreibung. Düsseldorf 1929.

[130] Schachner, Richard: Das Hochhaus im Krankenhausbauwesen. In: Schachner, Richard/Schmieden, Heinrich/Winterstein, Hans: Krankenhausbau. In: Gottstein, Adolf (Hg.): Handbücherei für das gesamte Krankenhauswesen. Bd 1. Berlin 1930, S. 318–339.

[131] Gutachterausschuß für das öffentliche Krankenhauswesen (Hg.): Richtlinien für den Bau und Betrieb von Krankenanstalten. Aufgestellt vom Gutachterausschuß für das öffentliche Krankenhauswesen in den Jahren 1925–1928. Berlin 1929.

[132] Gut, Albert (Hg.): Das Wohnungswesen der Stadt München. München 1928; ders.: Wohnungsbau in Deutschland.

[133] Kurz, O. O.: Das ideale Heim von heute. Auszug aus einem Rundfunkvortrag von Prof. O. O. Kurz. In: ders. (Hg.): Die kleine Wohnung in Halle 1 der Ausstellung Heim und Technik München 1928. 21 Wohnungen in Grundrissen, Vogelschaubildern u. Erläuterungen. München 1928, S. 3–21; ders.: Was wir wollen. Anregungen, Wünsche von Ar-

Stadtbaukunst mit Ausgaben zu Würzburg[134] und München[135] geben einen Überblick über das auf dem Gebiet des Wohnungs- und Städtebaus bereits Geleistete. Ergänzend dazu porträtierten Publikationen aus den zwanziger Jahren unter dem Titel *Neue Werkkunst* Architekten und deren Werk.[136] Mehrere Denkschriften[137] skizzierten die vielfältigen Probleme der Kommunen und boten Lösungsvorschläge zu Themen wie Wohnungsnot, städtebaulicher Entwicklung oder drohendem Bedeutungsverlust einer Stadt.

Aufbau

Der Analyse moderner Architektur im jungen Freistaat Bayern ist im ersten Teil ein größeres Kapitel vorangestellt, welches Bezug nimmt auf die politische, wirtschaftliche und soziale Lage im Deutschland der Weimarer Republik. Damit sollen die Rahmenbedingungen für das Neue Bauen in Deutschland und in Bayern verdeutlicht werden unter Berücksichtigung des Verhältnisses Bayerns zum Reich sowie der kommunalpolitischen Entwicklung in den Jahren zwischen Revolution und nationalsozialistischer „Machtergreifung". Zum besseren Verständnis der Architektur der zwanziger Jahre ist dem ersten Teil dieser Untersuchung ein weiterer Abschnitt angegliedert, in dem die wichtigsten Stilströmungen dieser relativ kurzen Epoche Heimatschutz – Neue Sachlichkeit – Bauhaus – Neues Bauen differenziert werden. Ein Überblick über die Architektenszene der zwanziger Jahre richtet den Fokus auf in bayerischen Städten tätige Architekten. Thematisiert werden Kunststadt- und Provinzstadtdebatten sowie der Einfluss staatlicher und kommunaler Stellen auf Planung und Gestaltung von Neubauten.

Im weiteren Verlauf der Arbeit stehen Neubauprojekte bayerischer Kommunen und deren Problematik im Vordergrund. Da kirchliche, kommunale, staatliche und private Bautätigkeit ein weites Feld darstellen, ist es erforderlich, die hier exemplarisch zu behandelnden Bauten sinnvoll zu gruppieren. Mit „Bauten der Gemeinschaft", „Wohnbauten und Siedlungen" und „Bauten der Arbeit" lehnt sich die Kategorisierung an die Einteilung des Kunsthistorikers Walter Müller-Wulckow

---

chitekten, Hausfrauen, Technikern für den Wohnungsbau zusammengestellt von Prof. O. O. Kurz zur Ausstellung „Heim und Technik" München 1928. In: ders. (Hg.): Die kleine Wohnung in Halle 1 der Ausstellung Heim und Technik München 1928. 21 Wohnungen in Grundrissen, Vogelschaubildern u. Erläuterungen. München 1928, S. 3-40; Herbert, Eduard/Kurz, O. O. (Hg.): Was ein Bauherr wissen muß. Ratschläge für Bauende. München 1938.

[134] Kreuter, Franz: Neue Stadtbaukunst. Würzburg. Berlin/Leipzig/Wien 1929.

[135] Beblo, Fritz: Neue Stadtbaukunst. München. Berlin/Leipzig/Wien 1928.

[136] Feulner, Adolf: Neue Werkkunst. O. O. Kurz und E. Herbert. Berlin/Leipzig/Wien 1927; Hegemann, Werner: Neue Werkkunst. German Bestelmeyer. Berlin/Leipzig/Wien 1929; Lill, Georg: Neue Werkkunst. Michael Kurz. Berlin/Leipzig/Wien 1929; in der Konzeption ähnlich, aber kein Teil der Reihe *Neue Werkkunst*: Hoffmann, Richard/Steinlein, Gustav (Hg.): Kirchen, Schulen, Klöster, Krankenhäuser, Innenräume. Albert Bosslet. Querschnitt durch sein Schaffen. München [1931].

[137] Preis, Karl Sebastian: Die Beseitigung der Wohnungsnot in München. Denkschrift und Anträge des städt. Wohnungsreferenten vom 24. Dezember 1927. München 1928; Barthel, Ludwig Friedrich, u. a.: Würzburg eine Provinzstadt? oder die kulturelle Sendung Würzburgs. Würzburg 1927.

an.[138] Zur Veranschaulichung der behandelten Bauprojekte sind jedem Kapitel einige Abbildungen beigefügt.

Für die Untersuchung wurden als Bauten der Gemeinschaft Kirchen, Krankenhäuser und Sportstätten ausgewählt. Vor dem Hintergrund einer sich nach dem Krieg neu orientierenden Gesellschaft und angesichts des Spannungsfeldes, das eine moderne, zeitgemäße Architektur mit sich brachte, widmet sich das erste Kapitel dem Kirchenbau und Bauten kirchlicher Träger. Beim Bau von Krankenhäusern sahen sich Kirche, Staat und Kommunen in der Pflicht, wobei es galt, einen durch bahnbrechende medizinische Fortschritte verursachten tiefgreifenden Wandel im Gesundheitswesen und die neuen Prämissen in Therapie und Versorgung der Patienten mit Licht, Luft und Hygiene im Klinikbau umzusetzen. Der Bau von Sportanlagen veranschaulicht einerseits die Bemühungen der Kommunen um Gesundheitsprävention in der Bevölkerung, andererseits sind Sportstadien und Hallenbäder in den zwanziger Jahren Stätten des Gemeinschaftserlebnisses, der Freizeitgestaltung und der Volksbildung. Als solche demonstrieren sie auch die Möglichkeiten des technischen Fortschritts sowie die Umsetzung neuer wissenschaftlicher Erkenntnisse.

Der Grundgedanke des Neuen Bauens, die Lebensverhältnisse mit den Mitteln der Architektur zu verbessern, war in der Weimarer Zeit weitgehend konsensfähig. Das Kapitel zum Wohnungs- und Siedlungsbau wird neben Möglichkeiten des modernen Wohnungsbaus zur Behebung von Wohnungsnot und Wohnungselend auch Diskussionen um die Hebung des Lebensstandards in den Blick nehmen.

Da die Moderne in der Weimarer Zeit weitreichende Veränderungen am Arbeitsplatz mit sich brachte, für die das Neue Bauen Lösungsansätze bot, findet der moderne Zweckbau mit den Hochhäusern in München und Würzburg sowie dem Milchhof in Nürnberg Eingang in das Kapitel „Bauten der Arbeit", wobei näher auf den Funktionalismus und die Bemühungen um ein gesundes Arbeitsklima eingegangen wird. Eine besondere Stellung nehmen hierbei die Bauten der bayerischen Postbauschule ein, die allgemein als Musterbeispiele der Neuen Sachlichkeit im Freistaat Bayern wahrgenommen werden.

---

[138] Müller-Wulckows Definition der einzelnen Gruppen war wesentlich umfangreicher. Um den Rahmen der vorliegenden Arbeit nicht zu sprengen, musste eine Auswahl getroffen werden. Zu „Bauten der Gemeinschaft" zählen neben den oben genannten Schulen, Heime, Lichtspieltheater, Stadthallen und Rathäuser. Der Band *Bauten der Arbeit und des Verkehrs* nennt Wasser-, Elektrizitäts-, Heizkraft-, Umspannwerke, Verwaltungsgebäude, Bahnhöfe, Großmarkthallen, Straßenbahnhöfe und Observatorien. „Wohnbauten und Siedlungen" umfassen sowohl private Villen und Einfamilienhäuser als auch Mietwohnungshäuser und Wohnsiedlungen; vgl. Müller-Wulckow: Bauten der Gemeinschaft, S. 5–8; ders.: Deutsche Baukunst der Gegenwart. Bauten der Arbeit und des Verkehrs. Königstein im Taunus/Leipzig 1929, S. 5–8; ders.: Wohnbauten und Siedlungen, S. 5.

I. Politische, wirtschaftliche und soziale Rahmenbedingungen

Die Ereignisse der Novemberrevolution 1918, um die Weimarer Nationalversammlung, die Gründung der Weimarer Republik sowie die negativen Auswirkungen ihrer zahlreichen politischen und wirtschaftlichen Krisen sind in nahezu jeder größeren wissenschaftlichen Publikation erschöpfend ausgearbeitet. Erst jüngere Arbeiten bemühen sich, die Weimarer Republik für sich und nicht nur unter dem Aspekt ihres Scheiterns zu sehen. Auch diese Arbeit folgt diesem Ansatz und beschränkt sich im Rahmen der Thematik Architektur und Moderne bezüglich Politik, Wirtschaft und sozialen Fragen auf einen Überblick, da erst vor dem allgemeinen Kontext der Weimarer Zeit einige themenrelevante Bereiche verständlich werden. Generell wird das Deutschland der Weimarer Republik als Kernland der modernen Architektur gesehen.[1] Weniger beachtet wird dabei, dass es innerhalb des damaligen Deutschen Reiches durchaus große Unterschiede gab. Im staatlichen und föderalen Gefüge der Weimarer Republik nahm der Freistaat Bayern eine gewisse Sonderstellung ein. Revolution und politischer Systemwechsel trafen Bayern hart.[2] War das Land im Kaiserreich noch mit Sonderrechten ausgestattet, welche die Souveränität Bayerns in der Außen- und Finanzpolitik sowie im Post- und Bahnwesen sicherten, kehrten die Weimarer Reichsverfassung und die Erzberger'sche Finanzreform das Verhältnis zu Gunsten eines unitarischen Staatsaufbaus um.[3] Der „Einheitsstaat"[4] wurde in Bayern als Gefahr für die staatliche und kulturelle Identität wahrgenommen und schwebte gleich einem Damoklesschwert über dem Freistaat. Dieser Blickwinkel bestimmte auch die Diskussion um die vermeintlich von einigen Weimarer Verfassungsartikeln ausgehenden Gefahren zur „Entstaatlichung der Länder"[5]. Partikularisierungstendenzen, die ihre Wurzeln bereits im Kaiserreich hatten und durch die Bismarck'sche Reichsverfassung quasi legitimiert worden waren, gewannen angesichts der zentralstaatlichen Bestrebungen der Weimarer Republik an Brisanz.[6] Das von Anfang an konfliktbehaftete Verhältnis Bayerns zum Reich betraf auch die unterschiedlichen Auffassungen zur Kulturpolitik, da die bayerische Regierung die Meinung vertrat, „daß die deutsche Kultur auf dem Boden der verschiedenen deutschen

---

[1] Miller Lane: Architektur und Politik, S. 38.
[2] Schwend, Karl: Bayern zwischen Monarchie und Diktatur. München 1954, S. 41-57.
[3] Götschmann: Wirtschaftsgeschichte Bayerns, S. 273; Gömmel, Rainer: Gewerbe, Handel und Verkehr. In: Spindler: Handbuch der bayerischen Geschichte. Bd. 4/2, S. 253; Jan, Heinrich von: Bayern und das Reich. In: Wolf, Georg Jacob (Hg.): Dem Bayerischen Volke. Der Weg der Bayern durch die Jahrhunderte. Ein Bekenntnis zu Bayern und zum Reich. München 1930, S. 413.
[4] Stang, Georg: Das politische Leben Bayerns im Lichte der zentralistischen und einheitsstaatlichen Bestrebungen. In: Wolf: Dem Bayerischen Volke, S. 390-399.
[5] Gürtner, Franz: Einheitsstaat oder Bundesstaat? In: Wolf: Dem Bayerischen Volke, S. 402.
[6] Vollhardt, Ulla-Britta: „Das Bayerland" und der Nationalsozialismus. Zum Wirken einer Heimatzeitschrift in Demokratie und Diktatur. St. Ottilien 1998, S. 46-48; Körner, Hans-Michael: Parlamentarisierung und Eigenstaatlichkeit. Gibt es um 1900 eine Wende in der bayerischen Politik? In: Becker, Winfried/Chrobak, Werner (Hg.): Staat, Kultur, Politik. Beiträge zur Geschichte Bayerns und des Katholizismus. Kallmünz 1992, S. 292f.

Stämme und ihrer eigenstaatlichen Organisation erwachsen ist, und daß sie daher ersprießlich auch nur auf diesem Boden weitergeführt werden kann"[7]. Dieses Verständnis machte auch die aus bayerischer Sicht vom Reich ausgehende moderne Architektur zum Gegenstand der politischen Kontroverse.

1. Bayern und das Reich

Viele Deutsche empfanden die Revolution, die in der Abdankung Kaiser Wilhelms II., der Ausrufung der Republik am 9. November 1918 und der Einsetzung des Rates der Volksbeauftragten als provisorischer Reichsregierung unter den Vorsitzenden Friedrich Ebert und Hugo Haase gipfelte, als Zäsur. Zwei Tage zuvor hatte am 7. November in München auf der Theresienwiese Kurt Eisner, der der USPD angehörte, die sich während des Krieges von der SPD abgespalten hatte[8], den Freistaat Bayern ausgerufen.[9] Der schwierige, in vielen Teilen des Deutschen Reiches von Revolutionswirren überschattete Übergang zur ersten parlamentarischen Demokratie zeigte die unterschiedlichen Vorstellungen über die politische Zukunft auch innerhalb der Bevölkerung auf.[10] Teile des Bürgertums und der Beamten, welche die Republik ablehnten und dem Kaiserreich nachtrauerten, fanden sich in der monarchistisch-rechtskonservativen DNVP wieder, die mit der Bayerischen Mittelpartei über einen regionalen Ableger in Bayern verfügte.[11] Ein nicht unbeträchtlicher Teil, darunter viele Inflationsverlierer, radikalisierte sich weiter und suchte in völkischen Vereinigungen eine neue Heimat, die sich in den

---

[7] von Jan: Bayern und das Reich, S. 413. Zeitgenössische, partikularistisch beeinflusste Publikationen des von Michael Doeberl 1917-1928 geleiteten Lehrstuhls für bayerische Landesgeschichte an der Ludwig-Maximilians-Universität München lieferten die wissenschaftliche Basis für die Sichtweise der Bayerischen Staatsregierung; Kramer, Ferdinand: Der Lehrstuhl für bayerische Landesgeschichte von 1917 bis 1977. In: Volkert, Wilhelm/Ziegler, Walter (Hg.): Im Dienst der bayerischen Geschichte. 70 Jahre Kommission für bayerische Landesgeschichte. 50 Jahre Institut für Bayerische Geschichte. München 1998, S. 360, 369f.; Vollhardt: „Das Bayerland", S. 23f., 53.
[8] Der gebürtige Berliner Kurt Eisner (1867-1919) war nach einem Germanistik- und Philosophiestudium als Journalist unter anderem bei den SPD-Parteizeitungen *Vorwärts*, *Fränkische Tagespost* und *Münchener Post* tätig. Als Pazifist gehörte Eisner 1917 zu den Gründungsmitgliedern der USPD, die sich im Streit um die Bewilligung von Kriegskrediten von der SPD abspaltete; vgl. Hürten, Heinz: Revolution und Zeit der Weimarer Republik. In: Spindler: Handbuch der bayerischen Geschichte. Bd. 4/1, S. 440-457; Grau: Eisner, S. 449-472.
[9] Nach allgemeiner Auffassung galt dabei „Freistaat" als Synonym für „Republik"; vgl. Möller: Die Weimarer Republik, S. 117, 183; Grau: Eisner, S. 377.
[10] Mommsen, Hans: Die Krise der parlamentarischen Demokratie der Zwischenkriegszeit. In: Wirsching, Andreas (Hg.): Herausforderungen der parlamentarischen Demokratie. Die Weimarer Republik im europäischen Vergleich. München 2007, S. 28.
[11] Kiiskinen, Elina: Die Deutschnationale Volkspartei in Bayern (Bayerische Mittelpartei) in der Regierungspolitik des Freistaats während der Weimarer Zeit. München 2005, S. 50-58, 314-318; Hürten: Revolution und Zeit der Weimarer Republik, S. 446f.; vgl. auch Büttner, U.: Weimar. Die überforderte Republik, S. 95-103; Möller: Die Weimarer Republik, S. 99, 106-110; Peukert: Die Weimarer Republik. Krisenjahre der klassischen Moderne, S. 205-209; Wehler: Deutsche Gesellschaftsgeschichte. Bd. 4, S. 757f.

Wirren der Novemberrevolution und frühen Weimarer Republik als neue ernstzunehmende politische Kraft etablierten, wobei sich die NSDAP als führende Partei herauskristallisierte. Hitler und seine Parteigenossen strebten ein völlig neues politisches System an, welches die Republik ablehnte und auf einem extremen Nationalismus und Antisemitismus basierte und wenig mit konservativen Vorstellungen gemein hatte.

Im Gegensatz zu den Mehrheitssozialdemokraten erstrebten USPD und KPD einen radikalen Bruch mit dem alten politischen und gesellschaftlichen System nach dem Vorbild der russischen Oktoberrevolution und nach marxistischen Idealen. Dabei existierten vor allem in der USPD durchaus widerstreitende Meinungen, so befürwortete der bayerische Ministerpräsident Kurt Eisner eine Kombination aus repräsentativ-parlamentarischer Demokratie und Rätesystem.[12] Der ehemaligen Mutterpartei und Ebert warf die USPD Verrat an der Revolution vor, da durch den Kompromiss mit dem Bürgertum die Chance auf eine einschneidende Zäsur und die Entmachtung der alten Eliten fahrlässig vertan worden sei.[13] Ebert, von der Nationalversammlung zum Reichspräsidenten gewählt, sah keine Alternative zu dem von ihm eingeschlagenen politischen Kurs. Zur Stabilisierung der neu geborenen Republik blieb angesichts bürgerkriegsartiger Aufstände die Zusammenarbeit mit der Reichswehr unverzichtbar. Im Januar 1919 erschütterte kurz vor den Wahlen zur Nationalversammlung der kommunistische Spartakusaufstand Berlin, während nahezu gleichzeitig in Bayern nach der Landtagswahl vom 12. Januar[14] und der Ermordung Eisners[15] mit Ausrufung der Räterepublik und der Flucht der SPD-geführten Regierung Hoffmann nach Bamberg die Lage eskalierte.

Die Revolutionswellen, die Bayern über Monate erschütterten, verliefen teilweise heftiger als in anderen Teilen des Reiches.[16] Der schnelle Sturz der Wittelsbachermonarchie, immerhin eine der ältesten Deutschlands, zeigt das Ausmaß der politischen Unzufriedenheit. Wahrscheinlich setzte Eisner bereits Anfang 1918 auf eine Revolution zur Lösung der zahlreichen Probleme Bayerns und des Reiches, als es mit dem großen Munitionsarbeiterstreik erstmals zu größeren politischen Unruhen kam. Nach zwischenzeitlicher Inhaftierung agitierte er ab Ende Oktober 1918 wieder für die USPD, welche mittlerweile eine sozialistische Republik und

---

[12] Grau: Eisner, S. 421–439.
[13] Die Spaltung der deutschen Sozialisten in Mehrheitssozialdemokratie und USPD, welche sich mit der Gründung des Spartakusbundes, aus dem später die KPD hervorging, noch weiter vertiefte, gehörte mit zu den schwersten Belastungen der Weimarer Republik, da sie ein gemeinsames Linksbündnis gegen die Republikfeinde von rechts unmöglich machte; vgl. Gay, Peter: Die Republik der Außenseiter. Geist und Kultur in der Weimarer Zeit 1918-1933. Frankfurt a. M. 2004, S. 31 f.
[14] Stärkste Partei wurde die BVP mit 35% der Stimmen, gefolgt von der MSPD mit 33,5%, der DDP mit 14% und dem Bayerischen Bauernbund mit 9,1%, während Nationalliberale und Bayerische Mittelpartei zusammen 5,8% erhielten. Die von Eisner geführte USPD wurde mit 2,5% regelrecht abgestraft; vgl. Hürten: Revolution und Zeit der Weimarer Republik, S. 455; Petersen, Kathi (Hg.): Benno Merkle. Oberbürgermeister von Schweinfurt 1920-1933. Schweinfurt 2003, S. 29.
[15] Möller: Die Weimarer Republik, S. 127; Hürten: Revolution und Zeit der Weimarer Republik, S. 457.
[16] Hürten, Heinz: Revolution und Zeit der Weimarer Republik, S. 440.

Frieden forderte.[17] Obwohl die entscheidende Demonstration auf der Theresienwiese am 7. November gemeinsam mit der MSPD stattfand, gelang es Eisner, im Laufe der Nacht mit einer relativ geringen Zahl an Anhängern die Kontrolle über die Kasernen und die bayerische Landeshauptstadt zu übernehmen.[18] Oskar Maria Graf schilderte als Zeitzeuge anschaulich die Ereignisse in seinem autobiographischen Werk *Wir sind Gefangene. Ein Bekenntnis*.[19] Durch die Revolution Ministerpräsident des frisch proklamierten Freistaats Bayern, erklärte sich Eisner bereit, mit der Mehrheitssozialdemokratie unter Erhard Auer[20] und bürgerlichen Republikanern eine provisorische Regierung mit Johannes Hoffmann (MSPD) als stellvertretendem Ministerpräsidenten zu bilden.[21]

Wenige Tage später entband König Ludwig III. am 13. November 1918 die Beamten und Soldaten von dem auf ihn geleisteten Treueid, was de facto einem Thronverzicht gleichkam.[22] Die Revolution fand in der Bevölkerung überraschend große Zustimmung, Eisners politische Vorstellungen dagegen stießen trotz einer im Vergleich zur offiziellen Linie seiner Partei gemäßigten Position auf breite Ablehnung. Seine Vergangenheit als Journalist und Schriftsteller ließen ihn suspekt erscheinen, und als Jude, geborener Preuße und USPD-Mitglied sah er sich heftigsten Anfeindungen ausgesetzt.[23] Die Veröffentlichung geheimer Ak-

---

[17] Ebd., S. 442; Petersen: Benno Merkle, S. 24.
[18] Hürten: Revolution und Zeit der Weimarer Republik, S. 443; Geyer, Martin: Verkehrte Welt. Revolution, Inflation und Moderne, München 1914-1924. Göttingen 1998, S. 54.
[19] Graf: Wir sind Gefangene, S. 393-397.
[20] Erhard Auer (1874-1945) war seit 1896 Privatsekretär des bayerischen Parteichefs Georg von Vollmar. Ab 1907 Mitglied des Landtages, stieg er 1919 zu dessen Vizepräsidenten auf und zog in die Nationalversammlung ein, nachdem er im November 1918 im Kabinett Eisner erster Innenminister geworden war. Auer, bis 1933 Vizepräsident des Bayerischen Landtages, Reichstagsabgeordneter und Vorsitzender der bayerischen SPD, war auch am Aufbau des Reichsbanners Schwarz-Rot-Gold beteiligt. Zusammen mit Oskar von Miller hatte er großen Anteil am Bau des Walchenseekraftwerks. Auer wohnte in München in dem von O. O. Kurz errichteten Teil der Moll-Blöcke; vgl. Schmalzl, Markus: Erhard Auer. Wegbereiter der parlamentarischen Demokratie in Bayern. Kallmünz 2013, S. 270f., 299-302; Goetz, Walter: Auer, Erhard. In: NDB, hg. von der Historischen Kommission bei der Bayerischen Akademie der Wissenschaften. Bd. 1. Berlin 1953, S. 429f.; Hürten: Revolution und Zeit der Weimarer Republik, S. 444f., 457; Petersen: Benno Merkle, S. 28-31; Müller-Rieger: Westend. Von der Sendlinger Haid' zum Münchner Stadtteil, S. 160.
[21] Hürten: Revolution und Zeit der Weimarer Republik, S. 442-445.
[22] Ebd., S. 445.
[23] In seiner Autobiographie drückte Kardinal von Faulhaber sein Unverständnis darüber aus, „[…] dass ein Volk, dessen Königstreue sprichwörtlich war, auf den Ruf eines landfremden galizischen Schriftstellers hin, übernacht ohne Schuss und Heldenblut zu vergießen, in das republikanische Lager abschwenkte und seinen König in die Verbannung ziehen ließ?" Faulhaber, Michael von: Autobiographie. unveröff. Manuskript, München 1944. In: AdEMF, NL Faulhaber 9280, S. 466. Reinhard Piper kommentierte die Ereignisse: „Es scheint mir undenkbar, dass ein Mann wie Kurt Eisner, ein in Berlin geborener Jude, in Bayern eine ausschlaggebende Stimme hat. Das bayerische Volk wird sich jedenfalls nur von einer Regierung leiten lassen wollen, die aus ihren eigenen Reihen hervorgegangen ist." Piper, Ernst: Aus der Sicht eines Unpolitischen. In: Bauer, Reinhard/Piper, Ernst (Hg.): München. Ein Lesebuch. Frankfurt a. M. 1986, S. 176. Im völkischen Milieu galt die Revolution gemeinhin als Produkt „Berliner Juden und Bolschewisten"; Geyer: Verkehrte Welt, S. 127f.; Becker, N.: Bürgerliche Lebenswelt und Politik in München, S. 222-232.

ten der bayerischen Regierung, welche die Alleinschuld Deutschlands am Ersten Weltkrieg aufzeigen sollten, stempelte ihn in den Augen vieler zum Hochverräter. Fehlentscheidungen, wie der Verzicht auf eine Demokratisierung der Beamtenschaft oder den Aufbau einer „Volkswehr" zur Aufrechterhaltung des staatlichen Gewaltmonopols und der Streit um die künftige Verfassungsform vergifteten das politische Klima in Bayern nachhaltig, was die Agitation politischer Extremisten von Links und Rechts begünstigte. Die USPD erfuhr bei den Landtagswahlen eine Niederlage und Eisner, der seinen Rücktritt erklären wollte, wurde auf dem Weg zur konstituierenden Sitzung des neu gewählten Parlaments am 21. Februar 1919 ermordet.[24]

Die Ermordung des Ministerpräsidenten war der Auftakt zu einer weiteren Eskalation. In einer tumultartigen Sitzung wählte der Bayerische Landtag den bisherigen Kultusminister Johannes Hoffmann (SPD)[25] zum neuen Ministerpräsidenten, der auch das Amt des Außenministers übernahm.[26] Schon kurz darauf riefen die Arbeiter- und Soldatenräte in München die Räterepublik aus, in der in schneller Abfolge immer radikalere linksgerichtete beziehungsweise kommunistische Regierungen, welche jeweils ihre eigene Räterepublik ausriefen, das Kommando übernahmen. Ohne allzu sehr ins Detail zu gehen, bleibt festzuhalten, dass gerade die vierte und letzte Räterepublik politischer Terror beider Seiten kennzeichnete. Auf Ersuchen der Regierung Hoffmann entsandte die Reichsregierung Reichswehr- und Freikorpstruppen zur Bekämpfung der Räterepublik. Der „weiße" Terror der von Ritter von Epp geführten Freikorps forderte weitaus die meisten Opfer.[27] Mit dem Vollzug der Reichsexekution war auch in Bayern die Revolution beendet. Die junge Weimarer Republik kam aber trotzdem nicht zur Ruhe – im Ruhrgebiet mit dem sogenannten Ruhrkampf und in Mitteldeutschland flammten in den nächsten Jahren wiederholt Aufstände auf.[28]

---

[24] Hürten: Revolution und Zeit der Weimarer Republik, S. 440–457; Grau: Eisner, S. 449–472.

[25] Johannes Hoffmann (1867–1930) gehörte seit 1899 der DVP an, die er bis 1904 im Stadtrat Kaiserslautern vertrat. Nach seinem Wechsel zur SPD 1907 wurde er 1908 in den Landtag gewählt. Seit 1912 Reichstagsabgeordneter, nahm Hoffmann 1919 an der Nationalversammlung teil. Als Kultusminister im Kabinett Eisner trat er für die Abschaffung der Bekenntnisschulen ein, was ihm die Feindschaft des Münchner Erzbischofs von Faulhaber eintrug. Vom Amt des bayerischen Ministerpräsidenten trat Hoffmann 1920 infolge des Kapp-Putsches zurück; Lenk, Leonhard: Hoffmann, Johannes. In: NDB. Bd. 9, S. 427f.; vgl. auch Hendschel: Lebenserinnerungen, S. 4f.; Kramer, Ferdinand/Ksoll-Marcon, Margit/Schmid, Alois (Hg.): Die Protokolle des Bayerischen Ministerrats 1919–1945. Das Kabinett Hoffmann I. 17. März–31. Mai 1919. München 2010, S. 22f.

[26] Bei Schießereien während der konstituierenden Landtagssitzung kam ein Abgeordneter ums Leben und der Vizepräsident und SPD-Vorsitzende Erhard Auer wurde schwer verletzt; Möller: Die Weimarer Republik, S. 127; vgl. auch Hürten: Revolution und Zeit der Weimarer Republik, S. 455–457.

[27] Graf: Wir sind Gefangene, S. 497–506.

[28] Mit Ausrufung der Räterepubliken in Mannheim (22. Februar 1919) und Braunschweig (28. Februar 1919), dem Generalstreik in Leipzig und Thüringen, dem Separatismus im Rheinland sowie den oberschlesischen Grenzkonflikten mit Polen erschütterten weitere bürgerkriegsartige Auseinandersetzungen Deutschland; vgl. Möller: Die Weimarer Republik, S. 127, 130; Luppe: Mein Leben, S. 129.

Das brutale Vorgehen der Regierungstruppen und das politische Chaos dieser Monate waren für die bayerische Bevölkerung ein Schockerlebnis, da sich nicht nur München in einem Ausnahmezustand befand, sondern eine emotionsgeladene und gewaltbereite Stimmung das ganze Land erfasste. Unruhen erschütterten zahlreiche Städte und auch in Augsburg und Würzburg wurde jeweils eine Räterepublik ausgerufen.[29] Die Schreckensjahre des Krieges und der Revolutionszeit weckten in breiten Bevölkerungskreisen ein Bedürfnis nach Ruhe und Sicherheit und führten zu einem starken Rechtsruck in Bayern. Alles irgendwie Revolutionäre und häufig auch alle linken Bestrebungen waren seither suspekt. Hinzu gesellte sich ein tief sitzendes Misstrauen gegenüber dem Reich, wobei in der Regel das Deutsche Reich und Preußen als ein und dasselbe wahrgenommen wurden. Bereits während des Krieges hatte sich vielerorts das diffuse Gefühl einer Degradierung Bayerns zum Befehlsempfänger des Kaisers und Preußens eingestellt, vor allem als im sogenannten Kohlrübenwinter 1916 dringend benötigte Lebensmittel angesichts der schlechten Versorgungslage an Preußen abgegeben werden mussten. König Ludwig III. galt vielen als zu nachgiebig gegenüber dem Reich.[30]

Der Verlust der Reservatrechte traf das bayerische Selbstbewusstsein erneut empfindlich und angesichts zentralistischer Tendenzen des von Preußen dominierten Deutschen Reiches trat die Sorge um die Eigenständigkeit Bayerns offen zutage.[31] Nach dem Verzicht auf eine eigene Eisenbahn-, Post- und Militärverwaltung wurde die empfundene Bevormundung Bayerns von Seiten Berlins geradezu zu einem Dauerbrenner der bayerischen Politik und Presse.[32] Seinen Ursprung hatte dieses Misstrauen wohl auch darin, dass Bayern durch den Mord an Eisner und infolge der anschließenden Revolutionswirren nur sehr eingeschränkt auf die Verhandlungen zur Weimarer Reichsverfassung Einfluss hatte nehmen können und sich daher von den in der Nationalversammlung gefassten Beschlüssen übervorteilt fühlte.[33] Die rigorose Sparpolitik des Reiches, Forderungen nach Auflö-

---

[29] Stickler, Matthias: Neuanfang und Kontinuität: Würzburg in der Weimarer Republik. In: Wagner: Geschichte der Stadt Würzburg. Bd. 3/1, S. 178-182; Wolf: Wohnarchitektur in Augsburg, S. 29; Petersen: Benno Merkle, S. 39-41.
[30] Graf: Wir sind Gefangene, S. 315.
[31] Schwend: Bayern zwischen Monarchie und Diktatur, S. 71-82; Götschmann: Wirtschaftsgeschichte Bayerns, S. 273. Um den Eindruck einer preußisch bestimmten Presse in Bayern zu vermeiden, wickelte der Berliner Zeitungszar Hugenberg seine Investitionen in mehrere Zeitungsverlage wie der *München-Augsburger-Abendzeitung* und den *Münchner Neuesten Nachrichten* über Strohmänner ab. Auch die Reichsregierung versuchte Einfluss auf die bayerische Presse zu gewinnen, um die einseitige, gegen das Reich gerichtete Berichterstattung zu durchbrechen; Hoser: Münchner Tagespresse zwischen 1914 und 1934, S. 70-86, 232f.
[32] von Jan: Bayern und das Reich, S. 411-413. Auch Feuchtwanger nahm Bezug auf diese Auseinandersetzungen: „Diese sogenannten Länder, an ihrer Spitze das Land Bayern, wachten [...] eifersüchtig über ihre Eigenstaatlichkeit. [...] Die bayrischen Minister und Parlamentarier waren in diesem Kampf der Länder gegen das Reich die Führer. Fanden für die Autonomie der Bundesstaaten die saftigsten Worte. Kamen besonders großspurig daher." Feuchtwanger, Lion: Erfolg. Drei Jahre Geschichte einer Provinz. Berlin 2003, S. 66.
[33] von Jan: Bayern und das Reich, S. 410; Schwend: Bayern zwischen Monarchie und Diktatur, S. 87f.; Grau: Eisner, S. 421.

sung der Länder und Schaffung eines Einheitsstaates lösten seither in Bayern Existenzängste aus, was dazu führte, dass Bestrebungen der Reichsbehörden, Verwaltungssitze zu verlagern oder aufzulösen, stets auf erbitterten Widerstand trafen.[34] So befürchtete die Stadt Würzburg, durch die Auflösung und Verlagerung der Reichsbahndirektion Würzburg nach Nürnberg zur bedeutungslosen Provinzstadt degradiert zu werden.[35]

Die Bayerische Staatsregierung bediente in den folgenden Jahren die Ressentiments gegenüber dem Reich und insbesondere Preußen, indem sie bisweilen deutlich auf eine staatliche Eigenständigkeit Bayerns hinarbeitete und wiederholt die Kraftprobe mit der Reichsregierung suchte.[36] Der *Würzburger General-Anzeiger* sprach von Bayern als dem „Zentrum der Reaktion"[37]. Den Anfang machte der parteilose, reaktionär eingestellte Gustav Ritter von Kahr, der 1920 als Ministerpräsident auf Johannes Hoffmann folgte.[38] Die Einschätzung des Mitglieds der Weimarer Nationalversammlung und Nürnberger Oberbürgermeisters Hermann Luppe (DDP) über Kahr, der aus der Beamtenschaft kam und mit seiner dezidiert antibolschewistischen Politik den Ruf Bayerns als „Ordnungszelle des Reiches"[39] prägte, als „engstirnige[n] bayerische[n] Reaktionär und Gewaltpolitiker"[40], offenbart die Gräben zwischen den politischen Lagern.[41] Kahr bildete eine rechtsgerichtete Regierung aus Mitgliedern der BVP, des Bauernbundes und der Bayerischen Mittelpartei und stützte sich außerhalb des Parlaments auf die vaterländischen Verbände, zu denen auch die fast ausnahmslos völkisch-rechtsradikalen Einwohnerwehren gehörten. Seine Protektion ging so weit, dass er die Umsetzung von Anweisungen aus Berlin verweigerte, als die Reichsregierung auf Druck der Entente die Auflösung der paramilitärisch organisierten Einwohnerwehren forderte.[42] In den folgenden Jahren stellte der Freistaat Bayern für viele gesuchte rechtsradikale Verbrecher einen sicheren Hafen dar, wie zum Beispiel für die Mitglieder der „Organisation Consul", die unter anderem für den Mord am früheren Finanzminister Matthias Erzberger verantwortlich war.[43] Als nach der Ermordung Erzbergers im August 1921 der Reichspräsident eine Republik-

[34] Gegen den Einheitsstaat. In: WGA, Nr. 108, 10. Mai 1928, S. 1; Die weißblaue Eigenstaatlichkeit. In: WGA, Nr. 283, 7. Dezember 1928, S. 1; Würzburgs Protest gegen den Ämterabbau der Reichsbehörden. In: WGA, Nr. 58, 9. März 1929, S, 3.
[35] Zur Frage der Aufhebung der Reichsbahndirektion Würzburg. In: WGA, Nr. 60, 12. März 1929, S. 3.
[36] Schmidt, L.: Franz Matt, S. 38; Hürten: Revolution und Zeit der Weimarer Republik, S. 475-479; Grau: Eisner, S. 405 f.; Becker, N.: Bürgerliche Lebenswelt und Politik in München, S, 471-473.
[37] Zit. nach: Der Ausnahmezustand in Bayern. In: WGA, Nr. 202, 5. September 1921, S. 1.
[38] Kiiskinen: Die Deutschnationale Volkspartei in Bayern, S. 84-157.
[39] Hürten, Heinz: Revolution und Zeit der Weimarer Republik. In: Spindler, Max (Hg.): Handbuch der bayerischen Geschichte. Bd. 4/1. Das Neue Bayern. Von 1800 bis zur Gegenwart. Staat und Politik. München 2003, S. 473-475; Schmidt, L: Franz Matt, S. 38.
[40] Luppe: Mein Leben, S. 110.
[41] Hürten: Revolution und Zeit der Weimarer Republik, S. 473-479.
[42] Schwend: Bayern zwischen Monarchie und Diktatur, S. 151-170; Kiiskinen: Die Deutschnationale Volkspartei in Bayern, S. 127-142.
[43] Hürten: Revolution und Zeit der Weimarer Republik, S. 476; Kiiskinen: Die Deutschnationale Volkspartei in Bayern, S. 117-127, 144.

schutzverordnung erließ, trat Kahr, dessen Kurs gegenüber der Reichsregierung die BVP nicht mehr unterstützte, von seinem Amt als Ministerpräsident zurück.[44]

Der nachfolgende Ministerpräsident Hugo Graf von Lerchenfeld-Köfering[45] (BVP) galt als besonnener und diplomatischer im Auftreten, verzettelte sich aber als überzeugter Föderalist wiederholt im Kompetenzgerangel mit der zentralistisch orientierten Reichsregierung. Wie unter Kahr litt darunter die Wirtschaftspolitik. Als nach der Ermordung des deutschen Außenministers Walther Rathenau, ebenfalls durch die Organisation Consul, im Juni 1922 die deutsche Reichsregierung ein Republikschutzgesetz verabschiedete, protestierte Lerchenfeld gegen die Eingriffe in die Rechte der Länder.[46] Im Beharren auf der bayerischen Eigenstaatlichkeit erließ die bayerische Regierung eigene Verordnungen zum Schutze der Republik, die das reichsweite Republikschutzgesetz überflüssig machen sollten.[47] Die DDP, die den Konflikt mit der Reichregierung ablehnte, verließ die Koalition. Nach dem Rechtsruck der bayerischen Landesregierung trat Lerchenfeld, der den Rückhalt in seiner eigenen Partei verloren hatte, vom Amt des Ministerpräsidenten zurück.[48]

Lerchenfelds Nachfolger, der ehemalige Kultusminister (1912-1918) Eugen von Knilling, stellte für die BVP nur eine Notlösung dar. Luppe, der in seiner Autobiographie die politischen Entscheidungsträger beurteilte, stand damals mit seiner Meinung nicht allein, wenn er dem dritten und letzten „Beamtenministerpräsidenten" indirekt Sympathien mit der NSDAP unterstellte.[49] Mit Einsetzen der galoppierenden Inflation infolge der Ruhrbesetzung verschlechterte sich auch die politische Lage. Das Erstarken rechtsextremistischer Bewegungen und Putschgerüchte führten im Herbst 1923 zur faktischen Entmachtung des Ministerpräsidenten durch die Einsetzung von Kahrs als Generalstaatskommis-

---

[44] Dem Mord an Erzberger ging in Bayern der am USPD-Landtagsabgeordneten Karl Gareis voraus, laut Luppe ein Vetter des späteren Nürnberger Polizeipräsidenten Heinrich Gareis; vgl. Luppe: Mein Leben, S. 114; Hürten: Revolution und Zeit der Weimarer Republik, S. 476; Geyer: Verkehrte Welt, S. 112-117.

[45] Zorn, Wolfgang/Menges, Franz: Lerchenfeld Köfering, Hugo Graf von und zu. In: NDB. Bd. 14, S. 314 f.; Schwend: Bayern zwischen Monarchie und Diktatur, S. 182-198; Kiiskinen: Die Deutschnationale Volkspartei in Bayern, S. 166-191.

[46] Auf die schweren Konflikte mit dem Reich, welche die Anwendung von § 48 der Reichsverfassung nach den Morden an Erzberger und Rathenau auslöste, wird auch bei Heinrich von Jan Bezug genommen; von Jan: Bayern und das Reich, S. 411.

[47] Kiiskinen: Die Deutschnationale Volkspartei in Bayern, S. 166-171.

[48] Luppe: Mein Leben, S. 115 f.; Hürten: Revolution und Zeit der Weimarer Republik, S. 476-479.

[49] Zu einer anderen Einschätzung kam der mit von Knilling befreundete damalige Kultusreferent und Ministerialrat Richard Hendschel. Ihm zufolge zeichnete sich von Knilling als Kultusminister (1912-1918) durch korrekte Amtsführung und Loyalität gegenüber seinen Mitarbeitern aus. In der Beurteilung der Schlussphase des Ersten Weltkrieges und des Kaiserreiches ab 1917 hielt Hendschel seinen ehemaligen Vorgesetzten für erstaunlich weitsichtig; Hendschel: Lebenserinnerungen, S. 3 f. Dieser Auffassung steht aus heutiger Sicht sein geradezu fahrlässiger Umgang mit den Nationalsozialisten entgegen; Kiiskinen: Die Deutschnationale Volkspartei in Bayern, S. 192-202; Schwend: Bayern zwischen Monarchie und Diktatur, S. 199-214.

sar mit diktatorischen Vollmachten.⁵⁰ Das politische Comeback Kahrs brachte eine Neuauflage des Konfliktes mit der Reichsregierung, der sich an der Weigerung des Generalstaatskommissars, den *Völkischen Beobachter* zu verbieten, und der eigenmächtigen Unterstellung der bayerischen Reichswehrtruppen unter den Befehl General von Lossows entzündete.⁵¹ Die Befugnisse der Reichsregierung in Bayern wurden von Kahr nicht anerkannt. Trotz der schwankenden Haltung Kahrs und der bayerischen Reichswehrführung scheiterte mit dem Hitlerputsch auch der von den vaterländischen Verbänden propagierte „Marsch auf Berlin"⁵².

Die Landtagswahlen vom 6. April 1924 und die wirtschaftliche Erholung schwächten von Knillings Position, so dass Heinrich Held am 28. Juni zum Ministerpräsidenten gewählt wurde.⁵³ Mit Held stabilisierten sich die politischen Verhältnisse in Bayern weitgehend.⁵⁴ Nicht zuletzt trug dazu auch das Konkordat mit der Katholischen Kirche bei, womit Bayern seine Eigenstaatlichkeit demonstrieren konnte, hatte es doch als erstes föderales Land einen völkerrechtlichen Vertrag auf der Basis der Weimarer Verfassung geschlossen.⁵⁵ Die noch von den Vorgängerregierungen begonnenen Verhandlungen wurden unter Held durch einen entsprechenden Vertrag mit den evangelischen Kirchen ergänzt.⁵⁶ Da der Völkische Block, dem sich auch die NSDAP angeschlossen hatte, bei der Landtagswahl 1924 viele Stimmen gewonnen hatte, war der Handlungsspielraum der Regierung Held, die sich in einem Spannungsfeld zwischen innenpolitischer Konsolidierung und Bekämpfung extremistischer Tendenzen befand, zunächst eingeschränkt, jedoch lockerte sie die bisher einseitige Bekämpfung linker Organisationen, indem sie den Aufbau der republikanischen Selbstschutzorganisation Reichsbanner Schwarz-Rot-Gold in Bayern duldete.⁵⁷

---

⁵⁰ Kahr nutzte seine neue Machtfülle, um den Ausnahmezustand zu verhängen und das Republikschutzgesetz außer Kraft zu setzen; vgl. Luppe: Mein Leben, S. 129; Schwend: Bayern zwischen Monarchie und Diktatur, S. 215-241.
⁵¹ Hürten: Revolution und Zeit der Weimarer Republik, S. 483-487; Möller: Die Weimarer Republik, S. 167-169.
⁵² Mommsen: Krise der parlamentarischen Demokratie, S. 31 f.
⁵³ Hürten: Revolution und Zeit der Weimarer Republik, S. 492.
⁵⁴ Heinrich Held (1868-1938) engagierte sich nach dem Jurastudium als Chefredakteur einer zentrumsnahen Zeitung und später als Verleger gegen die liberale Stadtspitze Regensburgs. Seit 1907 Landtagsabgeordneter und ab 1914 Fraktionsvorsitzender des Zentrums gehörte er 1908-1924 dem Regensburger Stadtrat an. Als Mitglied des demokratischen Zentrumsflügels unter Georg Heim war Held nach der Revolution einer der Gründer der BVP, blieb aber im Grunde Monarchist. Obwohl Gegner der Nationalsozialisten, schreckte Held als Anhänger des Legalitätsprinzips davor zurück, die nationalsozialistische Machtübernahme in Bayern durch eine Restauration der Monarchie zu verhindern; Hürten: Revolution und Zeit der Weimarer Republik, S. 492; Auerbach, Hellmuth: Held, Heinrich. In: NDB. Bd. 8, S. 463 f.; Kramer, Ferdinand/Ksoll-Marcon, Margit/Schmid, Alois (Hg.): Die Protokolle des Bayerischen Ministerrats 1919-1945. Das Kabinett Held IV. Mai 1932-März 1933. München 2010, S. 20-23.
⁵⁵ Kiiskinen: Die Deutschnationale Volkspartei in Bayern, S. 260 f.
⁵⁶ Treffler, Guido: Politischer Katholizismus, Staat und Kirche in der Weimarer Zeit. In: [Forstner]: Michael von Faulhaber, S. 197-199.
⁵⁷ Petersen: Benno Merkle, S. 49 f.

Als Ministerpräsident bemühte sich Held, Konflikte mit der Reichsregierung nicht eskalieren zu lassen, beharrte aber nachdrücklich auf den bayerischen Forderungen nach einer Reichsreform, die den Föderalismus stärker in der Weimarer Verfassung verankern sollte.[58] Mit zwei Denkschriften unternahm die Landesregierung einen Anlauf, eine weitere Aushöhlung der Länder zu verhindern und eine Revision der Einschränkungen der Eigenstaatlichkeit in Gesetzgebung, Verwaltung, Wirtschaft und vor allem bei den Finanzen zu erreichen. Die Denkschrift von 1924 hatte zum Ziel, die „Finanzhoheit des bayerischen Staates und seine eigene Finanzverwaltung"[59] zurückzugewinnen.[60] Da diese Initiative erfolglos blieb, folgte 1926 eine Denkschrift „über die fortschreitende Aushöhlung der Eigenstaatlichkeit der Länder unter der Weimarer Verfassung"[61]. Versuchen des Reiches, die Kulturpflege zu zentralisieren, was als Angriff auf das innerste Wesen Bayerns empfunden wurde, erteilte bereits die erste Denkschrift eine Absage: „Das bayerische Volk will Herr seiner eigenen Seele und Herr der Seele seines Staates bleiben."[62] Um den vielfältigen kulturellen Aufgaben überhaupt gerecht werden zu können, war es nach Meinung Kultusminister Goldenbergers erforderlich, den Finanzausgleich für Bayern gerechter zu gestalten.[63] Auf der Länderkonferenz zur Neugestaltung des Verhältnisses von Reich und Ländern konnte Held eine gewisse Sicherung des Status quo in der Eigenstaatlichkeit der Länder erreichen.[64] Sein Beitrag zur politischen Stabilisierung verschaffte Held derart viel Ansehen, dass er nach dem Bruch der Koalition 1930 die Regierung geschäftsführend weiterführen und bei den Landtagswahlen 1932 trotz des massiven Erstarkens der NSDAP den Stimmenanteil der BVP verteidigen konnte. Im Zuge der Gleichschaltung der Länder erzwangen die Nationalsozialisten 1933 seinen Rücktritt.[65]

Wichtig für das Verständnis der bayerischen Politik ist die Rolle der Bayerischen Volkspartei (BVP), die sich am 12./15. November 1918 als Nachfolger des bayerischen Zentrums gründete. Die neue Partei mit einer starken Basis im bäuerlichen Milieu, vertreten durch Georg Heim, trat in Opposition zu Eisners Ideen für eine Nationalversammlung und den Aufbau einer parlamentarischen Demokratie ein.[66] Horst Möller verweist auf die ambivalente Rolle der BVP in der Reichspolitik, da sie einerseits durch Konrad Beyerle in der Nationalversammlung maßgeblich an der Ausarbeitung der Weimarer Reichsverfassung beteiligt gewesen war[67], andererseits in den folgenden Jahren nahezu permanent gegen das

---

[58] Schwend: Bayern zwischen Monarchie und Diktatur, S. 273-275.
[59] Zit. nach: Hürten: Revolution und Zeit der Weimarer Republik, S. 492.
[60] von Jan: Bayern und das Reich, S. 412f.; Schwend: Bayern zwischen Monarchie und Diktatur, S. 315-337.
[61] von Jan: Bayern und das Reich, S. 412; vgl. auch Hürten: Revolution und Zeit der Weimarer Republik, S. 495; Schwend: Bayern zwischen Monarchie und Diktatur, S. 338-342.
[62] von Jan: Bayern und das Reich, S. 414.
[63] Goldenberger, Franz: Bayerns Recht auf eigene Kulturverwaltung. In: Wolf: Dem Bayerischen Volke, S. 54.
[64] Hürten: Revolution und Zeit der Weimarer Republik, S. 496.
[65] Ebd., S. 497f.
[66] Schwend: Bayern zwischen Monarchie und Diktatur, S. 58-68.
[67] Weisz, Christoph: Geschichtsauffassung und politisches Denken Münchener Historiker der Weimarer Zeit. Konrad Beyerle, Max Buchner, Michael Doeberl, Erich Marcks, Karl Alexander von Müller, Hermann Oncken. Berlin 1970, S. 42-45.

Reich opponierte und wiederholt mit separatistischen Bestrebungen kokettierte. An ihrer auf Bayern zentrierten Sichtweise zerbrach auch die Zusammenarbeit mit dem Zentrum, als dessen bayerischer Ableger sie fungiert hatte. Trotz ihrer ostentativ antipreußischen Polemik näherte sich die BVP zeitweise deutschnationalen Strömungen an, wie ihr kurzfristiger Wechsel ins Lager Hindenburgs bei der Reichspräsidentenwahl 1925 zeigt.[68]

Differenzen gab es aber nicht nur zwischen dem Freistaat Bayern und dem Reich, sondern auch innerhalb Bayerns unter den einzelnen Städten, wobei sich in der Regel die Kritik gegen die Bevorzugung Münchens als Landeshauptstadt oder den Zentralismus der bayerischen Staatsregierung richtete.[69] Der Dauerstreit um die Finanzen und die allgemeine Unzufriedenheit gaben in Schwaben und Franken mitunter Anlass zu separatistischen Äußerungen, besonders als mit der Weltwirtschaftskrise weitere Einschnitte zu befürchten waren und die bayerische Regierung eine Verschlankung des Staatsapparates diskutierte.[70] Die Ämterzusammenlegung, in Anlehnung an die moderne Architektur ironisch als „Neue Sachlichkeit"[71] bezeichnet, schlug in den Städten hohe Wellen.

2. Kommunalpolitische Entwicklungen 1918–1933

Die Revolution wirkte sich nachhaltig auf die kommunalpolitische Entwicklung der Städte aus. Im Folgenden soll mit Bezug auf die bayerischen Städte München, Augsburg, Nürnberg und Würzburg ein kurzer Überblick über die Veränderungen nach 1918 auf kommunaler Ebene gegeben werden. Bayern erhielt mit dem Selbstverwaltungsgesetz vom Mai 1919 ein neues Kommunalrecht, das 1927 durch die bayerische Gemeindeordnung ergänzt wurde.[72] Das neue Einkammersystem hob die Unterscheidung der bis dahin gültigen Magistratsverfassung nach großen, kleinen, ländlichen und städtischen Gemeinden auf. Die bayerische Gemeindeordnung übertrug in Gemeinden mit mehr als 3000 Einwohnern den Kommunalparlamenten die Wahl des Ersten Bürgermeisters, die bis dahin in Direktwahl erfolgt war.[73] Zu einer Stärkung seiner Kompetenzen führten die Verlängerung der Amtsperiode auf zehn Jahre und die Ausweitung seines Aufgabenbereiches neben der Leitung der Stadtverwaltung auf Aufstellung der Tages- und Geschäftsord-

---

[68] Möller: Die Weimarer Republik, S. 78, 98f., 135; vgl. auch Hürten: Revolution und Zeit der Weimarer Republik, S. 493f.; Büttner, U.: Weimar. Die überforderte Republik, S. 85–87; Vollhardt: „Das Bayerland", S. 50–52.
[69] Keß: Kunstleben und Kulturpolitik in der Provinz, S. 350–353.
[70] Der *Würzburger General-Anzeiger* verwies auf die Angriffe auf Ministerpräsident Held im *Straubinger Tagblatt* und einen Bericht der *Neuen Augsburger Zeitung*, wonach in Augsburg und Schwaben „die Abneigung gegen den bayerischen Zentralismus sehr stark" sei; Sturm gegen die Staatsvereinfachung. In: WGA, Nr. 26, 31. Januar 1929, S. 1.
[71] Die Staatsvereinfachung in Bayern. In: WGA, Nr. 46, 23. Februar 1929, S. 2.
[72] Luppe: Mein Leben, S. 44; vgl. auch Rudloff: Die Wohlfahrtsstadt. Bd. 1, S. 63f. Zur Entwicklung des bayerischen Kommunalrechts in der Weimarer Republik vgl. Gerken, Daniel: Die Selbstverwaltung der Stadt Würzburg in der Weimarer Republik und im Dritten Reich. Würzburg 2004, S. 62–83.
[73] Stickler: Neuanfang und Kontinuität, S. 184f.

nung des Stadt- beziehungsweise Gemeinderates mit seinen Ausschüssen sowie die Öffentlichkeitsarbeit für die stets geheimen Ausschusssitzungen. Als Vorsitzender im Stadt- oder Gemeinderat stand es ihm zu, jederzeit das Wort zu ergreifen und nach den Vorträgen der Referenten das Schlusswort zu sprechen.[74] Für größere Städte wurde Mitte der zwanziger Jahre der Titel des Oberbürgermeisters wieder eingeführt.[75] Anfänglich oblag ihm auch die Leitung der Orts- beziehungsweise Sicherheitspolizei.[76]

Die eigentliche Macht in den Kommunen lag beim Stadt- beziehungsweise bei dem auf fünf Jahre gewählten Gemeinderat, der unter bestimmten Voraussetzungen durch Gemeindeentscheid abberufen werden konnte. Ein weiteres plebiszitäres Element sah vor, dass sich der Stadt- oder Gemeinderat auf Verlangen von mindestens 25 Prozent der Wahlberechtigten mit bestimmten Themen befassen musste. Da Bürgermeistern, Gemeinderäten und Stadtverwaltungen mit dem neuen Gemeinderecht mehr Bedeutung zukam, hatten sie nicht nur neue Herausforderungen zu meistern, sondern hatten es auch weitgehend in der Hand, auf welche Weise Fortschritt und Moderne in die Stadt einziehen sollten.

Eine große Belastung für die kommunalen Finanzen brachte 1920 die Erzberger'sche Finanzreform, die das bisher gültige Bismarck'sche Finanzausgleichssystem, wonach das Reich Kostgänger der Länder war, auf den Kopf stellte, fortan die Finanzwirtschaft beim Reich zentral ansiedelte und alle direkten Steuern der Reichsregierung zusprach.[77] Für Bayern bedeutete dies, dass mit dem Verlust der Reservatrechte des bayerischen Post- und Eisenbahnwesens und dem Entfall des Sonderrechts bei der Biersteuer erhebliche Steuerquellen verloren gingen.[78] Den Gemeinden war mit dem Wegfall der Einkommen- und Körperschaftsteuer weitgehend ihre finanzielle Selbständigkeit genommen. Der massive Anstieg der öffentlichen Ausgaben durch Krieg und Versailler Vertrag verschärfte die Lage. Angesichts der vielen neuen Aufgaben, welche die Weimarer Reichsverfassung den Städten und Gemeinden übertrug, reichte der Anstieg der Einnahmen bei weitem nicht aus, was eine massive Verschlechterung der Finanzlage bedeutete und die Kommunen krisenanfälliger machte.[79] Daher sahen sich Reich, Länder und Kommunen gezwungen, laufend Steuern zu erhöhen und neue Abgaben einzuführen. Die Kommunen waren gegenüber den Ländern im Nachteil, da sie kaum über eigene Einnahmequellen verfügten. Teilweise hatten sie, wie zum Beispiel bei der Hauszinssteuer, Anspruch auf einen Teil der Steuereinnahmen,

---

[74] Hipp, Otto: Das Städtewesen in Bayern. In: Wolf: Dem Bayerischen Volke, S. 192-194.
[75] Luppe: Mein Leben, S. 47 f.; vgl. auch Stickler: Neuanfang und Kontinuität, S. 184.
[76] Im Zuge der bayerischen Zentralisierungsbestrebungen wurde die Polizei verstaatlicht, da sich die Staatsregierung davon eine Stärkung der staatlichen Autorität und teils auch einen Ausgleich für die Reduzierung der Reichswehrkräfte im Zuge des Versailler Vertrages versprach; Stickler: Neuanfang und Kontinuität, S. 188; Hipp: Das Städtewesen in Bayern, S. 194.
[77] Schmelzle, Hans: Bayern – ein Finanzproblem. In: Wolf: Dem Bayerischen Volke, S. 416 f.
[78] Gömmel: Gewerbe, Handel und Verkehr, S. 252.
[79] Hermann: Kommunale Kulturpolitik in München, S. 19; Rudloff: Die Wohlfahrtsstadt. Bd. 1, S. 64-66.

die direkt an das Reich abgeführt werden mussten, von dort nach einem bestimmten Schlüssel an die Länder gingen, welche sie wiederum auf die Kommunen verteilten. Insofern überrascht es nicht, dass nicht nur auf Reichsebene die Verwaltung immer weiter ausgebaut wurde.[80] Eine Modernisierungswelle, befeuert durch den Konkurrenzkampf der Städte untereinander, verleitete nicht wenige Städte und Gemeinden dazu, sich neu zu verschulden.[81] Die Aufnahme von Krediten und Auslandsanleihen war je nach Zweck abhängig von der Genehmigung der Landes- beziehungsweise der Reichsbehörden. Wie auch bei anderen Genehmigungsverfahren stellte sich mit häufigen Umstrukturierungen, Auflösung oder Neubildung von Ministerien das Problem, dass sich die Zuständigkeiten laufend änderten.[82]

Für die kommunalpolitische Entwicklung spielte die Gesellschafts- und Wirtschaftsstruktur der Städte ebenfalls eine Rolle. In München, wo nur wenige Großbetriebe mehr als 1000 und über 90 Prozent der Betriebe nicht mehr als fünf Beschäftigte hatten, dominierten kleingewerbliche und mittelgroße Betriebe mit einer Vielfalt an Wirtschaftszweigen, von denen Großbrauereien, Kunst- und Baugewerbe, Metall-, Maschinen- und Apparatebau sowie feinmechanisches und optisches Gewerbe am bedeutendsten waren.[83] Die bayerische Landeshauptstadt konnte im Gegensatz zu Augsburg oder Nürnberg auch in der Weimarer Republik nicht als Industriestadt bezeichnet werden, was unter anderem am Verzicht der Stadtverwaltung auf eine aktive Industrieansiedlungspolitik zu Gunsten der Förderung des Status als Kunst- und Touristenstadt lag.[84] Insofern überrascht es kaum, dass der Arbeiteranteil mit 34,2 Prozent zwischen 1925 und 1933 konstant blieb und berufslose Selbständige auf ca. 17 Prozent kamen.[85] Eine besonders starke Zunahme war seit 1907 bei Beamten und Angestellten zu beobachten, die 1933 9,4 Prozent der Bevölkerung repräsentierten, was einem prozentualen Anstieg um mehr als die Hälfte, nominell sogar einer Verdreifachung entsprach. Diese Zahlen spiegeln den massiven Ausbau kommunaler und staatlicher Behörden in der bayerischen Landeshauptstadt wider, so dass München im Vergleich mit anderen Großstädten des Deutschen Reiches als ausgesprochene Beamtenstadt galt.[86] Dagegen sank infolge der wirtschaftlichen Krisen die Zahl der Unternehmer, Kauf-

---

[80] Möller: Die Weimarer Republik, S. 148f.
[81] Rudloff: Die Wohlfahrtsstadt. Bd. 1, S. 66.
[82] Götschmann: Wirtschaftsgeschichte Bayerns, S. 288.
[83] Die Diversität des Gewerbes machte zwar die lokale Wirtschaft etwas weniger anfällig für Krisen, erschwerte aber eine schnelle Erholung; Hermann: Kommunale Kulturpolitik in München, S. 17.
[84] Beblo: Neue Stadtbaukunst. München, S. VII–IX.
[85] Als „berufslose Selbständige" galten Renten-, Unterstützungs-, Versorgungsempfänger, pensionierte Beamte, Soldaten, Rentiers und Studenten, die als Konsumenten wirtschaftlich von Bedeutung, aber sehr anfällig für Wirtschaftskrisen und Inflation waren; Hermann: Kommunale Kulturpolitik in München, S. 14f.
[86] Die veränderten Kompetenzen für Land und Kommunen führten trotz den Bemühungen der Staatsregierung um eine „Staatsvereinfachung" zu einem Ausbau des Beamtenapparates. Daraus ergaben sich verschiedene Konsequenzen, so war die Wohnungsnot in Städten mit einer hohen Verwaltungskonzentration und Belastungen der öffentlichen Haushalte verbunden, die durch vom Reich verfügte Solderhöhungen verschärft wurden; s. Schmelzle: Bayern – ein Finanzproblem, S. 419.

leute und selbständigen Handwerker, was verdeutlicht, dass die Abstiegsfurcht des Mittelstandes durchaus reale Hintergründe hatte.[87]

Im Gegensatz zu anderen Kommunen wirkte sich in München die Inflation zunächst nicht ganz so katastrophal aus, da es trotz der Vernichtung des städtischen Vermögens gelungen war, einen Haushaltsüberschuss zu erwirtschaften und die Schuldenlasten zu reduzieren. Die Bemühungen um eine Konsolidierung der städtischen Finanzen wurden aber durch die Weltwirtschaftskrise zunichtegemacht. 1932 konnte der letzte vom demokratisch gewählten Stadtrat verabschiedete Haushalt mit einem Defizit von 17 Millionen RM bei weitem nicht mehr ausgeglichen werden.[88]

Die Münchner Kommunalpolitik der Weimarer Zeit kennzeichnen wechselnde Mehrheiten. Während in der ersten Wahlperiode von 1919 bis 1924 die sozialdemokratischen Fraktionen zunächst die absolute Mehrheit auf sich vereinigen konnten, gefolgt von der BVP, die nach der Wiedervereinigung von USPD und MSPD die zweitstärkste Stadtratsfraktion stellte, erlitten DDP und die Liberale Bürgerpartei Münchens schwere Verluste, da es ihnen nicht gelang, ihre Wählerschichten zu mobilisieren. Obwohl die USPD die stärkste Fraktion bildete, überließ sie der MSPD die Aufstellung eines Kandidaten für das Amt des Ersten Bürgermeisters, in das Eduard Schmid gewählt wurde. Nach Auflösung der USPD und Etablierung der KPD im Stadtrat 1922 war Schmid gezwungen, bis zum Ende seiner Amtszeit mit wechselnden Mehrheiten zu regieren.[89] Da in seine Amtsperiode politische und wirtschaftliche Schwierigkeiten nach der Revolution, die Inflation und der Hitlerputsch 1923 fielen, konnte er im Grunde nur den Mangel verwalten. Die zweite Kommunalwahl im Dezember 1924, bei der sich die bürgerlich-konservativen Parteien BVP, DNVP, DVP und Hausbesitzerpartei zur „Nationalen Wahlgemeinschaft" zusammengeschlossen hatten und über Tarnlisten erstmals die Nationalsozialisten in den Stadtrat einzogen, leitete einen Wechsel an der Stadtspitze ein. Am 31. Dezember 1924 wählte der Stadtrat Karl Scharnagl (BVP) als Kandidat der „Nationalen Wahlgemeinschaft" zum Nachfolger Schmids.[90]

Seit 1911 für das Zentrum politisch engagiert und ab 1919 als Fraktionsvorsitzender der BVP im Münchner Stadtrat, bekennender Monarchist und Gegner der Sozialdemokraten, positionierte sich Karl Scharnagl allgemein gegen Nivellierung und Internationalismus.[91] Seine aktive Mitgliedschaft in mehreren katholischen

---

[87] Hermann: Kommunale Kulturpolitik in München, S. 14f.; Schmelzle: Bayern – ein Finanzproblem, S. 422.
[88] Ebd., S. 18–21.
[89] Ebd., S. 29–34.
[90] Wahlergebnisse 1924: SPD 25,4%, Nationale Wahlgemeinschaft (BVP, DVP, DNVP, Hausbesitzerpartei) 41,3%, KPD 10,1%, DDP 4,6%, Nationalsozialistische Freiheitsbewegung Großdeutschlands 5,7%, Nationalsozialisten 5,9%; Hermann: Kommunale Kulturpolitik in München, S. 34–36.
[91] Scharnagl, Karl: Die grundsätzlichen Gesichtspunkte der staatlichen und städtischen Kunstpolitik. In: Kunstpolitische Vorträge – gehalten vor Ostern 1930 im Festsaale des Künstlerhauses. München 1930, S. 6–15. Der Nürnberger Amtskollege Hermann Luppe (DDP) charakterisierte den Münchner Oberbürgermeister nicht sehr schmeichelhaft als „Partikularist" und „Bäckermeister mit Jurastudium"; Luppe: Mein Leben, S. 229f.; Wilhelm Herrmann (Hg.): Karl Scharnagl. Oberbürgermeister in schwerer Zeit. München 2006, S. 15.

Vereinen weist ihn als praktizierenden Katholiken aus.[92] Zusammen mit seinem älteren Bruder, dem katholischen Theologen Anton Scharnagl, saß er auch im Bayerischen Landtag. Obwohl Scharnagl wegen seiner konservativen Einstellung vielfach kritisiert wurde, verkörperte er einen neuen Typus von Bürgermeister. Um Modernisierung und Ausbau von Straßenbahn, Elektrizitäts- und Wasserwerken voranzubringen, reiste er 1926 in die USA und nach London, um dort Auslandsanleihen zu zeichnen. Besondere Leistungen gelangen im Wohnungsbau, da die Wohnungsnot in München mit fünf Großsiedlungen etwas entspannt werden konnte.[93] Der Bau eines Konzertsaals dagegen konnte wegen der Weltwirtschaftskrise nicht realisiert werden.[94]

Zu den herausragenden Gestaltern in der Kommunalpolitik der Stadt München in der Zeit von 1918 bis 1934 zählte Hans Küfner (1871-1935), der sich als Zweiter Bürgermeister und Kulturreferent dem Ruf Münchens als Kunststadt verpflichtet sah. Küfners Bestreben galt der Aufwertung des kulturellen Aufgabenbereiches durch ein eigenes Referat, das sich explizit mit den künstlerischen Fragen auseinandersetzen sollte.[95] Nach den Kommunalwahlen vom 8. Dezember 1929, bei denen die NSDAP drittstärkste Kraft wurde, zwang die Obstruktionspolitik von NSDAP und KPD die etablierten Parteien SPD und BVP ungeachtet großer ideologischer Differenzen und eines polarisierenden Wahlkampfes zur Zusammenarbeit.[96] Scharnagl, der trotz Hitlerputsch und Auftreten der NSDAP in München lange die von den Nationalsozialisten ausgehende Gefahr verkannt hatte, musste nach der „Machtergreifung" am 20. März 1933 gezwungenermaßen seinen Rücktritt erklären.[97] In der Zeit des „Dritten Reiches" tat sich Karl Fiehler als Oberbürgermeister der „Hauptstadt der Bewegung" hervor.[98] Die amerikanischen Besatzungsbehörden setzten 1945 Scharnagl wieder als Oberbürgermeister von München ein.

Revolutionäre Unruhen hielten 1918/19 auch Augsburg in Atem. Nach Ausrufung der Räterepublik im April 1919, die ohne Unterstützung von Seiten des öffentlichen Dienstes und der Landbevölkerung nur wenige Tage Bestand hatte, kam es beim Einmarsch der „weißen" Truppen zu schweren Kämpfen. Steigende Arbeitslosenzahlen bereiteten der Industriestadt schon länger Probleme, aber mit Kriegs-

---

[92] Karl Scharnagl war unter anderem Mitglied im Katholischen Gesellenverein, im Volksverein für das Katholische Deutschland und in den katholischen bürgerlichen Vereinen Münchens; Wilhelm: Karl Scharnagl, S. 15.
[93] Stephan, Michael: Karl Scharnagl. In: Hettler, Friedrich/Sing, Achim (Hg.) Die Münchner Oberbürgermeister. München 2008, S. 104-108.
[94] Scharnagl, Karl: Politische Begebenheiten meines Lebens, die nicht in den Akten stehen. München 1962. In: Wilhelm, Hermann: Karl Scharnagl, S. 26f.; Wilhelm: Karl Scharnagl, S. 57.
[95] Dem Ideal des Berufsbeamtentums und der überparteilichen Verwaltungsarbeit verpflichtet, trat Küfner bei seiner Wahl zum Zweiten Bürgermeister Münchens aus der Nationalliberalen Partei aus und blieb seither parteilos, was es ihm ermöglichte, auch nach 1933 im Amt zu bleiben; Hermann: Kommunale Kulturpolitik in München, S. 73-78.
[96] Wahlergebnisse 1929: SPD 32,8%, BVP 24,3%, DNVP 6,4%, Hausbesitzerpartei 4%, KPD 6,5%, DDP 4,6%, NSDAP 15,4%; Hermann: Kommunale Kulturpolitik in München, S. 36-39.
[97] Wilhelm: Karl Scharnagl, S. 15-17.
[98] Hermann: Kommunale Kulturpolitik in München, S. 39f.

ende erlebten die rüstungsproduzierenden Betriebe einen regelrechten Zusammenbruch. Arbeitslose wurden denn auch für die revolutionären Ereignisse verantwortlich gemacht und in der Folgezeit stets mit Argwohn betrachtet.[99]

Seit 1918 dominierte die konservativ-monarchistische BVP die Lokalpolitik, ab 1919 mit Kaspar Deutschenbaur als Erstem Bürgermeister[100], dem 1929-1933 mit Otto Bohl ebenfalls ein BVP-Politiker folgte. Friedrich Ackermann[101] (SPD) bekleidete von 1919 bis 1933 das Amt des Zweiten Bürgermeisters und Finanzreferenten. Während sich die BVP mit Unterstützung der katholischen Lokalpresse (*Neue Augsburger Zeitung, Augsburger Postzeitung*) und des Klerus als Ordnungskraft und Bollwerk gegen revolutionäre Umtriebe präsentierte[102], konnten die Sozialdemokraten in der Lokalpolitik liberale Akzente setzen, obwohl sie nicht einmal ein Drittel der Stadtratssitze errungen hatten. Ermöglicht wurde dies durch die gute Zusammenarbeit zwischen Deutschenbaur und Ackermann. Nach dem Amtsantritt Otto Bohls scheint das Arbeitsverhältnis zwischen Erstem und Zweitem Bürgermeister nicht mehr ganz so reibungslos gewesen zu sein.[103] Darüber hinaus bildete sich um Friedrich Ackermann ein Netzwerk einflussreicher und teilweise befreundeter Personen, zu denen der Stadtbaurat Otto Holzer und der Architekt Thomas Wechs zählten.[104] Nicht zuletzt Ackermanns und Holzers persönlichem Engagement ist es zu verdanken, dass mit Wohnanlagen im Stil der neuen Sachlichkeit Fortschritt und moderne Wohnkultur in Augsburg Fuß fassen konnten.[105]

Mit Verschiebung der Mehrheitsverhältnisse im Stadtrat und dem Erstarken von NSDAP und DNVP verschlechterte sich ab 1928 auch in Augsburg das politische Klima.[106] Die Weltwirtschaftskrise stürzte die städtischen Finanzen ins Chaos. Einbrechende Steuereinnahmen sorgten bei gleichzeitig stark steigenden Wohl-

---

[99] Hetzer, Gerhard: Räterepublik. In: Baer, Wolfram/Bellot, Josef/Falk, Tilma, u. a. (Hg.): Augsburger Stadtlexikon. Geschichte, Gesellschaft, Kultur, Recht, Wirtschaft. Augsburg 1985, S. 293 f.; Wolf: Wohnarchitektur in Augsburg, S. 29.

[100] Hetzer, Gerhard: Deutschenbaur, Kaspar. In: Baer/Bellot/Falk: Augsburger Stadtlexikon, S. 78.

[101] Friedrich Ackermann (1876-1949) war Jurist und seit 1899 SPD-Mitglied. Nach der Revolution betraute ihn sein Schwager Johannes Hoffmann mit Sonderaufträgen der neuen bayerischen Staatsregierung als stellvertretender Außen- und Kultusminister. Noch 1919 wechselte Ackermann in das Amt des Zweiten Bürgermeisters nach Augsburg. Bis 1933 war er SPD-Landtagsabgeordneter und seit 1928 auch Mitglied des bayerischen Staatsgerichtshofs; Wolf: Wohnarchitektur in Augsburg, S. 58; Kramer/Ksoll-Marcon/Schmid: Das Kabinett Hoffmann I, S. 24 f.

[102] Hetzer, Gerhard: Bayerische Volkspartei. In: Baer/Bellot/Falk: Augsburger Stadtlexikon, S. 38.

[103] Wolf: Wohnarchitektur in Augsburg, S. 186.

[104] Ebd., S. 136; Schreiber, Franz: Holzer, Otto. In: Baer/Bellot/Falk: Augsburger Stadtlexikon, S. 175; ders.: Wechs, Thomas. In: Baer/Bellot/Falk: Augsburger Stadtlexikon, S. 404.

[105] Wolf: Wohnarchitektur in Augsburg, S. 185; dies.: Thomas Wechs und der Wohnungsbau. In: Nerdinger: Thomas Wechs, S. 48; Ostenrieder, Petra: Schuberthof. In: Baer/Bellot/Falk: Augsburger Stadtlexikon, S. 333.

[106] Wolf: Wohnarchitektur in Augsburg, S. 185. Mit August Pfaff stellte die DNVP 1930-1933 den 3. Bürgermeister; Hetzer, Gerhard: Deutschnationale Volkspartei (DNVP). In: Baer/Bellot/Falk: Augsburger Stadtlexikon, S. 79.

fahrtsausgaben wegen der Massenarbeitslosigkeit für ein wachsendes Haushaltsdefizit, das sich 1931/32 auf mehr als zwei Millionen RM belief. Durch Erhöhung der Bürgersteuer gelang es dem Stadtrat nur teilweise, das Defizit auszugleichen. Angesichts vorangegangener Steuererhöhungen war damit aus Sicht der Stadt Augsburg der rechtliche Rahmen ausgeschöpft, so dass die Zwangsverwaltung durch die Kreisregierung von Schwaben und Neuburg drohte.[107]

In Nürnberg, das zusammen mit Fürth das bedeutendste Industriezentrum Bayerns bildete, konnte sich trotz des hohen Arbeiteranteils an der Nürnberger Stadtbevölkerung die Räterepublik nicht durchsetzen, da die SPD ihre Vorherrschaft im linken Lager gegen die KPD verteidigen konnte.[108] Regelmäßige Wahlergebnisse von ca. 40 Prozent bei den Kommunalwahlen[109] sicherten der SPD als größter Stadtratsfraktion starken Einfluss auf die Stadtpolitik, so dass sie mit Martin Treu[110] den Zweiten Bürgermeister stellen konnte. Mitverantwortlich für die konstant guten Wahlergebnisse dürfte eine gemäßigt klassenbetonte Position des Ortsverbandes gewesen sein, welche die SPD für breitere Schichten wählbar machte. Die Bedeutung Nürnbergs für die Sozialdemokraten lässt sich auch daran ablesen, dass der Vereinigungsparteitag von USPD und MSPD 1922 in der fränkischen Metropole abgehalten wurde.

Bemerkenswerterweise stellte die DDP, die im Stadtrat eher eine unbedeutende Rolle spielte, mit Otto Geßler[111] und seit 1920 mit Hermann Luppe zweimal den Oberbürgermeister.[112] Luppe, einer der bekanntesten republikanischen Politiker der Weimarer Zeit, regierte bis zu seiner Amtsenthebung durch die Nationalsozialisten 1933 in einer „Weimarer Koalition" zusammen mit der SPD.[113] Gemeinsam mit dem Präsidenten Oskar Mulert vertrat er auf dem Deutschen Städtetag wiederholt einheitsstaatliche Ideen.[114] Der gebürtige Kieler Hermann Luppe war,

---

[107] Schreiben der Regierung von Schwaben und Neuburg. Kammer des Innern an Stadtrat Augsburg vom 5. November 1931. In: Ausstellung StAA, Tafel 2.4. Bürgersteuer als Mittel zur Schuldenbekämpfung, 5. November 1931; vgl. auch Kramer/Ksoll-Marcon/Schmid: Das Kabinett Held IV, S. 107.
[108] Hürten: Revolution und Zeit der Weimarer Republik, S. 461.
[109] Bei Luppes Amtsantritt verfügte die SPD-Stadtratsfraktion über 20 Sitze (USPD 12, DDP 11, BVP 4, Mittelpartei 3). Nach der Wiedervereinigung mit der USPD erreichte sie sogar die absolute Mehrheit; vgl. Luppe: Mein Leben, S. 53f.; vgl. auch Schmidt: Kultur in Nürnberg, S. 36.
[110] Martin Treu (1871–1952) war seit 1892 SPD-Mitglied und ab 1905 Nürnberger SPD-Generalsekretär. Nach Geßlers Rücktritt führte Treu bis zur Wahl Luppes kommissarisch die Amtsgeschäfte des Oberbürgermeisters, verzichtete aber auf eine eigene Kandidatur. In der Ära Luppe war er Zweiter Bürgermeister und Zweiter Vorsitzender des Bayerischen Städtetages; vgl. Luppe: Mein Leben, S. 49.
[111] Otto Geßler (1875–1955), 1910–1913 Bürgermeister von Regensburg, 1914–1919 Oberbürgermeister von Nürnberg, seit 1919 Wiederaufbauminister des Deutschen Reiches, nach dem Kapp-Putsch 1920–1928 als Nachfolger Gustav Noskes (SPD) Reichswehrminister, 1918–1927 Mitglied der DDP, danach parteilos; Vogelsang, Thilo: Geßler, Otto. In: NDB. Bd. 6, S. 350; Kramer/Ksoll-Marcon/Schmid: Das Kabinett Hoffmann I, S. 66.
[112] Entsprechend zur reichsweiten Entwicklung verlor die DDP in Nürnberg konstant Stimmen an die DVP, das deutschnationale und völkische Lager; Luppe: Mein Leben, S. 54.
[113] Ebd., S. 53f.
[114] Schwend: Bayern zwischen Monarchie und Diktatur, S. 344, 354.

bevor er nach Nürnberg kam, von 1913 bis 1919 Zweiter Bürgermeister in Frankfurt am Main. Mit seiner herausragenden Persönlichkeit sind nicht nur einige der wichtigsten Bauprojekte Nürnbergs verbunden, sondern auch eine kulturelle Blüte der fränkischen Metropole. Um die Stadt in ihrer Entwicklung mit Hilfe eines Auslandskredits voranzubringen, unternahm er 1927 und 1928 Reisen in die USA.[115] Kommunalpolitische Entscheidungen wurden nicht selten unter der Perspektive einer eventuellen Fusion der Städte Nürnberg und Fürth getroffen, die zwar 1922 per Volksabstimmung in Fürth abgelehnt, aber durch eine enge Zusammenarbeit der Kommunalverwaltungen nie ganz aufgegeben wurde.[116]

Hermann Luppes Memoiren, eine wichtige Quelle zur Kommunalpolitik Nürnbergs zur Zeit der Weimarer Republik, belegen die deutliche Verschlechterung der bis dahin relativ stabilen politischen Verhältnisse, als 1925 die Nationalsozialisten unter Julius Streicher in den Nürnberger Stadtrat einzogen. In den folgenden Jahren sah sich Luppe mehrfach massiven, zum Teil verleumderischen Angriffen ausgesetzt. Da die NSDAP ein Amtsenthebungsverfahren gegen ihn anstrengte, war er zeitweise sogar von seinem Amt als Oberbürgermeister suspendiert.[117] Die lokale SPD besaß mit der *Fränkischen Tagespost*, eine der reichsweit bedeutendsten Tageszeitungen, ein Sprachrohr, wogegen auf Seiten der Nürnberger DDP eine Parteizeitung fehlte. Luppes Versuch, zusammen mit ein paar Gleichgesinnten eine Tageszeitung von vergleichbarer Bedeutung zu gründen, scheiterte mangels Resonanz.[118]

Gesellschaftlich prägten die fränkische Hauptstadt die sozialdemokratisch organisierte Arbeiterschaft und ein eher deutschnational orientierter bürgerlich-protestantischer Block. Obwohl sich das politische protestantische Bürgertum der zwanziger Jahre stark zersplittert in Anhänger des Kaiserreiches, Vertreter von Wirtschaft, Mittelstand, Handwerk und weitere kleinere politische Gruppierungen präsentierte, vertraten beide Lager ein nationales Reichsbewusstsein. Parteiübergreifend manifestierte sich ein starker Lokalpatriotismus, der sich auch gegen die Landeshauptstadt München richtete.[119] Die damit verbundenen Ressentiments wurzelten noch in der stolzen Vergangenheit Nürnbergs als freier Reichsstadt, wohlhabendem Handelszentrum und Aufbewahrungsort der Reichskleinodien des Heiligen Römischen Reiches Deutscher Nation bis zur Mediatisierung 1806. Aufgrund der starken, gegen die Landesregierung gerichteten Vorbehalte hatte denn auch die BVP als Exponent des bayerischen politischen Katholizismus im protestantisch dominierten Nürnberg einen schweren Stand.[120]

Das Zentrum Mainfrankens, die Stadt Würzburg, verzeichnete bis zur Eingemeindung Heidingsfelds 1930 eine vergleichsweise moderate Bevölkerungszu-

---

[115] Schmidt: Kultur in Nürnberg, S. 57–69.
[116] Luppe: Mein Leben, S. 60f.
[117] Als überzeugter Republikaner, der die Demokratie stets gegen Angriffe ihrer Feinde in Schutz nahm und verteidigte, zog er den Hass der Nationalsozialisten auf sich und wurde nach seiner Amtsenthebung 1933 mehrfach verhaftet; Luppe: Mein Leben, S. 139–143, 151–157.
[118] Ebd., S. 54f.
[119] Schmidt: Kultur in Nürnberg, S. 36.
[120] Im Vergleich zum Zentrum bei Reichstagswahlen lag der Stimmenanteil der BVP bei Kommunalwahlen nur halb so hoch; Luppe: Mein Leben, S. 54.

nahme von 21 Prozent.[121] Auffallend ist, dass die Stadt lange ihren stark agrarischen Charakter bewahrte und noch 1936 mehr als die Hälfte des Stadtgebietes nicht nur für den Weinanbau landwirtschaftlich genutzt wurde, sondern 14 Prozent unbebaute Fläche und circa 20 Prozent Wälder und Grünanlagen waren. Die lockere Bebauung, die in Würzburg mit einer repräsentativen, im Stil des wilhelminischen Historismus geprägten Stadtarchitektur nur wenig Großstadtflair aufkommen ließ, aber für einen gewissen Lebensstandard in der Universitäts- und Garnisonstadt sorgte, war wohl auch ausschlaggebend für die Attraktivität, die die Stadt auf zahlreiche Rentner ausübte.[122] Der Anteil an berufslosen Selbständigen mit 21 Prozent lag daher deutlich über dem Reichsdurchschnitt.[123] Ein ähnliches Bild zeichnet die Erwerbsstruktur der Bevölkerung – 28,3 Prozent waren in Industrie und Handwerk tätig, in der Landwirtschaft sogar nur mehr 2,3 Prozent, während Handel und Verkehr 27,4 Prozent sowie private Dienstleister und öffentlicher Dienst 17,2 Prozent beschäftigten. Die soziale Struktur der Stadt zeigt sich relativ ausgewogen mit 19,6 Prozent Arbeitern, 14,8 Prozent Beamten oder Soldaten, 14,6 Prozent leitenden Beamten, Selbständigen und Angestellten sowie 13,2 Prozent einfachen Angestellten.[124]

Hatte sich die ehemalige fürstbischöfliche Haupt- und Residenzstadt anfangs nur widerwillig mit der Eingliederung ins Königreich Bayern abgefunden, verband die Stadt seit der Geburt des späteren Prinzregenten Luitpold am 12. März 1821 in der Würzburger Residenz eine besondere Beziehung mit dem Haus Wittelsbach, die aber nicht verhindern konnte, dass es Herbst 1918 auch hier gärte.[125] Dennoch nahm man die Nachrichten von der Revolution in München zunächst ungläubig auf, weshalb es erst mit einigen Tagen Verzögerung zur Rätebildung kam. Die relativ große räumliche Distanz zur Landeshauptstadt ermöglichte es der MSPD, die Besetzung eines von ihr getragenen Arbeiter- und Soldatenrates noch vor Eintreffen eines USPD-Gesandten des Ministerpräsidenten Eisner zu ihren Gunsten zu beeinflussen und einer von München gesteuerten Revolution vorzubeugen. Nach der Ermordung Eisners und der Ausrufung der Münchner Räterepublik kam es auch in Würzburg zur Eskalation, als der Revolutionäre Arbeits-Ausschuss unter Anton Waibel am 7. April 1919 versuchte, in Würzburg eine eigene Räterepublik zu etablieren.[126] Da die katholische Kirche die angeordnete Staatstrauer boykottierte

---

[121] Um die Jahrhundertwende hatte Würzburg 79 653 und nach der Eingemeindung Heidingsfelds, laut Volkszählung 1933, 101 003 Einwohner. Wachsende Stadtviertel waren Zellerau, Rennweg und Heidingsfeld, wogegen die Innenstadt und der Stadtteil Grombühl rückläufige Einwohnerzahlen aufwiesen; Stickler: Neuanfang und Kontinuität, S. 177.

[122] Sander, Johannes: Architektur des 19. und frühen 20. Jahrhunderts. In: Hahn, Barbara/Baumhauer, Roland/Wiktorin, Dorothea (Hg.): Atlas Würzburg. Vielfalt und Wandel der Stadt im Kartenbild. Trento 2016, S. 66.

[123] Stickler: Neuanfang und Kontinuität, S. 177.

[124] Ebd., S. 177f.

[125] Baum, Hans-Peter: Prinzregent Luitpold von Bayern (1821–1912) und die Stadt Würzburg. In: Wagner: Geschichte der Stadt Würzburg. Bd. 3/1, S. 173–176.

[126] Obwohl Anton Waibel gebürtiger Schwabe war, wurde behauptet, er sei Russe. Waibel hielt seine revolutionären Ansprachen von einem Lastwagen aus auf dem Kilians- bzw. Neumünsterplatz; Dettelbacher: Damals in Würzburg, S. 43–48; Stickler: Neuanfang und Kontinuität, S. 180 f.

und das Glockenläuten für Eisner verweigerte, dem man die Schuld an der Revolution in Bayern gab, verschafften sich Revolutionäre gewaltsam Zutritt zu den Glocken und bedrohten den Bischof. Zwei Tage lang versetzte der „rote Terror" die Würzburger in Angst und Schrecken. Eine Reihe Prominenter, darunter der spätere Oberbürgermeister Hans Löffler, befanden sich in Geiselhaft.[127] Magistrat, BVP und MSPD riefen daraufhin zum Generalstreik auf und erklärten ihre Loyalität gegenüber der Regierung Hoffmann. In der Garnisonstadt konnten schnell Offiziere und Unteroffiziere eines Infanterieregiments, Teile der Würzburger Garnison und zahlreiche Freiwillige mobilisiert werden. Bei der „Befreiungsaktion" verloren 26 Menschen ihr Leben.[128] Augenzeugen berichteten noch Jahre später, dass damals voller Stolz verkündet wurde: „Würzburg hat sich selbst befreit, Würzburg wird Franken befreien, und Franken befreit Bayern!"[129]

In der ersten Direktwahl 1919 wurde der parteilose, der BVP nahestehende Andreas Grieser, 1918 noch vor der Revolution gewählt, ohne Gegenkandidat nahezu einstimmig im Amt als Erster Bürgermeister bestätigt.[130] Seine Popularität lag in der überparteilichen Politik begründet, die ihn auch für Sozialdemokraten wählbar machte. Griesers Berufung ins Reichsarbeitsministerium erforderte eine Neuwahl, aus der am 13. Februar 1921 der bisherige Zweite Bürgermeister Hans Löffler (DDP) als Sieger hervorging.[131] Wie bei seinem Vorgänger verzichtete das linke Lager auf einen eigenen Kandidaten, so dass Löffler ein ähnlich deutliches Wahlergebnis erzielen konnte. Zweiter Bürgermeister Würzburgs und Finanzreferent wurde Julius Zahn.[132] Wie Grieser präsentierte sich Löffler (1872-1955) als überparteiliches Stadtoberhaupt, was in seiner einstimmigen Wiederwahl durch den Stadtrat 1930 resultierte. Seit 1922 Oberbürgermeister, vertrat er Würzburg zum Teil ehrenamtlich in verschiedenen überregionalen Gremien, so im Finanz- und Personalausschuss des bayerischen Städtebundes, im Unterfränkischen Kreistag, im Aufsichtsrat der Kreis-Elektrizitäts-Versorgungs-AG Unterfranken und in leitender Funktion im Bayerischen Sparkassenverband.[133] Als engagierter Kommunalpolitiker versuchte er vergeblich, die Verlegung der Post- und Bahndirektion nach Nürnberg zu verhindern. In seine Amtszeit fallen auch die meisten Bauprojekte, mit denen Würzburg an die Moderne, die „neue Zeit", anzuknüpfen suchte.[134]

Löfflers Finanzpolitik ist bemerkenswert, da es ihm trotz Inflation, Erzberger'scher Finanzreform, Wohnungsbau, Infrastruktur- und Sozialausgaben gelang,

---

[127] Frenzl, A.: Die Revolutionszeit 1918. In: Jubiläums-Ausgabe des WGA, 26. Mai 1933, S. 79.
[128] Stickler: Neuanfang und Kontinuität, S. 178-183.
[129] Frenzl, A.: Die Revolutionszeit 1918. In: Jubiläums-Ausgabe des WGA, 26. Mai 1933, S. 79.
[130] Andreas Grieser (1866-1952) wurde 1932 Staatssekretär im Kabinett Papen; Gerken: Die Selbstverwaltung der Stadt Würzburg, S. 24-29.
[131] Löffler folgte als Zweiter Bürgermeister 1919 auf Bernhard Brand (1913-1919); Stickler: Neuanfang und Kontinuität, S. 187.
[132] Oberbürgermeister Dr. Löffler und Bürgermeister Zahn treten in den Ruhestand. Die Pensionierungsgesuche sind eingereicht. In: WGA, Nr. 94, 24. April 1933, S. 3f.; Bürgermeister a. D. Julius Zahn †. In: WGA, Nr. 153, 7. Juli 1934, S. 4.
[133] Gerken: Die Selbstverwaltung der Stadt Würzburg, S. 31.
[134] Dettelbacher: Damals in Würzburg, S. 62f.

durch rigorose Sparmaßnahmen, denen unter anderem auch das renommierte Stadttheater 1929 unter großem Protest von Presse und Bevölkerung zum Opfer fiel, die städtischen Finanzen so weit zu sanieren, dass die Stadt Würzburg Anfang der 1930er Jahre auf dem Höhepunkt der Weltwirtschaftskrise nicht nur einen ausgeglichenen Etat vorweisen, sondern sogar Überschüsse erwirtschaften konnte. Die Kommunalpolitik der Weimarer Republik kennt nur wenige vergleichbare Beispiele einer derart erfolgreichen Finanzwirtschaft.[135]

Politisch überdauerte in Würzburg das kaiserzeitliche Parteiensystem mit einem weiterhin tonangebenden politischen Katholizismus, der sich neu in der BVP als Abspaltung vom Zentrum organisierte, und den liberalen Fraktionen in Gestalt von DDP und DVP im Großen und Ganzen die Revolution. Die DVP trat bei Wahlen häufig gemeinsam mit der rechtskonservativen DNVP an. Auch in Würzburg blieben die Sozialdemokraten zunächst in MSPD und USPD gespalten, während sich die extreme Linke in der KPD neu sammelte. Darüber hinaus existierten in der ehemals fürstbischöflichen Stadt eine Reihe von Splitterparteien wie die Christlich-Soziale Reichspartei oder der Bayerische Bauernbund. Die gesamte Weimarer Zeit über waren die Rollen in Würzburg klar verteilt: Stärkste Partei war mit regelmäßigen Wahlergebnissen um die 40 Prozent die BVP, gefolgt von der SPD, die bei Kommunalwahlen konstant ca. 20 Prozent der Stimmen erzielte, lediglich bei der letzten Landtagswahl am 24. April 1932 kam auch in Würzburg die NSDAP mit 24,5 Prozent auf den zweiten Platz, deutlich hinter der BVP, die 41,6 Prozent erhielt. Überdurchschnittlich stark schnitt stets Löfflers DDP mit 10–18 Prozent ab. Bemerkenswerterweise behauptete die BVP selbst bei der von Einschüchterungen begleiteten Reichstagswahl 1933 in Würzburg ihre Stellung als stärkste Partei, was zum Teil auf den Einfluss des Katholizismus auf das politische Leben vor Ort zurückzuführen ist.[136] Mit der Gleichschaltung und dem von NSDAP-Kreisleiter Theo Memmel erzwungenen Rücktritt Löfflers und seines Stellvertreters Julius Zahn endete am 25. März 1933 auch in Würzburg die Weimarer Republik.[137] Nur Löffler sollte nach dem Krieg 1946–1948 ein kurzes politisches Comeback als Oberbürgermeister von Würzburg gelingen.[138]

3. Allgemeine wirtschaftliche und soziale Lage

Die wirtschaftliche und soziale Lage im Deutschland der zwanziger Jahre bestimmten überwiegend zwei schwere Wirtschaftskrisen, die Inflationszeit 1920 bis 1923 und die Weltwirtschaftskrise 1929. Bereits in den letzten Kriegsjahren hatte

---

[135] Würzburg war damit unter 89 deutschen Städten mit mehr als 50 000 Einwohnern nur eine von vieren, denen es in dieser Krise gelang, einen ausgeglichenen Haushalt vorzulegen; Hermann: Kommunale Kulturpolitik in München, S. 21; Stickler: Neuanfang und Kontinuität, S. 190.
[136] Zu Wahlen und Wahlergebnissen in Würzburg vgl. Stickler: Neuanfang und Kontinuität, S. 191–195.
[137] Weidisch, Peter: Würzburg im „Dritten Reich". In: Wagner (Hg.): Geschichte der Stadt Würzburg. Bd. 3/1, S. 203 f.
[138] Gerken: Die Selbstverwaltung der Stadt Würzburg, S. 32.

sich eine schleichende Inflation bemerkbar gemacht, aber dies war nur ein Vorspiel dessen, was noch kommen sollte.[139] Eine knappe Darstellung der Lage soll auf die für die einzelnen Städte maßgebenden Rahmenbedingungen hinweisen.

Der Versailler Vertrag kostete Deutschland ein Siebtel seiner landwirtschaftlichen Nutzfläche, Kohle- und Erzlagerstätten, den größten Teil der Handelsflotte, des Auslandsvermögens und die Kolonien. Die Liste der Reparationen beinhaltete unter anderem Fabrikanlagen, Lokomotiven und Waggons, ganz abgesehen von der ungeheuren, in 42 Jahresraten abzuzahlenden Geldsumme.[140] Die neu gegründete Republik sah sich somit schweren Belastungen ausgesetzt und es gab erhebliche Probleme, die Wirtschaft, die in den vergangenen Jahren vom Krieg bestimmt und mit seinem Ende zusammengebrochen war, wieder in Gang zu setzen. Mit der Umstellung von Kriegs- auf Friedensproduktion hatten vor allem Betriebe zu kämpfen, die zuvor in der Rüstungsproduktion tätig waren, was zum Beispiel in Augsburg und Nürnberg bei MAN, einem der größten lokalen Arbeitgeber, zu Massenentlassungen führte.[141] Von den Kriegsfolgen war besonders die Bauwirtschaft betroffen, da die Bautätigkeit seit 1914 in vielen Städten wegen der Rationierung von Roh- und Baustoffen fast vollständig zum Erliegen gekommen war und sich dadurch die Wohnungsnot verschärfte.[142] Die Demobilisierung von zehn Millionen Soldaten nach dem Waffenstillstand am 11. November 1918 belastete den Wohnungsmarkt zusätzlich. Weitere Herausforderungen stellten die Versorgung der Kriegsheimkehrer und -invaliden sowie deren Integration in das Wirtschaftsleben dar.[143]

Es blieb kaum Zeit für eine Entspannung, da die zunehmende Inflation die Lage weiter verschärfte. Die starke Interdependenz von wirtschaftlicher und politischer Stabilität beobachtete schon Stefan Zweig an Hand panikartiger Reaktionen auf die Ermordung des Außenministers Walther Rathenau, die einen ruckartigen Absturz der Mark auslösten. Die Hyperinflation, „der wahre Hexensabbat von Inflation"[144], zog eine ungeahnte Wirtschaftskrise nach sich und spaltete die Gesellschaft in einige wenige Profiteure und viele Geschädigte, die teils ums tägliche Überleben kämpfen mussten.[145] Einen weiteren innen- und außenpolitischen Konflikt löste die Besetzung des Ruhrgebiets 1923 durch Frankreich und Belgien aus. Massenausweisungen von Eisenbahnern und Beamten aus den besetzten Ge-

---

[139] Plumpe, Werner: Der Reichsverband der Deutschen Industrie und die Krise der Weimarer Wirtschaft. In: Wirsching (Hg.): Herausforderungen der parlamentarischen Demokratie, S. 135 f.
[140] Götschmann: Wirtschaftsgeschichte Bayerns, S. 274.
[141] Gömmel: Gewerbe, Handel und Verkehr, S. 250-252.
[142] Luppe: Mein Leben, S. 72; vgl. auch Wolf, Barbara: Wohnarchitektur in Augsburg, S. 18.
[143] Mergel, Thomas: Das Parlamentarische System von Weimar und die Folgelasten des Ersten Weltkriegs. In: Wirsching: Herausforderungen der parlamentarischen Demokratie, S. 47 f.; Möller: Die Weimarer Republik, S. 146; Henning, Friedrich-Wilhelm: Handbuch der Wirtschafts- und Sozialgeschichte Deutschlands. Bd. 3/I. Paderborn 2003, S. 200 f.; Wehler: Deutsche Gesellschaftsgeschichte. Bd. 4, S. 244.
[144] Zweig, Stefan: Die Welt von Gestern. Erinnerungen eines Europäers. Frankfurt a. M. 2002, S. 355.
[145] Rudloff spricht gar von einer „Atomisierung der Gesellschaft im täglichen Subsistenzkampf"; Rudloff: Die Wohlfahrtsstadt. Bd. 1, S. 381-391.

bieten erforderten deren Unterbringung in anderen Teilen des Reiches.[146] Die Reichsregierung reagierte mit einem Aufruf zum gewaltlosen Widerstand und übernahm die finanzielle Versorgung der streikenden Ruhrarbeiter. Zur Finanzierung des sogenannten Ruhrkampfes musste mangels Alternativen die Geldmenge vergrößert werden. Diese finanzpolitischen Maßnahmen und der Ausfall des wichtigsten deutschen Industrierreviers heizten die Inflation massiv an.[147] Der Absturz der Reichsmark war damit nicht mehr aufzuhalten – die galoppierende Inflation, die „Tollhauszeit", die nun einsetzte, konnte erst im November desselben Jahres durch die Einführung der Rentenmark gestoppt werden.[148]

Die Inflation hatte zu Kapitalflucht, Geldanlagen in Sachwerten und einer nicht unerheblichen Umschichtung der Vermögensverhältnisse geführt.[149] Die Spekulation mit Kunstobjekten, zunehmend auch mit moderner Kunst, führte zu Ressentiments von Konservativen und Inflationsverlierern gegen die Neue Sachlichkeit.[150] Während die exportorientierte Industrie erhebliche Gewinne machen konnte, da eine hohe Nachfrage an Maschinen bestand und durch den Währungsverfall deutsche Produkte im Ausland billiger wurden, wirkten sich die Vernichtung fast sämtlicher Spareinlagen und wertlos gewordene Kriegsanleihen vor allem für den Mittelstand verheerend aus.[151] Viele Bürger hatten während des Weltkrieges in der Hoffnung auf große Gewinne nach einem Sieg Kriegsanleihen gezeichnet. Der Verlust des teilweise über Jahrzehnte mühsam angesparten Geldes und der soziale Abstieg bewirkten eine Entfremdung des Mittelstands von der Republik, die für die Misere verantwortlich gemacht wurde.[152] Nicht umsonst konstatierte Stefan Zweig: „Nichts hat das deutsche Volk – dies muß immer wieder ins Gedächtnis gerufen werden – so erbittert, so haßwütig, so hitlerreif gemacht wie die Inflation."[153]

Währungsreform und Einführung der Reichsmark im August 1924 bildeten die Voraussetzungen für eine wirtschaftliche Erholung, die in den nächsten Jahren zu einer gewissen Stabilisierung der politischen Verhältnisse beitrug. In diese Zeit fallen auch einige der größten Leistungen der Weimarer Republik auf wirtschaftlichem, sozialem und kulturellem Gebiet.[154] Dass die Erholung alles andere als

---

[146] Möller: Die Weimarer Republik, S. 164.
[147] Mergel: Das Parlamentarische System von Weimar und die Folgelasten des Ersten Weltkriegs, S. 48–50; vgl. auch Götschmann: Wirtschaftsgeschichte Bayerns, S. 274f.
[148] Stefan Zweig bezeichnet die galoppierende Inflation treffend als „Tollhauszeit"; vgl. Zweig: Die Welt von Gestern, S. 334–336, 355–359; Gömmel: Gewerbe, Handel und Verkehr, S. 254.
[149] Unternehmer wie Hugo Stinnes, der durch Aufkauf zahlreicher insolventer Betriebe ein großes Firmenkonglomerat aufbauen konnte, profitierten von der Inflation und galten als „Inflationsgewinnler" oder „Raffkes"; Geyer: Verkehrte Welt, S. 256. Als DVP-Mitglied versuchte Stinnes durch Beteiligungen an verschiedenen Tageszeitungen ein Gegengewicht zum Medienimperium Hugenbergs aufzubauen; Hoser: Münchner Tagespresse zwischen 1914 und 1934, S. 79–86.
[150] Geyer: Verkehrte Welt, S. 263–265.
[151] Schmelzle: Bayern – ein Finanzproblem, S. 422.
[152] Götschmann: Wirtschaftsgeschichte Bayerns, S. 276f.; vgl. auch Möller: Die Weimarer Republik, S. 166f.
[153] Zweig: Die Welt von Gestern, S. 359.
[154] Gömmel: Gewerbe, Handel und Verkehr, S. 254.

robust war, zeigt sich daran, dass die weiterhin schwelende Reparationsfrage immer wieder internationale Konferenzen beschäftigte, die nach einer tragfähigen Lösung für Deutschland suchten. Bereits 1924 war mit dem Dawes-Plan eine erste Übereinkunft getroffen worden. Zugleich wurde mit einer internationalen Anleihe die Möglichkeit geschaffen, Kredite an die deutsche Wirtschaft zu vergeben. Auch Kommunen bot sich die Möglichkeit, über eine sogenannte Amerikaanleihe eine bestimmte Kreditsumme zur Finanzierung eines Bauprojektes einzuplanen. Mit dem Anwachsen der öffentlichen Verschuldung wuchs die Abhängigkeit von den Alliierten, bis der New Yorker Börsenkrach vom 25. Oktober 1929 ein wirtschaftliches Desaster auslöste. Obwohl der Young-Plan 1929 weitere Erleichterungen vorsah, spaltete die politische Debatte die Bevölkerung zutiefst. Rechte Parteien versuchten sogar, mit Hilfe einer Volksabstimmung die Ratifizierung des Vertrages zu verhindern. Die Weltwirtschaftskrise machte alle Kalkulationen zunichte, bevor die Reparationen in einem Moratorium ausgesetzt und schließlich de facto aufgehoben wurden.[155]

Der soziale Strukturwandel und davon ausgehend die kulturelle Entwicklung setzten bereits vor dem Ersten Weltkrieg ein. Ein Sujet in der Malerei der Weimarer Zeit war die Darstellung der Stadt an sich mit ihren Begleiterscheinungen. Hier klang all das an, was die Menschen beschäftigte, wie Fortschrittsskepsis und Modernitätskritik oder das soziale Elend in der Großstadt.[156] Bilder mit ausgemergelten Frauengestalten, verstörten Kinderaugen, Kriegsversehrten, schäbigen Behausungen oder Hinterhofszenen zeigen den Kontrast zu einer exzessiv ausgelassenen Gesellschaft auf.[157] In den Großstädten schienen sich völlig neue Lebensweise, modernes Wohnen und neue Freizeitkultur mit allen gesellschaftlichen Problemen zu bündeln, weshalb die Großstadt, vor allem Berlin, zunehmend zu einem Synonym der Moderne wurde.[158] Dies schlug sich in zeitgenössischer Literatur wie *Berlin Alexanderplatz* von Alfred Döblin oder *Erfolg. Drei Jahre Geschichte einer Provinz* von Lion Feuchtwanger nieder.[159] Der Film griff das Thema Großstadt ebenfalls auf und ließ sie mit *Metropolis* in einem phantastisch-utopischen Licht erscheinen.[160] Die Rolle der Reichshauptstadt als pulsierender Großstadt und Synonym der Weimarer Republik fiel in Bayern der Landeshauptstadt München zu.[161]

Statistische Angaben veranschaulichen deutlich, in welchem Ausmaß die gesellschaftliche Entwicklung zur Zeit der Weimarer Republik ihre Basis bereits in der Vorkriegszeit hatte. Zugleich zeigen sie auf, wie sehr sich die soziale Lage seit

---

[155] Götschmann: Wirtschaftsgeschichte Bayerns, S. 278-287.
[156] Heisig, Ines: „Kinder, die unter Steinen aufwachsen". Die Kinderdarstellung der Neuen Sachlichkeit im Kontext der Großstadt der Weimarer Republik. In: Clemens/El Gammal/Lüsebrink: Städtischer Raum im Wandel, S. 242.
[157] Eines der bekanntesten Beispiele ist das Großstadt-Triptychon von Otto Dix; vgl. Metzger, Rainer/Brandstätter, Christian: Berlin. Die Zwanzigerjahre Kunst und Kultur 1918-1933, Wien 2006, S. 289f.
[158] Möller: Die Weimarer Republik, S. 224f.
[159] Ebd., S. 225-226;
[160] Hartmann, Kristiana: Alltagskultur, Alltagsleben, Wohnkultur. In: Kähler, Gert (Hg.): Geschichte des Wohnens. Bd. 4, 1918-1945 Reform, Reaktion, Zerstörung. Stuttgart 1996, S. 220f.
[161] Geyer: Verkehrte Welt, S. 13.

3. Allgemeine wirtschaftliche und soziale Lage 49

Ausbruch des Ersten Weltkrieges verschärft hatte. Lebte vor 1914 jeder Fünfte in einer Großstadt mit mehr als 100 000 Einwohnern und jeder Dritte in einer mittelgroßen Stadt zwischen 20 000 und 100 000 Einwohnern, wuchs der Anteil der Großstadtbewohner bis 1933 auf zwei Fünftel an. Hatte damit der Verstädterungsgrad um 1914 60 Prozent betragen, so lag dieser bei der „Machtergreifung" bei 67 Prozent.[162] Während Berlin und Hamburg schon längst die Milllionengrenze überschritten hatten, hatte in Bayern keine Stadt mehr als eine Million Einwohner.[163] Die Landeshauptstadt München wies nach Berlin und vor Hamburg das zweitstärkste Bevölkerungswachstum reichsweit auf.[164] Als größte Stadt Bayerns und drittgrößte Deutschlands hatte München 1933 etwa 735 000 Einwohner und – von Ludwigshafen abgesehen – gab es mit Nürnberg (ca. 410 000) und Augsburg (ca. 176 000) in Bayern nur noch zwei weitere Städte jenseits der 100 000-Einwohner-Grenze. Würzburg überschritt diese Marke erst 1934.[165] Die zur Jahrhundertwende noch recht stürmisch verlaufende Urbanisierung erreichte nach dem Ersten Weltkrieg nicht mehr dieselben Wachstumsraten wie zuvor. Trotzdem entspannten sich die sozialen Verhältnisse in den Ballungsräumen nicht; im Gegenteil, die Schwierigkeiten nahmen, bedingt durch den Ausgang des Krieges und die wirtschaftlichen Probleme sogar noch zu, da Krieg, Inflation und fortschreitende Technisierung der Arbeitswelt die verschiedenen sozialen Schichten in Bewegung versetzt hatten.

Das Bild der deutschen Wirtschaft dieser Jahre prägten große Firmen wie Krupp, Thyssen, Bosch oder AEG zusammen mit den großen Stahl- und Bergwerken.[166] Für die bayerische Wirtschaft zeichnete sich bei namhaften Unternehmen wie MAN oder der Siemens-Schuckert-Union ein fortschreitender Konzentrationsprozess mit einer Verlagerung des Firmenschwerpunktes nach außerhalb Bayerns ab. Wenn auch nicht immer gleich der unmittelbare Verlust von Arbeitsplätzen damit verbunden war, machte sich doch Unbehagen breit und industriekritische Parteien wie die BVP profitierten davon.[167] Obwohl zur Zeit der Weimarer Republik im ländlich-kleinstädtischen Raum noch immer Familienbetriebe vorherrschend waren, ist ein Bedeutungsverlust des landwirtschaftlichen Sektors unübersehbar, da hier der Anteil der Beschäftigten deutschlandweit im Zeitraum 1907–1939 von 27,4 auf 18,2 Prozent zurückging.[168] Die meisten wanderten auf der Suche nach Arbeit in die Städte ab. Ab 1925 setzte im überwiegend agrarisch geprägten Freistaat Bayern ein beschleunigter Strukturwandel ein.[169]

---

[162] Wehler: Deutsche Gesellschaftsgeschichte. Bd. 4, S. 234; vgl. Saldern, Adelheid von: Gesellschaft und Lebensgestaltung, Sozialkulturelle Streiflichter. In: Kähler: Geschichte des Wohnens. Bd. 4, S. 53 f.
[163] Feuchtwanger: Erfolg, S. 227; Möller: Die Weimarer Republik, S. 224.
[164] Wehler: Deutsche Gesellschaftsgeschichte. Bd. 4, S. 234 f. Das Bevölkerungswachstum Münchens 1910–1930 wird dort mit 45 000 angegeben, was einem Plus von 6,6% entspricht. Berlin und Hamburg hingegen wuchsen im selben Zeitraum um 7,7% beziehungsweise 6,3%.
[165] Götschmann: Wirtschaftsgeschichte Bayerns, S. 315.
[166] Henning: Handbuch der Wirtschafts- und Sozialgeschichte Deutschlands, S. 375–379.
[167] Götschmann: Wirtschaftsgeschichte Bayerns, S. 290.
[168] Möller: Die Weimarer Republik, S. 227.
[169] Götschmann: Wirtschaftsgeschichte Bayerns, S. 352–355.

Neben der Landwirtschaft befand sich auch das Handwerk in der Krise, so halbierte sich die Zahl der Selbständigen ab 1907 bis zum Ausbruch des Zweiten Weltkrieges. Der bisherige Mittelstand wurde zunehmend durch den „neuen" Mittelstand aus Angestellten und Beamten verdrängt.[170] Das Ergebnis waren Furcht vor Verarmung und Statusverlust sowie eine große Skepsis vor Veränderungen. Nicht wenige Handwerker gaben Bauhaus, Neuer Sachlichkeit und Neuem Bauen die Schuld an ihrer Misere, da sie in Rationalisierung und Technisierung eine Gefahr für ihre Arbeitsplätze sahen.[171] Barbara Miller Lane zufolge war die Krise des Bauhandwerks wohl zumindest zu einem Teil selbst verschuldet; die Handwerker hatten die Entwicklung seit dem Ersten Weltkrieg schlicht verschlafen.[172]

Wirtschaftliche Krisen schlugen voll auf den Arbeitsmarkt durch. In Nürnberg war zum Beispiel während der Hyperinflation 1923 über ein Sechstel der Einwohnerschaft ohne Arbeit. Bis 1926 stiegen die Arbeitslosenzahlen auf 22 000 und gingen nach einer kurzen Erholungsphase mit Ausbruch der Weltwirtschaftskrise 1929 steil noch oben. 1932 verzeichnete Nürnberg mehr als 83 000 Arbeitslose.[173] Kinder hatten am meisten unter Wirtschaftskrisen zu leiden.[174] Während der Inflation war ein Drittel der Nürnberger Schulkinder unterernährt, was bei vielen Kindern und Jugendlichen schwerwiegende chronische Krankheiten und Entwicklungsstörungen zur Folge hatte.[175] Der Ernährungszustand in München war während der Inflationsjahre beinahe so schlecht wie im Krieg.[176]

Auch die Bemühungen um einen sozialen Wohnungsbau wurden durch die Wirtschaftskrisen der jungen Republik deutlich erschwert. Die Bautätigkeit war während der Hyperinflation 1923 fast gänzlich zum Erliegen gekommen und die Zeit des allgemeinen wirtschaftlichen Aufschwungs ab 1924 erreichte 1928/29 ihren Höhepunkt, danach wirkte sich ab 1930 mit Verzögerung die Weltwirtschaftskrise von 1929 aus. Am Ende der Weimarer Republik war die Neubautätigkeit auf das Niveau zu Zeiten der Inflation abgesunken.[177] Wohnungsnot, Arbeitslosigkeit, schwankende Löhne und Gehälter belasteten die Menschen, da das Leben unkalkulierbar war. Angesichts dieser Entwicklungen überrascht kaum, dass die sozialen Probleme großes politisches Spannungspotenzial bargen. Die folgenden Kapitel thematisieren ebenfalls die sozialen Probleme, da sie oft der Hauptgrund für den Wohnungsbau, den Bau eines Krankenhauses oder eines Hallenbades waren.

---

[170] Der Anteil der Selbständigen (mit Angehörigen) fiel von 20,3 auf 14,1%, der Einwohner des Deutschen Reiches, der „neue" Mittelstand wuchs von 9,9 auf 17,8%; Möller: Die Weimarer Republik, S. 227;
[171] Götschmann: Wirtschaftsgeschichte Bayerns, S. 324.
[172] Vgl. Miller Lane: Architektur und Politik, S. 132f. Mit der Ausstellung *Das Bayerische Handwerk* 1927 in München sollte das Interesse am Handwerk wieder geweckt und auf die inzwischen modernisierten Betriebe hingewiesen werden; Haslinger, Heinrich: Das bayerische Handwerk und seine Stellung zum föderalen Gedanken. In: Wolf: Dem Bayerischen Volke, S. 365.
[173] Schmidt: Kultur in Nürnberg, S. 35.
[174] Ebd., S. 32.
[175] Ebd., S. 35.
[176] Rudloff: Die Wohlfahrtsstadt. Bd. 1, S. 260.
[177] Kolb: Die Weimarer Republik, S. 104f.

II. Architektur in der Weimarer Republik

1. Bauhaus – Neue Sachlichkeit – Neues Bauen – Heimatschutz

Das Deutschland der Weimarer Republik gilt allgemein als Kernland des modernen Baustils, obwohl bereits während des Ersten Weltkrieges die „De Stijl"-Architekten mit kubischen Formen auf sich aufmerksam machten.[1] Das komplizierte Verhältnis von Architektur und Moderne erschwert jedoch die Auseinandersetzung mit der Thematik. Die Begriffe Neue Sachlichkeit, Neues Bauen oder Bauhaus-Stil werden in Literatur und zeitgenössischen Quellen häufig synonym verwendet. Insofern ist ein kurzer Überblick über Hintergründe, Errungenschaften und Ideen der neuen Architekturströmungen hilfreich.[2] Innovative Techniken, neue Materialien und das explosionsartige Wachstum der Großstädte hatten gegen Ende des 19. Jahrhunderts die Weichen für neue Wege im Verkehrs-, Fabrik-, Geschäfts- und Wohnungsbau gestellt. Dank dieser Voraussetzungen konnten sich zu Beginn des vorigen Jahrhunderts neue Baustile entwickeln, die in ihrer Vielfalt von einer vom Bauhaus ausgehenden Neuen Sachlichkeit bis hin zum konservativen Heimatschutzstil prägend für die Jahre der Weimarer Republik wurden. Allen gemeinsam ist die Abkehr vom Historismus oder wie Müller-Wulckow es ausdrückte, „der Wille unserer Generation zur Sachlichkeit"[3].

Das Bemühen um eine klare architektonische Formensprache macht sie als Stil dieser Zeit identifizierbar.[4] Den Stil des Neuen Bauens definiert Norbert Huse über seine Defizite: „Es gibt keine Säulen, keine spitzen Dächer, keine selbständigen und als solche erkennbaren Ornamente. Außerdem fehlen Sockel und geböschte Ecken, betonte Übergänge und Abschlüsse. Es fehlen alle diejenigen Formen, die die Vorstellung vom Bau als einem auf der Erde aufruhenden, in sich festen und starken Körper begründen. Die Tektonik, kurz vor dem Ersten Weltkrieg das beherrschende Prinzip, ist preisgegeben."[5] Diese Abkehr von den Charakteristika älterer Baustile war ein Grund, warum die neuen Architekturformen der Moderne stets umstritten blieben, obwohl sie sich dank staatlicher beziehungsweise kommunaler Unterstützung weitgehend durchsetzten.[6]

---

[1] Miller Lane: Architektur und Politik, S. 38.
[2] Die Bezeichnung Neue Sachlichkeit geht auf den Titel einer Ausstellung 1925 in Mannheim zurück; Blümm: „Entartete Baukunst"?, S. 20. Dennis Kutting verweist darauf, dass der Begriff Bauhaus-Stil erst im Nachhinein geprägt wurde; Kutting, Dennis: „Neues Bauen für neue Menschen?" Planungen städtischer Verwaltungen und Aneignung durch die Bewohner im sozialen Wohnungsbau der 1920er Jahre. Speyer 2010, S. 28. Ostermann, Ingrid: Fabrikbau und Moderne in Deutschland und den Niederlanden der 1920er und 30er Jahre. Berlin 2010, S. 51.
[3] Müller-Wulckow: Bauten der Arbeit und des Verkehrs, S. 10.
[4] Zukowsky: Architektur in Deutschland, S. 9f.; Kähler, Gert: Nicht nur Neues Bauen! Stadtbau, Wohnung, Architektur. In: Kähler: Geschichte des Wohnens. Bd. 4, S. 353.
[5] Huse: „Neues Bauen", S. 47.
[6] Behrent, Curt: Vom neuen Bauen. In: DBZ, Nr. 30, 13. April 1929, S. 265; Geßner, Albert: Vom neuen Bauen. In: DBZ, Nr. 40/41, 18. Mai 1929, S. 365.

Der Historismus, insbesondere der Eklektizismus, der sich ab Mitte des 19. Jahrhunderts in der Architektur breitgemacht hatte, stieß um die Jahrhundertwende zunehmend auf Kritik.[7] Neben den Bestrebungen des 1907 gegründeten Deutschen Werkbunds, zu sachlicheren Formen zu finden, stellten bedeutende Bauwerke wie Paul Bonatz' Stuttgarter Hauptbahnhof (1911-1927) bereits vor dem Ersten Weltkrieg mit modernen Stahlbetonkonstruktionen und Gliederung der kubischen Baukörper erste Weichen für eine neue architektonische Formensprache. Damit war ein Bindeglied zwischen Tradition und Moderne geschaffen, indem traditionelle Elemente wie Monumentalität und Reminiszenzen an vergangene Stile stark reduziert wurden.[8] Ein weiterer Meilenstein in der Entwicklung kam aus dem Industriebau mit Peter Behrens' AEG-Turbinenfabrik (1909) und vor allem mit Walter Gropius' Fagus-Werk in Alfeld an der Leine (1911-1914), das mit seiner Konstruktionsweise, funktionellem Grundriss, Flachdach und großflächigen Verglasungen bei der Fassadengestaltung einen direkten Anknüpfungspunkt für das spätere Bauhaus bildete.[9]

Die Neue Sachlichkeit der Avantgarde stellte dann eine direkte Antwort auf Krieg und Revolution dar, indem sie mit dem provokanten Anspruch auftrat, völlig ohne historische Vorläufer auszukommen. Mit der Gründung des Bauhauses 1919 zog die progressive Architektur die Aufmerksamkeit auf sich, da Walter Gropius und ähnlich Gesinnte wie Bruno Taut die Auseinandersetzung mit klaren kubischen Formen mit dem sozialen Gedanken verbanden, eine bessere Welt zu schaffen, die einer erneuerten Gesellschaft ein friedliches und demokratisches Zusammenleben ermöglichen sollte.[10] Probleme, welche die Industrialisierung mit am deutlichsten in der Wohnungsmisere heraufbeschworen hatte, sollten mit Licht, Luft und Sonne und vor allen Dingen durch Hygiene gelöst werden.[11]

Die Größe der Aufgabe verlangte nach einer möglichst effizienten Bauweise, die auf Typisierung und Normierung abzielte, und fortschrittliche Konstrukteure erprobten den Einsatz industrieller Werkstoffe.[12] Mit der den Bauhäuslern eigenen Euphorie über die neuen Möglichkeiten beschrieb Gropius die Rolle der modernen Technik bei der „Wiedergeburt der Architektur"[13]: „Unsere neuen technischen Mittel haben die vollen Ziegelwände in dünne Pfeiler aufgelöst, mit dem Ziel größtmöglicher Ersparnis an Gewicht, Transportmasse und Raum. Neue künstliche, synthetische Baustoffe – Stahl, Beton, Glas – treten an die Stelle traditioneller Rohmaterialien. [...] Allein diese gewaltige Ersparnis an tragender Masse war schon eine Revolution in der Architektur."[14]

---

[7] Eines der bekanntesten Beispiele sogenannter Pfefferkuchenarchitektur ist das von Georg von Hauberisser errichtete Neue Rathaus in München (1867-1909); Miller Lane: Architektur und Politik, S. 23-25.
[8] Miller Lane: Architektur und Politik, S. 26-28.
[9] Ebd., S. 34-36; Behne: Der moderne Zweckbau, S. 28-33; Müller-Wulckow: Bauten der Arbeit und des Verkehrs, S. 6.
[10] Miller Lane: Architektur und Politik, S. 55; Junghanns: Bruno Taut, S. 33; Kähler: Nicht nur Neues Bauen!, S. 319-321.
[11] Rodenstein, Marianne/Böhm-Ott, Stefan: Gesunde Wohnungen und Wohnungen für gesunde Deutsche. In: Kähler: Geschichte des Wohnens. Bd. 4, S. 458.
[12] Poppelreuter: Das Neue Bauen für den Neuen Menschen, S. 18.
[13] Gropius: Die neue Architektur und das Bauhaus, S. 10.
[14] Ebd., S. 10.

1. Bauhaus – Neue Sachlichkeit – Neues Bauen – Heimatschutz 53

Neue Impulse gingen nicht nur vom Bauhaus aus, sondern kamen auch aus Amerika von der Architektur Frank Lloyd Wrights und den Rationalisierungsbestrebungen von Ford und Taylor, aus den Niederlanden von der De-Stijl-Bewegung, aus der Schweiz von Le Corbusier, aus Frankreich und aus Wien. Ebenso Beachtenswertes gab es in der Sowjetunion und der Tschechoslowakei.[15] Seit 1922 betrachteten die Bauhausarchitekten das „neue Zeitalter" als Maschinenzeitalter und machten sich Gedanken über die Beziehungen zwischen Maschine und Architektur. Bruno Taut vertrat in seinem Buch *Die neue Wohnung. Die Frau als Schöpferin* die Ansicht, soziale und kulturelle Auswirkungen des neuen Stils seien auf dessen kompakte, funktionale Planungen und die neue Ästhetik zurückzuführen.[16] Die Gedanken der Protagonisten des Neuen Bauens und die daraus abgeleiteten Architekturformen wurden vielerorts mit Bestürzung und Empörung aufgenommen. Die Dessauer „Meisterhäuser" lösten in ganz Deutschland eine kontroverse Debatte aus. Spektakuläre Ausstellungen wie die Werkbundausstellung *Die Wohnung* in Stuttgart-Weißenhof 1927, die großen Wohnsiedlungen, die nach neuen Siedlungskonzepten entstanden und die modernen Wohnformen, für die das „Neue Frankfurt" mit der „Frankfurter Küche" ein Musterbeispiel gab, wurden zu einem omnipräsenten Thema, wozu die vielfältige Publizistik der Architekten wesentlich beitrug.[17] (Abb. 1)

Im Vordergrund steht die plakative Architektur der Avantgardisten, die mit 5-10 Prozent des gesamten Baugeschehens das Neue Bauen prägte und als Baustil der Weimarer Zeit schlechthin gilt.[18] Die Vielfalt der Moderne brachte neben einer expressionistischen Variante Kombinationen von modernen und traditionellen Gestaltungselementen hervor. Daher dürfen die Tendenzen der Vorkriegszeit nicht unerwähnt bleiben, da sie bei der Entwicklung der modernen Architektur eine gewisse Rolle spielen. Neben Bauhaus und Avantgarde gab es auch eine auf der Basis der Tradition aufbauende kontinuierliche Weiterentwicklung der Architektur zur Moderne.[19] Diese Tendenz umfasst eine große Bandbreite und der Bezug zum Neuen Bauen ist nicht immer gleich erkennbar, da das äußere Erscheinungsbild der Gebäude sich nur durch einen weitgehenden Verzicht auf schmückendes Beiwerk von der Vorkriegsarchitektur des Historismus unterschied, trotzdem aber beim Bau moderne Techniken, Konstruktionsweisen und Baustoffe Anwendung fanden oder das Raumkonzept funktional durchdacht war und neuesten hygienischen Forderungen entsprach.

Das Neue Bauen und die sich mit den Prinzipien des Neuen Bauens auseinandersetzenden Stilrichtungen umfassen alle Baugattungen. Ebenso lassen sich Zentren des Neuen Bauens wie Frankfurt am Main oder Berlin ausmachen und regionale Unterschiede feststellen.[20] (Abb. 2) Entscheidend dabei war die politische Konstellation in den Kommunen. In der Regel boten Städte unter sozialdemokra-

---

[15] Behne: Der neue Zweckbau, S. 21, 41; Miller Lane: Architektur und Politik, S. 38.
[16] Miller Lane: Architektur und Politik, S. 74.
[17] Ebd., S. 116-122.
[18] Blümm: „Entartete Baukunst"?, S. 21f.
[19] Huse: „Neues Bauen", S. 9.
[20] Zukowsky: Architektur in Deutschland, S. 9, 20.

tischer Führung einen besseren Boden für das Neue Bauen.[21] Großer Einfluss ging von den traditionsorientierten Architekten der Stuttgarter Schule aus, von denen Theodor Fischer und German Bestelmeyer für den süddeutschen Raum sowie Fritz Schumacher für die Stadt Hamburg von Bedeutung sind.[22]

Das Spannungsfeld zwischen traditionellem Landschaftsbezug, Umbruch in Architektur und politischer wie auch sozialer Neuordnung, in dem das Neue Bauen entstand, war überall ähnlich, aber nirgends war die Situation so angespannt und nirgends prallten die Ansichten so heftig aufeinander wie in Deutschland. Die Frage der Ästhetik in der Architektur des Neuen Bauens spielte erst nach 1923 eine wichtigere Rolle.[23] Norbert Huse teilt das Neue Bauen in drei Phasen ein. In der ersten entstanden vorwiegend Utopien und Visionen, da Revolution, bürgerkriegsähnliche Unruhen und Inflation am Bauen hinderten. Weit bedeutender ist die zweite Phase 1924–1929, als sich in der Zeit wirtschaftlicher und politischer Stabilisierung die Chance zur Verwirklichung neuer Bauideen eröffnete. Die Auswirkungen der Weltwirtschaftskrise und politische Destabilisierung kennzeichneten die dritte Phase, die sich in einem Rückgang der Bautätigkeit bemerkbar machte.[24]

Die Radikalität des Bauhauses forderte den Widerspruch von Heimatschutz und Denkmalpflege geradezu heraus. Obwohl man auch hier zu Beginn des Jahrhunderts noch von einer notwendigen Erneuerung überzeugt war, wurde nach dem Krieg die neue Wohnkultur, die mit Sachlichkeit für Ordnung und Gesundheit sorgte, zunehmend mit Argwohn aufgenommen und befürchtet, dass die gewohnte Behaglichkeit einer zunehmenden Amerikanisierung und Überfremdung geopfert werde.[25] Was von den einen als Ausdruck der „neuen Zeit" gesehen und als „modern" oder „neuzeitlich" bezeichnet wurde, empfanden andere als zu „sachlich", „kalt" und „nüchtern". Bisweilen sahen sich Architekten der Moderne mit dem Vorwurf des „Baubolschewismus" konfrontiert und ihre Wohnungsentwürfe wurden als „Wohnmaschinen" bezeichnet.[26] Das Bauhaus selbst musste die bittere Erfahrung machen, dass es wegen fortgesetzter Anfeindungen 1925 seinen Sitz von Weimar nach Dessau verlegen musste. Die Formensprache des Neuen Bauens, vielfach als Synonym für die neue Zeit gesehen, wurde als zu international empfunden und eine „deutsche" Note darin vermisst. Insbesondere der Kreis um den reaktionären Architekten Schultze-Naumburg und der „Kampfbund für deutsche Kultur" traten als Vorkämpfer einer nationalen Architektur gegen die eher linksorientierte Neue Sachlichkeit auf.[27] Eine derart polarisierte Auseinandersetzung zwischen den Extremen Bauhaus und völkisch-rassistischer Architektur- und Kunstauffassung

---

[21] Blümm: „Entartete Baukunst"?, S. 21; Kähler: Nicht nur neues Bauen!, S. 360.
[22] Zukowsky, John: Stuttgart, München und der Süden. In: ders.: Architektur in Deutschland 1919–1939, S. 166 f.; Blümm: „Entartete Baukunst", S. 22.
[23] Kähler: Nicht nur neues Bauen!, S. 324.
[24] Huse: „Neues Bauen", S. 122.
[25] Insbesondere ging es Paul Schultze-Naumburg um eine Abkehr vom Historismus und um eine Reform in der Wohnbauarchitektur; Miller Lane: Architektur und Politik, S. 28 f.; Blümm: „Entartete Baukunst", S. 25 f.
[26] Huse: „Neues Bauen", S. 68 f.; vgl. auch Nerdinger: Architektur – Macht – Erinnerung, S. 30 f.
[27] Miller Lane: Architektur und Politik, S. 77.

gab es in dieser Ausprägung wohl nur in Deutschland.[28] Symptomatisch dafür ist der mit ideologischer Schärfe geführte Streit um das Flachdach.[29]

Die Skepsis gegenüber neuen Baumaterialien und Verarbeitungstechniken, deren Bewährung noch ausstand und die als Bedrohung für das Handwerk erschienen, ließ Vertreter des Heimatschutzes vermehrt für regionale Baustoffe wie Ziegel, Holz und Haustein eintreten. Andererseits sahen gerade auch Architekten, die sich mit dem Neuen Bauen auseinandersetzten, durchaus die Vorzüge herkömmlicher Materialien, wie das Chilehaus von Fritz Höger, ein plakatives Beispiel des Hamburger Backsteinexpressionismus, zeigt.[30] Theodor Fischers Ledigenheim und das Technische Rathaus von Hermann Leitenstorfer in München verbanden Moderne mit traditionellem Backsteinbau. Häufig war man bei kommunalen Bauprojekten bemüht, möglichst viele lokale Handwerksbetriebe mit einzubeziehen, was auch Martin Wagner in Berlin beim Bau großer Wohnanlagen durch die Schaffung einer „sozialen Bauhütte" anstrebte.[31]

Das Eindringen neuer Formen und bisher unbekannter Lebensweise rief Heimatschutz und Denkmalpflege auf den Plan, wobei nicht nur die moderne Architektur einen Angriffspunkt bot, sondern die Sanierung der Altstädte auch die Vertreter des Neuen Bauens herausforderte.[32] In den alpenländischen Regionen Österreichs und der Schweiz, aber auch in Bayern erlebte die Heimatbewegung einen enormen Aufschwung. Dem als seelenlos empfundenen Maschinenzeitalter setzte sie die Bedeutung des Handwerks für die Baukunst entgegen.[33] Ulla-Britta Vollhardt weist auf die starke Affinität bayerischer Politiker, Historiker und Kunsthistoriker zu Gedanken der Heimat- und Denkmalpflege hin.[34] Besonders aktiv tat sich in Bayern der Bayerische Landesverein für Heimatschutz hervor, der sich schon bei seiner Gründung 1912 zur Aufgabe gemacht hatte, „Baudenkmäler des ganzen Landes vor Verunstaltungen durch landfremde, häßliche Bauweise zu schützen und den alten bodenständigen Schöpfungen in allen ihren Ausdrucksformen sorgende Pflege angedeihen zu lassen [...]"[35]. Der Landesverein konnte seinen Einfluss in

---

[28] Huse: „Neues Bauen", S. 124 f.
[29] Miller Lane: Architektur und Politik, S. 132-136. In seinem Buch *Kunst und Rasse* stellte Schultze-Naumburg anhand von Beispielen einen Zusammenhang zwischen Rasse und architektonischer Gestaltung her; Schultze-Naumburg: Kunst und Rasse, S. 108-119.
[30] Zukowsky, John: Hamburg, Hannover und der Norden. In: Zukowsky: Architektur in Deutschland 1919-1939, S. 112-117; Kähler: Nicht nur Neues Bauen!, S. 354.
[31] Miller Lane: Architektur und Politik, S. 61.
[32] Referent auf der Tagung *Der Tag für Denkmalpflege und Heimatschutz in Würzburg und Nürnberg 1928* war unter anderem der Frankfurter Stadtbaurat Ernst May; Wohler, Gerhard: Der Tag für Denkmalpflege und Heimatschutz in Würzburg und Nürnberg 1928. In: DBZ, Nr. 90, 10. November 1928, S. 767.
[33] Welzbacher, Christian: Monumente der Macht. Eine politische Architekturgeschichte Deutschlands 1920-1960. Berlin 2016, S. 103 f.
[34] Vollhardt: „Das Bayerland", S. 39-45. Der Generaldirektor des Bayerischen Nationalmuseums, Philipp Maria Halm, weist in seinem Beitrag zur Denkschrift *Dem Bayerischen Volke* auf das Engagement Prominenter für den Heimatschutz hin. Insbesondere Gustav Ritter von Kahr setzte sich bereits vor seiner Zeit als bayerischer Ministerpräsident dafür ein; Halm, Philipp Maria: Volkskunde, Volkskunst, Heimatschutz. In: Wolf: Dem Bayerischen Volke, S. 118.
[35] Halm: Volkskunde, Volkskunst, Heimatschutz, S. 117.

vielfacher Hinsicht geltend machen[36], was ihm aber auch immer wieder den Vorwurf einbrachte, der neuen Architektur ablehnend gegenüberzustehen.[37]

Wie das Neue Bauen ist die konservative Stilströmung der Weimarer Zeit von einer auffälligen Begriffsunschärfe geprägt, da einerseits Heimatschutzarchitektur als radikale Gegenbewegung mit Schultze-Naumburg in Verbindung gebracht wird. Auf der anderen Seite wird der Begriff „Heimatschutz" auch auf Architekten wie Theodor Fischer ausgedehnt, die eine Erneuerung anstrebten, ohne den Bruch mit der Tradition zu forcieren. Der Kunsthistoriker Hans Eckstein sprach 1930 in seinem Artikel *Heimatschutz und neues Bauen* das Problem des Heimatschutzes an, der sich in seinem Kampf gegen die „Baugräuel" in eine Frontstellung gegen das Neue Bauen hineinmanövriert habe: „Indem er ‚Anpassung' an Landschaft, ‚Ortscharakter', an den Nachbarn zur Rechten, zur Linken und gegenüber, ‚nationale Eigenart', ‚Bodenständigkeit', ‚Rassigkeit' forderte, hat er fast das Gegenteil von dem bewirkt, was er eigentlich erstrebte."[38]

Norbert Huse verortet den Bereich des konservativen Bauens in der Weimarer Republik zwischen zwei Architektengruppen, „von denen die eine den Stil ihrer eigenen Region zum Vorbild nahm, die andere den Stil einer bestimmten Zeit"[39]. Erstere verbindet Huse mit Theodor Fischer und Schumacher als Bewahrer der Identität süddeutscher beziehungsweise norddeutscher Architektur, während sich die zweite Gruppe um Schultze-Naumburg und Paul Schmitthenner an der Epoche um 1800 orientierte und zum Teil polemisch gegen das Neue Bauen agitierte. Einen Einblick in ihre Argumentationsweise gegen die „hypermoderne Baukunst unserer Tage"[40] gab Karl Willy Straub in seinem 1932 erschienenen Buch *Die Architektur im Dritten Reich*. Aus ihrer Sicht durfte ein charakterloser Stil, der die einzelnen Gattungen nicht mehr klar differenzierte und Wohnhäuser wie Ingenieurbauten, Kirchen wie Silos oder Krankenhäuser wie Dampfschiffe aussehen ließ, nicht weiter um sich greifen.[41]

2. Architektenszene der zwanziger Jahre

Der ausufernde Historismus hatte in Deutschland schon um die Jahrhundertwende zur Gründung verschiedener Interessengruppen geführt, die wie die Künstlervereinigung Münchener Secession eine kulturelle Verbesserung herbeiführen wollten. Dasselbe Ziel strebte der 1907 in München gegründete Deutsche Werk-

---

[36] Blümm: „Entartete Baukunst"?, S. 27.
[37] Der *Würzburger General-Anzeiger* berichtet über einen vom Landesverein für Heimatschutz veranstalteten Diskussionsabend im Münchner Künstlerhaus zum Thema „Heimatschutz und neue Baugesinnung", zu dem neben zahlreichen Architekten u. a. Innenminister Stützel sowie mit Hendschel und Huber auch Vertreter des Kultusministeriums und der Obersten Baubehörde erschienen waren. Robert Poeverlein machte dem Verein den Vorwurf, sich nur auf die Pflege des Alten zu konzentrieren; Heimatschutz und neue Baugesinnung. In: WGA, Nr. 73, 28. März 1929, S. 13.
[38] Eckstein, Hans: Heimatschutz und neues Bauen. In: Die Form, Nr. 23/24, 1930, S. 604.
[39] Huse: „Neues Bauen", S. 10.
[40] Straub: Die Architektur im Dritten Reich, S. 11.
[41] Vgl. Blümm: „Entartete Baukunst"?, S. 66.

bund auf breiterer Basis an. Zu den Gründungsmitgliedern zählten unter anderem die Architekten Behrens, Fischer, Riemerschmid, Kreis, Schumacher und Bestelmeyer, aber auch Schultze-Naumburg.[42] Neben dem Werkbund spielte der 1903 in Frankfurt am Main gegründete Bund Deutscher Architekten (BDA) in der Weimarer Republik eine herausragende Rolle in der Architektenszene, die sich zunehmend in lokalen Verbänden organisierte.

Ähnliche Ziele wie der Werkbund verfolgten zahlreiche regionale Künstler- und Architektenvereinigungen, die über ihre Organisation ihren Interessen und deren Durchsetzung mehr Gewicht verleihen wollten, nach dem Krieg aber auch bemüht waren, die schlechte Auftragslage für Künstler und Architekten zu verbessern, die infolge des wirtschaftlichen Zusammenbruchs sprichwörtlich am Hungertuch nagten. Beispielsweise versuchten in Augsburg die Mitglieder der Vereinigung Die Ecke[43] mit Michael Kurz als Vorstand Stadtentwicklung und künstlerisches Leben wieder in Gang zu bringen. In Würzburg nahm sich die Vereinigung unterfränkischer Künstler und Kunsthandwerker e. V. (Vukuk) unter dem Vorsitzenden August Lommel der kulturellen Förderung an.[44] Mit der Kunstgewerbeschule und der neu gegründeten Nürnberger Sezession etablierte sich in Nürnberg um Architekten, Bildhauer und Maler eine Kunstszene, die das Kulturleben der Stadt bereicherte. In der Regel umfassten diese Vereinigungen Künstler und Architekten jeglicher Couleur, von konservativ-traditionsbewusst bis zu einer der Moderne aufgeschlossenen Einstellung.[45]

Im Gegensatz dazu positionierte sich das Bauhaus eindeutig für die Moderne, obwohl sich auch hier zwei Gruppen mit unterschiedlichen Ansichten herauskristallisierten – eine um Walter Gropius und eine um Hannes Meyer.[46] Generell kennzeichnend für die Architektenszene der Weimarer Zeit sind die vielen Architekten- und Künstlergruppierungen, die sich je nach Überzeugung und Ansicht in der Auseinandersetzung mit der Moderne bildeten. Eine der bekanntesten Architektenvereinigungen dürfte der Ring (1926-1933) sein, in dem sich Vertreter des Neuen Bauens wie Walter Gropius, Ludwig Mies van der Rohe, Hugo Häring, Otto Bartning, Bruno Taut, Hans Poelzig, Ludwig Hilbersheimer und Otto Haes-

---

[42] Pfister: Theodor Fischer. Leben und Wirken eines deutschen Baumeisters, S. 58; Hegemann: German Bestelmeyer, S. VII.

[43] Die Künstlervereinigung „Die Ecke" war schon 1907 gegründet worden, um unter anderem eine Verbesserung der Architektur zu erreichen. In der Auseinandersetzung um das Neue Bauen konnten die meisten Mitglieder sich nicht von ihren konservativen Ansichten lösen, so dass Thomas Wechs 1931 den Augsburger Bund für Gestaltung ins Leben rief; Lutz, Werner: Augsburgs Weg zur modernen Großstadt 1907-72. Die Künstlervereinigung Augsburg „Die Ecke" als kritischer Wegbegleiter. Ausburg 2001, S. 9-33.

[44] Der Vereinigung Vukuk gehörten auch die Würzburger Architekten Kreuter und Mayer an. August Lommel sprach sich dafür aus, Entscheidungen in städtebaulichen Angelegenheiten nicht ausschließlich laienhaften Beamten und Gremien zu überlassen, da dafür fachgerechte künstlerische Beratung notwendig sei. Außerdem organisierte der Verein Ausstellungen und Vorträge; Keß, Bettina: Kunstleben und Kulturpolitik in der Provinz, S. 77-79.

[45] Vorsitzender der Nürnberger Sezession war der Architekt Ludwig Ruff; Schmidt: Kultur in Nürnberg, S. 149-152.

[46] Wingler: Das Bauhaus, S. 18f.; vgl. auch Nerdinger: Architektur – Macht – Erinnerung, S. 43-49.

ler zusammenschlossen.[47] Neue Ideen und zunehmende Politisierung der Verbände verstärkten die Differenzen zwischen den einzelnen Vereinigungen, aber auch der Mitglieder untereinander. Der 1928 unter anderem von German Bestelmeyer, Paul Bonatz, Paul Schultze-Naumburg, Paul Schmitthenner gegründete Block stellte einen bewussten Gegenentwurf zum Ring dar.[48] Die Agitation der Nationalsozialisten gegen das Neue Bauen und dessen Vertreter nahm ab 1931 deutlich zu.

Andere Konstellationen ergeben sich für die Architektenszene der zwanziger Jahre über einflussreiche Professoren der Technischen Hochschulen Stuttgart und München mit Paul Bonatz und Theodor Fischer.[49] Welche Bedeutung Theodor Fischer, der durch seine Lehrtätigkeit die Architektengeneration des „Neuen Bauens" mitprägte, für die Entwicklung der modernen Architektur nicht nur in Bayern, sondern in ganz Deutschland zukommt, zeigt sich daran, dass sich bei ihm sowohl spätere Bauhäusler, Vertreter des „Neuen Bauens" als auch gemäßigt moderne Architekten trafen.[50] Der Kunsthistoriker Hans Karlinger bezeichnete Fischer als Pionier der Architektur deutscher Gegenwart.[51]

Fischer, ein Schüler Friedrich von Thierschs und Mitarbeiter Gabriel von Seidls, wurde nach seiner Zeit als Generalbaudirektor in München 1901 an die Technische Hochschule Stuttgart berufen. Dort erfolgte bis 1908 in seiner größten Schaffensphase die Begründung der Stuttgarter Schule, von der wichtige Impulse zur Erneuerung der Architektur nach dem Ersten Weltkrieg ausgingen.[52] Bedeutete die Professur Fischers, der als „stärkste architektonische Kraft Süddeutschlands" galt[53], für Stuttgart eine Bereicherung, so hinterließ sein Weggang aus München eine große Lücke, die nur mit zweitrangigen Architekten gefüllt werden konnte. Bei Fischers Rückkehr nach München 1908 mit der Berufung an die Technische Hochschule hatte sich der bereits eingeschlagene konservative Kurs der lokalen Architektenschaft verfestigt.[54]

Die Liste der Schüler, die bis zu seiner Emeritierung 1928 bei Theodor Fischer lernten, liest sich wie ein Who's who der Architektenszene der Weimarer Zeit. Bekannte Namen wie Bonatz, Schmitthenner, Mendelsohn, Taut, Häring, Elsaesser, May oder Abel stehen dort neben Architekten, die mehr in bayerischen Städten tätig waren, wie Thomas Wechs, Hans Döllgast, O. O. Kurz oder Hermann Leitenstorfer. Taut und Bonatz arbeiteten eine Zeit lang in Fischers Architektur-

---

[47] Blümm: „Entartete Baukunst"?, S. 21.
[48] Ebd., S. 27.
[49] Zukowsky: Stuttgart, München und der Süden, S. 166; vgl. auch Nerdinger: Architektur – Macht – Erinnerung, S. 35 f.
[50] Nerdinger: Theodor Fischer. Architekt und Städtebauer, S. 86 f.
[51] Karlinger, Hans: Theodor Fischer und sein Werk zum 70. Geburtstage. In: DBZ, Nr. 22, 25. Mai 1932, S. 426.
[52] Pfister: Theodor Fischer. Leben und Wirken eines deutschen Baumeisters, S. 43.
[53] Nerdinger, Winfried: Die „Kunststadt" München. In: Stölzl: Die Zwanziger Jahre in München, S. 97.
[54] In seinem Aufsatz *Was ich bauen möchte*, der 1906 im *Kunstwart* erschien, spielte Fischer auf die rückständige Atmosphäre in Bayern an, wobei er den protestantischen Teil Deutschlands neuen Ideen gegenüber aufgeschlossener erachtete; Nerdinger: Theodor Fischer. Architekt und Städtebauer, S 332–334.

büro. Die Avantgarde Gropius, Le Corbusier und Oud pflegte Kontakt zu ihm.[55] Um das „Neue Frankfurt" bauen zu können, umgab sich Ernst May mit einem Mitarbeiterstab aus ehemaligen Kommilitonen, zu denen auch Martin Elsaesser zählte.[56] Ebenso scharte Adolf Abel als Baudirektor in Köln einen Kreis von Fischer-Schülern um sich. Auf Empfehlung seines Lehrers Theodor Fischer berief die Technische Universität München 1928 Abel als dessen Nachfolger.[57] Auch viele Architekten der fortschrittlichen bayerischen Postbauschule hatten ein Studium bei Fischer absolviert, wie Walther Schmidt oder Thomas Wechs.[58] Da viele Studenten im späteren Berufsleben Kontakt zu ihrem ehemaligen Lehrer pflegten und dessen Rat einholten, reichte Theodor Fischers Einfluss in die Bauabteilungen zahlreicher bayerischer Städte, für die er als Städteplaner mit Stadterweiterungsplänen die Grundlagen für eine moderne Stadtentwicklung schuf.[59]

Im Spektrum der deutschen Architektenschaft sind die Schüler Theodor Fischers zwischen moderat-bewahrend beziehungsweise eingeschränkt fortschrittlich bis progressiv angesiedelt. Viele seiner Anhänger gehörten dem Deutschen Werkbund an, dessen Erster Vorsitzender er war. Innerhalb dieser Bandbreite finden sich das Neue Bauen und das Bauhaus wieder. Daneben gab es eine Architektengruppe der Stuttgarter Schule mit Bonatz und Schmitthenner, die sich ab 1927 zunehmend nationalsozialistisch beeinflusst einer rückwärtsgewandten Heimatschutzarchitektur zuwandten. Zusammen mit Schultze-Naumburg formierten sie sich im Block, dem bereits erwähnten Sammelbecken völkisch-nationalistischer Bauhausgegner.[60]

Die heiße Diskussion um das Thema Architektur und Moderne innerhalb der Architektenschaft und deren Polarisation mit unterschiedlichen Standpunkten trat in Spannungen zwischen den einzelnen Architekten zutage. Besonders spürbar war die aufgeladene Atmosphäre in München, wo sich neben Theodor Fischer fortschrittlich gesinnte Architekten wie O. O. Kurz, Robert Vorhoelzer, Richard Riemerschmid, Walther Schmidt oder Hanna Löv im Münchner Bund organisiert hatten und angesichts des modernisierungsfeindlichen Klimas man-

---

[55] Nerdinger: Theodor Fischer. Architekt und Städtebauer, S. 86-95; Pfister: Theodor Fischer. Leben und Wirken eines deutschen Baumeisters, S. 43.
[56] Nerdinger: Theodor Fischer. Architekt und Städtebauer, S. 92.
[57] Abel konnte sich mit seiner Lehrmeinung nicht gegen den konservativen German Bestelmeyer durchsetzen, der den zweiten Lehrstuhl für Architektur in München innehatte. Nach der Machtübernahme der Nationalsozialisten sorgte Adolf Hitler persönlich dafür, dass Abels Entwurf für das Haus der Deutschen Kunst abgelehnt wurde; Nerdinger: Theodor Fischer. Architekt und Städtebauer, S. 94.
[58] Aicher, Florian/Brennauer, Erna/Schulz, Renate: Lebensläufe. In: Aicher, Florian/Drepper, Uwe (Hg.): Robert Vorhoelzer – Ein Architektenleben. Die klassische Moderne der Post. München 1990, S. 168-187.
[59] Lutz, Werner: Thomas Wechs und die Kunst und Architektur in Augsburg. In: Nerdinger: Thomas Wechs, S. 84-87. Hans Eckstein sah in der jungen Architektenschaft der Postbauschule eine Fortführung von Fischers Ideen und Konstruktionsweisen, die der neuen Baugesinnung den Weg bahnen half; Eckstein: Die Kunststadt München und das Neue Bauen. In: Kunst und Künstler. Illustrierte Monatsschrift für bildende Kunst und Kunstgewerbe, Nr. 9, September 1931, S. 349.
[60] Krämer, Steffen: „Mythos Kunststadt" – Architektur der zwanziger Jahre in München. In: Billeter/Günther/Krämer: Münchner Moderne, S. 24f.

gelnde Entfaltungsmöglichkeiten beklagten.[61] Ausdruck der Verhältnisse war die Berufung German Bestelmeyers auf den zweiten Lehrstuhl für Architektur an der Technischen Hochschule München, womit der Erweiterungsbau der Technischen Universität verbunden war, obwohl dafür bereits Pläne von Theodor Fischer existierten.[62] Mit Rückendeckung durch das bayerische Kultusministerium konnte Bestelmeyer mit einer dezidiert konservativen Berufungspolitik einen einflussreichen Architektenzirkel aufbauen, der gegen den „Architekturbolschewismus" des Bauhauses und des Neuen Bauens im Besonderen gerichtet war.[63] Fischer dagegen verfolgte mit wachsendem Interesse die Ideen des Bauhauses und schickte mitunter Studenten dorthin oder empfahl sie an Walter Gropius' Architekturbüro.[64] Symptomatisch für den Richtungsstreit steht ein rückblickender Kommentar Paul Bonatz' aus dem Jahr 1941: „Er [Theodor Fischer] hat in der Stadt Ludwig I. u. Klenzes den Städtebau verknödelt statt fortzusetzen. Er wollte eben auch anders sein. [...] Liess jeden nach jeder Richtung gewähren, zuletzt aus Widerspruch zu seinem Feinde Bestelmeyer nahm er sogar für die Bauhäusler Partei."[65]

Die Meinungsverschiedenheit der Lehrer setzte sich, wie Walther Schmidt sich erinnert, unter den Architekturstudenten fort. Die zunehmende Tendenz zu einer konservativen Architektur gegen Ende der zwanziger Jahre zeigte sich daran, dass nur noch wenige sich für die Vorlesungen Fischers interessierten, wogegen Bestelmeyers Lehrveranstaltungen regelmäßig überfüllt waren.[66] Der Zwist zwischen den verschiedenen Lagern der Architektenschaft, persönliche Fehden und Ungereimtheiten bei Auftragsvergaben wurden als Hemmnis für die Kunststadt München gesehen, was zuweilen Stoff für Satire bot.[67] Bestelmeyer, der nach Kräften Neuerungen in der Münchner Baukultur zu verhindern suchte, schreckte auch vor Intrigen nicht zurück, was das Klima für Architekten, die Moderne anstrebten, weiter vergiftete.[68] Ähnlich wie Schultze-Naumburg stand er dem völkisch-nationalistischen Lager nahe und zählte nach der „Machtergreifung" neben Paul Ludwig Troost und Albert Speer zu den angesehensten Architekten des „Dritten Reiches". Fischers Schüler Hugo Häring beschrieb rückblickend die Situation: „Als Hitler erschien, wurde auch Theodor Fischer ausgeschaltet, seine Nachfolger

---

[61] Drepper, Uwe: Leben für die Architektur. In: Aicher/Drepper: Robert Vorhoelzer – Ein Architektenleben, S. 111; Preis: Beseitigung der Wohnungsnot in München, S. 102.
[62] Nerdinger: Die „Kunststadt" München, S. 99-101; vgl. auch Schmidt, L.: Kultusminister Franz Matt, S. 270f.; Becker, N.: Bürgerliche Lebenswelt und Politik in München, S. 53.
[63] Büttner, F.: Die Kunst, S. 662f.; Miller Lane: Architektur und Politik, S. 77-93, 123-141.
[64] Fischer schätzte den Austausch mit der jüngeren Architektengeneration; Nerdinger: Theodor Fischer. Architekt und Städtebauer, S. 88f.
[65] Brief Paul Bonatz' an Karl Schmidt vom 10. April 1941. In: Nerdinger: Theodor Fischer. Architekt und Städtebauer, S. 341.
[66] Schmidt, Walther: Theodor Fischer als Lehrmeister. In: Landeshauptstadt München, Referat für Stadtplanung und Bauordnung (Hg.): 50. Todestag von Theodor Fischer. München 1988, S. 106.
[67] Pfister, Rudolf: Das Neue München. Aufklärungsschrift für die Gestaltung moderner Probleme. Sechstageschrift für Gestaltung spekulativen Kollektivbewusstseins [fü]r Architektur. München, 10. Februar 1929, S. 8; Nerdinger, Winfried: Theodor Fischer. Architekt und Städtebauer 1862-1938. München/Berlin 1988, S. 95.
[68] Drepper: Leben für die Architektur, S. 114.

wurden jedoch begeistert in das Gefolge der Geniefigur des Kleinbürgers aufgenommen. Sie waren nur noch Stimmungsimitatoren, die der Idee des neuen Baustils ein Leichenbegängnis im Maßstab 100:1 veranstalteten."[69]

Diese Architektenszene, charakterisiert durch Richtungsstreit, Kompetenzgerangel und Konkurrenzkampf, die sich hier am Beispiel Münchens so schillernd darstellt, gab es im Kleinen auch in Nürnberg, Augsburg oder Würzburg. Die Vielfalt der modernen Architektur der Weimarer Zeit spiegelt dies zum Teil wider.

3. Einfluss staatlicher und kommunaler Stellen auf die architektonische Gestaltung

Die Weimarer Republik, die um Verbesserung der Lebensweise und kulturelle Reformen bemüht war, strebte vorrangig im Wohnungsbau eine Erneuerung der Architektur an, indem sie mit der Reichsforschungsgesellschaft und Subventionen explizit das Neue Bauen förderte. Reichhaltige Publizistik in Fachzeitschriften und zahlreiche Ausstellungen unterstützten die neue Stilrichtung. Der Einfluss des Neuen Bauens war daher in Deutschland wesentlich größer als beispielsweise in Holland oder Frankreich.[70] Ziel war nicht nur gesünderes und hygienischeres Wohnen und Leben, sondern auch das Geschmacksempfinden des Volkes anzuheben, wozu bereits der Sozialist Kurt Eisner 1918 in Bayern aufgerufen hatte.[71] Im Rahmen der Volksbildung bekamen Kunstförderung und Kunsterziehung mehr Gewicht. Von 1920 bis 1933 hatte mit Edwin Redslob ein Förderer moderner Kunst das von der Reichsregierung geschaffene Amt des Reichskunstwarts inne.[72]

Bauliche Verwilderung und unhygienische Lebensformen, die das 19. Jahrhundert hatte entstehen lassen, veranlassten den deutschen Städtetag, den Städten Ratschläge an die Hand zu geben, wie sie hinsichtlich gesünderer Grundrissgestaltung sowie in technischer und wirtschaftlicher Beziehung Einfluss auf den Wohnungsbau nehmen konnten.[73] Auf der Basis kommunaler Erfahrungsberichte wurden Kriterien für eine zukunftsfähige Stadtplanung und ästhetischere Baukultur aufgestellt sowie empfohlen, sowohl die Stadtentwicklung als auch die Erstellung neuer Bebauungspläne und Bauordnungen in die Hand von Fachleuten zu legen.[74] Im Genehmigungsverfahren, das eine Beurteilung „der äußeren Gestaltung des einzelnen Hauses und ganzer Baukomplexe"[75] in ästhetischer Hinsicht beinhaltete, konnten Bauämter über die Bewilligung von an bestimmte Auflagen gekoppelten öffentlichen Fördermitteln Einfluss auf das architektonische Erschei-

---

[69] Zit. nach: Nerdinger: Theodor Fischer. Architekt und Städtebauer, S. 95.
[70] Miller Lane: Architektur und Politik, S. 38.
[71] Ebd., S. 53.
[72] Ebd.
[73] Peters: Die Einflussnahme auf die Planung der Bauten in gesundheitlicher, technischer und wirtschaftlicher Beziehung. In: Gut: Wohnungsbau in Deutschland, S. 119-140.
[74] Hellweg: Die Einflussnahme der Gemeinden auf die Planung und Ausführung der Bauten, S. 140-147.
[75] Ebd., S. 145.

nungsbild von Bauprojekten nehmen.[76] So konnte eine einheitlichere Bebauung erreicht werden und zugleich eröffnete sich für die Städte eine Möglichkeit zur individuellen Gestaltung der Moderne im Stadtbild.

Viele Baumaßnahmen erforderten die Genehmigung der dem bayerischen Kultusminister unterstellten Obersten Baubehörde. Deshalb soll hier ein kurzer Blick auf die politische Ausrichtung des Ministeriums und die Einstellung der drei zur Zeit der Weimarer Republik amtierenden Minister geworfen werden. Kurt Eisner hatte nach der Proklamation des Freistaats am 7./8. November 1918 den Volksschullehrer Johannes Hoffmann (SPD) als Kultusminister in sein Kabinett geholt. Unter Hoffmann, der dieses Ressort auch nach der Ermordung Eisners bis zu seinem Rücktritt 1920 leitete, erfolgte die Umbenennung des bisherigen Königlichen Staatsministeriums des Innern für Kirchen- und Schulangelegenheiten in Staatsministerium für Unterricht und Kultus. Strukturelle Gliederung und Beamtenapparat des Ministeriums blieben aber weitgehend unverändert.[77]

Auf Hoffmann folgte im Kabinett von Kahr der bisherige Ministerialdirektor im Kultusministerium, Franz Matt, ein Jurist.[78] Obwohl er sich seit der Revolution in der neu gegründeten BVP engagierte, leitete Matt nach Aussage Hendschels sein Ministerium unter den Ministerpräsidenten Gustav Ritter von Kahr, Hugo Graf Lerchenfeld-Köfering, Eugen von Knilling und Heinrich Held bis 1926 unabhängig von parteipolitischer Einflussnahme.[79] Bedingt durch die vergleichsweise lange Amtszeit, prägte der Katholik Franz Matt die Kulturpolitik Bayerns deutlich.[80] Das Konkordat mit dem Vatikan konnte ratifiziert werden und mit der Wiedereinführung des Religionsunterrichtes als reguläres Schulfach machte er einen Teil der Reformen seines Vorgängers Hoffmann wieder rückgängig.[81] Eine Neuorganisation des Kultusministeriums erfolgte Anfang 1922.[82]

---

[76] Im Anhang der Denkschrift des Münchner Wohnungsreferenten Karl Preis befinden sich Anträge auf Ablehnung von Bauvorhaben, die für eine Finanzierung im Rahmen der Bauprogramme unter anderem aus technischen und städtebaulichen Erwägungen nicht geeignet erschienen; Preis: Beseitigung der Wohnungsnot in München, Beilage 5.

[77] Schmidt, L.: Kultusminister Franz Matt, S. 90-94. Der langjährige Ministerialreferent (1914-1933) im Kultusministerium, Richard Hendschel, schilderte Hoffmann in seiner Autobiographie als konzilianten, umgänglichen und klugen Menschen; Hendschel: Lebenserinnerungen, Anhang, S. 4f.

[78] Das Verhältnis Matts zu Johannes Hoffmann (SPD) war nicht ganz spannungsfrei, da Matt als Lehrerbildungs- und Volksschulreferent dessen Schulreformen ablehnte. Gustav Ritter von Kahr ernannte ihn zum neuen Kultusminister. Als stellvertretender Ministerpräsident führte Matt während des Hitlerputschs 1923 zeitweise die Amtsgeschäfte des Ministerpräsidenten von Knilling, der sich in den Händen der Aufständischen befand, von Regensburg aus; vgl. Hendschel: Lebenserinnerungen. Anhang, S. 3, 6.

[79] Hendschel: Lebenserinnerungen, Anhang, S. 6.

[80] Franz Matt galt als Befürworter des reformorientierten Katholizismus. In seiner Würzburger Beamtenzeit pflegte er Kontakt zum Theologen Hermann Schell und sympathisierte mit dessen Lehren; Schmidt, L.: Kultusminister Franz Matt, S. 19-26.

[81] Der Nürnberger Oberbürgermeister Hermann Luppe kritisiert Matts Amtsführung als „klerikal-reaktionäres Regime"; Luppe: Mein Leben, S. 81; Fenn, Monika/Körner, Hans-Michael: Das Schulwesen. In: Spindler: Handbuch der bayerischen Geschichte. Bd. 4/2, S. 413.

[82] Schmidt, L.: Kultusminister Franz Matt, S. 96f.

3. Einfluss staatlicher und kommunaler Stellen auf die architektonische Gestaltung

Nach Matts gesundheitsbedingtem Ausscheiden aus der Politik folgte ihm der BVP-Politiker Franz Goldenberger, ebenfalls Jurist und seit 1912 im Kultusministerium tätig. Da er zuvor das Referat „Katholischer Kultus und Stiftungen" geleitet hatte, war er bei seiner Amtsübernahme mit kirchlichen Angelegenheiten bestens vertraut.[83] In die Amtsperiode Goldenbergers, des letzten bayerischen Kultusministers der Weimarer Republik, fällt die meiste Bautätigkeit dieser Zeit. Nach der Gleichschaltung Bayerns 1933 wurde er wie auch mehrere seiner Mitarbeiter aus dem Amt gedrängt.[84] Eine konservative Grundhaltung des Kultusministeriums prägte nicht nur die Kulturpolitik der Landeshauptstadt München, sondern auch die des Freistaats Bayern.[85] Bestrebungen des Ministerialdirektors im Kultusministerium, Richard Hendschel, um die Berufung German Bestelmeyers nach München wie auch Äußerungen des Kultusministers Goldenberger über den „Bolschewismus des Geistes"[86] oder den „Silostil"[87] belegen dies. Da Hendschel nach eigenem Bekunden Goldenberger freundschaftlich verbunden und vor dessen Berufung zum Minister auch sein direkter Arbeitskollege war, dürfte in der Einstellung zum Neuen Bauen und zur Neuen Sachlichkeit eine gemeinsame Basis vorhanden gewesen sein.[88]

Das öffentliche Bauwesen, dem die bayerischen Regierungen seit Ende des 18. Jahrhunderts mehr Aufmerksamkeit widmeten, wurde unter König Ludwig I. mit der Gründung des Baukunstausschusses 1829 und der Obersten Baubehörde 1830 neu geordnet. In beiden Institutionen bekleideten die bedeutenden Architekten Leo von Klenze und Friedrich von Gärtner leitende Funktionen.[89] Von Anfang an kamen der damals dem Innenministerium unterstellten Obersten Baubehörde umfangreiche Kompetenzen zu. Im Laufe der Zeit erfolgte der Ausbau der bayerischen Staatsbauverwaltung mit den nachgeordneten Kreisregierungen (entsprechend den heutigen Bezirken) als Zwischeninstanz zu den kommunalen Hoch- und Tiefbauämtern.[90]

Parallel zur Obersten Baubehörde bestand der Baukunstausschuss als eigenständiges Gremium, dessen Mitglieder sich aus der Bauverwaltung rekrutierten

---

[83] Ebd., S. 99.
[84] Über die Kulturpolitik Goldenbergers ist allgemein wenig bekannt. In der Schulpolitik ging er disziplinarisch gegen Lehrer vor, die Mitglieder im Nationalsozialistischen Lehrerbund waren, weshalb er während des „Dritten Reiches" wiederholt inhaftiert wurde; vgl. Hendschel: Lebenserinnerungen, Anhang, S. 7. Die Dissertation von Maria Bäuml konnte für diese Arbeit nicht berücksichtigt werden; Bäuml, Maria: Das Bayerische Staatsministerum für Unterricht und Kultus zwischen 1926 und 1933.
[85] Büttner, F.: Die Kunst, S. 662-667.
[86] Nerdinger: Die „Kunststadt" München. In: Stölzl: Die Zwanziger Jahre in München, S. 106.
[87] Aktennotiz Kardinal Faulhabers über ein Gespräch mit Kultusminister Goldenberger. In: AdEMF, NL Faulhaber 5300.
[88] Hendschel: Lebenserinnerungen, Anhang, S. 7.
[89] Geiger, Franz: 150 Jahre Staatsbauwesen. 125 Jahre Oberste Baubehörde in Bayern. In: Wambsganz, Ludwig, u. a.: 125 Jahre Bayerische Oberste Baubehörde. München 1955, S. 3-5; Siebel, Peter: Die Vorstände der Obersten Baubehörde. Ein Rückblick auf die Geschichte der Bayerischen Staatsbauverwaltung. In: Eisgruber, Bernt: 150 Jahre Oberste Baubehörde im Bayerischen Staatsministerium des Innern. München 1980, S. 6-10.
[90] Joerg, Roland: Die Organisation der Bayerischen Staatsbauverwaltung – Historischer Rückblick und heutiger Stand. In: Eisgruber: 150 Jahre Oberste Baubehörde, S. 13-16.

und in der Regel durch eine hohe Identifikation mit der ehrenamtlichen Gutachtertätigkeit auszeichneten.[91] Ludwig I. beabsichtigte, das Volk im Sinne der Aufklärung durch ästhetisch ansprechende Bauten zu schulen, „um die Grundsätze eines reinen und guten Geschmacks in der Baukunst [...] immer mehr zu verbreiten, und zu bewirken, daß bei allen, vorzüglich öffentlichen Gebäuden, edle und der Nachahmung würdige Formen und Vorbilder aufgestellt werden"[92]. Entsprechend weit gefasst war die Gutachtertätigkeit des Baukunstausschusses, dem Pläne zu fast allen öffentlichen Bauten vorgelegt werden mussten, „insbesondere Kirchen und Capelen, Pfarr- und Schulhäuser, Rath- und Gemeindehäuser, Gebäude für Sicherheits-, Sanitäts- und Wohltätigkeitsanstalten, Stadttore, größere Brunnen und öffentliche Denkmale"[93].

In der Praxis stellten die weitreichenden Befugnisse des Baukunstausschusses einen gravierenden Eingriff in die kommunale Selbstverwaltung dar, was die betroffenen Gemeinden nicht selten als Bevormundung empfanden.[94] Das Genehmigungsverfahren, bereits zu Ludwigs Zeiten ein langwieriges Prozedere, beinhaltete die Überweisung der eingereichten Pläne durch den zuständigen Minister an einen Referenten des Baukunstausschusses, der wiederum das Projekt in der monatlich stattfindenden Ausschusssitzung vorstellte. Nach Abstimmung der Mitglieder gingen die Pläne, entweder mit Prägestempel versehen oder mit Rotstift korrigiert, mit einer kurzen Stellungnahme über die zuständigen Kreisregierungen an den Antragsteller zurück. Neben Fassadengestaltung wurden auch Grundrisse und Lagepläne begutachtet. Mangelhafte Pläne konnten die Einreichung neuer Planzeichnungen erfordern.[95]

Auch nach dem Ersten Weltkrieg verharrte der Baukunstausschuss der Obersten Baubehörde unter Heinrich Ullmann[96] in der Tradition Ludwigs I. und entsprechend seiner Satzung sahen sich die Beamten zu Hütern der Kunst in Bayern berufen. Gemessen daran kam ihren Entscheidungen durchaus große Bedeutung zu, da sie über die Ausrichtung der Architektur entschieden. An der Personalie des Ministerialreferenten und Mitglied des Gutachtergremiums Richard Hendschel zeigt sich, dass der Baukunstausschuss in der Weimarer Zeit dem Bayerischen Staatsministerium für Unterricht und Kultus zugeordnet war. Hendschel wurde dann auch vielfach für den „Niedergang Münchens als Kunststadt"[97] und den Zweifel am Kunstverständnis der Bayern verantwortlich gemacht, da bisweilen der Verdacht geäußert wurde, die Behörde habe einen „Boykott"[98] gegen das Neue Bauen verhängt. Welche Rolle dabei der sowohl vom Innen- als auch vom Kultusministerium geförderte Bayerische Landesverein für Heimatschutz spielte,

---

[91] Kruse, Christian/Pollach, Claudia/Hopfenmüller, Annelie: Der Baukunstausschuss König Ludwigs I. Eine Ausstellung des Bayerischen Hauptstaatsarchivs. München 2015, S. 10.
[92] Zit. nach: Stuckenberger: Gottesburgen, S. 52.
[93] Zit. nach: ebd.
[94] Kruse/Pollach/Hopfenmüller: Der Baukunstausschuss König Ludwigs I, S. 7–9.
[95] Ebd., S. 18–21.
[96] Schmidt, L.: Kultusminister Franz Matt, S. 96f.
[97] Hendschel: Lebenserinnerungen. Anhang, S. 10; Nerdinger: Die „Kunststadt" München. In: Stölzl: Die Zwanziger Jahre in München, S. 101.
[98] Schreiben Herkommers an die Oberste Baubehörde vom 4. Juli 1931. In: AdBA, GVPf-Akt 305.1.1, Großohrenbronn K4 Bauakten.

3. Einfluss staatlicher und kommunaler Stellen auf die architektonische Gestaltung 65

der eine Bauberatungsstelle in Verbindung mit der Obersten Baubehörde betrieb und dessen Gutachtertätigkeit zum Teil auch Neubauprojekte betraf, ist nicht ganz klar.[99] Der damalige Direktor des Bayerischen Nationalmuseums weist darauf hin, dass die unentgeltliche künstlerische Beratung auch „praktische Beihilfe in Form von Entwürfen oder Überarbeitung von solchen"[100] beinhaltete, was der volkserzieherischen Intention des Vereins entsprach.

Der Baukunstausschuss stellte im Genehmigungsverfahren eine Hürde dar, da fadenscheinige Ablehnungsbescheide nicht selten zur Neuvergabe eines Bauprojektes an einen Münchner Architekten führten.[101] In Quellen und Festschriften zu Kirchenbauten aus den zwanziger Jahren finden sich gelegentlich Hinweise zu Kritik und geforderten Planänderungen seitens der Behörde.[102] Knapp und für manche Pfarrgemeinde niederschmetternd waren auf einem Formblatt die Beanstandungen in „schönheitlicher" Hinsicht vermerkt.[103]

Wie weit der Einfluss im Einzelfall gehen konnte, wird an einem Schriftwechsel einer kleinen fränkischen Pfarrgemeinde deutlich, die Pläne für einen Kirchenbau im Stil der Neuen Sachlichkeit einreichte. Der Ort war nach Schilderung des Pfarrers eine Bauarbeiterkolonie, deren Maurer während der Woche auf den Nürnberger Großbaustellen arbeiteten und denen daher der Umgang mit neuen Baumaterialien und Techniken nicht fremd war.[104] Die Gemeinde hatte mit Hans Herkommer einen progressiven Architekten gewählt, die Planungen zogen aber ein langwieriges Ringen mit dem Baukunstausschuss nach sich, wobei nichts unversucht blieb, den modernen Kirchenbau durchzusetzen. Der Kunsthistoriker Georg Lill erstellte ein Gutachten und auch der Architekt und Vorsitzende der Arbeitsgemeinschaft Christlicher Kunst, Michael Kurz, wurde eingeschaltet. Nach mehrfachen Planänderungen erklärte Herkommer entnervt, dass er künftig nicht

---

[99] Stuckenberger weist auf die Gutachtertätigkeit vom Historismus geprägter Architekten wie Hermann Buchert oder Hans Grässel für den Baukunstausschuss hin; Stuckenberger: Gottesburgen, S. 54 f.; vgl. auch Halm: Volkskunde, Volkskunst, Heimatschutz, S. 118.
[100] Halm: Volkskunde, Volkskunst, Heimatschutz, S. 119.
[101] Stuckenberger: Gottesburgen, S. 52.
[102] Vollert: Die St. Barbarakirche am Mönchberg. In: Festschrift zur Einweihung der St. Barbarakirche in Würzburg. Würzburg 1927, S. 33–36.
[103] In der Mitteilung der Obersten Baubehörde vom 17. Dezember 1928 an das Katholische Pfarramt Großohrenbronn heißt es: „Der Baukunstausschuß konnte sich nicht entschließen, dem Entwurfe seine Zustimmung zu geben, da er in der fränkischen Landschaft und in einem ländlichen Ort doch zu fremdartig und unverständlich wirken würde. Im Gegensatz zu der angestrebten Monumentalität steht die geplante Eindeckung mit Ruberoid, einem für Schuppen und untergeordnete Bauten geeigneten, für ein Gotteshaus doch zu unwürdigen Material. Die Wirkung des Innenraumes wurde als gut bezeichnet, unverständlich erscheint die Herabführung der Glasfenster bis zum Boden." (gez. Ullmann) In einem weiteren Ablehnungsbescheid vom Februar 1931 steht unter anderem der Vermerk: „[...] es besteht die Gefahr, daß bei Zulassung derartiger Bauten mit einer unangebrachten Monumentalität auch das flache Land in unerwünschter Weise dadurch beeinflußt und zur Nachahmung verleitet wird." In: AdBA, GVPfAkt 305.1.1, Großohrenbronn K4 Bauakten.
[104] Schreiben des Pfarrers der katholischen Pfarrgemeinde Großohrenbronn an die Oberste Baubehörde in München, vom 7. Januar 1929. In: AdBA, GVPfAkt 305.1.1, Großohrenbronn K4 Bauakten.

mehr in Bayern bauen und für keinen seiner Bauten einen bayerischen Künstler beziehungsweise bayerische Firmen heranziehen werde.[105] Trotz der Abänderungen zählt Herkommers Kirche St. Raphael (1932) in Großohrenbronn zu den modernsten Kirchen Bayerns zur Zeit der Weimarer Republik.[106]

4. Kunststadt – Provinzstadt

„Wir sind einer Neurose verfallen, die anfängt, uns an der unbekümmerten Tagesarbeit zu hindern"[107], kommentierte Theodor Fischer eines der bewegendsten gesellschaftlichen Themen der Zwischenkriegszeit, den Konflikt zwischen Tradition und Moderne, der symptomatisch mit der Debatte um die Kunststadt zum Ausdruck kam. Die Diskussion um den Status der Kunststadt, die der Berliner Kritiker Hans Rosenhagen bereits 1901 mit dem Artikel *Münchens Niedergang als Kunststadt* in Gang gesetzt hatte, gewann nach dem Krieg an Aktualität.[108] Die *Münchner Neuesten Nachrichten* warfen 1926 in dem Artikel *Das wahre München* die Frage auf „Was ist überhaupt die Kunststadt München?"[109] Die ehemalige königlich-bayerische Residenzstadt schien in der neuen Zeit in künstlerischer Hinsicht in Ehrfurcht vor den Leistungen der Monarchie erstarrt, wogegen Städte wie Stuttgart, Köln oder Frankfurt am Main einen wirtschaftlichen und kulturellen Aufschwung erlebten.[110] Literaten und Honoratioren erhoben warnend ihre Stimmen, da angesichts des rückwärtsgewandten Klimas in der Hauptstadt Bayerns bereits viele bedeutende Persönlichkeiten aus Kunst und Wissenschaft München verlassen hätten und Berlin dem ehemaligen „Isar-Athen" den Rang als Kunststadt abgelaufen habe.[111] Viele sahen München Gefahr laufen, seinen Status als Kunststadt auf Dauer zu verlieren, falls nicht eine Kehrtwende in der Kunst- und Kulturpolitik erfolge und mehr Toleranz gegenüber modernen Strömungen an den Tag gelegt werde. Durch eine 1926 in der Münchner Tonhalle von der DDP organisierten Vortragsreihe, wo unter anderen Thomas Mann und Paul Renner zum „Kampf um München" aufriefen, gewann die Kontroverse richtig an Fahrt.[112]

Die Vorträge lösten ein enormes Echo in der Münchner Gesellschaft und Presse aus, wozu auch eine Artikelserie der *Münchner Neuesten Nachrichten* beitrug.[113] Über Monate hinweg wurde in Leitartikeln, Leserbriefen und Reden entweder der Status quo verteidigt, dass München nach wie vor d i e deutsche Kunststadt sei

---

[105] Schreiben Herkommers an die Oberste Baubehörde vom 4. Juli 1931. In: AdBA, GVPf-Akt 305.1.1, Großohrenbronn K4 Bauakten.
[106] Schnell: Der Kirchenbau des 20. Jahrhunderts in Deutschland, S. 44.
[107] Zit. nach: Pfister: Theodor Fischer. Leben und Wirken eines deutschen Baumeisters, S. 73.
[108] Krämer: „Mythos Kunststadt", S. 20.
[109] Das wahre München. In: MNN, Nr. 350, 19. Dezember 1926, S. 1.
[110] Nerdinger: Die „Kunststadt" München, S. 103.
[111] Zum Exodus der Künstler und Intellektuellen Becker, N.: Bürgerliche Lebenswelt und Politik in München, S. 50f.; Geyer: Verkehrte Welt, S. 92.
[112] Nerdinger: Die „Kunststadt" München, S. 103.
[113] Ebd, S. 102.

oder die Stadt wurde zum „Krähwinkel"[114] der Republik erklärt. Die Politisierung der Debatte blieb nicht aus. Vor allem von Seiten konservativer und völkisch-nationalistischer Gruppierungen kam es dabei zu Diffamierungskampagnen gegen die Kritiker der Kulturpolitik.[115] Einen zweiten Höhepunkt erlebte die Debatte Ende der zwanziger Jahre, als sich Kardinal Faulhaber genötigt sah, in seiner Silvesterpredigt 1929 zur Diskussion Stellung zu nehmen. Der Kunsthistoriker Hans Eckstein widmete der „retrospektiven Gesinnung der kommunalen Bau- und Kunstpflege" 1931 seinen Aufsatz *Die Kunststadt München und das Neue Bauen* und zog Bilanz: „Das Münchnertum blieb Herr seiner Stadt und sein Geist und Horizont bestimmt das kulturelle Gesicht der Kunststadt bis auf unsere Tage."[116]

Die Gründe, weshalb es überhaupt zu einem derartigen Streit kommen konnte, liegen in dem Konflikt zwischen Tradition und Moderne, de facto eine Spätfolge der industriellen Revolution in Deutschland. Die Umwälzungen hatten zwar tiefgreifende gesellschaftliche Auswirkungen, aber viele Bereiche, wie zum Beispiel die traditionellen Familienstrukturen, waren unangetastet geblieben. Der Modernisierungsschub, den die Revolution von 1918 auslöste, erfasste Politik und Gesellschaft. Neben dem Umsturz der politischen Verhältnisse und der Errichtung einer parlamentarischen Demokratie begannen sich auch in den Familien die traditionellen Rollenverhältnisse zu verschieben. Kennzeichnend für diese Entwicklung ist beispielsweise der Wandel von der Groß- zur Kleinfamilie mit zwei Kindern oder die zunehmende Berufstätigkeit von Frauen. Verkrustete Strukturen und Moralvorstellungen begannen auf breiter Basis aufzuweichen, was nicht ohne Konflikte vor sich ging. Mit den sich verändernden Verhältnissen unterlag die Kunststadt in dem Maße einem Wandel, wie sich die Sichtweise der Menschen durch Krieg und Revolution verändert hatte.[117]

Was die Kunst betraf, so hatten sich inzwischen neue Richtungen Bahn gebrochen. Für München, das von seinem Ruhm als Residenzstadt der Wittelsbacher und seinem Ruf als Kunststadt profitierte, hatte dies einschneidende Folgen. Bisher geförderte Kunstströmungen galten fast über Nacht als antiquiert, die zahlreichen herausragenden Bauten und Prachtstraßen, die mit Förderung der bayerischen Könige errichtet und bis dahin als vorbildlich angesehen worden waren, verloren an Glanz. Gleichzeitig stellten die architektonischen Denkmäler, die das Renommee Münchens als „Isar-Athen" begründeten, das größte Kapital der bayerischen Hauptstadt dar, die mit einer nur schwach ausgeprägten Industrie fast komplett von den Wirtschaftszweigen des Handwerks und des Fremdenverkehrs abhängig war. Entsprechend katastrophal wirkte sich der revolutionäre Umbruch aus, in dessen Folge die Touristen ausgeblieben waren. Noch 1925 erklärte Oberbürgermeister Scharnagl, dass es schwierig geworden sei, die Kunsttradition zu wahren, da die früheren Mäzene „durch die Entwicklung der letzten Jahre"[118]

---

[114] Ebd., Dokumentarischer Anhang, S. 113.
[115] Hermann: Kommunale Kulturpolitik in München von 1919 bis 1935, S. 54–59, 333–340.
[116] Eckstein: Die Kunststadt München und das Neue Bauen. In: Kunst und Künstler, Nr. 9, 1931, S. 346.
[117] Das wahre München. In: MNN, Nr. 350, 19. Dezember 1926, S. 1.
[118] Sitzungs-Berichte. Sitzung des Stadtrates vom 8. Januar 1925. In: Münchener Gemeindezeitung, 17. Januar 1925, Stadtarchiv München, Stadtratsprotokolle 1925, S. 29.

ausgeschaltet worden seien, aber nicht vergessen werden dürfe, was München seinen Fürsten verdanke. Die neue Zeit fordere dazu heraus, das Vertrauen in die Kunststadt wiederherzustellen.[119]

Die viel beschworene spezifisch bayerische Mentalität, auf die die einen stolz waren, andere wiederum für die Rückständigkeit Bayerns verantwortlich machten, begünstigte diese konservative Haltung. Als Folge der Revolution verlor der neu gegründete Freistaat Bayern die von Bismarck garantierten Reservatrechte, die dem Königreich Bayern fast fünfzig Jahre lang erlaubt hatten, eigene Banknoten herauszugeben und eine eigene Bahn- und Postverwaltung zu betreiben. Ganz zu schweigen davon, dass Bayern auf Grund dieser Sonderrechte mit einer eigenen Armee am Ersten Weltkrieg teilnehmen und bis Kriegsausbruch eine begrenzte Außenpolitik betreiben hatte können.[120] Angesichts derart weitgehender Zugeständnisse überrascht es nicht, dass die Reservatrechte über die Zeit des Kaiserreiches zu einem festen Bestandteil des bayerischen Selbstbewusstseins geworden waren, zumal sich das souveräne Königreich Bayern bereits seit seiner Gründung 1806 als „straff zusammengefaßter, moderner bürokratisch-militärischer Rechts- und Einheitsstaat"[121] präsentierte. Mit der Verabschiedung der zentralistischen Weimarer Reichsverfassung 1919 aber verloren die bei der Reichsgründung 1871 geschlossenen Verträge ihre Gültigkeit. Obwohl beispielsweise die Reichspost den noch jungen Freistaat mit einer eigenen Oberpostdirektion entschädigte, versetzte der nachhaltige Bedeutungsverlust Bayerns dem lokalpatriotischen Empfinden einen enormen Tiefschlag, was eine schwere Identitätskrise bei der bayerischen, insbesondere der Münchner Bevölkerung auslöste. Aus dem Verlust vieler für unverbrüchlich und für selbstverständlich gehaltener Gewissheiten resultierte wohl die übersteigerte Abneigung vieler Bayern gegen jegliche Veränderung und die Moderne während der zwanziger Jahre.

Die Ursachen für den Identitätsverlust wurden in der Revolution und der Weimarer Republik gesehen, was reaktionären Strömungen Auftrieb verlieh. Von dieser Stimmung, die auch von Seiten der katholischen Kirche befördert wurde, profitierten die konservative BVP und das völkische Milieu, das in München eine seiner Hochburgen besaß und den Nährboden für das Entstehen der NSDAP bot. Anstoß erregten vielfach die zentralistische Politik und Verfassung des Deutschen Reiches, welche das Gewicht Bayerns im Reich empfindlich schmälerten. Dadurch erhielten separatistische Strömungen Zulauf und vielerorts machte sich Antipathie gegenüber allen Tendenzen breit, die aus Norddeutschland kamen, oder, wie es der Kritiker Hermann Eßwein 1921 prägnant formulierte: „Berlin ist das rote Tuch, und was aus dem übrigen Norddeutschland kommt, zu mindestens schwer verdächtig."[122] Ein anderer Grund in der ablehnenden Haltung gegenüber Bau-

---

[119] Ebd. Der Zweite Bürgermeister Hans Küfner betonte den Zusammenhang zwischen Kunststadt und Fremdenverkehr. Ihm war der Erhalt der Kunst wichtiger, als der Moderne nachzueifern, die er mit Überlegung angehen wollte; Hermann: Kommunale Kulturpolitik in München, S. 78.

[120] Xylander, Rudolf von: Das wehrhafte Bayern: In: Wolf: Dem Bayerischen Volke, S. 189.

[121] Müller, Karl Alexander von: Bayerische Geschichte: In: Wolf: Dem Bayerischen Volke, S. 37.

[122] Zit. nach: Krämer: „Mythos Kunststadt", S. 18.

haus und Neuer Sachlichkeit lag darin, dass für die überwiegend katholisch geprägte Bevölkerung im Freistaat der nüchterne Stil aus dem protestantischen Norden Deutschlands kam.[123] Hinter dieser Abneigung steckte wohl auch die uralte Furcht, unter protestantische Herrschaft beziehungsweise gegenüber den Protestanten in die Minderheit zu geraten.

Vermutlich waren diese Vorurteile und Ängste bestimmend für manche Volten der bayerischen Politik, die in Berlin naturgemäß auf wenig Gegenliebe stießen. So weigerte sich Ministerpräsident Gustav von Kahr monatelang, die von der Reichsregierung beschlossene und geforderte Entwaffnung der Einwohnerwehren und Freikorps umzusetzen. Als Generalstaatskommissar beanspruchte er sogar den Oberbefehl über die in Bayern stationierten Reichswehreinheiten, wobei er einen Konflikt mit dem Reich in Kauf nahm, der leicht zu einer Staatskrise oder gar zur Reichsexekution gegen Bayern hätte führen können. Andere Ministerpräsidenten wie Heinrich Held scheuten ebenfalls nicht die Konfrontation mit Berlin, um echte oder vermeintliche Beeinflussungen auf ihr Land abzuwehren, oder um dem Reich Zugeständnisse abzuringen, die in die Richtung neuer Reservatrechte gingen.[124] Keiner der kolportierten Separatismuspläne, die in der Regel die Abspaltung Bayerns vom Deutschen Reich und die Restauration der Wittelsbacher Monarchie unter Kronprinz Rupprecht vorsahen, wurde in die Tat umgesetzt.

Angesichts dieser Vorbelastungen kann die Kunststadtdebatte in den zwanziger Jahren teilweise als Ausdruck einer Depression nach dem Verlust der Reservatrechte gesehen werden, geprägt durch eine tief sitzende Verlustangst und den Willen, nicht auch noch die Deutungshoheit über die Kunst an Berlin zu verlieren.[125] Deutlich kommt dies in dem Werk *Dem Bayerischen Volke. Der Weg der Bayern durch die Jahrhunderte* zum Ausdruck, das gleichsam die Debatte auf das Verhältnis Bayerns zum Reich ausdehnte. Die Beiträge verschiedener bayerischer Minister und Persönlichkeiten aus Politik, Kunst und Wissenschaft[126] zielten darauf ab, alle Hebel in Bewegung zu setzen angesichts „Not und Kampf eines deutschen Landes, das sich in der Selbständigkeit seiner Existenz, in der Möglichkeit seiner freien Entwicklung auf kulturellem und wirtschaftlichem Gebiet bedroht weiß, dessen große Vergangenheit achtlos beiseite geschoben werden soll"[127]. Die Selbstdarstellung Bayerns in den Kapiteln diente dazu, eines zu beweisen: „Man ist hier nicht so rückständig und fossil, wie man ‚draußen' gern behauptet."[128] Die Bayerische Staatsregierung wurde nicht müde, in Denkschriften, Reden und Kundge-

---

[123] Schreiben Faulhabers an den Generalvorstand des Bonifatiusvereins in Paderborn vom 4. Februar 1931. In: AdEMF, NL Faulhaber 5300.
[124] Hürten: Revolution und Zeit der Weimarer Republik, S. 475–479.
[125] In seinem Beitrag *Bayern und das Reich* spielt von Jan auf „die Versuche des Reiches, die Kulturpflege in der Gesetzgebung und in der Verwaltung zu zentralisieren" an; von Jan: Bayern und das Reich, S. 414.
[126] Beiträge verfassten unter anderem der bayerische Ministerpräsident Heinrich Held und die Minister Franz Goldenberger, Anton Fehr, Franz Gürtner und Hans Schmelzle.
[127] Wolf: Dem Bayerischen Volke, S. III.
[128] Wolf, Georg Jacob: Bayerns Kunst – Ein Dokument der Eigenart Bayerns. In: ders.: Dem Bayerischen Volke, S. 76.

bungen zu betonen, dass der „Wiederaufstieg" Deutschlands ohne Bayern nicht denkbar sei.[129]

Die Kulturpolitik blieb auch in der unitarisch ausgerichteten Weimarer Republik Ländersache und somit war sie eines der wichtigsten verbliebenen Reservate.[130] Wenn Kultusminister Goldenberger in seinem Beitrag *Bayerns Recht auf eigene Kulturverwaltung*[131] das Recht auf den Fortbestand einer eigenen Kulturverwaltung auch in der Weimarer Republik reklamierte, berief er sich dabei auf die lange Tradition von Kunst und Wissenschaft und die zeitweilige Führung Bayerns auf diesem Gebiet.[132] Der Einheitsstaat erschien als drohende Gefahr, da dadurch alles Verbliebene beseitigt, Individualität keine Rolle mehr spielen und die „Verprovinzialisierung bayerischer Staatlichkeit"[133] besiegelt werden würde.

Provinz und Metropole, Kleinstadt und Großstadt, viel diskutierte Themen der Weimarer Zeit, beschäftigten auch andere Kommunen. So wie München gegenüber Berlin zur kulturellen Provinz zu verkommen drohte, so befürchteten Städte wie Augsburg oder Würzburg einen Bedeutungsverlust gegenüber der bayerischen Landeshauptstadt. In Nürnberg dagegen war das Bewusstsein, nicht zu den ganz großen Metropolen zu gehören, stärker ausgeprägt. Oberbürgermeister Hermann Luppe, gebürtiger Kieler und bis zu seinem Amtsantritt in Nürnberg 1920 Zweiter Bürgermeister in Frankfurt am Main, kam von außerhalb und ordnete Nürnberg von sich aus den Provinzstädten zu. Daher sind nach Alexander Schmidt auch keine Klagelaute zu verzeichnen.[134] Die Stadt konnte sich selbstbewusst auf das vorhandene Kapital – die historische Altstadt, die Industrie und den Sport – konzentrieren. Luppe nahm es in die Hand, Nürnberg der Moderne zu öffnen.

Die Stadt Würzburg, die seit dem frühen Mittelalter Bischofssitz war und als fürstbischöfliche Haupt- und Residenzstadt im 18. Jahrhundert eine wahre Blütezeit erlebte, musste sich seit der Eingliederung Unterfrankens und des Fürstbistums Würzburg in das Königreich Bayern 1814 zwangsläufig nach München orientieren.[135] In der Weimarer Zeit änderte sich daran wenig, obwohl Berlin in Sachen Neues Bauen interessanter gewesen wäre.[136] Dass München gegenüber der Reichsstadt als konservativ und rückständig galt, spielte kaum eine Rolle, da Würzburg als Kunststadt und als eine „der schönsten Barockstädte Deutschlands"[137] ein ähnliches Problem mit den neuen Stilrichtungen und generell mit der Moderne hatte. In den Augen der Würzburger stand München als ehemaliger Günstling des Königreichs Bayern ohnehin besser da als die säkularisierten und mediatisierten

---

[129] Geyer: Verkehrte Welt, S. 93, 348f.
[130] Blessing, Werner: Zwischen Tradition, Aufbruch und Gleichschaltung. Kultur und Politik in Bayern 1918-1945. In: Kulturstaat Bayern 19. und 20. Jahrhundert. 1997, S. 46.
[131] Goldenberger: Bayerns Recht auf eigene Kulturverwaltung, S. 41-55.
[132] Goldenberger, Franz Xaver: Die grundsätzlichen Gesichtspunkte der staatlichen und städtischen Kunstpolitik. In: Kunstpolitische Vorträge, S. 3-6.
[133] Stang: Das politische Leben Bayerns, S. 398.
[134] Schmidt: Kultur in Nürnberg, S. 357.
[135] Naser, Markus: Würzburgs Blütezeit als Residenzstadt. In: Hahn/Baumhauer/Wiktorin: Atlas Würzburg, S. 45-47.
[136] Keß: Kunstleben und Kulturpolitik in der Provinz, S. 351.
[137] Bier, Justus: Würzburgs Möglichkeiten als Kunststadt. In: Fränkische Monatshefte. Zeitschrift für Heimat, Kunst und Kultur, Nr. 1, Januar 1928, S. 30.

4. Kunststadt – Provinzstadt 71

Städte. Die Streitschrift *Würzburg eine Provinzstadt? oder die kulturelle Sendung Würzburgs*, die engagierte Künstler und Literaten Würzburgs 1927, besorgt um den Ruf und die Zukunft der Stadt, zusammengestellt hatten, wurde zum heißen Diskussionsthema.[138] Die Zusammenhänge stellten sich für Ludwig Barthel folgendermaßen dar: „Der Nimbus Münchens schien mit den Kronen der Könige zu verbleichen, in Wahrheit setzte der Kampf gegen Berlin ein, wo ‚Moderne' unter Volldampf, zwischen Kunst und Kitsch oft ungewiss gaukelnd produziert wird, und in diesem Kampf Münchens gegen Berlin traten nun plötzlich Städte als Mitstreiter auf, die noch vor kurzem aus dem Kreis der ‚Ernstzunehmenden' ausgeschlossen waren. Ich behaupte nicht, dass Würzburg bisher unter diese Mitstreiter gerechnet werden mußte, aber a u c h h i e r i n W ü r z b u r g i s t m a n e s m ü d e P r o v i n z z u h e i ß e n [...]."[139] Provinzialität bedeutete Rückständigkeit, was die Kultur betraf, und wurde in der Diskussion als „Versumpfung"[140] Würzburgs bespöttelt.[141]

Das Verhältnis zu München gestaltete sich zwiespältig, da einerseits die Landeshauptstadt als großes Vorbild gesehen, andererseits mit der bayerischen Regierung assoziiert wurde, von der Würzburg finanziell abhängig war. Die Stadt musste sich der staatlichen Gesetzgebung unterordnen. Bürokratie und Münchner Zentralismus erregten nicht selten die Würzburger Gemüter. Symptomatisch dafür ist die Auftragsvergabe für den Bau einer Trinkhalle im Juliusspital, die an einen Münchner Architekten ging. Die ortsansässigen Architekten und Künstler, die übergangen worden waren, übten scharfe Kritik.[142]

Auch Augsburg haderte mit seinem Schicksal als schwäbische Metropole im Schatten Münchens. Das moderne Leben, neue Kunstformen, besonders aber das Neue Bauen, wie es sich in anderen Städten Deutschlands präsentierte, ließ ehemals angesehene Städte plötzlich provinziell erscheinen.[143] Die Diskussion spaltete die Bevölkerung in zwei Lager, da für einen Teil historische Bauten und verwinkelte Straßen als malerisch galten, andere sie aber als unhygienische Stadtviertel betrachteten, über die nur „die Lebensfremdheit des Antiquitätenhändlers hinweg sehen"[144] könne.

Die Debatten, die sich um den Status einer Stadt drehten, Kunststadt, moderne Stadt oder Provinzstadt, das Ringen um die Anpassung an die neue Zeit und das Streben, sich in der neuen staatlichen Ordnung zu positionieren, kennzeichnen vielerorts die Zeit der Weimarer Republik. Daher ist es von Interesse, der Frage nachzugehen, welche Anstrengungen verschiedene Städte Bayerns auf dem Gebiet des Städtebaus unternahmen, um sich dem Fortschritt und der Moderne zu öffnen.

---

[138] Vgl. Keß: Kunstleben und Kulturpolitik in der Provinz, S. 343–349.
[139] Barthel, Ludwig: Vom 18. zum 20. Jahrhundert. In: ders.: Würzburg eine Provinzstadt?, S. 8.
[140] Ohly, Christian: Neue Kultur in Würzburg. In: WGA, Nr. 268, 22. November 1927, S. 2 f.
[141] Keß, Bettina: „Konservative ‚Bildlsmalerei' gegen neue Ausdruckskunst". In: dies./Reese: Tradition und Aufbruch, S. 21.
[142] Keß: Kunstleben und Kulturpolitik in der Provinz, S. 351.
[143] Wie aus einer Rundfrage der *Augsburger Neuesten Nachrichten* zum Kulturleben der Stadt 1928 hervorgeht, nahm die Stadtbevölkerung regen Anteil an der Diskussion: Das Augsburger Kunstleben. In: ANN, Nr. 73, 28. März 1928, S. 5 f.
[144] Wechs: Denkschrift, S. 4.

III. „Bauten der Gemeinschaft"

1. Kirchenbau

Da die Geschichte Bayerns stets eng mit der Kirchengeschichte verknüpft ist, prägen Kirchtürme die Landschaft und die Silhouetten bayerischer Städte und manches neue profane Bauwerk, das in der Weimarer Republik entstand, musste sich an ihnen messen oder sich unterordnen, um das historisch gewachsene Stadtbild nicht zu gefährden. Kirchen und Klöster sind aber nur das augenfälligste Merkmal der Kultur des Landes. Handeln und Denken der Menschen sind auch tief im Glauben verwurzelt, wie Wolfgang Prechtl um 1930 feststellte: „Mit Recht spricht man vom frommen, tiefreligiösen Sinne des bayerischen Volkes."[1] Daher leitet dieses Kapitel den Hauptteil der Arbeit ein, da einerseits Sakralbauten als Ausdruck einer traditionsverbundenen Gesellschaft und als monumentale Bauaufgabe im Fokus der Architekturdebatte der Weimarer Zeit standen, andererseits die Beweggründe, die zum Kirchenbau führten, die Lehrmeinung der Kirche widerspiegeln. Da damals „der Einfluß der katholischen *Kirche* auf das gesamte V o l k s b i l d u n g s w e s e n"[2] nicht unerheblich war, lassen sich in gewisser Hinsicht Schlüsse zur Haltung der Bevölkerung zu modernen Profanbauten ziehen. Georg Lill betrachtete im Konnex von Profan- und Sakralbau Kultbauten als „Werke [...], die in ganz anderer Weise geistiger Ausdruck, Gemeinschaftsausdruck, Ausdruck des Ewigen und Zeitlosen sein müssen"[3], sowie als absolut notwendige Ergänzung zu rein profanen Nutzbauten wie Wohnungen, Rathäusern, Bahnhöfen oder Industrieanlagen.[4] Seit der Reformation und spätestens mit Mediatisierung und Säkularisierung der fränkischen Territorien zu Beginn des 19. Jahrhunderts konnte die protestantische Bevölkerung Bayerns nicht mehr ignoriert werden, womit eine Auseinandersetzung mit deren unterschiedlicher Geisteshaltung unumgänglich wurde.[5]

Für den Kirchenbau zur Zeit der Weimarer Republik sollen einige Punkte der Kirchengeschichte herausgegriffen werden, soweit sie für die bayerische Kirchenprovinz von Relevanz sind. Der Fokus liegt dabei auf den Zentren des Kirchenbaus in München, Augsburg und Würzburg. Die Stadt Nürnberg spielte mit ihrer überwiegend protestantischen Einwohnerschaft für den katholischen Kirchenbau keine größere Rolle.[6] Ihre evangelischen Kirchen, Friedenskirche und Gustav-

---

[1] Prechtl, Wolfgang: Die Katholische Kirche in Bayern. In: Wolf, Georg Jacob (Hg.): Dem Bayerischen Volke. München 1930, S. 60.
[2] Prechtl: Die Katholische Kirche in Bayern, S. 61.
[3] Lill, Georg: Zum modernen katholischen Kirchenbau. In: DB, Nr. 10, Oktober 1927, S. 251. Ähnlich äußerte sich auch Walter Müller-Wulckow: „Der bedeutsamste Gemeinschaftsbau sollte die Kirche in ihrer tiefer fundierten und über die Alltagsinteressen hinausweisenden Bestimmung sein." Müller-Wulckow: Bauten der Gemeinschaft, S. 8.
[4] Lill: Zum modernen katholischen Kirchenbau. In: DB, Nr. 10, Oktober 1927, S. 250f.
[5] Schornbaum, Karl: Die Evangelische-Lutherische Kirche in Bayern. In: Wolf, Georg Jacob (Hg.): Dem Bayerischen Volke. München 1930, S. 64.
[6] 1920 waren etwa 60% der Bevölkerung in Nürnberg evangelisch; Luppe: Mein Leben, S. 79.

Adolf-Gedächtniskirche, stehen zusammen mit der Münchner Auferstehungskirche beispielhaft für den protestantischen Kirchenbau der Weimarer Zeit in Bayern.

Bis zur Revolution 1918 konnte die katholische Kirche auf fast 800 Jahre erfolgreicher Symbiose mit dem bayerischen Herrscherhaus der Wittelsbacher zurückblicken. Das Konkordat vom 5. Juni 1817 zwischen dem Apostolischen Stuhl in Rom und dem Königreich Bayern ermöglichte nach der napoleonischen Zeit den institutionellen Wiederaufbau der katholischen Kirche und 1821 die Errichtung der Bistümer, durch die sich die Aufteilung in eine nord- und südbayerische Kirchenprovinz ergab. Seither sind dem Erzbistum München-Freising die Suffragane Augsburg, Regensburg und Passau unterstellt, während Eichstätt, Würzburg und Speyer zum Erzbistum Bamberg gehören.[7] Die Bischöfe prägen durch ihre Persönlichkeit mehr oder weniger ihre Diözesen und sind mit ihren Hirtenworten richtungsweisend für viele Gläubige.

Der Katholizismus stieg über die Jahrhunderte zur Staatsreligion auf und neben den Herrschern betätigten sich auch geistliche Würdenträger, von denen nicht wenige dem Haus Wittelsbach entstammten, als Kunstmäzene.[8] Oftmals bestimmten die prachtvollen Kirchenbauten, welcher Architekturstil gerade in Bayern dominierte. So holte Kurfürst Ferdinand Maria mit Enrico Zuccalli, dem Baumeister der Theatinerkirche, den Barock nach Bayern. Fürstbischöfe schufen das barocke Würzburg. Ludwig I., unter dem München zur Kunststadt aufblühte, verstand sich auch als Schirmherr der Kirche und bemühte sich mit der Remonastisierung um die Wiederbelebung der bayerischen Klöster. Auch wenn spätere Monarchen nicht mehr ganz dem Kurs Ludwigs folgten, entfalteten sich weiterhin kirchliches Leben und Vereinsleben.[9]

Neue Erkenntnisse durch Wissenschaft, Industrialisierung und soziale Frage forderten auch die katholische Kirche heraus, theologische Antworten auf die verschiedenen Probleme zu finden. Ein Ergebnis dieser Bemühungen stellt die 1891 veröffentlichte Sozialenzyklika *Rerum Novarum* von Papst Leo XIII. dar.[10] Erneuerungstendenzen machten sich in Theologie, Liturgie und Kirche bemerkbar, aber kennzeichnend für die Zeit ist die antimodernistische Einstellung weiter kirchlicher Kreise, so dass sich Reformkatholizismus und Ultramontanismus unversöhnlich gegenüberstanden.[11] Besonderes Aufsehen erregten um die Jahrhundertwen-

---

[7] Konkordat und Reorganisation des Bistums sicherten Würzburg den Status als Bischofssitz; Weiß, Wolfgang: Die katholische Kirche im 19. Jahrhundert. In: Wagner: Geschichte der Stadt Würzburg. Bd. 3/1, S. 431f. Zum bayerischen Konkordat s. Hürten, Heinz: Die katholische Kirche seit 1800. In: Spindler: Handbuch der bayerischen Geschichte. Bd. 4/2, S. 304-307; Zedler, Jörg: „Im Interesse der Anerkennung der Staatspersönlichkeit und der kirchenpolitischen Bedeutung Bayerns". Die bayerisch-vatikanischen Beziehungen zwischen Kulturkampf und Machtergreifung. In: Fenn, Monika/Meilchen, Gregor (Hg.): Bayerische Geschichte in Wissenschaft und Unterricht. München 2011, S. 181-183; Stuckenberger: Gottesburgen, S. 12.
[8] Hendschel: Lebenserinnerungen, S. 6.
[9] Hürten: Die katholische Kirche seit 1800, S. 309-311.
[10] Wehler, Hans-Ulrich: Deutsche Gesellschaftsgeschichte. Bd. 3. Von der „Deutschen Doppelrevolution" bis zum Beginn des Ersten Weltkrieges 1849-1914. München 1995, S. 1183.
[11] Weiß: Die katholische Kirche im 19. Jahrhundert, S. 448f.; Hürten: Die katholische Kirche seit 1800, S. 317f.

de die Schriften *Katholizismus als Prinzip des Fortschritts* (1897) und *Die neue Zeit und der alte Glaube* (1899) des Würzburger Theologen Hermann Schell, der für eine Auseinandersetzung der katholischen Kirche mit den modernen Wissenschaften eintrat, wobei es ihm nicht zuletzt um das Bildungsdefizit des Kirchenvolkes ging. Schells Werke landeten auf dem Index, da sich die Amtskirche bemühte, alle Reformbestrebungen im Keim zu ersticken.[12] Weltoffenere Katholiken waren mehr im Bildungsbürgertum zu finden, während besonders auf dem Land die vom Klerus geförderte Volksfrömmigkeit zunahm.[13]

Die Abgrenzung vom Protestantismus, der sich vom Weltgeschehen nicht in dieser Weise abschottete, schien notwendiger denn je. Für die Zeit vor 1914 skizziert Wehler einen janusköpfigen Katholizismus, da große Teile durch die ideologische Politik der Kurie doktrinär geprägt gewesen seien, sich daneben aber einzelne Gruppierungen wagemutig „für eine Öffnung gegenüber der neuzeitlichen Politik, Kultur, Wissenschaft, für mehr Selbstbestimmung, Autonomie und geistige ,Durchlüftung'"[14] eingesetzt hätten.

Für eine Gleichberechtigung von Katholiken und Protestanten, die mit dem Konkordat der Weimarer Republik neu diskutiert wurde, hatte bereits das Toleranzedikt von 1803 eine Basis geschaffen, so dass das Königreich Bayern mit einem evangelischen Bevölkerungsanteil von 23,8 Prozent zu einem gemischt-konfessionellen Staat wurde. Weitere rechtliche Vereinbarungen ermöglichten das Entstehen protestantischer Pfarreien, da in Südbayern ursprünglich nur in einigen Städten kleinere evangelische Gemeinden bestanden. Erst nördlich der Donau begann „[d]as geschlossen evangelische Gebiet"[15]. Ludwig I. brachte seine Wertschätzung für den Protestantismus mit dem Bau der Matthäuskirche, der ersten evangelischen Kirche Münchens, zum Ausdruck.[16]

Der strukturelle innere Aufbau der evangelischen Kirche war in Preußen mit am deutlichsten ausgeprägt. Trotz der relativ starren synodalen Verfassung, welche die Vorherrschaft der bürgerlich-bäuerlichen Eliten der Amtskirche festigte, kam es teilweise zu heftigen innerkirchlichen Auseinandersetzungen mit liberalen Kreisen um Friedrich Naumann, die angesichts der akuten sozialen Frage für eine theologische Neuorientierung eintraten.[17] Dominant blieb eine übersteigerte Identifikation mit dem Kaiserreich, dessen Gründung als Sieg des deutschen Pro-

---

[12] Wittstadt, Klaus: Kirche und Stadt im 20. Jahrhundert. In: Wagner: Geschichte der Stadt Würzburg. Bd. 3/1, S. 453-455; Wehler: Deutsche Gesellschaftsgeschichte. Bd. 3, S. 1183-1186; Hausberger, Karl: Sieben oberhirtliche Stellungnahmen zur Ausbildung des Klerus an den staatlichen Universitätsfakultäten Deutschlands aus dem Jahr 1899. In: Becker/Chrobak: Staat, Kultur, Politik, S. 273-285.
[13] Wehler: Deutsche Gesellschaftsgeschichte. Bd. 3, S. 1189.
[14] Ebd., S. 1173.
[15] Schornbaum: Die Evangelische-Lutherische Kirche in Bayern, S. 66. Schornbaum verweist ferner auf einen Atlas zur evangelischen Kirche im Königreich Bayern, der 1825 in Südbayern evangelische Gemeinden nur in Leipheim, Memmingen, Kempten, Augsburg, Regensburg und München verzeichnet. Zur konfessionellen Struktur Bayerns vgl. Hürten: Die evangelische Kirche seit 1800, S. 332f.
[16] Die von Johann Nepomuk Pertsch 1826-1833 errichtete St. Matthäuskirche fiel Straßenbauplänen der Nationalsozialisten zum Opfer; Büttner, F.: Die Kunst, S. 623.
[17] Wehler: Deutsche Gesellschaftsgeschichte. Bd. 3, S. 1177f.

testantismus angesehen wurde, dem zum Zeitpunkt der Reichsgründung zwei Drittel der deutschen Bevölkerung angehörten. Damit einher gingen Bestrebungen zur Schaffung einer Nationalkirche. Scharf fiel die Abgrenzung zum Katholizismus aus, dem Ultramontanismus und unpatriotisches Verhalten unterstellt wurden. Diese Ressentiments, die im Kulturkampf ihren Höhepunkt erreichten, hielten sich bis in die Weimarer Republik hinein. Obwohl sich der Protestantismus von Haus aus mehr dem Weltgeschehen zuwandte und Wissenschaft und Fortschritt aufgeschlossener gegenüberstand als der Katholizismus, hatte die evangelische Kirche vor 1914 auf Grund einer zunehmend säkularisierten Lebensweise mit einer hohen Zahl von Kirchenaustritten zu kämpfen. Einen Grund dafür sieht Wehler darin, dass die evangelische Amtskirche im rasanten Urbanisierungsprozess Defizite in der Seelsorge aufwies. Trotz allem aber blieb die Kirche weiterhin eine richtungsweisende Instanz für ihre Mitglieder, für die mit Ausbruch des Ersten Weltkrieges Vaterlandsliebe und nationales Denken in den Vordergrund rückten.[18]

Kriegsniederlage und Revolution bedeuteten auch für den Protestantismus eine unvergleichliche Zäsur. Mit dem Umsturz im November 1918 zerbrach aber auch das fein austarierte Verhältnis zwischen Staat, katholischer Kirche, Kunst und Gesellschaft. Insofern ist interessant, welche Einflussmöglichkeiten die Kirchen in der Weimarer Republik auf Kunst und Gesellschaft behaupten konnten und wie sich ihr Verhältnis zu einem neuen Kirchenbaustil als auch zur Moderne insgesamt gestaltete.

1.1. Die Kirchen in Politik und Gesellschaft

Die katholische Kirche in Bayern während der zwanziger Jahre ist nicht denkbar ohne Kardinal Michael von Faulhaber, dessen Episkopat von 1917 bis zu seinem Tod 1952 nicht nur das Erzbistum München-Freising prägte, sondern auch Einfluss auf die bayerischen Bischöfe nahm.[19] Da er durch seine enge Bekanntschaft mit dem päpstlichen Nuntius in München, Eugenio Pacelli, später als Kurienkardinal enger Mitarbeiter Papst Pius' XI. und seit 1939 Papst Pius XII., über exzellente Beziehungen zum Vatikan verfügte, stellte Faulhaber eine nicht zu unterschätzende geistliche und politische Autorität dar, deren Ansehen sich weit über die bayerischen Landesgrenzen hinaus erstreckte.[20] Darüber hinaus war er nach dem Ende der Monarchie die einzige verbliebene Persönlichkeit von Rang der vorrevolutionären Zeit und konnte sich daher als Fels in der Brandung präsentieren.[21] Faulhabers Auftreten, sein Verhandlungsgeschick, seine Amerikareisen und

---

[18] Büttner, U.: Weimar. Die überforderte Republik, S. 269.
[19] Als Erzbischof von München und Freising war Faulhaber auch Vorsitzender der Freisinger Bischofskonferenz. Ab 1920 fand ein regelmäßiger Austausch mit der Fuldaer Bischofskonferenz statt; Pfister, Peter: Im Spannungsfeld von Orts- und Weltkirche: Freising, Fulda, Rom. In: Forstner: Kardinal Michael von Faulhaber, S. 200-202; Hürten: Die katholische Kirche seit 1800, S. 319.
[20] Pfister: Im Spannungsfeld von Orts- und Weltkirche, S. 204-218; Zedler: Die bayerisch-vatikanischen Beziehungen zwischen Kulturkampf und Machtergreifung, S. 193.
[21] Irschl, Simon: Michael Kardinal von Faulhaber. München 1952, S. 6f.

sein Kirchenbauprogramm ließen ihn als Mann der Tat erscheinen, der als Hirte die Geschicke des katholischen Bayern auch im Freistaat lenkte.[22]

In diesem Zusammenhang ist seine Haltung sowohl zur Weimarer Republik als auch zum Freistaat Bayern nicht unerheblich. Der drohende Machtverlust der Kirche veranlasste ihn, fast die gesamte Zwischenkriegszeit für eine Verankerung der Kirche in der staatlichen und politischen Neuordnung Deutschlands zu kämpfen. Faulhaber stand der Demokratie zutiefst ablehnend gegenüber und hoffte auf eine Restauration der Wittelsbacher Monarchie. Geprägt durch die hierarchische Struktur der Kirche, wurzelte seine Abneigung gegen die republikanische Staatsform in einem Autoritätsdenken, das ihm die Monarchie als einzig geeignete Regierungsform erscheinen ließ.[23] Die Haltung des Erzbischofs zur Republik, die er per se als nicht legitimiert erachtete, da sie aus einer Revolution hervorgegangen war, was gleichsam einem Frevel gegen die gottgewollte Ordnung glich, schlug sich auch Jahrzehnte später in seiner unveröffentlichten Autobiographie nieder, in der er urteilte: „Kein Staat ist schlechter regiert als der, in dem alle mitregieren wollen."[24] Mit seiner Erklärung, die Revolution sei Meineid und Hochverrat gewesen und bleibe historisch erblich belastet und mit dem Kainsmal behaftet[25], löste Faulhaber auf dem Katholikentag 1922 in München einen Eklat aus, nachdem er bereits im Vorfeld eine offizielle Einladung des Reichskanzlers Wirth verhindert hatte, obwohl dieser der katholisch geprägten Zentrumspartei angehörte.[26] Der damalige Zentrumspolitiker und Kölner Oberbürgermeister Konrad Adenauer stellte daraufhin klar, dass Faulhaber nicht für die Gesamtheit der deutschen Katholiken spreche.[27]

In der Tat scheint der Episkopat im Rheinland der Demokratie positiver gegenübergestanden zu haben, was vor allem der Tatsache zu verdanken ist, dass mit der Revolution die Parteien in ihrer politischen Rolle bedeutend aufgewertet wurden. Über das Zentrum konnte der politische Katholizismus einen Einfluss ausüben, der ihm im Kaiserreich verwehrt geblieben war.[28] Die Reichskanzler Constantin Fehrenbach (1920-1921), Joseph Wirth (1921-1922), Wilhelm Marx (1923-1924/ 1926-1928) und Heinrich Brüning (1930-1932) waren alle Zentrumspolitiker, de-

---

[22] Kornacker, Susanne: Hilfe gegen Hunger: Reisen in die USA (1923, 1926). In: Forstner: Kardinal Michael von Faulhaber, S. 221-228.

[23] Volk, Ludwig: Kardinal Michael von Faulhaber Erzbischof von München und Freising (1917-1952). In: Schwaiger, Georg (Hg.): Das Erzbistum München und Freising in der Zeit der nationalsozialistischen Herrschaft. Bd. 1. München/Zürich 1984, S. 220 f.

[24] Faulhaber: Autobiographie, S. 464.

[25] Hürten: Revolution und Zeit der Weimarer Republik, S. 477.

[26] Treffler: Politischer Katholizismus, Staat und Kirche in der Weimarer Zeit, S. 197.

[27] Büttner, U.: Weimar. Die überforderte Republik, S. 280; Wehler: Deutsche Gesellschaftsgeschichte. Bd. 4, S. 446.

[28] Ringshausen, Gerhard: Die Christenheit im 20. Jahrhundert. In: Faulstich, Werner (Hg.): Die Kultur des 20. Jahrhunderts im Überblick. München/Paderborn 2011, S. 51; Morsey, Rudolf: Prälaten auf der politischen Bühne. Zur Rolle geistlicher Parlamentarier im 19. und 20. Jahrhundert. In: Becker/Chrobak: Staat, Kultur, Politik, S. 313-320; Ruppert, Karsten: Die Deutsche Zentrumspartei in der Mitverantwortung für die Weimarer Republik: Selbstverständnis und politische Leitideen einer konfessionellen Mittelpartei. In: Becker, Winfried (Hg.): Die Minderheit als Mitte. Die Deutsche Zentrumspartei in der Innenpolitik des Reiches 1871-1933. Paderborn u. a. 1986, S. 71-88.

ren Partei sich in wechselnden Koalitionen an der Regierung beteiligte. Faulhaber, der Bayern als Kernland des Katholizismus begriff, ging es darum, diese Eigenart zu verteidigen und sich gegen Bevormundung aus dem protestantischen Norden zu verwahren. Berlin, die Hauptstadt des Reiches betrachtete er generell als rot, protestantisch und zentralistisch, womit er in der allgemeinen politischen Diskussion nicht alleine stand.[29]

Nach der Revolution war freilich nicht nur Faulhabers Verhältnis zur Weimarer Republik, sondern auch zum Freistaat Bayern gestört, da der Umbruch auch die Trennung von Staat und Religion mit sich brachte. Zwar schien der Erzbischof den Verlust der geistlichen Schulaufsicht und Lehrerausbildung zu akzeptieren, betrachtete die Vorgänge aber mit größtem Unbehagen. Als das SPD-geführte Kultusministerium unter Johannes Hoffmann die Abschaffung des Religionsunterrichts und der Bekenntnisschule anstrebte, ging der bayerische Episkopat unter Faulhabers Führung auf Konfrontationskurs zur Revolutionsregierung Eisners.[30] Die emotionale Silvesterpredigt 1918, in der Faulhaber das neue Kabinett polemisch als „Regierung von Jehovas Zorn"[31] bezeichnete und seine öffentliche Parteinahme wirkten sich wohl nicht unwesentlich auf das Ergebnis der Landtagswahl 1919 aus, bei der die Bayerische Volkspartei (BVP), der konservative regionale Ableger des Zentrums, als Sieger hervorging. Obwohl später der betont kirchenfreundliche Kurs der Regierung Heinrich Held den Erhalt der Bekenntnisschulen sicherte, war Faulhabers Verhältnis zur BVP nicht ganz spannungsfrei. Einerseits gelang es ihm, mit dem Konkordat vom 29. März 1924 zwischen der katholischen Kirche und dem Freistaat Bayern erstmals einen völkerrechtlichen Vertrag auf der Grundlage der Weimarer Reichsverfassung abzuschließen, wobei der Münchner Erzbischof als Teilnehmer der Verhandlungsdelegation weitreichende Zugeständnisse erreichen konnte.[32] Andererseits nahm er es Held übel, dass dessen Regierung entsprechende Staatsverträge auch mit der evangelischen Kirche schloss, was seiner Meinung nach das Konkordat entwertete.[33] Der Kommentar des Limburger Bischofs fiel gelassener aus: „Bavaria catholica et Prussia protestantica – haec est differentia!"[34]

Anders als in München, wo Faulhaber als Erzbischof unmittelbar Zusammenbruch, Revolution und Regierungsbildung hautnah miterlebte, war in Würzburg mit Ferdinand Schlör (1839-1924) seit 1898 ein Bischof im Amt, der ab 1920 aus Altersgründen seine Diözese nicht mehr selbst leiten konnte und durch einen Administrator, den Bamberger Erzbischof Jacobus Hauck, vertreten wurde.[35] Nach

---

[29] Volk: Kardinal Michael von Faulhaber, S. 224.
[30] Hürten: Revolution und Zeit der Weimarer Republik, S. 451; vgl. auch: Grau, Bernhard: Faulhabers ärgster Widersacher. In: [Forstner, Thomas]: Kardinal Michael von Faulhaber 1869-1952. München 2002, S. 184f.
[31] Grau, Bernhard: Widerstand gegen die Trennung von Staat und Kirche. In: Forstner: Kardinal Michael von Faulhaber, S. 181. Die Entwicklung in Preußen und Sachsen verlief ähnlich; vgl. Ringshausen: Die Christenheit im 20. Jahrhundert, S. 52.
[32] Zedler: Die bayerisch-vatikanischen Beziehungen zwischen Kulturkampf und Machtergreifung, S. 192-200.
[33] Treffler: Politischer Katholizismus, Staat und Kirche in der Weimarer Zeit, S. 197-199.
[34] Ebd., S. 199.
[35] Wittstadt: Kirche und Stadt im 20. Jahrhundert, S. 455.

seinem Tod wurde mit Matthias Ehrenfried (1871-1948) am 1. Dezember 1924 im Würzburger Dom ein Bischof geweiht, der bereits nach den neuen Regelungen des Konkordats vom Papst ernannt worden war.[36] Achtung und Ehre der Würzburger Bevölkerung erwarb er sich vor allem als Volksbischof und nicht zuletzt durch sein mutiges Auftreten als Warner vor dem Nationalsozialismus und als Widerstandsbischof.[37] Für die Stadt, die in besonderer Weise durch Hermann Schell, der an der Würzburger Universität lehrte, vom Modernismusstreit betroffen war, bot in sittlichen Fragen, welche die neue moderne Lebensweise aufwarf, Ehrenfrieds klar ablehnende Haltung Orientierung. Seine konservative Einstellung kommt in seiner Kunstanschauung zum Ausdruck, wenn er sich an der Präsentation sakraler Kunstwerke in Kunstausstellungen störte: „Da steht in einer Nische oder Ecke ein Bild oder eine Statue des göttlichen Heilandes, aber gleich daneben thronen auf Aufsätzen oder Sockeln rein weltliche Bildnisse und Figuren, nicht selten sogar ganz nackt und unwürdig."[38] Sein Einsatz galt neben der Seelsorge kirchlichen Einrichtungen und Missionsorden, deren Bauten auf dem Mönchberg, das Mariannhiller Piusseminar mit der Herz-Jesu-Kirche und das Missionsärztliche Institut, Würzburg ins Zentrum des deutschen Katholizismus rückten und internationale Beachtung verschafften.[39]

Der Augsburger Bischof Maximilian von Lingg (1842-1930), der 1927 als Fünfundachtzigjähriger sein silbernes Bischofsjubiläum feiern konnte, passt ins Bild eines Bischofs, der Amt und Würde voll in der Monarchie entfalten konnte, sich dann aber im hohen Alter noch mit der neuen Staatsform der Weimarer Republik konfrontiert sah.[40] Ähnlich wie für Faulhaber war für Lingg die Revolution mit Schrecken verbunden, zumal „rohe Horden am Abend jenes 21. Februar 1919 in die Behausung des 77jährigen Mannes drangen"[41]. Altersbedingt und vielleicht durch diese Ereignisse verstört, trat Maximilian von Lingg in den zwanziger Jahren nicht auffällig in Erscheinung.[42] Seine Hirtenbriefe folgen dem allgemeinen Tenor der Kirche in dieser Zeit. Ulrike Laible, die zu Michael Kurz' Kirchenbauten recherchiert hat, geht von einer liberalen Haltung des Bischofs gegenüber dem

---

[36] Merkle, Sebastian: Ein Halbjahrhundert kirchliches Leben in Stadt und Diözese Würzburg 1883-1933. In: WGA, 26. Mai 1933, S. 22.
[37] Wittstadt: Kirche und Stadt im 20. Jahrhundert, S. 458; Forstner, Thomas: Auseinandersetzungen mit der bayerischen NS-Regierung. In: ders.: Kardinal Michael von Faulhaber, S. 282; Wendehorst, Alfred (Hg.): Würzburg. Geschichte in Bilddokumenten. München 1981, S. 108.
[38] Das Paradies auf Erden. Fastenhirtenbrief des hochwürdigsten Herrn Bischofs. In: KKBW, Nr. 6, 23. März 1930, S. 22. Seine kritische Einstellung gegenüber neuzeitlicher Kunst brachte Ehrenfried in der Schlussansprache auf der Tagung für Christliche Kunst in Würzburg zum Ausdruck; Lill, Georg: Tagung für Christliche Kunst zu Würzburg. In: ChK, 1931/32, S. 124; vgl. auch Güldenstubbe, Erik von: Bischof Matthias Ehrenfried. In: Wagner: Geschichte der Stadt Würzburg. Bd. 3/1, S. 479-481.
[39] Wittstadt: Kirche und Stadt im 20. Jahrhundert, S. 457 f.
[40] Zum 85. Geburtstag unseres Hochw. Herrn Bischofs Dr. Maximilian von Lingg. In: KSBDA, Nr. 3, 13. März 1927, S. 45.
[41] Unseres Bischofs silbernes Jubiläum. In: KSBDA, Nr. 21, 17. Juli 1927, S. 324.
[42] Maximilian von Lingg ließ sich ab 1921 bei der Freisinger Bischofskonferenz vertreten. Nach seinem Tod am 31. Mai 1930 wurde Joseph Kumpfmüller (1869-1949) Bischof von Augsburg; Volk: Kardinal Michael von Faulhaber Erzbischof, S. 192, 196.

neuen Kirchenbau aus, da keine speziellen Vorgaben und Weisungen des Bistums bekannt sind und der Architekt seine Kirchenbauten uneingeschränkt verwirklichen konnte.[43] Ein Schreiben des bischöflichen Ordinariats an eine kleine Landpfarrei im Bistum Augsburg, die ein modernes Kirchenbauprojekt von Hans Herkommer „mit Pultdächern für Turm und Schiff"[44] realisieren wollte, weist aber darauf hin, dass man mit dem Baukunstausschuss in München konform ging, da der Wortlaut starke Ähnlichkeit mit dem Ablehnungsbescheid der traditionsbewussten Münchner Ministerialbehörde aufweist. Das Ordinariat befand den Entwurf zu „fremdartig und profan"[45], was sinngemäß die Einwendungen aus München wiedergibt.[46]

Die kirchliche Tradition gebot es, die Frömmigkeitsförderung fortzusetzen und als moralische Instanz den Menschen Halt zu bieten. Nach der Erfahrung der Sinnlosigkeit des Krieges bot die Religion tatsächlich einen Zufluchtsort. In moralischen Fragen, die das moderne Leben aufwarf, wie Sportausübung, Frauenturnen, Familienbäder, Mode, Familienleben oder Mischehen, war die katholische Kirche in vielfacher Hinsicht Richtschnur.[47] Wichtig war auch die Warnung vor Sekten, die Abgrenzung zum Protestantismus, den man per se mit der Republik in Verbindung brachte, und die Verhinderung von Kirchenaustritten.[48]

Der Katholizismus erfuhr in Deutschland, besonders aber in Bayern, einen deutlichen Aufschwung. Das Wort der Bischöfe, gestützt durch den Codex Iuris Canonici von 1917, hatte Gewicht. Die Presse und das neue Medium Rundfunk sowie ein Netz konfessioneller Vereine sorgten dafür, dass auf breiter Basis die Menschen erreicht werden konnten.[49] Jugendbewegungen wie die Deutsche Jugendkraft oder Quickborn erfreuten sich großen Zulaufs und die Katholikentage 1921 und 1931 waren Ereignisse mit ungeheurer Wirkung auf das Gemeinschaftsbewusstsein.[50] Im Alltag boten aktives Gemeindeleben, die Mitgestaltung kirchli-

---

[43] Laible: Bauen für die Kirche, S. 83.
[44] Schreiben des Bischöflichen Ordinariats Augsburg an das katholische Pfarramt Großohrenbronn vom 3. November 1928. In: AdBA, GVPfAkt 305.1.1, Großohrenbronn K5 Bausachen.
[45] Ebd.
[46] Der Baukunstausschuss fand den Entwurf für eine fränkische Landgemeinde „zu fremdartig und unverständlich" und erachtete die vorgesehene Eindeckung mit Dachpappe als unwürdig für ein Gotteshaus; Mitteilung der Obersten Baubehörde im Staatsministerium des Innern an das Kath. Pfarramt Großohrenbronn vom 17. Dez. 1928. In: AdBA, GVPfAkt 305.1.1, Großohrenbronn K5 Bausachen.
[47] Jesus Christus der Nothelfer unserer Zeit. Fastenhirtenbrief des Bischofs von Würzburg. In: KKBW, Nr. 5, 6. März 1932, S. 17; Stuckenberger: Gottesburgen, S. 28f.
[48] Seiler, Joachim: Statistik des Erzbistums München und Freising in der ersten Hälfte des 20. Jahrhunderts. In: Schwaiger: Das Erzbistum München und Freising in der Zeit der nationalsozialistischen Herrschaft. Bd. 1, S. 288f.; Zur Frage des Kirchenaustritts. In: KKBW, Nr. 3, 26. Januar 1929, S. 11f. Vielfach wurde auch der Protestantismus für das Entstehen der Sekten verantwortlich gemacht. Begreiflich und unbegreiflich. In: KKBW, Nr. 3, 26. Januar 1929, S. 12.
[49] Büttner, U.: Weimar. Die überforderte Republik, S. 270.
[50] Kardinal Faulhaber an die deutsche Jugendkraft. In: KKBW, Nr. 17, 23. August 1931, S. 66; Bilder vom Katholikentag in Nürnberg. In: KKBW, Nr. 19, 20. September 1931, S. 74f.; vgl. auch Stuckenberger: Gottesburgen, S. 32f.; Wehler: Deutsche Gesellschaftsgeschichte. Bd. 4, S. 447; Büttner, U.: Weimar. Die überforderte Republik, S. 279.

cher Feste und Prozessionen oder der Einsatz für einen neuen Kirchenbau Möglichkeiten, Hoffnung zu fassen, nach vorne zu schauen. Allerdings bedeutete dies nicht selten eine Realitätsflucht in eine idealisierte Welt, die Ordnung und Halt versprach.[51]

Die Autobiographie des Münchner Kardinals Michael von Faulhaber vermittelt ein Bild, wie sich die Kirche in der Gesellschaft darstellte und die Gläubigen an sich zu binden suchte. Selbstverständlich standen seelsorgerische Aspekte im Vordergrund, aber Faulhaber ging es durchaus auch darum, den Glanz der Königszeit weiterzutragen, was sich bei der Fronleichnamsprozession besonders gut demonstrieren ließ: „In der republikanischen Zeit von Bayern musste natürlich von dem höfischen Glanz der Königszeit manches verblassen, die religiöse Weihe wurde aber auch in der Zeit des Freistaates Bayern aufrecht erhalten."[52] Das Festhalten an der prunkvollen Ausgestaltung der Kirchenfeste, die durch die Teilnahme des Hauses Wittelsbach besondere Förderung erhielten und somit Macht und Glanz der Kirche präsent hielten, mag zum Teil erklären, dass es schwerfiel, sich von einem Kirchenbaustil zu verabschieden, dem mit Theodor Fischer ein „ad suam ipsius gloriam"[53] nicht ganz abgesprochen werden kann.[54]

Bildeten Bayern mit dem Erzbistum München-Freising und das Rheinland mit dem Erzbistum Köln die Zentren des Katholizismus im Deutschen Reich, konzentrierte sich der Protestantismus auf große Teile Norddeutschlands, Ostelbiens und Ostpreußens.[55] Ähnlich wie die katholische Kirche fühlten sich die Protestanten durch die Revolution in ihrer bisherigen gesellschaftlichen Vorrangstellung bedroht und fürchteten um ihren Einfluss im öffentlichen Raum.[56] In zahlreichen deutschen Staaten gingen die Verflechtungen zwischen Kirche und Staat tiefer als bei der ultramontan ausgerichteten katholischen Kirche, da der Summepiskopat die evangelischen Fürstentümer bis 1918 nachhaltig prägte. Aus dieser Tradition heraus nährte sich später auch das Selbst- und Staatsverständnis der „Deutschen Christen", dass die evangelische Religion mit der autoritären beziehungsweise

---

[51] Um der drohenden Verweltlichung durch die Moderne entgegenzuwirken, versuchte die Amtskirche, mit der Einführung neuer Kirchenfeste wie dem Herz-Jesu-Fest, dem Christkönigsfest (1924) und der Förderung der Marien- und Josefsverehrung Einfluss auf die Volksfrömmigkeit zu nehmen. Neue Kirchen erhielten häufig ein dementsprechendes Patrozinium; Stuckenberger: Gottesburgen, S. 38 f.
[52] Faulhaber: Autobiographie, S. 565.
[53] Fischer stellte einen Kirchenbau im Sinne „Ad majorem dei gloriam!" der katholischen Kirche mit einem Hang zu Repräsentation im Unterschied zu protestantischen Kirchen ohne Prunk heraus; Fischer, Theodor: Der Bauherr. In: Form und Sinn, Nr. 5, 15. Dezember 1925, S. 82; vgl. auch Laible: Bauen für die Kirche, S. 18 f.
[54] Nicht ganz zeitgemäß empfand der sozialdemokratische *Fränkische Volksfreund* den Pomp der katholischen Kirche: „[...] heute die äußere Verkörperung der Verbindung von Staat und Kirche von ‚Thron und Altar' das Schauspiel der Unterstützung einer kirchlichen Einrichtung durch staatliche Machtmittel geworden: schwarz-weiß-rote Fahnen, Polizei in Gala, mit eisernen Kreuzen geschmückte Kleriker [...]"; Fronleichnam. In: FV, Nr. 120, 28. Mai 1921, S. 5.
[55] Während in Deutschland der Protestantismus in den östlichen und nördlichen Ländern dominierte, waren in Bayern 70% der Bevölkerung katholisch; Büttner, U.: Weimar. Die überforderte Republik, S. 268.
[56] Büttner, U.: Weimar. Die überforderte Republik, S. 268 f.

gottgegebenen Staatsform konform gehe. Vor diesem Hintergrund erschien die Revolution, die sich gegen eben diese Ordnung richtete, geradezu als Verrat; so bezeichnete der Theologe Paul Althaus 1923 die Weimarer Republik als gottlosen Staat.[57] Der mit dem Sturz der Monarchien einhergehende Verlust der geistigen Autoritäten führte zu einer schweren protestantischen Identitätskrise, musste doch das Verhältnis zum Staat fast gänzlich neu definiert werden.[58] In diesem Punkt tat sich die katholische Kirche mit ihrem von politischen Veränderungen unabhängigen Oberhaupt leichter und aus den Erfahrungen des Kulturkampfes heraus konnte sie sich auch über Opposition oder Abgrenzung zum postrevolutionären säkularen Staat definieren, was eine Annäherung durch Konkordatsverträge, die das beiderseitige Verhältnis zueinander regelten, nicht ausschloss, wie das Beispiel Bayerns zeigt.

Auf Grund des Staatsvertrages vom 15. November 1924 konnte sich die evangelische Landeskirche in Bayern weiter entfalten.[59] Franken stellte mit der Theologischen Fakultät in Erlangen, der Landeskirchenstelle Ansbach und Nürnberg mit dem Landeskirchlichen Archiv und einem von Hans Meiser geleiteten Predigerseminar ein Zentrum dar.[60] Dennoch taten sich die Protestanten schwer, ihre Rolle in der Weimarer Republik zu finden. Reformströmungen innerhalb der evangelischen Kirchen konnten sich in der Folge kaum durchsetzen, da im Prinzip die konservativ-reaktionär eingestellte kirchliche Führung der Kaiserzeit weiterhin den Ton angab.[61] Für die Desorientierung des protestantischen Milieus in dieser Zeit hat Horst Möller den Begriff der „protestantischen Unruhe" geprägt.[62]

Ein Schlaglicht wirft die gesellschaftspolitische Komponente auf die oft diskutierte politische Kongruenz zwischen den Wahlergebnissen der NSDAP und der konfessionellen Gliederung Deutschlands. Während überwiegend katholische Wahlbezirke Ende der 1920er beziehungsweise Anfang der 1930er Jahre eher die Konfessionsparteien Zentrum oder BVP wählten, reüssierte Hitlers Partei vor allem in protestantisch dominierten Wahlkreisen.[63] Schon in früheren Jahren waren die meisten Pastoren, wie Otto Dibelius, Mitglieder der DNVP oder sehr national eingestellt.[64] In diesem Sinne wirkten sie gemeinsam mit evangelischen

---

[57] Ähnlich wie Althaus äußerten sich Emmanuel Hirsch und Friedrich Gogarten, mit denen er die „Politische Theologie" begründete, die zur Basis für die nationalsozialistisch-völkischen „Deutschen Christen" werden sollte; Wehler: Deutsche Gesellschaftsgeschichte. Bd. 4, S. 436, 440 f.; Büttner, U.: Weimar. Die überforderte Republik, S. 270; Ringshausen: Die Christenheit im 20. Jahrhundert, S. 51; vgl. auch Baier, Helmut: Die evangelische Kirche seit 1800. In: Spindler: Handbuch der bayerischen Geschichte. Bd. 4/2, S. 341.

[58] Büttner, U.: Weimar. Die überforderte Republik, S. 270; Wehler: Deutsche Gesellschaftsgeschichte. Bd. 4, S. 436–439; Baier: Die evangelische Kirche seit 1800, S. 339 f.

[59] Mit dem Staatsvertrag war „Bayern an die Spitze aller anderen Landeskirchen getreten"; Schornbaum: Die Evangelisch-Lutherische Kirche in Bayern, S. 66.

[60] Baier: Die evangelische Kirche seit 1800, S. 340 f.

[61] Büttner, U.: Weimar. Die überforderte Republik, S. 271.

[62] Möller: Die Weimarer Republik, S. 229.

[63] Wehler: Deutsche Gesellschaftsgeschichte. Bd. 4, S. 442.

[64] Ringshausen: Die Christenheit im 20. Jahrhundert, S. 52; Wehler: Deutsche Gesellschaftsgeschichte. Bd. 4, S. 437 f.

Presseorganen und Verbänden auf die Gläubigen ein.[65] Nur ein kleiner Teil der Geistlichkeit, darunter prominente Theologen wie Friedrich Naumann, Martin Rade, Ernst Troeltsch und Otto Baumgarten, organisierte sich in der republikanischen DDP.[66]

Neue Kirchenbauten und verstärkte Jugendarbeit sollten vor allem in Ballungszentren Kirchenaustritten und Säkularisierung der Gesellschaft entgegegenwirken. Die tiefgreifende Verunsicherung der evangelischen Gemeinden korrelierte mit einer Rückbesinnung auf die Ursprünge der Reformation, was sich in einer aufblühenden Luther-Verehrung äußerte, die sich auch auf Beschützer und Retter des deutschen Protestantismus erstreckte, wie das Patrozinium der Gustav-Adolf-Gedächtniskirche in Nürnberg zeigt. In diesem Zeichen stehen die „Kirchliche Lebensordnung" von 1922 und das 1928 eingeführte „neue Gesangbuch", welche auf lutherischer Ethik basierend zu Änderungen in der Liturgie führten.[67]

Die Gründe für die beiden Konfessionen, in der Zeit der Weimarer Republik in der Seelsorge präsent zu bleiben, waren vielfältig. Am deutlichsten kam dies im Bau neuer Kirchen zum Ausdruck. Tendenzen, die sich bei der Suche nach einem neuen Stil im Sakralbau zeigten, lassen Rückschlüsse auf die Bereitschaft der Kirchen zu, auf welche Weise sie in der Lage waren, die Moderne im Kirchenbau zu adaptieren.

1.2. Tendenzen im Sakralbau

Der Sakralbau nimmt durch den Einfluss neuer Konstruktionstechniken und Bauweisen um die Jahrhundertwende eine ähnliche Entwicklung wie die profane Architektur. Erneuerungsbestrebungen in Theologie und Liturgie sowie die zunehmende Bedeutung der Gemeinde als Gemeinschaft der Gläubigen lassen den Kirchenbau zu einem der schwierigsten Architekturprobleme dieser Zeit werden.[68] Die Frage beschränkt sich dabei nicht darauf, wie ein neuer Kirchenbaustil auszusehen hat, sondern, da es sich bei einer Kirche um „das Haus Gottes"[69] han-

---

[65] Nicht zu unterschätzen sind die organisatorischen Verzahnungen inner- und außerhalb der DNVP: Nachdem Hugenberg die Parteileitung der DNVP nach einer Phase des scheinbaren Arrangements der Deutschnationalen mit der Republik übernommen hatte, radikalisierte sich die Partei, begleitet von tendenziöser Berichterstattung der sogenannten Hugenbergpresse, und näherte sich zunehmend völkischen Kreisen an. Die Parteimiliz „Stahlhelm" arbeitete im Zuge der „Harzburger Front" schon vor 1933 mit SA und SS zusammen, bevor Hugenberg die Partei in die verhängnisvolle Koalition mit der NSDAP führte und damit Hitler den Aufstieg zum Reichskanzler ermöglichte, in der irrigen Annahme, den „Führer" der Nationalsozialisten kontrollieren zu können; Büttner, U.: Weimar. Die überforderte Republik, S. 95-103.

[66] Dibelius leitete innerhalb der DNVP den eigens für evangelische Pfarrer eingerichteten „Berufsständischen Ausschuß"; Büttner, U.: Weimar. Die überforderte Republik, S. 96, 269-273; Wehler: Deutsche Gesellschaftsgeschichte. Bd. 4, S. 437f.; Möller: Die Weimarer Republik, S. 229; Baier: Die evangelische Kirche seit 1800, S. 342f.

[67] Baier: Die evangelische Kirche seit 1800, S. 341; vgl. auch Schnell: Der Kirchenbau des 20. Jahrhunderts in Deutschland, S. 37.

[68] Riedrich, Otto: Bemerkungen zum Kirchenbau der Gegenwart. In: DBZ, Nr. 35, 2. Mai 1928, S. 306.

[69] Bartning: Vom neuen Kirchbau, S. 31.

delt, geht es auch darum, eine zeitgemäße Form sakraler Wirkung für eine moderne Gesellschaft zu finden.[70]

Propagiert wurde eine Erneuerung der Baukunst über die konsequente Durchsetzung stilistischer Reinheit, da bereits im 19. Jahrhundert Kritik an Stilzitaten vergangener Kunstepochen laut wurde.[71] Der Jugendstil brachte erste Impulse und leitete die Ablösung vom Historismus ein.[72] Die Forderung des Deutschen Werkbunds nach mehr Sachlichkeit findet beim Kirchenbau schon vor dem Ersten Weltkrieg durch Reduzierung ornamentaler Formen, Monumentalisierung sowie Betonung des kubischen Baukörpers ihren Niederschlag. Gleichzeitig zeigt sich mit der Abkehr vom traditionellen Raumprogramm der Basilika beziehungsweise der Hallenkirche mit Apsis und Langhaus eine Tendenz zu unkonventioneller Asymmetrie und saalartigen Innenräumen.[73] Theodor Fischers evangelisch-lutherische Erlöserkirche (1900-1901) in München-Schwabing ist ein typisches Beispiel für Sakralbauten dieser Übergangsphase, die ein lockerer Umgang mit der historisierenden Architekturtradition kennzeichnet.[74] Fischers Formensprache und Experimentieren mit Stahlbeton, bei der Ulmer Garnisonskirche (1908-1910) mit offen sichtbarer Konstruktion und Sichtbeton eindrucksvoll demonstriert, ist richtungsweisend für den Kirchenbau beider christlicher Konfessionen. Das sichtbare Eisenbetonskelett wurde damals für den Sakralbau als unwürdig empfunden und stieß auf heftige Ablehnung.[75] In Anlehnung an Fischer schlug der Münchner Architekt O. O. Kurz 1912 bei dem Bau der St. Otto-Kirche in Bamberg einen ähnlichen Weg ein.[76]

Auf der Suche nach sakralen Ausdrucksformen, dem Zweckbau, der dem gemeinsamen Gebet und der Feier des Messopfers dient, setzte Otto Bartning nach dem Ersten Weltkrieg bei den Kathedralen des Mittelalters an, da sie Ziel, Sammelplatz, Treffpunkt, Ruheort und Lebensinhalt der Menschen schlechthin waren. Im Vergleich zur Kathedrale, dem „Idealfall der Bedingungen für sakrale Kunst und Baukunst"[77], erschienen Kirchen der Renaissance, des Barock und der folgenden Zeiten als zweit- und drittklassige Sakralbauten. Ähnliche Überlegun-

---

[70] Karlinger, Hans: Das Problem des Sakralbaues. Vergangenheit und Ausblick. In: ChK, 1929/1930, S. 135-146.
[71] Brülls: Neue Dome, S. 22. Mit Zentralbauten versuchte man, diese Forderungen umzusetzen; vgl. Entwurf katholische Kirche in Neu-Ulm von 1915. In: Hoff, August/Muck, Herbert/Thoma, Raimund: Dominikus Böhm. München/Zürich 1962, S. 61-67.
[72] Otto Wagners (1841-1918) Kirche am Steinhof (1902-1904) in Wien setzte mit einer neuen Raumatmosphäre im Jugendstil Akzente im Kirchenbau; Philipp: Das Reclam Buch der Architektur, S. 339; Schnell: Der Kirchenbau des 20. Jahrhunderts in Deutschland, S. 19.
[73] Brülls: Neue Dome, S. 22f.
[74] Stuckenberger: Gottesburgen, S. 76.
[75] Mit der von Anatole de Baudot errichteten Kirche St. Jean-de-Montmartre (1894-1901) in Paris hielt die Stahlbetonbauweise Einzug in den Sakralbau; Laible: Bauen für die Kirche, S. 59; Nerdinger: Theodor Fischer. Architekt und Städtebauer, S. 103-107; Stuckenberger: Gottesburgen, S. 78f.; Schnell: Der Kirchenbau des 20. Jahrhunderts in Deutschland, S. 11f.
[76] Kurz' Formenkanon mit Bezug auf romanische Bauformen fällt positiv auf durch eine „tendenziös moderne Vereinfachung"; Feulner: O. O. Kurz und E. Herbert, S. IX; Stuckenberger: Gottesburgen, S. 80-82.
[77] Bartning: Vom neuen Kirchbau, S. 45.

gen leiteten Bruno Taut in seiner „Stadtkrone", der Vision einer neuen Stadt, die das Ideal eines friedlichen und sozialen Miteinanders darstellt, bei der die Krone auch ein „religiöses Bauwerk"[78] sein konnte.

Der Kunsthistoriker und Herausgeber der Zeitschrift *Die Christliche Kunst*, Georg Lill[79], unterschied drei Stilströmungen, die den Kirchenbau der zwanziger Jahre kennzeichnen. Vertreter der konservativen Richtung, gestützt auf eine bestimmte Architektengeneration, würden die Weiterführung der alten Baukunst aus der Tradition der Kirchenbaumeister im Sinne des Historismus als einzige Lösung für die Schaffung einer wahrhaft sakralen Atmosphäre ansehen. Als Antipoden hätten radikale Erneuerer den Kirchenbau von Grund auf zu reformieren gesucht. Ihr Weg zu einem neuen konsequenten Kirchenbaustil führe über den neuen Formenkanon und Raumkonzepte des Profanbaus und die dort verwendeten Materialien.[80] Eine weitere Gruppe beschrieb Lill folgendermaßen: „Nehmen sie von der alten Richtung das Gefühl für die Überzeugungskraft einer inneren Verbundenheit, die jahrhundertelang auch über die Stilperioden weg christliche Gotteshäuser geschaffen hat, ebenso wie das Gefühl für eine stimmungsmäßige Beseeltheit, so kommt von der neuzeitlichen Einstellung der andersartige Sinn für kubische Formung, monumentale Vereinfachung, sachliche Ausnützung des Materials."[81] Gerade in diese Gruppe setzte Lill große Hoffnungen, dass sie Vorbehalte und Widerstände in Klerus, Baubehörden und unter Laien gegenüber neuen Tendenzen im Kirchenbau überwinden könnte, da, wie er 1927 anmerkte, „die katholische Kirche keinen revolutionären Radikalismus vertragen"[82] könne.[83]

Auffällig viele Kirchenbauten der Zwischenkriegszeit weisen einen romanischen Formenkanon auf, während gleichzeitig vor allem im norddeutschen Raum Kirchen im Stil der Neuen Sachlichkeit entstanden. Holger Brülls, der sich in seinem Buch *Neue Dome. Wiederaufnahme romanischer Bauformen und antimoderne Kulturkritik im Kirchenbau der Weimarer Republik und der NS-Zeit* mit dem Rückgriff auf den romanischen Kirchenbaustil nach dem Ersten Weltkrieg auseinandersetzt, weist darauf hin, dass die Forschung bislang keine hinreichend schlüssige Erklärung dafür findet und diese Strömung in abqualifizierender Weise mit dem Historismus gleichsetzt oder dem Heimatschutzstil zuordnet.[84] Dieses Interpretationsmuster ist kritisch zu sehen, da allgemeinhin mit der Zäsur von

---

[78] Taut: Die Stadtkrone, S. 58 f.
[79] Georg Lill (1883–1951) war von 1929 bis 1950 Direktor des Bayerischen Landesamtes für Denkmalpflege; Stuckenberger: Gottesburgen, S. 75.
[80] Lill: Neue Werkkunst. Michael Kurz, S. VII.
[81] Ebd.
[82] Lill, Georg: Die kirchliche Kunst der Gegenwart und das katholische Volk. In: ChK, 1927/1928, S. 72.
[83] Laut Lill wurde an der deutschen Kirchenbaukunst bemängelt, „daß sie zu sehr noch am Alten, Romantischen hänge im Gegensatze zum rein konstruktiven Eisenbetonbau der französisch-schweizerischen Richtung". Lill: Neue Werkkunst. Michael Kurz, S. VIII. Zu den verschiedenen Strömungen im Kirchenbau s. Müller-Wulckow: Bauten der Gemeinschaft, S. 8.
[84] Brülls' Ansicht nach ist eine Abwertung dieser Sakralbauten als historisierend nicht gerechtfertigt, da sie Stilbrüche nicht erklärt, die sich durch das Werk von Architekten wie Dominikus Böhm, Albert Boßlet oder German Bestelmeyer ziehen; Brülls: Neue Dome, S. 18.

1914/18 der Historismus als überlebt galt, weshalb im Hinblick auf die Münchner Sakralbauten unter Kardinal Faulhaber von einer lokalen „Spätphase des Historismus"[85] gesprochen wird. Der augenfälligste Unterschied zwischen dem „alten" und dem „neuen" Historismus der zwanziger Jahre liegt vor allem in der Stilreduktion.[86] Brülls sieht einen engen Zusammenhang zwischen dem Kulturpessimismus der Zwischenkriegszeit und dem Rückgriff auf den Formenkanon mittelalterlicher Baustile, da die Glorifizierung der Vergangenheit, in der scheinbar Einheit, Ordnung und Gemeinschaft herrschten, eine Reaktion auf die als mangelhaft empfundenen Verhältnisse im Staat der Weimarer Republik darstellt, der nicht fähig schien, Ordnung zu schaffen.[87]

Obwohl die avantgardistischen Kirchenbauten mit sensationellen Formen aus Glas, Stahl und Beton am meisten Aufsehen erregten, nahm Georg Lill auch die Kirchen im romanischen Stil in Augenschein und erkannte in „der kubischen Klarheit der Basilika, der monumentalen Festigkeit des romanischen Stils und der herben Strenge der Frühgotik"[88] überraschende Anknüpfungspunkte für einen modernen Kirchenbaustil. Die teilweise Rückkehr zu romanischen Bauformen nach dem Ersten Weltkrieg scheint zunächst im Widerspruch zur allgemeinen Entwicklung zu stehen und rief entsprechend heftige Gegenreaktionen hervor. Kritiker wie Walter Riezler warfen Verfechtern dieser traditionsorientierten Architektur ein gestörtes Verhältnis zur Gegenwart vor und warnten vor negativen Auswirkungen für die zeitgenössische religiöse Kunst sowie vor einem neuen Historismus.[89] In der Diskussion um den neuen Kirchenbaustil nahmen andere diese Strömung gegen Vorurteile, „die sich von einer falschen Auslegung des Traditionsbegriffes herleiten"[90], in Schutz oder argumentierten mit einem modernen Traditionsverständnis, welches davon ausging, dass Innovationen und Revision von Überkommenem Bestandteil der Tradition seien.

Süddeutschland, vor allem Bayern, entwickelte sich in der Folge zur Hochburg dieses „neuen" Kirchentypus, der sowohl bei der katholischen als auch evangelischen Kirche Anklang fand.[91] Ein typisches Beispiel für eine klare Formensprache im Kirchenbau ist die evangelische Kreuzkirche in Stuttgart-Hedelfingen von Hans Volkart und Paul Trüdinger. Hans Herkommer, einer der führenden Sakralbauarchitekten im Stuttgarter Raum, steht beispielhaft für eine konsequent moderne Stilentwicklung und wird der progressiven Richtung zugeordnet.[92] Das

---

[85] Laible: Bauen für die Kirche, S. 18f. Holger Brülls bezeichnet das Festhalten an barocken Formen im Münchner Kirchenbau unter Kardinal Faulhaber als „Elongation des Historismus"; Brülls: Neue Dome, S. 18.
[86] Brülls: Neue Dome, S. 20.
[87] Ebd., S. 141f.
[88] Lill: Zum modernen katholischen Kirchenbau. In: DB, Nr. 10, 1927, S. 256.
[89] Riezler, Walter: Erneuerung des Kirchenbaus? In: Die Form, Nr. 21/22, 1930, S. 542f.
[90] Schwarz, Rudolf: Erneuerung des Kirchenbaus? In: Die Form, Nr. 21/22, 1930, S. 545.
[91] Zukowsky weist darauf hin, dass auch beim Sakralbau in Berlin mit Ausnahme von Bartnings Gustav-Adolf-Kirche weitgehend traditionelle Bautypen bevorzugt wurden; Zukowsky, John: Berlin, Hauptstadt der modernen Strömungen. In: ders.: Architektur in Deutschland 1919-1939, S. 42f.
[92] Schnell: Der Kirchenbau des 20. Jahrhunderts, S. 44; vgl. auch Welzbacher: Monumente der Macht, S. 98f.

Haupttätigkeitsfeld von Architekten wie Otto Bartning, Rudolf Schwarz oder Dominikus Böhm, die gewagte avantgardistische Kirchen bauten, beschränkte sich auf Nord- und Westdeutschland[93] mit dem Erzbistum Köln als Zentrum für modernen Kirchenbau.[94] August Hoff sah nach dem Krieg in der „Einraum-Kirche" das Symbol der im Glauben an Christus geeinten Gemeinde.[95] Nicht ganz unumstritten blieben selbst bei Befürwortern progressive Kirchenbauten wie Bartnings Stahlkirche auf der Pressa 1928. Dennoch gab Walter Riezler seiner Hoffnung Ausdruck, dieser Bau könnte auch auf den Kirchenbau der katholischen Kirche Einfluss nehmen, da dieser Anregungen dringend nötig habe.[96] Der Kölner Klerus reagierte mit einer Verschärfung der Richtlinien und seitdem kamen ab 1930 dort nur mehr moderate Neuerer zum Zuge.[97] (Abb. 4, 5, 6 u. 7)

Die vorbehaltlose Übernahme von Formen des Expressionismus und des Neuen Bauens blieben in der Sakralarchitektur die Ausnahme.[98] Meist folgten die neuen Kirchenbauten dem basilikalen Schema des Longitudinalbaus mit eingezogenem Chorraum, Satteldach und Anlehnung an mittelalterliche Bauformen wie Spitz- beziehungsweise Rundbogen bei Fenstern und Portalen.[99] Ein gewisser Einfluss auf den Kirchenbau ging von der Gesellschaft für christliche Kunst aus. Obwohl deren Mitglieder eher konservativ waren, konnte sie mit Georg Lill auch einen engagierten Förderer moderner Kirchenbaukunst vorweisen, weshalb regelmäßige Tagungen und Wettbewerbe durchaus neue Impulse brachten.[100] Der Wettbewerb 1927 für die Frauenfriedenskirche in Frankfurt am Main, an dem sich alle namhaften Kirchenbaumeister beteiligten, zeigte das ganze Spektrum des modernen Kirchenbaus und wies zugleich auf die Problematik hin, die sich der Neuen Sachlichkeit mit dem liturgischen Kultbau stellte.[101] Nur wenig später, 1930, hatte

---

[93] Kirchenbauten mit einer radikalen Stilreduktion im Sinne des Bauhauses wie Dominikus Böhms katholische Pfarrkirche Stella Maris auf Norderney (1931) blieben in der Weimarer Zeit die Ausnahme. Exemplarisch für moderne Kirchen sind die Fronleichnamskirche in Aachen von Rudolf Schwarz (1930) sowie die „Stahlkirche" auf der Kölner Pressa-Ausstellung 1928, die Auferstehungskirche in Essen (1930) und die im Stahlskelettbau errichtete Gustav-Adolf-Kirche in Berlin (1934) von Otto Bartning; Schnell: Der Kirchenbau des 20. Jahrhunderts in Deutschland, S. 45-51; Laney-Lupton, Kennie Ann: Das Rheinland und der Westen. In: Zukowsky: Architektur in Deutschland 1919-1939, S. 76-84.

[94] Der Kölner Oberbürgermeister Konrad Adenauer holte Dominikus Böhm als Leiter der Abteilung für christliche Kunst an die Kölner Werkschule, die mit Künstlern wie Richard Seewald, Hans Wissel oder Thorn Prikker ein Zentrum für moderne christliche Kunst war; Hoff, August: Dominikus Böhm, Lebensbild und Persönlichkeit. In: Hoff, August/ Muck, Herbert/Thoma, Raimund: Dominikus Böhm. München/Zürich 1962, S. [14].

[95] Schnell: Der Kirchenbau des 20. Jahrhunderts in Deutschland, S. 36.

[96] Riezler, Walter: Die Sonderbauten der Pressa. In: Die Form, Nr. 9, 1928, S. 258.

[97] Brülls: Neue Dome, S. 26.

[98] St. Engelbert in Köln (1932) von Dominikus Böhm kann als Paradebeispiel expressionistischer Architektur im Kirchenbau gelten, da im Zentralbau Architektur gleichsam als Plastik aufgefasst wurde. Einige profane wie sakrale Bauten von Otto Bartning, Hans Scharoun, Erich Mendelsohn, Wassili Luckhardt sowie Max und Bruno Taut folgten ähnlichen Prinzipien; Hoff/Muck/Thoma: Dominikus Böhm, S. 271-279.

[99] Brülls: Neue Dome, S. 25.

[100] Schnell: Der Kirchenbau des 20. Jahrhunderts in Deutschland, S. 36f., 39.

[101] Am Wettbewerb beteiligten sich unter anderem Dominikus Böhm, Rudolf Schwarz, Hans Herkommer, und Michael Kurz mit Hans Döllgast; Hoff, August: Wettbewerb für die Frauenfriedenskirche für Frankfurt a. M. In: ChK, 1927/1928, S. 298-308.

sich im Kirchenbau der neoromanische Stil als neuer deutscher Stil gegen die Avantgarde durchgesetzt.[102]

Die Basis des modernen Kirchenbaus der zwanziger Jahre bildete die christozentrisch-liturgische Sakralbautheorie, die in Zusammenarbeit von Theologen, Architekten und Theoretikern entstand. Kern dieser neuromantisch-expressiven Richtung war eine Liturgiereform, deren wichtigste Vordenker Ildefons Herwegen und Romano Guardini aber nicht über theologisch-theoretische Ansätze hinauskamen.[103] Zentrale Bestandteile der Liturgiereform bildeten neben den Erlassen Papst Pius' X. die Entwicklung eines neuen Gemeindebewusstseins mit Orientierung an der Urkirche als Ideal der Frömmigkeit. Aber erst Anfang der zwanziger Jahre, in der allgemeinen Aufbruchsstimmung nach dem Ersten Weltkrieg, befassten sich Fachleute mit den Fragen, die diese Bestrebungen für die Sakralarchitektur aufwarfen. Das Konzept des christozentrischen Kirchenbaus stellte der Geistliche Johannes van Acken 1922 in seiner Programmschrift *Christozentrische Kirchenkunst – Ein Entwurf zum liturgischen Gesamtkunstwerk*[104] vor.[105] Van Acken hatte seinen Ausführungen auch Skizzen der Architekten Moritz, Franke und Böhm beigefügt, die sich ebenfalls dieser Thematik stellten.[106]

Der Raumgedanke der „christozentrischen Idee" basiert auf dem Konzept der Messopferkirche. Im Gegensatz zu früher, als das Messopfer dem „klerikalen Kreis"[107] vorbehalten war, rückte der Altar als liturgisches Zentrum des christlichen Opfers näher an die mithandelnde Gemeinde und bestimmte das Bauprogramm der „neuen Kirche", was auch in der äußeren Architektur sichtbar wird. Die konsequenteste Form, der Zentralbau mit dem Altar als Mittelpunkt, ließ sich aber nur schwer vermitteln.[108] Eine intensivere Auseinandersetzung fand im protestantischen Kirchenbau statt, wofür Otto Bartnings Rundkirche in Essen beispielhaft ist.[109] In Bayern bildete sich in den zwanziger Jahren eine eigene Form des christozentrischen Kirchenbaus heraus, da Architekten wie Michael Kurz van

---

102 Stuckenberger: Gottesburgen, S. 139-141.
103 Die Reformbestrebungen, die von der Liturgischen Bewegung ausgingen, fanden erst im Zweiten Vatikanischen Konzil ihren Niederschlag; Stuckenberger: Gottesburgen, S. 127.
104 Laible: Bauen für die Kirche, S. 62.
105 Mit der mittelalterlichen Idealvorstellung der Einheit von Religion, Kunst und Leben orientierte sich van Acken an Richard Wagners Gesamtkunstwerkidee; Stuckenberger: Gottesburgen, S. 128.
106 Laible: Bauen für die Kirche, S. 63; Stuckenberger: Gottesburgen, S. 128; Welzbacher: Monumente der Macht, S. 93-99.
107 Bartning: Vom neuen Kirchenbau, S. 42.
108 Van Ackens Konzept entsprechen auch Kreuzkuppelkirchen, die den Altar als eucharistisches Zentrum in den Mittelpunkt des Laienraumes rückten; Hoff: Dominikus Böhm, Lebensbild und Persönlichkeit, S. [15]; Laible: Bauen für die Kirche, S. 66.
109 Bartnings Überlegungen „Die Sternkirche ist ein Zentralbau als einfachster Ausdruck der evangelischen Gemeinschaft" waren die Ausgangsidee für die Essener Auferstehungskirche; Durth, Werner/Pehnt, Wolfgang/Wagner-Conzelmann, Sandra (Hg.): Otto Bartning. Architekt einer sozialen Moderne. Darmstadt/Berlin 2017, S. 42, 70f.; Beispiele für Zentralbauten in Bayern sind die evangelische Kirche in Ellingen (1925) von German Bestelmeyer und Theodor Fischers Planegger Kirchenbauprojekt; Vier kleinere Kirchenbauten in Bayern: In DBZ, Nr. 32/33, 19. April 1930, S. 252; Harbers, Guido: Evangelischer Kirchenbau. In: DB, Nr. 1, Januar 1931, S. 4f., 8.

Ackens Intentionen frei für ihr architektonisches Konzept interpretierten.[110] Die Reformbestrebungen der Liturgischen Bewegung gingen von einer Rückbesinnung auf Urkirche und mittelalterliche Lebensformen aus. Ihre Auffassungen von Liturgie und Religion standen in einem engen ideengeschichtlichen Kontext mit dem romantisch beeinflussten Historismus im 19. Jahrhundert. Wie Brülls und Stuckenberger ins Feld führen, hat die Liturgische Bewegung durch ihre Zivilisationskritik und Verklärung des Mittelalters einen gewissen Anteil an einer zunehmend kritischen Haltung zur Weimarer Republik vor 1933.[111]

Die Tendenz zum Rückgriff auf den Formenkanon der Romanik oder Gotik nimmt im protestantischen Kirchenbau der Weimarer Zeit ähnliche Formen an. Ein Problem für die evangelische Kirche bei der Entwicklung ihrer Baukonzepte war, dass die Reformation für die Kirchenbautradition eine entscheidende Wende darstellt und anfangs der katholische Kirchenraum für den protestantischen Gottesdienst umgestaltet werden musste. Die Uneinigkeit „darin, wie sie sich im Bestehenden einrichtete, und noch deutlicher darin, wie sie ihre eigenen Kirchen baute"[112], zeigte sich seither in einem konservativen Flügel, der vieles beibehielt, und einer radikalen Richtung, die ihre Ideen von Grund auf neu entwickelte.

Otto Bartning, der sich mit der brennenden Frage des evangelischen Kirchenbaus auseinandersetzte, orientierte sich bei seinen Raumkonzepten an der Lehre Luthers, wonach Predigt, gemeinsamer Gesang und gemeinsames Gebet die wesentlichen Bestandteile des Gottesdienstes darstellten. Nach protestantischem Verständnis ist die Kirche ein Ort der Versammlung und Sammlung für die Gemeinde.[113] In Bartnings Auferstehungskirche in Essen sah Riezler ein hoffnungsvolles Zeichen für ein endgültiges Lösen aus katholischer Kirchenbautradition.[114] Nur ein „Los von Rom"[115] könne zu einem eigenständigen evangelischen Kirchenbau führen, schrieb Bartning in seinen Überlegungen *Vom neuen Kirchenbau*, da der Protestantismus eben profaner, puristischer sei und des Sakralen nicht in dem Maße bedürfe wie der Katholizismus.[116] Harbers merkte 1931 an, die unterschiedlichen Meinungen über die Gottesdienstform, die bislang die Entwicklung einer neuen evangelischen Kirchenform als Kult- oder Predigtkirche verhindert hätten, zeigten sich in der Vielgestaltigkeit der Kirchen.[117] Theodor Fischer dagegen sah das entscheidende architektonische Problem in den zwei Hauptpunkten Altar und Kanzel.[118]

Für den Protestantismus stellte der Erste Weltkrieg gleichsam eine Zeitenwende dar, wobei dem Gemeinschaftserlebnis der Kriegstage besondere Bedeutung zukam.[119] Theologen wie C. Horn oder Paul Tillich setzten sich mit der Problematik

---

[110] Laible: Bauen für die Kirche, S. 66f.
[111] Stuckenberger: Gottesburgen, S. 128–130; Brülls: Neue Dome, S. 149–151.
[112] Bartning: Vom neuen Kirchenbau, S. 50.
[113] Ebd., S. 53; Durth/Pehnt/Wagner-Conzelmann: Otto Bartning, S. 20f.
[114] Riezler: Erneuerung des Kirchenbaus? In: Die Form, Nr. 21/22, 1930, S. 537.
[115] Bartning: Vom neuen Kirchbau, S. 7, hier auch S. 55.
[116] Schnell: Der Kirchenbau des 20. Jahrhunderts in Deutschland, S. 33f.
[117] Harbers: Evangelischer Kirchenbau. In: DB, Nr. 1, Januar 1931, S. 1.
[118] Fischer: Der Bauherr. In: Form und Sinn, Nr. 5, 15. Dezember 1925, S. 82.
[119] An den Kriegsbettagen versammelten sich im ganzen Land die Gemeinden zur gleichen Stunde zum gemeinsamen Gebet; Bartning: Vom neuen Kirchenbau, S. 110f.

Kirche und Kunst auseinander.[120] Wie sehr das Ringen um eine geeignete Kirchenform die Nachkriegszeit prägte, kommt darin zum Ausdruck, dass sich Theologen und Architekten nach einer 22-jährigen Pause im Mai 1928 auf einem Kirchenbaukongress in Magdeburg mit der Thematik befassten.[121] Der Kongress sah den Kirchenbau an die individuelle Gottesdienstgestaltung der Gemeinden gekoppelt.[122] Im Gegensatz zur katholischen Messopferkirche, in der die Gemeinde nach dem Altar ausgerichtet war, versammelte die Predigtkirche die Gemeinde um die Stätten der Verkündigung. Daher waren nach der evangelischen Liturgie Grundvoraussetzungen eines Bau- und Raumprogramms ungehinderter Blick auf Kanzel, Altar und Taufstein sowie eine gute Akustik.[123] Kirche, Gemeindesaal und Pfarrhaus bildeten eine Einheit, wobei sich die Größe des Kirchenbaus an der Mitgliederzahl der jeweiligen Gemeinde orientierte.[124]

Ab 1928 intensivierte sich die Auseinandersetzung um die neuzeitliche Gestaltung des evangelischen Sakralbaus. Wanderausstellungen des Evangelischen Kunst-Dienstes oder die Zeitschrift *Kunst und Kirche* suchten für die wichtige Aufgabe Kirchenbau zu sensibilisieren. Zugleich polarisierte der Streit zwischen Neuerern und Traditionalisten immer mehr.[125] Unterschiedliche Auffassungen traten besonders klar bei Bartnings Stahlkirche hervor, da sie quasi als ökumenischer Bau gesehen werden kann.[126] Bei German Bestelmeyer fand durch die Rezeption romanischer Formen und einer sakralen Stimmungsarchitektur eine Annäherung an den katholischen Kirchenbau statt.[127]

Der Baumeister zeigte in seinem Januarheft 1931 einen Querschnitt des evangelischen Kirchenbauschaffens, wobei Beispiele aus Essen, Berlin, Hamburg, Plauen und Dortmund sehr moderne Kirchen sowohl von Otto Bartning, Lois Welzenbacher, Pinno und Grund als auch aus Holland von J. P. Oud in den Fokus rückten. In der Diskussion klingen trotz aller Begeisterung für die Konstruktion der Stahlkirche oder die Stahlbetonbauweise Bedenken an, dass große bunte Glasfensterflächen vom Hören und Beten ablenken könnten. Der süddeutsche Raum dagegen war nur mit Theodor Fischers Kirche in Planegg als Musterbeispiel für den Zentralbau sowie German Bestelmeyers Kirche in Prien, die in einen Zusammenhang mit den herkömmlichen neuen Landkirchen Dänemarks gestellt wurde, vertreten.[128] Somit manifestieren sich auch hier die beiden Strömungen im evangelischen Kirchenbau.

Die Neuorientierung im Sakralbau entsprang nicht immer allein einer neuen Geisteshaltung, weshalb Peter Stuckenberger die Frage aufwirft, inwieweit der moderne Kirchenbau auch als Folge des Geldmangels und des allgemeinen Spar-

---

[120] Schnell: Der Kirchenbau des 20. Jahrhunderts in Deutschland, S. 39.
[121] Blunck: Zum Kirchenbaukongress in Magdeburg. Vom 2. bis 4. Mai. In: DBZ, Nr. 35, 2. Mai 1928, S. 305.
[122] Schnell: Der Kirchenbau des 20. Jahrhunderts in Deutschland, S. 38.
[123] Harbers: Evangelischer Kirchenbau. In: DB, Nr. 1, Januar 1931, S. 18.
[124] Bartning: Vom neuen Kirchbau, S. 13; vgl. auch Durth/Pehnt/Wagner-Conzelmann: Otto Bartning, S. 22–25.
[125] Schnell: Der Kirchenbau des 20. Jahrhunderts in Deutschland, S. 38f.
[126] Durth/Pehnt/Wagner-Conzelmann: Otto Bartning, S. 22–25, 64–70; Welzbacher: Monumente der Macht, S. 99–102.
[127] Ebd., S. 38.
[128] Harbers: Evangelischer Kirchenbau. In: DB, Nr. 1, Januar 1931, S. 1–37.

zwangs nach dem Krieg gesehen werden müsse. Daher soll hier noch ein Blick auf die Finanzierung des Kirchenbaus geworfen werden.[129] Eine nicht unbedeutende Finanzquelle stellte in den zwanziger Jahren für beide Konfessionen die Kirchensteuer dar, für die ein 1921 durch den Bayerischen Landtag verabschiedetes Gesetz ausgehend von Artikel 137 Absatz 6 der Weimarer Reichsverfassung die Grundlage bot.[130] Die neue steuerliche Abgabe rief immer wieder Unmut und Kritik hervor, was zumindest auf Seiten der katholischen Kirche einen gewissen Rechtfertigungsdruck erzeugte, wie das *Katholische Kirchenblatt für die Pfarreien der Stadt Würzburg* zeigt.[131] Kostenintensive Baumaßnahmen oder Kirchenneubauten konnten aber nur zum Teil über die Kirchensteuer finanziert werden, daher waren die Gemeinden weiter darauf angewiesen, dass Kirchenbauvereine Spendengelder zusammentrugen, Diözesen eine Kirchenbaulotterie genehmigten oder eine Landeskirchensammlung in ganz Bayern veranstaltet wurde.[132]

Da die Kirche und somit die Kirchenbauvereine zuvor häufig in Staats- und Eisenbahnanleihen investiert und während des Ersten Weltkrieges durch Kriegsanleihen das Portfolio an Wertpapieren ergänzt hatten, wurden mit der Inflation alle Anleihen wertlos.[133] Das sinkende Spendenaufkommen in den Krisenzeiten verschärfte die ohnehin prekäre Finanzlage und an Kirchenbau war nicht zu denken. Die Situation entspannte sich erst, als sich nach der Währungsreform in der Phase wirtschaftlichen Aufschwungs zunehmend amerikanische Investoren für den Wiederaufbau Deutschlands interessierten und Kardinal Faulhaber auf seiner ersten Amerikareise 1923 für die notleidenden katholischen Gemeinden Bayerns Spenden sammeln und eine Amerikaanleihe erreichen konnte.[134]

1.3. Katholische Kirche und Neues Bauen

Tendenzen im Sakralbau, insbesondere die Hinwendung zu romanischen Formen, stellen nur eine Facette einer Haltung zur Moderne dar. Welche Einstellung die bayerischen Bischöfe gegenüber dem Neuen Bauen und einem neuen Kirchenbaustil hegten, kommt in Predigten oder Empfehlungen deutlicher zum Ausdruck. Wenn sich auch nicht alle so explizit äußerten wie der Münchner Kardinal Michael von Faulhaber, dürfte es doch ein gemeinsames Anliegen gewesen sein, deutliche Worte gegen das Neue Bauen zu finden, zumal Kirchen in Norddeutschland in der Diaspora entstanden waren und, wie Faulhaber an anderer Stelle anmerkte, „in

---

[129] Stuckenberger: Gottesburgen, S. 121.
[130] Ebd., S. 46 f.
[131] Bis vor dem Krieg wurden Ausgaben der Ortskirchen, wie Gehälter der Geistlichen oder Instandhaltungskosten für Kirchengebäude, in der Regel über Einkünfte aus Kirchenstiftungen und Pfründen bestritten; Zur Frage der Kirchensteuern (2/3). In: KKBW, Nr. 7, 23. März 1929, S. 27 f.; Über die Kirchensteuern. In: KKBW, Nr. 22, 9. November 1930, S. 87.
[132] Stuckenberger: Gottesburgen, S. 45–51.
[133] Zur Frage der Kirchensteuern (2/3). In: KKBW, Nr. 7, 23. März 1929, S. 28; vgl. auch Hirtenschreiben der Erzbischöfe und Bischöfe Bayerns. In: KKBW, Nr. 23, 15. November 1931, S. [89].
[134] Kornacker: Hilfe gegen Hunger: Reisen in die USA, S. 221–226; Stuckenberger: Gottesburgen, S. 47 f.

ihrem Äußeren den Typ eines Ausstellungsgebäudes haben und in ihrem Inneren die protestantische Leerheit statt der katholischen Wärme darstellen"[135].

Die Bischöfe konnten sich auf den Codex Iuris Canonici von 1917 stützen, der umfassend kirchenrechtliche Aufgaben umschrieb und im Canon 1164, § 1 bauliche Aktivitäten regelte: „[U]t in ecclesiarum aedificatione vel refectione serventur formae a traditione christiana receptae et artis sacrae leges."[136] Damit stellte die Klerikalhierarchie der katholischen Kirche weiterhin eine effektive Überwachung und Lenkung der Kunst sicher, da vor dem staatlichen Genehmigungsverfahren Baupläne für ein Kirchenbauprojekt dem Ordinariat, das heißt dem Bauamt der Diözese, zur Begutachtung vorgelegt werden mussten.[137]

Äußerte sich die Amtskirche zum modernen Kirchenbau häufig mit dehnbar formulierten Richtlinien, scheute sich Faulhaber nicht, in seiner Silvesteransprache 1929 gegen moderne Kunst und Neue Sachlichkeit klar Position zu beziehen. Vor dem Hintergrund, dass Faulhaber einer der einflussreichsten Bischöfe des deutschen Episkopats war und von bayerischen Politikern geachtet wurde, ist die Bedeutung dieser Predigt nicht hoch genug einzuschätzen.

Der Kardinal postulierte die Kirche als „Hüterin der Offenbarungswahrheiten und zugleich [als] die Mutter der schönen Künste"[138] und sah eine Verpflichtung, gegen einen Baustil, „der Ausstellungshallen und Bahnhofshallen, aber keine Kirchen bauen kann"[139], ins Feld zu ziehen. Als Replik verkündete er einen Dekalog der kirchlichen Kunst. „Das erste und oberste Gesetz" lautete: „Du sollst dich an die kirchliche Tradition halten!"[140] Vordergründig beschränkte sich das Thema auf Kirche und kirchliche Kunst. Daher klingt die Predigt stellenweise recht moderat, wenn er einer neuzeitlichen Kirchenkunst die Suche nach Ausdrucksformen zubilligte und scheinbar wohlmeinend das zweite Gesetz folgen ließ: „Du sollst die Sprache deiner Zeit sprechen. Das erste Gesetz verbürgt das ewig Beharrliche, ewig Wertvolle, ewig Felsenfeste, das zweite Gesetz gibt den Fortschritt, das Zeitgemäße, das Eigenwüchsige. Die kirchliche Kunst darf und soll die Sprache ihrer Zeit sprechen."[141] Damit waren aber auch die Grenzen gezogen, innerhalb derer sich moderne christliche Kunst zu bewegen hatte.

---

[135] Schreiben an den Generalvorstand des Bonifatiusvereins in Paderborn vom 4. März 1931. In: AdEMF, NL Faulhaber 5300.
[136] Brülls: Neue Dome, S. 25; Laible: Bauen für die Kirche, S. 83; vgl. auch Wehler: Deutsche Gesellschaftsgeschichte 1914-1945. Bd. 4, S. 447f.
[137] Stuckenberger: Gottesburgen, S. 56f.; Schnell: Der Kirchenbau des 20. Jahrhunderts in Deutschland, S. 46. Unter dem Aspekt der Sorge um das richtige Kunstverständnis der Gläubigen führte Kardinal Faulhaber aus: „Darum ist es Vorschrift: Die Pläne für kirchliche Neubauten und die Skizzen für die Ausstattung der Innenräume, gleichviel ob es sich um Wandbilder oder Glasgemälde handelt, müssen z u e r s t d e r k i r c h l i c h e n B e h ö r d e v o r g e l e g t und dürfen erst dann, wenn von dort die Genehmigung erteilt ist, in Auftrag gegeben werden." Faulhaber, Michael von: Kirche und kirchliche Kunst. Silvesterpredigt des Herrn Kardinals Dr. Michael Faulhaber im Münchener Dom am 31. Dezember 1929. In: BK/NMT, Sonderdruck, 2. Januar 1930. In: AdEMF, NL Faulhaber 4210/1.
[138] Faulhaber: Kirche und kirchliche Kunst. In: BK/NMT, Sonderdruck, 2. Januar 1930.
[139] Ebd.
[140] Ebd.
[141] Ebd.

Nach eigenem Bekunden griff Faulhaber in die aktuelle Kunststadtdebatte Münchens ein, indem er als Autorität der katholischen Kirche ein Machtwort sprach.[142] Aus diesem Grund reklamierte er für die Kirche das Vorrecht, allein über den geeigneten Stil für Kirchenbauten zu entscheiden, ohne Ratschläge von außen anzunehmen. Von Seiten der Behörden wurde diese Haltung inoffiziell sanktioniert, wie eine Aktennotiz über eine Unterredung mit dem bayerischen Kultusminister Goldenberger zeigt, der kirchlichen Institutionen offenbar weitgehendes Mitspracherecht bei der behördlichen Genehmigung von Kirchenneubauten zusicherte. Einvernehmen herrschte wohl auch hinsichtlich der „Neuen Sachlichkeit", da Goldenberger den „modernen Silostil"[143] ablehnte, vermutlich unter Bezug auf einen Kirchenbau von Dominikus Böhm im unterfränkischen Dettingen.

In Faulhabers Ausführungen folgte ein Rundumschlag gegen moderne Tendenzen in Kunst und Architektur. Seine Kritik traf Vertreter des Neuen Bauens, die ohne Not den radikalen Bruch mit der glorreichen Vergangenheit suchten, was er am Beispiel von für den Neuen Stil charakteristischen Gebäudetypen wie Bahnhöfen, Warenhäusern, Banken, Fabriken, Brückenköpfen und Schildhäusern festmachte.[144] Das dritte Gesetz betraf die Wahrung des religiösen Charakters, wobei die Wahl der Künstler feststand: „Kirchliche Kunst gibt es nicht ohne kirchliche Künstler."[145] Dieser Haltung folgten die Richtlinien der Fuldaer Bischofskonferenz vom August 1932, welche dazu aufforderten, nur katholischen Künstlern Aufträge zu erteilen.[146] Des Weiteren bediente sich Faulhaber mit der Ablehnung des Darwinismus gängiger Ressentiments gegen moderne Kunst und Neue Sachlichkeit, die auf den Vorwurf des „Architekturbolschewismus" hinausliefen.[147] Auf Grund ihrer Sonderstellung forderte er für die Kirche repräsentative

---

[142] Faulhabers Rhetorik erweckt mittels Bibelzitaten, Scheinzitaten und Vergleichen den Anschein, er sei aufgefordert worden, den Kirchenbau vor modischen Tendenzen zu bewahren; ebd.

[143] Aktennotiz Kardinal Faulhabers. In: AdEMF, NL Faulhaber 5300; vgl. auch Hendschel: Lebenserinnerungen, S. 7. Das katholische Kirchenblatt für die Stadt Würzburg berichtete, dass der erste Kirchenbau im sachlichen Stil im unterfränkischen Dettingen heftigsten Widerspruch erregte und als „Seelensilo" bezeichnet wurde; Die neue Kirche in der Zellerau. In: KKBW Nr. 6, 17. Juni 1934, S. 21 f.

[144] Die angebliche Forderung, er solle klarstellen, dass „[d]as Haus Gottes [...] ein Bethaus [sei] und kein Warenhaus", spielte auf die Vertreibung der Händler aus dem Tempel an, wobei der Vergleich zwischen Kirchen und Warenhäusern gewisse Assoziationen weckte. Dies gilt umso mehr, wenn man sich Erich Mendelsohns Kaufhäuser vergegenwärtigt. Faulhaber: Kirche und kirchliche Kunst. In: BK/NMT, Sonderdruck, 2. Januar 1930; Miller Lane: Architektur und Politik, S. 40–42.

[145] Faulhaber: Kirche und kirchliche Kunst. In: BK/NMT, Sonderdruck, 2. Januar 1930.

[146] Im Merkblatt über die Zusammenarbeit mit Künstlern heißt es, dass „[d]em gesunden religiösen Empfinden der katholischen Volksseele [...] durchweg nur solche Künstler entsprechen können, die mit Geist und Übung des katholischen Gottesdienstes vertraut sind". Gröber: Merkblatt für den Clerus und geistliche Institutionen über die Zusammenarbeit mit Künstlern. In: WDB, Nr. 17, 19. Juli 1933, S. 3; vgl. auch Brülls: Neue Dome, S. 28.

[147] Ähnlich äußerte sich Faulhaber in seiner Ansprache auf dem Katholikentag 1930: „Der Sinn für Tradition wird uns zurückhalten, allen Neuerungen blind nachzulaufen und den Darwinismus einer Kunstrichtung mitzumachen, die das Heiligtum entweiht und den Faden zur Tradition zerschneidet." „Unsere Kirche und unser Volk". Rede Sr. Eminenz des Kardinals Faulhaber bei der Schlussversammlung des 60. Katholikentages. In: KKBW, Nr. 24, 30. November 1930, S. 94.

Bauten, damit die Kirche auch in Zukunft optisch im Bewusstsein der Gesellschaft verankert bleibe.[148] Idealerweise sollte der neue Sakralbau im Sinne des christozentrischen Kirchenbaus „aus dem Dogma und der Liturgie"[149] herauswachsen.

Die Jahresschlusspredigt erfuhr eine enorme Resonanz. Der Münchner Dom war bis auf den letzten Platz gefüllt und der *Bayerische Kurier* und das *Münchener Fremdenblatt* berichteten über sie.[150] *Die Christliche Kunst* brachte mit einem Hinweis auf Faulhabers Autorität einen Abdruck der Predigt.[151] Die Rezension über ein Buch zum Thema Kirchenbau von Karl Freckmann vom 9. April 1931 in der rheinländischen Zeitung *Tremonia* aus Dortmund zeigt, dass Faulhabers Predigt noch Jahre danach in der Debatte um das Neue Bauen als richtungsweisend angesehen wurde.[152]

Aus einer Solidaritätsadresse des Arnsberger Kreisbaurates Freckmann geht hervor, dass dessen Buch *Kirchenbau. Ratschläge und Beispiele* als Reaktion auf die Silvesterpredigt entstand und in welchen Kreisen Faulhaber für seine Kulturpolitik Gehör fand.[153] Freckmann hob den aktuellen Kirchenbau Bayerns und Österreichs als gelungen hervor und verunglimpfte neue Architekturtendenzen als „wesensfremden Kunstersatz, das klägliche Produkt von Juden und Bolschewisten, genannt ‚neue Sachlichkeit'"[154]. Diejenigen, die das Neue Bauen verteidigten, bezeichnete Freckmann als „unreif" und als „Krebsschaden"[155] und schloss mit den Worten: „Wer, wie Eminenz in der Silvesterpredigt, gegen diese modernen Zersetzungstendenzen kämpft, der kämpft nicht nur für die kirchlichen Belange, sondern zugleich auch für die tiefsten und besten Quellkräfte des Heimatbodens!"[156]

Neben der Silvesterpredigt Faulhabers ist das im *Würzburger Diöcesan-Blatt* abgedruckte *Merkblatt für den Clerus und geistliche Institutionen über die Zusammenarbeit mit Künstlern* des Freiburger Erzbischofs Conrad Gröber als Kunstbeauftragter des deutschen Episkopats eine wichtige Quelle. Auch wenn die Veröffentlichung 1933/34 in mehreren einschlägigen religiösen und architekturfachlichen Zeitschriften in die Anfangszeit des „Dritten Reiches" fällt, gibt es doch für die späten Jahre der Weimarer Republik Einblicke über die Vorstellung der katholischen Kirche hinsichtlich des Umgangs mit dem Neuen Bauen.[157]

---

[148] Faulhaber: Autobiographie, S. 646.
[149] Faulhaber: Kirche und kirchliche Kunst. In: BK/NMT, Sonderdruck, 2. Januar 1930.
[150] Neuer Anfang. In: Gemeinschaftsausgabe BK/MFB, Nr. 2, 2. Januar 1930, S. 6.
[151] Faulhaber: Kirche und kirchliche Kunst. In: ChK, 1929/1930, S. 129–135.
[152] Schaffran, E.: Probleme des modernen Kirchenbaus. In: Tremonia, 9. April 1931.
[153] Brief des Kreisbaurates Karl Freckmann aus Arnsberg (Westf.) an Kardinal von Faulhaber, S. 2. In: AdEMF, NL Faulhaber 5300. Holger Brülls zufolge vertrat Freckmann die Ansicht, dass für den katholischen Kirchenbau der basilikale Typus nach wie vor am besten geeignet sei; Brülls: Neue Dome, S. 27. Stuckenberger spricht von einer zeitweilig gedanklichen Nähe Faulhabers zum „Block"; vgl. Stuckenberger: Gottesburgen, S. 134 f.
[154] Brief des Kreisbaurates Karl Freckmann an Faulhaber, S. 2. In: AdEMF, NL Faulhaber 5300.
[155] Ebd., S. 3.
[156] Ebd., S. 4.
[157] Das Merkblatt beruft sich auf eine Ansprache und eine Erklärung des Papstes im *Osservatore Romano* 1932; vgl. Brülls: Neue Dome, S. 26.

Die paternalistischen Merksätze richteten sich an den Klerus, der offenbar nicht immer den rechten Kunstverstand an den Tag legte: „Du magst vielleicht selber Verständnis für Kunst haben und kunstgeschichtliche Bildung besitzen, aber ein Künstler und Architekt bist Du damit wohl noch nicht, daher ziehe einen solchen zur Bearbeitung Deiner Aufträge hinzu."[158] Querverweise auf diverse geistliche Institutionen gaben einen groben Überblick über den Konsens innerhalb der Kirche bezüglich moderner Kunst. Der Hinweis auf die Notgemeinschaft katholischer Künstler sollte davon abhalten, x-beliebigen Handwerkern künstlerische Aufträge zu erteilen. Qualität sollte Vorrang vor Modischem und Sensationellem haben, da eine Kirche anders als ein Café oder ein Kino für Generationen geschaffen werde. Das Merkblatt schloss Moderne nicht per se aus, da unter bestimmten Voraussetzungen das Wort Papst Pius' XI. gelte: „Jeder guten und fortschrittlichen Entwicklung der wahren Traditionen sollen alle Türen weit offen stehen und ein herzlicher Willkomm entboten sein."[159] Die Freiburger Diözesansynode 1933 präzisierte dahingehend, dass „[...] das Streben nach Schlichtheit der architektonischen Erscheinung und nach Einfachheit und Klarheit der Bauanlage einen Charakterzug der modernen Bauweise [bedeute], der Anerkennung verdient und auch für den Kirchenbau nutzbar gemacht werden sollte. Es hindert auch nichts, namentlich im Hinblick auf die beschränkten Baumittel der Gegenwart, die wertvollen Errungenschaften auf dem Gebiete der technischen Baukonstruktionen auch für die Kirchenbauten in Anwendung zu bringen"[160].

Kirchenbauprogramm in München

„Seit viereinhalb Jahrhunderten ist München im Kirchenbau nicht nur für die Erzdiözese, sondern weit darüber hinaus in ganz Bayern, ja Süddeutschland, führend und richtungsgebend gewesen"[161], so leitete der Kunsthistoriker Georg Lill seinen Artikel *Zu den neuen Kirchen Münchens* in der Zeitschrift *Die Christliche Kunst* ein. Der anschließende Exkurs in die Münchner Kunstgeschichte machte klar, was Frauenkirche, Michaelskirche, Theatinerkirche und natürlich auch die Kirchen Ludwigs I. für die Kunststadt und das Land bedeuteten.

Um die Jahrhundertwende gab es noch einmal eine Phase, als mit der Neubelebung historischer Stile städtebaulich hervorragende Kirchen geschaffen wurden. Es war zugleich die Zeit, in der auch die katholische Kirche über zunehmend steigende Zahlen der Gläubigen mit den durch Landflucht und Wohnungsnot verursachten sozialen Problemen konfrontiert wurde. Die Baupolitik der Erzdiözese konzentrierte sich bis etwa 1917 auf einige wenige Gotteshäuser mit großem Fassungsvermögen, da die Zahl der Pfarreien und Kirchen viel zu gering war. Zeugen der Kirchenbaukunst der Prinzregentenzeit sind die großen Pfarrkirchen St. Ma-

---

[158] Gröber: Merkblatt für den Clerus und geistliche Institutionen über die Zusammenarbeit mit Künstlern. In: WDB, Nr. 17, 19. Juli 1933, S. 5.
[159] Ebd., S. 3. Das Merkblatt erinnert auch an eine Ansprache des Papstes zum Thema traditionelle Liturgie und kanonische Vorschriften.
[160] Gröber: Merkblatt für den Clerus und geistliche Institutionen über die Zusammenarbeit mit Künstlern In: WDB, Nr. 17, 19. Juli 1933, S. 5.
[161] Lill, Georg: Zu den neuen Kirchen Münchens. In: ChK, 1926/1927, S. 323.

ximilian (1895-1902) an der Isar von Heinrich von Schmidt, die Paulskirche (1892-1906) von Georg von Hauberrisser und St. Rupertus (1901-1903) von Gabriel von Seidl im Münchner Westend.[162] Neben dem neogotischen und neoromanischen Baustil erfuhren Renaissance und Barock eine Wiederbelebung, wofür St. Josef (1898-1902) in München-Schwabing und St. Margaret (1902-1904) in Sendling beispielhaft sind.[163]

Krieg und Inflation, die sich nach Statistiken des Wohnungsbaureferenten der Stadt München, Karl Preis, gravierend auf den Wohnungsbau auswirkten, bedeuteten auch für den Kirchenbau einen Einschnitt.[164] Das änderte sich mit dem Ende der Inflationszeit. Faulhabers Autobiographie listet detailliert die Anzahl der Kirchenneubauten in der Zwischenkriegszeit auf, wobei in den Jahren 1925-1929 allein 64 kirchliche Bauten errichtet wurden[165], so dass Teile der Presse von einer „Kirchenbauwut"[166] sprachen. Die „unnötigen Kirchenbauten"[167] kritisierten vor allem Sozialdemokraten, der SPD-Abgeordnete Ackermann monierte Faulhabers Kirchenbauprogramm sogar im Landtag. Der exzessive Münchner Kirchenbau war wohl auch Anlass für Kritik an der Kirchensteuer.

Der rasante Anstieg der Einwohnerzahlen hatte die Mitgliederzahlen in den Pfarreien explosionsartig anwachsen lassen und die Kirchen konnten nicht mehr allen Gläubigen Platz bieten.[168] Angesichts der Tatsache, dass die Seelsorge für mehrere tausend Gemeindemitglieder eine große Belastung für die Geistlichen darstellte, reiften noch unter Faulhabers Amtsvorgänger Kardinal von Bettinger (1906-1917) erste Überlegungen zu einer Pastoralreform und einem Kirchenbauprogramm. Ein erster Schritt dazu war die Gründung der Katholischen Gesamtkirchengemeinde München, die einen Ausgleich schuf zwischen den Pfarreien im Zentrum und den finanziell schlechter gestellten Stadtrandpfarreien. Ab 1926 betrieb sie ein eigenes Baubüro und trat seit 1930 als alleinige Bauherrin bei Kirchenneubauten auf.[169]

Es blieb Kardinal Faulhaber vorbehalten, dieses Kirchenbauprogramm durchzuführen. Er begnügte sich jedoch nicht damit, lediglich den nötigsten Bedarf zu lindern, sondern nahm von Anfang an ein groß angelegtes Programm in Angriff.

---

[162] Laible: Bauen für die Kirche, S. 16-18; Huber, Gottfried: 75 Jahre Pfarrgemeinde St. Rupert. Geschichte und Geschichten. In: Kath. Pfarramt St. Benedikt München/Kath. Pfarramt St. Rupert München/Evang.-Luth. Pfarramt Auferstehungskirche München (Hg.): Festschrift zum Jubiläum 1981. 100 Jahre Kirche St. Benedikt. 75 Jahre Pfarrei St. Rupert. 50 Jahre Auferstehungskirche. München 1981, S. 52-55.

[163] Lill: Zu den neuen Kirchen Münchens. In: ChK, 1926/1927, S. 323-328; Schnell: Der Kirchenbau des 20. Jahrhunderts in Deutschland, S. 20.

[164] Preis: Beseitigung der Wohnungsnot in München, S. 15, 47.

[165] Die Statistik berücksichtigt auch Anstaltskirchen und Kapellen; Faulhaber: Autobiographie, S. 641-646; s. a. Laube, Volker: Kirchenbau als pastorale Aufgabe. In: Forstner: Kardinal Michael von Faulhaber, S. 234f.

[166] Faulhaber zitiert hier die Zeitung Der Zimmerer Nr. 46, 1926. Faulhaber: Autobiographie, S. 650.

[167] Faulhaber: Autobiographie, S. 650.

[168] Huber, Johann: Die St. Paulskirche in München. Festschrift zu Feier der Einweihung am 24. Juni 1906. München 1906, S. 5.

[169] Laube: Kirchenbau als pastorale Aufgabe, S. 230f.; ders.: Katholische Gesamtkirchengemeinde München. In: Forstner: Kardinal Michael von Faulhaber, S. 243.

Bis zur Sanierung des Bistumshaushalts nach der Inflation wurden unter anderem mit Hilfe einer von Faulhaber in den Vereinigten Staaten gezeichneten „Amerikaanleihe" zunächst Notkirchen gebaut und versucht, Bauträger zu gewinnen oder weitere Finanzquellen über Kirchenbauvereine, Kirchenstiftungen oder Orden zu erschließen.[170] Eine gewisse Erleichterung brachte die Einführung einer festen Einnahmequelle in Form der Kirchensteuer, deren Verteilung auf die verschiedenen Bistümer das Konkordat regelte. Mit Gründung des Diözesansteuerverbandes 1924 erfolgte eine Neuordnung des kirchlichen Finanzwesens und die Schaffung einer zentralen Verwaltung zur Verteilung der Kirchensteuer auf die einzelnen Pfarreien. Dadurch konnte in gewisser Weise die Diözesanleitung Einfluss auf Kirchenbauprojekte nehmen.[171]

Bereits im Inflationsjahr 1923 hatte Dominikus Böhm in Dettingen a. M., wie der Kunsthistoriker Georg Lill kommentierte, „noch auf bayerischem Boden"[172] mit einer Dorfkirche, nach zeitgenössischer Kritik die erste moderne Kirche Deutschlands, für einiges Aufsehen gesorgt.[173] Laut Lill hatte man damals die schmucklose, einfache Architektur des basilikalen Bauwerks als „Scheune" abgetan und die stimmungsvolle Beleuchtung im Inneren als „kinohaft" bezeichnet. Dennoch ging von dieser Kirche ein ungeheurer Impuls für die neuzeitliche Kirchenarchitektur aus.[174] (Abb. 4) Während im Deutschen Reich eine neue Formensprache im Sakralbau an diversen neuen Kirchen erprobt wurde, knüpfte der Kirchenbaustil in München unter Kardinal Faulhaber an die Tradition des Neobarock vor dem Ersten Weltkrieg an.[175]

Der erste feste Kirchenneubau nach dem Krieg, St. Theresia in München-Neuhausen, von Franz Xaver Boemmel „im schmucken Barockstil"[176] erbaut, konnte bereits 1924 geweiht werden.[177] War das Fest der Kirchweihe in den vergangenen Jahren wegen der langen Bauzeiten ein sehr seltenes Ereignis, so gab es unter Kardinal Faulhaber viele Grundsteinlegungen und Einweihungen zu

---

[170] Ebd., S. 237–239; Bühler, Bertrand: Geschichte des Kirchenbaues. In: Festschrift zur Einweihung der Pfarr- und Klosterkirche St. Gabriel München am 31. Oktober 1926. [München 1926], S. 1; vgl. auch Laube: Kirchenbau als pastorale Aufgabe, S. 231.
[171] Ramisch, Hans/Steiner, Peter: Katholische Kirchen in München. München 1984, S. 33.
[172] Lill, Georg: Westdeutsche Kirchenbaukunst. In: ChK, 1927/1928, S. 258.
[173] Brülls: Neue Dome, S. 103 f. Böhms Kirchenbaukonzept beeinflusste den deutschen Sakralbau nachhaltig; Hoff/Muck/Thoma: Dominikus Böhm, S. 78–81; Stuckenberger: Gottesburgen, S. 94 f.
[174] Lill, Georg: Westdeutsche Kirchenbaukunst. In: ChK, 1927/1928, S. 258 f.
[175] Nach Ramisch ergeben sich aus der Korrespondenz keine Hinweise, wonach Faulhaber persönlich auf Wahl der Architekten und Gestaltung der Kirchen Einfluss nahm. Ramisch, Hans: Der katholische Kirchenbau im Erzbistum München und Freising unter Kardinal Michael von Faulhaber. In: Schwaiger: Das Erzbistum München und Freising in der Zeit der nationalsozialistischen Herrschaft. Bd. I, S. 581.
[176] Katholisches Stadtpfarramt München St. Theresia (Hg.): 50 Jahre Pfarrei St Theresia in München 1935–1985. Festschrift zum 50jährigen Jubiläum der Pfarrei St. Theresia in München. Miesbach 1985, S. 14. Die Festschrift gibt den Bericht über die Einweihung der Kirche in den *Münchner Neuesten Nachrichten* vom 15. Dezember 1924 wieder. Karnapp, Birgit-Verena: Der Neubau der Pfarrkirche und des Klosters St. Theresia in München-Neuhausen. In: Forstner: Kardinal Michael von Faulhaber, S. 246–249.
[177] Laube: Kirchenbau als pastorale Aufgabe, S. 240 f.

feiern. Im Jahr 1926 – „es war gewissermaßen ein Rekordjahr der Kirchenweihen"[178] – wurden mit St. Canisius von Franz Rank, St. Franziskus von Richard Steidle, St. Gabriel von O. O. Kurz, St. Korbinian und St. Sylvester von Hermann Buchert fünf Kirchen im Stadtgebiet, im ganzen Bistum insgesamt 20 Kirchenneubauten konsekriert.[179] Für die *Münchner Katholische Kirchenzeitung* gab es viel zu berichten, unter anderem auch Erklärendes zu Ablauf, Bedeutung und Symbolen der Zeremonien.[180] Mit Ausnahme von St. Gabriel sind die Kirchen im neobarocken Stil gehalten. Unkritisch freuten sich viele Münchner an Zwiebelturm und Stuck, der zwar wesentlich sparsamer als früher ausfiel, aber dennoch den Kirchenraum schmückte. Wie eine Fotografie mit der Kirche St. Theresia als Hintergrundkulisse für eine Kindergruppe vor Augen führt, war die katholische Bevölkerung durchaus stolz auf die Leistung der Kirche, die in dieser schwierigen Zeit vielfach als Hoffnungsträger betrachtet wurde.[181] (Abb. 8, 9, 10 u. 11)

Sehr viel kritischer äußerte sich Georg Lill über diese „spezifisch Münchener Erscheinung"[182], die „gegenüber nord- und westdeutschen, selbst fränkischen Verhältnissen so auffallend" sei, wobei der Wunsch nach barocker Gestaltung wesentlich vom Bauherrn ausgehe. Das Urteil des Kunsthistorikers war hart, wenn er München in einer Zeit, die mit neuen Baustoffen und Eisenbeton ganz andere Gestaltungsmöglichkeiten eröffne, zu einem weltfremden Kunstghetto für Kirchenbau verkommen sah, wo nur noch kümmerliche Pfuscher das Gewünschte bauen würden. Man müsse sich ja nicht die Art des Bauhauses zum Beispiel nehmen, aber ein neuer profaner Baustil ziehe sich wie eine Linie durch alle großen Städte, auch durch München und Wien.[183] „Und nur ein unverbesserlicher Nörgler kann diese ganze Richtung verdammen, nur ein Blinder die neue Schönheit der Gestaltung nicht sehen."[184]

Etwas diplomatischer äußerte sich Landesbaurat Gustav Steinlein in einem Brief an Kardinal Faulhaber, wenn er als Schriftleiter der *Süddeutschen Bauzeitung* seine Sorge darüber ausdrückte, dass die Kirchenbaukunst, „besonders in München im Argen" liege[185]. Es sei durchaus zu begrüßen, wenn die Übertreibungen des neuzeitlichen Stils bekämpft würden, da manche neueren Bauten doch etwas verkrampft modern erscheinen würden. Zuversichtlich fügte er hinzu, dass auch in München unter Berücksichtigung der religiösen Gefühle der Gläubi-

---

[178] Das Kirchliche München seit der Jahrhundertwende. Die neuen Kirchenbauten. In: MNN, Nr. 204, 29. Juli 1930, S. 4.
[179] Ebd.
[180] St. Franziskus München. In: MKKZ, Nr. 40, 3. Oktober 1926, S. 467; Die neue St. Korbianskirche in München. In: MKKZ, Nr. 42, 17. Oktober 1926, S. 491–493; Die neue Kirche St. Silvester. In: MKKZ, Nr. 43, 24. Oktober 1926, S. 504 f.; Högn, Joseph: Die Kirchenweihung. In: MKKZ, Nr. 41, 10. Oktober 1926, S. 476 f.; Kardinal von Faulhaber, der Kirchenkonsekrator. In: MKKZ, Nr. 9, 3. März 1929, S. 98–112.
[181] Laube: Kirchenbau als pastorale Aufgabe, S. 240 f.
[182] Lill: Zu den neuen Kirchen Münchens. In: Die Christliche Kunst. 1926/1927, S. 330.
[183] Ebd., S. 332.
[184] Ebd.
[185] Brief des Landesbaurates Gustav Steinlein an Kardinal von Faulhaber vom 17. Oktober 1930. In: AdEMF, NL Faulhaber 5300.

gen moderne Kirchen gebaut werden könnten. Steinlein hielt den Würzburger Architekten Albert Boßlet für geeignet, moderne Akzente im Münchner Kirchenbau zu setzen. Mit seiner Empfehlung verband sich die Einschätzung, dass Boßlets Sakralbauten, die sich zwischen Tradition und Moderne bewegten und im Innern expressionistische Stimmungsarchitektur boten, am ehesten dem Kunstgeschmack des Klerus entsprechen würden.[186] Faulhabers Kunstverständnis blieb im katholischen Milieu unreflektiert, wobei der Kirchenbau auch als Arbeitsbeschaffung für das Baugewerbe betrachtet wurde. Fachkreise, die in der Kunststadtdebatte mit eine Ursache für Münchens negatives Image sahen, reagierten indes heftig. Faulhabers Silvesterpredigt 1929 löste in Künstlerkreisen und Architektenschaft Kopfschütteln aus.[187]

Ein Hoffnungsschimmer in all der neobarocken Kirchenpracht zeigte sich mit der Kirche St. Gabriel, die nach Lill „der fortschrittlichste Kirchenbau der jüngeren Zeit in München"[188] war. Da die Inflation für alle Kirchenbauvereine einen Rückschlag bedeutete, war der Kardinal an den Franziskanerorden herangetreten mit der Absicht, dass dieser durch seine weltweite Vernetzung den Kirchenbau mit ausländischen Geldern ermöglichen könnte und später auch die Seelsorge der neuen Pfarrei übernehmen sollte.[189] Der Bauplatz war durch die Gesamtkirchenverwaltung schon erworben und nach Darstellung der Festschrift zur Einweihung waren Baupläne und Modell für die neue Kirche durch das Architekturbüro Eduard Herbert und O. O. Kurz bereits erstellt worden.[190] Dennoch war der erste Spatenstich am 12. April 1925 ein Wagnis, da die Finanzierung des Baus noch nicht gesichert war und der Baufortschritt parallel mit dem Eintreffen der Gelder aus der Gesamtkirchen- und Diözesansteuerverwaltung, von Krediten der Bayerischen Staatsbank, Anleihen in Holland und Amerika sowie zahlreichen Spendengeldern vonstattengehen musste.[191] Die komplizierte Finanzierung führte zu Unstimmigkeiten zwischen dem Ordinariat und den Franziskanern. Als der Orden und die Kirchenverwaltung St. Gabriel Insolvenz anmeldeten, musste die Gesamtkirchengemeinde Zinsen und Tilgung der Amerikaanleihe übernehmen.[192]

Der Franziskanerorden als Bauherr der neuen Pfarr- und Ordenskirche war für die Kunststadt ein Glücksfall, da die Kongregation Einfluss auf die Gestaltung der Kirche nahm, wie auch die Grundrissform einer „altchristlichen Basilika mit

---

[186] Brülls: Neue Dome, S. 81.
[187] Haindl, Friedrich: Stadtneuigkeiten. Gedanken über Kirchenbauten. In: Münchener Fremdenblatt, Nr. 227, 18. August 1924; Kuhn, Johann: Ein Vorschlag zur Hebung der kirchlichen Kunst. In: Regensburger Korrespondenz- und Offertenblatt, Nr. 8/9, 1931, S. 115f.; Moderner Kirchenbau. In: Die Bauwelt, 25. Februar 1932; vgl. auch Laube: Kirchenbau als pastorale Aufgabe, S. 240f.
[188] Lill: Zu den neuen Kirchen Münchens. In: ChK, 1926/1927, S. 346.
[189] Die neue Pfarrkirche für eine Gemeinde von 13 000 Seelen sollte die große Pfarrei St. Johann Baptist in München-Ost entlasten; Hoffman, Richard: Die St. Gabrielskirche in München. In: DBZ, Nr. 60, 27. Juli 1927, S. 497.
[190] Bühler: Geschichte des Kirchenbaues, S. 2.
[191] Kronprinz Rupprecht übernahm das Protektorat des Kirchenbaus; Bühler: Geschichte des Kirchenbaues, S. 3.
[192] Laube: Kirchenbau als pastorale Aufgabe, S. 243–245.

franziskanischem Einschlag aus dem Mittelalter"[193] nahelegt.[194] Franziskanischer Geist, liturgische Reformbestrebungen und Aufbruchsstimmung trafen hier zusammen.[195] Mit O. O. Kurz fiel die Wahl auf einen Architekten, der sich bereits kurz vor dem Ersten Weltkrieg beim Bau der Bamberger St. Ottokirche mit neuen Formen und Konstruktionsmöglichkeiten in Fachkreisen einen Namen gemacht hatte.[196] In intensiver Zusammenarbeit mit den Ordensleuten entwarf Kurz eine Kirche, die mit breitem Mittelschiff, Querhaus, quadratischem Presbyterium, Altarapsis und einer Vorhalle sowohl den Bedürfnissen der Ordensgemeinschaft als auch den Anforderungen einer großstädtischen Pfarrkirche entsprach. Mit 82 m Länge, 25 m Breite und 23 m Höhe zählte St. Gabriel damals zu den größten Kirchen Münchens.[197] Architektonisch prägten den Baukörper das langgezogene Kirchenschiff, eine oktogonale Kuppel, Querhaus und Pfeilervorhalle. Der hohe schlichte Turm bildet bis heute ein markantes Gegengewicht und verleiht dem roten puristischen Blankziegelbau im Straßenbild eine besondere städtebauliche Note.[198] Skulpturaler Schmuck, eine Verkündigungsszene mit überlebensgroßer Engelsgestalt aus hellem Stein von Erwin Kurz bildet mit den Säulen der Vorhalle einen Kontrast zum Rot der Ziegel. (Abb. 10)

Das für Münchner Verhältnisse revolutionäre Konzept und die Raumwirkung im Innern der Basilika beeindruckte die Zeitgenossen durch „stilvolle Gliederung"[199] und „ruhige Strenge"[200]. Rote Stuckmarmorsäulen, gebrochenes Weiß der Wände, schwarz-braun gebeizte Balkendecke, grünliches Holz der Bankreihen und schwarz-weißes Steinpflaster gehen ein vornehmes Farbenspiel ein.[201] Die achteckige Kuppel mit blauem Sternenhimmel, die farbigen Glasfenster im Chor und das Mosaik in der Apsis wurden 1944 im Krieg zerstört.[202]

Die Kirche war „etwas ganz Neues"[203] für München, wie Prälat Michael Hartig in seiner Beschreibung *Die Kunst der St. Gabrielskirche* festhielt. Er wertete den Bau jedoch nicht als Traditionsbruch und war bemüht, einen Anknüpfungspunkt

---

[193] Bühler: Geschichte des Kirchenbaues, S. 3.
[194] Der Architekt hatte sich im Vorfeld intensiv mit der Basilikaform des 5. und 6. Jahrhunderts in Ravenna auseinandergesetzt; Hoffmann: Die St. Gabrielskirche in München. In: DBZ, Nr. 60, 27. Juli 1927, S. 498.
[195] Die Architekten O. O. Kurz und E. Herbert erhielten die Vorgabe, „eine Franziskuskirche im Sinne der franziskanischen Idee einer großen Volkskirche" zu entwerfen; Hoffmann: Die St. Gabrielskirche in München. In: DBZ, Nr. 60, 27. Juli 1927, S. 497.
[196] Stuckenberger: Gottesburgen, S. 169-175.
[197] Goetz, Christine: Kath. Stadtpfarrkirche St. Gabriel München. München/Zürich 1990, S. 3; vgl. auch Architekten- und Ingenieur-Verband: München und seine Bauten nach 1912, S. 82f.
[198] Lill: Zu den neuen Kirchen Münchens, S. 347.
[199] Kirchenweihe St. Gabriel. In: BK, Nr. 305, November 1926.
[200] Lill: Zu den neuen Kirchen Münchens, S. 347.
[201] Hoffmann, Richard: Die St. Gabrielskirche in München. In: DBZ, Nr. 61, 30. Juli 1927, S. 506; Ferstl, Alexius/Schnell, Hugo: Pfarr- und Klosterkirche St. Gabriel München. München 1930, S. 5.
[202] Goetz: Kath. Stadtpfarrkirche St. Gabriel München, S. 7.
[203] Hartig, Michael: Die Kunst der St. Gabrielskirche. In: Festschrift zur Einweihung der Pfarr- und Klosterkirche St. Gabriel München am 31. Oktober 1926. [München 1926], S. 9.

bei Ludwig I. und der Basilika St. Bonifaz zu suchen. Basilikastil und schlichte Backsteinfassade, die im Sinne des Neuen Bauens den kubischen Baukörper zur Geltung bringen, fanden auch bei Hugo Schnell Anklang und wurden in einem kleinen Kirchenführer gewürdigt: „Der Ernst u[nd] die Herbe des Gesamtcharakters, wobei die Außenerscheinung wirklich reich durchformt ist, macht uns modernen Menschen diese Kirche besonders lieb. Hier verband sich immerquellendes Erbgut u[nd] zielsicheres, gegenwartsfrohes Schaffen zu einheitlicher Größe. St. Gabriel ist ein charakteristischer süddeutscher Kirchenbau des 20. Jahrhunderts."[204] Die Kritiken waren wohlwollend und Münchens erster moderner Kirchenbau stieß auf positive Resonanz in den einschlägigen Fachzeitschriften, die den Bau mit reichlichem Bildmaterial vorstellten.[205] Richard Hoffmann, der Hauptkonservator am Bayerischen Landesamt für Denkmalpflege, hielt bei St. Gabriel, einer Romanikrezeption „in neuzeitlicher Prägung"[206], die sakrale Form für gewahrt, da eine moderne Richtung vorgegeben und keine bizarre Übertreibung angestrebt worden sei. Trotz kleinerer Kritikpunkte sah Georg Lill den Sakralbau ganz „im Sinne der modernen Stilbewegung"[207] verwirklicht und kam zu folgendem Urteil: „Die Gabrielskirche ist modern, ohne die traditionelle Verbundenheit zu leugnen. Sie scheint mit die Linie fortzusetzen, die Prof. H. von Schmidt in seiner Maximilianskirche angeschlagen hat. Dominikus Böhm in Köln ist kühner, Herkommer in Stuttgart bewusster modern, Michael Kurz in Augsburg herber, Clemens Holzmeister in Wien wärmer und machtvoller."[208] Seine Einschätzung der Institution Kirche, die als „die konservativste Macht der Welt"[209] zwar Fortentwicklung und Anpassung an die Zeit kenne, aber niemals einen Bruch oder eine Revolution zulasse, erscheint durchaus treffend. Wie aus Faulhabers Autobiographie hervorgeht, konnte „Meister Otto Orlando Kurz"[210], wie der Kardinal den Architekten nannte, mit seinem Sakralbau, der weder einem Postamt noch einer Ausstellungshalle glich, überzeugen, da er mit der Kirche St. Gabriel „den Beweis erbracht [habe], daß die Kirchenbaukunst für die neue Zeit in neuen Formen schaffen und dabei doch den neuen Formen den alten christlichen Geist eingießen [könne]"[211].

Mit St. Gabriel, wo die Anklänge an frühromanische italienische Kirchenbauten noch „ein notwendiges Zugeständnis an den Auftraggeber"[212] waren, fand der Münchner Kirchenbau einen Weg, der auf breite Akzeptanz stieß, so dass O. O. Kurz bei seinem nächsten Kirchenbauprojekt St. Sebastian einen weiteren Schritt in Richtung Moderne wagen konnte. Der Münchner Architekt war als Preisträger aus dem Kirchenbau-Wettbewerb 1927 hervorgegangen. Mit dem Pfarrer, der im

---

[204] Ferstl/Schnell: Pfarr- und Klosterkirche St. Gabriel München. München 1930, S. 8.
[205] Nerdinger, Winfried: St. Gabrielskirche an der Schneckenburger-/Äußeren Prinzregentenstraße. In: Stölzl: Die Zwanziger Jahre in München, S. 344.
[206] Hoffmann: Die St. Gabrielskirche in München. In: DBZ, Nr. 60, 27. Juli 1927, S. 500.
[207] Lill: Zu den neuen Kirchen Münchens, S. 347.
[208] Ebd.
[209] Lill: Zum modernen katholischen Kirchenbau. In: DB, Nr. 10, Oktober 1927, S. 250.
[210] Faulhaber: Autobiographie, S. 638.
[211] Ebd.
[212] Feulner: O. O. Kurz und E. Herbert, S. XI.

Vorfeld mehrere neue Kirchen besichtigt hatte, erarbeitete er ein auf die Bedürfnisse der Pfarrei zugeschnittenes Konzept.[213]

Die dreischiffige Basilika mit seitlichem Westturm ist wesentlich kleiner als St. Gabriel und ihr Erscheinungsbild entschieden kubisch betont.[214] So bemerkte Hoffmann in der Zeitschrift *Die Christliche Kunst*: „Klar steigt der Würfel der Westfassade empor [...]. Einzige Belebung der Fassadenfläche sind vier übereckgestellte dekorative Streben, die mit den Querbalken ein gewaltiges Kreuz bilden."[215] Roter Klinker verlieh der sachlich-schlichten Form zusätzlich eine herbe Note. Kirche und Pfarrhaus waren als in sich geschlossene Anlage konzipiert und der Pfarrhof galt damals als modernster in München.[216] Hohe, schmale Fenster gliederten die Wände des Kirchenschiffs. Der kantige Turm, dessen Ecken im oberen Teil durch Schallöffnungen hervorgehoben waren, bildete das vertikale Gegengewicht. Der Innenraum, der bei der Einweihung durch seine Kargheit eigenartig berührte, sollte später ausgemalt werden.[217] Die *Münchner Neuesten Nachrichten* erwähnten nur knapp, dass es ein „imposanter Bau"[218] sei, wogegen die Bauzeitschriften auch diesem neuen Kirchenbau ihre Aufmerksamkeit schenkten, zumal das Architektenteam O. O. Kurz und E. Herbert mit Wohnungsbauprojekten in der unmittelbaren Umgebung gestalterisch auf ein Münchner Stadtviertel Einfluss nahm, das sich modern-großstädtisch präsentierte.[219] Von St. Sebastian ist nur der Turm in seiner originalen Gestalt erhalten. Nach der Zerstörung im Zweiten Weltkrieg wurde die Basilika 1945-1949 in stark veränderter Form wieder aufgebaut, so dass heute das architektonische Erscheinungsbild ein wesentlich anderes ist.[220] (Abb. 11)

Faulhabers Kirchenbauprogramm beinhaltete Kirchen für die neuen Münchner Wohnsiedlungen, die sich architektonisch dem „modern-münchnerischen" Stil der Siedlungen anpassten. Richard Berndl, der leitende Architekt der Siedlung, schuf die Pläne für St. Pius (1932) in Neu-Ramersdorf.[221] Für die Siedlung Harlaching weihte der Kardinal 1931 die Kirche Hl. Familie, die laut einem Bericht der *Münchener Zeitung* Architekt Richard Steidle mit „heimatlichen, modernen und romanischen Formen"[222] erbaute. Der moderne Kirchenbaustil in München, der in einer

---

[213] Pfarrer und Pfarrgemeinde St. Sebastian (Hg.): Kirche im Wandel. 50 Jahre Sankt Sebastian in München Schwabing. 1929-1979. München 1979, S. 6.
[214] Ramisch/Steiner: Katholische Kirchen in München, S. 216.
[215] Zit. nach: Pfarrer und Pfarrgemeinde St. Sebastian: Kirche im Wandel. 50 Jahre Sankt Sebastian in München Schwabing, S. 7 f.
[216] Architekten- und Ingenieur-Verband: München und seine Bauten nach 1912, S. 84; Pfarrer und Pfarrgemeinde St. Sebastian: Kirche im Wandel. 50 Jahre Sankt Sebastian in München Schwabing, S. 7.
[217] Die St. Sebastians-Kirche in München. In: WMB, Nr. 11, 1930, S. 501-502.
[218] Einweihung der St. Sebastianskirche. MNN, Nr. 307, 11. November 1929, S. 4.
[219] Die St. Sebastians-Kirche in München. In: WMB, Nr. 11, 1930, S. 502; Nerdinger, Winfried: St. Sebastian und die Wohnblöcke an der Karl-Theodor/Hiltensberger Strasse. In: Stölzl: Die Zwanziger Jahre in München, S. 397; Zukowsky: Stuttgart, München und der Süden, S. 207.
[220] Ramisch/Steiner: Katholische Kirchen in München, S. 216.
[221] Kasberger: Unsere Jahre in Ramersdorf und Berg am Laim, S. 36-40; Karnapp, Birgit-Verena: Die Pfarrkirche St. Pius in München-Ramersdorf. In: Forstner: Kardinal Michael von Faulhaber, S. 256-258.
[222] Zit. nach: Kath. Stadtpfarrei Hl. Familie München-Harlaching (Hg.): 1931-1981. 50 Jahre Pfarrei Hl. Familie München-Harlaching. München 1981, S. [30].

Wiederaufnahme romanischer Bauformen Tradition und Moderne verband, erwies sich anpassungsfähig an eine Kunstauffassung nach 1933, der sich auch Architekten beugten, die zuvor die Neue Sachlichkeit in München vertreten hatten, wie das Beispiel der Kirche Königin des Friedens von Robert Vorhoelzer zeigt. Noch 1934 hatte der Architekt Pläne für eine sehr moderne Kirche vorgelegt, wogegen die Ausführung 1936/37 mehr dem Typus einer mittelalterlichen Basilika entsprach.[223] Faulhaber selbst betrachtete den Kirchenbau auch als Beitrag zur Kunststadtdebatte. In seiner Autobiographie zog er Bilanz: „Die Architekten dieser Kirchen haben [...] die Tradition der Kunststadt München in Ehren weitergeführt."[224]

Kirchliche Bauprojekte von Albert Boßlet in Würzburg

In ganz besonderer Weise sind Geschichte, Kunstgeschichte und Kirchengeschichte Würzburgs über Jahrhunderte miteinander verquickt. Mit der Säkularisation des Hochstifts Würzburg am 29. November 1802 endete die Zeit der Fürstbischöfe in Würzburg, die auf dem Gebiet der Kunst, Architektur und Kultur Herausragendes geschaffen hatten. Seither bereichern neben dem romanischen Dom und der Feste Marienburg die fürstbischöflichen Bauten das Stadtbild der mainfränkischen Metropole.[225] Die Inkorporierung des Hochstiftterritoriums in das Kurfürstentum Bayern beendete nicht nur die Eigenständigkeit der Stadt, sondern bedeutete auch eine Zäsur für Kunst und Kultur in der Region.[226] Erst mit Abschluss des Konkordats von 1817, welches den Fortbestand des Bistums Würzburg sicherte und das Verhältnis zwischen Staat und Kirche den neuen politischen Realitäten anpasste, kamen ruhigere Zeiten. Das Nominationsrecht für den Bischofsstuhl fiel damit an den bayerischen König.[227] Der von Klerus und Universität ausgehende Einfluss prägte noch bis in die zwanziger Jahre das geistige, gesellschaftliche und politische Leben Würzburgs.[228]

Wie in vielen anderen Städten führte in Würzburg ein deutliches Bevölkerungswachstum dazu, dass die seit Abschluss des Konkordats 1817 unveränderten Pfarreisprengel um die Jahrhundertwende mit der stetig steigenden Anzahl der Gläubigen nicht Schritt halten konnten.[229] Ferdinand von Schlör, seit 1898 Bischof von Würzburg, sah sich mit der Aufgabe einer Pastoralreform konfrontiert, die sich ab 1907 mit der Neugründung einzelner Pfarreien in der Innenstadt und vor allem in den neuen Stadtteilen Sanderau und Grombühl vollzog.[230] Der Bau des Luit-

---

[223] Peter, Franz: Kirchen. In: Drepper/Aicher: Robert Vorhoelzer – Ein Architektenleben, S. 265–269; Karnapp, Birgit-Verena: Kirchenbau und Friedenshoffnung: Königin des Friedens in München-Giesing. In: Forstner: Kardinal Michael von Faulhaber, S. 258–261.
[224] Faulhaber: Autobiographie, S. 646.
[225] Dehio: Handbuch der Deutschen Kunstdenkmäler. Bayern. Bd. 1, S. 900–905.
[226] Weiß: Die katholische Kirche im 19. Jahrhundert, S. 430.
[227] In der Folge nominierten Monarchen fünfmal einen Bischof; Wendehorst: Würzburg. Geschichte in Bilddokumenten, S. 106.
[228] Keß: Kunstleben und Kulturpolitik in der Provinz, S. 34.
[229] 1821 zählte die Stadt sechs Pfarreien; Wendehorst: Würzburg. Geschichte in Bilddokumenten, S. 109; Weiß: Die katholische Kirche im 19. Jahrhundert, S. 431.
[230] Als erste neue Pfarrei wurde 1907 die zur Neumünsterkirche gehörende Gemeinde aus der Dompfarrei herausgelöst; Die katholischen Pfarreien und Kuratien in Würzburg. In: KKBW, Nr. 1, 1. Januar 1929, S. 4; Wittstadt: Kirche und Stadt im 20. Jahrhundert,

poldkrankenhauses führte zur Errichtung eines eigenen Seelsorgebezirks für die Universitätskliniken. Der Erste Weltkrieg und die schwierigen Verhältnisse der Nachkriegszeit verhinderten eine weitere Neuordnung der Seelsorge. Hinzu kam, dass ab 1920 bis zum Tod Schlörs 1924 wegen dessen altersbedingter Amtsunfähigkeit das Bistum Würzburg vom Bamberger Erzbischof Jacobus von Hauck als Administrator mitverwaltet wurde, in dessen Amtszeit einige Kirchenneubauten fielen.[231]

Peter Stuckenberger, der in seinem Buch *Gottesburgen* den Kirchenbau unter Erzbischof Jacobus von Hauck 1912-1943 behandelt, bezieht mit einem Querschnitt historisierender Kirchenbauwerke der stilistischen Orientierungsphase nach dem Ersten Weltkrieg auch die Bautätigkeit im Bistum Würzburg der Jahre 1920 bis 1924 in seine Darstellung mit ein.[232] In Würzburg selbst waren im Stadtteil Sanderau, einem bevorzugten Wohngebiet für Wohlhabendere, die neoromanische Pfarrkirche St. Adalbero 1899-1901 und die neogotische Kirche St. Josef 1902-1905 in Grombühl Zeugnisse des Historismus um die Jahrhundertwende. Die Kirchen dieser Zeit sind in Zusammenhang mit dem Ultramontanismus der katholischen Kirche zu sehen.[233]

Im Gegensatz zum Kirchenbauprogramm Faulhabers, wo allein im Oktober 1926 fünf Pfarrkirchen in München konsekriert wurden, beschränkt sich die Kirchenbautätigkeit in der Zwischenkriegszeit unter Bischof Matthias Ehrenfried auf die Kirche St. Barbara 1926/27 und das Projekt der Marianhiller Missionare auf dem Mönchberg mit Kirche und Seminargebäude. Die Kirchen Hl. Kreuz 1934/35 im Stadtteil Zellerau und Unsere Liebe Frau 1935/37 im Neubaugebiet Frauenland mit einer Planungsphase in der Weimarer Zeit konnten erst im „Dritten Reich" realisiert werden.[234] Das Bischöfliche Ordinariat Würzburg hatte 1930 an die Pfarreien der Diözese appelliert, sich nicht vorschnell für einen Neubau zu entschließen und lieber die Unzulänglichkeit mancher Kirchen zu ertragen, was auf die gegenüber den Stadtpfarreien der bayerischen Landeshauptstadt schlechtere Finanzlage der ärmeren fränkischen Pfarrgemeinden schließen lässt.[235] Die Quellenlage zum Kirchenbau in Würzburg gestaltet sich sehr schwierig, da das Diözesanarchiv bei der Zerstörung der Stadt am 16. März 1945 nahezu vollständig vernichtet wurde. Vermutlich existierte aber eine Sammelmappe, die alle Kirchenneubauten seit 1924 dokumentierte, da laut *Würzburger Diöcesan-Blatt* 1930 die

---

S. 455 f. Neu gegründet wurden 1914 die Pfarreien St. Adalbero und St. Joseph; Die katholischen Pfarreien und Kuratien in Würzburg. In: KKBW, Nr. 1, 1. Januar 1929, S. 4.

[231] In diese Zeit fiel die Gründung zweier Expositurgemeinden, darunter 1922 St. Barbara; Die katholischen Pfarreien und Kuratien in Würzburg. In: KKBW, Nr. 1, 1. Januar 1929, S. 4. An den hochw. Klerus und die Gläubigen der Diözese! In: WDB, Nr. 23, 10. Juni 1920, S. 1.

[232] Stuckenberger: Gottesburgen, S. 24, 382-392.

[233] Kummer, Stefan: Bildende Kunst und Architektur vom Beginn der bayerischen Zeit bis zum Ende des Zweiten Weltkrieges. In: Wagner: Geschichte der Stadt Würzburg. Bd. 3/1, S. 854; Sander: Architektur des 19. und frühen 20. Jahrhunderts, S. 66.

[234] Keß: Kunstleben und Kulturpolitik in der Provinz, S. 61-63; Kummer: Bildende Kunst und Architektur vom Beginn der bayerischen Zeit bis zum Ende des Zweiten Weltkrieges, S. 866.

[235] Finanzierung der Kirchenbauten. In: WDB, Nr. 43, 5. November 1930, S. 198.

Pfarrgemeinden aufgefordert wurden, „im Interesse der geschichtlichen Entwicklung des Kirchenbaues in unserer Diözese"[236] als Beitrag zu dieser Mappe einen kurzen Überblick über Vorgeschichte und Durchführung des Baues zu geben, sowie Lichtbilder der alten als auch der neuen Kirche und der dazugehörigen Pläne einzusenden.[237] Nach Aussage des Diözesanarchivs ist heute zu den relevanten Kirchenbauten der Weimarer Zeit nur noch in Pfarrarchiven etwas zu finden, aber auf Grund jahrelanger unsachgemäßer Verwahrung befänden sich die Dokumente oftmals in einem schlechtem Zustand.

Es würde zu weit führen, alle Einzelheiten der Geschichte der Kirche St. Barbara, die im Schatten des Baukomplexes der Mariannhiller Missionare im neuen Stadtgebiet auf dem Mönchberg steht, nachzuzeichnen.[238] Da die Klosterkirche nicht als Pfarrkirche dienen sollte, wie es in München praktiziert wurde, können einzelne Punkte aus der Festschrift zur Einweihung 1927 herangezogen werden, um Aufschluss über den Wendepunkt im Würzburger Sakralbau zu geben und aufzuzeigen, welche Einflussnahme von Münchner Behörden, insbesondere dem Baukunstausschuss ausging. Den seelsorgerischen Mittelpunkt für die Wohngegend am Mönchberg, die schon vor dem Ersten Weltkrieg überwiegend kinderreiche Familien und weniger Begüterte anzog, bildete anfangs die Hauskapelle eines Kinderheimes.[239] Die Hindernisse, die sich der neuen Pfarrgemeinde St. Barbara beim Bau einer neuen Kirche in den Weg stellten, ähneln denen anderer Pfarreien dieser Zeit, da der Kirchenbauverein nach Vernichtung des Kapitalstocks durch die Inflation von vorne anfangen musste und sich auch nach dem Erwerb eines Bauplatzes Planungen mit Genehmigungsverfahren hinzogen.[240]

Die Festschrift nennt Rudolph Hofmann als Architekten des Kirchenbauprojektes und den Würzburger Bauamtmann Peter Vollert als künstlerischen Berater.[241] Vollert gab in seinem Beitrag an, dass einerseits die Notzeit die Vereinfachung der

[236] Kirchen-Neu- und Erweiterungsbauten seit 1924. In: WDB, Nr. 11, 12. März 1930, S. 65.
[237] Im Nachlass Faulhabers existieren zwei Fotoalben mit sämtlichen Kirchen, die der Kardinal bis 1936 weihte. Beide Alben geben einen ungefähren Eindruck, wie die erwähnte Sammelmappe ausgesehen haben mag; Laube: Kirchenbau als pastorale Aufgabe, S. 241.
[238] Die Festschrift zur Einweihung 1927 gibt ausführlich Auskunft über die Entwicklung der Pfarrei von der Kirchenstiftung 1917 bis zur Fertigstellung der ersten modernen Pfarrkirche Würzburgs; Katholischer Kirchenbauverein St. Barbara in Würzburg (Hg.): Festschrift zur Einweihung. Würzburg 1927; vgl. auch Otremba, Heinz (Hg.): 15 Jahrhunderte Würzburg. Eine Stadt und ihre Geschichte. Würzburg 1979, S. 128.
[239] Siedlungen auf dem Mönchberg sind die Siedlung Heimgarten des Konsumvereins Würzburg und Umgebung, die Wohnhäuser der Genossenschaft der bayerischen Verkehrsangestellten der Eisenbahn und Post sowie eine Kriegergedächtnissiedlung und Wohnungseinbauten in einer Kaserne; Keller, Eduard: Die Entwicklung der Expositurgemeinde St. Barbara am Mönchberg. In: Katholischer Kirchenbauverein St. Barbara: Festschrift zur Einweihung, S. 16-18.
[240] Der 1910 gegründete Kirchenbauverein sammelte einen Kapitalstock von 100 000 Mark an. Nach dem Krieg hatte angesichts wirtschaftlicher Not und seelsorgerischem Bedarf die Errichtung einer eigenen Seelsorgestelle Priorität; Keller: Die Entwicklung der Expositurgemeinde St. Barbara, S. 19-21; Wittstadt: Kirche und Stadt im 20. Jahrhundert, S. 458.
[241] Die Topographie am Mönchberg erforderte möglichst ungehinderten Zugang zur Kirche; Winterstein, Alfred: Die katholische Gesamtkirchenverwaltung und der Bau von Kirche und Pfarrhaus für die neue Expositurgemeinde St. Barbara – Mönchberg. In:

Baugestaltung bestimmte, andererseits die letzten, nach Plänen des Regensburger Dombaumeisters Joseph Schmitz in Formen des Historismus errichteten Kirchenneubauten St. Adalbero und St. Joseph Anlass dazu gaben. Der Neuansatz im Sakralbau nach dem christozentrischen Raumkonzept bedeutete, die Kirche „sowohl städtebaulich wie als Raumschöpfung den neuzeitlichen Anforderungen der Massenwirkung anzupassen, dabei in gutem Sinne den Grundsätzen der alten Überlieferung gerecht zu werden und so den sakralen Charakter zu wahren"[242].

Vermutlich verursachten Schwierigkeiten mit dem Baukunstausschuss im Genehmigungsverfahren einige Aufregung, da sowohl Prälat Winterstein[243] als auch Vollert in der Festschrift darüber berichteten. Nach Winterstein hatten Bedenken der Obersten Baubehörde zum eingereichten Plan eine Unterredung im Münchner Kultusministerium mit Ministerialrat Ullmann und dem Baukunstausschuss zur Folge, woraufhin die Pläne überarbeitet wurden.[244] Konkreter wurde Vollert, der zur Einflussnahme der Behörde schrieb, dass ursprüngliche Pläne Hofmanns vorsahen, zur Minimierung der Baukosten vorhandene massive Kellermauern im Untergrund als Fundament für den Kirchenneubau zu verwenden.[245] Da der Baukunstausschuss auf einer Ostung der Kirche bestand, konnten die Fundamente nicht genutzt werden. Nach Planänderung kam die Genehmigung des Baukunstausschusses am 6. September 1926, allerdings wurde die wenig ansprechende Gestaltung des Turms und die Positionierung der Kreuzigungsgruppe am Westgiebel bemängelt. Außerdem empfahl das Kultusministerium im Kircheninneren statt ovaler Säulen Pfeiler mit abgeschrägten Ecken.[246] Die Kränkung Vollerts durch die erneute Weisung verdeutlicht die Wiedergabe des Schreibens, das mit dem Satz endete: „Unter der Voraussetzung, dass diese Anregungen beobachtet werden, werden die vorgelegten Pläne in schönheitlicher Beziehung genehmigt."[247] Nachteilig blieb, dass auf Grund der geäußerten Einwände teure Abbrucharbeiten und der Bau von Stützmauern am Hang erforderlich wurden, womit deutlich wird, dass sich die Gutachter des Baukunstausschusses nur bedingt den Richtlinien Ludwigs I. verpflichtet sahen, die durch Verbesserungsvorschläge verursachte Baukostensteigerungen verhindern sollten.[248]

Der Grundriss der Barbarakirche greift die Grundform der dreischiffigen Säulenbasilika mit Altarapsis auf, wobei die Reduzierung der Seitenschiffe auf Gangbreite eine Akzentuierung des Mittelschiffs bezweckt. Die klare, einfache Raum-

---

Katholischer Kirchenbauverein St. Barbara: Festschrift zur Einweihung, S. 24; s. a. Würzburg, S. XV; Keller: Die Entwicklung der Expositurgemeinde St. Barbara, S. 21.

[242] Vollert, Peter: Die St. Barbarakirche am Mönchberg. In: Katholischer Kirchenbauverein St. Barbara: Festschrift zur Einweihung, S. 29.

[243] Als Referent für das Finanzwesen der Diözese und Vorstand der Gesamtkirchengemeinde betreute Prälat Alfred Winterstein den Bau der Barbarakirche und bereitete auch die Kirchenbauprojekte Hl. Kreuz und Unsere Liebe Frau vor; Nachruf für Hochw. Herrn Prälat Dr. Winterstein. In: KKBW, Nr. 12, 15. Dezember 1935, S. 42.

[244] Winterstein: Die katholische Gesamtkirchenverwaltung und der Bau von Kirche und Pfarrhaus, S. 26 f.

[245] Vollert: Die St. Barbarakirche am Mönchberg, S. 29–33.

[246] Ebd., S. 33–36.

[247] Ebd., S. 36.

[248] Kruse/Pollach/Hopfenmüller: Der Baukunstausschuss König Ludwigs I, S. 9.

wirkung unterstreicht ein waagrechtes Gebälk aus Eisenbeton, das anstatt Arkadenbögen gewählt wurde. Schwach oval geformte rote Sandsteinsäulen mit „mainfränkischen und Würzburger spätromanischen Typen nachempfundenen Kapitälen"[249] bilden einen Akzent im Kirchenraum. Für das Siedlungsgebiet am Mönchberg stellt die Baugruppe aus Kirche, Pfarrhaus, Saalbau und Platzanlage ein kleines Gemeindezentrum dar, dominiert von dem langgezogenen Kirchenschiff. Der hoch aufragende Turm, der in seiner Geradlinigkeit „nicht neu und gesucht"[250] wirkt, knüpft mit einem steilen Spitzhelm an die Zeit des Fürstbischofs Julius von Echter an. Da auf die Materialwirkung des Muschelkalksteins gesetzt wurde, ist die Kreuzigungsgruppe über dem Eingang der einzige plastische Schmuck.

Obwohl die Barbarakirche eine Zäsur im Sakralbau des Bistums Würzburg setzte, ist sie zu klein und unbedeutend, als dass ihr die zeitgenössische Kritik Aufmerksamkeit schenkte, wogegen der zeitgleich entstandene Baukomplex der Mariannhiller Mission „größte Beachtung beansprucht[e]"[251] und nicht nur zum imponierenden architektonischen Mittelpunkt des neuen Stadtteils wurde, sondern der Stadt Würzburg sogar weltweiten Ruf bescherte.[252] Durch die Wiederbelebung der Klöster im 19. Jahrhundert hatte Würzburg als katholische Stadt mit zahlreichen Niederlassungen verschiedener Kongregationen einen Bedeutungsgewinn erfahren.[253] Das soziale Engagement der Klöster, Pflegeorden und katholischer Vereinigungen war in den Notzeiten während und nach dem Ersten Weltkrieg aus dem gesellschaftlichen Leben der Stadt nicht wegzudenken. Der Vertretertag der katholischen Vereine, zu dem das Zentralkomitee der Katholiken 1920 nach Würzburg geladen hatte, rückte das katholische Bayern reichsweit ins Bewusstsein. Veranlasst durch die schwere Not der Nation wurde an den Gemeinschaftsgeist aller Katholiken appelliert, einen Beitrag zum Wiederaufbau zu leisten, den man nur auf dem Boden der Religion und der christlichen Ideale glaubte verwirklichen zu können.[254]

Den Missionsorden kam hier eine entscheidende Rolle zu. Die Mariannhiller Missionskongregation, die Papst Pius X. besonders gefördert hatte, war seit 1882 in der Stadt vertreten und mit Aufblühen des Ordens nach dem Krieg wurde der Wunsch nach einem eigenen Priesterseminar und einer Gelöbniskirche lauter.[255] Die Universitätsstadt Würzburg mit der ältesten deutschen Niederlassung des Ordens schien der geeignetste Ort für die Gründung ihrer Hauptniederlassung. Mit dem Erwerb eines Grundstücks 1926 auf dem Mönchberg wurde das Projekt vor-

---

[249] Vollert: Die St. Barbarakirche am Mönchberg, S. 37.
[250] Ebd., S. 36.
[251] Kreuter: Neue Stadtbaukunst. Würzburg, S. XV.
[252] Die Stadtgemeinde Würzburg im Jahre 1927. Der Jahresrückblick des Oberbürgermeisters Dr. Löffler. In: WGA, Nr. 300, 30. Dezember 1927, S. 3.
[253] Weiß: Die Katholische Kirche im 19. Jahrhundert, S. 441–443.
[254] Wittstadt: Kirche und Stadt im 20. Jahrhundert, S. 457.
[255] Ebd. Ausgangs- und Zentralpunkt der Mariannhiller Missionare ist das Kloster der Missions-Benediktiner-Mariannhill in Südafrika; Missionare von Mariannhill (Hg.): Mariannhill. Missions-Priesterseminar Pius X. der Mariannhiller Missionare in Würzburg. Blätter der Erinnerung an die feierliche Konsekration der Herz-Jesu Seminarkirche. Reimlingen [1929], S. 7–11.

angetrieben und die Planungen an Architekt Albert Boßlet vergeben.[256] Die Finanzierung des Projektes erfolgte über eine Anleihe in Holland.[257]

Albert Boßlet (1880–1957) eilte ein guter Ruf als „neuzeitlicher Kirchenbauer"[258] mit großem Einfühlungsvermögen für das Landschaftsbild voraus, da er in diesen Jahren auch Bauprojekte in Regensburg, Ludwigshafen und Aschaffenburg betreute.[259] Nach dem Wiederaufbau des 1919 bei der Explosion des BASF-Werkes zerstörten Ortsteils Oppau im rheinpfälzischen Ludwigshafen baute Boßlet überwiegend Kirchenbauten, Krankenhäuser und Schulen für Ordensgemeinschaften.[260] Seine Kirchen galten als Musterbeispiele des christozentrischen Sakralbaus und wurden international beachtet.[261] Holger Brülls sieht den Architekten, der sich für Einfachheit und Schlichtheit, aber auch für bodenständiges Bauen aussprach, im Spannungsverhältnis zwischen Traditionalismus und Modernismus.[262] Aus der Tradition kommend öffnete er sich in seinen expressionistischen Bauten der zwanziger Jahre Funktionalismus und modernem Formenkanon. Erst danach wandte er sich einem romanischen Stil zu.[263]

Höhenunterschiede und das spitz zulaufende Grundstück an einer Straßengabelung stellten eine besondere Herausforderung an Albert Boßlet und sein Architektenteam.[264] Kreuter zufolge erkannte Boßlet sehr gut die städtebauliche Richtung, die der Generalbauplan der Stadt Würzburg vorgab.[265] Die besonderen Wünsche des Ordens bedeuteten eine intensive Auseinandersetzung mit klösterlichem Leben und dem Studienbetrieb eines Priesterseminars. Der Zweckbestimmung nach gliedert sich die Baugruppe in Seminarbau mit Klausurtrakt, Kirche, Wirtschaftsgebäude und Schwesternhaus, wobei der Seminartrakt den Schwung der einen Straße aufnimmt und die Kirche und der Trakt mit Wirtschafts- und Schwesternbau dem Verlauf der anderen Straße

---

[256] Schulte, W.: Technische Einzelheiten und Geschichte des Baues. In: Missionare von Mariannhill: Mariannhill. Missions-Priesterseminar Pius X., S. 21f.

[257] Kaiser, Jürgen: Herz-Jesu-Kirche der Mariannhiller Missionare Würzburg. Regensburg 2000, S. 4.

[258] Steinlein, Gustav: Neubau der Mariannhiller Mission in Würzburg. In: DBZ, Nr. 101, 19. Dezember 1928, S. 853.

[259] Ein Rundgang durch das Würzburger Missionsärztliche Institut. 5. Internationaler Akademischer Missionskongress. In: WGA, Nr. 225, 29. September 1928, S. 3.

[260] Boßlet, dessen Betätigungsfeld hauptsächlich auf die Diözesen Würzburg, Regensburg und Speyer beschränkt blieb, baute in seiner Schaffensperiode über 100 Kirchen; Brülls: Neue Dome, S. 71.

[261] Hoffmann, Richard: Kirchenbauten. In: Hoffmann/Steinlein: Albert Boßlet. Querschnitt durch sein Schaffen, S. 8–17. Boßlet erhielt 1934 eine Einladung des Royal Institute of British Architects, sich an einer internationalen Ausstellung zu beteiligen; Ehrung eines Würzburger Künstlers. In: WGA, Nr. 274, 29. November 1934, S. 3.

[262] Brülls: Neue Dome, S. 74f.

[263] Ebd., S. 70; Schnell: Der Kirchenbau des 20. Jahrhunderts in Deutschland, S. 43. Jürgen Kaiser ordnet Boßlet der Heimatschutz-Bewegung zu, die unter dem Einfluss der Stuttgarter Schule eine Monumentalisierung anstrebte; Kaiser: Herz-Jesu-Kirche der Mariannhiller Missionare Würzburg, S. 3f.

[264] Zum Architektenteam gehörten Leo Schmid, Fritz Müller, Erwin van Aaken und Regierungsbaumeister Fichtner; Schulte: Technische Einzelheiten und Geschichte des Baues, S. 23.

[265] Kreuter: Neue Stadtbaukunst. Würzburg, S. XV [b].

folgt.²⁶⁶ Dreh- und Angelpunkt der Anlage bildet der oktogonale Turm. Eine Treppen- und Terrassenanlage betont den Eingangsbereich der Kirche. Der Neubau auf stark ansteigendem Gelände war für damalige Verhältnisse allein schon bei den Erdarbeiten eine große bautechnische Leistung. Da Boßlet die Vorzüge moderner Stahlbetonbauweise nutzte, forderten komplizierte Schalungstechniken und Eisenbetonkonstruktionen die Fähigkeiten zweier Würzburger Firmen heraus, die im Rahmen der Möglichkeiten Beton bei Fundamenten und Decken sowie Backstein für das Mauerwerk einsetzten.²⁶⁷

Boßlets ambivalente Haltung zur Moderne kommt in den Raumkonzepten und der Fassadengestaltung zum Ausdruck. Die Raumverteilung des Priesterseminars folgte in gewisser Weise funktionalen Prinzipien und die Einrichtung orientierte sich an den neuesten technischen und sanitären Standards.²⁶⁸ Statt großer Studiensäle und gemeinschaftlichen Schlafräumen hatte das Seminar 120 Einzelzimmer mit Waschnische, eingebautem Fußwaschbecken und Einbauschrank. Bücherei, Archiv, Missionsmuseum, Krankenzimmer und Nebenräume sind für die Theologiestudenten gut erreichbar angeordnet.²⁶⁹ Im Untergeschoss befanden sich neben den Wohnungen der Brüder Werkstätten sowie Wannen- und Brausebäder. Das Seminargebäude, das sogar über eine Turnhalle für die angehenden Missionare verfügte²⁷⁰, war Aushängeschild für moderne und hygienische Ausstattung einer kirchlichen Einrichtung, so dass vor Bezug sogar Führungen abgehalten wurden.²⁷¹ Analog dazu wies auch der Wirtschafts- und Schwesternteil eine sinnvolle Raumverteilung auf.²⁷²

Der Kirchenbau des Architekten dagegen wirft nach Einschätzung Brülls Fragen auf. Boßlet, der sich gegen den Vorwurf des Historismus verwahrte, lässt seine Herz-Jesu-Kirche vordergründig modern erscheinen, indem er romanische und gotische Formen frei kombiniert und zu expressionistischer Monumentalarchitektur verformt. Die Wände der Seitenschiffe lassen durch Aneinanderreihung der acht Seitenkapellen mit Dreiecksgiebel das 30 m lange Kirchenschiff wehrhaft erscheinen, was schmale hohe Kirchenfenster und Wasserspeier verstärken. Die Eingangsseite mit hochaufragender glatter Fassade erscheint einerseits durch den geraden Abschluss des Baukörpers kantig und blockhaft, andererseits wird dadurch der Blick auf ein Stufenportal mit Tympanon im romanischen Stil gelenkt. Naturstein bei der Sockelzone und Kantenquaderung um Fenster und Türen unterstreichen die Monumentalität des Baukomplexes.²⁷³ Der massige, 60 m hohe

---

²⁶⁶ Steinlein: Neubau der Mariannhiller Mission in Würzburg. In: DBZ, Nr. 101, 19. Dezember 1928, S. 853 f.
²⁶⁷ Schulte: Technische Einzelheiten und Geschichte des Baues, S. 23–32.
²⁶⁸ Kaiser: Herz-Jesu-Kirche der Mariannhiller Missionare Würzburg, S. 18.
²⁶⁹ Steinlein: Neubau der Mariannhiller Mission in Würzburg. In: DBZ, Nr. 101, 19. Dezember 1928, S. 854, 856.
²⁷⁰ Der Neubau der Mariannhiller Mission. In: WGA, Nr. 97, 27. April 1929, S. 3.
²⁷¹ Eine Führung durch den Neubau des Mariannhiller-Priesterseminars. In: WGA, Nr. 144, 25. Juni 1928, S. 3.
²⁷² Hoffmann: Der Seminarbau und die Seminarkirche. In: Missionare von Mariannhill: Mariannhill. Missions-Priesterseminar Pius X., S. 67.
²⁷³ Brülls: Neue Dome, S. 79 f.; vgl. auch Kaiser: Herz-Jesu-Kirche der Mariannhiller Missionare Würzburg, S. 8.

achteckige Glockenturm, der Wasserbehälter, Treppenhaus und Aussichtsgalerie beherbergt, wurde zu einem neuen Wahrzeichen des katholischen Würzburgs.[274] Unregelmäßig angeordnete Fenster beleben den unteren Abschnitt, wogegen zwei zurückspringende Obergeschosse und je nach Stockwerk variierende Formen – schießschartenartige Fenster, Rundfenster, lange schmale Schallöffnungen und Spitzbogenfenster – ihm sein charakteristisches Aussehen verleihen. Ein Betonkreuz stellt gleichsam die Bekrönung dar.[275] (Abb. 12 u. 13)

Im Gegensatz zum unruhigen Formenmix der Fassadengestaltung umfängt den Besucher im Innern mystische Stille oder wie Holger Brülls treffend formuliert: „Der Würzburger Kirchenraum ist expressionistische Stimmungsarchitektur par excellence: grottenhaft dunkel, indirekt beleuchtet und von intensiver Farbigkeit."[276] Alles ist auf den Altar hin ausgerichtet, da die Rundbögen der Seitenkapellen zum großen Triumphbogen des mit einem Tonnengewölbe überdeckten Chorraums leiten. Das sanfte Graugrün des Rauputzes im Kirchenschiff intensiviert das Goldgelb des Chors und der Altarwand. Eine überlebensgroße Herz-Jesu-Figur davor zieht magisch den Blick auf sich. Unterschiedliche Brauntöne und eine dreifache Abstufung lassen die Holzdecke des Kirchenraumes schwer erscheinen.[277]

Die Einweihung am 28. April 1929 wurde für die Stadt zum Großereignis und ein denkwürdiger Tag „für die Bau- und Kulturgeschichte der Stadt Würzburg"[278]. Tagelang füllten Berichte über Orden und Klosteranlage die Seiten des *Würzburger General-Anzeigers*. Tausende Würzburger besichtigten am Nachmittag die Kirche.[279] Der Architekt scheint den Kunstgeschmack getroffen zu haben. Im Gegensatz zur St. Barbarakirche sind nirgends Einwände des Baukunstausschusses erwähnt. Lediglich die Anmerkung des Oberbürgermeisters, dass den Würzburgern die Großbaustelle auf dem Mönchberg nicht verborgen blieb und auch Kritik erregte, lässt Diskussionen im Vorfeld erahnen.[280] Mit dem Baufortschritt gewöhnte sich die Bevölkerung an das neuartige Bauensemble, das im Volksmund nur „Mariannhill"[281] genannt wurde.

Unbestritten ist der städtebauliche Akzent, den Albert Boßlet mit der repräsentativen Klosteranlage schuf. In seinem Beitrag zur Reihe *Neue Stadtbaukunst* hob Stadtbaurat Kreuter die Klosteranlage auf dem Mönchberg besonders hervor: „[...] die in modernen Formen gehaltene, eine vorzügliche Umrißlinie darbietende Baugruppe, beherrscht die ganze Gegend und gereicht ihr zur Zierde."[282] Von

---

[274] Weigel, Helmut: Bayerns Universitäten. In: Wolf: Dem Bayerischen Volke, S. 143 b.
[275] Kaiser: Herz-Jesu-Kirche der Mariannhiller Missionare Würzburg, S. 8.
[276] Brülls: Neue Dome, S. 81.
[277] Steinlein: Neubau der Mariannhiller Mission in Würzburg. In: DBZ, Nr. 101, 19. Dezember 1928, S. 858; Kaiser: Herz-Jesu-Kirche der Mariannhiller Missionare Würzburg, S. 11 f.; Otremba: 15 Jahrhunderte Würzburg. Eine Stadt und ihre Geschichte, S. 356.
[278] Der Neubau der Mariannhiller Mission. In: WGA, Nr. 97, 27. April 1929, S. 3.
[279] Zur Einweihung des Mariannhiller Pius-Seminars. In: WGA, Nr. 96, 26. April 1929, S. 3.
[280] Sauerland, Dominikus: Die Konsekration der Herz-Jesu-Kirche. In: Missionare von Mariannhill: Mariannhill. Missions-Priesterseminar Pius X., S. 85, 90.
[281] Missions-Institut. In: WGA, Nr. 106, 8. Mai 1928, S. 3.
[282] Kreuter: Neue Stadtbaukunst. Würzburg, S. XV. Auch Jahre danach sieht man es immer noch so: „Mariannhill, Kirche und Seminar, dieser wuchtige Koloß steht da wie aus

einer „Bastion"[283], einem „östlichen Käppele"[284] und von einem „hl. Berg"[285] war bei den Feierlichkeiten die Rede. Der zeitgenössische Kunstkritiker Gustav Steinlein, der in der Klosteranlage einen Gegenpol zur Veste Marienberg auf der anderen Mainseite sah, schrieb wie auch Jürgen Kaiser in dem im Jahr 2000 herausgegebenen Kirchenführer von einer „Stadtkrone", deren Verwirklichung Boßlet gelungen sei.[286] Welche Bedeutung der neuen modernen Klosteranlage beigemessen wurde, klingt beim Festakt in den Ansprachen an, die den deutschen Pioniergeist hervorhoben. Mit dem Wunsch, dass die von dort hinausziehenden Missionare „nicht nur Mehrer des Ansehens der katholischen Kirche, sondern auch der Ehre unseres deutschen Vaterlandes sein mögen"[287], wies der bayerische Staatsminister Karl Stützel auf den Anteil Bayerns am „Wiederaufstieg" Deutschlands hin.

Bildete der Baukomplex der Mariannhiller Missionare das geistige Zentrum, so entstand mit dem katholischen Missionsärztlichen Institut in unmittelbarer Nachbarschaft ein Zentrum der Wissenschaft. Sein missionarischer Auftrag veranlasste den Salvatorianerpater Christoph Becker, nach seiner Rückkehr nach Deutschland 1922 ein Missionsärztliches Institut zu gründen, da er Hilfe in den Missionsgebieten nur in Zusammenarbeit mit medizinischen Fachkräften als sinnvoll erachtete. In Kooperation mit dem Würzburger Juliusspital organisierte er Krankenpflegekurse und im Austausch mit der Universität konnten nach und nach Mediziner mit eingebunden werden, wobei mit Tropenmedizin ein Schwerpunkt gesetzt werden sollte.[288] Mit Unterstützung verschiedener Missionsvereine und -orden erfolgte ein kontinuierlicher Ausbau, so dass mit der Schulung und Aussendung von Missionsärzten, -ärztinnen und Pflegekräften das Missionsärztliche Institut Würzburg innerhalb weniger Jahre zum Mittelpunkt der ganzen Missionsärztlichen Bewegung wurde.[289]

Die Bedeutung, die diesem Projekt zugemessen wurde, wird allein an der Einwerbung von Spendengeldern mittels einer im gesamten Deutschen Reich und im Freistaat Bayern veranstalteten Lotterie deutlich.[290] Sogar Papst Pius XI. zeigte Interesse an dem einzigartigen missionsärztlichen Institut unter katholischer Regie.[291] Spenden kamen nicht nur von Missionsvereinen, sondern auch von Firmen und

---

dem Boden gewachsen und war Richtung gebend und Form bestimmend für die Umgebung."; Frauenland feiert Glockenweihe. In: KKBW, Nr. 10, 18. Oktober 1936, S. 39.

[283] Ein Rundgang durch das Würzburger Missionsärztliche Institut. 5. Internationaler Akademischer Missionskongress. In: WGA, Nr. 225, 29. September 1928, S. 3.

[284] Sauerland: Die Konsekration der Herz-Jesu-Kirche, S. 85.

[285] Ebd.

[286] Steinlein, Gustav: Profanbauten. In: Hoffmann/Steinlein: Albert Boßlet. Querschnitt durch sein Schaffen, S. 72; Kaiser: Herz-Jesu-Kirche der Mariannhiller Missionare Würzburg, S. 2, 18.

[287] Einweihung des Mariannhiller Missionshauses bei herrlichstem Frühlingssonnenglanz. In: WGA, Nr. 98, 29. April 1929, S. 4.

[288] Das Missionsärztliche Institut in Würzburg. In: WGA, Nr. 192, 22. August 1928, S. 3.

[289] Wittstadt: Kirche und Stadt im 20. Jahrhundert, S. 457 f.

[290] Bekanntmachung der Lotterie. In: WDB, Nr. 4, 25. Januar 1928, S. 15; Lokal-Nachrichten. WGA, Nr. 22, 27. Januar 1928, S. 3.

[291] Becker, Christoph: Missionsärztliche Kulturarbeit. Grundsätzliches und Geschichtliches. Würzburg 1928, S. 134; Das Missionsärztliche Institut in Würzburg. In: DBZ, Nr. 28, 5. April 1930, S. 217.

Parteien wie Zentrum und BVP.²⁹² Die Reichsregierung stellte ebenfalls einen größeren Geldbetrag zur Verfügung. Die tropenmedizinische Ausstellung 1925 in Rom bot die Gelegenheit, „die Aufmerksamkeit der bayerischen Staatsbehörden auf das neue Unternehmen zu lenken"²⁹³, da die Ausstellungsexponate auf dem Weg in den Vatikan zwei Tage lang im Münchner Hauptzollamt besichtigt werden konnten. Fördergelder vom bayerischen Staat kamen aus dem Innenministerium und dem Ministerium für soziale Fürsorge in Form eines Darlehens. Insbesondere die Stadt Würzburg war an dem Institut interessiert, weshalb städtischer Grund zu günstigen Bedingungen überlassen wurde.²⁹⁴

Obwohl Boßlet einen Zusammenklang beider Bauanlagen anstrebte, gab er sich moderner, indem er sich mehr dem Neuen Bauen zuwandte.²⁹⁵ Die Betonung liegt hier auf dem Zweckbau, der ein eigenes Konzept erforderte. Das Terrain des Mönchbergs zwang dazu, Wohn- und Betriebsräume in das Untergeschoß zu legen. Der Hauptbau gliederte sich in Vortrags-, Studiensäle, Bibliothek, Laboratorien sowie Einzelzimmer, Gesellschaftsräume und Hauskapelle. Leitmotiv waren Hygiene und Gesundheit, daher sind auch Turnhalle und Sportplätze im Plan inbegriffen. Im westlichen Vorbau befanden sich Büros, wogegen der niedrigere östliche Vorbau die Direktorenwohnung beherbergte.²⁹⁶ Das Konzept bedingte die Gliederung des Baukörpers mit einer unterschiedlichen Zahl von Stockwerken. In Berücksichtigung der Flachdächer und Dachterrassen der Vorbauten setzte Boßlet die Dächer des Haupttraktes hinter die Fassade zurück, wodurch der ganze Bau kubisch betont erschien.²⁹⁷ Trotz des schlichten Erscheinungsbildes blieb der Architekt traditionsverbunden, indem er Naturstein für die Laibungen der Zimmerfenster verwendete. Dagegen unterstrich das über vier Geschosse gehende Treppenhausfenster die Modernität des Institutsgebäudes. Heute ist der Baukomplex durch Erweiterungen und Umbauten verändert.

Die Stadt Würzburg war sehr stolz auf das internationale Renommee, das dieses einzigartige Institut mit sich brachte, und auch darauf, dass mit diesem modernen Neubau „neue Würzburger Kunstgeschichte"²⁹⁸ geschrieben wurde.²⁹⁹ Die vielen Reden anlässlich der Einweihung betonten das Zusammenwirken von Kirche und Staat und die Bedeutung des Instituts für Würzburg, Bayern und das Reich. Am deutlichsten wurde der bayerische Kultusminister Goldenberger, dem

---

[292] Die Baugeschichte des Missionsärztlichen Instituts. In: WGA, Nr. 278, 1. Dezember 1928, S. 14.
[293] Becker: Missionsärztliche Kulturarbeit, S. 77.
[294] Ebd., S. 103–108.
[295] Steinlein: Neubau der Mariannhiller Mission in Würzburg. In: DBZ, Nr. 101, 19. Dezember 1928, S. 854; Schulte: Technische Einzelheiten und Geschichte des Baues, S. 22.
[296] Steinlein: Profanbauten, S. 75.
[297] Das Missionsärztliche Institut in Würzburg. In: DBZ, Nr. 28, 5. April 1930, S. 217.
[298] Einweihung des neuen Missionsärztlichen Instituts in Würzburg. In: WGA, Nr. 280, 4. Dezember 1928, S. 4.
[299] Ein Rundgang durch das Würzburger Missionsärztliche Institut. 5. Internationaler Akademischer Missionskongress. In: WGA, Nr. 225, 29. September 1928, S. 3; Das Missionsärztliche Institut in Würzburg. In: WGA, Nr. 277, 30. November 1928, S. 5f.; Einweihung des neuen Missionsärztlichen Instituts in Würzburg. In: WGA, Nr. 280, 4. Dezember 1928, S. 4.

1. Kirchenbau 113

sich nach unglücklichem Kriegsausgang, Versailler Vertrag und Verlust der Kolonien eine Möglichkeit eröffnete, sich die Verbindung von katholischer Mission, Kirche und Ärzten zunutze zu machen, um „draußen im Auslande an entferntester Stelle den deutschen Namen wiederum zum alten Ansehen zurückzuführen"[300]. (Abb. 14)

Neben einem weiteren Missionskolleg für die Benediktiner und einer Schule der Englischen Fräulein baute Albert Boßlet in den Jahren 1936 bis 1937 im rasch wachsenden Siedlungsgebiet Frauenland auch eine Pfarrkirche.[301] Die Kirche Unsere Liebe Frau ist neben Hl. Kreuz im Stadtteil Würzburg-Zellerau das zweite moderne Kirchenbauprojekt, bei dem erste Planungen bereits in der Weimarer Zeit erfolgten, aber wegen der Weltwirtschaftskrise eine Realisierung erst in den dreißiger Jahren möglich wurde.[302]

Die Anfänge der Pfarrei Unsere Liebe Frau lagen in den Jahren 1927 bis 1930, wobei die Bauplatzsuche sogar noch in die Amtszeit Bischof Schlörs (1898-1924) fiel.[303] Über eine Kirchenstiftung sollten die Mittel „zur E r b a u u n g e i n e r k a t h o l i s c h e n K i r c h e i m F r a u e n l a n d"[304] aufgebracht werden, aber erst als mit der baulichen Entwicklung des Frauenlandes eine Gemeindegröße von 5000 Katholiken prognostiziert wurde, konnten die Pläne in Angriff genommen werden, da die Diözese in den vergangenen zehn Jahren vorwiegend in Instandsetzungen älterer Kirchen investiert hatte und daher für einen Kirchenneubau keine Steuergelder zur Verfügung standen.[305] Im Neubaugebiet unweit des neuen Marianhiller Klosterkomplexes kam nur der Architekt Albert Boßlet für den Bau der neuen Pfarrkirche in Frage, da ein wirkungsvolles Gemeindezentrum entstehen sollte.[306] Bischof Ehrenfried konnte nach relativ kurzer Bauzeit am 4. Juli 1937 die Kirche weihen.[307]

Nach der Baubeurteilung im *Katholischen Kirchenblatt Würzburg* war die Kirche eine Besichtigung wert, da es sich um einen „Neubau im modernen Stil"[308] handle und dieser sich anders ausnehme als der wuchtige Koloss von Mariannhill, der wie aus dem Boden gewachsen die Umgebung dominiere. Bei der Kirche Unsere Liebe Frau zeigt sich, dass Albert Boßlet seine expressionistische Phase, die in der Herz-Jesu-Kirche der Marianhiller Missionare zum Ausdruck kommt, verlas-

---

[300] Becker: Missionsärztliche Kulturarbeit, S. 155.
[301] Die Einweihungsfeier des Missionskollegs St. Benedikt. In: WGA, Nr. 266, 17. November 1928, S. 3.
[302] Wittstadt: Kirche und Stadt im 20. Jahrhundert, S. 458; Keß: Kunstleben und Kulturpolitik in der Provinz, S. 63.
[303] Die Erhebung zur Expositur erfolgte im Dezember 1927. Laut Ministerialbeschluss Anfang 1930 durfte die Tochterkirchengemeinde Frauenland den Namen „Unsere Liebe Frau" führen; Dem Frauenland zum Glückwunsch. In: KKBW, Nr. 4, 19. April 1936, S. 14f.
[304] Die Generalversammlung des Seelsorgevereins Frauenland. In: WGA, Nr. 84, 12. April 1928, S. 3.
[305] Dem Frauenland zum Glückwunsch. In: KKBW, Nr. 4, 19. April 1936, S. 14f.
[306] Wechsel im Dompfarramt. In: KKBW, Nr. 2, 16. Februar 1936, S. 11; Dem Frauenland zum Glückwunsch. In: KKBW, Nr. 4, 19. April 1936, S. 15.
[307] Grundsteinlegung zur Pfarrkirche U. L. F. im Frauenland. In: KKBW, Nr. 6, 14. Juli 1936, S. 23. Katholisches Pfarramt „Unsere Liebe Frau" (Hg.): Kleiner Kirchenführer. Unsere Liebe Frau Würzburg. Würzburg, S. [2].
[308] Frauenland feiert Glockenweihe. In: KKBW, Nr. 10, 18. Oktober 1936, S. 39.

sen hatte, da der dreischiffige Bau mit erhöhtem Chor Bezug auf die romanische Basilikaform nimmt. Holger Brülls sieht in der Pfarrkirche eine Erprobung des Architekten, der gleichzeitig die Kirchenanlage für die Benediktiner in Münsterschwarzach entwarf.[309] (Abb. 15)

Die für eine große Pfarrgemeinde geplante Kirche beeindruckt nicht nur durch ihre Maße mit 48 m Länge, 20 m Breite und 17 m Höhe, sondern auch durch ihre wuchtige Fassade. Im Gegensatz zu früheren Kirchenbauten setzte Boßlet für die Außengestaltung der Frauenlandkirche auf roten Blankziegel, was dem Bauwerk eine herbe Note verleiht. Der 40 m hohe, schlanke Turm wirkt wie ein Campanile, da er nur durch eine niedrige Kapelle mit der Kirche verbunden ist.[310] Die Anlehnung an die Romanik kommt durch den klar gegliederten Baukörper zum Ausdruck und hebt trotz der Walmdächer den Kubus hervor.[311] Im Kircheninneren finden die christozentrischen Grundsätze Berücksichtigung, wodurch eine ausgewogene, ruhige Raumatmosphäre erreicht wird. Damals betrachtete die kirchliche Seite Boßlets Kirchenbaustil als Musterlösung für den modernen Sakralbau, da der Architekt der Forderung „neues Gestalten unter Anlehnung an die überkommenen ‚ewigen Formen'"[312], welche die Kirche für ihre Kultbauten aufstellte, am besten gerecht werde. Kritiker wie Georg Lill sahen in der Romanik-Rezeption eine Möglichkeit, die in seinen Augen „konservativste Macht der Welt, die Kirche"[313], an die Moderne heranzuführen. Heute dagegen werden Boßlets Kirchen eher einem „schöpferischen Konservatismus"[314] zugeordnet.

Kirchenbau von Michael Kurz in Augsburg

Wegbereiter für den modernen Kirchenbau der Diözese Augsburg war vor allem der Architekt Michael Kurz (1876-1957), dessen Werk im Bistum Passau einen zweiten geographischen Schwerpunkt aufweist.[315] Entscheidende Akzente im Kirchenbau setzte er im Erzbistum Bamberg mit der Bamberger St. Heinrichskirche 1926-1929 und St. Kunigund in Nürnberg 1934-1935.[316] Im Augsburger Stadtgebiet entstanden zwei Kirchen, welche den Sakralbau Bayerns nachhaltig beeinflussten, die Herz-Jesu-Kirche in Pfersee und St. Anton.

Katholische Erziehung und Mitarbeit in Ateliers der Münchner Architekten Heinrich von Schmidt, Hans Schnur und Georg von Hauberrisser, die mit den großen Pfarrkirchen St. Maximilian, St. Josef und der Paulskirche städtebauliche Akzente setzten, prädestinierten Kurz für eine Laufbahn als Kirchenbaumeister.[317] Seine Kirchenbautätigkeit stand auch in Zusammenhang mit seiner Mitgliedschaft

---

[309] Brülls: Neue Dome, S. 94; vgl. auch Dettelbacher: Damals in Würzburg, S. 84.
[310] Katholisches Pfarramt „Unsere Liebe Frau": Kleiner Kirchenführer, S. [2].
[311] Dem Frauenland zum Glückwunsch. In: KKBW, Nr. 4, 19. April 1936, S. 14.
[312] Kengel, Rainer: Die Abtei Münsterschwarzach a. Main. München 1938, S. 11.
[313] Lill: Zum modernen katholischen Kirchenbau. In: DB, Nr. 10, Oktober 1927, S. 250.
[314] Katholisches Pfarramt „Unsere Liebe Frau": Kleiner Kirchenführer, S. [2].
[315] Laible: Bauen für die Kirche, S. 145.
[316] Mit einem ausgeprägten expressionistischen Motivrepertoire stellte die Bamberger St. Heinrichskirche eine Weiterentwicklung von St. Anton in Augsburg dar; Stuckenberger: Gottesburgen, S. 147, 163-168, 218-224; Schnell: Der Kirchenbau des 20. Jahrhunderts in Deutschland, S. 43.
[317] Lill: Neue Werkkunst. Michael Kurz, S. VIII; Laible: Bauen für die Kirche, S. 15-17.

bei der Deutschen Gesellschaft für christliche Kunst, die durch ihre konservative Struktur einen gewissen Einfluss auf das katholische Kunstschaffen in Süddeutschland hatte.[318] Georg Lill ordnete ihn der Architektengruppe zu, die auf dem Mittelweg zwischen Radikalen und Traditionalisten eine Erneuerung anstrebte.[319] Dem ausgewogenen architektonischen Außenbau und der liturgischen Innenraumgestaltung schreibt Hugo Schnell zu, dass Augsburg im Vergleich zu München im Kirchenbau der Zwischenkriegszeit eine Vorrangstellung innehatte.[320]

Kurz war sich bewusst, welche Bedeutung dem Kirchenbau in der alten Bischofsstadt zukam. Augsburg blickt auf eine lange Tradition zurück, da Dom, St. Ulrich und St. Afra ihre Wurzeln in salischer Zeit haben und in der Gotik ihre architektonische Prägung erhielten. Seit dem 13. Jahrhundert waren mit der Niederlassung zahlreicher Bettelorden immer mehr Klöster und Stiftskirchen hinzugekommen. Durch Reformation und Confessio Augustana erfuhr die Kirchengeschichte eine besondere Wendung und die konfessionellen Gegensätze zwischen Lutheranern und Katholiken konnte erst der Religionsfriede von 1555 vorläufig entschärfen. Lange Zeit war die Stadt überwiegend evangelisch, doch mit Industrialisierung und Einsetzen eines raschen Bevölkerungswachstums wurde die Einwohnerschaft wieder mehrheitlich katholisch.[321]

Für Augsburg, das sich immer mehr zu einem Industriezentrum entwickelte, zeigte sich vorwiegend in den schnell wachsenden Vorstädten ein Bedarf an neuen Kirchen, sollte die Seelsorge mit der Einwohnerentwicklung Schritt halten. Zu den Brennpunkten der Stadtentwicklung gehörte Pfersee, das 1806 bei der Mediatisierung durch das Kurfürstentum Bayern ca. 600 Einwohner hatte, auf Grund der Industrialisierung um die Jahrhundertwende 7000 und bei der Eingemeindung nach Augsburg 1911 11 000 Einwohner zählte.[322]

Vor diesem historischen Hintergrund errichtete in den Jahren 1907-1910 der junge Architekt Michael Kurz die Herz-Jesu-Kirche in Augsburg-Pfersee. Kennzeichnend für diese Zeit ist das programmatische Patrozinium inmitten eines von Arbeitern dominierten Viertels. Die katholische Amtskirche suchte mit dem Herz-Jesu-Kult die Volksfrömmigkeit zu steigern und Modernisierungstendenzen entgegenzuwirken, wobei sie besonders im Arbeitermilieu glaubte, vor Sozialismus und Marxismus warnen zu müssen. Mit dem Patrozinium sollte den Pfarrgemeindemitgliedern eine bessere Alternative vor Augen geführt und ein fester Ort zugewiesen werden.[323]

---

[318] Schnell: Der Kirchenbau des 20. Jahrhunderts in Deutschland, S. 46; Laible: Bauen für die Kirche, S. 31f.
[319] Lill: Neue Werkkunst. Michael Kurz, S. VII.
[320] Schnell: Der Kirchenbau des 20. Jahrhunderts in Deutschland, S. 43; vgl. auch Lieb, Norbert: Michael Kurz. In: NDB. Bd. 13, S. 336f.
[321] Dehio: Handbuch der Deutschen Kunstdenkmäler Bayern. Bd. 3, S. 32-38.
[322] Bitsch, Marianne: Zwölfuhrläuten aus der Herz-Jesu-Kirche in Augsburg-Pfersee. Typoskript 1985.
[323] Das Mitte des 19. Jahrhunderts eingeführte Herz-Jesu-Fest erfuhr unter Papst Leo XIII. 1878-1903 eine Wiederbelebung, die mit der Enzyklika *Quas primas* 1925 durch Pius XI. bekräftigt wurde. In dieser Zeit entstanden auffällig viele Herz-Jesu-Kirchen; Stuckenberger: Gottesburgen, S. 38f.; Wehler: Deutsche Gesellschaftsgeschichte. Bd. 3, S. 1189; Laible: Bauen für die Kirche, S. 34.

Obwohl auf den ersten Blick bei der Pferseer Pfarrkirche Traditionelles vorherrschend scheint, stufte der Kunsthistoriker Georg Lill die Kirche als ersten modernen Sakralbau Augsburgs ein. Im Zuge einer Stilreduktion verzichtete der Architekt darauf, den Bau in allen Details in einem der historischen Stile durchzugestalten, sondern formte mit romanischen und gotischen Elementen, Barockmotiven und Jugendstilanklängen ein selbständiges Gesamtkunstwerk.[324] Kurz orientierte sich hinsichtlich seiner Abwendung vom Historismus an den Ideen Theodor Fischers, der von einem freien Umgang mit historischen Vorbildern im örtlichen Kontext ausging. Somit entstand im katholischen Kirchenbau mit der Herz-Jesu-Kirche im Augsburger Stadtteil Pfersee ein ebenbürtiges Pendant zur evangelischen Erlöserkirche in München.[325] Ein ungewohnter Rhythmus in der Gliederung der Baumassen und die Abgrenzung der Nebengebäude durch klarere kubische Formen verweisen Lill zufolge schon auf die Stilentwicklung Mitte der zwanziger Jahre. Städtebaulich nimmt sich die originelle Turmhaube ungewöhnlich aus, womit auch klar wird, dass der Architekt Neues anstrebte. Noch deutlicher treten moderne Tendenzen in der Innenraumgestaltung zutage. Der basilikale Typus eines fünfschiffigen Kirchenraums wird darauf reduziert, den Eindruck eines weiträumigen und einheitlichen Raumgefüges zu erwecken.[326] Kurz' Abgrenzung vom Historismus bekräftigt seine Wahl eines Künstlers für die Ausgestaltung des Chorraumes, der sich mit Freskomalerei ebenfalls vom historisierenden Stil distanzierte.[327]

Die ablehnende Haltung staatlicher und geistlicher Behörden, weitere Sakralbauten dieses Typus zu genehmigen, wertete Lill als Beleg für die Modernität der Herz-Jesu-Kirche, was er lakonisch kommentierte: „[D]enn damals war in Bayern die ‚bodenständige' Bauweise, d. h. Barock, Trumpf"[328]. Interessanterweise hebt er für den Kirchenbau der Nachkriegszeit den positiven Effekt hervor, den Krieg und Inflation durch den allgemeinen Sparzwang auf die Stilentwicklung ausübten, da „durch Einfachheit der Form und Ausnützung des Materials eine großzügige Schönheit erzielt werden kann an Stelle des rein dekorativen Prunks, wie er auch bei allen Vorkriegsbauten nun einmal verlangt wurde"[329].

Mit St. Anton in Augsburg schuf Michael Kurz 1924–1927 einen bedeutenden Sakralbau, der in vielfacher Hinsicht für den modernen Kirchenbau wegweisend und beispielhaft war. Anlass für das Neubauvorhaben in Nachbarschaft zum Stadtgarten bildete auch hier das exorbitante Wachstum der Gemeinde auf 9000 Mitglieder.[330] Erste Planungen vor dem Ersten Weltkrieg ereilte dasselbe Schicksal wie viele andere Kirchenbauprojekte. Nach dem kriegsbedingten Verbot für nicht militärisch wichtige Bauvorhaben ging der angesammelte Kapitalstock des

---

[324] Augsburger Architekten und Architekturen. In: AR, Nr. 16, 17. Juli 1926, S. 181.
[325] Laible: Bauen für die Kirche, S. 37; vgl. auch Stuckenberger: Gottesburgen, S. 79.
[326] Dehio: Handbuch der Deutschen Kunstdenkmäler Bayern. Bd. 3, S. 142f.
[327] Lill: Neue Werkkunst. Michael Kurz, S. VIIIf.; vgl. auch Laible: Bauen für die Kirche, S. 34–37; Heiß, Ulrich: Architekturführer. Architektur in Augsburg 1900–2000. Augsburg 2000, S. 16.
[328] Lill: Neue Werkkunst. Michael Kurz, S. IX.
[329] Ebd., S. X.
[330] Kirchenführer St. Anton. München 1936, S. 1. In: AdBA, GVPfAkt 51.1.1.

1897 gegründeten Kirchenbauvereins durch die Inflation verloren.[331] Bei einem Architekturwettbewerb, den die Gesamtkirchenverwaltung bei der Deutschen Gesellschaft für christliche Kunst 1922 hatte ausschreiben lassen, fiel der Wettbewerbsentwurf „Padua" von Michael Kurz positiv auf und wurde mit einem vierten Platz ausgezeichnet. Der Entwurf zeigt einen für die damalige Zeit äußerst modernen, deutlich vom Neuen Bauen beeinflussten Kirchenbau, der aber als zu expressionistisch empfunden wurde.[332]

Der Neuanfang nach der Währungsreform wurde durch die Amerikaanleihe der bayerischen Kirchenprovinz wesentlich erleichtert.[333] Da Michael Kurz im März 1924 einen veränderten Projektentwurf bei der Kirchenverwaltung vorlegte, erhielt er den Auftrag ohne erneute Ausschreibung. Ulrike Laible sieht in dem Vorgang einen Hinweis für die aufgeschlossene Haltung von Kirchenverwaltung und Diözesanleitung.[334] St. Anton war, wie der *Baumeister* in seinem Oktoberheft von 1927 dokumentiert, neuartig in seiner äußeren architektonischen Erscheinung als Basilika mit monumentaler Doppelturmfassade auf der Westseite und zwei kleinen Türmen auf der Ostseite.[335] Ungewöhnlich waren auch die Baumaterialien Stahlbeton und norddeutscher Klinker, den der Architekt bewusst wegen seiner unterschiedlichen Farbabstufungen „von dunklen über violetten zu rostbraunen Tönen"[336] als Gestaltungselement wählte. Bei der Umsetzung gab es wohl Schwierigkeiten, da diese Klinkerart nicht als bodenständiges Baumaterial galt und der norddeutsche Polier, den Kurz eigens engagiert hatte, einige Mühe aufwenden musste, die Augsburger Maurer von der Besonderheit des Materials zu überzeugen und anzulernen, den richtigen Rhythmus in Farbe und Größe der Ziegel zu finden.[337] Eine unterschiedliche Sortierung der Klinkerziegel steigert die Plastizität der Fassadenwände. Die lange Seitenflucht des Kirchenschiffs ist zudem mit Streben und Dreiecksgiebeln gegliedert. Wie Michael Kurz im Sakralbau, bemühte sich auch Theodor Fischer in München, mit einem profanen Projekt, dem Ledigenheim, den Backsteinbau in Süddeutschland neu zu entdecken.[338] (Abb. 16)

Die besondere Wirkung des Baumaterials kommt in der bayerischen Backsteingotik am Beispiel der Münchner Frauenkirche oder der Landshuter St. Martinskirche am besten zum Ausdruck.[339] In seiner Baubeschreibung erkannte Lill keinen Widerspruch zwischen Neuem Bauen und traditioneller Ziegelbauweise: „Diese im Bau liegende Freude an echtem Handwerklichen mag für viele latent und verborgen bleiben; um so lauter spricht sie für den, der sich in das einzelne

---

[331] Laible: Bauen für die Kirche, S. 217.
[332] Ebd., S. 48 f.
[333] Kirchenführer St. Anton, S. 1. In: AdBA, GVPfAkt 51.1.1.
[334] Laible: Bauen für die Kirche, S. 49 f.
[335] DB, Nr. 10, 1927, S. 268.
[336] Lill: Michael Kurz, S. X.
[337] Ebd., S. X f. Vorbild für den Klinkerbau St. Anton war das gerade entstandene Chilehaus von Fritz Höger in Hamburg. Kurz engagierte den am Chilehaus beschäftigten Polier eigens für seinen Kirchenbau in Augsburg; Laible: Bauen für die Kirche, S. 51.
[338] Laible: Michael Kurz, S. 52-54.
[339] Lill: Michael Kurz, S. XI; vgl. auch Kirchenführer St. Anton. 1936, S. 13. In: AdBA, GV-PfAkt 51.1.1.

vertiefen kann. Der geschlossene Würfel der großflächigen Ziegelwand bleibt intakt, nur die Knochen, Sehnen und Adern sind darunter zu spüren, wie in den starken Lisenen an den Türmen, den zahlreichen Varianten der Kranzgesimse, den Rahmenprofilen der Fensteröffnungen."[340] In Augsburg entstanden weitere Kirchen in Klinkerbauweise, da hervorragende Verarbeitung und Materialwirkung überzeugten.[341]

Ausgangspunkt für das Raumkonzept der Pfarrkirche St. Anton bildet die dreischiffige Basilika, wobei die Seitenschiffe nur als schmale niedrige Gänge erscheinen. Auf diese Weise entseht der Raumeindruck eines langgezogenen großen Saales, der dem christozentrischen Einraumgedanken entspricht. Lisenenartige Wandpfeiler und schmale Fenster gliedern die Seitenwände, wodurch der Wechsel von Licht und Schatten die Atmosphäre des schlichten Raumes bestimmt. Für das dekorative Lamellengewölbe wählte Kurz ein im Sakralbau eher außergewöhnliches Flächentragwerk nach dem Zollinger-System, das im Industriebau beim Überspannen großer Hallen Vorteile, wie Einsparungen an Zeit und Material bot.[342] Konservative Klerikerkreise empfanden die Deckenkonstruktion deshalb als zu profan und Kritiker erregten sich über die fächerartigen Bögen an der Decke, wie eine Anmerkung im Kirchenführer von 1936 zeigt: „[…] vor allem die zu unruhige, kleine Aufteilung der Decke, die im *Vertikalen* zum großformatigen Äußeren auch zu schwach ist."[343] Die Bedeutung des Altars als Zentrum und liturgischer Mittelpunkt im Sinne van Ackens brachte Kurz dadurch zum Ausdruck, dass er das Halbrund des Chores gleichermaßen wie eine Schale um die runde Altarinsel legte. Auch bei seinen weiteren Kirchen orientierte sich der Architekt am christozentrischen Raumprogramm, was auf eine intensive Auseinandersetzung des Architekten mit den Ideen der liturgischen Bewegung schließen lässt.[344]

Wurde die Herz-Jesu-Kirche anfangs noch mit einigem Kopfschütteln bedacht, priesen Berichte zum fünfzigsten Geburtstag des Architekten ihn als „Meister des Sakralbaus"[345] und wurden nicht müde zu betonen, dass er Bürger Augsburgs sei.[346] Die Weihe am 26. Mai 1927 war nach Darstellung des *Katholischen Sonntagsblatts* ein Fest für alle Augsburger Katholiken, da Tausende an diesem Tag die neue Kirche besichtigten.[347] Wie für Kirchenblätter üblich, blieb die Baubeschrei-

---

[340] Lill: Michael Kurz, S. X f.
[341] Heiß: Architekturführer. Architektur in Augsburg, S. 17, 66.
[342] Ebd., S. 17; Laible: Bauen für die Kirche, S. 58-62.
[343] Kirchenführer St. Anton. 1936, S. 13. In: AdBA, GVPfAkt 51.1.1.
[344] Das christozentrische Konzept mit Einheitsraum und uneingeschränktem Blick auf Altar und Kanzel führte bei Kurz' Kirchen zu einer Verkürzung des Chorraums und dessen Anpassung an die Breite des Kirchenschiffs. Statt Altarretabel und Baldachin veränderte er die Altargestaltung hin zu einer einfach erhöhten, frei positionierten Altarplatte. In der Tradition van Ackens schlug Kurz zur Akzentuierung des geistlichen Mittelpunktes vor, den unmittelbaren Altarbereich mit einer Schranke zu umgeben, was in St. Anton mit einer runden Altarinsel gelöst ist. Ein ähnliches Konzept verfolgte auch Dominikus Böhm; Laible: Bauen für die Kirche, S. 62-67.
[345] Augsburger Architekten und Architekturen. In: AR, Nr. 16, 17. Juli 1926, S. 181.
[346] Ein Augsburger Meister der christlichen Baukunst. Zum 50. Geburtstag von Prof. Michael Kurz, Architekt in Augsburg. In: ANN, Nr. 195, 24. August 1926, S. 3.
[347] Feierliche Einweihung der St. Antoniuskirche in Augsburg. In: KSBDA, Nr. 15, 5. Juni 1927, S. 231-238.

bung zu Gunsten der ausführlichen Schilderung der Feierlichkeiten auf ein Foto beschränkt.[348] Fachkreise zählten die Kirchen des Architekten Michael Kurz, insbesondere die Augsburger Kirche St. Anton und die Kirche St. Heinrich in Bamberg, zu den „reifsten und klarsten Lösungen im modernen Kirchenbau Deutschlands"[349]. Kurz verstand es, die technischen Möglichkeiten des Eisenbetons zu nutzen und schalungsrohen Sichtbeton neben unterschiedlichsten Materialien, wie Naturstein, Klinker oder Holz, so als modernes Gestaltungselement im Sakralbau einzusetzen, dass es bei Klerus und Kirchenvolk auf breite Akzeptanz stieß. Dies lag wohl daran, dass er wie Böhm oder Boßlet trotz aller Einfachheit Raumarchitektur auch als Stimmungsarchitektur begriff. Geschickte Lichtführung lenkt den Blick auf den Altar und der Wechsel zwischen hell und dunkel erzeugt eine feierliche, mystische Atmosphäre.[350] Bezeichnend für Kurz ist auch die Zusammenarbeit mit Architekten wie Thomas Wechs oder Hans Döllgast, die ebenfalls eine Erneuerung der Sakralarchitektur anstrebten.[351]

1.4. Protestantische Kirche und Neues Bauen

Im Gegensatz zum katholischen Kirchenbau, der vom Klerus und den Bauämtern der Diözesen beeinflusst wurde, war der protestantische Kirchenbau direkt abhängig von der jeweiligen Kirchengemeinde. Trotz Klagen über Bevormundung ist Hugo Schnell der Ansicht, dass sich der katholische Kirchenbau nach dem Ersten Weltkrieg fortschrittlicher entwickelte als auf protestantischer Seite, wo die Gemeinden stark der Tradition verhaftet waren.[352] Das veränderte Verhältnis von Staat und Kirche erzwang eine weitgehende Reorganisation der innerkirchlichen Strukturen. Bedeutungsverlust und einschneidende Veränderungen nach 1918 führten zu einem Wiederaufleben protestantischer Traditionen und einem Bedürfnis, die Präsenz der Kirchen im öffentlichen Bewusstsein zu verankern.[353]

Vor allem in seiner Entstehungszeit definierte sich der Protestantismus als Reaktion auf die Auswüchse der „heiligen katholischen Kirche" und stellte deren Alleinvertretungsanspruch in Frage. In Rückbesinnung auf die Urkirche gemäß dem Wort Gottes war daher im Zuge der Purifizierung alles Überflüssige aus den übernommenen katholischen Kirchen entfernt worden, da nach dem Grundsatz *sola scriptura* nichts die Verkündigung des Evangeliums stören, behindern oder davon ablenken sollte. Dennoch war die sakrale Atmosphäre erhalten geblieben, und für Traditionalisten wie German Bestelmeyer mutete es „wie eine Umkehrung aller Werte an, wenn der Kirchenbau seine Anregungen aus dem Industrie-

---

[348] Die neue St. Antonius Kirche in Augsburg. In: KSBDA, Nr. 14, 29. Mai 1927, S. 222.
[349] Lill: Michael Kurz, S. XI; vgl. auch Lill: Zum modernen Katholischen Kirchenbau. In: DB, Nr. 10, Oktober 1927, S. 268 f.; ders.: Die Kirchliche Kunst der Gegenwart und das katholische Volk. In: ChK, 1927/1928, S. 67; Schnell: Der Kirchenbau des 20. Jahrhunderts in Deutschland, S. 43.
[350] Laible: Michael Kurz, S. 87 f.; Stuckenberger: Gottesburgen, S. 112-115.
[351] Die Kirche St. Josef in Memmingen entstand in Zusammenarbeit mit Thomas Wechs. Eine Gemeinschaftsarbeit mit Döllgast war der 1927 zum Ideenwettbewerb für die Frankfurter Frauenfriedenskirche eingereichte Entwurf; Laible: Michael Kurz, S. 67-78.
[352] Schnell: Der Kirchenbau des 20. Jahrhunderts in Deutschland, S. 46.
[353] Brülls: Neue Dome, S. 167.

bau herholt, während in früheren Epochen die architektonischen Entwicklungen von den Kultbauten ihren Ausgang nahmen"[354].

Die Ablehnung moderner Tendenzen im Kirchenbau erfolgte in den zwanziger Jahren weniger aus theologischen als aus politischen und weltanschaulichen Gründen.[355] Nur einzelne protestantische Theologen wie Paul Tillich, der zu bedenken gab, dass mit dem Festhalten an einer überkommenen Sakralbaukunst der Kultus und die ihm dienende Kunst ihres Gegenwartsbezuges verlustig gingen und damit ihres letzten Ernstes beraubt würden, kritisierten diese Geisteshaltung. Tillich zufolge sollte ein neuer protestantischer Kirchenbau die religiöse Krisenerfahrung der Moderne aufgreifen und verarbeiten, um den Gläubigen Orientierungshilfe in schwierigen Zeiten zu bieten.[356]

Ähnlich wie auf katholischer Seite Kardinal Faulhaber forderte der protestantische Kunsthistoriker Cornelius Gurlitt, dass sich eine Kirche in ihrer äußeren Erscheinung von einem Lichtspielhaus unterscheiden müsse. Gegen einen neuen modernen Kirchenbaustil spräche die Tatsache, dass das Christentum kein neues Erzeugnis sei und auch der moderne gläubige Mensch in einer jahrhundertlangen Nachfolge stehe.[357] Beiden gemeinsam war das Bedürfnis, durch traditionelle Bauformen die Kirche im Stadtbild zu verankern und eine eindeutige Trennung von sakralem und profanem Raum herzustellen. Somit ging es beiden Kirchen darum, den Ewigkeitswert christlicher Religion fortzuführen. Der Kongress für evangelischen Kirchenbau 1928 in Magdeburg formulierte zwar in mancher Hinsicht Fortschrittliches, lehnte aber Funktionalismus im Sinne von Bauhaus und Werkbund ab.[358] Die Neue Sachlichkeit empfanden viele Protestanten als zerstörerischen Eingriff nicht nur in das Stadtbild, sondern auch in die kulturellen Werte.[359]

Theodor Fischer hatte vor dem Ersten Weltkrieg mit der Ulmer Garnisonskirche neue Wege aufgezeigt, aber sein Bestreben, die Umgebung mit einzubinden und Traditionen nicht zu verletzen, ermöglichten es, dass in Bayern in den 1920er und 1930er Jahren der evangelische Kirchenbau von German Bestelmeyers Traditionsverbundenheit dominiert wurde, obwohl Otto Bartning 1928 mit der Stahlkirche in Essen einen Höhepunkt im neuen evangelischen Kirchenbau gesetzt hatte.[360] Bestelmeyer, der Phantasielosigkeit im modernen Kirchenbau anprangerte, reagierte mit einer Rezeption mittelalterlicher Baustile und setzte damit auf Beständigkeit und sakrale Stimmung, „denn d i e Kirche, die sich ganz aus dem Geiste unserer Zeit erfunden, den alten Kathedralen und Klosterkirchen ebenbür-

---

[354] Bestelmeyer, German: Über neuere deutsche Baukunst. In: DBZ, Nr. 103/104, 24. Dezember 1930, S. 704. In seinem Vortrag auf dem 12. internationalen Architektenkongress in Budapest 1930 lobte Bestelmeyer zwar die neuen Konstruktionsmethoden moderner Kirchen, bemängelte aber, dass dies „auf Kosten der sakralen Stimmung" erkauft wurde.
[355] Brülls: Neue Dome, S. 29.
[356] Ebd.
[357] Cornelius Gurlitt fand auch in katholischen Kreisen Zustimmung; Brülls: Neue Dome, S. 27f.
[358] Schnell: Der Kirchenbau des 20. Jahrhunderts in Deutschland, S. 38.
[359] Brülls: Neue Dome, S. 166.
[360] Bestelmeyer: Über neuere deutsche Baukunst. In: DBZ, Nr. 103/104, 24. Dezember 1930, S. 704.

tig an die Seite stellen will, muss erst noch gebaut werden"[361]. Seine Reputation als Professor der Technischen Hochschule München und Präsident der Akademie der Bildenden Künste als auch seine Museumsbauten in München und Nürnberg bewirkten, dass sein Kirchenbaustil nicht ohne Einfluss auf den katholischen Kirchenbau blieb.[362]

Evangelische Kirchen von German Bestelmeyer in Nürnberg

Obwohl mit dem bayerischen Militär und der Verwaltung seit der Eingliederung in das Königreich Bayern im Zuge der Mediatisierung wieder Katholiken in die Stadt kamen und die Industrialisierung zahlreiche katholische Arbeiter nach Nürnberg brachte, konnte der Protestantismus in der ehemaligen Reichsstadt auch nach der Jahrhundertwende seine dominierende Position behaupten.[363] Die amtskirchliche Organisation spiegelt die untergeordnete Rolle des Katholizismus in der Industriestadt wider, da sich Wachstum und Bedeutungsgewinn Nürnbergs nicht auf die administrative Gliederung der Kirchenprovinz auswirkten und die Stadt zwischen den Bistümern Bamberg und Eichstätt geteilt blieb.

Bereits vor dem Ersten Weltkrieg war in Nürnberg eine Distanzierung vom Historismus zu beobachten. So war in Wettbewerbsausschreibungen der Deutschen Gesellschaft für christliche Kunst unter Verweis auf die reichhaltige gotische und neogotische Bausubstanz der Stadt ausdrücklich kein gotischer Stil gewünscht.[364] Dies hatte zur Folge, dass die Palette der Kirchenstile besonders auf katholischer Seite auch neobarocke und historisierende Mischformen aufwies.[365] Erst nach dem Krieg überwog die Tendenz zu romanischen Formen, als in den schnell wachsenden Stadtvierteln beide Konfessionen Kirchen errichteten und die Arbeiterviertel optisch wie spirituell ein Zentrum bekommen sollten. Das mittelalterliche Erbe der Stadt mit den Kathedralen St. Lorenz und St. Sebaldus bestimmte die Messlatte für neue Kirchen. Von den protestantischen Gotteshäusern erlangten lediglich die Friedenskirche und die Gustav-Adolf-Gedächtniskirche einige Bedeutung, die ihr Architekt German Bestelmeyer – mit nahezu dreißig Kirchenneubauten in Bayern quasi „Hofbaumeister" der evangelischen Landeskirche – als Monumentalbauten der Silhouette seiner Vaterstadt Nürnberg hinzufügte.[366]

Durch sein Studium bei Baumeistern wie Friedrich Thiersch oder Gabriel von Seidl und sein Engagement in zahlreichen Gremien und Kommissionen prädesti-

---

[361] Ebd.
[362] Stuckenberger: Gottesburgen, S. 142f.; Brülls: Neue Dome, S. 34f.; Welzbacher: Monumente der Macht, S. 106.
[363] Windsheimer/Schieber/Schmidt: St. Johannis. Geschichte eines Stadtteils, S. 125.
[364] Laible: Bauen für die Kirche, S. 31f.
[365] Die Wohnungssiedlung in Nürnberg Rangierbahnhof. In: Stein, Erwin (Hg.): Monographien deutscher Städte. Bd. XXIII. Nürnberg. Berlin-Friedenau 1927, S. 342f.; Stuckenberger: Gottesburgen, S. 230-231; Schieber/Schmidt/Windsheimer: Architektur in Nürnberg. Bauten und Biografien. Bd. 1, S. 46f., 52f.
[366] Schieber/Schmidt/Windsheimer: Architektur in Nürnberg. Bauten und Biografien. Bd. 1, S. 48f.; Mäder, Renate: Der Architekt: German Bestelmeyer. In: Kath. Pfarramt St. Benedikt München/Kath. Pfarramt St. Rupert München/Evang.-Luth. Pfarramt Auferstehungskirche München (Hg.): Festschrift zum Jubiläum 1981. 100 Jahre Kirche St. Benedikt. 75 Jahre Pfarrei St. Rupert. 50 Jahre Auferstehungskirche. München 1981, S. 87.

niert, erlangte German Bestelmeyer (1874-1942) als Mitbegründer des Deutschen Werkbundes früh weitreichenden Einfluss auf das Bauschaffen der Weimarer Republik. Mit dem Neubau der Reichsschulden-Verwaltung in Berlin und den Erweiterungsbauten bei der Ludwig-Maximilians-Universität, der Technischen Hochschule und des Deutschen Museums in München sowie beim Germanischen Nationalmuseum in Nürnberg konnte er sein Renommee ausbauen.[367] Sein weitgefächertes architektonisches Repertoire umfasste mit der Nürnberger Klinik Hallerwiese auch den Krankenhausbau.[368] Allgemein schätzte man an Bestelmeyer die Fähigkeit, „auf erprobten alten und auf schwierigen neuen Wegen Wertvolles zu leisten"[369]. In seiner ganz eigenen Architektursprache vermengte der italienbegeisterte Architekt Elemente der italienischen Renaissance, des Klassizismus, des Barock, der Romanik und der Gotik derart, dass sie nicht mehr eindeutig identifizierbar erscheinen. Interessant ist, dass Bestelmeyer genau auswählte, bei welchem Bauwerk er welche Stilelemente einsetzte. Barocke und renaissancezeitliche Elemente waren dem Profanbau vorbehalten, für den Sakralbau lehnte er sie als „heidnisch" ab.[370]

Der Schlüssel zum Verständnis seiner Bauten liegt darin, dass Bestelmeyer Monumentalarchitektur gerade im Kirchenbau als Manifestation seiner Weltanschauung begriff. Seine feste Überzeugung von der Größe vergangener Kunstepochen erklärt den stark historisierenden Charakter seiner Kirchenbauten. In seinem Weltbild war die „gute", „bewährte" Architektur akut gefährdet durch diejenigen, die sich nicht die glorreiche Architekturtradition vergangener Zeiten zum Vorbild nahmen oder gar mit ihr brechen wollten. Diese Tendenzen galt es in seinen Augen zu bekämpfen, eine Geisteshaltung, die er wohl mit den meisten Mitgliedern des nationalsozialistisch orientierten, von Schultze-Naumburg begründeten „Kampfbundes für deutsche Kultur" teilte, dem er ebenfalls angehörte.[371] Je mehr die Neue Sachlichkeit sich in das Bewusstsein der Menschen drängte, desto deutlicher hielt er mit einer „Alten Sachlichkeit" dagegen und scheute sich nicht, polemisch gegen die Avantgarde zu agitieren.[372]

Generell bevorzugte Bestelmeyer bei seinen Bauten regionale Materialien sowie traditionelle Bautechniken und verwendete meist reduzierte romanische oder gotische Architekturzitate, die sich durch einen Bezug zur Region „mustergültig in die historische Landschaft"[373] eingliederten.[374] Für den Protestant Bestelmeyer war der Sakralbau wohl ein ganz persönliches Bedürfnis, wie seine Äußerungen und die Stiftung eines Taufsteins in der Münchner Auferstehungskirche vermuten

---

[367] Welzbacher: Die Staatsarchitektur der Weimarer Republik, S. 51-80.
[368] Schieber/Schmidt/Windsheimer: Architektur in Nürnberg, Bauten und Biografien. Bd. 1, S. 48.
[369] Hegemann: German Bestelmeyer, S. VII.
[370] Brülls: Neue Dome, S. 37; vgl. auch Welzbacher: Die Staatsarchitektur der Weimarer Republik, S. 56f.
[371] Blümm: „Entartete Baukunst"?, S. 30.
[372] Welzbacher: Die Staatsarchitektur der Weimarer Republik, S. 78; Drepper: Leben für die Architektur, S. 114f.
[373] Hegemann: German Bestelmeyer, S. XV; Vier kleinere Kirchenbauten in Bayern. In: DBZ, Nr. 32/33, 19. April 1930, S. 249f.
[374] Brülls: Neue Dome, S. 34-37.

lassen.³⁷⁵ Als Kirchenbaumeister setzte er sich mit dem Zentralbau und der rechteckigen Einraumkirche auseinander.³⁷⁶

Die Friedenskirche in Nürnberg stellte mit ihrem eigenwilligen Turm „ein weithin sichtbares Wahrzeichen für die schnell wachsende Vorstadt St. Johannis"³⁷⁷ dar und dokumentierte zugleich das nationale Verständnis der evangelischen Kirche in der Zeit der Weimarer Republik.³⁷⁸ Bereits vor dem Krieg war ein Bauplatz erworben worden und mit dem angesammelten Kapital wollte die evangelische Kirchengemeinde „etwas Großes in Angriff nehmen"³⁷⁹, da die alte mittelalterliche Kirche viel zu klein geworden war.³⁸⁰ Der erste Anlauf für eine neue Kirche scheiterte daran, dass die Johanniskirchengemeinde an die Verwaltung des vereinigten protestantischen Kirchenvermögens der inneren Stadt gebunden und ein Neubau bei dieser nicht durchzusetzen war. Mit Kriegsbeginn verfestigte sich bei den Nürnberger Protestanten der Wunsch, mit einem Kirchenbau „ein Denkmal für deutsch-evangelische Heldentreue und unauskündbare Gottesgnade im Völkerkrieg 1914/15"³⁸¹ zu setzen. Für die großangelegte Landeskirchensammlung 1918 wurde eigens eine Broschüre herausgegeben, die Pläne und Skizzen German Bestelmeyers für die Friedenskirche zeigte. Dennoch konnte erst im September 1925 der Grundstein gelegt werden.

Bei der Einweihung 1928 präsentiert sich die neue evangelische Kirche am Palmplatz im Wohnviertel städtebaulich sehr wirksam. Der monumentale unverputzte rote Backsteinbau nimmt sich laut Stadtteilbuch wie eine moderne Gottesburg aus, im Gedenken an den Krieg als Festung des Glaubens in der Gesellschaft verankert.³⁸² Eine Gedächtnishalle für die Gefallenen und eine Friedensglocke, damals die größte Glocke in Bayern, unterstreichen diese Absicht.³⁸³ Rundbogenmotiv und stämmige Proportionen des Gotteshauses sind der Romanik entlehnt und lassen den Westturm trotz seiner Höhe gedrungen erscheinen.

Die als Predigtkirche geplante Friedenskirche ist als pfeilerloser Einraum konzipiert. Das Kirchenschiff überwölbt eine dreifach hochgezogene Tonne aus Holz,

---

[375] Hugo Schnell verweist auf einen Ausspruch Bestelmeyers, wonach dieser Architekt geworden sei, um Kirchen bauen zu können. Schnell: Der Kirchenbau des 20. Jahrhunderts in Deutschland, S. 46; Mäder: Der Architekt: German Bestelmeyer, S. 87.

[376] Zentralbauten Bestelmeyers sind unter anderem die Erlöserkirche in Bamberg sowie Kirchen in Erlangen und Prien; Schnell: Der Kirchenbau des 20. Jahrhunderts in Deutschland, S. 47.

[377] Hegemann: German Bestelmeyer, S. XVII.

[378] John Zukowsky ordnet die Nürnberger Friedenskirche den konservativen historistischen Bauten der Stadt in den zwanziger Jahren zu; Zukowsky: Stuttgart, München und der Süden, S. 212.

[379] Vor der Weihe der Friedenskirche. Die Geschichte des Baus. – Eine baukritische Würdigung der Kirche. In: NZ, Nr. 281, 28. November 1928, S. 5.

[380] Das durch die Industriealisierung verursachte Wachstum im Stadtteil St. Johannis belegen Mitgliederzahlen der evangelischen Kirchengemeinde, die von etwa 1500 im 19. Jahrhundert auf 33 000 Mitglieder im Jahr 1910 gewachsen war; Schieber/Schmidt/Windsheimer: St. Johannis. Geschichte eines Stadtteils, S. 120.

[381] Vor der Weihe der Friedenskirche. In: NZ, Nr. 281, 28. November 1928, S. 5.

[382] Ebd.; Schieber/Schmidt/Windsheimer: St. Johannis. Geschichte eines Stadtteils, S. 123; Brülls: Neue Dome, S. 40.

[383] Nürnberg und Umgebung. Grieben-Reiseführer. Berlin 1927, S. 93 f.

nach spätmittelalterlich-oberitalienischem Vorbild gestaltet und ursprünglich mit Kaseinfarben bunt bemalt.[384] Eindeutig gotisch inspiriert ist dagegen der polygonale Chor mit einem reichen Sterngewölbe.[385] Brülls zufolge erweckt die Raumdisposition den Eindruck eines Predigtsaals der Spätrenaissance beziehungsweise des Barocks. Bestelmeyer imitierte damit eine historisch gewachsene Bausubstanz, bei der ein mittelalterliches Kirchenschiff zwischen Chor und Turm zu einem späteren Zeitpunkt ersetzt wurde.[386]

Die Widersprüchlichkeit des Baus, der in der Formgebung und einer Kombination romanischer und gotischer Stilelemente an die überkommene Nürnberger Bauweise anknüpft, forderte die zeitgenössische Kritik heraus. Im Gegensatz zu Boßlet verzichtete Bestelmeyer auf expressionistische Verfremdung und vereinfachte nur romanische und gotische Formen. Durch die stilistische Reduktion getäuscht, fand Werner Hegemann, dass bei der Kirche „von einem bestimmten Stil kaum gesprochen werden"[387] könne. Die *Nürnberger Zeitung* dagegen merkte an, dass dem Ringen nach einer neuen Form mit einer mittelalterlichen Massengestaltung aus dem Wege gegangen worden sei und die dadurch entstandene Uneinheitlichkeit bei einem Neubau störe. Erklärend wies der Artikel darauf hin, die Neue Sachlichkeit habe zwar schon Vielversprechendes gezeigt, der Sakralbau sei aber noch nicht ausgereift, zumal die protestantische Kirche sich noch nicht auf ein Raumkonzept habe einigen können. Die Kritik endete mit der Bemerkung: „Ein Wegweiser zur ‚n e u e n   K i r c h e' ist aber der Bau nicht."[388]

Angesichts der historisierenden Ausgestaltung der Friedenskirche und des disparaten Stils interpretiert Brülls die Äußerungen zeitgenössischer Kunsthistoriker, dass Stilnachahmung oder Stilanklang gänzlich vermieden sei, als defensiv-konservative Architekturkritik. Vor dem Hintergrund einer allgemeinen Ablehnung historisierender Stile wird eine ausschließliche Orientierung konservativer Kritiker an formalistischen Aspekten deutlich, da ein „Stilgemisch" akzeptiert wurde, solange sich daraus kein einheitlicher Stil ergab. Damit konnte man allen Ernstes behaupten, dass kein Stil nachgeahmt worden sei.[389] Gerade an diesem Punkt setzte die Architekturkritik liberaler beziehungsweise linker Kreise an, die jegliche historisierende Tendenz verdammte und den Bruch mit der Architekturtradition postulierte.

Die Baugeschichte der Gustav-Adolf-Gedächtniskirche im Nürnberger Stadtteil Lichtenhof zeigt, dass sich die Probleme, mit denen sich protestantische Gemeinden beim Kirchenneubau konfrontiert sahen, nicht wesentlich unterschieden von denen auf katholischer Seite. Andererseits spiegeln sie die besondere Problematik der bayerischen Industriemetropole wider, da erste Überlegungen zur Gründung einer eigenen Pfarrei und zu einem Kirchenneubau auf das Jahr 1891 zurückgingen, veranlasst durch das starke Bevölkerungswachstum des Viertels. Industriebetriebe und der neue Rangierbahnhof im Nürnberger Umland hatten mit dem Zu-

---

[384] Hegemann: German Bestelmeyer, S. XVII.
[385] Brülls: Neue Dome, S. 40.
[386] Ebd.
[387] Ebd.; Hegemann: German Bestelmeyer, S. XVII.
[388] Vor der Weihe der Friedenskirche. In: NZ, Nr. 281, 28. November 1928, S. 5.
[389] Brülls: Neue Dome, S. 40.

zug von Arbeitern verstärkten Wohnungsbau nach sich gezogen.[390] Wie aus den Worten des damaligen Pastors zu schließen, war nach Meinung der evangelischen Kirche ein Kirchenbau in einem Industriearbeiterviertel einer Großstadt besonders erforderlich, da dort Entkirchlichung, Entsittlichung und Entseelung drohten. Die Gustav-Adolf-Gedächtniskirche sollte ein Zeichen gegen die Verlockungen von Fortschritt und Technik setzen. In einer Gesellschaft, die tendenziell wirtschaftliche, sportliche und ästhetische Themen wichtiger erachtete als geistige, sittliche und religiöse, wollte man bewirken, dass sich evangelische Christen in der Gemeinschaft des Glaubens wieder enger zusammenschlossen.[391]

Der aus dem Evangelisch-kirchlichen Verein Lichtenhof-Hummelstein hervorgegangene Kirchenbauverein erwarb 1910 einen Bauplatz.[392] Ein 1914 ausgeschriebener Architektenwettbewerb ließ bereits in der Anfangsphase der Planungen ein ambitioniertes Bauprogramm für einen Sakralbau mit 1000 Sitzplätzen und einem Pfarrhaus mit zwei Dienstwohnungen erkennen, wobei Platz für ein späteres zweites Pfarrhaus, zwei Konfirmandensäle und ein Mesnerhaus vorgesehen war. Trotz Ausbruch des Ersten Weltkrieges wurden unter der Regie des mit der Bauausführung beauftragten Nürnberger Architekten Karl Brendel erste Vorarbeiten durchgeführt und mit Ende der Inflation beauftragte man diesen 1924 erneut mit dem Bau der Kirche. Aber kurz vor Fertigstellung der Pläne machte der neue Generalbebauungsplan Jansens eine komplette Neuplanung erforderlich.[393]

Schwierigkeiten mit Anwohnern zögerten den Beginn der Arbeiten weiter hinaus, so dass das Konzept bis 1927 unter Berücksichtigung liturgischer und technischer Neuerungen eine grundlegende Überarbeitung erfuhr. Da der musikalischen Begleitung des Gottesdienstes mehr Bedeutung beigemessen wurde, ging der vierte Entwurf von einer Oratorienkirche mit 1400 Sitzplätzen aus. Einwendungen des Baukunstausschusses, der den vorgesehenen Bauplatz als ungeeignet für die geplante Dimension des Kirchenbaus hielt, brachten abermals eine Wende. In der Folge kam es zu einer Neuvergabe des Auftrags an German Bestelmeyer.[394]

In seiner Untersuchung zum Kirchenbau im katholischen Erzbistum Bamberg verweist Stuckenberger darauf, dass fadenscheinige Ablehnungsbescheide zu Neuvergaben von Kirchenbauprojekten an Architekten führten, die der Baukunst-

---

[390] Einen Überblick über das Bevölkerungswachstum geben statistische Angaben des Pfarramtes Lichtenhof, das bis zu seiner Gründung 1920 zu St. Peter gehörte, das seit 1860 mit 3645 Gemeindemitgliedern bis etwa 1900 mit 29 927 stetig zunehmende Zahlen verzeichnete; Kreppel, Ottmar: Lichtenhof im Wandel der Jahrhunderte. In: Pfarramt Lichtenhof (Hg.): Festschrift zur Einweihung der Gustav-Adolf-Gedächtniskirche. Nürnberg-Lichtenhof, 29. Juni 1930, S. 24-27, 38f.; Stein: Die Wohnsiedlung in Nürnberg Rangierbahnhof, S. 342f.
[391] Plesch, Georg: Die Pfarrei Lichtenhof in der Gegenwart. In: Pfarramt Lichtenhof: Festschrift zur Einweihung der Gustav-Adolf-Gedächtniskirche, S. 62.
[392] Der damals zentral gelegene Bauplatz war von Anfang an umstritten; Wagner, Georg: Aus der Tätigkeit des Kirchenbauvereins. In: Pfarramt Lichtenhof: Festschrift zur Einweihung der Gustav-Adolf-Gedächtniskirche, S. 63f.; Kreppel: Lichtenhof im Wandel der Jahrhunderte, S. 33.
[393] Wagner: Tätigkeit des Kirchenbauvereins, S. 65f. Mit Verabschiedung des Jansenplans mussten Plätze für öffentliche Gebäude beziehungsweise Kirchen genau bezeichnet werden; Mittenhuber/Schmidt/Windsheimer: Der Nürnberger Nordosten, S. 37.
[394] Wagner: Tätigkeit des Kirchenbauvereins, S. 66f.

ausschuss favorisierte.[395] Vor diesem Hintergrund ist gut vorstellbar, dass der Architektenwechsel auch im Fall der Gustav-Adolf-Gedächtniskirche unter ähnlichen Umständen erfolgte. Bestelmeyer dürfte als Präsident der Akademie der Künste und als Koryphäe im protestantischen Kirchenbau die volle Zustimmung des Baukunstausschusses sicher gewesen sein, da auch Richard Hendschel, ein Mitglied dieses Gremiums, sich in seinen Memoiren recht positiv über Bestelmeyer äußerte.[396] Tatsächlich wurden die neuen Pläne genehmigt, nachdem auf Anregung Bestelmeyers der Bauplatz gegen ein anderes Grundstück eingetauscht worden war. Bei Baubeginn 1927 musste die nahe Lage zum mittelalterlichen Schlößchen der Patrizierfamilie Petz von Lichtenhof städtebaulich berücksichtigt werden, das im Dreißigjährigen Krieg dem Schwedenkönig Gustav Adolf als Hauptquartier gedient hatte.[397]

Der Bau der Kirche, der in die Phase von Bestelmeyers Spätwerk fällt, stellt eine seiner größten und bedeutendsten Arbeiten dar.[398] Für diese Zeit ist eine Radikalisierung des Architekten und ein zunehmender Hang zur Monumentalität zu beobachten. Die Anlage eines hohen Querriegels mit Zwerggalerie in der Doppelturmfassade der Gustav-Adolf-Gedächtniskirche vermittelt einen monumentalen Gesamteindruck. Im süddeutschen Sakralbau der ersten Hälfte des 20. Jahrhunderts gibt es einige Kirchen mit Doppelturmfassade. Für eine ähnliche Lösung hatte sich Theodor Fischer bei der evangelischen Kirche in Gaggstadt (1905) und der evangelischen Garnisonskirche in Ulm (1910) entschieden, damals noch im Zeichen des Jugendstils.[399] Der Nürnberger Bau weckt Assoziationen an die romanische Benediktinerabtei im elsässischen Murbach, das Stift Gandersheim oder das Kloster Corvey, da der monumentale, von zwei Türmen flankierte Chor und das „Westwerk" mit zwei angedeuteten Türmen des östlichen Querriegels auf ottonische Dome anspielen.[400] Insbesondere lassen sich mit Formenrepertoire, „Ostwerk" und Asymmetrie der Schallarkaden in der Doppelturmfassade Parallelen zur neoromanischen Münchner St. Maximilianskirche von Heinrich von Schmidt ziehen. Holger Brülls' Vergleich zeigt auf, dass Bestelmeyer, der den Bau seines Lehrers zu Ende führte, Details für sein Projekt der Gustav-Adolf-Gedächtniskirche übernahm, was sich in Raumprogramm, Flachdecke und Triumphbogenmotiv nachvollziehen lässt.[401] Somit stellte Bestelmeyer sein Werk in die Tradition großer Sakralbauten, wobei die Gustav-Adolf-Gedächtniskirche mit einem Westchor entgegen der üblichen Form von Ost nach West ausgerichtet ist.[402] (Abb. 17)

---

[395] Stuckenberger: Gottesburgen, S. 52 f.
[396] Hendschel: Lebenserinnerungen, S. 33–37.
[397] Wagner: Tätigkeit des Kirchenbauvereins, S. 67; Kreppel: Lichtenhof im Wandel der Jahrhunderte, S. 19; Die Gustav-Adolf-Kirche in Nürnberg. In: DBZ, Nr. 89/90, 5. November 1930, S. 609.
[398] Brülls: Neue Dome, S. 51; Schieber/Schmidt/Windsheimer: Architektur in Nürnberg. Bauten und Biografien. Bd. 1, S. 48 f.
[399] Nerdinger: Theodor Fischer. Architekt und Städtebauer, S. 103–107; Stuckenberger: Gottesburgen, S. 79.
[400] Stuckenberger: Gottesburgen, S. 148.
[401] Brülls: Neue Dome, S. 56.
[402] Ebd., S. 53–56.

Die romanische Formensprache mit Rundbogenmotiv und Massenaufbau unterstreicht die Anspielung auf mittelalterliche Wehrkirchen. Insbesondere das nahezu fensterlose Westwerk und die großen, nur stellenweise durch schießschartenartige Fenster unterbrochenen Mauerflächen lassen das Gotteshaus als Festung des Glaubens erscheinen. So bekräftigte der Architekt seine Hammerschläge bei der Grundsteinlegung mit Luthers Spruch „Eine feste Burg ist unser Gott, ein gute Wehr und Waffen."[403] Für Brülls ergibt sich ein Zusammenhang zum Patrozinium des Schwedenkönigs Gustav Adolf als *defensor fidei* des deutschen Protestantismus im Dreißigjährigen Krieg.[404] In dieselbe Richtung deutet die massiv-monumentale Bauweise des gesamten Sakralbaus, da der reduzierte romanisierende Stil den Kubus des Baukörpers hervorhebt und rotbrauner Buntklinker Erdverbundenheit, beziehungsweise eine feste Verankerung im Boden symbolisiert. Optisch fügt sich die Kirchenfassade durchaus gut zu den etwa zur gleichen Zeit in unmittelbarer Nachbarschaft entstandenen Werks- und Wohnbauten der Oberpostdirektion an der Allersbergerstraße.[405] (Abb. 18) Laut Festschrift knüpfte der Architekt an bayerische Klinkerbauweise an und betonte damit den handwerklichen Charakter des Gotteshauses.[406] Das Lob lautete daher auch: „Mit der Gustav-Adolf-Gedächtniskirche hat Geheimrat Dr. Bestelmeyer ein echt deutsches protestantisches Gotteshaus geschaffen."[407] Steinmetz- und Bildhauerarbeiten beschränken sich auf ein Reiterstandbild des Schwedenkönigs aus Muschelkalk auf der Südseite und vier Granitsäulen, die frühchristliche Symbole tragen und die drei hochragenden Hauptportale flankieren. Dem Eingangsbereich vorgelagert ist eine breit ausladende Granittreppe, die sich fast über die gesamte Westfront erstreckt.[408]

Rohe Backsteinwände, ein Bodenbelag aus bruchrauhen Solnhoferplatten sowie wuchtige Wandpfeiler, eine massive Balkendecke und ein raumbeherrschender Triumphbogen im Kircheninneren erzeugen eine mystische Atmosphäre. Wie bei der Friedenskirche entsteht der Eindruck eines unvollendet gebliebenen Kirchenbaus. Die weit vorgezogenen Wandpfeiler, die auch die Emporen tragen, sorgen für vertikale Gliederung der Seitenwände und indirekte Beleuchtung.[409] Der als großzügige Halle konzipierte Raum bot ursprünglich Platz für 2000 Personen. Die in der Außenwirkung angedeutete Vierung bildet den Übergang zum tief eingezogenen Chor, der das Langhaus abschließt und nach romanischem Vorbild ein Tonnengewölbe aufweist. Die Raumkomposition von „Vierung" und Chor, Trep-

---

[403] Plesch, Georg: Feste und Feiern. In: Pfarramt Lichtenhof: Festschrift zur Einweihung der Gustav-Adolf-Gedächtniskirche, S. 79; Brülls: Neue Dome, S. 170.
[404] Brülls: Neue Dome, S. 56. Angeblich befand sich an der Stelle der Kirche das Feldlager Gustav Adolfs; s. Wagner: Tätigkeit des Kirchenbauvereins, S. 68.
[405] Für die Klinkerbauten der Poststadt an der Allersbergerstraße war eine Mischung aus Hartbrandsteinen (rot), Buntklinker (rotbraun) und Verblendungsklinkern (blauschwarz) gewählt worden; vgl. Neubauten der Oberpostdirektion Nürnberg an der Allersbergerstraße. In: DB, Nr. 6, Juni 1933, S. 186.
[406] Vgl. Welzbacher: Monumente der Macht, S. 103f.
[407] Bock, August: Bau- und kunstgeschichtliche Würdigung. In: Pfarramt Lichtenhof: Festschrift zur Einweihung der Gustav-Adolf-Gedächtniskirche, S. 98.
[408] Die Aufträge waren vornehmlich an Künstler aus Nürnberg beziehungsweise aus Franken vergeben worden; Bock: Bau- und kunstgeschichtliche Würdigung, S. 89-100.
[409] Die Gustav-Adolf-Kirche in Nürnberg. In: DBZ, Nr. 89/90, 5. November 1930, S. 611.

penanlage und Altar erinnert Brülls zufolge an die Chortreppen des Quedlinburger Domes.[410] Dem starken Anklang an das Mittelalter stehen Emporen und Zusammenfassung der Prinzipalstücke Altar, Kanzel und Orgel im Chorbereich entgegen, da sie neuzeitlichen protestantischen Predigtsaalkirchen entsprechen.[411] Da die Kirche als Oratorienkirche dienen sollte, positionierte Bestelmeyer die große Orgel und den Chorbereich, der Platz für 220 bis 400 Sänger oder ein komplettes Orchester bot, erhöht hinter dem Altar.[412] Die etwas ungewöhnliche Platzierung im Chor wurde mit einer besseren Akustik im Vergleich zur traditionellen Aufstellung im Rücken der Gemeinde begründet.[413] „Kraftvoll deutsche Choräle"[414] sollten erschallen und ein Signal aussenden von der neuen Gottesburg: „[M]achtvoll, trutzig, unerschütterlich, an die Ewigkeit gemahnend, gen Himmel weisend steht der Bau in unserer hastenden, kurzlebigen Zeit, in unserem zerrissenen, von innerer und äußerer Not bedrängten Geschlecht."[415]

Die lobenden Worte des zeitgenössischen Kunsthistorikers Hans Kiener, der Mauern, Pfeiler, Gewölbe und Balkendecke an Schlichtheit nicht zu überbieten hielt, demonstrieren, wie konservative Fachkritik subtil den Geschmack der Bevölkerung beeinflussen konnte.[416] John Zukowsky verweist auf die Diskrepanz im Baugeschehen zur Zeit der Weimarer Republik in Nürnberg, das heute sowohl für seine mittelalterlichen Gebäude als auch für die Bauwerke aus nationalsozialistischer Zeit bekannt ist. Im gleichen Zeitabschnitt entstanden neben funktionalistischer Architektur Otto Ernst Schweizers sowohl konservativ-moderne Wohnanlagen als auch historistische Sakralarchitektur wie die Friedenskirche und die Gustav-Adolf-Gedächtniskirche von German Bestelmeyer.[417]

Die evangelische Auferstehungskirche in München

Mit Industrialisierung und Urbanisierungsprozess kamen zunehmend Protestanten auch ins katholische München. Seit König Ludwig I. die Matthäuskirche hatte erbauen lassen, bereicherten nach und nach evangelische Kirchen das Stadtbild, unter anderem die repräsentative Lukaskirche an der Isar von Albert Schmidt. Ein weiterer protestantischer Sakralbau konnte mit der neoromanischen St. Johanniskirche während dem Ersten Weltkrieg vollendet werden.[418] In die Geschichte wachsendender protestantischer Gemeinden in München reiht sich die Auferstehungskirche von German Bestelmeyer im Stadtteil Westend ein. Als sich das Ar-

---

[410] Brülls: Neue Dome, S. 52.
[411] Ebd.
[412] Amthor, Ludwig: Die Orgel. In: Pfarramt Lichtenhof: Festschrift zur Einweihung der Gustav-Adolf-Gedächtniskirche, S. 92 f.; Bock: Bau- und kunstgeschichtliche Würdigung, S. 98.
[413] Amthor: Die Orgel, S. 93.
[414] Bock: Bau- und kunstgeschichtliche Würdigung, S. 98.
[415] Ebd.
[416] Christian Welzbacher zitiert aus einem Artikel von Hans Kiener zur Gustav-Adolf-Kirche in Nürnberg, der 1930 in der Beilage *Der Sammler* zur München-Augsburger-Abendzeitung erschien; Welzbacher: Die Staatsarchitektur der Weimarer Republik, S. 71.
[417] Zukowsky: Stuttgart, München und der Süden, S. 212 f.
[418] Architekten- und Ingenieur-Verband München: München und seine Bauten nach 1912, S. 109 f.

beiterviertel immer weiter ausdehnte, konnte 1921 ein Bauplatz erworben werden, bevor die Inflation weiter um sich griff. Für die seit 1903 bestehende und 1924 aus der Mutterpfarrei St. Matthäus ausgegliederte Gemeinde München-Westend verstrichen bis zur Grundsteinlegung 1930 einige Jahre.[419]

Bei Beginn der Bauarbeiten herrschten wegen der Weltwirtschaftskrise wieder härtere Zeiten. Viele von den im Westend ansässigen Arbeitern, die inzwischen arbeitslos geworden waren, begehrten wütend gegen die anrollenden Bagger auf, da sie ihre Hoffnung, beim Bau Arbeit zu bekommen, enttäuscht sahen. Es zeigte sich, dass Arbeitslosigkeit und Krisen durchaus Vorbehalte gegen das Neue Bauen beförderten, das unter anderem durch Einsatz moderner Baumaschinen Einsparungen an Zeit und Arbeitskräften brachte. Nach Verhandlungen mit der ausführenden Baufirma konnten dann doch eine ganze Reihe Bauarbeiter in Lohn und Brot gebracht werden.[420] Der Bau ging danach zügig voran und am 25. Oktober 1931 wurde die neue Kirche feierlich eingeweiht.

Die Bauaufgabe im Münchner Westend stellte für den versierten Kirchenbaumeister German Bestelmeyer durchaus eine Herausforderung dar, da der Kirchenbau unmittelbar an das 1927 fertiggestellte moderne Ledigenheim seines Kontrahenten Theodor Fischer angrenzt und in Sichtweite Gabriel von Seidls bedeutender Kirche St. Rupert steht. Im Gegensatz zur Nürnberger Gustav-Adolf-Kirche, die mit ihrer Doppelturmfassade ihre Vorbilder im Norden sucht, knüpft die Auferstehungskirche an oberitalienische romanische Kirchen des 8. und 9. Jahrhunderts an, von denen Bestelmeyer seine Auffassung von der Neuen Sachlichkeit ableitet.[421] Die kubischen Baukörper sind zu einem Ensemble gruppiert, das in der Straßenansicht „von der Rupertuskirche über die Schule und das Ledigenheim hinweg zur neuen Kirche ein städtebaulich wirkungsvolles Bild"[422] ergibt, wie ein Stadtteilführer bereits 1936 lobend anmerkte. (Abb. 19)

Die Baugruppe, asymmetrisch mit Chorturm, Longitudinalbau, Westwerk und schlankem Glockenturm gegliedert, vermittelt nicht die monumentale Schwere einer Gustav-Adolf-Kirche. Im Vergleich zur katholischen Kirche St. Gabriel von O. O. Kurz nimmt sich der Turm der Auferstehungskirche trotz einer gewissen Ähnlichkeit durch flache Dachpyramide, große Uhren und Balkon moderner aus. Durch klare Formen und das verwendete Baumaterial Klinker ergibt sich für den Betrachter eine Anpassung an Fischers Ledigenheim, ebenfalls ein Backsteinbau.[423] Bestelmeyers organisches Anfügen bleibt aber vordergründig, da die Rundbogenfenster und das Doppelportal mit Tympanon eine andere Sprache sprechen. Das Kircheninnere mutete damals mit einer asymmetrischen Gestaltung neuartig oder,

---

[419] Neue Kirche im Westend. In: MNN, Nr. 162, 16. Juni 1930, S. 4.
[420] Mäder, Günter: Aus Geschichte und Gegenwart der Pfarrei Auferstehungskirche. In: Kath. Pfarramt St. Benedikt München/Kath. Pfarramt St. Rupert München/Evang.-Luth. Pfarramt Auferstehungskirche München: Festschrift zum Jubiläum 1981, S. 89f.
[421] Brülls: Neue Dome, S. 57.
[422] Pitschi, Andreas: Das Münchener Westend von seinen Anfängen bis zur Gegenwart. Eine ortsgeschichtliche Studie. München 1936, S. 76.
[423] Pitschi: Das Münchener Westend, S. 76; Mäder: Der Architekt: German Bestelmeyer, S. 88; Gerstenberg, Günter: Die rote Burg der Einschichtigen. In: Müller-Rieger, Monika (Hg.): Westend. Von der Sendlinger Haid' zum Münchner Stadtteil. München 1995, S. 140.

wie Hans Kiener in der *Deutschen Bauzeitung* schrieb, „originell"[424] an. Um eine geräumige Längsempore zu schaffen, fügte der Architekt dem flachgedeckten Hallenraum ein gewölbtes Seitenschiff ein, das schlanke Pfeiler aus Muschelkalk mit fünf weitgespannten Bögen vom eigentlichen Kirchenschiff abgrenzen.[425] Dieses ungewöhnliche Raumkonzept mit einer Seitenempore bewirkt, dass Triumphbogen und Chorraum aus der Mittelachse des Hauptraumes verschoben erscheinen, zusätzlich verstärkt wird der Eindruck durch den geschlossenen Block der Bankreihen. Kämpfer, Altarbaldachin und eine Ehrenloge im Altarraum erwecken die Illusion eines historisch gewachsenen Kirchenraums, ein bei konservativen Sakralbauarchitekten der Zwischenkriegszeit beliebtes Stilmittel.[426] Zur sakralen Stimmung trägt Bestelmeyers Lichtregie wesentlich bei, wobei sich einmal mehr seine Affinität zum katholischen Kirchenbau zeigt. Das Kirchenschiff bleibt trotz der fünf Rundbogenfenster mit je einem Okulus darüber relativ dunkel, während der Altarraum durch Fenster im oberen Teil des Chorturms erhellt wird.[427]

Einordnung und Vergleich der Auferstehungskirche mit dem Ledigenheim fielen in der Kritik unterschiedlich aus. Dem Geschmacksempfinden mancher Münchner zur damaligen Zeit entsprach wohl Andreas Pitschis Ansicht über Fischers Bau als „einem herben Werke"[428] im Gegensatz zur „straffen Haltung"[429] des Kirchenbaus. Etwas unreflektiert nimmt sich das Urteil in der Festschrift *50 Jahre Auferstehungskirche* aus, „daß die Kirche und der große Block des Ledigenheimes aus einem Guß"[430] seien. Winfried Nerdinger ordnet Bestelmeyers Backsteinkirche dem „Münchner Weg" zu, wogegen er das Ledigenheim als „Fischers stärkste Annäherung an moderne kubische Architektur"[431] unter „Münchner Funktionalismus" rubriziert.[432] Dagegen trifft Holger Brülls nach eingehender Analyse von German Bestelmeyers Sakralbauten eine eindeutige Zuordnung. Der eigenwillige romanisierende Stil mit einer Betonung kubischer Formen könne nicht als ehrliches Zugeständnis an das Neue Bauen gewertet werden, vielmehr habe Bestelmeyer zeitlose Gültigkeit angestrebt. Dies entsprach auch der Auffassung des Architekten: „Ich kenne keine neue Sachlichkeit, es gibt für mich nur eine Sachlichkeit, und die ist schon sehr alt."[433] Unter Berücksichtigung der Lauf-

---

[424] Kiener, Hans: Die ev. Auferstehungskirche in München. In: DBZ, Nr. 42, 12. Oktober 1932, S. 829.
[425] Architekten- und Ingenieur-Verband München: München und seine Bauten nach 1912, S. 110f.
[426] Brülls: Neue Dome, S. 57-59.
[427] Brülls zufolge sind Rundbogenfenster mit darüber gesetzten Okuli süddeutschen Barockkirchen entlehnt; Brülls: Neue Dome, S. 57. Andreas Pitschi empfindet die Stimmung im Innern für eine Auferstehungskirche etwas düster; Pitschi: Das Münchener Westend, S. 76.
[428] Pitschi: Das Münchener Westend, S. 76.
[429] Ebd.
[430] Mäder: Der Architekt: German Bestelmeyer, S. 88.
[431] Nerdinger, Winfried: Ledigenheim für Männer an der Bergmannstraße. In: Stölzl, Christoph: Die Zwanziger Jahre in München. München 1979, S. 448.
[432] Nerdinger, Winfried: Evangelische Auferstehungskirche mit Pfarrhof an der Geroldstraße. In: Stölzl, Christoph: Die Zwanziger Jahre in München. München 1979, S. 416.
[433] Zit nach: Welzbacher: Monumente der Macht, S. 102.

bahn des Architekten sowie seiner Mitgliedschaft im „Block" und im „Kampfbund für deutsche Kultur" lässt sich ein reaktionärer Historismus erkennen, der mit dezidierter Hervorhebung des Handwerks eine deutliche Affinität zur nationalsozialistischen Blut-und-Boden-Ideologie aufweist.[434] Das Nebeneinander dieser beiden Baukomplexe dokumentiert eindrücklich die divergierende Einstellung zu Architektur und Moderne zur Zeit der Weimarer Republik.

2. Krankenhausbau

In vielfacher Hinsicht hatte sich im Gesundheitswesen schon um die Jahrhundertwende ein gravierender Mangel abgezeichnet und verschiedene Städte hatten begonnen, bestehende Krankenhäuser umzubauen oder Pläne für einen Neubau auszuarbeiten. Ratgeber und Fachliteratur warteten mit einer Fülle von Vorschlägen für eine Erneuerung im Krankenhausbau auf. Der Ausbruch des Ersten Weltkrieges verhinderte eine praktische Umsetzung der Empfehlungen weitgehend.[435] Katastrophale, unhygienische Wohnverhältnisse, steigende Geburtenrate und mangelhafte Ernährung ließen nach dem Krieg die Sorge um die Volksgesundheit an Dringlichkeit gewinnen. Die Demobilisierung verschlechterte die Lage weiter, da die heimkehrenden Soldaten oftmals krank, versehrt oder traumatisiert waren. Allgemein war der Gesundheitszustand der Bevölkerung so schlecht, dass die Spanische Grippe im Winter 1918/19 Hunderttausende Todesopfer forderte.[436] Zudem waren Tuberkulose[437] und Geschlechtskrankheiten[438] weitverbreitet, was den Hygienediskurs in der Öffentlichkeit von neuem entfachte und Staat und Kommunen zum Handeln zwang. Mit steigender Bedeutung der Hygiene[439] war beiden schon seit Längerem eine wichtige Aufgabe bei der Aufklärung der Bevölkerung sowie bei Ausbau und Förderung des Gesundheitswesens erwachsen.[440]

---

[434] Brülls; Neue Dome, S. 68f.
[435] Ritter, Hubert: Der Krankenhausbau der Gegenwart im In- und Ausland. Wirtschaft, Organisation und Technik. Stuttgart 1932, S. VII.
[436] Rudloff: Die Wohlfahrtsstadt. Bd. 1, S. 229.
[437] In Nürnberg war zeitweise jeder sechste Todesfall auf Tuberkulose zurückzuführen; Augsburg lag bei der Mortalität in den Jahren 1922/23 deutlich über dem Reichsdurchschnitt; Windsheimer: 100 Jahre Klinikum Nürnberg, S. 56-59, 113-122; Wolf: Wohnarchitektur in Augsburg, S. 40-43.
[438] Auf Grund des gesellschaftlichen Tabus ist von einer hohen Dunkelziffer auszugehen; vgl. Wolf: Wohnarchitektur in Augsburg, S. 39; Windsheimer: 100 Jahre Klinikum Nürnberg, S. 132-138; Brentano, Lujo: Ein Ledigenheim für München. In: Verein Ledigenheim e. V.: Ledigenheim München 1987. 1913 Gründung des Vereins – 1927 Eröffnung des Heimes. München 1987, S. 42 f.
[439] Der hohe Stellenwert der Hygiene initiierte eine Reihe großer Ausstellungen: die Hygieneausstellung 1883 in Berlin, die Internationale Hygiene-Ausstellung in Dresden 1911, die Gesolei in Düsseldorf 1926 und die Eröffnung des Deutschen Hygienemuseums 1930 anlässlich der II. Internationalen Hygiene-Ausstellung. Das Hygiene-Museum in Dresden. In: DBZ, Nr. 71/72, 3. September 1930, S. 517; Wolf, Paul: Die Internationale Hygiene-Ausstellung in Dresden 1930. In: DBZ, Nr. 57/58, 16. Juli 1930, S. 433.
[440] Die Bismarck'sche Sozialgesetzgebung in den 1880er Jahren bildete die Grundlage für den öffentlichen Krankenhausbau auf breiter Basis; Ruppel: Krankenhausbau der Neuzeit, S. 218 f.

Zahlreiche überfüllte und veraltete Krankenanstalten[441] waren hinter dem medizinischen und technischen Fortschritt zurückgeblieben, so dass die Überbelegung eine permanente Herausforderung für die Einhaltung hygienischer Bestimmungen darstellte.[442]

Strikte Rationalisierung von Baustoffen und Bevorzugung militärisch wichtiger Bauprojekte führten während des Ersten Weltkrieges[443] zu einem erheblichen Sanierungs- und Modernisierungsstau, den es nach Kriegsende abzubauen galt, jedoch verzögerte die Inflation eine Erholung der kommunalen und staatlichen Finanzen. Adolf Gottstein beklagte im Vorwort zum ersten Band der Reihe *Handbücherei für das gesamte Krankenhauswesen*, „daß während eines Jahrzehnts Neubauten und Erweiterungen unmöglich geworden waren"[444]. Die medizinische Versorgung der Bevölkerung spielte nicht nur in großen Ballungszentren, sondern auch in den für die Landbevölkerung wichtigen mittleren und kleineren Städten eine immer bedeutendere Rolle.[445]

Trotz aller Probleme bescheinigte 1930 Ministerialrat Gebhardt dem bayerischen Gesundheitswesen, „auf einer sehr hohen Stufe"[446] zu stehen. Zu einer nahezu flächendeckenden medizinischen Versorgung der bayerischen Bevölkerung trugen neben staatlichen Kliniken und Polikliniken der Universitäten auch die Krankenhäuser der Bezirke und Gemeinden bei.[447] Da die Forschung bislang ihr Augenmerk überwiegend auf den Wohnungsbau der Weimarer Republik richtete, die Architektur dieser Zeit aber immer auch unter dem Aspekt der Gesundheitsförderung der Bevölkerung gesehen werden muss, bietet es sich an, gerade dem Krankenhausbau mehr Beachtung zu schenken.[448] Insbesondere stellt sich die Frage, welche Anstrengungen erforderlich waren, Krankenhäuser mit „allen Errungenschaften der Neuzeit"[449] zu errichten, so dass Patienten vom Fortschritt der modernen Medizin profitieren konnten.

---

[441] Gutachterausschuß: Richtlinien für den Bau und Betrieb von Krankenanstalten, S. 101; Schachner, Richard: Das Hochhaus im Krankenhausbauwesen, S. 318; Schreiben des Krankenhausdirektors Hans Weinzierl an Stadtrat Schweinfurt vom 23. März 1927. In: StAS, HR-VR III, VII-A-23-76, Az. 5.50. Bd. 2.

[442] Weigel, Helmut: Bayerns Universitäten, S. 147.

[443] Wolf: Wohnarchitektur in Augsburg, S. 26; König, F[ritz] (Hg.): Das staatliche Luitpoldkrankenhaus zu Würzburg. Die ersten fünf Jahre des Vollbetriebes 1921-1926 bzw. 1923-1928. Berlin 1928, S. 7; Preis: Beseitigung der Wohnungsnot in München, S. 16.

[444] Gottstein, Adolf (Hg.): Handbücherei für das gesamte Krankenhauswesen I. Krankenhausbau. Berlin 1930, S. III.

[445] Winterstein, Hans: Bau von Krankenhäusern. In: Schachner, Richard/Schmieden, Heinrich/Winterstein, Hans (Hg.): Krankenhausbau, S. 3; Gottstein: Handbücherei, S. III.

[446] Gebhardt, Franz: Das Gesundheitswesen in Bayern. In: Wolf: Dem Bayerischen Volke, S. 329.

[447] Gebhardt: Gesundheitswesen in Bayern, S. 330. Große Krankenhausneubauten entstanden in Fürth, Passau, Hof, Ludwigshafen und Regensburg; zu den Aufgaben der bayerischen Kommunen s.: Hipp, Otto: Das Städtewesen in Bayern, S. 190-203.

[448] Zukowsky verweist auf interessante Krankenhausbauten aus den zwanziger Jahren in Fürth, Regensburg, Würzburg, Passau und Nürnberg; Zukowsky: Stuttgart, München und der Süden, S. 211.

[449] Gebhardt: Gesundheitswesen in Bayern, S. 329.

Neue Baustoffe und Vorschriften in der Bauwirtschaft sowie neue Regeln, wie in *Weyl's Handbuch für Hygiene* für den Krankenhausbau[450], setzten angesichts neuer Diagnose- und Behandlungsmethoden[451] besonderes Fachwissen des Architekten voraus. Die weitergehende Spezialisierung der Medizin und die Tendenz zu Fachkrankenhäusern, wie Lungensanatorien, dermatologische Kliniken oder Frauen- und Kinderkliniken zeigten, dass „[d]as heutige Krankenhaus [...] ein komplizierter Organismus geworden"[452] war.[453] Vor diesem Hintergrund gewann der Beruf des Facharchitekten immer mehr an Bedeutung, was auch bei der Wahl des Architekten zu berücksichtigen war.[454]

Da sich praktisch alle größeren Städte im Gesundheitswesen mit den gleichen Problemen konfrontiert sahen, tauchten um die Jahrhundertwende mit den ersten strukturellen und organisatorischen Reformen auch einfachere, klarere Formen in der Architektur auf, die das architektonische Erscheinungsbild der Kliniken kontinuierlich veränderten. Krankenhäuser, die zur Zeit der Weimarer Republik entstanden, weisen mit ihrer Architektur das ganze Spektrum des Neuen Bauens auf. Die 1928 fertiggestellte Chirurgische Klinik des Städtischen Krankenhauses in Erfurt oder die Universitätsfrauenklinik in Leipzig mit Walmdach, Geschoßgesims und modernen horizontalen Fensterbändern sind typische Bauten zwischen Tradition und Moderne.[455] Dagegen sind das Kinderkrankenhaus in Hamburg-Altona (1929/31) oder das Krankenhaus in Freiberg (1928/29) eindeutig dem Neuen Bauen zuzuordnen.[456] Dem Neubau einer Klinik gingen üblicherweise Besichtigungsreisen der Krankenhauskommissionen voraus. Einen internationalen Überblick über die modernsten Krankenhäuser aus der Sicht des Fachmanns gab Richard Schachner 1928 in einem Lichtbildervortrag in Augsburg, wobei er kaum auf architektonisch-ästhetische Gesichtspunkte einging, sondern sie im Hinblick auf die Entwicklung im Krankenhausbau nach Fortschrittlichkeit, Organisation der Arbeitsabläufe und betriebswirtschaftlichen Aspekten begutachtete. Zu den besten neuzeitlichen Krankenhausanlagen zählte er aus dem angelsächsischen Raum Krankenhäuser in Manchester, Glasgow und London, nordamerikanische Großkrankenhäuser und das Bisgebsirg Hospital in Kopenhagen.[457] Auch Hubert Ritter fügte seinem Ratgeber *Der Krankenhausbau der Gegenwart* einen Bildteil

---

[450] Ruppel: Krankenhausbau der Neuzeit, S. 197-475.
[451] Gottstein: Handbücherei, S. III; Ritter: Der Krankenhausbau der Gegenwart, S. VII.
[452] Gottstein: Handbücherei, S. III.
[453] In München erforderte die Spezialisierung im Krankenhauswesen eine Erweiterung des Klinikviertels mit Fachkliniken; Neue Krankenhausbauten. Das Klinikviertel am Südfriedhof. In: MZ, Nr. 153, 4. Juni 1928; Weigel: Bayerns Universitäten, S. 147.
[454] Winterstein, Hans: Das Krankenhaus im Rahmen der Sonderschau auf der internat. Hygiene-Ausstellung Dresden 1930. In: DBZ-SuS, Nr. 12/13, 3. September 1930, S. 94.
[455] Chirurgische Klinik des Städtischen Krankenhauses in Erfurt. In: DBZ, Nr. 73, 11. September 1929, S. 625-630; Der Neubau der Universitäts-Frauenklinik in Leipzig. In: DBZ, Nr. 69/70, 27. August 1930, S. 509-515.
[456] Zukowsky: Hamburg, Hannover und der Norden, S. 130; Lesnikowski, Wojciech: Der Osten: Schlesien, Sachsen, Thüringen und Brandenburg. In: Zukowsky: Architektur in Deutschland, S. 224.
[457] Vgl. Ein 12 Millionen-Projekt: Krankenhaus-Neubau in Augsburg. In: SVZ, Nr. 16, [20.] Januar 1928. Genannt werden die Royal Infirmaries in Manchester und Glasgow sowie das King's College Hospital in London.

134   III. „Bauten der Gemeinschaft"

mit Beispielen mustergültiger moderner Krankenhäuser im In- und Ausland bei, darunter das Medical Center in New York oder das Hospital of the Good Samaritarian in Los Angeles.[458] In Müller-Wulckows Band *Bauten der Gemeinschaft* finden sich einige deutsche Krankenhäuser, die sich nach Meinung des Autors durch „Schlichtheit und Zweckmäßigkeit"[459] auszeichneten.

Von besonderem Interesse ist für den Krankenhausbau in den bayerischen Städten München, Nürnberg, Würzburg und Augsburg, inwieweit die Rahmenbedingungen aus politischem und gesellschaftlichem Umbruch, Material- und Geldknappheit die Umsetzung moderner Forderungen, vor allem nach Licht, Luft, Sonne und Hygiene, zuließen, wieviel Bedeutung formalarchitektonischen Merkmalen des Neuen Bauens beigemessen wurde und welcher Stellenwert neuzeitlichen Klinikbauten in Politik und Gesellschaft zukam.

Um die Tragweite der Veränderungen zu verstehen, ist es notwendig, einen Blick auf die Entwicklung von Medizin und Krankenhauswesen zu werfen und einige wichtige Stationen herauszustellen, denn „[k]aum eine andere Wohlfahrtseinrichtung [ist] [...] im Laufe der Jahrhunderte seiner Entwicklungsgeschichte ständig so vielfältigen Einflüssen ausgesetzt gewesen, wie das Krankenhaus. Politische, medizinische, ökonomische und nicht zuletzt soziale Überlegungen und Meinungen haben diese öffentliche Institution mitgestaltet, sie immer neuen Wandlungen unterworfen und schließlich zu einem festen Bestandteil unserer abendländischen Zivilisation werden lassen"[460].

2.1. Wandel des Gesundheitswesens und Aufstieg der Hygiene

Die Akademisierung der Ärzteschaft im Laufe des 18./19. Jahrhunderts bildete nicht nur einen Bruch mit der mittelalterlichen Tradition[461], sondern bereitete auch den Weg zur modernen Medizin im 19. und 20. Jahrhundert mit großen Fortschritten in Forschung und Diagnostik. Das Bildungsmonopol der katholischen Kirche, das zum Teil zu selektiver und einseitiger Tradierung von Wissen geführt hatte, löste sich erst mit Beginn der Neuzeit und Gründung weltlicher Universitäten schrittweise auf. Trotzdem hemmten noch bis ins 20. Jahrhundert hinein überkommene moralische, religiöse und sittliche Vorstellungen die Weiterentwicklung von Medizin und Hygiene.[462] Auch von Seiten der Politik wurde

---

[458] Ritter: Der Krankenhausbau der Gegenwart, S. 70 f.
[459] Müller-Wulckow: Bauten der Gemeinschaft, S. 6. Zu seinen Beispielen zählen die Krankenhäuser in Magdeburg und Waiblingen.
[460] Murken, Axel Hinrich: Geschichte des Hospital- und Krankenhauswesens im deutschsprachigen Raum. Von den ersten Hospitälern zur Zeit der Völkerwanderung bis zu den Universitätskliniken der Gegenwart. In: Toellner: Illustrierte Geschichte der Medizin. Bd. 3, S. 1541.
[461] Kerschensteiner, Hermann: Geschichte der Münchener Krankenanstalten insbesondere des Krankenhauses links der Isar. München/Berlin 1939, S. 5-101.
[462] Muller, Pierre: Geschichte der Gynäkologie vom 18. Jahrhundert bis zur Gegenwart. In: Toellner: Illustrierte Geschichte der Medizin. Bd. 3, S. 1277; Hipolitschek, Kriemhild: Universitäts-Frauenklinik Würzburg. Zur Geschichte der Klinik und ihrer Direktoren. Würzburg 1975, S. 6-9.

eine Weiterentwicklung der Medizin bis in die 1860er Jahre mehr behindert als gefördert.[463]

Mit fortschreitender Institutionalisierung der Medizin entdeckten die Universitäten die neu entstehenden Allgemeinen Krankenhäuser als ideale Forschungs- und Unterrichtsinstitute[464], an denen bedeutende Mediziner wie Ignaz Semmelweis, Louis Pasteur, Robert Koch oder Rudolf Virchow lehrten. Ihre Entdeckungen leiteten bahnbrechende Entwicklungen auf dem Gebiet der kurativen und der prophylaktischen Medizin ein, da verfeinerte chirurgische, chemische und bakteriologische Verfahren möglich wurden. Impfungen trugen zum Rückgang lebensbedrohlicher Infektionskrankheiten bei. Neben Prävention traten die Ausrottung von Krankheiten und die Bekämpfung der hohen Säuglingssterblichkeit immer mehr in den Vordergrund.[465]

Für Bayern, das sich nach dem Verlust der Reservatrechte gegenüber dem Reich zurückgesetzt fühlte, ging es in der Weimarer Zeit stets darum, durch wiederholten Verweis auf die glorreiche Vergangenheit des Landes für sich eine historisch bedingte Sonderrolle innerhalb Deutschlands zu reklamieren. Dementsprechend wurde die führende Rolle Bayerns mit seinen Universitäten in Würzburg, Erlangen und München auf dem Gebiet der Medizinwissenschaft im 19. und beginnenden 20. Jahrhundert hervorgehoben.[466] So war die 1807 auf Initiative Simon von Häberls verpflichtend eingeführte Pockenschutzimpfung dort „früher und besser geregelt"[467] als in anderen deutschen Ländern. Nur wenige Monate nach ihrer wissenschaftlichen Demonstration in den Vereinigten Staaten 1842 wurden am Allgemeinen Krankenhaus in München Operationen unter Äthernarkose durchgeführt.[468] Mit Albert Kölliker und Rudolf Virchow in Würzburg „traten die mikroskopische Anatomie und die Embryologie ihren Lauf durch Deutschland an"[469]. Semmelweis erkannte bereits 1847 den Zusammenhang zwischen Kindbettfieber und mangelnder Sauberkeit, doch erst die Entdeckung von Antisepsis und Asepsis durch Louis Pasteur und Joseph Lister in den 1860er Jahren rückte in der Medizin den Fokus auf das Feld der Hygiene.[470] Johann Nepomuk von Nußbaum übernahm Listers Lehren

---

[463] Hipolitschek: Frauenklinik Würzburg, S. 37-39.
[464] Murken: Geschichte des Hospital- und Krankenhauswesens, S. 1542; Stollenwerk: Krankenhausentwürfe, S. 365.
[465] Die MNN bedauerten noch 1930: „Die Säuglingssterblichkeit ist gegenüber dem übrigen Deutschland in Bayern immer noch sehr hoch." Der Gesundheitszustand in Bayern. Polizei und Technische Nothilfe. In: MNN, Nr. 167, 22. Juni 1930, S. 1.
[466] Weigel: Bayerns Universitäten, S. 144-146.
[467] Gebhardt: Gesundheitswesen in Bayern, S. 334. Die Pockenschutzimpfung wurde erst mit dem 1874 erlassenen Reichsimpfgesetz für das gesamte Deutsche Reich verpflichtend; Kamp/Mayr/Neumann: Die städtischen Kliniken Münchens, S. 32.
[468] Kamp/Mayr/Neumann: Die städtischen Kliniken Münchens, S. 32.
[469] Weigel: Bayerns Universitäten, S. 146; Zu Kölliker und Virchow in Würzburg vgl. Gerabek, Werner E.: Das Gesundheitswesen der Stadt Würzburg. In: Wagner: Geschichte der Stadt Würzburg. Bd. 3/1, S. 773.
[470] Anders als Semmelweis sah der Würzburger Professor Friedrich Wilhelm von Scanzoni die Hauptursache für das Puerperalfieber im baulichen Zustand schlecht durchlüfteter und überfüllter Entbindungsanstalten. Der moderne Krankenhausbau griff Scanzonis Überlegungen auf; Murken: Vom Armenhospital zum Großklinikum, S. 103-107; Muller: Gynäkologie vom 18. Jahrhundert bis zur Gegenwart, S. 1292.

1874.[471] Besonders stolz war man auf Max von Pettenkofer, der in München 1865 den ersten deutschen Lehrstuhl für Hygiene erhielt und 1878 das Hygienische Institut gründete. Der maßgeblich von ihm 1867–1883 betriebene Ausbau der Münchner Wasserversorgung führte zu einem Rückgang der Kindersterblichkeit. Seuchen traten nach dem Aufbau einer leistungsfähigen Kanalisation seltener auf.[472]

Die Erfahrungen des Ersten Weltkrieges brachten für die Medizin neue Erkenntnisse. Mit Ferdinand Sauerbruch stand ein Münchner Chirurg an der Spitze bei der Entwicklung neuer Operationsmethoden und Prothesen für schwere Verwundungen.[473] Ähnliches leistete Emil Kraepelin auf dem Fachgebiet der Psychiatrie, da angesichts der Zustände in den Schützengräben und an der Heimatfront vermehrt neurologische und psychische Erkrankungen behandelt werden mussten.[474] Ein nicht minder großes Problem stellten Geschlechtskrankheiten wie Syphilis oder Gonorrhoe dar. Mit Behandlungsmethoden für sexuell übertragbare Krankheiten oder Hauterkrankungen wie Krätze gewann die Dermatologie an Bedeutung.[475] Angesichts der Lage traf die Reichsregierung 1918 Regelungen für die Zwangseinweisung von Geschlechtskranken in Krankenhäuser und am 1. Oktober 1927 folgte mit dem vom Reichstag verabschiedeten „Reichsgesetz zur Bekämpfung der Geschlechtskrankheiten" (GBG) das einzige sozialhygienische Gesetz der Weimarer Republik.[476]

Geradezu revolutionär war die Entdeckung der Röntgenstrahlen 1895 durch Wilhelm Conrad Röntgen an der Universität Würzburg, der dafür 1901 mit dem Nobelpreis für Physik ausgezeichnet wurde.[477] Innerhalb weniger Jahre gehörten

---

[471] Kerschensteiner: Geschichte der Münchner Krankenanstalten, S. 249; Kamp/Mayr/Neumann: Die städtischen Kliniken Münchens, S. 33.

[472] Kamp/Mayr/Neumann: Die städtischen Kliniken Münchens, S. 33 f. Zum allgemeinen Wirken Pettenkofers s. Gebhardt: Gesundheitswesen in Bayern, S. 335 f. Beim Thema Hygiene brüstete sich München häufig mit Pettenkofer. Anlässlich der Ausstellung *Volksgesundheit* ist die Rede vom „Genie Pettenkofers"; Ausstellung „Volksgesundheit" II. In: MNN, Nr. 129, 12. März 1927, S. 4. Bei der Eröffnung des neuen Kinderkrankenhauses sprechen Zeitungen von der „Stadt Pettenkofers". In MB, Nr. 142, 21. Juni 1928, S. 2; Kinder, die ins Krankenhaus müssen. Zur Eröffnung des Kinderbaues im Krankenhaus Schwabing. In: MAAZ, Nr. 167, 22. Juni 1928.

[473] Weigel: Bayerns Universitäten, S. 148. Der Weggang des Erfinders der sogenannten Sauerbruch-Hand wurde in München als großer Verlust empfunden; Geheimrat Sauerbruch geht nach Berlin. In: MNN, Nr. 190, 13. Juli 1927, S. 3.

[474] Zwischen 1923 und 1929 stieg deutschlandweit die Zahl der Psychiatriepatienten von 185 000 auf 305 000. Kriegsbedingte posttraumatische Störungen traten mit Verzögerung auf und die Hemmschwelle, sich in psychologische Behandlung zu begeben, lag bei den Betroffenen relativ hoch; Windsheimer: 100 Jahre Klinikum Nürnberg, S. 140; Deutsche Forschungsgesellschaft für Psychiatrie. Besichtigung des Neubaus – Ein Erbe Kraepelins – Die Kaiser-Wilhelms-Gesellschaft als Förderin. In: MNN, Nr. 111, 23. April 1928, S. 3; Bauer: Schwabinger Krankenhaus, S. 105; Schreiben Langes an Krankenhausdirektor Kerschensteiner (Schwabing) vom 19. Juni 1926. In: StAM, Krankenhaus Schwabing, Nr. 61/1.

[475] Aus dem Münchener Stadtrat. Neubau des dermatologischen Krankenhauses. In: NfVZ, Nr. 288, 11. Dezember 1925.

[476] Windsheimer: 100 Jahre Klinikum Nürnberg, S. 136–138; Bekämpfung der Geschlechtskrankheiten. Allgemeine Aussprache im Reichstag. In: MNN, Nr. 21, 22. Januar 1927, S. 6.

[477] Gebhardt: Gesundheitswesen in Bayern, S. 335; Weigel: Bayerns Universitäten, S. 148; Gerabek: Gesundheitswesen der Stadt Würzburg, S. 773.

Röntgenapparate zur Standardausstattung der Krankenhäuser, wodurch sich spezielle bauliche Anforderungen ergaben.[478] In München forderte man in den zwanziger Jahren zur Entwicklung neuer Diagnostik- beziehungsweise Therapieanwendungen sogar die Errichtung eines zentralen Röntgeninstituts.[479] Wie in Thomas Manns Roman *Zauberberg* angedeutet wird, nahm die Bevölkerung die neuartige Röntgenuntersuchung teils mit Begeisterung, teils mit Skepsis auf.[480]

Der Spezialisierungs- und Ausdifferenzierungsprozess einer wissenschaftlich determinierten Medizin schritt unaufhaltsam voran und führte zur Herausbildung neuer Medizindisziplinen. Krankheit wurde neu definiert, indem nicht mehr der ganze Mensch, sondern verstärkt einzelne Symptome betrachtet wurden.[481] Steigende Lebenserwartung und Bevölkerungswachstum galten als Basis für die angestrebte wirtschaftliche und politische Dominanz Deutschlands, wobei der Erhalt der Arbeitskraft immer mehr in den Fokus rückte.[482] Um dies zu erreichen, erschien die Bekämpfung sozialer Missstände immer dringlicher, zumal im Zeitalter des Imperialismus der Wehr- und Gebärfähigkeit der Bevölkerung große Bedeutung zukam. Da sich die Pädiatrie erst spät als eigenes Fach durchsetzte, wandte sich die Aufmerksamkeit mit Verzögerung der Gesundheit und Fitness von Kindern und Jugendlichen zu.[483] Auf der Suche nach den Ursachen der sozialen Misere konzentrierte sich die wissenschaftliche Sozialhygiene auf das soziale Umfeld der Betroffenen. Obwohl sie das ideologische Gerüst der Volksgesundheits-Bewegung bildete, war man über notwendige Konsequenzen uneinig. Die linke Sichtweise verwies auf schlechte Wohnverhältnisse, Ernährung und Überarbeitung, während Konservative das niedrige Bildungsniveau des Proletariats für soziale Depravationserscheinungen verantwortlich machten[484] und auf dessen Erziehung unter anderem während Krankenhausaufenthalten setzten.[485] Forderungen beider Seiten fanden Eingang in die Sozialgesetzgebung der Weimarer Republik.[486]

---

[478] Das Allgemeine Krankenhaus Nürnberg wurde von Anfang an mit einem Röntgenzimmer ausgestattet; Windsheimer: 100 Jahre Klinikum Nürnberg, S. 81. Kurze Zeit später ließ Hugo von Ziemssen im Münchner Krankenhaus links der Isar ein eigenes Röntgenlabor einrichten; Kamp/Mayr/Neumann: Die städtischen Kliniken Münchens, S. 35.

[479] StAM, Krankenhaus Schwabing, Nr. 62.

[480] Zur „unheimlichen" Faszination der Röntgenstrahlen vgl. Mann: Zauberberg, S. 310. Karl Döhmann zeigt auf, welche Möglichkeiten Röntgenverfahren in Zoologie, Botanik, Mineralogie oder in der modernen Materialprüfung eröffneten; Döhmann, Karl/ Schaeffer, Emil: Durchleuchtete Körper. Zürich 1931.

[481] Sarasin: Reizbare Maschinen, S. 95f.

[482] Zur Thematik s. Ritters Überlegungen zur Wirtschaftlichkeit von Krankenhäusern unter der Überschrift: „Die Aufgabe des Krankenhauses innerhalb unsrer Gesamtwirtschaft: Erhaltung und Erneuerung der menschlichen Arbeitskraft"; Ritter: Krankenhausbau der Gegenwart, S. 1–3.

[483] Zur Entwicklung der Pädiatrie und Kinder- und Jugendfürsorge am Übergang vom Kaiserreich zur Weimarer Republik s. Fehlemann/Woelk: „Wiedergesundungsprozess", S. 190f.; Windsheimer: 100 Jahre Klinikum Nürnberg, S. 56f.

[484] Das Gesundheitsbewusstsein in den Unterschichten war wenig ausgeprägt. Windsheimer: 100 Jahre Klinikum Nürnberg, S. 96.

[485] Architekten wie Richard Schachner suchten durch ansprechende Gebäudegestaltung die gefürchtete Kasernenatmosphäre zu vermeiden. Derartige Bestrebungen waren aber nur zum Teil von Erfolg gekrönt; vgl. Windsheimer: 100 Jahre Klinikum Nürnberg, S. 98f.

[486] Peukert: Die Weimarer Republik, S. 141f.

138   III. „Bauten der Gemeinschaft"

In den zwanziger Jahren widmete sich in Deutschland eine Reihe großer, populärer Ausstellungen der Thematik Gesundheit und Hygiene, womit sie sich in der Debatte um den „kranken Volkskörper" um Volksbildung und Aufklärung in Gesundheitsfragen bemühten.[487] Die Rezeption und ein enormer Besucherandrang auf der Großen Ausstellung für Gesundheitspflege, soziale Fürsorge und Leibesübungen (Gesolei) in Düsseldorf 1926, die auch in Bayern Nachahmung fand, spiegelten das Interesse der Bevölkerung wider. Neben Informationen über positive Auswirkungen sportlicher Betätigung in freier Natur unter Einfluss von Licht, Luft und Sonne auf den Körper sowie über Sozial- und Rassenhygiene war der „durchsichtige Mensch" eine der Attraktionen der Hauptabteilung „Gesundheitspflege"[488].

Trotz der Aufklärungskampagne machten sich besonders in Krisenzeiten gegenläufige Tendenzen bemerkbar, wenn Patienten sich nicht einmal mehr die Anfahrtskosten zum nächsten Krankenhaus leisten konnten und sich daher der Naturmedizin zuwandten. Die Skepsis gegenüber der Schulmedizin mit ihrer Ausdifferenzierung und Spezialisierung als einer an sich kalten, unpersönlichen Apparatemedizin fügte sich zum weitverbreiteten Unbehagen gegenüber Kapitalismus, Technisierung und Industrialisierung, die allgemein als ursächlich für die Schrecken des Krieges und einer zunehmenden Entfremdung des Einzelnen von seiner Arbeit angesehen wurden.[489]

2.2. Grundlagen für den modernen Klinikbau im Freistaat

Ratgeber für den Krankenhausneubau der Neuzeit oder Vorträge zum modernen Krankenhausbau kommen in der Weimarer Zeit selten ohne einen Überblick über die historische Entwicklung des Krankenhauswesens aus, da erst in der Retrospektive der einschneidende Wandel deutlich wird.[490] Als entscheidende Stationen auf dem Weg zum modernen Großkrankenhaus werden in der Regel das erste,

---

[487] Die Stadt Nürnberg gründete 1928 ein eigenes Museum für soziale Hygiene und hygienische Volksbelehrung; Windsheimer: 100 Jahre Klinikum Nürnberg, S. 133. Das große Interesse an der Thematik belegt die Artikelserie der *Münchner Neuesten Nachrichten* zur Ausstellung *Volksgesundheit Bayern;* Eröffnung der Ausstellung Volksgesundheit. In: MNN, Nr. 126, 9. Mai 1927, S. 3; Ausstellung Volksgesundheit II. In: MNN, Nr. 129, 12. Mai 1927, S. 4; Ausstellung Volksgesundheit III (Schluß). In: MNN, Nr. 131, 14. Mai 1927, S. 4. In Würzburg musste die Wanderausstellung *Der Mensch* des Deutschen Hygiene-Museums 1930 zeitweise wegen des Besucherandrangs geschlossen werden; Ausstellung „Der Mensch" in der Stadthalle. In: WGA, Nr. 85, 12. April 1930, S. 3.

[488] Fehlemann/Woelk: „Wiedergesundungsprozess", S. 186-191; Stercken: Schaubild des Körpers, S. 107.

[489] Zur „Krise" der Schulmedizin in den zwanziger Jahren s. Windsheimer: 100 Jahre Klinikum Nürnberg, S. 195; König: Luitpoldkrankenhaus, S. 68. Um dem Gefühl einer unpersönlichen Apparatemedizin entgegenzuwirken und den Heilerfolg der Patienten durch Unterweisung in Hygiene zu unterstützen, wird in den Richtlinien des Gutachterausschusses für das Krankenhauswesen 1926 die Einrichtung von Fürsorgestellen in Krankenanstalten empfohlen; Gutachterausschuß: Richtlinien, S. 87f.

[490] Ruppel: Krankenhausbau der Neuzeit, S. 197-220; Ein 12 Millionen-Projekt: Krankenhaus-Neubau in Augsburg. In: SVZ, Nr. 16, [20.] Januar 1928; vgl. auch Murken: Vom Armenhospital zum Großklinikum, S. 13-32; ders.: Geschichte des Hospital- und Krankenhauswesens, S. 1555-1572; Mayr/Neumann: Die städtischen Kliniken Münchens, S. 12-24.

1756-1764 in Plymouth errichtete Pavillonkrankenhaus[491] sowie der Neubau des Wiener Allgemeinen Krankenhauses 1784 als Prototyp des Korridorbaus[492] genannt.

Deutschland fand erst gegen Ende der Napoleonischen Ära Anschluss an das internationale Krankenhauswesen, jedoch verlief die Entwicklung im Laufe des 19. Jahrhunderts wesentlich schneller als beispielsweise in Frankreich oder Großbritannien. In Berlin entstand 1785 mit dem Großkrankenhaus der Charité erstmals der Gedanke einer staatlich getragenen Krankenanstalt.[493] Fortschreitende medizinische und wissenschaftliche Kenntnisse zeigten aber auch die Mängel großer Kliniken auf. Maßgeblich für die Entwicklung des Krankenhauswesens im deutschsprachigen Raum[494] wurden wegen ihres geeigneten Grundrisses „für eine gute Zuführung von Licht und Luft"[495], kleineren Krankenabteilungen, Isolierungsmöglichkeit infektiöser Kranker und wegen ihrer Betriebsorganisation die „Bamberger Zwischengänge"[496] und das von Franz Xaver Häberl am Allgemeinen Krankenhaus in München entwickelte „Münchner System"[497]. Von beiden Systemen gingen Impulse für den Krankenhausbau in anderen europäischen Ländern aus.

Das Zusammenwirken von Krankenfürsorge, medizinischer Wissenschaft und Ausbildung in Forschungs- und Unterrichtsinstituten zog eine weitergehende Differenzierung der Medizin mit Fachkliniken für Augen-, Kinderheilkunde, Orthopädie, Geburtshilfe oder Gynäkologie nach sich, was den Trend zur Zentralisierung von Krankenanstalten unterschiedlicher Disziplinen in Allgemeinen Krankenhäusern begünstigte.[498] Neben der zentralen Unterbringung einer großen Anzahl von Patienten brachte die Arbeitsteilung bei der Behandlung multipler Erkrankungen oder bei postoperativen Therapien viele Vorteile. Der Gutachterausschuß[499] stellte in seinen Richtlinien fest: „Hochhäuser, Korridoranlagen und

---

[491] Ein 12 Millionen-Projekt: Krankenhaus-Neubau in Augsburg. In: SVZ, Nr. 16, [20.] Januar 1928; Kamp/Mayr/Neumann: Die städtischen Kliniken Münchens, S. 23. Wichtig war auch die Debatte um den Wiederaufbau des Pariser Hôtel Dieu; Ruppel: Krankenhausbau der Neuzeit, S. 204.

[492] Ruppel: Krankenhausbau der Neuzeit, S. 215. Entscheidend für die Entwicklung im Krankenhausbau in Europa waren die Zentren Paris und Wien; Stollenwerk: Krankenhausentwürfe, S. 357–363.

[493] Bedeutende staatliche Krankenhäuser dieser Epoche bestanden in Wien, Kopenhagen und Paris; Murken: Geschichte des Hospital- und Krankenhauswesens, S. 1577.

[494] Murken: Geschichte des Hospital- und Krankenhauswesens, S. 1572.

[495] Ruppel: Krankenhausbau der Neuzeit, S. 213–215.

[496] Murken: Geschichte des Hospital- und Krankenhauswesens, S. 1579.

[497] Ebd., S. 1579.

[498] Ebd., S. 1542, 1576f., 1580.

[499] Der Gutachterausschuß für das öffentliche Krankenhauswesen wertete 1925-1928 Erfahrungen aus, die deutsche Krankenhäuser im Ersten Weltkrieg und in der Nachkriegszeit in Verwaltung, Organisation, Hygiene, Technik, Architektur, Finanzierung und mit der Krankenhauspolitik gemacht hatten. Die in Zusammenarbeit mit dem Reichsverband der freien gemeinnützigen Kranken- und Pflegeanstalten Deutschlands entstandenen Richtlinien fanden international Beachtung. Der Gutachterausschuß, dem unter dem Vorsitz Wilhelm Alters Experten aus Kommunen, Landkreisen, Provinzen und Universitäten angehörten, wurde 1928 von der Arbeitsgemeinschaft der kommunalen Spitzenverbände für das Gesundheitswesen abgelöst und unterstand fortan der Leitung des Deutschen Städtetages; Gutachterausschuß: Richtlinien, S. III. Die Richtlinien wur-

Pavillonsystem ergeben bei guter Grundrißzeichnung gleichmäßig gute Voraussetzungen für Betrieb und Heilzweck des Krankenhauses."[500] Allerdings hatten sich infolge des Ersten Weltkrieges angesichts knapper Finanzmittel und des äußerst schlechten Gesundheitszustands der Bevölkerung die Rahmenbedingungen so nachhaltig verändert, dass Wirtschaftlichkeit und Zweckmäßigkeit der Krankenanstalten im Vordergrund standen. Das internationale moderne Krankenhauswesen[501] befand sich „in grundlegender Umgestaltung"[502].

Der Korridorbau mit langen Gängen und mangelnder Isolierbarkeit der einzelnen Abteilungen eignete sich nur für kleinere Häuser. Das Pavillonsystem bot zwar gut durchlüftete und übersichtliche Säle, hatte aber den Nachteil, dass Hygienestandards in derart ausgedehnten Komplexen nur unter Schwierigkeiten einzuhalten waren.[503] Am Beispiel des 1884–1888 errichteten Allgemeinen Krankenhauses Hamburg-Eppendorf, damals eines der größten Krankenhäuser Europas, zeigte sich der hohe Flächenverbrauch für ein- bis zweistöckige Einzelbauten als äußerst kostenintensiv hinsichtlich Bau- und Betriebskosten.[504] Gerade in Ballungsräumen waren entsprechende Flächen, die spätere Erweiterungen berücksichtigten, immer schwerer zu erwerben, ging doch damit wertvolles und dringend benötigtes Bauland für Wohnungen und Fabriken verloren.[505] Die modulare Bauweise ermöglichte zwar eine sukzessive Ausführung bei geringer Beeinträchtigung des Klinikbetriebs, doch erwies sich die relativ lange Bauzeit als problematisch, da in Krisenzeiten leere Kassen die Fertigstellung verzögerten.[506]

In den zwanziger Jahren setzten sich die Erkenntnisse der Vorkriegszeit hinsichtlich Hygiene, Diagnose und Therapie auf breiter Basis durch. Obwohl sich Architekten mit einer Fülle neuer Richtlinien und Empfehlungen auseinandersetzten, herrschte keine Einigkeit über neue Bauformen, welche die alten, obsolet gewordenen Systeme ablösen konnten. Aufsätze und Fachzeitschriften erörterten intensiv das Thema „Neuzeitlicher Krankenhausbau"[507]. Die Internationale Hygie-

---

den auch in der *Deutschen Bauzeitung* eingehend diskutiert; Winterstein Hans: Bedürfen die Bestimmungen über Krankenanstalten einer baldigen Abänderung? (1/2) In: DBZ-BuB, Nr. 16, 2. Mai 1928, S. 61–64; ders.: Bedürfen die Bestimmungen über Krankenanstalten einer baldigen Abänderung? (2/2) In: DBZ-BuB, Nr. 17, 9. Mai 1928, S. 65–67.

[500] Gutachterausschuß: Richtlinien, S. 3.
[501] Der erste internationale Krankenhauskongress in Atlantic City (USA) thematisierte auch den Bettenbedarf, der abhängig von den jeweiligen nationalen Gesundheitssystemen von Land zu Land verschieden eingeschätzt wurde; Ritter: Krankenhausbau der Gegenwart, S. 4f.
[502] Gottstein: Handbücherei, S. III.
[503] Winterstein: Bau von Krankenhäusern, S. 9.
[504] Gutachterausschuß: Richtlinien, S. 3f.; vgl. auch Ruppel: Krankenhausbau der Neuzeit, S. 237–239, 283–290.
[505] Murken: Vom Armenhospital zum Großklinikum, S. 183–187.
[506] Schachner, Richard: Das dritte Krankenhaus in München (2/2). In: DBZ, Nr. 80, 6. Oktober 1906, S. 544.
[507] Neuzeitlicher Krankenhausbau. In: DB, Nr. 9, September 1931, S. 337. Zur allgemeinen Diskussion s. Schachner, B.: Wesentliches über wirtschaftlichen Krankenhausbau. In: DB, Nr. 9, September 1931, S. 348–359; Winterstein: Das Krankenhaus auf der internat. Hygiene-Ausstellung Dresden. In: DBZ-SuS, Nr. 12/13, 3. September 1930, S. 93–96; Wolf, P.: Internationale Hygiene-Ausstellung. In: DBZ, Nr. 57/58, 16. Juli 1930, S. 433.

ne-Ausstellung in Dresden von 1930 widmete dem gesamten modernen Krankenhauswesen eine eigene Halle *Das Krankenhaus*.[508] Interesse riefen bei deutschen Architekten Erfahrungen an amerikanischen Großkrankenhäusern hervor, die in ihrer Größe und Kapazität alles übertrafen, was man bisher aus Europa kannte.[509]

Knappe und teure Baugründe ließen nach den Erfahrungen im Pavillonbau Überlegungen aufkommen, in die Höhe zu bauen, wobei möglichst geringer Flächenverbrauch, kostengünstige Bauweise und betriebswirtschaftliche Rentabilität im Vordergrund standen. Erste Schritte in diese Richtung unternahm Richard Schachner 1925 bei den Planungen zum Bau der Dermatologischen Klinik in München. In den Quellen zum Krankenhausbau sind funktionalistische Erwägungen meist umschrieben. Es kann aber davon ausgegangen werden, dass in der allgemeinen Architekturdebatte der Weimarer Zeit, in der Funktionalismus und Zweckbau bei allen Gebäudetypen mehr oder weniger eine Rolle spielten, Henry Fords Überlegungen Schachner bekannt waren, zumal er sich bei der Entwicklung seiner Pläne an Krankenhaushochbauten Nordamerikas orientierte und 1930 in seinem Aufsatz *Das Hochhaus im Krankenhausbauwesen* auch Bezug auf amerikanische Büro- und Hotelhochhäuser nahm.[510] Seinen Appell an Fachkollegen, sich weder den Vorteilen einer Hochbauweise zu verschließen, noch an den überkommenen Betriebssystemen der Krankenhäuser festzuhalten, ergänzte er mit Ideen zu größeren Krankenhausanlagen.[511] Im selben Jahr legte Marcel Breuer in einem Artikel in der Fachzeitschrift *Die Form* die Vorteile von Hochhausanlagen für den Siedlungs-, Krankenhaus- und Fabrikbau im Vergleich zum Flachbau dar.[512]

Richard Schachner setzte sich intensiv in Theorie und Praxis mit der Thematik Hochhausbau im Krankenhausbau auseinander und konzipierte einen nach Bedarf variierbaren Grundtypus.[513] Das Konzept eines siebenstöckigen 1500-Betten-Krankenhochhauses mit Ost-West-Ausrichtung und einer 350 m langen Südfront erläuterte er an Hand einiger Schemazeichnungen. Alle Abteilungen des Krankenhauses waren in einem einzigen langgestreckten großen modularen Baukörper zusammengefasst, der sich aus einem Haupttrakt und zwei Flügelbauten zusammensetzte. Aus hygienischen Gründen waren nur wenige durchgehende Verbindungen zwischen den einzelnen Gebäudetrakten vorgesehen, so dass im

---

[508] Wolf, P.: Internationale Hygiene-Ausstellung, S. 443 f.
[509] Beispielsweise das Medical Center in New York mit dem Presbyterian Hospital, das Beth Israel Krankenhaus in New York oder das Kinderkrankenhaus in Cincinnati (Ohio); Ritter: Krankenhausbau der Gegenwart, S. 71-76, 82.
[510] Behne zitierte Henry Fords Überlegungen zu einer effektiven Arbeitsweise des Pflegepersonals. „Infolge unserer Vorkehrungen ist eine Pflegerin ohne *weiteres* imstande, sieben leichtere Kranke zu pflegen. In einem gewöhnlichen Krankenhause sind die Pflegerinnen gezwungen, viele unnötige Schritte zu machen. Sie verbringen mehr *Zeit* mit Herumlaufen als mit der Wartung der Patienten zu. Dieses Krankenhaus ist angelegt, um Schritte zu sparen."; Behne: Der moderne Zweckbau, S. 26.
[511] Schachner: Das Hochhaus im Krankenhausbauwesen, S. 319, 331.
[512] Breuer, Marcel: Beiträge zur Frage des Hochhauses. In: Die Form, Nr. 5, 1930, S. 113-117.
[513] Schachner: Das Hochhaus im Krankenhausbauwesen, S. 332 f.; Stollenwerk: Krankenhausentwürfe, S. 245.

Bedarfsfall einzelne Bauteile aus dem Gesamtbetrieb ausgeschaltet hätten werden können.[514]

Im Vergleich mit dem dezentralen Pavillonsystem stellte Schachner die wirtschaftlichen Vorteile eines Hochhausbaus heraus. Sein Entwurf verfolgte das Prinzip der kurzen Wege sowohl in der Horizontalen als auch in der Vertikalen. Ein zentraler Eingang führte in die Haupthalle als Dreh- und Angelpunkt des Krankenhauses, von der aus mit Personen-, Betriebs- und Versorgungsaufzügen Verwaltung, Behandlungszimmer, Operationssäle und Betriebsräume gut zu erreichen waren. Das funktionalistische Konzept versprach den Ärzten, schneller ans Krankenbett zu gelangen, eine rasche Verteilung der Mahlzeiten auf die einzelnen Stationen und ein effektiveres und hygienischeres Arbeiten für Pflege- und Reinigungskräfte. Entsorgung und Sammlung von Schmutzwäsche für die Wäscherei waren über zentrale Abwurfschächte organisiert. Einsparpotenzial gegenüber weitläufigen Bauanlagen boten deutlich kürzere Versorgungsleitungen. Vorbehalte der Patienten bezüglich der Benutzung von Aufzügen sah nicht nur Schachner gelassen[515], auch ein Mitglied des Gutachterausschusses für das Krankenhauswesen beim deutschen Städtetag entkräftete die Bedenken: „Im übrigen sind heute die Aufzüge so vervollkommnet, daß der Kranke vertikale Wege bequemer überwindet als horizontale; es fehlt nur an der Gewöhnung der Kranken an diese neuen Verkehrsmittel."[516] Eine Brandkatastrophe, wie sie Kritiker unter Berufung auf Medienberichte aus Amerika gegen Hochhäuser allgemein ins Feld führten, hielt Schachner auf Grund moderner Baumaterialien und den strengen neuzeitlichen Bau- und Brandschutzvorschriften insbesondere für Krankenanstalten für unwahrscheinlich.[517]

Unbestrittenen Vorteilen des Pavillonsystems in Bezug auf Licht, Luft und Sonne setzte Schachner bei vielgeschossigen Anlagen eine Öffnung der Außenwände mittels Schiebe- oder Dosquetfenstern und durchlaufenden Balkonen sowie die Nutzung der Flachdächer als Sonnenterrasse durch Patienten und Personal entgegen.[518] Kritik, die Patienten kämen in Hochhäusern zu wenig an die frische Luft, konterte der frühere Leipziger Stadtbaurat Hubert Ritter mit der Bemerkung, letztlich seien nur wenige Patienten für die Frischluft- und Lichtbehandlung geeignet und diese könnten bei entsprechender Raumbelegung berücksichtigt werden. Außerdem seien Krankenhausgärten bei Pavillonbauten häufig kleinteilig und schattig, die Zusammenfassung der Baumassen auf kleinem Raum ermögliche größere zusammenhängende Grünanlagen, zudem mache eine gute Aussicht in den oberen Stockwerken einiges wett und beeinflusse die Genesung von Patienten positiv.[519] Obwohl der Hochbauentwurf, mit dem Schachner bereits Mitte der zwanziger Jahre das Konzept des modernen Zentralklinikums vorwegnahm, höchst zukunftsweisend war, konnten in der Weimarer Zeit nur wenige Projekte in kleinerem Maßstab verwirklicht werden. Die weitere Entwicklung des Kran-

---

[514] Schachner: Das Hochhaus im Krankenhausbauwesen, S. 332.
[515] Ebd., S. 334.
[516] Ritter: Krankenhausbau der Gegenwart, S. 13.
[517] Schachner: Das Hochhaus im Krankenhausbauwesen, S. 337.
[518] Ebd., S. 335f.
[519] Ritter: Krankenhausbau der Gegenwart, S. 13.

kenhauswesens in diese Richtung unterbrachen NS-Diktatur und Zweiter Weltkrieg.

Exemplarisch für den Wandel im Krankenhausbau ist die stetig abnehmende Größe der Krankenzimmer, deren ideale Belegdichte lange Zeit umstritten war.[520] Der Gutachterausschuß empfahl pro Abteilung mehr Vier-, Zwei- und Einbettzimmer und für große Krankensäle maximal zehn Betten.[521] Betriebswirtschaftlich erwies sich dies als günstiger, barg doch ein hoher Anteil von Einzelzimmern das Risiko einer Kostenexplosion.[522] Da die Forderungen der Zeit auf hygienischem Gebiet lagen und man die Wirkung von Luft, Sonne und Licht auf den menschlichen Organismus erkannt hatte[523], waren bei der Bauplatzwahl Standortfaktoren zu berücksichtigen, welche die Genesung der Patienten unterstützen: saubere Luft, geräuscharme Umgebung, optimale Sonneneinstrahlung und klimatische Verhältnisse, Grundstücksgröße, Beschaffenheit des Untergrundes sowie gute Erreichbarkeit für Patienten und Besucher.[524] Der Gutachterausschuß für das deutsche Krankenhauswesen sah in Außenbezirken ideale Standorte für neue Krankenhäuser, da dort „umfangreiche Freiflächen für spätere Erweiterungen zur Verfügung st[ünden] und bereitgehalten werden könn[t]en"[525].

Die Spezialisierung der Medizin erforderte spezifische Baukonzepte für den jeweiligen Krankenhausbau. Die Pädiatrie stellte beispielsweise ganz andere Ansprüche an die bauliche Ausgestaltung als Gynäkologie und Geburtshilfe mit Kreißsälen, Operationssälen und Säuglingsabteilungen oder die Dermatologie mit

---

[520] Krankenpflegehallen früherer Jahrhunderte hatten oft an die 100 Betten. Murken: Geschichte des Hospital- und Krankenhauswesens, S. 1579; Kerschensteiner: Geschichte der Münchener Krankenanstalten, S. 132.

[521] Gutachterausschuß: Richtlinien, S. 5. An derselben Stelle erlaubten die Richtlinien des Gutachterausschusses, „Räume mit mehreren Betten [...] durch 2 m hohe Zwischenwände (Glas über gemauertem Sockel)" zu unterteilen; Gutachterausschuß: Richtlinien, S. 5; vgl. auch Winterstein: Bau von Krankenhäusern, S. 9.

[522] Die Erkenntnis, dass kleinere Krankenzimmer für Organisation, Verwaltung, Behandlung und Patienten vorteilhafter sind, stellte Facharchitekten vor das Dilemma, den neuen Anforderungen und zugleich einer möglichst ökonomischen Bauweise gerecht werden zu müssen. Beispielsweise wurden Richard Schachner Baukostenüberschreitungen beim Krankenhaus München-Schwabing vorgeworfen. Mit einer Begrenzung der Bettenzahl auf maximal 12 waren die meisten Räume für 1-6 Patienten; Bauer: Schwabinger Krankenhaus, S. 84-86; Schachner, Richard: Das dritte Krankenhaus in München (1/2). In: DBZ, Nr. 76, 22. September 1906, S. 512; Hörburger: Krankenhauserweiterungen: Neubau einer dermatologischen Klinik und eines Kinderhauses. Sitzung des Hauptausschusses vom 20. März 1925. In: StAM, Stadtratsprotokolle.

[523] Bestelmeyer, German: Über neuere deutsche Baukunst. In: DBZ, Nr. 103/104, 24. Dezember 1930, S. 702.

[524] Gutachterausschuß: Richtlinien, S. 1f.; Stollenwerk: Krankenhausentwürfe, S. 60-64. Das *Handbuch der Hygiene* befürwortet eine „Lage, die der Sonne eine möglichst kräftige, bazillentötende Einwirkung auf den Boden [...] gestattet"; Ruppel: Krankenhausbau der Neuzeit, S. 229-233. Zu Grundstückswahl und Lageplanung s. Winterstein: Bau von Krankenhäusern, S. 233-254. Die Bettenzahl sollte sich an der Einwohnerzahl der Stadt und dem geplanten Einzugsgebiet des Krankenhauses orientieren; Ritter: Krankenhausbau der Gegenwart, S. 3-6; vgl. auch Schachner, B.: Krankenhausbau, S. 348.

[525] Gutachterausschuß: Richtlinien, S. 1f. Unter Verweis auf das Mannheimer Krankenhaus sahen Fachleute wie Richard Schachner oder Hans Winterstein auch die Innenstadt als Option für Klinikneubauten. Winterstein: Bau von Krankenhäusern, S. 233f.

Abteilungen für Geschlechtskranke mit strikter Geschlechtertrennung.[526] Ein Schwerpunkt lag auf der Versorgung der Krankenzimmer mit Licht, Luft und Sonne mittels Fenstern, Liegeterrassen, -hallen und -balkonen für Lichtkuren.[527] Sanatorien oder gesonderte Einrichtungen für Tuberkulosekranke wurden daher gerne als Terrassenkrankenhäuser errichtet.[528]

Zentrale Herausforderungen für Architekten waren Grundriss und Bauausführung. „Krankenhäuser sind reine Zweckbauten; ihre Baugestaltung soll daher von innen nach außen erfolgen und in der schlichtesten Form dem sachlichen Inhalt und Bedürfnis des Krankenhauses Rechnung tragen"[529], lauteten die Richtlinien des Gutachterausschusses. Eine optimale Ausnutzung von Licht und Sonne erforderte die Ausrichtung der Krankenzimmer unter Berücksichtigung von Lichteinfall und Zimmertiefe[530] nach Süden und der Stationsbetriebsräume nach Norden. Hinsichtlich Belichtung und Durchlüftung der Räume wurde mit Dosquetfenstern[531] und anderen Fenstersystemen[532] experimentiert. Welche Bedeutung der Hygiene in der modernen Architektur der Weimarer Zeit zukam, zeigt sich darin, dass Baustoffe wie Ziegel, Stahl oder Beton auf ihre Tauglichkeit für den Krankenhausbau hin diskutiert wurden.[533] Mit besonderen Wandanstrichen, fugenlosen, gut zu reinigenden Fußbodenbelägen oder glatten Türen und sprossenlosen Fens-

---

[526] Ritter: Krankenhausbau der Gegenwart, S. 7; Gutachterausschuß: Richtlinien, S. 3.
[527] Liegehallen gab es bereits vor dem Ersten Weltkrieg zum Beispiel bei einem Erweiterungspavillon des Städtischen Krankenhauses Nürnberg; Windsheimer: 100 Jahre Klinikum Nürnberg, S. 97.
[528] Die Diskussion um das Terrassenkrankenhaus beeinflusste den modernen Krankenhausbau nachhaltig. Murken bezeichnet die Krankenhäuser in Bad Reichenhall (Richard Schachner), Regensburg (Albert Boßlet) und Fürth (Hermann Herrenberger) als beispielhaft für diese Entwicklung; Murken: Vom Armenhospital zum Großklinikum, S. 217-224; Gutachterausschuß: Richtlinien, S. 5.
[529] Gutachterausschuß: Richtlinien, S. 4.
[530] Winterstein: Bau von Krankenhäusern, S. 17-23.
[531] Das Dosquetfenster, bei dem eine Seite als Schiebefenster zur Sonnen- und Lufttherapie ganz geöffnet werden kann, wurde vor dem Ersten Weltkrieg am Berliner Krankenhaus Nordend von dem Arzt Wilhelm Dosquet entwickelt; Winterstein: Bau von Krankenhäusern, S. 11, 29-35; Ritter: Krankenhausbau der Gegenwart, S. 24f.
[532] Den Stellenwert der richtigen Belüftung und Belichtung der Krankenzimmer verdeutlichen mannigfaltige Werbung und Fachaufsätze über diverse Lüftungssysteme, wie z. B. die Anzeige für Fenestra Stahl Fenster „Mehr Tageslicht für Krankenhäuser": „Tageslicht ist hygienischer *als* die beste künstliche Beleuchtung; darum sucht man heute den Räumen von Krankenhäusern, Sanatorien, Schulen usw. mehr *Tageslicht* zuzuführen als früher."; DBZ, Nr. 16, 27. Februar 1929, S. 1; vgl. auch DBZ-KuA, Nr. 85/86, 22. Oktober 1930, S. 139f.; Reichow, H.: Die Industrie im Dienste der Bau- und Wohnungshygiene nach dem Stande der Internat. Hygiene-Ausstellung, Dresden 1930. In: DBZ-KuA, Nr. 16, 3. September 1930, S. 124f.; Ritter: Krankenhausbau der Gegenwart, S. 24; Winterstein: Bau von Krankenhäusern, S. 28f.
[533] Schmieden, Heinrich: Baumaterialien. In: Schachner/Schmieden/Winterstein: Krankenhausbau, S. 255-317. Das *Handbuch der Hygiene* spricht in diesem Zusammenhang von „großen neuzeitlichen Fortschritte[n] und von der „Einführung vieler neuer, den hygienischen Forderungen angepaßter Baustoffe". Dadurch werde es möglich, „die größeren mehrgeschossigen Pavillon- und Korridor-Blockbauten in durchaus hygienisch einwandfreier Weise zu gestalten und sie von den sanitären Gefahren der alten Korridorbauten freizumachen"; Ruppel: Krankenhausbau der Neuzeit, S. 216.

tern galt der Primat der Hygiene insbesondere für die Innenausstattung.[534] Das *Handbuch der Hygiene* empfahl Flure mit einer Mindestbreite von 1,80 bis 2,50 m ohne Nischen und mit ausreichend Tageslicht für einen effizienten Krankenhausbetrieb.[535]

Richtlinien und Ratgeber äußerten sich eher zurückhaltend zu einer architektonischen Gestaltung im Sinne des Neuen Bauens oder blieben unverbindlich, indem sie Sachlichkeit, Schlichtheit, Gliederung der Baukörper, Rhythmisierung der Fenster und harmonische Farben vorschlugen.[536] Laut Ritter gehörte zum Krankenhausbau auch „eine Künstlerhand, die mit Liebe und Verständnis die Maschine im Krankenhaus überwindet"[537], da zur Genesung nicht nur eine „bestimmte Stundenzahl der Besonnung"[538], Technik und Ärztliche Heilkunst, sondern auch das seelische Wohlbefinden der Patienten beitrage.

Innovativer Krankenhausbau von Richard Schachner in München

Die Entwicklung des Krankenhauswesens in München weist im internationalen Vergleich eine kontinuierliche Erfolgsgeschichte auf, da die Stadt immer wieder mit Neuerungen auf sich aufmerksam machen konnte. Schon die bayerisch-kurfürstliche Residenzstadt zeigte sich in der medizinischen Versorgung ihrer Bürger fortschrittlich, da sie bereits 1750 mit dem Elisabethinerinnen-Spital als eine der ersten Städte über ein eigenes Krankenhaus für Frauen verfügte.[539] Als infolge der Säkularisation die Ordensspitäler geschlossen wurden, ging die Krankenversorgung auf den Staat über.[540] Mit der Französischen Revolution wurde die Krankenhausfürsorge zum Gegenstand politischer, ökonomischer, soziologischer und volkshygienischer Überlegungen. Das Organische Edikt von 1808 schrieb im Sinne der Aufklärung die Verantwortung des Staates für das Wohl seiner Bürger fest.[541] Die neuen Strukturen schufen die Grundlagen für eine bis in die jüngste Vergangenheit anhaltende Rivalität zwischen Staat und Kommunen, welche die Verle-

---

[534] Ruppel: Krankenhausbau der Neuzeit, S. 397-411; Schmieden: Baumaterialien, S. 286-295.

[535] Die in Preußen geltende Vorschrift, die nur einseitig bebaute Flure vorsah, lehnte Ruppel im Gegensatz zu Winterstein als zu kostspielig ab; Ruppel: Krankenhausbau der Neuzeit, S. 338-340; Winterstein: Bau von Krankenhäusern, S. 67-70.

[536] Anders als im englischen und amerikanischen Krankenhausbau bevorzugte man in Deutschland zweigeschossige Klinikbauten; Ruppel: Krankenhausbau der Neuzeit, S. 390-393; Gutachterausschuß: Richtlinien, S. 5.

[537] Ritter: Krankenhausbau der Gegenwart, S. 64.

[538] Ebd., S. 63.

[539] Kamp/Mayr/Neumann: Die städtischen Kliniken Münchens, S. 18; vgl. auch Murken: Geschichte des Hospital- und Krankenhauswesens, S. 1564f.

[540] Kamp/Mayr/Neumann: Die städtischen Kliniken Münchens, S. 18f.

[541] Das Organische Edikt regelte die Zuständigkeiten von Staat, Kommunen und Ständen im Krankenhauswesen und legte verbindliche Ausbildungsstandards für Ärzte, Apotheker, Chirurgen und Hebammen fest; Kamp/Mayr/Neumann: Die städtischen Kliniken Münchens, S. 22f.; Bauer: Schwabinger Krankenhaus, S. 4f. Zu den Organischen Edikten s. Weis, Eberhard: Die Begründung des modernen bayerischen Staates unter König Max I. (1799-1825). In: Spindler, Max (Hg.): Handbuch der bayerischen Geschichte. Bd. 4/1. Das neue Bayern. Von 1800 bis zur Gegenwart. Staat und Politik. München 2003, S. 64-67.

gung der Universität nach München mit der Medizinischen Fakultät und dem entstehenden Klinikviertel verstärkte.[542]

Der Wettstreit ist symptomatisch für das 1808-1813 nach Vorbild der Bamberger und Wiener Krankenhäuser neu errichtete Allgemeine Krankenhaus, mit dem München deutschlandweit im Krankenhauswesen eine führende Rolle einnahm.[543] Sein Initiator Franz Xaver Häberl, erster Direktor des 600-Betten-Hauses, trieb die Fusionierung der Münchner Spitäler zum neuen Allgemeinen Krankenhaus und eine weitere Ausdifferenzierung der Medizindisziplinen voran. Als einer der bedeutendsten Mediziner und Krankenhaushygieniker seiner Zeit befasste er sich intensiv mit für den Krankenhausbau wichtigen Fragen wie Berücksichtigung der vorherrschenden Windrichtung, der Baumaterialien, der Anzahl und Positionierung der Betten[544], der Belüftung sowie der Toiletten mit Wasserspülung, lange bevor derartige Einrichtungen selbstverständlich wurden.[545] Als Mitte des 19. Jahrhunderts Fachkrankenhäuser entstanden, gründete in München August Hauner 1846 eines der ersten deutschen Kinderkrankenhäuser.[546] Die 1853-1856 errichtete Geburtshilfliche Klinik gehörte zu den zehn größten Anstalten ihrer Art in Deutschland.[547] Bedeutende Wissenschaftler wie Max von Pettenkofer, Johann Nepomuk Nußbaum, Hugo Ziemssen oder Ferdinand Sauerbruch trugen in den folgenden Jahrzehnten nicht nur zum glänzenden akademischen Ruf Münchens bei, sondern forcierten auch eine Modernisierung der Krankenanstalten.

So ist es nicht verwunderlich, dass die Stadt weiter auf die Vorreiterrolle im Krankenhauswesen setzte und der Beschluss des Stadtrates 1899, ein drittes großes Krankenhaus im Norden der Stadt zu bauen, dem Ziel diente, Münchens Weltruf für „hygienische Einrichtungen"[548] gerecht zu werden.[549] Im Zusammen-

---

[542] Weigel: Bayerns Universitäten, S. 140-150; Kamp/Mayr/Neumann: Die städtischen Kliniken Münchens, S. 17, 25f.

[543] Nach der Charité in Berlin war das Münchner Allgemeine Krankenhaus die zweitgrößte derartige Anstalt Deutschlands; Murken: Vom Armenhospital zum Großklinikum, S. 52-55. Bauer: Schwabinger Krankenhaus, S. 4f., 7-10; Kamp/Mayr/Neumann: Die städtischen Kliniken Münchens, S. 24f.

[544] Häberl entwickelte am Hospital der Barmherzigen Brüder das sogenannte Münchner System, welches mit den „Bamberger Zwischengängen" konkurrierte; Murken: Geschichte des Hospital- und Krankenhauswesens, S. 1579. Häberls Modell sah neben großen Sälen mit 12-16 Betten eine größere Anzahl kleinerer Säle und Einzelzimmer vor; Kerschensteiner: Geschichte der Münchener Krankenanstalten, S. 132.

[545] Häberl versuchte als einer der ersten, die Architektur den zeitgenössischen medizinischen Anforderungen anzupassen; Kamp/Mayr/Neumann: Die städtischen Kliniken Münchens, S. 25; Bauer: Schwabinger Krankenhaus, S. 5-7; Murken: Geschichte des Hospital- und Krankenhauswesens, S. 1576-1579.

[546] Murken: Geschichte des Hospital- und Krankenhauswesens, S. 1580.

[547] Der von Friedrich Bürklein an der Sonnenstraße errichtete Bau wurde 1920-1922 von Robert Vorhoelzer und Franz Holzhammer zum Postscheckamt umgebaut; Aicher/Drepper: Robert Vorhoelzer, S. 25f.; Murken: Vom Armenhospital zum Großklinikum, S. 104-106.

[548] Hörmann, H.: Eindrücke von der Krankenhaus-Besichtigungsreise. München, 8. Februar 1901, S. 13 [a] f. In: StAM, Krankenhaus Schwabing, Nr. 15/1.

[549] Die Bezeichnung „Schwabinger Krankenhaus" wurde vom 1861 errichteten Vorgängerbau übernommen; Bauer: Schwabinger Krankenhaus, S. 10f., 88f.; Kamp/Mayr/Neumann: Die städtischen Kliniken Münchens, S. 44f.

2. Krankenhausbau

hang mit der Thematik Architektur und Moderne in Bayern zeigt die Baugeschichte des städtischen Krankenhauses München Schwabing, dass bereits um die Jahrhundertwende verstärkt eine Tendenz zu Funktionalismus und Zentralisation im Klinikbau aufkam, die sich in der Zeit der Weimarer Republik auf breiter Basis durchsetzten. Zugleich gibt sie Aufschluss darüber, welcher Belastungsprobe sich die Stadt bei der Durchführung eines modernen Krankenhausgroßprojektes in einer von politischen, wirtschaftlichen und gesellschaftlichen Umbrüchen geprägten Zeit ausgesetzt sah.

Seit dem Bau des ersten Allgemeinen Krankenhauses hatten sich die Anforderungen im Krankenhausbau erheblich verändert, weshalb eine eigens eingerichtete Krankenhauskommission aus Stadtratsmitgliedern und städtischen Beamten Planung und Bau beratend begleitete.[550] Mit der Einbeziehung von Fachleuten wollte man hygienischen und baulichen Problemen wie im alten Schwabinger Krankenhaus vorbeugen.[551] Orientierungshilfe für Architekt und Ärzte bot der Krankhausbauexperte Friedrich Ruppel. Eine der ersten Aufgaben der Kommission bestand darin, sich durch ausgedehnte Besichtigungsreisen einen Überblick über den Stand des deutschen und europäischen Krankenhauswesens zu verschaffen.[552]

Nach der Wahl eines geeigneten Areals, das eine Trambahnanbindung an die Innenstadt erhalten sollte, fiel die Entscheidung zu Gunsten des Pavillonsystems.[553] Bedenken, ob mit freistehenden Pavillons die Patienten nicht unnötig der rauen und wechselhaften Witterung Oberbayerns ausgesetzt würden, sowie der Tod des Architekten führten mehrfach zu Umplanungen.[554] Richard Schachner,

---

[550] Es sollten „[...] die auf dem Gebiete der Krankenhausbautechnik gemachten neuesten Erfahrungen in dieser Anstalt zur Anwendung gelangen". Schmidtler, H.: Denkschrift zum Bau eines III. Krankenhauses in München. München, 1. Februar 1903, S. 8. In: StAM, Krankenhaus Schwabing, Nr. 15/1.

[551] Beratende Funktion hatten der Arzt und spätere Krankenhausdirektor Franz Brunner, Architekt Eggers, Bauamtmann Richard Schachner und der Verwaltungsbeamte Pachmayr; vgl. Kamp/Mayr/Neumann: Die städtischen Kliniken Münchens, S. 44f.; Hörmann: Krankenhaus-Besichtigungsreise, S. 10; Strauß, E.: Aeußerung des städt. Krankenhausverwalters E. Strauß zum Programm über das neue dritte Krankenhaus in Schwabing. München, 6. April 1902. In: StAM, Krankenhaus Schwabing, Nr. 15/2.

[552] Als Vorbilder nannte Ziemssen u. a. Krankenhäuser in Nürnberg, Berlin, Kopenhagen, Hamburg-Eppendorf, Köln, Frankfurt a. M. und Wien; Schreiben Ziemssens an die Direktion des städt. allgem. Krankenhauses München links der Isar vom 6. September 1900. In: StAM, Krankenhaus Schwabing, Nr. 15/1. Aus dem Antwortschreiben des Nürnberger Magistrats geht hervor, dass ein intensiver Austausch mit dem Nürnberger Krankenhaus bestand; Antwort des Stadtmagistrats Nürnberg an den Stadtmagistrat München betreffs der Besichtigung auswärtiger Krankenhäuser am 28. September 1900. In: StAM, Krankenhaus Schwabing, Nr. 15/1.

[553] Die Münchner Schotterebene mit niedrigem Grundwasserspiegel bot ein ideales Baugelände mit problemlosem Anschluss an das städtische Kanalnetz und vorbildlicher Trinkwasserversorgung mit „Quellwasser aus den bayerischen Bergen"; Schachner: Das dritte Krankenhaus. In: DBZ, Nr. 76, 22. September 1906, S. 511 f.; Beschluss der Krankenhauskommission vom 5. Juni 1908. In: StAM, Krankenhaus Schwabing, Nr. 15/1.

[554] Obwohl das Bauprogramm seines Vorgängers von Licht, Luft und Hygiene ausging, deutete Schachner an, dass der Entwurf, der Kranken- und Betriebsbauten nach dem Vorbild barocker Schloß- und Klosteranlagen um einen Hof gruppierte, von den Ärzten abgelehnt wurde; Eggers: Programm zum III. Krankenhaus München. München, Februar 1902; Schachner: Das dritte Krankenhaus (1/2). In: DBZ, Nr. 76, 22. September 1906, S. 511 f.; Schachner: Das dritte Krankenhaus (2/2). In: DBZ, Nr. 80, 6. Oktober 1906, S. 540 f.

der den Auftrag übernahm, entwarf ein Mischsystem, welches die Vorteile des Korridorbaus und des Pavillonsystems in sich vereinigte, indem er die einzelnen entlang einer Nord-Süd-Achse symmetrisch angeordneten Pavillons durch niedrige, langgestreckte und gedeckte Korridore miteinander verband.[555] Auch bei der ungewöhnlichen Planung der Hochbauten mit drei Stockwerken konnte er sich der Zustimmung der Ärzte sicher sein, obwohl Experten Anstalten mit mehr als zwei Etagen für veraltet hielten.[556] Die Verkürzung der Verbindungsgänge und die „Gewinnung möglichst großer freier Plätze"[557] zwischen den Gebäuden trug dazu bei, dass der Flächenverbrauch für das auf 1300 Betten ausgelegte Krankenhaus geringer war als bei vergleichbaren Häusern.[558] Damit läutete Schachner die Trendwende weg von den flächenintensiven Krankenhausbauten des 19. Jahrhunderts ein. Die Positionierung der Pavillons mit Anordnung der Krankenzimmer nach Süden, der Gänge und Betriebsräume nach Norden und einer parkähnlichen Anlage in West-Ost-Richtung gewährleistete Erholungsräume für die Patienten, optimale Belüftung der Gebäude und verringerte Hausinfektionen.[559] Die Gebäudeabstände wurden so bemessen, dass selbst im Winter die im Erdgeschoss gelegenen Räume ausreichend Sonne erhielten.[560]

Zur Ermittlung des zu erwartenden Bevölkerungswachstums und des Bedarfs an Krankenbetten orientierte sich die Kommission an Hamburg, das ähnlich wie

---

[555] Zu Vor- und Nachteilen des Pavillon- bzw. Korridorsystems vgl. Hörmann: Krankenhaus-Besichtigungsreise, S. 1–26. Eine ähnliche Mischform hatte Tenon nach dem Vorbild britischer Krankenhäuser bereits 1786 für Paris entworfen; Ruppel: Krankenhausbau der Neuzeit, S. 204–220.

[556] In der DBZ begründete Schachner die Entscheidung: „Das durch die Höhenlage Münchens (518 m über der Nordsee) bedingte raue Klima mit seinen sehr erheblichen Temperaturschwankungen, den kalten Nächten, den langen und strengen Wintern ließ es nicht als zweckmäßig erscheinen, eine große Z a h l kleiner Gebäude zur Unterbringung von Kranken zu errichten. [...] Auch mußte man schon wegen der Platzverhältnisse von einer weitgehenden Dezentralisation hier Abstand nehmen und entschloß sich daher für die Errichtung großer dreigeschossiger Krankenbauten, in welchen je etwa 150 Kranke untergebracht werden können." Schachner: Das dritte Krankenhaus (1/2). In: DBZ, Nr. 76, 22. September 1906, S. 511 f.; Hörmann: Krankenhaus-Besichtigungsreise, S. 1–26.

[557] Schmidtler, H.: Aeußerung des Krankenhausverwalters H. Schmidtler zu dem Programm und den Plänen für das III. Krankenhaus in Schwabing. München 1900, S. 2. In: StAM, Krankenhaus Schwabing, Nr. 15/2.

[558] Auf Grund der Cholera-Epidemien des 19. Jahrhunderts plante man die Bettenkapazitäten bewusst großzügig mit Erweiterungsmöglichkeiten bis zu 1600 Betten. Noch Anfang des zwanzigsten Jahrhunderts galt ein erneuter Pestausbruch durchaus als realistisch. Die Spanische Grippe 1918 und die Ruhrepidemie in Nürnberg 1921 zeigten, dass die Sorge vor Seuchenausbrüchen berechtigt war; Schreiben Schachners vom 22. Januar 1914. In: StAM, Krankenhaus Schwabing, Nr. 15/1; Kamp/Mayr/Neumann: Die städtischen Kliniken Münchens, S. 30; Windsheimer: 100 Jahre Klinikum Nürnberg, S. 146.

[559] Dies entsprach dem Gartenstadtgedanken. Zugleich bot Begrünung Sicht- und Staubschutz; vgl. Bautechnische Ausgestaltung. [Undat.] In: StAM, Krankenhaus Schwabing, Nr. 15/1; Programm zum III. Krankenhaus München, S. [13]. In: StAM, Krankenhaus Schwabing, Nr. 15/2. Brunner, [Franz]: Erläuterungs-Bericht für den Entwurf zum Neubau eines III. Krankenhauses in München. Beilage II vom 14. Mai 1904, S. 11. In: StAM, Krankenhaus Schwabing, Nr. 15/1.

[560] Schachner: Das städtische Krankenhaus München-Schwabing, S. 17.

München den Zugang zu den städtischen Krankenhäusern nicht einschränkte.[561] Damit „der Individualität der einzelnen Kranken viel mehr Rechnung getragen werden kann, als dies in großen, allgemeinen Krankensälen möglich ist"[562], beinhaltete das Belegungskonzept Krankenzimmer mit einer deutlich geringeren Bettenzahl als bis dahin üblich und sogar einige Ein- und Zweibettzimmer.[563] Ähnlich wie im Krankenhaus Nürnberg bildete in Schwabing die Mittelachse mit Operationssaal und Bad die Grenze zwischen Frauen- und Männerstationen. Kleine Abteilungen regelten die Geschlechtertrennung durch gesonderte Zugänge oder Trennmauern, damals eine durchaus gängige Praxis.[564]

Im Kampf gegen die Volkskrankheit Tuberkulose gewannen ab der Jahrhundertwende Regenerationsräume an der frischen Luft als Teil der Therapie im Rahmen der Liege- oder Lichtkur immer mehr an Bedeutung, da sauberer Luft, geräuscharmer Umgebung[565] und Licht den Heilungsverlauf begünstigende Effekte zugeschrieben wurden.[566] Daher kam beim Bau des Schwabinger Krankenhauses dem Dreisatz Licht, Luft und Sonne bereits vor dem Ersten Weltkrieg ein hoher Stellenwert zu, eine Auffassung, die sich durch vermehrt auftretende Mangelerkrankungen und Krankheitsbilder, verursacht durch die schlechte Versorgungslage während der Kriegsjahre, bestätigte und als wichtiges Kriterium Eingang in das Hygienekonzept des Krankenhausbaus der Weimarer Zeit fand.[567]

Das Bauprogramm entsprach 1902 in allen Aspekten den damaligen „modernen Anschauungen"[568]. Nach Darlegung Richard Schachners war die bautechnische Ausgestaltung „durchweg sehr einfach"[569] und stellte eine Kombination moderner und traditioneller Bautechniken dar. Bei Fundamenten und Kellern hatte

---

[561] In München und Hamburg kamen 44 Kranke auf 1000 Einwohner. Nürnberg wies mit 36,5 ‰ eine höhere Zugangsziffer auf als Berlin, Frankfurt, Breslau oder Leipzig, wo die Einweisung von den Kassenärzten abhängig war; Fortsetzung des Berichts der Krankenhausverwaltungen l/I. u. r/I. vom 12. Februar 1904. München, 12. März 1904. In: StAM, Krankenhaus Schwabing, Nr. 15/1. Die Kalkulation berücksichtigte die Entwicklung in den nördlichen Stadtteilen und Vororten; Schreiben Grauvogls vom 17. Februar 1903. In: StAM, Krankenhaus Schwabing, Nr. 15/1.
[562] Schachner: Das dritte Krankenhaus. In: DBZ, Nr. 76, 22. September 1906, S. 512.
[563] Kerschensteiner: Geschichte der Münchener Krankenanstalten, S. 132. Patienten aus ländlichen Regionen und der deutlich agrarisch geprägten Landeshauptstadt bevorzugten weiterhin eine Unterbringung in Sälen; Winterstein: Bau von Krankenhäusern, S. 9. Der Verteilungsschlüssel für Krankenbetten im Krankenhaus München-Schwabing galt als vorbildlich; Ruppel: Krankenhausbau der Neuzeit, S. 305.
[564] In Nürnberg verlief die Mittelachse in Ost-West-Richtung, wobei die Pavillons für Männer südlich und die für Frauen nördlich lagen; vgl. Windsheimer: 100 Jahre Klinikum Nürnberg, S. 73, 76.
[565] Bauer: Schwabinger Krankenhaus, S. 72; Kamp/Mayr/Neumann: Die städtischen Kliniken Münchens, S. 39–41.
[566] Schreiben Grauvogls an Stadtrat München vom 8. Juni 1925. In: StAM, Krankenhaus Schwabing, Nr. 15/1; vgl. auch Windsheimer: 100 Jahre Klinikum Nürnberg, S. 113.
[567] Schachner: Bautechnische Ausgestaltung. In: StAM, Krankenhaus Schwabing, Nr. 15/1; vgl. auch Bauer: Schwabinger Krankenhaus, S. 77f.; Schachner: Das dritte Krankenhaus. In: DBZ, Nr. 76, 22. September 1906, S. 513.
[568] Schreiben J. von Bauers an den Stadtmagistrat München vom 21. September 1902. In: StAM, Krankenhaus Schwabing, 15/1.
[569] Schachner: Das städtische Krankenhaus München-Schwabing, S. 10.

150   III. „Bauten der Gemeinschaft"

man Stampfbeton, bei Decken Eisenbeton[570] und für das Mauerwerk Backsteine verwendet, die günstig aus Ziegelbrennereien im Münchner Umland beschafft werden konnten. Traditionell bevorzugte die Münchner Stadtverwaltung bei Bauaufträgen einheimische Unternehmen.[571] Die Grundsätze „Zweckmäßigkeit u[nd] [...] möglichst geringe[r] Kostenaufwand"[572], die Schachners architektonische Ausgestaltung der Schwabinger Krankenhausanlage bestimmten, spiegeln seine Vorstellung eines modernen, funktionalistischen Zweckbaus wider: „Die Architektur muß sich aus der Konstruktion entwickeln u. der künstlerische Schmuck sich auf die Durchbildung der durch die Konstruktion notwendigen Bauteile beschränken. Der aus hygienischen Gründen zu stellenden Forderung auf Weglassung von Gesimsen u. Ausbauten, welche Staubablagerungen ermöglichen, wird Rechnung getragen werden."[573] Ein städtebaulicher Akzent entstand durch die Zusammenfassung von Hauptgebäude, Kirche, Schwesternhaus, Verwaltungs- und Apothekengebäude zu einer Baugruppe am Kölner Platz, da dadurch das rückwärtige Gelände mit den Pavillons abgeschirmt und den „von der Stadt Kommenden"[574] ein repräsentativer Anblick geboten wurde.[575] Eine Fotografie aus der Baubeschreibung Schachners zeigt den imposanten Haupteingang, der zum Erkennungszeichen des Schwabinger Krankenhauses wurde. (Abb. 20)

Das Ausstattungskonzept mit hygienischen Bodenbelägen und Wandanstrichen, glatten Türen ohne Türschwellen sowie ausreichend großen Fensteröffnungen nahm Elemente des modernen Klinikbaus der Weimarer Zeit vorweg.[576] So stand Hygiene bei Sanitäranlagen, Betriebsräumen wie Küche und Wäscherei an oberster Stelle.[577] Operationssäle und Röntgenabteilungen wurden gemäß neuesten medizinischen und technischen Erkenntnissen ausgestattet.[578] Ein eigenes Kraftwerk versorgte Aufzüge und Beleuchtung mit elektrischem Strom. Der Schwesternruf über Lichtsignalanlage und Telefon stellte ebenfalls einen großen Fortschritt gegenüber älteren Anstalten dar.

Die Stadt hatte großzügig geplant, da der damalige Stadtmagistrat gewillt war, einen innovativen Krankenhausbau zu schaffen und „ein großes III. Krankenhaus nach modernen Anschauungen zu erbauen und dabei auch vor sehr großen Auf-

---

[570] Nicht zuletzt aus Feuerschutzgründen wurde Eisenbeton gewählt; s. ebd., S. 12.
[571] Aktennotiz Hertels vom 24. Oktober 1910 über Verstöße gegen Arbeiterschutzbestimmungen. In: StAM, Krankenhaus Schwabing, Nr. 15/1; Aktenvermerk Schachner, undatiert [vmtl. ebenfalls Oktober 1910]. In: StAM, Krankenhaus Schwabing, Nr. 15/1.
[572] Schachner, Richard: Bautechnische Ausgestaltung. Undatiert. In: StAM, Krankenhaus Schwabing, Nr. 15/1.
[573] Ders.: Bautechnische Ausgestaltung. In: StAM, Krankenhaus Schwabing, Nr. 15/1.
[574] Ders.: Das dritte Krankenhaus (1/2). In: DBZ, Nr. 76, 22. September 1906, S. 512.
[575] Schachner betonte in seiner Baubeschreibung im Abschnitt „Baugruppe am Kölner Platz" die sehr einfachen Formen der Kirche und des Turmes; Schachner: Das städtische Krankenhaus München-Schwabing, S. 14.
[576] Schachner: Das städtische Krankenhaus München-Schwabing, S. 12.
[577] Zum Hygienekonzept im Krankenhaus- und Wohnungsbau der Weimarer Zeit gehörte stets die Vermeidung unangenehmer Küchendünste; Schachner: Bautechnische Ausgestaltung. In: StAM, Krankenhaus Schwabing, Nr. 15/1; Schachner: Das dritte Krankenhaus (1/2). In: DBZ, Nr. 76, 22. September 1906, S. 513.
[578] Die Röntgenabteilung zählte bei ihrer Eröffnung zu den modernsten Deutschlands; Kerschensteiner, Hermann: Vorwort. In Schachner: Das städtische Krankenhaus München-Schwabing, S. 6.

wendungen nicht zurückzuschrecken"[579]. Für den Architekten Richard Schachner bedeutete der Bau den beruflichen Durchbruch. Das Projekt war auf drei Bauabschnitte ausgelegt, um die finanzielle Belastung zu reduzieren. Bereits nach Fertigstellung des ersten Abschnittes besichtigten Delegationen aus aller Welt das Krankenhaus.[580] Den Stolz der Münchner auf die Popularität des Schwabinger Krankenhauses brachte 1914 der Gemeindebevollmächtigte Lehmann auf den Punkt, als er erklärte: „daß wir in dem Krankenhause eine Musteranstalt besitzen, auf die wir uns Fremden gegenüber, ich will nicht sagen, protzen, aber doch etwas zugute tun, insbesondere hinsichtlich unserer mustergültigen hygienischen Einrichtungen"[581]. Anfang 1914 stand nur noch der dritte Bauabschnitt mit Ambulatorium und Pavillonbauten für Psychiatrie, Gynäkologie und Pädiatrie aus.[582] Es bestanden wohl schon Zweifel, ob der Bauabschnitt in diesem Ausmaß erfolgen konnte. Wenige Monate später brachte der Krieg alle weiteren Ausbaupläne zum Erliegen.[583]

Im Ersten Weltkrieg diente das Krankenhaus teilweise als Lazarett. Mit der Versorgungslage verschlechterte sich der allgemeine Gesundheitszustand der Münchner Bevölkerung, so dass selbst die Aufstellung von Baracken die überbelegten Stationen kaum entlastete.[584] Die ausgedehnten Grünflächen dienten zum Anbau von Gemüse und Kartoffeln.[585] Wie aus einem Schreiben an die Regierung von Oberbayern hervorgeht, blieb die Situation nach Kriegsende weiter angespannt, da die Zunahme von Geschlechtskrankheiten, psychischen Erkrankungen und Alkoholismus einen weiteren Ausbau dringender denn je erscheinen ließ.[586] Der III. medizinischen Abteilung zugeordnete Geschlechtskranke mussten notdürftig

---

[579] Schreiben J. von Bauers an Stadtmagistrat München vom 21. September 1902. In: StAM, Krankenhaus Schwabing, Nr. 15/1.

[580] Das Gästebuch nennt Besucher aus aller Welt, u. a. aus Paris, Tokio, New York, Melbourne, Florenz, Moskau, Budapest, Zürich, Kopenhagen, Wien, Lüttich, Stockholm, Barcelona, London, Montreal, Konstantinopel und Buenos Aires; Bauer: Schwabinger Krankenhaus, S. 80f., 103–104; Kamp/Mayr/Neumann: Die städtischen Kliniken Münchens, S. 45.

[581] Sitzungsberichte. 4. Sitzung des Gemeindebevollmächtigten-Kollegiums vom 29. Januar vorm[ittags]. In: MGZ, Nr. 10, 4. Februar 1914, S. 12f. In diesem Zusammenhang steht auch das von Bauer angeführte Zitatfragment „[...] daß in München etwas geschaffen werden soll, was sonst nirgends oder doch nirgends so vollkommen existiert ..."; zit. nach: Bauer: Schwabinger Krankenhaus, S. 75.

[582] Schreiben des Stadtbauamtes an Referat I vom 22. Januar 1914. In: StAM, Krankenhaus Schwabing, Nr. 15/1. Zum bereits umgesetzten Teil des Bauprogramms s. Bauer: Schwabinger Krankenhaus, S. 94f.

[583] Vgl. Vorgang Az. 2027/III: Schreiben des Krankenhausverwalters Johann Grauvogl an das Stadtbauamt München, Hochbauabteilung II vom 8. Januar 1916; Aktennotiz Schachners im Stadtbauamt an das Referat I vom 11. Januar 1916; beide in: StAM, Krankenhaus Schwabing, Nr. 15/1. Die erwähnten Verhandlungen sind nicht näher konkretisiert. Auf Grund der Aktenlage kann davon ausgegangen werden, dass es dabei um den weiteren Ausbau der Anstalt gegangen sein dürfte.

[584] Kerschensteiner: Vorwort. In: Schachner: Das städtische Krankenhaus München-Schwabing, S. 5.

[585] Schachner: Das städtische Krankenhaus München-Schwabing, S. 30.

[586] Schreiben Loritz' an Regierung von Oberbayern, Kammer des Innern vom 28. Februar 1922 In: StAM, Krankenhäuser, Nr. 61/1. Akt des Stadtrates der Landeshauptstadt München. Betreff: Krankenhaus Mchn. Schwabing. Aufnahme Geb[äude] für Geisteskranke. 1919–1931; Sitzung des Hauptausschusses vom 20. März 1925. In: StAM, Stadtratsprotokolle.

in Baracken untergebracht werden.[587] Unzumutbare hygienische und sanitäre Zustände, nicht funktionierende Heizungen oder tätliche Auseinandersetzungen unter den Patienten führten dazu, dass einige es vorzogen, „in noch ungeheiltem infektiösem Zustand das Krankenhaus zu verlassen, was höchst bedenklich ist und den Bestrebungen der Bekämpfung der Geschlechtskrankheiten in der Stadt direkt entgegenarbeitet"[588]. Der weitere Ausbau der Anstalt verzögerte sich jedoch jahrelang, da die Inflation alle Finanzierungspläne Makulatur werden ließ.[589]

Vor allem die Errichtung eines eigenen Kinderpavillons und einer psychiatrischen Abteilung wurden immer notwendiger. Hermann Kerschensteiner, der sich besonders für den Neubau eines Kinderkrankenhauses einsetzte, schilderte eindringlich die untragbaren Zustände. Auf Grund beengter Verhältnisse bestand keine Isolierungsmöglichkeit von an unterschiedlichen Infektionskrankheiten leidenden Kindern und auf der einzigen Kindertuberkulosestation Münchens konnten pubertierende Jugendliche nicht nach Geschlecht getrennt werden.[590] Da sogar Kinderbetten in Erwachsenenabteilungen eingeschoben werden mussten, drang Gerhard Hörburger, der seit 1910 das Kultus- und Krankenhausreferat leitete[591], im Krankenhausausschuss des Stadtrates auf den Bau einer Kinderabteilung beim Klinikum Schwabing.[592]

Zur Verbesserung der im Norden der Stadt völlig unzureichenden pädiatrischen Versorgung sahen schon erste Pläne Schachners in der Südostecke des Krankenhausareals ein eigenes, auch für Scharlach- und Diphtheriefälle geeignetes „Kinderhaus" vor.[593] Trotz des allenthalben angemahnten dringenden Bedarfs wurde es nicht für den ersten Bauabschnitt berücksichtigt und nach 1918 konnten die Projektierungspläne für den Sonderbau II wegen der Inflation nicht weiter verfolgt werden.[594] Nach der Währungsreform konzentrierten sich die Kommunen zunächst auf die Sanierung ihrer Kassen.

Als eine wirtschaftliche Erholung eintrat, ermöglichten Inlands- beziehungsweise Auslandsanleihen oft erst die Finanzierung kommunaler Neubauten.[595]

---

[587] Kamp/Mayr/Neumann: Die städtischen Kliniken Münchens, S. 48.
[588] Schreiben des Chefarztes der III. med. Abteilung (Heuck) und der Direktion des Krankenhauses München-Schwabing an Stadtrat München. In: StAM, Krankenhäuser, Nr. 115. Schon vier Jahre zuvor hatte es Klagen über das Verhalten der Patienten gegeben; Bauer: Schwabinger Krankenhaus, S. 110.
[589] Sitzung des Hauptausschusses vom 20. März 1925. In: StAM, Stadtratsprotokolle.
[590] Schreiben Kerschensteiners an Referat 8 vom 13. Oktober 1925. In: StAM, Krankenhaus Schwabing, Nr. 61/1.
[591] Hermann: Kommunale Kulturpolitik in München, S. 78.
[592] Hörburger: Neubau des Kinderhauses im Krankenhaus Schwabing. Neubau der dermatologischen Abteilung vom Krankenhaus l. d. I. Sitzung des Hauptausschusses vom 11. September 1925. In: StAM, Stadtratsprotokolle.
[593] Zum Programm über ein III. Krankenhaus in Schwabing. Undatiert. In: StAM, Krankenhaus Schwabing, Nr. 15/2; Kamp/Mayr/Neumann: Die städtischen Kliniken Münchens, S. 48.
[594] Die Sitzungsprotokolle des Hauptausschusses des Münchner Stadtrates deuten darauf hin, dass diese Pläne ebenfalls von Richard Schachner 1917/18 ausgearbeitet wurden. Inwiefern diese Planungen das 1925 genehmigte Projekt beeinflussten, bleibt unklar; s. Sitzung des Hauptausschusses vom 20. März 1925. In: StAM, Stadtratsprotokolle.
[595] Schreiben des Referates III an Referat VIII vom 6. Oktober 1925. In: StAM, Krankenhaus Schwabing, Nr. 62.

Auch für die anstehenden Projekte Kinderhaus und Dermatologische Klinik beim Krankenhaus links der Isar hatte die Stadtverwaltung Gelder aus einer Amerikaanleihe eingeplant[596], allerdings verweigerten zunächst sowohl die Bayerische Staatsregierung als auch die zuständige Reichsbehörde in Berlin die Genehmigung zur Kreditaufnahme, was im Stadtrat eine erregte Debatte über die Abhängigkeit vom Reich auslöste. Auf der Suche nach einem Schuldigen wurde dem Zweiten Bürgermeister Hans Küfner vorgeworfen, einen zu ungenauen Antrag gestellt zu haben.[597]

Ungeachtet der ungeklärten Finanzierung hatte Richard Schachner in Zusammenarbeit mit Kinderarzt Josef Husler[598] neue Pläne für „einen Kinderkrankenbau mit Ambulatorium und Milchküche beim städtischen Krankenhause"[599] erarbeitet. Mit der Vergabe des Auftrags an den Hausarchitekten des Krankenhauses war eine Bauausführung gewährleistet, die nicht allzu sehr vom Stammhaus abwich. Eine kritische Anmerkung Gerhard Hörburgers zeigt aber, dass er den Zeitverhältnissen entsprechend einfachere und sachlichere Bauten für angebrachter hielt, da die vorangegangenen Projekte des Schwabinger Krankenhauses zwar überaus zweckmäßig, aber zu teuer und zu opulent waren: „[D]ie beiden Projekte der dermatologischen Abteilung und des Kinderhauses sind nur eine Fortsetzung der seinerzeit vom Stadtrat beliebten luxuriösen Erstellung der Krankenhausbauten."[600] Hörburger lag der Ruf der Kunststadt ebenso am Herzen wie Hans Küfner, mit dem er zu dieser Zeit im Kulturreferat zusammenarbeitete. Für den Verwaltungsjuristen dürfte eher eine sparsamere Finanzierung im Vordergrund gestanden haben als stilistische Aspekte.[601] Schachner genoss zu diesem Zeitpunkt einen exzellenten Ruf als Fachmann für Krankenhausbauten[602], so dass davon auszugehen war, dass München eine den zeitgenössischen Erfordernissen entsprechende Kinderklinik bekommen würde, die einen gewissen repräsentativen Anspruch erfüllte. Allgemein drängte man darauf, das Großbauprojekt in Angriff zu nehmen, um saisonunabhängige Arbeitslätze zu schaffen, da nach der Inflation weiterhin hohe Arbeitslosigkeit herrschte.[603]

Das ehrgeizige Vorhaben, einen richtungsweisenden Bau zu schaffen, wurde dadurch begünstigt, dass sämtliche bestehenden Kinderkrankenhäuser völlig ver-

---

[596] Rege Bautätigkeit in München. In: MAAZ, Nr. 295, 26. Oktober 1925.
[597] Vgl. Neubau der dermatologischen Abteilung des Krankenhauses l.d.I. und des Kinderhauses im Krankenhaus Schwabing. Sitzung des Stadtrates vom 15. September 1925. In: StAM, Stadtratsprotokolle.
[598] Husler war 1925-1953 Chefarzt der Kinderabteilung des Krankenhauses München-Schwabing; Kamp/Mayr/Neumann: Die städtischen Kliniken, S. [6], 48.
[599] Schachner, Richard: Erläuterungsbericht zu dem Projekte für einen Kinderkrankenbau mit Ambulatorium und Milchküche beim Städtischen Krankenhause München-Schwabing. München, 7. September 1925; Sitzung des Stadtrates vom 7. Juli 1925. In: StAM, Stadtratsprotokolle.
[600] Sitzung des Hauptausschusses vom 20. März 1925. In: StAM, Stadtratsprotokolle.
[601] Hermann geht von mangelnder Fachkompetenz Küfners und Hörburgers aus. Hermann: Kommunale Kulturpolitik in München, S. 75.
[602] Sitzung des Hauptausschusses vom 20. März 1925. In: StAM, Stadtratsprotokolle; vgl. auch Sitzung des Hauptausschusses vom 11. September 1925. In: StAM, Stadtratsprotokolle.
[603] Sitzung des Stadtrates vom 10. November 1925. In: StAM, Stadtratsprotokolle, S. 1221.

altet waren.[604] Der Baukomplex des Kinderhauses gliedert sich in einen viergeschossigen Hauptbau mit zwei dreigeschossigen Flügelbauten. In einem L-förmigen Winkel schließt sich das Ambulatorium an, das dem Hauptbau durch einen Gang verbunden ist.[605] Schachner passte die äußere architektonische Gestaltung den übrigen Gebäuden des Krankenhauses München-Schwabing an.[606] Mit einer deutlichen Anlehnung an traditionelle Stilelemente wie Mezzaningeschoss oder Fledermausgauben wagte sich der Architekt nicht allzu weit in das Terrain des Neuen Bauens vor. Zwei polygonale Erker verleihen dem Bau einen repräsentativen Eindruck, wie auch das Foto aus der Baubeschreibung 1928 vermittelt. (Abb. 21) Für die Bauausführung wurden ähnliche Materialien verwendet wie bei den früheren Bauten, wobei die Eisenbetondecken eine Schalldämmung erhielten.[607] Josef Husler, der leitende Arzt des Kinderkrankenhauses, führte in seinem Aufsatz über den Bau an, dass „[d]ie Düsseldorfer Richtlinien für Kinderkrankenhausbau […] nicht in allem Billigung und Berücksichtigung finden [konnten]."[608] Auf Grund der örtlichen Verhältnisse verzichtete man bewusst auf Flachdach, Dachgärten und Dosquetfenster und plante von Anfang an Balkone in allen Stockwerken für Licht- und Luftkuren sowie einen Garten mit Rasen und Bäumen.[609] Die Zusammenarbeit mit dem Kinderarzt Josef Husler, der sich weitgehend von den Bedürfnissen seiner Patienten leiten ließ, brachte auch ein neues Konzept. So sollten die Betten schwerer Erkrankter zur Kur auf Balkone geschoben werden und nicht bettlägerige Patienten auf dem Gartenspielplatz Gelegenheit finden, sich an der frischen Luft körperlich zu betätigen.[610] Um geistiger Hospitalisierung vorzubeugen, übernahmen ausgebildete Kindergärtnerinnen die Betreuung im klinikeigenen Kindergarten und Hort. Auf Anregung Huslers wurden auch Spielzimmer und Aufenthaltsraum eingerichtet: „Ich halte diese geistige Beschäftigung der Kinder […] für eine mindestens so vordringliche Aufgabe, wie die (neuerdings zweifellos übertriebene) Freilicht- und Freiluftbehandlung des Kranken."[611]

Besondere Aufmerksamkeit kam dem Raumprogramm zu, da große Krankensäle pädiatrischer Abteilungen Infektionsherde für kranke Kinder darstellten. Daher entschieden sich Arzt und Architekt für kleine oder mittelgroße Zimmer mit ein bis fünf Betten.[612] Zugleich galt es, Organisationsabläufe im Krankenhaus zu verbessern. Hier erwies sich der Gedanke, Zwischen- und Gangwände ab 80–90 cm

---

[604] Bauer: Schwabinger Krankenhaus, S. 118.
[605] Beblo, Fritz: Hochbauten der Stadtgemeinde in den letzten fünf Jahren. München 1926.
[606] Schachner: Erläuterungsbericht, S. 7.
[607] Ders.: Das städtische Krankenhaus München-Schwabing, S. 48.
[608] Husler, Josef: Ueber Einrichtung und Betrieb des neuen Kinderhauses im Krankenhaus München-Schwabing. In: Schachner: Das städtische Krankenhaus München-Schwabing, S. 49.
[609] Husler: Einrichtung und Betrieb des neuen Kinderhauses, S. 49, 55; Bauer: Schwabinger Krankenhaus, S. 119; Kamp/Mayr/Neumann: Die städtischen Kliniken Münchens, S. 48.
[610] Der Ambulatoriumsbau schirmte den Garten gegen Westwind ab; Schachner: Erläuterungsbericht, S. 1.
[611] Husler: Einrichtung und Betrieb des neuen Kinderhauses, S. 55.
[612] Ebd., S. 50.

Höhe als Glaswände auszuführen, geradezu als revolutionär.[613] Zum einen konnte damit die durch die kleinteilige Raumaufteilung bedingte Erhöhung der Baukosten reduziert werden. Zum anderen ermöglichten transparente Wände eine optimale Überwachung der kleinen Patienten insbesondere auf der Säuglingsstation durch weniger Krankenschwestern.[614] Auch boten die Glasfronten den Kindern willkommene Abwechslung und Beschäftigung, ohne Gefahr zu laufen, sich mit anderen Krankheiten zu infizieren.[615] Trotz offensichtlicher Vorteile überwog zunächst Skepsis; als Stadträte das fast fertig gestellte Kinderhaus besichtigten, äußerten sie die Befürchtung, dass innerhalb von wenigen Wochen keine einzige Scheibe mehr heil und auch der Schallschutz unzureichend sein würde.[616] Weder der designierte Chefarzt noch der Architekt ließen sich davon beeindrucken und das neue Konzept der stationären Kinderheilkunde wurde fotografisch dokumentiert.

Die Gestaltung der Patientenzimmer sollte möglichst kindgerecht sein, weshalb Husler entgegen gängiger Lehrmeinung auf „unhygienischen" Vorhängen bestand und Steinböden sowie gefliese Wände ablehnte.[617] Schachner setzte die in früheren Bauabschnitten eingeschlagene Linie fort und im Einklang mit den Richtlinien des Gutachterausschusses wurden statt kasernenartigem weißen Wandanstrich warme Farbtöne verwendet und farbenfroher Bilderschmuck angebracht.[618] Zimmer für Begleitpersonen, Stellplätze für Kinderwägen oder der Einbau mehrerer Duschen entsprachen dem modernen Konzept.[619] Neuerungen waren die indirekte und dimmbare Deckenbeleuchtung sowie beheizbare Einbauschränke.[620]

Mit Baubeginn des Kinderpavillons besann München sich seiner „modernen Krankenanstalten"[621] und sorgte nach schwierigen Jahren mit Innovationen wieder für positive Schlagzeilen. Besonders das Krankenhaus München-Schwabing, „die großzügigste und modernste Anlage in Deutschland"[622], galt als „eine weit über Bayern und Deutschland anerkannte Sehenswürdigkeit"[623]. Wie sehr das Krankenhaus zum Prestigeobjekt und Aushängeschild der Stadt stilisiert wurde, zeigen Zeitungsartikel zur Eröffnung des Kinderhauses am 10. April 1928. Als

---

[613] Schachner: Erläuterungsbericht, S. 5.
[614] Sitzung des Hauptausschusses vom 11. September 1925. In: StAM, Stadtratsprotokolle.
[615] Bauer: Schwabinger Krankenhaus, S. 116-118; Kamp/Mayr/Neumann: Die städtischen Kliniken Münchens, S. 48.
[616] Nach Schachner waren Glaswände in Kinderkrankenhäusern und -abteilungen nichts Neues. Aus den Reaktionen der Stadträte zu schließen ist, dass eine Ausführung in dieser Konsequenz erstmalig war. Entgegen geäußerter Bedenken bestand ein relativ guter Schallschutz; vgl. Husler: Einrichtung und Betrieb des neuen Kinderhauses, S. 52; Bauer: Schwabinger Krankenhaus, S. 118f.
[617] Gänge, Krankenzimmer, Wohnräume und Schwesternzimmer erhielten grünes „*Jaspe Linoleum*", Toiletten und Bäder hellgraue Tonplättchen; Husler: Einrichtung und Betrieb des neuen Kinderhauses, S. 47.
[618] Gutachterausschuß: Richtlinien, S. 4; Husler: Einrichtung und Betrieb des neuen Kinderhauses, S. 57; Bauer: Schwabinger Krankenhaus, S. 119.
[619] Husler: Einrichtung und Betrieb des neuen Kinderhauses, S. 54.
[620] Ebd., S. 52f.; Ritter: Krankenhausbau der Gegenwart, S. 39.
[621] Das Krankenhaus Schwabing. In: MNN, Nr. 130, 11. Mai 1926.
[622] Das neue Kinderkrankenhaus in Schwabing. In: BStZ, Nr. 141, 21. Juni 1928.
[623] Schreiben Humars vom 2. Mai 1928. In: StAM, Krankenhaus Schwabing, Nr. 62.

„Musteranstalt" gepriesen, „die nicht nur für München Früchte tragen wird"[624] und die „den modernsten Ansprüchen an ein Kinderkrankenhaus in jeder Hinsicht Rechnung [trägt]"[625], wurde das Kinderhaus in der Folgezeit von internationalen Besuchern besichtigt.[626] Stolz schrieb die *Münchener Post*: „Auswärtige Städte gehen bereits daran, das neue Münchener Kinderkrankenhaus zu kopieren."[627] Die *Münchener Zeitung* berichtete, dass „wöchentlich Kommissionen aus anderen deutschen Städten"[628] zur Besichtigung kämen. Selbst die Sektion der Volksgesundheitspflege in Moskau bat um Zusendung von Plänen und Unterlagen zu den verwendeten Materialien.[629] Wiederholt wies die Berichterstattung auf die Bedeutung des Neubaus für das Prestige der bayerischen Hauptstadt hin und betonte die ruhmreiche Tradition ihrer städtischen Krankenanstalten „in Einrichtung und Organisation"[630]. Immer wieder wurde die kindgerechte Ausstattung unter anderem mit Planschbecken, Sandspielplatz sowie großen Wiesenflächen betont. Vorbehalte und Ängste der Eltern gegenüber erhöhtem Infektionsrisiko, gläsernen Wänden oder neuzeitlicher Nachtbeleuchtung versuchte man, durch Beschreibung der hygienischen Einrichtungen und Aufzählung der Vorteile einer modernen Krankenanstalt zu zerstreuen.[631] Dagegen merkte die *Welt am Sonntag* zynisch an, dass „so viel Licht, so viel Sonne"[632] und weiße Bettchen auf luftigen Balkonen die zappelnden kleinen Würmer vielleicht verwöhnen würden, sich aber die meisten Eltern die Tagessätze zwischen 6,50 und 8,90 Mark nicht leisten könnten. Sie forderte einen städtischen Zuschuss, um auch Kindern aus einkommensschwachen Familien Zugang zu einer optimalen Krankenversorgung zu ermöglichen.[633]

Weltwirtschaftskrise und Destabilisierung der öffentlichen Kassen erforderten teils radikale Einsparungen. Nachdem eine Schließung des Krankenhauses rechts der Isar verhindert werden konnte, ging 1932 ein Aufschrei durch Presse und Bevölkerung, als der Münchner Stadtrat eine teilweise oder gänzliche Schließung des Schwabinger Krankenhauses erwog.[634] Die *Münchner-Augsburger Abendzei-*

---

[624] Münchener Stadtneuigkeiten. Das neue Kinderkrankenhaus. In: BK, Nr. 172, 20. Juni 1928.
[625] Kinderkrankenhaus Schwabing. In: MNN, Nr. 167, 21. Juni 1928.
[626] MB, Nr. 142, 21. Juni 1928, S. 2; Bauer: Schwabinger Krankenhaus, S. 119.
[627] Das neue Kinderkrankenhaus in Schwabing. In: MP, Nr. 140, 20. Juni 1928, S. 9.
[628] Ein neues Kinderkrankenhaus. Eröffnung des Kinderbaues im Krankenhaus Schwabing. In: MZ, Nr. 1[9]9, 20. Juni 1928.
[629] Schreiben Oppenheim/Molodenkov an Husler vom 2. Januar 1930. In: StAM, Krankenhaus Schwabing, Nr. 62.
[630] Münchener Stadtneuigkeiten. In: BK, Nr. 172, 20. Juni 1928.
[631] Das neue Kinderkrankenhaus in Schwabing. In: MP, Nr. 140, 20. Juni 1928, S. 9.
[632] Für kranke Kinder. Eine Bitte an die Stadt. In: WaS, Nr. 17, 26. April 1929.
[633] Das Haunersche Kinderspital hatte niedrigere Tagessätze, da dort der bayerische Staat Zuschüsse zahlte; Für kranke Kinder. In: WaS, Nr. 17, 26. April 1929.
[634] Das Krankenhaus Schwabing in Gefahr. In: MZ, Nr. 147, 30. Mai 1932; Keine Amputierung des Schwabinger Krankenhauses. In: MAAZ, Nr. 141, 31. Mai 1932; Kommunisten gegen die Krankenhausschließung. In: NeZ, Nr. 112, 1. Juni 1932; Krankenhaus München-Schwabing. In: BK, Nr. 336, 1. Dezember 1932; Aus der Landeshauptstadt. Schwabinger Krankenhaus. Keine Schließung von Abteilungen. BStZ, Nr. 279, 2. Dezember 1932; Vorerst keine Schließungen im Schwabinger Krankenhaus. Stellungnahme des städtischen Hauptausschusses. In: MNN, Nr. 328, 2. Dezember 1932; Keine Schließung der II. und III. Abteilung des Schwabinger Krankenhauses. In: VB, Nr. 338, 3. Dezember 1932; Stadtrat und Krankenhäuser. In: MNN, Nr. 56, 26. Februar 1933.

tung kommentierte: „Also so weit ist man nun auch schon in München, dass die Volksgesundheit preisgegeben werden soll [...]."[635]

Bei einer Teilschließung des modernsten, neuzeitlichsten und weltberühmten Krankenhauses München-Schwabing, einem „Kulturgut der Stadt"[636], wurden neben einem Ansehensverlust für die Stadt auch ein „hygienischer Rückschritt"[637] und Gefahren für die Bevölkerung im Seuchenfall befürchtet. Auch wollten viele Patienten die Annehmlichkeit kleinerer Krankenzimmer nicht mehr missen. Während verschiedene Stadtratsparteien und Oberbürgermeister Scharnagl dem Beispiel anderer deutscher Städte folgen wollten[638], schwenkte der NSDAP-Fraktionsvorsitzende Karl Fiehler, der sich zuvor in der geheimen Sitzung des Stadtrates für eine Schließung ausgesprochen hatte, offenbar unter dem Druck der Öffentlichkeit um.[639] Nach der Machtübernahme der Nationalsozialisten 1933 schrieb er sich als neuer Oberbürgermeister Münchens die „Rettung" der städtischen Kliniken auf die Fahnen.[640]

Obwohl man in der Zwischenkriegszeit vom kostenintensiven Pavillonbau abgekommen war, galt das Krankenhaus München-Schwabing weiterhin als eines der modernsten und fortschrittlichsten Krankenhäuser Europas.[641] Wie der *Bayerische Kurier* berichtete, stellte Fiehler anlässlich des 25. Jubiläums 1934 in seiner Rede voller Stolz die Vorzüge und Modernität heraus. Damals, als es gebaut worden sei, hätte es weder in Deutschland noch auf der ganzen Welt eine derartige Krankenhausanlage gegeben. Das Haus sei auch heute nicht veraltet und von den Vorzügen kleinerer Patientenzimmer hätte er sich während des Krieges selbst überzeugen können.[642] Krankenhausdirektor Hermann Kerschensteiner hob die moderne Konzeption, technische Ausstattung und Popularität des Krankenhauses hervor. Schachners Architektur, die sich zwischen Tradition und Moderne bewegt, erlaubte es Kerschensteiner auch 1934 festzustellen, dass Sachlichkeit und Hygiene vorherrschend seien und der Gedanke des „neuen Heimatstils" berücksichtigt worden sei.[643] Ihm zufolge galt Schwabing unter ausländischen Besuchern

---

[635] Ein Schritt der Verzweiflung. In: MAAZ, Nr. 140, 30. Mai 1932.
[636] Bürgerschaft und Schwabinger Krankenhaus. In: MZ, Nr. 64, 6. März 1933.
[637] Die Schließungen im Schwabinger Krankenhaus. Sie sollten nicht vorgenommen werden! In: MNN, Nr. 318, 22. November 1932.
[638] MZ, Nr. 149, 1. Juni 1932.
[639] Schwabinger Krankenhaus bleibt unverändert. In: MP, Nr. 124, 1. Juni 1932.
[640] Ein Vierteljahrhundert Krankenhaus. Jubiläum in Schwabing. In: MZ, Nr. 18, 18. Januar 1934.
[641] Vgl. Kommentar der *Münchner Neuesten Nachrichten* zum 25. Jubiläum des Krankenhauses: „Es wird oft behauptet, daß jede Krankenanstalt nach 30 Jahren veraltet sei. Glücklicherweise trifft das für das Krankenhaus Schwabing nicht zu. Die Anlage im ganzen wie im einzelnen hat sich in jeder Weise bewährt und b e w ä h r t   s i c h   t a g -
t ä g l i c h , so daß die Freude an dem ausgezeichnet gelungenen Bau unvermindert ist.". 25 Jahre Städtisches Krankenhaus München-Schwabing. Zur Jubiläumsfeier am 17. Januar. In: MNN, Nr. 12, 12. Januar 1934; Kamp/Mayr/Neumann: Die städtischen Kliniken Münchens, S. 45.
[642] 25 Jahre Krankenhaus Schwabing. In: BK, Nr. 18, 18. Januar 1934.
[643] 25 Jahre Krankenhaus Schwabing. Ein Querschnitt durch die Entwicklung des Münchener Gesundheitswesens. In: MAAZ, Nr. 16, 18. Januar 1934; Ein Vierteljahrhundert Krankenhaus. In: MZ, Nr. 18, 18. Januar 1934; 25 Jahre Krankenhaus Schwabing. In:

sogar als schönstes Krankenhaus weltweit. Der überaus gute Ruf des Krankenhauses dürfte auch dazu beigetragen haben, dass das Kinderhaus nach 1945 nicht vom US-Militär beschlagnahmt wurde, sondern weiterhin der medizinischen Versorgung Münchner Kinder zur Verfügung stand.

Die Dermatologische Klinik in der Thalkirchnerstraße war der zweite Krankenhausbau, den die Stadt München 1926 in Angriff genommen hatte.[644] Auch dieses Klinikprojekt erwies sich als prestigeträchtig, da die Stadt mit ihm im Kampf gegen die Geschlechtskrankheiten mit einer eigenen medizinischen Versorgungseinrichtung nach neuesten Erkenntnissen punktete und sich zudem mit einem spektakulären Bauwerk, das das Konzept des Zentralklinikums vorwegnahm, profilieren konnte.[645]

Dem Fachgebiet Dermatologie wurde in München schon 1831 mit einer eigenen Abteilung im Krankenhaus links der Isar mehr Aufmerksamkeit gewidmet. Joseph von Lindwurm, einer der bedeutendsten Mediziner auf diesem Gebiet und Leiter der Abteilung wurde 1863 auf den deutschlandweit ersten Lehrstuhl für Dermatologie und Syphilidologie an der Ludwig-Maximilians-Universität berufen. Die Bemühungen Lindwurms und seines Nachfolgers, Karl Posselt (1874–1915), um einen Aus- beziehungsweise Neubau der Dermatologie scheiterten wiederholt an der prekären finanziellen und räumlich beengten Situation des Krankenhauses links der Isar. Der chronische Platzmangel war ähnlich wie beim Wohnungsbau eine Folge fehlender vorausschauender Planung. Die Prognosen über den künftigen Bettenbedarf wurden schlichtweg von der Entwicklung der Medizin und den Neuerungen im Krankenhausbau überholt, da schon bald fast jede Disziplin eine eigene Abteilung mit einer ausreichenden Bettenzahl benötigte.[646] Erst unter der Leitung von Leo von Zumbusch kam mit der angestrebten Zusammenlegung der klinischen und poliklinischen Dermatologie Bewegung in die Angelegenheit. Pläne Richard Schachners und des Hochbauamtes für eine eigene Fachklinik aus den Jahren 1912 und 1917 konnten nach dem Krieg wegen der Inflation nicht weiter verfolgt werden.[647]

Die räumliche Situation hatte sich inzwischen weiter verschlechtert, da durch den Erlass der Reichsregierung zur Zwangseinweisung Geschlechtskranker eine Isolation der Patienten erforderlich wurde.[648] Verwaltungsakten des Klinikums Schwabing, die über Prostitution polizeilich eingewiesener Patientinnen im Kran-

---

BK, Nr. 8, 18. Januar 1934; 25 Jahre Schwabinger Krankenhaus. Eindrucksvolle Gedenkfeier der Anstalt. In: [MNN], Nr. 16, 18. Januar 1934.
[644] Beblo: Hochbauten der Stadtgemeinde, S. 8, 44.
[645] Münchens neues Krankenhaus. Die Dermatologische Klinik. – Der erste deutsche Krankenhaushochbau. – Oberbürgermeister Scharnagl Ehrendoktor. In: NfVZ, Nr. 139, 19. Juni 1929.
[646] Kamp/Mayr/Neumann: Die städtischen Kliniken Münchens, S. 35.
[647] Sitzung des Hauptausschusses vom 11. September 1925. In: StAM, Stadtratsprotokolle; Kamp/Mayr/Neumann: Die städtischen Kliniken Münchens, S. 52. Zu den langgehegten Plänen Zumbuschs s. Münchens neues Krankenhaus. In: NfVZ, Nr. 139, 19. Juni 1929.
[648] Windsheimer: 100 Jahre Klinikum Nürnberg, S. 136–138; Bekämpfung der Geschlechtskrankheiten. Allgemeine Aussprache im Reichstag. In: MNN, Nr. 21, 22. Januar 1927, S. 6; vgl. auch Kap. III.2.1. Wandel des Gesundheitswesens und Aufstieg der Hygiene, S. 136.

kenhaus Auskunft geben, lassen diese Vorsichtsmaßnahme nicht ganz unbegründet erscheinen.[649] Mitte der zwanziger Jahre, als mit der Stabilisierung der wirtschaftlichen Lage ein erneuter Anlauf zum Klinikbau unternommen wurde, galt das nach Meinung Hörburgers „zu luxuriös und opulent"[650] geplante Vorprojekt als überholt und Richard Schachner wurde mit der Ausarbeitung neuer Pläne beauftragt.[651] Entfernte sich Schachner mit seinen früheren Bauten des Krankenhauses München Schwabing und dem fast zeitgleich projektierten Kinderkrankenhaus vom reinen Pavillon- und Korridorbau, vollzog er mit dem Klinikbau an der Thalkirchner Straße in München einen ebenso radikalen wie zukunftsweisenden Schritt. War bereits am Kölner Platz der Grundsatz durchbrochen worden, Krankenhausbauten auf zwei Stockwerke zu beschränken, handelt es sich beim Neubau der Dermatologie „um einen sechsstöckigen Hochbau"[652], der nach gängiger Definition als Hochhaus galt. Für Schachner bot sich die Gelegenheit, sein funktionales Konzept, das er nach dem Vorbild nordamerikanischer und englischer Krankenhaushochbauten entwickelt hatte, zu realisieren. Die Vorteile des Konzepts gegenüber der weitläufigen Schwabinger Krankenhausanlage konnten mit einer Reduzierung der Bau- und Betriebskosten, kürzeren Wegen in der Vertikalen und Aufzügen, mit besserer Wirtschaftlichkeit und einer effizienteren Arbeitsweise des Personals anschaulich vor Augen geführt werden.[653]

Schachner verwies darauf, dass bis zu diesem ersten deutschen Krankenhaushochbau die „Frage der Anwendung des Hochhauses auf Krankenanstalten"[654] trotz der beengten Grundstückssituation im innerstädtischen Bereich wenig Beachtung gefunden hatte. Zwar bot das nur 9430 m² große Grundstück zwischen Thalkirchner- und Frauenlobstraße eine optimale Verkehrsanbindung durch eine Straßenbahnlinie, aber es musste dort ein Haus mit 430 Krankenbetten, 170 Personalbetten, Nebenanlagen, medizinischem Institut und Direktorenwohnhaus untergebracht werden. Träger des Projektes waren die Stadt München und der Freistaat Bayern, da die Klinik zugleich als Lehr- und Forschungseinrichtung der Universität geplant war.[655] Die Finanzierung gestaltete sich alles andere als einfach, da sie zunächst wie der Bau des Schwabinger Kinderhauses von einem Aus-

---

[649] Vgl. Sitzung des Hauptausschusses vom 11. September 1925. In: StAM, Stadtratsprotokolle.
[650] Sitzung des Hauptausschusses vom 20. März 1925. In: StAM, Stadtratsprotokolle.
[651] Sitzung des Hauptausschusses vom 11. September 1925. In: StAM, Stadtratsprotokolle.
[652] Rege Bautätigkeit in München. In: MAAZ, Nr. 295, 26. Oktober 1925. Bei der Vorstellung der Pläne im Hauptausschuss des Stadtrates sprach Schachner von sechs Stockwerken in den Seitenflügeln und sieben im Mitteltrakt; Sitzung des Hauptausschusses vom 11. September 1925. In: StAM, Stadtratsprotokolle.
[653] Schachner: Das Hochhaus im Krankenhausbauwesen, S. 319; Sitzung des Hauptausschusses vom 11. September 1925. In: StAM, Stadtratsprotokolle; Kamp/Mayr/Neumann: Die städtischen Kliniken Münchens, S. 52; Ritter: Der Krankenhausbau der Gegenwart, S. 14.
[654] Schachner: Das Hochhaus im Krankenhausbauwesen, S. 320.
[655] Hörburger zufolge bestand ein Vertrag zwischen der Stadt München und dem Freistaat Bayern, wonach „der Staat alle Kosten trägt, welche für klinische Zwecke erwachsen, während die Gemeinde für die Unterbringung der Patienten zu sorgen hat." Sitzung des Stadtrates vom 24. März 1925. In: StAM, Stadtratsprotokolle.

landskredit abhing, der aber nicht genehmigt wurde. Als die Mittel zur Verfügung standen, sollte dem *Völkischen Kurier* zufolge wegen der hohen Arbeitslosigkeit der Bau als Notstandsarbeit ausgeführt werden.[656]

Der Architekt nahm eine Unterteilung des Gebäudes nach städtischem Krankenhaus und staatlicher Lehr- und Universitätsklinik vor. Wie aus den Quellen hervorgeht, entsprachen Aufteilung und Baugliederung neuesten Erkenntnissen auf medizinischem und hygienischem Gebiet. Wegen der Innenstadtlage wurde der Forderung nach Licht, Luft und Sonne in besonderer Weise Rechnung getragen. Die parkähnliche Anlage des Südfriedhofes sorgte für ausreichend gute Luft und gewährleistete guten Lichteinfall in die Krankenzimmer. Männlichen und weiblichen Patienten stand jeweils ein Gartenhof mit Südsonne zur Verfügung und in jedem Stockwerk ermöglichten Liegehallen Licht- und Luftkuren. Sogar „flachgeneigte, mit Kupferblech gedeckte Dächer"[657] wurden teilweise als Dachgärten für Geschlechtskranke angelegt, so dass die Nachbarschaft dadurch nicht beeinträchtigt war.[658]

Da die Baukosten möglichst gering gehalten werden mussten, war der Architekt gezwungen, äußerst knapp zu kalkulieren und alle erdenklichen Einsparpotenziale auszuschöpfen, unter anderem mittels Verringerung der Zimmerhöhe.[659] Schachner merkte dazu an: „Den in Preußen geltenden Vorschriften würde wohl die eine oder andere Anordnung nicht ganz entsprechen."[660] Da anscheinend Vorbehalte gegenüber einer Skelettbauweise bestanden, wurden für den Krankenhaushochbau nur die Grundmauern betoniert, die Mauern ansonsten als Ziegelmauerwerk ausgeführt. An statisch wichtigen Stellen kamen Klinker, Beton und Eisenbeton zur Verwendung.[661] Schachners Empfehlung in seinem Aufsatz über den Hochhausbau im Krankenhauswesen, „bei künftigen Krankenhaushochbauten die Anwendung des Stahlgerippebaues an Stelle der herkömmlichen Backsteinbauweise zu erwägen"[662], lässt auf statische Probleme während der Bauarbeiten schließen. Da Neubauten auf Grund der verwendeten neuen Baumaterialien häufig als hellhörig galten, wurden Schallschutzmaßnahmen ergriffen.[663]

Den Musterbau des Krankenhochhauses beschrieb Ritter knapp als „zweihüftige Anlage mit großen Sälen und kleinen Krankenräumen. Küche und Terrassen im Dachgeschoß"[664]. Die Fassade wurde dem Zweckbau einer Klinik entsprechend gestaltet, wobei auch hier der Kompromiss zwischen Tradition und Moderne sichtbar in Erscheinung tritt. Der Baukörper ist kubisch hervorgehoben, was besonders bei beiden Stirnbauten zum Ausdruck kommt. Hohe Fenster betonen die

---

[656] Neubau eines Dermatologischen Krankenhauses. In: MP, Nr. 289, 11. Dezember 1925; Neubau des dermatologischen Krankenhauses. In: VK, Nr. 340, 10. Dezember 1925.
[657] Schachner: Das Hochhaus im Krankenhausbauwesen, S. 322.
[658] Sitzung des Hauptausschusses vom 11. September 1925. In: StAM, Stadtratsprotokolle.
[659] Zu entsprechenden Kalkulationen s. Schachner: Das Hochhaus im Krankenhausbauwesen, S. 328–331.
[660] Schachner: Das Hochhaus im Krankenhausbauwesen, S. 328.
[661] Ebd., S. 325.
[662] Ebd., S. 331.
[663] Münchens dritte medizinische Klinik. In: MAAZ, Nr. 160, 16. Juni 1929.
[664] Ritter: Der Krankenhausbau der Gegenwart, S. 91.

Vertikale, während Geschossgesimse die horizontale Gliederung unterstreichen. Weniger schroff ist die Straßenfront an der Thalkirchnerstraße, da Schachner wie bei der Schwabinger Kinderklinik polygonale Erker als repräsentatives Gestaltungselement einsetzte. Die Hautklinik präsentiert sich noch heute so im Straßenbild, wie seinerzeit auf dem Foto, das Schachners Ausführungen zum Hochhaus im Krankenhauswesen beigefügt ist (Abb. 22) Bedenken einiger Stadträte, die Dermatologische Klinik würde zu amerikanisch und zu sachlich geraten, standen im Zusammenhang mit der Debatte um das Hochhaus des Technischen Rathauses an der Blumenstraße, das zur selben Zeit geplant und gebaut wurde, worauf im Kapitel Bauten der Arbeit näher eingegangen wird.[665]

In den Jahren der Weimarer Republik war auch München vom Hochhausfieber erfasst worden. Die Diskussion drehte sich immer wieder um das Thema, ob ein modernes Hochhaus überhaupt ins Stadtbild passe, da dieser Haustyp aus Amerika stamme. Die Meinungen darüber gingen auseinander, während die einen um die eigene Kultur fürchteten, waren die anderen geradezu begeistert von der amerikanischen Lebensweise.[666] Schachner, der sich zwar an amerikanischen Hochhäusern und Klinikhochbauten orientiert hatte, schwächte den „Amerikanismus" bei seinem Klinikhochhaus durch eine Fassadengliederung, die seiner Meinung nach „mehr an Tirol"[667] erinnerte, auf ein für Münchner Verhältnisse tragbares Maß ab.

Dass der Architekt damit den Kunstgeschmack getroffen hatte, zeigen Berichte zum Richtfest, welche die „gefällige[n] Formen"[668] der Fassade als städtebaulichen Gewinn hervorhoben. Das Krankenhaus wurde als „großes Werk, vor allem auch in seiner architektonischen Gestaltung, [...] draußen am Südlichen Friedhof, das die Münchener Baukunst auf der vollen Höhe ihres Könnens zeigt", gewürdigt[669]. Als nach zweieinhalbjähriger Bauzeit das neue Krankenhaus am 17. Juni 1929 offiziell eröffnet wurde, hatte es seine Bewährungsprobe bereits bestanden, als ein harter Winter und eine Grippewelle die vorzeitige Inbetriebnahme des Hauses erzwangen.[670] Das neue Haus im Klinikviertel ersetzte die dermatologischen Abteilungen in den Krankenhäusern rechts und links der Isar.[671]

Der Neubau stieß auf lebhaftes überregionales Interesse, nicht nur die Münchner Presse schrieb ausführlich über Planung, Baubeginn, Richtfest und Einweihung.[672] Die Berichte verdeutlichen, dass sich die Stadt des Prestiges bewusst war, welches ihr „der moderne Krankenhausbau"[673] einbrachte. *Münchener Zeitung* und *Neue freie Volkszeitung* betonten die „Förderung der Volksgesundheit"[674]

---

[665] Vgl. Kap. V.2.1. Das Technische Rathaus – ein Hochhaus in München, S. 384–386.
[666] Peukert: Die Weimarer Republik, S. 178–181.
[667] Sitzung des Hauptausschusses vom 11. September 1925. In: StAM, Stadtratsprotokolle.
[668] Der Bau der Dermatologischen Klinik. In: MZ, Nr. 246, 6. September 1926.
[669] Die neue Dermatologische Klinik. Der Haupttrakt im Rohbau fertig. In: MZ, Nr. 188, 12. Juli 1927.
[670] Das neue Krankenhaus in der Südstadt. In: MNN, Nr. 118, 1. Mai 1929, S. 4.
[671] Kamp/Mayr/Neumann: Die städtischen Kliniken Münchens, S. 53.
[672] Ebd., S. 55.
[673] Der moderne Krankenhausbau. In: MNN, Nr. 165, 20. Juni 1929, S. 3.
[674] Münchens neues Krankenhaus. In: NfVZ, Nr. 139, 19. Juni 1929.

und den steten Ehrgeiz der Stadt, mit ganz modernen Krankenhausbauten auf dem Gebiet der Gesundheitsfürsorge unter den deutschen Großstädten an erster Stelle zu stehen.[675] Konstruktion und Dimension des 112 m langen und 31 m hohen Baues, „die Massenbewegung im modern-kubischen Charakter"[676], die grau getönte Putzfassade mit Fensterreihungen und fünf Erkervorbauten sowie die in grüner Farbe abgesetzten Gesimse und Fensterumrahmungen wurden einhellig positiv beurteilt. Die Architektur des Vier-Millionen-Projektes stelle „den modernsten Typ eines Krankenhauses dar"[677], entspreche der neuzeitlichen Kunstrichtung und der Grundsatz kleinerer Säle mit wenig Betten sei ebenfalls beherzigt worden. Sachlichkeit, Zweckmäßigkeit und neuzeitliche Hygiene wurden ebenso wie die Ausstattung der hellen und luftigen Räume mit fließendem Kalt- und Warmwasser und einer Lichtsignalanlage hervorgehoben. Lobende Erwähnung fand die Lage der modernen Klinikküche im siebten Stockwerk, da dadurch die Küchendünste von den Krankenräumen ferngehalten würden.[678]

Die Dermatologische Klinik muss im Zusammenhang mit dem übrigen Baugeschehen dieser Jahre in München gesehen werden. Als sich die Stadt 1929 mit fünf Großsiedlungen, Technischem Rathaus, modernen Postbauten und zahlreichen anderen Neubauten als das „Neue München"[679] präsentierte, zeigte sich die neue Linie, auf die die Münchner Baukunst mittlerweile eingeschwenkt war. Mit dem „modern-münchnerischen" Baustil schien „die richtige Mitte"[680] zwischen Tradition und Moderne gefunden zu sein und damit konnte das Image der Kunststadt wieder verbessert werden. Winfried Nerdinger zählt die Klinik neben Theodor Fischers Ledigenheim zu den wenigen guten öffentlichen Bauten mit „modern Münchner Formgebung"[681].

Das alles kann nicht darüber hinwegtäuschen, dass der Bau des Klinikhochhauses von Kontroversen begleitet war. Bereits im Februar 1928, als die Mittel für den Bau aufgestockt werden mussten, wurden die Stimmen kritischer: Der Bau sei „weit *über* das Bedürfnis hinaus"[682] angelegt und ins Blaue hinein ge-

---

[675] Ein neues Krankenhaus. Die dermatologische Abteilung des Krankenhauses l. d. I. – Der Klinikbau. – Das neue Haus an der Thalkirchnerstraße. In: MZ, Nr. 161, 13. Juni 1929; Neue medizinische Institute. Eröffnung der III. medizinischen Abteilung des Krankenhauses l. d. Isar und der Dermatologischen Klinik. In: MNN, Nr. 163, 18. Juni 1929, S. 3.

[676] Das neue Krankenhaus in der Südstadt. In: MNN, Nr. 118, 1. Mai 1929, S. 4.

[677] Das neue Krankenhaus im Südviertel. In: BStZ, Nr. 137, 18. Juni 1929.

[678] Die Dermatologische Klinik. Ein Vier-Millionen-Projekt. In: MAAZ, Nr. 340, 10. Dezember 1925; 3. medizinische Abt. des Krankenhauses l. d. Isar und Dermatologische Klinik. In: BK, Nr. 169, 18. Juni 1929; Ein neues Krankenhaus. In: MZ, Nr. 161, 13. Juni 1929; Münchens dritte medizinische Klinik. In: MAAZ, Nr. 160, 16. Juni 1929.

[679] Das Neue München. Sonderbeilage MNN, Nr. 313, 17. November 1929; vgl. auch Kap. IV.2. Wohnbauten und Siedlungen in München, S. 299.

[680] Preis: Beseitigung der Wohnungsnot in München, S. 103; vgl. auch Kap. IV.2. Wohnbauten und Siedlungen in München, S. 293.

[681] Nerdinger, Winfried: Dermatologische Klinik an der Thalkirchnerstraße. In: Stölzl: Die Zwanziger Jahre in München, S. 392; vgl. Zukowsky: Stuttgart, München und der Süden, S. 203.

[682] Das Dermatologische Krankenhaus. In: BK, Nr. 41, 10. Februar 1928.

plant worden, „nur um Arbeit zu schaffen"683, war der allgemeine Tenor. Im Münchner Fasching spottete man über „teure Häute"684 und die „Riesenanstalt"685. Vor allem am Direktorenwohnhaus erhitzten sich quer durch alle Stadtratsparteien die Gemüter. Manche hätten die Gelder lieber für den Wohnungsbau oder das Ledigenheim verwendet.686 Hatte man anfangs die sachliche Architektur des Krankenhaushochbaus damit entschuldigt, dass die Zeit äußerste Sparsamkeit und einen Zweckbau erforderlich mache687, musste sich Schachner gegen Vorwürfe Scharnagls im Stadtrat zur Wehr setzen, der Kostenvoranschlag sei deutlich überschritten worden.688 Obwohl zuverlässige Berechnungsmethoden für die Kosten eines Krankenhausneubaus damals unter Fachleuten umstritten waren, wird deutlich, wie schwierig es für Kommunen war, in dieser wirtschaftlich unsicheren Zeit Aufwendungen für ein Bauprojekt über Planungsphase und Bauzeit zu kalkulieren. Auch in den Jahren nach der Inflation erwiesen sich Berechnungen wegen konstanter Verteuerung und bisweilen unzureichender Verfügbarkeit an Baumaterialien häufig als zu niedrig angesetzt. Lohnsteigerungen für Bauarbeiter taten ein Übriges. Problematisch dürfte im Fall der Dermatologischen Klinik auch das komplizierte Finanzmodell für Bau und Instandhaltung gewesen sein.689 Leo von Zumbusch rückte mit einem Artikel den Klinikbau in ein besseres Licht, indem er die Notwendigkeit und Fortschrittlichkeit des Gebäudes hervorhob, ohne die man in „ärztlichen Dingen"690 mit Amerika nicht Schritt halten und sich dem internationalen Wettbewerb nicht stellen könne.

Die Verleihung der Ehrendoktorwürde an Schachner und einige Würdenträger der Stadt München wurde im Vorfeld der Eröffnungsfeierlichkeiten von Querelen überschattet, da mehrere Stadträte die Ehrung des Oberbürgermeisters Karl Scharnagl für überzogen hielten.691 Ohne näher auf den Neubau einzugehen, bedachte der *Völkische Beobachter* in seinem Bericht über die Eröffnung nur den ersten Krankenhaushochbau Deutschlands und die „Stadt Pettenkofers und Nußbaums" mit Lob und mokierte sich süffisant-populistisch über Scharnagls Doktor

---

683 Ebd.
684 Aus dem Münchener Stadtrat. O Narr, o Narr! – Teure Häute. – Lichtblicke. In: NfVZ, Nr. 35, 11. Februar 1928.
685 Ebd.
686 Neubau des dermatologischen Krankenhauses. In: NfVZ, Nr. 288, 11. Dezember 1925; Neubau eines Dermatologischen Krankenhaues. In: MP, Nr. 289, 11. Dezember 1925; Das Dermatologische Krankenhaus. Direktorenwohnung und künstlerische Ausgestaltung. In: MAAZ, Nr. 45, 15. Februar 1928; Das Direktorwohnhaus. In: VB, Nr. 39, 16. Februar 1928.
687 Sitzung des Hauptausschusses vom 11. September 1925. In: StAM, Stadtratsprotokolle.
688 Das Dermatologische Krankenhaus. In: BK, Nr. 41, 10. Februar 1928.
689 Der Freistaat finanzierte den Roh- und Außenbau sowie die erforderliche Infrastruktur, während die Stadt für Innenausbau und medizinische Einrichtungen aufzukommen hatte; Kamp/Mayr/Neumann: Die städtischen Kliniken Münchens, S. 53.
690 Zumbusch, L[eo] von: Ein städtischer Krankenhaus-Neubau. In: MAAZ, Nr. 155, 10. Juni 1928.
691 Der Streit um den Ehrendoktor. In: MNN, Nr. 118, 1. Mai 1929, S. 4; Der erste Krankenhaus-Hochbau Deutschlands an der Thalkirchnerstr. Drei neue medizinische Ehrendoktoren. III. medizinische Abteilung und Dermatologische Klinik – Die Eröffnungsfeier. In: AllgZ, Nr. 138, 17. Juni 1929; vgl. auch DBV, Nr. 55, 7. März 1933.

honoris causa.⁶⁹² Einen Einblick in die Diskussion um unterschiedliche Moralvorstellungen der Münchner Bevölkerung zur Zeit der Weimarer Republik gibt ein Bericht der *Münchener Post*, die den Ruf Münchens der Lächerlichkeit preisgegeben sah angesichts der Prüderie einiger Kritiker, welche ihr Missfallen an der künstlerischen Ausgestaltung zum Ausdruck brachten, indem sie ein Wandgemälde im Vestibül, auf dem die entblößten Brüste einer Frau zu sehen waren, in einer Nacht-und-Nebel-Aktion mit einer Papierbluse überdeckten.⁶⁹³

Trotz einer Kapazität von 430 Betten brachte die Dermatologische Fachklinik keine nennenswerte Entlastung für die Münchner Krankenhäuser. Für Empörung sorgten 1930 Berichte, dass im Krankenhaus links der Isar keine Räume für isolierungsbedürftige Patienten vorhanden seien und im Sterben liegende Patienten auf den Gängen untergebracht würden.⁶⁹⁴ Kaum ein Jahr nach der Eröffnung, als infolge der Weltwirtschaftskrise die Schließung Münchner Kliniken im Raum stand, wurde die Klinik als überdimensioniert, gigantisch und monströs kritisiert. Tatsächlich scheint der Neubau an der Thalkirchner Straße von der Bevölkerung nur zögerlich angenommen worden zu sein. Zeitungsberichte deuten darauf hin, dass weniger mangelnde Nachfrage als die prominente Innenstadtlage direkt am Alten Südfriedhof dafür verantwortlich war. Da Geschlechtskrankheiten mehr als heute mit einem gesellschaftlichen Stigma behaftet waren, zogen es offenbar auch viele Patienten mit Hauterkrankungen vor, sich allein wegen der unauffälligeren Adresse in der dermatologischen Abteilung des Städtischen Krankenhauses München-Schwabing behandeln zu lassen.⁶⁹⁵

Das Dermatologische Krankenhaus wurde mit der Einrichtung von Radioempfängern zum Ausgangspunkt einer wichtigen Neuerung im Münchner Krankenhauswesen. Mit dem ebenfalls 1929 eröffneten Rundfunkhaus etablierte sich der Rundfunk als neues Massenmedium im Freistaat, so dass kein Patient mehr während seines Klinikaufenthalts darauf verzichten wollte.⁶⁹⁶ Selbst aus therapeuti-

---

692 Münchens neuestes Krankenhaus: Die Dermatologische Klinik. Entgegen dem Willen der Mehrheit des Stadtrates nimmt Scharnagl den Ehrendoktor an. In: VB, Nr. 139, 19. Juni 1929; vgl. auch Münchens neues Krankenhaus. In: NfVZ, Nr. 139, 19. Juni 1929.
693 Mysteriöse Schneiderkünste. In: MP, Nr. 194, 23. August 1929.
694 Die Empörung lässt sich an der Vielzahl der Artikel und Leserbriefe zum Thema ermessen: Eine Feder gesucht. In: TZ, Nr. 80, 29. April 1930; Die Angriffe auf das Krankenhaus l. d. I. Zurückweisung im städtischen Hauptausschuß. In: MNN, Nr. 117, 30. April 1930; Angriffe auf ein Krankenhaus. In: BStZ, Nr. 98, 30. April 1930; Angriffe auf das Krankenhaus l. d. I. In: BK, Nr. 120, 30. April 1930; Vorwürfe gegen das Krankenhaus l. d. I. Eine Erklärung der Leitung. In: MZ, Nr. 117, 30. April 1930; Die Raumnot im Krankenhaus l. d. I. In: MAAZ, Nr. 115, 30. April 1930; Mißstände im Krankenhaus l. d. Isar? In: MP, Nr. 100, 2. Mai 1930; Schweisheimer, W.: Unwürdige Zustände in der Krankenbehandlung? Zu den Angriffen auf das Krankenhaus l. d. I. In: MNN, Nr. 125, 8. Mai 1930.
695 Schließungen im Schwabinger Krankenhaus. In: MNN, Nr. 318, 22. November 1932; Gegen Schließungen im Schwabinger Krankenhaus. Zu den bevorstehenden Beratungen im Stadtrat. In: MNN, Nr. 61, 3. März 1933; Aerzteschaft und Schwabinger Krankenhaus. In: MZ, Nr. 230, 22. August 1932; Das Schwabinger Krankenhaus. In: MZ, Nr. 326/327, 26./27. November 1932; MAAZ, Nr. 52, 28. Februar 1933.
696 Zur medizinischen Notwendigkeit des Radioempfangs s. Schreiben [Schwarz'] an Stadtrat München, Az. 1289/III/31. In: StAM, Krankenanstalten, Nr. 165. Zur Rolle der Der-

schen Gründen wurde Radiounterhaltung am Krankenbett befürwortet.[697] Da aber während der Weltwirtschaftskrise angesichts knapper Kassen nicht alle Krankenhäuser vollwertige Anlagen installieren konnten, rief der Direktor des Deutschen Museums, Oskar von Miller, 1930 zu Spenden auf.[698] Viele Emotionen und die Reportage einer Illustrierten begleiteten auch die Nachrüstung einer Rundfunkanlage im Krankenhaus München-Schwabing.[699]

Etwa zeitgleich mit Dermatologischer Klinik und Schwabinger Kinderkrankenhaus projektierte Richard Schachner weitere moderne Krankenhäuser in Bad Reichenhall, Schwandorf, Passau und Augsburg. Auch außerhalb Bayerns erhielt Schachner Aufträge wie für das Neubauprojekt des Städtischen Krankenhauses in Stettin.[700] Darüber hinaus publizierte er wissenschaftliche Abhandlungen und Aufsätze in Fachzeitschriften und Büchern über modernen Krankenhausbau und seine Münchner Krankenhausbauten.[701] Obwohl Schachners Krankenhäuser stilistisch einen Kompromiss zwischen Tradition und Moderne eingehen, gelang eine mustergültige Umsetzung der Forderungen nach Licht, Luft und Sonne. Die Verbindung neuzeitlicher hygienischer und medizinischer Anforderungen mit moderner Bauweise bei den Krankenhausbauten Schachners galt in der Fachliteratur als richtungsweisend und wurde zum Vorbild für zahlreiche Klinikbauten der Weimarer Zeit.[702]

Die Frauenklinik als Ergänzung der Nürnberger Krankenanstalten

Ähnlich wie München leistete die Stadt Nürnberg Vorbildliches im Gesundheitswesen. Durch die stürmische Entwicklung der ehemaligen Reichsstadt zum wich-

---

matologischen Klinik bei dieser Entwicklung vgl. Schreiben Heucks an Stadtrat München, Referat 8 vom 1. Mai 1931, Az. 3319/III/31. In: StAM, Krankenanstalten, Nr. 165.

[697] Gutachterausschuß: Richtlinien, S. 49-51.
[698] Schreiben Zumbuschs an Stadtrat München vom 2. Februar 1930. In: StAM, Krankenanstalten, Nr. 165. Rundfunk in den Krankenhäusern. Ergebnis einer Umfrage über die Einrichtung vom 1. Juni 1931. In: StAM, Krankenanstalten, Nr. 165; vgl. auch Begleitschreiben Kerschensteiner/[Schwarz] an Stadtrat München vom 22. Juni 1931, Az. 4478/III/31. In: StAM, Krankenanstalten, Nr. 165. Der Münchner Krankenhausreferent Hörburger beklagte die geringen finanziellen Mittel für die Ausstattung der Krankenanstalten mit Radioanlagen; Schreiben Hörburgers an Fritz Müller-Partenkirchen vom 15. Februar 1932. In: StAM, Krankenanstalten, Nr. 165.
[699] Müller-Partenkirchen, Fritz: 2000 Kranke hören. In: BRZ, Nr. 3, 13. Januar 1929. Auch die *Münchner Neuesten Nachrichten* nahmen sich des Themas an; Müller-Partenkirchen, Fritz: Eine Bitte! Kopfhörer heraus! In: MNN, Nr. 43, 14. Februar 1932.
[700] Zu den Bauprojekten in Bad Reichenhall (1927-1929), Augsburg (1928-1930) und Stettin (1928/29) sind in der Datenbank des Architekturmuseums der TU München Digitalisate der Pläne abrufbar unter http://mediatum.ub.tum.de/?id=948496 (5. Oktober 2019). Zu Bad Reichenhall s. Murken: Vom Armenhospital zum Großklinikum, S. 229. Verträge zu Bauten in Schwandorf und Passau als Beilage zu Schreiben Schachners an Rechtsrat Seiderer vom 15. Januar 1928. In: StAA, Bestand 34, 626.
[701] Schachner: Das Hochhaus im Krankenhausbauwesen, S. 318-33; ders.: Das dritte Krankenhaus in München (1/2). In: DBZ, Nr. 76, 22. September 1906, S. 511-518; ders.: Das dritte Krankenhaus in München (2/2). In: DBZ, Nr. 80, 6. Oktober 1906, S. 539-544; ders.: Das städtische Krankenhaus München-Schwabing.
[702] Ritter: Krankenhausbau der Gegenwart, S. 80, 91; Nerdinger: Dermatologische Klinik an der Thalkirchnerstraße. In: Stölzl: Die Zwanziger Jahre in München, S. 392.

tigsten Industriestandort Bayerns sah sich das örtliche Gesundheitswesen enormem Druck ausgesetzt, die medizinische Versorgung der schnell wachsenden Arbeiterschaft sicherzustellen. Starkes Einwohnerwachstum[703] führte binnen weniger Jahre zu drastischer Verknappung von Wohnraum sowie beengten und unhygienischen Wohnverhältnissen. Nürnberg hatte eine der höchsten Tbc-Erkrankungsraten deutschlandweit zu verzeichnen, gerade die Arbeiterviertel stellten als Hort für Tuberkulose und Geschlechtskrankheiten soziale Brennpunkte dar.[704] Mit zunehmendem Hygienebewusstsein setzte die Stadt auf administrative Maßnahmen, die zur Gründung des ersten Gesundheitsamtes in Deutschland führten.[705] Die Arbeitsbedingungen in den Fabriken und industrielle Luftverschmutzung trugen dazu bei, dass es um den allgemeinen Gesundheitszustand der Nürnberger Stadtbevölkerung nicht gerade zum Besten bestellt war. Mehr als 80 Prozent der Patienten im städtischen Krankenhaus gehörten der Arbeiterschaft an, wobei der Anteil weiblicher Patienten wesentlich geringer als der der Männer war. Letztere gingen nicht nur oft der gefährlicheren Arbeit nach, sondern waren auch häufiger krankenversichert.[706]

Mit zunehmender Industrialisierung war die Stadt bestrebt, ihre Krankenanstalten trotz eines knappen Budgets auf dem Stand der Zeit zu halten. Als das 1845 eröffnete städtische Krankenhaus am Frauentorgraben zu klein wurde, bemühten sich private, zum Teil von geistlichen Gemeinschaften getragene Krankenanstalten um Entlastung. Jedoch blieb der Bau eines neuen großen Krankenhauses unausweichlich.[707] Das 1894–1897 errichtete städtische Krankenhaus an der Flurstraße im Stadtteil St. Johannis zählte mit insgesamt 30 ein- bis zweistöckigen Gebäuden und 100 000 m² Fläche zu den größten Anstalten im reinen Pavillonsystem.[708] Flächen für Erweiterungsbauten bis zu 1300 Betten waren eingeplant.[709]

Direktorenvilla und Verwaltungsgebäude waren wie damals üblich repräsentativ, während die in Backsteinbauweise errichteten Pavillons eher an Nürnberger Fabrikbauten erinnerten. Zeitgenössische Aufnahmen zeigen fünf verschiedene, zum Teil unterkellerte und durch unterirdische Gänge miteinander verbundene Pavillontypen mit sehr flach geneigten Satteldächern.[710] Grünzüge und Abstände

---

[703] Einwohnerziffern für Nürnberg: 333 142 (1910), 392 494 (1925) und 410 438 (1933); Götschmann: Wirtschaftsgeschichte Bayerns, S. 315.
[704] Reichsweit starben jährlich ca. 150 000 Menschen an Tuberkulose; Windsheimer: 100 Jahre Klinikum Nürnberg, S. 113.
[705] Nürnbergs neueste Fürsorge-Einrichtung. Heute Eröffnung der Frauenklinik und des Säuglingsheims. In: FK, 12. Dezember 1930.
[706] 1910 verzeichnete das Krankenhaus ca. 11 500 Patienten, von denen knapp 75% Fabrikarbeiter, Tagelöhner, Dienstboten, Lehrlinge und Gesellen waren. Über 80% der Patienten waren unter 40 Jahre; Windsheimer: 100 Jahre Klinikum Nürnberg, S. 58, 95.
[707] Windsheimer: 100 Jahre Klinikum Nürnberg, S. 19.
[708] Ebd., S. 20, 58, 73–76.
[709] Im Vorfeld unternahm eine Delegation aus Krankenhausdirektor Gottlieb Merkel, Magistratsrat und Krankenhauspfleger Wilhelm Tauber, Architekt Heinrich Wallraff sowie dem designierten Verwalter Kaiserberg zwei Besichtigungsreisen; vgl. Windsheimer: 100 Jahre Klinikum Nürnberg, S. 72f., 82–86, 100; Murken: Vom Armenhospital zum Großklinikum, S. 192–194.
[710] Windsheimer: 100 Jahre Klinikum Nürnberg, S. 20, 76–78.

zwischen den Einzelbauten von ca. 20 m sicherten eine gewisse Versorgung mit Licht und Luft. Die großen Krankensäle mit ca. 30 Betten wurden erst im Zuge von Erweiterungen auf Raumgrößen von vier bis sechs Betten reduziert.[711] Hygiene spielte bereits bei der Planung eine Rolle, da das Städtische Krankenhaus Nürnberg über je zwei Isolierhäuser und Operationssäle verfügte.[712] Eine Auflistung des Münchner Arztes Ziemssen verdeutlicht, dass das Nürnberger Städtische Krankenhaus um die Jahrhundertwende zu den vorbildlichsten deutschen Krankenhäusern gehörte und in einem Atemzug mit bedeutenden Institutionen wie der Charité genannt werden konnte.[713] Allerdings verhinderte die Zusammenarbeit der Klinik mit externen, vertraglich gebundenen Fachärzten lange Zeit die Gründung einer gynäkologischen Abteilung.[714]

Trotz mehrfacher Erweiterungen erwog die Stadtverwaltung nach dem Krieg die Errichtung eines zweiten großen Krankenhauses im Süden der Stadt.[715] Inflation und Finanznöte zwangen die Verantwortlichen, die Entscheidung immer wieder zu vertagen.[716] Die Überlegungen konkretisierten sich Mitte der zwanziger Jahre im Zuge der Fusionsverhandlungen zwischen Nürnberg und Fürth, als der Bau eines Krankenhauses mit einer Kapazität von 1200-1400 Betten im Westen Nürnbergs anvisiert wurde.[717] Im Gegensatz zu München, wo Richard Schachner mit der Dermatologischen Klinik ein Krankenhochhaus im innenstädtischen Bereich errichtete, konnte sich Stadtbaurat Otto Ernst Schweizer 1926 bei der Planungskommission, die das Pavillonsystem bevorzugte, mit seinem Vorschlag einer Blockbebauung nach dem Vorbild US-amerikanischer Krankenhäuser im Hochhausbau nicht durchsetzen. Stattdessen wurden die Pavillonbauten des Städtischen Krankenhauses nach Plänen Schweizers aufgestockt und modernisiert.[718] Dass Schweizer mit seiner Idee scheiterte, lag vermutlich auch daran, dass der Oberbürgermeister der Stadt, Hermann Luppe, Hochhäuser wie in New York für Nürnberg ausschloss[719] Als sich Fürth zum Bau eines eigenen Krankenhauses

---

[711] Murken: Vom Armenhospital zum Großklinikum, S. 193-195; Windsheimer: 100 Jahre Klinikum Nürnberg, S. 92, 102.
[712] Murken: Vom Armenhospital zum Großklinikum, S. 194f.
[713] Schreiben Ziemssens an die Direktion des städt. allgem. Krankenhauses München links der Isar vom 6. September 1900. In: StAM, Krankenhaus Schwabing, Nr. 15/1.
[714] Windsheimer: 100 Jahre Klinikum Nürnberg, S. 88.
[715] Ebd., S. 99-102.
[716] Plank, [Robert]: Die neuen Nürnberger Anstalten für Mütter- und Säuglingsfürsorge (Frauenklinik, Mütter- und Säuglingsheim). In: Erdmannsdorffer: Frauenklinik und Säuglingsheim Nürnberg, S. 4.
[717] Im Februar 1925 beschloss der Stadtrat den Bau eines zweiten städtischen Krankenhauses. Verhandlungen mit der Nachbarstadt Fürth über einen gemeinsamen Krankenhausbau erfolgten auf Betreiben des Gesundheits- und Wohlfahrtsreferenten Heimerich; Luppe: Mein Leben, S. 197. Windsheimer: 100 Jahre Klinikum Nürnberg, S. 268.
[718] Der Krankenhauskommission gehörten an: die Krankenhausdirektoren Müller und Kreuter, Bezirksarzt Kaspar, Bürgermeister Martin Treu, Gesundheitsreferent Robert Plank, der Leiter des Hochbauamtes (Brugmann), die Krankenhauspflegerin und mehrere Stadträte; Erdmannsdorffer: Die bauliche Anlage der Frauenklinik und des Säuglingheimes Nürnberg. In: ders.: Frauenklinik und Säuglingsheim Nürnberg, S. 12f.; Windsheimer: 100 Jahre Klinikum Nürnberg, S. 150; Boyken: Otto Ernst Schweizer. Milchhof, S. 83.
[719] Schmidt: Kultur in Nürnberg, S. 63-65.

entschloss, zerschlugen sich die Pläne, jedoch sollte der Neubau auch Nürnberger Bürgern offenstehen. Trotz des Scheiterns der Eingemeindung nach Nürnberg wurde der Bau des Fürther Krankenhauses entsprechend den getroffenen Vereinbarungen 1930 realisiert und erleichterte den vorläufigen Verzicht Nürnbergs auf ein eigenes zweites Krankenhaus.[720]

Zwischenzeitlich bemühte sich die Stadt, die Lage zu entspannen, indem sie wie in der Vergangenheit auf Erweiterungs- beziehungsweise Neubauten kleinerer privater Krankenanstalten setzte. Die zum Teil konfessionell ausgerichteten Träger wie die Niederbronner Schwestern beim Theresienkrankenhaus oder die Neuendettelsauer Anstalten beim Krankenhaus Hallerwiese wurden von der Stadt zwar bezuschusst, belasteten aber den Stadtsäckel nicht allzu sehr, da sie größtenteils selbst den Bau finanzierten und den Betrieb übernahmen.[721] Die neuen Krankenhäuser verbesserten die Krankenversorgung und boten eine Vielfalt moderner Architektur. Das etwa zeitgleich mit der Großsiedlung Nordostbahnhof entstandene Theresienkrankenhaus (1927/28) war das erste katholische Krankenhaus Nürnbergs.[722] Den Baukomplex Fritz Mayers prägen trotz einzelner moderner Elemente, wie klarem Baukörper und glatten, weitgehend schmucklosen Fassaden, ein eher konservativer Formenkanon und ein ausgeprägtes Steildach. Dennoch wurden damals neuzeitliche Hygienestandards und die Kriterien einer modernen chirurgischen Klinik erfüllt.[723] Der Erweiterungsbau der Klinik Hallerwiese 1927/28 von German Bestelmeyer präsentierte sich mit einem Flachdach wesentlich moderner und zählte ebenfalls als neuzeitliches Krankenhaus zum „Rückgrat der gesundheitlichen fürsorgerischen Einrichtungen"[724]. Das 1929 im Stil der Neuen Sachlichkeit von Otto Ernst Schweizer errichtete Tuberkulosekrankenhaus, das Johannisheim, brachte weitere Entlastung. Otto Ernst Schweizer hatte

---

[720] Das in den Jahren 1928–1930 nach Plänen von Hermann Herrenberger erbaute Allgemeine Städtische Krankenhaus in Fürth zählte zu den bedeutendsten Krankenhausbauten der Weimarer Zeit in Bayern. Zukowsky: Stuttgart, München und der Süden, S. 211.

[721] Windsheimer: 100 Jahre Klinikum Nürnberg, S. 58, 63, 109–112; Schieber/Schmidt/Windsheimer: St. Johannis, S. 101–105. Einweihung des Sankt Theresienkrankenhauses in Nürnberg. In: MkPS, Nr. 8, Juli 1928, S. 5; Mittenhuber/Schmidt/Windsheimer: Der Nürnberger Nordosten, S. 93; Luppe: Mein Leben, S. 197.

[722] Ab 1924 übernahm der Orden der Niederbronner Schwestern die Finanzierung, nachdem das auf dem Nürnberger Katholikentag 1921 eingeworbene Spenden- und Stiftungskapital durch die Inflation wertlos geworden war; Windsheimer: 100 Jahre Klinikum Nürnberg, S. 156f.

[723] Das St. Theresienkrankenhaus Nürnberg vollendet. Ein Meisterwerk der Bautechnik und neuzeitlicher Hygiene. Eröffnung am kommenden Sonntag. In: NZ, Nr. 169, 20. Juli 1928, S. 6. Als Spezialist für Klinikbau war Mayer 1927 mit einem weiteren Projekt beauftragt, dem Wöchnerinnenheim der Martha-Maria-Klinik, die das größte freie Krankenhaus Nürnbergs darstellte. Träger war hier die methodistische Gemeinde; Windsheimer: 100 Jahre Klinikum Nürnberg, S. 58, 111f., 164.

[724] Die Eröffnung des Hallerwiesen-Krankenhauses. In: NZ, Nr. 285, 3. Dezember 1928, S. 3f.; vgl. auch: Ein neues Krankenhaus in Nürnberg. Der Verein für Krankenpflege eröffnet heute sein neues Heim an der Hallerwiese. In: NZ, Nr. 284, 1. Dezember 1928, S. 5. Mit dem Neubau hatte sich der Verein finanziell übernommen, weshalb ab 1933 die Neuendettelsauer Anstalten den Klinikbetrieb fortführten; Windsheimer: 100 Jahre Klinikum Nürnberg, S. 164.

einen ersten Entwurf dazu bereits auf der Gesolei vorgestellt, wo die Stadt Nürnberg mit einer eigenen Abteilung vertreten war. Von den ursprünglich geplanten sechs miteinander verbundenen terrassierten Flügelbauten wurden wegen der Weltwirtschaftskrise nur zwei realisiert.[725]

Die Bestrebungen, eine bessere Mütter- und Säuglingsversorgung zu erreichen, hatten zwar schon vor dem Ersten Weltkrieg dazu geführt, dass mit Unterstützung einer privaten Initiative eine Fürsorgeeinrichtung etabliert werden konnte, aber in der unmittelbaren Nachkriegs- und Inflationszeit erfolgte unter städtischer Regie nur ein provisorischer Ausbau mit einer Verteilung auf mehrere Wohnhäuser im ganzen Stadtgebiet.[726] Die behelfsmäßige Versorgung der Mütter und Säuglinge in baufälligen Gebäuden und Holzbaracken war alles andere als hygienisch.[727] Obwohl sich die Nürnberger Fürsorgestellen auch mit Hygienefragen auseinandersetzten, waren die Probleme nicht in den Griff zu bekommen. Den langgehegten Plan, alle Einrichtungen in einer Frauenklinik zusammenzuführen, ermöglichte erst 1928 eine Anleihe, für die Oberbürgermeister Hermann Luppe nach Amerika gereist war.[728]

Es erforderte einigen Aufwand, Vorbehalte der Ärzte und der Bevölkerung gegen stationäre Entbindung und Versorgung Neugeborener in Kliniken abzubauen. Die Gebote der modernen medizinischen Wissenschaft trafen auf überkommene Vorstellungen, die den natürlichen Vorgang der Geburt nicht zu einem Fall für das Krankenhaus werden lassen wollten. Aus Angst vor Kindbettfieber und Ansteckung zogen viele Frauen eine Hausgeburt vor.[729] Stadtobermedizinalrat Gänßbauer erklärte angesichts des Geburtenanstiegs die Notwendigkeit einer Frauenklinik für eine Großstadt wie Nürnberg mit dem Fortschritt in Hygiene und Medizin und wies auf Behandlungsvorteile bei Komplikationen während der Schwangerschaft oder der Geburt hin.[730]

---

[725] Boyken: Otto Ernst Schweizer 1890-1965. Bauten und Projekte, S. 82, 114f.; Schmidt: Kultur in Nürnberg, S. 242; Schieber/Schmidt/Windsheimer: Architektur Nürnberg. Bauten und Biografien. Bd. 1, S. 67; Luppe: Mein Leben, S. 197.
[726] Erdmannsdorffer: Frauenklinik und Säuglingsheim, S. 2; Sembach, Klaus-Jürgen (Hg.): Architektur in Nürnberg 1904-1994. Nürnberg 1994, S. 16; Plank: Nürnberger Anstalten, S. 47.
[727] Plank: Nürnberger Anstalten für Mütter- und Säuglingsfürsorge, S. 3; Plank, [Robert]: Die Nürnberger Einrichtungen für Mutterschutz u. Säuglingsfürsorge. Nürnberg, 1. September 1926, S. 6. In: StAN, C 23/I/350 Krankenhäuser Allgemein; Plank, Robert: Die neuen Nürnberger Anstalten für Mütter- und Säuglingsfürsorge (Frauenklinik, Mütter- und Säuglingsheim). In: Sonderdruck aus Zeitschrift für das gesamte Krankenhauswesen 1931, Nr. 22, 27. Oktober 1931, S. 609; Windsheimer: 100 Jahre Klinikum Nürnberg, S. 105-107, 145.
[728] Schmidt: Kultur in Nürnberg, S. 63.
[729] Wegen der hohen Mortalitätsrate bestanden noch 1906 bei der Berliner Medizinischen Gesellschaft Vorbehalte gegen Kinderkrankenhäuser; Windsheimer: 100 Jahre Klinikum Nürnberg, S. 109.
[730] Gänßbauer: Die Bedeutung der Frauenklinik, S. 7f. Verzeichnete das Wöchnerinnenheim 1898 lediglich 63 Geburten pro Jahr, waren es kurz vor dem Ersten Weltkrieg knapp über 1000. Nach einem Rückgang im Krieg und der Inflationszeit stiegen die Geburten auf 1494 (1924) und 1798 (1928) stark an; Gänßbauer: Die Bedeutung der Frauenklinik, S. 8; vgl. auch Plank: Nürnberger Anstalten, S. 47.

III. „Bauten der Gemeinschaft"

Die Besichtigungsreise einer Kommission führte 1926 zu neun Frauenkliniken, die man auch auf ihre Akzeptanz in der Bevölkerung prüfte. Im Anschluss daran wurden die Baukriterien überarbeitet und entschieden, geburtshilfliche und gynäkologische Abteilung unter einheitlicher Leitung zu führen.[731] Die Planungen wurden dahingehend präzisiert, der künftigen Frauenklinik das um ein Mütter- und Säuglingsheim erweiterte Wöchnerinnenheim anzugliedern.[732] Wie aus Denkschriften und Gutachten zu schließen ist, sollte dabei ein neuzeitliches Projekt, das auch die soziale Betreuung lediger Mütter in einem Heim für Hausschwangere vorsah, zum Tragen kommen.[733]

Vor diesem Hintergrund fällte der Stadtrat 1928 bewusst die Entscheidung, die Frauenklinik nicht an der Peripherie Nürnbergs zu errichten, sondern in unmittelbarer Nachbarschaft zum städtischen Krankenhaus an der Flurstraße.[734] Der Standort an der Flurstraße bot zwei ausschlaggebende Vorteile – Entlastung des Städtischen Krankenhauses und gemeinsame Nutzung bereits vorhandener Wirtschaftsgebäude als „denkbar sparsamste Lösung"[735] für einen Neubau.[736] Auf Grund der angespannten Finanzlage verzichtete man auf einen Architektenwettbewerb und der städtische Hochbaureferent Wagner erarbeitete ein Vorprojekt. Die darin festgelegten Parameter konfrontierten den nachfolgenden Architekten Robert Erdmannsdorffer[737] mit einer nicht ganz einfachen Aufgabe, da der von Wagner errechnete Kostenrahmen eingehalten, einige Altbauten in den neu zu errichtenden Gebäudekomplex mit einbezogen und ein architektonischer Gegenpol zu den Mietskasernen des angrenzenden Stadtteils St. Johannis geschaffen werden sollten.[738]

---

[731] Plank, [Robert]/Treu, [Martin]: Bericht über die Besichtigung von Entbindungsheimen, Frauenkliniken u. Mütterheimen. Nürnberg, Juli 1926, S. 1. In: StAN, C 23/I/350 Krankenhäuser Allgemein. Ritter: Der Krankenhausbau der Gegenwart, S. 41-43; Plank: Nürnberger Einrichtungen, S. 2.

[732] Plank: Die neuen Nürnberger Anstalten, S. 3f.; Erdmannsdorffer: Frauenklinik und Säuglingsheim, S. 2.

[733] Plank: Nürnberger Einrichtungen, S. 4f.

[734] Windsheimer: 100 Jahre Klinikum Nürnberg, S. 20, 102, 133; Erdmannsdorffer: Frauenklinik und Säuglingsheim, S. 2.

[735] Plank: Nürnberger Einrichtungen, S. 7.

[736] Das städtische Krankenhaus verzeichnete 1924/25 39% mehr Patienten als im vorherigen Rechnungsjahr. Windsheimer: 100 Jahre Klinikum Nürnberg, S. 149, 160; Erdmannsdorffer: Frauenklinik und Säuglingsheim, S. 2; ders.: Die bauliche Anlage der Frauenklinik, S. 15.

[737] Robert Erdmannsdorffer, seit 1928 für die Stadt Nürnberg als Architekt tätig, konnte im Krankenhausbau einschlägige Erfahrungen vorweisen – 1914 war das Lindauer Krankenhaus nach seinen Plänen errichtet worden. Weitere herausragende Bauten Erdmannsdorffers sind das Haus der Volksbildung und die Güllschule in Ansbach. Nach der „Machtergreifung" geriet Erdmannsdorffer wie viele andere Architekten der Moderne in Schwierigkeiten. Da er sich weigerte, in die NSDAP einzutreten, erhielt er nur noch einen größeren Auftrag, der aber nicht realisiert wurde; Feitenhansl, Roland: Die städtische Frauen- und Kinderklinik in Nürnberg – ein Denkmal der 1930er bis 1950er Jahre. In: Denkmalpflege Informationen, Nr. 152, Juli 2012, S. 43; Windsheimer: 100 Jahre Klinikum Nürnberg, S. 161f.; Plank: Die neuen Nürnberger Anstalten, S. 4; Erdmannsdorffer: Die bauliche Anlage der Frauenklinik, S. 11.

[738] Erdmannsdorffer: Die bauliche Anlage der Frauenklinik, S. 12.

2. Krankenhausbau

Erdmannsdorffer präsentierte sich mit seinem Klinikneubau als Architekt des Neuen Bauens. Obwohl für moderne Krankenhausbauten geschlossene Höfe abzulehnen waren, zwangen Umfang des Bauprojektes und beengter Bauplatz, die Flügelbauten der Frauenklinik um zwei Innenhöfe zu gruppieren. Der Baukomplex dokumentiert eine spezifisch bayerische Eigenheit des Neuen Bauens. Da in Bayern Flachdächer nicht erwünscht, beziehungsweise nur sehr schwer durchzusetzen waren, bediente sich Erdmannsdorffer eines Kunstgriffs, indem er dem Klinikbau ein sehr flaches Walmdach aufsetzte, das von der Straße aus gesehen als Flachdach wahrgenommen wird.[739] Ähnliche „Flachdächer" wählten Theodor Fischer und Otho Orlando Kurz für die Moll-Blöcke im Münchner Westend.

In der Festschrift zur Eröffnung der Frauen- und Säuglingsklinik merkte der Architekt an, dass „[m]it Rücksicht auf die finanziellen Erwägungen [...] dem Architekten zum Schmuck des Baues fast nur die Farbe geblieben"[740] sei. Mittels grüner Farbe sind einzelne Mauerabschnitte und Fenster optisch zu einem „Fensterband" zusammengefasst.[741] Vier derartige Bänder schaffen eine starke horizontale, über die Hausecken hinweggeführte Gliederung und verleihen der Frauenklinik „die charakteristische Note"[742], indem sie sich farblich vom Weißgrau des kubischen Baukörpers absetzen. Mauerwerk und Fensterband des Innenhofes wurden zur besseren Orientierung für die Besucher in unterschiedlichen Ockerfarben gestrichen.[743] Das benachbarte Genesungshaus von 1891 erhielt durch Umbau eine dem Aussehen der Frauenklinik angeglichene Fassade; erkennbar ist der Unterschied nur an den Geschosshöhen. Der Bildteil der Festschrift zur Eröffnung vermittelt einen Eindruck von der neuen Frauenklinik.[744] (Abb. 23 u. 24)

Erdmansdorffer stellte die Klinik in einen Kontext mit dem unmittelbar benachbarten Erweiterungsbau des städtischen Krankenhauses (1926) von Otto Ernst Schweizer, der ähnliche Elemente, wie Disposition der Anlage, angedeutete Fensterbänder und Flachdach, aufweist. Dies deutet darauf hin, dass der Architekt sich in Anlehnung an Schweizers Umbauten um eine konsequente Fortentwicklung des städtischen Krankenhauses bemühte. Um einen städtebaulichen Akzent zu schaffen, den das Stadtviertel St. Johannis auf Grund der zusammenhangslosen historisierenden Wohnbebauung dringend notwendig hatte, ließ sich Erdmansdorffer auf einen Kompromiss ein: „Der Neubau ist moderner Art, doch meidet er die extreme Richtung."[745]

---

[739] Feitenhansl: Frauen- und Kinderklinik in Nürnberg, S. 44. Als Grund für den Verzicht auf ein Flachdach nennt Erdmannsdorffer das knappe Budget. Ein Mezzaningeschoss zur Unterbringung der Versorgungsleitungen hätte Mehrkosten verursacht; Erdmannsdorffer: Die bauliche Anlage der Frauenklinik, S. 18.
[740] Erdmannsdorffer: Die bauliche Anlage der Frauenklinik, S. 18.
[741] Anders als bei vergleichbaren Bauten des Neuen Bauens kommen die Fensterbänder nicht durch aneinandergereihte „liegende" Fenster, sondern durch „stehende" Sprossenfenster in Verbindung mit einer Pfeilerreihe zustande. Schmale Gesimse betonen die horizontale Gliederung der Fassade zusätzlich; Feitenhansl: Frauen- und Kinderklinik in Nürnberg, S. 43 f.
[742] Erdmannsdorffer: Die bauliche Anlage der Frauenklinik, S. 18.
[743] Ebd.
[744] Feitenhansl: Frauen- und Kinderklinik in Nürnberg, S. 44.
[745] Erdmannsdorffer: Die bauliche Anlage der Frauenklinik, S. 18.

III. „Bauten der Gemeinschaft"

Im Interesse einer kostengünstigen und zeitsparenden Bauweise wurde eine Kompromisslösung gewählt, indem der Einsatz moderner Materialien wie Eisenbeton- und Eisenkonstruktionen ähnlich wie bei Schachners Dermatologischer Klinik in München auf statisch sensible Bereiche beschränkt blieb.[746] Auch für Innenmauern und Schallschutz wurden aus Kostengründen günstige Varianten gewählt.[747]

Da in der Baubeschreibung immer wieder von Verzicht und Einsparungen die Rede ist, ist nicht ganz von der Hand zu weisen, dass die moderne Architektur der Frauenklinik zum Teil dem allgemeinen Sparzwang zu verdanken war.[748] Unter anderem wurde auf einen monumental-repräsentativen Eingangsbereich, großflächige Schiebefenster[749] und beim Säuglingsheim auf eine terrassenförmige Anlage verzichtet.[750] Die Tatsache, dass an den Kranken- und Betriebsräumen und deren Ausstattung nicht gespart wurde[751], macht deutlich, dass die Prioritäten woanders lagen – Licht, Luft und Sonne galten insbesondere für Säuglinge als unerlässlich.

Obwohl Erdmannsdorffer nicht explizit das funktionalistische Baukonzept erwähnte, lässt die Beschreibung ein solches erkennen. Um die Klinikbauten auf dem doch recht kleinen Areal trotz der unvermeidlichen Anlage eines geschlossenen Innenhofs möglichst „licht und luftig zu gestalten"[752], kürzte der Architekt im Grundriss lange Gänge, versah diese mit großflächigen Fenstern und brachte Betriebsräume, Röntgenabteilung, Kreißsaal, Operations- und Behandlungsräume im Nordtrakt unter. Untersuchungsräume, Teeküche, Toiletten und Bäder wurden in die Verbindungstrakte gelegt, so dass alle Krankenzimmer nach Süden ausgerichtet werden konnten. Auf diese Weise erreichte der Architekt eine hygienisch und zugleich betrieblich sinnvolle räumliche Trennung der Kranken- und Behandlungsräume.[753] Da Loggien für das Säuglingsheim einen zu hohen Raumverlust bedeutet hätten, entschied er sich für eine Balkonlösung, die mit einer Kombination aus vorgelagertem Laufgang und schmalen Balkonen die Verschattung auf ein Minimum reduzierte.[754]

Die Raumaufteilung der neuen Frauenklinik orientierte sich mit Fünf-, Zwei- und Einbettzimmern an Kriterien des modernen Krankenhausbaues, wobei heller

---

[746] Ebd., S. 12.
[747] Ebd., S. 29f.
[748] Ebd., S. 17f.
[749] Ebd.
[750] Eine Vorstellung davon gibt das Krankenhaus St. Johannis mit seinen Liegeterrassen. Den Sparzwängen fielen weitere Details zum Opfer, so wurde die ursprüngliche Stockwerkshöhe reduziert, um aufwändige Fundamentierungsarbeiten zu umgehen; s. Erdmannsdorffer: Die bauliche Anlage der Frauenklinik, S. 12.
[751] Ebd., S. 12.
[752] Ebd., S. 17.
[753] Plank: Die neuen Nürnberger Anstalten, S. 5f. Aus Angst vor Infektionen wurde selbst auf die Einrichtung von Bädern für je zwei Zimmer verzichtet; s. Zeltner, Edwin: Das neue Säuglingsheim. In: Erdmannsdorffer: Frauenklinik und Säuglingsheim, S. 9.
[754] Zeltner: Säuglingsheim, S. 10; Plank: Nürnberger Anstalten, S. 612f. Erdgeschoß und erster Stock erhielten zusätzlich kleinere überdachte Liegehallen, auf größere Konstruktionen wurde aus Kostengründen verzichtet; Erdmannsdorffer: Die bauliche Anlage der Frauenklinik, S. 18.

Wandanstrich und farbige Vorhänge einen freundlichen Eindruck vermitteln sollten. Klapptische und Einbauschränke ermöglichten Sauberkeit und Ordnung.[755] Auch die sanitäre Ausstattung war hygienisch vorbildlich.[756] Ein Bericht über die Entbindungsstation in der *Fränkischen Tagespost* lässt die erforderliche Überzeugungsarbeit erahnen, Frauen zur Entbindung in einer Frauenklinik zu motivieren. Deutlich hervorgehoben wurde, dass man eine Krankenhausatmosphäre weitgehend vermieden und für die Kreißsäle bewusst einen abwaschbaren hellen Anstrich statt Fliesen gewählt habe. Nach der Entbindung bleibe das Neugeborene in einem kleinen Bett bei der Mutter. Auch die Angst vor Ansteckung sei unbegründet, da eine eigene Quarantänestation für kranke Säuglinge vorhanden sei und zu jedem Vier- oder Fünfbettzimmer ein eigenes Bad und ein Balkon gehöre.[757] (Abb. 25)

In Bezug auf den Krankenhausbetrieb waren die Arbeitsabläufe nach hygienischen und funktionellen Gesichtspunkten durchdacht sowie modernste Technik eingebaut. Ähnlich dem Schwabinger Kinderkrankenhaus war die Säuglingsstation mit Glaswänden unterteilt.[758] In der Röntgenabteilung waren Strahlenschutzmaßnahmen getroffen worden und auch die Operationssäle entsprachen mit einem septischen und aseptischen Operationsbereich sowie starken, wärmefreien Lichtquellen neuesten Erkenntnissen. Dunkle Täfelung und dunkelblaue Kleidung des Operationsteams ermöglichten schatten-, spiegel- und blendungsfreies Arbeiten.[759] Vielfach wurde in den Berichten neben den Aufzügen für Besucher und Krankentransporte die Ausstattung der Klinik mit Telefonanlage, Lichtrufanlage und Steckdosenleisten für den Anschluss von Nachtlampen, Heizdecken und Radiokopfhörer erwähnt.[760] Wegen der zunehmenden Anzahl elektrisch betriebener Geräte hatte man beim Bau der Frauenklinik und des Säuglingsheimes eine Notstromversorgung eingerichtet.[761]

Wie in dieser Zeit üblich, waren im Zuge einer Arbeitsbeschaffungsmaßnahme bei der Vergabe der Bauarbeiten ortsansässige Betriebe bevorzugt worden. Trotz Weltwirtschaftskrise, Preis- und Lohnsteigerungen glückte es, das 5,5-Millionen-Projekt über eine Bauzeit von mehr als zwei Jahren ohne Überschreitung der bewilligten Bausumme zu realisieren.[762] Die Eröffnung der Frauenklinik am 12. Dezember 1930 fand im bescheidenen Rahmen statt, nur die Stadt hatte es sich nicht nehmen lassen, eine reich bebilderte Festschrift mit Baubeschreibung zu dru-

---

[755] Ebd., S. 26.
[756] Ebd., S. 30.
[757] Schutz dem neuen Leben! Ein Gang durch die neue Frauenklinik und das Säuglingsheim In: FTp, Nr. [336], 12. Dezember 1930; Plank: Die neuen Nürnberger Anstalten, S. 5 f.; Zeltner: Säuglingsheim, S. 9.
[758] Erdmannsdorffer: Die bauliche Anlage der Frauenklinik, S. 24; Plank: Nürnberger Anstalten, S. 613.
[759] Erdmannsdorffer: Die bauliche Anlage der Frauenklinik, S. 27; Das neue Wöchnerinnenheim. In: FTp, Nr. 309, 11. November 1930.
[760] Die *Fränkische Tagespost* verweist darauf, dass 57 km Stark- und 140 km Schwachstromleitungen verlegt wurden; Schutz dem neuen Leben! In: FTp, Nr. [336], 12. Dezember 1930. Erdmannsdorffer: Die bauliche Anlage der Frauenklinik, S. 33 f.
[761] Erdmannsdorffer: Die bauliche Anlage der Frauenklinik, S. 30-33.
[762] Ebd., S. 14 f., 36-40; Plank: Nürnberger Anstalten, S. 614.

cken.[763] Im Vorwort pries Oberbürgermeister Luppe das neue Krankenhaus als Paradebeispiel der sozialliberalen Politik der Stadt: „Der Neubau ist [...] nicht nur eine Zierde Nürnbergs geworden, sondern auch für längere Zeit der Abschluß der Entwicklung, welche Nürnberg auch auf dem Gebiete der Gesundheits- und Jugendfürsorge in die Reihe der führenden deutschen Großstädte gestellt hat."[764] In dieser Bilanz wusste sich Luppe mit der Lokalpresse und anderen Honoratioren einig. Der deutschnational bis nationalsozialistisch ausgerichtete *Fränkische Kurier* erinnerte stolz daran, dass „Nürnberg in Bayern mit der Schaffung eines städt. Gesundheitsamtes voranging"[765], und zitierte angesichts des durch die Weltwirtschaftskrise verursachten Geburtenrückgangs den Wunsch des Regierungspräsidenten Rohmer, „[d]er Neubau wolle den Lebenswillen unseres Volkes wieder fördern"[766].

Die moderne Frauenklinik mit geburtshilflicher Abteilung und Säuglingsstation bot eine besondere Gelegenheit, auf den Wiedergenesungsprozess des deutschen Volkes hinzuweisen.[767] In der Presseberichterstattung wird Nürnbergs Beitrag zur Gesundung des deutschen Volkes und die Notwendigkeit der Frauenklinik für die Volksgesundheit hervorgehoben, da die politischen Umwälzungen erst das ganze Ausmaß der Probleme zutage gefördert hätten.[768] Zugleich wollte sich die Stadt mit „musterhafte[n] Anstalten für Mütter- und Säuglingsfürsorge"[769] profilieren. Dass Luppe die Bausumme für den „moderne[n] Riesenbau"[770] mit dem Argument „Hygiene kostet Geld"[771] verteidigte, lässt auf kritische Stimmen schließen. Der Schwerpunkt zahlreicher Artikel lag auf einer Aufzählung und Beschreibung der „nach modernsten hygienischen Gesichtspunkten"[772] „solid und zweckmäßig ohne jeden Luxus"[773] eingerichteten klinischen Räumlichkeiten und auf ihrer hygienischen und technischen Ausstattung. Die Ausrichtung nach den Grundsätzen Licht, Luft und Sonne floss nur beiläufig mit ein.[774] Erdmannsdorffer, dem womöglich der knappe finanzielle Spielraum bei der architektonischen Gestaltung entgegenkam, wurde einhellig für die „gelungene"[775] Lösung einer äußerst schwie-

---

[763] Heute Eröffnung der Frauenklinik. Gestern Presseführung. In: NZ, 12. Dezember 1930.
[764] Erdmannsdorffer: Frauenklinik und Säuglingsheim, S. 2. Auch die *Bayerische Volkszeitung* (BVZ) bezeichnet die Frauenklinik als „Zierde unserer Stadt"; Dem Wohle von Frau und Kind. In: BVZ, 12. Dezember 1930.
[765] Nürnbergs neueste Fürsorge-Einrichtung. Heute Eröffnung der Frauenklinik und des Säuglingsheims. In: FK, 12. Dezember 1930.
[766] Die Eröffnung der neuen Frauenklinik. In: FK, 13. Dezember 1930.
[767] Plank: Die neuen Nürnberger Anstalten, S. 6.
[768] Die Eröffnung der neuen Frauenklinik. In: FK, 13. Dezember 1930.
[769] Nürnbergs musterhafte Anstalten für Mütter- und Säuglingsfürsorge. Wöchnerinnenheim; Gynäkologische Station; Säuglings- und Mütterheim; Hausschwangeren-Unterkunft; Pflegerinnen-Schule. In: N-FMp, 13./14. Dezember 1930.
[770] Das Haus der Nürnberger Säuglinge. Der riesige Neubau des Wöchnerinnenheims. Ueber 5 Millionen Mark Aufwand. In: 8-Uhr-Abendblatt, [ca. 12.Dezember 1930]; Dem Wohle von Frau und Kind. In: BVZ, 12. Dezember 1930.
[771] Die Eröffnung der neuen Frauenklinik. In: FK, 13. Dezember 1930.
[772] Das neue Wöchnerinnenheim. In: FTp, 11. November 1930.
[773] Schutz dem neuen Leben! In: FTp, 12. Dezember 1930.
[774] Nürnbergs neueste Fürsorge-Einrichtung. In: FK, 12. Dezember 1930; Das Haus der Nürnberger Säuglinge. In: 8-Uhr-Abendblatt, [ca. 12. Dezember 1930]; Nürnberg. Neue Frauenklinik. In: MNN, 23. Januar 1931.
[775] Nürnbergs musterhafte Anstalten. In: N-FMp, 13./14. Dezember 1930.

rigen städtebaulichen Aufgabe gelobt. Dass der Gebäudekomplex „im Zeitstil"[776] errichtet wurde, entschuldigte man damit, dass es sich um „Zweckbauten der Hygiene"[777] handle oder dass „die große Not der Zeit [...] dieser Anstalt gar zu sehr den Stempel"[778] aufgedrückt habe. Wie wiederholt in Zeitungsartikeln anklang, wurde in Nürnberg zur selben Zeit eine Debatte darüber geführt, wie modern in der alten Reichsstadt überhaupt gebaut werden dürfe.[779]

Trotz angespannter Finanzen wollte man nicht ganz auf eine künstlerische Ausgestaltung verzichten und Oberbürgermeister Luppe rechtfertigte den Aufwand von 30 000 RM damit, dass der geringe Schmuck, der sich im Rahmen moderner Architektur anbringen lasse, kein Luxus sei, da das Haus der Versorgung von Müttern diene.[780] Einzelne Skulpturen wurden im Eingangsbereich sowie im Garten aufgestellt, den Alfred Hensel, der Architekt der Nürnberger Stadionanlagen, gestaltet hatte. Wandbilder Nürnberger Künstler schmückten Treppenhäuser und Gesellschaftsräume, wie Fotos in der Festschrift zeigen.[781] (Abb. 26) Während die Neue Sachlichkeit Erdmannsdorffers offenbar allgemein akzeptiert wurde, da bei der Beurteilung des Klinikbaus weniger architektonische Gesichtspunkte als dessen Funktionalität zählten, waren moderne Fresken und Plastiken von Anfang an umstritten.[782] Die *Nordbayerische Zeitung* sparte nicht mit Kritik am Bayerischen Innenministerium, dessen Intervention bei der Aufstellung einer Figur im Eingangsbereich „amüsant, aber auch im Grunde genommen reichlich anmaßend"[783] sei. Während die *Bayerische Volkszeitung* den künstlerischen Schmuck gering, aber umso ansprechender fand[784], echauffierte sich die *Nürnberger Zeitung* über „die ornamentlose, die schreckliche Zeit"[785]. Ihre Beurteilung der Wandmalereien glich einem totalen Verriss. Die Ärzteschaft stellte 1934 den Antrag, ein Wandbild von Nida-Rümelin im Ärztekasino zu entfernen.[786] Hinzu kam die Diskussion um das „jüdische" Aussehen einiger Figuren.[787] In einer Großaktion im Novem-

---

[776] Mutterschutz und Säuglingsfürsorge in Nürnberg. In: MNN, 16. Dezember 1930.
[777] Das neue Wöchnerinnenheim. In: FTp, 11. November 1930.
[778] Nürnbergs neueste Fürsorge-Einrichtung. In: FK, 12. Dezember 1930.
[779] Die feierliche Eröffnung des Neubaues von Frauenklinik und Säuglingsheim. In: BVZ, 13. Dezember 1930; Die Wandbilder im Frauenkrankenhaus. In: NZ, 13. Dezember 1930; Nürnbergs neueste Fürsorge-Einrichtung. In: FK, 12. Dezember 1930.
[780] Siehe Erdmannsdorffer: Frauenklinik und Säuglingsheim, S. 2; Eröffnung der Frauenklinik. In: NZ, 12. Dezember 1930.
[781] Erdmannsdorffer: Die bauliche Anlage, S. 19-25, 35.
[782] Das neue Wöchnerinnenheim. In: FTp, 11. November 1930; Die neuen Kliniken in der Flurstraße. Ueber 1750 Krankenbetten verfügt die Stadt. Der modern eingerichtete Bau umfaßt Säuglingsheim, Wöchnerinnenheim und die gynäkologische Abteilung. In: NbZ, 12. Dezember 1930.
[783] Die neuen Kliniken in der Flurstraße. In: NbZ, 12. Dezember 1930. Auch die *Nürnberger Zeitung* nimmt Bezug auf das Ministerium, das die Aufstellung einer Figur zu verhindern scheint; Wandbilder. In: NZ, 13. Dezember 1930.
[784] Dem Wohle von Frau und Kind. In: BVZ, 12. Dezember 1930.
[785] Wandbilder. In: NZ, 13. Dezember 1930.
[786] Schreiben der Ärzteschaft der Frauenklinik an Gänßbauer vom 14. März 1934 mit Aktennotizen. In: StAN, C 23/I/350 Krankenhäuser Allgemein.
[787] Aktennotiz Emil Stahls vom 23. Oktober 1935. In: StAN, C 23/I/350 Krankenhäuser Allgemein; Windsheimer: 100 Jahre Klinikum Nürnberg, S. 198f.

ber 1936 wurden Wandgemälde überstrichen, Kunstwerke entfernt, abgeändert oder durch Führerbilder und Gauleiterportraits ersetzt.[788]

Der Hebammenverein, welcher die Eröffnung der Frauenklinik für die Misere der freien Hebammen verantwortlich machte, erhob bereits kurz nach der „Machtergreifung" Forderungen, die geburtshilfliche Abteilung zu schließen.[789] In dem modernen Bau der Frauenklinik sahen sie eine Gefahr für ihre berufliche Existenz und einen Eingriff in gewachsene Strukturen. Auch wenn diese Kontroversen zumeist erst nach 1933 aktenkundig wurden, scheinen sie doch darauf hinzuweisen, dass die neue Frauenklinik nicht so einhellig auf Akzeptanz stieß, wie es der Pressespiegel des Stadtarchivs oder die Autobiographie Hermann Luppes vermitteln.

Neubau der Universitätsklinik Würzburg

Für die Geschichte des Bayerischen Gesundheitswesens stellte auch Würzburg eine Bereicherung dar[790], da es 1802 bei der Eingliederung in das Königreich Bayern mit der traditionellen Zusammenarbeit zwischen Juliusspital und Universität bei der Krankenversorgung, die auf die Zeit Fürstbischof Julius Echters von Mespelbrunn im 16. Jahrhundert zurückging, punkten konnte.[791] Das große Würzburger Hospital war lange Zeit Vorbild, auch nach dem Umbau im 18. Jahrhundert, als mit dem Bamberger Modell die Anfänge der modernen Krankenhaushygiene übernommen wurden. Im Laufe des 19. Jahrhunderts baute das Juliusspital die Kooperation mit der medizinischen Fakultät der Universität weiter aus, so dass sich das Würzburger Krankenhaus zu einer der führenden modernen bayerischen Universitätskliniken entwickelte, die Pflegepersonal und angehenden Ärzten eine praxisnahe Ausbildung ermöglichten. Damit nahm das Juliusspital nicht nur in Bayern, sondern im gesamten deutschen Raum eine führende Rolle ein.[792] Erst unter König Ludwig I. verlor die Würzburger Universitätsklinik mit der Verlegung der Universität von Ingolstadt beziehungsweise von Landshut nach München ihre akademische Führungsposition an das Krankenhaus links der Isar, blieb aber mit bedeutenden Wissenschaftlern wie Wilhelm Scanzoni, Wilhelm Conrad Röntgen und Rudolf Virchow weiterhin ein Aushängeschild Bayerns.[793]

Die Entwicklung eines modernen Krankenhauswesens setzte wie in München gegen Ende des 19. Jahrhunderts ein, als sich mit dem Fortschritt in Medizin, Hygiene und Technik immer deutlicher abzeichnete, dass das altehrwürdige Julius-

---

[788] Aktennotiz vom 30. Juli/1. August 1935. In: StAN, C 23/I/350 Krankenhäuser Allgemein. Windsheimer spricht von einer „Kunstinquisition"; Windsheimer: 100 Jahre Klinikum Nürnberg, S. 198f.

[789] Schreiben Gänßbauers vom 1. Juli 1933. In: StAN, C 23/I/350 Krankenhäuser Allgemein.

[790] Gebhard: Das Gesundheitswesen in Bayern, S. 336.

[791] Lommel, August: Das staatliche Luitpold-Krankenhaus in Würzburg. München 1925, S. 3; Schindler, Renate: Das Juliusspital. In: Wagner: Geschichte der Stadt Würzburg. Bd. 3/1, S. 786f.; Brandt, Harm-Hinrich: Würzburger Kommunalpolitik 1869-1918. In: Wagner: Geschichte der Stadt Würzburg. Bd. 3/1, S. 144.

[792] Murken: Geschichte des Hospital- und Krankenhauswesens, S. 1577; Die Entstehung des Juliusspitals. In: WGA, Nr. 28, 2. Februar 1929, S. 3.

[793] Weigel: Bayerns Universitäten, S. 146f.

spital nicht mehr den Anforderungen entsprach. Ein völliger Neubau schien unumgänglich, sollte die Attraktivität der Würzburger und damit auch bayerischer Forschungseinrichtungen erhalten bleiben.[794] Verhandlungen zu einem Neubauprojekt wurden zunächst zwischen der Juliusspitalstiftung, dem Königreich Bayern als Betreiber der Universität und der für das lokale Gesundheitswesen verantwortlichen Stadt Würzburg geführt. Nachdem sich die Juliusspitalstiftung 1910 aus den Planungen zurückzog, einigten sich Staat und Stadt als verbliebene Partner auf ein Baugelände 2,2 km nordöstlich vom Stadtzentrum entfernt im Stadtteil Grombühl.[795] Mit den Planungen wurde ein neu gegründetes, dem Universitätsbauamt angegliedertes Neubaubüro betraut und zur weiteren Koordinierung die Krankenhausgesellschaft „Luitpoldspital" gegründet.[796] Da weiterhin eine enge Verbindung zur Universität bestehen sollte, sah das Bauprogramm ein Allgemeines Krankenhaus mit 600 Betten und Kliniken für innere Medizin, Chirurgie, Pädiatrie, Dermatologie, eine HNO-Abteilung, Häuser für Infektionskrankheiten und Tuberkulosekranke sowie ein pathologisches Institut vor.[797] Die Würzburger Frauenklinik, die älteste in Bayern, war historisch bedingt eigenständig, weshalb zunächst auf einen Neubau verzichtet wurde.[798] Erste Überlegungen 1916 mündeten Mitte der zwanziger Jahre in die Forderung, für interdisziplinäres Arbeiten dem Luitpoldkrankenhaus mit einer Frauenklinik einen weiteren Institutsneubau anzugliedern.[799]

Klinikdirektor König erinnerte an die schwierige Baugeschichte des Luitpoldkrankenhauses: „Der Krieg trat lähmend ein, der Weiterbau stand still, die fertigen Häuser wurden zum Teil militärischen Zwecken nutzbar gemacht. Dann kam Niederbruch, Revolution – und anschließend das Lähmungsstadium der Inflation."[800] Zwischenzeitlich mussten die Bauarbeiten ganz eingestellt werden und 1921 stand die Finanzierung des Projektes auf der Kippe, da sich die Stadt Würzburg nicht mehr in der Lage sah, ihren Anteil weiterhin zu schultern, nachdem sie über die Jahre verteilt bereits vier Millionen Mark investiert hatte. Da einige Krankenhaustrakte fertig gestellt waren oder im Rohbau standen, entschied sich die Staatsregierung, die Bauarbeiten in Eigenregie weitgehend gemäß dem ursprünglichen Bauprogramm fortzuführen, so dass noch im selben Jahr zwischen Juli und November eine schrittweise Inbetriebnahme erfolgen konnte.[801] Damit war Würz-

---

[794] Ebd., S. 149; Lommel: Luitpold-Krankenhaus, S. 3; König, Fritz: Zehn Jahre Luitpoldkrankenhaus. Eine zeitgemäße Betrachtung. In: WGA, Nr. 107, 11. Mai 1932, S. 4.

[795] Lommel: Luitpold-Krankenhaus, S. 4; Brandt: Würzburger Kommunalpolitik 1869–1918, S. 146; Die Entwicklung Grombühls. In: WGA, Nr. 18, 27. Januar 1929, S. 3.

[796] Benannt nach Prinzregent Luitpold; Lommel: Luitpold-Krankenhaus, S. 3f., 7; Brandt: Würzburger Kommunalpolitik 1869–1918, S. 147.

[797] Die Kapazität konnte ohne weitere Ausbaumaßnahmen um 100–150 zusätzliche Betten erhöht werden; vgl. Lommel: Luitpold-Krankenhaus, S. 5.

[798] Auf den Bau von Augenklinik, psychiatrischer, orthopädischer Klinik, medizinischer Poliklinik und zahnärztlichem Institut wurde ebenfalls zunächst verzichtet; Lommel: Luitpold-Krankenhaus, S. 3; Dietl, Johannes (Hg.): 1805–2005. 200 Jahre Frauenklinik und Hebammenschule Würzburg. Würzburg 2005, S. 5.

[799] Lommel, August: Die Universität Würzburg. Ihre Anstalten, Institute und Kliniken. Düsseldorf 1927, S. 23.

[800] König: Das staatliche Luitpoldkrankenhaus, S. 7.

[801] Lommel: Luitpold-Krankenhaus, S. 4.

burg im Gegensatz zu München, das bei der Dermatologischen Klinik an einer städtischen Beteiligung an den Universitätskliniken festhielt, von der finanziellen Belastung eines eigenen Krankenhausprojektes befreit. Der Verzicht auf kommunale Beteiligung trotz geleisteter Investitionen bedeutete aber einen Verlust an Einfluss auf Gestaltung und Betriebsführung des Krankenhauses.[802]

Im Vergleich zum Krankenhaus München-Schwabing, das von Anfang an zielorientiert und klar strukturiert angelegt war, wirkten sich beim Luitpoldkrankenhaus nicht nur die Krisenjahre, sondern auch die ungünstige Konstellation der Bauträger und die im Historismus verhaftete Einstellung der Architekten nachteilig aus. In Anlehnung an den Gartenstadtgedanken schien ein Hang außerhalb der staubigen Stadt für die Anlage einer kleinen Klinikstadt gut geeignet, erschwerte aber zusammen mit einem ungünstig zugeschnittenen Bauplatz eine einwandfreie bauliche Lösung und rief aufgrund seiner peripheren Lage ohne Straßenbahnanschluss weitere Kritik hervor.[803] Aus hygienischen Gründen musste für alle Gebäudeteile eine ausreichende Zufuhr von Licht und Luft gewährleistet sowie betriebliche Notwendigkeiten, wie Verbindung der medizinischen und chirurgischen Abteilungen, erfüllt werden.[804] Der 1910 vom Kultusministerium beauftragte Architekt O. Lasne war beim Entwurf des Grundkonzeptes gezwungen, die gesamte Anlage aus sich heraus zu entwickeln, da Patentlösungen wie eine für die Belle Époque übliche symmetrische Disposition des gesamten Krankenhauskomplexes ausschieden.[805] Durch die Hanglage eröffneten sich neue gestalterische Möglichkeiten, beispielsweise schlug Lasne eine städtebaulich ansprechende Staffelung der Gebäude entsprechend ihrer Höhe von unten nach oben vor, welche die mehrstöckigen Hauptgebäude in den höheren Lagen ansiedelte.[806] Interessant erscheint in diesem Zusammenhang, dass mit Lasne ein Münchner Architekt den Auftrag für die erste Planungsstufe erhielt. Peter Stuckenberger weist in seiner Dissertation zum Kirchenbau im Bistum Bamberg darauf hin, dass bei Bauprojekten, die in den Zuständigkeitsbereich des Bayerischen Kultusministeriums fielen, auffällig oft oberbayerische oder Münchner Architekten zum Zuge kamen, bisweilen zu Ungunsten lokaler Kollegen.[807] Auch wenn August Lommel, der damalige Leiter des Würzburger Bauamtes, die weitere Ausgestaltung der Pläne übernahm, blieb das Konzept der Anlage prinzipiell unverändert. Das Festhalten am Konzept eines Münchner Architekten bildet eine Kontinuitätslinie aus der Vorkriegszeit bis in die Weimarer Republik. Die auch von Stuckenberger festgestellte Bevorzugung bestimmter Architekten legt einen gewissen Einfluss des Ministeriums auf die Planung, zumindest in Bezug auf den repräsentativen Charakter des Universitätsklinikums nahe.[808]

---

[802] König: Zehn Jahre Luitpoldkrankenhaus. In: WGA, Nr. 107, 11. Mai 1932, S. 4; Brandt: Würzburger Kommunalpolitik 1869-1918, S. 148f.
[803] Lommel: Universität Würzburg, S. 28.
[804] Ders.: Luitpold-Krankenhaus, S. 5f.
[805] Ebd., S. 19.
[806] Ebd., S. 5, 19.
[807] Stuckenberger: Gottesburgen, S. 52-54. Bettina Keß erwähnt die Bevorzugung Münchner Architekten von Seiten der Staatsregierung in Würzburg; Keß: Kunstleben und Kulturpolitik in der Provinz, S. 350-353.
[808] Weigel: Bayerns Universitäten, S. 145f.

Der Lageplan des Luitpoldkrankenhauses zeigt die Dimension und den schlossähnlichen Charakter der Anlage, die gewissermaßen als Gegenentwurf zum Münchner Klinikviertel zu einem zweiten Standort für Medizinwissenschaften in Bayern ausgebaut werden sollte.[809] Während vergleichbare Krankenhausneubauten des Fin de Siècle wie in München-Schwabing sich erkennbar um ein einheitliches Erscheinungsbild bemühten und Architekten wie Richard Schachner sich mit einem neuzeitlichen, modernen Krankenhausbau auseinanderzusetzen begannen, war beim Luitpoldkrankenhaus in Würzburg zunächst der bürgerlichbarocke städtebauliche Kontext ausschlaggebend. Kurz nach Baubeginn sahen sich die Erbauer durch den Ausbruch des Ersten Weltkrieges mit der Herausforderung konfrontiert, einerseits angesichts knapper Baumaterialien und Finanzen so sparsam und einfach wie möglich zu bauen, andererseits eine städtebaulich ansprechende Lösung zu finden, was sie dazu zwang, von der bisherigen baukünstlerischen Linie abzuweichen. Lommel selbst gab zu, dass die unterschiedliche Gestaltung der Krankenhausbauten durch die vorgesehene Nutzung und die Bedingungen der Zeit ab 1914 beziehungsweise 1918 bestimmt wurde. So sei das Luitpoldkrankenhaus unter Verzicht auf Schmuckelemente in schlichten, sachlichen Formen bei Berücksichtigung der in Würzburg dominierenden Baustile des 18. Jahrhunderts errichtet worden. Im Zuge dieser zwangsläufigen Auseinandersetzung mit neuen Architekturformen kam auch seine Einstellung zur Neuen Sachlichkeit zum Ausdruck, da seiner Meinung nach Zurückhaltung bei Schmuckformen nicht zur Ausdruckslosigkeit eines Baues führen dürften.[810] Ein Faible für die Barockstadt und Skepsis gegenüber der Moderne sprachen aus seinen Worten: „[...] vielerlei ist umschlungen von einer Gesamtstimmung, vor welcher das schlechthin Häßliche, Brutale, das manchen moderneren Städten von amerikanischer Raschwüchsigkeit eignet, zurückweichen muß."[811] Lommel scheint trotz gelegentlicher Zweifel an der Gestaltung des Luitpoldkrankenhauses lange Zeit kein großer Freund des Neuen Bauens gewesen zu sein, wie sein in der Lokalpresse viel beachtetes Streitgespräch mit Ernst May, einem der profiliertesten Vertreter des Neuen Bauens und Architekt des „Neuen Frankfurt" zeigt.[812] Der spätere Bau der Frauenklinik belegt aber, dass Lommel zu einer sachlichen Auseinandersetzung mit dem Neuen Bauen fähig war.

Die Klinikbauten galten trotz allem während der ganzen Zeit der Weimarer Republik als modern. Zudem brachte die imposante Anlage, „die monumentalste Schöpfung der letzten hundert Jahre"[813], wie Stadtbaurat Kreuter urteilte, für die Universitätsstadt Würzburg eine Aufwertung als Wissenschaftsstandort mit sich. Den repräsentativen Komplex des Luitpoldkrankenhauses, das neue Aushänge-

---

[809] Lommel: Universität Würzburg, S. 30, 33.
[810] Lommel: Luitpold-Krankenhaus, S. 19. Ähnlich äußert sich Kreuter über die Neue Sachlichkeit; Kreuter: Neue Stadtbaukunst. Würzburg, S. XIII; vgl. Dettelbacher: Damals in Würzburg, S. 54.
[811] Lommel: Universität Würzburg, S. 7.
[812] Die Podiumsdiskussion hatte die *Kulturelle Arbeitsgemeinschaft Würzburg* organisiert; Neuzeitliches Bauen. Ein Streitgespräch. In: WGA, Nr. 53, 3. März 1928, S. 3. Schmuck: Von Kistenhäusern und Flachdächern, S. 119.
[813] Kreuter: Neue Stadtbaukunst. Würzburg, S. XVI, 16.

schild Würzburgs, konnten Bahnreisende aus Richtung Nürnberg, München, Stuttgart, Heidelberg und Thüringen unmittelbar vor der Einfahrt in den Hauptbahnhof bestaunen.[814] Die Aufnahme der Medizinischen Krankenabteilung vermittelt einen Eindruck von den herrschaftlichen neobarocken Klinikbauten. (Abb. 27) Anlässlich der Eröffnung 1921 verlieh die Universität August Lommel die Ehrendoktorwürde. Der *Würzburger General-Anzeiger* würdigte ihn in einer Laudatio: „Er wurde der geniale Schöpfer dieses großen, modernen Krankenhauses. Trotz der großen Schwierigkeiten der Kriegs- und Nachkriegszeit ist es seinem technischen und künstlerischen Können geglückt, einen Bau zu schaffen, der eine Zierde Würzburgs ist und bleiben wird."[815] Besonders markant ist der 60 m hohe Kamin mit einer aufwendigen Eisenbetonkonstruktion, der einen Schornstein für das klinikeigene Kraftwerk und einen doppelten Wasserbehälter für die Wasserversorgung des Krankenhauses am Hang beherbergt.[816] Lommel versuchte, die nackte Zweckform des Wasserturms mittels eigens auf der Baustelle hergestellter unterschiedlich getönter Hohlbetonklötze zu kaschieren[817], und verteidigte das aufwendige Verfahren damit, dass „der kalte leblose Eindruck des gewöhnlichen Betons, der bei dem sonst ungegliederten, in der Masse sehr umfänglichen Turmschafte, zweifellos recht ungünstig gewirkt hätte, vermieden werden konnte"[818]. Den verkrampften Umgang Lommels mit neuen Baumaterialien und der Neuen Sachlichkeit verdeutlicht die Tatsache, dass die Kaminöffnung einige Zierelemente erhielt, um „ein[en] allzu unerträgliche[n] Gegensatz der industriellen Bauform zu den Wohnhausformen des Krankenhauses"[819] zu vermeiden.

Obwohl im ersten Planungsstadium die Entscheidung zu Gunsten des Korridorsystems fiel, ist das Würzburger Universitätskrankenhaus keinem bestimmten System zuzuordnen, da die bauliche Anlage eines Korridorbaus an den geographischen Gegebenheiten scheiterte und Höhendifferenzen bis zu 36 m geschlossene Verbindungsgänge zwischen den einzelnen Gebäudekomplexen unmöglich machten.[820] Im Unterschied zum Schwabinger Krankenhaus glaubte man jedoch in Würzburg auf Grund des vergleichsweise milden Klimas darauf verzichten zu können. Angesichts andernorts gemachter Erfahrungen wurde der organisatorische Mehraufwand als überschaubar eingeschätzt.[821]

Das Betriebskonzept sah vor, dass der Freistaat Bayern für den Unterhalt der Universitätsinstitute und der Einrichtungen für Forschung und Lehre aufzukommen hatte, während Krankenhausabteilungen und Betriebsgebäude in die Zuständigkeit der Krankenhausgesellschaft fielen.[822] Zur Vermeidung unklarer Besitz-

---

[814] König: Das staatliche Luitpoldkrankenhaus, S. 1.
[815] Kunst und Wissenschaft. Oberbauamtmann Dr. August Lommel 50. Geburtstag. In: WGA, Nr. 117, 22. Mai 1928, S. 4.
[816] Lommel: Luitpold-Krankenhaus, S. 5f.
[817] Ebd., S. 10.
[818] Ebd.
[819] Ebd.
[820] Ebd., S. 6.
[821] Ebd., S. 6f.
[822] Ebd., S. 7. Laut einer Vereinbarung sollten von 600 geplanten Betten der Staat 350 und die Stadt Würzburg 250 finanzieren; Brandt: Würzburger Kommunalpolitik 1869-1918, S. 147.

2. Krankenhausbau 181

verhältnisse erfolgte eine bauliche Trennung der jeweiligen Bereiche, die Grundriss- und Raumaufteilung nachhaltig beeinflusste. Erst 1921 übernahm der bayerische Staat komplett Betrieb und Unterhalt.[823]

Vom ursprünglichen Plan, große, von zwei bis drei Seiten belichtete Krankensäle einzurichten, wurde Abstand genommen, da die Ärzte auf kleineren Räumen bestanden. Die Raumgröße mit vier bis acht Betten orientierte sich an den großzügigen preußischen Normen der Vorkriegszeit, womit ein gewisser Puffer für Epidemien gewonnen wurde, da die Beistellung zusätzlicher Betten problemlos möglich war.[824] Mit der Ausrichtung nach Süden scheinen die Mindestanforderungen nach Licht, Luft und Sonne erfüllt worden zu sein, jedenfalls geht Lommel in seinen Jubiläumsschriften kaum auf diese Leitvorstellungen für den modernen Krankenhausbau ein, da er ihnen offenbar nicht allzu große Bedeutung beimaß. Nur knapp wird darauf hingewiesen, dass alle Errungenschaften, die zu einer modernen Klinik gehören, vorhanden seien.[825] Im Vergleich dazu spielten dahingehende Erwägungen beim Bau des Krankenhauses München Schwabing bereits eine große Rolle.

Schlechte Finanzlage und Materialknappheit während und nach dem Ersten Weltkrieg zwangen auch bei der Innenausstattung zu Abstrichen. Der hygienische Aspekt glatter, leicht zu reinigender Oberflächen bei Sperrholztüren musste bei der Bauausführung zu Gunsten herkömmlicher Füllungstüren geopfert werden. Der provisorische Bodenbelag sollte bei Besserung der wirtschaftlichen Lage durch das favorisierte Linoleum ersetzt werden, das aus dem Ausland importiert werden musste. Lediglich Operationssäle, Bäder oder Aborte, die eine besondere hygienische Ausstattung erforderten, erhielten keramische Steinzeugplatten.[826] Im Bemühen, den Anstaltscharakter zu vermeiden, wurden die Korridorwände olivgrün und pfirsichrot gestrichen.[827] Entgegen dem allgemeinen Trend, zentrale Röntgenabteilungen einzurichten, setzte das Luitpoldkrankenhaus weiterhin auf dezentrale Röntgenanlagen der Institute, da laut Lommel die wissenschaftliche Lehre an einer Universitätsklinik und die direkte Vergleichsmöglichkeit zwischen den Herstellern dies notwendig machten.[828]

Fünf Jahre nach Inbetriebnahme zog Klinikdirektor Fritz König Bilanz. Natürlich erwähnte er die wunderbare Lage des Krankenhauses am sonnenbeschienenen Hang hoch über der staubigen und schwülen Stadt, klagte aber auch über Widrigkeiten und Versäumnisse. Mangels Verkehrsanbindung war das neue Krankenhaus in seiner peripheren Lage jahrelang nur schlecht erreichbar. Erst die Spende eines nach Amerika ausgewanderten Bürgers ermöglichte die Fertigstellung der Straßenbahnverbindung zum Luitpoldkrankenhaus. Erwartungen, der

---

[823] Lommel: Luitpold-Krankenhaus, S. 7. Ein ähnlicher Mischbetrieb existierte im Münchner Krankenhaus links der Isar bis zur endgültigen Verstaatlichung in den 1950er/1960er Jahren.
[824] Lommel: Luitpold-Krankenhaus, S. 6, 16. König zufolge sind die Zimmer auf sechs, vier und zwei Betten ausgelegt; König: Das staatliche Luitpoldkrankenhaus, S. 6.
[825] Lommel: Universität Würzburg, S. 32.
[826] Ders.: Luitpold-Krankenhaus, S. 16.
[827] Ebd., S. 17; König: Das staatliche Luitpoldkrankenhaus, S. 5f.
[828] Lommel: Luitpold-Krankenhaus, S. 12.

große Klinikkomplex würde die Ansiedlung Gewerbetreibender nach sich ziehen, erfüllten sich nicht.[829] Große Schwankungen bei den Belegzahlen erschwerten anfangs den Betrieb und stellten die Rentabilität der Klinik in Frage. Die Inflation führte zu Zahlungsschwierigkeiten der Krankenkassen, was sich auf die Patientenzahlen auswirkte, so dass 1923 weniger Patienten als bei der Eröffnung verzeichnet wurden. Viele Menschen aus dem Umland konnten sich das Fahrgeld nach Würzburg nicht mehr leisten.[830] Studenten waren ebenfalls ausgeblieben und die personelle Ausstattung war nicht immer ausreichend.[831] Obwohl auswärtige Besucher Interesse an den Bauplänen zeigten, machten Ärzte der HNO-Abteilung „die eigentümliche Anlage des Baues"[832] für die langen Wege zwischen den einzelnen Abteilungen verantwortlich. Außerdem waren zu wenig Betten vorhanden.[833] Hans Rietschel, der Direktor der Kinderklinik, bedauerte, bei seinem Amtsantritt sei der Rohbau so weit fortgeschritten gewesen, dass fachspezifische Wünsche seinerseits, wie die Schaffung einer Quarantänestation, nicht mehr berücksichtigt wurden.[834] Aus Geldmangel waren die Pläne von 1909 für die Dermatologische Klinik weder überarbeitet noch neueren Erkenntnissen angepasst noch auf den Einbau moderner Geräte abgestimmt worden.[835] Selbst August Lommel räumte 1925 in einer Machbarkeitsstudie für den Um- oder Neubau des Krankenhauses in Schweinfurt ein, dass die Bauaufgabe mit einem zentralen Eingangsbereich und gedeckten Verbindungsgängen in München-Schwabing besser gelöst worden sei.[836]

All dies trug sicherlich nicht zur Akzeptanz der Klinik bei. Appelle, weiter Sorge dafür zu tragen, „den Ruf der jungen Anstalt zu begründen und zu festi-

---

[829] König: Das staatliche Luitpoldkrankenhaus, S. 9f.; ders.: Zehn Jahre Luitpoldkrankenhaus. In: WGA, Nr. 107, 11. Mai 1932, S. 4f. In München gelang es auf Druck der Krankenhauskommission, zur Eröffnung des Schwabinger Krankenhauses eine Straßenbahnverbindung einzurichten; Beschluss der Krankenhauskommission vom 5. Juni 1908. In: StAM, Krankenhaus Schwabing, Nr. 15/1; Schachner: Das dritte Krankenhaus (1/2). In: DBZ, Nr. 76, 22. September 1906, S. 511.

[830] Hygienemängel und Vorbehalte gegen das evangelische Pflegepersonal im Schweinfurter Krankenhaus bewogen viele Schweinfurter, trotz hoher Anfahrtskosten eine Behandlung im katholischen Würzburg vorzuziehen; Um den Neubau des städt. Krankenhauses. Der Stadtrat beschließt über die Vorarbeiten. In: STb, Nr. 223, 22. September 1928; Protokoll der Sitzung des Wohlfahrtsausschusses des Stadtrates der Stadt Schweinfurt vom 11. April 1928. In: StAS, HR-VR III, VII-A-23-76, Az. 5.50. Bd. 1; Das neue Krankenhaus und das neue Theresienheim. In: MkPS, Nr. 9, September 1928, S. 3f.

[831] Rietschel, Hans: Klinik, Poliklinik und Abteilung für Kinderkrankheiten. In: König: Das staatliche Luitpoldkrankenhaus, S. 68.

[832] Manasse, Paul: Klinik, Poliklinik und Abteilung für Ohren-, Nasen- und Kehlkopfkranke. Bericht über die Klinik und ihre Tätigkeit in den ersten 3 Jahren ihres Bestehens 1923-1925. In: König: Das staatliche Luitpoldkrankenhaus, S. 51.

[833] Manasse: Abteilung für Ohren-, Nasen- und Kehlkopfkranke, S. 50f.; Die Hygienekommission des Völkerbundes. In: WGA, Nr. 100, 1. Mai 1929, S. 3; König: Das staatliche Luitpoldkrankenhaus, S. 109.

[834] Rietschel: Klinik, Poliklinik und Abteilung für Kinderkrankheiten, S. 66.

[835] Zieler, Karl: Klinik, Poliklinik und Abteilung für Haut- und Geschlechtskrankheiten. In: König: Das staatliche Luitpoldkrankenhaus, S. 75.

[836] Lommel, August: Gutachten über die Erweiterung des städt. Krankenhauses in Schweinfurt. Würzburg, 1. Mai 1925. In: StAS, HR-VR III, VII-A-23-76, Az. 5.50. Bd. 2.

gen"[837], stießen bei der Stadt, die auch nach ihrem Ausscheiden aus der Trägerschaft Interesse an einer guten medizinischen Versorgung durch das neue Krankenhaus bekundete, auf offene Ohren. So war sie 1928 bereit, sich an der Wanderausstellung *Volksgesundheit* zu beteiligen. Zwei Jahre zuvor hatte man sich aufgrund der „amerikanischen" Aufmachung hingegen nicht entschließen können, Veranstaltungen zur Reichsgesundheitswoche auszurichten. In entschärfter Form sah die Stadt die Ausstellung *Volksgesundheit* wohl als Chance, mit dem Luitpoldkrankenhaus, gepriesen als „großangelegter moderner Spitalbau"[838], etwas Werbung zu betreiben. Parallel zu weiteren Ausstellungen entdeckte die Presse vermehrt die Themen Gesundheit und Hygiene für sich.[839] Mit gewisser Erleichterung konstatierte Krankenhausdirektor König in seiner Zehnjahresbilanz im *Würzburger General-Anzeiger*, dass es dem Luitpoldkrankenhaus gelungen war, sich das Vertrauen der Bevölkerung zu erwerben.[840]

Beim Bau des Luitpoldkrankenhauses war zunächst auf eine Frauenklinik verzichtet worden, obwohl schon seit Jahrzehnten dringender Handlungsbedarf bestand.[841] Mit Ausbruch des Ersten Weltkrieges konnten die Pläne für einen Neubau aus dem Jahr 1913 nicht weiter verfolgt werden.[842] Neuen Schwung erhielt das Projekt erst mit dem neuen Direktor Carl Joseph Gauß im Juni 1923, dem bei seiner Berufung an die Universität Würzburg die Errichtung einer neuen Frauenklinik zugesichert worden war.[843] Trotz der Inflation, die den Neubau in weite Ferne rückte, liefen die Planungen weiter. Insgesamt wurden 15 verschiedene Varianten ausgearbeitet, von denen wegen der allgemeinen Finanznot keine realisiert werden konnte. Da sich inzwischen in Grombühl mehrere Industriebetriebe angesiedelt hatten, wurde ein neues Gelände in unmittelbarer Nachbarschaft nördlich der Universitätskliniken des Luitpoldkrankenhauses anvisiert.[844] Die Folge waren erneute Umplanungen, doch 1927 schien „die Verwirklichung des Neubauplanes greifbar nähergerückt"[845]. Die wiederholte Verzögerung des Baubeginns nahmen Verfechter des Klinikprojektes zum Anlass, durch Schilderungen der Zustände in der alten Frauenklinik, in der Schwangere trotz Wehen abgewiesen werden mussten, die Bayerische Staatsregierung zum Handeln zu bewegen.[846] Angesichts von Hygienemängeln und provisorischen Duscheinrichtungen, die nur ein Minimum an Intimsphäre erlaubten, setzte sich sogar der Würzburger Bischof Ehrenfried für den Neubau ein.[847]

---

[837] König: Das staatliche Luitpoldkrankenhaus, S. 11.
[838] Eröffnung der Gesundheitsschau in Würzburg. In: WGA, Nr. 54, 5. März 1928, S. 3; vgl. auch: Ausstellung Volksgesundheit in Würzburg. In: WGA, Nr. 53, 3. März 1928, S. 3.
[839] Die große Wanderausstellung des Deutschen Hygiene-Museums in Würzburg. In: WGA, 25. März 1930, Nr. 69, S. 3.
[840] König: Zehn Jahre Luitpoldkrankenhaus. In: WGA, Nr. 107, 11. Mai 1932, S. 4f.
[841] Die Notwendigkeit einer neuen Frauenklinik. In: WGA, Nr. 40, 17. Februar 1928, S. 3.
[842] Dietl: 200 Jahre Frauenklinik und Hebammenschule, S. 53-55.
[843] Hipolitschek: Frauenklinik Würzburg, S. 52.
[844] Dietl: 200 Jahre Frauenklinik und Hebammenschule, S. 58.
[845] Lommel: Universität Würzburg, S. 23.
[846] Die Notwendigkeit einer Frauenklinik. In: WGA, Nr. 40, 17. Februar 1928, S. 3.
[847] Hipolitschek: Frauenklinik Würzburg, S. 52.

Mit der Weltwirtschaftskrise spitzten sich die Finanzschwierigkeiten des Freistaates derart zu, dass Kultusminister Goldenberger die 1921 geschlossene Finanzierungsvereinbarung in Frage stellte und erwog, bei dem vier Millionen teuren Projekt die Stadt Würzburg wieder mit ins Boot zu holen und mit 800 000 Mark zu beteiligen.[848] Die schwierige Finanzlage Bayerns und die pekuniäre Abhängigkeit der Länder als Kostgänger des Reiches führten zu manchem Schlagabtausch im Landtag.[849] Während sich die Bayerische Staatsregierung immer wieder zu scharfer Kritik an Berlin wegen angeblicher Benachteiligung bei der Zuteilung von Geldern hinreißen ließ und mit der Eigenständigkeit Bayerns kokettierte, wurde in Kommunalparlamenten mit Parolen wie „Die Münchner haben's nötiger!"[850] gegen den Münchner Zentralismus polemisiert. Für böses Blut sorgte in Würzburg die Entscheidung des Haushaltsausschusses des Bayerischen Landtages, die für die Frauenklinik vorgesehenen Gelder für den Umbau des Pathologischen Instituts in München zu verwenden.[851] Unklare Zuständigkeiten und bürokratische Hemmnisse wie die Festsetzung einer Bauzeit von nur 18 Tagen zur vollen Nutzung eines Zuschusses durch das Landwirtschafts- und Arbeitsministerium, wobei der Baubeginn noch gar nicht erfolgt war, sorgten weiter für Verstimmungen.[852] Ein Geburtenrückgang infolge der Wirtschaftskrise gefährdete ernsthaft Sinn und Zweck des Neubaus.[853] Oberbürgermeister Löffler, der sich wiederholt beim Finanz- und Kultusministerium für das Krankenhaus einsetzte, musste sich gegen Vorwürfe verwahren, das Hallenbadprojekt gegen die Frauenklinik auszuspielen.[854] Mit dem Großprojekt erhoffte sich Löffler eine Gelegenheit, die hohe Arbeitslosigkeit im Baugewerbe durch staatliche Beschäftigungsprogramme zu lindern. Er erklärte sich bereit, alle verfügbaren städtischen Anleihereste zur Verfügung zu stellen.[855]

---

[848] Die Frauenklink in Würzburg. In: WGA, Nr. 135, 14. Juni 1929, S. 3; Der Bau der Frauenklinik in Würzburg. Vorläufig kein Geld! In: WGA, Nr. 49, 25. April 1931, S. 1; Der Neubau der Universitäts-Frauenklinik. In: WGA, Nr. 214, 18. September 1931, S. 3; Eiserne Sparsamkeit in Bayern. Der Haushalt endlich fertig. „Ein Etat der Armut." Das Reich soll sich ein Beispiel an Bayern nehmen! Bayern neben Thüringen das meistverschuldete Land in Deutschland. In: WGA, Nr. 19, 24. Januar 1931, S. 1.
[849] Während Hans Müller (BVP) 1930 in Etatberatungen des Bayerischen Landtages den baldigen Neubau der Frauenklinik und den Ausbau der psychiatrischen Klinik anmahnte, warf Hoegner (SPD) dem Kultusministerium Fortschrittsfeindlichkeit vor; Der bayerische Kultusetat. Eine Lanze für den Neubau der Würzburger Frauenklinik. In: WGA, Nr. 172, 29. Juli 1930, S. 1.
[850] WGA, Nr. 71, 27. März 1931, S. 3.
[851] Ebd. Im Zusammenhang mit Geldzuwendungen für Bauprojekte der Landeshauptstadt war die vermeintliche Bevorzugung Münchens ein immer wiederkehrendes Thema in der Lokalpresse; Die Würzburger Frauenklinik. Wann endlich? In: WGA, Nr. 96, 28. April 1931, S. 3; vgl. auch Keß: Kunstleben und Kulturpolitik in der Provinz, S. 350f.
[852] Ein Münchener Bürokratenstücklein. In: WGA, Nr. 202, 4. September 1931, S. 4. Wie eine bissige Satire aus München zeigt, war eine unklare Kompetenzverteilung zwischen verschiedenen Behörden und Gremien kein Einzelfall; Pfister: Das Neue München, S. 8.
[853] Michaelis, Heinz: 10 Jahre Würzburg. 1919 bis 1929. In: WGA, Nr. 1, 2. Januar 1930, S. 9; Die Bevölkerungsbewegung in Bayern. Zunahme der Sterblichkeit. Weiteres Sinken der Geburtenziffer. In: WGA, Nr. 43, 21. Februar 1930, S. 2.
[854] Etatsberatung im Stadtrat Würzburg. In: WGA, Nr. 109, 13. Mai 1931, S. 4-7.
[855] Würzburg im Jahre 1930. In: WGA, Nr. 299, 30. Dezember 1930, S. 3; Arbeitsmarktlage in Würzburg vom 1. bis 15. Februar 1931. In: WGA, Nr. 42, 20. Februar 1931, S. 4; Die Notlage im fränkischen Muschelkalksteingebiet. In: WGA, Nr. 96, 28. April 1931, S. 3.

Auch Klinikdirektor König forderte 1932, das „Klinische Viertel" als Wissenschaftsstandort weiter auszubauen, und verwies auf die gestiegene Bedeutung der Universität, seit Würzburg den Status als Garnisonsstadt verloren hatte.[856] Das 350. Stiftungsfest der Universität weckte einige Hoffnungen, da Kultusminister Goldenberger im Landtag darauf drang, als Geschenk zur Jubiläumsfeier wenigstens den Baubeginn zu ermöglichen.[857]

Die desaströse Finanzsituation des Freistaats 1932 lässt sich daran ersehen, dass die Würzburger Frauenklinik der einzige größere staatliche Neubau war, der genehmigt wurde. Um die Baukosten so niedrig wie möglich zu halten, wurde die Frauenklinik als sogenannte Notstandsarbeit errichtet. Die Bauunternehmen verpflichteten sich, bis zu 90 Prozent arbeitslose Bauarbeiter aus der Region zu beschäftigen. Im Rahmen dieser Arbeitsbeschaffungsmaßnahme wurden niedrigere Stundenlöhne gezahlt, Mittel aus der Erwerbslosenfürsorge und ein Notstandskredit des Reiches flossen ebenfalls mit ein, so dass die Baukosten letztlich von 4,2 auf 3 Millionen RM gesenkt werden konnten.[858] Noch vor dem ersten Spatenstich ließ sich Goldenberger persönlich vor Ort von Architekt Lommel die Pläne erläutern.[859]

Der Architekt hatte über die Jahre dazugelernt, und Licht, Luft und Sonne spielten eine bedeutende Rolle. Die in der Presse vorgestellten Pläne zeigen eine nach Süden offene Anlage in „Form etwa eines b r e i t e n H u f e i s e n s"[860], deren Krankenzimmer ebenfalls nach Süden ausgerichtet sind. Terrassen, Loggien und ein Garten im Hof bieten den Patienten sonnige und windgeschützte Aufenthaltsorte. Ein viereckiger, siebenstöckiger Turmbau für die Wasserversorgung der Klinik umfasst Aufzüge, Tierlabors, Dienstwohnungen und eine geschützte Zufahrt zum Haupteingang. Architektonisch verknüpft er den Haupttrakt mit dem Hörsaalbau.[861] Fanden beim Bau des Luitpoldkrankenhauses Wünsche und Anregungen der Ärzte noch wenig Berücksichtigung, so erfolgte die Planung der Frauenklinik in intensiver Zusammenarbeit von Architekt und Klinikleiter. Gauß, der im Vorfeld zahlreiche Krankenhäuser besichtigt hatte, konnte seine Vorstellungen, wie eigene, unabhängige Wasserversorgung, Vierbettzimmer oder Tageslicht in allen Arbeitsräumen, durchsetzen. Für die Innenausstattung zog er eigens einen Hygieniker hinzu, was sich besonders auf die Operationssäle mit einem äußerst modern eingerichteten Sterilisationsbereich auswirkte.[862] Die Verbindung von Traditionellem und Modernem mit Zweckmäßigkeit und Patientenfreundlichkeit

---

[856] König: Zehn Jahre Luitpoldkrankenhaus. In: WGA, Nr. 107, 11. Mai 1932, S. 5.
[857] Wie steht es um den Neubau der Universitäts-Frauenklinik? Eine Antwort, die der Oberbürgermeister gibt. In: WGA, Nr. 17, 22. Januar 1932, S. 3; Würzburger Wünsche im Landtag. Der Neubau der Frauenklinik. Erhaltung einer wichtigen Forschungsstelle. In: WGA, Nr. 46, 25. Februar 1932, S. 3.
[858] Der Neubau der Würzburger Universitäts-Frauenklinik. In: WGA, Nr. 163, 19. Juli 1932, S. 4; Dietl: 200 Jahre Frauenklinik und Hebammenschule, S. 58 f.
[859] Staatsminister Dr. Goldenberger besichtigt das Würzburger Luitpoldkrankenhaus. In: WGA, Nr. 135, 15. Juni 1932, S. 3.
[860] Der Neubau der Würzburger Universitäts-Frauenklinik. In: WGA, Nr. 163, 19. Juli 1932, S. 4.
[861] Dietl: 200 Jahre Frauenklinik und Hebammenschule, S. 59.
[862] Hipolitschek: Frauenklinik Würzburg, S. 53-55.

bewog viele Gäste, den Klinikbau nach seiner Inbetriebnahme 1934 zu besichtigen.[863] (Abb. 28 u. 29)

Bemerkenswert ist die Würzburger Frauenklinik auch deshalb, da es sich um einen Bau handelt, dessen Planungsphase und Baubeginn in die Zeit der Weimarer Republik, Fertigstellung und künstlerische Ausgestaltung aber in die Zeit des „Dritten Reiches" fielen.[864] Solche Bauten werden bis heute oft im Kontext der NS-Zeit gesehen, wie Dietls Analyse zeigt: „Der martialisch wirkende Turm und die Fassadengliederung sind ähnlich nationalsozialistischen Funktionsbauten und verleihen dem Gebäude wehrhaften Charakter."[865] Zu einer etwas differenzierteren Bewertung kommt hingegen Suse Schmuck in ihrer vergleichenden Betrachtung der Krankenhausbauten der Weimarer Zeit, wobei sie feststellt, dass die Würzburger Landesfrauenklinik „durch das zeitgenössische Stilelement des horizontalen Schlitzes im Turm etwas moderner, auch modischer"[866] wirke als Lommels frühere Bauten auf dem Gelände des Luitpoldkrankenhauses. Zudem betonte der Architekt mit einem leicht zurückversetzten Walmdach den kubischen Charakter des Baukörpers. In einer Gegenüberstellung mit dem wesentlich moderneren Erscheinungsbild des städtischen Krankenhauses in Schweinfurt, des Fürther Krankenhauses oder des Krankenhauses in Freiberg (Sachsen) bescheinigt Schmuck dem Gebäude insgesamt eine konservative Grundhaltung ähnlich dem St. Joseph-Krankenhaus in Schweinfurt.[867] Auch die Klinikbauten des Schwabinger Kinderkrankenhauses und die Dermatologische Klinik München stehen zwischen Tradition und Moderne, da ihr Formenkanon neben prinzipiell modernen auch traditionelle Elemente aufweist, dagegen ist Erdmannsdorffers Frauenklinik in Nürnberg eindeutiger dem Neuen Bauen zuzuordnen.

Trotz konservativer Elemente ist die Fassadengliederung der Würzburger Frauenklinik nicht als genuin nationalsozialistisch anzusehen. Die ungewöhnliche Ensembleanlage mit dem „martialischen" Turm ist der topographischen Lage der Anstalt geschuldet, die so weit oberhalb des älteren Luitpoldkrankenhauses errichtet wurde, dass eine sichere Wasserversorgung von dort aus nicht mehr gewährleistet war. Schon erste Überlegungen zu diesem Bauplatz schlossen einen Turm mit ein.[868] Insofern dürfte der Turmbau durchaus im Sinne des Neuen Bauens funktionalen Gesichtspunkten Rechnung getragen haben. Die 1932 begonnenen Bauarbeiten, als Notstandsarbeiten durchgeführt, waren bei der nationalsozialistischen Machtübernahme so weit fortgeschritten, dass größere Umplanun-

---

[863] Ebd., S. 57.
[864] Weidisch, Peter: Planen und Bauen im „Dritten Reich". In: Hahn/Baumhauer/Wiktorin: Atlas Würzburg, S. 58.
[865] Dietl: 200 Jahre Frauenklinik und Hebammenschule, S. 92.
[866] Schmuck: Das Alte Krankenhaus, S. 32 f.
[867] St. Josef-Krankenhaus Schweinfurt (1928/30), Architekt A. Eckert, Klinikum Fürth (1928/31), Architekt Hermann Herrenberger, Krankenhaus in Freiberg/Sachsen (1928/29), Architekt Salzmann; eines der modernsten Krankenhäuser der Weimarer Zeit in Bayern war das von Architekt Heinrich Zierl im Stil der Neuen Sachlichkeit erbaute städtische Krankenhaus in Schweinfurt (1928/30); Schmuck: Das Alte Krankenhaus, S. 32 f.
[868] Der Neubau der Würzburger Universitäts-Frauenklinik. In: WGA, Nr. 163, 19. Juli 1932, S. 4.

gen, die unweigerlich einen Baustopp und eine Kostenexplosion nach sich gezogen hätten, nicht mehr vertretbar waren. Jedoch sind Inschriften und Teile der Innenausgestaltung wie Wandgemälde oder Skulpturen eindeutig der nationalsozialistischen Ideologie zuzuordnen.[869]

Augsburg – die Vision eines modernen Zentralklinikums

Gelang es der Industriestadt Nürnberg, bis Ende der zwanziger Jahre auf die Herausforderungen der Industrialisierung für ihr Gesundheitswesen zu reagieren, ergibt sich in Augsburg ein anderes Bild. Dank der Spende eines Augsburger Bürgers befand sich die Krankenversorgung im 19. Jahrhundert zunächst auf einem guten Weg, so dass sich die ehemalige Reichsstadt lange Zeit nicht nur mit der Fuggerei als Pionierleistung des sozialen Wohnungsbaus rühmen, sondern auch ein für ganz Deutschland vorbildliches Krankenhaus vorweisen konnte. Der nach Plänen von Josef Kollmann 1856-1859 im Maximiliansstil errichtete Bau war mit einer Kombination aus Bamberger und Münchner Sälen für damalige Verhältnisse ein modernes Krankenhaus, das als Korridorbau großes Aufsehen erregte.[870] Die einst mustergültige Krankenanstalt galt jedoch bereits um die Jahrhundertwende als hoffnungslos veraltet.[871] Das Gebäude hatte weder mit dem medizinischen Fortschritt noch mit der Einwohnerentwicklung Schritt gehalten. Durch Umbau- und Modernisierungsmaßnahmen vor dem Ersten Weltkrieg konnten allenfalls minimale Verbesserungen in puncto Hygiene erreicht werden. Mehrfach wurde die ungünstige bauliche Situation beklagt, die eine zeitgemäße Spezialisierung der Medizindisziplinen nicht zulasse.[872] Die Ärzte des Krankenhauses Port und Haecker sowie der Verwalter Waldmann warben daher intensiv für einen Neubau, indem sie in regelmäßigen Abständen für den Stadtrat mit drastischen Worten die Mängel des als „Flickwerk"[873] bezeichneten Klinikgebäudes auflisteten und beharrlich auf Unzulänglichkeiten und Missstände im Betrieb hinwiesen. Um ihrem Engagement mehr Nachdruck zu verleihen, formulierten sie 1924 in drei aufeinander abgestimmten Denkschriften ein ambitioniertes Bauprogramm, das sich selbstverständlich an modernsten Kriterien orientierte.[874]

---

[869] Vgl. die entsprechenden Abbildungen in: Dietl: 200 Jahre Frauenklinik und Hebammenschule, S. 92f. Die Wandgemälde und die Inschrift „Den deutschen Müttern" wurden nach dem Zweiten Weltkrieg entfernt.

[870] Das Augsburger Krankenhaus zählte zu den letzten großen Krankenanstalten in Deutschland im Korridorsystem; Murken: Vom Armenhospital zum Großklinikum, S. 110.

[871] Ein 12 Millionen-Projekt: Krankenhaus-Neubau in Augsburg. In: SVZ, Nr. 16, [20.] Januar 1928. Bereits 1910/12 bestanden erste Überlegungen zu einem Neubau; vgl. Das Augsburger städtische Krankenhaus. Die Notwendigkeit eines Neubaues. In: MAAZ, Nr. 198, 25. Mai 1924.

[872] Schreiben des Oberarztes Port an Stadtrat Augsburg vom 18. August 1921. In: StAA, Bestand 34, 626.

[873] SVZ, Nr. 120, 20. Mai 1924.

[874] Denkschrift Waldmanns für Neubau eines Krankenhauses vom 28. Mai 1924. In: StAA, Bestand 34, 626; Denkschrift Prof. Dr. Ports für Krankenhausneubau vom 31. Mai 1924. In: StAA, Bestand 34, 626; Denkschrift Prof. Dr. Haeckers für Krankenhausneubau vom 2. Juni 1924. In: StAA, Bestand 34, 626.

Die Mängelliste liest sich wie eine Zusammenfassung all dessen, was ein moderner Krankenhausbau vermeiden sollte. Nachteilig wirkte sich die „Zerrissenheit der ganzen Krankenhausanlage"[875] aus, die mit Hauptbau und drei weit auseinanderliegenden Zweigstellen in den Stadtteilen Baugarten, Pfersee und Oberhausen praktisch über das gesamte Stadtgebiet verstreut war. Die Eingemeindung der Vororte nach Augsburg hatte eine Fusion der örtlichen Krankenhäuser mit dem städtischen Krankenhaus nach sich gezogen. Eine Lösung nach dem Münchner Modell, wonach bei der Eingemeindung Haidhausens das Krankenhaus rechts der Isar zum zweiten eigenständigen Krankenhaus der Stadt aufgewertet worden war, scheiterte an der Einwohnerzahl Augsburgs.[876] Abgesehen von der äußerst ungünstigen und kostenintensiven dezentralen medizinischen Versorgung der Bürger ließ auch die Bausubstanz der Filialkrankenhäuser zu wünschen übrig, die zum Teil erst 1924 Anschluss an die Kanalisation erhielten.[877] Ein Ausbau des Hauptkrankenhauses, der eine Zentralisierung erlaubt hätte, kam auf dem nur 4,75 Tagwerk großen Gelände nicht in Betracht. „Für einen Industrieort wie Augsburg"[878] benötigte man schätzungsweise ein 1000-Betten-Krankenhaus und eine Fläche von 30 bis 40 Tagwerk.[879]

Ein wichtiges Argument für den Bau eines Zentralklinikums war die für Patienten, Ärzte und Pflegepersonal äußerst unbefriedigende Situation, dass Patienten der Filialhäuser nicht in den Genuss aller Einrichtungen wie der Röntgenanlage kamen.[880] Die Arbeitsbedingungen waren alles andere als optimal, Laboruntersuchungen mussten in München durchgeführt werden, da anstaltseigene Labore wegen Raummangels entweder zweckentfremdet wurden oder Geräte für moderne Untersuchungsmethoden fehlten.[881] Das Raumklima in den nach Süden gelegenen Operationssälen war derart schlecht und unhygienisch, dass Haecker in seiner Denkschrift klagte: „In der Tat ist es während der heissen Jahreszeit unumgänglich, dass während der ganzen Operationen ein Wärter ständig damit beschäftigt ist, den operierenden Ärzten den Schweiss abzuwischen."[882]

Die Anmerkungen der Ärzte und des Verwalters füllen mehrere Seiten der Denkschriften, eine Besonderheit des städtischen Krankenhauses Augsburg er-

---

[875] Denkschrift Waldmanns. In: StAA, Bestand 34, 626, S. 13. Das Kinderkrankenhaus befand sich in Oberhausen, die Lungenkranken in Pfersee, Infektionskrankheiten im Baugartenspital, während im Haupthaus die chirurgische und die innere Abteilung nebst der gynäkologischen Station untergebracht waren; Das Augsburger städtische Krankenhaus. In: [MAAZ], Nr. 198, 25. Mai 1924.
[876] Denkschrift Ports. In: StAA, Bestand 34, 626, S. 1.
[877] Das Augsburger städtische Krankenhaus. In: [MAAZ], Nr. 198, 25. Mai 1924.
[878] Gemeinsames Schreiben von Port/Haecker/Waldmann vom 11. Juli 1924. In: StAA, Bestand 34, 626.
[879] Denkschrift Waldmanns. In: StAA, Bestand 34, 626, S. 2; Krankenhaus im Stadtrat. Meinungsverschiedenheiten in der Krankenhaus-Platzfrage. – Der Neubau kommt nach Pfersee. 150 000 Mark für Entwässerung des Bauplatzes. Genehmigung des Vorprojekts. In: ANN, Nr. 35, 11. Februar 1928.
[880] Denkschrift Waldmanns. In: StAA, Bestand 34, 626, S. 2.
[881] Denkschrift Ports. In: StAA, Bestand 34, 626, S. 5; Denkschrift Haeckers. In: StAA, Bestand 34, 626, S. 8.
[882] Denkschrift Haeckers. In: StAA, Bestand 34, 626, S. 1.

scheint aber noch erwähnenswert. Die dezentrale Organisationsstruktur gestaltete sich mit einer seit Bestehen der Anstalt praktizierten strikten konfessionellen Trennung noch unübersichtlicher.[883] Während im Allgemeinen große Krankenhäuser sich auf gesonderte Gebetsräume für die Konfessionen beschränkten, hatte „[d]ie Teilung des Hauses in eine katholische und protestantische Abteilung [...] die Zweiteilung in Küche, Nähzimmer, Waschküche, Keller und Boden, Schwestern und Dienstmädchen zur Folge"[884]. Temperaturunterschiede der „katholischen" und „protestantischen" Boiler verhinderten eine zuverlässige Warmwasserversorgung der Operationssäle.[885] Eine gleichmäßige Auslastung der konfessionell getrennten Stationen war selbst bei Grippeepidemien unmöglich, da die Krankenschwestern gegen konfessionell gemischte Krankensäle protestierten und lieber eine gesundheitsgefährdende Überfüllung der katholischen Abteilung in Kauf nahmen, auch wenn die protestantische Station nur zur Hälfte ausgelastet war.[886] Dass trotz offensichtlicher Nachteile Überlegungen bestanden, das Prinzip der konfessionellen Trennung zumindest für die Hauptabteilungen eines neuen Krankenhauses beizubehalten, lässt auf große Spannungen zwischen Katholiken und Protestanten schließen.[887] In der Presse gab es aber auch Stimmen, die forderten, bei einem neuen Krankenhaus müsse „der lächerliche und überlebte Zustand der konfessionellen Trennung der Kranken, den katholischen und protestantischen Küchen"[888] verschwinden. Auch in anderen gemischtkonfessionellen Städten Bayerns gab es unter Katholiken Vorbehalte gegenüber evangelischen Krankenschwestern. Nürnberg bekam in den zwanziger Jahren mit dem Theresienkrankenhaus eine eigene katholische Klinik, ebenso Schweinfurt mit dem St. Joseph-Krankenhaus, nachdem viele katholische Schweinfurter jahrelang zur Behandlung nach Würzburg gefahren waren.[889]

Krieg und Inflation setzten den städtischen Finanzen stark zu und schränkten den Handlungsspielraum der Stadtverwaltung bei kommunalen Bauprojekten entsprechend ein. Konnten schon im Wohnungsbau zeitweise nur Baracken oder notdürftige Bauten errichtet werden, so bereitete die Finanzierung eines derart ambitionierten Projektes wie der Bau eines neuen Krankenhauses erst recht Kopfzerbrechen. Allen Beteiligten war bewusst, dass die Finanzierung nur sehr schwer zu realisieren sein würde. Krankenhausverwalter Waldmann äußerte sich pessimistisch hinsichtlich einer baldigen Realisierung eines Neubaus: „Wann es zu

---

[883] Denkschrift Waldmanns. In: StAA, Bestand 34, 626, S. 7; Presseamt der Stadt Augsburg, 26. Mai 1924. In: StAA, Bestand 34, 626.
[884] Denkschrift Waldmanns. In: StAA, Bestand 34, 626, S. 7.
[885] Ebd, S. 11.
[886] Denkschrift Haeckers. In: StAA, Bestand 34, 626, S. 4.
[887] Schreiben des Krankenhausverwalters Waldmann an Stadtrat Augsburg vom 2. November 1928. In: StAA, Bestand 34, 626.
[888] SVZ, Nr. 120, 24. Mai 1924.
[889] Windsheimer: 100 Jahre Klinikum Nürnberg, S. 156f.; Um den Neubau des städt. Krankenhauses. Der Stadtrat beschließt über die Vorarbeiten. In: STb, Nr. 223, 22. September 1928; Protokoll der Sitzung des Wohlfahrtsausschusses des Stadtrates der Stadt Schweinfurt vom 11. April 1928. In: StAS, HR-VR III, VII-A-23-76, Az. 5.50. Bd. 1; Das neue Krankenhaus und das neue Theresienheim. In: MkPS, Nr. 9, September 1928, S. 3 f.

einem solchen kommt, ist eine andere Frage. Das kann und muss die jetzige Generation ja nicht auf sich nehmen, weil es die wirtschaftliche Lage nicht gestattet."[890] Trotzdem wollte man die Planungen vorantreiben und einen geeigneten Bauplatz sichern, um in besseren Zeiten schnell mit dem Bau beginnen zu können.[891] „[D]ie Auswahl eines Platzes, die Regelung der Bebauungsverhältnisse um das betroffene Gelände, eventl. die Bepflanzung desselben, das könnte [...] schon jetzt behandelt werden."[892]

Vor diesem Hintergrund hatten Ärzte und Verwaltung den Zeitpunkt der Veröffentlichung der Denkschriften 1924 bewusst gewählt, da sich mit der Stabilisierung der Mark die Belegzahlen des Krankenhauses besserten und Hoffnung aufkeimte, Projektierung und Bauzeit über einen Zeitraum von sieben Jahren verlässlich kalkulieren zu können.[893] Port, Haecker und Waldmann begründeten ihre Forderung nach einem Großkrankenhaus mit 1000 bis 1200 Betten damit, dass für Augsburg mit 200 000 Einwohnern eine Bevölkerungszunahme von 40 000 Einwohnern innerhalb der nächsten zehn Jahre zu erwarten sei. An einem Industriestandort sollten pro 1000 Einwohner fünf Krankenbetten zur Verfügung stehen. Zugleich zeichnete sich eine Präferenz für ein gemischtes System aus Korridor- und Pavillonbau nach dem Modell München-Schwabings beziehungsweise des Mannheimer Krankenhauses ab.[894] Ihre Bemühungen blieben nicht ohne Erfolg, denn bereits im Januar 1925 nahm der zuständige Referent Kontakt zu Richard Schachner auf, der als erfahrener Architekt und Dozent an der Technischen Hochschule München als Experte im Krankenhausbauwesen galt. Die Krankenhauskommission erstellte ein Bauprogramm, legte Schachner ein Protokoll einer Besichtigungsreise auswärtiger Krankenhäuser vor und lud den Architekten zur Begutachtung denkbarer Bauplätze ein.[895]

Wie ernst die Kriterien Licht, Luft und Sonne genommen wurden, zeigt sich daran, dass sich die Bauplatzfrage in Augsburg, wo große mechanische Spinnereien, Textilfabriken, chemische Industrien und Maschinenbaufirmen wie MAN mit ihren Schloten die Luft verpesteten und für ein ungesundes Klima sorgten, äußerst kompliziert gestaltete.[896] Die *Neue Augsburger Zeitung* mahnte angesichts der Problematik ein sorgfältiges Vorgehen an: „Jedenfalls nimmt man bei modernen Krankenhausbauten, besonders in großen Fabrikstädten, Bedacht auf eine etwas exponierte Lage, die das Krankenhaus dem Rauch und Dunstkreis der Fa-

---

[890] Schreiben Waldmanns. Augsburg, 26. Juli 1921. In: StAA, Bestand 34, 626.
[891] Schreiben Ports an Stadtrat Augsburg vom 18. August 1921. In: StAA, Bestand 34, 626, S. 1.
[892] Schreiben Waldmanns. Augsburg, 26. Juli 1921. In: StAA, Bestand 34, 626.
[893] Denkschrift Waldmanns. In: StAA, Bestand 34, 626, S. 15 f.
[894] Gemeinsames Schreiben von Port/Haecker/Waldmann vom 11. Juli 1924. In: StAA, Bestand 34, 626; Begleitschreiben Ports und Haeckers zum Bauprogramm eines Krankenhausneubaus vom 2. Dezember 1924. In: StAA, Bestand 34, 626.
[895] Schreiben Seiderers an das Direktorium des Städt. Krankenhauses vom 16. Januar 1925. In: StAA, Bestand 34, 626.
[896] Wolf: Wohnarchitektur in Augsburg, S. 19; Götschmann: Wirtschaftsgeschichte, S. 204 f., 224; Kraus, Werner (Hg.): Schauplätze der Industriekultur in Bayern. Regensburg 2006, S. 25–50; Ein 12 Millionen-Projekt: Krankenhaus-Neubau in Augsburg. In: SVZ, Nr. 16, [20.] Januar 1928.

briken entrückt."[897] Damit schied ein Standort im Stadtzentrum von Anfang an aus. Die Standortfrage löste heftige Diskussionen im Stadtrat aus und die Bevölkerung verfolgte mit regem Interesse die Berichterstattung in den Zeitungen.

An der Peripherie wirkte sich der nahe Lech mit Nebelschwaden ungünstig aus. Bei Waldgrundstücken, besonders am Siebentischwald und dem Hochablass am Lech, traf man auf Widerstand von Seiten der Anwohner, die wegen möglicher Krankheitskeime um die Qualität ihres Naherholungsgebietes fürchteten.[898] Gerüchte und Spekulationen über den angeblich bevorstehenden Baubeginn in der Gegend von Stadtbergen veranlassten die *Augsburger Neuesten Nachrichten* im Mai 1925 zu der Richtigstellung, dass die Bauplatzfrage mitnichten entschieden sei, da die Stadt die Mittel für den Bau nicht aufbringen könne.[899] Schachner, der für verschiedene Areale Gutachten erstellte, meldete in einigen Fällen Bedenken an. Er verwies darauf, dass ein hoher Grundwasserspiegel den Bau verteuern könne.[900]

Da ein Krankenhaus durchaus als positiver Standortfaktor galt, wetteiferten verschiedene Augsburger Stadtteile untereinander. Die Fronten verliefen dabei quer durch die einzelnen Stadtratsfraktionen. Teile der BVP, die Mieterpartei und die KPD sowie einige Oberhauser Stadträte, die auf ein geplantes Reichsbahnhofprojekt setzten und damit den Zuschlag für das neue Krankenhaus für ihr Stadtviertel erhofften, lösten eine größere Kontroverse aus.[901] Eine emotional geführte Debatte, Leserbriefe und ausführliche Berichterstattung über Stadtratssitzungen in den Augsburger Zeitungen unterstreichen das enorme Interesse der Bevölkerung am geplanten Krankenhaus.[902] Ebenso druckten die Zeitungen einen Vortrag Schachners zum Thema moderner Krankenhausbau ab.[903] Mit einem Seitenhieb machte die *Neue Augsburger Zeitung* darauf aufmerksam, dass sie ihre Leser über den ganzen Fragenkomplex informiert hätte, was die Stadt versäumt habe.[904] Sowohl das Wissen um die Bedeutung von Licht, Luft und Sonne für die Gesundheit als auch eine gewisse Erwartungshaltung schlugen sich in Leserbriefen oder Aufsätzen zur Gartengestaltung nieder, mit der schon einmal begonnen werden könne, bis das Geld für den Klinikbau zur Verfügung stünde.[905] Einig waren sich alle, dass Verbesserungen unumgänglich seien. Im Bestreben, eine möglichst optimale Projektierung unter Berücksichtigung neuzeitlicher Erkennt-

---

[897] Der Platz für das neue Krankenhaus. In: NAZ, Nr. 19, 24. Januar 1925.
[898] Krankenhaus und Markthalle. In: ANN, Nr. 33, 9. Februar 1928; Krankenhaus im Stadtrat. In: ANN, Nr. 35, 11. Februar 1928. Zu einer Auflistung der erwogenen Bauplätze s. Schreiben des Referates IV an das Krankenhausdirektorium vom 5. Februar 1925. In: StAA, Bestand 34, Nr. 628.
[899] Der Neubau des Augsburger Krankenhauses. In: ANN, Nr. 120, 26. Mai 1925.
[900] Schreiben Schachners an Seiderer vom 26. Juni 1927. In: StAA, Bestand 34, 626.
[901] Krankenhaus im Stadtrat. Meinungsverschiedenheiten in der Krankenhaus-Platzfrage. In: ANN, Nr. 35, 11. Februar 1928.
[902] Das neue Augsburger Krankenhaus kommt nach Pfersee! In: SVZ, Nr. 35, 11. Februar 1928; Krankenhaus und Markthalle. In: ANN, Nr. 33, 9. Februar 1928.
[903] Ein 12 Millionen-Projekt: In: SVZ, Nr. 16, [20.] Januar 1928.
[904] Der Platz für das neue Krankenhaus. In: NAZ, Nr. 35, 11. Februar 1928.
[905] Was ist notwendig in der deutschen Gartengestaltung? In: MAAZ, 25. Januar 1928; Neuzeitlicher Krankenhausbau als Gartenangelegenheit. In: MAAZ, 25. Januar 1928.

nisse zu erreichen, wurden Krankenhausneubauten in Nürnberg, Fürth und Köln mit großem Interesse verfolgt.[906]

Schon 1927 hatte Schachner in einem Gutachten die Eignung mehrerer Baugrundstücke geprüft und die Ausarbeitung eines Vorentwurfs für das Gelände westlich von Pfersee empfohlen, da es in Luvlage zur Stadt und den Industriebetrieben lag, eine gute Verkehrsanbindung aufwies und die Möglichkeit eröffnete, praktisch alle Krankenzimmer nach Süden hin anzulegen.[907] Der im selben Jahr ausgearbeitete Entwurf bietet viele Einblicke in den modernen Krankenhausbau Ende der 1920er Jahre. Offenbar sah Schachner angesichts des beschränkten Platzangebots und knappen Budgets sowie der Notwendigkeit einer Neuausrichtung der medizinischen Versorgung eine Gelegenheit, das von ihm propagierte Konzept eines Großkrankenhauses in Hochbauweise[908] umzusetzen. Unter diesen Umständen ist die Offenheit der Augsburger Lokalpolitik, Stadtverwaltung und Bevölkerung, sich trotz aller Zwänge auf ein derart innovatives Vorhaben einzulassen, bemerkenswert. Dass er damit in Deutschland Neuland betrat, war Schachner sehr wohl bewusst, wie er in einem Schreiben an Rechtsrat Seiderer erklärte: „Mein Vorschlag für den Bau des neuen Krankenhauses in Augsburg weicht von den bisher üblichen Bauweisen wesentlich ab."[909]

Aus seinem Gutachten vom 26. August 1927 geht hervor, dass er bewusst auf eine dezentralisierte Anlage verzichtete und die Anstalt als geschlossenes Korridorkrankenhaus mit achtstöckigem Hauptgebäude und fünfgeschossigen Nebenflügeln konzipierte. Die Sonderbauten waren mit zwei Stockwerken geplant, mit Ausnahme des Kinderkrankenhauses mit vier bis fünf Etagen.[910] Die *Schwäbische Volkszeitung* sprach von „eine[r] große[n] neuzeitliche[n] Heilstätte, die nach den ersten Skizzen des Architekten [...] ein ganz monumentales Bauwerk zu werden verspricht"[911]. Schachner genoss als Facharchitekt großes Ansehen und das im Bau befindliche Kinderkrankenhaus München-Schwabing sollte Vorbild für die Augsburger Kinderabteilung sein. Für andere Bereiche des Krankenhauses orientierte man sich an Mannheim.[912]

---

[906] Zu Nürnberg/Fürth vgl. Was ist notwendig in der deutschen Gartengestaltung? In: MAAZ, 25. Januar 1928; zu Köln s. Ein neues großes Krankenhaus in Köln. In: KölZ, Nr. 141, 12. März 1931. In: StAA, Bestand 34, Nr. 626.

[907] Gutachten Schachners zum Gelände am Rosenauberg vom 13. April 1926. In: StAA, Bestand 34, 628; Gutachten Schachners mit Begleitschreiben vom 26. August 1927. In: StAA, Bestand 34, 628; Schreiben Schachners an Holzer/Seiderer vom 16. Januar 1927. In: StAA, Bestand 34, 626; Schreiben Schachners an Seiderer vom 26. Juni 1927. In: StAA, Bestand 34, 626; Krankenhaus im Stadtrat. In: ANN, Nr. 35, 11. Februar 1928; NAZ, Nr. 19, 24. Januar 1925; Schreiben des Referates IV an das Direkt[orium des städtischen Krankenhauses] vom 5. Februar 1925. In: StAA, Bestand 34, Nr. 628; Der Platz für das neue Krankenhaus. In: NAZ, Nr. 35, 11. Februar 1928.

[908] Stollenwerk: Krankenhausentwürfe, S. 238–241.

[909] Schreiben Schachners an Seiderer vom 30. September 1927. In: StAA, Bestand 34, 626.

[910] Ob das Erdgeschoss bei der Stockwerkshöhe mitgezählt wurde, ist unklar; Gutachten Schachners vom 26. August 1927. In: StAA, Bestand 34, 626.

[911] Das neue Augsburger Krankenhaus kommt nach Pfersee! In: SVZ, Nr. 35, 11. Februar 1928.

[912] Besichtigungsprogramm vom 27. September 1927. In: StAA, Bestand 34, 626.

Die Pläne zeigen einen langgestreckten Korridorbau, der ähnlich einem Reihenhaus in mehreren Abschnitten hätte errichtet werden können.[913] (Abb. 30, 31 u. 32) Um hygienischen Gesichtspunkten Rechnung zu tragen, sind die einzelnen Abschnitte so angeordnet, dass nur über Keller und siebten Stock eine Verbindung besteht. Bezüglich Gliederung der Baukörper und Fassadengestaltung der Hauptgruppe unterscheiden sich die in der Presse abgedruckten Skizzen[914] von den im Architekturmuseum der TU München aufbewahrten Plänen von 1928 und 1929 vor allem im Bereich des Haupteingangs. Vermutlich mehrfach überarbeitet, belegen die Entwürfe deutlich, welch eminente Bedeutung in Augsburg Licht, Luft und Sonne für einen Heilerfolg beigemessen wurde. Balkone für Licht- und Luftkuren erstrecken sich über die gesamte Südfassade.[915] Auffällig ist ein großer Vorplatz an der Nordseite, den eine katholische Kapelle auf der einen Seite und eine protestantische auf der anderen mit Verbindungsgängen zum Haupttrakt des Zentralklinikums flankieren.[916] Das über der Eingangshalle bis fast auf Firsthöhe vorgelagerte halbrunde, großflächig verglaste Treppenhaus in der Formensprache der Neuen Sachlichkeit betont den zentralen Eingang zum Klinikum.[917] Optisch unterteilen vorspringende Treppenhäuser und Aufzugschächte die 250 m lange Gebäudefront in sieben Abschnitte.[918] Die Südfassade erfährt eine Gliederung durch Bettentrakte, die gewissermaßen eine Fortentwicklung der vertikalen polygonalen Erker darstellen, wie sie Schachner bei der dermatologischen Klinik in München gestaltet hatte.[919] Flachdach und kubische Baukörper, zusammengesetzt nach dem Baukastenprinzip des Bauhauses, kennzeichnen den Komplex als modernen Zweckbau.[920] Die *Augsburger Neuesten Nachrichten*, die in einem ganzseitigen Artikel die Vorentwürfe für den Krankenhausneubau der Öffentlichkeit präsentierten, urteilten: „Jeder unnötige Ballast ist vermieden. Zierate, Aufbauten usw. haben keinen Platz. Das Ganze ist r e i n s a c h l i c h , k o n s t r u k t i v und für eine möglichst wirtschaftliche Ausnutzung eingerichtet."[921] Allerdings klang im Artikel an, dass selbst Schachner Bedenken hatte, die Monumentalität der Anlage könnte den Eindruck erwecken, als ob „ein wild geworde-

---

[913] Architekturmuseum der TU München, Sammlung Richard Schachner, scha-9-1 bis scha-9-16 (http://mediatum.ub.tum.de/node?id=948499, abger. 6. Oktober 2019).
[914] Das Vorprojekt zum neuen Krankenhaus. In: NAZ, Nr. 39, [16. Februar] 1928.
[915] Architekturmuseum der TU München, Sammlung Richard Schachner, scha-9-13 (s. Anm. 913).
[916] Ebd., scha-9-16.
[917] Die in der Lokalpresse abgedruckten Skizzen zeigen zwei Treppenhäuser bzw. Aufzugschächte, wobei der Wandabschnitt dazwischen als Glasfassade erscheint. Im Gegensatz zu den Plänen im Architekturmuseum der TU München weist der zentrale Haupttrakt deutlich mehr Stockwerke als die Seitenflügel auf; Architekturmuseum der TU München, Sammlung Richard Schachner, scha-9 (s. Anm. 913); Das Vorprojekt zum neuen Krankenhaus. In: NAZ, Nr. 39, [16. Februar] 1928.
[918] Architekturmuseum der TU München, Sammlung Richard Schachner, scha-9-14 (s. Anm. 913).
[919] Ebd., scha-9-4.
[920] Ebd., scha-16.
[921] Vorentwürfe für den Krankenhaus-Neubau. Die Hauptbaugruppe. In: ANN, Nr. 39, 16. Februar 1928, S. 5.

ner Architekt mit Wasserstiefeln im mageren Geldsacke der Stadt herumsteigen wolle"[922].

Die Pläne stießen nach anfänglicher Euphorie ob der Fortschritte in der Krankenhausversorgung und des sensationellen Entwurfs angesichts der immer schwieriger werdenden Finanzlage der Stadt schon bald auf vielfältige Kritik. So sahen nicht alle Stadträte die Notwendigkeit eines neuen Krankenhauses ein.[923] Als problematisch galt die periphere Lage am westlichen Stadtrand[924], weshalb die Frage aufkam, ob es nicht sinnvoller sei, das alte Krankenhaus als eine Art Ambulanz zu erhalten[925] und dort zwecks Reduzierung des auf 1200 Betten veranschlagten Bauprogramms 150 Betten für Leichtkranke zu belassen. Da die finanziell angeschlagene Stadt Augsburg unmöglich die 12 Millionen RM für den Neubau aufbringen konnte, wurde erwogen, den Bau auf mehrere Abschnitte zu verteilen, wie Schachner in einem Begleitschreiben zum Vorprojekt schon angeboten hatte, wobei mit dem 800-Betten-Hauptbau begonnen werden sollte.[926] Geprüft wurde auch ein Weiterbetrieb des alten Kinderkrankenhauses, wovon man sich eine Kostenreduzierung auf acht bis neun Millionen RM erhoffte.[927] Einige Stadträte hielten den Bau einer Markthalle zur Bereinigung der Altstadtmärkte für ein dringenderes Problem als die Errichtung des neuen Krankenhauses.[928] Kritiker bemängelten die unzureichende Berücksichtigung einer künftigen Eingemeindung Friedbergs im Osten der Stadt bei der Wahl des Baugeländes.[929] Angesichts der Diskussion um Sparversionen zog die Stadt neben dem modularen Baukonzept eine Zweitnutzung des Grundstücks in Betracht. Grundwasserregulierung und Kanalisation des Geländes erfolgten vor den Projektierungsarbeiten als Notstandsarbeit. Sollte sich der Grundwasserspiegel nicht wie gewünscht absenken lassen, war der Bau einer Wohnsiedlung in Pfersee angedacht.[930]

Die Weltwirtschaftskrise machte alle Kalkulationen zunichte. Wie aus einem Artikel der *Neuen Nationalzeitung* hervorgeht, stiegen die Kosten bis Anfang 1931 auf 15 Millionen RM an. Da nicht einmal mehr die für die Einrichtung eines Krankenhausbaufonds erforderlichen Raten aufgebracht werden konnten, mussten die Planungen bis auf weiteres eingestellt werden. Ohne auf die eigentlichen Ursachen einzugehen, machte die nationalsozialistisch ausgerichtete Zeitung polemisch die Stadt Augsburg sowie SPD und BVP für Fehlkalkulationen und „P l a n l o s wirt-

---

[922] Ebd.
[923] Protokoll der Krankenhauskommissionssitzung vom 17. Januar 1929. In: StAA, Bestand 34, 626.
[924] Schreiben Waldmanns an Stadtrat Augsburg. In: StAA, Bestand 34, 626.
[925] Krankenhaus im Stadtrat. In: ANN, Nr. 35, 11. Februar 1928.
[926] Protokoll der Krankenhauskommissionssitzung vom 17. Januar 1929. In: StAA, Bestand 34, 626; Begleitbericht zu dem Vorprojekte für den Neubau eines städtischen Krankenhauses in Augsburg. In: StAA, Bestand 34, 626, S. 4.
[927] Schreiben Waldmanns an Stadtrat Augsburg. In: StAA, Bestand 34, 626.
[928] Krankenhaus und Markthalle. In: ANN, Nr. 33, 9. Februar 1928; Krankenhaus im Stadtrat. In: ANN, Nr. 35, 11. Februar 1928. Zu weiteren Konkurrenzprojekten wie dem Bad am Wertachkanal oder dem Zentralfortbildungsschulhaus vgl. Protokoll der Krankenhauskommissionssitzung vom 17. Januar 1929. In: StAA, Bestand 34, 626.
[929] Krankenhaus und Markthalle. In: ANN, Nr. 33, 9. Februar 1928.
[930] Krankenhaus im Stadtrat. In: ANN, Nr. 35, 11. Februar 1928.

schaft"[931] verantwortlich. Presseberichte und Akten weisen darauf hin, dass das Projekt in bescheidenem Rahmen weiter verfolgt wurde, wobei Krankenhausverwalter Waldmann angesichts der wirtschaftlichen und finanziellen Lage von einer Realisierung frühestens in zehn Jahren ausging. Da er den modernen Krankenhausbau einem beständigen Änderungsprozess unterworfen sah, empfahl er eine fortlaufende Aktualisierung des Bauprogramms, um nicht dereinst wieder von vorne beginnen zu müssen.[932]

Dass kein Neubau zustande kam, lag an der prekären finanziellen Lage der Stadt Augsburg. Informationstafeln des Stadtarchivs Augsburg führen vor Augen, dass die schwäbische Bezirkshauptstadt zur Zeit der Weimarer Republik eine der am höchsten verschuldeten Städte Bayerns war.[933] Während ebenfalls stark industriell geprägte Städte wie Nürnberg oder Schweinfurt zum Teil Sponsorengelder für „Wohlfahrtsbauten" aufzutreiben vermochten, konnte sich Augsburg nicht einmal mehr die Erstellung von Verwaltungsberichten leisten. Die starke Abhängigkeit von Metall- und Textilindustrie sorgte dafür, dass Wirtschaftskrisen wegen der geringen Diversifizierung der angesiedelten Betriebe voll durchschlugen, wobei die Augsburger Textilindustrie schon länger in Schwierigkeiten steckte. Rückläufigen Steuereinnahmen stand eine steigende Zahl Arbeitsloser mit ihren Familien gegenüber, die auf staatliche Wohlfahrtsgelder angewiesen waren.[934] Darüber hinaus hatte Augsburg wie andere Kommunen mit den Auswirkungen des Ersten Weltkrieges zu kämpfen, die über die gesamte Zeit der Weimarer Republik zahlreiche Wohlfahrtsanstrengungen erforderten.[935] Immerhin zeigte sich die Stadt, was das Krankenhausprojekt anbelangt, sehr aufgeschlossen gegenüber der Moderne.

3. Sportstätten

3.1. Die Bedeutung von Sport zur Zeit der Weimarer Republik

Die Gesundheitsförderung der Weimarer Republik setzte an mehreren Stellen an. Der Ausbau des Gesundheitswesens durch den Bau von Krankenhäusern diente primär der Behandlung der durch den Krieg in mehrfacher Hinsicht geschwächten Bevölkerung. Präventiv sollten Sport und Leibesübungen Krankheiten verhindern. Die neuere Forschung widmet sich eingehend dem komplexen Feld Entwicklung des Sports sowie dessen Schnittstellen zur Wissenschaft und den damit verbundenen gesellschaftlichen Strömungen und Veränderungen, wie beispiels-

---

[931] Städtische Planloswirtschaft. Der aufgegebene Krankenhausneubau. In: NNZ, Nr. 73, 21. Mai 1931.
[932] Was wird zuerst gebaut: das neue Krankenhaus oder Wohnungen? In: ANN, Nr. 243, 22. Oktober 1931; Schreiben Waldmanns an Stadtrat Augsburg vom 1. Dezember 1931. In: StAA, Bestand 34, 626.
[933] Tafel 2.4 und Tafel 2.5. In: Ausstellung StAA (Stand 2012).
[934] Vgl. Schmidt: Kultur in Nürnberg, S. 34 f. In: Tafel 2.3, Ausstellung StAA (Stand 2012); Wolf: Wohnarchitektur in Augsburg, S. 15–17.
[935] Das Augsburger städtische Krankenhaus. In: MAAZ, Nr. 198, 25. Mai 1924.

weise die Arbeiten von Christiane Eisenberg *„English sports" und deutsche Bürger. Eine Gesellschaftsgeschichte 1800-1939*[936], Noyan Dinçkal *Sportlandschaften. Sport, Raum und (Massen-)Kultur in Deutschland 1880-1930*[937] oder Rudolf Oswald *„Fußball-Volksgemeinschaft". Ideologie, Politik und Fanatismus im deutschen Fußball 1919-1964* demonstrieren.[938] Daher werden zu Beginn dieses Kapitels, das in Bezug auf Architektur und Moderne verschiedene Sportstätten bayerischer Städte behandelt, nur die wichtigsten Stationen der Sportgeschichte der Weimarer Republik und ihrer Grundlagen im Kaiserreich nachgezeichnet.

Zunehmende Verstädterung zwang die Menschen in die beengten, ungesunden Wohnverhältnisse der Mietskasernen. Rauch und Ruß der Heizungen und Emissionen der Industriebetriebe wirkten sich äußerst belastend auf die Gesundheit aus.[939] Zur Bekämpfung der Schattenseiten von Industrialisierung und Urbanisierung erachteten Sozialreformer Licht, Luft und Sonne als unerlässlich. Der Ruf nach städtischen Parkanlagen und Bewegung in freier Natur fand in der Gartenstadtbewegung Widerhall. Im Bestreben, die Gesundheit durch körperliche Betätigung zu stärken, erfasste von England ausgehend Deutschland im Fin de Siècle eine Welle der Sportbegeisterung, zusätzlich befeuert durch die Wiederbelebung der Olympischen Spiele 1896.[940] In dem Maße, wie die Wissenschaft sich immer mehr für die Physiologie des menschlichen Körpers, Bewegungsabläufe bei Radfahrern, Schwimmern oder Läufern interessierte, wurde das Interesse am Sport durch neue medizinische Erkenntnisse und das zunehmende Wissen um die Bedeutung der Hygiene gefördert.[941] Neu in Deutschland, wo die Bewegung um „Turnvater" Jahn bereits zu Beginn des 19. Jahrhunderts eine breite Anhängerschaft mobilisieren konnte, war der Gedanke, Leibesübungen im Freien zu betreiben.[942] In den Streit zwischen Turnern und Sportlern eines männlich dominierten Betätigungsfeldes mischte sich vermehrt die Diskussion um geeignete körperliche Ertüchtigung für Frauen und Mädchen.[943] Gegen Ende des 19. Jahrhunderts hatte sich in einer zunehmend leistungsorientierten Gesellschaft ein moderner Sport

---

[936] Eisenberg, Christiane: „English sports" und deutsche Bürger. Eine Gesellschaftsgeschichte 1800-1939. Paderborn u. a. 1999.
[937] Dinçkal, Noyan: Sportlandschaften. Sport, Raum und (Massen-)Kultur in Deutschland 1880-1930. Göttingen 2013.
[938] Oswald, Rudolf: „Fußball-Volksgemeinschaft". Ideologie, Politik und Fanatismus im deutschen Fußball 1919-1964. Frankfurt a. M./New York 2008.
[939] Beblo: Neue Stadtbaukunst. München, S. 7.
[940] Eisenberg: „English sports", S. 153; dies.: Fußball in Deutschland 1890-1914. Ein Gesellschaftsspiel für bürgerliche Mittelschichten. In: Geschichte und Gesellschaft. Zeitschrift für historische Sozialwissenschaft, Nr. 20, 1994, S. 182 f.
[941] Medizinische Untersuchungen an Läufern führten unter anderen auch von Pettenkofer und Voit in München durch; Sarasin: Reizbare Maschinen, S. 329 f.; Pfister, Gertrud: Von der Kurzweyl zum Rekord – Körperkonzepte, Gesundheitsdiskurse und Leibesübungen im Wandel. In: Körner/Stercken: 1926-2002. GeSoLei. Kunst, Sport und Körper. Bd. 1, S. 84.
[942] Dinçkal: Sportlandschaften, S. 27-29; Sarasin: Reizbare Maschinen, S. 323 f.
[943] Während der moderne Sport sich mehr am Wettkampfgedanken orientierte, war das Turnen mehr an ästhetischen Kriterien und dem Durchschnittsniveau der Turnergemeinschaft ausgerichtet; Eisenberg: Massensport in der Weimarer Republik, S. 142-144; Sarasin: Reizbare Maschinen, S. 336-344.

herausgebildet.[944] Eisenberg sieht den Sport als entscheidendes Merkmal der kulturellen Moderne.[945]

Die Hygiene-Ausstellung in Dresden 1911 demonstrierte mit einer Stadionanlage, Spiel- und Sportplätzen, auf denen reale Wettkämpfe stattfanden, den Besuchern den Wert sportlicher Betätigung für die Gesundheit.[946] Auch dem Schwimmsport wurde immer mehr Beachtung geschenkt, da neben Reinigung und Körperpflege die Abhärtung für den Körper als probates Mittel gegen Infektionen und zur Stärkung des Kreislaufs propagiert wurden.[947] Erste Ansätze einer modernen Sozialpolitik entdeckten schnell den Sport als geeignetes Mittel einer gesunden Jugenderziehung. Nach der erfolgreichen Bewerbung für die Olympischen Spiele 1916 präsentierte Deutschland 1913 zum Regierungsjubiläum Kaiser Wilhelms II. stolz das Deutsche Stadion in Berlin.[948] Der Erste Weltkrieg mit seinen Folgen machte die positiven Ansätze zunichte.

Seit „Turnvater" Jahn kam dem Sport auch nationale Bedeutung zu.[949] Krieg und katastrophale Nachkriegssituation mit Mangelernährung, diversen Krankheiten und allgemein schlechter Versorgungslage schufen ein negativ besetztes nationales Gemeinsamkeitsgefühl der Niederlage und Demütigung.[950] Mit dem Wegfall der Wehrpflicht durch die Bestimmungen des Versailler Vertrages, welche die Stärke der Reichswehr auf 100 000 Mann beschränkten, kamen Befürchtungen auf, die Jugend werde ohne militärischen Drill verweichlichen und verwahrlosen.[951] Die Ursache für die Niederlage im Ersten Weltkrieg wurde unter anderem in einem „kranken Volkskörper" gesehen, für dessen Gesundung Leibeserziehung, Turnen und jegliche sportliche Betätigung, die man als Dienst an der „Volksgemeinschaft" pries, unerlässlich sei.[952] Der Kölner Oberbürgermeister Konrad Adenauer bezeichnete den Sport als „Arzt am Krankenbette des deutschen Volkes"[953]. Individualistischen Tendenzen im Sport erteilten Politiker, Autoritäten aus Kirche und Gesellschaft sowie Sportfunktionäre eine Absage.[954] Diese Einstellung war zur Zeit der Weimarer Republik vom völkischen bis in das kommunistische Lager allgemeiner Konsens, wenn auch von der jeweiligen Weltanschauung gefärbt.

---

[944] Pfister: Von der Kurzweyl zum Rekord, S. 82-85.
[945] Eisenberg, Christiane: Sportgeschichte. Eine Dimension der modernen Kulturgeschichte. In: Geschichte und Gesellschaft. Zeitschrift für historische Sozialwissenschaft, Nr. 23, 1997, S. 306.
[946] Dinçkal: Sportlandschaften, S. 75f., 229-231.
[947] Krebs: Die Hygiene des Badens, S. 492.
[948] Dinçkal: Sportlandschaften, S. 107f.
[949] Pfister: Von der Kurzweyl zum Rekord, S. 82; Sarasin: Reizbare Maschinen, S. 323f.
[950] Basierend auf den Ideen „Turnvater" Jahns sollte der Sport Klassengegensätze überwinden und Gemeinschaftsbewusstsein, Nationalgefühl und Patriotismus fördern; Eisenberg: Fußball in Deutschland 1890-1914, S. 184f.; dies.: „English sports", S. 111-115.
[951] May: „Hurra... wir treiben Sport!", S. 34f.; Pfister: Von der Kurzweyl zum Rekord, S. 84.
[952] Vgl. Schädler, Ulrich: Archäologie, Theater und Sport im Frankfurter Waldstadion. In: Lämmer, Manfred (Hg.): Stadion. Internationale Zeitschrift für Geschichte des Sports. Bd. 23. Sankt Augustin 1997, S. 35. Die Begriffe Sport und Leibesübungen wurden synonym gebraucht; Eisenberg: „English sports", S. 311.
[953] Oswald: „Fußball-Volksgemeinschaft", S. 35.
[954] Ebd., S. 22-24; vgl. auch Wiener: Rhythmus, Körper, Maschine, S. 171f.; Sarasin: Reizbare Maschinen, S. 258f.

Ganz offen wies der gesellschaftliche und politische Diskurs Sport und Leibesübungen – auch vor dem Hintergrund einer eventuellen militärischen Auseinandersetzung in näherer Zukunft – die Rolle eines Wehrertüchtigungsersatzes zu. In einer an Militärdisziplin orientierten Sporterziehung galt Schwimmen als ideale Ergänzung zur „Vermehrung körperlicher Gewandtheit"[955] und als „Prüfstein persönlichen Mutes"[956].

Schon die Nationalversammlung erkannte die Bedeutung der Leibesübungen und fügte in die Weimarer Reichsverfassung einen eigenen Artikel zur Jugendpflege ein, der den Staat zumindest indirekt zur Förderung von Leibesübungen und Vereinssport verpflichtete. Das Wohlfahrtsgesetz von 1925 präzisierte den staatlichen Auftrag weiter, indem es Reichsverbänden und Kommunen die Zuständigkeit für die Sportförderung zuwies.[957] In der Folge richteten viele deutsche Städte Stadtämter für Leibesübungen nach dem Vorbild Nürnbergs ein, das 1921 mit gutem Beispiel vorausgegangen war und bereits im Zuge des Spielplatzgesetzentwurfs von 1920 ein Sportparkprojekt ins Auge gefasst hatte.[958]

Zwar waren Turnen und Sport vor dem Krieg weitgehend über die Vereine in den deutschen Städten etabliert, doch erst die Weimarer Republik schuf mit ihren sozialpolitischen Reformen die Basis für den weitergehenden Ausbau des Breitensports. Verbesserte Arbeitnehmerrechte, besonders der Achtstundentag, verschafften Arbeitern mehr Freizeit, in der sie privaten Vergnügungen nachgehen konnten. Als Ausgleich zu einem zunehmend durchtechnisierten Arbeitsalltag bot sich eine sportliche Betätigung geradezu an.[959] Ausstellungen wie die Gesolei in Düsseldorf betrieben Aufklärung und motivierten zu Sport, der schlechthin als modern galt.[960]

Die Sportrubriken überregionaler Tageszeitungen wie der *Münchner Neuesten Nachrichten* oder der *Würzburger General-Anzeiger*, die von einigen wenigen Spalten in der unmittelbaren Nachkriegszeit bis hin zu seitenfüllenden Sportreportagen oder gar Sonderbeilagen wie dem *Sport Telegraf* der *Münchner Neuesten Nachrichten* Mitte beziehungsweise Ende der zwanziger Jahre anwuchsen, spiegeln den Bedeutungswandel sportlicher Themen in der öffentlichen Wahrnehmung wider.[961] Die Stellung Nürnbergs als Sporthochburg wirkte sich auf die

---

[955] Schultze: Das deutsche Badewesen der Gegenwart, S. 500.
[956] Ebd.
[957] May: Hurra…wir treiben Sport!, S. 34; Dinçkal: Sportlandschaften, S. 141.
[958] Oswald: „Fußball-Volksgemeinschaft", S. 34; Schmidt: Kultur in Nürnberg, S. 330; Stadtrat Nürnberg (Hg.): Das Nürnberger Stadion im Sport- und Volkspark auf dem Zeppelinfeld. Nürnberg 1929, S. 7 f.
[959] Niehuss, Merith: Lebenswelten in der Moderne. In: Wirsching: Neueste Zeit, S. 96 f.
[960] Fehlemann/Woelk: „Wiedergesundungsprozess", S. 188.
[961] 12. Staffellauf Grünwald-München. In: MZ, Nr. 153, 4. Juni 1928; Sport Telegraf. In: MTZ (Beilage MNN, Nr. 167, 26. August 1929); Sonntag-Sport der Münchener Zeitung. In: MZ, Nr. 233/234, 24./25. August 1929, S. 17 f.; Montag-Sport der Münchener Zeitung. In: MZ, Nr. 235, 26. August 1929, S. 9 [f]; Sport- und Turn-Zeitung. In: MAAZ, Nr. 230, 26. August 1929. In seinem Hirtenwort drückt der Augsburger Bischof sein Unbehagen ob der Popularität des Sports und der Sportreportagen aus; Lingg, Maximilian von: Hirtenbrief zum Beginn der 40tägigen Fasten. In: KSBDA, Nr. 2, 6. März 1927, S. 15 f.

Presselandschaft aus, beispielsweise verlegte das Sportmagazin *Der Kicker* 1925 seinen Redaktionssitz nach Nürnberg.[962] Mit Einführung des Rundfunks stand dem Sportjournalismus ein neues Massenmedium mit ungeahnter Reichweite zur Verfügung, das bedeutend zur Popularisierung des Sports beitrug.[963] Die zunehmende Mobilisierung der Bevölkerung mit Kraftfahrzeugen ermöglichte passive Partizipation an Sportveranstaltungen, womit zur aktiven Teilnahme am Vereinssport der Konsum von Sport als Zuschauer kam. Um Mannschaftssportarten wie Fußball bildete sich eine Fanszene und -kultur heraus, die eine Identifikation der Menschen mit bestimmten Vereinen und dadurch mit dem lokalen Mikrokosmos ihrer Stadt förderte, was sich bei internationalen Wettbewerben in Patriotismus und Nationalismus äußerte. Städte- oder Länderwettkämpfe, die häufig zur Eröffnung neuer Sportstätten abgehalten wurden, zogen ein großes Publikum an.[964] Die Kombination aus Propaganda und verbesserten Freizeitmöglichkeiten in der Weimarer Republik ließ den Sport erst zum Massenphänomen werden.

Mitte der dreißiger Jahre, als der Sport in Deutschland von den Nationalsozialisten vereinnahmt worden war, resümierte Otto Ernst Schweizer: „Heute kann man feststellen, daß der Sport in weitestem Maße das öffentliche Interesse auf sich gelenkt hat. Ganz besonders ist die gesamte Jugend in einer nie erträumten Einmut für den Sport begeistert."[965] Das Statement des Architekten beschreibt aber auch treffend die Situation zur Zeit der zwanziger Jahre in Deutschland, als er in Nürnberg und Wien viel beachtete Stadionbauten errichtete.[966]

Vor welche Herausforderung Kommunen und Architekten die Integration einer neuen, an den Bedürfnissen von Training, Leibeserziehung, Wettkämpfen und Vereinsaktivitäten ausgerichteten Architektur in das Stadtbild stellte und welche Anstrengungen erforderlich waren, für eine veränderte, moderne Sportszene Räume zu schaffen, soll im Folgenden am Beispiel ausgewählter Sportstätten der bayerischen Städte München, Nürnberg, Würzburg und Augsburg aufgezeigt werden. An Hand der Auseinandersetzungen um den Bau eines Stadions oder Hallenbades soll verdeutlicht werden, welche schwierige Aufgabe die Realisierung des Mammutprojektes einer neuzeitlichen Großsportanlage für Städte in einer Zeit, in der bereits der Wohnungsbau finanziell kaum zu stemmen war, bedeutete und

---

[962] Schmidt: Kultur in Nürnberg, S. 327.
[963] Eisenberg: „English sports", S. 369f.
[964] Entsprechende Tendenzen zeigten sich früh bei Sportfesten, insbesondere dem ersten deutschen Turnfest 1860 in Coburg; Sarasin: Reizbare Maschinen, S. 324; Deutschlands Schwimmer-Sieg über die Schweiz. Einweihung des neuen Münchner Schwimm-Stadions. In: MTZ (Beilage MNN, Nr. 167, 26. August 1929), S. 1f.; Deutschlands Schwimmer im Länderkampf mit der Schweiz. In: MZ, Nr. 233/234, 24./25. August 1929, S. 17; Der erste Schwimm-Länderkampf in München. In: MZ, Nr. 235, 26. August 1929, S. 9; Münchens neues Schwimmstadion eröffnet! Deutschland besiegt die Schweiz im Länderkampf mit 176:76 Punkten. In: SuTZ (= Beilage MAAZ, Nr. 130, 26. August 1929).
[965] Schweizer, Otto Ernst: Sportbauten und Bäder. Berlin/Leipzig 1938, S. 7.
[966] Schweizer merkte an, dass das 1938 veröffentlichte Buch auf einem am 17. Mai 1935 auf dem holländischen Architektenkongress in Amsterdam gehaltenen Vortrag basiere. Die von ihm angegebene Fachliteratur zu modernen internationalen Sportstätten, Stadien und Bädern enthält fast ausnahmslos Publikationen aus der Zeit vor 1933; Schweizer: Sportbauten und Bäder, S. 6.

welche Erwartungen daran geknüpft wurden. Angesichts des politischen und gesellschaftlichen Umbruchs, von Revanchismus und der Debatte um Volksgesundheit sowie Erhaltung der Wehrkraft des deutschen Volkes ist interessant, welche Diskussionen die jeweiligen Projekte begleiteten, inwiefern dem allgemeinen Mantra von Licht, Luft, Sonne und Hygiene Rechnung getragen wurde und wie viel Bedeutung formalarchitektonischen Merkmalen des Neuen Bauens im Sportstättenbau zukam. Dabei gilt es, sowohl die Rolle von Förderern oder Kritikern als auch moralische und gesellschaftliche Bedenken konservativer und kirchlicher Kreise zu Frauensport oder Familienbädern zu analysieren. Um den grundsätzlichen Wandel zu verdeutlichen, der die Sportarchitektur in Bezug auf die Moderne zur Zeit der Weimarer Republik als Bauten der Gemeinschaft kennzeichnet, soll ein kurzer Abriss „Vom Flussbad zum Hallen-/Volksbad" und „Stadionbau" die Entwicklung des Bäderwesens und des Sportstättenbaus „für das Gesellschaftsleben und für das Volksganze"[967] herausstellen.

3.2. Vom Flussbad zum Hallen- und Volksbad

Die Verankerung des Badewesens im öffentlichen Bewusstsein ist nicht von der Industrialisierung und den Bestrebungen der Turnerbewegung Jahns zu trennen.[968] Beeinflusst vom Hygienediskurs des 19. Jahrhunderts und entscheidend angestoßen von Max von Pettenkofer, weckte die Erkenntnis, dass mangelnde Hygiene die Übertragung von Krankheiten begünstigte, ein Bedürfnis nach Sauberkeit.[969] Während sich Dermatologen mit Aufbau, Funktion und Reinigung der Haut beschäftigten, thematisierten Hygieniker und Philosophen die Sexualität. Parallel zu dieser Entwicklung verschob sich in der zweiten Hälfte des 19. Jahrhunderts das gesellschaftliche Wertesystem zu Gunsten bürgerlicher Werte, so dass Reinlichkeit und Sittlichkeit einen unverbrüchlichen Konnex bildeten und zunehmend gleichgesetzt wurden.[970] Auf der Berliner Ausstellung für Hygiene und Rettungswesen präsentierte der Dermatologe Oskar Lassar erstmals ein Volksbrausebad und stellte die Forderung auf: „Jedem Deutschen wöchentlich ein Bad."[971] Aber für weite Teile der Bevölkerung lag ein eigenes Bad außerhalb des Vorstellungshorizonts und blieb bis Ende des 19. Jahrhunderts ein Privileg der Oberschicht und betuchter Bürger. Im Sommer boten in der freien Natur Stadtbäche, Flüsse oder Seen Badegelegenheiten, im Winter blieb für die meisten nur der Zuber in der Küche, falls man nicht ganz darauf verzichtete, sich zu waschen.[972]

---

[967] Schweizer: Sportbauten und Bäder, S. 7.
[968] 1811 eröffnete in Berlin das erste öffentliche Flussschwimmbad. Das erste deutsche Hallenbad entstand 1830 in Magdeburg. Anregungen zu Warmbadeanstalten kamen auch aus England. Die Bade- und Waschanstalt in Liverpool diente als Vorbild für eine Anzahl deutscher Volksbadeanstalten; Schultze: Das deutsche Badewesen, S. 499–501.
[969] Sarasin: Reizbare Maschinen, S. 115–117.
[970] Windsheimer: 100 Jahre Klinikum Nürnberg, S. 50–52.
[971] Zit. nach: Honold, Matthias: „Nur halbvoll soll die Wanne sein". Zur Geschichte des Nürnberger Volksbades. In: Bielefeldt: Gostenhof. Muggenhof, Eberhardshof & Kleinweidenmühle, S. 126.
[972] Wimmer, Erich: Geselligkeit, Feste und Feiern. In: Wagner: Geschichte der Stadt Würzburg. Bd. 3/1, S. 1068; Sarasin: Reizbare Maschinen, S. 301f.

Insofern verwundert es nicht, dass aus bürgerlicher Sicht „Hygiene" zu einem omnipräsenten Begriff wurde, verbunden mit der Hoffnung, damit die gesellschaftlichen Verhältnisse reformieren und soziale Probleme lösen zu können. Nach dieser Lesart richtete sich die Aufforderung nach mehr Hygiene überwiegend an die Unterschichten. Das Volk sollte im Rahmen der „Volkshygiene" dazu erzogen werden, regelmäßig zu baden.[973] In diesem Prozess waren Hygieneausstellungen und Aufklärungsschriften unverzichtbar.[974] Aus dem Gedanken der Gemeinnützigkeit heraus gingen viele Großstädte dazu über, öffentlich zugängliche Badeanstalten mit Brause- oder Wannenbädern zu errichten.

Am Beispiel Nürnbergs zeigt sich deutlich, dass diese Bestrebungen in Wellen verliefen, so wurden seit den 1870er und 1880er Jahren zunächst städtische Wannenbadeanstalten eingerichtet, gefolgt von der Brausebadbewegung[975], welche die Möglichkeit sah, dass mit Duschen auf derselben Fläche mehr Waschgelegenheiten untergebracht werden konnten als in Betriebsbädern für Fabrikarbeiter. Größere Badeanstalten wie das sogenannte Tröpferlbad in München-Sendling boten Wannen- und Brausebäder an.[976] Nach dem Ersten Weltkrieg strebte das „Rote Wien" eine flächendeckende Versorgung mit Reinigungsbädern in allen Stadtvierteln an, wozu besonders Kinderfreibäder und Brausebäder in Schulen gehörten.[977] Deutsche Kommunen orientierten sich an diesem Vorbild und richteten wie die Stadt Nürnberg in Schulen Duschräume ein, die ganzen Klassen eine angemessene Körperhygiene ermöglichten.[978]

Obwohl in den zwanziger Jahren die Bedeutung der Körperhygiene allgemein anerkannt war und zum Standard einer Neubauwohnung ein Badezimmer zählte, blieb ein großer Teil der Stadtbevölkerung weiterhin auf öffentliche Badeanstalten mit Brause- und Wannenbädern angewiesen. Der Altbestand an Wohnungen hatte in der Regel keine Bäder und im Zuge der Wohnungszwangswirtschaft unmittelbar nach dem Ersten Weltkrieg verhinderte ein zeitweiliger Baustopp sanitäre Nachrüstungsmaßnahmen in Altbauten und Wohnungsneubauten mit Bädern.[979]

---

[973] Windsheimer: 100 Jahre Klinikum Nürnberg, S. 50-52; Sarasin: Reizbare Maschinen, S. 303.

[974] Die Berliner Hygieneausstellung 1883 zeigte das Modell eines Volksbrausebades in einer Wellblechhütte. Eine Attraktion der Hygieneausstellung in Dresden 1911 war ein Wellenbad; Schultze: Das deutsche Badewesen, S. 502, 527.

[975] Schultze: Das deutsche Badewesen, S. 502; Windsheimer: 100 Jahre Klinikum Nürnberg, S. 50. Die Stadt Würzburg richtete in diesen Jahrzehnten ebenfalls Wannen- und Brausebäder ein; XXIV. Bericht über die Verwaltung und den Stand der Gemeinde-Angelegenheiten der Stadt Würzburg für 1914 mit 31. März 1921. Würzburg 1925, S. 348-350.

[976] Ein Übersichtsplan des Hochbauamtes München von 1931 zeigt neben Schwimmbädern auch kleinere Badeanstalten, welche nur Wannen- und Brausebäder besaßen; Entwurf Orientierungsplakat Städt. Bäder. Die Münchener Städt. Sommerfreibäder Hallen- Wannen- und Brausebäder. München, Dezember 1931. In: StAM, Badeanstalten, Nr. 198.

[977] Schweizer: Sportbauten und Bäder, S. 36.

[978] Windsheimer: 100 Jahre Klinikum Nürnberg, S. 50. Würzburg besaß bereits vor dem Ersten Weltkrieg Schulbäder, die aber während des Krieges vom Militär requiriert wurden; XXIV. Verwaltungs-Bericht Würzburg, S. 196.

[979] Das Hallenbad des Nordens. In: MAAZ, Nr. 252, 16. September 1927. In Augsburg hatten Mitte der zwanziger Jahre immer noch mehr als 91% der Wohnungen kein Bad; vgl. 91% der Haushaltungen Augsburgs ohne Bad! Das Badewesen in Augsburg einst und heute. In: ANN, Nr. 21, 26. Januar 1926, S. 4.

III. „Bauten der Gemeinschaft"

Auch in den politisch und wirtschaftlich stabileren Jahren zwangen Finanzprobleme der Wohnungsbaugesellschaften häufig zur Verkleinerung der Wohnungsgrundrisse. Kommunale Wohnungsbauunternehmen wie die GEWOFAG in München setzten auf unterschiedliche Wohnungstypen: Kleinst- und Kleinwohnungen ohne Bad, Kleinwohnungen mit Brausebad und Großwohnungen mit eigenem Bad.[980] Meist konnten sich ohnehin nur bessergestellte, mittelständische Familien eine Wohnung mit Bad leisten. Große Wohnungsbauprojekte sahen deshalb Gemeinschaftsbäder für ganze Wohnblöcke vor. Trotz dieser Anstrengungen blieb der Bau großer öffentlicher Badeanstalten und Hallenbäder eine wichtige Aufgabe der Kommunen, da in Krieg und Nachkriegszeit viele private Badeanstalten in Konkurs gegangen waren.[981]

Angesichts der chronisch angespannten Finanzlage vieler Kommunen stellten Flussbäder mit Liegewiesen für Luft- und Sonnenbäder eine kostengünstige Alternative dar, um dem Freizeit- und Hygienebedürfnis der Bürger nachzukommen, konnte doch auf aufwendige Zu- und Ableitungssysteme verzichtet werden.[982] Wie Otto Ernst Schweizer in seinem Buch *Sportbauten und Bäder* bemerkte, trat der Wandel der Bäder- und Badekultur in den Freibädern am augenfälligsten zutage, da die geschlossene Badeanstalt „zur modernen Form der Freibadeanlage, zum offenen Strandbad geworden"[983] sei. Strikte Geschlechtertrennung und Sichtschutz waren passé, an ihre Stelle traten Familienbäder mit großzügigen Erholungsflächen und Gastronomiebetrieb, „in denen das Schwimmen von der weit überwiegenden Mehrzahl der Menschen nicht aktiv sportlich, sondern als Wasser-, Luft- und Sonnenbad passiv, ausruhend, erholend, unterhaltend betrieben"[984] wurde.

War mit künstlichem Wellenbad, Planschbecken und Tummelbereich für Nichtschwimmer der Weg zu Spaß- und Erlebnisbädern beschritten, forderten Schwimm- und Wassersport Stadionbäder, in denen von Zuschauertribünen aus Wettkämpfe in Sport- und Sprungbecken verfolgt werden konnten.[985] Dagegen stellte der Würzburger Universitätsprofessor Förster auf einer Kundgebung für den Bau eines Volks- und Hallenbades über die Bademöglichkeiten in Würzburg und vielen an-

---

[980] Peters: Die Einflussnahme auf die Planung der Bauten, S. 132, 139; vgl. auch Wohnungsgrundrisse der GEWOFAG-Großsiedlungen; Stadt München (Hg.): Die Siedlungen der gemeinnützigen Wohnungsfürsorge A.G. München. München 1928, S. 15 f., 21, 31. Auch in Würzburg wurde zum Teil auf Bäder verzichtet; vgl. Lage- und Grundrisspläne der städt. Wohnungsbauten an der Erthalstr. vom 6. Dezember 1926. In: StAW, BA, Nr. 4014.
[981] Das Hallenbad des Nordens. In: MAAZ, Nr. 252, 16. September 1927. Die Verteuerung von Brennstoffen bzw. Heizmaterial zog eine Pleitewelle privater Badeanstalten nach sich; 91% der Haushaltungen Augsburgs ohne Bad! In: ANN, Nr. 21, 26. Januar 1926, S. 4.
[982] Das *Handbuch der Hygiene* empfahl die Einrichtung eines Freibades, falls die Mittel zum Bau eines Hallenschwimmbades nicht aufgebracht werden könnten; Schultze: Das deutsche Badewesen, S. 508, 518.
[983] Schweizer: Sportbauten und Bäder, S. 35.
[984] Ebd.
[985] Im Kapitel *Künstliche Sommerschwimmbäder* im *Handbuch der Hygiene* von 1918 ist die Tendenz zu offenen modernen Freibädern deutlich erkennbar; Schultze: Das deutsche Badewesen, S. 512–523.

3. Sportstätten

deren Städten der Weimarer Republik ernüchternd fest: Die Bevölkerung könne nur im Sommer in Flüssen baden, im Winter seien diese aber zugefroren und nur zum Schlittschuhlaufen gut.[986] Mit zunehmender Popularität des Schwimmsports und der Hygieneerziehung war man immer weniger geneigt, die „Gesundung des ganzen Volkes"[987] von Witterung und Jahreszeiten abhängig zu machen. Der Schwimmverein München 1899 e. V. erklärte 1929 gar: „Schwimmen ist die Krone aller Leibesübungen!"[988] Vielerorts wurde die Notwendigkeit ganzjährig nutzbarer Schwimmbäder auch mit dem im Laufe der zwanziger Jahre an den Schulen verpflichtend eingeführten Schwimmunterricht begründet.[989]

Bereits in den 1870er Jahren diskutierten Städte im Wettstreit um die Gesundheit ihrer Bürger über den Bau witterungsunabhängiger Hallenbäder, zumal eine Empfehlung des Vereins für öffentliche Gesundheitspflege Stadtgemeinden ab 25 000 Einwohnern zu gedeckten Schwimmhallen riet.[990] Die „Entwicklung der deutschen Schwimmhalle"[991] stellte Architekten, Techniker und Ingenieure vor eine Problematik, die nicht nur Heizung, Lüftung und Wasserversorgung betraf, für die Fortschritte in Technik und Industrialisierung zusehends Lösungsmöglichkeiten boten.[992] Im Gegensatz zu Otto Ernst Schweizer, der seinen Bauten Sportstätten und Bäder der Antike zugrunde legte, betonte Schultze, dass die Bauaufgabe Hallenbad dem deutschen Volkscharakter entwachsen sei und nicht auf römischen Thermen oder orientalischen Kuppelbauten basiere.[993] Zur Diskussion um eine „zeitgemäße Formfindung"[994] bei Sportbauten merkte Müller-Wulckow kritisch an, dass die Orientierung an der Antike sich erschwerend ausgewirkt habe und das Problem noch einer optimalen Lösung harre. Als mustergültiges Volksbad in Bezug auf Technik und künstlerische Baugestaltung erwähnte das *Handbuch der Hygiene* das berühmte Müller'sche Volksbad in München.[995] Die in der Zeit des Jugendstils entstandenen Volksbäder, die häufig auf Stiftungen zurückzuführen waren, entsprachen nach dem Ersten Weltkrieg in technischer, hygienischer und sporttechnischer Hinsicht zumeist nicht mehr den neuzeitlichen Anforderungen an Frei- und Hallenbäder[996], die ein Artikel der *Deutschen Bauzeitung* von 1930 folgendermaßen zusammenfasste: Generell sollte jedes Schwimmbad für Schwimmsport und -unterricht mit Beckengröße, variierender

---

[986] Die Würzburger Kundgebung für ein Volks- und Hallenbad. In: WGA, Nr. 266, 19. November 1927, S. 3.
[987] Ebd.
[988] Monatliche Rundschau des Schwimmvereins München 1899 e. V., Nr. 5/6, Mai/Juni 1929, S. 1.
[989] Schweizer: Sportbauten und Bäder, S. 35.
[990] Schultze: Das deutsche Badewesen, S. 501.
[991] Ebd., S. 502.
[992] Schultze verweist auf Fachliteratur mit damals neuesten Erkenntnissen zu Bau- und Betriebskosten; Schultze: Das deutsche Badewesen, S. 506.
[993] Schweizer: Sportbauten und Bäder, S. 11 f.; Schultze: Das deutsche Badewesen, S. 525.
[994] Müller-Wulckow: Bauten der Gemeinschaft, S. 7.
[995] Das Nürnberger Volksbad entstand nach dem Vorbild des Müller'schen Volksbades. Das Jugendstilbad ist heute nach jahrzehntelangem Verfall und Vernachlässigung kaum mehr bekannt; Schultze: Das deutsche Badewesen, S. 503.
[996] Schultze: Das deutsche Badewesen, S. 503.

Wassertiefe, Sprungturm, Sicherheitsvorkehrungen und Zuschauertribüne ausgestattet sein.[997] Der Komplex eines Volksbades umfasste nach damaliger Auffassung neben einer Schwimmhalle Wannen- und Brausebäder und in der Regel auch eine russisch-römisch-irische Abteilung[998] oder sogar kurmedizinische Bäder[999]. Die Angebotspalette des „Wellnessbereiches" erweiterte sich mit der Zeit stetig.

„War das Bad von gestern lediglich Wasser, so ist das Bad von heute bereits Wasser und Luft und Sonne und Gymnastik mit geruhsamer Beschaulichkeit und einer Entfaltung ästhetischer und gesellschaftlicher Reize"[1000], so beschrieb der Berliner Stadtbaurat Martin Wagner den Wandel in der Badekultur. Beim Hallenbad spielten Luft- und Sonnenbäder ebenfalls eine Rolle, da häufig zu den Außenanlagen ein Freibad oder eine Sonnenterrasse auf dem Flachdach gehörte.[1001] Das Gebäude selbst, insbesondere der Hallenraum mit dem Schwimmbecken sollte von Tages- und Sonnenlicht durchflutet den Aufenthalt zu einem Vergnügen werden lassen.[1002] Hallenkonstruktion und Schwimmbecken erforderten eine besondere Statik, Wärmeisolierung und Abdichtung, weshalb Fachzeitschriften und Ratgeber Stahlskelettbauweise, Eisenbeton und geeignete Baumaterialien empfahlen. Heizungsanlage und Wasserversorgung machten aufwendige technische Einrichtungen notwendig. Für all dies fand das Neue Bauen noch keine wirklich befriedigenden Lösungen und experimentierte mit verschiedenen Konstruktionen und Materialien. Dennoch konnten nur wenige Erfahrungen gesammelt werden, da hohe Bau- und Betriebskosten viele Kommunen angesichts ihrer schlechten Finanzlage von der Realisierung eines Hallenbadprojektes abschreckten.[1003]

Besonders im Bereich der Gemeinschaftsbäder stellte die Bäderhygiene eine weitere Problematik dar. Hatte der wissenschaftliche Fortschritt bakteriologische Wasseruntersuchungen ermöglicht, blieb die Frage nach dem optimalen Turnus

---

[997] Wolf, Paul: Städtische Freiluft- und Hallenbäder. In: DBZ-SuS, Nr. 12/13, 3. September 1930, S. 85–88.

[998] Russisch-römisch-irische bzw. römisch-irische Abteilung boten Dampf-, Warm- und Heißluftbäder sowie Massagen an; Wolf: Städtische Freiluft- und Hallenbäder. In: DBZ-SuS, Nr. 12/13, 3. September 1930, S. 88; vgl. auch Schultze: Das deutsche Badewesen, S. 503f.

[999] Zu (kur-)medizinischen Bädern gehörten Kohlensäure-, Sauerstoff-, Luftperl- und Luftsprudelbäder, Bäder mit mineralischen und „vegetabilischen" Zusätzen, Kastenschwitzbäder mit Dampf-, Heißluft-, und Lichtbehandlung, Lichtbäder mit Quarzlicht, Sollux-Rot- und Blaulichtbestrahlungen, Sitz- und Schwefelbäder sowie Schlammpackungen. Auch Inhalationsräume waren Teil medizinischer Volksbadabteilungen; Wolf: Städtische Freiluft- und Hallenbäder. In: DBZ-SuS, Nr. 12/13, 3. September 1930, S. 88.

[1000] Wagner, Martin: Berliner Strandbadbauten. In: DBZ, Nr. 61/62, 30. Juli 1930, S. 464.

[1001] Als Beispiele nannte Schweizer das Wiener Semmeringbad und das Bad in Frankfurt-Fechenheim; Schweizer: Sportbauten und Bäder, S. 36. Charakteristisch für diese Entwicklung ist das Stadtbad Berlin-Mitte; Jelkmann, Carlo: Das Stadtbad Berlin-Mitte. In: DBZ, Nr. 59/60, 23. Juli 1930, S. 445–456; vgl. auch Schultze: Das deutsche Badewesen, S. 522f.; Krebs: Hygiene des Badens, S. 493–496.

[1002] Schultze: Das deutsche Badewesen, S. 531.

[1003] Ebd., S. 513; Jelkmann: Stadtbad Berlin-Mitte. In: DBZ, Nr. 59/60, 23. Juli 1930, S. 454; Schweizer: Sportbauten und Bäder, S. 36; Ritter, H[ubert]: Isolierungstechnik von Hallen-Schwimmbädern. Am Beispiel des Hallenbades Leipzig-West entwickelt. In: DB, Nr. 2, Februar 1931, S. B 29–B 32.

des Wasserwechsels und der Beckenreinigung oder der geeignetsten Ausstattung für den Umkleidebereich mit Fliesen, Lattenrost und Sitzauflagen. Informationsreisen der Bäderkommissionen lassen erahnen, dass sich vieles noch im Erprobungsstadium befand.[1004] Funktionale Überlegungen und Hygienekonzepte, wie geschickte Lenkung der Besucherströme, waren sowohl bei der Grundrissgestaltung im Hinblick auf Eingangsbereich, Umkleidekabinen, Brausen, Schwimmhalle und medizinischen Bädern als auch bei technischen Einrichtungen maßgebend.[1005] Bis heute wird besondere Aufmerksamkeit darauf verwendet, Duschen und Fußbad so zu platzieren, dass jeder Besucher zwangsläufig diese Stationen durchlaufen muss, um zum Schwimmbecken zu gelangen.[1006]

Grundsätzlich sollten bei der Planung öffentlicher Bäder Kriterien wie zentrale Lage, gute Verkehrsanbindung, Einzugsbereich und planmäßige Verteilung der Badeanstalten über das Stadtgebiet berücksichtigt werden. Städtebaulich stellte sich die Frage nach äußerem Erscheinungsbild und angemessener architektonischer Gestaltung eines solchen Zweckbaus.[1007] Allgemein wurden Einfachheit, Klarheit und Übersichtlichkeit als ästhetische Richtlinien empfohlen, da sie der technischen Einrichtung mehr entsprächen. Große Fensterflächen sollten eine Durchflutung mit Sonnenlicht ermöglichen und die künstlerische Ausstattung sparsam bleiben oder sich auf die Fliesenfarben beschränken.[1008] Das Deutsche Museum widmete um 1930 dem Badewesen eine eigene Abteilung. Teil der Ausstellung war eine großformatige Schnittdarstellung eines modernen Hallenbades, welche die Vorstellung eines idealen Volksbades mit verschiedenen Badeeinrichtungen, Betriebsräumen und technischen Anlagen vermitteln sollte.[1009] Dieser Idealvorstellung scheint vor allem das Wiener Amalienbad am nächsten gekommen zu sein, über das Fachzeitschriften und Tageszeitungen geradezu enthusiastisch berichteten.[1010]

[1004] Das Handbuch *Die Hygiene des Badens* empfahl zur Wasseraufbereitung verschiedene Filtersysteme, Chlorierung oder Ozonbehandlung. Krebs: Hygiene des Badens, S. 490-492; Schultze: Das deutsche Badewesen, S. 554-559. Eine Münchner Bäderkommission beklagte exzessive Chlorierung und mangelnde Hygiene in Berliner Schwimmbädern; Bericht über die Dienstreise Berlin – Dresden – Chemnitz von Bäderdirektor Lutz vom 20. Juni 1928. In: StAM, Badeanstalten, Nr. 177.
[1005] Schultze: Das deutsche Badewesen, S. 528-531; Schweizer: Sportbauten und Bäder, S. 93 f.; Harbers, Guido: Was der Architekt vom Badewesen wissen sollte. In: DB, Nr. 2, Februar 1931, S. 45-49.
[1006] Recknagel, [?]: Behandlung von Wasser und Luft in Hallen-Schwimmbädern. In: DB, Nr. 2, Februar 1931, S. B 32f.
[1007] Harbers: Was der Architekt vom Badewesen wissen sollte. In: DB, Nr. 2, Februar 1931, S. 45-47; Schultze: Das deutsche Badewesen, S. 524; Schweizer: Sportbauten und Bäder, S. 11f.
[1008] Müller-Wulckow: Bauten der Gemeinschaft, S. 6f. Schultze: Das deutsche Badewesen, S. 531f.
[1009] Ein modernes Hallen-Schwimmbad. In: BStZ, Nr. 98, 30. April 1930.
[1010] Harbers: Was der Architekt vom Badewesen wissen sollte. In: DB, Nr. 2, Februar 1931, S. 51; Die Thermen von Wien. Das größte Volksbad Mitteleuropas. – Im Proletarierviertel. – die modernste Sportschwimmhalle. In: BTB, Nr. 379, 13. August 1926. Besonders hatte es Besuchern offenbar das bewegliche Dach des Amalienbades angetan; vgl. Ein Volksbad. Aus Traum zur Wirklichkeit. In: WaS, Nr. 28, 11. Juni 1926; Barousch, Johann: Die Kurabteilung des Amalienbades in Wien. In: DB, Nr. 2, Februar 1931, S. B 34f.

Zentral für alle Planungen aber war das Betriebskonzept, ob das Bad konservativ nach Geschlechtern getrennt oder als modernes Familienbad geführt werden sollte. Von der Lösung dieser Frage hingen Baukosten und Rentabilität des Bades ab, da ein nach Geschlecht getrennter Betrieb in der Regel zwei Hallen und zwei Schwimmbecken erforderte, während für ein Familienbad ein einziges Becken ausreichte.[1011] Der Deutsche Städtetag riet in einer Stellungnahme von dem defizitären Betrieb reiner Hallenbäder ab, mit einem Zusatzangebot an Wannenbädern und medizinischen Bädern könnten hingegen ab einer bestimmten Größe der Badeanstalt sogar leichte Gewinne erzielt werden. Empfehlungen zur Ausgestaltung des Badebetriebs waren nach der Größe des Einzugsbereiches gestaffelt.[1012] Ausdrücklich wurden Stadtgemeinden davor gewarnt, sich auf einen Wettstreit um das beste und schönste Bad einzulassen und darüber die Qualität der Baustoffe und Kostenrechnungen zu vernachlässigen. Wirtschaftlichkeit und Betriebskosten müssten von Anfang an zentraler Bestandteil der Planungen sein.[1013] Vor allen Dingen aber erschien damals eines wichtig: „Erst muß eine Gewohnheit des Badens in der Bevölkerung geweckt und angeregt werden."[1014]

3.3. Stadionbau

Die steigende Bedeutung sportlicher Betätigung für Gesundheit und Erziehung von Jugend und Volk erforderte eine Neuausrichtung, da improvisierte Vereinssportanlagen immer weniger den Ansprüchen leistungsorientierter Sportarten genügten. Größere Sportstätten verlangten nach einer völlig neuen Infrastruktur. Erste Impulse dazu kamen aus den USA und Kanada, wo die Sportbegeisterung sich früh zu einem Massenphänomen entwickelt und den systematischen Bau von Sportplätzen und Einrichtungen für diverse Sportdisziplinen initiiert hatte.[1015] Um die Jahrhundertwende errichtete Großstadien in Cambridge (Massachusetts), Chicago und Vancouver orientierten sich an Vorbildern der römischen Antike, dem Circus Maximus und dem Kolosseum.[1016] In Deutschland wurden die Anre-

---

[1011] Hallenschwimmbäder. In: Mitteilungen der Zentralstelle des Deutschen Städtetages, Nr. 6, 1. Juni 1925. In: StAM, Badeanstalten, Nr. 182.
[1012] Das Gremium erachtete bei einer zu erwartenden Besucherzahl bis zu 80 000 Personen eine kleinere Schwimmhalle, Wannenbäder und eine medizinische Abteilung für ausreichend, bei 80 000-200 000 Besuchern riet der Städtetag zusätzlich zu einem großen Schwimmbassin (25 x 10 m); Hallenschwimmbäder. In: Mitteilungen der Zentralstelle des Deutschen Städtetages, Nr. 6, 1. Juni 1925. In: StAM, Badeanstalten, Nr. 182; vgl. auch Harbers: Was der Architekt wissen sollte. In: DB, Nr. 2, Februar 1931, S. 2f.
[1013] Schultze: Das deutsche Badewesen, S. 569-571.
[1014] Ebd., S. 570.
[1015] Dinçkal: Sportlandschaften, S. 50f., 63-69.
[1016] Schädler: Frankfurter Waldstadion, S. 19. Schweizer verwies auf die kalifornischen Stadien in Pasadena und Los Angeles (1932), stellte ihnen die Stadien in Turin (1932) und Wien (1930) sowie das Berliner Olympiastadion von 1936 gegenüber und verglich diese Stadien mit dem Kolosseum in Rom. Für Überlegungen zu Grundrissform und Zuschauerkapazität zog er auch Sportstätten in den USA wie die der Yale University in New-Haven, der Stanford University, der Harvard-University, der Cornell University (1925) und der Dyche University in Evanston (1927) heran. Das Stockholmer Stadion von 1912 fand ebenfalls Aufmerksamkeit; Schweizer: Sportbauten und Bäder, S. 66f., 76-79.

gungen bereitwillig aufgenommen und schnell bildeten sich eigene Vorstellungen und Konzepte heraus. Einen Wendepunkt stellte das Stadion der Dresdener Hygiene-Ausstellung von 1911 dar, mit dem der Hygiene vorrangige Bedeutung in Sport und Sportstättenbau zukam.[1017] Als eines der ersten „echten" Stadien in Deutschland kann das 1913 für die Olympischen Sommerspiele errichtete Berliner Olympiastadion gelten. Obwohl die Olympiade 1916 wegen des Ersten Weltkrieges nicht ausgetragen werden konnte, galt das „Deutsche Stadion" jahrzehntelang als „Mutter" des deutschen Sportstättenbaus.[1018] Für die zwanziger Jahre – 1920/21 gab es deutschlandweit ca. 10 Stadien, 1925 bereits dreimal so viele und 1930 mehr als 125 – spricht Dinçkal von einem Stadionboom, der auch dadurch befördert wurde, dass sich der Staat der Weimarer Republik in der Reichsverfassung der Ertüchtigung der Jugend verpflichtet hatte.[1019]

Mitte der zwanziger Jahre hatte der moderne Sport die Gesellschaft nachhaltig verändert. In welchem Ausmaß sich dieser Wandel durch einen neuen Gebäudetypus im Stadtbild manifestierte, lässt sich daran ermessen, dass 1927 auf einer Tagung in Berlin Architekten, Ingenieure, Kommunalbeamte und Städteplaner Kriterien für moderne Sportstätten erarbeiteten, die sich von Bahn- und Straßenbahnanschluss über Parkplätze, Kassenhäuschen, Telefonanschlüsse, Gärtnerei, Geräteverleih, Reparaturwerkstätten bis hin zu Räumen für Verwaltung, Presse, Polizei und Sanitäter erstreckten.[1020] Die Wiederbelebung der Olympischen Idee in Anlehnung an die Tradition der Antike stellte Leibesübungen häufig in einen engen Konnex zu Kunst und Kultur.[1021] Der Begründer der Olympischen Spiele der Neuzeit, Baron Pierre de Coubertin, forderte deshalb 1906 die Einführung eines Kunstwettbewerbs. In den zwanziger Jahren stieß dieser „Fünfkampf der Musen" in den Disziplinen Architektur, Literatur, Musik, Malerei und Bildhauerei auf große Resonanz.[1022] Erstmals bei der Olympiade 1924 in Paris durchgeführt, gab es auch bei den folgenden Spielen in Amsterdam (1928) und Los Angeles (1932) einen Kunstwettbewerb für Städtebau und Architektur, an dem einerseits die gestiegenen Ansprüche an den Sportstättenbau, andererseits die Herausforderung für die Architektenschaft deutlich wird. „Die Aufgabenstellung für die Sportbauten berührt", so Otto Ernst Schweizer, „einen Kreis von ganz neuen Problemen, wie sie in dieser Form bis heute in der Architektur nicht bestanden haben."[1023]

[1017] Dinçkal: Sportlandschaften, S. 75–77.
[1018] Ebd., S. 82.
[1019] Ebd., S. 145f. Die vom Stadtrat Nürnberg herausgegebene Broschüre zum Nürnberger Stadion verwies auf den Entwurf zum Spielplatzgesetz vom 5. Januar 1920; Stadtrat Nürnberg: Das Nürnberger Stadion, S. 7f. Unter Umständen spielte für den Stadionboom die Option eine Rolle, mit den Olympischen Sommerspielen in Amsterdam 1928 wieder am internationalen Sportgeschehen teilnehmen zu können, nachdem das Deutsche Reich als Aggressor im Ersten Weltkrieg von der Teilnahme ausgeschlossen worden war; Eisenberg: „English sports", S. 335.
[1020] Dinçkal: Sportlandschaften, S. 27.
[1021] Vgl. den Kommentar des Reichskunstwarts Edwin Redslob zum Kunstwettbewerb der IX. Olympiade; Stadtrat Nürnberg: Das Nürnberger Stadion, S. 30f.
[1022] Schädler: Frankfurter Waldstadion, S. 31.
[1023] Schweizer: Sportbauten und Bäder, S. 7.

Die Jury in Amsterdam zeichnete die Nürnberger Stadion- und Volksparkanlage mit einer Goldmedaille aus.[1024]

In *Sportbauten und Bäder* legte Schweizer anhand von Planzeichnungen und Berechnungsmustern seine Überlegungen zu Innovationen und Prinzipien moderner Sportarchitektur dar. Unter dem Aspekt, dass Sportstätten für das gesellschaftliche Leben und das „Volksganze" relevant seien, forderte er, auch eine kulturelle Nutzung zu berücksichtigen. Da der Sport so alt sei wie die Menschheit selbst, müsse das Ziel sein, „den Menschen durch den Sport wieder zur Natur zurückzuführen und auf dem Wege zur körperlichen Vollendung auch eine geistige Erhöhung zu vermitteln"[1025]. Schweizer, der immer wieder Parallelen zwischen dem Sport der Antike und der Gegenwart zog, sah selbst in der Ausgabe seines Buches von 1938 die Demokratie als Grundvoraussetzung für eine allgemein verbreitete Sportbegeisterung der Massen.[1026]

So wie die Antike danach strebte, sowohl Geist und Körper als auch Architektur und Natur in Einklang zu bringen, so sollten moderne Sportbauten Freiräume für Erholung schaffen, indem sie die Natur beispielsweise durch Ausnutzung von Geländeformationen mit einbanden.[1027] Für die Berechnung der Zuschauerkapazitäten setzte Schweizer Einwohnerzahlen antiker Städte in Relation zu deren Stadien.[1028] Neben den Thermen, die mit Räumen für Sport, Spiel, Vorträge, Literatur, Musik und bildende Kunst vielfältige Freizeit- und Erholungsmöglichkeiten boten und nebenbei Kultur vermittelten, prägten Kolosseum und Circus Maximus das Stadtbild des antiken Rom. Da die Caracalla-Thermen mit „heutigen Volksparks"[1029] vergleichbar seien, prophezeite er eine Renaissance der Thermen, welchen in der modernen Großstadt eine ähnliche Funktion zukommen werde. Einen ähnlichen Ansatz verfolgte die Stadt Frankfurt mit dem 1925 eröffneten Waldstadion, dessen Haupttribüne einem antiken griechischen Theater nachemp-

---

[1024] Stadtrat Nürnberg: Das Nürnberger Stadion, S. 30; Schieber/Schmidt/Windsheimer: Architektur Nürnberg. Bauten und Biografien. Bd. 1, S. 62.

[1025] Schweizer: Sportbauten und Bäder, S. 7.

[1026] Schweizer stand dem NS-Regime distanziert gegenüber und lehnte den Formenkanon der offiziellen Architektur als zu einengend ab. In der Zeit zwischen 1933 und 1945 beschränkte er sich fast ausschließlich auf seine Forschungs- und Lehrtätigkeit an der Technischen Hochschule Karlsruhe. Das Planetarium in Nürnberg, als „bolschewistische" Architektur diffamiert, wurde kurz nach der Machtergreifung abgerissen. Schweizer selbst bewahrte möglicherweise sein nationales und internationales Renommee vor Übergriffen von Seiten des NS-Regimes; Boyken: Otto Ernst Schweizer 1890-1965. Bauten und Projekte, S. 16-20; Schweizer: Sportbauten und Bäder, S. 8.

[1027] Hellenische Stadien wurden in eine Talmulde (z. B. Athen oder Epidaurus) oder in einen Hang (Priene, Delphi) hinein gebaut; Schweizer: Sportbauten und Bäder, S. 14.

[1028] Priene mit ca. 4000 Einwohnern hatte ein Stadion für 5000 Zuschauer. Das große Amphitheater in Pompeji konnte die gesamte Einwohnerschaft von 20 000 Personen fassen. Für eine moderne kleinere Bezirkssportanlage veranschlagte Schweizer einen Einzugsbereich von ca. 30 000 Menschen; Schweizer: Sportbauten und Bäder, S. 10, 15, 127. Vorbild für das Wiener Stadion war das Amphitheater in Nîmes; Bier, Justus: Das Wiener Stadion von Otto Ernst Schweizer. In: DB, Nr. 1, Januar 1932, S. 23-43, Tafel 6-8.

[1029] Schweizer: Sportbauten und Bäder, S. 23.

3. Sportstätten 209

funden war, so dass sie bei Sportveranstaltungen als Zuschauerraum fungierte und bei Theateraufführungen die Kulisse bilden konnte.[1030] (Abb. 33)

Für den Städtebau des 20. Jahrhunderts wertete Schweizer die modernen Stadionbauten und Bäder, die architektonisch, infrastrukturell und kulturell traditionelle Stadtbilder tiefgreifend veränderten, als entscheidende Neuerung.[1031] Sport- und Freizeitanlagen waren Teil der von ihm postulierten „idealen Stadt", in der Arbeit, Wohnen, Erholung und Verkehr miteinander verschmolzen.[1032] Einige Städte reagierten auf die veränderten gesellschaftlichen Bedürfnisse und gaben besondere Stadtpläne heraus, auf denen anstelle von Sehenswürdigkeiten Sportstätten und deren Verkehrsanbindung eingetragen waren.[1033]

Nach dem Ersten Weltkrieg tendierten die Kommunen nicht zuletzt aus wirtschaftlichen Gründen zunehmend zum Konzept des Sport- und Volksparks. Ein mehr oder weniger scharf umrissenes Bauprogramm beinhaltete in der Regel ausgedehnte Parkanlagen, Hauptkampfbahn, Übungsplätze unter anderem für Leichtathletik, Fußball, Hockey oder Tennis, Spielwiesen und Gastronomiebetriebe. Rad- und Motorsport erhielten unter Umständen eigene Rennbahnen.[1034] Der Wintersport spielte mit seiner saisonalen und geografischen Abhängigkeit eine Nebenrolle. Andere Sportarten blieben weitgehend auf den Vereinssport reduziert, selbst wenn ihre Ausübung eigene Anlagen erforderte.[1035] Welche Herausforderungen es beim Bau moderner Sportstätten zu meistern galt, machte Otto Ernst Schweizer deutlich: „In unserer Zeit wird auf sehr kurze Bauzeit sehr großer Wert gelegt. Eine gute Architektur muß aber reifen, und zu dieser Reife ist längere Zeit erforderlich. [...] Der Bauvorgang ist von solcher Geschwindigkeit, dass sich die Entscheidungen, welche zu treffen sind, überstürzen."[1036] Hoher Termindruck führte zu knapp kalkulierten Bauzeiten. Mittels einfacher und klarer Schemata suchte er Planungs- und Entwurfsphase zu verkürzen.[1037]

Der moderne Stadionbau erwies sich als geeignetes Betätigungsfeld avantgardistischer Architekten, die sich nicht nur über das Bauhüttenkonzept Gropius' auf die Gotik zurückbesinnen wollten.[1038] Der Rückgriff auf die Gotik ermöglichte

---

[1030] Schädler: Frankfurter Waldstadion, S. 16–44.
[1031] Schweizer: Sportbauten und Bäder, S. 10.
[1032] Ebd., S. 124–126.
[1033] Dinçkal: Sportlandschaften, S. 9–13; Orientierungsplakat der städt. Bäder. In: StAM, Badeanstalten, Nr. 189.
[1034] Schweizer: Sportbauten und Bäder, S. 32 f. Dieses Konzept verfolgte Schweizer in Nürnberg und Wien. Das Praterstadion in Wien (heute Ernst-Happel-Stadion) liegt inmitten der städtischen Grünanlagen in unmittelbarer Nachbarschaft zum Prater; Bier: Das Wiener Stadion. In: DB, Nr. 1, Januar 1932, S. 23 f.
[1035] Für einen Überblick über die Vielfalt von Sportanlagen in der Zwischenkriegszeit vgl. Schweizer: Sportbauten und Bäder, S. 37–60. In den zwanziger Jahren erfreute sich der Wintersport zunehmender Beliebtheit, so dass die Reichsbahn eigens Wintersportzüge einsetzte, zum Beispiel von Nürnberg aus ins Fichtelgebirge und den Bayerischen Wald; vgl. Hess, H.: Körperkultur. In: Stein, Erwin (Hg.): Monographien deutscher Städte. Darstellung deutscher Städte und ihrer Arbeit in Wirtschaft, Finanzwesen, Hygiene, Sozialpolitik und Technik. Bd. XXIII. Nürnberg. Berlin-Friedenau 1927, S. 161.
[1036] Schweizer: Sportbauten und Bäder, S. 31.
[1037] Ebd., S. 31 f.
[1038] Ebd., S. 32; vgl. auch Boyken: Otto Ernst Schweizer 1890–1965. Bauten und Projekte, S. 107.

weniger massive Stadionmauern, womit der nutzbare Raum gegenüber antiken Amphitheatern deutlich vergrößert werden konnte. Auf aufgeschütteten Erdwällen errichtet und meist nur mit einer teilweise überdachten Westtribüne, erinnerten frühe deutsche Stadionbauten stark an griechisch-antike Vorbilder. Der Massensport erforderte neue Dimensionen der Tribünen und Hochbauten, wie allein schon Begriffe wie „Massenauskleideräume" oder „Massengarderobe" zeigen.[1039]

Damit ergab sich eine Reihe neuer Probleme. Für den Regenschutz der Zuschauer waren Tribünenüberdachungen notwendig, die mit möglichst wenigen Stützpfeilern gute Sicht auf das Spielfeld gewährleisteten. Filigrane Tribünendächer mit freier Auskragung wurden erst durch den Einsatz von Eisenbeton und Stahl möglich. Ein chronologischer Vergleich moderner Tribünendachkonstruktionen in Dortmund (1926), Amsterdam (1928), Nürnberg (1928), Wien (1930), Florenz (1931) und Stuttgart (1933) verdeutlicht, in welch kurzen Zeitabständen die Entwicklung von pfeilergestützten Konstruktionen hin zu freitragenden Dächern verlief.[1040] Ellipsenförmige Linienführung der Kampfbahn und geschickte Anordnung der Tribünenplätze sollten den Zuschauer näher an das Geschehen in der Arena rücken.[1041] Treppenanlagen, Ein- und Ausgänge verlangten nach sicherheitsrelevanten und logistischen Überlegungen, die ein Verlassen der Sportstätte innerhalb kürzester Zeit ermöglichten. Massenveranstaltungen wie Wettkämpfe und Fußballspiele erforderten eine Anbindung an öffentliche Verkehrsmittel sowie eine geschickte Verkehrsführung für den Individualverkehr. Aus Platzgründen wurden Großsportstätten teilweise in Verbindung mit größeren Neubausiedlungen häufig an der Peripherie der Städte angelegt.[1042]

Die aufwendige Haustechnik in den Kelleranlagen einer Arena umfasste neben künstlicher Beleuchtung auch Bewässerungs- und Drainagevorrichtungen. Dieser Technisierungsschub macht deutlich, dass der Bau einer Sportstätte mit erheblichen Kosten verbunden war. Konnten die kommunalen Haushalte im Rahmen gesundheitspolitischer und sozialer Aufgaben Belastungen und Ausgaben für Krankenhausbauten, Wohnungsbau und Fürsorgeeinrichtungen schon kaum bewältigen, so veranlassten zusätzliche Gelder für Sportzwecke, sozial- und gesundheitspolitische Folgen gegeneinander abzuwägen. Gleichzeitig boten derartige Großprojekte die Gelegenheit, durch Notstandsarbeiten gezielt ein weiteres Steigen der örtlichen Arbeitslosenrate zu verhindern.[1043]

[1039] Schweizer: Sportbauten und Bäder, S. 32; Eröffnung des städt. Schwimmstadions im Dantebad. In: Städtischer Nachrichtendienst, 24. August 1929. In: StAM, ZA, Nr. 1108, Sportplatz. Dante-Stadion; Ein neues Familienbad. Umgestaltung des Dantebades. – Eröffnung am 15. Mai. In: MNN, Nr. 93, 3. April 1928.
[1040] Schweizer: Sportbauten und Bäder, S. 68-71.
[1041] Ebd., S. 86.
[1042] Diesem Konzept entsprach nicht nur das Dantestadion an der Dachauer Straße in München, sondern auch beispielsweise das Stadion Leerbeutel in Breslau, wie der in der DBZ veröffentlichte Lageplan zeigt; Konwlarz, Richard: Der Sportpark Breslau-Leerbeutel. In: DBZ, Nr. 28, 6. April 1929, S. 249-255.
[1043] Korte, Jos. Wilh.: Die Vestische Kampfbahn am Wittringerwald in Gladbeck (Westf.). In: DBZ, Nr. 79, 2. Oktober 1929, S. 673. Die Vorarbeiten für das Nürnberger Sportparkgelände waren ebenfalls eine Arbeitsbeschaffungsmaßnahme; Luppe: Mein Leben, S. 77.

Die Städte standen vor der Alternative, mehrere kleinere Anlagen für den Breitensport dezentral über das Stadtgebiet verteilt oder einen Sportpark mit einem Großstadion für 25 000–50 000 Zuschauer anzulegen. Auffällig viele Stadionprojekte konzentrierten sich auf das Rhein-Main-Gebiet mit Duisburg, Oberhausen, Dortmund, Gelsenkirchen, Köln, Mannheim und Frankfurt am Main. Nicht immer entstanden sie auf kommunale Initiative, auch Vereine erwiesen sich bisweilen als Motor, wie der TSV 1860 München beim Bau des Grünwalder Stadions in München-Giesing.[1044] Die fieberhafte Bauaktivität stieß nicht überall auf Wohlwollen. Selbst Carl Diem, der Generalsekretär des Deutschen Reichsausschusses für Leibesübungen, kritisierte auf einem Vortrag in München den „Stadionfimmel" und das Prestigedenken der Städte, die den gegenseitigen Überbietungswettbewerb einstellen sollten. Statt Stadien forderte Diem den Bau von Übungsbahnen beziehungsweise einfacher Spielplätze.[1045]

Trotz dieses Appells gab es viele Sympathien für Stadionanlagen, deren Wert als Repräsentationsobjekt sehr wohl gesehen wurde. Fußballspiele, Länderwettkämpfe konnten den Bekanntheitsgrad einer Stadt im permanenten Konkurrenzkampf der Städte untereinander steigern. Gastronomiebetriebe auf dem Stadiongelände erhöhten die Attraktivität und darüber hinaus war es einer Stadt möglich, als Vermieter oder Ausrichter von Großveranstaltungen wie den „Deutschen Kampfspielen" gewinnbringende Einnahmen zu erzielen. Als Feststätte bot das Stadion bei der Eröffnung von Turnertagen oder großen Wettkämpfen häufig den Rahmen für in der Weimarer Zeit charakteristische Feierlichkeiten, wie Massenschauturnen, Massenkonzerte oder Tanzaufführungen, die Leibesübungen mit bildender Kunst und Musik verbanden.[1046]

3.4. „Sportliches Bayern"

Seinem Aufsatz *Turnen und Sport in Bayern* stellte Ernst Müller-Meiningen, 1919-1920 bayerischer Justizminister[1047], ein Zitat „Turnvater" Jahns voran: „Immer soll die Turnkunst zeit- und volksgemäß getrieben werden nach den Bedürfnissen von H i m m e l , B o d e n , L a n d u n d V o l k ."[1048] Als Präsident des TSV 1860 versuchte er die Überlegenheit Bayerns in der Turnertradition gegenüber Preußen zu belegen, indem er einem Bogen spannte von Montgelas' Regeln für das Schulturnen (1806/11) über die Berufung des Jahn-Schülers Hans Ferdinand Maßmann an den königlichen Hof als Turnlehrer und Organisator der

---

[1044] Löffelmeier: Kommunale Sportförderung und Sportpolitik in München, S. 106.
[1045] Ebd.
[1046] Zum Themenkomplex Stadion als Festort der Weimarer Zeit vgl. Dinçkal: Sportlandschaften, S. 177-183; Schädler: Frankfurter Waldstadion, S. 32 f.; Brandt, Walter/Thielecke, Richard: Eine Universal-Sporthalle. In: DBZ, Nr. 29, 10. April 1929, S. 261 f.; Seiffert, J.: Anlagen für Sport und Spiel. Ist der Gedanke der Festspielstätten auf dem Marsche? In: DBZ, Nr. 67, 22. August 1928, S. 575 f.; Koller: Sport als städtisches Ereignis, S. 7.
[1047] Hürten: Revolution und Zeit der Weimarer Republik, S. 335, 471.
[1048] Müller-Meiningen, Ernst: Turnen und Sport in Bayern. In: Wolf: Dem Bayerischen Volke, S. 173.

Turnausbildung von Militärkadetten und Lehrern bis zur Stiftung der Öffentlichen Turnanstalt auf dem Oberwiesenfeld durch Ludwig I. Seine Bemühungen nahmen etwas eigentümliche Formen an, wenn er eine angeborene Begeisterung an körperlicher Ertüchtigung mit der Rauflust und Kampfesfreude des Bayernstammes begründete. Müller-Meiningen war in der Weimarer Zeit als nationalistischer Politiker bekannt[1049], insofern verwundert seine martialische Wortwahl nicht, mit der er Turnen und Sport nationale Bedeutung zuwies: „Turnen und Sport sollten Äußerungen tiefster Überzeugung sein, daß nur ein gesunder, urwüchsiger, in Licht und Luft, in Sonne und Wasser geübter stählerner Körper im harten Ringen mit allen Hindernissen eine Jugend schaffen könne, die in schwerem Kampfe ums Dasein – individuell und kollektiv gedacht – in härtester Zeit sich behaupten könne."[1050]

Dem Tenor der Aufsatzsammlung *Dem Bayerischen Volke* folgend, versuchte er zu beweisen, dass Bayern auch nach 1918 Vorbildliches geleistet habe und allen anderen Ländern des Reiches und dem Reich selbst überlegen sei. Im Sinne eines bayerischen Partikularstolzes verwies Müller-Meiningen auf die Reform der Turnlehrerausbildung von 1928, die erstmals die Ausbildung auf eine wissenschaftliche und fachliche Basis stellte, und forderte eine verbindliche Turnlehrerausbildung nach bayerischem Muster für das gesamte Deutsche Reich. Dem Vereinswesen zollte er höchstes Lob, da der Streit zwischen Turnern und Sportlern in Bayern mittlerweile überwunden sei, obwohl immer wieder von Norden aus versucht werde, den Konflikt wieder anzufachen. Damit begriff er Bayern als eigentlichen Träger des deutschen Einheitsgedankens. In seinem Schlusswort klingt neben bayerischem Lokalpatriotismus auch eine gehörige Portion deutscher Nationalismus an: „Gut deutsch und gut bayerisch auch in der Turn- und Sportbewegung, vorwärts und aufwärts zur Freiheit und Wehrhaftigkeit, ohne die kein Volk und kein Geist bestehen kann!"[1051]

Die Entwicklung von Sport und Leibesübungen in Bayern unterschied sich nicht wesentlich von derjenigen im gesamten Deutschen Reich. Während in der Debatte über die Ursachen der deutschen Niederlage die Dolchstoßlegende vor allem in rechten Kreisen Verbreitung fand, glaubten vorwiegend bürgerliche Schichten den

---

[1049] Müller-Meiningen war Reichstagsabgeordneter und Parteivorsitzender der Freisinnigen Volkspartei, die er 1910 mit der Demokratischen Partei zur Fortschrittlichen Volkspartei vereinigte. Während des Ersten Weltkrieges sprach er sich für weitgehende Annexionen zu Gunsten Deutschlands aus. Nach der Revolution 1918 schloss er sich der DDP an, obwohl er die Republik als „durch die bitterste Not aufgezwungene [...] Staatsform" bezeichnete. 1919/20 amtierte Ernst Müller-Meiningen in den Regierungen Hoffmann und Kahr als Justizminister; Albrecht, Dieter: Von der Reichsgründung bis zum Ende des Ersten Weltkrieges (1871–1918). In: Spindler, Max (Hg.): Handbuch der bayerischen Geschichte. Bd. 4/1. Das neue Bayern. Von 1800 bis zur Gegenwart. Staat und Politik. München 2003, S. 335; Frölich, Jürgen: Müller-Meiningen, Ernst. In: NDB. Bd. 18, S. 505–507; Bosl, Karl (Hg.): Bosls bayerische Biographie. Bd. 1. 8000 Persönlichkeiten aus 15 Jahrhunderten. Regensburg 1983, S. 536.

[1050] Müller-Meiningen: Turnen und Sport, S. 174.

[1051] Bezeichnenderweise bildet das Schlusswort, das auf die Aufnahme „Turnvater" Jahns in die Walhalla anspielte, zugleich die Überleitung zum Kapitel *Das wehrhafte Bayern*; Müller-Meiningen: Turnen und Sport, S. 180.

Grund im „kranken Volkskörper" des deutschen Volkes zu finden.[1052] Da einerseits angesichts des als höchst ungerecht empfundenen Versailler Vertrages eine Revision mit Waffengewalt nicht ausgeschlossen wurde, andererseits man sich von Feinden umzingelt fühlte und vor allem Frankreich angesichts seiner als aggressiv wahrgenommenen Rüstungs-, Besatzungs- und Reparationspolitik als Bedrohung empfunden wurde, galt ein erneuter größerer Krieg kurz- bis mittelfristig als wahrscheinlich.[1053]

Im Rahmen der Prävention und der Stärkung der Wehrkraft sollte der „Volkskörper" mit Hilfe der Leibesübungen gestählt werden.[1054] Turnen, Spielen, Schwimmen und Wandern, gefördert durch den Turnunterricht an den Schulen und den Stadtämtern für Leibeserziehung, Breitensport und Wettkämpfe der Vereine untereinander wurden auch in Bayern zunehmend zu einem Massenphänomen.[1055] Sportereignisse in den Stadien wie das Endspiel um die deutsche Fußballmeisterschaft 1929 in Nürnberg zogen immer mehr Menschen in ihren Bann. Hunderte Zuschauer säumten die Straßen bei Veranstaltungen wie dem Festzug der Turner in der Neuhauser Straße zum Deutschen Turnfest in München 1923 oder dem Schaulauf der Rhönräder bei den Rhönradtagen 1928 in der Innenstadt Würzburgs.[1056] Mannschaftswettkämpfe und insbesondere Fußballspiele erwiesen sich als wahre Zuschauermagneten. Das Turnfest 1923 in München verzeichnete mit 120 000 Teilnehmern einen neuen Rekord gegenüber dem Turnfest von 1913 in Leipzig mit nur 63 000 Teilnehmern und konnte trotz Hyperinflation finanzielle Überschüsse erzielen.[1057] Der Besuch wichtiger Sportveranstaltungen gehörte zum Pflichtprogramm von Kommunalpolitikern wie Karl Scharnagl oder Hermann Luppe und diente der gezielten Förderung der „Volksertüchtigung"[1058].

Adäquate Einrichtungen und Sportbauten zu schaffen, lag nicht nur im Bestreben der Sportvereine, sondern auch der Kommunen. Da durch Krieg und Inflation Vereinskassen auf ein Minimum zusammengeschmolzen waren und die Pacht für Sportplätze oft nicht mehr entrichtet werden konnte, waren die meisten Sportvereine für den Bau eines Stadions oder Bades auf Zuschüsse und das Wohlwollen der kommunalen Verwaltungen angewiesen. Die finanzielle Unterstützung fiel allerdings oft genug gering aus, da es um die gemeindlichen Finanzen ebenfalls nicht zum Besten bestellt war. Das Dilemma der Kommunen, neue Badeanstalten zu bauen und damit das Hygienebewusstsein der Bevölkerung, aber auch den Schwimmsport zu fördern, sorgte bei engagierten Sportförderern für Frustration.

[1052] Löffelmeier: Kommunale Sportförderung und Sportpolitik in München, S. 100.
[1053] Vgl. Müller-Meiningen: Turnen und Sport, S. 178; Diem, Carl: Olympische Flamme. Das Buch vom Sport. Bd. I. Sinn. Berlin 1942, S. 85f., 96.
[1054] Geyer verweist auf den gerade bei Großsportveranstaltungen, wie dem deutschen Turnfest in München 1923 virulenten Nationalismus, der sich in zahlreichen, von nationalem Pathos getränkten Reden von Sportfunktionären äußerte; Geyer: Verkehrte Welt, S. 126f.
[1055] Luppe: Mein Leben, S. 163.
[1056] Müller-Meiningen: Turnen und Sport, S. 176, 179; Dettelbacher: Damals in Würzburg, S. 78; Löffelmeier: Kommunale Sportförderung und Sportpolitik in München, S. 105, 108f.
[1057] Löffelmeier: Kommunale Sportförderung und Sportpolitik in München, S. 105.
[1058] Ebd., S. 97; Luppe: Mein Leben, S. 201f.

So kritisierte die Deutsche Lebensrettungsgesellschaft (DLRG) auf einem Beratungsabend in Würzburg: „[W]eiter muß die Zahl der Bäder, vor allem der Hallenbäder vermehrt werden. In dieser Hinsicht steht Bayern an letzter Stelle, verfügt es doch im Ganzen nur über vier Hallenbäder und weist doch selbst die Dreiviertelmillionenstadt München nur ein einziges auf [...]."[1059] Eine vom Deutschen Städtetag herausgegebene Broschüre merkte dazu an: „Leipzig allein [...] hat so viele Hallenschwimmbäder (4) wie ganz Bayern zusammen."[1060] Andere sahen im Wasserreichtum des Landes und der Lage vieler Städte an Flüssen oder Seen die Ursache, dass es in Bayern gegenüber Norddeutschland kaum Hallenbäder gab.[1061]

Hallenbad oder Stadion warfen aber nicht nur Finanzierungsprobleme auf, sondern stießen im katholischen Bayern auf vielfältige Bedenken. Sportveranstaltungen wie Fußballspiele an Sonn- und Feiertagen kamen in Konflikt mit der Sonntagsruhe. Mit Sorge konstatierte der Augsburger Bischof: „Der Sonntag ist für viele nicht mehr der Tag des Herrn, sondern der Tag des Sports geworden."[1062] Sportveranstaltungen zur Hauptgottesdienstzeit wurden als Konkurrenz zur Sonntagspflicht der Gläubigen gesehen.[1063] Kirchliche Kreise verfolgten die allgemeine Sportbegeisterung mit Argwohn und sahen im übermäßigen Körperkult eine Gefahr insbesondere für die Jugend.[1064] Heiß diskutiert wurde das Thema Frauenturnen und -sport, das einmal mehr die traditionelle Geschlechterordnung in Frage stellte. Mit dem gesellschaftlichen Wandel nach dem Ersten Weltkrieg eröffneten sich Frauen neue Berufsfelder in Industrie, Handel und dem Dienstleistungssektor. Ähnlich wie die hart arbeitenden Männer trieb auch die „neue Frau" selbstbewusst in ihrer Freizeit im modischen Sportdress Sport.[1065] Vielfach galt die Meinung, Gymnastik sei geeigneter und gesünder für den weiblichen Körper als leistungsorientierte Sportarten.[1066] In Hirtenbriefen appellierten die bayerischen Bischöfe an Mädchen und Frauen, sich nicht zu freizügig zu zeigen und keine zu knappe Sportbekleidung zu tragen.[1067] In den 1925 verfassten Leitsätzen legten sie fest, dass Katholikinnen ihrem Gewissen verpflichtet seien und die Teilnahme an öffentlichem

---

[1059] Zeitungsnotiz über den Beratungsabend der DLRG. In: WGA, Nr. 33, 8. Februar 1929, S. 3.
[1060] Das Stadtamt für Leibesübungen und Jugendpflege, Nr. 9/10. Dezember 1927/Januar 1928, S. 35.
[1061] Steinhaeusser, Friedrich: Das Augsburger Stadtbad. Teil I. In: SBZ, Nr. 20, 14. Mai 1904, S. 231.
[1062] Hirtenbrief zum Beginn der 40tägigen Fasten. In: KSBA, Nr. 2, 6. März 1927. Ähnlich die Silvesterpredigt des Würzburger Bischofs Ehrenfried im selben Jahr; Bischof Dr. Matthias Ehrenfried zum Jahresschluß. In: WGA, Nr. 1, 2. Januar 1928, S. 3.
[1063] Dinçkal: Sportlandschaften, S. 134f.; Die Sportvereine und die Sonntagspflicht der Katholiken. In: KSBA, Nr. 18, 26. Juni 1927, S. 279; Sonntag und Sport. In: KKBW, Nr. 25, 14. Dezember 1930, S. 99f.; Nr. 25, 14. Dezember 1930, S. 99f. und Nr. 26, 23. Dezember 1930, S. 103.
[1064] Zeitungsnotiz über den Vortrag „Die Familie und ihre Pflege" des Vorsitzenden der Diözesan-Elternvereinigung in Würzburg. In: WGA, Nr. 100, 1. Mai 1928, S. 3.
[1065] Vollmer-Heitmann, Hanna: Wir sind von Kopf bis Fuß auf Liebe eingestellt. Die zwanziger Jahre. Hamburg 1993, S. 41-43.
[1066] Koller: Stadt und Sport, S. 16.
[1067] Sittsame Kleidung für Frauen und Mädchen. In: WGA, Nr. 111, 15. Mai 1930, S. 3.

Schauturnen, Wettkämpfen oder Wettschwimmen für Frauen und Mädchen verboten sei. Am ersten bayerischen Frauenturnfest in Neuburg a. d. Donau erhitzten sich die Gemüter.[1068] Auch das bayerische Ministerium für Unterricht und Kultus befasste sich in einem Ministerialerlass 1922 mit dieser Problematik.[1069]

Kontroverse Debatten löste die Frage Familienbad oder ein nach Geschlechtern getrenntes Bad aus – im Hinblick auf Planung und Baukosten eines Hallenbades eine grundsätzliche Entscheidung. Die Haltung der einzelnen Parteien gestaltete sich recht unterschiedlich; während Sozialdemokraten in der Regel zum Familienbad tendierten, lehnten BVP und christlich geprägte Parteien das Konzept grundsätzlich ab und bestanden auf „Geschlechterbädern". Insbesondere katholische und konservative Kreise plädierten für die Beibehaltung der Geschlechtertrennung oder die zusätzliche Einrichtung eines Knabenbades. Bei Flussbädern und Freibädern kam häufig eine Kompromisslösung zum Tragen, die neben dem Familienbad weiterhin eine Männer- und Frauenabteilung vorsah.[1070]

Sporthochburg Nürnberg

Der preisgekrönte Nürnberger Sportpark mit den Hochbauten der Stadionanlage war für das „sportliche Bayern" das Vorzeigeobjekt schlechthin. So illustrieren zwei Fotografien, die den Stadionkomplex und das vollbesetzte Stadion bei der Fußballmeisterschaft 1929 zeigen, den Aufsatz *Turnen und Sport in Bayern* von Müller-Meiningen.[1071] Die Auszeichnung mit einer Goldmedaille bei der Olympiade in Amsterdam 1928 hatte die Stadion- und Volksparkanlage mit einem Schlag international bekannt gemacht.[1072] In seinen Memoiren hob Hermann Luppe stolz hervor, dass damit „Nürnbergs Namen einmal wieder bis ins entfernteste Dorf der Welt"[1073] gebracht worden sei. Die Resonanz, die Otto Ernst Schweizer mit seinen spektakulären Hochbauten auf dem Nürnberger Sportgelände hervorrief, wird daran deutlich, dass sie 1928 bis 1934 in praktisch allen namhaften Fachzeitschriften Erwähnung finden, teilweise sogar im Ausland.[1074] *Der Baumeister* widmete 1929 dem Thema Stadion und Sportplatz sogar ein ganzes Heft, in dem er Schweizers Stadionbauten in Nürnberg mit den Stadionprojekten von Jan Wils in Amsterdam und des Kölner Stadtbaudirektors Adolf Abel verglich.[1075] Der Kunst-

---

[1068] Die Bischöfe gegen das Frauenturnen. Ein unglaublicher Ukas der bayerischen Bischöfe. In: FV, 2. Juni 1927, S. 3; Erklärung der bayerischen Bischöfe zum 1. bayerischen Frauenturnfest. In: WDB, Nr. 21, 9. Juni 1927, S. 87f.; Schauturnen von Frauen und Mädchen, besonders von Schulpflichtigen. In: WDB, Nr. 11, 20. April 1932, S. 88f.
[1069] Vgl. den Auszug aus dem Erlass; Baden der Schüler und Schülerinnen. In: WDB, Nr. 12, 4. Mai 1932, S. 95f.
[1070] Das neue Städtische Flußbad in der Zellerau. In: WGA, Nr. 98, 30. April 1930, S. 5.
[1071] Müller-Meiningen: Turnen und Sport, S. 179.
[1072] Stadtrat Nürnberg: Das Nürnberger Stadion, S. 30.
[1073] Luppe: Mein Leben, S. 202.
[1074] Immo Boyken allein nennt 23 Fachartikel; vgl. Boyken: Otto Ernst Schweizer 1890–1965. Bauten und Projekte, S. 104.
[1075] Im Gegensatz zu Schweizers Bau wirkte Abels Kölner Stadion von 1924 mit streng symmetrischem Aufbau, geschlossenen Fassaden und modernen Architekturzitaten antiker Stile monumental. Auch Jan Wils' Amsterdamer Olympiastadion fehlte die Leichtigkeit und wirkte trotz des in die Ziegelsteineinfassade integrierten Formenkanons des Neuen Bauens eher wie eine Trutzburg. Das Tribünendach lag auf einem Gerüst aus

historiker Justus Bier führte in der *Nürnberger Zeitung* vor Augen, dass Schweizer im Unterschied zum Planetarium und dem Arbeitsamt auf dem Gelände des Zeppelinfeldes frei von aller Verpflichtung gegenüber dem historischen Stadtbild „wirklich neue Bauten"[1076] schaffen konnte. Die Begeisterung war überall zu spüren, wobei die Identifikation der Nürnberger Bevölkerung mit ihrem Stadion darin zum Ausdruck kam, dass das gesamte Sportparkgelände im allgemeinen Sprachgebrauch schlichtweg als „das Stadion" bezeichnet wurde.[1077] Dass die Eröffnung des Stadions am 10. Juni 1928 in das Dürer-Jahr fiel, dürfte von der Stadtverwaltung durchaus bewusst geplant gewesen sein. Damit konnte der Prestigegewinn, der ohnehin durch die Errichtung einer modernen Sportanlage erzielt wurde, gesteigert werden, da die alte Reichsstadt nicht nur durch Veranstaltungen zu Albrecht Dürer auf sich aufmerksam machen, sondern zugleich Sportbegeisterten einen neuen Anziehungspunkt bieten konnte.[1078] Die Verknüpfung spektakulärer Veranstaltungen mit der Eröffnung kommunaler Großbauprojekte wurde von den Kommunen der Weimarer Republik häufig angestrebt. Mit der Kombination von Sport, Körperkultur und sensationell moderner Baukunst war Nürnberg etwas gelungen, wovon andere Städte nur träumen konnten. Vor diesem Hintergrund bedeutete die Auszeichnung des gerade neu eröffneten Nürnberger Stadions und dessen Sportparkkonzepts mit der olympischen Goldmedaille einen unerwarteten zusätzlichen Gewinn und der Jubel war groß.[1079] Reiseführer empfahlen den Besuch des neuen Sportparks und die Nürnberger, die sich der touristischen Bedeutung der Anlage offenbar sehr wohl bewusst waren, führten ihre Gäste zum Zeppelinfeld.[1080] Von der Begeisterung der Bevölkerung über das neue Stadion profitierte der Oberbürgermeister der Stadt, Hermann Luppe, was nicht unwesentlich zu seiner Wiederwahl im darauffolgenden Jahr beitrug.[1081]

Mit Hermann Luppe lenkte seit 1920 ein rühriger Mann die Geschicke der Stadt Nürnberg. Sportförderung war ihm eine Herzensangelegenheit, weshalb er dem Stadtrat einen Gymnastikkurs des Stadtamtes für Leibesübungen verordnete, um ihn für die Belange des Sports zu sensibilisieren.[1082] Größere Abschnitte seiner Autobiographie sind Sportförderung und Stadionbau gewidmet.[1083] Leibesübungen galten ihm als probates Mittel zur Aufrechterhaltung und Verbesserung der Volksgesundheit, da gesundheitliche Schäden durch körperliche und geistige Arbeit kompensiert und die Freizeit sinnvoll genutzt werde.[1084] Luppe zeigte sich

Stahlträgern; Großkampfbahn, Bezirksstadion oder Übungsstätte? Für Großstädte, Großkampfbahn und Übungsstätten! In: DB, Nr. 1, Januar 1929, S. 18-28.
[1076] Bier, Justus: Die Nürnberger Stadion-Bauten. In: NZ, Nr. 96, 24. April 1928, S. 6.
[1077] Hess: Körperkultur, S. 162.
[1078] Und das Stadion? In: NZ, Nr. 13, 16. Januar 1928, S. 3; Sembach: Architektur in Nürnberg, S. 13.
[1079] Die olympische Goldmedaille für das Stadion. Die Krönung der Leistungen der Nürnberger Stadtverwaltung für die Leibesübungen. In: NZ, Nr. 185, 8. August 1928, S. 5.
[1080] Goldschmidt, Albert: Nürnberg und Umgebung. Berlin 1927, S. 29, 98; Luppe: Mein Leben, S. 202.
[1081] Ebd., S. 187, 202.
[1082] Schmidt: Kultur in Nürnberg, S. 329f.
[1083] Luppe: Mein Leben, S. 87f., 201-203.
[1084] Ebd., S. 201.

häufig bei Sportveranstaltungen und ließ es sich nicht nehmen, persönlich Preisauszeichnungen bei Wettkämpfen für die Volksschulen zu überreichen.[1085] Auch auf seine Initiative hin erhielt Nürnberg bereits 1921 als eine der ersten deutschen Städte ein Stadtamt für Leibesübungen, das 1927 ein eigenes, neu errichtetes Amtsgebäude bezog. Unter Direktor Otto Stein beschränkte sich das Stadtamt nicht nur auf Organisation und administrative Verwaltung des Sportgeschehens, sondern betrieb mit Vorträgen, Lehrfilmen über Sportveranstaltungen für Schulen, einem eigenen Übungsraum und einem sporthygienischen Museum aktiv Werbung für Leibesübungen. Im Rahmen der sozialen Fürsorge verwaltete die Behörde Sportgeräte, bezuschusste Wanderfahrten und betrieb ein eigenes Wandererheim in der Fränkischen Schweiz.[1086]

Vor dem Ersten Weltkrieg hatte sich in der Industriestadt der Sport mit einem regen Vereinsleben weitgehend etabliert. Da Nürnberg zusammen mit Fürth bei Luppes Wahl zum Oberbürgermeister 1920 zu den Hochburgen des deutschen Sports gehörte, konnte er in seiner Amtszeit auf dieser Sportbegeisterung aufbauen.[1087] 1923 war jeder achte Nürnberger Mitglied eines Sportvereins und der Turnverein 1846 stand an fünfter Stelle der mitgliederstärksten Vereine der deutschen Turnerschaft. Der erst 1900 gegründete 1. FC Nürnberg zählte zu den erfolgreichsten deutschen Fußballclubs. Von sich reden machten auch Schwerathletik und Radsport. Nürnberger Sportler reüssierten häufig bei nationalen und internationalen Wettkämpfen wie den Olympischen Spielen.[1088] Aufgrund der sozialen Bevölkerungsstruktur spielte die Arbeitersportbewegung eine große Rolle und die Förderung des Arbeitersports hatte mit dem 1. Süddeutschen Arbeiterturnfest 1912 und den seit 1921 jährlichen Veranstaltungen und Wettkämpfen zum reichsweiten Arbeitersporttag in der Stadt Tradition.[1089] Besonders setzte sich die SPD mit einer Kernklientel aus Arbeitern für die Belange des Sports ein, so dass Oberbürgermeister Luppe bei seinem Sportparkprojekt in dieser Hinsicht auf breite Unterstützung im Stadtrat rechnen konnte.

Luppe, der stets seine Erfahrungen als Zweiter Bürgermeister in Frankfurt betonte[1090], erkannte die Bedeutung des Sports als Wirtschafts- und Werbefaktor.[1091] Das 1921 vom Stadtrat beschlossene Stadion- und Volksparkprojekt auf dem Zep-

---

[1085] Schmidt: Kultur in Nürnberg, S. 329.
[1086] Luppe: Mein Leben, S. 87; Hess: Körperkultur, S. 158; Schmidt: Kultur in Nürnberg, S. 329 f.; Sembach: Architektur in Nürnberg, S. 16.
[1087] Luppe: Mein Leben, S. 87; zum Status Nürnbergs als Sporthochburg vgl. Florschütz, Inez: Kommunale Sozialpolitik und deren historische Hintergründe am Beispiel des Nürnberger Volks- und Sportparkgeländes in der Weimarer Republik. Erlangen/Nürnberg 1993, S. 20-25.
[1088] Die Nürnberger Turn- und Sportvereine alleine verzeichneten um 1927 rund 50 000 Mitglieder; Hess: Körperkultur, S. 161. Schmidt: Kultur in Nürnberg, S. 326 f.
[1089] Schmidt: Kultur in Nürnberg, S. 327.
[1090] Luppe: Mein Leben, S. 88.
[1091] Luppe sah im Gegensatz zu Wirtschaftskreisen, die Stadien, Bäder, Rathäuser, Schulen oder Krankenhäuser als Verschwendung abtaten, seine Projekte als Investition in die Zukunft. Die im Rahmen der produktiven Erwerbslosenfürsorge durchgeführten Arbeiten hätten der Stadt Ersparnisse bei der Arbeitslosenunterstützung gebracht; Luppe: Mein Leben, S. 176; Fischer, Otto: Vorschau auf das neue Nürnberger Stadion. Ein Besuch drei Tage vor der Eröffnung. In: NZ, Nr. 133, 8. Juni 1928, S. 5.

pelinfeld war von Anfang an darauf ausgelegt, die Position Nürnbergs als Sporthochburg des Deutschen Reiches auszubauen.[1092] An der schieren Größe des Geländes, in seinen Ausmaßen vergleichbar mit der Fläche der Nürnberger Altstadt und der des Englischen Gartens in München, wird deutlich, welche sozialhygienische Bedeutung die Stadt dem Projekt beimaß.[1093] Schon früh sprach sich Luppe dafür aus, dass Bewegung und Entspannung in Licht, Luft und Sonne für „jedermann" zum Nulltarif möglich sein sollten.[1094] In seinen Aufzeichnungen stellte er die Inangriffnahme des Projektes trotz Inflation 1923 als weitsichtiges Handeln dar. Für seinen Plan „eine[r] große[n] Sport- und Erholungsstätte für die Bevölkerung"[1095] hatte er zeitgleich von Gartendirektor Alfred Hensel einen großzügigen Entwurf mit Stadion, Schwimmbad, Trainingsplätzen für verschiedene Sportarten und einem Waldpark ausarbeiten lassen, welcher auch Interessen der Kleingartenbewegung berücksichtigte.[1096] Obwohl der Stadtrat die Verlegung einer Kleingartenanlage und die Anlage von Spielwiesen und Waldpark als Notstandsarbeiten billigte, erntete Luppe zunächst von vielen Bürgern nur Kopfschütteln.[1097] Der vom Stadtrat Nürnberg herausgegebenen Broschüre *Das Nürnberger Stadion im Sport- und Volkspark auf dem Zeppelinfeld* zufolge schritt nach der grundsätzlichen Genehmigung der Pläne durch den Stadtrat am 14. November 1923 die Realisierung des Projektes jedoch recht zügig voran, die Pläne wurden der Öffentlichkeit präsentiert, in der Presse diskutiert und die Sportvereine angehört.[1098] Im Zuge der weiteren Ausgestaltung besichtigte, wie bei derartigen Großprojekten der Zeit üblich, eine Kommission auswärtige Stadionanlagen.[1099]

Mit Bauplanung und -ausführung des Stadions und der Hochbauten wurde der Architekt Otto Ernst Schweizer, ein Schüler Theodor Fischers und seit 1925 Oberbaurat der Stadt Nürnberg, beauftragt. Da Hensels Planungen für die Gesamtanlage weitgehend abgeschlossen waren und erste Arbeiten auf dem künftigen Sportparkgelände Fakten schufen, war Schweizer an dessen Konzept gebunden, wodurch er sich in seiner Kreativität behindert fühlte.[1100] Ein vages Baupro-

---

[1092] Stadtrat Nürnberg: Das Nürnberger Stadion, S. 5; Luppe: Mein Leben, S. 77. Laut Luppe wurde Nürnberg wegen seines Stadions als Austragungsort für die Olympiade 1936 in Erwägung gezogen; Luppe: Mein Leben, S. 274.

[1093] Stadtrat Nürnberg: Das Nürnberger Stadion, S. 12-14. Nach Justus Bier nimmt der 31 Hektar große Sportpark nur ein Zehntel des gesamten zusammenhängenden Freizeitgeländes mit Dutzendteichen und Tierpark ein; Bier, Justus: Zu Otto Ernst Schweizers Nürnberger Stadionbauten. In: Die Form, Nr. 15, 1928, S. 420.

[1094] Anders als in Frankfurt war mit Ausnahme des Stadionbades der Eintritt frei; Luppe: Mein Leben, S. 202; Stadtrat Nürnberg: Das Nürnberger Stadion, S. 5; Schmidt: Kultur in Nürnberg, S. 331f.

[1095] Luppe: Mein Leben, S. 77.

[1096] Stadtrat Nürnberg: Das Nürnberger Stadion, S. 7f.

[1097] Luppe: Mein Leben, S. 77; vgl. auch Florschütz: Kommunale Sozialpolitik, S. 59-77.

[1098] Stadtrat Nürnberg: Das Nürnberger Stadion, S. 8.

[1099] Positiven Eindruck beim Stadtrat hinterließen das Sonnenbad der Stadionanlage in Frankfurt a. M., die weitläufigen Übungsplätze in Köln und das Stadion an der Jungfernheide in Berlin mit seiner großzügigen Anlage, künstlichen Seen, Strandbädern und einer Tanzringanlage. Kleinere Stadien wurden in Altona, Düsseldorf, Elberfeld und Hamburg besucht; Stadtrat Nürnberg: Das Nürnberger Stadion, S. 10.

[1100] Boyken: Otto Ernst Schweizer 1890-1965. Bauten und Projekte, S. 103.

gramm machte die Arbeit nicht gerade leichter. Schweizer orientierte sich an den Dimensionen der Parklandschaft Hensels und fügte für einen modernen Stadionbetrieb notwendige Gebäude wie Verwaltungsgebäude, Kassen, Sperren, Abortgebäude, Parkplätze und Pumpenhaus ein.[1101] Für den Schwimmbadbereich entwarf er Ankleidehalle, Brausengebäude und ein Sonnenbadcafé sowie ein Tennisturnierhaus für den Tennisplatz, wobei die Anlagen symmetrisch in zwei rechtwinklig zueinander liegenden Achsen angeordnet waren.[1102] Den zentralen Dreh- und Angelpunkt bildete das wegen der Sonneneinstrahlung gegenüber beiden Achsen etwas gedrehte oktogonale Stadion mit Kampfbahn und Haupttribüne.[1103] Schweizer sah für die Sportanlage das Ziel erfüllt, wenn „[j]ede Monumentalisierung und starre Fassung der Spielstätten […] vermieden"[1104] werden konnte. Um die flexible Anpassung an zukünftige Bedürfnisse zu gewährleisten, bevorzugte er eine kostengünstige Skelettbauweise mit Eisenbeton und Füllmauerwerk. Durch unverputzte, geschlämmte Mauern blieb die Konstruktion sichtbar.[1105] (Abb. 34)

Die Funktionalität der Einrichtungen hatte für ihn Priorität. Aufgabe der Zeit sei es, „[d]ie beste Anwendung der Resultate der wissenschaftlichen Technik auf alle Materialien, auch Eisen, Eisenbeton und Glas zu versuchen"[1106]. So geriet die 103 m lange Tribüne entlang der westlichen Längsseite mit der Konstruktion eines 22 m tiefen und über 9 m frei auskragenden Daches zu einem Glanzpunkt, der Kunstkritikern wie Justus Bier das Herz schneller schlagen ließ.[1107] Strebepfeiler und übergreifende Tragrippen waren so miteinander verspannt, dass die 7 cm dünne Betonplatte des Daches, außer einem Unterzug aus Eisenbeton, mit sechs dünnen Stützpfeilern aus Schiffswellenstahl auskam.[1108] Die „Verlagerung der wirkenden Kräfte auf die Außenwand"[1109] durch eine von Schweizer entwickelte Pendelstützenkonstruktion erforderte nur noch schlanke Pfeiler, welche eine freie, nahezu uneingeschränkte Sicht von den 2544 Plätzen auf das Spielfeld ermöglichten. (Abb. 35) Ein breiter Wandelgang mit Fensterreihe im obersten Rang der Tribüne verteilte die Zuschauer auf die Zugänge zu den Sitzreihen. Unterhalb der Tribüne befanden sich neben Räumen für Ärzte, Sanitäter und Presse

---

[1101] Bier: Nürnberger Stadionbauten. In: Die Form, Nr. 15, 1928, S. 420f.
[1102] Schweizer: Sportbauten und Bäder, S. 57, 85; Boyken: Otto Ernst Schweizer 1890-1965. Bauten und Projekte, S. 107.
[1103] Der heute noch für das Nürnberger Stadion charakteristische achteckige Grundriss war damals einmalig in Deutschland; Stadtrat Nürnberg: Das Nürnberger Stadion, S. 10-12.
[1104] Schweizer: Sportbauten und Bäder, S. 127.
[1105] Bier: Nürnberger Stadionbauten. In: Die Form, Nr. 15, 1928, S. 424f.; Boyken: Otto Ernst Schweizer1890-1965. Bauten und Projekte, S. 103-107.
[1106] Schweizer: Sportbauten und Bäder, S. 32.
[1107] Bier: Die Nürnberger Stadion-Bauten. In: NZ, Nr. 96, 24. April 1928, S. 6; Boyken: Otto Ernst Schweizer 1890-1965. Bauten und Projekte, S. 103-105. Den Fortschritt der Technik zeigte Schweizer mit einer Gegenüberstellung des Stuttgarter Tribünendachs auf, welches nur fünf Jahre später eine freie Auskragung von 14 m aufwies; Schweizer: Sportbauten und Bäder, S. 70.
[1108] Bier: Nürnberger Stadionbauten. In: Die Form, Nr. 15, 1928, S. 424; Boyken: Otto Ernst Schweizer 1890-1965. Bauten und Projekte, S. 103.
[1109] Schweizer: Sportbauten und Bäder, S. 68.

auch Duschen und Umkleiden für die Sporttreibenden, die durch zwei Durchlässe auf den Rasen gelangten. Zwischen diesen Gängen, die tief in den Tribünenaufbau einschnitten, befand sich eine großzügige Loge für Ehrengäste. Wind- und Wetterschutz boten die Seitenwände der Tribüne mit einer Konstruktion aus Stahlbeton und Glas.[1110] Für die langgesteckte Fassade der Eingangsseite wählte Schweizer einen symmetrischen Aufbau, wobei horizontale Fensterbänder und vertikale, mit den Tragrippen des Daches verbundene Strebepfeiler ein interessantes Wechselspiel ergaben, das einer eventuellen Monumentalität entgegenwirkte. Den Mittelteil der Eingangsseite der Stadiontribüne prägte die großflächig verglaste Eingangshalle, welche die Geschlossenheit der Fassadenfront aufbrach und eine Verbindung zwischen den Außenanlagen und dem Innenbereich des Stadions herstellte.

Zwei Gastronomiebetriebe auf dem Sportparkgelände, Sonnenbadcafé und alkoholfreie Gaststätte, setzten weitere architektonische Akzente. Während das Sonnenbadcafé den Abschluss der zentralen Achse des Schwimmbades bildete, trat die leichte Stahl- und Glaskonstruktion der Gaststätte am Scheitelpunkt eines halbrunden Gartenhofes in Wechselwirkung zur gegenüberliegenden strengen Front der Tribüne.[1111] (Abb. 36 u. 37) Der interessante Grundriss zeigte zwei durch einen langgestreckten Buffetbau miteinander verbundene Rotunden. Das Flachdach des Restaurants war in den Rundbauten 4 m frei auskragend pilzförmig um einen Mittelpfeiler konstruiert.[1112] Höchste Transparenz durch großzügige Verglasung hob die Grenze zwischen Bauwerk und Natur auf, schuf Raum für „Licht, Luft und Sonne" und ließ die Vision Bruno Tauts von einer kristallinen Architektur Wirklichkeit werden.[1113] Das Spiel von Innen und Außen wiederholte Schweizer beim Sonnenbadcafé in einer kubischen Variante mit auskragendem Dach, Glas- und Wandflächen.[1114] Die *Nürnberger Zeitung* sprach zur Eröffnung des Schwimmstadions von einem „Sonnenkaffee" mit Wirtschaftsterrassen, das mit seinem „Glaspalast" und Blumenhain eine weitere Zierde des Stadions bilden werde.[1115] Wollte Taut mit seiner Glasarchitektur den Menschen hell und wach machen, so wählte Schweizer das lateinische Sprichwort „mens sana in corpore sano" zu seinem Leitmotiv und brachte den Fördergedanken der Weimarer Republik architektonisch zum Ausdruck.[1116] Der soziale Gedanke Luppes, Stadion und

---

[1110] Stadtrat Nürnberg: Das Nürnberger Stadion, S. 25 f.; Boyken: Otto Ernst Schweizer 1890-1965. Bauten und Projekte, S. 103-105.

[1111] Bier, Justus: Ein Kaffee. In: Die Form, Nr. 1, 1. Januar 1930, S. 18.

[1112] Bier: Ein Kaffee. In: Die Form, Nr. 1, 1. Januar 1930, S. 18 f. Die *Deutsche Bauzeitung* würdigte die Stahl-Beton-Glas-Konstruktion der Gaststätte, da sich aus der Nutzung aller Möglichkeiten eine gute Kontrastwirkung ergebe; Restaurant im Stadion Nürnberg. In: DBZ, Nr. [28], 21. März 1930, S. 187. Boyken: Otto Ernst Schweizer 1890-1965. Bauten und Projekte, S. 103, 110 f.

[1113] Huse: „Neues Bauen", S. 21.

[1114] Bier, Justus: O. E. Schweizers Kaffeehaus im Nürnberger Stadion. In: Die Form, Nr. 10, 15. Mai 1929, S. 268-271; Bier: Nürnberger Stadionbauten. In: Die Form, Nr. 15, 1928, S. 425; Boyken: Otto Ernst Schweizer 1890-1965. Bauten und Projekte, S. 103, 112 f.

[1115] Einweihung des Nürnberger Schwimmstadions. In: NZ, Nr. 183, 6. August 1928, S. 8.

[1116] Schweizer: Sportbauten und Bäder, S. 7 f.; Huse: „Neues Bauen", S. 21; vgl. auch Schädler: Frankfurter Waldstadion, S. 29.

3. Sportstätten   221

Park für die Bevölkerung frei zugänglich zu machen, entsprach durchaus dem modernen Gemeinschaftsgedanken der neuen Architektur.[1117]

Der Kunsthistoriker und Architekturkritiker Justus Bier hob die Bedeutung des Nürnberger Stadions hervor als „[f]ür Nürnberg, wie für ganz Bayern etwas vollkommen Neues, daß eine so große Anlage jede Konzession an hergebrachte Formen, an das, was unter den Begriffen der ‚ortsüblichen Bauweise' und der ‚landschaftlichen Einbindung' die Entwicklung der neuen Architektur hemmt, vermeidet"[1118]. In seinem Artikel in der vom Deutschen Werkbund herausgegebenen Fachzeitschrift *Die Form* lobte er im Vergleich zu den störenden manieristischen Elementen des Amsterdamer Olympiastadions von 1928 die Klarheit und Zweckbezogenheit der Bauten Schweizers in Nürnberg.[1119]

Da sich das Deutsche Stadion in Berlin als zu klein erwiesen hatte, wurden in den zwanziger Jahren Endspiele um die Deutsche Fußballmeisterschaft zunehmend in anderen Städten ausgetragen.[1120] Auch andere wichtige Sportveranstaltungen drohten wegen der fehlenden Nähe der Zuschauer zum Sportgeschehen aus Berlin abzuwandern. Vor diesem Hintergrund ist anzunehmen, dass Schweizer das Stadion der Stadt Nürnberg hinsichtlich Raumaufteilung und Fassungsvermögen bewusst in Konkurrenz zum etablierten Deutschen Stadion und anderen Stadien der ersten Hälfte der zwanziger Jahre in Frankfurt am Main, Düsseldorf und Köln entwarf.[1121]

Auch architektonisch galt es, für Stadionhochbauten neue Möglichkeiten aufzuzeigen. Besonders auffallend ist der Gegensatz zum Frankfurter Waldstadion, der damals viertgrößten Großsportanlage Deutschlands. Dort hatte man sich auf der Suche nach alternativen Wegen in der Sportarchitektur allzu sehr auf die Antike gestützt und war auf eine historisierende Architektur verfallen.[1122] Das Tribünendach ruhte auf einer Reihe massiver Säulen, was die Nutzbarkeit der Ränge erheblich einschränkte, da das Spielfeld nicht von allen Sitzplätzen aus einsehbar war.[1123] Mit modernen Konstruktionstechniken wie armiertem Beton und freitragenden

---

[1117] Bier, Justus: Die Nürnberger Stadionbauten von Otto Ernst Schweizer. In: DB, Nr. 1, Januar 1929, S. 1.
[1118] Bier: Nürnberger Stadionbauten. In: Die Form, Nr. 15, 1928, S. 420.
[1119] Das Amsterdamer Olympiastadion wurde nach Plänen des Architekten Jan Wils errichtet; Bier: Nürnberger Stadionbauten. In: Die Form, Nr. 15, 1928, S. 425-427.
[1120] Dinçkal: Sportlandschaften, S. 155f.; vgl. auch Luppe: Mein Leben, S. 202.
[1121] In Berlin vergrößerte eine Radrennbahn die Distanz zwischen Spielfeld und Zuschauerrängen; Dinçkal: Sportlandschaften, S. 155f.; Schweizer: Sportbauten und Bäder, S. 71, 84; Hess: Körperkultur, S. 163.
[1122] Bei vielen Stadionprojekten nach 1918 glaubte man in Verehrung des antiken Sports und der deutschen Naturverbundenheit auf eine Überdachung der Zuschauerränge verzichten zu können. Ersichtlich wurde hier die Diskrepanz zwischen den Idealen von Leibesübungen und Volksgesundheit, die in der Zeit nach dem Ersten Weltkrieg auf Abhärtung setzten und der Wahrnehmung des breiten Publikums, das bei Sportveranstaltungen nur ungern der Witterung ausgesetzt sein wollte; Dinçkal: Sportlandschaften, S. 167.
[1123] Die Rentabilität des Frankfurter Waldstadions hatte darunter zu leiden, dass Plätze mit schlechter Sicht kaum zu verkaufen waren, weshalb es bei anderen Stadionanlagen Überlegungen gab, auf eine Bestuhlung der im toten Winkel liegenden Bereiche zu verzichten; Dinçkal: Sportlandschaften, S. 167f.

Treppen errichtet und den Grundsatz der Moderne, Licht, Luft und Sonne beherzigend, zeigt der an ein hellenistisches Theater erinnernde Haupttribünenbau, dass sich konservative Erscheinungsformen und Moderne nicht unbedingt ausschlossen, sich aber noch kein Idealtyp im Stadionbau herausgebildet hatte. Bald nach der Eröffnung 1925 befasste sich der neue Frankfurter Stadtbaurat Ernst May mit Umbauplänen beziehungsweise dem Abriss der Tribüne, um dem Stadion ein moderneres Erscheinungsbild zu verleihen.[1124] Mit den Bauten des Nürnberger Sportparks gab sich Schweizer hingegen durch den souveränen Einsatz moderner Materialien und die kreative Gliederung als Architekt der Neuen Sachlichkeit zu erkennen, den Immo Boyken in die Nähe des Bauhauses rückt.[1125] Seine Überlegungen zur Entwicklung neuer Bautypen und seine Planungen zur idealen Stadt sind durchaus vergleichbar mit Ideen Bruno Tauts, Ludwig Hilbersheimers oder Le Corbusiers.[1126] Der Architekturhistoriker Arnold Tschira nennt Schweizer den „Meister des Stahlbetons in Deutschland"[1127], da er mit seinen, nach damaligen Maßstäben gewagten Konstruktionen immer auch eine möglichst ökonomische Bauweise anstrebte.

Da in den zwanziger Jahren alles, was mit Sport zu tun hatte, im Fokus der Öffentlichkeit stand, war jedes Bauvorhaben auf diesem Gebiet potenziell prestigeträchtig. Das Neue Bauen bot sich an, da ein moderner Stil große Aufmerksamkeit versprach und sich eine Stadt als auf der Höhe der Zeit stehend präsentieren konnte. Zugleich eröffnete sich mit moderner Bauweise und funktionaler Gestaltung die Möglichkeit, den neuen Anforderungen des Sports und den Bedürfnissen einer immer gesundheitsbewussteren Gesellschaft gerecht zu werden. Luppe äußerte sich in seiner Autobiographie wenig positiv zum Bauhausstil und vertrat für Nürnberg die Auffassung, dass Eisenbeton-, Eisen- und Glasbauten nur dort stehen sollten, wo sie am Platz seien, wie beim Stadion, beim Stadioncafé und bei der alkoholfreien Gaststätte, da sich hier moderner Baucharakter mit sachlicher Zweckmäßigkeit verbinde.[1128] Für Nürnberg stellte das Stadionprojekt den Kulminationspunkt sowohl des Neuen Bauens als auch der kommunalen Bautätigkeit dar.[1129] Die Entwicklung des Zeppelinfelds zu einer vorbildlichen Anlage wurde auch andernorts im Freistaat mit Interesse verfolgt und lässt sich mit Sportparkideen in Augsburg und Würzburg in Verbindung bringen.[1130]

[1124] Schädler: Frankfurter Waldstadion, S. 40f.
[1125] Boyken: Otto Ernst Schweizer 1890–1965. Bauten und Projekte, S. 20f. Dinçkal spricht von einem Stadion im Bauhaus-Stil, das zugleich die Abkehr vom bislang üblichen Erdstadionmodell einleitet; Dinçkal: Sportlandschaften, S. 169.
[1126] Boyken: Otto Ernst Schweizer 1890–1965. Bauten und Projekte, S. 11–15.
[1127] Zit. nach: Dinçkal: Sportlandschaften, S. 169.
[1128] Luppe: Mein Leben, S. 260f.
[1129] Schmidt: Kultur in Nürnberg, S. 41, 213.
[1130] Wechs: Denkschrift, S. 7; Das Projekt einer Würzburger Sportparkanlage. In: FV, Nr. 170, 27. Juli 1927, S. 4; Nochmals die Würzburger Sportparkanlage. In: FV, Nr. 182, 10. August 1927, S. 3; Würzburger Sportwünsche. In: WGA, Nr. 233, 9. Oktober 1928, S. 3. Laut *Würzburger General-Anzeiger* traf ein Lichtbildervortrag über Stadion und Sportpark in Nürnberg auf große Resonanz; Das Nürnberger Stadion. In: WGA, Nr. 281, 5. Dezember 1929, S. 4.

Mit dem von Alfred Hensel wegweisend gestalteten Volkspark verfolgte das Projekt einen für die Weimarer Zeit und das Neue Bauen geradezu typischen ganzheitlichen Ansatz. Das Gelände war nicht zuletzt wegen der zu erwartenden Großveranstaltungen durch breite Straßen, Fuß- und Radwege und Straßenbahnanschluss gut an das Stadtgebiet angebunden.[1131] Das beliebte Naherholungsgebiet des Dutzendteichs, Übungsstätte der Nürnberger Ruderer, wurde mit der Schaffung eines Strandbades in den Sportpark integriert.[1132] Lobend fragte die *Nürnberger Zeitung*: „Sonne, Licht, Luft, Wasser und Bewegung im Grünen, was kann es Gesünderes geben?" und fügte hinzu: „Wenn man aber die gesamten Anlagen gesehen hat, wird man rückhaltlos anerkennen müssen, daß die ‚Goldene' aus Amsterdam ehrlich verdient ist. Wohl selten hat eine Stadt soviel für den Sport- und Leibesübungen und somit für die Gesunderhaltung der Jugend getan, wie Nürnberg."[1133] Die Mischung aus vielfältigen Sportangeboten, Schrebergärten und Gastronomie betonte den Charakter als Sport- und Freizeitareal, das ein Gegengewicht zu der als schädlich erachteten Kinokultur und den Gefahren der Großstadt bilden sollte. Insofern besaß das Betriebskonzept durchaus eine erzieherische Komponente, da die alkoholfreie Gaststätte Frischmilch aus dem ebenfalls von Otto Schweizer errichteten städtischen Milchhof ausschenkte.[1134] Die überaus positive Resonanz von Presse und Nürnbergern beweist, dass es Schweizer und Hensel gelungen war, das bereits vorhandene Naherholungsgebiet am Dutzendteich zu einem attraktiven Sport- und Freizeitgelände auszubauen.[1135] Leserzuschriften der *Nürnberger Zeitung* spiegeln die Auseinandersetzung der Bevölkerung mit dem modernen Sport und deren Adaption an die damit verbundenen Bedürfnisse wider. Kritik an schlechter Organisation bei den Umkleiden, zu wenigen Fernsprechanlagen, langen Anfahrtswegen oder zu konservativen Kleidervorschriften auf dem Tennisplatz zeigt, dass vielen der Schritt in die Moderne nicht weit genug ging.[1136]

[1131] Stadtrat Nürnberg: Das Nürnberger Stadion, S. 22–24. Schweizer achtete auf eine gute Verkehrsanbindung und Lenkung der Zuschauerströme inner- und außerhalb der Arena; Dinçkal: Sportlandschaften, S. 169.
[1132] Stadtrat Nürnberg: Das Nürnberger Stadion, S. 14.
[1133] Augustnachmittag im Stadion. In: NZ, Nr. 189, 13. August 1928, S. 3.
[1134] Stadtrat Nürnberg: Das Nürnberger Stadion, S. 27; Schmidt: Kultur in Nürnberg, S. 331f.
[1135] Das Neue im Gesicht Nürnbergs. In: NZ, Nr. 14, 17. Januar 1928, S. 5; Bier: Nürnberger Stadion-Bauten. In: NZ, Nr. 96, 24. April 1928, S. 6; Fischer: Vorschau Nürnberger Stadion. In: NZ, Nr. 133, 8. Juni 1928, S. 5; Die Einweihung des Stadions. In: NZ, Nr. 135, 11. Juni 1928, S. 4; Die olympische Goldmedaille für das Stadion. In: NZ, Nr. 185, 8. August 1928, S. 5; Ein schönes Bild vom Stadion. In: NZ, Nr. 205, 31. August 1928; vgl. auch Schmidt: Kultur in Nürnberg, S. 333. Anerkennend spricht der Präsident des Deutschen Reichsausschusses für Leibesübungen, Lewald, von einer „Kraftquelle für Nürnbergs Jugend"; Glückwünsche zur Stadioneröffnung. In: NZ, Nr. 138, 14. Juni 1928, S. 5.
[1136] Sehr geehrte Redaktion ... die Leser an die Nürnberger Zeitung. Schikanen im Stadion. In: NZ, Nr. 175, 27. Juli 1928, S. 6; Sehr geehrte Redaktion ... die Leser an die Nürnberger Zeitung. Stadionwünsche. In: NZ, Nr. 187, 10. August 1928, S. 19; Sehr geehrte Redaktion ... die Leser an die Nürnberger Zeitung. Die Ankleidekabinen im Stadion. In: NZ, Nr. 187, 10. August 1928, S. 19; Sehr geehrte Redaktion ... die Leser an die Nürnberger Zeitung. Rückständigkeit im Stadion. In: NZ, Nr. 205, 31. August 1928, S. 21; Sehr geehrte Redaktion ... die Leser an die Nürnberger Zeitung. Aus dem Stadion. In: NZ, Nr. 265, 9. November 1928, S. 19.

Obwohl Hermann Luppe sich mit Stadion und Volkspark profilieren konnte, standen für ihn mehr seine eigene Leistung und die städtischen Bemühungen um die Volksgesundheit im Vordergrund als der Architekt der Sportbauten.[1137] Die Zusammenarbeit mit Stadtbaudirektor Schweizer hatte sich nicht ganz einfach gestaltet.[1138] Die Vergabe der Medaille an Hensel in Amsterdam und die nur beiläufige Erwähnung Schweizers führte offenbar zu Verstimmungen. Dass Luppe die Flachdachpläne für eine Villa im Stadtteil Erlenstegen nicht genehmigte und stattdessen ein Satteldach durchsetzte, war ein deutliches Signal, dass in Nürnberg der Moderne Grenzen gesetzt waren. Diese öffentliche Reglementierung schlug auch außerhalb Nürnbergs große Wellen.[1139] Die Fachzeitschrift *Die Form* bedauerte, „daß Nürnberg, die Stadt, die es gewagt hat, als einen wirklichen Ausdruck des Geistes unserer Zeit ein so gutes Stadion zu erbauen, nunmehr dem gleichen Architekten ein solches Verbot auferlegt hat"[1140]. Schweizer quittierte seinen Dienst bei der Stadt und nahm 1930 den Ruf der Technischen Hochschule Karlsruhe an.[1141] Zwar schloss er noch die Arbeiten am Milchhof ab, aber mit ihm verlor Nürnberg einen herausragenden Architekten von internationalem Ruf.[1142]

Das Stadion konnte kurz nach der Eröffnung bei der größten Sportveranstaltung in Nürnberg während der Weimarer Republik, dem 2. Arbeiterturn- und Sportfest mit fast 50 000 Teilnehmern, seine Kapazitäten unter Beweis stellen.[1143] Als Austragungsort des Fußball-Länderspiels Deutschland – Dänemark 1928 und des Endspiels um die deutsche Meisterschaft 1929 wurde das Stadion vor allem Fußballfans schnell ein Begriff. In den folgenden Jahren wurde das Stadion auch als Kongresszentrum oder Versammlungsort wie zum Beispiel beim Jugendtag des Gesamtverbandes Evangelischer Elternvereinigungen genutzt.[1144] Obwohl mehrheitlich protestantisch, stellte Nürnberg 1931 Stadion und Festhalle für den Deutschen Katholikentag zur Verfügung.[1145] Auch bei der NSDAP gab es Begehrlichkeiten, die großzügigen Anlagen für Aufmärsche bei den alljährlichen Reichsparteitagen zu nutzen. Ausschreitungen und durch Vandalismus verwüstete Räume beim Reichsparteitag der NSDAP 1929 veranlassten aber Oberbürgermeister und Stadtrat, sich bis zur Gleichschaltung 1933 Versuchen Hitlers zu widersetzen,

---

[1137] Luppe: Mein Leben, S. 201; Schmidt: Kultur in Nürnberg, S. 58.
[1138] Luppe: Mein Leben, S. 188; Sembach: Architektur in Nürnberg, S. 19f.
[1139] Luppe rechtfertigte sein eigenmächtiges Vorgehen, das unter anderem in der *Frankfurter Zeitung* Schlagzeilen machte, damit, dass sich das Flachdach in einer Siedlung mit Steildächern störend ausgewirkt hätte und zudem viele bautechnische Fragen ungeklärt seien; Luppe: Mein Leben, S. 260f.
[1140] Riezler, Walter: Wieder einmal das flache Dach. In: Die Form, Nr. 10, 15. Mai 1929, S. 272.
[1141] Schieber/Schmidt/Windsheimer: Architektur Nürnberg. Bauten und Biografien. Bd. 1, S. 63.
[1142] Boyken: Otto Ernst Schweizer 1890–1965. Bauten und Projekte, S. 39; Sembach: Architektur in Nürnberg, S. 17.
[1143] Stadtrat Nürnberg: Das Nürnberger Stadion, S. 30; Schmidt: Kultur in Nürnberg, S. 327.
[1144] Die evangel. Elternvereinigungen im Stadion. Jugendtag des Gesamtverbandes Evangelischer Elternvereinigungen. In: NZ, Nr. 225, 24. September 1928, S. 3; vgl. auch Stadtrat Nürnberg: Das Nürnberger Stadion, S. 30.
[1145] Luppe: Mein Leben, S. 278.

dort wieder einen Parteitag abzuhalten.[1146] Nach der „Machtergreifung" stand dem Ausbau des Zeppelinfeldes zum NSDAP-Reichsparteitagsgelände nichts mehr im Wege. Eine der ersten Baumaßnahmen war die Umgestaltung des Stadions im Sinne der nationalsozialistischen Ideologie zum Veranstaltungsort der „Tage der Hitler-Jugend" bei den Reichsparteitagen.[1147]

Als die US-amerikanischen Besatzungstruppen das Stadion, das den Krieg unbeschädigt überstanden hatte, 1961 wieder an die Stadt Nürnberg übergaben, war die Arena dringend sanierungsbedürftig. Nach dem Einsturz der Haupttribüne beim Ausbau zum Frankenstadion 1987-1991 und weiteren Umbaumaßnahmen für die Fußball-Weltmeisterschaft 2006 lassen nur noch bauliche Reste erahnen, dass das heutige Stadion einmal das modernste Stadion Bayerns und international beachtetes Vorbild für Stadionbauprojekte anderer Städte war.[1148]

Münchner Sportstätten

München gehörte mit zu den ersten deutschen Städten, die sich gezielt darum bemühten, trotz fortschreitender Urbanisierung Freiflächen für Sport und Spiel zu erhalten beziehungsweise zu schaffen.[1149] Mit dem Herzogpark besaß die bayerische Landeshauptstadt bereits 1913 eine Grünanlage, die dem damals verbreiteten Ideal des Volksparks entsprach, woraus sich später das Konzept des Sportparks entwickelte. Der Erfolg des Herzogparks sprach für sich, hatte er doch mit seinen Sportplätzen eine höhere Besucherfrequenz als der Englische Garten.[1150] Die Bedeutung Münchens für den Sport unterstreicht die Tatsache, dass ein Vertreter des Münchner Turnvereins 1860 der Kommission des Deutschen Reichsausschusses für Olympische Spiele (DRAfOS) angehörte, die sich anlässlich der Bewerbung Berlins um die Olympiade 1916 mit einer Studienreise durch die Vereinigten Staaten über den modernen Sportstättenbau jenseits des Atlantiks informierte.[1151] Innerhalb der Stadtverwaltung setzte sich vor dem Ersten Weltkrieg besonders Grundbesitzreferent Heinrich Schlicht für die Einrichtung neuer Sportplätze ein.[1152] Die Freibadebewegung führte zu einer ersten Männer- und Knabenbadeanlage auf einem städtischen Areal am Würmkanal.[1153] Ähnlich wie

---

[1146] Ebd., S. 279.
[1147] Schmidt, Alexander: Geländebegehung. Das Reichsparteitagsgelände in Nürnberg. Nürnberg 2005, S. 81-85.
[1148] Die olympische Goldmedaille für das Stadion. In: NZ, Nr. 185, 8. August 1928, S. 5; Bier: Das Wiener Stadion von Otto Ernst Schweizer. In: DB, Nr. 1, Januar 1932, S. 23; Boyken: Otto Ernst Schweizer 1890-1965. Bauten und Projekte, S. 120.
[1149] Dem Thema Sport- und Spielplätze in München widmete 1912 die Zeitschrift *Das Bayerland* eine dreiteilige Artikelserie. Die Beschaffung von neuen Sport- und Spielplätzen in München. In: DBL, Nr. 30-32, 27. April/4. und 11. Mai 1912, S. 618f., 636f., 659; vgl. auch Neue Münchner Sportplätze. In: MNN, Nr. 27, 20. Januar 1922. Eine Auflistung der Fußballspielplätze s. Spielplätze der Münchener Fußball-Vereine. In: MZ, Nr. 267, 26. September 1924.
[1150] Dinçkal: Sportlandschaften, S. 41.
[1151] Ebd., S. 63.
[1152] Das Münchner Grundbesitzreferat war bemüht, die Vereine auf den schon vor dem Ersten Weltkrieg überlasteten städtischen Schul- und Jugendspielplätzen unterzubringen; Löffelmeier: Kommunale Sportförderung und Sportpolitik in München, S. 99f.
[1153] Meitinger, Karl: Großsiedlung mit Familienbad und Sportplatz an der Dachauer-Dantestraße in München. In: DBZ, Nr. 62, 4. August 1928, S. 529.

in anderen Großstädten und Kommunen blieb die Sportförderung in München bis in die zwanziger Jahre hinein rudimentär und vom Engagement einzelner einflussreicher Beamter abhängig.[1154]

Während der Amtszeit (1919-1924) des Ersten Bürgermeisters Eduard Schmid (SPD) spielte die städtische Sportpolitik eine eher untergeordnete Rolle. Für Schmid standen ganz andere Herausforderungen im Vordergrund. Die kommunalpolitische Konstellation – obwohl mit 18 Prozent hinter USPD und BVP nur drittstärkste Fraktion stellten die Mehrheitssozialdemokraten den Ersten Bürgermeister – erschwerte die Mehrheitsfindung im Münchner Stadtrat erheblich.[1155] Vielfältige wirtschaftliche und soziale Notlagen der Bevölkerung erforderten sofortiges Handeln der Stadt. Sportförderung erschien der SPD vor diesem Hintergrund als Luxus. Schmids persönliche Distanz gegenüber Sportangelegenheiten äußerte sich unter anderem darin, dass er das Dantebad als ausreichende Alternative zum Luisenbad betrachtete, obwohl der saisonale Flussbadbetrieb kein vollwertiger Ersatz für ein Hallenbad war.[1156] Schmid überließ die Bewerbung Münchens um die Ausrichtung des 13. Deutschen Turnfestes 1923 und nach dem Zuschlag auf dem Deutschen Turnertag in Kassel 1921 auch die Organisation dem zuständigen Referenten Heinrich Schlicht.[1157]

Die Stadt tat sich schwer, zwischen Fremdenverkehrs- und Sportförderung Schwerpunkte zu setzen. So mahnte der Vorsitzende des Schwimmgaus, Leis, auf der Sitzung des Stadtverbandes für Leibesübungen im April 1929, dass über der Fremdenverkehrsförderung die Bedürfnisse der einheimischen Bevölkerung und die Notwendigkeit eines zweiten Hallenbades für den Schwimmunterricht nicht in Vergessenheit geraten dürften.[1158] Immerhin wurde die Männerbadeanlage an der Dantestraße 1920 erweitert und durch ein Frauen- und Mädchenbad sowie Rasenflächen und Bereiche für Sonnenbäder ergänzt.[1159]

Trotz des Desinteresses von Seiten der Stadt übertrafen die Mitgliederzahlen der Sportvereine bald nach Ende des Ersten Weltkrieges das Vorkriegsniveau. Der TSV 1860 München verzeichnete 1919-1921 einen Anstieg von 40 Prozent und der FC Bayern München konnte die Anzahl seiner Mitglieder sogar mehr als verdoppeln. Überproportional stark legten der Mannschaftssport und die Leichtathletik der Arbeitersportvereine zu, so dass weder die vorhandenen Trainings- und Wettkampfplätze noch die Zuschauerplätze bei Fußballspielen ausreichten.[1160]

[1154] Löffelmeier: Kommunale Sportförderung und Sportpolitik in München, S. 99f.

[1155] Angermair, Elisabeth: Eduard Schmid (1919-1924). In: Hettler/Sing: Die Münchner Oberbürgermeister, S. 90f.

[1156] Errichtung eines neuen Hallenbades. In: MZ, Nr. 260, 19. September 1924; vgl. auch Löffelmeier: Kommunale Sportförderung und Sportpolitik in München, S. 96.

[1157] Löffelmeier: Kommunale Sportförderung und Sportpolitik in München, S. 101f.

[1158] Noch einmal das neue Hallenbad. In: Monatliche Rundschau des Schwimmvereins München 1899 e. V., Nr. 5/6, Mai/Juni 1929, S. 2.

[1159] Meitinger: Großsiedlung mit Familienbad und Sportplatz. In: DBZ, Nr. 62, 4. August 1928, S. 529.

[1160] Löffelmeier: Kommunale Sportförderung und Sportpolitik in München, S. 98f. Zum Desinteresse der Stadt vgl. Ein neues Familienbad. Umgestaltung des Dantebades – Eröffnung am 15. Mai. In: MNN, Nr. 93, 3. April 1928.

Die Stadtverwaltung konnte nicht länger umhin, sich mit der Thematik auseinanderzusetzen.[1161]

Bereits 1919 hatte der Athletik-Gau München organisatorische und finanzielle Unterstützung eingefordert, da andere Städte in Bezug auf Sportplätze, Turnhallen und städtische Ämter für das Sportwesen viel weiter seien als München. Die Niederlage im Krieg nagte am nationalen Selbstwertgefühl der Münchner Sportvereine und beflügelte sie zu weitreichenden Überlegungen. Zur Ertüchtigung des Volkes durch Sport und Leibesübungen gehörten der Bau eines Stadions, die Gründung eines Turn- und Sportmuseums und die Veranstaltung internationaler Kampfspiele in München 1920.[1162] Unterstützung kam aus dem Kultusministerium und vom Bayerischen Justizminister Ernst Müller-Meiningen, der in Spiel- und Sportplätzen neben der Stählung und Wehrertüchtigung der deutschen Jugend eine effektive Prävention gegen Jugendkriminalität sah.[1163] Die Stadtverwaltung kam diesen Forderungen nur begrenzt nach und gründete am 25. März 1920 ein Sportreferat, allerdings nur als Abteilung des Grundbesitzreferats. Immerhin übernahm mit Heinrich Schlicht einer der profiliertesten Sportförderer im München der Vorkriegs- und unmittelbaren Nachkriegszeit die Leitung des neu geschaffenen Amtes.[1164]

Sportvereine, sportbegeisterte Bürger und die Presse machten sich auch in schwierigen Zeiten für ein Großstadion stark. Die *Welt am Sonntag* schaltete sich 1920 mit einer „Entwurfsskizze zu einem ‚Stadion München'"[1165], die ein Architekt im Auftrag des Münchner Stadtverbandes für Leibesübungen erstellt hatte, in die Debatte ein und übte zugleich mit dem Zitat Carl Diems „Eine Stadt von der kulturellen Bedeutung Münchens sollte sich dieser Aufgabe nicht entziehen"[1166] Druck auf die Politik aus. Mit Blick auf Nürnberg und Stuttgart wurde die Stadion- mit der Kunststadtdebatte verknüpft und unter den diskutierten Standorten die Theresienwiese zu Füßen der Bavaria als am würdigsten empfunden.[1167] Mit Stabilisierung der wirtschaftlichen Lage tauchte im Oktober 1924 das Projekt einer Sport- und Kongresshalle für 26 000 Personen auf. Mehrere Zeitungen diskutierten in großer Aufmachung die auf einer Podiumsdiskussion in der Kunstgewerbehalle

---

[1161] Beblo: Hochbauten der Stadtgemeinde, S. 5.
[1162] Gründung eines Münchener Sportverbandes. In: MZ, Nr. 276/277, 11./12. Oktober 1919; vgl. auch MNN, Nr. 413, 11./12. Oktober 1919.
[1163] Versammlung des Münchener Stadtverbandes für Leibesübungen. In: MZ, Nr. 349/350, 24./25. Dezember 1919; vgl. auch MNN, Nr. 525, 25./26. Dezember 1919; s. a. den Hinweis auf eine Aufsatzreihe *Volk in Not* von Müller-Meiningen; Stadtämter für Leibesübungen. In: MNN, Nr. 173, 25. April 1922; vgl. auch Volk in Not! In: MAAZ, Nr. 520, 12. Dezember 1921.
[1164] Löffelmeier: Kommunale Sportförderung und Sportpolitik in München, S. 100f.
[1165] Entwurfsskizze zu einem „Stadion München". In: WaS, Nr. 8, [10. Januar] 1920, S. 5.
[1166] Ebd.
[1167] Ebd.; Stadtgemeinde und Sportpflege II. Die Münchener Spielplatz-Frage. In: MNN, Nr. 441, 28. Oktober 1922; vgl. auch Stadtgemeinde und Sportpflege I. In: MNN, Nr. 440, [28.] Oktober 1922; MAAZ, Nr. 520, 12. Dezember 1921; MNN, Nr. 173, 25. April 1922; Städtischer Sport-Ausschuß. In: MZ, Nr. 303/304, 3./4. November 1923; Städtischer Sportausschuß. In: MZ, Nr. 305, 4. November 1924. Die seit dem Ersten Weltkrieg auf der Theresienwiese bestehenden Schrebergärten blockierten die Planungen für ein Stadion; vgl. Münchener Stadtverband für Leibesübungen. In: MZ, Nr. 337, 7. Dezember 1925.

vorgestellten Entwurfsskizzen des Architekten Marcell Dollmann.[1168] Der endlosen Debatten überdrüssig bemerkte die *Münchener Zeitung* 1925, dass seit 1919 16 verschiedene Stadionprojekte diskutiert und wieder verworfen worden seien.[1169]

Die Wahl des konservativen BVP-Politikers Karl Scharnagl am 19. Dezember 1924 zum Bürgermeister veränderte die Agenda der Stadtpolitik. Mit Unterstützung durch den Zweiten Bürgermeister Hans Küfner erlangten Sport und Leibesübungen nun auch in der Münchner Kommunalpolitik zunehmend Bedeutung. Die Neugründung des Stadtamtes für Leibesübungen brachte eine programmatische Neuausrichtung der Sportpolitik auf die Jugendförderung.[1170] Eine verbesserte Wirtschaftslage begünstigte diese Trendwende, so dass der Stadtkämmerer mehr Geld für Sportbauprojekte einplanen konnte als noch 1919. Scharnagl konnte sich auf eine breite bürgerliche Stadtratsmehrheit stützen. Der sportbegeisterte Oberbürgermeister posierte gerne auf Fotos als Tennisspieler in Lederhosen.[1171] Die Inszenierung als aktiver Sportler zeigt deutlich, dass sich Scharnagl der gesellschaftlichen Bedeutung von Sport und Leibesübungen sehr wohl bewusst war. Als oberster Repräsentant Münchens fehlte er auf kaum einer wichtigen Sportveranstaltung. Akten des Stadtarchivs zeigen Scharnagl als treibende Kraft bei vielen Sportprojekten, wenn auch seine konservativen Überzeugungen sich mitunter hemmend auswirkten.[1172] Nach seiner Wiederwahl als Oberbürgermeister 1929 geriet Scharnagls Sportpolitik in den Sog der Weltwirtschaftskrise, die die Wohlfahrtsausgaben wieder sprunghaft ansteigen ließ. Gegen Ende der Weimarer Republik herrschten damit in etwa wieder dieselben Rahmenbedingungen wie in der Zeit zwischen Revolution und Inflation. An eine aktive Sportförderung war damit nicht mehr zu denken. Planungen zum Sportareal an der Dantestraße und zum Nordbad zeigen deutlich die Abhängigkeit der Sportförderung von politischen Mehrheiten und Vermögen der Stadtkasse. Diese Prämissen bestimmten denn auch den Spagat der Planung repräsentativer Einrichtungen zwischen hochfliegenden Plänen und Rotstift.

Auch wenn mit dem Machtwechsel im Rathaus der politische Wille zur Sportförderung vorhanden war, erlaubte die finanzielle Lage der Stadt keine allzu großen Sprünge. Insofern verzichtete die Stadt nicht ungern auf den Bau eines eigenen Großstadions, nachdem der TSV 1860 München den Ausbau seines Sportplatzes zu einem modernen Großstadion für mehr als 20 000 Zuschauer ankündigte. Bereits angelegte Fondsmittel wurden umgewidmet für den Bau dezentraler, über das Stadtgebiet verteilter Bezirkssportanlagen.[1173]

[1168] Ein Stadionprojekt für München. Halle für Sport und Kongresse. In: MAAZ, Nr. 298, 30. Oktober 1924, S. 7; vgl. auch Das Projekt eines Stadions. In: BStZ, Nr. 253, 30. Oktober 1924; Ein Sport- und Kongreßhallenbau für 26 000 Personen. In: VK, Nr. 228, 31. Oktober 1924; Ein großer Hallenbau für München. In: MP, Nr. 256, 4. November 1924; Das Projekt einer Sport- und Kongreßhalle in München. In: AllgZ, Nr. 464, 16. November 1924.
[1169] Schon wieder ein Stadion-Projekt! In: MZ, Nr. 307/308, 7./8. November 1925.
[1170] Löffelmeier: Kommunale Sportförderung und Sportpolitik in München, S. 101 f.
[1171] Ebd., S. 97.
[1172] Ebd., S. 96.
[1173] Beblo: Neue Stadtbaukunst. München, S. X f.

3. Sportstätten

Da sich das Dantebad von Anfang an bei den Münchnern eines „riesigen Zuspruchs"[1174] erfreute, projektierte das Hochbauamt München den Ausbau des Bades zu einem Sportgelände mit Stadion, Sport- und Trainingsplätzen sowie einem Familienbad. München lag damit im Trend der neuen Zeit, die nach moderner Lebensauffassung Wohnen und Freizeit in Einklang brachte. Oberbaurat Karl Meitinger stellte das neue Projekt der Stadt in der *Deutschen Bauzeitung* plakativ als „Großsiedlung mit Familienbad und Sportplatz"[1175] vor. Plan und Modell zeigen das im nördlichen Stadtteil Gern geplante Sportgelände sowie die Wohnbebauung an Baldur- und Dachauer Straße. Die Wohnblöcke mit insgesamt 1500 Wohnungen nach Plänen des Architekten Heinrich Bergthold sollten das Sportgelände vom Westfriedhof abschirmen.[1176] Mit der Siedlung, „die ihre Arme rund um Grünanlagen, Sportplatz und Bad schlingt, soll[te]", so konnte man in der *Deutschen Bauzeitung* lesen, „die immer schlummernde Sehnsucht nach engerer Berührung mit der Natur im Stadtgebiet Erfüllung finden und ein Gegengewicht gegen die mechanisierte Berufs- und Fabriktätigkeit geboten werden"[1177]. Zugleich konnte eine städtebauliche Lücke geschlossen und eine Verbindung zur Borstei geschaffen werden, deren Bewohner ebenfalls in den Genuss des städtischen Sportparks kamen. Die Anbindung des Geländes war vorausschauend für Besucher aus anderen Stadtvierteln und von auswärts geplant worden. Ab 1930 konnten Stadion und Bad mit zwei Straßenbahnlinien erreicht werden.[1178]

Das Dantestadion wurde als eines von acht dezentralen Bezirksstadien mit 400-m-Aschenbahn, 100-m-Laufbahn und Zuschauerrängen geplant. So war einerseits eine Nutzung für Leichtathletikzwecke möglich, andererseits wurde ein Kontrapunkt zu einem reinen Fußballstadion gesetzt, da der Schwerpunkt der Schul- und Jugendsportförderung galt.[1179] Bürgermeister Hans Küfner hielt Be-

---

[1174] Schreiben Schmögers an Referat II vom 10. Januar 1926. In: StAM, Badeanstalten, Nr. 106.

[1175] Meitinger: Großsiedlung mit Familienbad und Sportplatz. In: DBZ, Nr. 62, 4. August 1928, S. 529.

[1176] Beblo: Neue Stadtbaukunst. München, S. 37; ders.: Hochbauten der Stadtgemeinde, S. 29; Gemeinsames Schreiben von Beblo u. Meitinger an Referat II vom 8. November 1928. In: StAM, Badeanstalten, Nr. 189. Die Typisierung der städtischen Wohnungen mit Loggien sah eine Zusammenlegung der Installationen für Sanitäranlagen und Küche sowie die Entlüftung der innenliegenden Bäder über Entlüftungsschächte nach holländischem und amerikanischem Vorbild vor; Bergthold, Heinrich: Städtische Wohnhausgruppe in München an der Dachauer-, Baldur- und Sigenot-Straße. In: DB, Nr. 7, Juli 1927, S. 174f. Auch O. O. Kurz wies auf die amerikanischen und holländischen Lüftungssysteme hin; vgl. Preis: Beseitigung der Wohnungsnot in München, S. 136-138.

[1177] Meitinger: Großsiedlung mit Familienbad und Sportplatz. In: DBZ, Nr. 62, 4. August 1928, S. 529; vgl. auch Schweizer: Sportbauten und Bäder, S. 126f.

[1178] Meitinger: Großsiedlung mit Familienbad und Sportplatz. In: DBZ, Nr. 62, 4. August 1928, S. 532f.

[1179] Ebd., S. 533; Dante-Stadion 10 Uhr vormittags eröffnet. In: AllgZ, Nr. 127, 2./3. Juni 1928; Beblo: Hochbauten der Stadtgemeinde, S. 5f. Zum Dezentralisationskonzept s. Das Stadion an der Dantestraße. In: BK, Nr. 125, 4. Mai 1928; Bezirkskampfbahn an der Dantestraße. 20 000 Schüler und Schülerinnen bei der Eröffnung. In: WaS, Nr. 19, 6. Mai 1928; Sportplatz und Familienbad an der Dantestraße. In: AllgZ, Nr. 110, 11. Mai 1928; Das Familienbad und der Sportplatz an der Dantestraße. In: BStZ, Nr. 109, 11. Mai 1928; Sportplatz und Familienbad an der Dantestraße. In: BK, Nr. 133, 15. Mai 1928; Der Sportplatz an der Dantestraße. In: VB, Nr. 113, 15. Mai 1928.

zirkssportstadien für München als geeigneter, da Großstadien im Sommer zumeist leer stünden und wegen der geographischen Nähe zu den Alpen die Münchner Bevölkerung lieber zum Bergwandern gehe.[1180] Die Diskussion, welchen Sport man fördern wolle, bot Stoff für Glosse und Satire. Die *Welt am Sonntag* hielt München in Sport und Sportplatzangelegenheiten für einen Sonderfall, was wohl an der Barriere der Alpen läge, denn dort, wo die Welt mit den Alpen vernagelt sei, sei es nicht leicht, sich für die Förderung einer bestimmten Sportart zu entscheiden, geschweige denn die Münchner überhaupt für den Sport zu motivieren.[1181]

Als sich für die Stadt die Möglichkeit eröffnete, sich um die Ausrichtung der Deutschen Kampfspiele 1930 zu bewerben, entsprach die vorgesehene Zuschauerkapazität des Dantestadions nicht den Ausschreibungskriterien, weshalb Scharnagl für eine großzügigere Planung plädierte. Wie in Nürnberg versuchte man, Großereignisse miteinander zu verquicken, um den Tourismus anzukurbeln und den Ruf Münchens als Fremdenverkehrsstadt zu stärken. Der Oberbürgermeister erhoffte sich von den Deutschen Kampfspielen und den gleichzeitig stattfindenden Passionsspielen im nahen Oberammergau einen enormen Werbeeffekt.[1182] Schon 1925 wurde mehrfach argumentiert, München benötige ein Stadion, um im nationalen und internationalen Wettbewerb mithalten zu können.[1183] Da eine architektonische und städtebauliche Wirkung der Sportbauten erwünscht war, wurden trotz schwieriger Finanzlage zusätzliche Mittel locker gemacht, damit Karl Meitinger den ersten Entwurf einer einfachen Holztribüne zu einem massiven, repräsentativen Tribünengebäude mit Turnhalle und großem Gymnastiksaal ausbauen konnte.[1184] Die erweiterte Planung sah 32 000 Zuschauerplätze vor[1185], womit die Stadt vom Konzept der Bezirksstadionanlagen abrückte.

Gemäß hygienischen und sporttechnischen Anforderungen des modernen Sports plante Meitinger das Tribünengebäude mit Gymnastiksaal, Umkleideräumen, Duschen und Toiletten sowohl für Männer als auch für Frauen. Des Weiteren wurden neben Betriebsräumen Räume für Geräte, Massagen sowie für Ärzte und Sanitäter und im oberen Stockwerk zwei Hausmeisterwohnungen eingerichtet.[1186] Bemerkenswert ist die Konstruktion des dreigeschossigen, in Nord-Südrichtung entlang der Dantestraße stehenden Tribünenbaus. Mit der Tribünendach-

---

[1180] Eine großzügige städtische Spiel- und Sportplatz-Anlage. In: MZ, Nr. 341, 11. Dezember 1925; Aus dem Münchener Stadtrat. Diverses Allerlei – Stadion-Debatte. In: NfVZ, Nr. 289, 12. Dezember 1925; vgl. auch Beblo: Neue Stadtbaukunst. München, S. XI.

[1181] Das Sportschicksal Münchens. Der große Sport und Sportplätze fehlen. In: WaS, Nr. 49, 2. Dezember 1928.

[1182] Propaganda der Leibesübungen. Größere Münchener Veranstaltungen im Jahre 1930. In: MZ, Nr. 282/283, 12. Oktober 1929; Löffelmeier: Kommunale Sportförderung und Sportpolitik in München, S. 107–109.

[1183] Und doch ein Stadion! In: AllgZ, Nr. 325, 11. Dezember 1925; vgl. auch NfVZ, Nr. 289, 12. Dezember 1925.

[1184] Ausbau des Münchner Stadions. In: MNN, Nr. 334, 3. Dezember 1926.

[1185] Das Münchner Stadion. In: MNN, Nr. 343, 12. Dezember 1926. Löffelmeier gibt das Fassungsvermögen mit 19 000 Zuschauern an; Löffelmeier: Kommunale Sportförderung und Sportpolitik in München, S. 108.

[1186] Das Münchner Stadion. In: MNN, Nr. 343, 12. Dezember 1926; Beblo: Hochbauten der Stadtgemeinde, S. 6.

3. Sportstätten

konstruktion stellte sich Meitinger der Herausforderung des modernen Sportstättenbaus. Im Vergleich zu herkömmlichen Stadionbauten der zwanziger Jahre wie dem Stadion in Frankfurt am Main und den modernen Stadionbauten Otto Ernst Schweizers wählte er bei seiner 60 m langen und 16 m breiten Haupttribüne einen Mittelweg. Während Schweizers Tribünendächer in Nürnberg und Wien mit freier Auskragung und filigranen, weit nach hinten gerückten Stützpfeilern leicht und schwebend wirkten, präsentieren sich hier konservativere Konstruktionen mit geschlossenen Seitenwänden und einem auf mehreren wuchtigen, weit nach vorne gerückten Stützpfeilern liegenden Dach wesentlich massiver.[1187] Meitinger löste das Problem des eingeschränkten Sichtfeldes bei seitlich geschlossenen Tribünen mit einem trapezförmigen Grundriss der Zuschauerränge und der Verwendung zweier schmaler zurückgesetzter Stützpfeiler.[1188] Laut Meitinger war dies eine neuartige, erstmals ausgeführte Anlage, die einerseits Witterungsschutz bot, andererseits optisch und emotional einen Kontakt zwischen Zuschauer und Sportler herstellte.[1189] (Abb. 38) Wie eine Schnittzeichnung mit Sichtlinienkonstruktion in der *Deutschen Bauzeitung* zeigt, setzte sich Meitinger ähnlich wie Otto Ernst Schweizer in Nürnberg intensiv mit der Problematik einer guten Sicht auf das Spielfeld auseinander.[1190] Eine vergleichbare Lösung wurde bereits zwei Jahre zuvor bei der Holzsitztribüne des Grünwalder Stadions des TSV 1860 München angestrebt.[1191]

Der *Baumeister* stellte in seinem Augustheft von 1928 den Tribünenbau des Dantestadions vor, dessen Fassade auf der Westseite durch ihren dreiteiligen klassischen Aufbau einen repräsentativen Charakter erhält. Den mittleren Gebäudeteil kennzeichnen eine Freitreppe, eine fünfbogige Säulenhalle und die Inschrift „Der Münchner Jugend"[1192]. (Abb. 39) Flankiert wird der Mittelteil von zwei niedrigeren, je zweistöckigen Seitenflügeln vor dem Hintergrund der Rückwand der Haupttribüne. In einem Artikel zur Eröffnung der städtischen Kampfbahn 1928 würdigte die *Allgemeine Zeitung* Meitingers Stadionbau als „das prächtige Stadion **der** Stadt München"[1193] und eine Illustration, die das Eingangstor vor der aufgehenden Sonne darstellt, spielte darauf an, dass mit dem Dantestadion für den Sport in München und die Stadt selbst bessere Zeiten anbrachen.[1194]

[1187] Dinçkal: Sportlandschaften, S. 167f.
[1188] Meitinger: Großsiedlung mit Familienbad und Sportplatz. In: DBZ, Nr. 62, 4. August 1928, S. 534; Löffelmeier: Kommunale Sportförderung und Sportpolitik in München, S. 107.
[1189] Meitinger: Großsiedlung mit Familienbad und Sportplatz. In: DBZ, Nr. 62, 4. August 1928, S. 534; Dante-Stadion. In: AllgZ, Nr. 127, 2./3. Juni 1928. Nerdinger, Winfried: Familienbad und Sportplatz an der Dantestraße und Projekt einer städtischen Großsiedlung an der Dachauer Straße. In: Stölzl: Die Zwanziger Jahre in München, S. 393.
[1190] Meitinger: Großsiedlung mit Familienbad und Sportplatz. In: DBZ, Nr. 62, 4. August 1928, S. 530.
[1191] Eine Riesen-Sportanlage in München. In: MAAZ, Nr. 211, 2. August 1925; Löffelmeier: Kommunale Sportförderung und Sportpolitik in München, S. 107–110; Architekten und Ingenieur-Verband: München und seine Bauten nach 1912, S. 578f.
[1192] Das Familienbad und der Sportplatz an der Dantestraße. In: BStZ, Nr. 109, 11. Mai 1928.
[1193] Dante-Stadion. In: AllgZ, Nr. 127, 2./3. Juni 1928.
[1194] Ebd.

Die Münchner Zeitungen waren voll des Lobes für das Meisterwerk Oberbaurat Meitingers und gaben mit euphorischen Worten ihrem Stolz über die neue Sportanlage Ausdruck, die der Tradition Münchens würdig sei.[1195] Der *Völkische Beobachter* ließ sich zu der Bemerkung hinreißen, München habe jetzt auch seine Olympiade und beurteilte die Zuschauertribüne als prachtvoll und „schmissig"[1196]. Die *Bayerische Staatszeitung* wies auf die Leistung der Stadt hin, die mit Familienbad und Bezirksstadion Sporteinrichtungen geschaffen habe, „in denen sich Zweckmäßigkeit und Großzügigkeit, moderne Technik und bauliche Schönheit zu einem vortrefflichen, wenn auch kostspieligen Werke vereinen"[1197].

Um die Münchner Bevölkerung für Sport und Leibesübungen zu begeistern, initiierte die Stadt München eine großangelegte Propagandakampagne. In Zusammenarbeit mit dem Hygienischen Institut der Universität thematisierten sportwissenschaftliche Vorträge und Informationsveranstaltungen vernünftige Körperpflege. Dabei wurden Filmaufnahmen großer Sportveranstaltungen wie die Eröffnungsfeier des Dantestadions gezeigt. Als erste deutsche Stadt verlieh München bei Turn- und Sportwettkämpfen für hervorragende Leistungen „Ehrenbriefe", die im Rahmen einer Siegerehrung überreicht wurden.[1198]

Äußerte die Kirche einerseits zum Thema Sport und Leibesübungen Bedenken und mahnende Worte im Hinblick auf Sonntagsruhe und Sittlichkeit, wusste sie das Stadion doch als geeigneten Versammlungsort für Großveranstaltungen zu nutzen. Der Münchner Erzbischof Michael von Faulhaber ließ es sich nicht nehmen, die Schirmherrschaft über eine Großveranstaltung der Deutschen Jugendkraft (DJK) im Dantestadion zu übernehmen, bei der neben Oberbürgermeister Karl Scharnagl auch der Apostolische Nuntius anwesend war.[1199]

„Der Münchner Jugend" gewidmet, war die Sportanlage ideologisch auf Leibesübungen hin ausgerichtet und nur mit großen Schulturnveranstaltungen zu füllen. Fußballspiele hätten einen rentablen Betrieb des Stadions ermöglicht, wofür aber Tribünengröße, Fassungsvermögen und Anzahl der Parkplätze zu gering bemessen waren. Obwohl Carl Diem der Bewerbung Münchens um die Deutschen Kampfspiele 1930 sehr aufgeschlossen gegenüberstand, trug das unentschiedene Konzept des Dantestadions zwischen Groß- und Bezirksstadion wesentlich zum Scheitern der Bewerbung bei. Die Kampfspiele gingen stattdessen nach Breslau. Auch 1934 fanden die Deutschen Kampfspiele nicht in München, sondern in Nürnberg statt.[1200]

[1195] Bezirkskampfbahn an der Dantestraße. In: NFVZ, Nr. 109, 7. Mai 1928; VB, Nr. 105, 5. Mai 1928; vgl. auch MAAZ, Nr. 121, 4. Mai 1928; BK, Nr. 125, 4. Mai 1928; WaS, Nr. 19. 6. Mai 1928; AllgZ, Nr. 110, 11. Mai 1928; BStZ, Nr. 109, 11. Mai 1928; BK, Nr. 133, 12. Mai 1928; VB, Nr. 113, 15. Mai 1928.

[1196] Eröffnung der städtischen Kampfbahn. In: VB, Nr. 129, 5. Juni 1928. Ein Jahr später ließ der *Völkische Beobachter* kaum mehr ein gutes Haar am Dantestadion; Das Stadion an der Dantestraße. In: VB, Nr. 71, 26. März 1929.

[1197] Das Familienbad und der Sportplatz an der Dantestraße. In: BStZ, Nr. 109, 11. Mai 1928.

[1198] Stadtgemeinde und Leibesübungen. In: MNN, Nr. 61, 3. März 1927; Werbeabend. In: BStZ, Nr. 47, 20. Februar 1930.

[1199] Die Deutsche Jugendkraft. In: MKKZ, Nr. 24, 16. Juni 1929, S. 295-298.

[1200] Löffelmeier: Kommunale Sportförderung und Sportpolitik in München, S. 109.

3. Sportstätten

Parallel zum Bau der Stadionanlage hatte die Stadt das beliebte Freibad schrittweise erweitert und mit der Eröffnung des Stadions auch den Badebetrieb wieder aufgenommen.[1201] Das Beispiel Dantebad zeigt, wie eng Entwicklung und Ausbau eines einfachen Flussbades von einer reinen Männerbadeanstalt der Jahrhundertwende zu einem Familien- und Erlebnisbad der zwanziger Jahre mit der Moderne und einer breiten gesellschaftlichen Debatte um das Thema Familienbad verknüpft sind. Für das Flussbad am Würmkanal tauchten ab 1909 verschiedene Erweiterungsvarianten auf.[1202] Um angesichts der zunehmenden Sportbegeisterung nach dem Ersten Weltkrieg das Interesse auf den Schwimmsport zu lenken, veranstalteten die Münchner Schwimmvereine eine Themenwoche. Da sie das Schwimmen für Volksgesundheit und Wiederaufstieg Deutschlands als unerlässlich werteten, forderten sie die Stadt auf, nicht nur Krankenhäuser, Erziehungs- oder Strafanstalten, sondern auch neue Bäder zu bauen.[1203]

Lange Zeit bestand Unklarheit, auf welche Weise der Ausbau des Dantebades erfolgen sollte.[1204] Schwierigkeiten bereiteten das Mitspracherecht des Bayerischen Innen- und Finanzministeriums bei wasserrechtlichen Genehmigungen und Gebührenfestsetzungen oder Bedenken der Reichswehr, die Wasserqualität ihres weiter kanalabwärts gelegenen Militärschwimmbades könne unter dem ausgeweiteten Betrieb im Dantebad leiden.[1205] An der Idee, anstelle des Knabenbades ein Familienbad nach dem Muster anderer Freibäder einzurichten, entzündete sich eine heftige Diskussion. Um weiterhin den Badebetrieb nach Geschlechtern getrennt durchführen zu können, beharrte das zuständige Referat auf drei Schwimmbecken. Offenbar hielt sich unter Münchnerinnen die Begeisterung für Familienbäder in Grenzen.[1206] Oberbürgermeister Karl Scharnagl sprach sich als BVP-Mitglied und Katholik gegen die Einrichtung eines Familienbades aus.[1207] Protest kam auch von Seiten des Erzbischöflichen Ordinariats. Einem Schreiben im Auftrag Faulhabers konnte man entnehmen, katholischen Männern und Jungmännern würde es widerstreben, in ein Familienbad zu gehen.[1208] Der Bäderreferent der Stadt stimmte in die moralischen Bedenken des Klerus ein und plädierte für ein Schwimmbecken für Knaben, da diese mit ihrem Übermut den Badebetrieb

---

[1201] Schreiben Schmögers an Referat II. In: StAM, Badeanstalten, Nr. 106.
[1202] Unter anderem gab es Entwürfe von Richard Schachner; vgl. Plan. In: StAM, Badeanstalten, Nr. 106.
[1203] Abschluß der Münchner Schwimm-Werbewoche. In: MNN, Nr. 178, 3. Juli 1924.
[1204] Zeitweise erwog die Stadt die Einrichtung eines Wellenbades; vgl. Aktennotizen September/Oktober 1924. In: StAM, Badeanstalten, Nr. 106.
[1205] Der Würmkanal war in Staatsbesitz; Wiedervorlage Busch/Altmann, Referat XVI (Tiefbauamt) an Referat IV vom 3. Januar 1929. In: StAM, Badeanstalten, Nr. 188; Schreiben des Wehrkreisverwaltungsamtes VII vom 11. Dezember 1928 an Stadtrat München. In: StAM, Badeanstalten, Nr. 188.
[1206] Protokoll Schlichts vom 3. März 1927. In: StAM, Badeanstalten, Nr. 106.
[1207] Schreiben Scharnagls an Referat II vom 3. August 1928. In: StAM, Badeanstalten, Nr. 189; vgl. auch Schreiben Schlichts an Hochbauamt vom 31. Mai 1926. In: StAM, Badeanstalten, Nr. 106.
[1208] Schreiben des Generalvikars Fischer an Oberbürgermeister Scharnagl und an Stadtrat München vom 29. Mai 1930. In: StAM, Badeanstalten, Nr. 189. Offenbar berichtete auch die Presse darüber; vgl. Schreiben Lutz' an Referat II vom 26. Juni 1930. In: StAM, Badeanstalten, Nr. 189.

störten.[1209] Über die Frage, ob ein eigenes Knabenschwimmbecken erforderlich sei, kam es zu einem größeren Konflikt zwischen Heinrich Schlicht und dem für die Planungen zuständigen Hochbauamt, wo sich Fritz Beblo und Karl Meitinger energisch gegen die Einmischung „der katholischen Kreise"[1210] verwahrten und darauf verwiesen, dass selbst im katholischen Rheinland ausschließlich Familienbäder gebaut würden.[1211] Zwischenzeitlich drohten die Ausbaupläne an diesem Streit zu scheitern.[1212] Trotz der Querelen setzten sich die Befürworter eines „Licht-, Luft-, Sonnen-, und Familienbad[s]"[1213] durch. In einem Beitrag zur Jubiläumsausgabe der Vereinszeitung des Schwimmvereins München 1899 e. V. wird angedeutet, dass Scharnagl später seine Haltung zum Familienbad revidierte.[1214]

Kalkulationen von Bäderreferat und Hochbauamt gingen bei einer Zusammenlegung der drei Bäder und einer Erweiterung zu einem Familienbad von 15 000 Besuchern täglich aus. Die Einrichtungen des Bades mussten entsprechend angepasst werden.[1215] Aus einer Aktennotiz Meitingers geht hervor, dass Teile der Innenausstattung des Dantestadions wie Kabinen und Massengarderoben in der Ausstellung *Das Bayerische Handwerk* gezeigt wurden.[1216] Presseberichte anlässlich der Wiedereröffnung im Mai 1928 fielen überwiegend wohlwollend aus. In puncto Hygiene wird die Wasserregulierung der Becken hervorgehoben. Bezüglich des Familienbades gingen nach wie vor die Meinungen auseinander. Positive Erwähnung fand die zusätzliche Einrichtung einer eigenen Frauenabteilung mit sichtgeschütztem Sonnenbadbereich.[1217] Leises Unverständnis äußerte der *Bayerische Kurier*: „Ob es notwendig war, die Trennung der Badeabteilungen aufzuheben, darüber läßt sich nach unserer Ansicht streiten. Die Stadtverwaltung hat

---

[1209] Schreiben Lutz' an Referat II und an Oberbürgermeister Scharnagl vom 30. Juli 1928. In: StAM, Badeanstalten, Nr. 189; Schreiben Lutz' an Referat II vom 26. Juni 1930. In: StAM, Badeanstalten, Nr. 189.

[1210] Schreiben Schlichts an Hochbauamt vom 31. Mai 1926. In: StAM, Badeanstalten, Nr. 106; vgl. auch gemeinsames Schreiben von Beblo u. Meitinger an Referat II vom 16. Juni 1926. In: StAM, Badeanstalten, Nr. 106; Schreiben Schlichts an Hochbauamt vom 23. Juni 1926. In: StAM, Badeanstalten, Nr. 106.

[1211] Gemeinsames Schreiben von Beblo u. Meitinger an Referat II vom 16. Juni 1926. In: StAM, Badeanstalten, Nr. 106.

[1212] Gemeinsames Schreiben von Beblo u. Meitinger an Referat II vom 17. Januar 1927. In: StAM, Badeanstalten, Nr. 106.

[1213] Heinrich Schlicht macht sich in einem Notenwechsel mehrmals für diese Lösung stark; Schreiben Schlichts an Hochbauamt vom 31. Mai 1926. In: StAM, Badeanstalten, Nr. 106; vgl. auch Schreiben Schlichts vom 19. Januar 1927. In: StAM, Badeanstalten, Nr. 106.

[1214] Noch einmal das neue Hallenbad. In: Monatliche Rundschau des Schwimmvereins München 1899 e. V., Nr. 5/6, Mai/Juni 1929, S. 2. Pikanterweise hing 1949 Scharnagls Sturz als dritter Bürgermeister unter anderem damit zusammen, dass er an Veranstaltungen eines FKK-Clubs im Nordbad teilgenommen hatte; Stephan: Karl Scharnagl, S. 115f.

[1215] Meitinger: Großsiedlung mit Familienbad und Sportplatz. In: DBZ, Nr. 62, 4. August 1928, S. 532.

[1216] Schreiben Meitingers an Verwaltungsrat Schmöger (Referat II) vom 12. Oktober 1928. In: StAM, Badeanstalten, Nr. 106.

[1217] Ein neues Familienbad. In: MNN, Nr. 93, 3. April 1928.

offenbar den Ehrgeiz, dem sagenhaften ‚Zug der Zeit' die Wege zu ebnen – sie wird dafür auch die Verantwortung zu tragen haben."[1218] Bäderdirektor Lutz bemängelte, der Haupteingang hätte wesentlich einfacher gestaltet werden können.[1219] Besuchern bot sich die Möglichkeit, in einem Beschwerdebuch Kritik, Anregungen und Wünsche zu äußern. Dies zeigt, dass die Stadt das Bad tatsächlich als Einrichtung für die Gemeinschaft begriff und ihren Bürgern in gewisser Weise ein Mitspracherecht zubilligte.[1220] Leserbriefe lassen darauf schließen, dass das Familienbadkonzept in Teilen der Bevölkerung sehr gut ankam, aber Baderegeln und die Berufskleidung des Betriebspersonals nicht der modernen Anlage des Dantebades entsprachen und einer Anpassung bedurften.[1221] Der Einbau einer Wasserrutsche dürfte aber einiges wettgemacht und das Profil eines Freizeit- und Erlebnisbades gestärkt haben.[1222]

Den letzten Erweiterungsschritt leitete der Bau eines Schwimmstadions ein. Obwohl im Vorfeld verschiedene Versionen einer Beckenverbreiterung mit Tribünenanlagen diskutiert wurden, entschied sich die Stadt für eine 390 000 RM teure Lösung mit je einem eigenen Becken für Schwimmwettbewerbe und Turmspringen sowie Tribünen für bis zu 3500 Zuschauer an den Längsseiten.[1223] In bautechnischer und architektonischer Hinsicht bemühte sich Meitinger, Fehler, die andernorts gemacht worden waren, zu vermeiden. Er holte daher nicht nur Expertisen aller Münchner Schwimmvereine und der Direktion der städtischen Badeanstalten ein, sondern inspizierte auch Badeanstalten in Berlin, Köln, Düsseldorf, Duisburg, Wedau, Oberhausen, Frankfurt am Main, Ulm, Baden bei Wien und in Budapest.[1224] In der *Deutschen Bauzeitung* kündigte der Oberbaurat eine „amphitheatralisch angeordnete Umbauung"[1225] mit Umkleidekabinen, Duschen, Betriebs-, Massage-, Arzt- und Sanitätsräumen an.[1226] Mit acht Schwimmbahnen und einem Sprungbecken für 1-, 3-, 5- und 10-m-Sprünge eignete sich das Stadion auch für Wettkämpfe. Das Konzept einer dualen Nutzung sah die Möglichkeit vor, das Schwimmstadion außerhalb von Sportveranstaltungen dem Familienbadbetrieb des Freibades einzugliedern.[1227] Eingebettet in eine parkähnliche Anlage waren

---

[1218] Sportplatz und Familienbad an der Dantestraße. In: BK, Nr. 113, 12. Mai 1928.
[1219] Schreiben des Bäderreferenten Lutz an Referat II vom 2. Juli 1928. In: StAM, Badeanstalten, Nr. 106.
[1220] Die *Bayerische Staatszeitung* sprach in Bezug auf das Bad von einer „soziale[n] Grosstat"; Das Familienbad und der Sportplatz an der Dantestraße. In: BStZ, Nr. 109, 11. Mai 1928.
[1221] Das Dantebad. In: NZ, Nr. 129, 6. Juni 1928.
[1222] Aktennotiz vom 18. Juli 1929 und Stadtratsprotokoll der Hauptausschusssitzung vom 16. August 1929. In: StAM, Badeanstalten, Nr. 106.
[1223] Das neue Schwimm-Stadion. In: MNN, Nr. 181, 6. Juli 1929; Das neue Schwimmstadion in München. In: DS, Nr. 42, 16. Oktober 1929, S. 9.
[1224] Stadtratsprotokoll der Sitzung des Hauptausschusses am 18. Oktober 1928. In: StAM, AfL, Nr. 352/2.
[1225] Meitinger: Großsiedlung mit Familienbad und Sportplatz. In: DBZ, Nr. 62, 4. August 1928, S. 532.
[1226] Gemeinsames Schreiben von Busch u. Altmann (Städt. Tiefbauamt) an Straßen- und Flußbauamt vom 16. Oktober 1928. In: StAM, Badeanstalten, Nr. 188.
[1227] Das neue Dante-Schwimm-Stadion. In: MP, Nr. 156, 9. Juli 1929. Zur dualen Nutzung von Schwimmstadien s. Schweizer: Sportbauten und Bäder, S. 35 f.

Familienbad, Schwimmstadion und Sportstadion zu einer großen Gesamtanlage mit ausgedehnten Rasenflächen und schattenspendenden Bäumen zusammengefasst.[1228] Wenn die *Münchner Neuesten Nachrichten* zur Eröffnung urteilten, dass das neue Familienbad es ermögliche, einen „erquickenden Aufenthalt in frischer Luft und Sonne"[1229] mit einem wohltuenden Bad zu verbinden, sahen sie das Ideal von Licht, Luft und Sonne in Kombination mit sportlicher Betätigung und Freizeitgestaltung in vorbildlicher Weise umgesetzt.

Die Zusammenarbeit zwischen Stadt und Schwimmvereinen hatte mit dem Schwimmstadion Früchte getragen. Die Stadt übertrug denn auch dem Schwimmverein München 1899 e. V. die Organisation der zweitägigen Eröffnungsfeier des Schwimmstadions im August 1929.[1230] Der anlässlich der Eröffnung und des dreißigjährigen Jubiläums des Vereins ausgerichtete Länderkampf Deutschland – Schweiz fand mit ganzseitigen Reportagen großen Widerhall in der Presse.[1231] München konnte sich in den Schlagzeilen als gastfreundliche Sportstadt präsentieren und „einrücken in die Reihe der Städte, die als S t ü t z p u n k t e d e r d e u t s c h e n S c h w i m m b e w e g u n g gelten"[1232]. Für die Schwimmvereine Münchens und Bayerns war das Stadion Symbol des modernen Schwimmsports, welcher im Zuge der Professionalisierung mit der Weiterentwicklung des Brustschwimmens zum Freistil derartige Anlagen erst erforderlich gemacht hatte.[1233] *Der Schwimmer*, die Zeitschrift des Deutschen Schwimmverbandes, sah sich mit der Eröffnung der nach modernsten Maßstäben konzipierten Wettkampfanlage am Ziel seiner Wünsche und die Stadt München gerüstet für den Konkurrenzstreit im Sportstättenbau.[1234]

Gebührend gewürdigt wurde die ansprechende moderne Gestaltung der Kopfbauten mit Restaurant und für den Badebetrieb erforderlichen Räumlichkeiten. Als Klammer zwischen den Zuschauertribünen schufen sie die Atmosphäre eines in sich geschlossenen Stadions. Fotos des Stadtarchivs München zeigen an der Ostseite einen von Karl Meitinger im Stil der Neuen Sachlichkeit gestalteten langgestreckten, zweigeschossigen Bau mit glatten, schmucklosen Fassaden und Flachdach. Die kleinen, lukenhaften Fenster, als liegende Rechtecke charakteristisch für

---

[1228] Münchens Badebetrieb. In: MZ, Nr. 203, 27. Juli 1927, S. 8; Ein neues Familienbad. In: MNN, Nr. 93, 3. April 1928. Ähnlich verhielt es sich auch bei dem an der Isar gelegenen Freibad Maria Einsiedel.

[1229] Ein neues Familienbad. Umgestaltung des Dantebades. In: MNN, Nr. 93, 3. April 1928.

[1230] Vgl. Ankündigung auf der Titelseite der Vereinszeitung; Monatliche Rundschau des Schwimmvereins München 1899 e. V., Nr. 5/6, Mai/Juni 1929; Die sportliche Feier unseres 30jährigen Bestehens. In: Monatliche Rundschau des Schwimmvereins München 1899 e. V., Nr. 5/6, Mai/Juni 1929, S. 4.

[1231] Sport Telegraf. In: MTZ (= Beilage MNN, Nr. 167, 26. August 1929); Sonntag-Sport der Münchener Zeitung. In: MZ, Nr. 233/234, 24./25. August 1929, S. 17 f.; Montag-Sport der Münchener Zeitung. In: MZ, Nr. 235, 26. August 1929, S. 9 f.; Sport- und Turn-Zeitung. In: MAAZ, Nr. 230, 26. August 1929.

[1232] Deutschlands Schwimmer. In: MZ, Nr. 233/234, 24./25. August 1929, S. 17.

[1233] Vom Brustschwimmen zum Freistil. Die Umstellung in Deutschlands Schwimmsport. In: SSp, Nr. 91, 3. August 1930.

[1234] Deutschland siegt! Die Schweizer verlieren im Länderkampf mit 76:176 Punkten. In: DS, Nr. 35, 28. August 1929.

das Neue Bauen, nahmen Bezug auf die Startblöcke am Beckenrand. Funktional auf die Bedürfnisse eines Stadions ausgerichtet, ergab sich durch Zurücksetzen des oberen Geschosses eine schmale Zuschauerterrasse. Hauptsächlich wurden die Baumaterialien Beton und Eisenbeton und für die Fassaden der Kopfbauten Klinker verwendet.[1235] Im Sinne des Neuen Bauens beschränkte sich die künstlerische Ausgestaltung auf prominente Bereiche der Sportanlagen. Für den Eingangsbereich des westlichen Kopfbaus des Schwimmstadions schuf der Bildhauer Mauritius Pfeifer die Plastiken einer Schwimmerin und eines Wasserballspielers.[1236] Den Haupteingang an der Dantestraße zieren bis heute überlebensgroße Athleten in Sgraffito-Technik.[1237]

Presse und Stadt wurden nicht müde, neben den Beckenanlagen und dem Sprungturm auf die neuartige Konstruktion des Schiedsrichterpodiums hinzuweisen, welches das Blickfeld der Zuschauer nicht beeinträchtige.[1238] Technische Neuerungen stellten die elektrische Beleuchtungsanlage für Abendveranstaltungen und die Lautsprecheranlage dar. Gemeinsam mit Sportstadion und Familienfreibad brachte die sportparkähnliche Anlage eine bedeutende Aufwertung der nordwestlichen Stadtteile Münchens von Gern bis Moosach.[1239] Mit Stolz vermerkten die *Münchner Neuesten Nachrichten*, dass die Hauptstadt Bayerns dem Schwimmsport mit dieser modernen Stadionanlage eine herausragende Sportstätte mit hoher Zuschauerkapazität biete.[1240] Die *Bayerische Staatszeitung* verglich das Dante-Schwimmstadion sogar mit dem Olympiastadion in Amsterdam.[1241] Eine Schweizer Sportzeitschrift sah den Münchner Oberbürgermeister, einen passionierten Schwimmer, als treibende Kraft beim Bau städtischer Bäder und bemerkte mit einem Seitenhieb auf die eigenen Landsleute, dass die Schweiz wohl in puncto Hallenbäder auch weiter wäre, wenn sie ebensolche Sportler in den Regierungen hätte.[1242]

Auf Initiative Scharnagls erarbeitete das städtische Hochbauamt 1930/31 einen Stadtplan, auf dem neben dem Müller'schen Volksbad sämtliche Freibäder und Reinigungsbäder unter städtischer Regie mit Straßenbahnanschlüssen verzeichnet sind. Mit Hilfe eines Farbschemas sind die jeweiligen Bäderabteilungen auf einen Blick erkenntlich.[1243] (Abb. 40) Damit sollten die Besucherströme besser gelenkt

---

[1235] Das neue Schwimmstadion in München. In: DS, Nr. 42, 16. Oktober 1929, S. 9.
[1236] Das neue Schwimm-Stadion. In: MNN, Nr. 181, 6. Juli 1929.
[1237] Meitinger: Großsiedlung mit Familienbad und Sportplatz. In: DBZ, Nr. 62, 4. August 1928, S. 529, 533; Stölzl: Zwanziger Jahre in München, S. 393.
[1238] Städtischer Nachrichtendienst, Samstag, 24. August 1929. In: StAM, ZA, Nr. 1108; Das neue Schwimm-Stadion. In: MNN, Nr. 181, 6. Juli 1929.
[1239] Das neue Schwimmstadion in München. In: DS, Nr. 42, 16. Oktober 1929, S. 9.
[1240] Das Münchner Schwimmstadion eröffnet. Deutschland schlägt die Schweiz im Länderkampf mit 176 : 76 Punkten. In: MNN, Nr. 231, 26. August 1929, S. 10.
[1241] Eröffnung des neuen Münchener Schwimmstadions. In: BStZ, Nr. 196, 27. August 1929.
[1242] Wassersportchronik. Trainingsreise der Schweiz. Schweiz-Deutschland in München. In: Sport-Illustrierte, 4. September 1929, S. 26.
[1243] Schreiben des Bäderdirektors Lutz an Hochbauamt vom 19. August 1931. In: StAM, Badeanstalten, Nr. 189; Orientierungsplakat der städt. Bäder. In: StAM, Badeanstalten, Nr. 189; Schreiben Lutz' an Schmöger, Referat II und Direktorium A vom 11. Januar 1932. In: StAM, Badeanstalten, Nr. 189.

und den Münchnern und Münchnerinnen die Wahl des richtigen Bades – Familienbad, Frauenbad oder Männerbad – erleichtert werden. Ob dieser Plan wie vorgesehen in Straßenbahnwartehäuschen und -wagen ausgehängt wurde, ist unklar.[1244] Dennoch sind Parallelen zu einem ähnlichen, drei Jahre zuvor vom Berliner Stadtamt für Leibesübungen herausgegebenen Stadtplan der Reichshauptstadt erkennbar, allerdings beschränkte sich die Berliner Variante nicht ausschließlich auf Badeanstalten, sondern informierte über Sportstätten aller Art.[1245]

Kaum ein Bericht zur Eröffnung des Dante-Schwimmstadions im August 1929 kam ohne den Hinweis aus, Oberbürgermeister Scharnagl habe in seiner Rede den baldigen Baubeginn des zweiten Hallenbades angekündigt.[1246] Mit einer gewissen Spannung verfolgten Bevölkerung und Sportlerkreise diese Meldung, da man der schier endlosen Debatten um den Bau des Bades im Münchner Norden leid war, die seit der Eröffnung des Müller'schen Volksbades 1901 geführt wurden. Wie bei anderen Projekten brachte der Erste Weltkrieg einen Stillstand und mit der Schließung mehrerer privater Badeanstalten war das einzige verbliebene Hallenbad Münchens ständig überfüllt.[1247] Wurden vor dem Krieg monatlich ca. 65 000 Besucher gezählt, hatte sich diese Zahl 1926 mit 140 000–150 000 mehr als verdoppelt.[1248] Mit mehr als einer Million Besucher im Jahr war das berühmte Jugendstilbad mit einer Männer- und Frauenschwimmhalle das meist frequentierte Bad Europas, noch vor dem Wiener Amalienbad.[1249] Drangvolle Enge in den Schwimmbecken zwang Vereine, ihre Veranstaltungen in die späten Abendstunden zu legen.[1250] Die Folge waren Hygienemängel, so dass der Zustand eigentlich nicht mehr tragbar war.[1251]

Bedingt durch chronische Finanznot und die sportkritische Haltung des Ersten Bürgermeisters Schmid und der sozialdemokratischen Stadtratsfraktion, sah sich

---

[1244] Vgl. Aktennotiz Ameismeiers zu Note des Bäderdirektors Lutz vom 25. Januar 1932. In: StAM, Badeanstalten, Nr. 189.

[1245] Dinçkal: Sportlandschaften, S. 11.

[1246] Das Münchner Schwimmstadion eröffnet. In: MNN, Nr. 231, 26. August 1929, S. 10; Eröffnung und Einweihung des neuen Schwimmstadions. In: MP, Nr. 196, 26. August 1929; Das neue Schwimmstadion. In: NMT, Nr. 238, 26. August 1929; Eröffnung des neuen Münchener Schwimmstadions. In: BStZ, Nr. 196, 27. August 1929; vgl. auch DS, Nr. 42, 16. Oktober 1929, S. 9.

[1247] Das neue Hallenbad im Norden. Die Ausschreibung eines Wettbewerbes beschlossen. Baubeginn voraussichtlich nächstes Frühjahr. In: MZ, Nr. 257, 20. September 1927, S. 8. Zwei weitere, privat betriebene Hallenbäder, das Luisen- und das Maximiliansbad, hatten wegen der Inflation den Betrieb einstellen müssen; vgl. Der Mangel an Hallen- und Winterschwimmbädern. In: MAAZ, Nr. 169, 26. Juni 1926.

[1248] Die Bäderfrage in München. In: BK, Nr. 155, 4. Juni 1926.

[1249] Das Hallenbad in Schwabing. Der Stadtrat entscheidet über das Projekt. In: MZ, Nr. 293, 23. Oktober 1929.

[1250] Schreiben des Direktors der städt. Badeanstalten (Lutz) an Verwaltungsrat Reichinger vom 11. Januar 1936. In: StAM, Badeanstalten, Nr. 175. Höflmayr: Die Bäderfrage in München. In: BK, Nr. 155, 4. Juni 1926; Höflmayr: Der Mangel an Hallen- und Winterschwimmbädern. In: MAAZ, Nr. 169, 26. Juni 1926.

[1251] Aus Briefen an die Münchner Neuesten Nachrichten. Das neue Hallenschwimmbad. In: MNN, Nr. 232, 27. November 1927; Schreiben Anna Eibls (Vorsitzende des Damen-Schwimm-Vereins München e. V.) an den Direktor der städt. Badeanstalten vom 30. April 1927. In: StAM, Badeanstalten, Nr. 177.

die Stadtverwaltung längere Zeit außerstande, die Planungen der Vorkriegszeit wieder aufzunehmen oder anderweitig Abhilfe für das Müller'sche Volksbad zu schaffen. Analog zur Stadiondebatte kreise zeitweilig die Diskussion um die Frage, ob für die Versorgung der einzelnen Stadtviertel nicht Bezirksbäder sinnvoller als ein neues Volksbad seien.[1252] Die Einführung des Schwimmunterrichts in den Schulen als Pflichtfach verschärfte die Situation weiter. Doch mit Stabilisierung der währungspolitischen Lage konnten 1924 nach der Aufstellung eines Refinanzierungsplans für die zum Ausbau des Dantebades aufgenommenen Schulden auch die Finanzkalkulationen für ein neues Hallenbad angegangen werden, da der Wunsch nach einem wohltätigen Stifter als unerfüllbar galt.[1253] Der Stadtrat beschloss im November desselben Jahres den Bau eines zweiten Volksbades im Münchner Norden, wobei sich die Quellen bezüglich des Standorts widersprechen. Die Planungen konzentrierten sich bis 1933 überwiegend auf ein Grundstück an der Agnes-/Hiltensbergerstraße.[1254]

Die Diskussionen, die das Münchner Nordbadprojekt über die gesamte Weimarer Zeit begleiten, zeigen einerseits, auf welche Weise die mit den Planungen betrauten Stellen sich mit der Materie eines modernen Hallenbades auseinandersetzten, angefangen von der Eignung der verfügbaren Grundstücke über die technische Ausstattung und bauliche Gestaltung bis zur Ausschreibung eines Architektenwettbewerbs. Andererseits verraten sie einiges über das Profilierungsdenken der beteiligten Personen und veranschaulichen, dass die widerstreitenden Interessen den Bau eines modernen Hallenbades nicht leicht machten.

Wiederholt stand das von der Stadt favorisierte Baugelände im Kreuzfeuer der Kritik. Die *Münchner Neuesten Nachrichten* bemängelten den fehlenden Straßenbahnanschluss, den unsinnigen Standort mit zahlreichen Neubauwohnungen mit Bädern in nächster Umgebung und die zu lange und teure Anfahrt aus den Arbeitervierteln.[1255] Spekulationen und Gerüchte um diverse private Hallenbadprojekte wie ein Vereinssportbad im obersten Geschoss eines Hochhauses geisterten durch die Presse.[1256] Aus einer Besprechung mit Vertretern der Turn- und Schwimmvereine geht hervor, dass Stadt und Schwimmvereine ein Hallenschwimmbad ausschließlich für Vereinszwecke ablehnten, da ein öffentliches, allen Bevölkerungsschichten zugängliches Bad oberste Priorität hatte.[1257]

[1252] Ein Konzept der Stadtverwaltung sah offenbar den Harras, die Dachauer Straße und Schwabing als Standorte für Bezirksschwimmbäder vor; Turnhallen und Hallenbäder. Um die Landesturnanstalt – Zentralbad oder Bezirksschwimmbäder? In: MZ, Nr. 318, 19. November 1930.

[1253] Schreiben des Bäderdirektors Lutz an Referat II vom 18. August 1924. In: StAM, Badeanstalten, Nr. 177.

[1254] Schwimmbad München-Nord. In: MAAZ, Nr. 322, 24. November 1924.

[1255] München braucht Hallenbäder. In: MNN, Nr. 152, 5. Juni 1930.

[1256] Ebd.; vgl. auch Protokoll der Besprechung über den Bau einer Schwimmhalle und einer Turnhalle im Norden Münchens. In: StAM, Badeanstalten, Nr. 177; Antrag Meitingers betreffs Hallenschwimmbad im Norden der Stadt vom 9. November 1929. In: StAM, Badeanstalten, Nr. 177.

[1257] Protokoll der Besprechung über den Bau einer Schwimmhalle und einer Turnhalle im Norden Münchens. In: StAM, Badeanstalten, Nr. 177.

Die Vergabe der Planungen gestaltete sich recht eigenwillig. An den Auseinandersetzungen wird klar, welche Herausforderung der Bau eines Hallenbades, das modernste Technik, beste Hygienestandards, neue Konstruktion und Bauweise in sich vereinte, bedeutete. Die Komplexität der Bauaufgabe erforderte eine fachmännische Herangehensweise und Beratung durch externe Experten. Ein derartiger Großauftrag sicherte mittel- bis langfristig das Auskommen des beauftragten Architekten, brachte Renommee und lukrative Folgeaufträge. Insofern überrascht es nicht, dass angesichts der schlechten Auftragslage im krisengeschüttelten Baugewerbe der Weimarer Jahre viele Architekten die Gelegenheit zur Profilierung nutzen wollten. Bereits im September 1924, kaum dass die Presse über die Absicht der Stadt berichtet hatte, ein neues Hallenbad zu errichten, drängte der Bund Deutscher Architekten (BDA) über seinen Landesbezirk Bayern und die Ortsgruppe München auf die baldige Ausschreibung eines Wettbewerbs.[1258] Der Münchner Architekt Ernst Haiger schickte ein in Eigeninitiative ausgearbeitetes Projekt für ein Thermenbad mit Stadion an den Oberbürgermeister in der Hoffnung, mit den Planungen für das Nordbad betraut zu werden.[1259]

Auch Fritz Beblo und Karl Meitinger wollten sich diesen Auftrag nicht entgehen lassen und unternahmen alles, um die Planungshoheit des städtischen Hochbauamtes nicht zu gefährden. Im November 1925 tauchten erste Skizzen aus dem Hochbauamt auf, über die mit dem zuständigen Referat der Stadtverwaltung und der Direktion der Badeanstalten diskutiert wurde.[1260] Nach Inspizierung eines neuen Nürnberger Schwimmbades konkretisieren Meitinger und Beblo im August 1926 an Hand weiterer Projekte ihre Vorstellungen eines modernen Hallenschwimmbades mit zwei oder drei Schwimmhallen, vermutlich für einen nach Geschlechtern getrennten Badebetrieb.[1261] In den folgenden Monaten produzierte das Hochbauamt laufend neue Pläne, darunter ein Projekt „G", welches mit einer einzigen Schwimmhalle und einer Beckenlänge von 50 m einen Familienbadebetrieb und ein Platzkontingent für etwa 900 Zuschauer in Erwägung zog.[1262]

[1258] Die Vertreter des BDA, Lechner und Eugen Dreindl, verwiesen in ihrem Schreiben auf die Stadt Augsburg, die in vorbildlicher Weise eine höhere Summe für Wettbewerbsausschreibungen ausgesetzt habe; Schreiben des Landesbezirks Bayern des BDA an den Stadtrat München vom 24. September 1924. In: StAM, Badeanstalten, Nr. 177.

[1259] Schreiben Ernst Haigers an Oberbürgermeister Schmid vom 6. Oktober 1924. In: StAM, Badeanstalten, Nr. 177. Die Stadt München zeigte sich an dem Entwurf nur mäßig interessiert; vgl. auch Antwortschreiben Schmids an Haiger vom 10. Oktober 1924. In: StAM, Badeanstalten, Nr. 177.

[1260] Gemeinsames Schreiben von Beblo u. Meitinger an Referat II, Direktion der städt. Badeanstalten und Verwaltungsrat Schmöger betr. Erbauung eines Hallenbades an der Agnes-/Hiltensbergerstraße vom 25. November 1925. In: StAM, Badeanstalten, Nr. 177.

[1261] Aus dem Begleitschreiben zum neuen Projekt „E" geht hervor, dass die Projekte „B" und „C" von zwei beziehungsweise drei Schwimmhallen ausgingen; vgl. Schreiben Meitingers an Referat II vom 6. April 1926. In: StAM, Badeanstalten, Nr. 177.

[1262] Gemeinsames Begleitschreiben von Beblo u. Meitinger zu den Projekten „F" und „G" an die Direktion der städt. Badeanstalten und an das Referat II vom 14. Dezember 1926. In: StAM, Badeanstalten, Nr. 177; vgl. auch Stellungnahme des Bäderdirektors H. Lutz zum Projekt „G" an Referat II vom 23. Dezember 1926. In: StAM, Badeanstalten, Nr. 177.

Da einem Hallenbad als öffentlichem Gebäude größere Bedeutung zukomme und ohnehin viel Geld aufgebracht werden müsse, vertraten Beblo und Meitinger wiederholt die Ansicht, dass zur Akzentuierung des Stadtbildes „eine dem Zweck entsprechende, gewisse Monumentalität"[1263] erforderlich sei. War man im architektonischen Erscheinungsbild offenbar noch allzu sehr dem repräsentativen Müller'schen Jugendstilbad und der Tradition früherer Monumentalbauten verhaftet, so stand eine moderne, hochkomplexe technische Einrichtung für das Bad außer Zweifel. Das Hochbauamt stand im Kontakt zu Spezialfirmen für Bädertechnik in Gießen und Barmen.[1264] Obwohl zwischenzeitlich dringende Arbeiten zum neu aufgelegten Wohnungsbauprogramm den Aktionismus der beiden städtischen Architekten hemmten, entstanden innerhalb eines Jahres insgesamt sieben Projektskizzen.[1265] Meitinger machte dafür wiederholte Änderungswünsche der Bäderdirektion verantwortlich[1266], das Referat II dagegen äußerte Unmut über die „immer neuen Vorschläge"[1267] des Hochbauamtes.

Der BDA übte im Mai 1927 scharfe Kritik an der Vergabepraxis der Stadt, die, da angeblich ein offizieller Wettbewerb zu teuer käme, dem Hochbauamt die Planungen für das Nordbad überlasse, obwohl es ihm an Fachkompetenz auf dem Gebiet des Hallenbadbaus mangle.[1268] Protestschreiben des Wettbewerbsausschusses für Bayern und der bayerischen Sektion des BDA an den Stadtrat, die Nationalliberale Landespartei in Bayern und die bayerische DNVP-Fraktion sorgten für einigen Wirbel, zumal unter den Stadträten keine Einigkeit über die Notwendigkeit eines Wettbewerbs bestand. Bürgermeister Küfner und Oberbaurat Beblo rieten von einer Ausschreibung ab, da eine solche in einigen deutschen Städten weitere Planungen verzögert habe.[1269] Beblo setzte sich gegen Angriffe auf seine Qualifikation energisch zur Wehr, da er auf diesem Gebiete Sachverständiger sei und bereits vor Jahren in Straßburg ein großes Hallenschwimmbad gebaut habe.[1270] Stadtrat Schmid (SPD) verwies hingegen auf die Stadt Wien, die alle städtischen Bauten ausgeschrieben und renommierte Architekten und Baukünstler hinzugezogen habe.[1271]

[1263] Gemeinsames Schreiben von Beblo u. Meitinger an Referat II vom 5. Januar 1927. In: StAM, Badeanstalten, Nr. 177; vgl. auch gemeinsames Schreiben von Beblo u. Meitinger an Referat II vom 12. Dezember 1924; Schreiben Schlichts an Hochbauamt vom 5. Januar 1927.

[1264] Schreiben der Firma H. Schaffstaedt an Stadtrat München vom 27. Februar 1926. In: StAM, Badeanstalten, Nr. 177; Schreiben Friedrich Mieddelmanns an Hochbauamt München vom 17. Januar 1927. In: StAM, Badeanstalten, Nr. 177.

[1265] Gemeinsames Schreiben von Beblo u. Meitinger an Referat II vom 27. Oktober 1926. In: StAM, Badeanstalten, Nr. 177.

[1266] Schreiben Meitingers an Referat II vom 30. Dezember 1926. In: StAM, Badeanstalten, Nr. 177.

[1267] Schreiben des Referenten Schlicht an die Direktion der städt. Badeanstalten vom 3. Januar 1927. In: StAM, Badeanstalten, Nr. 177.

[1268] Abschrift des Schreibens des BDA, Ortsgruppe München-Oberbayern an Stadtrat München vom 23. Mai 1927. In: StAM, Badeanstalten, Nr. 177. Zugleich plädierte der BDA für eine auf Bayern beschränkte Wettbewerbsausschreibung.

[1269] Sitzung des Hauptausschusses vom 19. Mai 1927. In: StAM, Stadtratsprotokolle.

[1270] Ebd.; vgl. auch Das Hallenbad des Nordens. In: MAAZ, Nr. 252, 16. September 1927.

[1271] Sitzung des Hauptausschusses vom 19. Mai 1927. In: StAM, Stadtratsprotokolle.

Ob der Querelen sah sich Oberbürgermeister Scharnagl genötigt, sich für einen Wettbewerb auszusprechen.[1272]

Im Juli 1928 berichtete die *Münchener Zeitung* auszugsweise über die Wettbewerbsbedingungen, welche zwei große Schwimmhallen für Männer und Frauen und neben Wannenbädern, Duschen, therapeutischen Bädern und Sauna auch ein Hundebad beinhalteten.[1273] Insgesamt wurden der Jury, der neben dem Oberbürgermeister, den Oberbaudirektoren Beblo und Meitinger sowie dem Bäderdirektor Otto Lasne auch Richard Schachner angehörte, 203 Entwürfe vorgelegt.[1274] In der Fachzeitschrift *Der Baumeister* veröffentlichte Entwürfe der Preisträger zeigen mehrheitlich im Aufriss moderne Architektur mit kubischem Baukörper, Flachdach und durch Fensterreihen und Glasflächen gegliederte Fassaden.[1275] (Abb. 41) Keiner der Entwürfe konnte wirklich überzeugen.[1276] Möglicherweise war dieses Ergebnis gewollt, da die Stadt sich im Vorfeld lange vehement gegen einen Ideenwettbewerb gesträubt hatte.

Im Zusammenhang mit dem Wettbewerb unternahmen Mitarbeiter des Hochbauamtes und der Bäderdirektion eine Besichtigungsreise nach Berlin, Dresden und Chemnitz. Aus dem Bericht der Kommission, die sich über die vorgefundenen hygienischen Verhältnisse pikiert zeigte, geht hervor, dass sie der Hygiene im Badebetrieb Priorität einräumte und die Intention bestand, dem Bad in München für einen sinnvollen Ablauf des Badebetriebs eine funktionale Raumaufteilung zugrunde zu legen.[1277] Wie weit der Ruf nach Licht, Luft und Sonne bei der Planung des Nordbades eine Rolle spielte, bleibt unklar, da sich außer den Beurteilungskriterien des Architekturwettbewerbs, die sich auch mit der Be-

---

[1272] Beschwerdebriefe des Wettbewerbsausschusses für Bayern und der bayerischen Sektion des BDA vom 25. August 1927 an Stadtrat München, Nationalliberale Partei in Bayern und bayr. DNVP-Fraktion, gez. u. a. von O. O. Kurz mit handschriftl. Aktenvermerk Scharnagls über den Wettbewerb. In: StAM, Badeanstalten, Nr. 177; vgl. auch Das neue Hallenbad im Norden. In: MZ, Nr. 257, 20. September 1927, S. 8.

[1273] Das neue Hallenbad. Die Ausschreibung des Wettbewerbs. In: MZ, Nr. 205, 26. Juli 1928; vgl. auch Schreiben des Hochbauamtes „Ideenwettbewerb zur Erlangung von Vorentwürfen für ein Hallenschwimmbad im Norden der Stadt München" vom 28. November 1927. In: StAM, Badeanstalten, Nr. 177.

[1274] Niederschrift über die Tagung des Preisgerichtes zur Beurteilung der Wettbewerbsentwürfe für ein Hallenschwimmbad im Norden der Stadt München. In: StAM, Badeanstalten, Nr. 177. Am Wettbewerb beteiligten sich die Augsburger Architekten Michael Kurz und Fritz Landauer, dessen moderner Entwurf eine Männer- und Frauenhalle vorsah; Laible: Bauen für die Kirche, S. 250f.; Klotz: Fritz Landauer, S. 105–109.

[1275] Wettbewerb für ein Hallenschwimmbad in München. Einige Beispiele fortschrittlicher Fassadengestaltung. In: DB, Nr. 2, Februar 1931, S. 69; Grundrisse s. ebd., Tafel 13–17; vgl. auch Niederschrift über die Tagung des Preisgerichtes zur Beurteilung der Wettbewerbsentwürfe für ein Hallenschwimmbad im Norden der Stadt München. In: StAM, Badeanstalten, Nr. 177.

[1276] Beschluss im Bauuntersuchungsausschuss vom 4. November 1929. In: StAM, Badeanstalten, Nr. 177. Vgl. auch die Beurteilung der eingereichten Entwürfe; Niederschrift über die Tagung des Preisgerichtes zur Beurteilung der Wettbewerbsentwürfe für ein Hallenschwimmbad im Norden der Stadt München. In: StAM, Badeanstalten, Nr. 177.

[1277] Bericht über die Dienstreise Berlin – Dresden – Chemnitz. In: StAM, Badeanstalten, Nr. 177.

sonnung der Schwimmhalle befassten, kaum entsprechende Hinweise finden lassen.[1278]

In der Stadtratssitzung vom 19. Mai 1927 ließ Stadtrat Heinrich Schlicht durchblicken, dass die Stadt es nicht für notwendig erachtet habe, ein ordentliches Bauprogramm zu erstellen, da München genügend Erfahrung auf dem Gebiet des Hallenbadbaus habe und mit dem Müller'schen Volksbad anderen Städten jahrelang Vorbild gewesen sei.[1279] Möglicherweise erschwerte gerade das Fehlen eines fest umrissenen Programms die Planungen, da immer wieder neue Forderungen und Wünsche aufkamen. Der Stadt schwebte nach dem Vorbild der Bezirkssportanlagen für die geplanten Bäder ein ähnliches Konzept vor, weshalb neben einem Saunabereich unter anderem umstritten war, ob und in welchem Maße das Nordbad für Wettkämpfe als eine Art Schwimmstadion ausgebaut werden sollte.[1280] Demnach wäre lediglich das Nordbad als Volks- und Sportbad geplant worden, während für die verschiedenen Stadtbezirke nur kleine Hallenbäder vorgesehen waren.[1281] Die Debatten verzettelten sich in kleinen und kleinsten Details. So ging es 1934 immer noch um die Frage, ob im Bad eine Gastwirtschaft mit Bierausschank eingerichtet werden könne.[1282]

Die Diskussion über das Familienbad betraf nicht nur den Ausbau des Dantebades, sondern erschwerte auch beim Nordbad eine frühzeitige Lösung. Während andere Städte dazu übergingen, neue Volksbäder mit einem einzigen Schwimmbecken als Familienbad zu bauen, das bei Bedarf einen nach Geschlechtern getrennten Schichtbetrieb ermöglichte, versteifte sich die Stadtverwaltung nach dem Vorbild des Müller'schen Volksbades auf einen getrennten Badebetrieb für Männer und Frauen mit zwei Bassins.[1283] Für den Bau eines Hallenbades bedeutete dies eine kostspielige Lösung, da jedes Bassin eine eigene Halle erforderte. Damit waren die Hürden für eine Realisierung höher gesetzt. Angesichts knapper Kassen wurden unterschiedliche Lösungsansätze diskutiert, von einem reduzierten Bauprogramm bis zu einer schrittweisen Umsetzung je nach Finanzlage.[1284]

Die Themen Hygiene, Sport, Baden und Hallenbad blieben die ganze Zeit über in den Medien präsent. Setzten anfänglich Berichte und Leserbriefe, welche Missstände im Müller'schen Volksbad skandalisieren, die städtischen Stellen unter

---

[1278] Niederschrift über die Tagung des Preisgerichtes zur Beurteilung der Wettbewerbsentwürfe für ein Hallenschwimmbad im Norden der Stadt München. In: StAM, Badeanstalten Nr. 177.
[1279] Sitzung des Hauptausschusses vom 19. Mai 1927. In: StAM, Stadtratsprotokolle.
[1280] Protokoll der Besprechung über den Bau einer Schwimmhalle und einer Turnhalle im Norden Münchens. In: StAM, Badeanstalten, Nr. 177.
[1281] Das Hallenbad in Schwabing. In: MZ, Nr. 293, 23. Oktober 1929.
[1282] Schreiben Schuberts (Referat 3) an Referat 4 vom 28. September 1934. In: StAM, Badeanstalten, Nr. 177; Schreiben des Bäderreferenten Lutz an Referat 4 vom 28. September 1934. In: StAM, Badeanstalten, Nr. 177.
[1283] Schwimmsportler wollten sogar ein drittes Bassin; Das neue Hallenschwimmbad. In: MNN, Nr. 232, 27. November 1927.
[1284] Ein Schreiben an das Hochbauamt regte aus Sparsamkeitsgründen den Bau einer einzigen Halle an; Schreiben Schlichts an Hochbauamt vom 2. Januar 1928. In: StAM, Badeanstalten, Nr. 177.

244   III. „Bauten der Gemeinschaft"

Zugzwang[1285], erzeugte die Ankündigung eines neuen Bades hoffnungsvolle Aufbruchsstimmung, die jedoch in Enttäuschung umschlug, je länger die Realisierung auf sich warten ließ.[1286] Angefacht durch geringe Fortschritte und Erfolgsmeldungen anderer Städte im Badewesen verschärfte sich der Ton der Berichterstattung und in der Bevölkerung machte sich Unmut breit.[1287] In der Sonderbeilage *Das Neue München* bedauerten die *Münchner Neuesten Nachrichten* 1929 „angesichts der grundlegenden Bedeutung des Badens und des Schwimmens für die Volkskraft und Körperkultur, daß an dieser Stelle nichts von einem neuen Hallenbad gesagt werden kann"[1288].

Aufmerksam verfolgte die Stadt Berichte auswärtiger Zeitungen über Hallenbadprojekte. Neben Wien, das mit dem Amalienbad vielen Schwimmern geradezu als ein Eldorado erschien, wurde Berliner Bädern besonderes Interesse entgegengebracht; ob die Rivalität München – Berlin dabei eine Rolle spielte, mag dahingestellt bleiben.[1289] Münchens Vorbildfunktion als Landeshauptstadt ließ sich in Zweifel ziehen, wenn über Bauvorhaben der Städte Regensburg und Bayreuth berichtet wurde oder über das zu einem Volksbad umgestaltete Schulbad im Augsburger Vorort Kriegshaber.[1290] Es sei peinlich, dass es die Kunststadt München, eine Großstadt mit gut 700 000 Einwohnern, nicht schaffe, das vielfach geforderte zweite Hallenbad auf den Weg zu bringen[1291], während selbst Kleinstädte wie Wildbad mit lediglich 5300 Einwohnern Volks- beziehungsweise Hallenbäder errichtet hätten, teilweise sogar mit zwei Schwimmbecken.[1292] Der Schwimmverein

---

[1285] Badefragen vor dem Stadtrat. In: AllgZ, Nr. 443, 3. November 1924; Höflmayr: Die Bäderfrage in München. In: BK, Nr. 155, 4. Juni 1926; ders.: Der Mangel an Hallen- und Winterschwimmbädern. In: MAAZ, Nr. 169, 26. Juni 1926; Das neue Hallenbad im Norden. In: MZ, Nr. 257, 20. September 1927, S. 8.

[1286] Ein Volksbad. Aus Traum zur Wirklichkeit. In: WaS, Nr. 28, 11. Juli 1926; Das neue Hallenbad im Norden. In: MZ, Nr. 257, 20. September 1927, S. 8.

[1287] Unterirdische Schwimmhallen. In: MNN, Nr. 7, 8. Januar 1925; Um Münchens zweites Hallenbad. In: MP, Nr. 219, 22. September 1927; Das neue Hallenbad im Norden. In: MZ, Nr. 257, 20. September 1927, S. 8; Das Hallenbad des Nordens. In: MAAZ, Nr. 252, 16. September 1927.

[1288] Akzente im Stadtbild. Neue Kirchen, Schulen, Amtsgebäude, Geschäftshäuser und anderes. In: Das Neue München. Sonderbeilage MNN, Nr. 313, 17. November 1929, S. 30.

[1289] Die Thermen von Wien. Das größte Volksbad Mitteleuropas. In: BTB, Nr. 379, 13. August 1926; Die Hamburger Schwimmhallen. In: HN, Nr. 270, 14. Juni 1926; Berlin baut Europas größtes Volksbad. In: BSb, Nr. 215, 14. September 1927; Berlin baut das größte Volksbad des Kontinents. Ein vollständig neuer Schwimmhallentyp. In: BTB, Nr. 434, 14. September 1927; Berlins modernstes Schwimmbad. Eröffnung am 3. Februar. Die neue Hallenbadeanstalt in Lichtenberg. In: BTB, Nr. 25, 13. oder 19. Januar 1928.

[1290] Das neue Hallenbad im Norden. In: MZ, Nr. 257, 20. September 1927, S. 8; Das neue Volksbad in Kriegshaber. In: MNN, Nr. 9, 10. Januar 1928; Bayreuth. In: MNN, Nr. 117, 29. April 1928 (Zeitungsnotiz).

[1291] Höflmayr: Die Bäderfrage in München. In: BK, Nr. 155, 4. Juni 1926; Höflmayr: Der Mangel an Hallen- und Winterschwimmbädern. In: MAAZ, Nr. 169, 26. Juni 1926.

[1292] Die *Münchener Post* veröffentlichte eine Auflistung deutscher Klein- und Mittelstädte, die in den vergangenen Jahren Hallenbäder gebaut hatten. Neben Wildbad wurden genannt: Roßwein in Sachsen (8000 Einwohner), Annaberg im Erzgeb., Cleve (je 17 000), Neustadt a. d. Haardt (19 000), Tübingen (20 000), Coburg (23 000), Aschersleben (27 000), Lüdenscheid (Westfalen) (30 000), Gießen (31 000), Zeitz (32 000), Gotha (39 000), Jena (48 000); vgl. Baut Hallenbäder! In: MP, Nr. 129, 19. Juni 1928. Trotz der

München 1899 e. V. bezweifelte anlässlich seines 30-jährigen Bestehens die Geldnot der Stadt: „Den Einwand, daß kein Geld da sei, lassen wir nicht mehr gelten. Was wird in München nicht alles gebaut? Ledigenheime, Zentralpumpanstalten, Hochhäuser für technische Werke, aber Gas und elektrische Kraft werden nicht billiger. Wenn kein Geld vorhanden, könnten auch diese Bauten nicht ausgeführt werden."[1293] Auch trat der Verein Behauptungen, die enormen Kosten des Hallenbades seien Sonderwünschen des Schwimmsports geschuldet, entgegen und bemühte sich, klarzustellen, dass lediglich ein Ausbau des geplanten Schwimmbeckens für sportliche Zwecke erwünscht sei, die übrigen Posten des Bauprogramms seien für die Allgemeinheit gedacht. Anlässlich der Eröffnung des Ernst-Sachs-Bades, einem modernen Volksbad, titelten die *Münchner Neuesten Nachrichten* im Februar 1933 voller Neid: „Glückliches Schweinfurt!"[1294]

In der Industrie- und Arbeiterstadt Schweinfurt war es dem sozialdemokratischen Oberbürgermeister Benno Merkle angesichts klammer Stadtkassen gelungen, den Kugellagerfabrikanten Ernst Sachs dafür zu gewinnen, das Volks- und Hallenbad komplett zu finanzieren.[1295] Im Gegensatz zu den kommunalen Sportplatz- und Bäderprojekten der Weimarer Zeit stand das Schweinfurter Bad in der Tradition der von Mäzenen gesponserten Bäder der Vorkriegszeit, wie das Karl von Müller'sche Volksbad in München oder das Ernst-Alexandrinen-Bad in Coburg, womit aber auch Vor- und Nachteile des Mäzenatentums zutage traten.[1296] Mit Übernahme der Baukosten lagen zwar alle Entscheidungen in einer Hand, was den Bau beschleunigte, aber Sachs konnte Architekt und Bauprogramm bestimmen, ohne auf Partikularinteressen Rücksicht nehmen oder sich mit endlosen Debatten wie in München beziehungsweise in Würzburg befassen zu müssen.[1297] Die Stadt konnte kaum mehr Einfluss auf das Projekt nehmen. Der Architekt des Bades, Roderich Fick, deutete an, dass der Industrielle, ohne externer Kontrolle zu unterliegen, selbstherrlich in die Planungen ein-

---

krisenhaften Zeit errichtete auch Bayreuth für anderthalb Millionen RM ein neues Hallenschwimmbad; Schreiben Georg Wilhelm Hoffmanns an Stadtrat Schweinfurt vom 18. Oktober 1928. In: StAS, HR-VR III, V-C-2-19.

[1293] Noch einmal das neue Hallenbad. In: Monatliche Rundschau des Schwimmvereins München 1899 e. V., Nr. 5/6, Mai/Juni 1929, S. 2.

[1294] Glückliches Schweinfurt! In: MNN, Nr. 39, 9. Februar 1933.

[1295] Protokoll der Verhandlungen zwischen der Stadt Schweinfurt und Ernst Sachs vom 13. Juni 1930. In: StAS, HR-VR III, V-C-2-19.

[1296] Herzogin Alexandrine von Sachsen-Coburg-Gotha hatte 1900 verfügt, die Stadt Coburg solle mit der von ihr vermachten Geldsumme zur Förderung und Hebung der Gesundheit sozial Schwacher ein Volksbad bauen, das 1905–1907 nach Plänen von Stadtbaurat Böhme im Jugendstil errichtet wurde; Das Ernst-Alexandrinen-Bad. In: CZ, Nr. 200, 27. August 1907, S. 1f. Das 1901 eröffnete Müller'sche Volksbad geht auf eine Spende des Ingeieurs Karl von Müller zurück; Schultze: Das deutsche Badewesen, S. 503.

[1297] Merkle, Benno: Lebensbeschreibung. In: Petersen, Kathi (Hg.): Benno Merkle. Oberbürgermeister von Schweinfurt 1920–1933. Schweinfurt 2003, S. 136. Zwischen Sachs' Entscheidung und dem ersten Spatenstich Ende 1930 vergingen knapp sechs Monate. Die Grundsteinlegung fand am 10. Juni 1931 statt; vgl. Schreiben Ernst Sachs' an Stadtrat Schweinfurt/Oberbürgermeister Merkle vom 14. Juni 1930. In: Stadt Schweinfurt: Ernst-Sachs-Bad, S. [6].

griff.[1298] Ohne größere Diskussionen wurde der Badebetrieb in Schweinfurt als Familienbad geführt. Laut Badeordnung waren der Samstag und Sonntagvormittag reine Familienbadetage, werktags galten stundenweise Badezeiten für Familien, Männer, Frauen und Schulklassen.[1299]

Eine Zusammenfassung des Planungsstands im Büro des Münchner Oberbürgermeisters von 1929 belegt die verschiedenen Finanzierungsmodelle für ein modernes Hallenbad und zeigt die starke Abhängigkeit kommunaler Baupolitik von konjunkturellen Schwankungen. Mit der wirtschaftlichen Erholung wurden im Mai 1925 für den Grunderwerb 200 000 RM und für den Bau des Bades 4 340 000 RM veranschlagt. Zu einem späteren Zeitpunkt ging die Stadt von 5,5 Millionen oder gar von 7 bis 9 Millionen aus, während imNovember 1929 in der beginnenden Weltwirtschaftskrise die Baukosten mit 4,5 Millionen RM beziffert wurden. Unsicherheit bestand hinsichtlich der Frage, ob die Bayerische Staatsregierung einer Anleihe zustimmen würde, unter anderem wurde erwogen, von einem genehmigten Zehnmillionen-Kredit der Reichspost für den Bau eines Musikhauses einen Teil für das Nordbad abzuzweigen. Um nicht das gesamte Hallenbadprojekt ausschließlich aus Anleihemitteln bestreiten zu müssen, hatte die Stadt einen Rücklagenfonds gebildet, der bis Januar 1929 Einlagen von 1,4 Millionen RM aufwies.[1300] Infolge der Weltwirtschaftskrise wurde aufgrund steigender Sozialausgaben der Fonds aufgelöst und die Gelder zum Stopfen der Haushaltslöcher verwendet.

Ermöglichte die Demokratie der Weimarer Republik, notwendige gesellschaftliche Diskussionen auf breiter Basis zu führen, beschränkten sich im „Dritten Reich" Debatten auf Entscheidungsträger in den einzelnen Behörden. Die Öffentlichkeit wurde kaum noch beteiligt, sondern vielmehr vor vollendete Tatsachen gestellt. Nach der Reichstagswahl 1933 und der Verabschiedung des Ermächtigungsgesetzes verschob sich die Presseberichterstattung zunehmend weg von Artikeln über größere Projekte, Ereignisse oder Themen, welche die Bürger bewegten, hin zu ideologisch gefärbten Berichten über Aktivitäten der NSDAP und deren Unterorganisationen.

Nach Überwindung der Weltwirtschaftskrise und zwischenzeitlicher Reduzierung des Bauprogramms unter anderem auf ein einzelnes Schwimmbassin, entschieden sich auf Initiative des NSDAP-Oberbürgermeisters Fiehler Stadtrat und Verwaltung, die bisherigen Planungen nicht mehr weiter zu verfolgen und stattdessen ein völlig neues Projekt an der Kreuzung Schleißheimer-Hohenzollernstraße anzugehen. Ausschlaggebend für den neuen Standort war neben der exzellenten Verkehrsanbindung durch zwei Straßenbahnlinien die günstige Lage zu den großen Kasernen im Münchner Norden.[1301] Dieses Gelände war zwar schon

---

[1298] Guido Harbers verwies ebenfalls auf Vorgaben des Bauherrn in Bezug auf die Formensprache; Harbers/Fick: Das Ernst-Sachs-Bad. In: DB, Nr. 2, 6. Februar 1931, S. 88.

[1299] Badeordnung 1933. In: StAS, HR-VR III, V-C-2-19; Badezeiten. In: Das neue Ernst-Sachs-Bad in Schweinfurt (Sonderbeilage STb, 7. Februar 1933), S. 8.

[1300] Zusammenfassung der Planungen zum Nordbad seit 1924 (Stand ca. Ende 1929). In: StAM, Badeanstalten, Nr. 132.

[1301] Hitlerjugend, SS, SA und KdF im Nordbad sollten ihren Schwimmunterricht im Nordbad abhalten; Protokoll der Sitzung des Hauptausschusses vom 7. März 1934. In: StAM,

Ende der zwanziger Jahre favorisiert worden, weitere Schritte waren aber wegen der Weltwirtschaftskrise und der sich verschlechternden Finanzlage unterblieben, so dass Fiehler sich diesen Erfolg auf die Fahnen schreiben konnte.[1302] Trotz vollmundiger Ankündigungen und öffentlichkeitswirksamer Grundsteinlegung zum „größte[n] Sporthallen-Schwimmbad Deutschlands"[1303] im Dezember 1934 war von einer Genehmigung der Pläne und der Bewilligung der Gelder für ein „neuzeitliches Hallenbad"[1304] erst 1936 die Rede.[1305] Prestige- und Machtdenken der NSDAP-geführten Stadtverwaltung kamen architektonisch in einer neoklassizistischen Fassadengestaltung mit Portikus zum Ausdruck.[1306] Die Presseorgane würdigten die Monumentalität des von Karl Meitinger und Philipp Zametzer geplanten Nordbades und betonten seine Einzigartigkeit in Deutschland und Europa, vergleichbar nur mit antiken Vorbildern.[1307] Welche Bedeutung dem Bau in der „Hauptstadt der Bewegung" beigemessen wurde, zeigt sich darin, dass Hitler offenbar direkt in die Entscheidungen eingebunden war.[1308] Entgegen aller Ankündigungen sollten nach der Grundsteinlegung 1934 bis zum Richtfest 1937 noch drei weitere Jahre vergehen. Dabei hätte das Bad schon 1937 fertig sein sollen.[1309] Die viel beschworene nationalsozialistische Tatkraft stand damit derjenigen der „Systemzeit"[1310] in nichts nach – der Badebetrieb konnte erst 1941 aufgenommen werden.

Badeanstalten, Nr. 177. Zum KdF s. Schreiben des Bäderdirektors Lutz an Verwaltungsrat Reichinger und Referat 4 vom 11. Januar 1936. In: StAM, Badeanstalten, Nr. 175.

[1302] Richtfest am Nordbad. Ein neues großes Werk nationalsozialistischer Tatkraft. In: VB, Nr. 291, 18. Oktober 1937.

[1303] München bekommt das größte Sporthallen-Schwimmbad Deutschlands. Feierliche Grundsteinlegung zum Neuen Hallenbad im Norden. In: MTZ, Nr. 298, 15. Dezember 1934; vgl. auch MB, Nr. 351, 17. Dezember 1934.

[1304] Fiehler, Karl (Hg.): München baut auf. Ein Tatsachen- und Bildbericht über den nationalsozialistischen Aufbau in der Hauptstadt der Bewegung. München [1937], S. 38, 134.

[1305] Das neue Hallenbad in Schwabing. Baubeginn bereits in den nächsten Wochen. In: MNN, Nr. 146, 28. Mai 1936. Seit 1935 entsprachen angefertigte Skizzen in etwa dem endgültigen Planungsstand von 1937; vgl. die verschiedenen Pläne: StAM, Badeanstalten, Nr. 175.

[1306] Für „das erste große Bauwerk der Stadt im Dritten Reich" war aus Repräsentationsgründen eine großflächige Hausteinverkleidung angedacht; Protokoll der Sitzung des Hauptausschusses vom 31. Januar 1935. In: StAM, Badeanstalten, Nr. 177; vgl. auch Architekten- und Ingenieur-Verband: München und seine Bauten nach 1912, S. 587f. Zur Architektur im Nationalsozialismus vgl. Nerdinger: Architektur – Macht – Erinnerung, S. 119-131; Zukowsky: Stuttgart, München und der Süden, S. 198.

[1307] München erhält das größte Hallen- und Sportbad Europas. Ein Werk des Gemeinschaftsgeistes. In: VB, Nr. 219, 7. August 1935.

[1308] Schreiben Fiehlers an den Chef der Kanzlei des Führers, Philipp Bouhler, vom 23. Mai 1935. In: StAM, Hochbauamt, Nr. 1117; Das Hallenschwimmbad in Schwabing. Baubeginn im August – Bauzeit zwei Jahre. In: VB, Nr. 189, 8. Juli 1935.

[1309] Das Hallenschwimmbad in Schwabing. Baubeginn im August – Bauzeit zwei Jahre. In: VB, Nr. 189, 8. Juli 1935; Richtfest am Nordbad. Ein neues großes Werk nationalsozialistischer Tatkraft. In: VB, Nr. 291, 18. Oktober 1937; Fiehler: München baut auf, S. 134f.

[1310] Richtfest am Nordbad. Ein neues großes Werk nationalsozialistischer Tatkraft. In: VB, Nr. 291, 18. Oktober 1937.

Wunsch und Planung in Augsburg und Würzburg

Ähnlich den Hochhausdebatten und -visionen setzte nach dem Ersten Weltkrieg in vielen Kommunen eine Diskussion um Volksbad oder Stadion beziehungsweise Sportpark ein. Nicht nur Fachzeitungen mit Baubeschreibungen und Wettbewerbsberichte, sondern auch Lokalblätter belegen, dass es eine Vielzahl von Ideen für Sportbauprojekte gab, da Ingenieure, Architekten und Bürger ihre Vorschläge einbrachten.[1311] Zum einen verdeutlicht sich hier angesichts des zunehmenden Bewusstseins für Hygiene und Volksgesundheit sowie des gestiegenen Interesses an Sport, Leibesübungen und Schwimmen der Wandel der Kultur und Lebensweise. Zum anderen wurden Hallenbäder, Stadien oder Sportparks im permanenten Konkurrenzkampf der Städte zu Gradmessern für Fortschritt, Kultur und Moderne. Hallenbad oder Stadion wurden mit städtischem oder gar großstädtischem Leben assoziiert, während das Fehlen eines Bades oder Sportparks als rückständig und provinziell galt. Die Städte Augsburg und Würzburg wurden ausgewählt, um exemplarisch aufzuzeigen, wie versucht wurde, durch den Bau eines Stadions oder Hallenbades den Anschluss an die neue Zeit zu halten.

Als problematisch erwies sich für Kommunen, dass Jugendstilbäder, die sich nicht nur architektonisch vom Historismus unterschieden, sondern auch schon mit neuer Technologie ausgestattet waren, als vorbildlich angesehen wurden. Das Müller'sche Volksbad in München galt noch Jahrzehnte nach seiner Eröffnung 1901 als derart modern, dass dessen Besichtigung zum Pflichtprogramm der Besichtigungsreise einer Bäderkommission zählte. Aus diesem Grund blieben die Planungen bayerischer Städte häufig diesem Ideal verhaftet, da auch die Eröffnung der Bäder in Augsburg (1903) oder Nürnberg (1914) noch nicht allzu lange zurücklag.[1312] Deren umfangreiches Bauprogramm mit zwei Schwimmhallen, medizinischen Bädern, Wannen- und Brausebädern, das als Maßstab für ein Volksbad galt, überforderte in der Regel die kommunalen Kassen und im Zweifel musste der Bau eines Hallenschwimmbades hinter anderen Projekten zurückstehen. Lange Planungsphasen ließen Raum für schier endlose Diskussionen, in deren Verlauf

---

[1311] Während der Stadiondebatte veröffentlichten Münchner Zeitungen mehrere Stadionentwürfe. Keiner wurde realisiert; Entwurfsskizze zu einem „Stadion München". In: WaS, Nr. 8, [10. Januar] 1920, S. 5; Ein Stadionprojekt für München. In: MAAZ, Nr. 298, 30. Oktober 1924, S. 7. Im Zuge der Planungen für das Nordbad wurde in München eingehender über das von dem Architekten Käb initiativ eingereichte Projekt diskutiert; München braucht Hallenbäder. In: MNN, Nr. 152, 5. Juni 1930; vgl. auch Protokoll der Besprechung über den Bau einer Schwimmhalle und einer Turnhalle im Norden Münchens. In: StAM, Badeanstalten, Nr. 177; Antrag Meitingers betreffs Hallenschwimmbad im Norden der Stadt vom 9. November 1929. In: StAM, Badeanstalten, Nr. 177. In seiner Denkschrift für einen Stadtbauplan schlug der Architekt Thomas Wechs die Schaffung eines Sportparks in Augsburg vor; Wechs: Denkschrift, S. 7. Zu Überlegungen bezüglich der Wärmeversorgung des geplanten Würzburger Hallenbades verwies der *Würzburger General-Anzeiger* auf den Vorschlag eines Ingenieurs; Wärmeversorgung des Hallenschwimmbades und Elektrizitätswirtschaft der Stadt Würzburg. In: WGA, Nr. 106, 8. Mai 1928, S. 4.

[1312] Honold: „Nur halbvoll soll die Wanne sein", S. 125–128. Das städtische Volksbad Nürnberg wurde nach dem Vorbild des Müller'schen Volksbades nach Plänen des Architekten Carl Weber in den Jahren 1910–1913 im Jugendstil errichtet; Sembach: Architektur in Nürnberg, S. 39–41.

Lokalpolitiker, Sportvereine oder andere Interessengruppen schwer miteinander zu vereinbarende Sonderwünsche artikulierten. Die Berichterstattung der Lokalpresse lässt deutlich erkennen, dass die Forderungen oft dem lokalpatriotischen Bedürfnis entsprangen, der eigenen Stadt Geltung zu verschaffen.[1313] Die Unterlagen zu den Bädern in München zeigen, dass gerade vor dem Hintergrund der oft zähen eigenen Planungen Hallen- und Volksbadprojekte anderer Städte im In- und Ausland mit großer Aufmerksamkeit verfolgt wurden.[1314]

Im Bestreben, eine neue Badeanstalt zu errichten, schlug Augsburg notgedrungen einen anderen Weg ein. Erhebungen zum Badewesen der Stadt Augsburg aus dem Jahr 1925 zeigen, dass es durchaus Überlegungen zum Bau eines großen zweiten Hallenbades gab, da der Badebetrieb im Stadtbad besonders am Wochenende mit Wartezeiten von über einer Stunde an seine Grenzen stieß. Den Ausführungen zu Brause- und Wannenbadmöglichkeiten in den einzelnen Stadtteilen zufolge waren die Einrichtungen unzulänglich „und [genügten] dem gegen früher vermehrten Bedürfnis nicht mehr"[1315]. Im Sommer waren die sieben Flussbadeanstalten an Lech und Wertach überfüllt und ein weiteres saisonunabhängiges Bad war dringend nötig. Wie bei anderen Jugendstilbädern sind für das Augsburger Stadtbad zwei Schwimmhallen, eine Frauen- und Männerschwimmhalle, charakteristisch.[1316] Im Stadtrat stand die Errichtung einer dritten Schwimmhalle, insbesondere zur Nutzung für Schulen und Vereine, zur Debatte. Der Beschluss wurde wiederholt vertagt, da die Stadt auf Grund hoher Schuldenlasten nur begrenzt größere Bauprojekte schultern konnte, zumal dem Bau einer Stadtmarkthalle und dem Neubau des städtischen Krankenhauses Priorität eingeräumt wurden.[1317]

Da von den Schulen die Idee an die Stadt herangetragen wurde, nur eine Schulschwimmhalle zu bauen, versuchte die Stadt mit der Begründung, dass der Schwimmunterricht an den Schulen verpflichtend sei, einen staatlichen Zuschuss zu erhalten. Da die Regierung von Schwaben dem Ansinnen eine Absage erteilte, entschied sich die Stadt Augsburg für eine Alternativlösung.[1318] Der Neubau einer Schule im Stadtviertel Kriegshaber in Kombination mit Duschen, Wannenbädern und Schwimmhalle galt als Pilotprojekt, da die Einrichtungen primär für Unterrichtszwecke und Körperhygiene der Schüler gedacht waren, aber außerhalb der Unterrichtszeiten einer öffentlichen Nutzung durch die Bürger offenstehen sollten. Wie Unterlagen der Stadt Augsburg nahelegen, war angedacht, ähnliche Anlagen auch in anderen Vororten zu errichten. Der Bau einer dritten Schwimmhalle beim bestehenden Stadtbad beziehungsweise eines zweiten Hallenbades hatte sich damit erübrigt.[1319] Die *Münchner Neuesten Nachrichten* stellten anerkennend fest, dass

---

[1313] Das Hallenbad des Nordens. München wetteifert mit Wien und Budapest. In: MAAZ, Nr. 252, 16. September 1927.
[1314] Vgl. Kap. III.3.4. Münchner Sportstätten, S. 225.
[1315] Schreiben Seiderers vom 20. März 1925. In: StAA, Bestand 34, Nr. 786.
[1316] Steinhaeusser: Das Augsburger Stadtbad. Teil I. In: SBZ, Nr. 20, 14. Mai 1904, S. 231-233.
[1317] Schreiben des Referates VI vom 21. Februar 1927. In: StAA, Bestand 34, Nr. 786.
[1318] Schreiben des Referates VI vom 24. Februar 1927. In: StAA, Bestand 34, Nr. 786.
[1319] Schreiben des Referates XII an das Referat VI vom 17. Dezember 1928 und Schreiben vom 18. Januar 1929. In: StAA, Bestand 34, Nr. 786.

damit erstmals ein Vorort Augsburgs ein eigenes Hallenbad mit einer Volksbadeabteilung erhalten habe.[1320]

Da die Finanzprobleme der Stadt keine weitergehenden Planungen zuließen, ist die Quellenlage zu Augsburg dürftig. Die wenigen erhaltenen Schriftstücke im Stadtarchiv und im Architekturmuseum Schwaben dokumentieren das Bemühen der Stadt und privater Initiatoren, die hygienischen Lebensumstände in der Industriestadt zu verbessern und zeitgemäße moderne Sporteinrichtungen zu schaffen. So tauchte die Idee auf, ein Volksbad in Verbindung mit einer Kampfbahn in der Nähe des Siebentischwalds zu errichten.[1321] Nach Berichten der *Münchner Neuesten Nachrichten* Anfang 1927 sorgten die vom Augsburger Verkehrsverein für eine zukunftsorientierte Verkehrsplanung in Auftrag gegebene *Denkschrift zur Ausarbeitung eines Stadtbauplans* und die darin gemachten Vorschläge für einigen Diskussionsstoff.[1322]

Thomas Wechs, der sich als Städtebauer auch als „Ordner und Gestalter des Lebens einer Gemeinschaft"[1323] begriff und sich sehr für eine moderne Stadtgestaltung engagierte, sprach sich in seiner Denkschrift 1926 für „eine großzügig angelegte Spiel- und Sportanlage (mit Kampfbahn und Schwimmbad), Ausstellungs-Hallen und Versammlungsräume"[1324] südlich der Rosenauanlagen aus.[1325] Gerade in Augsburg, einer Industriestadt ohne klare Trennung von Wohn- und Industriegebieten, erachtete er es als äußerst wichtig, an der Peripherie mit Naherholungsgebieten einen Ausgleich zu schaffen und mit Sportstätten etwas für die Gesundheit der Augsburger Bevölkerung zu tun.[1326] Der Architekt sah in der Konzentration von Einrichtungen „neben wirtschaftlichen Vorteilen – eine ideale, Ansehen, Verkehr und Leben Augsburgs günstig beeinflussende Lösung"[1327], welche die Stadt aus ihrer Provinzialität befreien sollte.[1328] Zur Verdeutlichung seiner Vorstellungen fügte er der Denkschrift einen Lageplan mit Sportstätten und Ausstellungsgebäuden bei. Die beabsichtigte harmonische Fernwirkung eines modernen Sport- und Ausstellungsgeländes zur historischen Augsburger Innenstadt hin veranschaulichte Wechs mittels zweier Skizzen.

Wie weit seine Vorschläge gereift waren, bleibt unklar, jedoch ist im Architekturmuseum Schwaben, das den Nachlass von Wechs verwaltet, die Aufnah-

---

[1320] Aus Augsburg. Das neue Volksbad in Kriegshaber. In: MNN, Nr. 9, 10. Januar 1928.

[1321] Schreiben Seiderers vom 20. März 1925. In: StAA, Bestand 34, Nr. 786.

[1322] Ein Augsburger Stadtbau-Plan. Denkschrift des Verkehrsvereins Augsburg. In: MNN, Nr. 4, 5. Januar 1927, S. 5; Wechs, Thomas: Memoiren, S. 36; vgl. auch Lutz: Thomas Wechs und Kunst und Architektur in Augsburg, S. 84f.

[1323] Wechs: Denkschrift, S. 2; Lutz: Thomas Wechs und Kunst und Architektur in Augsburg, S. 86.

[1324] Wechs: Denkschrift, S. 7.

[1325] Wechs konkretisierte seine Vision des Sport- und Kulturzentrums: „Kampfbahn, Tennisplätze, Eislaufplatz, Schwimmbad und Freibad, Ehrenmal, Kongreß- und Festhalle mit Nebensälen, Freilichtbühne, Ausstellungshallen entlang der Seufzerallee und einige Häuschen für berühmte Dichter, Künstler und Schriftsteller, denen Augsburg damit einen festen Wohnsitz bieten sollte."; Wechs: Memoiren, S. 40.

[1326] Wechs: Denkschrift, S. 6; vgl. auch Lutz: Augsburgs Weg zur modernen Großstadt, S. 25.

[1327] Wechs: Denkschrift, S. 7.

[1328] Ebd., S. 6.

me eines Stadionmodells erhalten. (Abb. 42) Im Stadtrat stießen seine Ideen zu Verkehrsplanung und städtebaulichen Maßnahmen sowie zu dem Sport- und Kulturzentrum auf heftige Ablehnung.[1329] Zwar erreichte er mit seinem Vorstoß, dass Theodor Fischer mit der Ausarbeitung eines Stadtbauplans beauftragt wurde, beklagte aber in seinen Memoiren, selbst gezielt an der Mitarbeit daran gehindert worden zu sein. Dies lastete er einer gewissen Unbeweglichkeit des überwiegend konservativen Stadtrates an, wenn es um Themen wie zukunftsorientierte Verkehrsplanung und zeitgemäße Stadthygiene ging.[1330] Kritik und Unverständnis schlugen ihm in der Stadionfrage nicht nur aus dem Stadtrat entgegen, sie waren auch Gegenstand einiger Leserbriefe, die sich neben der Zentralisierung von Sportanlagen daran störten, dass die Siedlungsfrage nur am Rande gestreift worden sei.[1331] Die Augsburger Sektion des Bundes Deutscher Architekten dagegen unterstrich die Bedeutung von Stadion und Ausstellungsareal für eine Großstadt, da Augsburg dann auch „große Ausstellungen, wie sie München und Nürnberg aufzuweisen haben"[1332], veranstalten könne. In engem zeitlichem und thematischem Zusammenhang mit der Denkschrift veröffentlichten die *Münchner Neuesten Nachrichten* einen historischen Rückblick über die „Augsburger Expansion und Bauentwicklung"[1333] und verwiesen auf mehrere, in der Vergangenheit fehlgeschlagene Versuche zur Erneuerung des Stadtbildes.

Ob es an mangelndem Reformwillen der Stadtväter oder der schlechten Finanzsituation Augsburgs lag, die Pläne wurden trotz einer offenbar recht emotional geführten Debatte relativ schnell ad acta gelegt. Für die Stadt war das kein Einzelfall. Das großzügige Projekt eines Zentralkrankenhauses, in seinen Planungen allerdings weiter fortgeschritten, konnte ebenfalls nicht realisiert werden. Wie weitsichtig Wechs die städtebauliche Situation analysiert hatte, zeigte sich nach dem Zweiten Weltkrieg, als man in den fünfziger Jahren beim Wiederaufbau Augsburgs an die Überlegungen von damals anknüpfte und das Rosenaustadion als erstes deutsches Großstadion der Nachkriegszeit errichtete – genau an dem Standort, den Wechs in seiner Denkschrift 1926 vorgeschlagen hatte.[1334]

[1329] Augsburg im Jahre 1926. Chronik der Augsburger Jahresereignisse – Rückschau und Ausblick am Jahresende. In: ANN, Nr. 304, 31. Dezember 1926, S. 12.

[1330] Wechs: Memoiren, S. 41–43. Seiner Ansicht nach bedurfte die „schauererweckende bauliche und sanitäre Verfassung" einiger Stadtviertel dringender Abhilfe; Wechs: Denkschrift, S. 3 f.; vgl. auch Lutz: Thomas Wechs und Kunst und Architektur in Augsburg, S. 86.

[1331] Der Stadtbauplan. Zr [!] der Denkschrift des Augsburger Verkehrsvereins. In: MNN, Nr. 5, 6. Januar 1927, S. 5; Das große Sportplatz-Projekt der Stadt Augsburg. In: MNN, Nr. 10, 11. Januar 1927, S. 18; Der Stadtbauplan und die Augsburger Vororte. In: MNN, Nr. 14, 15. Januar 1927, S. 22; Stadtbauplan und Siedlung. Zur Denkschrift des Verkehrsvereins. In: MNN, Nr. 17, 18. Januar 1927, S. 5.

[1332] Villenkolonie „Wittelsbacher Park". Der Ruf nach einem neuzeitlichen Stadtbauplan. In: ANN, Nr. 9, 12. Januar 1926, S. 5.

[1333] Das Wachstum Augsburgs. In: MNN, Nr. 13, 14. Januar 1927, S. 18.

[1334] Wechs: Memoiren, S. 40; Lutz: Thomas Wechs und Kunst und Architektur in Augsburg, S. 86; Körner, Burkhard: Ein Schwung in der Landschaft: das Rosenaustadion in Augsburg. In: Denkmalpflege Informationen, Nr. 159, November 2014, S. 26.

Augsburg ist als bayerische Industriestadt ein Beispiel dafür, dass es Bestrebungen und Initiativen gab, mit Hallenbädern oder Sportanlagen städtebaulich wie infrastrukturell eine Erneuerung herbeizuführen, aber Pläne als utopisch verworfen, vertagt oder einem Sparzwang geopfert wurden. Das mainfränkische Würzburg als Universitäts- und Beamtenstadt mit nur wenig Industrie bietet sich als weiteres Beispiel an, da hier deutlich wird, welcher Stellenwert einem modernen Bad zur Zeit der Weimarer Republik zugemessen wurde. Obwohl zu einem kommunalen Hallenbadprojekt im Stadtarchiv Würzburg nur wenig Material vorhanden ist, lässt sich an Hand der Berichterstattung in der Tagespresse gut nachvollziehen, wie sich Projektierung des im Stadtbild neuen Gebäudetypus eines Hallenschwimmbades und Information der Bevölkerung entwickelten. Diskussion und Planungen wurden vorwiegend vom politisch weitgehend neutralen *Würzburger General-Anzeiger* begleitet, der während der Jahre der Weimarer Republik das Projekt publizistisch unterstützte und sich zum Sprachrohr der Befürworter eines Schwimmbades machte.

Die Bevölkerungsstruktur war in ihrer sozialen Schichtung eine andere als in Augsburg, da auf Grund der fehlenden Industrie die Arbeiterschaft nur eine untergeordnete Rolle spielte, der Anteil an Beamten und Angestellten aber relativ groß war. Dem *Fränkischen Volksfreund* ist zu entnehmen, dass die hohe Anzahl älterer Menschen in Würzburg auf die Attraktivität der Stadt als Altersruhesitz für Rentner zurückzuführen war.[1335] Das vergleichsweise hohe Durchschnittsalter der zum größten Teil im Kaiserreich sozialisierten Bevölkerung, die sich ursprünglich im militärischen Umfeld der damaligen Garnisonsstadt niedergelassen hatte, legt eine konservative Einstellung nahe, nicht zuletzt begünstigt durch die vorherrschende Position des Katholizismus in der ehemaligen fürstbischöflichen Residenzstadt.

Vereinsleben und Vereinstätigkeit hatten auf breiter Basis in Würzburg Tradition. Die TG Würzburg von 1848 gehörte mit zu den ältesten Turnvereinen Bayerns. Um die Jahrhundertwende fand mit der Bildung von Ruder-, Rad-, Ring-, Box- und Fußballsportvereinen eine Diversifizierung statt.[1336] Auch dem Schwimmsport und dem Baden im Main konnten einige Würzburger etwas abgewinnen, nachdem im 19. Jahrhundert kalte Flussbäder zunehmend als gesund galten. Der Trend, den der Stadtgerichtsarzt Friedrich August Vogt 1861 der Erziehung und Bildung der Würzburger zuschrieb, hatte im Laufe der Jahre eine Reihe von Flussbädern entstehen lassen, zum Teil mit nach Geschlechtern getrennten Abteilungen.[1337]

Unabhängig von den Jahreszeiten standen für die Körperpflege Brausebadanstalten und in einigen Schulen für die Schulkinder Badeeinrichtungen zur Verfügung. Die Statistiken des XXIV. Verwaltungsberichts weisen für die letzten Jahre vor Ausbruch des Ersten Weltkrieges für alle Badeanstalten sehr hohe Besu-

---

[1335] „Ich steh' allein auf weiter Flur". In: FV, Nr. 244, 22. Oktober 1927, S. 5.
[1336] Wimmer: Geselligkeit, Feste und Feiern, S. 1067.
[1337] Beliebt waren das Wellenbad unterhalb der Mainbrücke und das Riedinselbad unter der Heidingsfelder Eisenbahnbrücke; Wimmer: Geselligkeit, Feste und Feiern, S. 1067f. Dettelbacher: Damals in Würzburg, S. 29; XXIV. Verwaltungsbericht Würzburg, S. 348.

cherzahlen aus, was für ein wachsendes Hygienebewusstsein der Bevölkerung spricht.[1338] Mit Kriegsausbruch verschlechterte sich die Lage deutlich, da die wenigen Schulbäder von der Militärverwaltung requiriert wurden und mit der Einberufung vieler junger Männer das Vereinsleben fast vollständig zum Erliegen kam. Nach Kriegsende lebte zwar der Sport in Würzburg wieder auf, aber die Frequenz der Bäder blieb unter Vorkriegsniveau und ging in Inflationszeiten erneut zurück. Der Mangel an Ausstattung und Betriebsstoffen verhinderte einen geregelten Betrieb der Schulbäder und Brauseanstalten.[1339] Verschärfend kam hinzu, dass in der Universitätsstadt Würzburg, wo Virchow neben Pettenkofer in München und Koch in Berlin als einer der großen deutschen Mediziner und Hygieniker gelehrt hatte, trotz einer kontinuierlichen Entwicklung in Richtung Großstadt die meisten Wohnungen kein Bad hatten.[1340] Das Fehlen eines Hallen- und Volksbades hatte schwerwiegende Folgen für die Hygiene.

Als praktizierender Augenarzt entwickelte Wilhelm Apetz ein besonderes Bewusstsein für die drängenden Probleme, die sich aus der unbefriedigenden Bädersituation für Hygiene und Körperpflege ergaben. Seine Bemühungen mündeten bereits in der Vorkriegszeit in der Gründung eines Vereins, der sich der gesundheitlichen Aufklärung der Bevölkerung widmete und Spenden zum Bau eines Hallenbades sammelte. Krieg, Inflation und Teuerung bei den Baukosten erschwerten die Aktivitäten des Hallenbadvereins erheblich, da mit der Vernichtung des gesammelten Kapitals der Bau eines Hallenbades in weite Ferne gerückt war.[1341] Dennoch war man zur Fortsetzung der Vereinsarbeit entschlossen, da Sport-, Gesundheits- und Hygieneförderung dringender waren denn je. Gerade in Würzburg scheint Aufklärung bitter notwendig gewesen zu sein. So beklagte der Verwaltungsbericht der Stadt Würzburg für die Jahre 1921–1924 mangelnde Hygiene bei zahlreichen Schülern.[1342]

Mit Stabilisierung der Finanzen nahmen um 1927 Berichte über den Hallenbadverein und seine Aktivitäten wieder zu. Meldungen über den geplanten Bau des Ernst-Sachs-Bades in der Nachbarstadt Schweinfurt verschafften dem Verein Aufwind, wobei oft ein gewisser Neid der Würzburger auf die Schweinfurter anklang, denen es gelungen war, einen Mäzen für ihr Vorhaben zu gewinnen.[1343] Traditionsveranstaltungen, wie der Rosenmontagsball und das Staffelschwimmen sowie Ausstellungen, Lichtbildervorträge, Werbefilme oder Spendenaufrufe hielten das Thema Hallenbad präsent und sammelten Spendengelder für den Bau des Bades, das auf Anregung des Vereinsvorsitzenden Apetz als „Volksbad" beworben

---

[1338] XXIV. Verwaltungsbericht Würzburg, S. 348 f.
[1339] Ebd., S. 196, 362; XXV. Bericht über die Verwaltung und den Stand der Gemeinde-Angelegenheiten der Stadt Würzburg für 1. April 1921 mit 31. März 1924. Würzburg 1926, S. 156, 263, 275.
[1340] Einiges über das projektierte Volks- und Hallenbad in Würzburg. In: WGA, Nr. 25, 31. Januar 1928, S. 3.
[1341] Die Bewegung zur Errichtung eines Volks- und Hallenschwimmbades in Würzburg. In: FV, Nr. 126, 4. Juni 1921, S. 5.
[1342] XXV. Verwaltungsbericht Würzburg, S. 156.
[1343] Das Hallenschwimmbad. In: FV, Nr. 1, 3. Januar 1927, S. 6; Vom Hallenschwimmbad. FV, Nr. 13, 18. Januar 1927 S. 4 f.

wurde.[1344] Kaum eine Veranstaltung kam ohne Verweise auf die Volksgesundheit und nationale Töne aus.[1345]

Mit einer Großkundgebung im November 1927, zu der zuvor auf Plakaten aufgerufen worden war, versuchte die Arbeitsgemeinschaft zur Errichtung des Würzburger Volks- und Hallenbades zu demonstrieren, dass es sich nicht nur um den Wunsch einiger weniger handelte.[1346] Der *Würzburger General-Anzeiger* berichtete im Anschluss ausführlich über Beiträge der Referenten und Diskussionen des Abends. Da die Spendengelder bei weitem nicht ausreichten, wurde eine Unterstützung durch die Stadt angestrebt. Die Worte des Oberbürgermeisters Löffler, der vor überzogenen Erwartungen warnte und nur in einem schrittweisen Ausbau die einzige reale Möglichkeit sah, lösten bei Freunden und Förderern des Bades Ernüchterung aus.[1347] Die Krönung des Abends bildete ein Modell des Volks- und Hallenbades, das der Verein nach Plänen der Architekten Mayer und Kleinsteuber hatte anfertigen lassen und das anschließend zur Besichtigung in einem Schaufenster ausgestellt wurde. Modell und Pläne des Großprojektes mit Hallenbad, Studentenheim und anschließender Wohnanlage waren tagelang Thema der Würzburger Zeitungen.[1348]

Die Bäderfrage wurde intensiv in Podiumsdiskussionen, Vorträgen über moderne Bäder anderer Städte, Leserbriefen und Beiträgen zum Thema Hygiene diskutiert, wobei mit zunehmender Dauer unterschiedlichste Vorschläge und Ideen kursierten, so dass das Hallenbadprojekt nie völlig aus den Schlagzeilen verschwand.[1349] Die hohen Arbeitslosenzahlen im Baugewerbe waren ein häufiges

---

[1344] Der Verein zur Errichtung eines Volks- und Hallenschwimmbades. In: FV, Nr. 267, 19. November 1927, S. 7; Körperkultur einst und jetzt. In: FV, Nr. 267, 19. November 1927, S. 11; Volks- und Hallenschwimmbad. In: WGA, Nr. 255, 7. November 1927, S. 4; Die Errichtung einer Hallenbad-Staffel. In: WGA, Nr. 174, 31. Juli 1928, S. 3; Das Hallenbad-Staffelschwimmen. In: WGA, Nr. 154, 8. Juli 1929, S. 3.

[1345] Die Würzburger Kundgebung für ein Volks- und Hallenbad. In: WGA, Nr. 266, 19. November 1927, S. 3;

[1346] Über dreißig Vereine unterstützten die Kundgebungen; Eine Kundgebung für das Volks- und Hallenbad. In: WGA, Nr. 257, 9. November 1927, S. 3; Volks- und Hallenbad. In: WGA, Nr. 263, 16. November 1927, S. 3. Anzeige zur Vollversammlung der Würzburger Vereine im Huttenschen Garten am 18. November 1927 mit Auflistung der beteiligten Vereine. In: WGA, Nr. 265, 18. November 1927, S. 10.

[1347] Die Würzburger Kundgebung für ein Volks- und Hallenbad. In: WGA, Nr. 266, 19. November 1927, S. 3; Einen Rückblick auf das zu Ende gehende Jahr. In: FV, Nr. 301, 30. Dezember 1927, S. 5; vgl. auch Die Stadtgemeinde Würzburg im Jahre 1927. Der Jahresrückblick des Oberbürgermeisters Dr. Löffler. In: WGA, Nr. 300, 30. Dezember 1927, S. 3.

[1348] Die Würzburger Kundgebung für ein Volks- und Hallenbad. In: WGA, Nr. 266, 19. November 1927, S. 3; Das Modell des Volks- und Hallenbades. In: WGA, Nr. 288, 15. Dezember 1927, S. 3; Einiges über das projektierte Volks- und Hallenbad in Würzburg. In: WGA, Nr. 25, 31. Januar 1928, S. 3.

[1349] Bebauung der Nordseite des Sanderrasens. Studentenheim – Hallenschwimmbad – Konservatorium. In: WGA, Nr. 20, 25. Januar 1928; Ein Wort für das Hallenschwimmbad – in Würzburg. In: WGA, Nr. 29, 4. Februar 1928, S. 3; Baetz: Studentenwohnheim – Hallenschwimmbad – Wärme- und Elektrizitätswirtschaft der Stadt Würzburg. In: WGA, Nr. 31, 7. Februar 1928, S. 3; Wärmeversorgung des Hallenschwimmbades und Elektrizitätswirtschaft der Stadt Würzburg. In: WGA, Nr. 106, 8. Mai 1928, S. 4.

Argument für den Bau des Hallenbades als „Jobmaschine"[1350]. Welche Bedeutung dem Hallenbad als Symbol für Moderne und Fortschritt zukam, zeigt die Verknüpfung mit der gleichzeitig geführten Provinzstadtdebatte, die zum Ziel hatte, „daß die Stadt nicht den Anschluß an das gegenwärtige ‚fortschrittlich-moderne' Kulturleben anderer Städte und unserer ganzen Zeit verpaßt"[1351].

Vertreter der Studentenschaft und der Universität beklagten, dass Würzburg eine der wenigen Universitätsstädte ohne Hallenbad sei, Städte mit geringeren Einwohnerzahlen zögen in der Hallenbadfrage an Würzburg vorbei.[1352] Gar peinlich empfand man, dass die vom Kultusministerium angestrebte Einführung des Schwimmunterrichts in Würzburg am fehlenden Hallenbad scheitern musste.[1353] Im Hinblick auf bevorstehende Eingemeindungen mangelte es nicht an Stimmen, die mahnten, Würzburg könne sich auf dem Weg zur Großstadt den Verzicht auf ein Hallenbad nicht leisten, da es sonst rückständig erscheine. Der *Fränkische Volksfreund* goss mit dem Artikel *Schweinfurt als Großstadt?*[1354] Öl ins Feuer und machte den Würzburger Kleingeist dafür verantwortlich, dass die Stadt ohne Zukunftsperspektive sei, da man Stadion, Stadthalle, Hallenbad, Ausstellungsgelände und neue Parks vergeblich suche.[1355] Im Eifer, mit einer zeitgemäßen Sporteinrichtung ein modernes Würzburg auf den Weg zu bringen, geisterte ab 1928 sogar die Idee einer großen Sportparkanlage durch die Medien.[1356] Eine derartige Anlage hätte den langgehegten Traum von Großveranstaltungen in Würzburg erfüllen und das Profil der Stadt als unterfränkisches Sportzentrum stärken können.[1357] Ein Zusammenhang mit der neuen Nürnberger Stadionanlage ist nicht ganz von der Hand zu weisen, zumal ein Lichtbildervortrag über die Sportstätten auf dem Zeppelinfeld auf sehr großes Interesse stieß.[1358]

Als treibende Kraft in den Sportangelegenheiten im Würzburg der zwanziger Jahre initiierten die Turn- und Sportvereine die Gründung einer Hallenbad-Aktien-Gesellschaft.[1359] Die Stadt Würzburg beteiligte sich mit 300 000 Mark und stellte das Baugrundstück zur Verfügung, wobei Oberbürgermeister Löffler an einem

---

[1350] Der Ruf nach Arbeit in Würzburg! In: WGA, Nr. 72, 28. März 1930, S. 3.
[1351] Ohly: Neue Kultur in Würzburg. In: WGA, Nr. 268, 22. November 1927, S. 2f.
[1352] Zeitungsnotiz zum Bau eines Volks- und Hallenschwimmbads in der Universitätsstadt Erlangen mit 30 000 Einwohnern. In: WGA, Nr. 34, 10. Februar 1928, S. 3; Zeitungsnotiz über die Ausschreibung eines Wettbewerbs für das Nordbad in München. In: WGA, Nr. 154, 7. Juli 1928, S. 3; „Wann baut ihr uns das Hallenbad?" In: WGA, Nr. 147, 28. Juli 1928, S. 3.
[1353] Die Würzburger Kundgebung für ein Volks- und Hallenbad. In: WGA, Nr. 266, 19. November 1927, S. 3.
[1354] Schweinfurt als Großstadt? In: FV, Nr. 222, 27. September 1927, S. 5.
[1355] „Ich steh' allein auf weiter Flur". In: FV, Nr. 244, 22. Oktober 1927, S. 5.
[1356] Das Projekt einer Würzburger Sportparkanlage. In: FV, Nr. 170, 27. Juli 1927, S. 4; Würzburger Sportwünsche. In: WGA, Nr. 233, 9. Oktober 1928, S. 3.
[1357] Nochmals die Würzburger Sportparkanlage. In: FV, Nr. 182, 10. August 1927, S. 3. Entgegen den hochfliegenden Plänen der Sportvereine favorisierte die Stadt dezentrale Bezirkssportanlagen nach dem Vorbild Münchens; Kreuter: Neue Stadtbaukunst. Würzburg, S. XIIf.
[1358] Das Nürnberger Stadion. In: WGA, Nr. 281, 5. Dezember 1929, S. 4.
[1359] Würzburger Sportwünsche. In: WGA, Nr. 233, 9. Oktober 1928, S. 3.

etappenweisen Ausbau des Projektes festhielt.[1360] Als erster Bauabschnitt des geplanten Gesamtkomplexes am Sanderrasen entstand das Studentenhaus nach Plänen von August Lommel. Mit seiner Eröffnung 1928 schien ein großer Schritt geschafft zu sein.[1361] Dennoch gab es im Stadtrat Kritiker des Projektes, die zwar die Notwendigkeit eines Hallenbades nicht generell in Zweifel zogen, aber die Frage aufwarfen, ob angesichts hoher Arbeitslosenzahlen derartige finanzielle Aufwendungen überhaupt zu verantworten seien und ob die Folgelasten berücksichtigt würden.[1362]

Die Einwohnerschaft Würzburgs schien in der Hallenbadfrage gespalten. Ein Teil engagierte sich geradezu enthusiastisch für den Bau eines Schwimmbades, ein anderer hielt ein Hallenbad nicht unbedingt für nötig.[1363] Vermutlich gab es auch unter Freunden des Würzburger Theaters gewisse Interessenkonflikte, da sie bei der schlechten Finanzlage der Stadt Einbußen im Spielbetrieb hinnehmen hatten müssen und einen städtischen Zuschuss für ein Hallenbad nicht gerade befürwortet haben dürften.[1364]

Während die Vereine das Sportleben Würzburgs förderten und den Hallenbadbau weiter vorantrieben, wurde von Seiten der katholischen Kirche versucht, Einfluss auf die Einstellung der mehrheitlich katholischen Bevölkerung gegenüber bestimmten Sportarten oder dem Sport im Allgemeinen zu nehmen. In seiner Silvesteransprache 1927 prangerte Bischof Ehrenfried eine Verarmung der Gesellschaft an, die Spiel und Sport als einzigen Lebensinhalt habe, was als Ermahnung an die Gläubigen verstanden werden konnte.[1365] Das *Katholische Kirchenblatt für die Pfarreien der Diözese Würzburg* bezog Stellung zum Frauenturnen[1366] und zur Sonntagspflicht, welcher „der neuzeitliche Sport"[1367] entgegenstehe. Zur Familienbadthematik verwies das Blatt auf den Erlass des Bayerischen Staatsministeriums für Unterricht und Kultus vom 11. Februar 1930, der den nach Geschlechtern getrennten Schwimmunterricht an den Volksschulen behandelte[1368], sowie auf die Leitsätze und Weisungen der deutschen Bischöfe von 1925[1369], die Katho-

---

[1360] Die Gründung einer Hallenbad-Aktiengesellschaft vom Stadtrat beschlossen! Wann kommt das Hallenschwimmbad? In: WGA, Nr. 10, 12. Januar 1929, S. 4.
[1361] Die Einweihung des Würzburger Studentenhauses. In: WGA, Nr. 168, 24. Juli 1928, S. 3; Aktennotiz vom 20. Mai 1932. In: StAW, BA j. R., Nr. 9451.
[1362] Bedenken kamen von Seiten der BVP, Arbeitern und dem sogenannten Bürgerblock; Die Gründung einer Hallenbad-Aktiengesellschaft vom Stadtrat beschlossen! In: WGA, Nr. 10, 12. Januar 1929, S. 4.
[1363] Mancher Leser hielt Bewegung „in Luft und Licht" für wichtiger als ein Hallenbad; Schafft Kinderspielplätze! In: WGA, Nr. 26, 31. Januar 1929, S. 4.
[1364] Oberbürgermeister Löffler verwies im Zusammenhang mit den Spielplankürzungen auf die Haushaltsbelastung durch verschiedene Projekte, zu denen unter anderen das Hallenbad gehörte; Der Abbau des Würzburger Stadttheaters; Keine Oper und Operette mehr. Beschränkung auf das Schauspiel und auf eine siebenmonatige Spielzeit erregt die Gemüter. In: WGA, Nr. 58, 9. März 1929, S. 17.
[1365] Bischof Dr. Matthias Ehrenfried zum Jahresschluß. In: WGA, Nr. 1, 2. Januar 1928, S. 3.
[1366] Wie stellen wir uns zum Frauenturnen? In: KKBW, Nr. 21, 5. Oktober 1929, S. 83; Stellung nehmen! In: KKBW, Nr. 7, 6. April 1930, S. 28.
[1367] Sonntagsentheiligung. In: KKBW, Nr. 21, 19. Oktober 1930, S. 82f.
[1368] Zur Frage des „Familienbades". In: KKBW, Nr. 9, 4. Mai 1930, S. 36.
[1369] Baden u. christliche Sitte. In: KKBW, Nr. 11, 1. Juni 1930, S. 58.

liken beim Baden befolgen sollten. Im *Würzburger Diözesanblatt* erging 1930 Weisung an die Seelsorger der Pfarreien „ihren ganzen Einfluss aufzubieten, um die Errichtung von sogen. Familienbädern zu verhindern"[1370].

Derartige Stellungnahmen appellierten in der Regel auch an das Gewissen der Gläubigen, was Elternverbände zu einem Einspruch beim Stadtrat gegen die Errichtung des geplanten Bades als Familienbad bewogen haben mag.[1371] Die konfessionell begründete Opposition gegen Frauenturnen oder Familienbäder provozierte regelmäßig den Widerspruch des *Fränkischen Volksfreunds*, der befand, ein Hallenschwimmbad sei für das körperliche Wohl der hiesigen Bevölkerung mindestens ebenso notwendig wie eine neue Kirche für das geistige Wohl.[1372] Im Laufe eines Schlagabtauschs mit Mitgliedern der katholischen Arbeiterschaft erklärte das sozialdemokratisch ausgerichtete Blatt beschwichtigend das Baden zur interkonfessionellen Angelegenheit[1373], nahm aber weiter die Prüderie katholischer Kreise aufs Korn: „In unserer alten Bischofsstadt Würzburg, reich an Kirchen, arm an Bädern, träumt man immer von der Errichtung eines Hallenschwimmbades."[1374]

Der Stadtrat favorisierte bei der ursprünglichen Planung ähnlich wie in München zwei nach Geschlechtern getrennte Hallen.[1375] Eine Fotografie im Würzburgband der Reihe *Neue Stadtbaukunst* zeigt das Ende 1927 präsentierte Modell mit einem Kommentar des Stadtbaurates Franz Kreuter, der ankündigte, dass die große zusammenhängende Baugruppe, die neben dem neuen Studentenhaus ein großes modernes Hallenbad und ein öffentliches Gebäude umfasse, im Entstehen begriffen sei.[1376] (Abb. 43) Nach einer detaillierten Beschreibung der Gesamtanlage im *Würzburger General-Anzeiger* an Hand von Modell und Plänen des Architekturbüros Kleinsteuber-Mayer war im Mittelbau das Hallenbad untergebracht. Das Modell zeigt demnach den zentralen Eingang zur Vorhalle und zum Schalterraum, von wo aus die Besucher zu den Frauen- und Männerabteilungen geleitet werden sollten. Im Erdgeschoss waren Wannen- und Brausebäder vorgesehen, im oberen Stockwerk auf der rechten Seite die Frauenschwimmhalle und links das Männerschwimmbad. Dampfbäder, römisch-irische Bäder und medizinische Bäder mit Dusch-, Massage- und Ruheräumen lagen im mittleren Gebäudetrakt, in dessen Obergeschoss eine große Turnhalle mit eigenem Zugang geplant war.[1377] Besonders ging der Artikel auf das Konzept einer schrittweisen Errichtung des

---

[1370] Familienbäder. In: WDB, Nr. 29, 30. Juli 1930, S. 146.
[1371] Zur Frage des „Familienbades". In: KKBW, Nr. 9, 4. Mai 1930, S. 36.
[1372] Das Hallenschwimmbad. In: FV, Nr. 1, 3. Januar 1927, S. 6.
[1373] Vom Hallenschwimmbad. In: FV, Nr. 13, 18. Januar 1927, S. 4f.
[1374] Der Konsumverein für Würzburg und Umgebung. In: FV, Nr. 235, 12. Oktober 1927, S. 3. Das Thema Baden und Prüderie in Würzburg wird auch in Glossen thematisiert; vgl. Reinstein, Arnold: Baden gehen ... . In: FV, Nr. 139, 20. Juni 1927, S. 5.
[1375] Die Errichtung eines Strandbades in der Zellerau. In: WGA, Nr. 193, 23. August 1929, S. 3.
[1376] Kreuter: Neue Stadtbaukunst. Würzburg, S. XVIII, 21. Die Architekturfachzeitschrift *Baukunst* zeigte in einer Ausgabe von 1929 das Modell aus einer anderen Perspektive; vgl. Neubau des Studentenhauses in Würzburg. In: Baukunst, Nr. 5, 1929, S. 336.
[1377] Einiges über das projektierte Volks- und Hallenbad in Würzburg. In: WGA, Nr. 25, 31. Januar 1928, S. 3.

Gebäudekomplexes ein. Damit lag Kleinsteuber auf einer Linie mit Oberbürgermeister Löffler, der sich auf Grund der finanziellen Lage der Stadtkasse bereits mehrfach für ein derartiges Vorgehen ausgesprochen hatte.

Dass das vorgelegte Programm recht ambitioniert war, zeigt sich daran, dass die federführende Kommission nach einer vom Hallenbadverein organisierten Besichtigungsreise[1378] empfahl, sich vorerst mit einer Halle zu begnügen und diese vorübergehend provisorisch als Familienbad zu betreiben, bis die Verhältnisse eine Erweiterung um eine Frauenhalle zuließen.[1379] Dennoch bleibt der Eindruck, dass wie beim Münchner Nordbad die Debatte in Würzburg sich auf die präsentierte großzügige Lösung verengte. Ob sich Bedenken kirchlicher Kreise oder gesellschaftliche Konventionen, die ein Familienbad kategorisch ausschlossen, verzögernd auf das Projekt auswirkten, ist nicht mit Sicherheit zu belegen, jedoch lässt der allgemeine Tenor der Debatte den Schluss zu, dass es durchaus Gruppierungen gab, die versuchten, die Planungen direkt zu beeinflussen.[1380]

Sanitätsrat Apetz, der unermüdliche Kämpfer für das Hallenbad, beklagte 1931 nicht nur mangelndes Verständnis für die Vereinsziele in der Bevölkerung und bei den Behörden, sondern auch die schwierigen Zeitverhältnisse, die allenthalben Verteuerungen gebracht hätten.[1381] Die Weltwirtschaftskrise führte zu einem Rückgang der Aktivitäten und der Spendenbereitschaft der Würzburger Hallenbadfreunde, womit das Hallenbadprojekt in einen Dornröschenschlaf verfiel.[1382] Erst in zeitlichem Zusammenhang mit Bau und Eröffnung des Schweinfurter Ernst-Sachs-Bades tauchte die Würzburger Hallenbadfrage in der Berichterstattung des *Würzburger General-Anzeigers* wieder mit dem Hinweis auf, dass die aus Anleihemitteln stammenden Fondsanteile der Stadt an der Hallenbad-Aktiengesellschaft in den Bau der neuen Frauenklinik investiert wurden.[1383]

Das Würzburger Badprojekt ist ein typisches Beispiel für ein Volks- beziehungsweise Hallenbad zur Zeit der Weimarer Republik, das Fortschritt und Moderne in eine Stadt bringen sollte. Obwohl erste Ideen und Pläne schon vor dem Ersten Weltkrieg bestanden, musste viel Überzeugungsarbeit geleistet werden, da nicht überall Hygiene und Schwimmsport als selbstverständlich erachtet wurden und überkommenes Denken einer Neuausrichtung der Lebensweise im Wege stand. Versuchte man in Würzburg noch 1928 kuriorserweise mit der Meldung über Fort-

---

[1378] Inspiziert wurden Bäder in Frankfurt a. M., Offenbach, Darmstadt, Heidelberg, Karlsruhe, Straßburg, Mülhausen im Elsass, Ulm und Stuttgart; Wie soll das Würzburger Hallenschwimmbad aussehen? In: WGA, Nr. 121, 28. Mai 1929, S. 3.

[1379] Protokoll der Besprechung zwischen Sanitätsrat Apetz, Mieddelmann, Kleinsteuber und Schön mit Oberbürgermeister Löffler. In: StAW, BA, Nr. 9451.

[1380] Familienbäder. In: WDB, Nr. 29, 30. Juli 1930, S. 146.

[1381] Wie steht es mit dem Hallenbad? In WGA, Nr. 108, 12. Mai 1931, S. 3.

[1382] 25 Jahre Hallenschwimmbad-Verein. Wie lange noch? In: WGA, Nr. 101, 3. Mai 1932, S. 3.

[1383] Etatberatung im Stadtrat Würzburg. In: WGA, Nr. 109, 13. Mai 1931, S. 4-7; Turnen und Spiel in den Würzburger Volksschulen. In: WGA, Nr. 118, 26. Mai 1931, S. 3; Zeitungsmeldung über den Bau des Ernst-Sachs-Hallenschwimmbades in Schweinfurt. In: WGA, Nr. 168, 25. Juli 1931, S. 14; Schweinfurt hat jetzt sein Hallenbad ... Heute Einweihung des „Sachs-Bades". In: WGA, Nr. 31, 7. Februar 1933, S. 7; Faltenbacher, Heribert: Wie steht es mit dem Volks- und Hallenbad. In: WGA, Nr. 42, 20. Februar 1933, S. 4.

schritte bei den Planungen zum Münchner Nordbad – „Ein neues Hallenschwimmbad wird geschaffen, vorläufig erst in – München"[1384] – Druck aufzubauen, so nahm auch das Würzburger Projekt auf Grund der tiefgreifenden Wirtschaftskrise einen ähnlichen Verlauf und konnte erst ab Mitte der dreißiger Jahre ernsthaft in Angriff genommen werden. Dies hinderte die neuen Machthaber aber nicht daran, sich diesen Erfolg auf ihre Fahnen zu schreiben.[1385] Wie der Münchner NSDAP-Oberbürgermeister Karl Fiehler versprach auch sein Würzburger Amtskollege Theo Memmel, der sich in den Jahren vor der „Machtergreifung" noch gegen eine Beteiligung der Stadt am Hallenbadbau ausgesprochen hatte[1386], vollmundig eine schnelle Umsetzung der jahrzehntelang vorliegenden Pläne, benötigte aber dann zur Realisierung ähnlich viel Zeit wie die Politiker in der von ihm als „Systemzeit"[1387] diffamierten Weimarer Republik.[1388]

Während die Architektur des Nordbades als Repräsentationsbau der „Hauptstadt der Bewegung" eine Anpassung an den Geschmack der nationalsozialistischen Machthaber erfuhr, beschränkte man sich in Würzburg auf ein „wesentlich k l e i n e r e s P r o j e k t"[1389]. Wie aus den spärlichen Unterlagen im Stadtarchiv Würzburg hervorgeht, wurde bereits ab Anfang Juli 1932, nach einer im Mai desselben Jahres erfolgten Besichtigung des sich im Rohbau befindenden Schweinfurter Bades, eine abgespeckte Version des Hallenbades am Sanderrasen ins Auge gefasst und erste Umplanungen vorgenommen.[1390] Möglicherweise sorgte diese Situation dafür, dass die Stadt Würzburg sich für ein pragmatisches Vorgehen entschied und die Anpassung der Pläne an die neuen Rahmenbedingungen einfach weiter verfolgte. So war es möglich, dass der wegen des umstrittenen Hochhauses an der Augustinerstraße bei den Nationalsozialisten eigentlich schlecht angeschriebene Architekt Kleinsteuber einen Hallenbadbau im Stil der Neuen Sachlichkeit errichten konnte und nur mit einem „fremdwirkenden Pultdach"[1391] über dem Haupteingang aneckte, das daraufhin in ein Walmdach abgeändert wurde.

[1384] Zeitungsnotiz über die Ausschreibung eines Wettbewerbs für das Nordbad in München. In: WGA, Nr. 154, 7. Juli 1928, S. 3.
[1385] Weidisch: Planen und Bauen im „Dritten Reich", S. 57.
[1386] Weidisch: Würzburg im „Dritten Reich", S. 246.
[1387] XXIX. Bericht über die Verwaltung und den Stand der Gemeinde-Angelegenheiten der Stadt Würzburg für 1. April 1930 mit März 1933. Würzburg 1935, S. [I].
[1388] Das Hallenbadprojekt wird endlich verwirklicht. Heuer noch der erste Spatenstich. – Die neuen Aufgaben des Hallenschwimmbad-Vereins. In: WGA, Nr. 212, 15. September 1934, S. 3; Die Errichtung des Hallenschwimmbads vom Stadtrat beschlossen. In: WGA, Nr. 223, 28. September 1934, S. 4.
[1389] Das Hallenbadprojekt wird endlich verwirklicht. In: WGA, Nr. 212, 15. September 1934, S. 3.
[1390] Schreiben Schöns vom 10. Juli 1932. In: StAW, BA j. R., Nr. 9451; Schreiben Stummers vom 28. Oktober 1932. In: StAW, BA j. R., Nr. 9451; gemeinsames Schreiben von Löffler u. Schön an Kammerer (Direktor der Hallenbad AG), Architekt Kleinsteuber und Referat X. vom 8. November 1932. In: StAW, BA j. R., Nr. 9451. Zur Besichtigung des Ernst-Sachs-Bades in Schweinfurt vgl. Schreiben Kammerers an Oberbaurat Stummer vom 14. Mai 1932. In: StAW, BA j. R., Nr. 9451; Schreiben an Sanitätsrat Wilhelm Apetz vom 28. Februar 1933. In: StAS, HR-VR III, V-C-2-19; Schreiben an Stadtrat Würzburg und Oberbürgermeister Löffler vom 28. Februar 1933. In: StAS, HR-VR III, V-C-2-19.
[1391] Schreiben [Beltjens] vom 28. Oktober 1933. In: StAW, BA j. R., Nr. 9451.

Durch die Staffelung dreier Baukörper ergab sich an der Straßenseite eine moderne Platzgestaltung, welche die *Deutsche Bauzeitung* in einem Beitrag von 1941 würdigte.[1392] (Abb. 44) Kleinsteubers überwiegendes architektonisches Gestaltungselement – der Gegensatz von geschlossenen und mit Fensterflächen durchbrochenen Wandflächen – ist heute noch erkennbar. Die Nordseite der Schwimmhalle erscheint abweisend. Die Fensterreihen des Umkleidetraktes laufen auf den Haupteingang hin zu. Die Südseite der Schwimmhalle mit einer „grossen Fensterwand"[1393] kehrt das Verhältnis von großer Wandfläche und kleinen Fenstern um und verbindet geschickt das Schwimmbad mit dem Luft- und Sonnenbad des Sonnenhofs.[1394] (Abb. 45 u. 46) Auch das Innere des Gebäudes charakterisierten ursprünglich klare Formen der Neuen Sachlichkeit, wie Aufnahmen von Kassenhalle und Schwimmhalle in der *Deutschen Bauzeitung* zeigen.[1395]

Das Würzburger Hallenbad steht insgesamt gleichsam als Symbol für jahrzehntelanges Ringen um die Verbesserung der hygienischen Verhältnisse und die Bemühungen, der Bevölkerung eine moderne, zeitgemäße Lebensweise zu vermitteln. So drehte sich die gesamte Diskussion primär um die Frage der Sinnhaftigkeit eines Hallenbades in Würzburg, den Umfang des Bauprogrammes und ob sich die Stadt ein derartiges Projekt leisten könne. In der öffentlichen Wahrnehmung spielten demgegenüber architektonische Fragen im Spannungsfeld zwischen Neuem Bauen, Neuer Sachlichkeit und Heimatschutz nur am Rande eine Rolle. Wie die Besucherzahlen des rekonstruierten Verwaltungsberichts der Stadt Würzburg von 1950 belegen[1396], wurde das Bad gut angenommen und die nationalsozialistische Stadtführung konnte sich bei der Eröffnung am 15. November 1936 brüsten, der Bevölkerung einen lang ersehnten Wunsch erfüllt und mit einem neuzeitlichen Hallenbad eine städtebauliche Verbesserung herbeigeführt zu haben.[1397]

[1392] Hallenschwimmbad in Würzburg. In: DBZ, Nr. 27, 2. Juli 1941, S. K 161.
[1393] Antrag Kleinsteubers an Stadtrat Würzburg um Genehmigung der Pläne vom 12. Oktober 1933. In: StAW, BA j. R., Nr. 9451.
[1394] Ebd.; Hallenschwimmbad in Würzburg. In: DBZ, Nr. 27, 2. Juli 1941, S. K 162.
[1395] Hallenschwimmbad in Würzburg. In: DBZ, Nr. 27, 2. Juli 1941, S. K 163, K 167.
[1396] Die im „Dritten Reich" nicht veröffentlichten Verwaltungsberichte gingen bei der Zerstörung Würzburgs mit den meisten Aktenbeständen verloren und mussten mit Hilfe verstreuter Unterlagen verschiedener Behörden, Zeitungsberichten und aus der Erinnerung mehrerer Personen rekonstruiert werden. Zu den Angaben für den Betrieb des Hallenbades vgl. XXX. Verwaltungsbericht Würzburg, S. [I].
[1397] XXX. Verwaltungsbericht Würzburg, S. 54f.; Weidisch: Würzburg im „Dritten Reich", S. 246f.

IV. Wohnbauten und Siedlungen

Eine zeitspezifische Konstellation, in der die drei neuen Faktoren Form, Fertigbauweise und Bauträger sowie eine veränderte geschichtliche Lage aufeinandertrafen, trug nach Norbert Huse wesentlich dazu bei, dass der Wohnungsbau „zum Symbol nicht allein des Neuen Bauens, sondern auch des neuen Staates"[1] werden konnte. Wohnungsbau und Siedlungskonzepten norddeutscher Städte wie Berlin und Hamburg wird im Zusammenhang mit moderner Architektur in der Weimarer Republik mehr Beachtung geschenkt, der Frankfurter Wohnungsbau Ernst Mays und die Stuttgarter Weißenhofsiedlung sind geradezu legendär. Im Stil der Neuen Sachlichkeit, von der Avantgarde des Bauhauses kreiert, gelten die Wohnsiedlungen dieser Städte als Musterbeispiele der Moderne schlechthin, da sie sich am plakativsten von den Mietskasernen der Industriemetropolen und den konzeptionslosen Bauten des Historismus absetzen. Die Wohnarchitektur bayerischer Städte aus dieser Zeit wird, da allgemein als konservativ abqualifiziert, kaum wahrgenommen und findet selten Eingang in eine Überblicksdarstellung wie John Zukowskys reich illustrierte Monographie *Architektur in Deutschland 1919-1939*[2], die auf die Vielfalt der Moderne aufmerksam macht.

„In Bayern dagegen, wo die Industrie nicht die ausschlaggebende Rolle spielt, hatte die bauliche Verwilderung des 19. Jahrhunderts nicht dermaßen um sich gegriffen, wie im raschen Wachstum der Industriebezirke und norddeutschen Großstädte. Daher ist auch der Umschwung weniger radikal, die Anpassung an neue Lebensbedürfnisse bleibt dort im Rahmen der Tradition"[3], so begründete schon Müller-Wulckow 1929 die Vernachlässigung bayerischer Städte in seinem dritten Band *Wohnbauten und Siedlungen* seiner Reihe *Deutsche Baukunst der Gegenwart*.[4] Dennoch lohnt es sich, den Wohnungsbau bayerischer Städte zur Zeit der Weimarer Republik näher zu betrachten, zumal der junge Freistaat in dieser allgemeinen Umbruchsphase seine Position im Deutschen Reich suchte. Welthandel, Verkehr und eine sich durch technischen Fortschritt und Mechanisierung rapide wandelnde Arbeitswelt bestimmten auch in Bayern den Puls der Gesellschaft.[5]

Unter Verweis auf die Bausünden des Historismus stützte sich Müller-Wulckow als Kunsthistoriker und Bewunderer moderner Architektur vor allem auf ästhetische Aspekte und die durch Technisierung gewandelte Gesellschaft, um die Notwendigkeit von neuen Wohnbauten und Siedlungen zu begründen. Sozialreformer und Hygieniker dagegen sahen eher die Kehrseite von Industrialisierung und Fortschritt. Mit dem Wissen um die Physiologie des Körpers und der Wichtigkeit

---

[1] Huse: „Neues Bauen", S. 91.
[2] Zukowsky: Architektur in Deutschland 1919-1939. Die Vielfalt der Moderne.
[3] Müller-Wulckow: Wohnbauten und Siedlungen, S. 8.
[4] Dagegen finden sich in Albert Guts Überblick *Der Wohnungsbau in Deutschland nach dem Weltkriege* mehrere Beispiele bayerischer Städte; Gut: Wohnungsbau in Deutschland, S. 176-184.
[5] Wamsler, Friedrich: Die bayerische Industrie und der Einheitsstaat. In: Wolf: Dem Bayerischen Volke, S. 345; Götschmann, Dirk: Bayerns Weg vom Agrarland zum postindustriellen Wirtschaftsstandort. In: Edition Bayern. Sonderheft Nr. 5. Industriekultur in Bayern. Augsburg 2012, S. 4-15.

der Körperpflege erfasste der Hygienediskurs ab Mitte des 19. Jahrhunderts zunehmend auch die prekären Wohnverhältnisse, in denen große Teile der Bevölkerung lebten.[6] Besonders Cholera und Tuberkulose waren in den unteren Bevölkerungsschichten weitverbreitet. Bakteriologen wie Max von Pettenkofer mit seinen Erkenntnissen zu Kanalisation und Trinkwasserversorgung sowie Robert Koch mit der Entdeckung des Mycobacterium tuberculosis schufen wichtige Grundlagen für die Seuchenbekämpfung. Überfüllte Wohnungen voller Krankheitskeime und ungenügendem Luftaustausch stellten für Forscher ein weites Experimentierfeld dar.[7] Stickige, dunkle und feuchte Räume bargen ein erhebliches Gesundheitsrisiko, da sich Kranke und Gesunde in beengten Wohnverhältnissen nicht selten die Betten teilen mussten, was der Übertragung durch Tröpfchen- und Schmierinfektion Vorschub leistete und Tbc zur Volkskrankheit machte.[8] Die beklemmende Enge der Mietskasernen beförderte Alkoholismus und Geschlechtskrankheiten sowie sexuelles Fehlverhalten. Auch die Sauberkeit der Wohnung und die eigene Körperhygiene waren in der Regel nur schwer zu bewerkstelligen, da es nicht überall fließendes Wasser gab und die Waschschüssel im Schlafzimmer oft die einzige Waschgelegenheit bot.[9]

Erkenntnisse über die Bedeutung von Licht, Luft und Sonne für die Gesundheit und über die Zusammenhänge von sozialer Lage und gehäuftem Auftreten von Krankheiten machten die Hygiene zu einer Leitwissenschaft für Städtebau und Wohnungspolitik.[10] Erforderten die Genesung des „kranken Volkskörpers" den Bau von Krankenhäusern und die Erhaltung der Gesundheit neue Sportstätten, so war die Schaffung gesunder Wohnungen ein weiterer wichtiger, vielleicht sogar der wichtigste Beitrag für die Volksgesundheit. Die Gesolei und die großen Hygieneausstellungen waren Teil einer unvergleichlichen Aufklärungskampagne, wobei unter anderem Musterhäuser und Musterwohnungen als Anschauungsobjekte für gesundes Wohnen besichtigt werden konnten.[11] Bauordnungen ermöglichten den Kommunen, bei der Aufstellung staatlich subventionierter Bauprogramme ein Mindestmaß an hygienischen und technischen Anforderungen festzuschreiben.[12] Auf diesem Weg war auch eine ästhetische Einflussnahme gegeben, um der historisierenden Architektur der Mietskasernen entgegenzuwirken.[13]

[6] Sarasin: Reizbare Maschinen, S. 260-288.
[7] Rodenstein/Böhm-Ott: Gesunde Wohnungen und Wohnungen für gesunde Deutsche, S. 458-462.
[8] Oury, Michel: Geschichte der Tuberkulose. In: Toellner, Richard (Hg.): Illustrierte Geschichte der Medizin. Bd. 5. Augsburg 2000, S. 2735-2755.
[9] Die Wohnung mit Bad und Toilette war um die Jahrhundertwende in der Regel der wohlhabenden Oberschicht vorbehalten; Sarasin: Reizbare Maschinen, S. 301-303.
[10] Rodenstein/Böhm-Ott: Gesunde Wohnungen und Wohnungen für gesunde Deutsche, S. 458.
[11] Wolf: Die Internationale Hygieneausstellung in Dresden 1930. In: DBZ, Nr. 57/58, 16. Juli 1930, S. 438f., 442; Einfamilien (Reihen) Haus auf der Hygieneaustellung 1930. In: DB 1932, S. 238f. Prototypen in hygienischer und funktionaler Hinsicht waren neben verschiedenen Kleinhäusern, die Musterhäuser „Südbelichtung", das Haus eines Geistesarbeiters, ein Haus für einen Lungenkranken und eines für einen Kriegsinvaliden; Lesnikowski: Der Osten: Schlesien, Sachsen, Thüringen und Brandenburg, S. 242f.
[12] Peters: Die Einflussnahme auf die Planung der Bauten, S. 119-140.
[13] Hellweg: Die Einflussnahme der Gemeinden auf die Planung und Ausführung der Bauten, S. 140-147.

Von einer fürsorgenden Sozialhygiene und einer damit verbundenen Verbesserung der Lebensumstände versprach sich der Staat eine Hebung der Kultur.[14] Eine neue Wohnkultur und ein neuer Architekturstil bildeten dementsprechend einen integralen Bestandteil des politischen Programms der Weimarer Republik, mit dem der viel beschworene „Wiederaufstieg Deutschlands" nach der Niederlage des Krieges gelingen und dem Deutschen Reich wieder zu nationalem und internationalem Ansehen verholfen werden sollte.[15] Entsprechend der Bedeutung des Themas nimmt das Kapitel Wohnbauten und Siedlungen in dieser Arbeit mehr Raum ein.

Die Diskrepanz zwischen Arm und Reich trat vielleicht in kaum einer anderen Stadt so eklatant in Erscheinung wie in Berlin, wo zwei Welten einer Millionenmetropole aufeinanderprallten – eine schillernde, verlockende einerseits und eine durch Hunger und Verwahrlosung gekennzeichnete andererseits. Mit diesem Gegensatz wurde die Reichshauptstadt im positiven wie negativen Sinne zum Inbegriff der Großstadt schlechthin.[16] Dennoch tat sich in fast jeder deutschen Stadt deutlich wahrnehmbar eine Kluft zwischen den Wohnverhältnissen besserer Herrschaften und sozial schwacher Schichten auf.[17]

Die Wahrnehmung des jeweiligen städtischen Raumes, seine Gestaltung in der neuen Zeit und welche Möglichkeiten sich überhaupt boten, war für die Menschen überall gleichermaßen wichtig. Die Situation in den am Ersten Weltkrieg unmittelbar beteiligten Staaten war nach Meinung des Präsidenten des Deutschen Städtetages Oskar Mulert nach Kriegsende durchaus vergleichbar. Der Krieg hatte die Mobilisierung aller wirtschaftlichen Kräfte erfordert und den Wohnungsbau zum Erliegen gebracht. „Nirgends aber waren die Folgen tiefgreifender als im Deutschen Reich."[18] Fortschreitende Inflation, wirtschaftliche Krisen, Reparationen und politische Unruhen gingen mit einer Wohnungsnot einher, die, verstärkt durch die Demobilisierung und eine Flüchtlingswelle aus den abgetretenen Gebieten, als „das größte Übel, unter dem das deutsche Volk seit Kriegsende zu leiden hat[te]"[19], bezeichnet wurde.[20] Neben der allgemeinen Ausgangslage verfügten die Städte München als Landeshauptstadt und Regierungssitz, Nürnberg und Augsburg als Industriestädte und Würzburg als Mittelstadt über einen historisch zwar

---

[14] Zu den in den Reichsrichtlinien für das Wohnungswesen von 1929 näher definierten wohnungspolitischen Zielen sei hier auf Rolf Kornemann verwiesen; Kornemann, Rolf: Gesetze, Gesetze... Die amtliche Wohnungspolitik in der Zeit von 1918 bis 1945 in Gesetzen, Verordnungen und Erlassen. In: Kähler (Hg.): Geschichte des Wohnens. Bd. 4, S. 609-613; Peukert: Die Weimarer Republik, S. 142.
[15] Und doch kommt Deutschland wieder hoch! In: MNN, Nr. 293, 27. Oktober 1929, S. 4.
[16] Metzger/Brandstätter: Berlin. Die Zwanzigerjahre, S. 23; Saldern: Gesellschaft und Lebensgestaltung, S. 50f.
[17] Kähler: Nicht nur neues Bauen!, S. 309.
[18] Mulert: Zum Geleit, S. 9.
[19] XXV. Verwaltungsbericht. Würzburg, S. 244.
[20] Nach Schätzungen des Deutschen Städtetages fehlten in der Nachkriegszeit über 800 000 Wohnungen. Die Wohnungszählung vom 16. Mai 1927 ergab für die Städte Berlin 9,7%, Frankfurt 19,5%, München 11,9%, Nürnberg 15,5% und Augsburg 10,1% Haushalte ohne eigene Wohnung; Gut: Die Entwicklung des Wohnungswesens in Deutschland, S. 24-26, 30; Rudloff: Die Wohlfahrtsstadt. Bd. 1, S. 403-407.

wertvollen, aber zum Teil maroden Baubestand, der sich mit entsprechenden Sozialstrukturen deckte.[21]

Wollte man die Lebensumstände der Menschen verbessern und mit Kleinwohnungen bezahlbaren Wohnraum schaffen, mussten die in der Tradition verankerten Wohnbauten und Wohnweisen eine Umformung erfahren. Was sich um die Jahrhundertwende schon abgezeichnet hatte, war nach dem Krieg nicht mehr länger aufzuschieben.[22] Mit Artikel 155 der Weimarer Verfassung, der jedem Bürger eine menschenwürdige Wohnung zusicherte, nahm sich der Staat dieser Aufgabe an.[23] Damit schuf die Weimarer Republik einerseits die politischen Rahmenbedingungen für eine Wohnreform, andererseits erwuchs den Kommunen daraus eine ungeheure Aufgabe. Potenzielle Investoren scheuten auf Grund politischer Wirren, Geldentwertung und Reparationsleistungen das Risiko, sich am Wohnungsbau zu beteiligen.[24] Der kommunale Wohnungsbau, der eigentlich erst nach der Währungsreform mit Einführung der Hauszinssteuer Anfang 1924 richtig in Gang kam[25], geriet im Wirrwarr aus Gesetzen, Erlassen und Finanzierungsmodellen aus Zuschüssen von Reich und Land sowie Krediten von Banken oder Sparkassen zu einer kaum zu bewältigenden Herausforderung, an der sich Städte, Bürgermeister, Länder und nicht zuletzt der Sozialstaat der Weimarer Republik messen lassen mussten.[26]

Zunächst galt es, für die Koordinierung des Wohnungsbaus und dessen Finanzierung den Wohnungsbedarf in den einzelnen Gemeinden festzustellen.[27] Erhebungen ergaben einen großen Bedarf an Kleinwohnungen. Belange verschiedener sozialer Schichten und entsprechende Regelungen oder Fördermodelle konnten aber nicht außer Acht gelassen werden. So mussten nach dem Heimstättegesetz Kriegsteilnehmer, Kriegsversehrte, Kriegerwitwen und Kinderreiche besonders berücksichtigt werden.[28] Allein an einigen Sonderregelungen für Beamte wird das

---

[21] Bestrebungen um eine modernere und hygienischere Wohnweise stellten viele Kommunen auch vor das Problem der Altstadtsanierung; Rodenstein/Böhm-Ott: Gesunde Wohnungen und Wohnungen für gesunde Deutsche, S. 508–510.

[22] Die Krisen der unmittelbaren Nachkriegsjahre verzögerten in Deutschland die Entwicklung eines staatlich geförderten Wohnungsbaus wie in Holland oder der Schweiz; Junghanns: Bruno Taut, S. 65.

[23] Nach Art. 155 Weimarer Reichsverfassung war es Aufgabe des Staates „[…] jedem Deutschen eine gesunde Wohnung und allen deutschen Familien, besonders den kinderreichen, eine ihren Bedürfnissen entsprechende Wohn- und Wirtschaftsheimstätte zu sichern […]"; zit. nach: Preis: Die Beseitigung der Wohnungsnot in München, S. 167; vgl. auch Kornemann: Gesetze, Gesetze…, S. 601–614.

[24] Fuchs: Die Beschaffung von Baugelände. In: Gut: Wohnungsbau in Deutschland, S. 53–55; Greven: Die Finanzierung des Wohnungsneubaus. In: Gut: Wohnungsbau in Deutschland, S. 98–103; Helmreich: Die Finanzierung des Wohnungsneubaus in München 1918–1927. In: Gut: Wohnungswesen der Stadt München, S. 121 f.; XXV. Verwaltungsbericht Würzburg, S. 239; Kornemann: Gesetze, Gesetze…, S. 636.

[25] Erst durch die 15-prozentige, auf die Mieteinnahmen der Hausbesitzer erhobene Hauszinssteuer konnten die Mittel für die Wohnungsbauprogramme der Weimarer Republik erbracht werden; Miller Lane: Architektur und Politik in Deutschland, S. 95.

[26] Greven: Die Finanzierung des Wohnungsneubaus, S. 98–118.

[27] Ebd.; Rudloff: Die Wohlfahrtsstadt. Bd. 1, S. 440 f.

[28] Das 1920 verabschiedete Reichsheimstättengesetz erleichterte den Eigenheimbau, indem das Objekt durch Zinszahlungen in den Besitz des Bewohners überging, aber nicht veräußert werden konnte, sondern beim Verlassen zum Gebrauchswert an den Geber zurück-

komplizierte Terrain des gemeinnützigen Wohnungswesens für Städte mit einem hohen Bevölkerungsanteil an Beamten deutlich. Die Bevorzugung Staatsbediensteter und Angestellter des öffentlichen Diensts bei Zuteilung des äußerst knapp verfügbaren Wohnraums rief Unmut hervor, da Wohnortwechsel auf Grund von Versetzung oder Ausweisung aus den besetzten beziehungsweise abgetretenen Gebieten Härtefallregelungen nach sich zogen.[29] Gewisse Vorbehalte des Bayerischen Sozialministeriums gegenüber Klein- und Kleinstwohnungen[30] dürften wohl darin begründet sein, dass Beamten je nach Dienstgrad und Besoldungsgruppe eine angemessen große Wohnung zustand.[31] Da auch Kinderreiche sich größere Wohnungen wünschten, waren Diskussionen um die Wohnungsgröße und Protest vorprogrammiert.[32] Für die Hochbauämter der Städte war es daher schwierig, den tatsächlichen Bedarf an Kleinwohnungen zu ermitteln, mit staatlichen Zuschüssen zu kalkulieren und dennoch ein einigermaßen zufriedenstellendes Wohnungsangebot zu schaffen.

An Vorschlägen, wie neuer Wohnungsbau und neues Wohnen aussehen sollten, mangelte es nicht. Veranlasst durch die negativen Auswirkungen der Industrialisierung mit schlechten Wohnbedingungen und Umweltbelastungen auf die Gesundheit der Menschen, hatten Sozialreformer zur Neuordnung der Städte aufgerufen. Der Urbanisierungsprozess hatte zudem Bauspekulanten auf den Plan gerufen. Die Folgen dieser Entwicklung waren abschreckende Mietskasernen und horrende Mietzinsen. Um die Jahrhundertwende entstanden in England nach Ebenezer Howards Idee erste Gartenstädte, die bereits 1908 in Deutschland mit den Gartenstädten Dresden-Hellerau, Nürnberg, Karlsruhe, Staaken und der Essener Margaretenhöhe Nachahmung fanden.[33] Der Gartenstadtgedanke verschwand in der Zeit der Weimarer Republik nie ganz aus der Diskussion. Damit, dass ein-

fiel. Nach diesem Fördermodell entstanden moderne Siedlungen, wie die Siedlung Praunheim in Frankfurt, eine der größten Reichsheimstättensiedlungen im Deutschen Reich; Andernacht, Dietrich/Kuhn, Gerd: „Frankfurter Fordismus". In: Höpfner: Ernst May und das neue Frankfurt, S. 50; Kornemann: Gesetze, Gesetze ..., S. 621; Hafner, Thomas: Heimstätten. In: Kähler: Geschichte des Wohnens. Bd. 4, S. 557-584.

[29] Nach § 27 der Bayerischen Ministerial-Bekanntmachung vom 25. September 1923 auf der Grundlage des Reichswohnungsmangelgesetzes vom 26. Juli fiel jede frei werdende Beamtenwohnung in die Verfügungsgewalt der vorgesetzten Behörde und war somit dem Zugriff der kommunalen Wohnungsbehörde entzogen. Da Bayern mit der Rheinpfalz auch von der Rheinlandbesetzung 1923 betroffen war, mussten die Behörden von dieser Regelung regen Gebrauch machen; vgl. XXV. Verwaltungsbericht Würzburg, S. 245 f. In einer Statistik deutet Rudloff diese Problematik ebenfalls an; vgl. Rudloff: Die Wohlfahrtsstadt. Bd. 1, S. 404; Wolf: Wohnarchitektur in Augsburg, S. 34-36.
[30] Auslandskredite für Wohnungsbau. In: WGA, Nr. 63, 15. März 1928, S. 1.
[31] Wolf: Wohnarchitektur in Augsburg, S. 73.
[32] Ein Vergleich mit den Städten Essen und Köln betreffs der Quadratmeterzahl für Zwei-, Drei- und Vierzimmerwohnungen zeigt, dass in München, orientiert an der Anweisung des Bayerischen Staatsministeriums für Soziale Fürsorge, der Wohnraum wesentlich großzügiger bemessen wurde. Empfehlungen zur Wohnfläche gaben auch der Preußische Städtetag und die Reichsforschungsgesellschaft; Preis: Beseitigung der Wohnungsnot in München, S. 77, 90.
[33] Philipp: Das Reclam Buch der Architektur, S. 340 f.; Nerdinger, Winfried: Richard Riemerschmid. Vom Jugendstil zum Werkbund. Werke und Dokumente. München 1982, S. 400-406, 411 f.; Huse: Neues Bauen 1918-1933, S. 91.

zelne Einwohner ins Umland der Großstädte ausweichen konnten, war aber die Wohnsituation der Arbeiter und Normalbürger in den Innenstädten mit einer Verflechtung von Wohnen und Arbeit längst nicht gelöst. „Die Auflösung der Städte"[34] wurde gefordert und nach den Schrecken des Krieges kamen mit Heinrich de Fries' „Wohnstädte der Zukunft" und Bruno Tauts „Stadtkrone" Visionen zur Gestaltung einer friedlichen Welt hinzu.[35] Das Leben in einer idealen Stadt mit gesunden Wohnungen, Parks, Sportstätten, Geschäften und gut erreichbaren Arbeitsplätzen sollte durch den Gemeinschaftsgedanken getragen werden. Städteplanerische Utopien und Ideen reichten vom Konzept der Trabantenstadt des Engländers Raymond Unwin vor dem Ersten Weltkrieg bis zu Le Corbusiers Plan „Ville Contemporaine" (1922) und Ludwig Hilbersheimers „Schema einer Hochhausstadt" (1924).[36] „Der große Umwandlungsprozeß unserer Tage, deutlich erkennbar in Kultur und Wirtschaft, in Politik und Technik, durchzittert auch unser Siedlungswesen"[37], lautete eine zeitgenössische Einschätzung. Wichtige Grundlagen zur Humanisierung der Städte[38] boten Stadterweiterungs- und Generalbebauungspläne, die auf der Trennung der Funktionen einer Stadt basierten, Erholungsräume berücksichtigten und das Verkehrsaufkommen mit einkalkulierten.[39] Städtebauer wie Theodor Fischer oder Hermann Jansen schufen für bayerische Städte vorbildliche Pläne.[40] Alle Überlegungen rückten die Siedlung, das Wohnhaus und die Wohnung in den Vordergrund.

Im Unterschied zur Bebauungsform vergangener Jahrzehnte, welche die Grundstücksparzellen in der Regel mit einem repräsentativen Haus an der Straßenseite, verwinkelten Rückgebäuden, Werkstätten und Schuppen füllte, ging die Entwicklung nach dem Krieg hin zu Flachbau, Block und Zeile mit entsprechenden Freiflächen.[41] Neue, moderne Siedlungskonzepte begriffen die Siedlung als Einheit. Die Bewohner sollten sich wohl fühlen, wobei sauberes, hygienisches Wohnen mit möglichst viel Licht, Luft und Sonne zu den wichtigsten Kriterien zählten. Die Flachbausiedlung mit Einfamilienhaus und Garten wurde zwar als Ideal gesehen, konnte aber wegen dem Flächenverbrauch nur an der Peripherie der Städte verwirklicht werden.[42]

Nach wie vor war das städtische Miethaus ein Thema, da viele Menschen, wie zum Beispiel in München, das Stadtleben schätzten, ja städtischem Leben generell einen höheren Stellenwert beimaßen und man nicht allzu weit entfernt von der

---

[34] Miller Lane: Architektur und Politik, S. 56.
[35] Kähler: Nicht nur Neues Bauen!, S. 318 f.; Junghanns: Bruno Taut, S. 33.
[36] Kähler: Wohnung und Stadt, S. 36–37; ders.: Nicht nur Neues Bauen!, S. 333; Philipp: Das Reclam Buch der Architektur, S. 384 f.
[37] Ehlgötz: Die Aufschließung des Baugeländes. In: Gut: Wohnungsbau in Deutschland, S. 64.
[38] Zech, Ulli: Der Beitrag Theodor Fischers als Architekt und Stadtplaner zur Sozialreform in München. In: Verein Ledigenheim München: Ledigenheim München, S. 11.
[39] Rappaport: Die Bedeutung der Freiflächen in der heutigen Stadtgestaltung. In: DBZ, Stadt und Siedlung, Nr. 18, 3. Dezember 1930, S. 125–130.
[40] Nerdinger: Theodor Fischer. Architekt und Städtebauer, S. 31–38; Mittenhuber/Schmidt/Windsheimer: Der Nürnberger Nordosten, S. 34 f.
[41] Pflaesterer, C. P.: Ein Beitrag zur Durchführung des Zeilenbaues. In: DBZ, Stadt und Siedlung, Nr. 9, 2. Juli 1930, S. 71 f.
[42] Gropius: Architektur, S. 94.

City wohnen wollte.[43] Bedeutende Einflüsse auf die Entwicklung im Wohnwesen gingen von städteplanerischen Bestrebungen und dem staatlich subventionierten Wohnungsbau in den Niederlanden aus, wo nach Hendrik Petrus Berlages Bebauungsplänen viergeschossige Wohnblöcke aus rotem Backstein das Stadtbild Amsterdams prägten. Jakobus Johannes Pieter Oud, ein Vertreter der de Stijl-Bewegung, zeigte in Rotterdam neue Wege im Flachbau auf. Der Amsterdamer Wohnungsbau und Ouds Wohnzeilen mit langgestreckten Fensterbändern fanden vielfach auch in Deutschland Beachtung.[44]

Stadtviertel mit mehrgeschossiger Blockbebauung, wie sie Fritz Schumacher in Anlehnung an moderne Amsterdamer Konzepte für Hamburg in den zwanziger Jahren plante, zeichneten sich durch weiträumige begrünte Innenhöfe mit Spielplätzen, Planschbecken und Gärten aus. Kirche, Schule, Sportplatz und Geschäfte gehörten fortan zur Infrastruktur eines jeden neuen Wohngebiets.[45] Der Wohnungsbau Fritz Schumachers, der als Stadtbaurat in der sozialdemokratisch regierten freien Hansestadt Hamburg wesentlich die moderne Stadtentwicklung beeinflusste, wurde in der Zeit der Weimarer Republik von anderen Kommunen aufmerksam verfolgt. Zum Besichtigungsprogramm deutscher Stadträte und Architekten zählten oft auch die Wohnhöfe Karl-Marx-Hof (1927-1930) und Ebert-Hof (1925-1926) im „Roten Wien", die wegen ihrer monumental expressionistischen Architektur und ihren sozialistisch inspirierten Gemeinschaftseinrichtungen für Aufsehen sorgten.[46] Nicht nur die besondere Ausprägung der Blockbebauung, sondern auch äußerst niedrige Mieten kennzeichneten den kommunalen Wohnungsbau der Stadt Wien in dieser Zeit.[47]

Fehlende Besonnung der Nordwohnungen und mangelhafte Durchlüftung der Höfe wurden als Schwachpunkte der Blockbauweise angeführt. Im Zeilenbau sahen funktional orientierte Architekten wie Walter Gropius, Ernst May oder Otto Haesler nicht nur aus wirtschaftlichen Erwägungen heraus ein Gegenmodell. Die Nord-Süd-Ausrichtung der Zeilen versprach sowohl optimale Ausnutzung der Sonneneinstrahlung als auch ungehinderte Querlüftung für alle Wohnungen und galt damit als unschlagbares Argument in der Hygienediskussion. Die von Theodor Fischer entworfene Siedlung Alte Haide (1919-1929) in München ist eines der ersten Beispiele einer Wohnanlage in reiner Zeilenbauweise, die sich an modernen hygienischen Forderungen orientierte und zugleich eine demokratische Gesellschaftsordnung symbolisierte.[48] (Abb. 47 u. 48) Auf derselben Konzeptions-

---

[43] Busching, P.: Die gemeinnützigen Bauvereinigungen. In: Gut: Wohnungswesen der Stadt München, S. 196.
[44] Oud, Jacobus J. P.: Die städtische Siedlung „Kiefhoek" in Rotterdam. In: Die Form, Nr. 14, 1930, S. 357-369; Kähler: Wohnung und Stadt, S. 361-363.
[45] Kähler: Wohnung und Stadt, S. 98-102.
[46] Rudloff, Wilfried: Die Wohlfahrtsstadt. Kommunale Ernährungs-, Fürsorge- und Wohnungspolitik am Beispiel Münchens 1910-1933. Bd. 2 Göttingen 1998, S. 795f.; Peukert: Die Weimarer Republik, S. 182.
[47] Wien. Niederösterreich und Kärnten. Sonderbeilage der MNN. In: MNN, Nr. 145, 31. Mai 1931, S. 17-24; Weihsmann, Helmut: Das Rote Wien oder „rot brennt es am Horizont". In: Zednicek: Architektur des Roten Wien, S. 3f.
[48] Kähler: Nicht nur Neues Bauen!, S. 325f.

grundlage wie der Alten Haide entwickelte Walter Gropius seine „Diagramme: Möglichkeiten der Bebauung eines rechteckigen Bauplatzes mit parallel angeordneten Reihen von Wohnblöcken verschiedener Höhen"[49], indem er Grundstücksfläche, Abstand der Wohnblöcke, Gebäudehöhe und Lichteinfallswinkel in Relation zueinander setzte. Das Mantra „Licht, Luft und Sonne" leitete die Architekten des Neuen Bauens. Der Hochbaudezernent der Stadt Frankfurt Ernst May veröffentlichte in der Zeitschrift *Das Neue Frankfurt* ein „Zeilenbauschema als konsequente hygienegeleitete Formreduktion"[50].

Von Anfang an stand der Zeilenbau in der Kritik. Konnten die einen in ästhetischer Hinsicht der Reihung einen gewissen Reiz abgewinnen, sahen andere in der „Reißbrettarchitektur"[51] mit ihrer Monotonie und Belanglosigkeit eine Fehlentwicklung. An der Siedlung Dammerstock in Karlsruhe, nach Adolf Behne „das konsequenteste Beispiel einer Siedlung im Zeilenbau"[52], entzündete sich eine heftige Debatte. (Abb. 3) Hygiene werde im radikalen Zeilenbau mit reiner Nord-Süd-Ausrichtung ausschließlich über die Sonnenlage definiert. Da der Mensch nach einem konstruierten Tagesablauf leben müsse, werde er „zum abstrakten Wohnwesen"[53], so Behnes Vorwurf. Eine politische Konnotation, die in Reihung, Typisierung und Normierung die Gleichheit aller Individuen sah und damit ein Bekenntnis zur Weimarer Republik verband, bot neben dem Flachdach einen Angriffspunkt für polemische Kritik der Nationalsozialisten.[54] Die Neue Sachlichkeit im Massenwohnungsbau – schmucklos, glatte Fassaden, Betonung des kubischen Baukörpers durch das Flachdach, Hervorhebung der Horizontale –, von progressiven Architekten als zukunftsweisender Wohnungsbau propagiert und von den Nationalsozialisten als „Sträflingskasernen"[55] oder als Mietskaserne der Vorkriegszeit in horizontaler Aufmachung diffamiert, löste eine landesweite Diskussion aus.[56] Der Schlagabtausch Flachdach – Steildach füllte Zeitungsspalten, wurde auf Vorträgen thematisiert und brachte Stadträte gegeneinander auf.[57] Den „Dächerkrieg" veranschaulicht ein kurioses Straßenbild im Stadtteil Berlin-Zehlendorf – auf der einen Staßenseite die Flachdachbauten der Architekten Taut, Häring und Salvisberg – auf der anderen die Häuser der Spitzdachsiedlung Heinrich Tessenows.[58] Andere Architekten sahen die Aufregung um das flache Dach gelassener.[59]

Mit fortschreitender Entwicklung standen zunehmend traditionelle Bauweisen auf dem Prüfstand. Die Kontroverse erstreckte sich auf innovative Baustoffe, da

---

[49] Gropius: Die neue Architektur und das Bauhaus, S. 68.
[50] Philipp: Das Reclam Buch der Architektur, S. 367.
[51] Schmidt, Hans: Zum Zeilenbau der Dammerstock-Siedlung. In: Die Form, Nr. 14, 1930, S. 379f.
[52] Behne, Adolf: Dammerstock. In: Die Form, Nr. 6, 1930, S. 163.
[53] Behne: Dammerstock. In: Die Form, Nr. 6, 1930, S. 164.
[54] Kähler: Wohnung und Stadt, S. 180–182.
[55] Schultze-Naumburg: Kunst und Rasse, S. 112.
[56] Straub: Die Architektur im Dritten Reich, S. 54.
[57] Luppe: Mein Leben, S. 260.
[58] Lotz, W.: Die Gagfah-Siedlung. In: Die Form, Nr. 10, 1928, S. 289–298.
[59] Bestelmeyer, German: Über neue deutsche Baukunst. In: DBZ, Nr. 103/104, 24. Dezember 1930, S. 703; Eckstein, Hans. Neue Wohnbauten. Ein Querschnitt durch die Wohnarchitektur in Deutschland. München 1932, S. 2.

die Reichsforschungsgesellschaft zur Beschleunigung des Siedlungsbaues auch Fertigbauweisen unterstützte. Typisierung und Normierung waren nicht nur bei Fenstern und Türen ein Thema, da mit industriell hergestellten Bauteilen generell eine Verbilligung erreicht werden konnte. Eisenbeton oder Platten-Montagebau lockten zwar mit kürzeren Bauzeiten, aber den örtlichen Baufirmen fehlte oft neben den dazu benötigten Baumaschinen auch die Erfahrung.[60] Obwohl Neubauten eigentlich eine Arbeitsbeschaffungsmaßnahme für das krisengeschüttelte Baugewerbe bedeuteten, fürchteten Bauarbeiter wegen der Rationalisierung um ihre Arbeitsplätze.[61]

Einen mutigen Schritt wagte die Stadt Celle, die erstmalig die Durchführung des öffentlich geförderten Wohnungsbaus einem radikalen Architekten wie Otto Haesler anvertraute.[62] In Albert Guts Zusammenstellung über den Wohnungsbau finden sich zwei Abbildungen der Siedlung Georgsgarten (1926/27), die dokumentieren, wie die Moderne traditionelle Wohnkultur veränderte. Konträr zur Tristesse vergangener Zeiten präsentierte sich die neue Wohnarchitektur mit Flachdach und klar gegliederten Fassaden in freundlich warmen Pastellfarben und mit großen blau oder rot umrahmten Fenstern. Den technischen Stand und die Fortschrittlichkeit der Wohnanlage verdeutlicht eine Nachtaufnahme, auf der die hell erleuchteten Treppenhäuser wie Leuchtsäulen wirken.[63]

Dem „Neuen Frankfurt" unter Stadtbaurat Ernst May kam im städtischen Wohnungsbau eine gewisse Vorreiterrolle zu.[64] Koordinierte Planungsarbeit, parteipolitischer Konsens und geschicktes ökonomisches Handeln waren die Grundlage, auf der Aufsehen erregende Siedlungen wie Praunheim (1926-1929), Bruchfeldstraße (1926-1927), Römerstadt (1927-1928) oder Frankfurt-Westhausen (1929-1931) mit den Laubenganghäusern des Architekten Ferdinand Kramer entstehen konnten.[65] Infrastrukturelle Gemeinschaftseinrichtungen, Schulen und Läden unterstreichen die autarke Einheit der Frankfurter Siedlungen. In seinen *Blauen Büchern* dokumentiert Müller-Wulckow fotografisch unter anderen die Großsiedlungen in Frankfurt am Main und in Berlin. (Abb. 2)

---

[60] Lippart, G.: Von gründlicher technischer Erziehung. In: MNN, Nr. 350, 19. Dezember 1926, S. 3. Der Themenbereich neue Baustoffe und Konstruktionen auf der Ausstellung *Das Bayerische Handwerk* sollte Bauhandwerker unterweisen und motivieren; Ausstellung München 1927 „Das Bayerische Handwerk". Sonderbeilage der MNN, 15. Mai 1927.
[61] Andernacht/Kuhn: „Frankfurter Fordismus", S. 52-54.
[62] Miller Lane: Architektur und Politik, S. 96.
[63] Gut: Wohnungsbau in Deutschland, S. 240 a, 241. Über die Siedlung Georgsgarten urteilte Heinrich de Fries: „So ist der Gedanke der organisierten Lebensgemeinschaft einer städtebaulichen Blockeinheit bis in ihre beinahe letzten Konsequenzen durchgeführt..."; Fries, Heinrich de: Organisation eines Baugedankens. In: Die Form, Nr. 7, 1927, S. 200 f.
[64] Frankfurt hatte als erste Stadt ein großes öffentliches Wohnungsbauprogramm auf den Weg gebracht; Miller Lane: Architektur und Politik, S. 96.
[65] Bei der Durchführung der Frankfurter Wohnungsbauprogramme stützte sich Stadtbaurat May auf einen Stab von Architekten, darunter Martin Elsaesser, Ferdinand Kramer und Margarete Schütte-Lihotzky. Rückendeckung erhielt die innovative Wohnungspolitik von Bürgermeister Ludwig Landmann (DDP) und Stadtkämmerer Bruno Asch (SPD); Prigge, Walter: Verflechtungen. In: Höpfner: Ernst May und das neue Frankfurt, S. 13; Kuhn, Gerd: Landmann, Asch, May. In: Höpfner: Ernst May und das neue Frankfurt, S. 21 f.

Berlin, das Stadtbaurat Martin Wagner als Friedens-, Arbeits-, Kunst- und Geistesstadt, als Reichshaupt- und Weltbürgerstadt zugleich sah, war mit 17 Großsiedlungen ein Zentrum des Neuen Bauens und der Neuen Sachlichkeit.[66] Bruno Tauts Siedlungen Britz (1925-1931), Zehlendorf („Onkel-Toms-Hütte", 1926-1932), Prenzlauer Berg („Wohnstadt Carl Legien", 1928-1932) mit unterschiedlich gestalteten Zeilenbauten, farbigen Fassaden und großzügigen Grünanlagen wurden international beachtet.[67] Vielfach diskutiert wurde die 1927 von Walter Gopius nach dem von ihm entwickelten Baukastenprinzip errichtete Siedlung in Dessau-Törten.[68]

Müller-Wulckow wies auf den engen Zusammenhang zwischen der Form des Wohnens, dem Wesen der Persönlichkeit und der Betroffenheit jedes Einzelnen hin[69], weshalb zum besseren Verständnis der Problematik, wie sich Wohnprojekte gestalteten und wie die Bürger der jeweiligen Städte für eine neue Wohnkultur gewonnen werden konnten, vorab auf die neue Wohnung und neue Wohnkultur eingegangen werden soll.

1. Die neue Wohnung – neue Wohnkultur

Wie die *Augsburger Neuesten Nachrichten* in dem Artikel *Neues Bauen, neues Wohnen*[70] bemerkten, stellte Leben und Wohnen in einer Siedlung oder einem Wohnblock nur einen Teil der neuen Wohnkultur dar, die, getragen von der Sorge um die Volksgesundheit und dem Gemeinschaftsgedanken, neue Konzepte zu verwirklichen suchte.[71] Vor dem Krieg benötigte der Hausbauunternehmer in der Regel keinen Architekten und die Wohnarchitektur des 19. Jahrhunderts, die den Wohlstand des Hausbesitzers repräsentierte, erschöpfte sich in aufwendiger Fassadengestaltung mit achsensymmetrischer Anordnung der Fenster. Hinter der Fassade gab es meist eine Aneinanderreihung gleich großer Räume, deren Funktion nicht von vornherein festgelegt war, einen langen dunklen Gang und nicht selten auch fensterlose Kammern.[72] Im Gegensatz dazu konzentrierten sich Wohnungsentwürfe des Neuen Bauens darauf, die Zimmer ihrer Funktion nach so zu gruppieren, dass Arbeitswege verkürzt und Bedürfnisse der Bewohner, Tagesablauf und Lebensweise berücksichtigt werden. Im Sinne eines ökonomischen Grundrisses wurde die Größe der Räume von ihrer vorgesehenen Verwendung bestimmt. Der Aufbau des Hauses erfolgte mit dem Wohnungsgrundriss als Basis von innen nach außen.[73] Durch die Gruppierung der Räume war über die Fenster ein wesentliches architektonisches Gestaltungselement für die Fassade vorgegeben. Das Haus ent-

---

[66] Kähler: Nicht nur Neues Bauen!, S. 332.
[67] Modern German Buildings. In: Times, 1. April 1932, S. 13-16.
[68] Miller Lane: Architektur und Politik, S. 116-118.
[69] Müller-Wulckow: Wohnbauten und Siedlungen, S. 5.
[70] Neues Bauen, Neues Wohnen. In: ANN, Nr. 134, 13. Juni 1928, S. 4.
[71] Vgl. Ehlgötz: Die Aufschließung des Baugeländes, S. 81.
[72] Neumüller: Das Münchner Wohnhaus von 1870 bis zum Ausbruch des Weltkrieges. In: Gut: Das Wohnungswesen der Stadt München, S. 81.
[73] Eckstein. Neue Wohnbauten, S. 3.

1. Die neue Wohnung – neue Wohnkultur   271

wickelte sich zum Zweckbau des Wohnens, wie Adolf Behne prägnant herausstellte: „Nicht mehr Fassade / sondern Haus. Nicht mehr Haus / sondern geformter Raum. Nicht mehr geformter Raum / sondern gestaltete Wirklichkeit."[74]

Die Frage „Wie wollen wir wohnen"?[75], „Wie sieht unser Wohnungsideal, das ideale Heim aus?"[76] oder „Was wir wollen?"[77] beschäftigte Architekten, Sozialreformer, Hygieniker und Politiker gleichermaßen. Sowohl einfache Arbeiter als auch gutsituierte Beamte mussten sich mit ihr auseinandersetzen. Diejenigen, die am Althergebrachten festhalten wollten, mussten mit missionarischem Eifer von den Vorzügen einer neuen Wohnungshygiene überzeugt werden.[78] Angesichts des Wohnungselends interessierten sich auch die Kirchen für die moderne Wohnkultur.[79]

Städte- und Wohnungsbau war immer mehr zur Wissenschaft geworden, dazu drängten neue Baustoffe auf den Markt. Darüber hinaus eroberten Mechanisierung und Industrialisierung das Bauwesen. Die Entwicklung eines für den Massenwohnungsbau tauglichen Kleinwohnungstypus forderte Architekten heraus, möglichst gut durchdachte funktionale Grundrisslösungen nach den Rationalisierungskonzepten Fords und Taylors zu erarbeiten.[80] Bruno Taut bezog sich mit seinen Vorschlägen für eine bessere Anordnung der Wohnräume auf das Prinzip der kurzen Wege des in England entwickelten Taylorsystems.[81]

Für die Kleinwohnung war die Arbeiterfamilie mit zwei Kindern der Maßstab, für Kleinstwohnungen das Existenzminimum.[82] Aus Gründen der Platzersparnis und der Hygiene musste die Inneneinrichtung möglichst einfach sein. Mit Einbauschränken, funktionalen Möbelstücken und Stahlrohrstühlen eingerichtete Musterwohnungen sollten dem Bürger neuzeitliche Wohnkultur nahebringen. Zahlreiche Publikationen, Vorträge und Ausstellungen der zwanziger Jahre befassten sich mit dem Thema Wohnen und die Avantgarde stellte ihre Sichtweise einer zeitgemäßen Wohnung zur Disposition.[83] Neben der Fachinformation für den Architekten dienten sie vor allem der Erziehung zu einer besseren Wohnkultur.[84]

„Im neuen, Licht und Luft geöffnetem Haus"[85] hatten voluminöse Polstersessel keinen Platz mehr. „Plüschpracht"[86], „Krimskrams und Tingeltangel"[87] wurde der

[74] Behne: Der moderne Zweckbau, S. 4.
[75] Wechs: Memoiren S. 65.
[76] Taut, Bruno: Die neue Wohnung. Die Frau als Schöpferin. Leipzig 1924, S. 90.
[77] Kurz: Was wir wollen, S. 1.
[78] Ders.: Zeige mir, wie Du wohnst. In: NZ, 5. Mai 1928.
[79] Die Fuldaer Vereinigung der deutschen Bischöfe rief dazu auf, gesunde Wohnungen als Grundlage für ein geordnetes Familienleben zu schaffen; Wohnungsnot – Familienleben. Kundgebung der deutschen Bischöfe. In: MNN, Nr. 103, 16. April 1927, S. 4.
[80] Kähler: Nicht nur Neues Bauen!, S. 345-348.
[81] Taut: Die neue Wohnung, S. 64.
[82] Die Reichsforschungsgesellschaft förderte den Kleinstwohnungsbau, um möglichst schnell billigen Wohnraum für sozial Schwache zu schaffen; Die Kleinstwohnung. In: DBZ-BuB, Nr. 42, 22. Oktober 1930, S. 221-223.
[83] Heinel: Unser Wohnungsbau im Tagesstreit der Meinungen. In: DBZ-BuB, Nr. 8, 19. Februar 1930, S. 62-64.
[84] Hartmann: Alltagskultur, Alltagsleben, Wohnkultur, S. 256-260.
[85] Eckstein, Hans: Die schöne Wohnung. Beispiele neuzeitlicher deutscher Wohnräume. München 1931, S. 6.
[86] Taut: Die neue Wohnung, S. 13.
[87] Ebd., S. 11.

Kampf angesagt. Die kleine Wohnung, wie sie *Heim und Technik* in München zeigte, war vom Interieur der Vergangenheit entrümpelt.[88] Es herrschte Klarheit und Sauberkeit. Wohnungsgrundriss und Inneneinrichtung sollten nach der Unordnung in prekären Wohnverhältnissen, den sittlichen Verwirrungen und dem Chaos des Krieges dem Bewohner Orientierung und Ordnung bieten.[89] (Abb. 49) Le Corbusier schockte mit seiner „Wohnmaschine": „Ein Haus: Schutz gegen Hitze, Kälte, Regen, Flieger, Neugierige – ein Empfänger von Licht und Sonne. Eine gewisse Anzahl von Abteilen zum Kochen, für Arbeit, das intime Leben. – Ein Zimmer: eine Ebene, um sich frei bewegen zu können; ein Ruhebett, um sich auszustrecken; ein Stuhl für die Behaglichkeit und einer für die Arbeit; ein Tisch zum Arbeiten; Schubladen, um jedes Ding schnell an seinen Platz zu bringen. – Zahl der Zimmer: eines zum Kochen, eines zum Essen, eines zum Arbeiten, eines um sich zu waschen, und eines zum Schlafen. Das sind die Standards des Wohnraumes."[90]

Die Häuser der Weißenhofsiedlung, die im Rahmen der Stuttgarter Werkbundausstellung *Die Wohnung* von 1927 entstanden, und die Musterhäuser in Dessau verkörperten die neuen Wohnentwürfe der Avantgarde.[91] Von manchem Bürgermeister oder Stadtbaurat mit Kopfschütteln quittiert, rügten Kritiker die progressive Architektur und Innenausstattung als extravagante Spielerei, die sich mehr für die Lebensart der Hautevolee eigne als zur Umsetzung für die breite Masse.[92] Der Architekt O. O. Kurz erläuterte, dass eine neue Inneneinrichtung in der Regel die finanziellen Möglichkeiten der meisten Menschen überstieg.[93] Außerdem waren Möbel im Stil der Neuen Sachlichkeit nicht jedermanns Geschmack und eine durchrationalisierte Lebensweise nach amerikanischem Muster schon gar nicht. Vielfach wurde befürchtet, die traditionelle deutsche Wohnweise könne vom „Amerikanismus" verdrängt werden.[94] Die Faschingszeitung *Das neue München* griff die Diskussion satirisch auf und karikierte die neue Wohnkultur.[95]

Besonders deutlich wird die Ausrichtung an den Bedürfnissen des Menschen daran, dass Architekten geschlechterspezifische Fragen aufwarfen. Die Frau war gefragt „als Schöpferin"[96], als Ratgeberin und Vermittlerin einer neuen Wohnkultur, wobei gemäß dem traditionellen Rollenverständnis die Küche als Arbeitsplatz der Frau gesehen wurde.[97] Bei der Wohnungsgestaltung kam der Küche landauf landab die meiste Aufmerksamkeit zu. „Der Nerv der Wohnung ist die Küche"[98],

---

[88] Einundzwanzig eingerichtete Kleinwohnungen auf der Ausstellung *Heim und Technik* München 1928. In: DB, Nr. 7, Juli 1928, S. 201–244.
[89] Poppelreuter: Das Neue Bauen für den Neuen Menschen, S. 55–57.
[90] Zit. nach: Behne: Der moderne Zweckbau, S. 54.
[91] Hartmann: Alltagskultur, Alltagsleben, Wohnkultur, S. 261–266.
[92] Luppe: Mein Leben, S. 260 f.; Holzer, Otto: Fremdes Bauen und Bauen in Augsburg. In: ANN, Nr. 107, 9. Mai 1928, S. 5.
[93] Kurz: Die kleine Wohnung, S. 9.
[94] Peukert: Die Weimarer Republik, S. 178 f.
[95] Pfister: Das neue München, S. 16.
[96] Bruno Taut verwies gleich im Titel seines Buches auf die Bedeutung, die der Frau als Vermittlerin einer neuen Wohnkultur zukam; Taut: Die neue Wohnung. Die Frau als Schöpferin; vgl. auch Kurz: Was wir wollen, S. 5.
[97] Maasberg, Ute/Prinz, Regina: Die Neuen kommen! Weibliche Avantgarde in der Architektur der zwanziger Jahre. Hamburg 2005, S. 8 f., 127.
[98] Taut: Die neue Wohnung, S. 67.

konstatierte Bruno Taut. Kristiana Hartmann bezeichnete sie als „Brückenkopf der Moderne"[99]. Für Technik und moderne Haushaltsführung holten sich Architekten Anregungen aus England, Amerika oder Holland.[100] Die „Frankfurter Küche" nach Margarete Schütte-Lihotzkys Konzeption gilt heute als Prototyp der funktionalen Küche. Als Inbegriff moderner Lebensweise vereinigte sie auf engstem Raum Rationalisierung, neuzeitliches Hightech und Hygiene. Sinnvoll angeordnete Einbauschränke und Arbeitsflächen brachten eine Optimierung der Arbeitsabläufe. Gas und Strom erleichterten die Haushaltsführung enorm.[101] Die dadurch gewonnene Zeit konnten Frauen idealerweise für sportliche Aktivitäten oder vergnügliche Freizeitgestaltung verwenden.[102] Die moderne Küche wurde zwar bestaunt, löste aber unterschiedliche Debatten aus. Kritiker monierten mangelnde Berücksichtigung regionaltypischer Gepflogenheiten und fehlende Beaufsichtigung von Kindern neben der Küchenarbeit. Das ungewohnte Kochen mit Gas und elektrischen Geräten verunsicherte Hausfrauen. Generell war man der Meinung, neues Wohnen sei erlernbar und Vorbehalte könnten mit Werbung und Schulungen abgebaut werden.[103] (Abb. 50) In verschiedenen Städten wurden alternative Küchenkonzepte erarbeitet und führten zur „Stuttgarter Kleinküche", zur „Münchner Küche" oder zur „Neuen Berliner Küche"[104].

Ermöglichte der kurze wirtschaftliche Aufschwung Höhenflüge wie die Stuttgarter Weißenhofsiedlung, die neue Wohnkultur par excellence im Einfamilienhaus, so orientierten sich nach der Weltwirtschaftskrise die Planungen mehr am billigen Haus. Die Bauausstellung 1931 in Berlin zeigte in „Die Wohnung unserer Zeit" hauptsächlich Appartements.[105] Die Vorschläge zum neuen Wohnen, die von namhaften Architekten aus dem Umfeld des Bauhauses kamen, waren das eine – die praktische Umsetzung in den Städten sah oft ganz anders aus. Vor diesem Hintergrund städtebaulicher Erneuerung soll im weiteren Verlauf der Frage nachgegangen werden, welche Anstrengungen bayerische Städte im selben Zeitraum unternahmen, um sich fortschrittlicher moderner Wohnkultur zu öffnen.

2. Wohnbauten und Siedlungen in München

Deutschlands Städte befanden sich während der Weimarer Republik in einem permanenten Wettstreit. Natürlich tauschte man sich auf dem Städtetag oder inner-

---

[99] Hartmann: Alltagskultur, Alltagsleben, Wohnkultur, S. 269.
[100] Taut schlug eine Küchenplanung nach dem Konzept der Amerikanerin Christine Frederik vor. Für die moderne Haushaltsführung führte er Beispiele aus Amerika und Holland an; Taut: Die neue Wohnung, S. 66-69. Auch der Münchner Architekt O. O. Kurz bezieht sich auf holländische und amerikanische Vorbilder; Kurz: Was wir wollen, S. 11, 19.
[101] Hartmann: Alltagskultur, Alltagsleben, Wohnkultur, S. 275-281.
[102] Vollmer-Heitmann: Wir sind von Kopf bis Fuß auf Liebe eingestellt, S. 15.
[103] Saldern: Gesellschaft und Lebensgestaltung, S. 61.
[104] Hartmann: Alltagskultur, Alltagsleben, Wohnkultur; S. 281-286; vgl. auch Kramer, Lore: Die Münchner Küche. Grundriss und Lebensform. In: Aicher/Drepper: Robert Vorhoelzer – Ein Architektenleben, S. 246.
[105] Hilbersheimer, Ludwig: Die Wohnung unserer Zeit. In: Die Form, Nr. 7, 1930, S. 249-270.

halb von Besichtigungskommissionen aus, gerade wenn es um eines der brennendsten Themen ging, wie den Wohnungsbau. Im Bestreben aber, sich als moderne fortschrittliche Stadt präsentieren zu können, galt es, einander zu übertreffen und sich voneinander abzugrenzen, um nicht ins Bedeutungslose abzugleiten.[106] Im besonderen Maße traf dies auf München als Hauptstadt des Freistaats Bayern zu, deren Wohnbauten und Siedlungen in quantitativer und qualitativer Hinsicht im Fokus standen und sich mit denen Berlins oder Frankfurts messen lassen mussten. Der Kunstkritiker Hans Eckstein urteilte 1931: „Ein neues München in dem Sinne, wie von einem neuen Frankfurt, einem neuen Berlin, einem neuen Stuttgart gesprochen werden darf, gibt es nicht."[107] Während das „Neue Frankfurt" mehr für den progressiven Wohnungsbau unter Generalbaudirektor Ernst May stand, bezog sich Eckstein auf das ganze Spektrum neu entstandener Architektur in München, wodurch das „Neue München" auf wenige gute Ansätze wie Postämter oder die Versuchssiedlung des Bayerischen Post- und Telegrafenverbandes beschränkt blieb. Neues Bauen finde, so Eckstein, in der bayerischen Landeshauptstadt nur marginal statt, da man darauf bedacht sei, „in gefährlicher Bewußtheit seiner Eigenart"[108] Extravagantes zu vermeiden.

Im Ranking der Städte vermischten sich die Ebenen der Reichs-, Landes- und Kommunalpolitik. München, das oft als Synonym für Bayern und die bayerische Regierung herhalten musste, geriet zunehmend in Konkurrenz zur Reichshauptstadt Berlin, das seinerseits häufig mit Preußen und der Reichsregierung gleichgesetzt wurde, die nach dem Empfinden vieler zu viele Kompetenzen an sich gezogen hatte.[109]

Das Thema neuer Wohnungsbau wurde unterschiedlich diskutiert. Der Kreis um Thomas Mann sah unter anderem den Anschluss an die Neue Sachlichkeit verpasst und den Ruf Münchens als Kunststadt gefährdet, andere fürchteten, die Stadt könne das Image einer Wohnstadt verlieren, da auch Jahre nach dem Krieg auf Grund einer verfehlten Wohnungsbaupolitik beengte, schlechte Wohnverhältnisse an der Tagesordnung seien.[110] Wo in Teilen Deutschlands erste moderne Siedlungen aus dem Boden sprossen und Städte sich anschickten, mit Hilfe groß angelegter Wohnungsbauprogramme gegen die Wohnungsnot vorzugehen, verhinderten anfängliche Fehleinschätzungen des tatsächlichen Bedarfs in München eine schnelle Lösung der Krise.[111]

Obwohl München trotz einiger größerer Industriebetriebe nicht als Industriestadt gelten konnte, hatte es mit einer eklatanten Wohnungsnot zu kämpfen, da es als Landeshauptstadt, Kunstmetropole und Universitätsstadt mit zahlreichen Mi-

---

[106] Eine Kommission des Münchner Stadtrates unternahm 1926 Besichtigungsreisen nach Frankfurt a M. und Nürnberg. Im darauffolgenden Jahr wurden die Wohnhöfe der Stadt Wien begutachtet: Rudloff: Die Wohlfahrtsstadt. Bd. 2, S. 793-796.
[107] Eckstein: Die Kunststadt München und das Neue Bauen. In: Kunst und Künstler, Nr. 29, 1931, S. 346.
[108] Ebd.
[109] Krämer, Steffen: „Mythos Kunststadt", S. 18 f.
[110] Preis: Beseitigung der Wohnungsnot in München, S. 80-82, 98; München als Wohnstadt. In: MNN, Nr. 160, 14. Juni 1927, S. 3; Beblo: Neue Stadtbaukunst. München, S. VIII f.
[111] Preis: Beseitigung der Wohnungsnot in München S. 130.

nisterien, Behörden und Ämtern, Brauereien, Ziegeleien, Handwerksbetrieben und Unternehmen aus dem Dienstleistungssektor zu einem Ballungsraum geworden war.[112] Kriegswichtige Industrien bildeten einen weiteren Anziehungspunkt[113] und die ohnehin angespannte Situation auf dem Wohnungsmarkt erfuhr in den Kriegsjahren durch immer weiter aufgeblähte Militärbehörden und das reichsweit geltende Verbot nicht kriegswichtiger Bautätigkeit eine weitere Verschärfung.[114]

Nach Kriegsende sorgten die Demobilisierung Tausender Soldaten und eine Flüchtlingswelle aus den infolge des Versailler Vertrages abgetrennten Gebieten für eine weitere Zuspitzung.[115] Da Soldaten oft am Ort ihrer Entlassung blieben, war eine Zunahme von Eheschließungen und Hausstandgründungen zu verzeichnen. Dem allgemeinen Wunsch der Rückkehr in ein normales Leben nach entbehrungsreichen Kriegsjahren standen die bittere Realität einer bedrückenden Wohnsituation, Arbeitslosigkeit, niedrige Löhne, horrende Mieten und der Kampf ums tägliche Überleben gegenüber.[116] Baracken, Eisenbahnwaggons, Kegelbahnen oder Bretterbuden boten provisorischen Unterschlupf und in den Miethäusern mussten sich oft mehrere Familien eine Wohnung teilen. Andere suchten über zusätzliche Einnahmen durch Untervermietung eines Zimmers oder einer Bettstelle an einen Schlafgänger den Mietzins zu begleichen oder den Lebensunterhalt aufzubessern.[117]

Sozialreformer wie Lujo Brentano hatten schon vor dem Krieg auf einen durch zusammengedrängte Wohnweise begründeten Verfall der Sitten und eine Gefährdung der Gesundheit hingewiesen. Regierungswohnungsrat Neumüller beklagte in seinem Aufsatz *Das Münchner Wohnhaus von 1870 bis zum Ausbruch des Weltkrieges*, dass viel zu viele Wohnungen schlechte Grundrisse aufweisen würden, Kammern, Küchen oder Aborte hätten keine Fenster.[118] Unhygienische Wohnverhältnisse, Zunahme von Geschlechtskrankheiten und vor allem von Tuberkulose in München wurden mehrfach beschrieben.[119] Für breite Bevölkerungsschichten stellten Alkoholismus, Armut und Mangelernährung ein Gesundheitsrisiko dar.

---

[112] Sogar aus Italien kamen Gastarbeiter, um im Eisenbahnbau oder in den Ziegeleien in und um München zu arbeiten; Wilhelm: München-Haidhausen, S. 17.
[113] Rudloff: Die Wohlfahrtsstadt. Bd. 1, S. 398 f.
[114] Das Verbot war im Juni 1917 von der bei Kriegsausbruch auf das Reich übergegangenen Militärverwaltung erlassen worden. Die Tatsache, dass Frauen oft mit ihren Kindern nach der Einberufung der Männer zu Verwandten auf das Land zogen, entspannte die Lage auf dem Wohnungsmarkt kaum; Rudloff: Die Wohlfahrtsstadt. Bd. 1, S. 398 f. Rigorose Entmietungen der Krupp-Geschützwerke Freimann, die ganze Wohnblöcke zu Verwaltungsräumen umfunktionierten, führten zu Auseinandersetzungen mit dem Stadtmagistrat; Gut, Albert: Die Wohnungsnot und ihre Bekämpfung. In: ders: Das Wohnungswesen der Stadt München. München 1928, S. 97 f.
[115] Gut: Die Wohnungsnot und ihre Bekämpfung, S. 98 f.; Preis: Beseitigung der Wohnungsnot in München, S. 14, 17, 72; Rudloff: Die Wohlfahrtsstadt. Bd. 1, S. 403.
[116] Preis: Beseitigung der Wohnungsnot in München, S. 72.
[117] Laut einer kommunalen Erhebung wohnten 1927 in München 2425 Familien in Teilwohnungen, 10 872 waren als Untermieter gemeldet; Preis: Beseitigung der Wohnungsnot in München, S. 66, 69.
[118] Neumüller: Das Münchner Wohnhaus, S. 81.
[119] Brentano: Ein Ledigenheim für München, S. 42 f.; Rudloff: Die Wohlfahrtsstadt. Bd. 1, S. 406 f.

Statistische Erhebungen Münchner Krankenhäuser von 1902 untermauerten die Problematik mit Zahlen.[120] Auch die Offizierspersonalakten des Bayerischen Hauptstaatsarchivs von Angehörigen der Militärverwaltung sprechen in dieser Hinsicht Bände.[121] Welchen sozialen Sprengstoff derartige Verhältnisse bargen, deutete Lion Feuchtwanger in seinem Roman *Erfolg* an: „Die Lebensweise jener Epoche war nicht hygienisch. Man wohnte eng aneinandergepreßt in riesigen Häusern von Stein und Eisen, schlecht gelüftet, ohne viel Grünes, übel ineinander verfilzt."[122] Dieses Zitat zeigt deutlich, wie aktuell das Thema Hygiene in den zwanziger Jahren war und wie sehr es die Debatten beherrschte, auch im Zusammenhang mit dem Wohnungsbau.

Die nüchterne, rein auf statistische Angaben gestützte Denkschrift des städtischen Wohnungsreferenten Karl Sebastian Preis aus dem Jahr 1927 zeigt die Diskrepanz zwischen Bevölkerungsentwicklung und Wohnungsproduktion. Die Wohnungsnot war schon vorgezeichnet, da ab 1911 außer einigen Spekulationsobjekten privater Bauherren kaum noch Wohnungen gebaut wurden.[123] Da nach dem Krieg eine durch Baustoffmangel und Inflation bedingte Verteuerung das Aufleben der Bautätigkeit verhinderte, war den Kommunalverwaltungen unter anderem das Instrumentarium des Reichswohnungsmangelgesetzes und der bayerischen Wohnungsmangelverordnung gegeben, um gegen die Wohnungsnot vorzugehen. Die Behörden des Freistaats machten von diesen Möglichkeiten regen Gebrauch, um weitere soziale Unruhen zu verhindern.[124] Mit insgesamt 11 856 Zwangseinquartierungen zwischen 1918 und 1921, was einem Anteil von 42,4 Prozent der Großwohnungen entsprach, lag die bayerische Landeshauptstadt im Deutschen Reich an der Spitze. Zeitweilig musste der Zuzug nach München untersagt werden.[125] Dass auch Nürnberg zu den „Top Ten" zählte, dürfte ein deutliches Indiz dafür sein, dass bayerische Städte von der Wohnungsnot besonders stark betroffen waren.[126] Wie Meldungen zur Wohnungsnot, meist auf den Titelseiten der Tageszeitungen, zu entnehmen ist, mussten auf Grund der schlechten wirtschaftlichen Lage diesbezügliche Gesetze, Verordnungen und Maßnahmen laufend geändert oder angepasst werden. Willkür und Korruption luden dazu ein, die gesetzlichen Vorschriften zu umgehen.[127] Unzufriedenheit und Tumulte Wohnungssuchender erhöhten den Druck auf die Stadt, neue Wohnungen zu bauen.[128]

---

[120] Insgesamt wurden 1737 Fälle von Tuberkulose bei 358 Todesfällen registriert; s. StAM, Krankenhäuser, Nr. 15/1.
[121] Offizierspersonalakten im Bayerischen Hauptstaatsarchiv, Abteilung IV, Kriegsarchiv.
[122] Feuchtwanger: Erfolg, S. 226f.
[123] Preis: Beseitigung der Wohnungsnot in München, S. 9.
[124] Geyer: Verkehrte Welt, S. 226-231. Mit Einführung der Wohnungszwangswirtschaft 1918 musste das Münchener Wohnungsamt sein Personal aufstocken; Rudloff: Die Wohlfahrtsstadt, Bd. 1, S. 411.
[125] Gut: Die Wohnungsnot und ihre Bekämpfung, S. 105.
[126] Rudloff: Die Wohlfahrtsstadt. Bd. 1, S. 412-416.
[127] Ebd., S. 423f.
[128] Vierzigtausend Münchner suchen eine Wohnung. In: AZ, Nr. 147, 14. Mai 1925, S. 4. Das Wohnungsamt beleidigt. In: ANN, Nr. 236, 11. Oktober 1926, S. 2; Rudloff: Die Wohlfahrtsstadt. Bd. 1, S. 414-417, 450-463.

Auf Grund fehlender Mittel setzte die Stadt zunächst darauf, vorhandenen Wohnraum möglichst effizient zu nutzen und mit Notstandsmaßnahmen, wie Massenquartieren, Anmietung von Hotelzimmern und dem Einbau von Notwohnungen in Kasernen oder Nebengebäuden von Schloss Nymphenburg, die Wohnungsnot irgendwie einzudämmen.[129] Die Wohnungsbauprogramme der Jahre 1924 und 1926, deren Finanzierung hauptsächlich die Einführung der Hauszinssteuer möglich machte, wirkten sich kaum aus, da sie sich mehr oder weniger auf das Schließen von Baulücken beschränkten.[130]

Die Unfähigkeit staatlicher und städtischer Stellen führte in den ersten Nachkriegsjahren zu einer Gründungswelle von Baugenossenschaften und Bauvereinen, deren Mitglieder sich aus der Arbeiterschaft rekrutierten.[131] Eine gewisse Bedeutung erlangten katholische Arbeitervereine. Baugenossenschaften, wie das Familienheim München-West, wurden zum Teil von namhaften Unternehmen unterstützt, wobei sich hinter dem karitativen Engagement durchaus der Wunsch verbarg, die Situation der eigenen Mitarbeiter zu verbessern.[132] In der Regel waren Genossenschaften bemüht, für ihre Mitglieder hygienischere und gesündere Wohnungen mit Loggien oder Gartenhöfen zu schaffen. Die Grundrisse waren aber nicht immer durchdacht und architektonisch pflegten die Wohnanlagen keinen einheitlichen Stil, sondern hielten überwiegend am althergebrachten Historismus in geringfügig modifizierter Form fest.[133] Mit Hilfe der gemeinnützigen Bauvereine gelang es zwar, von Jahr zu Jahr die Zahl der Neubauwohnungen zu steigern, aber angesichts der Tatsache, dass die Stadtbevölkerung innerhalb von nur zwei Jahren (1925-1927) um 12 000 Personen anwuchs, blieben alle Anstrengungen letztlich nur ein Tropfen auf den heißen Stein.[134]

Wie rückblickend bedauert wurde, setzte die Stadtverwaltung zu lange einseitig auf das Engagement der Wohnungsbaugenossenschaften, die sie auf legislativem und administrativem Wege unterstützte.[135] Dazu kam, dass der Bedarf an Kleinwohnungen für die einkommensschwache Bevölkerung nicht genügend berücksichtigt worden war. Diese Wohnungspolitik bewirkte eine nachhaltige Zersplitterung des Wohnungsmarktes, die Karl Preis dafür verantwortlich machte, dass es in der bayerischen Landeshauptstadt längere Zeit nicht zu einem groß angelegten Siedlungsbau kam. In der Tat beteiligte sich die Stadt München bis zur Verabschiedung des Wohnungsbauprogrammes 1927/28 kaum am sozialen Wohnungsbau, was umso bedauerlicher war, da sich damit der kommunale Einstieg in einen Massenwohnungsbau verzögerte, der vielleicht schon früher eine Hinwendung zur Neuen Sachlichkeit hätte bewirken können. Die finanziellen Mittel waren äußerst knapp und die Stadt sah sich nach dem Krieg auch verpflichtet, mit dem

---

[129] Gut: Die Wohnungsnot und ihre Bekämpfung, S. 106-110.
[130] Preis: Beseitigung der Wohnungsnot in München, S. 53f.
[131] Baugenossenschaften, die sich um eine Verbesserung der Wohnverhältnisse in München bemühten, entstanden bereits um 1890; Müller-Rieger: Westend, S. 103f.
[132] Müller-Rieger: Westend, S. 107.
[133] Busching: Die gemeinnützigen Bauvereinigungen, S. 189-199.
[134] Die Zahlen blieben mit ca. 5000 Neubauwohnungen pro Jahr unter dem Vorkriegsniveau; Preis: Beseitigung der Wohnungsnot in München, S. 45, 70.
[135] Preis: Die Beseitigung der Wohnungsnot in München, S. 57f.

Ausbau der städtischen Elektrizitäts- und Gaswerke sowie dem Straßenbahnnetz eine moderne Stadtentwicklung voranzutreiben.[136] Für die Entwicklung eines modernen Wohnungsbaus waren Fehlkalkulationen und die schwierige finanzielle Ausgangslage sicherlich am meisten hinderlich. Trotz politischer Unruhen und wirtschaftlichem Desaster gab es jedoch in den ersten Jahren des Freistaats Bayern Bestrebungen, mit fortschrittlicher, neuer Wohnarchitektur „frische, fremde Luft"[137] in die Stadt zu bringen. Wie offen die Einstellung derjenigen, die den Wohnungsbau in der Kunststadt vorantrieben, zu neuzeitlicher Architektur mit mehr Licht, Luft, Sonne und Hygiene war, soll im Folgenden behandelt werden.

Die Weichen für ein modernes München waren schon früher gestellt worden und die Stadt hatte für die ihr nach der Weimarer Verfassung zukommenden Aufgabe des Wohnungsbaus gute Voraussetzungen. Hygienischeres Wohnen mit Kanalisation und Trinkwasserversorgung hatte schon Max von Pettenkofer im 19. Jahrhundert initiiert.[138] Einen städtebaulichen Meilenstein schuf Theodor Fischer 1904 mit seinem Staffelbauplan für die „Königliche Haupt- und Residenzstadt München"[139], der erstmals Normen für Neubauten festlegte.[140] Für einen mit Citybildung und Suburbanisierung einhergehenden Wandel der Großstädte war vorteilhaft, dass damit die städtebauliche Eingliederung dörflich geprägter Vororte ermöglicht wurde.[141] Spätere Stadtplaner sahen in Fischers Plan ein Regelwerk, das in vielfacher Hinsicht Anregung und Orientierung bot und lange Zeit dazu beitrug, die Physiognomie Münchens zu bewahren.[142] Obwohl von Kritikern dem konservativen Architektenflügel zugeordnet, wurde Fischer vielfach auch als „Pionier der Architektur deutscher Gegenwart"[143] gesehen und seine bahnbrechende Leistung hervorgehoben. Der gebürtige Schweinfurter Architekt hat nicht nur in München, sondern in zahlreichen bayerischen Städten mit seinen Generalbebauungsplänen und Ratschlägen eine moderne Stadtentwicklung angestoßen.[144] Dass bei vielen seiner Projekte Funktionalität, Anpassung an Wohnbedürfnisse und Anforderungen eines zunehmenden Individualverkehrs eine maßgebende Rolle spielten, zeigt, wie sehr Theodor Fischer Fortschritt und Moderne anvisierte. Unter Ordnung der Stadt, in der sich die Menschen wohl fühlen sollten, verstand er die Einteilung in Industrie- und Wohngebiete, Hauptverkehrsadern,

---

[136] Beblo: Hochbauten der Stadtgemeinde, S. 3; vgl. auch ders.: Neue Stadtbaukunst. München, S. XV f.; Wilhelm: Karl Scharnagl, S. 25 f. Die Elektrifizierung der Städte galt als Merkmal der Moderne; Steidle: Kinoarchitektur als Chiffre für großstädtisches Leben und Modernität, S. 288.

[137] Nerdinger: Theodor Fischer. Architekt und Städtebauer, S. 311.

[138] Meitinger, Karl: Grundriss und Gestaltung des Münchner Wohnhauses nach dem Weltkriege. In: Gut: Das Wohnungswesen der Stadt München, S. 135 f.

[139] Zech: Der Beitrag Theodor Fischers, S. 15.

[140] Nerdinger: Theodor Fischer. Architekt und Städtebauer, S. 10 f.

[141] Ebd., S. 31–34.

[142] Fischers Staffelbauordnung blieb bis 1979 in Kraft; Zech: Der Beitrag Theodor Fischers, S. 15.

[143] Karlinger: Theodor Fischer und sein Werk zum 70. Geburtstag. In: DBZ, Nr. 22, 25. Mai 1932, S. 425 f.

[144] Generalbebauungspläne entstanden u. a. für Ansbach, Augsburg, Dinkelsbühl, Kempten, Kaufbeuren, Lindau, Memmingen und Schweinfurt; Pfister: Theodor Fischer. Leben und Wirken, S. 61.

2. Wohnbauten und Siedlungen in München 279

Nebenstraßen und verkehrsberuhigte Bereiche für Wohngebiete sowie Frei- und Erholungsflächen.[145] Die weitsichtige Planung ermöglichte in München später den Erwerb von Grundstücksflächen für die fünf Großsiedlungen des Wohnungsbauprogramms.[146]

Beeinflusst von den Ideen Camillo Sittes lehnte Fischer für München eine Aufteilung der Stadtviertel nach dem Modell der Alignements ab. Er favorisierte eine Straßenführung entlang alter Landstraßen unter Rücksichtnahme auf bestehende Grundstücksgrenzen, Topographie, Gewässer und Baumbestand. Für die Baugrundstücke wurde eine möglichst ökonomische Parzellierung angestrebt. Mit Einführung einer rückwärtigen Baulinie kamen hygienische Maßstäbe zum Tragen, die angesichts der katastrophalen Wohnverhältnisse darauf abzielten, die Bebauung der Hinterhöfe zu beschränken und ihrem eigentlichen Zweck als Oase der Ruhe und Erholung den Stadtbewohnern zuzuführen. Weitergehende Begrünung sollte eine Verbesserung der Luftqualität und gesünderes Wohnen ermöglichen.[147] Der Oberbaudirektor der Stadt München, Fritz Beblo, sieht in seiner Monographie zur *Neuen Stadtbaukunst* die Anziehungskraft Münchens nicht nur in der Konzentration von Kultur, sondern vielmehr in den Vorzügen der Wohnstadt begründet, da mit einer Ansiedlung der Industriebetriebe am nördlichen und östlichen Stadtrand die Wohngebiete bei den vorherrschenden Südwestwinden nicht beeinträchtigt würden, die Stadt einen klar gegliederten Eindruck mache, Grün- und Freiflächen eine Belebung geplanter Wohngebiete versprächen und eine sich auflockernde Bebauung in „das Grün der natürlichen Landschaft"[148] überleite.[149]

Neben Stadtplanungen setzte Fischer, der die Baupolitik Münchens nachhaltig beeinflusste und sein Werk konsequent in Richtung Moderne weiterentwickelte, architektonische Akzente, mit denen er Wege aufzeigte, wie Fortschritt und Moderne im Wohnungsbau Münchens Fuß fassen konnten. Noch in den Revolutionswirren, als kaum jemand sich ans Bauen wagte, beschloss die Gemeinnützige Baugenossenschaft Alte Haide, ein Zusammenschluss der Industriebetriebe im Münchner Norden, eine Arbeitersiedlung zu errichten, um wenigstens für ihre Arbeiter einigermaßen geordnete Verhältnisse zu schaffen.[150] Trotz prekärer Rahmenbedingungen gelang es dem beauftragten Architekten Theodor Fischer, ein wegweisendes Projekt mit insgesamt 786 Wohnungen auf einem Grundstück von 6,6 Hektar umzusetzen.[151] Begrenzte Finanzen, beginnende Inflation und Engpässe durch rationierte Baumaterialien zwangen zu einer möglichst effizienten Bauweise und Wohnungsgestaltung. Fischers Gegenentwurf zu den bestehenden Ar-

---

[145] Nerdinger: Theodor Fischer Architekt und Städtebauer, S. 36–37.
[146] Einiges über städtischen und ländlichen Kleinwohnungsbau in Bayern. In: DB, Nr. 6, 1927, S. 147.
[147] Kerkhoff: Eine Abkehr vom Historismus oder ein Weg zur Moderne, S. 35f.
[148] Beblo: Neue Stadtbaukunst. München, S. VII.
[149] Ebd., S. VII-X.
[150] An der Genossenschaft beteiligte Industrien: Bayerische Geschützwerke München, Bayerische Flugzeugwerke, Bergmann Elektrizitätswerke, Lokomotiven Fabrik J. A. Maffei, Lederfabrik am Biederstein Hesselberger und die Aktienbrauerei Löwenbräu; Lutzenberger: Alte Haide, S. 25.
[151] Die ersten Wohnungen konnten bereits im Oktober 1919 bezogen werden; Lutzenberger: Alte Haide, S. 28.

beiterquartieren brachte Innovation in den Wohnungsbau. Erstmals wurden bei einem Siedlungsprojekt in Deutschland 19 Wohnblöcke konsequent in Zeilenbauweise in Nord-Süd-Ausrichtung errichtet. Die Häuser waren nahezu schmucklos. Ökonomischer Druck führte zur Auseinandersetzung mit Normierung und Typisierung im Wohnungsbau. Das Ergebnis waren Wohnungen mit einem Minimalzuschnitt von 45 und 60 m², die mit Lichteinfall von Osten und Westen hell und optimal belüftet waren.[152]

Um Monotonie zu vermeiden, hat Fischer die Wohnblöcke leicht gegeneinander versetzt und die Sichtachsen durch größere Gebäude akzentuiert. Zwischen den Wohnzeilen blieb ausreichend Raum für Gärten und Wohnwege. Die Wohnungen mit Wohnküche, Zimmer und großer Kammer waren zwar klein, hatten aber alle eine Toilette, fließendes Wasser und eine Loggia, was für damalige Verhältnisse geradezu an Luxus grenzte.[153] „Die Alte Haide ist eine Stadt für sich"[154], stellte dann auch Karl Meitinger heraus, da das fortschrittliche Siedlungskonzept eine Zentralbadeanstalt, Gemeinschaftseinrichtungen, Lebensmittelhandlungen, Gaststätte, Kindergarten und Schule beinhalte.[155] Das städtebaulich und sozialgeschichtlich revolutionäre Architekturmodell, das reichsweit auf Ausstellungen präsentiert wurde, inspirierte zahlreiche Architekten, da die Siedlung zudem Ausdruck der neuen Gesellschaftsordnung war und symbolhaft auf die Gleichheit der Bewohner verwies.[156] (Abb. 47 u. 48)

Einen anderen Weg beschritt Bernhard Borst, der zuvor am Projekt der Alten Haide mitgearbeitet hatte, bei seiner Wohnanlage Borstei (1924-1929). Im Gegensatz zur Zeilenbausiedlung wählte er eine Wohnhofbebauung, übernahm aber Fischers Konzept mit Gemeinschaftseinrichtungen und wohnortnaher Versorgung für den täglichen Bedarf. Die für den Mittelstand konzipierten Wohnungen waren wesentlich größer und besser ausgestattet.[157] Zeilenbauweise und Wohnhofkonzept in Kombination prägten in den folgenden Jahren den Münchner Wohnungsbau.

Wie zeitgenössische Publikationen zeigen, erregte Theodor Fischer mit einem späteren Projekt, dem Ledigenheim, nochmals Aufsehen. In den Aufgabenbereich gemeindlicher Wohnungsfürsorge fiel auch der Bau von Heimen für ältere Menschen, Alleinstehende oder auch Künstler.[158] „Die Errichtung von Wohnheimen"[159] hatte vor dem Krieg noch kaum eine Rolle gespielt. Unter dem Druck der Wohnungsnot riet der deutsche Städtetag in der Weimarer Republik aber Kommunen

---

[152] Nerdinger, Winfried: Wohnsiedlung „Alte Haide" 1918-29. In: Stölzl: Die Zwanziger Jahre in München, S. 385.
[153] Meitinger: Grundriss und Gestaltung des Münchner Wohnhauses, S. 136.
[154] Ebd.
[155] Die Schule wurde 1926/27 nach Plänen des Architekten Hans Grässel erbaut; Lutzenberger: Alte Haide, S. 76.
[156] Kähler: Nicht nur Neues Bauen!, S. 325f.
[157] Winterstein: Borstei, S. 62.
[158] Für Künstler, die infolge der schlechten Auftragslage um ihre Existenz bangten, wurden sogenannte Künstlerheime gebaut. Siedlungskonzepte der Weimarer Zeit sahen häufig Ateliers oder wie bei der Münchner Großsiedlung Neuhausen einen Künstlerhof vor. Zu den bekanntesten Beispielen zählt der Augsburger Künstlerhof; Gut, Albert: Die Entwicklung des Wohnungswesens in Deutschland, S. 48.
[159] Gut: Die Entwicklung des Wohnungswesens in Deutschland, S. 48.

mit mehr als 50 000 Einwohnern zum Bau eines Ledigenheimes, was von den Gemeinden direkt oder über finanzielle Unterstützung der Vereine und Gesellschaften bewerkstelligt wurde.[160] Der Gedanke war, unter anderem durch die Unterbringung alter Menschen in Altenheimen für den Wohnungsmarkt Altwohnungen zurückzugewinnen.[161] Mit der „Beheimatung" Lediger wollte man zudem das Schlafgängerwesen in den Griff bekommen.[162]

Betrachtet man auf historischen Ansichtspostkarten das Ledigenheim im Münchner Westend, wird klar, dass seinerzeit damit nicht nur eine Zäsur in der Architekturlandschaft der Stadt verbunden war. Das Heim war, wie Zeitgenossen bekundeten, „der Aufmachung und Ausdehnung nach, das erste dieser Art in Bayern"[163] und wurde deutschlandweit beachtet.[164] Fast trutzig steht der achsensymmetrische Baukörper aus rotbraunen Hartbrandziegeln in enger Nachbarschaft zu neobarocken Wohnblöcken einer katholischen Baugenossenschaft. Die Gebäudetrakte, der siebengeschossige Mittelbau und zwei niedrigere U-förmige Flügelbauten, kommen fast ohne architektonischen Zierrat aus und wirken nur durch das Rot der Ziegel. Dezent schmücken die Fassadenseite mit dem Haupteingang in den noch ungebrannten Ziegel geschnittene Reliefs und ein Fries von Karl Knappe.[165] Die vertikale Gliederung mit leicht zurückgesetzten Fensterachsen wird im Erdgeschoß durch die Pfeiler der ursprünglichen Ladenzeile aufgegriffen. Eine Betonung des Kubischen Baukörpers erhält der hohe Mittelbau durch ein Flachdach, die Seitenflügel durch ein flaches, hinter die Fassade zurückgesetztes Walmdach.[166] (Abb. 51) Für die rationelle Gesamtanlage war höchste Raumausnutzung Bedingung, da möglichst viele ledige Männer untergebracht werden sollten. Erd- und Dachgeschoss dienen auch heute noch gemeinschaftlichen Zwecken, die Bäder befinden sich im Untergeschoss. Die Wohnräume sind in den mittleren Stockwerken angesiedelt. Hier bieten Schlafkammern mit 6,10 bis 8,30 m^2 ein Minimum an Privatsphäre. Kochen, Essen, Waschen oder sonstige Bedürfnisse der Bewohner wurden aus Wirtschaftlichkeitsgründen in die Gemeinschaftsräume verlagert.[167]

Wurde das Heim in Fachkreisen auf Grund seiner sachlichen Architektur und Größe als „das erste dieser Art in Bayern"[168] gelobt, rief es in München geteiltes Echo hervor, was womöglich zum Teil auch daran festgemacht wurde, dass es sich hier um ein spezielles soziales Wohnungsbauprojekt handelte.[169] Die Neue Sach-

---

[160] Gasteiger, Michael: Ledigenheime, Altersheime und sonstige Wohnheime. In: Gut, Albert: Das Wohnungswesen der Stadt München. München 1928, S. 202.
[161] Gasteiger: Ledigenheime, Altersheime und sonstige Wohnheime, S. 201.
[162] Brentano: Ein Ledigenheim, S. 42f.
[163] Gasteiger: Ledigenheime, Altersheime und sonstige Wohnheime, S. 204.
[164] Gut: Die Entwicklung des Wohnungswesens in Deutschland, S. 48; Müller-Wulckow: Bauten der Gemeinschaft, S. 6.
[165] Architekten- und Ingenieur-Verband: München und seine Bauten nach 1912, S. 341.
[166] Ledigenheim für Männer an der Bergmannstraße in München. In: DBZ, Nr. 1/2, 7. Januar 1928, S. 15.
[167] Das neue Ledigenheim in München. In: DB, Nr. 6, 1927, S. 141.
[168] Gasteiger: Ledigenheime, Altersheime und sonstige Wohnheime, S. 204.
[169] Schreiben des Mieterbundes vom 25. August 1925. In: Informationsausstellung Ledigenheim München. Fritz Beblo nimmt in seiner Monographie *Neue Stadtbaukunst. München* Pläne und ein Foto des Ledigenheims auf, geht aber im Text nicht näher darauf ein; Beblo: Neue Stadtbaukunst München, S. 39f. In dem Stadtteilführer *Das Münchener*

lichkeit[170] kam vielen Leuten befremdlich vor, selbst Oberbürgermeister Karl Scharnagl brachte sein Missfallen öffentlich in einer Stadtratssitzung zum Ausdruck und auch die Presse wusste offensichtlich nicht so recht, wie sie Fischers Bau beurteilen sollte.[171] Der Ausspruch Fischers, „[a]m spießbürgerlichen Behagen der Heimatschützer erstickt die Kunst"[172] legt nahe, dass der Architekt nicht nur die Münchner und die für das Bauwesen der Stadt Verantwortlichen, sondern auch Kollegen provozieren wollte, da zur gleichen Zeit Hans Grässel mit dem neobarocken Monumentalbau des städtischen Altenheims St. Joseph, dessen Kirche mit oberbayerischen Zwiebelhauben bis heute eine städtebauliche Dominante darstellt, Aufsehen erregte.[173] Ludwig Naneder schuf mit dem Heim für erwerbstätige Frauen und Mädchen ein Pendant im Charakter einer schlossähnlichen Dreiflügelanlage.[174] Mit der evangelischen Auferstehungskirche, die Fischers Kontrahent, der reaktionäre Architekt German Bestelmeyer in unmittelbarer Nachbarschaft zum Ledigenheim baute, tritt die Auseinandersetzung um eine moderne Architektur in München offen zutage. Querelen, Intrigen und Kompetenzstreitigkeiten innerhalb der Münchner Architektenschaft, insbesondere aber Unstimmigkeiten zwischen Fischer und Bestelmeyer beziehungsweise die Dominanz beider, schienen für diejenigen, die ein „Neues München" wollten, ursächlich dafür zu sein, dass keine moderne Architektur wie in anderen deutschen Städten zustande kam.[175] Neues Bauen und Moderne, Heimatschutz und Tradition wurden kontrovers diskutiert, unterschiedliche Architekturauffassungen gegeneinander ausgespielt und zusehends auch für politische Zwecke instrumentalisiert. Im Zentrum dieser Auseinandersetzungen stand der Wohnungsbau. Die moderne Wohnweise in Neubausiedlungen, die die Nutzung der Gemeinschaftseinrichtungen mit einschloss, erschien den einen als „bolschewistisch", andere witterten „Amerikanisierung". Die Vermengung finanzieller Probleme einzelner Mieter mit der neuen Wohnkultur nutzten die Nationalsozialisten im *Völkischen Beobachter* für ihre Demagogie.[176]

Westend von 1936 ist von „einem herben Werke" Theodor Fischers die Rede; Pitschi: Das Münchener Westend, S. 76.
[170] Eröffnung des Ledigenheims. In: MNN, Nr. 148, 1. Juni 1927, S. 3.
[171] Nerdinger: Theodor Fischer. Architekt und Städtebauer, S. 123.
[172] Der Ausspruch Theodor Fischers steht auf einer Tafel im Eingangsbereich des Ledigenheims.
[173] Das neue Altersheim der Stadt. In: MNN, Nr. 105, 17. April 1928, S. 7; Altenheim St. Josef. In: MNN, Nr. 107, 19. April 1928, S. 3; Gasteiger: Ledigenheime, Altersheime und sonstige Wohnheime, S. 220-223; Beblo: Hochbauten der Stadtgemeine, S. 8, 35; Grässel, Hans: Das neue Altersheim Sankt Joseph der Stadt München. München 1929; vgl. Nerdinger, Winfried: Städtisches Altersheim St. Joseph an der Waldfriedhofstraße. In: Stölzl: Die Zwanziger Jahre in München, S. 345.
[174] Heim für erwerbstätige Frauen. In: MNN, Nr. 122, 4. Mai 1928, S. 1; Gasteiger: Ledigenheime, Altersheime und sonstige Wohnheime, S. 205 f.; Heim für erwerbstätige Frauen und Mädchen in München. In: DBZ, Nr. 54, 7. Juli 1928, S. 465-470; vgl. auch Nerdinger, Winfried: Heim für Erwerbstätige Frauen und Mädchen an der Rosenheimerstaße. In: Stölzl: Die Zwanziger Jahre in München, S. 393.
[175] Pfister: Das neue München, S. 8; Preis: Beseitigung der Wohnungsnot in München, S. 102; Drepper: Leben für die Architektur, S. 111.
[176] Hohe Mieten, ungesunde Lage und „Zwangswäscherei" werden angeprangert; Die Stadt an den Gaskesseln. In: Völkischer Beobachter, Nr. 60, 13. März 1930. Dagegen wurde

Am Konservatismus, der das „Münchnertum"[177] kennzeichnete, hatte die Katholische Kirche einen nicht unbeträchtlichen Anteil. Traditionsbewusstsein und Katholizismus waren nirgends stärker verankert als im Herzen Bayerns. Die Entwicklung Münchens zu einer modernen Großstadt assoziierte die Kirche mit einem Szenarium an Gefahren, unter anderem mit der Entwertung der durch kirchliche Baukunst geprägten Kunststadt, dem Verlust christlicher Moral oder der Bedrohung christlicher Familientradition. Obwohl die neue Wohnkultur mit Argwohn betrachtet wurde, erkannte die Kirche durchaus das Dilemma der Wohnungsnot. Mehrfach verwies die *Münchner Katholische Kirchenzeitung* auf das soziale Engagement der „Katholischen Wohnbauförderung"[178], das sich nicht nur auf Unterstützung von Baugenossenschaften unter anderem durch Überlassung kirchengemeindlicher Grundstücke für Bauzwecke beschränkte. Das erzbischöfliche Generalvikariat betrieb sogar „eine eigene Aufsichts- und Beratungsstelle für Wohnungsbau und Siedlungswesen"[179]. Inwieweit darüber hinaus auch eine stilistische Beeinflussung über Empfehlungen bestimmter Architekten stattfand, kann nur vermutet werden. Das architektonische Erscheinungsbild der Wohnbauten kirchlicher Baugenossenschaften in den zwanziger Jahren war in der Regel einem konservativen Traditionalismus verhaftet.

Eine konservative Einstellung zur Moderne und ein traditionell katholisches Weltbild, welche die Münchner Kommunalpolitik unter Oberbürgermeister Karl Scharnagl prägten, dürften die Entschlusskraft des Stadtrates für ein „Neues München", zu Innovationen wie in Frankfurt oder Berlin nicht gerade befördert haben.[180] Gleichwohl brachte Scharnagls Amtsantritt 1924 einen Kurswechsel in der Wohnungspolitik der Stadt, da er dem Wohnungsbau höchste Priorität einräumte.[181] Bei den großen Wohnungsbauprogrammen der Stadt leiteten ihn ebenso Traditionsbewusstsein wie die Verpflichtung, die neuen Siedlungen städtebaulich der Kunststadt einzugliedern.[182] Der Kunsthistoriker Hans Eckstein warf dem Oberbürgermeister eine Verweigerungshaltung vor, da dieser neue Kunstströmungen mit „Erscheinungen und Extravaganzen"[183] abtue. Entscheidender für die Aus-

---

zwei Jahre später die Borstei als echt deutsches Siedlungswerk beschworen; Gang durch die winterliche Borstei. In: VB, Nr. 47, 16. Februar 1932; vgl. auch Lutzenberger: Alte Haide, S. 37-39.

[177] Eckstein: Die Kunststadt München und das Neue Bauen. In: Kunst und Künstler, Nr. 29, 1931, S. 346.

[178] Katholische Wohnungsbauförderung, In: MKKZ, Nr. 13, 31. März 1929, S. 164; Ein Häuserblock der Baugenossenschaft Rupertusheim-München, Ecke Ganghofer- und Gollierstr. In: MKKZ, Nr. 5, 31. Januar 1926, S. 53. Die neobarocke Wohnanlage der Baugenossenschaft Rupertusheim wurde nach Plänen des Architekten Ludwig Naneder im Münchner Stadtteil Westend errichtet; Pitschi: Das Münchner Westend, S. 79; Müller-Rieger: Westend, S. 155f.

[179] Katholische Wohnungsbauförderung, In: MKKZ, Nr. 13, 31. März 1929, S. 164.

[180] Oskar Maria Graf bemerkte zur geistigen Atmosphäre: „Unsere Stadt ist in jeder Weise finster und kleinbürgerlich. Sie ist katholisch und alles, was davon abweicht, ist bolschewistisch." Becker, N.: Bürgerliche Lebenswelt und Politik in München, S. 526f.

[181] Rudloff: Die Wohlfahrtsstadt. Bd. 2, S. 791.

[182] Preis: Beseitigung der Wohnungsnot in München, S. 79, 127.

[183] Eckstein: Die Kunststadt München und das Neue Bauen. In: Kunst und Künstler, Nr. 29, 1931, S. 346.

richtung der Stadt in Bezug auf eine moderne Architektur dürfte der Zweite Bürgermeister Hans Küfner gewesen sein, dessen Amtszeit die ganze Zeitspanne der Weimarer Republik umfasste. Sein Einfluss als Kulturreferent auf die städtische Kulturpolitik ist nicht zu unterschätzen, da er sich in besonderer Weise mit der Kunststadt München identifizierte. Innovationen und modernen Kunstströmungen stand er sehr kritisch gegenüber und favorisierte stattdessen eine langsamere Gangart in der Entwicklung hin zur Moderne.[184]

Bei der Münchner Bevölkerung trafen von der Neuen Sachlichkeit ausgehende Bestrebungen, die oft mit Änderungen der Wohnverhältnisse und Lebensgewohnheiten verbunden waren, auf enormen Widerstand, da man lieb gewonnene Gewohnheiten nicht missen wollte. Dies wird am Beispiel der „Frankfurter Küche" deutlich, die als Eingriff in das Familienleben gewertet wurde, da sie das von der katholischen Kirche und konservativen Kreisen propagierte traditionelle Rollenbild der Frau als Hausfrau und Mutter in Frage stellte. Dennoch bemühten sich Architekten wie O. O. Kurz, den Münchnern die Vorzüge einer neuen Wohnkultur nahezubringen und sie an das Neue Bauen heranzuführen oder mit modernen Wohnblöcken Anschauungsobjekte zu schaffen. Unterstützung kam von den Architekten der Münchner Postbauschule.[185] Obwohl die „Frankfurter Küche", von Margarete Schütte-Lihotzky in Kooperation mit Ernst May entworfen, als Musterbeispiel einer modernen durchrationalisierten Küche galt, kam sie „für München nicht in Betracht"[186]. Überlegungen, Arbeitswege kurz zu halten und rationelles Hauswirtschaften zu ermöglichen, reduzierte die Küche auf einen reinen Funktionsraum. „Zu klein, spielzeugartig, Reinhaltung und Ungezieferbekämpfung erschwert"[187], so lautete das Urteil der Kritiker in München über den neuen Küchentyp. Der Aufenthalt von Kindern in modernen funktionalistisch ausgerichteten Wohnungen galt als geradezu gefährlich.[188] Mit dem Gegenentwurf der „Münchner Küche" bemühte sich Hanna Löv, eine junge Architektin der Postbauschule, in Zusammenarbeit mit Erna Meyer, Robert Vorhoelzer und Walther Schmidt, dem Ideal des traditionellen Familienbildes gerecht zu werden.[189] (Abb. 50) Welchen Stellenwert der Wohnungsreferent Karl Preis der Debatte um moderne Lebensweise, Hygiene und Familientradition beimaß, zeigt sich daran, dass er in den ersten Kapiteln seiner Denkschrift auf die Auseinandersetzung um die „Frankfurter Küche" einging und diesem Konzept die lokale Mentalität gegenüberstellte: „[F]ür München und Südbayern ist das Wohnen und Kochen in einem großen Raum von alters her bis in den Mittelstand hinein üblich."[190] Die Wichtigkeit des Themas unterstrich er mit beigelegten Grundrissbeispielen von Wohnungen und dem Musterentwurf „Die Kochnische in der Münchner Wohnküche"[191].

---

[184] Hermann: Kommunale Kulturpolitik in München, S. 74–78.
[185] Eckstein: Die Kunststadt München und das Neue Bauen. In: Kunst und Künstler, Nr. 29, 1931, S. 348 f.
[186] Preis: Beseitigung der Wohnungsnot in München, S. 91.
[187] Ebd., S. 102.
[188] Ebd.
[189] Kramer: Die Münchner Küche, S. 249; Maasberg/Prinz: Die Neuen kommen!, S. 127.
[190] Preis: Beseitigung der Wohnungsnot in München, S. 13.
[191] Ebd., S. 126.

Mit Hanna Löv hatte sich eine renommierte Expertin in Sachen Rationalisierung und Haushalt der Herausforderung gestellt, für die Münchnerinnen eine moderne Küche zu konzipieren, in der sich Kindererziehung, Lebensgewohnheiten mit rationellem, ergonomischem Arbeiten und neuzeitlicher Küchentechnik vereinbaren ließen.[192] Grundsätze wie „Die richtige Arbeitshöhe spart Zeit und Kraft"[193], die schon auf der Gesolei propagiert wurden, flossen in Lövs Planungen ein. Als sogenannte Nischenküche fand das Münchner Küchenkonzept bei der Reichsforschungsgesellschaft große Beachtung.[194] Das Besondere an der Küche war, dass eine Trennwand aus einer Holz-Glaskombination die etwa 6 m² große Kochnische vom Wohn-/Essbereich abteilte.[195] Küchenarbeit und Beaufsichtigung der Kinder waren auf diese Weise miteinander vereinbar, zugleich wurde der Wohnraum von den unangenehmen Küchengerüchen abgeschirmt. Positiv aufgenommen wurde die variable und übersichtliche Unterteilung der Küchen- und Einbauschränke. In Fachkreisen galt die „Münchner Küche" neben der „Frankfurter Küche" als „eine Möglichkeit neuzeitlicher Küchengestaltung"[196]. Auf Grund der großen Resonanz präsentierte *Heim und Technik* das Münchner Küchenmodell für die Dauer der Ausstellung unter laufendem Betrieb.[197] Insgeheim war die Hoffnung daran geknüpft, dass die Innovation der „Münchner Küche" als Beitrag der bayerischen Landeshauptstadt zum Neuen Bauen ein Exportschlager werden könnte.[198]

Unwissen, Vorbehalte und offene Ablehnung gegenüber einer neuen Wohnkultur waren innerhalb der Bevölkerung groß, aber die Neugierde, wie sich neues Wohnen gestaltete und welche technischen Neuerungen die Hausarbeit erleichtern würden, nicht minder. Die Ausstellung *Heim und Technik* glich einer Art vertrauensbildender Maßnahme, um den Menschen in und um München, ja in ganz Bayern, die Angst vor Veränderungen in ihrer engsten Umgebung zu nehmen.[199] Darüber hinaus waren die Besucher mittels Fragebögen aufgefordert, an der Gestaltung der neuen Wohnkultur mitzuwirken.[200] Im Gegensatz zur Stuttgarter Ausstellung *Die Wohnung*, die nach Darstellung der Fachzeitschrift *Der Baumeister* in der Kleinwohnungsfrage eine Lehrmeinung vertrat und „Formales als vorbildlich"[201] pries, stellte die Münchner Ausstellung verschiedene Lösungen zur Diskussion.

---

[192] Haushaltbetrieb und Küche. In: MNN, Nr. 89, 31. März 1928, S. 4.
[193] Schlossmann, Arthur: Schaubild als Erziehungsmodell. In: Kunst, Sport und Körper. Düsseldorf 2002, S. 113.
[194] Kramer: Die Münchner Küche, S. 249.
[195] Harbers, Guido: Die Post-Versuchssiedlung an der Arnulfstraße in München. In: DB, Nr. 3, März 1930, S. 120-122.
[196] Kramer: Die Münchner Küche, S. 248.
[197] Ebd.
[198] Preis: Beseitigung der Wohnungsnot in München, S. 77.
[199] Kurz: Das ideale Heim, S. 14 f.; Kieselbach, Luise: Ausstellung Heim und Technik. In: NZ, Nr. 103, 2. Mai 1928, S. 7.
[200] Die Ausstellung „Heim und Technik" in München. In: DBZ, Nr. 49, 20. Juni 1928, S. 423.
[201] Einundzwanzig eingerichtete Kleinwohnungen auf der Ausstellung „Heim und Technik" München 1928. In: DB, Nr. 7, Juli 1928, S. 201. Unter seinem Herausgeber Guido Harbers brachte *Der Baumeister* in der Februarausgabe 1928 eine sehr kritische Besprechung der Stuttgarter Werkbundausstellung *Die Wohnung*. Der Ausstellung *Heim und Technik* widmete die Fachzeitschrift einen ausführlichen, wohlwollenden Beitrag mit Fotos und Plänen der eingerichteten Musterwohnungen.

Das „Neue Wohnen" schien erlernbar und der Wunsch, als „fortschrittliche Hausfrau"[202] zu gelten, wurde an die Frauen herangetragen.[203] Vorbehalte gegenüber dem Umgang mit elektrischen Küchengeräten und dem Kochen mit Gas mussten abgebaut und die Vorteile neuer Technologien im Haushalt erläutert werden.[204] Provozierende Sprüche wie „Die Hausfrauen können noch nicht richtig kochen"[205] sollten motivieren. Hygiene durch Gas und Strom wurde im Zusammenhang mit Wohnungshygiene allgemein angesprochen.[206] Die Medien taten alles, um das Interesse zu wecken und über 5000 Artikel berichteten über die Ausstellung.[207] Auch Karl Preis wies in seiner Denkschrift mehrfach auf die Ausstellung *Heim und Technik* hin. Nicht nur Pläne und isometrische Darstellungen, sondern auch der Blick von oben aus in die möblierten Wohnungen hinein sollten das Verständnis für den rationellen Grundriss einer Kleinwohnung fördern[208] und zeigen, dass auf kleinstem Raum „doch allen Lebensbedürfnissen Rechnung getragen werden kann, ohne daß die kulturellen Werte des Familienlebens darunter zu leiden brauchen"[209].

Heim und Technik wurde ein Erfolg, wie die positive, ja fast überschwängliche Berichterstattung und Besucherrekorde bewiesen. Selbst Kardinal Faulhaber zeigte sich nach einem Besuch der Ausstellung überzeugt von den Vorzügen moderner Wohnkultur.[210] Aus der Hauptstadt Berlin kam dagegen weniger Schmeichelhaftes. Unter der Schlagzeile „Revue der Rumpelkammer"[211] brachte der *Berliner Börsen-Courier* einen regelrechten Verriss der Münchner Ausstellung. Auffällig ist, dass der *Völkische Beobachter* für eine der erfolgreichsten Ausstellungen in München während der zwanziger Jahre nur dürftige Notizen übrig hatte. Die Thematik um die neue Wohnkultur passte nicht zu den ideologischen Vorstellungen des nationalsozialistischen Blattes.[212]

[202] Die fortschrittliche Hausfrau. In: Bayerische Staatszeitung Nr. 21, 2. April 1931; vgl. auch Frau, Heim und Technik. In: MNN, Nr. 86, 28. März 1928, S. 3.
[203] Zur Ausstellung werden zahlreiche Frauenorganisationen erwartet. Katholischer Frauentag und internationaler Frauentag 1928 in München. Errungenschaften der Technik für die Frauen. In: MZ Nr. 52, 21. Februar 1928; Die Mitarbeit der Frauen an *Heim und Technik*. In: MNN, Nr. 124, 6. März 1928; Heim und Technik. Apell an die internationale Frauenwelt. In: MZ, Nr. 15, 15. März 1928.
[204] „Elektrische" Kaffeestunde. In: MNN, Nr. 22, 23. Januar 1927, S. 21; Das Licht im Heim. Sonderbeilage der MNN, Nr. 29, 30. Januar 1927; Kosten für elektrischen Strom im Haushalt. In: MNN, Nr. 152, 5./6. Juni 1927.
[205] „Licht und Wärme". Sonderbeilage der MNN, 27. September 1929, S. 3.
[206] Sörgel, Hermann: Wohnkultur und Zukunftsheizung. In: DBZ 1929, S. 195; Reichow, H.: Die Industrie im Dienste der Bau- und Wohnungshygiene. In: DBZ-KuA, Nr. 16, 3. September 1930, S. 127.
[207] Umwälzung des Haushalts. In: MAAZ, Nr. 55, 25. Februar 1928; Sonderbeilage *Heim und Technik*. In: MNN, Nr. 144, 27./28. Mai 1928; Technik und Musterwohnungen. In: MAAZ, Nr. 180, 5. Juli 1928; Die Musterwohnungen der Ausstellung *Heim und Technik*. In: MZ, Nr. 94, 4. April 1928; Hollweck: München in den zwanziger Jahren, S. 115.
[208] Die Ausstellung „Heim und Technik" in München. In: DBZ, Nr. 49, 20. Juni 1928, S. 423.
[209] Erster Umblick in Heim und Technik. In: MAAZ, Nr. 76, 17. März 1928.
[210] Gäste in der Ausstellung Heim und Technik. In: BK, Nr. 203, 21. Juli 1928.
[211] Revue der Rumpelkammer. Die Münchener Ausstellung Heim und Technik. In: BBC, Nr. 327, 15. Juli 1928.
[212] Die neue Wohnkultur wird aus nationalsozialistischer Sicht dahingehend kommentiert, dass man „vor lauter Hygiene und Sachlichkeit zum Hypochonder" werde; Straub: Die Architektur im Dritten Reich, S. 7-9.

Mit der Ausstellung *Heim und Technik* traten auch der Architekt O. O. Kurz und sein Engagement für moderne Architektur und zeitgemäßes Wohnen in den Vordergrund.[213] Als Mitinitiator und leitender Architekt kam ihm ein besonderes Verdienst zu, da er in zahlreichen Vorträgen und Begleitschriften für das Neue Bauen warb und sich intensiv um die Unterweisung der Bevölkerung bemühte. Unterschwellig attestierte er der Stadt München auf dem Gebiet des modernen Wohnungsbaus und der Wohnqualität enormen Nachholbedarf, insbesondere in hygienischer Hinsicht. Vorurteilen der Münchner gegenüber Neuerungen hielt er manifestartig die Vorteile moderner Haustechnik, Inneneinrichtung und Bauweise entgegen, wobei er Ratschläge erteilte, teilweise unter Verweis auf erprobte Errungenschaften anderer Städte beziehungsweise Länder. Um keinen Zweifel an seinen Intentionen oder Sympathien aufkommen zu lassen, war das Layout der Beiträge dem Bauhaus entlehnt und verlieh seinen Bestrebungen um einen Neuanfang im Wohnungsbauwesen Nachdruck. Die Topoi „Modernität, Funktionalität, Hygiene" und „viel Licht, viel Luft"[214], die seine Ausführungen durchziehen, bringen seine Affinität zu großen Erneuerern wie Taut, Gropius oder Oud zum Ausdruck. Durch die Empfehlung des Bundes Deutscher Architekten als Ansprechpartner präsentierte sich Kurz als Sprecher einer größeren Gruppe von Architekten.[215] Bei Wohnungsplanung und -gestaltung spielte für ihn neben der Bedeutung der Frau für die moderne Küche Kinderfreundlichkeit eine große Rolle.[216] Da das Wohl des Menschen und dessen Lebensweise generell Grundlage seiner Überlegungen waren, war für Kurz der Grundsatz des Neuen Bauens, dass der Aufbau des Hauses von innen nach außen erfolgen sollte, alternativlos.[217]

Die Wohnbauten des Architekten O. O. Kurz, der zusammen mit Eduard Herbert ein Architekturbüro betrieb, zeigen eine kontinuierliche Annäherung an das Neue Bauen und dokumentieren nicht zuletzt seinen Einsatz für die Moderne in München. Obwohl seine frühen, 1920-1926 für Genossenschaften erstellten Wohnbauten konservativ erscheinen, lassen sie erkennen, dass Kurz auf der Suche nach einem neuen Stil war.[218] Heute kaum beachtet, fiel er in den zwanziger Jahren mit seinen Bemühungen um „Grundriß und Gestaltung des Münchner Wohnhauses"[219] auf, da er stärker als andere moderne Elemente in seinen Architekturstil integrierte.[220] Mit dem „Grünen Block", der ursprünglich mit dem „Gelben Block"

---

[213] Frauenvereine und Wohnungsfragen. In: MNN, Nr. 122, 4. Mai 1928; Eröffnung von „Heim und Technik". In: MAAZ, Nr. 142, 26. Mai 1928.
[214] Herbert/Kurz: Was ein Bauherr wissen muß, S. 7.
[215] Kurz: Was wir wollen, S. 7.
[216] Kurz: Das ideale Heim, S. 13-15; ders.: Was wir wollen, S. 4-11.
[217] Herbert/Kurz: Was ein Bauherr wissen muß, S. 7.
[218] Kurz' frühe Wohnbauten werden kontrovers beurteilt. Während Zukowsky sich in seinem gesamtdeutschen Überblick anerkennend äußert, urteilt Nerdinger in seiner Zuordnung zur Münchner Moderne sehr abschätzig; Zukowsky: Stuttgart, München und der Süden, S. 206-208; vgl. auch Nerdinger, Winfried: Wohnblock an der Rhein- und Mainzerstraße. In: Stölzl: Die Zwanziger Jahre in München, S. 346.
[219] Meitinger, Karl: Grundriss und Gestaltung des Münchner Wohnhauses, S. 131-149.
[220] Feulner: Neue Werkkunst. O. O. Kurz und E. Herbert, S. 36f.; Meitinger: Grundriss und Gestaltung des Münchner Wohnhauses, S. 140f.; Beblo: Neue Stadtbaukunst. München, S. 43-45.

und einer weiteren Wohnanlage Teil der „Mustersiedlung"[221] der Ausstellung *Heim und Technik* war, lieferte Kurz ein Beispiel moderner, gediegener Wohnkultur.[222] Die Luxuswohnungen für die Münchner Mittelstandsgesellschaft waren nicht ganz unumstritten. Da „zeitgemäßes Wohnen"[223] demonstriert werden sollte, bekam der Wohnblock Tiefgarage, Personenaufzüge, Zentralheizung, beste Ausstattung, ein Speichergeschoss mit Flachdach und dahinter liegenden Dachgärten. Für das Renommee des Projektes bürgten Namen erstklassiger Architekten, allerdings sorgte das Hochbauamt für eine baukünstlerische Gestaltung im Sinne der Stadt.[224]

Trotzdem zieht die Architektur der Anlage die Aufmerksamkeit auf sich, da sie die Freude des Architekten am Experimentieren mit neuen Bauformen offenbart. Während an einer Straßenseite die Höhe des Gebäudes betont ist und Hauseingänge und Treppenhäuser die Fassade vertikal gliedern, schwingt die Südfassade in organischen Formen, wobei sie im Abschnitt mit der Durchfahrt zur Tiefgarage zurückspringt. Abgerundete, über die Hausecken geführte Balkone unterstreichen die Wellenwirkung und lassen Parallelen zu Bruno Tauts Wohnblock Schönlaker Straße (1926/27) im Berliner Stadtteil Prenzlauer Berg erkennen.[225] Besonders die Wohnblöcke, die Kurz zeitgleich mit der Kirche St. Sebastian erstellte, zeigen eine Hinwendung zur Neuen Sachlichkeit.[226] Mit dem „Amerikanerblock", dem Kopfbau der Siedlung Neuhausen, sorgte er 1928 ein weiteres Mal mit geschwungenen Balkonlinien für Aufsehen.[227] Womöglich war es ein Versuch, mit etwas auffälligeren Architekturformen dem Münchner Wohnungsbau etwas „Pfiff" zu verleihen, hatte der Architekt doch aus Prestigegründen der Stadt zu plakativer Architektur geraten.[228] Zukowsky rückt den Münchner Wohnblock in die Nähe der von Erich Mendelsohn 1927 erbauten WOGA-Wohnungen in Berlin.[229]

Womöglich strebte O. O. Kurz eine noch weitergehende Moderne für München an, wenn man seine modernen Kirchenbauten, Entwürfe für ein Kraftwerk und seine Hochhausvisionen für die Stadt in die Betrachtung miteinbezieht.[230] Kurz

---

[221] Münchner Sonderbauprogramm 1927. In: MNN, Nr. 128, 11. Mai 1927, S. 3.
[222] Das ursprüngliche Ausstellungskonzept beinhaltete die „Moll-Blöcke": „Grüner Block" von O. O. Kurz, „Gelber Block" von Theodor Fischer sowie eine weitere Wohnanlage der Architekten Bieber und Hollweck; Preis: Beseitigung der Wohnungsnot in München, S. 85; Pitschi: Das Münchner Westend, S. 78.
[223] Meitinger: Grundriss und Gestaltung des Münchner Wohnhauses, S. 140; vgl. auch Meier/Perouansky/Stintzing: Das Westend, S. 153.
[224] Münchner Sonderbauprogramm 1927. In: MNN, Nr. 128, 11. Mai 1927, S. 3.
[225] Miller Lane: Architektur und Politik in Deutschland, S. 40–43.
[226] Kleinwohnungen einer Kultusvereinigung. Ein neuer Wohnblock. In: MNN, Nr. 329, 3. Dezember 1929, S. 18; Kleinwohnungen bei der Sebastianskirche. In: MNN, Nr. 219, 13. August 1930, S. 1; Die St. Sebastians-Kirche in München. In: WMB, Nr. 11, 1930, S. 502. Zukowsky: Stuttgart, München und der Süden, S. 207f.; vgl. auch Nerdinger: St. Sebastian und die Wohnblöcke an der Karl-Theodor/Hiltensberger Straße. In: Stölzl: Die Zwanziger Jahre in München, S. 397.
[227] Mietwohnungsblock in München. In: DB, 1932, S. 134f.
[228] Preis: Beseitigung der Wohnungsnot in München, S. 106.
[229] Zukowsky: Stuttgart, München und der Süden, S. 208.
[230] Karl Meitinger bedauerte, dass das im Modell zu Kurz' Musterwohnblock für *Heim und Technik* gezeigte Hochhaus nicht zur Ausführung kam; Meitinger: Grundriss und Gestaltung des Münchner Wohnhauses, S. 140f.; Feulner: Neue Werkkunst. O. O. Kurz und

sei, so lautete eine zeitgenössische Einschätzung, „ein moderner, süddeutscher und speziell Münchner Architekt"[231], um Erneuerung in der Architektur bestrebt, aber zu Zugeständnissen an die Tradition bereit. In seiner Werkmonographie *O. O. Kurz und E. Herbert* bedauerte Adolf Feulner, dass der moderne Architekt die besten Ideen und ausführlichsten Projekte gewöhnlich im Schreibtisch habe vergraben müssen. Mit Ideen wie der Überarbeitung der Münchner Bauordnung, dem Bau von Versuchssiedlungen und werbewirksamer plakativer Architektur wollte er zu fortschrittlicherem Denken anregen. In die gleiche Richtung ging auch seine Empfehlung, progressive Architekten für das Wohnungsbauprogramm heranzuziehen, oder sein Vorschlag, man möge eine Siedlung ohne Einwirkung der Behörden errichten. Vermutlich fehlte ihm aber der nötige Rückhalt, um wirklich Neues ins Stadtbild zu holen.[232] Entscheidend mitgeprägt hat er das neue München sicherlich nicht zuletzt durch seine Beraterfunktion beim großen Wohnungsbauprogramm der Stadt.[233]

Der Anstoß zu einem großangelegten sozialen Wohnungsbau, mit dem sich die Stadt annähernd an dem anderer Großstädte Deutschlands messen konnte, kam spät, da sich bislang zu wenige mit Verve dem Problem gestellt hatten. Erst nach seinem Wechsel an die Spitze des Wohnungsreferates gelang es 1927 dem SPD-Stadtrat Karl Preis, mit einer Denkschrift ein Wohnungsbauprogramm mit fünf Großsiedlungen zu initiieren, das die Stadt einen guten Schritt voranbrachte.[234] Preis legte nicht nur detaillierte Zahlen zur Wohnungsnot auf den Tisch, sondern wies auch eindringlich auf die immer noch herrschenden unhygienischen Zustände hin. Um den Druck auf die Stadt zu erhöhen, sprach er unverblümt die Versäumnisse und die verfehlte Wohnungspolitik an, die nur die Zersplitterung des Wohnungsmarktes bewirkt und ein einheitliches architektonisches Erscheinungsbild verhindert habe. Schützenhilfe gab der Zweite Bürgermeister und Kulturreferent Hans Küfner, der unter dem Eindruck einer Besichtigungstour durch Städte mit großen Neubausiedlungen ernüchtert feststellte: „Im Siedlungswesen kann und muss in München noch viel verbessert werden."[235]

Auf der Grundlage der Reichswohnungszählung von 1927 und einer noch laufenden Feststellung der Wohnungssuchenden ging eine Bedarfsanalyse von 12 000

E. Herbert, S. 1, 49; Stankiewitz: München, Stadt der Träume, S. 58; Grünberg, Ann: Hochhausvisionen in der Münchner Innenstadt. In: Billeter/Günther/Krämer: Münchner Moderne, S. 53–55.

[231] Feulner: Neue Werkkunst. O. O. Kurz und E. Herbert, S. XII.
[232] Die Frau und die Ausstellung. Diskussionsabend im Stadtbund Münchner Frauenvereine. In: MZ, Nr. 112, 3. Mai 1928; Preis: Die Beseitigung der Wohnungsnot in München, S. 103, 105.
[233] Die Denkschrift enthält Vorschläge und Erläuterungen des Architekten O. O. Kurz zur baukünstlerischen Gestaltung der geplanten Siedlungen und zur Verbilligung der Baukosten; Preis: Beseitigung der Wohnungsnot in München, S. 103–106, 136–138.
[234] Rudloff verweist auf die ungünstige personelle Situation. Während in Frankfurt, Berlin oder Hamburg mit Ernst May, Martin Wagner und Fritz Schumacher einschlägige Fachleute mit dem Wohnungsbau betraut waren, fehlte in München der nötige Sachverstand. Erst 1927 löste Karl Preis den bisherigen Wohnungsreferenten Karl Helmreich ab; Rudloff: Die Wohlfahrtsstadt. Bd. 2, S. 773.
[235] Preis: Beseitigung der Wohnungsnot in München, S. 79.

neu zu bauenden Wohnungen aus.[236] Die Vereinbarung einer Mietpreisbindung sollte im Sinne von Artikel 155 der Weimarer Reichsverfassung sozialverträgliche Mieten für weniger gutverdienende Schichten der Münchner Bevölkerung gewährleisten und Mietwucher verhindern.[237] Mangelte es der Stadt bislang an Risikobereitschaft für ein umfangreiches Wohnungsbauprogramm und für eine moderne Wohnarchitektur, so boten sich mit Besserung der wirtschaftlichen Lage günstigere Voraussetzungen, zumal es Oberbürgermeister Karl Scharnagl 1926 gelang, mit einer Amerikaanleihe und der Londoner Anleihe von 1928 den finanziellen Handlungsspielraum zu erweitern.[238]

Die Finanzspritze der Auslandsanleihen bewirkte einen regelrechten Bauboom und die Stadt konnte sich in der kurzen Phase bis zur Weltwirtschaftskrise bei ihren Bauten einer neuen Architektur zuwenden. Insbesondere im Hinblick auf die städtischen Siedlungen ist heute oft vom „Münchner Sonderweg"[239] oder vom „Münchner Weg"[240] die Rede, da die Münchner Großsiedlungen hinter dem spektakulären Erscheinungsbild des „Neuen Frankfurt" oder Berlin zurückfallen und weniger modern erscheinen. Karl Preis verstand seine Denkschrift als Diskussionsgrundlage für städtebauliche und architektonische Gesichtspunkte des neuen städtischen Wohnungsbaus, weshalb sie Einblick in das Bestreben der Stadt gibt, auf welche Weise sie sich fortschrittlicher und moderner Wohnarchitektur öffnen wollte.[241]

Da offensichtlich Nachholbedarf bestand, waren Preis und Spitzenvertreter der Stadt bestrebt, nicht zuletzt im Hinblick auf den Status Münchens als Kunst- und Touristenstadt, den Wohnungsbau in die richtige Richtung zu lenken. Eindrücke der Studienkommission, die sich in Vorbereitung des Wohnungsbauprogrammes in Städten des In- und Auslands über neueste Tendenzen im Wohnungsbau informiert hatte, mündeten in Anregungen der Stadträte wie auch in Ratschlägen verschiedener Architekten.[242] Besorgt um den Ruf der Kunststadt, warnte Bürgermeister Küfner, „daß München seine führende Stellung immer mehr einbüß[e]"[243], falls nicht Wege für eine mustergültige neue Bauweise gefunden würden und Architekten die Gelegenheit hätten, sich im Neuen Bauen zu erproben.[244] Preis, dem das Renommee Münchens am Herzen lag, stellte die sozialpolitische Dimension richtiger Wohnungspolitik heraus, da dadurch weniger in Jugendfürsorge und

---

[236] Ebd., S. 78.
[237] Ebd., S. 167-170.
[238] Stephan: Karl Scharnagl, S. 107f.; Krämer: Das Münchner Wohnungsbauprogramm von 1928-1930, S. 68.
[239] Krämer: „Mythos Kunststadt", S. 16.
[240] Nerdinger, Winfried: Der „Münchner Weg". In: Stölzl: Die Zwanziger Jahre in München, S. 385.
[241] Preis: Beseitigung der Wohnungsnot in München, S. 102.
[242] Im Oktober 1927 unternahm eine Delegation des Münchner Stadtrates eine Studienreise unter anderem nach London, Amsterdam, Hamburg, Berlin, Frankfurt, Stuttgart, Köln, Düsseldorf, Essen, Mülheim a. d. Ruhr; Preis: Beseitigung der Wohnungsnot in München, S. 79f.; Die Reise der Stadtratskommission. In: MNN, Nr. 294, 26. Oktober 1927, S. 3.
[243] Preis: Beseitigung der Wohnungsnot in München, S. 80.
[244] Ebd.

Wohlfahrtspflege investiert werden müsse und das Bauprogramm eine Chance für das von Arbeitslosigkeit betroffene Baugewerbe darstelle.[245]

Im Rahmen der Diskussion um das Neue Bauen und das „Neue Wohnen" kristallisierten sich Leitlinien heraus, nach denen die Moderne im Münchner Wohnungsbau Fuß fassen sollte. Von Anfang an stand hinter allen Überlegungen die Absicht, mit den Großsiedlungen „Mustergültiges und Modern-Münchnerisches"[246] zu schaffen. Mit dem Motto „Die Wohnung muß gesund sein, sie muß Licht, Luft und Sonne haben, sie muß den **wohnungshygienischen, den wohnungskulturellen Bedürfnissen** entsprechen"[247] orientierten sich die Planer an den zur Zeit der Weimarer Republik üblichen Zielsetzungen im modernen Wohnungsbau. Darunter verstand man für die moderne Kleinwohnung mit mindestens 45 m^2 neben guter Durchlüftbarkeit, Bad und WC vor allem eine für Münchner Verhältnisse „gesunde helle, bequem eingerichtete und geräumige Küche"[248]. „Bequemlichkeiten der heutigen Zeit, wie Gas, Wasser, elektrisches Licht"[249], gehörten ebenso zur Wohnqualität wie gute Verkehrsanbindung und siedlungsspezifische Infrastruktur mit Gemeinschaftseinrichtungen, Spielplätzen und Läden.[250] Interessant ist, dass aus städtebaulichen Gründen geschlossene dreigeschossige Wohnanlagen angestrebt wurden, die aber einen bewussten Gegensatz zu den Wiener Blockhausschöpfungen darstellen sollten, weil man deren wohnungspolitische Einstellung ablehnte.[251]

Da der Fortschritt im Bauwesen wirtschaftliche Vorteile erwarten ließ und eine neue Ästhetik im Massenwohnungsbau zu berücksichtigen war, traf Karl Meitingers Plädoyer für Typisierung, Normierung sowie neue Konstruktionsweisen und Baustoffe auf offene Ohren.[252] Für sinnvoll erachtet wurde eine Konzentration auf einige wenige Großbaustellen und eine Industrialisierung des Bauvorgangs, die aber nur soweit in Betracht kam, wie eine Gefährdung des Handwerks ausgeschlossen werden konnte.[253] Trotz allgemeiner Tendenz zu neuen Bauweisen entschied

---

[245] Preis: Beseitigung der Wohnungsnot in München, S. 80-89.
[246] Ebd., S. 100; Meitinger: Grundriss und Gestaltung des Münchner Wohnhauses, S. 145.
[247] Preis: Beseitigung der Wohnungsnot in München, S. 89. Preis verwies hier auf die Richtlinien der Reichsforschungsgesellschaft für Wirtschaftlichkeit im Bau- und Wohnwesen.
[248] Preis: Beseitigung der Wohnungsnot in München, S. 91. Preis machte darauf aufmerksam, dass die Kleinwohnung „nach Anweisungen des Bayerischen Staatsministeriums für Soziale Fürsorge" anders definiert werde als beispielsweise in Essen oder Köln. Demnach wurden für eine Zweizimmerwohnung in Essen 38 m^2, in Köln 44 m^2 und in München 45-50 m^2 Wohnfläche veranschlagt. Preis: Die Beseitigung der Wohnungsnot in München, S. 77.
[249] Preis: Beseitigung der Wohnungsnot in München, S. 91.
[250] Ebd., S. 79, 90 f.
[251] Ebd., S. 79. Insbesondere sollte die Siedlung Harlaching einen Gegenentwurf zum Wiener Wohnungsbau darstellen.
[252] Meitinger befürwortete zwar Gropius' Forderung nach Industrialisierung im Wohnungsbau, riet aber zur Ziegelbauweise, da er Frankfurter Plattenbauweise, Berliner Occidentbauweise oder das System Wagner nicht für Münchner Verhältnisse geeignet hielt; Preis: Beseitigung der Wohnungsnot in München, S. 97-99.
[253] Vorschläge der Architekten O. O. Kurz und Eugen Dreisch zur Verbilligung der Baukosten zielten auf eine möglichst günstige Bauweise unter Einbindung des heimischen Handwerks ab; Preis: Beseitigung der Wohnungsnot in München, S. 101, 136-138.

sich die Stadt bei den Großsiedlungen für Ziegelbauweise, wohl auch deshalb, da kurz vor Verabschiedung des Bauprogramms mit Ziegeleien im Umland günstige Konditionen ausgehandelt worden waren.[254] Bei der Bedachung der geplanten Wohnhäuser wollte man nach sachlicher Erörterung der Vor- und Nachteile von Flach- und Steildach kein Risiko eingehen und blieb lieber bei bewährten Dachformen.[255]

Die Absicht, mit „Modern-Münchnerischem" eine eigenständige Moderne zu schaffen, wurde durch vorgegebene Rahmenbedingungen abgesteckt. Einerseits war dadurch eine gewisse stilistische Einheitlichkeit gewährleistet, andererseits aber der Entfaltungsspielraum der beteiligten Architekten eingeschränkt. Oberstes Prinzip für eine neue Architektur war der Einklang mit historisch Gewachsenem. Meitinger, der für das Hochbauamt der Stadt sprach, brachte den Konsens aller Beteiligten zum Ausdruck: „Wir glauben, daß München die Stadt mit der alten Kunsttradition, zwar frisch und wagemutig die neuzeitlichen Errungenschaften sich zu eigen machen muß, dass aber gerade hier mehr als in jungen, plötzlich gewachsenen Großstädten das Zeitgemäße an das Historisch-Gewachsene anzuknüpfen habe, um die Eigenart der Stadt zu wahren."[256] Damit hatte die Bewahrung des Stadtbildes eindeutig Priorität. Den Bruch mit der Vergangenheit, den der Stil der Neuen Sachlichkeit vielfach implizierte, wollte und konnte man für München nicht nachvollziehen. Zwar klang bei Preis eine gewisse Sympathie für das Bauhaus oder die Stuttgarter Ausstellung an, da aber vieles, wie das Flachdach, noch nicht ausgereift erschien, wurde das Neue Bauen vielmehr als Spektrum von Angeboten wahrgenommen. Mit neuer Architektur, wie sie von der Postbauschule mit Unterstützung der Reichsforschungsgesellschaft entwickelt wurde, konnte sich die Stadt eher anfreunden, weshalb die Erprobung wirtschaftlicher und moderner Bauweisen in der Versuchssiedlung der Baugenossenschaft des Bayerischen Post- und Telegrafenverbandes an der Arnulfstraße in München unterstützt wurde.[257] Die bayerische Postbauschule, die Vorhoelzer mit seiner Auffassung prägte, Licht, Luft, Sonne und Einbeziehung der Umgebung seien notwendiger als das Prinzip der Wohnmaschine, kam der Ansicht vieler Bayern entgegen.[258] Konzepte und neuer sachlicher Stil, den ihre Architekten entwickelten, wurden akzeptiert und konnten, wie im Fall der „Münchner Küche", sogar Vorbildfunktion gewinnen.[259] Mit den besten, den für die Stadt geeignetsten Ideen, galt es sich selbstbewusst an die Entwicklung eines „Neuen München" zu machen,

---

[254] Preis: Beseitigung der Wohnungsnot in München, S. 97. Auch Robert Vorhoelzer, der sich im Rahmen der Postversuchssiedlung mit innovativen Baustoffen auseinandersetzte, war der Meinung, dass in Süddeutschland Baumaterial aus heimischen Lehmgruben bedeutend billiger sei als auswärtige Materialien mit hohen Transportkosten; Drepper, Uwe: Post und Heim. In: Aicher/Drepper: Robert Vorhoelzer – Ein Architektenleben, S. 241.

[255] Hohe Unterhaltskosten, Verlust von Speicher-, Trocken- und Abstellräumen und fehlende Möglichkeit eines späteren Mansardenausbaus schreckten von Flachdächern ab; Preis: Beseitigung der Wohnungsnot in München, S. 101.

[256] Preis: Beseitigung der Wohnungsnot in München, S. 99.

[257] Ebd., S. 102 f.

[258] Drepper: Post und Heim, S. 234.

[259] Ebd., S. 232–241.

da auf künstlerischem Gebiet von jeher die Stärke Münchens darin lag, „die richtige Mitte zu finden zwischen dem Vorwärts der Entwicklung und dem Beharren auf traditionellen Grundsätzen"[260].

Es war ein sehr ehrgeiziges Ansinnen, das Karl Preis in seiner Denkschrift dem Wohnungsbauprogramm mit auf den Weg gab. Wertvolle Zeit, die durch Krieg, Revolutionswirren, Räterepublik, Inflation und eine verfehlte Wohnungsbaupolitik verloren gegangen war, konnte nur durch einen Kraftakt mit fünf Großsiedlungen wieder eingeholt werden. Zur Durchführung der Siedlungsprojekte, die am 24. April 1928 einstimmig vom Stadtrat beschlossen worden waren, erfolgte nach dem Muster anderer Städte mit der Gemeinnützigen Wohnungsfürsorgegesellschaft München mit beschränkter Haftung A.G. (GEWOFAG) die Gründung einer Wohnungsbaugesellschaft, die über drei Jahre verteilt 12 000 Wohnungen erstellen sollte.[261] Obwohl die schnelle Beseitigung der Wohnungsnot eigentlich nur im Geschossbau zu lösen war, griff ein Stadtratsbeschluss eine Anregung des Oberbürgermeisters auf, die Siedlungen als einheitlich geschlossene Anlagen im Etagen- und Flachbau zu planen.[262] Eintönigkeit und zu starre Siedlungsformen, für die Gropius' oder Tauts Siedlungen in der Kritik standen, konnten somit vermieden werden. Zudem hatte das Bayerische Staatsministerium für soziale Fürsorge die Vergabe von Staatsbaudarlehen an die Förderung des Flachbaus geknüpft.[263]

Ein Wettbewerb forderte die freie Architektenschaft Münchens auf, kreativ an der Gestaltung des „Neuen München" mitzuwirken.[264] Mit dem Bau der Siedlungen wurden fünf Architektenteams betraut, insgesamt bot das Wohnungsbauprogramm 197 Privatarchitekten Beschäftigung.[265] Vom Hochbauamt vorgeschrieben waren neben der Wahrung des Stadtbildes Ziegelbauweise, geneigtes Dach, Putzfassaden und liegende Kastenfenster.[266] Durch typisierte Wohnungsgrundrisse verschiedener Wohnungstypen, die sich auf Wohnflächen von 45-100 m² bezogen, kam ein weiteres Gestaltungsmerkmal hinzu.[267] Bei kleineren Wohnungen hatte die „Münchner Küche" als Wohnraum besondere Bedeutung, wogegen bei Wohnungen von 100 m² der reinen Kochküche der Vorzug gegeben wurde.[268] Die

---

[260] Preis: Beseitigung der Wohnungsnot in München, S. 103.
[261] Der Umfang des Wohnungsbauprogramms wurde nicht von allen begrüßt, da man eine Sozialisierung des Bauwesens befürchtete; Gebührenerhöhung, Wohnungsbauprogramm. Protestkundgebung der Hausbesitzer. In: MNN, Nr. 93, 4. April 1928, S. 3; vgl. auch Preis: Die Beseitigung der Wohnungsnot in München, S. 127; Die Siedlungen der Gemeinnützigen Wohnungsfürsorge A.G. München. München 1928, S. 5; Preis, Karl: Die Beseitigung der Wohnungsnot in München. In: Gut: Das Wohnungswesen der Stadt München, S. 157.
[262] Preis: Beseitigung der Wohnungsnot in München, S. 127.
[263] Klotz: Fritz Landauer, S. 85.
[264] Meitinger: Grundriss und Gestaltung des Münchner Wohnhauses, S. 145.
[265] Krämer: Das Münchner Wohnungsbauprogramm, S. 70.
[266] Ebd., S. 75 f.
[267] Grundrisslösungen des Hochbauamtes finden sich im Anhang der Denkschrift und bei Meitinger; Preis: Beseitigung der Wohnungsnot in München, S. 125-128; Meitinger: Grundriss und Gestaltung des Münchner Wohnhauses, S. 143-146; Wohnungsbauprogramm der Stadt München 1928-1930. In: DBZ Beilage Moderner Wohnbau, 1. Januar 1929, S. 6-8.
[268] Meitinger: Grundriss und Gestaltung des Münchner Wohnhauses, S. 145.

Vorgaben engten den Gestaltungsspielraum ein, gingen aber konform mit den Empfehlungen des Deutschen Städtetages, der eine Einflussnahme „auf Planung der Bauten in gesundheitlicher, technischer und wirtschaftlicher Beziehung"[269] sowie in ästhetischer Hinsicht guthieß[270], da eine Wohnungsreform herbeigeführt werden sollte. Die Mitsprache der Hochbauämter war gängige Praxis, auch in Nürnberg waren die Wohnungsgrundrisse mehr oder weniger bindend.[271]

Dennoch entstanden in München Siedlungen, von denen jede für sich einen eigenen Charakter hatte und deren Individualität auch heute noch nachvollziehbar ist.[272] Handlungsfreiheit hatten die Architekten nur in kleinen Bereichen. Häufige Gestaltungselemente sind Zusammenführung der Fenster an Gebäudeecken, durch die Funktion der Räume bedingte unterschiedliche Fenstergrößen oder architektonische Hervorhebung von Treppenhäusern und Hauseingängen. Balkone oder Loggien tragen ebenfalls zur Auflockerung der Fassaden bei. Trotz traditionellem Dach erfährt der Kubus des Hauses in allen Siedlungen durch einfach verputzte Lochfassaden eine Betonung.[273] Zur Vermeidung von Monotonie hatte die „Kunststadt" München im Rahmen des Wohnungsbauprogrammes einen Teil der Investitionen ausdrücklich für die Beschäftigung von Bildhauern vorgesehen, die an Fassaden zum Teil großflächige Fresken anbrachten oder Eingangsbereiche mit Reliefs verschönerten, wie auch eine Fotografie im *Baumeister* zeigt.[274] (Abb. 52)

Da die Gemeinnützige Wohnungsfürsorge A.G. für ihre Bauten eine Orientierung nicht an der „Wohnmaschine, sondern aus dem Gedanken des Heimat- und Familiensinns"[275] anstrebte, war eine mieterfreundliche Gestaltung, insbesondere Kinderfreundlichkeit mit Grünanlagen, Spielplätzen, Kinderheimen, Horteinrichtungen, Schulen oder Milchkiosk sowie Gemeinschaftseinrichtungen, Büchereien, Restaurants, Kinos und Läden für den täglichen Bedarf allen Siedlungen gemein.[276] Besonderes Augenmerk galt der öffentlichen Verkehrsanbindung der Neubaugebiete an die Innenstadt durch Straßenbahn oder Omnibus.[277]

Für die Siedlung Harlaching, laut Denkschrift als Gegenentwurf zum Wiener Wohnungsbau oder als Versuchssiedlung gedacht, fand das Architektenteam Lechner, Norkauer, Dreisch, Köhler und Scherer eine interessante Lösung.[278] Eine Luftaufnahme von 1930 zeigt auf einem Areal von 400 000 m² sehr unterschiedliche Wohnbauformen – Ein- und Zweifamilienhäuser in unterschiedlichen For-

---

[269] Peters: Die Einflussnahme auf die Planung der Bauten, S. 119–140.
[270] Hellweg: Die Einflussnahme der Gemeinden auf die Planung und Ausführung der Bauten, S. 140–147.
[271] Nürnbergs neueste und größte Siedlung. In: NZ, Nr. 304, 28./29. Dezember 1929.
[272] Muster einer Gartenstadt! In: MNN, Nr. 274, 8. Oktober 1929, S. 1.
[273] Krämer: Wohnungsbauprogramm, S. 75 f.
[274] Kunstpflege und Wohnungsfürsorge. In: MNN, Nr. 285, 19. Oktober 1929, S. 1.
[275] Die Siedlungen der Gemeinnützigen Wohnungsfürsorge A.G. München. München 1928, S. 6.
[276] Preis beruft sich dabei auf Theodor Fischers Stadtplanungskonzept; Preis: Die Beseitigung der Wohnungsnot in München, S. 81.
[277] Die neue Trambahnlinie nach Ramersdorf wurde bereits vor Einweihung der Siedlung in Betrieb genommen; Kasberger: Unsere Jahre in Ramersdorf und Berg am Laim, S. 16 f.; Preis: Die Beseitigung der Wohnungsnot in München, S. 79, 90 f.; Neustadt südlich Laim. In: MNN, Nr. 159, 13. Juni 1930, S. 1.
[278] Preis: Die Beseitigung der Wohnungsnot in München, S. 43.

mationen, drei- und zweistöckige Wohnblöcke, teils um einen geschlossenen Hof gruppiert, teils in offener Hofbebauung oder in Zeilenbauweise.[279] (Abb. 53 u. 54) Die Grünflächen sind bis heute in Gärten, Höfe und Spielplätze aufgeteilt. Eine Brunnenanlage setzte einen künstlerischen Akzent im Wohngebiet.[280] Obwohl die Wohnungen recht klein waren, galten sie wegen der gesunden Lage und dem hohen Freizeitwert durch den nahen Perlacher Forst als familiengerecht.[281] Grundlage für die Siedlung war ein Ideenwettbewerb der Architekten Dreisch und Scherer für eine Gartenstadt, der in das Wohnungsbauprogramm übernommen wurde.[282] Nach und nach sollten Kirche, Schule, Bezirksbehörde, Kino, Post und sonstige infrastrukturelle Einrichtungen die Siedlung städtebaulich bereichern.[283] Im Februarheft der Fachzeitschrift *Der Baumeister* von 1928 nahmen sich die Einfamilienhäuser der neuen Münchner Flachbausiedlung mit einheitlichem Fenstertyp, gleichen Stockwerkshöhen und Dachneigungen im Vergleich zu den Flachdachvillen der Wiener Schule oder den Gropius-Bauten in Berlin und Dessau zwar weniger plakativ aus, reihten sich aber durchaus ein in den internationalen Kontext moderner Wohnhäuser dieser Zeit.[284]

Auch die „Kleinhaussiedlung" Friedenheim, bis 1930 in zwei Bauabschnitten von den Architekten Bruno Biehler, Roderich Fick und Alwin Seifert gebaut, ist eine Mischsiedlung aus dreigeschossigen Mietblöcken und Reihenhäusern im Flachbau mit Nord-Südausrichtung.[285] Höhere Blöcke an der Fürstenrieder Straße schirmen wie bei den anderen Siedlungsbauprojekten das dahinter liegende Wohngebiet gegen Straßenlärm ab.[286] (Abb. 55) Die Siedlung am Stadtrand Münchens war vorwiegend für kinderreiche Familien und Schwerkriegsbeschädigte gedacht. Die Gärten der Einfamilienhäuser, ein Grünstreifen mit Spielplätzen und eine Brunnenanlage verliehen damals dem Neubaugebiet ein eigenes Flair. Neben Läden für den täglichen Bedarf und einer Gastwirtschaft ergänzten ein Kinderhort und ein Milchkiosk das Siedlungskonzept.[287] Auf Grund der Weltwirtschaftskrise konnte ein weiterer Bauabschnitt erst 1939 fertiggestellt werden.

Die Siedlung am Walchenseeplatz im Stadtteil Giesing ist eine der drei Großsiedlungen der GEWOFAG im Geschosswohnungsbau, die im Rahmen des Wohnungsbauprogramms gebaut wurden. Nach einem Vorentwurf der Architektin Hanna Löv sollte auf einem Gelände von 11 ha unter Leitung Carl Jägers eine „Miethausanlage mit Erdgeschoß und 3 Obergeschossen"[288] mit 1170 Wohnun-

---

[279] Die Siedlungen der Gemeinnützigen Wohnungsfürsorge, S. 32 f.
[280] Architekten- und Ingenieur-Verband: München und seine Bauten nach 1912, S. 274.
[281] Die Siedlungen der Gemeinnützigen Wohnungsfürsorge, S. 32; Nerdinger, Winfried: Die Siedlung Neuharlaching. In: Stölzl: Die Zwanziger Jahre in München, S. 405.
[282] Beblo: Neue Stadtbaukunst. München, S. 38; Krämer: Münchner Wohnungsbauprogramm, S. 70.
[283] Die Siedlungen der Gemeinnützigen Wohnungsfürsorge, S. 33.
[284] Das kleine und mittlere Einfamilienhaus. Ein internationaler Querschnitt. In: DB Februar 1930, S. 51-53, 55.
[285] Krämer: Das Münchner Wohnungsbauprogramm, S. 74 f.; Schmitt-Inkamp: Roderich Fick, S. 34-41.
[286] Neustadt südlich Laim. In: MNN, Nr. 159, 13. Juni 1930, S. 1.
[287] Die Siedlungen der Gemeinnützigen Wohnungsfürsorge, S. 42 f.
[288] Ebd., S. 24.

gen entstehen.[289] Die Wohnblockzeilen folgen mit Nord-Süd-Ausrichtung dem Konzept der Zeilenbauweise, wobei auch hier eine viergeschossige Randbebauung die Siedlung vom Verkehrslärm der größeren Straßen abschirmt. Abwechslung bringen überhöhte Eckgebäude oder dem Schwung der Straße folgende Bauten. (Abb. 56) Eingeschossige Zwischenbauten mit einer Durchfahrt verbinden die Hauszeilen und lockern das ansonsten strenge Zeilenkonzept auf. Städtebaulich ist die ganze Siedlung auf den Walchenseeplatz hin ausgerichtet.[290] Den verbliebenen gestalterischen Spielraum nutzten die Architekten bei der Fassadengliederung für unterschiedliche Fensterlösungen, Loggien oder Dreieckserker bei Treppenhäusern.[291] Straßenviertel innerhalb der Siedlung kennzeichnete verschiedenfarbiger Putz der Häuserreihen. Brunnenfiguren, Gusssteinreliefs über Hauseingängen und Sgraffitos an einigen Gebäuden verliehen der Siedlung eine individuelle Note.[292] (Abb. 52) Wie bei anderen Siedlungen üblich, wurde Wert auf großzügige Gestaltung der Höfe mit Spielflächen und Wäschestangen gelegt.

Vier verschiedene Wohnungstypen, überwiegend Kleinwohnungen mit 50-60 m², waren mit Bad beziehungsweise Dusche ausgestattet. Bewohner, deren Wohneinheiten weder Bad noch Dusche hatten, konnten die zentrale Badeanstalt der Wohnanlage nutzen. Den Komfort der Wohnungen, deren Standardausstattung – Wohnküche mit Kochnische, Kohle-Gas-Kombiherd, Spül- und Arbeitstisch, elektrischem Licht und fließendem Wasser – auf Entlastung der Hausfrau zielte, ergänzten Zentralwäscherei, Läden für den täglichen Bedarf, Gemeinschaftseinrichtungen und eine Gaststätte.[293] Wie Unterlagen der GEWOFAG zeigen, scheint die Siedlung bei Mietern ziemlich beliebt gewesen zu sein, da Bewerber mit Wartezeiten von mehreren Jahren rechnen mussten.[294] Die „kleine Völkerwanderung"[295], wie die *Münchner Neuesten Nachrichten* den Andrang der Mieter beim Einzug der ersten fertiggestellten Wohnungen bezeichneten, hielt auch ein vermutlich von der GEWOFAG gedrehter Film fest.[296]

Neu-Ramersdorf, „eine große, moderne Siedlungsanlage"[297] nahe am Ostbahnhof mit bester Straßenbahnanbindung, ist mit 3500 geplanten Wohnungen die größte Siedlung der Münchner Wohnungsbau-Offensive, die den Osten der Stadt

---

[289] Nerdinger, Winfried: Siedlung am Walchenseeplatz. In: Stölzl: Die Zwanziger Jahre in München, S. 401.
[290] Krämer: Das Münchner Wohnungsbauprogramm, S. 73f.
[291] Klotz: Fritz Landauer, S. 93.
[292] Freskomalerei „Die Heimatlosen" in der Siedlung der Gemeinnützigen Wohnungsfürsorge AG. München, a. Walchenseeplatz. In: DB, Februar 1930, S. 48; Großsiedlung am Walchenseeplatz. In: MNN, Nr. 223, 19. August 1931; Nerdinger: Siedlung am Walchenseeplatz, S. 402.
[293] Architekten- und Ingenieur-Verband: München und seine Bauten nach 1912, S. 402.
[294] Schreiben der Gemeinnützigen Wohnungsfürsorge A.G. München an den Stadtrat der Landeshauptstadt München. Referat VII vom 2. Juni 1933. In: StAM, Akt des Stadtrates der Landeshauptstadt München. Betr.: Gemeinnützige Wohnungsfürsorge A.-G. (GEWOFAG) Sonderbauprogramm 1929 Walchenseeplatz, Baugr. V.
[295] Der Einzug am Walchenseepatz. In: MNN, Nr. 256, 20. September 1929, S. 21.
[296] Einzug der Mieter in eine Großsiedlung. In: StAM, Filmsammlung, Nr. 2.
[297] Preis: Beseitigung der Wohnungsnot in München, S. 39.

für Wohnzwecke erschließen sollte.[298] Führend bei der Siedlungsplanung waren Postbaurat Franz Holzhammer, Oscar Delisle, Bernhard Ingwersen und Richard Berndl.[299] Vom ursprünglichen Entwurf einer zweiteiligen Siedlung mit zentralem Platz und Geschäfts- und Verwaltungshochhaus kam wegen der Weltwirtschaftskrise nur etwa ein Drittel zur Ausführung.[300] Die Wohnanlage, die dem Zeilenbau in Nord-Süd-Ausrichtung mit großzügig bemessenen Zwischenräumen den Vorrang einräumt, schützt eine Randbebauung mit Ladeneinbauten vor Straßenlärm.[301] Bedachung der Wohnblöcke und Fassadengestaltung entsprachen den Vorgaben des Baureferates der Stadt München. (Abb. 57 u. 58) Die Wohnungen mit Wohnflächen von 50 bis 100 m² und einer Loggia waren für verschiedene Bevölkerungsschichten konzipiert. Entsprechend orientierte sich die Ausstattung der Wohnungen und der Sanitäranlagen an unterschiedlichen Standards.[302] Zentralbad, Zentralwäscherei und Gemeinschaftseinrichtungen gehörten zum Siedlungskonzept, das laut Wohnungsbauprogramm auch ein Kino und eine Sportanlage vorsah. Die Höfe mit Grünflächen, Spielplätzen und einem Planschbecken zeichnete damals besondere Kinderfreundlichkeit aus.[303] Brunnenskulpturen wie der „Blockwalzer" des Bildhauers Fritz Koelle akzentuierten Platzräume und Anlagen.[304]

Das weitgehend schmucklose, einfache architektonische Erscheinungsbild der Großsiedlung, mit der die Stadt München „in wohnungskultureller und städtebaulicher Hinsicht die ihr zukommende führende Stellung zu erhalten"[305] strebte, wurde von der *München-Augsburger Abendzeitung* mit Verweis auf die Finanzlage der Stadt und die hastige Fertigstellung entschuldigt. Mit Einsetzen der Weltwirtschaftskrise wurde der „Neue Stil" nicht weiter kommentiert und ohne viel Aufhebens hingenommen, auch wenn sich große Teile der Bevölkerung mit einer veränderten Wohnweise etwas schwertaten.[306] Da die Kirche in städtischen Neubaugebieten eine seelsorgerische Aufgabe sah, legte 1931 Prälat Anton Scharnagl den Grundstein für ein neues Gotteshaus in der Siedlung.[307] Richard Berndl, der auch das Siedlungsprojekt Neu-Ramersdorf leitete, fertigte die Pläne für die Kirche St. Pius im „Neuen Stil", gemäß den Vorstellungen des Münchner Kardinals Michael von Faulhaber.

Im Gegensatz zu den anderen Wohnungsbauprojekten der GEWOFAG wurde die Siedlung Neuhausen in bevorzugter Lage überwiegend für den Mittelstand

---

[298] Weyerer, Benedikt: Gewofag. In: Kreitl, Norbert (Hg.): 125 Jahre Ramersdorf bei München. München 1989, S. 100; Architekten- und Ingenieur-Verband: München und seine Bauten nach 1912, S. 275.
[299] Die Siedlungen der gemeinnützigen Wohnungsfürsorge, S. 8.
[300] Nerdinger, Winfried: Die Siedlung Neu-Ramersdorf. In: Stölzl: Die zwanziger Jahre in München, S. 400.
[301] Architekten- und Ingenieur-Verband: München und seine Bauten nach 1912, S. 275.
[302] Nerdinger: Die Siedlung Neu-Ramersdorf, S. 400.
[303] Preis: Die Beseitigung der Wohnungsnot in München, S. 39f.
[304] Koelles Arbeiterskulptur, von der Stadt München für die Siedlung Neu-Ramersdorf angekauft, wurde neben anderen Brunnenfiguren nach 1933 von den Nationalsozialisten entfernt; Kasberger: Unsere Jahre in Ramersdorf und Berg am Laim, S. 41.
[305] Die Siedlungen der gemeinnützigen Wohnungsfürsorge, S. 42f.
[306] Kasberger: Ramersdorf und Berg am Laim, S. 28.
[307] Ebd., S. 36f.

konzipiert.[308] Unter der Leitung Hans Döllgasts sollten 1928-1930 auf einem weitläufigen Gelände zwischen Arnulf-, Nibelungen-, Renata- und Hubertusstraße über 1900 Wohnungen errichtet werden. Mit zwei Straßenbahnlinien Richtung Hauptbahnhof und Innenstadt war der Stadtteil Neuhausen bereits optimal erschlossen. In Abgrenzung zum sozialistisch inspirierten Wohnhofkonzept der Stadt Wien wurde bei dem Siedlungsprojekt für eine gehobene Bevölkerungsschicht bewusst Offenheit propagiert und auf moderne Zeilenbauweise mit konsequenter Nord-Süd-Ausrichtung gesetzt.[309] Ein einziger durchlaufender Wohnblock schützt die dahinter liegenden viergeschossigen Häuserzeilen vor Verkehrslärm. Verkehrsberuhigte Wohnstraßen und flache Zwischenbauten für Läden lassen genug Raum für Grünflächen. Auf der durch die Biegung der Arnulfstraße entstandenen dreieckigen Restfläche plante das Architektenteam um Döllgast eine niedrigere geschlossene Blockbebauung. (Abb. 59) Der von Uli Seeck errichtete Künstlerhof mit Maler- und Bildhauerateliers verleiht der Siedlung ein besonderes Flair. Den optischen und architektonischen Abschluss der Siedlung bildet der „Amerikanerblock" am Steubenplatz, dessen Bau 1930 eine Amerikaanleihe ermöglicht hatte.[310] Fünfgeschossig mit abgerundeten Gebäudeecken, über Eck geführten Balkonen und Pultdach wird die von O. O. Kurz geplante Baugruppe zur Dominante der Siedlung.[311] (Abb. 60) Bemerkenswert ist, dass sich bei dem Siedlungsprojekt in vornehmer Wohngegend die beteiligten Architekten gestalterisch nicht allzu streng an die Vorgaben der Stadt halten mussten. Döllgast konnte mit großflächig verglasten Sonnenerkern die Hausecken eines Miethauses aufbrechen und eine Ausnahmegenehmigung für einen Wohnungstyp mit Glasveranda bewirken.[312]

Größere Bedeutung als in den anderen Siedlungen wurde der künstlerischen Gestaltung der Brunnenhöfe und Hauseingänge beigemessen.[313] Wohnungsgrößen mit durchschnittlich 71,4 m^2 und eine durchwegs gängige Ausstattung mit Bad zielten auf eine wohlhabendere Mieterklientel, die sich die Neubauwohnungen in Nachbarschaft zu den weitläufigen Parkanlagen des Hirschgartens und des Nymphenburger Schlossparks leisten konnte.[314] Spielplätze und Einrichtungen für Kinder manifestierten einmal mehr die kinderfreundliche Wohnungsbaupolitik Münchens der zwanziger Jahre, die sich am Erziehungsauftrag der Weimarer Verfassung orientierte und im Trend des Neuen Bauens und der neuen Wohnkultur lag.[315] Die Infrastruktur mit 33 Läden, vier Gaststätten, Café, Kino und Apo-

---

[308] Die Siedlungen der gemeinnützigen Wohnungsfürsorge, S. 17; Bayerischer Architekten- und Ingenieur-Verband: München und seine Bauten nach 1912, S. 301. Zum Bedarf an Mittelstandswohnungen vgl. Wolf: Wohnarchitektur in Augsburg, S. 34.

[309] Die Siedlungen der gemeinnützigen Wohnungsfürsorge, S. 17.

[310] Nerdinger, Winfried: Die Siedlung Neuhausen. In: Stölzl: Die Zwanziger Jahre in München, S. 410.

[311] Mietwohnungsblock in München. In: DB, Nr. 4, April 1932, S. 134-136.

[312] Ebd., S. 136; Nerdinger: Die Siedlung Neuhausen, S. 408-413.

[313] Großsiedlung Neuhausen. In: MNN, Nr. 143, 29. Mai 1931, S. 1; vgl. auch Nerdinger: Die Siedlung Neuhausen, S. 411.

[314] Architekten- und Ingenieur-Verband: München und seine Bauten nach 1912, S. 279; Preis: Beseitigung der Wohnungsnot in München, S. 42.

[315] Einer der drei für die Siedlung geplanten Kindergärten sollte nach dem Muster der „Kleinen Welt", die auf der Ausstellung *Heim und Technik* zu sehen war, eingerichtet wer-

theke sorgte im neu entstandenen Wohnviertel für kurze Einkaufswege.[316] Architektonisch und der Siedlungsform nach war die Siedlung Neuhausen die gelungenste und modernste Siedlung des Wohnungsbauprogramms. Kähler ordnet die Siedlung einer Neuen Sachlichkeit „mit heimatstilistischen Details"[317] zu, was durchaus ins Spektrum moderner Architektur in Deutschland zur Zeit der Weimarer Republik passte.

Dass mit den Wohnsiedlungen des Sonderbauprogramms „Modern-Münchnerisches" gelungen war, dessen war sich die Stadt bewusst.[318] Höchstes Lob für die neuen Großsiedlungen kam aus der mainfränkischen Stadt Würzburg, die stets die Geschehnisse in der Landeshauptstadt aufmerksam verfolgte: „Überall ist auf L i c h t u n d S o n n e und auf die Münchener Wohnweise und ihre Eigenart weitgehend Rücksicht genommen."[319] Eine Besichtigungsfahrt zu den Münchner Großsiedlungen, zu der das städtische Wohnungsreferat und die Gemeinnützige Wohnungsfürsorge A.G. eingeladen hatten, musste wegen großer Nachfrage wiederholt werden.[320] Die Sonderbeilage „Das Neue München"[321] der *Münchner Neuesten Nachrichten* trug durch ihre lobenden Berichte wohl ihren Teil dazu bei.

Auch wenn wegen der Weltwirtschaftskrise keine der fünf Großsiedlungen in vollem Umfang fertig gebaut werden konnte, stellte das Wohnungsbauprogramm, mit dem der Moderne in München ein Gesicht verliehen wurde, eine gewaltige Leistung dar.[322] Teil des Wohnungsbauprogramms waren auch zahlreiche kleinere städtische oder genossenschaftliche Wohnanlagen, die in allen Stadtteilen aus dem Boden schossen oder in Zusammenhang mit dem Familienbad und dem Dantestadion entstanden.[323] Durch Förderung der fortschrittlichen Postversuchssiedlung an der Arnulfstraße mit Geldern aus dem Gesamtbauprogramm einerseits[324] und der von der Postbauschule entwickelten „Münchner Küche" als Standardeinrichtung der GEWOFAG-Siedlungen andererseits, wurden Neues Bauen und

---

den; Die Siedlungen der gemeinnützigen Wohnungsfürsorge, S. 17. O. O. Kurz setzte sich nach holländischem Vorbild für eine kinderfreundliche Wohnungspolitik ein; Kurz: Was wir wollen, S. 11, 15. Die neue Wohnung rückt auch Kinderzimmer und Extra-Möbel für Kinder in den Fokus; Eckstein: Die schöne Wohnung, S. 86–91. Die Modernisierer in der Weimarer Zeit schenkten dem Kind mehr Aufmerksamkeit und wollten ihm entgegen dem Drill der Kaiserzeit und dem Leben im Mietskasernenelend eine kindgerechte Entwicklung und Erziehung angedeihen lassen; Heisig: „Kinder, die unter Steinen aufwachsen", S. 244.

[316] Preis: Beseitigung der Wohnungsnot in München, S. 42.
[317] Kähler: Nicht nur Neues Bauen!, S. 354f.
[318] Kunstpflege und Wohnungsfürsorge. In: MNN, Nr. 285, 19. Oktober 1929, S. 1; Zwischen Ostbahnhof und Ramersdorf. In: MNN, Nr. 164, 18./19. Juni 1930, S. 1.
[319] Münchner Brief. In: WGA, Nr. 93, 23. April 1929, S. 10.
[320] Besichtigungsfahrt zu den Münchner Großsiedlungen. In: MNN, Nr. 302, 6. November 1929; Sturm auf das Neue München. In: MNN, Nr. 321, 25. November 1929, S. 4.
[321] Das Neue München. Sonderbeilage MNN, Nr. 313, 17. November 1929.
[322] Ursprünglich waren mit der Kleinhaussiedlung südlich Berg am Laim sechs Großsiedlungen für München geplant; Die Siedlungen der Gemeinnützigen Wohnungsfürsorge, S. 49–55.
[323] Meitinger: Großsiedlung mit Familienbad und Sportplatz. In: DBZ, Nr. 62, 4. August 1928, S. 529.
[324] Preis: Beseitigung der Wohnungsnot in München, S. 12, 102f.

IV. Wohnbauten und Siedlungen

„Neues Wohnen" Teil der Münchner Baupolitik. An dieser Entwicklung hatte nicht zuletzt die bayerische Postbauschule einen großen Anteil.[325] Viele Architekten, die an städtischen Wohnungsbauprojekten mitarbeiteten, kamen aus dieser Schule.[326]

Einschränkend muss gesagt werden, dass ein nicht unbeträchtlicher Anteil des Wohnungsbaus der zwanziger Jahre von Wohnungsbaugenossenschaften getragen wurde, welche die Stadt mit Baukostenzuschüssen oder günstigen Darlehen unterstützte. Inwiefern sich die mit dem Wohnungsbauprogramm eingeschlagene Richtung eines „modern-münchnerischen" Baustils auf die Genossenschaften auswirkte, muss offenbleiben. Angesichts der Tatsache, dass genossenschaftlichen Bauvorhaben die Aufnahme in das städtische Bauprogramm auf Grund technischer und städtebaulicher Erwägungen oder wegen Abweichungen von den vom Hochbauamt empfohlenen Typengrundrissen verweigert werden konnte[327], ist zu vermuten, dass einige weiterhin am konservativen Formenkanon festhielten oder nicht dem neuesten hygienischen Wohnungsstandard mit Licht und Querlüftung entsprachen[328]. Genossenschaften oder der Verein zur Verbesserung der Wohnverhältnisse, die sich an der Moderne orientierten, beauftragten mitunter progressivere Architekten wie Emil Freymuth[329] und Oskar Pixis, dessen 1928/29 errichtete dreigeschossige Wohnanlage in einem „ganz neuen Habitus"[330] wohlwollende Beachtung fand. Dass sich Wohnblöcke im Stil der Neuen Sachlichkeit von Pixis und Freymuth ins Stadtbild integrieren konnten, ja sogar ausdrücklich begrüßt wurden und moderne Wohnarchitektur bei der Post am Harras oder an der Fraunhoferstraße[331] möglich waren, belegt einen Wandel in der Kunst-, Kultur- und Baupolitik der Stadt München um 1927/28 und ein Bekenntnis zur Moderne.

---

[325] Eckstein: Die Kunststadt München und das Neue Bauen. In: Kunst und Künstler, Nr. 9, September 1931, S. 349.

[326] Aicher/Brennauer/Schulz: Lebensläufe, S. 168–187.

[327] Der Denkschrift des Wohnbaureferenten liegt ein Antrag auf Ablehnung von Bauvorhaben in das Programm bei; Preis: Die Beseitigung der Wohnungsnot in München, S. 31–36.

[328] Das Hochbauamt genehmigte nur zwei Wohnungen an einem Treppenaufgang; Klotz: Fritz Landauer, S. 83. In Frankfurt wurde unter dem Dezernenten für Bauwesen Ernst May ähnlich über förderwürdige Bauvorhaben entschieden; Miller Lane: Architektur und Politik, S. 97.

[329] Das Hochbauamt der Stadt empfahl die typisierten Wohnungsgrundrisse Emil Freymuths; Meitinger: Grundriss und Gestaltung des Münchner Wohnhauses, S. 139; Beblo: Neue Stadtbaukunst. München, S. 41; Siedlung „Freiland" München. In: DB, Nr. 4, April 1930, S. 148–152; Zukowsky: Stuttgart, München und der Süden, S. 209 f.

[330] Ein neuer Etagenwohnblock in München. In: DB, Nr. 8, August 1929, S. 257–260; Das Neue München. Sonderbeilage MNN, Nr. 313, 17. November 1929, S. 32; Eckstein: Die Kunststadt München und das neue Bauen. In: Kunst und Künstler, Nr. 9, September 1931, S. 348 f. Von vier geplanten Bauprojekten konnte nur eines verwirklicht werden; Nerdinger, Winfried: Wohnblock an der Klugstraße. In: Stölzl, Christoph (Hg.): Die Zwanziger Jahre in München. München 1979, S. 456; vgl. auch Architekten und Ingenieur-Verband: München und seine Bauten nach 1912, S. 302.

[331] Zusammen mit Postämtern errichtete die Post nicht selten auch Wohnungen, womit sie die Neue Sachlichkeit ins Stadtbild brachte und zugleich eine neue Wohnkultur prägte; Mayr, Olivia/Salzmann, Astrid: Post und Siedlung am Harras. In: Aicher/Drepper: Robert Vorhoelzer – Ein Architektenleben, S. 76–81.

Hatte der „Münchner Weg", sich die Moderne zurechtzulegen, einerseits bewirkt, dass „das neue München"[332] entstehen konnte, schuf diese Einstellung zur neuen Wohnarchitektur nach der „Machtergreifung" den Nationalsozialisten unter Oberbürgermeister Karl Fiehler andererseits eine Möglichkeit, modernen Wohnungsbau in ihrem Sinne ideologisch und stilistisch umzudeuten.[333] Hierfür bot sich nach dem erzwungenen Rücktritt von Karl Preis vom Amt des Wohnungsreferenten mit Stadtbaurat Guido Harbers eine geeignete Persönlichkeit an. Harbers, Herausgeber der Bauzeitschrift *Der Baumeister* und seit 1930 Mitglied der NSDAP, konnte nach der Gleichschaltung als Aufsichtsratsmitglied den Wohnungsbau der GEWOFAG mit einfachen Volkswohnungen weiter koordinieren und prägen.[334] Sein Prestigeobjekt, die Mustersiedlung Ramersdorf, war ein Paradebeispiel nationalsozialistischer „Propagierung deutscher Wohnkultur"[335]. In der Kleinhaussiedlung, die Teil der Deutschen Siedlungsausstellung München 1934 war, sah der *Völkische Beobachter* eine Zurückführung des deutschen Menschen auf deutschen Boden.[336] Architektonisch vermitteln die traditionellen Haustypen mit Steildächern und Fensterläden nach damaliger Lesart Deutschtum. Offene Zeilenbauweise, klare Formensprache und einfache Putzfassaden lassen noch einen Hauch von Moderne der zwanziger Jahre erkennen, der sich „in der Strenge und Kargheit der Details"[337] äußerte.[338] Harbers Konzept brachte keinen durchschlagenden Erfolg, da sich die neuen Machthaber in der Bewertung der Siedlung Ramersdorf uneins waren und im Sinne der Blut-und-Boden-Ideologie einer Schollenverbundenheit den Vorzug gaben, wie sie in der Reichskleinsiedlung Am Hart zum Ausdruck kam.[339]

3. Nürnberger Wohnungsbauprojekte

„Eines der schwersten und schier unlösbaren Probleme bildete lange Zeit [...] die durch den Krieg entstandene Wohnungsnot"[340], reflektierte Luppe über seine Amtszeit als Oberbürgermeister von Nürnberg. Mit zunehmender Industrialisierung und stetig wachsender Arbeiterschaft hatte die Stadt seit dem 19. Jahrhundert bei der Suche nach einer Lösung der Siedlungs- und Wohnungsfrage mit anderen Problemen zu kämpfen als München, da historischer Stadtkern und Stadtmauer enge Grenzen setzten.[341] Das Gebiet entlang der Ludwigseisenbahn und der Straße

---

[332] Das Neue München. Sonderbeilage MNN, Nr. 313, 17. November 1929, S. 25–40.
[333] Fiehler: München baut auf, S. 26–30, 165–179.
[334] Kasberger: Unsere Jahre in Ramersdorf und Berg am Laim, S. 43–45.
[335] Die Siedlung München-Ramersdorf. In: DB, Nr. 9, September 1934, S. 289.
[336] Miller Lane: Architektur und Politik, S. 201.
[337] Aicher/Brennauer/Schulz: Lebensläufe, S. 173.
[338] Architekten und Ingenieur-Verband: München und seine Bauten nach 1912, S. 280; vgl. auch Miller Lane: Architektur und Politik, S. 196.
[339] Nerdinger, Winfried: Ort und Erinnerung. München 2006, S. 184f.
[340] Luppe: Mein Leben, S 72.
[341] Allein bei der Maschinenbau AG Nürnberg, der späteren MAN, stieg die Zahl der Beschäftigten von 1900 bis kurz vor dem Ersten Weltkrieg von 3500 auf 5500; Windsheimer: Gibitzenhof, Werderau, Sandreuth, S. 29. Durch Zuwanderung und Eingemein-

nach Fürth war Anziehungsmagnet für zahlreiche Fabriken und Betriebe. Der Bau des Ludwig-Donau-Main-Kanals und die Eröffnung der Eisenbahnlinie Nürnberg-Bamberg brachten weitere Anreize für den Industriestandort.[342] Der Zusammenhang von städtebaulicher Expansion und rasantem Fortschritt in Elektrotechnik, Maschinenbau oder Kraftmaschinentechnik wird am Beispiel Nürnberg besonders deutlich, da sich immer mehr Großbetriebe an der Peripherie ansiedelten und daher nach und nach umliegende Dörfer der Stadt einverleibt wurden.[343] Die Entwicklung zu einem Industriezentrum Bayerns hatte schwerwiegende soziale Probleme zur Folge. Die Mieten in der aufstrebenden Stadt waren kaum bezahlbar und hygienisch unzulängliche Wohnverhältnisse in den oft schmalen und kleinen Fachwerkhäusern der Innenstadt an der Tagesordnung.[344] Mietshäuser mit Hinterhofbebauung wie in Gostenhof boten keine Alternative.[345] Küchen und Wohnstuben wurden nicht selten als Werkstätten für Heimarbeit zweckentfremdet, wobei die dafür benötigten Maschinen zusätzlich Platz in Anspruch nahmen.[346]

Welche Anstrengungen die Stadt Nürnberg unternahm, um im Wohnungsbau neue Erkenntnisse in der Wohnungshygiene und den Ruf nach Licht, Luft und Sonne umzusetzen, zeigt ein Stadtplan mit Eintragung der von 1910 bis 1930 entstandenen Siedlungen in dem vom Centrum Industriekultur Nürnberg herausgegebenen Band *Architektur in Nürnberg 1904-1994*.[347] Der Plan, eine Beilage zum Einwohnerbuch von 1928, führt 15 Siedlungen auf, die alle mehr oder weniger in einem Ring um das Stadtgebiet liegen. Laut den *Münchner Neuesten Nachrichten* wurden mit öffentlichen Mitteln allein in den Jahren 1918 bis 1927 8832 Wohnungen erstellt.[348] Die Monographie *Der Wohnungsbau in Deutschland nach dem Weltkriege* von Albert Gut dokumentiert den kommunalen Wohnungsbau Nürnbergs der Jahre 1919 bis 1927 mit Fotos und Angaben zu Finanzierungsmodellen.[349]

dungen wuchs die Einwohnerzahl Nürnbergs von 261 000 um 1900 bis vor dem Krieg um etwa 100 000 und stieg kontinuierlich weiter; May, Herbert: Themenroute: Nürnberg, vom Arbeiterquartier zur Gartenstadt. In: Kraus, Werner (Hg.): Schauplätze der Industriekultur in Bayern. Regensburg 2006, S. 106.

[342] Wamsler: Die bayerische Industrie und der Einheitsstaat, S. 348-353; Meyer, Maximilian: Vom alten zum neuen Nürnberg. In: Wolf: Dem Bayerischen Volke, S. 220; Götschmann: Wirtschaftsgeschichte Bayerns, S. 53-59, 199, 203-205. In den Dörfern an den Verbindungswegen nach Fürth siedelten sich neben der Spielzeugfabrikation Papier-, Farben-, Bleistift-, Pinsel- und Zündholzfabriken an, aber vor allem Betriebe wie die Maschinenbau-Aktiengesellschaft Nürnberg (später MAN) und die Siemens-Schuckert-Werke; Bielefeldt, Katrin: Aufbruch in die neue Zeit. In: dies.: Gostenhof. Muggenhof, Eberhardshof & Kleinweidenmühle, S. 65-72.

[343] Götschmann: Wirtschaftsgeschichte Bayerns, S. 163.

[344] Schieber/Schmidt/Windsheimer: Architektur Nürnberg. Bauten und Biografien. Bd. 1, S. 29.

[345] Bielefeldt: Aufbruch in die neue Zeit, S. 66f.

[346] Ebd., S. 67.

[347] Tschoeke, Jutta: Die guten Jahre – 1925 bis 1933. In: Sembach: Architektur in Nürnberg, S. 14.

[348] Das Nürnberger Wohnungsbauprogramm. In: MNN, Nr. 92, 3. April 1928, S. 6.

[349] Als Beispiele ausgewählt wurden die Siedlungen Dutzendteich (1921/27), Buchenbühl (1919/22), Loher Moos (1919/27), Gartenstadt Nürnberg (1921/27), die Kleinwohnungsanlage St. Johannis (1925/27) sowie die städtischen Wohnungsbauten am Herschelplatz (1927); Gut: Wohnungsbau in Deutschland, S. 183, 433-439.

Wie in anderen Städten lag im 19. Jahrhundert der Wohnungsbau überwiegend in privater Hand und das Interesse der Vermieter galt nicht primär der Gesundheit ihrer Mieter. Großunternehmen wie MAN oder die Siemens-Schuckert-Werke begannen als Erste, auf genossenschaftlicher Basis für ihre Arbeiter und deren Familien gesunden Wohnraum zu schaffen.[350] Der Reformgedanke der Gartenstadtbewegung ließ in Nürnberg bereits vor dem Ersten Weltkrieg einige bemerkenswerte Siedlungen entstehen. Den entscheidenden Anstoß für den Bau der Gartenstadt Nürnberg als zweiter deutscher Gartenstadt gab ein Bericht der *Fränkischen Tagespost* über die Siedlung Hellerau bei Dresden.[351] Den Auftrag zur Planung der 1909 bis 1913 gebauten und Anfang der zwanziger Jahre erweiterten Siedlung erhielt Richard Riemerschmid, der sich zuvor für die Gartenstadt Hellerau mit funktionalem, aber auch humanerem Fabrikbau und dem Bau gesunder Arbeiterwohnungen profiliert hatte.[352] In Nähe des MAN-Werkgeländes entstanden in versetzter Zeilenrandbebauung mit nach Typen variierten Gartenparzellen zweigeschossige Reihenhäuser mit einer durchschnittlichen Wohnfläche von 59 m^2. Geschäfte, Gaststätten und Verwaltungseinrichtungen belebten Plätze und sorgten für eine gewisse Infrastruktur der Siedlung.[353]

Eine weitere Gartenstadt im Süden Nürnbergs, die Gartenstadt Werderau, ist auf eine Initiative des Generaldirektors der MAN zurückzuführen. Die nach Plänen des Architekten Ludwig Ruff zwischen 1911 und 1914 erbaute Werkssiedlung orientiert sich mit Erkern, Türmchen und diversen Dachformen an historisierender Architektur. In der Nachkriegszeit kamen einfachere Häuser hinzu. Die mit Bad, WC und Waschkeller ausgestatteten Wohnungen vermittelten für die damalige Zeit Fortschritt und Komfort.[354] Ruff hatte sich in Nürnberg bereits 1908 mit der Wohnungskolonie an der Dianastraße, einer Wohnanlage mit über 300 Kleinwohnungen, einen Namen gemacht.[355] Als Hausarchitekt der MAN, Gründungs-

[350] Tschoecke: Die guten Jahre, S. 15. Der 1921 gegründete Bauverein Siemens-Schuckertscher Arbeiter errichtete 1921/22 eine Einfamilienhaussiedlung. Nach der Inflation entstanden auch Arbeitersiedlungen mit dreigeschossigen Mehrfamilienhäusern; Stein: Monographien deutscher Städte. Bd. XXIII., S. 302, 307f. Bis zum Zweiten Weltkrieg erstellte die Baugenossenschaft 1655 Wohnungen; Schieber, Martin: Themenroute: Nürnberg, Gostenhof und Steinbühl. In: Kraus: Schauplätze der Industriekultur in Bayern, S. 112.
[351] Nerdinger: Richard Riemerschmid, S. 411f.
[352] Ebd., S. 400–406; Büttner, F.: Die Kunst, S. 665.
[353] Reformerische Ideen stießen zunächst auf Widerstand und die geplante neuartige energetisch effizientere niedrigere Raumhöhe konnte erst nach einem Gutachten sowohl von Theodor Fischer als auch der Bauberatungsstelle München und der Genehmigung durch die Regierung von Mittelfranken realisiert werden; Nerdinger: Richard Riemerschmid, S. 412; vgl. auch: May: Vom Arbeiterquartier zur Gartenstadt, S. 107f.; Schmidt: Kultur in Nürnberg, S. 216.
[354] Windsheimer: Gibitzenhof, Werderau, Sandreuth, S. 29. Heyden, Thomas/Schmidt, Alexander: Ludwig Ruff. Von der Werderau zur Kongreßhalle. In: Schmidt: Geländebegehung. Das Reichsparteitagsgelände, S. 175f.; May: Vom Arbeiterquartier zur Gartenstadt, S. 107f.; Büttner, F.: Die Kunst, S. 665; Stein: Monographien deutscher Städte. Bd. XXIII, S. 415; Tschoeke: Die guten Jahre, S. 14; Schieber/Schmidt/Windsheimer: Architektur Nürnberg. Bauten und Biografien. Bd. 1, S. 54f.
[355] Heyden/Schmidt: Ludwig Ruff, S. 175f.; Schieber/Schmidt/Windsheimer: Architektur Nürnberg. Bauten und Biografien. Bd. 1, S. 54f.

mitglied der Nürnberger Sezession und Professor an der Kunstgewerbeschule konnte er in den zwanziger Jahren in Politik und verschiedenen Gremien seinen Einfluss geltend machen.[356] Als Verfechter einer konservativen Architektur begab er sich mit seinen Ansichten zur Stadtplanung häufig auf Konfrontationskurs zu Oberbürgermeister Hermann Luppe.[357]

Die vor dem Ersten Weltkrieg begonnene Wohnkolonie Rangierbahnhof folgte ebenfalls der Gartenstadtidee.[358] Gemüsegärten für alle 588 Kleinwohnungen boten Eisenbahnerfamilien „ruhiges und gesundes Wohnen"[359]. Schule, Läden, Ärztehaus, Friseur, Gaststätten, Gemeinschaftseinrichtungen und zwei Kirchen verliehen den 116 Häusern der Eisenbahnersiedlung geradezu Dorfcharakter.[360] Besucher der Genossenschaftssiedlung wies der Nürnberg-Band der Reihe *Monographien deutscher Städte* darauf hin, dass dort die architektonische Entwicklung des Siedlungsbaus „vom romantischen bis zum reinen Zweckbau der Jetztzeit"[361] nachvollzogen werden könne. *Der Baumeister* urteilte 1926, die Siedlung habe kein einheitliches Aussehen und müsse als Lehr- und Versuchsanlage gesehen werden, in der Fragen eines fortschrittlicheren Lebensstils an Hand der alternativen Konzepte Wohnküche und Kochküche diskutiert oder nach idealen Kleinwohnungsgrundrissen gesucht wurde.[362]

Für die angespannte Lage am Nürnberger Wohnungsmarkt brachten Gartenstädte und Betriebsgenossenschaftssiedlungen kaum Entlastung.[363] Notdürftig zu Wohnraum umgebaute Schulen und Kasernen waren keine Dauerlösung. Maßnahmen, die Wohnungsrationierung, Zwangseinquartierungen und Aufteilung von Wohnungen vorsahen, wurden nicht selten als Willkür empfunden.[364] Ein eindringliches Zeugnis dieser Zeit waren für Hermann Luppe die unmittelbar nach dem Krieg entstandenen Kolonien mit Holzhäusern und Baracken, insbesondere die Siedlung Loher Moos, die unter der Räteregierung mit einer Abholzaktion als „wilde Siedlung" begonnen wurde und sich später unter öffentlicher Trägerschaft

---

[356] Fotografien des in den siebziger Jahren abgerissenen Phoebus-Palasts zeigen eine gewisse Auseinandersetzung des Architekten mit der Moderne. Seine Sympathien für das NS-Regime und ein Hang zur Monumentalität brachten Ruff 1934 den Auftrag für den Bau der gigantischen Kongresshalle am Dutzendteich ein. Bier, Justus: Neue Architektur in Nürnberg. In: Fränkische Monatshefte, Nr. 6, Juni 1928, S. 207 f.; vgl. auch: Schmidt: Kultur in Nürnberg, S. 240 f.; Heyden/Schmidt: Ludwig Ruff, S. 176 f.

[357] Heyden/Schmidt: Ludwig Ruff, S. 176; Schieber/Schmidt/Windsheimer: Architektur Nürnberg. Bauten und Biografien. Bd. 1, S. 54.

[358] Sembach: Architektur in Nürnberg, S. 42; Schmidt: Weimarer Moderne, S. 216.

[359] Stein: Monographien deutscher Städte. Bd. XXIII, S. 342 f.

[360] Die ersten Häuser der Siedlung entstanden 1903, die katholische und die evangelische Kirche 1913. Weitere Wohnhausbauten folgten in den zwanziger Jahren; Stein: Monographien deutscher Städte. Bd. XXIII, S. 342 f.; Die Wohnungssiedlung am Verschubbahnhof in Nürnberg. In: DB, Nr. 1, Januar 1926, S. 1–24; May: Vom Arbeiterquartier zur Gartenstadt, S. 108–110; Sembach: Architektur in Nürnberg, S. 42 f.

[361] Stein: Monographien deutscher Städte. Bd. XXIII, S. 342.

[362] Die Wohnungssiedlung am Verschubbahnhof in Nürnberg. In: DB, Nr. 1, Januar 1926, S. 11.

[363] Luppe: Mein Leben, S. 72, 55–59; vgl. auch: May: Vom Arbeiterquartier zur Gartenstadt, S. 106 f.; Gut: Die Entwicklung des Wohnungswesens in Deutschland, S. 25.

[364] Luppe: Mein Leben, S. 72.

zu einer Einfamilienhaussiedlung mit Gärten und Gemeinschaftseinrichtungen entwickelte.[365]

Nicht nur die Unterbringung der Menschen, sondern auch das zunehmende Verkehrsaufkommen stellten die Stadt vor Herausforderungen. Wollte sich Nürnberg der Entwicklung zu einer modernen Großstadt nicht verschließen, mussten umgehend unzulängliche Wohnverhältnisse und Verkehrschaos beseitigt werden. Zwar gab es schon vor der Jahrhundertwende unter Nürnbergs Bürgermeister Otto Geßler eine Art Generalplan und erste Schritte zur Erstellung eines Generalbebauungsplans durch Hermann Jansen, doch Krieg und Nachkriegswirren legten die Angelegenheit auf Eis.[366]

Nach seinem Amtsantritt als Oberbürgermeister nahm Hermann Luppe auf Anraten seiner Frankfurter Bekannten zügig die Verbindung zu Jansen wieder auf, um durch eine gezielte Stadtplanung für Nürnberg die Voraussetzungen für den Siedlungsbau zu schaffen.[367] Der Jansenplan ist in zweierlei Hinsicht bedeutsam. Einerseits sparte ein System von Ringstraßen und Verbindungswegen den historischen Stadtkern vom Autoverkehr aus. Andererseits setzte er ein modernes Nürnberg mit Hochhäusern und Schnellstraßen auf die Agenda. Jansens Vision einer Autoschnellstraße „im Bett des alten Donau-Main-Kanals"[368] wurde nach dem Zweiten Weltkrieg mit dem Frankenschnellweg Realität. Weiter sah der Plan eine zukunftsorientierte Neuausrichtung von Hauptbahnhof und Bahntrassen vor, wodurch zerschnittene Stadtteile zusammengeführt und Hemmnisse für Stadterweiterungen beseitigt werden sollten. Nach neuen städtebaulichen Maßstäben legten Jansen und Luppe für die Industriestadt besonderen Wert auf „Hinausverlegung der Wohnviertel und Schaffung eines Grüngürtels"[369]. Luppes Engagement und Jansens Generalbebauungsplan ernteten viel Anerkennung, da der Plan als Schlüssel für eine fortschrittliche Stadtplanung galt und den Bau neuer Wohnsiedlungen sowie ein behutsames Einfügen moderner Architektur ins Stadtbild ermöglichte.[370] Dennoch blieben Diskussionen um das Neue Bauen nicht aus, drehten sich aber mehr um exponierte Bauten wie das Planetarium, das Kaufhaus am Ring

---

[365] Luppe zufolge wurde das aus der Not entstandene Siedlungsprojekt zu einem Lieblingskind der SPD; Luppe: Mein Leben, S. 72f.; Löhner: Das Siedlungswerk Nürnberg. In: Stein: Monographien deutscher Städte. Bd. XXIII, S. 329-332; vgl. auch: Tschoecke: Die guten Jahre, S. 15; Schmidt: Kultur in Nürnberg, S. 216.

[366] Luppe: Mein Leben, S. 55f.; Tschoeke: Die guten Jahre, S. 13.

[367] Luppe: Mein Leben, S. 56, 165f., 195f.; Jehle, Manfred: Ein Bauherr und seine Architekten, Hermann Luppe gewidmet. In: Sembach: Architektur in Nürnberg, S. 18; Schmidt: Kultur in Nürnberg, S. 213.

[368] Vetterlein, Ernst: Bebauungspläne von Hermann Jansen. In: DBZ-SuS, Nr. 1/2, 6. Januar 1926, S. 1.

[369] Das Neue im Gesicht Nürnbergs. In: NZ, Nr. 14, 17. Januar 1928, S. 5; vgl. auch Mittenhuber/Schmidt/Windsheimer: Der Nürnberger Nordosten, S. 34f.

[370] Luppe: Mein Leben, S. 211; Wolf, Paul: Die Sanierung von Altstädten. Notwendigkeit ihrer Förderung durch Mittel der Hauszinssteuer. In: DBZ-SuS, Nr. 2, 8. Februar 1930, S. 10f.; Wohler, Gerhard: Der Tag für Denkmalpflege und Heimatschutz in Würzburg und Nürnberg 1928 (1/2). In: DBZ, Nr. 90, 10. November 1928, S. 765-769; ders.: Der Tag für Denkmalpflege und Heimatschutz in Würzburg und Nürnberg 1928 (2/2). In: DBZ, Nr. 91, November 1928, S. 782-794; Meyer: Vom alten zum neuen Nürnberg, S. 220f.; Schmidt: Kultur in Nürnberg, S. 213.

oder das Postgebäude am Hauptbahnhof als um den Stil des neuen Wohnungsbaus.[371]

Denkmal- und Heimatschutz, Neues Bauen oder konservativer Heimatstil waren die ganze Zeit der Weimarer Republik über kontrovers diskutierte Themen. Welche Bedeutung ihnen gerade in bayerischen Städten mit kunsthistorisch wertvollen Gebäuden und Straßenzügen zukam, wenn es um Modernisierung, Technisierung, Verkehr, Lichtreklame, Typenwohnungen, Flach- und Steildach oder Anforderungen der neuen Zeit wie Hygiene und Gesundheit ging, wird daran deutlich, dass die Konferenz *Der Tag für Denkmalpflege und Heimatschutz* vom 3. bis 8. September 1928 in Würzburg und Nürnberg stattfand. Hochkarätige Referenten wie Theodor Fischer, Ernst May, Fritz Beblo oder Otto Ernst Schweizer nahmen sich des Hauptthemas „Altstadt und Neuzeit" an.[372] Mit einer Gegenüberstellung einer Fotografie, welche die Dachlandschaft alter Fachwerkhäuser an der Burg und eine Aufnahme vom Mainzer Platz mit modernen Wohnblöcken zeigt, thematisierte eine Ausgabe der *Illustrierten* Nürnberger *Zeitung* von 1930 „Das alte und neue Nürnberg"[373]. Die Anlage großer moderner Wohnsiedlungen war nur außerhalb des Stadtmauerrings zu realisieren, zumal der „Druck der öffentlichen Meinung"[374] eine museale Lösung für die Altstadt favorisierte.

Als treibende Kraft in Sachen Wohnungsbau erwies sich Oberbürgermeister Hermann Luppe. Er hatte erkannt, welche gestalterischen Möglichkeiten die Bauplanung in der Stadtentwicklung in kultureller, sozialer und ästhetischer Hinsicht eröffnete.[375] Architektonisch prägte den kommunalen Wohnungs- und Siedlungsbau der Stadt Nürnberg kaum ein anderer mehr als der Architekt Konrad Sorg.[376] Schon vor dem Krieg im Hochbauamt der Stadt tätig, war er von Anfang an dabei, als im März 1918 Stadt und Vertreter von Industrie, Handel und Banken die Initiative ergriffen und den Nürnberger Wohnungsbauverein ins Leben riefen. Im April 1922 übernahm die Stadt die alleinige Trägerschaft der neuge-

---

[371] Schmidt: Weimarer Moderne, S. 214–216, 234–241; Wachter, Clemens: Hermann Luppe und das „rote Nürnberg". Zur Nürnberger Stadtpolitik vor 1933. In: Schmidt: Geländebegehung. Das Reichsparteitagsgelände, S. 214; Schieber/Schmidt/Windsheimer: Architektur Nürnberg. Bauten und Biografien. Bd. 1, S. 62f.; Sembach: Architektur in Nürnberg, S. 8f., 70f.

[372] Wohler, Gerhard: Denkmalpflege und Heimatschutz (1/2). In: DBZ, Nr. 90, 10. November 1928, S. 765–769; ders.: Denkmalpflege und Heimatschutz (2/2). In: DBZ, Nr. 91, November 1928, S. 782–794; ders.: Altstadt und Neuzeit. Referate auf dem Tag für Denkmalpflege und Heimatschutz 1928. In: DBZ, Nr. 23, 20. März 1929, S. 214–216. In seinem Aufsatz *Altstadt und neue Zeit* zog Theodor Fischer für die Problematik Verkehr und Hygiene die Städte Augsburg, Nürnberg und Würzburg als Beispiele heran; Fischer, Theodor: Altstadt und neue Zeit. In: Nerdinger: Theodor Fischer. Architekt und Städtebauer, S. 334–337.

[373] Schmidt: Kultur in Nürnberg, S. 253.

[374] Die DBZ zitierte indirekt aus dem Vortrag des Nürnberger Kunsthistorikers Justus Bier; Wohler: Denkmalpflege und Heimatschutz (2/2). In: DBZ, Nr. 91, November 1928, S. 782.

[375] Jehle: Ein Bauherr und seine Architekten, S. 18.

[376] Schieber/Schmidt/Windsheimer: Architektur Nürnberg. Bauten und Biografien. Bd. 1, S. 70–75.

gründeten Gemeinnützigen Wohnungsbaugesellschaft (wbg) mit Sorg als Vorstand.[377] In seinem Beitrag *Wohnbautätigkeit der Gemeinnützigen Wohnungsbaugesellschaft der Stadt Nürnberg* ließ Sorg die Schwierigkeiten im Wohnungsbau unmittelbar nach Kriegsende nicht unerwähnt, da es nicht nur an Geld, sondern auch an Baumaterialien, Handwerkern oder Transportmitteln mangelte. Die Stadtverwaltung sorgte mit Kohlelieferungen an die Ziegeleien für Baumaterial und das stellvertretende Generalkommando stellte aushilfsweise Kriegsbeschädigte und Garnisonverwendungsunfähige als Bauarbeiter ab.[378] Bereits bei seiner ersten Kleinwohnungsanlage an der Ostendstraße setzte er sich intensiv mit einer neuen Grundrissgestaltung auseinander und suchte sie mit der fränkischen Lebensweise in Einklang zu bringen. Bis 1924 entstanden 710 Wohnungen mit zwei bis vier Zimmern von 45 m^2 bis 80 m^2.[379] Ein Bad konnten sich die Mieter je nach ihren finanziellen Möglichkeiten einrichten lassen.

Ähnlich wie Margarete Schütte-Lihotzky mit der „Frankfurter Küche" und Hanna Löv mit der „Münchner Küche" widmete sich auch Sorg dem Thema Wohnungsgrundriss und Küche, wobei er insbesondere Arbeitswege, Hygiene, Essgewohnheiten und Kindererziehung in den Blick rückte: „Sie [die Grundrisse] tragen der fränkischen Wohnweise Rechnung, haben also keine Wohnküche, sondern eine eigene, neben dem Wohnzimmer gelegene Kochküche. Sehr praktisch ist der in der Wand zwischen Küche und Wohnzimmer eingebaute Fränkische Kochofen, in dem von der Küche aus geheizt und gekocht wird. Von einer Verbindungstür von der Küche zur Wohnstube ist abgesehen, um die Kochdämpfe von Wohn- und Schlafräumen fernzuhalten. Nach fränkischer Sitte ist nur ein kleines Guckfenster zur Wohnstube angeordnet, das der Mutter die Überwachung der Kinder während der Arbeit in der Küche gestattet."[380] Die architektonische Gestaltung der dreigeschossigen Siedlungshäuser orientierte sich mit Mansarde, Steildach, Giebel und Fensterläden an dem in Franken üblichen Haustyp. Teil des Siedlungskonzeptes, das der Maxime Licht, Luft und Sonne folgte, waren neben großen Höfen, Kinderspielplätzen und Nutzgärten für die Mieter ein großes Zentralbad, Läden, ein Frisör und eine Mütterberatungsstelle.[381]

Auch wenn die Siedlung an der Ostendstraße von der Not der Nachkriegszeit geprägt war, waren die gewonnenen Erkenntnisse für den Bau der zweiten wbg-Wohnanlage im Stadtteil St. Johannis wertvoll, so dass sie mit „einer ganz neuzeitlichen Wohnkultur"[382] zum Vorzeigeobjekt kommunaler Wohnbauprojekte der Stadt Nürnberg wurde. Auf mehreren Seiten erläuterte Konrad Sorg 1928 im

---

[377] Ebd., S. 70.
[378] Sorg, Konrad: Wohnbautätigkeit der Gemeinnützigen Wohnungsbaugesellschaft der Stadt Nürnberg m.b.H. In: Stein: Monographien deutscher Städte. Bd. XXIII, S. 351.
[379] Sorg: Wohnbautätigkeit der Gemeinnützigen Wohnungsbaugesellschaft der Stadt Nürnberg, S. 349f.; vgl. auch Schieber/Schmidt/Windsheimer: Architektur Nürnberg. Bauten und Biografien. Bd. 1, S. 70.
[380] Sorg: Wohnbautätigkeit der Gemeinnützigen Wohnungsbaugesellschaft der Stadt Nürnberg, S. 349f.
[381] Ebd., S. 349-351.
[382] Zit. nach: Schmidt, Alexander: Die wbg-Siedlung St. Johannis. „… beste Anfänge einer ganz neuzeitlichen Wohnkultur…". In: Schieber/Schmidt/Windsheimer: St. Johannis, S. 159; vgl. auch ders.: Kultur in Nürnberg, S. 218.

Nürnberg-Band der Reihe *Monographie deutscher Städte* anhand von Abbildungen und Wohnungsgrundrissen das Konzept der in den Jahren 1925 bis 1927 entstandenen Siedlung.[383] Das in zwei Stufen zum Pegnitzgrund abfallende Baugelände zwang zu einer Aufteilung der Wohnanlage in eine südliche Baugruppe mit weiträumigen Wohnhöfen und einen mäanderartig am oberen Höhenrand angelegten nördlichen Siedlungsteil, dessen nach Süden hin offene Höfe „durch ihre Weiträumigkeit Licht- und Luftzutritt überallhin"[384] gewährten. Gesunde, ruhige und vom Lärm und Staub der Siedlungsstraßen abgewandte Wohnanlagen ohne Durchgangsverkehr standen bei den Planungen im Vordergrund.[385] Neue wohnungshygienische Erkenntnisse waren Maßstab für die typisierten Wohnungsgrundrisse: „In hygienischer Hinsicht ist besonders hervorzuheben, daß die Räume der Wohnungen entsprechend, der Himmelsrichtung nach, orientiert sind. Grundsätzlich sind an die Straßennordseiten Treppenhäuser, Wirtschaftsräume u. dergl. gelegt. Wohn- und Schlafräume gehen nach Süden. Das alte System, die Wohnräume an die Straße, gleich nach welcher Himmelsrichtung zu legen ist damit verlassen."[386] Nicht nur die moderne Ausstattung der Wohnungen mit Bad und Loggia, sondern auch das Konzept der Gesamtanlage mit Spielplätzen, Mütterberatungsstelle, Läden für den täglichen Bedarf und einigen Künstlerateliers trug zu dieser neuzeitlichen Wohnkultur bei.[387]

Mit der architektonischen Gestaltung der drei- und viergeschossigen Wohnhäuser wagte sich Sorg nicht allzu weit auf neues Terrain. Der städtische Baurat entschied sich zwar für sachliche und klare Architekturformen, wollte aber gerade beim Wohnungsbau trotz aller Einfachheit nicht auf eine gewisse Behaglichkeit verzichten, wofür Gliederung der Hausfassaden durch Geschossgesimse, kleine Erker oder Spitzbögen bei Loggien und Schaufenstern der Ladeneinbauten sorgten. Bescheidener Fassadenschmuck über den Haustüren, kleine Figuren und Reliefs an Toren und Durchfahrten sowie Wandmalereien beim Konsumladen trugen einem eher konservativen Kunstgeschmack Rechnung.[388]

Mit seinen sachlich-behaglichen Siedlungsbauten dürfte Sorg auch den Geschmack des Oberbürgermeisters getroffen haben.[389] Luppe, für den Architektur und Moderne in Nürnberg eine Herzensangelegenheit waren, hatte sich nicht nur in Frankfurt kundig gemacht, sondern auch in Dessau und Wien umgesehen. Sogar auf seinen wegen den Amerikaanleihen unternommenen Reisen durch die Vereinigten Staaten zog er Parallelen zwischen amerikanischem Städtebau und Nürnberger Stadtplanung. Er wollte weder Elendsquartiere noch Wolkenkratzer

---

[383] Sorg: Wohnbautätigkeit der Gemeinnützigen Wohnungsbaugesellschaft der Stadt Nürnberg, S. 355.
[384] Ebd.; Schmidt: Die wbg-Siedlung St. Johannis, S. 159f.
[385] Schmidt: Die wbg-Siedlung St. Johannis, S. 159-161; ders.: Kultur in Nürnberg, S. 218.
[386] Sorg: Wohnbautätigkeit der Gemeinnützigen Wohnungsbaugesellschaft der Stadt Nürnberg, S. 355; vgl. auch Schieber/Schmidt/Windsheimer: Architektur Nürnberg. Bauten und Biografien. Bd. 1, S. 70.
[387] Sorg: Wohnbautätigkeit der Gemeinnützigen Wohnungsbaugesellschaft der Stadt Nürnberg, S. 355, 359.
[388] Schmidt: Die wbg-Siedlung St. Johannis, S. 161f.; ders.: Kultur in Nürnberg, S. 218.
[389] Luppe: Mein Leben, S. 160.

in Nürnberg haben.[390] Starke Vorbehalte äußerte er gegenüber Flachdächern bei Wohnbauten, da seiner Ansicht nach Wärmedämmung, Schallisolierung und Dichtigkeit zu wünschen übrigließen. Seine Intervention gegen eine von Schweizer entworfene Villa mit Flachdach hielt er für gerechtfertigt und es war kein Geheimnis, dass er sich an der Nüchternheit, Einförmigkeit und Langeweile des Bauhausstils störte.[391] Die Finanzierungsmodelle für den spektakulären Wohnungsbau der Stadt Wien, wie den Einsatz der Mietzinssteuer, fand er interessant, kritisierte aber, dass mangels Rücklagen für Nachbesserungen und Instandhaltung bereits nach wenigen Jahren ein sichtbarer Verfall der Neubauten zutage trat.[392]

Die Wohnungspolitik der Stadt Nürnberg, deren Wohnungsbaugesellschaft überwiegend mit Eigenmitteln auskam, galt als vorbildlich und für Zeitgenossen waren die neuen Wohnsiedlungen in städtebaulicher und fortschrittlicher Hinsicht beeindruckend.[393] Eine Münchner Stadtratskommission informierte sich deshalb 1926 in Vorbereitung des eigenen Wohnungsbauprogramms nicht nur in Frankfurt, sondern auch in Nürnberg vor Ort.[394] Der Münchner Stadtbaudirektor Albert Gut schenkte in seinem Buch *Der Wohnungsbau in Deutschland nach dem Weltkriege* der Wohnungsbauanlage im Stadtteil St. Johannis Beachtung.[395] (Abb. 61 u. 62) Wie modern sich die Architektur der Wohnblöcke der Weimarer Zeit im Vergleich zu dem späteren, 1938/39 entstandenen Teil der Anlage ausnahm, stellte das Stadtteilbuch St. Johannis heraus. Nach einem zwischenzeitlichen Baustopp erfolgte im Nationalsozialismus der Restausbau der Siedlung in einem rückwärtsgewandten Stil.[396] Das Erscheinungsbild der wbg-Siedlung ist heute durch Modernisierung und energetische Sanierung zum Teil leicht verändert.

In seinen Erinnerungen schrieb Luppe, dass die Stadt auf Drängen der SPD große Wohnungsbauprogramme aufgestellt habe. Da deren Finanzierung mit den Hauszinssteuerhypotheken des Freistaats Bayern allein nicht möglich gewesen wäre, habe er sich persönlich bei Finanzminister Schmelzle für günstigere Bedingungen eingesetzt.[397] Eine Wohnungsbauanleihe von fünf Millionen RM ermöglichte ein städtisches Wohnungsbau-Sonderprogramm, das Hochbaureferent Ludwig Wagner mit einer Denkschrift initiiert hatte.[398] Allein die wbg erstellte in den Jahren der Weimarer Republik fast 5800 Wohnungen.[399] In den Jahren 1927 bis 1933 entstanden auch zwei Siedlungen, die sich in ihrem architektonischen Erscheinungsbild deutlich dem Neuen Bauen annäherten.[400]

---

[390] Schmidt: Kultur in Nürnberg, S. 63–66.
[391] Luppe: Mein Leben, S. 260f.; vgl. auch Schmidt: Kultur in Nürnberg, 66f.
[392] Luppe: Mein Leben, S. 137.
[393] Meyer: Vom alten zum neuen Nürnberg, S. 221.
[394] Rudloff: Die Wohlfahrtsstadt. Bd. 2, S. 793f., 839.
[395] Gut: Wohnungsbau in Deutschland, S. 183, 438.
[396] Schmidt: Die wbg-Siedlung St. Johannis, S. 164.
[397] Luppe: Mein Leben, S. 193.
[398] Das städtische Wohnungsbauprogramm von 1926 sah für den ersten Teil den Bau von 6000, ab 1928 weitere 2550 Wohnungen vor; Adler, Leo: Städtische Siedlungen in Nürnberg. In: WMB, Nr. 6, Juni 1928, S. 266f.; Windsheimer: Gibitzenhof, Werderau, Sandreuth, S. 71; Schieber/Schmidt/Windsheimer: Architektur Nürnberg. Bauten und Biografien. Bd. 1, S. 68.
[399] Schmidt: Kultur in Nürnberg, S. 219.
[400] Ebd.; Luppe: Mein Leben, S. 193.

Nach Entwürfen des Architekten und Hochbaureferenten Ludwig Wagner gruppieren sich im Stadtteil Gibitzenhof fünfstöckige Wohngebäude mit Dachgeschoss so um den Mainzer Platz, dass sie ihn städtebaulich aufwerten und ihm großstädtisches Flair verleihen.[401] (Abb. 63 u. 64) Wagner, dessen frühere Wohnbauten bereits ein Experimentieren mit sachlichen Formen zeigen, setzte sich ebenfalls intensiv mit der Durchlüftung von Wohnungen, neuer Grundrissgestaltung, Typisierung, Normierung und Fassadenschemata auseinander.[402] Sein Kleinwohnungskonzept sah einen möglichst kostengünstigen Bau und bei Bedarf eine spätere Zusammenlegung zu größeren Wohneinheiten vor.[403] Nachdem die Wohnblöcke des „Wagnerschen Bauprogramms"[404] mit „immer nur Ein- und Zweizimmer-Wohnungen"[405] nicht überall Beifall gefunden hatten und die Kleinwohnungssiedlung Nordbahnhof zum Teil als zu eintönig kritisiert worden war, wich man bei der Siedlung am Mainzer Platz vom starren Schema der Quadratmetervorgaben ab. Den an der Wohnanlage Gibitzenhof beteiligten Privatarchitekten gab das Hochbauamt Grundrisstypen vor, zu denen auch Vierzimmerwohnungen gehörten. Das Raumprogramm für alle Wohnungen griff mit Bädern und der Ausrichtung der Wohnräume nach Süden moderne wohnhygienische Grundsätze auf.[406]

Das in leuchtenden Farben gehaltene Ensemble im Rund des damaligen Mainzer Platzes[407], das ursprünglich auf einen gegenüberliegenden Hochbehälter der Nürnberger Gaswerke Bezug nahm, bietet auch heute noch mit einer dreiteiligen Gliederung einen besonderen Blickfang.[408] Der mittlere Teil des Gebäudekomplexes, der mit einer Durchfahrt die Verbindung zu den rückseitigen Wohnblöcken herstellt, ist leicht zurückgesetzt und durch einen über alle Stockwerke hinweg geführten Dreieckserker akzentuiert. Vier Stockwerke mit breiten in die Fassade geschnittenen Fenstern werden nach unten zur Ladenzeile durch ein knappes flaches Vordach und nach oben durch ein Dachgeschoss farblich und mit wesentlich kleineren Fenstern abgesetzt. Wohngebäude dieser Höhe mit Flachdachwirkung waren für damalige Verhältnisse in Nürnberg ungewöhnlich. Die *Nürnberger Zeitung* bewertete das Novum der „an südländische Bauten erinnernden Flachdächer"[409] positiv, da durch die Flächenwirkung der Gebäude ein städtebaulicher

---

[401] Windsheimer: Gibitzenhof, Werderau, Sandreuth, S. 68–73; Schieber/Schmidt/Windsheimer: Architektur Nürnberg. Bauten und Biografien. Bd. 1, S. 68 f.

[402] Adler: Städtische Siedlungen in Nürnberg. In: WMB, Nr. 6, Juni 1928, S. 263–267.

[403] Ebd., S. 266; Gut: Wohnungsbau in Deutschland, S. 439; Schieber/Schmidt/Windsheimer: Architektur Nürnberg. Bauten und Biografien. Bd. 1, S. 68; Windsheimer: Gibitzenhof, Werderau, Sandreuth, S. 69 f.; Peters: Die Einflussnahme auf die Planung der Bauten, S. 125, 132.

[404] Der neue Stadtteil am Nordbahnhof. NZ, 11. Mai 1928, Nr. 111, S. 5.

[405] Kinderreiche und Familien mit erwachsenen Kindern kritisierten die geringe Anzahl größerer Neubauwohnungen sowie lange Wartezeiten beim Wohnungsamt; Warum keine 3-Zimmerwohnungen? In: NZ, Nr. 93, 20. April 1928, S. 5; vgl. auch Windsheimer: Gibitzenhof, Werderau, Sandreuth, S. 71.

[406] Rund um den Mainzer Platz. In: NZ, Nr. 296, 17. Dezember 1929, S. 5; Windsheimer: Gibitzenhof, Werderau, Sandreuth, S. 70–72; Schieber/Schmidt/Windsheimer: Architektur Nürnberg. Bauten und Biografien. Bd. 1, S. 68.

[407] Heute Dr.-Luppe-Platz.

[408] Rund um den Mainzer Platz. In: NZ, Nr. 296, 17. Dezember 1929, S. 5.

[409] Ebd.

Gewinn erzielt und Mansardenwohnungen mit abgeschrägten Wänden vermieden worden seien.[410] Der Kunstgriff mit einem sehr flachen Giebeldach, das von der Straße aus gesehen ein Flachdach vortäuscht, war für Architekten in den zwanziger Jahren zum Beispiel auch in München eine Option, die ermöglichte, restriktive Vorgaben einzuhalten und trotzdem den kubischen Baukörper im Sinne einer neuen sachlichen Architektur zu betonen. Den südlichen Abschnitt der Wohnanlage schließt „das erste Wohn-Hochhaus Nürnbergs"[411] ab. Das sechsstöckige Wohnhaus des Architekten Fritz Mayer am Ludwig-Main-Donau-Kanal wurde als bescheidener Anfang zukünftiger Hochhausbauten in der Norisstadt begrüßt.[412]

Ludwig Wagner konnte als Architekt, Vorsitzender des Mittelfränkischen Architekten- und Ingenieurvereins, Hochbaureferent und Stadtrat seinen Einfluss in Sachen moderner Architektur in Nürnberg geltend machen. Davon zeugt auch die Personalpolitik im Hochbauamt, wo Wagner junge fortschrittlich gesinnte Architekten wie Otto Ernst Schweizer, Robert Erdmannsdorffer oder Walter Brugmann förderte. Trotz seiner modernen Baupolitik konnte er auf Unterstützung des völkisch orientierten *Fränkischen Kuriers* rechnen.[413] Verschiedene Differenzen auch politischer Art erschwerten die Zusammenarbeit zwischen ihm und Luppe, so dass sein Wechsel 1928 an die TU Darmstadt nicht sonderlich bedauert wurde.[414] Es dürfte auf Unstimmigkeiten zwischen dem Hochbauamt und der wbg zurückzuführen sein, dass die *Nürnberger Zeitung* 1929 Konrad Sorg als Ideenträger der Siedlung Gibitzenhof nannte, während in der Reihe *Nürnberger Stadtteilbücher* die Urheberschaft der Pläne Wagner zugeschrieben wird.[415]

Mit der Gestaltung des Mainzer Platzes gelang eine moderne städtebauliche Lösung im Sinne des Neuen Bauens. Dem Prinzip neuer Siedlungsformen folgte auch die 1928/29 errichtete Siedlung Nordostbahnhof mit einer strengen Nord-Süd-Ausrichtung der Wohnbebauung und einer Mischung aus Zeilen- und Blockbauweise mit einer fächerartigen Anordnung um die gebrochene Hauptachse einer Straße.[416] Platzräume und ein Grünzug wirken Monotonie entgegen und unterstreichen das Bauhaus-Konzept von „Licht, Luft und Sonne"[417]. Um die örtliche Architektenschaft, die unter der schlechten Konjunktur zu leiden hatte, in die

---

[410] Ebd.; vgl. auch Schmidt: Kultur in Nürnberg, S. 221.
[411] Rund um den Mainzer Platz. In: NZ, Nr. 296, 17. Dezember 1929, S. 5.
[412] Ebd.
[413] Jehle: Ein Bauherr und seine Architekten, S. 18 f.; Schieber/Schmidt/Windsheimer: Architektur Nürnberg. Bauten und Biografien. Bd. 1, S. 68 f.
[414] Walter Brugmann folgte ihm als Hochbaureferent der Stadt Nürnberg; Dr. Wagner und sein Nachfolger. Was erwarten wir künftig von unserem Hochbauamt? In: NZ, Nr. 98, 26. April 1928, S. 5; Eine Unterredung mit dem neuen Stadtbaurat. In: NZ, Nr. 246, 18. Oktober 1928, S. 4; vgl. auch Jehle: Ein Bauherr und seine Architekten, S. 19; Schieber/Schmidt/Windsheimer: Architektur Nürnberg. Bauten und Biografien. Bd. 1, S. 68 f.; Endlich Betätigung für Nürnbergs Architekten. Die neuzuschaffende Wohnungskolonie am Nordostbahnhof. In: NZ, Nr. 199, 24. August 1928, S. 5.
[415] Schmidt: Kultur in Nürnberg, S. 220; vgl. auch Windsheimer: Gibitzenhof, Werderau, Sandreuth, S. 69–79.
[416] Die neue Siedlung am Nordostbahnhof. Ein Überblick über die Lage. NZ, Nr. 302, 22. Dezember 1928, S. 10; Schmidt: Weimarer Moderne, S. 220.
[417] Mittenhuber/Schmidt/Windsheimer: Der Nürnberger Nordosten, S. 32, 38.

„städtebauliche Gestaltung Nürnbergs"[418] mit einzubinden, hatte die Gemeinnützige Wohnungsbaugesellschaft der Stadt ein Preisausschreiben mit bindenden Vorgaben für ein Siedlungsprojekt veranstaltet. Zur effektiven Bekämpfung der Wohnungsnot sollte in mehreren Bauabschnitten eine geschlossene Großsiedlung auf einem etwa 27 Hektar großen Gelände am nordöstlichen Stadtrand entstehen. Grünstreifen inner- und außerhalb der Siedlung nach dem Vorbild des Jansenplans, Plätze für Kirche, Schule und Amtsgebäude, eine Gaststätte, Läden sowie die Einhaltung von drei Grundrisstypen waren vorgeschrieben.[419] Die Gesamtplanung berücksichtigte das neue katholische Theresienkrankenhaus in unmittelbarer Nachbarschaft.[420] Eine städtebauliche Anbindung an die 2,5 km entfernte Innenstadt unterblieb zunächst.[421]

Mit der Anordnung der Treppenhäuser, Küchen und Nebenräume nach Norden, der Wohn- und Schlafzimmer nach Süden, orientierten sich Konrad Sorgs typisierte Kleinwohnungsgrundrisse an einer neuen Wohnungshygiene. Zudem waren für alle Wohnungen Bäder vorgesehen.[422] Von der fränkischen Küche war man wohl in der Zwischenzeit abgekommen, da die Wohnungen mit ein oder zwei Zimmern eine Wohnküche hatten. Das Hauptkontingent, die 50-m²-Wohnung, war für eine Familie mit zwei Kindern gedacht, wobei die Wohnküche Raum für das Familienleben bot und eine kleine Loggia den Kindern Aufenthalt an der frischen Luft ermöglichte.[423]

Klare architektonische Formensprache, weitgehend schmucklose Fassaden und Begrenzung der Wohnbebauung auf drei bis vier Stockwerke geben der in ihrer Struktur deutlich erkennbar erhaltenen Siedlung ein einheitliches Bild. Die topographischen Gegebenheiten wurden durch unterschiedlich hohe Kniestöcke ausgeglichen.[424] Als typisches Merkmal der Weimarer Moderne fallen auf den ersten Blick die in die Wand geschnittenen Kastenfenster ohne Fensterläden auf. Fünf Wohnblöcke erhielten auf der Nordseite im obersten Stockwerk durch ein Künstleratelier mit wintergartenartigem Glasfenster und Balkon einen besonderen Akzent.[425] (Abb. 65 u. 66) Die künstlerische Gestaltung beschränkte sich auf den farbigen Anstrich der Häuser und den dezenten Einsatz von Kunst am Bau. Sorgs Aufgeschlossenheit gegenüber der Moderne unterstrich die Aufgabenstellung an die Nürnberger Bildhauer, für ihre Plastiken ausschließlich den neuen Werkstoff Betonguss einzusetzen.[426] Kleine Hauszeichen mit Blumen, Tieren oder Märchen-

---

[418] Endlich Betätigung für Nürnbergs Architekten. In: NZ, Nr. 199, 24. August 1928, S. 5.
[419] Ebd.; Luppe: Mein Leben, S. 193.
[420] Nürnbergs neueste und größte Siedlung. In: NZ, Nr. 304, 28./29. Dezember 1929, S. 5; Mittenhuber/Schmidt/Windsheimer: Der Nürnberger Nordosten, S. 28, 92, 94.
[421] Mittenhuber/Schmidt/Windsheimer: Der Nürnberger Nordosten, S. 27f., 47.
[422] Nürnbergs neueste und größte Siedlung. In: NZ, Nr. 304, 28./29. Dezember 1929, S. 5; Mittenhuber/Schmidt/Windsheimer: Der Nürnberger Nordosten, S. 38.
[423] Nürnbergs neueste und größte Siedlung. In: NZ, Nr. 304, 28./29. Dezember 1929, S. 5; Mittenhuber/Schmidt/Windsheimer: Der Nürnberger Nordosten, S. 46.
[424] Nürnbergs neueste und größte Siedlung. In: NZ, Nr. 304, 28./29. Dezember 1929, S. 5.
[425] Ebd.; Schmidt: Weimarer Moderne, S. 220; Mittenhuber/Schmidt/Windsheimer: Der Nürnberger Nordosten, S. 46.
[426] Nicht alle Künstler kamen mit dem neuen Werkstoff zurecht; Nürnbergs neueste und größte Siedlung. In: NZ, Nr. 304, 28./29. Dezember 1929, S. 5.

3. Nürnberger Wohnungsbauprojekte 313

figuren zieren die Hauseingänge. Bauplastiken, die Bezug auf die Bewohner der Anlage nehmen, finden sich nur an markanten Stellen, wie dem Hauptzugang zur Siedlung am Leipziger Platz oder an Straßenecken.[427] Entsprechend dem Zeitgeschmack wurden die beiden Figuren von Wilhelm Nida-Rümelin, die sich von den eher konservativen anderer Bildhauer absetzten, als modern empfunden.[428] Die Hausnummern mit modernem Schriftzug entwarf der Grafiker und Typograf Max Körner.[429] Schmale, flache Vordächer akzentuieren die Ladeneinbauten und vermitteln den Eindruck einer neuen sachlichen Architektur.[430]

Mit vielen lobenden Worten wurde die neue Großsiedlung in der Nürnberger Presse bedacht und in einer Broschüre zur Stadtrundfahrt als sehenswert angepriesen.[431] In Luppes Lebenserinnerungen mischte sich in den Stolz über die Leistung der Stadt Nürnberg, mit der Siedlung Nordostbahnhof in schwierigen Zeiten zahlreiche Wohnungen geschaffen zu haben, auch Ernüchterung. Von der Weltwirtschaftskrise überschattet, war die Verteuerung des Baumaterials bei laufenden Bauarbeiten zu einem kaum zu bewältigenden Problem geworden. Auch hatten Querelen mit beteiligten Architekten für Missstimmung gesorgt und einen politischen Skandal heraufbeschworen.[432]

Der Einstellung Oberbürgermeister Luppes zu Flachdach und Bauhaus, einer eher konservativen Einstellung der für den Siedlungsbau maßgeblichen Architekten sowie einem „Nürnberger Pragmatismus" wird in der allgemeinen Beurteilung angelastet, dass im Vergleich mit der Weißenhofsiedlung, Dammerstocksiedlung oder Berlin-Britz die Siedlung Nordostbahnhof nicht eindeutig dem Neuen Bauen zugeordnet werden kann.[433] Da die Wohnanlage kein einziges Flachdach hat, ist sie nach Alexander Schmidts Ansicht nur in stadtplanerischer Hinsicht eine moderne Siedlung, nicht aber architektonisch.[434] Dabei hätte es die Siedlung Nordostbahnhof als eine der größten Siedlungen, die zur Zeit der Weimarer Republik entstanden, in Ausmaß und Größenordnung sehr wohl mit den spektakulären Siedlungen in Stuttgart, Karlsruhe, Frankfurt oder Berlin aufnehmen können, welche zum Teil wesentlich kleiner waren.[435]

Sorgten Siedlungen mit avantgardistischer Architektur vielfach für Furore, konnte die Nürnberger Siedlung nicht mit Flachdächern oder besonderer Bautechnik punkten. In der Diskussion um die Stuttgarter Weißenhofsiedlung stand das Experimentierfeld Wohnen im Vordergrund, dem sich dort Architekten wie Mies van der Rohe, Le Corbusier, Oud, Taut oder Gropius im Rahmen der vom Deutschen Werkbund 1927 initiierten Ausstellung *Die Wohnung* widmeten.[436] Die Nürnber-

---

[427] Mittenhuber/Schmidt/Windsheimer: Der Nürnberger Nordosten, S. 41-43.
[428] Ebd., S. 40 f.; Schmidt: Kultur in Nürnberg, S. 206 f.
[429] Mittenhuber/Schmidt/Windsheimer: Der Nürnberger Nordosten, S. 40 f. Zu Max Körner s. Schmidt: Kultur in Nürnberg, S. 170-177.
[430] Nürnbergs neueste und größte Siedlung. In: NZ, Nr. 304, 28./29. Dezember 1929, S. 5.
[431] Ebd.; Mittenhuber/Schmidt/Windsheimer: Der Nürnberger Nordosten, S. 28, 38 f.
[432] Luppe: Mein Leben, S. 193 f.; Mittenhuber/Schmidt/Windsheimer: Der Nürnberger Nordosten, S. 37 f.
[433] Mittenhuber/Schmidt/Windsheimer: Der Nürnberger Nordosten, S. 45.
[434] Schmidt: Kultur in Nürnberg, S. 220.
[435] Mittenhuber/Schmidt/Windsheimer: Der Nürnberger Nordosten, S. 28 f.
[436] Miller Lane: Architektur und Politik, S. 118 f.

ger Architekten hingegen wollten keine Versuchssiedlung, sondern akzeptablen modernen und bezahlbaren Wohnraum für die Bürger einer fränkischen Stadt schaffen. Das Wohnen in einer hellen, freundlichen, leicht sauber zu haltenden Wohnung mit neuartigem Grundriss, Bad, fließendem Wasser, elektrischem Strom und Gasherd im Umfeld einer Siedlung brachte viele Neuerungen und schuf eine gänzlich neue Wohnkultur.[437] Ob es am wenig spektakulären Erscheinungsbild oder am allgemeinen Chaos der Weltwirtschaftskrise lag, dass die Siedlung „bis heute eine große Unbekannte im Siedlungsbau der Weimarer Zeit"[438] blieb, sei dahingestellt.

Sieht man von den Walmdächern und der nicht allzu plakativen Architektur der Siedlung Nordostbahnhof ab, präsentieren sich die Wohnblöcke nicht allein durch die Fenster als moderne Bauten der Weimarer Zeit, sondern sie folgen auch sonst den Prinzipien des Neuen Bauens.[439] Die von Konrad Sorg typisierten Grundrisse mit Anordnung der Wohnräume nach Süden, Küchen, Nebenräume, Treppenhäuser und Eingänge nach Norden, prägen bis heute die Fassaden und tragen so wesentlich zum einheitlich architektonischen Erscheinungsbild bei.

Keine der Nürnberger Wohnsiedlungen ist architektonisch spektakulär und würde auf den ersten Blick mit dem Neuen Bauen in Verbindung gebracht werden. Die Wohnblöcke der Weimarer Zeit entsprachen aber einem neuen, aus dem Grundriss heraus entwickelten Wohnhaustyp, dessen Architektur sich an den Bedürfnissen der Menschen, neuen Technologien und wohnhygienischen Erkenntnissen orientierte.[440] Anerkennend merkte der Hamburger Oberbaurat Peters in Albert Guts Standardwerk zum Wohnungsbau in Deutschland nach dem Ersten Weltkrieg an, dass die Nürnberger Grundrisslösungen ähnlich wie die in Köln neue Wege im modernen Wohnungsbau aufzeigen.[441] Der soziale Gedanke, die Grundidee des Neuen Bauens kommt auch in den Siedlungsbauten der Stadt Nürnberg zum Tragen.

4. Moderner Wohnungsbau in Augsburg

Da der Wohnungsbau zur Zeit der Weimarer Republik, der die Verbesserung der Lebensumstände zum Ziel hatte, zu den wichtigsten kommunalen Aufgaben zählte, befassen sich Forschung und Literatur primär mit dem Wohnungsbau in Bezug auf Neues Bauen oder mit sozialreformerischen Gesichtspunkten. Für Augsburg hat sich Barbara Wolf in *Wohnarchitektur in Augsburg. Kommunale Bauten der Wei-*

---

[437] Taut: Die neue Wohnung, S. 94f.
[438] Mittenhuber/Schmidt/Windsheimer: Der Nürnberger Nordosten, S. 28.
[439] Schmidt merkt an, dass „allenfalls die in flachliegende Rechtecke eingeteilten Fensterflächen und das Fehlen von Fensterläden oder Erkern [...] die Häuser als Wohnbauten der Weimarer Republik kenntlich [machen]"; Schmidt: Kultur in Nürnberg, S. 220. Im Gegensatz dazu bewertet Bd. 4 der Nürnberger Stadtteilbücher den sozialen Wohnungsbau Nürnbergs in architektonischer Hinsicht wesentlich positiver; Mittenhuber/Schmidt/Windsheimer: Der Nürnberger Nordosten, S. 44f.
[440] Behne: Der moderne Zweckbau, S. 55f.; Taut: Die neue Wohnung, S. 64-90; Poppelreuter: Das Neue Bauen für den Neuen Menschen, S. 121-134.
[441] Peters: Die Einflussnahme auf die Planung der Bauten, S. 132.

marer Republik interdisziplinär mit diesem Thema auseinandergesetzt. Anders als die meisten Publikationen zum Wohnungsbau der Weimarer Republik, die sich mehr avantgardistischer Architektur und Neuer Sachlichkeit zuwenden, richtet sie den Blick auch auf weniger spektakuläre Bauten.[442] Auf Grund der fundierten Darstellung kann für den Abschnitt „Moderner Wohnungsbau in Augsburg" weitgehend auf Wolfs Erkenntnisse zurückgegriffen werden.

Im Spannungsfeld zwischen Altstadt, Fortschritt und einer modernen Stadtentwicklung ließen Augsburger Zeitungen historische Expansion und das Werden des Stadtbildes Revue passieren. Der alten Reichsstadt verhalfen Kaufleute mit Handel und Geschick zu Reichtum und Ansehen. Im Mittelalter prägte die Kirche mit dem Dom und der Basilika St. Ulrich und Afra das repräsentative Gesicht der Stadt. Später kamen die Wohnpaläste der Patrizier und Kaufleute hinzu. Einen weiteren Glanzpunkt schuf Elias Holl mit dem Rathaus und dem Perlachturm.[443] Um sich im Wettstreit der Städte zu behaupten und das Bemühen um Fortschritt und Moderne zu unterstreichen, wurde in den zwanziger Jahren immer wieder die Vergangenheit zitiert: „Ein niemals rastender Drang, das Neue aufzunehmen, es sich anzupassen, Nutzen daraus zu ziehen, gehört zu den Kennzeichen Augsburger Bürgertums."[444]

Vor dem Hintergrund der Abhängigkeit der Kommunen von Reich und Land wurden immer wieder Stimmen laut, die der Eingliederung der Reichsstadt in das Königreich Bayern im Zuge der Mediatisierung wenig Positives abgewinnen konnten.[445] Dennoch hatten die neuen politischen Verhältnisse seit 1806 der schwäbischen Bezirkshauptstadt auf Grund vorteilhafter Standortfaktoren ungeahnte Chancen in einer Entwicklung hin zu einer modernen Großstadt eröffnet. Lech und Wertach mit ihren Seitenkanälen boten großen Wasserreichtum, der besonders für die Expansion textilverarbeitender Industriebetriebe wie Webereien und Spinnereien günstig war. Ab 1840 verkürzte die Direktverbindung der Maximiliansbahn die Distanz zur bayerischen Landeshauptstadt München, was die Ansiedlung bedeutender Schwerindustriebetriebe wie der Maschinenfabrik Augsburg-Nürnberg (MAN) nach sich zog. Innerhalb der nächsten Jahrzehnte entwickelte sich Augsburg zu einem modernen Industrie- und Wirtschaftsstandort Bayerns.[446] Bekleidungs-, Lederfabrikation, Papierunternehmen und chemische Fabriken kamen im Laufe der Jahre hinzu. An der Peripherie entstanden immer mehr Industriedörfer, die nach und nach eingemeindet wurden, so dass Augsburg schon vor dem Ersten Weltkrieg seiner Bevölkerungszahl nach Großstadtstatus erlangte.[447]

---

[442] Wolf: Wohnarchitektur in Augsburg, S. 14.
[443] Das alte und das moderne Augsburg. „Neue Sachlichkeit" für Augsburgs Konterfei! In: ANN, Nr. 221, 23. September 1926, S. 5; Das Wachstum Augsburgs. In: MNN, Nr. 13, 14. Januar 1927, S. 18.
[444] Das neuzeitliche Augsburg. In: MNN, Nr. 136, 19. Mai 1928, S. 30.
[445] Ebd.
[446] Götschmann: Wirtschaftsgeschichte Bayerns, S. 64f.; Kraus, Werner: 170 Jahre Industriekultur in Bayern – ein Überblick. In: ders.: Schauplätze der Industriekultur in Bayern, S. 14-17.
[447] Der Stadtbauplan und die Augsburger Vororte. In: MNN, Nr. 14, 15. Januar 1927, S. 22; Götschmann: Wirtschaftsgeschichte Bayerns, S. 153; Loibl, Richard: Themenroute: Textilstadt Augsburg. In: Kraus: Schauplätze der Industriekultur in Bayern, S. 27-29.

Die Industrialisierung brachte nicht nur technischen Fortschritt und den Glanz der „Industrieschlösser", sondern das überdurchschnittlich starke Bevölkerungswachstum ließ die über Jahrhunderte bestehende soziale Schichtung und Segregation immer mehr zum Problem werden.[448] Die Ansiedlung zahlreicher Behörden und Ämter führte zur Etablierung eines gutsituierten Beamtenstands und einer Schicht aus besserverdienenden Angestellten, weshalb in der Gründerzeit wohlhabende Villenviertel entstanden, während Geringverdiener und von der Industrie zum Teil auch aus Österreich, dem Elsaß und der Schweiz angeworbene Arbeiter unter katastrophalen hygienischen Bedingungen hausten.[449] Die Lebensbedingungen einfacher Beamter und Angestellter der städtischen Verkehrsbetriebe oder der Polizei waren nicht viel besser.[450] Die enge Verflechtung von Wohn- und Gewerbegebieten und die schlechte Bausubstanz der Häuser waren dem Gesundheitszustand der Menschen nicht gerade zuträglich.[451]

Vor allem in den Hinterhäusern der Altstadt, deren Bewohner unter einer Emissionsglocke litten, ließ die Versorgung der Wohnungen mit Licht, Luft und Sonne erheblich zu wünschen übrig. Stadtteile wie das Lechviertel mit lärmenden und geruchsintensiven Gewerbebetrieben spotteten als Wohnquartier jeglicher Beschreibung.[452] Fast die Hälfte der vorhandenen Mietwohnungen, besonders in den klassischen Arbeitervierteln, dem Klauckeviertel und den Wertachvorstädten, war überbelegt. Es gab kaum Kleinwohnungen, die Arbeiterschicht konnte in der Regel den hohen Mietzins nur durch Untervermietung an Schlafgänger und den Zuverdienst der Frauen aufbringen.[453] Statistiken zeigen einen Zusammenhang zwischen hoher Wohndichte und gehäuftem Auftreten von Tuberkulose. Die Doppelbelastung mit Familie und Fabrikarbeit wirkte sich negativ auf die Lebenserwartung der Arbeiterfrauen aus und bei der Kindersterblichkeit wurden traurige Spitzenwerte erreicht – reichsweit lag hier Augsburg an dritter Stelle der deutschen Groß- und Mittelstädte.[454]

Im Laufe der Geschichte gab es immer wieder Ansätze, Wohnraum für soziale Randgruppen zu schaffen – mit Stolz kann Augsburg auf die Fuggerei als älteste Sozialsiedlung Deutschlands verweisen.[455] Wie in Nürnberg hatten bereits Ende des 19. Jahrhunderts Unternehmer und Fabrikanten den dringenden Handlungsbedarf auf dem Gebiet des Wohnungswesens, dessen Verbesserung für die Erhaltung der Arbeitskraft ihrer eigenen Arbeiter unumgänglich war, erkannt. Im Umfeld der Spinnereien, insbesondere am östlichen und nördlichen Stadtrand, waren werkseigene Arbeitersiedlungen wie das Klauckeviertel oder das Kammgarn- und

---

[448] Loibl: Textilstadt Augsburg, S. 28-30.
[449] Bevorzugte Wohngegend waren Thelott- und Bismarckviertel; Der Stadtbauplan und die Augsburger Vororte. In: MNN, Nr. 14, 15. Januar 1927, S. 22; Lutz: Augsburgs Weg zur modernen Großstadt, S. 11-15; Loibl: Textilstadt Augsburg, S. 27; Wolf: Wohnarchitektur in Augsburg, S. 16 f.
[450] Wolf: Wohnarchitektur in Augsburg, S. 34-36.
[451] Kraus: Schauplätze der Industriekultur in Bayern, S. 25; Wolf: Wohnarchitektur in Augsburg, S. 16.
[452] Wechs: Denkschrift, S. 3 f.; Loibl: Textilstadt Augsburg, S. 27.
[453] Wolf: Wohnarchitektur in Augsburg, S. 19.
[454] Ebd., S. 20 f.; Loibl: Textilstadt Augsburg, S. 35.
[455] Wolf: Wohnarchitektur in Augsburg, S. 101 f.

4. Moderner Wohnungsbau in Augsburg 317

das Proviantbachquartier entstanden. Die teilweise typisierten Werkswohnungen in den einheitlich gestalteten Vierteln boten mit fließendem Wasser, modernen Spülaborten, siedlungseigenen Badeanlagen, Wäscherei und Gartenanlagen einen gewissen Komfort, mit dem man nicht ganz uneigennützig Facharbeiter an den Standort zu binden suchte.[456] Arbeiterwohnblöcke, oft in unmittelbarer Nähe zum Werk und seinen Schloten, und baugenossenschaftliche Wohnungen konnten aber den Wohnungsnotstand nicht annähernd überwinden, rückten jedoch die Wohnungshygiene in den Mittelpunkt des theoretischen und praktischen Diskurses über das Wohnungswesen. Für die Industriestadt Augsburg erreichte der schon im Fin de Siècle existente Wohnungsmangel nach Kriegsende durch Kriegsheimkehrer und Flüchtlinge aus den Abtretungsgebieten bisher unvorstellbare Ausmaße.[457]

Reformbestrebungen nach dem Ersten Weltkrieg ließen den Gartenstadtgedanken neu aufleben. Nach diesem Modell entstand in den Jahren 1919-1926 die Gartenstadt Spickel mit Wohnhäusern nach Typenentwürfen.[458] Die Siedlung, die dem Mittelstand gesundes Wohnen im Grünen bieten sollte, geriet in die Kritik, da sie mit unterschiedlichen Baustilen weit entfernt vom architektonischen Erscheinungsbild anderer Gartenstädte Deutschlands war.[459]

Da sich in der Geschichte Augsburgs immer rührige Männer der Stadtentwicklung widmeten, ist von Interesse, welche Anstrengungen in der Zeit der Weimarer Republik von kommunaler Seite erfolgten, einer neuen modernen Wohnarchitektur den Weg zu bahnen und wie Fachleute, Presse und Bevölkerung dazu standen. In erster Linie sind Oberbürgermeister Kaspar Deutschenbaur (BVP) und sein Stellvertreter Friedrich Ackermann (SPD) zu nennen, die über die Grundzüge der städtischen Baupolitik bestimmten und diese im Stadtrat vertraten. In den krisengeschüttelten zwanziger Jahren war Augsburg nach dem Zusammenbruch der kriegsbedingten Rüstungsindustrie und dem Niedergang des traditionsreichen Textilgewerbes stets bestrebt, sich neben München und Nürnberg als Großstadt zu behaupten, und bemüht, gegenüber anderen deutschen Städten nicht provinziell zurückzufallen und als „Spießbürgernest"[460] zu verkommen.[461] Die Reaktionen auf die vom Augsburger Verkehrsverein 1926 initiierte Denkschrift des freien Architekten Thomas Wechs und den Generalbebauungsplan, mit dessen Ausarbeitung man im selben Jahr Theodor Fischer beauftragt hatte, verdeutlichen, dass auch die Bezirkshauptstadt Schwabens sich wie andere Städte mit einer geschichtsträchtigen Vergangenheit und kunstgeschichtlich bedeutenden Bauwerken der Diskussion stellen musste, wie Moderne und Neuzeit mit Altstadt und Denkmal-

---

[456] Ebd., S. 19-23; Loibl: Textilstadt Augsburg, S. 30f., 34.
[457] Wolf: Wohnarchitektur in Augsburg, S. 22-27.
[458] Nach Plänen von Josef Weidenbacher, Gottfried Bösch und Michael Kurz wurden nach dem Krieg die ersten Häuser der Gartenstadt Spickel wegen Baustoffmangel in Holzbauweise errichtet; Laible: Bauen für die Kirche, S. 201f.; Lutz: Augsburgs Weg zur modernen Großstadt, S. 21f.; Wolf: Wohnarchitektur in Augsburg, S. 79-81.
[459] Krankenhaus und Kleinwohnungsbauwettbewerb im Stadtrat. In: ANN, Nr. 35, 11. Februar 1928, S. 6; Neues Bauen, neues Wohnen. In: ANN, Nr. 134, 13. Juni 1928, S. 4.
[460] Das Augsburger Kunstleben. Theater, Musik und bildende Kunst im Spiegel der Publikumsmeinung. In: ANN, Nr. 73, 28. März 1928, S. 6.
[461] Lutz: Augsburgs Weg zur modernen Großstadt, S. 20.

schutz in Einklang gebracht werden konnten.[462] Über Deutschenbaurs Einstellung zur neuen sachlichen Architektur im Stadtbild ist wenig bekannt, die *Münchner Neuesten Nachrichten* würdigten allerdings seine Tatkraft im Wohnungsbau und attestierten ihm, dass er den Geist der Zeit zutreffend erfasst habe.[463] Der Konsens, der während seiner Amtszeit in der Zusammenarbeit mit dem SPD-Bürgermeister Ackermann bestand, war mit Deutschenbaurs Nachfolger Bohl (BVP) nicht mehr im selben Maß gegeben.[464] Dass sich Weltoffenheit und Weitsicht bei den Augsburger Stadtvätern in Grenzen hielten, ließ Thomas Wechs in seinen Memoiren durchblicken. Neuerungen wurden blockiert, es wurde „einem verderblichen Konservatismus"[465] gehuldigt und die Zusammenarbeit des Augsburger Architekten mit Theodor Fischer am Stadtbauplan unterbunden.[466] Als „[e]inen der aufgeschlossensten Männer der Stadt"[467] bezeichnete Wechs Friedrich Ackermann, der sich besonders für den Wohnungsbau engagierte und die progressive Wohnarchitektur eines Schubert- und Lessinghofs ermöglichte.

In den unmittelbaren Nachkriegsjahren war es für Kommunen nicht einfach, mit einer einigermaßen geordneten Wohnungsbaupolitik eine Wohnungsreform in hygienischer, sozialer und architektonischer Hinsicht durchzusetzen. Obwohl die Broschüre *Beiträge zur Förderung des Kleinwohnungsbaus* des Bayerischen Sozialministeriums Ratschläge gab, konnten diese wegen finanzieller Nöte, Mangel an Baumaterial oder Bauarbeitern nicht umgesetzt werden.[468] Selbst eingeleitete Gegenmaßnahmen der Behörden wie neue Bauvorschriften zur sanitären Verbesserung bestehender Wohngebäude verfehlten ihr Ziel, da dadurch entstehende Kosten auf die Mieter umgelegt wurden. Am Ende dieses Teufelskreislaufs waren in Augsburg minderwertige Wohnungen stärker nachgefragt als zuvor.[469]

Im Vergleich mit anderen Städten verfolgte die Augsburger Stadtverwaltung einen anderen Weg, da sie zunächst konsequent ihre mit der Weimarer Reichsverfassung neu gewonnenen Kompetenzen dahingehend nutzte, leerstehende Fabrik-, Lager-, Werkstätten-, Dienst- und Geschäftsgebäude etc. zu beschlagnahmen und dort nachträglich Wohnungen einzubauen, was billiger kam als Wohnungsneubauten.[470] Als weitere behelfsmäßige Maßnahme stellte man Baracken auf. Genossenschaftliche Modelle entwickelten sich zunehmend zu Trägern des Wohnungsbaus. Erst als sich die wirtschaftliche Gesamtlage mit dem Ende der Inflation verbesserte, entschloss sich der Stadtrat, trotz extremer Finanznot mit

---

[462] Der Stadtbauplan und die Augsburger Vororte. In: MNN, Nr. 14, 15. Januar 1927, S. 22; Stadtbauplan und Siedlung. Zur Denkschrift des Verkehrsvereins. In: MNN, Nr. 17, 18. Januar 1927, S. 5; Wechs: Memoiren, S. 36-43; vgl. auch Lutz: Augsburgs Weg zur modernen Großstadt, S. 24-26.
[463] Das neuzeitliche Augsburg. In: MNN, Nr. 136, 19. Mai 1928, S. 30.
[464] Wolf: Wohnarchitektur in Augsburg, S. 186.
[465] Wechs: Memoiren, S. 43.
[466] Ebd., S. 41-45.
[467] Ebd., S. 50.
[468] Beiträge zur Förderung des Kleinwohnungsbaues. In: DB, Beilage, S. B 23.
[469] Wolf: Wohnarchitektur in Augsburg, S. 21.
[470] Ebd., S. 46.

dem Wohnungsbauprogramm 1926 der Stadt Augsburg den Wohnungsbau selbst in die Hand zu nehmen.[471]

Dank einer vorausschauenden Grundstückspolitik in den vergangenen Jahrzehnten hatte Augsburg trotz leerer Kassen dabei günstigere Voraussetzungen als München, Würzburg oder Berlin. Bei den großen Eingemeindungswellen 1910 und 1916 hatte sich die Stadt große Flächen gesichert, so dass sich ein Drittel der eingemeindeten Flächen in städtischem Besitz befanden.[472] Das Bodenkapital anderer Städte lag meist prozentual niedriger als das Augsburgs. Ein Vergleich mit dem Wohnungsbau der Stadt Nürnberg zeigt, dass Augsburg relativ kleinteilig plante und baute, Großsiedlungen fehlten völlig. Allgemein wird eine zersplitterte Siedlungspolitik konstatiert.[473] Dennoch bedeutete die bestehende Möglichkeit, für den Wohnungsbau auf städtischen Grundbesitz zurückzugreifen, eine finanzielle Entlastung, da nur Baukosten anfielen. Um Erschließungskosten gering zu halten, wurden in erster Linie Grundstücke bebaut, die bereits an Kanalisation, Gas- und Wasserversorgung angeschlossen waren. Weitere Entlastung der städtischen Kassen brachten Fördergelder von Land und Reich, die wie die Genehmigung von Darlehen durch das Staatsministerium für soziale Fürsorge wiederum von Lage und Zustand des projektierten Geländes abhingen.[474] Mit kommunalen Anreizen wie Erbbaurecht und günstiger Überlassung von Baugrund an Wohnungsbaugenossenschaften und private Bauherren gelang es der Stadt mitunter, sich selbst der Baukostenfinanzierung zu entledigen.[475]

Eine prägende Rolle für die kommunale Bautätigkeit während der Weimarer Republik spielte der gebürtige Augsburger Otto Holzer, Stadtbaurat von 1911 bis 1932, nachdem er zuvor zehn Jahre lang Baurat in Fürth war.[476] Damit hatte die Stadt einen erfahrenen Baufachmann, der sich vor allem mit Schulbauten in seiner Heimatstadt profilieren konnte und sich nach und nach dem Wohnungsbau zuwandte. Die Weimarer Reichsverfassung gestattete ihm, praktisch alle Kompetenzen im Wohnungsbau auf sein Amt des Hochbaureferenten zu konzentrieren und als Sachverständiger für die Wohnungsbaugesellschaft der Stadt Augsburg (WBG) ab 1927 seinen Einfluss auszudehnen.[477] Über die Genehmigung öffentlicher Bauzuschüsse konnte Holzer den gemeinnützigen Wohnungsbau in Augsburg in vielerlei Hinsicht steuern.[478]

Unter den unmittelbaren Eindrücken der Nachkriegssituation mit Finanznot und Baumaterialmangel sagte Holzer in einer Denkschrift, die eine Bedarfsanalyse

---

[471] Lutz: Augsburgs Weg zur modernen Großstadt, S. 26.
[472] Eingemeindet wurden Siebenbrunn, Hochzoll, Kriegshaber, Oberhausen, Pfersee und Lechhausen; Wolf: Wohnarchitektur in Augsburg, S. 82f.; Loibl: Textilstadt Augsburg, S. 27.
[473] Städtische Siedlungspolitik. In: ANN, Nr. 22, 27. Januar 1928, S. 5.
[474] Wolf: Wohnarchitektur in Augsburg, S. 83.
[475] Die neuen Erbbaurechts- und Heimstättenverträge. In: ANN, Nr. 291, 15. Dezember 1926, S. 5; Krankenhaus und Kleinwohnungswettbewerb im Stadtrat. In: ANN, Nr. 35, 11. Februar 1928, S. 5; Krankenhaus und Markthalle. In: ANN, Nr. 33, 9. Februar 1928; Wolf: Wohnarchitektur in Augsburg, S. 82f.
[476] Oberbaudirektor Otto Holzer (1/2). In: AR, Nr. 17, 24. Juli 1926, S. 192; Oberbaudirektor Otto Holzer (2/2). In: AR, Nr. 18, 31. Juli 1926, S. 197f.
[477] Augsburger Architekten und Architekturen. In: AR, Nr. 16, 17. Juli 1926, S. 181.
[478] Wolf: Wohnarchitektur in Augsburg, S. 98f.

des Wohnungsmarktes unter Einbeziehung der sozialen Schichtung der Bevölkerung enthielt, Anfang 1918 einen Mangel an Zweizimmerwohnungen voraus. Die Tatsache, dass die Prognosen noch im selben Jahr von der Realität überholt wurden, zeigt, unter welchem Zeitdruck architektonische Lösungsansätze zur Verbesserung der Lebensweise erarbeitet wurden.[479] Holzer, der zwischen Tradition und Erneuerung schwankte, sah in der Fuggerei den idealen Anknüpfungspunkt für den gemeinnützigen Wohnungsbau der jungen Weimarer Republik.[480] Er thematisierte die Zeilenbauweise und suchte mittels eines Vergleichs eigener Entwürfe typisierter Kleinwohnungen mit Typenhäusern der Fuggerei Vorbehalte Augsburger Bürger gegenüber typisierten Wohnungsgrundrissen zu zerstreuen.[481] Einerseits wollte Holzer durch maßvollen Umgang mit gestalterischen Mitteln und schlichten Fassaden zur Beruhigung des Stadtbildes beitragen, andererseits beharrte er auf einem konservativen Formenkanon mit herkömmlicher Fassadengliederung in Wohnetagen und Steildach sowie kleinen Sprossenfenstern mit Fensterläden. Er sprach sich für Normierung von Bauteilen, Fenstern und Türen aus, präferierte aber gleichzeitig eine traditionsgebundene Bauweise mit regionalen Baustoffen, insbesondere Holz, das im Umland reichlich vorhanden war.[482]

Da alles dem Diktat der Sparsamkeit untergeordnet werden musste, kamen bei Holzer auch die Forderungen nach einer neuzeitlichen Wohnungshygiene mit Licht, Luft und Sonne auf den Prüfstand. Dabei ging er weitgehend mit den ministeriellen Sparanweisungen, den in Fachzeitschriften empfohlenen Rationalisierungsmaßnahmen, der novellierten bayerischen Bauordnung und den „Grundsätzen für Kleinwohnungs-Siedelungen" des Bayerischen Landesvereins zur Förderung des Wohnungsbaus konform.[483] Einen an seiner Denkschrift von 1918 und den amtlichen Empfehlungen orientierten Wohnungsbau setzte Holzer 1920-1922 beim Römerhof, seinem ersten größeren Wohnbauprojekt, um, wich aber von der ursprünglich geplanten Zeilenbauweise ab und ging zur Hofbauweise über, die den Wohnungsbau der zwanziger Jahre in Augsburg bestimmen sollte.[484] Wie Wohnungsbauten anderer bayerischer Städte zu dieser Zeit ist der Römerhof als erster Versuch zu werten, den Wohnungsbau in neue Wege zu leiten, wobei sich

---

[479] Hatte die Stadt im Frühjahr 1918 den Bau neuer Wohnungen geplant, so waren im Herbst Notstandsmaßnahmen wie Massenunterkünfte und behelfsmäßige Baracken erforderlich; Wolf: Wohnarchitektur in Augsburg, S. 15.

[480] In der Diskussion um Typisierung und Serienbau wurde im Zusammenhang mit dem Wohnungsbau der Weimarer Zeit wiederholt auf das Vorbild der Fuggerei hingewiesen; vgl. R[iezler], W[alter]: Buchbesprechung. Joseph Gantner: Revision der Kunstgeschichte. In: Die Form, Nr. 9, 15. September 1932, S. 295 f.; Die älteste Sozialsiedelung Deutschlands. In: FV, Nr. 7, 11. Januar 1927, S. 7; Neues Bauen, neues Wohnen. In: ANN, Nr. 134, 13. Juni 1928, S. 4.

[481] Barbara Wolf sieht in den Grundrissen Holzers Anleihen aus Genossenschaftsbauten und dem Werkssiedlungsbau Augsburger Unternehmer vor dem Ersten Weltkrieg; vgl. Wolf: Wohnarchitektur in Augsburg, S. 102 f.

[482] Wolf: Wohnarchitektur in Augsburg, S. 103, 108-111.

[483] Ebd., S. 101 f. Die schwierigen wirtschaftlichen Verhältnisse im Bauwesen fanden auch Eingang in die bayerische Bauordnung; Die bayerische Bauordnung. In: DB, Nr. 8/9, August/September 1922, S. B 51.

[484] Wolf geht davon aus, dass sich Holzer an Vorläufern im Genossenschafts- und Werkwohnungsbau orientierte; Wolf: Wohnarchitektur in Augsburg, S. 103.

die Notlage im Bauwesen negativ auf die Wohnqualität auswirkte und Holzer dafür Kritik einstecken musste.[485]

In einer Artikelserie würdigte die *Augsburger Rundschau* die Leistung Holzers. Einerseits wurde er als jemand beschrieben, der sich der Denkmalpflege und dem historischen Erbe seiner Vaterstadt verpflichtet sah, andererseits als einer, der „mitten im Strom des kulturellen, sportlichen und gesellschaftlichen Lebens Augsburgs [stand]"[486] und nicht fehlte, wenn es galt, „etwas Neues, Bedeutendes zu fördern"[487]. Im Mai 1928 veröffentlichten die *Augsburger Neuesten Nachrichten* den Reisebericht Holzers *Fremdes Bauen und Bauen in Augsburg*[488] in drei Teilen. Vordringlich, um Mittelstands- und Kleinwohnungsbau zu studieren und sich über moderne Bauweisen vor Ort zu informieren, hatte er gemeinsam mit einigen Stadträten Stuttgart, Mannheim, Frankfurt am Main, Köln, Dortmund, Berlin und Dessau besucht. Mit Kritik und Lob hielt Holzer bei seinem Bericht nicht hinterm Berg und ließ dabei Präferenzen für eine neue sachliche Architektur erkennen.[489] Während für ihn die Wohnbauten eines Le Corbusier in der Weißenhofsiedlung mit Einbaumöbeln nach amerikanischer oder holländischer Lebensweise eine zu plakative Ausstellungswirkung hatten und er deren Umsetzung für eine alltägliche Wohnkultur nicht für geeignet erachtete, war er von den Frankfurter Siedlungen und der May'schen Plattenbauweise beeindruckt.[490] Überzeugend erschienen ihm die von Taut, Häring und Salvisberg architektonisch gestalteten Gartenstadtsiedlungen Berlins. Die Großzügigkeit der Siedlung Berlin-Britz bewunderte er, wohingegen er bei den avantgardistischen Gropius-Bauten in Dessau die Lebensdauer von Bauteilen und Bauelementen in Zweifel zog.[491] Der Wohnungsbau der Stadt Mannheim, bei dem Holzer Parallelen mit Augsburg sowohl bezüglich der Industrie als auch des baukünstlerischen Erbes sah, fand seine uneingeschränkte Zustimmung. Seiner Meinung nach gelang es dem Mannheimer Hochbauamt, den Wohnungsbau in eine Richtung zu lenken, die zur Entstehung einer modernen Wohnhausarchitektur führte, ohne mit der Barockstadt zu brechen. Auf Grund des vorbildlichen Finanzierungsplanes für das Bauprogramm wagte Holzer die kühne Prognose, Mannheim werde bald als eine der wenigen deutschen Städte sein Wohnungsproblem gelöst haben.[492]

---

[485] Wolf: Wohnarchitektur in Augsburg, S. 103-108; Lutz: Augsburgs Weg zur modernen Großstadt, S. 26 f.

[486] Oberbaudirektor Otto Holzer (1/2). In: AR, Nr. 17, 24. Juli 1926, S. 192.

[487] Ebd.

[488] Holzer, Otto: Fremdes Bauen und Bauen in Augsburg (1/3). Eindrücke einer Studienreise. In: ANN, Nr. 107, 9. Mai 1928, S. 5; ders.: Fremdes Bauen und Bauen in Augsburg (2/3). In: ANN, Nr. 108, 10. Mai 1928, S. 5; ders.: Fremdes Bauen und Bauen in Augsburg (3/3). Eindrücke einer Studienreise. In: ANN, Nr. 109, 11. Mai 1928, S. 7.

[489] In den ANN wurde sein eingeschränktes Bekenntnis zur „neuen Sachlichkeit" kritisch kommentiert: „Der Mann der diesen Bericht geschrieben hat, ist kein Mann der strengen und nüchternen ‚neuen Sachlichkeit'"; Wenn einer eine Reise tut... Laienbetrachtungen zum Reisebericht von Oberbaudirektor Holzer. In: ANN, Nr. 110, 12. Mai 1928, S. 3.

[490] Holzer: Fremdes Bauen und Bauen in Augsburg (1/3). In: ANN, Nr. 107, 9. Mai 1928, S. 5.

[491] Ders.: Fremdes Bauen und Bauen in Augsburg (3/3). In: ANN, Nr. 109, 11. Mai 1928, S. 7.

[492] Als Leiter des Hochbauamtes war Oberbaudirektor Josef Zizler für den Wohnungsbau in Mannheim verantwortlich; Holzer: Fremdes Bauen und Bauen in Augsburg (2/3). In: ANN, Nr. 108, 10. Mai 1928, S. 5; Gut: Wohnungsbau in Deutschland, S. 181 f.

Bei allen besichtigten Wohnsiedlungen fand Holzer die in seiner Denkschrift genannten Vorzüge einer aus typisierten Grundrissen heraus entwickelten Wohnarchitektur bestätigt.[493] Während Kritiker die Monotonie moderner Siedlungen auf die Typisierung zurückführten, wertete Holzer diese als Bereicherung und Beruhigung des Straßenbildes, wobei er einer Betonung des kubischen Baukörpers und dem Flachdach durchaus nicht abgeneigt war. Kritisch merkte er an, dass vieles bautechnisch noch nicht ausgereift sei, so habe man in Augsburg bei den Wohnanlagen Eschen- und Birkenhof erlebt, dass Wasser über Risse in den Platten der „Horizontaldächer" eindrang, nachdem sich das Baugelände kurz nach Fertigstellung der Häuser abgesenkt hatte.[494]

Für seine Stadt erkannte Holzer in Bezug auf das Neue Bauen weitere Probleme. So habe eine fortschrittliche Bauweise mit Fertigbauteilen und Maschineneinsatz auf Großbaustellen zwar wirtschaftliche Vorteile, eine damit verbundene Modernisierung des Baumaschinenparks sei den um ihre Existenz bangenden Augsburger Baufirmen aber nicht zuzumuten.[495] Wie auch anderen Berichten zu entnehmen ist, stellte ein innovationsfeindliches Klima innerhalb des Augsburger Baugewerbes ein Hemmnis für die Einführung einer modernen Bauweise dar.[496] Dazu passte Holzers anfänglich kategorische Ablehnung von Eisenbetonkonstruktionen, die in anderen deutschen Städten seit der Jahrhundertwende üblich waren.[497] Holzers unentschlossene Haltung zu Tradition und Moderne spiegeln die fünf Wohnhöfe des städtischen Wohnungsbauprogramms von 1927 sowohl in ihrer Architektur als auch in der Ausrichtung auf die jeweilige Mieterklientel wider. Staatlichen Förderrichtlinien entsprechend lag der Fokus zunächst auf dem Kleinwohnungsbau, da 2-3-Zimmer-Wohnungen seit den Vorkriegsjahren wenig gebaut worden waren und dem dringendsten Wohnungsbedarf sozial schwacher Familien und Hilfsbedürftiger begegnet werden sollte.[498] Nach dem Beispiel anderer Städte initiierte der Zweite Bürgermeister und Finanzreferent Friedrich Ackermann die Gründung der Wohnungsbaugesellschaft der Stadt Augsburg (WBG), die mit Richard-Wagner-, Richard-Strauß-, Zeppelin-, Eschen- und Birkenhof die Wohnhöfe aus dem laufenden Bauprogramm übernahm.[499] Mit der Stadt als Mehrheitseigner gelang es, Auflagen übergeordneter Behörden teilweise zu umgehen und die Schuldenlast zu verringern.[500] (Abb. 67 u. 68)

Die Förderung bestimmter Bauprojekte war an gewisse Kriterien geknüpft. Der Bekanntmachung der Richtlinien des Bayerischen Sozialministeriums von 1928

---

[493] Holzer: Fremdes Bauen und Bauen in Augsburg (1/3). In: ANN, Nr. 107, 9. Mai 1928, S. 5; Wolf: Wohnarchitektur in Augsburg, S. 100f.
[494] Holzer: Fremdes Bauen und Bauen in Augsburg (1/3). In: ANN, Nr. 107, 9. Mai 1928, S. 5.
[495] Ebd.
[496] Städtische Siedlungspolitik. In: ANN, Nr. 22, 27. Januar 1928, S. 5; Neues Bauen, neues Wohnen. In: ANN, Nr. 134, 15. Juni 1928, S. 4; Wechs: Memoiren, S. 137f.
[497] Wolf: Wohnarchitektur in Augsburg, S. 103.
[498] Wohnungsbauprogramm 1927. In: Amtsblatt der Stadt Augsburg, Nr. 10, 5. März 1927, S. 378. Insgesamt belief sich der Kleinwohnungsanteil an den Neubauwohnungen der zwanziger Jahre in Augsburg auf über 70%; Wolf: Wohnarchitektur in Augsburg, S. 71.
[499] Wohnungsbaugesellschaft Augsburg gegründet. In: MNN, Nr. 294, 28. Oktober 1927, S. 5; Wolf: Wohnarchitektur in Augsburg, S. 58.
[500] Wolf: Wohnarchitektur in Augsburg, S. 58.

4. Moderner Wohnungsbau in Augsburg 323

in den *Augsburger Neuesten Nachrichten* ist zu entnehmen, „daß staatliche Baudarlehen für Wohnungsbauten nur zur Herstellung von Klein- und Mittelstandswohnungen gewährt werden. Als Mittelstandswohnungen gelten solche Wohnungen, die zwar über den Rahmen von Kleinwohnungen hinausgehen, bei denen aber nach Ausmaß und Ausstattung das beim Mittelstand übliche Maß nicht überschritten wird"[501]. Aus staatlichen und städtischen Darlehen standen je eine Million RM für den öffentlichen Wohnungsbau zur Verfügung.[502] Da die ministeriellen Vorgaben dehnbar ausgelegt werden konnten, wurden die Gelder einseitig in die kostenintensiven Wohnanlagen Richard-Wagner-, Richard-Strauß- und Zeppelinhof für Beamte und Angestellte investiert. Damit verfehlte das Wohnungsbauprogramm letztlich sein Ziel einer Umverteilung im Sinne eines sozialen Wohnungsbaus. Für Eschen- und Birkenhof, die als Hilfswohnanlagen konzipiert waren, wurde dagegen auf Subventionen verzichtet.[503] Die Vergabepraxis von Baudarlehen nach Klein- und Großstädten, nach der in größeren Städten auch Häuser mit mehr als zwei Wohngeschossen förderwürdig waren[504], und die Empfehlung für althergebrachte Bauweisen dürfte entscheidend dafür gewesen sein, dass man auf die bewährte Ziegelbauweise zurückgriff und drei der Wohnhöfe dreistöckig errichtete.[505]

Die Unterscheidung in der Wohnungsfürsorge nach Arbeitern, Beamten und Angestellten wirkte sich auf Verteilung und Zuschnitt der Wohnungen aus.[506] Laut Beschreibung der *Münchner Neuesten Nachrichten* hatten die meisten Wohnungen im Richard-Wagner-Hof, Richard-Strauß-Hof und Zeppelinhof großzügige Grundrisse mit Wohnflächen zwischen 65 und 150 m² und verfügten über mindestens drei Räume.[507] Beschwichtigend hieß es, die Großwohnungen des Richard-Wagner-Hofs seien „selbstverständlich sehr in der Minderzahl"[508]. Die nahezu identischen Wohnhöfe Eschen- und Birkenhof, ein Wohnprojekt für sozial schwache Familien, Obdachlose und Tuberkulosekranke, hatten dagegen gänzlich andere Grundrisse und waren nach Albert Gut als Hilfswohnungsanlagen zwischen Notwohnungen und Wohnheimen einzuordnen.[509] So gab es dort abgeschlossene Wohnungen und „[a]bweichend von den normalen Wohnungstypen wurden bei 73 Wohnungen eines Baublockes die A b o r t e u n d A u s g ü s s e z u s a m m e n g e l e g t und außerdem diese Wohnungen von einer g e m e i n s a -

---

[501] Wohnungsbaudarlehen 1928. In: ANN, Nr. 22, 27. Januar 1928, S. 4.
[502] Wolf: Wohnarchitektur in Augsburg, S. 113.
[503] Ebd., S. 127–129.
[504] Wohnungsbaudarlehen 1928. In: ANN, Nr. 22, 27. Januar 1928, S. 4.
[505] Wolf: Wohnarchitektur in Augsburg, S. 113f.
[506] Der Richard-Strauß-Hof und der Zeppelinhof waren für Bedienstete des Schlachthofs, der Straßenbahn und der Stadtreinigung vorgesehen; Wolf: Wohnarchitektur in Augsburg, S. 71f.
[507] Ein Merktag im Augsburger Wohnungswesen. Am 15. Mai Bezug der städt. Höfe. In: MNN, Nr. 89, 31. März 1928, S. 7. Der Richard-Wagner-Hof mit Wohnungstypen, die mehrheitlich über 100 m² groß waren, dürfte laut Wolf von vorneherein für Angestellte und Beamte konzipiert gewesen sein; vgl. tabellarische Aufstellung in: Wolf: Wohnarchitektur in Augsburg, S. 72.
[508] Ein Merktag im Augsburger Wohnungswesen. In: MNN, Nr. 89, 31. März 1928, S. 7.
[509] Gut: Die Entwicklung des Wohnungswesens in Deutschland, S. 45–48.

men Ganganlage zugänglich gemacht"[510]. Nach Angaben des Stadtbauamtes orientierte sich das Konzept am Kleinwohnungsbauprogramm der Stadt Wien.[511]

Was wohnungshygienische Forderungen betraf, war die Ausstattung der Wohnhöfe sozial gestaffelt und reichte von einer Luxusausführung im Richard-Wagner-Hof mit eigenem Bad, Kochküche mit Gasherd, Speisekammer und Etagenwarmwasserheizung bis zur spartanischen Variante im Eschen- und Birkenhof, wo die sanitären Anlagen auf das Mindestmaß reduziert waren.[512] Gemeinschaftseinrichtungen wie Waschküchen, Wäschespeicher, Kinderspielplätze und Planschbecken oder eine Ausrichtung der Küchen zur Hofseite hin wegen der Aufsicht der Kinder machen deutlich, dass man bemüht war, sich an den Bedürfnissen der Mieter zu orientieren und den modernen Wohnkonzepten der Weimarer Zeit zu folgen.[513] Das Postulat Licht, Luft und Sonne wurde bei Holzers Hofbauweise, die Barbara Wolf zufolge wegen der Anordnung der Wohnblöcke und der streng geometrischen Gartengestaltung der Innenhöfe einen schlossähnlichen Charakter annahm, zwar formell berücksichtigt, die geforderte Durchlüftung dürfte aber bei den gänzlich geschlossenen Höfen der Hilfswohnanlagen nicht in ausreichendem Maße gewährleistet gewesen sein.[514] Da nicht alle Wohnungen einen Balkon oder eine Loggia hatten und die Fenster relativ klein waren, kann wohl auch kaum von sonnendurchfluteten Zimmern gesprochen werden, wie sie in den zwanziger Jahren andernorts bei Neubauten üblicherweise angepriesen wurden.

Da Otto Holzer einerseits bemüht war, seiner Wohnarchitektur den Anstrich von Modernität zu verleihen, andererseits nicht gänzlich der konservativen Formensprache abzuschwören vermochte, geriet die Architektur der Wohnhöfe zu einem Stilmix, bei dem Reminiszenzen des Neuen Bauens wie eine Fassadengestaltung, die sich über die Anordnung der Fenster aus den Wohnungsgrundrissen ableitet, vertikale Fensterbänder oder Dreieckserker bei den Treppenhäusern gleichermaßen neben traditionellen Satteldächern, Staffelgiebel und Fensterläden zu finden sind.[515] Interessant ist, dass sich sowohl das in guter Wohnlage befindende Prestigeobjekt Richard-Wagner-Hof für Beamte als auch die Hilfswohnanlagen für sozial Schwache am Stadtrand architektonisch eindeutiger dem Neuen Bauen zuwenden. Die nach einer Nord-Süd-Achse ausgerichtete Beamtenwohnanlage erhält durch zwei zueinander asymmetrisch stehende Türme mit Pultdächern einen besonderen Akzent. Da sie der Wasserversorgung der Wohnanlage dienten, sind sie deutlich höher als die Wohnblöcke und wurden mit ihren ungewohnt

---

[510] Die städtischen Wohnhöfe. Besichtigung des Eschen- und Richard-Wagner-Hofes. In: ANN, Nr. 115, 18. Mai 1928, S. 5; vgl. auch Wolf: Wohnarchitektur in Augsburg, S. 126–131.
[511] Wolf: Wohnarchitektur in Augsburg, S. 77f.
[512] Die städtischen Wohnhöfe. In: ANN, Nr. 115, 18. Mai 1928, S. 5; Ein Merktag im Augsburger Wohnungswesen. In: MNN, Nr. 89, 31. März 1928, S. 7.
[513] Wolf: Wohnarchitektur in Augsburg, S. 116.
[514] Ebd., S. 116–124.
[515] Vgl. Modellaufnahmen der städtischen Wohnhöfe Birkenhof, Richard-Strauß-Hof und Richard-Wagner-Hof. In: Gut: Wohnungsbau in Deutschland, S. 381; Wolf: Wohnarchitektur in Augsburg, S. 118–123.

steilen Pultdächern, die jeweils von einer Seite den Kubus des Baukörpers betonen, zum Wahrzeichen des Hofes.[516]

Bei den Hilfswohnanlagen wählte Holzer, wie die historische Aufnahme des Modells vom Birkenhof zeigt, ebenfalls ein zur Hofseite geneigtes Pultdach, um an der Straßenseite den Stil einer Neuen Sachlichkeit zu vermitteln. (Abb. 68) Die Fassade gliedert sich in drei Wohngeschosse und ein Speichergeschoss, wobei lange Fensterreihen die Horizontale betonen. Eine vertikale Komponente unterbricht den Ost- und Westteil der in sich geschlossenen Hofanlage achsensymmetrisch durch einen um ein Stockwerk erhöhten quadratischen Bauteil mit vorspringendem Flacherker. Etwas dezenter fällt die vertikale Gliederung der nördlichen und südlichen Wohnhofseiten durch Hauseingänge und über alle Stockwerke geführte Treppenhausfenster aus. Glatte Mauern tragen das Ihre zu einem geschlossenen, fast abweisenden Eindruck bei. In der Kritik war damals von „Kasernentyp"[517], wuchtigen Bauklötzen, Eintönigkeit und Nüchternheit die Rede.[518] Barbara Wolf wertet die wehrhafte Erscheinung der Hilfswohnanlagen, die im Gegensatz zu den subventionierten Beamtenwohnanlagen stand, als eine Abschottung Minderbemittelter und als Manifestation einer sozialen Spaltung der Gesellschaft. Dagegen bezeichnete Albert Gut Idee und Grundrisslösung der Augsburger Hilfswohnanlagen als vorbildlich.[519] Letztlich nahm man aber unter dem Druck der Wohnungsnot und der Finanzknappheit in Augsburg mit Einfachstwohnungen, die eigentlich den Reichsrichtlinien widersprachen, in Kauf, unter Umständen wohnreformerischen Bestrebungen diametral entgegenzuwirken.

Holzer, der durch seine personelle Kontinuität als Oberbaurat im Hochbauamt der Stadt seit dem ausgehenden Kaiserreich die Stadtentwicklung Augsburgs entscheidend prägte, stand während seiner Amtszeit öfters in der Kritik und auch seine Wohnhöfe blieben nicht unumstritten.[520] Beispielsweise wurde die Verlegung der Hauszugänge in die Innenhöfe als unpraktisch empfunden[521] und die Türme des Richard-Wagner-Hofs erregten durch ihr „etwas zu steil"[522] geneigtes Dach Missfallen. Hinzu kam, dass Pfusch am Bau beim Eschen- und Birkenhof bauliche Nachbesserungen erforderlich gemacht hatte. Die Stimmen mehrten sich, die das architektonisch uneinheitliche Bild im Wohnungsbau und das Fehlen einer planvollen städtischen Siedlungspolitik anprangerten oder anmerkten, andere Städte würden im Siedlungswesen und bei der Wohnreform glücklicher agieren.[523] Die Diskussion verschärfte sich, als die DNVP-Stadtratsfraktion die Ausschreibung

---

[516] Die städtischen Wohnhöfe. In: ANN, Nr. 115, 18. Mai 1928, S. 5; Wolf: Wohnarchitektur in Augsburg, S. 123.
[517] Ein Merktag im Augsburger Wohnungswesen. In: MNN, Nr. 89, 31. März 1928, S. 7.
[518] Wolf: Wohnarchitektur in Augsburg, S. 126f.
[519] Ebd., S. 130f.; Gut: Die Entwicklung des Wohnungswesens in Deutschland, S. 46f.; ders: Wohnungsbau in Deutschland, S. 381.
[520] Heftige Angriffe von Seiten der Handwerkervereinigungen veranlassten Holzer, 1926 seinen Rücktritt als städtischer Oberbaurat anzubieten. Der Stadtrat sprach ihm aber das Vertrauen aus; Augsburg im Jahre 1926. In: ANN, Nr. 304, 31. Dezember 1926, S. 9.
[521] Die Flachbedachung des Schuberthofes. In: ANN, Nr. 240, 17. Oktober 1928, S. 5.
[522] Die städtischen Wohnhöfe. In: ANN, Nr. 115, 18. Mai 1928, S. 5.
[523] Städtische Siedlungspolitik. In: ANN, Nr. 22, 27. Januar 1928, S. 5.

eines Wettbewerbs für den Bau einer Großsiedlung unter den ortsansässigen Architekten forderte.[524]

Thomas Wechs ließ in seinen Memoiren anklingen, welche Widerstände es zu überwinden galt, bis in Augsburg „der erste moderne Wohnungsbau in Bayern"[525] entstehen konnte, der auch im Ausland Beachtung fand. Hemmnisse waren die zögerliche Beteiligung privater Architekten am kommunalen Wohnungsbau, Innovationsfeindlichkeit des Baugewerbes, Beharren auf Überkommenem und nicht zuletzt „erschreckend wenig Verständnis für moderne Kunst"[526] bei den Augsburgern, von denen einige einen Vortrag Wechs' über das Dessauer Bauhaus mit „Das Bauhaus ist ein Sauhaus"[527] kommentierten.

Die Polarisierung der Gesellschaft an der Thematik Neue Sachlichkeit und Neues Wohnen persifliert Bertolt Brecht in seiner Kurzgeschichte *Nordseekrabben*, wie sie wohl auch für seine Heimatstadt Augsburg nicht hätte zutreffender sein können.[528] Während sich die einen nach der furchtbaren Erfahrung des Krieges voll und ganz dem Neuen, Modernen und Sachlichen verschrieben, hielten die anderen an der Geborgenheit der guten alten Welt fest, indem sie jegliche Veränderung als Gefahr begriffen und nur dort wohnen wollten, „wo ein Mensch seinen alten Kragen in die Ecke"[529] werfen konnte.[530] Selbst diejenigen, denen Kunst und Kultur am Herzen lag, wie Mitglieder der Vereinigung *Die Ecke*, waren mitunter zeitfremd oder zu bequem, sich auf Neues einzulassen.[531] Bei Brecht wird die Neue Sachlichkeit zugleich zu einem Kriterium der elitären Abgrenzung von der sozialen Unterschicht.

Dass „Augsburg, eine moderne Industriestadt der Provinz"[532], wie Oberbürgermeister Deutschenbaur seinen Werbevortrag im Rundfunk überschrieb, mit moderner Architektur punkten konnte, ist mit ein Verdienst Thomas Wechs', der sich, auch wenn er mit seiner Denkschrift und der Idee eines Stadions aneckte, in seiner Überzeugungsarbeit nicht entmutigen ließ. Seine Verbindungen zur Postbauschule waren dabei durchaus hilfreich und als Vorstandsmitglied des Akade-

---

[524] Stagnation im Baugewerbe und wirtschaftliche Depression brachten oft Architekten und Künstler in Existenznöte. Als Leiter der städtischen Baubehörde gelang es Holzer, mit dem Künstlerhof ein Heim mit Ateliers für notleidende Maler, Bildhauer und Architekten zu schaffen. Sein Einsatz für die Vergabe von Wohnprojekten an Privatarchitekten brachte ihm aber wiederholt Anfeindungen ein; vgl. Privatarchitekten und Stadtrat. In: ANN, Nr. 263, 12. November 1926, S. 5 f.; Krankenhaus und Kleinwohnungswettbewerb im Stadtrat. In: ANN, Nr. 35, 11. Februar 1928, S. 6; Rathaus-Perspektiven. In: ANN, Nr. 14, 18. Januar 1928, S. 5; Augsburger Wohnungsbau 1928. Städtische Siedlungspolitik. In: ANN, Nr. 28, 3. Februar 1928, S. 5; Lutz: Augsburgs Weg zur modernen Großstadt, S. 21-24.
[525] Wechs: Memoiren, S. 53.
[526] Erschreckend wenig Verständnis für moderne Kunst. In: ANN, Nr. 73, 28. März 1928, S. 5.
[527] Wechs: Memoiren, S. 59.
[528] Brecht: Nordseekrabben, S. 31-44.
[529] Ebd., S. 43.
[530] Poppelreuter: Das Neue Bauen für den Neuen Menschen, S. 65 f.
[531] Wechs: Memoiren, S. 58, 61.
[532] Augsburg, eine moderne Industriestadt der Provinz. Rundfunkvortrag von Oberbürgermeister Deutschenbaur. In: ANN, Nr. 281, 5. Dezember 1928, S. 5.

mischen Architektenvereins München und Vorstand des Schwäbischen Architekten- und Ingenieurvereins konnte er seinen Einfluss geltend machen.[533] Er organisierte Vorträge zu einem Stadtbauzyklus mit namhaften Referenten und engagierte sich in mehreren Vereinigungen wie Die Ecke, der kulturellen Arbeitsgemeinschaft, dem Augsburger Bund für Gestaltung oder bei der Zeitschrift *Form und Sinn*.[534] Der junge Architekt, der im Rahmen seiner Überlegungen zum Stadtbauplan darauf hinwies, dass „Siedlungspolitik zugleich auch Wirtschafts-, Sozial- und Kulturpolitik"[535] sei, der sich mit innovativer Bauweise auskannte, dessen typisierte Grundrisse auf der Ausstellung *Heim und Technik* präsentiert worden waren[536] und der durch seine baukünstlerische Mitwirkung am Kriegerdenkmal vor dem Münchner Armeemuseum Bekanntheit erlangt hatte[537], schien für die Durchführung der ersten beiden Wohnprojekte der WBG prädestiniert zu sein, so dass 1928 der Auftrag an ihn vergeben wurde.[538]

Da die wirtschaftlichen Vorrausetzungen sich gebessert hatten, mit der Stuttgarter Weißenhofsiedlung moderne Wohnformen heiß diskutiert wurden und einige Städte mit neuer Wohnarchitektur prestigeträchtige Beispiele lieferten, war auch für Augsburg die Zeit gekommen, aus dem Schatten des Provinzstadtdaseins herauszutreten.[539] Befürwortet wurden die avantgardistischen Wohnprojekte Schubert- und Lessinghof von Bürgermeister Ackermann.[540] Holzer gab in seiner Funktion als Oberstadtbaurat und Aufsichtsrat der WBG Wechs nahezu völlig freie Hand, ein mustergültiges Beispiel moderner Wohnkultur im Stil der Neuen Sachlichkeit in Augsburg zu schaffen.[541]

Barbara Wolf greift ein Zitat Wechs' auf, das seine Einstellung zur Moderne prägnant umreißt: „Sachlich, zweckmäßig und brauchbar soll Architektur sein, den Gesetzen der Schönheit nach alten Proportionsregeln folgen und an Tradition gebunden sein, soweit sie dem Fortschritt nicht im Wege steht. [...] Architektur soll nicht aus Architektur, sondern aus dem Geist, das heißt der Forderung der Zeit entwickelt und sinnvoll verstanden werden."[542] In einer von Medien gesponserten Befragung „Wie wollen wir wohnen?"[543] wurden die Bedürfnisse der Augsburger Bevölkerung analysiert und bei der Planung der beiden Höfe berücksichtigt.

---

[533] Wechs' berufliche Anfänge bei der Oberpostdirektion in München fielen in die Jahre 1920-1922; Nerdinger: Thomas Wechs, S. 13 f.; vgl. auch Aicher/Brennauer/Schultz: Lebensläufe, S. 185.
[534] Wechs konnte Walter Gropius für einen Vortrag gewinnen; 60 Jahre Schwäbischer Architekten- und Ingenieurverein. In: MNN, Nr. 290, 24. Oktober 1927, S. 15; Wechs: Memoiren, S. 58-65.
[535] Wechs: Denkschrift, S. 6.
[536] Kurz: Die kleine Wohnung, S. 28 f.; Nerdinger: Thomas Wechs, S. 178 f.
[537] Jubiläums-Ausstellung des Schwäbischen Architekten- und Ingenieurvereins. In: MNN, Nr. 274, 8. Oktober 1927, S. 29.
[538] Unter anderem setzte sich Wechs im Rahmen von Wettbewerben mit Wohnungshygiene („Luft und Sonne", 1920) und Montagesystemen („Das wachsende Haus", 1931) auseinander; Wechs: Memoiren, S. 139; Nerdinger: Thomas Wechs, S. 51, 175.
[539] Heiß: Architekturführer. Architektur in Augsburg, S. 44.
[540] Wechs: Memoiren, S. 53.
[541] Ebd.; Wolf: Wohnarchitektur in Augsburg, S. 98, 136.
[542] Wolf: Wohnarchitektur in Augsburg, S. 135.
[543] Wechs: Memoiren, S. 65; Wolf: Wohnarchitektur in Augsburg, S. 135 f.

Bei Schubert- und Lessinghof setzte sich eine Entwicklung fort, die sich bereits bei Holzers Wohnhöfen abgezeichnet hatte. Mit überwiegend großzügigen Wohnungen waren die Wohnblöcke im Stil der Neuen Sachlichkeit von vornherein für Mittelstand und Beamte konzipiert, was im Prinzip dem an der Kleinwohnung orientierten sozialen Wohnungsbau der Weimarer Republik nicht entsprach. Wohnprojekte in München oder Würzburg[544] zeigen ebenfalls, dass die kommunale Wohnungsbaupolitik nicht nur die Arbeiterschicht, sozial Schwache, Kriegsversehrte oder Kinderreiche als Zielgruppe im Auge hatte, sondern wie in Augsburg auch Beamte und Besserverdienende anvisierte. Reichsweit machten Lobbyistenverbände wie der Deutsche Beamtenbund oder der Deutsche Verein für Wohnungsreform deren Ansprüche geltend.[545] Bessere hygienische Wohnverhältnisse mit Licht, Luft und Sonne, wie es das Neue Bauen postulierte, wurden zum Teil ein Privileg derer, die sich eine moderne Neubauwohnung leisten konnten. Barbara Wolf weist darauf hin, dass amtlichen Richtlinien zufolge Beamte des Deutschen Reiches je nach Besoldungsstufe Anspruch auf Wohnungen einer bestimmten Kategorie hatten. Demnach stand unteren Einkommensgruppen maximal eine Vierzimmerwohnung, Spitzenbeamten unter Umständen sogar eine Großwohnung mit sieben Zimmern zu.[546] Kommunen mit Ämtern und übergeordneten Behörden waren somit verpflichtet, adäquate Wohnungen für Beamte zu schaffen.

Im Spannungsfeld moderner Wohnkonzepte, die sowohl die auf das Existenzminimum einer Arbeiterfamilie zugeschnittene Kleinwohnung umfassten als auch die gehobenen Ansprüche des Mittelstands berücksichtigten, bewegte sich die Streitfrage um die richtige Küchengestaltung. Hier schwangen neben funktionellen und hygienischen Aspekten oder der Bindung an örtliche Gewohnheiten Überlegungen zur Rationalisierung der Grundrisse und zur Reduzierung der Quadratmeterzahl mit.[547] Wechs variierte den Küchentyp, so erhielten Kleinwohnungen eine Wohnküche, die als zentraler Aufenthaltsort diente, Wohnungen mittlerer Größe und Großwohnungen eine reine Kochküche oder eine Koch- und Essküche.[548] Die Ausstattung mit Einbauschränken, Spüle und Gasherd war in allen Küchen in etwa gleich.[549] Modernste Haustechnik mit „Etagenwarmwasserheizung" und Telefonanschluss unterstrich die Exklusivität der Großwohnungen, die auch Platz für eine Dienstbotenkammer boten.[550] Neben Garagen waren Gemeinschaftseinrichtungen wie Trockenboden und Bügelzimmer im Dachgeschoss sowie Waschküche und Abstellräume für Kinderwägen und Fahrräder

---

[544] Zu den Moll-Blöcken in München s. Meier/Perouansky/Stintzing: Das Westend, S. 153 f. Zu den städtischen Wohnhöfen an der Erthal-/Brettreichstraße in Würzburg vgl. XXVII. Bericht über die Verwaltung und den Stand der Gemeinde-Angelegenheiten der Stadt Würzburg für 1. April 1926 mit 31. März 1928. Würzburg 1929, S. 71; Die Schuld an der Kreditüberschreitung für den Baublock II an der Brettreichstraße. In: WGA, Nr. 157, 11. Juli 1930, S. 7.
[545] Wolf: Wohnarchitektur in Augsburg, S. 71, 85.
[546] Ebd., S. 73.
[547] Ebd., S. 73 f.
[548] Nerdinger: Thomas Wechs, S. 194 f.
[549] Ebd., S. 177; Wechs: Der Schuberthof. In: Die Form, Nr. 6, Juni 1931, S. 225.
[550] Wolf: Wohnarchitektur in Augsburg, S. 73.

im Kellergeschoss in jedem Haus der Wohnanlage vorhanden.[551] Dass moderner Architektur und neuer Wohnkultur in der Regel lange Diskussionen vorausgingen, davon zeugt Wechs' Kommentar: „Bäder, flaches Dach, Autogaragen, eingebaute Küchen, heute alles Selbstverständlichkeiten, mussten damals erobert werden!"[552]

Am meisten Widerspruch erregte neben der betont sachlichen Fassadengestaltung das Flachdach. Über die „Flachbedachung des Schuberthofes"[553] waren sich der Stadtrat oder auch der Kunstausschuss des Schwäbischen Architekten- und Ingenieurverbandes unschlüssig. Was für die einen wie Oberbürgermeister Deutschenbaur „sehr schön zu werden"[554] versprach und „den Charakter dieses Großbaublocks nach der modernen Richtung"[555] unterstreichen sollte, rief bei anderen Bedenken hervor. Während bei der im selben Zeitraum entstandenen Versuchssiedlung des Bayerischen Post- und Telegrafenverbandes an der Arnulfstraße in München eine Kompromisslösung die Wohnblöcke mit Flachdach hinter den Häusern mit herkömmlichen Satteldächern „versteckte", fiel in Augsburg die Entscheidung für das Flachdach, welches sich von allen Seiten der Wohnanlage gut sichtbar präsentierte.[556]

Städtebaulich nahm der Schuberthof an der Rosenaustraße in unmittelbarer Nachbarschaft des Richard-Wagnerhofs Bezug auf die Umgebung des Neubauviertels, das auf Grund seiner guten Verkehrsanbindung an die Augsburger Innenstadt zu den besseren Wohngegenden zählte. Die Häuser der in vier Baublöcke unterteilten Wohnanlage passen sich der Grundstücksform an und gruppieren sich um einen kleinen und einen großen Wohnhof.[557] Wie Aufnahmen des Architekturmuseums Schwaben zeigen, unterbrechen vertikale Einschnitte der leicht zurückspringenden Treppenhäuser mit den Hauseingängen die horizontalen Fensterreihen der langen Häuserfront an der Straßenseite, die Innenhoffassaden dagegen unterteilen vorspringende Balkone. Die Wohnanlage gliedert sich mit einer Betonung der Nord-Süd-Achse in einen versetzten Wohnblock im Norden und einen niedrigen, eingeschossigen geschwungenen Ladentrakt im Süden.[558] Kennzeichen des Schuberthofs sind glatte, weiße Putzfassaden und weit ausgeschnittene liegende Fenster, die mit roten und blauen Fensterrahmen Akzente setzen, ähnlich wie bei Otto Haeslers Siedlung Georgsgarten in Celle.[559] Wie Schlitze wirken die schmalen Fenster des Dachgeschosses. Das Flachdach betont die kubischen Baukörper der Wohnanlage im Stil der Neuen Sachlichkeit, die in dieser Form erst-

---

[551] Wechs: Der Schuberthof. In: Die Form, Nr. 6, Juni 1931, S. 225; Nerdinger: Thomas Wechs, S. 177, 194f.
[552] Wechs: Memoiren, S. 53; vgl. auch Wolf: Wohnarchitektur in Augsburg, S. 133.
[553] Die Flachbedachung des Schuberthofes. In: ANN, Nr. 240, 17. Oktober 1928, S. 5.
[554] Ebd.
[555] Das Hochbauamt unter Holzer favorisierte ein Flachdach beim Schuberthof; Die neuen Großbauten der Stadt. Kriegergedächtnis-Siedlung und Schubert-Hof. In: ANN, Nr. 284, 8. Dezember 1928, S. 4.
[556] Nerdinger: Thomas Wechs, S. 13.
[557] Wolf: Thomas Wechs und der Wohnungsbau, S. 48.
[558] Wolf: Wohnarchitektur in Augsburg, S. 134.
[559] Lutz: Augsburgs Weg zur modernen Großstadt, S. 29; Gut: Wohnungsbau in Deutschland, S. 240f.

mals in Augsburg geschaffen wurden.[560] Nur zum Teil konnte Wechs, der sich für eine Reform der Bauweise einsetzte, mit Beton und Eisenbeton neue Baustoffe zur Anwendung bringen. Für das Mauerwerk wurden Ziegel verwendet und wegen des nahen Winters musste notgedrungen teilweise auf Holzbalkendecken mit Holzfußböden zurückgegriffen werden.[561] (Abb. 69 u. 70)

Die Resonanz war äußerst kontrovers. Die *Times* stellte den internationale Beachtung findenden Schuberthof gleichbedeutend neben Wohnbauten Bruno Tauts, Walter Gropius', Hans Scharouns oder Ernst Mays: „The Wohnstadt Carl Legien in Berlin, designed by Professor Bruno Taut, and the Schuberthof at Augsburg, designed by Herr Thomas Wechs, are both impressive individual achievements."[562] In Deutschland reichte die Palette von stolzen Stadträten, die das Projekt durchgesetzt hatten, um die Moderne ins Stadtbild zu holen, und zufriedenen Mietern bis zur ablehnenden Reaktion des Leiters der Münchner Wohnungsbaubehörde, der nach der Erinnerung Wechs' „aus dem Auto stieg, die Hände über dem Kopf zusammenschlug, die anerkennenden Worte ‚Pfui Teufel' ausrief und anstatt den Bau anzusehen zurück in den Wagen stieg und abfuhr!"[563] Polemische Kommentare wie „[g]anz wie in Palästina, es fehlen nur die Kamele"[564] kamen vom rechten Rand und Wechs sah sich als Vertreter der Neuen Sachlichkeit in den folgenden Jahren zunehmend Angriffen der Nationalsozialisten ausgesetzt.[565]

Scharfe Kritik des zuständigen Staatsministeriums am Zuschnitt der Wohnungen und einer damit vom Wohlstand der Mieter abhängigen Wohnungszuweisung konnte die WBG nicht davon abhalten, 1930 mit dem Lessinghof erneut ein an den Bedürfnissen des Mittelstands orientiertes Bauprojekt an Wechs zu vergeben.[566] Von der ursprünglichen Planung, die mit drei geschwungenen Häuserzeilen eine Alternative zur Hofbebauung des Schuberthofes aufzeigte, kam nur eine Zeile zur Ausführung. Hätten nicht ohnehin langfristige Pachtverträge einer Kleingartenanlage eine Änderung des Konzeptes erforderlich gemacht, so dürften mit großer Wahrscheinlichkeit die Auswirkungen der Weltwirtschaftskrise die weitere Ausführung des avantgardistischen Projektes, mit dem mehrere hundert Wohnungen geschaffen werden sollten, verhindert haben.[567]

Mit Schubert- und Lessinghof scheint gegen Ende der zwanziger Jahre in Augsburg der Durchbruch für die Moderne gelungen zu sein. Etwa zur selben Zeit baute die Post ein flach gedecktes Fernsprechbezirksgebäude mit Kraftwagenhallen und unterstrich mit einer Wohnsiedlung den Einzug einer neuen Architektur ins Stadtbild.[568] Vereinzelt entstanden auch Villen im Stil der Neuen Sachlich-

---

[560] Die Flachbedachung des Schuberthofes. In: ANN, Nr. 240, 17. Oktober 1928, S. 5.
[561] Wechs: Der Schuberthof. In: Die Form, Nr. 6, Juni 1931, S. 226; Wolf: Wohnarchitektur in Augsburg, S. 137f.
[562] Modern German Buildings. In: The Times, 1. April 1932, S. 13.
[563] Wechs: Memoiren, S. 54f.
[564] Ebd., S. 53.
[565] Ebd., S. 68; Wolf: Wohnarchitektur in Augsburg, S. 139f.
[566] Nerdinger: Thomas Wechs, S. 193-195.
[567] Ebd., S. 193f.
[568] Adam, Jürgen: Technische Bauten der Post und ihre geistigen Grundlagen. In: Aicher/Drepper: Robert Vorhoelzer – ein Architektenleben, S. 200; Drepper: Post und Heim, S. 232; Nerdinger: Thomas Wechs, S. 13.

keit.[569] Pläne für weitere Siedlungen kamen wegen der schlechten wirtschaftlichen Lage nicht über erste Ansätze hinaus.[570] Mit Erstarken der NSDAP im Stadtrat wurde das politische Klima für das Neue Bauen zusehends rauer.[571] Die Machtübernahme bedeutete wie in anderen Städten auch in Augsburg das Aus für das Flachdach. Weitere Siedlungsbauten wurden zwar mit typisierten Grundrissen errichtet, aber im politisch gewünschten Stil einer Architektur, die der nationalsozialistischen Blut-und-Boden-Ideologie entsprach.

5. Wohnungsbau und Musterhäuser in Würzburg

Albert Guts Sammelband *Wohnungsbau in Deutschland nach dem Weltkriege* widmete sich auch der Situation mittlerer Städte, die in der Vorkriegszeit „[e]ine Wohnungsnot im heutigen Sinne"[572] nicht gekannt hatten und sich ab 1919 plötzlich damit auseinandersetzen mussten. Würzburg, ein typisches Beispiel für eine Mittelstadt, war als Universitäts- und Garnisonsstadt von dieser Entwicklung besonders betroffen, da nach ihrer Demobilisierung zahlreiche Kriegsheimkehrer eine Familie gründeten und auf den Wohnungsmarkt drängten. Andere nutzten die Gelegenheit, sich am Ort ihrer letzten Stationierung niederzulassen in der Hoffnung, ein Studium oder eine Lehre beginnen zu können.[573] Gleichzeitig suchten junge Menschen vom Land Arbeit und eine Zukunftsperspektive, so dass sich Würzburg mit anhaltendem Siedlungsdruck und Wohnraummangel konfrontiert sah. Kasernen fielen als Notwohnungen aus, da die Militärverwaltung ihre Dienststellen nur zögerlich auflöste und wegen der Demilitarisierung des Rheinlands pfälzische Regimenter einquartiert werden mussten.[574]

Als Standort wichtiger Behörden und wissenschaftlicher Institutionen kam dem mainfränkischen Würzburg mit Eisenbahn- und Postdirektion als Eisenbahnknotenpunkt größere Bedeutung zu, wenngleich sich die Ansiedlung von Industriebetrieben in bescheidenen Grenzen hielt.[575] Beamte und zunehmend Rentner schätzten das gediegene Ambiente sowie geselliges Leben in der ehrwürdigen Domstadt.[576] Städtebaulich zehrte die Barockstadt vom reichen baukünstlerischen Erbe aus fürstbischöflicher Zeit, in der Bischöfe italienische Baumeister in die Stadt geholt hatten. Prachtvolle Kirchen und Sehenswürdigkeiten, vor allem die Fürst-

---

[569] Klotz: Fritz Landauer, S. 124–134.
[570] Nerdinger: Thomas Wechs, S. 186, 192f., 197f.
[571] Wolf: Wohnarchitektur in Augsburg, S. 186.
[572] Nohl, [Emil]: Die besonderen Verhältnisse in den mittleren Städten. In: Gut: Wohnungsbau in Deutschland, S. 158.
[573] XXIV. Verwaltungsbericht Würzburg, S. 153f.; Nohl: Die besonderen Verhältnisse in den mittleren Städten, S. 158f.; Die Wohnungsnot der Studenten. In: FV, Nr. 86, 15. April 1921, S. 5.
[574] Dettelbacher: Damals in Würzburg, S. 43.
[575] Kreuter: Neue Stadtbaukunst. Würzburg, S. VIII.
[576] Wendehorst: Würzburg. Geschichte in Bilddokumenten, S. 103–105. Gemeindepolitischer Abend der demokratischen Partei. In: WGA, Nr. 265, 18. November 1927, S. 3; Wagner, Horst-Günter: Die Stadtentwicklung Würzburgs 1814-2001. In: Wagner: Geschichte der Stadt Würzburg. Bd. 3/1, S. 401.

bischöfliche Residenz, ein Bau Balthasar Neumanns mit dem berühmten Deckenfresko Giovanni Battista Tiepolos, brachten Fremdenverkehr nach Würzburg.[577] Für die Einwohner traten jedoch Anfang der zwanziger Jahre immer mehr die Nachteile der alten Bausubstanz zutage, was für eine zeitgemäße Lebensweise zunehmend als hinderlich empfunden wurde. Vor allem im Altstadtbereich ließ die völlig veraltete Ausstattung der Wohnungen zu wünschen übrig, da es vielerorts weder Bad noch elektrisches Licht gab. Der Zustand der Straßen war 1921 derart augenfällig, dass Oberbürgermeister Hans Löffler sich bei den Teilnehmern der Tagung des Katholischen Frauenbunds Deutschlands für das Fehlen der Straßenbahn, die mangelnde Nachtbeleuchtung und das schadhafte Pflaster entschuldigte.[578]

Die mahnenden Worte des Kunsthistorikers Justus Bier „Würzburg verläßt sich heute allzu sehr auf die Anziehungskraft der Stadt als einer der schönsten Barockstädte Deutschlands und als Hort einer großen Zahl wertvoller Kunstschätze"[579] warfen ein Licht auf die Mentalität der Würzburger in den zwanziger Jahren, die über dem Bewahren des barocken Erbes Gefahr liefen, den Anschluss an ein fortschrittlich-modernes Kulturleben zu verpassen.[580] Am Gegensatz zwischen Rückwärtsgewandtheit und notwendiger Erneuerung im Spannungsfeld zwischen „Altstadt und Neuzeit"[581] entzündete sich die Provinzstadtdebatte.[582] Damit die Stadt nicht ins Hintertreffen geriet, setzte sich vor allem die Kulturelle Arbeitsgemeinschaft Würzburg vehement für ein modernes Würzburg ein, da sich das Neue „[d]a und dort, in Berlin oder München oder Frankfurt oder sonstwo"[583] bereits ein größeres Terrain erobert habe. In der Streitschrift *Würzburg eine Provinzstadt?* machte sich die kleine Gruppe engagierter Vorkämpfer auf sechzig Seiten Luft über das Würzburger Kleinbürgertum und sparte nicht mit Vorwürfen wie Stumpfheit oder Passivität gegenüber Spießbürgern, Fabrikanten, Arbeitern, Beamten und Geschäftsleuten.[584] Böse Zungen behaupteten gar, mit der Eingliederung Würzburgs

---

[577] Knapp, Friedrich: Frankens Kultur und Kunst. In: Wolf: Dem Bayerischen Volke, S. 231–233; Kreuter: Neue Stadtbaukunst. Würzburg, S. X f.; Philipp: Das Reclam Buch der Architektur, S. 251.

[578] Die Tagung des Katholischen Frauenbund Deutschlands. In: WGA, Nr. 208, 10. September 1921, S. 2 f.; zur Straßenbahn vgl. Mainviertler Wünsche. In: WGA, Nr. 26, 1. Februar 1928, S. 3; vgl. auch Kreuter: Neue Stadtbaukunst. Würzburg, S. IX f. Während der Inflationsjahre musste der Straßenbahnbetrieb in Würzburg aus wirtschaftlichen Gründen eingestellt werden; Dettelbacher: Damals in Würzburg, S. 80.

[579] Bier: Würzburgs Möglichkeiten als Kunststadt. In: Fränkische Monatshefte, Nr. 1, Januar 1928, S. 30.

[580] Ohly: Neue Kultur in Würzburg. In: WGA, Nr. 268, 22. November 1927, S. 2 f.

[581] Wohler: Altstadt und Neuzeit. In: DBZ, Nr. 23, 20. März 1929; vgl. auch Neuzeitliches Bauen. Ein Streitgespräch. In: WGA, Nr. 53, 3. März 1928, S. 3.

[582] Barthel: Würzburg eine Provinzstadt? oder die kulturelle Sendung Würzburgs. Die Streitschrift druckte der *Fränkische Volksfreund* in mehreren Teilen ab; vgl. u. a. ders.: Würzburg eine Provinzstadt? oder die kulturelle Sendung Würzburgs (1/6). In: FV, Nr. 121, 28. Mai 1927, S. 5; „Würzburg eine Provinzstadt?" In: FV, Nr. 177, 4. August 1927, S. 3. Zur Provinzstadtdebatte s. Dettelbacher: Damals in Würzburg, S. 69; Keß: „Konservative ‚Bildlesmalerei', gegen neue Ausdruckskunst", S. 21 f.; dies.: Kunstleben und Kulturpolitik in der Provinz, S. 98–100, 342–349.

[583] Koenig, Johannes Karl: Von den Wissenschaften. In: Barthel: Würzburg eine Provinzstadt?, S. 35.

[584] Ebd., S. 33; Dettelbacher: Damals in Würzburg, S. 69.

in das Königreich Bayern sei der Niedergang der fürstbischöflichen Residenzstadt zur Provinzstadt vorgezeichnet gewesen.[585]

Dass die Würzburger Bevölkerung „allem Neuen gegenüber kritisch zuwartend sich verh[ie]lt und im Besitz gesicherter Traditionen ihr Wesensfremdes mehr ablehnt[e] als die leichtbewegliche, wenig fundamentierte moderne Großstadtbevölkerung"[586], dazu mag auch die starke gesellschaftliche Stellung der katholischen Kirche beigetragen haben. Mit 76,45 Prozent war Mitte der zwanziger Jahre die überwältigende Mehrheit der Einwohner katholisch.[587] Im *Katholischen Kirchenblatt für die Pfarreien der Stadt Würzburg* brachte der Klerus regelmäßig seine Skepsis bei Themen wie Sport, Familienbädern oder Mode zum Ausdruck. Zwiespältig war die Haltung zur neuen modernen Lebensweise. Einerseits wurde durch die Verstädterung ein Sitten- und Werteverfall befürchtet, das traditionelle Frauen- und Familienbild schien durch Geburtenregelung bedroht.[588] Neue Wohnungsgrundrisse, zugeschnitten auf die Familie mit ein bis zwei Kindern, widersprachen dem Ideal der christlichen Familie. Um Familien mit Kindern Entfaltungsmöglichkeiten zu bieten, wurde an Bauherren und Vermieter appelliert, günstigen und großzügigen Wohnraum zu schaffen. Die modernen Mietwohnungen stießen auf Ablehnung: „Wer den modernen Hausbau auch in unserer Stadt Würzburg beobachtet, wird sehen, wie ganz gewaltige Häuserblocks, große einheitliche Häuserfronten entstehen, die im Grunde genommen eine verfeinerte Form von Mietskasernen darstellen."[589] Andererseits verschloss sich die Kirche nicht den Forderungen des Neuen Bauens nach Licht, Luft und Sonne, da man erkannt hatte, dass es angesichts der prekären Wohnverhältnisse vielen Arbeiterfamilien schwerfiel, das von der Kirche vertretene Familienideal aufrechtzuerhalten und christliche Werte zu vermitteln.[590]

Da sich Würzburg als Regionalzentrum im Norden des Freistaats Bayern mit einer Einwohnerzahl von 92 388 Ende der zwanziger Jahre an der Schwelle zur Großstadt befand, bietet es sich an, hier exemplarisch für Klein- und Mittelstädte auf dem Gebiet des Wohnungsbaus der Frage nachzuspüren, welche städtebaulichen Anstrengungen in einer aufstrebenden Mittelstadt erforderlich waren, den Weg für Fortschritt und Moderne zu ebnen.[591] Trotz aller Beschaulichkeit gab es

---

[585] Wendehorst: Würzburg. Geschichte in Bilddokumenten, S. 101.
[586] Ohly: Neue Kultur in Würzburg. In: WGA, Nr. 268, 22. November 1927, S. 2f.
[587] Gerken: Die Selbstverwaltung der Stadt Würzburg, S. 22.
[588] Die katholische Pfarrgemeinde. In: KKBW, Nr. 1, 1. Januar 1929, S. 2f.; Ehebelehrung. In: KKBW, Nr. 7, 23. März 1929, S. 27; Sumpfblasen. In: KKBW, Nr. 2, 26. Januar 1930, S. 7; Das Paradies auf Erden. Fastenhirtenbrief des hochwürdigsten Herrn Bischofs. In: KKBW, Nr. 7, 6. April 1930, S. 25; Eine große Kundgebung. Teil II. In: KKBW, Nr. 16. 10. August 1930, S. 62f. Berichtet wird auch zum Katholischen Kirchentag vom 29. August bis 1. September 1929 in Freiburg i. Breisgau, der unter dem Motto „Rettung der Familie" stand; Eine gewaltige Kundgebung. In: KKBW, Nr. 19, 7. September 1929, S. 73.
[589] Wohnungsnot – bittere Not. In: KKBW, Nr. 25, 14. Dezember 1930, S. 99; vgl. auch Würzburger Wohnungspolitik. In: WGA, Nr. 285, 10. Dezember 1928, S. 3.
[590] Das Paradies der christlichen Familie. Fastenhirtenbrief des Bischofs von Würzburg. In: WGA, Nr. 48, 27. Februar 1930, S. 3; s. a. Das Paradies auf Erden. In: KKBW, Nr. 9, 4. Mai 1930, S. 34.
[591] XXVIII. Bericht über die Verwaltung und den Stand der Gemeinde-Angelegenheiten der Stadt Würzburg für 1. April 1928 mit 31. März 1930. Würzburg 1932, S. 59; Kreuter:

IV. Wohnbauten und Siedlungen

durchaus Anknüpfungspunkte, beispielsweise die Julius-Maximilans-Universität, ein hochmodernes Forschungszentrum, das sich mit Namen wie Wilhelm Conrad Röntgen oder Rudolf Virchow schmücken konnte. Die Entwicklung Würzburgs zur Kongressstadt hatte schon Ludwig III. gefördert.[592] In ihrer Ausdehnung war die Stadt nicht nur durch ihre Tallage, sondern auch durch die Festungsanlagen eingeschränkt.[593] Im Rahmen der Entfestigung 1877, die als eines der ersten städtebaulichen Projekte unter dem Grundsatz Licht, Luft und Freiheit stand, entzündete sich am Abriss einiger Häuser erstmals der Konflikt zwischen Tradition und Fortschritt.[594]

Dem Wachstum der Stadt setzten die umgebenden Weinberge Grenzen, weshalb künftige Wohnsiedlungsprojekte entlang der Hänge erfolgen mussten.[595] Einen ersten Schritt in diese Richtung unternahm Würzburg mit dem Bau des Luitpoldkrankenhauses, wobei sich zeigte, dass die topographische Lage die Erschließung neuer Baugrundstücke mit Versorgungsleitungen verkomplizierte und zusätzliche teure technische Einrichtungen erforderte. Generell mangelte es in ganz Würzburg hinsichtlich Kanalisation, Gas-, Wasser- und Stromversorgung an den Grundvoraussetzungen einer modernen Großstadt. Entsprechende Ansätze dazu hatte der Krieg verhindert.[596] Lückenhafte Baulinienpläne, veraltete Katasterblätter und fehlerhafte Höhenschichtenpläne sind ein Indiz, dass die städtischen Bau- und Grundämter bereits in der Vorkriegszeit ihren Aufgaben nur ungenügend nachkamen. Die Einberufung Beamter zum Kriegsdienst legte die Arbeit der Behörden lahm, so dass die Stadtverwaltung nach Kriegsende der Herausforderung, Versäumnisse aufzuholen und den tiefgreifend veränderten Anforderungen an den Städtebau in Bezug auf Technik, Hygiene und Architektur gerecht zu werden, kaum gewachsen war.[597]

Da infolge der Beschränkungen der Kriegswirtschaft der Wohnungsbau eingestellt werden musste und alle Wohnraumreserven aufgebraucht waren, stellte die Stadt fürs Erste auf dem Sanderrasen Döckerbaracken aus Heeresbeständen als

---

Neue Stadtbaukunst. Würzburg, S. VII. Mit einem Bevölkerungswachstum von 71% zwischen 1867 und 1890 näherte sich die Stadt 1914 mit 90 000 Einwohnern Großstadtniveau. Diese Marke erreichte Würzburg erst nach der Eingemeindung Heidingsfelds 1933 mit 101 003 Einwohnern; Götschmann, Dirk: Wirtschaftsgeschichte Bayerns. 19. und 20. Jahrhundert. Regensburg 2010, S. 318.

[592] Wendehorst: Würzburg. Geschichte in Bilddokumenten, S. 105.
[593] Kreuter: Neue Stadtbaukunst. Würzburg, S. VII f., XII.
[594] Wendehorst: Würzburg. Geschichte in Bilddokumenten, S. 102 f.; Wagner, Ulrich: Die „Entfestigung" Würzburgs in den Jahren 1868 bis 1881. In: Hahn/Baumhauer/Wiktorin: Atlas Würzburg, S. 48–51.
[595] Kreuter: Neue Stadtbaukunst. Würzburg, S. VII.
[596] Ebd., S. IX f.; Stummer, Georg: Fünfzig Jahre Bauen an Würzburg. In: Jubiläumsausgabe WGA. 26. Mai 1933, S. 17. Noch Ende der zwanziger Jahre wartete man im Stadtteil Grombühl auf eine ordentliche Wasserversorgung durch einen Wasserhochbehälter; Wünsche und Nöte des Stadtteils Grombühl. In: WGA, Nr. 144, 25. Juni 1928, S. 3.
[597] XXIV. Verwaltungsbericht Würzburg, S. 416. Die Überforderung der Ämter mittlerer Städte, die Wohnungsbautätigkeit nach neuen Gesichtspunkten zu reorganisieren, wurde auch in Albert Guts *Der Wohnungsbau in Deutschland nach dem Weltkriege* angesprochen; Nohl: Die besonderen Verhältnisse in den mittleren Städten, S. 159; vgl. auch Kreuter: Neue Stadtbaukunst. Würzburg, S. VIII.

Notwohnungen auf, die erst Mitte der dreißiger Jahre dem Bau des Hallenbades weichen mussten.[598] Um die Wohnungsnot irgendwie zu lindern, wurden wie in anderen Städten Maßnahmen wie Aufteilung von Großwohnungen oder Wohnungseinbauten in öffentlichen Gebäuden ergriffen.[599] Die Neubautätigkeit kam nur schleppend in Gang, da der Wohnungsbau durch inflationsbedingte Verteuerung des Baumaterials zunehmend unrentabel wurde. Um Anreize zu schaffen, wurde die Befreiung der Bauherren von Vorschriften der Bauordnung zur Regel. Wildes, ungeregeltes Bauen war die logische Folge dieser Politik. Eine zielgerichtete Baulinienplanung konnte unter diesen Umständen nicht erfolgen.[600] Erst Mitte der zwanziger Jahre gelang die Aufstellung eines Generalbauplans, der veränderte städtebauliche Entwicklungen seit 1914 berücksichtigte und eine Entflechtung von Wohn-, Sport- und Industriegebieten vorsah. Der Siedlungs- und Kleinwohnungsbau erwies sich in der Praxis alles andere als einfach, da die Tallage die Realisierung der Vorgabe, die Bebauungsdichte vom dichtbesiedelten Stadtzentrum aus zur Peripherie hin aufzulockern, erschwerte. Auch stießen die Bemühungen um eine eigenständige Baupolitik auf große Schwierigkeiten, da in der Vergangenheit eine planvolle Grunderwerbspolitik versäumt worden war und die Stadt sich mit Bodenspekulationen und überteuerten Grundstückspreisen konfrontiert sah.[601]

In ihrer Arbeit *Kunstleben und Kulturpolitik in der Provinz* thematisiert Bettina Keß unter anderem Architektur am Beispiel der im Stil der Neuen Sachlichkeit errichteten Villenbauten Peter Feiles, wobei sie davon ausgeht, dass eine Auseinandersetzung mit der „Moderne" in Würzburg weitgehend ausgeblieben sei und sich der Diskurs auf einen eng begrenzten Personenkreis beschränkt habe.[602] Vor dem Hintergrund der Schwierigkeiten, die es bei einer Modernisierung der Stadt zu bewältigen galt, stellt sich die Frage, wer sich darum bemühte, einer Architektur den Weg zu ebnen, die mit Licht, Luft, Sonne und Hygiene, verbunden mit den Vorzügen neuer Technik, der Würzburger Bevölkerung den Anschluss an ein modernes, zeitgemäßes Leben ermöglichen sollte.

Hans Löffler (DDP), seit 1922 Oberbürgermeister der Stadt, war seine ganze Amtszeit über bestrebt, Würzburg „einen Platz an der Sonne"[603] zu verschaffen. Er scheute keine Mühen, sich für Belange seiner Stadt einzusetzen, egal ob es um den Anschluss Würzburgs an die Schifffahrtsstraße des Main-Donau-Kanals, den Kampf gegen die Wegverlegung wichtiger Behörden, den Ausbau der Strom- und Gasversorgung oder ein modernes städtisches Verwaltungshochhaus ging. Aufgeschlossen für Neuerungen brachte er dem Hallenbadverein großes Verständnis entgegen, förderte das Neue Bauen, indem er unter anderem den progressiven

---

[598] XXIV. Verwaltungsbericht Würzburg, S. 299, 414; Abbruch der Baracken am Sanderrasen. In: WGA, Nr. 174, 4. August 1934, S. 6; Dettelbacher: Damals in Würzburg, S. 41–43. Zur Lage der Bauwirtschaft in Würzburg vgl. WGA, Nr. 282, 7. Dezember 1921, S. 3.
[599] XXIV. Verwaltungsbericht Würzburg, S. 308; Stummer: Fünfzig Jahre Bauen an Würzburg. In: Jubiläumsausgabe WGA. 26. Mai 1933, S. 18.
[600] Kreuter: Neue Stadtbaukunst. Würzburg, S. IX.
[601] Ebd., S. XIf.; Die Grundstückspolitik der Stadt Würzburg. Grundstückserwerbungen und Grundstücksabstoßungen. In: WGA, Nr. 277, 30. November 1928, S. 9.
[602] Keß: Kunstleben und Kulturpolitik, S. 349.
[603] Vgl. Artikel über die Gründung der Main-Donau A.G.; WGA, Nr. 272, 25. November 1921, S. 3.

Architekten Peter Feile protegierte.[604] Stadterweiterung und Wohnungsbau lagen ihm besonders am Herzen.[605] Selbst die Nationalsozialisten, die ihm den Bau eines Hochhauses und seine aufrechte demokratische Einstellung verübelten, konnten bei seiner Absetzung 1933 nicht umhin, seine Verdienste zu würdigen, da sein persönlicher Einsatz bei der Regierung in München für den Bau der Frauenklinik und sein konsequentes Bemühen um einen ausgeglichenen städtischen Haushalt parteiübergreifend Anerkennung gefunden hatten.[606]

Als Stadtbaurat erkannte Franz Kreuter, welcher Weg Würzburg in der Entwicklung zu einer modernen Großstadt vorgezeichnet war.[607] In seiner Funktion trieb er die Stadtentwicklung und einen an neuen wohnungshygienischen Gesichtspunkten orientierten Wohnungsbau voran.[608] Gleichwohl nahm er eine differenzierte Haltung gegenüber neuen Tendenzen in der Architektur ein.[609] Einerseits befürchtete er das Eindringen einer nüchtern-sachlichen Architektur, die einen Fremdkörper im historisch gewachsenen Stadtbild darstellen würde.[610] Andererseits sah er in einigen Neubauten, die trotz Ablehnung alles Alten beziehungsweise aller Tradition mit selbstsicherer Linienführung und Formgebung weiterhin eine örtliche Eigenart bewahrt hätten, durchaus eine Bereicherung. Seiner Sympathie für die Münchner Postbauschule dürfte es geschuldet sein, dass ein Architekt wie Franz Kleinsteuber, der seine Karriere bei Robert Vorhoelzer begonnen hatte, in Würzburg relativ viele seiner Projekte realisieren konnte.[611]

Ähnlich wie in anderen Städten organisierten sich Künstler, Literaten und Architekten in Gruppen wie der Kulturellen Arbeitsgemeinschaft (KAG) oder der Vereinigung unterfränkischer Künstler und Kunsthandwerker (Vukuk) und machten es sich zur Aufgabe, das Interesse für die Neue Sachlichkeit zu wecken.[612] In seiner Galerie, das *Neue Graphische Kabinett*, präsentierte der Kunsthändler Oskar

---

[604] Keß: Kunstleben und Kulturpolitik, S. 191; Schmuck: Von Kistenhäusern und Flachdächern, S. 121.

[605] Löffler, Hans: Fünfzig Jahre Würzburg. In: Jubiläumsausgabe WGA. 26. Mai 1933, S. 14; Stickler: Neuanfang und Kontinuität, S. 186-190; Gerken: Selbstverwaltung der Stadt Würzburg, S. 29-32.

[606] Oberbürgermeister Dr. Löffler und Bürgermeister Zahn treten in den Ruhestand. Die Pensionierungsgesuche sind eingereicht. In: WGA, Nr. 94, 24. April 1933, S. 3f.; Dettelbacher: Damals in Würzburg, S. 62f.

[607] Sein Nachfolger im Stadtbauamt ab 1929, Georg Stummer, blieb auch nach der „Machtergreifung" im Amt; Gerken: Selbstverwaltung der Stadt Würzburg, S. 44.

[608] Städt. Oberbaudirektor a. D. Franz Kreuter †. In: WGA, Nr. 101, 3. Mai 1933, S. 4.

[609] Vgl. Schmuck: Von Kistenhäusern und Flachdächern, S. 114, 118.

[610] Kreuter: Neue Stadtbaukunst. Würzburg, S. XIII f.

[611] Ebd., S. XIII; Schmuck: Das Hochhaus Augustinerstraße 9, S. 48. Kreuter musste sich gegen Vorwürfe wegen Unregelmäßigkeiten im Hochbauamt bei einigen Großbauprojekten zur Wehr setzen; Nocheinmal: der Baublock. In: WGA, Nr. 37, 14. Februar 1930, S. 5; Um das Baublock-Defizit. In: WGA, Nr. 44, 22. Februar 1930, S. 3.

[612] Oskar Laredos Galerie in der Kaiserstraße war ein Kristallisationspunkt der Würzburger Avantgarde, zu der Justus Bier und Peter Feile zählten; Keß, Bettina: „Würzburgs Heim der modernen Kunst". Oskar Laredo und das Neue Graphische Kabinett. In: dies./Reese: Tradition und Aufbruch, S. 71f. Zwischen KAG und Vukuk gab es personelle Überschneidungen. August Lommel war Mitglied der Vukuk; Keß: „Konservative ,Bildlesmalerei' gegen neue Ausdruckskunst", S. 13, 21; Dettelbacher: Damals in Würzburg, S. 69.

Laredo nicht nur moderne zeitgenössische Werke von Emil Nolde, Oskar Kokoschka, Max Pechstein, Lyonel Feininger, Käthe Kollwitz oder Otto Dix, sondern veranstaltete auch Ausstellungen wie *Die neue Architektur*.[613] Bei Laredo konnten die Würzburger regelmäßig Pläne und Modelle neuer Projekte einsehen.[614]

Unter Öffentlichkeitsarbeit verstand die organisierte Künstlerschaft nicht nur Ausstellungen oder die von ihr angefachte Diskussion um die Provinzstadt. Auf ihre Initiative gingen Infoabende mit namhaften Architekten und Städteplanern als Referenten zurück, wie das von der KAG Anfang März 1928 organisierte Streitgespräch zum Thema „Neuzeitliches Bauen in der Provinz" zwischen dem Frankfurter Stadtbaurat Ernst May und dem Würzburger Starachitekten August Lommel, der das Uniklinikum entworfen hatte.[615] Laut dem *Würzburger General-Anzeiger* waren Lichtbildervorträge zum Thema „Neuzeitliche Wohnungskultur"[616] mit Informationen zu den Musterwohnungen der Stuttgarter Werkbundausstellung gut besucht. Große Resonanz bei der Bevölkerung riefen auch die Ausstellung des Hallenbadmodells von Kleinsteuber und nicht zuletzt die der Musterhäuser Feiles zur geplanten Siedlung Lerchenhain hervor.

Mit Themen wie „Gas im Haushalt"[617] oder „Um Würzburgs Stromversorgung"[618] sprachen die städtischen Betriebe vor allem Frauen an. Um Ängste im Umgang mit elektrischen Geräten oder vor dem Kochen mit Gas zu zerstreuen, schlossen sich einer Geräteausstellung in der Regel Vorführveranstaltungen und Kochkurse an.[619] Da „viel Unkenntnis und Gleichgültigkeit"[620] gegenüber hygienischer und gesunder Wohnweise vorhanden war, ergriffen nicht selten Frauenorganisationen die Initiative und organisierten Vorträge mit Fachleuten. Die Lokalpresse unterstützte die Bemühungen um die Modernisierung ihrer Stadt mit regelmäßiger Berichterstattung zu geplanten Bauvorhaben. Zudem wurden ein-

---

[613] Schmuck: Von Kistenhäusern und Flachdächern, S. 120. Zu Kunstausstellungen bei Laredo s. Dikreiter, Heiner: Die neue Sachlichkeit (1/2). Ausstellung im Kunsthaus Laredo. In: FV, Nr. 238, 15. Oktober 1927, S. 7 f.; ders.: Die neue Sachlichkeit (2/2). In: FV, Nr. 240, 18. Oktober 1927, S. 7 f.

[614] Schmuck: Von Kistenhäusern und Flachdächern, S. 120; Keß: „Würzburgs Heim der modernen Kunst", S. 68.

[615] May hatte schon im Oktober 1927 in Würzburg einen Vortrag zum Thema „Provinz und Kultur" gehalten; Schmuck: Von Kistenhäusern und Flachdächern, S. 119; vgl. auch Neuzeitliches Bauen. Ein Streitgespräch. In: WGA, Nr. 53, 3. März 1928, S. 3. Auch auf dem Tag der Denkmalpflege und Heimatschutz, der 1928 in Würzburg und Nürnberg stattfand, gehörte Ernst May zu den Referenten; Wohler: Altstadt und Neuzeit. In: DBZ, Nr. 23, 20. März 1929.

[616] Neuzeitliche Wohnungskultur. In: WGA, Nr. 30, 6. Februar 1929, S. 3. Justus Bier hielt zum Thema einen Vortrag; „Der Weg zum neuen Wohnen". In: WGA, Nr. 66, 20. März 1929, S. 4.

[617] Würzburgs Ausstellung Gas im Haushalt. In: WGA, Nr. 264, 15. November 1928, S. 3.

[618] Um Würzburgs Stromversorgung. In: WGA, Nr. 94, 24. April 1929, S. 4. Der Vortrag nahm den Werksum- und Neubau zum Anlass, mit dem Film *Die Heinzelmännchen* „neuzeitliche Verwendungsmöglichkeiten der Elektrizität in Gewerbe und Haushalt" vorzustellen.

[619] Neuzeitliches Kochen. In: WGA, Nr. 26, 1. Februar 1928, S. 10; Zum Auftakt der Ausstellung „Hausfrau und Neuzeit". In: WGA, Nr. 103, 4. Mai 1929, S. 3.

[620] Behagliches Wohnen – Volksgesundheit – Sittlichkeit. In: WGA, Nr. 18, 23. Januar 1928, S. 3.

schlägige Beiträge wie „Die ‚entkitschte' Wohnung"[621] gebracht, ein Blick über den Tellerrand hinaus auf das Baugeschehen anderer Städte gewagt und über Stadtteil-Bürgerversammlungen berichtet, auf denen die Bevölkerung Forderungen nach Verbesserungen und Modernisierung artikulierte.[622] Besonders hervorzuheben ist der *Würzburger General-Anzeiger*, der sich nicht auf informative Berichte beschränkte, sondern selbst ein Verlagsgebäude im Stil der Neuen Sachlichkeit errichtete, das der Architekt Franz Kleinsteuber funktional nach „modernsten technischen Erkenntnissen"[623] und den Bedürfnissen einer Zeitung mit steigender Auflage entsprechend gestaltet hatte. In der Sonderausgabe zum fünfzigjährigen Jubiläum der Zeitung erfuhren das neue Verlagsgebäude und damit die Moderne in Würzburg eine letzte Würdigung, bevor der *Würzburger General-Anzeiger* endgültig gleichgeschaltet wurde. Die ausführliche und regelmäßige Berichterstattung macht ihn heute zu einer wertvollen Quelle, da die Unterlagen im Stadtarchiv bei der Zerstörung Würzburgs 1945 größtenteils verloren gingen.

Information und Aufklärung der Bevölkerung war nur ein Teil, die Beseitigung der Wohnungsnot ein ungleich schwierigeres Unterfangen. Trotz ungünstiger Ausgangssituation wagte sich die Stadt in Zeiten der Inflation an eine vom Staat geförderte Versuchssiedlung mit Flachbauten in Erd- und Lehmstampfweise. Dieses Experiment einer Kleinwohnungssiedlung, die sich stilistisch an unterfränkischen Vorbildern orientierte, war nach Meinung des damaligen Stadtbaurates missglückt.[624] Während private Unternehmer sich Anfang der zwanziger Jahre mit Investitionen zurückhielten und die Stadt mit der Lösung der Infrastrukturprobleme beschäftigt war, leisteten Baugenossenschaften wie der Bau- und Sparverein Würzburg, die Postbaugenossenschaft oder die Baugesellschaft Würzburg-Süd Pionierarbeit.[625] Zielstrebige Grundstückspolitik gestattete dem Bau- und Spar-

---

[621] Die „entkitschte" Wohnung. In: WGA, Nr. 45, 22. Februar 1929, S. 5; vgl. auch Kusch, Eugen: Winke zur modernen Wohnungsbeleuchtung. In: Fränkische Monatshefte Nr. 2, Februar 1928; Wohnungen mit Radio-Anschluß. In: FV, Nr. 68, 24. März 1927, S. 5; Das Wesen der künstlerischen Reklame. In: FV, Nr. 69, 25. März 1927, S. 5.

[622] Die Ausstellung „Die Wohnung" in Stuttgart. In: FV, Nr. 173, 30. Juli 1927, S. 11; Neue Ausstellungspläne in München. In: FV, Nr. 187, 17. August 1927, S. 7; Werkbundausstellung Stuttgart (Weißenhofsiedelung). In: FV, Nr. 221, 26. September 1927, S. 4; Das rote Wiener Mieterparadies und die Würzburger Hausbesitzer. In: FV, Nr. 271, 24. November 1927, S. 7; Das erste Kugelhaus der Welt. In: WGA, Nr. 118, 23. Mai 1928, S. 14; Münchner Brief. In: WGA, Nr. 93, 23. April 1929, S. 10. Abwertend kommentiert wurden der neue sozialistische Wohnungsbau Russlands und amerikanische Wohnideen; Furchtbares Wohnungselend in Sowjetrußland. Eine Wohnung für drei Familien! In: WGA, Nr. 277, 30. November 1928, S. 24; Das Schaufenster als Wohnung! Natürlich in Amerika. In: WGA, Nr. 282, 6. Dezember 1928, S. 6; Wünsche und Nöte des Stadtteils Grombühl. In: WGA, Nr. 144, 25. Juni 1928, S. 3; Stimmen aus dem Publikum. Das vergessene Frauenland. In: WGA, Nr. 120, 28. Mai 1931, S. 3.

[623] Schenk, Clemens: Würdigung des neuen Verlagsgebäudes des „Würzburger General-Anzeiger". In: Jubiläumsausgabe WGA, 26. Mai 1933, S. 12; vgl. auch Aus der Geschichte der Druckerei Richter und des „Würzburger General-Anzeiger". In: Jubiläumsausgabe WGA. 26. Mai 1933, S. 4 f.

[624] Kreuter: Neue Stadtbaukunst. Würzburg, S. XIV f.; Stummer: Fünfzig Jahre Bauen an Würzburg. In: Jubiläumsausgabe WGA. 26. Mai 1933, S. 18.

[625] Stummer: Fünfzig Jahre Bauen an Würzburg. In: Jubiläumsausgabe WGA. 26. Mai 1933, S. 18.

verein, über das gesamte Stadtgebiet verteilt umfangreichen Grundbesitz zu erwerben.[626] Belebend für den genossenschaftlichen Wohnungsbau wirkten sich Baukostenzuschüsse von Reich, Land und Stadt aus, so dass die Baugenossenschaften einen großen Anteil des Würzburger Wohnungsbaus in der Nachkriegszeit schulterten.[627] Finanzdirektion, die Gemeinnützige A.G. für Angestelltenheimstätten (Gagfah), der Beamtenwohnungsbauverein, die Baugenossenschaft Selbsthilfe oder die Handwerkerbaugenossenschaft hatten es sich zur Aufgabe gemacht, „moderne und gesunde Wohnungen für den allgemeinen Wohnungsmarkt zu beschaffen"[628]. Die von Stadtbaurat Kreuter in der Reihe *Neue Stadtbaukunst* vorgestellten Beispiele zeigen, dass diese Siedlungen architektonisch mehr oder weniger einem historisierenden Stil vom Neobarock bis zum Neoklassizismus frönten.[629]

Erst mit der Stabilisierung der wirtschaftlichen Lage konnte die Stadt Würzburg ab 1924 im Wohnungsbau aktiv werden und im Stadtteil Zellerau ein größeres Projekt zweier Wohnhöfe mit insgesamt 450 Wohnungen in Angriff nehmen.[630] Der Typus der Kleinwohnungen ermöglichte eine spätere Zusammenlegung zu größeren Wohneinheiten. Trotz zurückhaltender Fassadengestaltung, deren farbiger Edelputz den Eindruck einer Mietskaserne vermeiden sollte, wichen beide Karrees mit Steildächern und den Hauseingängen vorgeblendeten Portiken architektonisch nicht wesentlich vom Geist der Vorkriegszeit ab.[631]

Da es im alten Würzburg nicht unüblich war, eine ganze Etage zu bewohnen, war auch die neue Beamtenwohnung mit drei oder vier Zimmern sehr großzügig bemessen.[632] Der prozentuale Anteil an Kleinwohnungen mit zwei Zimmern und einer durchschnittlichen Wohnfläche von 65 m² war bei den neuen Genossenschaftswohnungen gering und auch die Stadt richtete ihren Wohnungsbau mehr

---

[626] Kreuter: Neue Stadtbaukunst. Würzburg, S. XV.
[627] XXV. Verwaltungsbericht Würzburg, S. 110f.; Kreuter: Neue Stadtbaukunst. Würzburg, S. XV; Gerken: Selbstverwaltung der Stadt Würzburg, S. 173; Das Projekt der Kleinwohnungsbauten an der Seinsheimstraße. In: FV, Nr. 46, 25. Februar 1921, S. 5.
[628] Die Wohnungsneubauten der Handwerker-Baugenossenschaft. In: WGA, Nr. 273, 28. November 1927, S. 3; vgl. auch Zweck und Ziele der Baugenossenschaften. In: WGA, Nr. 281, 7. Dezember 1927, S. 4; Genossenschaftliche Erfolge im Kampf gegen die Wohnungsnot in Würzburg. In: WGA, Nr. 285, 12. Dezember 1927, S. 3; Der Genossenschaftsgedanke im Wohnungsbau. In: FV, Nr. 302, 31. Dezember 1927, S. 5; XXVI. Bericht über die Verwaltung und den Stand der Gemeinde-Angelegenheiten der Stadt Würzburg für 1. April 1924 mit 31. März 1926. Würzburg 1928, S. 126f.; Gut: Wohnungsbau in Deutschland, S. 184, 346; Wagner, H.-G.: Stadtentwicklung Würzburgs, S. 414.
[629] Kreuter: Neue Stadtbaukunst. Würzburg, S. XV, 6, 11f.
[630] XXVI. Verwaltungsbericht Würzburg, S. 103f.; Kreuter: Neue Stadtbaukunst. Würzburg, S. XIV; Stummer: Fünfzig Jahre Bauen an Würzburg. In: Jubiläumsausgabe WGA. 26. Mai 1933, S. 18; Gerken: Selbstverwaltung der Stadt Würzburg, S. 174; Hahn, Barbara: Zellerau: ein Stadtteil im Umbruch. In: Hahn/Baumhauer/Wiktorin: Atlas Würzburg, S. 128f. Zum gemeinnützigen Wohnungsbau in Würzburg vgl. Speth, Jan: Gemeinnütziger Wohnungsbau. In: Hahn/Baumhauer/Wiktorin: Atlas Würzburg, S. 134f.
[631] XXVI. Verwaltungsbericht Würzburg, S. 103f.; Kreuter: Neue Stadtbaukunst. Würzburg, S. XIV.
[632] Wagner, H.-G.: Stadtentwicklung Würzburgs, S. 404–406.

auf mittelständische Schichten wie Angestellte und Beamte aus.[633] Die neue Zeit präsentierte sich „modern und hygienisch einwandfrei in der Ausstattung, jedoch ohne überflüssigen Luxus"[634] mit Bad, kombiniertem Kohle-Gasherd, Loggia oder Balkon. Mit Intensivierung des Wohnungsbaus wurden zunehmend Fehlkalkulationen und Unsicherheit, wie moderner Wohnungsbau auszusehen hat, thematisiert.[635]

Im Jahresrückblick 1927 mahnte Oberbürgermeister Löffler, dass zwar der Bedarf an großen Wohnungen gedeckt sei, aber ein Mangel an Kleinwohnungen zu bezahlbaren Mieten bestehe.[636] Das Würzburger Hochbauamt war sich zwar darüber im Klaren, dass „Licht, Luft und Sonne [...] nun auch in der Wohnung sein [sollten]"[637], die Tragweite dieser Forderung im Hinblick auf Wohnungseinteilung, Form und Lage des Baublocks, Bebauungsdichte und Gebäudehöhe wurde den am städtischen Wohnungsbau beteiligten Architekten und Stadträten aber erst in der Auseinandersetzung mit den Planungen bewusst.[638] Umstritten war das Wohnungsbauprogramm 1928, das auf Drängen der SPD mehr Kleinwohnungen beinhalten sollte, während die BVP die Gründung einer städtischen Wohnungsfürsorgegesellschaft nach Münchner Muster vorschlug.[639] Unter Verweis auf die Richtlinien der Reichsforschungsgesellschaft und den vom Staat geförderten Kleinwohnungsbau griff der *Würzburger General-Anzeiger* die Stadtratsdiskussion über die Reduzierung der Quadratmeterzahl auf. Vielfach war man der Meinung, die Vorbilder des Wohnungsbaus in England, Holland und Wien seien nicht ohne Weiteres auf Würzburger Verhältnisse übertragbar.[640]

Das Problem Grundriss – Typenwohnung – Küche beschäftigte in der Folgezeit wiederholt Lokalpolitik und Bevölkerung. Einerseits blieb die Akzeptanz der

---

[633] Aus Planunterlagen geht hervor, dass die Handwerkerbaugenossenschaft in einem späteren Bauabschnitt den Anteil an Zweizimmerwohnungen durch Grundrissänderungen erhöhen wollte; Schreiben Weis' an den Stadtrat Würzburg vom 22. November 1930 mit Plänen. In: StAW, BA, Nr. 763.

[634] Die Wohnungsneubauten der Handwerker-Baugenossenschaft. In: WGA, Nr. 273, 28. November 1927, S. 3.

[635] Einhaltung des Bebauungsplans und rechtzeitige Erschließung sollten beim Bau der Gagfah-Siedlung Fehler früherer Wohnungsbauprojekte vermeiden; Kreuter: Neue Stadtbaukunst. Würzburg, S. XIV.

[636] Löffler: Die Stadtgemeinde Würzburg im Jahre 1927. In: WGA, Nr. 300, 30. Dezember 1927, S. 3; vgl. auch Ein Rückblick auf das zu Ende gehende Jahr. In: FV, Nr. 301, 30. Dezember 1927, S. 5; Der Protest der Würzburger Mieterschaft. In: FV, Nr. 58, 11. März 1927, S. 5; Das Würzburger Wohnungsbauprogramm für das Jahr 1928. In: WGA, Nr. 16, 20. Januar 1928, S. 3.

[637] Stummer: Fünfzig Jahre Bauen an Würzburg. In: Jubiläumsausgabe WGA. 26. Mai 1933, S. 18.

[638] Stadtbaurat Stummer verweist auf die Überlastung von Baupolizei, Stadterweiterungsbüro und Bauämtern; Stummer: Fünfzig Jahre Bauen an Würzburg. In: Jubiläumsausgabe WGA. 26. Mai 1933, S. 18.

[639] Um das Frühjahrsbauprogramm der Stadt Würzburg. In: WGA, Nr. 52, 2. März 1928, S. 3. Bereits im Jahr zuvor hatte die SPD einen ähnlichen Antrag gestellt; vgl. Ein Wohnungsbauprogramm zur Behebung der Wohnungsnot. In: FV, Nr. 47, 26. Februar 1927, S. 5.

[640] Das Würzburger Wohnungsbauprogramm für das Jahr 1928. In: WGA, Nr. 16, 20. Januar 1928, S. 3; Die Raumgröße für Wohnungen. In: WGA, Nr. 17, 21. Januar 1928, S. 3; Staatliche Baudarlehen für 1928. In: WGA, Nr. 22, 27. Januar 1928, S. 2.

Kleinwohnungen unter Beamten relativ gering, da sie einen Umzug aus einer Großwohnung als sozialen Abstieg wahrnahmen, andererseits konnten sich Arbeiter weder eine größere noch eine teurere kleine Neubauwohnung leisten.[641] Den Protest sozial randständiger Gruppen unterstützte der sozialdemokratische *Fränkische Volksfreund*. Kinderreiche forderten größere Wohnungen und Kriegsbeschädigte befanden, dass die Stadt anstelle des Kriegerdenkmals lieber Kleinwohnungen zur Verfügung stellen solle.[642]

Zugleich drehte sich die Würzburger Debatte über neue Wohnformen wie in anderen Städten auch immer wieder um die Küchengestaltung.[643] Die Frauen im Stadtrat sprachen sich über die Parteigrenzen hinweg für eine Kochnische aus, da eine reine Wohnküche einen Rückschritt bedeuten würde.[644] Allgemein galten die Küchen der Wohnungsanlagen für Postangestellte mit einer durch eine Glasschiebetüre von der Wohnküche abgetrennten Kochnische als beispielhaft.[645] Diese Lösung legt nahe, dass Bauabteilungen der Reichspost außerhalb Münchens das Konzept der „Münchner Küche" übernahmen.

Im Frauenland, wo sich die Stadt mit Missionsärztlichem Institut, Missions-Seminar Mariannhill, orthopädischer Klinik König-Ludwig-Haus, Hindenburgsiedlung und Gartenstadt Keesburg immer mehr ausbreitete[646], sollte am östlichen Hang eine größere städtische Wohnsiedlung in Hofbauweise entstehen.[647] Um ein einheitliches Erscheinungsbild der drei Wohnhöfe zu erzielen, schrieb das Hochbauamt unter ortsansässigen Architekten einen Ideenwettbewerb aus, den im Frühjahr 1927 Heinz Moll und Christoph Miller, beides Architekten der Postbauschule, für sich entschieden.[648] Die Pläne der Preisträger wurden von den Würzburger Architekturbüros Saalfrank und Mayer-Kleinsteuber überarbeitet.[649] Das ambitionierte Bauvorhaben sah überwiegend Kleinwohnungen vor und sollte durch die Wohnbau Würzburg e.G.m.b.H. in mehreren Bauabschnitten zügig

---

[641] Wünsche und Nöte des Stadtteils Grombühl. In: WGA, Nr. 144, 25. Juni 1928, S. 3. Wohnbauprojekte der Weimarer Zeit setzten häufig bewusst auf eine Durchmischung sozialer Gruppen, weshalb ein Umzug in eine neue Wohnsiedlung skeptisch gesehen wurde; Saldern: Gesellschaft und Lebensgestaltung, S. 61.

[642] Der Protest der Würzburger Mieterschaft. In: FV, Nr. 58, 11. März 1927, S. 5; Kundgebung des Bundes der kinderreichen Familien. In: FV, Nr. 72, 29. März 1927; Wohnungsnot und Zwangsräumungen in Würzburg. In: FV, Nr. 116, 21. Mai 1927, S. 5; Eine Stimme aus Mieterkreisen. In: FV, Nr. 228, 4. Oktober 1928, S. 5.

[643] Die Wohnungsnot und Wohnungsreform. In: FV, Nr. 124, 1. Juni 1927, S. 2.

[644] Ausbau der Hindenburg-Siedlung. Wohnküche oder Kochnische? In: WGA, Nr. 139, 20. Juni 1930, S. 3.

[645] Wohnhausneubau der Reichspost-Baugenossenschaft. In: WGA, Nr. 301, 31. Dezember 1929, S. 4.

[646] Speth, Jan: Gartenstadt Keesburg. In: Hahn/Baumhauer/Wiktorin: Atlas Würzburg, S. 132.

[647] Lageplan vom städtischen Gelände an der Erthalstraße vom 6. Dezember 1926. In: StAW, BA j. R., Nr. 4014; Kreuter: Neue Stadtbaukunst. Würzburg, S. 14; Wieder ein Wohnhausneubau im Frauenland! In: WGA, Nr. 210, 12. September 1928, S. 3.

[648] Aicher/Brennauer/Schulz: Lebensläufe, S. 178.

[649] In der Jury saßen Theodor Fischer, August Lommel, Oberbürgermeister Hans Löffler und Stadtbaurat Franz Kreuter; XXVII. Verwaltungsbericht Würzburg, S. 71; XXVIII. Verwaltungsbericht Würzburg, S. 82; Das vorläufige Wohnungsbauprogramm für 1927/28. In: FV, Nr. 70, 26. März 1927, S. 5.

vorangetrieben werden. Auf Grund unklarer Baulinienführung und Erschließungskosten waren jedoch Verzögerungen vorprogrammiert.[650]

Einwendungen und Korrekturen von Seiten der für das Genehmigungsverfahren zuständigen Ministerien dürften den Baufortschritt immer wieder ins Stocken gebracht haben. Das Sozialministerium hielt den zweiten Bauabschnitt nicht für förderwürdig, weshalb die Stockwerkszahl von vier auf drei reduziert werden musste.[651] Nachdem innerhalb der Bayerischen Staatsregierung die Zuständigkeiten zwischenzeitlich neu verteilt worden waren, musste auf Anweisung des Ministeriums für Landwirtschaft und Arbeit „zur Verbesserung der Belichtung und Belüftung der Erd- und Untergeschossräume"[652] eine wegen der Hanglage erforderliche Stützmauer in einem der Höfe versetzt und niedriger konstruiert werden.

Das Konzept der heute denkmalgeschützten Anlage, die sich mit einer Abstufung der Wohnblöcke geschickt der Geländeformation anpasst, entsprach mit Künstlerateliers, Läden, Gemeinschaftseinrichtungen und begrünten Höfen mit Kinderspielecke den damals üblichen Vorstellungen einer modernen Siedlung.[653] Bewusst hatte man auf schlichte, klare Bauformen gesetzt – nur Hauseingänge sind durch Erker und Reliefs akzentuiert. Auffällig sind mit geometrischen Mustern „sachlich modern" gestaltete Holztüren. (Abb. 71-73) Figürlicher Schmuck aus Muschelkalk findet sich lediglich über rundbogigen Durchgängen zum mittleren Hof. Typisch für das Neue Bauen sind Sprossenfenster und große Dachfenster der Ateliers. Zwar gerieten die typisierten „Kleinwohnungen", vorwiegend Dreizimmerwohnungen, deren nutzbare Wohnfläche zwischen 77 und 148 m² lag, erneut etwas geräumig, die Ausstattung aber bot mit kombinierten Kohle-Gasherden und einer Kammer, die in Eigenregie zu einem Bad ausgebaut werden konnte, nur bescheidenen Komfort.[654]

Die städtische Wohnanlage, mit der die Stadtväter ein hoffnungsvolles Projekt für neues modernes Wohnen und einen großen Wurf gegen die Wohnungsnot verbanden, geriet wegen Bauverzögerungen und Kreditüberschreitungen ins Kreuzfeuer der Kritik. Tatsächlich hatten Überprüfungen und ministerielle Auflagen Umplanungen erforderlich gemacht und weitere Kosten verursacht.[655] Gegen-

---

[650] Schreiben [Weinfurtners] an Stadtrat Würzburg vom 16. Juni 1927. In: StAW, BA j. R., Nr. 4012; Schreiben der Wohnbau Würzburg e.G.m.b.H. von Johann Amann und Kleinsteuber an Stadtrat Würzburg vom 24. Januar 1928. In: StAW, BA j. R., Nr. 4012; Um das Frühjahrsbauprogramm der Stadt Würzburg. In: WGA, Nr. 52, 2. März 1928, S. 3.

[651] Schreiben Kreuters betreffs Vorladung Kleinsteuber vom 27. Juni 1927. In: StAW, BA j. R., Nr. 4012.

[652] Schreiben Löhners (Staatsministerium für Landwirtschaft und Arbeit; Abteilung Arbeit) vom 5. Dezember 1929 an Stadtrat Würzburg. In: StAW, BA j. R., Nr. 4012; vgl. auch Schreiben des Stadtrates Würzburg an Architekturbüro Mayer und Kleinsteuber vom 19. November 1929. In: StAW, BA j. R., Nr. 4012; Schreiben des Stadtrates Würzburg an Staatsministerium für Landwirtschaft und Arbeit; Abteilung Arbeit vom 28. November 1929. In: StAW, BA j. R., Nr. 4012.

[653] Schreiben Kreuters mit Plänen vom 24. Juni 1927. In: StAW, BA j. R., Nr. 4014; XXVII. Verwaltungsbericht Würzburg, S. 71.

[654] XXVII. Verwaltungsbericht Würzburg, S. 71; Die Schuld an der Kreditüberschreitung für den Baublock II an der Brettreichstraße. In: WGA, Nr. 157, 11. Juli 1930, S. 7.

[655] Wie steht es mit dem Wohnungsbau im Frauenland? In: FV, Nr. 120, 27. Mai 1927, S. 5; Hochbautätigkeit und Arbeitslosigkeit der Baufacharbeiter in Würzburg. In: FV, Nr. 126,

stand der öffentlichen Diskussion war das einheitliche architektonische Erscheinungsbild der Baugruppe, worüber Leser des *Würzburger General-Anzeigers* geteilter Meinung waren. Würdigten einige „imposante Häuserkomplexe"[656], erblickten andere „schauderhafte Mietskasernen"[657], die einen Schandfleck im Frauenland darstellten und mit ihrer geschlossenen Häuserfront die Frischluftzirkulation für die unten gelegene Altstadt beeinträchtigen würden.[658] Für Unmut sorgten fehlende Verkehrsanbindung an das Stadtgebiet und ungeteerte Straßen im neuen Stadtviertel.[659] Die schwierige Umsetzung der Forderung nach Licht, Luft und Sonne bei einer Hofbebauung in abfallendem Gelände führte zu Überlegungen, in unmittelbarer Nachbarschaft nur eine Wohnbebauung in Zeilenbauweise zuzulassen.[660]

Im Ringen um Formen, Grundrisse und ideale Erfüllung des Rufs nach Licht, Luft und Sonne erschien es fast, als hätte der Architekt Peter Feile mit seinen Häusern an der Keesburgstraße versucht, eine Musterlösung aufzuzeigen und im Sinne Le Corbusiers die Initialzündung für modernen Wohnungsbau in Würzburg zu liefern.[661] Feile, 1899 in Würzburg geboren, hatte nach dem Studium an der Stuttgarter Kunstgewerbeschule und ersten beruflichen Erfahrungen in Berlin Gelegenheit, sich im Wiener Werkbund bei Josef Hoffmann mit Gleichgesinnten wie Walter Loos über neue Ideen und moderne Architekturströmungen auszutauschen.[662] Von Bauhaus, Weißenhofsiedlung, Wiener Moderne und den Lehren Adolf Loos' begeistert kehrte er 1926 nach Würzburg zurück, wo er sich mutig daran machte, mit avantgardistischer Architektur frischen Wind in seine Heimatstadt zu bringen.[663] Mit einem seiner ersten Projekte, dem „dachlosen Haus", wirbelte er mächtig Staub auf und die Provinzstadtdebatte entbrannte vollends.[664] Der Stadtrat rang sich dank eines Plädoyers des Oberbürgermeisters zur Genehmigung eines Einfamilienhauses im Stil der Neuen Sachlichkeit unterhalb der Feste Marienberg durch, aber die Regierung von Unterfranken als übergeordnete Behörde legte ihr Veto ein, da Flachdach und Rundfenster mit dem historischen Ambiente von Festung Marienberg und Käppele unvereinbar seien.[665] Damit wurde für Würzburg die Chance vertan, 1927 mit dem ersten Flachdachhaus Bayerns

---

3. Juni 1927, S. 5; Um das Baublock-Defizit. In: WGA, Nr. 44, 22. Februar 1930, S. 3; Die Schuld an der Kreditüberschreitung für den Baublock II an der Brettreichstraße. In: WGA, Nr. 157, 11. Juli 1930, S. 7.
[656] Der Bezirksverein Rennweg-Frauenland. In: WGA, Nr. 59, 12. März 1930, S. 3.
[657] Die Neubauten im Frauenland. In: WGA, Nr. 301, 31. Dezember 1929, S. 4.
[658] Ebd.
[659] Der Bezirksverein Rennweg-Frauenland. In: WGA, Nr. 59, 12. März 1930, S. 3; Stimmen aus dem Publikum. Das vergessene Frauenland. In: WGA, Nr. 120, 28. Mai 1931, S. 3.
[660] Schreiben Stummers vom 4. Dezember 1930 betr. Bauvorhaben Luitpold Kratz Jakob-/ Riedingerstraße. In: StAW, BA j. R., Nr. 4010.
[661] Das Doppelwohnhaus in der Keesburgstraße. In: WGA, Nr. 227, 2. Oktober 1928, S. 3.
[662] Schmuck: Von Kistenhäusern und Flachdächern, S. 114f.; Meder, Iris: Offene Welten. Die Wiener Schule im Einfamilienhausbau 1910-1938. Stuttgart 2004, S. 663.
[663] Bier, Justus: Rationelle Terrassenhaustypen/Einfamilienhäuser. In: Die Form, Nr. 1, Januar 1933, S. 13; Schmuck: Von Kistenhäusern und Flachdächern, S. 115.
[664] Koenig, Johannes Karl: Die neue Sachlichkeit im alten Würzburg. In: FV, Nr. 196, 27. August 1927, S. 6.
[665] Ebd.

parallel zur Stuttgarter Weißenhofsiedlung ein spektakuläres Villengebäude zu präsentieren.[666]

Ähnlich wie die Auseinandersetzung um eine Flachdachvilla in Nürnberg sorgte dieser Konflikt über die Region Würzburg hinaus sogar in Österreich für Aufsehen. Da etwa zur selben Zeit Richard Riemerschmid mit seinen Flachdachwochenendhäusern im Isartal ebenfalls an den Bauaufsichtsbehörden scheiterte, war der Streit um das flache Dach in Würzburg und München Diskussionsgegenstand von Vorträgen oder Fachartikeln zum Neuen Bauen in verschiedenen bayerischen Städten.[667] Zynisch kommentierte die Fachpresse, das Haus Feiles sei nach Anpassung an die „heimische Baugesinnung"[668] mit Walmdach und konventionellen Fenstern kein Fremdkörper mehr neben Villenbauten im Stil einer „neugotische[n] Ritterburg"[669]. Während *Deutsche Bauzeitung* und *Fränkischer Kurier* gegen das Projekt Position bezogen, ergriffen neben der *Frankfurter Zeitung* und den *Münchner Neuesten Nachrichten* zahlreiche Fachzeitschriften wie *Der Baumeister* Partei für den jungen Architekten.[670] Ein weiterer Versuch Feiles, mit dem Bau eines Geschäftshauses den neuen Stil nach Würzburg zu holen, schlug ebenfalls fehl. Der Architekt zog die Pläne zurück, da der Neubau, wieder in sensibler Umgebung, wenig Aussichten auf Realisierung hatte.[671]

Während erbitterte Debatten um das flache Dach geführt wurden, startete Feile in Würzburg mit dem progressiven Doppelwohnhaus Keesburgstraße 29-29a auf einem Grundstück seines Schwiegervaters einen neuen Anlauf, wobei er auf die Protektion des Stadtoberhauptes zählen konnte. Löffler, um die Moderne seiner Stadt bemüht, förderte das avantgardistische Projekt wohl auch nicht ganz uneigennützig, wohnte er doch in unmittelbarer Nachbarschaft.[672] Die eine Haushälfte beabsichtigte Feile, mit seiner Familie selbst zu beziehen, die andere erwarb mit dem Kunsthändler Oskar Laredo einer der exponiertesten Förderer der Neuen Sachlichkeit in Würzburg.[673] Außer- und oberhalb der Altstadt gelegen, boten die Baugrundstücke auf der Keesburghöhe wenig Konfliktpotenzial hinsichtlich des barocken Stadtkerns, zumal August Lommel im Streitgespräch mit Ernst May signalisiert hatte, dass es schon in im alten Würzburg Flachdächer

---

[666] Vermutlich war Peter Feile bei der Werkbundausstellung in Stuttgart am Haus Bourgeois beteiligt; Meder: Offene Welten, S. 663.
[667] Riezler, Walter: Der Kampf gegen das flache Dach. In: Die Form, Nr. 1, Januar 1927, S. 26f.; Neues Bauen, neues Wohnen. In: ANN, Nr. 134, 13. Juni 1928, S. 4.
[668] Bier, Justus: Das flache Dach in unserem Landschaftsbild. In: DB, Nr. 5, Mai 1928, S. B 95; vgl. auch ders.: Ein Doppelwohnhaus in Würzburg. In: DB, Nr. 3, März 1929, S. 63.
[669] Bier: Das flache Dach in unserem Landschaftsbild. In: DB, Nr. 5, Mai 1928, S. B 95. In Bezug auf die geplante Villa ist auch vom „Fellachenstil" die Rede; s. Meder: Offene Welten, S. 460.
[670] Meder: Offene Welten, S. 459f.; Schmuck, Suse: Der Architekt Peter Feile (1899-1972). Neue Sachlichkeit in Würzburg. Würzburg 2004/2005, S. 7; Bier: Das flache Dach in unserem Landschaftsbild. In: DB, Nr. 5, Mai 1928, S. B 95f.; ders.: Ein Doppelwohnhaus in Würzburg von Architekt Peter Feile. In: DB, Nr. 3, März 1929, S. 61-70; ders.: Rationelle Terrassenhaustypen/Einfamilienhäuser. In: Die Form, Nr. 1, Januar 1933, S. 13.
[671] Schmuck: Von Kistenhäusern und Flachdächern, S. 117f.
[672] Meder: Offene Welten, S. 461.
[673] Schmuck: Die Lerchenhainsiedlung, S. 7; Schmuck: Der Architekt Peter Feile, S. 9.

gegeben habe und er nicht generell gegen das neuzeitliche Bauen mit flachen Dächern sei.[674]

In der Tat war das Doppelwohnhaus, dessen treppenartige Straßenseite, Terrassen und Freitreppen deutlich den Einfluss der Wiener Schule erkennen lassen, eine Sensation in Würzburg.[675] Als Feile und Laredo das Haus nach Fertigstellung für drei Tage zur Besichtigung freigaben, strömten zahlreiche Besucher zur Keesburghöhe hinaus, um den neuen Baustil und die neuzeitliche Wohnkultur in Augenschein zu nehmen. Ein Beitrag mit umfangreichem Bildmaterial des Architekturkritikers Justus Bier 1929 im *Baumeister* vermittelt einen guten Eindruck vom ersten Würzburger Flachdachhaus.[676] Um Sonnenlicht einzufangen, ist auf Süd- und Straßenseite des Hauses auf der ganzen Länge durch Abtreppung jedem Stockwerk eine Terrasse vorgelagert. Präsentiert sich der Kubus dort offen, so erweckt er auf der Nordseite einen geschlossenen Eindruck. Die nüchterne Sachlichkeit des Baukörpers unterstreicht die in vornehmem Hellgrau verputzte Fassade.

Durch spiegelsymmetrische Zusammensetzung der typisierten Grundrisse der Doppelhaushälften kommen die Treppenhäuser zueinander zu liegen. Die Anordnung der Räume bewirkt über die Fenster eine eigenwillige architektonische Fassadengliederung.[677] (Abb. 74) Großzügige Glasflächen lassen Licht, Luft und Sonne in das Innere des Hauses. Das Flachdach gestattet die Belichtung des innenliegenden Treppenhauses durch ein Oberlicht. Im Wohnbereich heben Glastüren die Grenzen zwischen den einzelnen Räumen auf.[678] Die Funktionalität des Hauses spiegelt ein physiognomischer Aufriss mit programmatischer Zuordnung wider – Erdgeschoss für Wirtschaftsräume, erstes Obergeschoss für Wohnräume und zweites Obergeschoss für Schlafzimmer.[679] Zugleich wurden damals mit dem von Peter Feile und Walter Loos entworfenen Doppelwohnhaus zwei Möglichkeiten moderner und doch individueller Wohnraumgestaltung aufgezeigt.[680]

Die Inneneinrichtung des Hauses Feile folgte mit Einbauschränken in Zimmern und Küche den Grundprinzipien der Neuen Sachlichkeit. Das neutrale Weiß der Decken und Wände und das helle Grau des Fußbodenbelags erforderten keine besondere Abstimmung mit den Farben der Einrichtungsgegenstände. Feile kombinierte selbst entworfene Möbel mit Industrieerzeugnissen nach Entwürfen von Marcel Breuer oder Josef Frank, was als „behagliche Wohnlichkeit"[681] wahrgenommen wurde.[682] Dagegen vermittelte die Haushälfte Laredos mit dem Farbkonzept des Malers Carl Grossberg einen gänzlich anderen Eindruck. Grossberg, der ein Schüler Lyonel Feiningers war und schon für Erich Mendelsohn gearbeitet

---

[674] Neuzeitliches Bauen. Ein Streitgespräch. In: WGA, Nr. 53, 3. März 1928, S. 3; Reitberger, Heiner: Das alte Würzburg. Würzburg 1977, S. 128f.
[675] Bier: Ein Doppelwohnhaus in Würzburg. In: DB, Nr. 3, März 1929, S. 70.
[676] Ebd., S. 61–70.
[677] Ebd., S. 64.
[678] Ebd., S. 70.
[679] Meder: Offene Welten, S. 468; Schmuck: Der Architekt Peter Feile, S. 9.
[680] Meder: Offene Welten, S. 460f.
[681] Bier: Ein Doppelwohnhaus in Würzburg. In: DB, Nr. 3, März 1929, S. 70.
[682] Meder: Offene Welten, S. 463; Schmuck: Der Architekt Peter Feile, S. 9.

hatte, ordnete den Räumen verschiedene Farben zu und stimmte die Einrichtung passend dazu ab.[683]

Die überwiegend positive Resonanz bestärkte Peter Feile, 1929 gemeinsam mit seinem Wiener Kollegen Walter Loos mit der Siedlung Lerchenhain ein größeres Projekt bestehend aus 27 Einfamilien- und 2 Doppelhäusern im Stil der Neuen Sachlichkeit in Angriff zu nehmen. Für Planungsphase und Bauausführung gründete er mit seinem Schwiegervater Georg Kraus, Würzburger Bauunternehmern und Handwerksmeistern die Baugesellschaft Lerchenhain mbH.[684] Im Bemühen, heimische Handwerker und Firmen mit ins Boot zu holen, lag möglicherweise auch die Absicht, Gegnern des Neuen Bauens den Wind aus den Segeln zu nehmen, opponierten diese doch nicht selten aus Furcht vor wirtschaftlichen Nachteilen.[685] Die Bereitschaft der Unternehmer, sich auf innovative Bauvorhaben einzulassen, beweist aber das Interesse Würzburger Firmen an neuen Tendenzen und Bautechniken.

Im Bestreben, nach Art der Wiener Schule unter Berücksichtigung von Wohnbedürfnissen und Wirtschaftlichkeit einen Einfamilienhausstandardtyp zu entwickeln, legten Feile und Loos für die Typenhäuser, die auf dem 20 000 m^2 großen dreiecksförmigen Baugelände entstehen sollten, Würfel und Quader zugrunde, die sie in Größe und Kombination variierten.[686] Alle Gebäude sollten regelmäßig versetzt freie Sicht auf Stadt, Käppele, Marienburg und Maintal bieten.[687] Das Projekt musste im Oktober 1929 wegen baurechtlicher Beschränkungen auf 22 Häuser reduziert werden, worauf es einstimmig vom Stadtrat gebilligt wurde. Auf dieser Grundlage startete die Siedlung mit drei schlüsselfertigen Musterhäusern, die heute allgemein mit Haus Lerchenhain 2, Haus Lerchenhain 4 und Haus Lerchenhain 5 bezeichnet werden. „[G]anz von innen heraus entwickelt"[688], waren die drei Häusertypen, ausgestattet mit Arbeits- und Dienstmädchenzimmer, auf die Bedürfnisse einer großbürgerlichen Klientel ausgerichtet, die für die Siedlung Lerchenhain gewonnen werden sollte.[689] Bei Laredo konnten Interessierte Modell und Pläne der Villensiedlung begutachten.[690]

---

[683] Bier: Ein Doppelwohnhaus in Würzburg. In: DB, Nr. 3, März 1929, S. 70; Schmuck: Der Architekt Peter Feile, S. 21; Reitberger: Das alte Würzburg, S. 27.
[684] Zeitungsnotiz über mögliche Baukostenzuschüsse für die Baugenossenschaft Lerchenhainsiedlung. In: WGA, Nr. 61, 14. März 1930, S. 3.
[685] Schmuck: Lerchenhainsiedlung, S. 8. Zur Handwerkeropposition gegen das Bauhaus und die Neue Sachlichkeit vgl. Keß: Kunstleben und Kulturpolitik, S. 198-200; vgl. auch Miller Lane: Architektur und Politik, S. 132 f.
[686] Bier: Rationelle Terrassenhaustypen/Einfamilienhäuser. In: Die Form, Nr. 1, Januar 1933, S. 18; Meder: Offene Welten, S. 465.
[687] Bier, Justus: Die Siedlung Lerchenhain in Würzburg von Peter Feile und Walter Loos. In: DB, Nr. 12, Dezember 1931, S. 466; Meder: Offene Welten, S. 464; Schmuck: Der Architekt Peter Feile, S. 11.
[688] Ausstellung der Villenanlage Lerchenhain. In: WGA, Nr. 219, 23. September 1930, S. 3.
[689] Bier: Die Siedlung Lerchenhain in Würzburg von Peter Feile und Walter Loos. In: DB, Nr. 12, Dezember 1931, S. 467 f.
[690] Eine Siedlung in Würzburg des Architekten Peter Feile. In: WGA, Nr. 193, 23. August 1929, S. 4.

Nach Biers Beschreibung im *Baumeister* 1931 bildet eine Grundfläche von ca. 9,50 x 9,00 m die Basis für Typ A (Lerchenhain 2).[691] Die treppenartige Staffelung der Südwestfassade mit zwei Terrassen und Flachdach nimmt die Hanglage des umgebenden Geländes in die architektonische Gestaltung auf.[692] Das Haus besticht durch kompromisslose Modernität, die sich in einem klar definierten kubistischen Baukörper manifestiert, betont durch glatte weiße Wandflächen und den Verzicht auf Sprossenfenster. Um eine optische Beeinträchtigung des puristischen Eindrucks zu vermeiden, sind Dachrinnen und Fallrohre hinter die Fassaden gelegt.[693] Wie viele Architekten des Neuen Bauens verfolgten Feile und Loos einen ganzheitlichen Ansatz, der in Details wie dem filigranen Rundrohr der Terrassengeländer und der Sonnenschutzpergola zum Ausdruck kommt.[694] Das Konzept bezog sich auch auf die Einfriedung industriell hergestellter weißer Wellendrahtgitter in Winkeleisenrahmen.[695] (Abb. 75)

Das Haus Typ B (Lerchenhain 4) geht von einer Grundfläche von ca. 12,50 x 6,50 m aus.[696] Zwei ineinander geschobene kubische Baukörper kennzeichnen die Villa, woraus sich deren charakteristischstes Merkmal, ein an der Nordostfassade vorspringendes Treppenhaus ergibt. Der Treppenhausblock, der über den Dachgarten hinausragt und eine Terrassenüberdachung mit einschließt, scheint den Kubus zu durchdringen. Ein vertikales Fensterband bildet eine Klammer zwischen Dachgarten und Untergeschoß.[697] Der ungewöhnlichen Außenwirkung wegen erhielt das Haus im Volksmund den Spitznamen „Steigbügelhaus"[698]. (Abb. 76)

Haus Lerchenhain 5, das größte der Musterhäuser, stellt in mancherlei Hinsicht eine Weiterentwicklung von Lerchenhain 4 dar und lässt in Grundriss und Raumaufteilung deutlich einen großbürgerlichen Zuschnitt erkennen. Bei Typ C tritt das Grundprinzip der Bauhausarchitekten, von Würfel und Quader auszugehen, deutlich zutage.[699] Das schmale dritte Stockwerk, das nur Treppenhaus und den Raum für die Bibliothek beherbergt, erscheint als Rest des eigentlichen Baukörpers nach Abschnitten für die beiden Terrassen. Die filigrane Sonnenschutzpergola der Südterrasse wirkt wie eine Andeutung des eigentlichen Kubus. Als Besonderheit tauchen bei Lerchenhain 5 die für die Wiener Hoffmann-Schule typischen runden Fenster auf.[700] (Abb. 77)

Alle drei Häusertypen charakterisiert ähnlich wie beim Doppelwohnhaus Feile/Laredo eine klare funktionelle Zuordnung der Raumgruppen nach Stockwerken.

---

[691] Bier: Die Siedlung Lerchenhain in Würzburg von Peter Feile und Walter Loos. In: DB, Nr. 12, Dezember 1931, S. 467.
[692] Vgl. Schreiben Stummers an Baupolizeiamt betr. Neubau Kaffee Lerchenhain vom 13. Januar 1931. In: StAW, BA j. R., Nr. 8525.
[693] Schmuck: Der Architekt Peter Feile, S. 11.
[694] Schmuck: Lerchenhainsiedlung, S. 10-13.
[695] Schmuck: Der Architekt Peter Feile, S. 11.
[696] Bier: Die Siedlung Lerchenhain in Würzburg von Peter Feile und Walter Loos. In: DB, Nr. 12, Dezember 1931, S. 466.
[697] Meder: Offene Welten, S. 465.
[698] Schmuck: Lerchenhainsiedlung, S. 14-17.
[699] Walter Gropius und Bruno Taut gingen in der Stuttgarter Weißenhofsiedlung von quadratischen Grundrissen aus; Meder: Offene Welten, S. 482.
[700] Meder: Offene Welten, S. 466; Schmuck: Lerchenhainsiedlung, S. 18-21.

Eine zentrale Stellung kommt dem Wohnbereich als Dreh- und Angelpunkt des täglichen Lebens zu. Glastüren und direkter Zugang zur vorgelagerten Terrasse erwecken einen großzügigen und lichtdurchfluteten Eindruck. Das Innere des Hauses scheint gewissermaßen mit dem Freiraum der Natur zu verschmelzen.[701] Das Baumaterial für die in weiß oder „ganz lichten Tönen"[702] gehaltenen Musterhäuser im „modernen sachlichen Stil"[703] war mit Bimsbetonhohlblöcken für das Mauerwerk und die nichttragenden Zwischenwände neuartig. Decken, Flachdach und Terrassen wurden in Eisen-Beton-Skelettbauweise ausgeführt, ausgefacht mit Schlackenhohlkörperplatten und mit Zementestrich versehen.[704] Die Ausstattung mit hellen Natursteinplatten im Eingangsbereich, grauem Steinholzestrich für Betontreppen, hellgrauem Linoleum in Wohn- und Schlafzimmer und weißen beziehungsweise grauen Fliesen im Sanitärbereich entsprach dem nüchternen Ideal der Neuen Sachlichkeit, die aus Hygienegründen glatte Flächen bevorzugte.[705] Alle drei Musterhäuser hatten Würzburger Unternehmen eingerichtet.[706]

Die Resonanz war enorm. Als die drei Musterhäuser der Lerchenhainsiedlung nach ihrer Fertigstellung im Oktober 1930 zur Besichtigung freigegeben wurden, übertraf der Besucheransturm während der zweiwöchigen Ausstellung alle Erwartungen. Laut Presseberichten musste die Polizei für Ordnung sorgen – Schätzungen gehen von 9000 bis 11 000 Besuchern aus.[707] „Ohne Stuttgart, Karlsruhe, Berlin oder andere Städte aufzusuchen"[708], konnten die Würzburger Neue Sachlichkeit und „Neues Wohnen" vor Ort in Augenschein nehmen. Öffentlichkeit und Presse äußerten sich begeistert über die „mutige Konsequenz"[709], mit der die Forderungen der neuen Zeit umgesetzt worden waren, wozu nicht zuletzt die guten Architekturkritiken von Justus Bier beitrugen. Der auflagenstärksten Tageszeitung Würzburgs, dem *Würzburger General-Anzeiger*, galt der neue Baustil, bei dem Licht, Luft, Einfachheit und Zweckdienlichkeit ein Markenzeichen seien, inzwischen als Selbstverständlichkeit.[710] Mit den avantgardistischen Villenbauten war Peter Feile in seiner Heimatstadt der Durchbruch gelungen. Die Übertragung seiner Grundrisstypen auf den Kleinwohnungsbau wurde empfohlen und Frauenvereinigungen luden den jungen Architekten zu Vorträgen über neuzeitliche Wohnkultur ein.[711]

---

[701] Neues Bauen – Neues Wohnen. Zur Ausstellung der Siedlung Lerchenhain. In: WGA, Nr. 224, 20. September 1930, S. 3.
[702] Bier: Die Siedlung Lerchenhain in Würzburg von Peter Feile und Walter Loos. In: DB, Nr. 12, Dezember 1931, S. 468.
[703] Ausstellung der Villenanlage Lerchenhain. In: WGA, Nr. 219, 23. September 1930, S. 3.
[704] Schmuck: Lerchenhainsiedlung, S. 14–17.
[705] Bier: Die Siedlung Lerchenhain in Würzburg von Peter Feile und Walter Loos. In: DB, Nr. 12, Dezember 1931, S. 468; Schmuck: Der Architekt Peter Feile, S. 13.
[706] Keß: Kunstleben und Kulturpolitik, S. 197 f.
[707] Die Ausstellung Lerchenhain an der oberen Keesburgstraße. In: WGA, Nr. 225, 30. September 1930, S. 3; Meder: Offene Welten, S. 466; vgl. auch Keß: Kunstleben und Kulturpolitik, S. 197 f.; Schmuck: Der Architekt Peter Feile, S. 15; Schmuck: Lerchenhainsiedlung, S. 24.
[708] Neues Bauen – Neues Wohnen. In: WGA, Nr. 224, 29. September 1930, S. 3.
[709] Ebd.
[710] Ausstellung der Villenanlage Lerchenhain. In: WGA, Nr. 219, 23. September 1930, S. 3; vgl. auch Keß: Kunstleben und Kulturpolitik, S. 198; Schmuck: Lerchenhainsiedlung, S. 26.
[711] Burmeister: Das Doppelwohnhaus in der Keesburgstraße. In: WGA, Nr. 227, 2. Oktober 1928, S. 3; Das dachlose Haus verkauft! In: WGA, Nr. 232, 8. Oktober 1928, S. 3.

Der Euphorie über die modernen Flachdachvillen, die auch andere Würzburger Architekten ermutigte, Einfamilienhäuser im Stil der Neuen Sachlichkeit zu bauen, folgte mit der Wirtschaftskrise bald bittere Ernüchterung.[712] Nur einige begüterte Würzburger Bürger schlossen sich dem Trend zum Eigenheim mit Garten an und ließen sich in den Jahren 1931/32 von Franz Kleinsteuber oder Albert Boßlet moderne Villen im Frauenland errichten, wo sich eine kleine Künstlerkolonie etabliert hatte.[713] Im Neubaugebiet konnten Feile und Loos noch einmal ein abgetrepptes Doppelwohnhaus verwirklichen.[714] Die Hoffnung, potente Bauherren für die Fortführung der Lerchenhainsiedlung zu gewinnen, erfüllte sich nicht. Obwohl Peter Feile versuchte, die Planungen an die veränderten wirtschaftlichen Rahmenbedingungen anzupassen, stagnierte die Siedlung Lerchenhain wie andere Siedlungsprojekte der Weimarer Zeit „im Werden plötzlich"[715] und kam über die bereits errichteten drei Häuser nicht hinaus. Das Bauprogramm wurde weiter reduziert und teilweise neu ausgerichtet.[716] Die wenigen im Stadtarchiv Würzburg erhaltenen Bauakten zur Siedlung Lerchenhain enthalten Planzeichnungen, die sich auf drei verschiedene, nicht realisierte Villen beziehen. Aus den spärlichen Schriftstücken geht hervor, dass für die nächsten Ausbauabschnitte der Siedlung das Angebot um weitere Typenhäuser erweitert werden sollte.[717]

Spätere Erweiterungen des Bauprogramms beinhalteten auch den Bau eines Cafés. Inwieweit Überlegungen zum Bau eines Sportparks nahe der Keesburghöhe eine Rolle spielten, ist unklar.[718] Die im Dezember 1930 im Namen der Baugesellschaft Lerchenhain G.m.b.H. eingereichten Plantekturen[719] und ein Modell[720] belegen, dass es sich um ein recht konkretes Projekt handelte. Für das Café waren zwei Parzellen in der Nordwestecke der Siedlung vorgesehen, was einer Reduzierung der Siedlung um zwei Wohnhäuser entsprach. Der Entwurf eines abgetreppten Terrassencafés stieß durchaus auf Zustimmung, da ein gewinnbringender Ef-

---

[712] Keß: Kunstleben und Kulturpolitik, S. 200; Schmuck: Lerchenhainsiedlung, S. 27.
[713] Meder: Offene Welten, S. 463f.; Stummer: Fünfzig Jahre Bauen an Würzburg. In: Jubiläumsausgabe WGA. 26. Mai 1933, S. 19; Steinlein: Profanbauten, S. 74, 109.
[714] Laut Bier stellt das Doppelwohnhaus an der Steubenstraße eine Variation des Doppelwohnhauses Feile/Laredo an der Keesburgstraße dar; Bier: Rationelle Terrassenhaustypen/Einfamilienhäuser. In: Die Form, Nr. 1, Januar 1933, S. 14f.; Meder: Offene Welten, S. 467.
[715] Stummer: Fünfzig Jahre Bauen an Würzburg. In: Jubiläumsausgabe WGA. 26. Mai 1933, S. 19.
[716] Ein Beispiel dafür ist die Einstellung der Planungen für das Café; Schreiben Feiles an Stadtrat Würzburg und Baupolizei. In: StAW, BA j. R., Nr. 8525.
[717] Die geplanten Häuser erhielten die Typenbezeichnungen Haus E, Haus H, und Haus K; vgl. Plan für Einfamilienhaus Villenanlage Lerchenhain Type 1. Haus E, Type 1. In: StAW, BA j. R., Nr. 2090; Schreiben der Baugesellschaft Lerchenhain an Stadtrat Würzburg vom 4. Dezember 1929. In: StAW, BA j. R., Nr. 2090; Meder: Offene Welten, S. 465.
[718] Dem *Fränkischen Volksfreund* zufolge hätte die Keesburgstraße die südliche Begrenzungslinie des angedachten Sportparkgeländes zwischen der Keesburghöhe und dem damaligen Flugplatz bilden sollen; Das Projekt einer Würzburger Sportparkanlage. In: FV, Nr. 170, 27. Juli 1927, S. 4; vgl. auch Würzburger Sportwünsche. In: WGA, Nr. 233, 9. Oktober 1928, S. 3.
[719] Antrag Feiles an Stadtrat Würzburg für Neubau Cafe [!] Lerchenhain. In: StAW, BA j. R., Nr. 8525.
[720] Schmuck: Lerchenhainsiedlung, S. 27.

fekt für das Renommee Würzburgs und eine Zunahme des Fremdenverkehrs erwartet wurde.[721] Auch von Seiten des Hochbauamtes wurde das Café wegen der guten Aussicht auf Main, Würzburg und Umgebung als Ausflugsziel und „Gegenpol zur Frankenwarte im Osten der Stadt"[722] begrüßt. Als problematisch galt, dass der Bau eines Gastronomiebetriebes die Harmonie der Siedlung stören würde. Aus Stellungnahmen des Hochbauamtes und der Gewerbeaufsicht der Regierung von Unterfranken und Aschaffenburg geht hervor, dass im Eingangsbereich eine Drehtüre mit halbkreisförmigem Vordach sowie eine Bäckerei oder Konditorei im Untergeschoß vorgesehen waren.[723] Auch andere Vorhaben ließen sich nicht verwirklichen. Eine vorgesehene Sammelgarage lag bereits im Juli 1931 auf Eis, dennoch reichte Feile im Dezember des folgenden Jahres die Pläne für das als Doppelwohnhaus geplante Haus Lerchenhain 6 ein, jedoch sprang kurz darauf der Bauherr wieder ab, so dass auch dieses Projekt scheiterte.[724]

Die Machtübernahme der Nationalsozialisten und der damit verbundene Wechsel im Bürgermeisteramt brachten auch in Würzburg jegliche avantgardistischen Höhenflüge zum Erliegen. Feiles Bauten waren nicht überall auf ungeteilte Begeisterung gestoßen, wie die knappe tendenziell abwertende Beschreibung des Doppelhauses Feile/Laredo im Würzburg-Band der Reihe *Neue Stadtbaukunst* vermuten lässt.[725] Manch Würzburger zog weiter seine althergebrachte Wohnweise einer modernen vor.[726] Im Gegensatz zur Weißenhofsiedlung oder Dessau-Törten kam es aber erst nach dem politischen Umbruch 1933 vermehrt zu populistischer Ablehnung und diffamierenden Äußerungen.[727] Feile versuchte noch mit einer Änderung der Pläne, zu denen auch der Verzicht auf Flachdächer zu Gunsten von Satteldächern gehörte, auf die veränderten politischen Rahmenbedingungen zu reagieren, um das Projekt Lerchenhain in die neue Zeit hinüberzuretten. Genehmigungsfähig waren die Pläne aber nicht mehr, wohl auch deswegen, weil Peter Feile als Architekt der Neuen Sachlichkeit zu bekannt war.

Wie wenig Verständnis die neuen Machthaber einem architektonischen Konzept entgegenbrachten, das, an wohnhygienischen Grundsätzen wie Licht, Luft und Sonne wie auch an menschlichen Bedürfnissen orientiert, eine Fassadengestaltung nach dem Prinzip „form follows function" anstrebte, geht aus Verbesserungsvor-

---

[721] Vgl. Aktennotiz zu einem Antrag Feiles an den Stadtrat Würzburg In: StAW, BA j. R., Nr. 8525.
[722] Schreiben Stummers an Baupolizeiamt betr. Neubau Kaffee Lerchenhain vom 13. Januar 1931. In: StAW, BA j. R., Nr. 852.
[723] Ebd.; Baupolizeiliches Gutachten von Englert u.Hoffmann vom 17. Juli 1931. In: StAW, BA j. R., Nr. 8525; Stellungnahme des Gewerbeaufsichtsbeamten der Regierung von Unterfranken und Aschaffenburg vom 27. Juli 1931. In: StAW, BA j. R., Nr. 8525.
[724] Schreiben der Baugesellschaft Lerchenhain an Stadtrat Würzburg vom 23. Juli 1931. In: StAW, BA j. R., Nr. 2091; Antwortschreiben des Stadtrates auf Antrag der Baugesellschaft Lerchenhain (23. Juli 1931) vom 29. Juli 1931. In: StAW, BA j. R., Nr. 2091; Schmuck: Lerchenhainsiedlung, S. 27.
[725] Kreuter: Neue Stadtbaukunst. Würzburg, S. XVI; s. Schmuck: Von Kistenhäusern und Flachdächern, S. 114.
[726] Schmuck: Lerchenhainsiedlung, S. 26.
[727] Keß: Kunstleben und Kulturpolitik, S. 198–200; Schmuck: Der Architekt Peter Feile, S. 15–17; Miller Lane: Architektur und Politik, S. 116–120, 132.

schlägen des Baupolizeiamtes hervor, das sich 1935 an den großen Wandflächen einer geplanten Dreierwohnhausgruppe störte.[728] Da Feile kaum noch Aufträge bekam, war es um die wirtschaftliche und finanzielle Lage der Baugesellschaft Lerchenhain derart schlecht bestellt, dass er sich 1936 gezwungen sah, seinen Anteil am Doppelwohnhaus Feile/Laredo zu verkaufen.[729] Im selben Jahr musste auch Feiles Förderer und Nachbar Oskar Laredo wegen seiner jüdischen Herkunft sein Haus verkaufen und emigrieren.[730] Justus Bier, der mit wohlwollenden Kritiken den jungen Architekten Peter Feile unterstützt hatte, musste als Jude ebenfalls Deutschland verlassen und wanderte in die Vereinigten Staaten aus.[731]

Während in Würzburg die neuen Verhältnisse am weiteren Baugeschehen auf dem Areal der Siedlung Lerchenhain mit Giebeldachhäusern im ideologisch gewollten Heimatschutzstil sichtbar wurden, konnte Walter Loos in Wien bis zum „Anschluss" Österreichs 1938 einige Villenbauten nach den für Lerchenhain entwickelten Typen verwirklichen. Danach war Loos als Sozialist ebenfalls gezwungen, ins Exil zu gehen.[732] In seinem Artikel *Rationelle Terrassenhaustypen/Einfamilienhäuser* verwies Justus Bier mit Bild- und Grundrissbeispielen der Würzburger Lerchenhainsiedlung und den Villen in Wien-Hietzing ausdrücklich auf die Progressivität variabler Standardtypen im Einfamilienhausbau.[733]

Am Beispiel Würzburgs zeigt sich, welche Bedeutung dem neuen Baustil beigemessen wurde. Licht, Luft und Sonne konnten nicht nur Wohnverhältnisse verbessern, sondern auch einen Prestigegewinn bedeuten. Nach anfänglichen Schwierigkeiten zeigten Bevölkerung und Lokalpolitik reges Interesse am Neuen Bauen beziehungsweise der Neuen Sachlichkeit und den damit verbundenen Herausforderungen eines modernen Lebensstandards. Die mainfränkische Stadt, deren barocke Pracht einige bisweilen als Bürde empfanden, hatte gehofft, mit einem modernen Baustil den Anschluss an die Moderne zu schaffen und damit das Provinzstadtimage etwas abzustreifen.[734] Das Zeitfenster, um infrastrukturelle Defizite aufzuholen, sich auf eine im Wohnungsbau vom Grundriss her entwickelte neue Architektur einzulassen und sie für breite Bevölkerungsschichten begreifbar zu machen, erwies sich unter den äußerst angespannten wirtschaftlichen und politischen Umständen der Weimarer Republik jedoch als zu eng.

---

[728] Schreiben Feiles an Stadtrat Würzburg vom 12. Januar 1935 an Stadtrat Würzburg. In: StAW, BA j. R., Nr. 5269. Einer Belebung der Fassaden mittels zusätzlicher Fenster stand Feile ablehnend gegenüber, da dies dem Grundriss widersprechen würde; vgl. Schmuck: Lerchenhainsiedlung, S. 20.
[729] Die Baugesellschaft Lerchenhain konnte nur eines der drei Typenhäuser verkaufen, die beiden anderen Häuser wurden vermietet; Schmuck: von Kistenhäusern und Flachdächern, S. 127f.
[730] Schmuck: Der Architekt Peter Feile, S. 9.
[731] Ebd., S. 33.
[732] Ab 1928/30 entstanden mehrere Villen nach Typ Lerchenhain 2, 4 und 5 mit leichten Abwandlungen. Unter anderem ließ sich der Komponist Alexander Zemlinsky von Loos ein Haus bauen, das dem Typ Lerchenhain 2 entsprach. Meder: Offene Welten, S. 467–478.
[733] Bier: Rationelle Terrassenhaustypen/Einfamilienhäuser. In: Die Form, Nr. 1, Januar 1933, S. 15–18.
[734] Sander: Architektur des 19. und frühen 20. Jahrhunderts, S. 66f.

V. „Bauten der Arbeit"

Neben Krankenhäusern, Schwimmbädern und Sportanlagen bildete zweifellos der Wohnungsbau die größte und herausragendste öffentliche Bautätigkeit der Weimarer Zeit.[1] Um den wirtschaftlichen Wiederaufbau Deutschlands überhaupt möglich zu machen, mussten sich erste Versuche nach dem Krieg, „die öffentliche Bautätigkeit zu neuem Leben zu erwecken"[2], zwangsläufig dem Problem der Energieerzeugung widmen. Das Zeitalter der Industrialisierung hatte ungeahnte Möglichkeiten eröffnet und einen gesellschaftlichen Wandel in Gang gesetzt. Die Modernisierung der Städte, die mit organisch gestalteten Nutzbauten wie Wassertürmen und Turbinenhäusern der Architekten Taut und Poelzig oder den Deutschen Werkstätten in Hellerau zu Beginn des 20. Jahrhunderts erste Fortschritte gemacht hatte, war durch den Krieg ins Stocken geraten.[3]

Die moderne Stadt stellte ihre Kraftwerke und damit deutsches Know-how zur Schau. Bezeichnenderweise wählte der *Fränkische Volksfreund* die Überschrift „ELEKTROPOLIS" für einen Bericht über ein Berliner Großkraftwerk.[4] Für Bayern ist nach Kriegsende das Walchenseekraftwerk (1918-1924) das erste Projekt, das zeigen sollte, dass das Land mit Wissenschaft und Technik den Wiederaufstieg anstrebte. Eng mit diesem Erfolg verknüpft ist die Person des bayerischen Wissenschaftlers Oskar von Miller, dem Pionier auf dem Gebiet der Energieerzeugung.[5] Der Ausbau der Wasserkraft und die Elektrifizierung der Städte auf breiter Ebene waren eine vorrangige Aufgabe.[6] Strom erleichterte in der neuen Wohnung das Leben der Hausfrau und war Motor für die Anpassung an die neue Zeit. Für Handwerk und Gewerbe eröffnete sich mit einer Palette neuer Produkte und Dienstleistungen ein erweitertes Betätigungsfeld.[7] Eine moderne Gesellschaft verlangte nach Mobilität und Konsum, was den Netzausbau von Eisenbahn und städtischen Verkehrsbetrieben erforderte und den Städten nicht nur elektrische Straßenbeleuchtung brachte, sondern auch Leuchtreklame und Flutlicht für Baudenkmäler bei Nacht.[8]

Für den Aufbau moderner Infrastruktur war die Gas- und Wasserversorgung ebenso wichtig, was viele Neubauten oder Erweiterungen bereits vorhandener Anlagen nötig machte. „Die moderne Stadt in Bayern"[9] definierte sich auch über tech-

---

[1] Miller Lane: Architektur und Politik, S. 94.
[2] Beblo: Neue Stadtbaukunst. München, S. XV.
[3] Müller-Wulckow: Bauten der Arbeit und des Verkehrs, S. 6.
[4] Elektropolis. In: FV, Nr. 131, 10. Juni 1927, S. 7.
[5] Mit dem Bau des vor dem Krieg geplanten Walchenseekraftwerks wurde im Dezember 1918 begonnen; Götschmann: Wirtschaftsgeschichte Bayerns, S. 295.
[6] Die Elektrizitätsversorgung Bayerns. In: FV, Nr. 47, 26. Februar 1921, S. 7f.
[7] Lag die Leistungsfähigkeit bayerischer Wasserkraftwerke zusammen mit Eigenanlagen der Industriebtriebe 1923 bereits bei 572 000 kW, so stieg sie bis 1939 auf 717 000 kW; Götschmann: Wirtschaftsgeschichte Bayerns, S. 296f.
[8] Forster, F. A.: Das elektrische Flutlicht für Reklame- und Baustellenbeleuchtung. In: DBZ-KuA, Nr. 14, 25. Januar 1930, S. 21-24.
[9] Die moderne Stadt in Bayern. In: AllgZ, Nr. 120, 10. April 1925, S. 3; die *Allgemeine Zeitung* verweist auf einen Artikel unter dieser Überschrift in einer Festnummer der Zeitschrift *Das Bayerland* zur 18. Tagung des Bayerischen Städtebundes.

nische Bauten. Im Rückblick auf das vergangene Jahrhundert verwies Franz Kreuter auf den Wandel im Städtebau, der „heute das Produkt aus Technik, Hygiene, Verwaltung und Kunst"[10] sei. Die Reihe *Neue Stadtbaukunst* demonstrierte in den zwanziger Jahren mit neu entstandenen Elektrizitätswerken, Gaswerken, Schlachthöfen, Großmarkthallen, Verwaltungsbauten oder Postämtern den urbanen Fortschritt, den Aufbruch in eine neue, moderne Zeit.[11] Müller-Wulckow wies den „Bauten der Arbeit" eine Schlüsselfunktion zu, wenn er konstatierte „[k]eine andere Bauaufgabe kennzeichnet das beginnende 20. Jahrhundert in dem gleichen Maße"[12]. Dass sie das Wesen der Zeit widerspiegeln, betonte auch Adolf Behne.[13] Obwohl für das Kapitel „Bauten der Arbeit" weniger Material eruiert werden konnte, soll dieses Thema doch behandelt werden, da sich in diesen Bauten wissenschaftliche Erkenntnisse, neue hygienische Forderungen, technische Neuerungen, Funktionalismus und eine neue architektonische Formensprache konzentrierten, weshalb sie in den Städten zum Symbol für Moderne schlechthin wurden.

1. Der moderne Zweckbau

Der Kontrast zu Fabrikbauten des 19. Jahrhunderts, die oftmals mit schlechter Luft und wenig Licht „einem Gefängnis ähnlicher als einer Stätte produktiver Arbeit"[14] waren und zur Wohnsituation der Arbeiter in den Mietskasernen passten, trat nach Peter Behrens' Turbinenfabrik (1909) am deutlichsten an Walter Gropius' Fagus-Werk (1911-1914) zutage.[15] Revolutionär präsentierte sich die Schuhleistenfabrik in Alfeld a. d. Leine mit Beton-, Stahl- und Glaskonstruktion als neuer Typus in der Architektur. Der Bau mit einer Rahmenkonstruktion aus Eisen, die offene Ecken und Glasflächen über drei Stockwerke möglich machte, lässt den Bau fast schwerelos erscheinen.[16] Ebenso revolutionär war das Konzept des ganzen Werksgebäudes, das im Innern lichtdurchflutet, sauber und übersichtlich anmutete. Nach amerikanischem Vorbild bestimmte bei Gropius der Produktionsgang den Grundriss der Fabrik, was am Aufbau des Hauses sichtbar wird. „Eine klare innere Disposition, die sich nach außen hin übersichtlich veranschaulicht, kann den Fabrikationsvorgang sehr vereinfachen. Aber auch vom sozialen Standpunkt aus ist es nicht gleichgültig, ob der moderne Fabrikarbeiter in öden, häßlichen Industriekasernen oder in wohlproportionierten Räumen seine Arbeit verrichtet."[17]

Behne fasste die Herausforderungen zusammen, denen sich Gropius stellte. Der Architekt wollte durch Anpassung an die Funktion eine bessere innere Einheit und ein organischeres Gebäude erreichen. Der Zweckbau eines modernen

---

[10] Kreuter: Neue Stadtbaukunst. Würzburg, S. IX.
[11] Ebd., S. XVI, 15; Beblo: Neue Stadtbaukunst. München, S. XII-XVI, 3, 6-8, 14-23.
[12] Müller-Wulckow: Bauten der Arbeit und des Verkehrs, S. 5.
[13] Behne: Der moderne Zweckbau, S. 9-11.
[14] Ebd., S. 27.
[15] Pevsner: Europäische Architektur, S. 452f.
[16] Miller Lane: Architektur und Politik, S. 34f.
[17] Behne: Der moderne Zweckbau, S. 33.

Betriebs erforderte eine Unternehmensorganisation und eine individuelle Vorgehensweise nach funktionalistischen Prinzipien, wie sie die Amerikaner Frederick Winslow Taylor und Henry Ford vorgeschlagen hatten. Das hieß unter anderem, die Aufstellung der Maschinen genau zu planen und effiziente Wege zwischen den einzelnen Arbeitsschritten zu berücksichtigen.[18] Den Grundsatz von Licht, Luft und Hygiene galt es in der Planung mit offenen, unverstellten, lichten Hallen so umzusetzen, dass dunkle Ecken für die Ansammlung von Unrat und Schmutz vermieden wurden sowie genügend Bewegungsfreiheit für staubfreies Arbeiten und Handhabung der Werkzeuge vorhanden war. Um optimale Belichtungsverhältnisse für die Beschäftigten zu schaffen, ging Walter Gropius beim Fagus-Werk über die Fensterlösung mit einer Lochfassade hinaus, indem er die Ecken des Gebäudekubus als Fenster ausbildete und eine mit der Hauswand bündige Glasfläche wählte.[19] Die architektonische Wirkung war enorm. Das Werksgebäude der Zukunft war nicht mehr abweisend und dunkel, sondern freundlich, hell und transparent.[20]

Rationalisierung und Typisierung erfuhren während des Ersten Weltkrieges durch die Rüstungsindustrie einen Entwicklungsschub, da der Nachschub an Waffen und militärischem Gerät bei gleichzeitigem Mangel an Arbeitskräften nur mit arbeitssparenden Produktionsmethoden zu bewältigen war. Massenproduktion und Fließbandarbeit waren in den Nachkriegsjahren nicht mehr aufzuhalten.[21] Zu einer besonderen Aufgabe für Architekten entwickelte sich zudem der Bau moderner Amtsgebäude, wie zum Beispiel Postämter, Rathäuser oder Arbeitsämter. Als Anlaufstelle der Bevölkerung musste ihr Konzept auf intensiven und regen Publikumsverkehr ausgerichtet sein.[22] Mit der demokratischen Weimarer Republik wandelte sich das bisherige obrigkeitsstaatliche Amtsgebäude zum dienstleistenden Behördenbau. Die funktionale Grundriss- und Ausgestaltung der Postämter sollte sowohl dem Postbetrieb als auch den Bedürfnissen der Kunden Rechnung tragen. Helle, großzügige Räume und breite Gänge mussten für einen reibungslosen Publikumsverkehr geplant werden und die einfache, zweckmäßige, aber solide Einrichtung starker Beanspruchung standhalten.[23]

Neben wirtschaftlichem Fortschritt und Orientierung an modernen Maßstäben spielte in der Weimarer Republik die Volksgesundheit eine große Rolle. Welche Bedeutung gesunden Arbeitsbedingungen in den „Kathedralen der Arbeit" beigemessen wurde[24], kommt allein schon darin zum Ausdruck, dass Hygieneausstellungen den Themenkomplex Arbeitsfürsorge mit einbezogen.[25] Auf der Ausstellung *Volksgesundheit Bayern* 1927 in München informierten Schaubilder der Abteilung Arbeitshygiene über „die mannigfachen gewerblichen Erkrankungen"[26].

---

[18] Ebd., S. 25 f.
[19] Neue Fabrikbauten in Alfeld (Leine). In: DBZ, Nr. 51, 27. Januar 1928, S. 436–439.
[20] Behne: Der moderne Zweckbau, S. 29 f.
[21] Ostermann: Fabrikbau und Moderne in Deutschland und den Niederlanden, S. 34.
[22] Schmidt, Walter: Amtsbauten aus Betriebsvorgängen gestaltet. Ravensburg, 1949, S. 8.
[23] Schmidt: Amtsbauten, S. 17.
[24] Vgl. Boyken: Otto Ernst Schweizer. Milchhof, S. 6.
[25] Die Gesolei zeigte unter anderem eine Gegenüberstellung richtiger und falscher Arbeitshöhen; Schlossmann: Schaubild als Erziehungsmodell, S. 113.
[26] Ausstellung Volksgesundheit. In: MNN, Nr. 131, 14. Mai 1927, S. 4.

Die Internationale Hygiene-Ausstellung in Dresden 1930 wartete sogar mit einer eigenen Halle für „Arbeits- und Gewerbehygiene"[27] auf, in der Sanitäreinrichtungen oder Entlüftungssysteme gezeigt wurden. Daneben waren richtige und blendungsfreie Arbeitsplatzbeleuchtung, ergonomische Sitzhöhe und „Hygiene durch Strom und Gas"[28] ein Thema.[29] Zu den Anstrengungen um gesundes Wohnen gehörten in dieser Zeit auch das Bemühen um soziale Arbeitsplätze, daher umfassten Gesamtkonzepte des modernen Fabrik- oder Verwaltungsbaus in der Regel auch Waschräume, Duschen, Sportmöglichkeiten, Pausenräume und Kantinen.[30] Die neue Zeit erweckte hohe Erwartungen, denen der Architekt entsprechen musste, da zu einem neuen architektonischen Formenkanon neuartige Konstruktionsverfahren und Baustoffe, Hygienebestimmungen oder arbeitsphysiologische Überlegungen hinzukamen, die immenses Fachwissen und Zusammenarbeit mit Fachleuten aus den einschlägigen Bereichen erforderten.

Welche Bedeutung einem modern funktionalistisch konzipierten Gebäude eines Betriebes oder Amtes beigemessen wurde, kann für Bayern exemplarisch an Hand der Münchner Postbauten nachvollzogen werden. Mit dem Zusammenspiel von progressiver Architektur, Funktionalismus und Hygiene statuierte auch der Milchhof in Nürnberg ein Exempel.[31] Er bildete gleichsam eine Schnittstelle von Wissenschaft, Technik, Argarwirtschaft und moderner Lebensmittelindustrie, mit der das Land Bayern Fortschritt und Moderne demonstrieren konnte, wie Friedrich Wamsler knapp formulierte: „[D]ie Herstellung von Milcherzeugnissen gibt Bayern ein besonderes Gewicht."[32] Zugleich rückte mit Architekten der bayerischen Postbauschule und Otto Ernst Schweizer, dem Schöpfer des Milchhofs, eine Avantgarde in Bayern in den Vordergrund, deren Bauten eine Auskunft über die Rezeption moderner Baukunst zulassen.

1.1. Die bayerische Postbauschule und ihre Postämter

In den Architekten der Postbauschule sieht die Forschung vielfach die einzigen Vertreter der Avantgarde in Bayern, vor allem in der Landeshauptstadt, da sie entgegen der konservativen Grundeinstellung der bayerischen Architektenschaft kompromisslos moderne Bauten, teilweise von nationalem oder gar internationalem Rang errichteten. Die besondere Stellung der bayerischen Postbauschule war in ihrer überregionalen Organisationsstruktur begründet.[33] Architekten, die nicht

---

[27] Wolf: Die Internationale Hygiene-Ausstellung in Dresden 1930. In: DBZ, Nr. 57/58, 16. Juli 1930, S. 443.
[28] Reichow: Die Industrie im Dienste der Bau- und Wohnungshygiene. In: DBZ-KuA, Nr. 16, 3. September 1930, S. 121–128.
[29] Stahlfenster in Büroräumen. In: DBZ, Nr. 1/2, 1929, S. 11.
[30] Ostermann: Fabrikbau und Moderne in Deutschland und den Niederlanden, S. 35 f.
[31] Boyken: Otto Ernst Schweizer. Milchhof, S. 6.
[32] Wamsler: Die bayerische Industrie und der Einheitsstaat, S. 350.
[33] Jeder der acht Regierungsbezirke, Oberbayern (München), Niederbayern (Landshut), Oberpfalz (Regensburg), Mittelfranken (Nürnberg), Unterfranken (Würzburg), Oberfranken (Bamberg), Schwaben (Augsburg) und Pfalz (Speyer) war Sitz einer Postdirektion; Werner, Wolfgang: Der Architekt Heinrich Müller und die Bayerische Postbauschule in der Pfalz. Karlsruhe 2012, S. 31.

1. Der moderne Zweckbau 357

selten bei Theodor Fischer studiert und erste baupraktische Erfahrungen bei der Post erworben hatten, eilte ein guter Ruf voraus. Wenn sie sich selbständig machten, konnten sie auf eine gute Zusammenarbeit mit den Baubehörden hoffen. Auffallend häufig waren diese Architekten in mehreren Städten Bayerns maßgeblich beteiligt, wenn es darum ging, mit Architektur Moderne und Fortschritt ins Stadtbild zu holen. Thomas Wechs, der in Augsburg die spektakulären Wohnanlagen Schubert- und Lessinghof baute, oder Franz Kleinsteuber, der in Würzburg ein Hochhaus errichtete, kamen aus der Postbauschule.[34]

Mit Beginn der Weimarer Republik verlor Bayern seine seit der Proklamation des Kaiserreiches bestehenden Reservatrechte, wozu das eigenständige Postwesen der Bayerischen Staatspost gehörte. Als eine Art Entschädigung schuf das Reichspostministerium 1920 in München mit der Oberpostdirektion eine eigene, von Berlin unabhängige Abteilung für Bayern.[35] Mit dem Aufbau einer postinternen Hochbauabteilung wurde Robert Poeverlein betraut. Robert Vorhoelzer als Leiter der Hochbauabteilung der Oberpostdirektion München und Landshut gelang es, „ähnlich wie May in Frankfurt"[36] mit einem Stab junger, hochmotivierter Architekten zu arbeiten und Neues zu entwickeln, wie Justus Bier anerkennend schrieb. Auch Theodor Fischer betonte in einem Vortrag vor dem Münchner Bund: „Dass günstige persönliche Konstellationen Gutes auch im staatlichen Bauwesen hervorbringen können, scheint mir die gegenwärtige Blüte des bayerischen Postbauwesens zu beweisen."[37] Vorteilhaft wirkte sich aus, dass die Bauabteilung durch den Staatsvertrag in allen Belangen, unter anderem bei der Verteilung der Haushaltsmittel und in Personalfragen, selbständig war. So konnte sie ohne Einmischung von Seiten kommunaler Behörden agieren und Pläne der eigenen Mitarbeiter weitgehend unabhängig von langwierigen Genehmigungsverfahren und Projektausschreibungen realisieren.[38] Durch die frühere Konstellation, dass im Kaiserreich für Baubedürfnisse der Post die bayerische Staatsbahn zuständig war und die Postämter überwiegend nur zur Miete unterbrachte, ergab sich in der Zeit der Weimarer Republik ein erheblicher Neubaubedarf und damit für Poeverlein und Vorhoelzer eine Chance, die Gestaltung neuer Bautypen in Angriff zu nehmen.[39]

Zu den spektakulärsten Bauten der Post zählen das Paketzustellamt an der Arnulfstraße (1925-1927), die Postämter an der Tegernseer Landstraße (1928-1929), an der Fraunhoferstaße (1929-1931), am Harras (1931-1933) und am Goetheplatz (1931-1933) in München.[40] Die Wohnsiedlung an der Arnulfstraße zeugt als

---

[34] Aicher/Brennauer/Schulz: Lebensläufe, S. 169, 185.
[35] Nach Abschluss des Staatsvertrages stellte Bayern mehrfach den Reichspostminister; Miller, Konstantin: Bayerns Post und Telegraphie. In: Wolf: Dem Bayerischen Volke, S. 294-297.
[36] Bier, Justus: Neue Münchener Postbauten. In: Die Form, Nr. 18, 15. September 1930, S. 469.
[37] Fischer: Der Bauherr. In: Form und Sinn, Nr. 5, 15. Dezember 1925, S. 83.
[38] Bauer/Wiedenmann: Die bayerische Postbauschule, S. 153 f.
[39] Schmidt: Amtsbauten, S. 9; Bier: Neue Münchener Postbauten. In: Die Form, Nr. 18, 15. September 1930, S. 469.
[40] Kurrent, Friedrich: Die Architektur der Münchner Postbauten im internationalen Vergleich. In: Aicher/Drepper: Robert Vorhoelzer – Ein Architektenleben, S. 137.

Versuchssiedlung davon, wie sehr sich die Postbauschule mit innovativen Bauweisen und Erprobung neuer Baustoffe auch in Zusammenarbeit mit der Technischen Hochschule München auseinandersetzte.[41] Ihr Engagement für moderne Wohnkonzepte stellte sie nicht zuletzt mit der „Münchner Küche" auf der Ausstellung *Heim und Technik* unter Beweis.[42] Auch darin zeigte sich die Postbauschule fortschrittlich, zählte doch mit Hanna Löv, der Planerin der Küche, die erste bayerische Regierungsbaumeisterin zu ihren Mitarbeitern.[43] Mit dem Image eines modernen Arbeitgebers schärfte die Post ihr Profil in Bayern, da sie sich im Sinne der Weimarer Verfassung als Bauherr um die Wohnungsfürsorge für ihre Angestellten kümmerte.[44] Genossenschaftliche Wohnsiedlungen wie in Augsburg oder die „Poststadt" Nürnberg demonstrierten, dass Post und Wohnen in bayerischen Städten oft eine Einheit bildeten. Die Post als Bauherrin verschrieb sich dem Postulat: „So werden Luft, Licht, Wärme, Sauberkeit eine Grundforderung für unsere Wohn- und Arbeitsräume, für die Anlage unserer Wohnorte."[45] (Abb. 78)

Einschränkend muss angemerkt werden, dass Postgebäude und Wohnsiedlungen aus den Anfängen der Postbauschule nicht immer Zeugnisse der uneingeschränkten Moderne in Bayern waren. Der erste Band der Reihe *Neuere Postbauten in Bayern* dokumentiert am Beispiel der Postämter an der Ismaninger Straße (1926/27), der Harthauser Straße (1926/27), der Agnesstraße (1926/27)[46], der Bergmannstraße (1924-1926)[47] und dem Bürokomplex der Oberpostdirektion an der Arnulfstraße (1922-1924)[48] für die erste Bauphase nach Gründung der bayerischen Postverwaltung 1920 in München einen relativ konservativen Stil. (Abb. 79) Die Amtsgebäude ließen aber bereits moderne Tendenzen erkennen, vergleichbar den Bauten Theodor Fischers und O. O. Kurz' im selben Zeitraum. Am Beispiel der Postämter an der Bergmannstraße und an der Galeriestraße (1927) machte sich die Neuausrichtung in der Hofansicht und der Gestaltung der Schalterhallen bemerkbar.[49] Wie aus der positiven Resonanz der *Münchner Neuesten Nachrichten* über die „offene Schalterausbildung"[50] mit Glas und Metall zu schließen ist, kam die wesentlich schlichtere Aufmachung der Postämter bei den Zeitgenossen gut an. Recht unterschiedlich präsentierten sich Postämter und Wohnsiedlungen in anderen bayerischen Städten, wo sie mit Ziegeldach und Fensterläden dem Charakter

---

[41] Eine Versuchssiedlung. Genossenschaftsbauten der Postbeamten. In: MNN, Nr. 116, 28. April 1928, S. 3.
[42] Harbers: Die Post-Versuchssiedlung an der Arnulfstraße in München. In: DB, Nr. 3, März 1930, S. 113-122.
[43] Maasberg/Prinz: Die Neuen kommen!, S. 43, 112.
[44] Die Neubauten der Oberpostdirektion Nürnberg an der Allersberger Straße. In: DB, Nr. 6, Juni 1933, S. 185.
[45] Popp, Joseph: Neuere Postbauten in Bayern. Bd. 2. München 1928, S. XV. Größere Siedlungen der Post entstanden u. a. in Rosenheim, Bad Reichenhall oder Kaiserslautern; Drepper: Post und Heim, S. 232-253.
[46] Architekten- und Ingenieur-Verband: München und seine Bauten nach 1912, S. 473f.
[47] Aicher, Florian: Das Postamt in der Stadt. In: Aicher/Drepper: Robert Vorhoelzer – Ein Architektenleben, S. 27f.
[48] Architekten- und Ingenieur-Verband: München und seine Bauten nach 1912, S. 470f.
[49] Popp: Neuere Postbauten in Bayern, Abb. 164, 165 (Bergmannstraße), 161, 163 (Galeriestraße).
[50] Neue Postamtsbauten. In: MNN, Nr. 270, 4. Oktober 1927, S. 3.

voralpenländischer Häuser oder anderweitig architektonisch dem Ortsbild angepasst waren.[51]

Die Anlage des Paketzustellamtes an der Arnulfstraße in München, die Robert Vorhoelzer, Walther Schmidt und Franz Holzhammer gemeinsam entwarfen, weckte mit einer Zwitterstellung zwischen Tradition und Moderne 1926 allgemeines Interesse.[52] Auch heute lässt sich der Vorstoß in die Moderne an dem mittlerweile von der Post aufgegebenen Gebäudekomplex noch gut nachvollziehen. Während sich die Straßenfront mit den Flügelbauten zum Teil aus Sichtziegeln oder Putzfassade mit künstlerischem Bauschmuck noch ganz traditionalistisch präsentiert, waren die Innenhöfe in einem kompromisslos funktionalistischen Stil gestaltet, der einen Vergleich mit den modernsten Bauten im Deutschland der Zwischenkriegszeit nicht zu scheuen brauchte.[53] (Abb. 80) Den Unterschied zu Postbauten im Reich, die in einer vordergründigen Repräsentationsabsicht an verspielten Stilelementen festhielten, und den neuesten Signalen der Oberpostdirektion Bayern, von denen „überragende Bedeutung allein das für die Betriebsfunktion vorzüglich durchdachte und demgemäß auch baulich ausgezeichnete Münchener Paketzustellamt"[54] erlangte, stellte Müller-Wulckow klar heraus. Unter seiner Glaskuppel beherbergte der Zentralbau aus Stahlbeton eine hochmoderne Verteileranlage für Pakete, die in dieser Form erstmals zum Einsatz kam.

Nach den Worten des mitausführenden Architekten Walther Schmidt verschmolzen Betrieb, Maschine und Haus zu einer Einheit.[55] Nach Müller-Wulckow versinnbildlichte der Rundbau den Postverkehr, „der täglich diesen Organismus der ‚Verteilerturbine' reibungslos durchläuft und radial in die Bezirke ausstrahlt"[56]. *Der Baumeister*, der dem Paketzustellamt ein ganzes Heft widmete, wies darauf hin, dass der Planung umfassende Studien zu Betriebsablauf und „knappster und zugleich bester Werkform"[57] vorausgingen. Den souveränen Umgang mit innovativen Baumaterialien stellten die Architekten der Postbauschule mit einer avantgardistischen Deckenkonstruktion aus Stahlbeton und Stützpfeilern für den Rundbau unter Beweis.[58] Eine Glaskuppel schaffte Beleuchtungsverhältnisse wie unter freiem Himmel. Die Münchner Oberpostdirektion, die für den staatlichen Werksbau das Zusammenwirken von Licht, Luft, Hygiene, Funktionalismus und Hightech zum Prinzip erklärte, wollte dem übrigen

---

[51] Kleinere Postbauten in Bayern. In: DB, Nr. 4, 1933, S. 129–135.
[52] Popp, Joseph: Paketzustellamt München. In: DB, Nr. 4, April 1927, S. 113.
[53] Pehnt, Wolfgang: Ein Pantheon für Postpakete. Das ehemalige Paketzustellamt an der Arnulfstraße. In: Aicher/Drepper: Robert Vorhoelzer – Ein Architektenleben, S. 188–190. Der Gebäudekomplex wird seit 2019 von einem Investor umgestaltet, wobei unter anderem die Zwischengebäude bis auf die Rotunde abgerissen wurden.
[54] Müller-Wulckow: Bauten der Arbeit und des Verkehrs, S. 9.
[55] Nerdinger, Winfried: Das Paketzustellamt München-Marsfeld. In: Stölzl: Die Zwanziger Jahre in München, S. 445f.
[56] Müller-Wulckow: Bauten der Arbeit und des Verkehrs, S. 9.
[57] Popp: Paketzustellamt München. In: DB, Nr. 4, April 1927, S. 94.
[58] Anregungen holte sich die bayerische Postbauschule bei den Bauten Gropius', Mies van der Rohes oder Ouds; Adam: Technische Bauten der Post und ihre geistigen Grundlagen, S. 195f.

Deutschland zeigen, „dass auch in Bayern die Kräfte für ein vorbildliches modernes Bauen vorhanden sind"[59].

Fortschrittlich gab sich die Post auch in der Industriestadt Nürnberg.[60] Obwohl die Wohnzeilen Steildächer haben, war das Gesamtkonzept der Poststadt mit der Konzentration der vier Hauptzweige Fernsprech-Apparatebau, Leitungsbau, Postkraftwagenbetrieb und Wohnen an einem Ort auf Moderne ausgelegt.[61] Die Überdachung der Kraftwagenhalle mit dem völlig neuartigen „Zeiss-Dywidag"-System demonstrierte eindrücklich, dass man in Sachen Konstruktion vollkommen auf der Höhe der Zeit war.[62] (Abb. 81) Architekten wie Georg Kohl, die für die Post bauten, zeichnete ein Verständnis für städtebauliche Gestaltung aus. Geschickt gruppieren sich die Klinkerbauten der Wohn- und Dienstgebäude zu einer kleinen Anlage an der Allersberger Straße, die farblich mit der benachbarten, wenig später errichteten Gustav-Adolf-Gedächtniskirche harmonieren, womit das Stadtviertel ein eigenes Gepräge bekommt.[63] (Abb. 18)

Mit Einfühlungsvermögen setzte die Post in mehreren bayerischen Städten moderne Akzente.[64] Staunen und Anerkennung ernteten die verschiedenen Konstruktionssysteme der technischen Bauten und Kraftwagenhallen oder die Räume und Treppenhäuser des Augsburger Fern- und Verstärkungsamtes, die über großzügige Glasflächenfenster „vollflutende Tagesbeleuchtung"[65] erhalten. Interessant ist, wie die Post Moderne einsetzte und welche Bedeutung den Projekten zukam. Moderne in homöopathischen Dosen gab es vor allem auf dem flachen Land, wo „moderne Architektur gerade keinen leichten Stand hat[te]"[66] und daher bei Postämtern ein moderater Umgang mit neuen Bauformen gepflegt wurde.[67] Zeigte sich die Post als Motor des Fortschritts, so demonstrierten Telegrafenämter oder Werkgebäude innovative Bauweise und Konstruktionstechnik. Als modernes Verkehrsunternehmen betrieb sie mit progressiver Architektur von Wartehäuschen oder Kraftwagenhallen Werbung nicht nur in den Großstädten, sondern gerade auch in den Fremdenverkehrsorten des Voralpenlandes.[68]

---

[59] Popp: Paketzustellamt München. In: DB, Nr. 4, April 1927, S. 113.
[60] Schieber/Schmidt/Windsheimer: Architektur in Nürnberg. Bauten und Biografien. Bd. 1, S. 86–89.
[61] Neubauten der Oberpostdirektion Nürnberg an der Allersberger Straße. In: DB, Nr. 6, Juni 1933, S. 185; Der Postneubau in der Allersberger Straße. Ein Postviertel im Entstehen. In: NZ, Nr. 23, 27. Januar 1928, S. 5.
[62] Martin Elsaesser hatte kurz zuvor bei seiner Großmarkthalle in Frankfurt a. M. diese neue Schalenkonstruktion angewandt; Adam: Technische Bauten der Post und ihre geistigen Grundlagen, S. 198 f.
[63] Sembach: Architektur in Nürnberg, S. 93.
[64] Besondere Beachtung fanden Gebäude der Post in Kempten, Bamberg oder Coburg; Adam: Technische Bauten der Post und ihre geistigen Grundlagen, S. 200 f.
[65] Vom Neubau des Fern- und Verstärkungsamtes. In: ANN, Nr. 39, 16. Februar 1926, S. 6.
[66] Karlinger, Hans: Neuere Postbauten in Bayern. Bd. 1. München 1925, S. [9].
[67] Für die Post waren gute Zusammenarbeit mit ortsansässigen Handwerkern und deren Möglichkeiten, moderne Bauaufgaben zu bewältigen, wichtig; Aicher, Florian: Das Landpostamt. In: Aicher/Drepper: Robert Vorhoelzer – Ein Architektenleben, S. 215.
[68] Arbeiten der Oberpostdirektion München. In: Die Form, Nr. 18, 15. September 1930, S. 485 f.; Postkraftwagenhalle in Hindelang. In: Die Form, Nr. 8, 1932, S. 248–250; vgl. auch Nerdinger, Winfried: Thomas Wechs – Repräsentant der modernen Architektur in Schwaben. In: ders.: Thomas Wechs, S. 14 f.

Mit dem Neubau des Postamtes an der Tegernseer Landstraße im Münchner Stadtteil Giesing setzte die Postbauschule 1929, zwei Jahre nach Fischers Ledigenheim, ein Ausrufezeichen. Hatte Theodor Fischer den kubischen Baukörper 1927 noch mit Sichtziegelmauerwerk und einigen wenigen Ornamenten aufgelockert, gingen Robert Vorhoelzer und Walther Schmidt mit einer radikalen Betonung der Form einen Schritt weiter.[69] Damit handelt es sich neben dem Ledigenheim um ein weiteres Projekt im Sinne des Neuen Bauens in München, das auf Traditionalisten provokativ wirken musste. Wie Fischer berücksichtigte Vorhoelzer in städteplanerischer Manier die Umgebung, indem er den Bau von der Straße zurücksetzte und so eine Distanz zu den historisierenden Gründerzeitwohnblöcken des Stadtteils schuf. Dadurch ergab sich eine Platzgestaltung, die das moderne Postamt für die Einwohner Giesings einladend machte und das Viertel nachhaltig aufwertete.[70] Primär ging es Vorhoelzer um die künftige Nutzung durch die Giesinger Bevölkerung, wenn er sich bemühte, die Attraktivität des Gebäudes mit einem Ladenvorbau zu steigern und eine Mehrfachnutzung nicht nur durch die Reichspost vorsah. Das Konzept hatte Erfolg, da sich das darin eingerichtete Café Tela zu einem Anziehungspunkt entwickelte.

Eingerückte Fensterachsen akzentuieren die Gebäudeecken und bringen den strengen Kubus zur Geltung. Die Illusion eines Flachdachs, eine Kompromisslösung mit einem sehr flachen Walmdach, unterstreicht diese Wirkung zusätzlich.[71] Eine glatte Putzfassade und bündig eingesetzte Fenster, die rhythmisiert die Quaderform widerspiegeln, betonen ebenfalls den Baukörper. Der moderne Steinschnitt mit Postreiter und Adler als Hoheitszeichen über dem Eingang, ein Zugeständnis an die in München übliche repräsentative Eingangsgestaltung, setzt sich durch die besondere Technik Karl Knappes stilistisch von der herkömmlichen Kunst am Bau ab.[72] Ein Novum waren damals die eisernen filigranen Fensterrahmen, welche die Transparenz der Fenster steigern und im Inneren optimale Lichtverhältnisse schaffen. (Abb. 82) Lichtdurchflutet ist auch die nach hinten in den Hof verlagerte und mit einem Glasdach überdachte Schalterhalle, die zudem eine Verbindung zum rückwärtigen Wohnblock herstellt.[73] Die Konstruktion mit Stahlbetonskelett und Ziegelmauerwerk für die Außenwände ist beispielhaft für das Lavieren progressiver Architekten zwischen Tradition und Moderne im München der Zwischenkriegszeit. Die Stahlkonstruktion im Inneren erleichterte Umbauten und Anpassung an betriebliche Umstrukturierungen.[74]

Bestrebungen der Reichspost, ein eigenes Logo zu entwickeln, führten zu dem Schriftzug „post", der zwischen dem zweiten und dritten Stockwerk angebracht wurde. Robert Vorhoelzer und Walther Schmidt brachten damit ein für München

---

[69] Architekten- und Ingenieur-Verband: München und seine Bauten nach 1912, S. 476.
[70] Nerdinger, Winfried: Postamt an der Tegernseer Landstraße. In: Stölzl: Die Zwanziger Jahre in München, S. 458.
[71] Ebd.
[72] Götz, Norbert: „Bauschmuck" zwischen Ästhetik und Politik. In: Aicher/Drepper: Robert Vorhoelzer – Ein Architektenleben, S. 259; Architekten- und Ingenieur-Verband: München und seine Bauten nach 1912, S. 476.
[73] Neue Postämter in München. In: DB, Nr. 5, 1930, S. 169-171.
[74] Peter, Franz: Das Postamt an der Tegernseer Landstraße. In: Aicher/Drepper: Robert Vorhoelzer – Ein Architektenleben, S. 10f.

vollkommen neues Gestaltungselement ein. Mit der Konstruktion von Schriften knüpfte die Postbauschule an das Bauhaus an, das in einer eigenen Klasse mit Schriftentwicklung experimentierte. Zugleich ging davon auch ein besonderes Signal aus, da München während der Weimarer Republik mit dem Kreis um Paul Renner führend im Schriftdesign war.[75]

Ein kleiner Artikel der *Münchner Neuesten Nachrichten* lässt erahnen, dass die Reaktionen auf den „Postamtsbau in Giesing"[76] sehr gespalten ausfielen. Während dort knapp, aber positiv die Wirkung des Postensembles für den Platz, die konsequente Ausrichtung an der Neuen Sachlichkeit und die Baugesinnung der Post sowie die Vorzüge der kundenfreundlichen Schalterhalle hervorgehoben wurden, reagierten konservative Kreise entsetzt. Mehrere Zeitungen übten besonders heftige Kritik und vereinzelt wurde sogar der sofortige Abriss gefordert.[77] Der Schriftzug „post" entfachte eine erregte Debatte über richtige und falsche Rechtschreibung. Die Nationalsozialisten verurteilten die Minuskelschreibweise als „kulturbolschewistisch". Provokant war in diesem Zusammenhang wohl auch, dass sich die Post als Reichsbehörde mit der modernen Schrift ausdrücklich zur Weimarer Demokratie bekannte.[78] Dass es sich bei dem Schriftzug um eine Leuchtreklame handelte, sorgte ebenfalls für Missfallen. Die Haltung der Stadt zu dieser Form der Werbung kann bestenfalls als skeptisch bezeichnet werden. Sie führte als ästhetisches Argument ins Feld, dass „München als in der Welt anerkannte Kunststadt sein architektonisches Straßenbild wahren müsse"[79].

Möglicherweise bezog sich auch Faulhabers Anspielung in seiner Silvesterpredigt im selben Jahr „Es mag ein Baustil für ein Postscheckamt [...] ein zeitgeschichtliches Recht haben, aber nicht für die Kirche"[80] auf den sachlichen Neubau an der Tegernseer Landstraße. Anzeichen sprechen dafür, dass die Akzeptanz innerhalb der Bevölkerung größer als erwartet war. Der Gewöhnungseffekt trat schnell ein. Mittags kamen Angestellte und Geschäftsleute ins Café Tela und ältere Damen, die zwar wenig für die Moderne übrig hatten, trafen sich wegen der guten Sicht auf das Platzgeschehen zum obligaten Kaffeeklatsch im „Aquarium"[81], wie das Café im Volksmund bezeichnet wurde. Eine besondere Münchner Art der Auseinandersetzung mit moderner Architektur war, Postbauten mit Spitznamen zu versehen. So hieß das „Stumme Postamt" bei den Giesingern einfach „Schwammerl"[82] oder das Postamt auch „Postkiste"[83]. Derartige Konnotationen

---

[75] Luidl, Philipp: Post-Skriptum. In: Aicher/Drepper: Robert Vorhoelzer – Ein Architektenleben, S. 60-63.

[76] Postamtsbau in Giesing. In: MNN, Nr. 310, 14. November 1929, S. 19.

[77] Peter: Das Postamt an der Tegernseer Landstraße, S. 8.

[78] Luidl: Post-Skriptum, S. 61.

[79] Ausstellung „Das bayerische Handwerk". München und die Lichtreklame. In: MAAZ, Nr. 129, 14. Mai 1927. Riezler kritisiert die Münchner Stadtverwaltung für ihre rigiden Bestimmungen, die keine lebendige Entwicklung im Reklamewesen zuließen; Riezler, Walter: Organisierte Lichtreklame. In: Die Form, Nr. 9, 1. Mai 1929, S. 238; Lichtreklame. Unsere Forderungen an München als Großstadt. In: AZ, Nr. 185, 1. Juli 1925, S. 3.

[80] Faulhaber: Kirche und kirchliche Kunst. In: BK/NMT, Sonderdruck, 2. Januar 1930.

[81] Elliott, Sara: Exkurs: Das Café Tela. In: Aicher/Drepper: Robert Vorhoelzer – Ein Architektenleben, S. 12.

[82] Elliott: Exkurs: Café Tela, S. 12.

[83] Peter: Postamt an der Tegernseer Landstraße, S. 8.

lassen verschiedene Interpretationen zu – sowohl eine negativ abwertende Beurteilung als auch eine weitgehende Akzeptanz des neuen Hauses als Bestandteil der Identität des Münchner Stadtviertels.[84]

In kurzen Abständen konfrontierte die Postbauschule die Münchner mit dem neuen Stil. Den Wandel dokumentiert Walther Schmidt eindrucksvoll im Band *Amtsbauten aus Betriebsvorgängen gestaltet*. Die Post am Harras (1931-1933) zusammen mit einem Wohnblock war das nächste Projekt der bayerischen Reichspostdirektion in München. (Abb. 83) Lokalpolitiker und Presse hatten seit Längerem beklagt, der Stadtteil Sendling lasse mit einem Wildwuchs an Mietskasernen und dem Harras als Verkehrsproblemzone eine koordinierte Stadtplanung vermissen.[85] Vorhoelzer und sein Mitarbeiter Hans Schnetzer planten 1931 mit einem großstädtischen Postamt den großen Wurf für die Neugestaltung des Platzes. Die von Vorhoelzer beabsichtigte großzügige Lösung scheiterte wahrscheinlich nicht nur daran, dass die Pläne ein Hochhaus mit Wohnungen und begrenzt gewerblicher Nutzung, wie ein Aussichtscafé in der siebten Etage, vorsahen, sondern auch an der auf Grund der Weltwirtschaftskrise ungeklärten Finanzierung. Lediglich eine abgespeckte Version konnte realisiert werden.[86] Der niedrige Vorbau wirkt platzgestaltend, da er wie ein Scharnier auf der einen Seite den Flügelbau mit dem Postamt verbindet und auf der anderen mit dem höheren, der Krümmung der Straße folgenden Wohnblock. Klare Bauformen, Flachdach und Gebäudeecken, durch eingeschnittene verglaste Loggien betont, charakterisieren das Ensemble.

Das auffälligste der drei Reichspostämter, die während der größten Schaffensperiode der Postbauschule in München entstanden, ist die sogenannte Goethepost am Goetheplatz (1931-1933), die als einer der modernsten Neubauten im München der Weimarer Zeit gilt. (Abb. 84) Errichtet auf einem ungünstigen Grundstück in Form eines spitzwinkligen Dreiecks zwischen Lindwurm- und Mozartstraße, nimmt die sanft geschwungene Fassade die Form des vorgelagerten Goetheplatzes auf. Auf diese Weise veränderten Franz Holzhammer und Walther Schmidt die Grundkonzeption des Platzes von Grund auf. War er zuvor sternförmig mit radial von ihm wegführenden Straßen konzipiert, stellte er sich nach Abschluss der Bauarbeiten als kreisförmige Anlage dar, wozu das ungewöhnliche Design des Postgebäudes beitrug.[87] Ein ursprünglich vorgesehenes Hochhaus konnte auch dort nicht realisiert werden.[88] So modern das gut proportionierte Gebäude mit Schalterhalle, putzbündigem Fensterband, drei Wohngeschossen und einem Speichergeschoss von außen erscheinen mochte, so mussten die Architekten mit Rücksicht auf die

---

[84] Franz Peter sieht in dem informellen Namen des Postamtes, „Postkiste" nur einen Spottnamen, wogegen Elliotts Ausführungen eine gegenteilige Auslegung zulassen; Peter: Postamt an der Tegernseer Landstraße, S. 8; Elliott: Exkurs: Café Tela, S. 12.

[85] Mayr/Salzmann: Post und Siedlung am Harras, S. 77; Angerer, Fred: Stadtbau. In: Aicher/Drepper: Robert Vorhoelzer – Ein Architektenleben, S. 82 f.

[86] Die Stadtverwaltung stufte bereits Gebäude mit sieben Stockwerken als Hochhaus ein. Dies lässt vermuten, dass Robert Vorhoelzer versuchte, diese Bestimmungen zu umgehen, indem er das geplante siebenstöckige Wohnhaus um eine begrenzte gewerbliche Nutzung erweiterte; Mayr/Salzmann: Post und Siedlung am Harras, S. 77 f.

[87] Jobst, Martin: Postamt Goetheplatz. In: Aicher/Drepper: Robert Vorhoelzer – Ein Architektenleben, S. 40.

[88] Ebd., S. 41.

besondere Situation in München doch Kompromisse eingehen, wie die Kombination aus Dachterrasse und sehr flach geneigtem Blechdach sowie Stahlbetonskelett und Bims- und Ziegelsteinwänden erahnen lässt.[89]

Wie die anderen Projekte der Postbauschule war dieser Neubau, der gleichzeitig mit der Post am Harras entstand, heftig umstritten und auch in diesem Fall wurde von Kritikern der Vorwurf des „Architekturbolschewismus" erhoben.[90] Den drei großen Postämtern an der Tegernseer Landstraße, am Harras und am Goetheplatz wohnte die Intention inne, die über Jahrzehnte wild gewachsene Architekturlandschaft der unmittelbaren Nachbarschaft zu sortieren und den Plätzen großstädtische Struktur zu verleihen. So dürfte neben einer provokanten Neuen Sachlichkeit die prominente Lage zum Teil die aufgeregten, zeitweise recht emotional geführten Debatten um die Arbeiten der Postbauschule erklären.

Neben der Reichsbahn war die Reichspost die Behörde mit der größten Präsenz im öffentlichen Raum des Deutschen Reiches. Mit einer Logistikinfrastruktur, die mit Niederlassungen in den Städten und auf dem flachen Land selbst entlegenste Ortschaften erreichte, war sie geradezu allgegenwärtig und Teil des Alltags. Joseph Popp stellte heraus, dass „kaum ein zweiter Staatsbetrieb so sehr über Stadt und Land verbreitet ist, mit allen Schichten der Bevölkerung in so innige Berührung kommt wie die Post. Dadurch sind ihre Bauten der allgemeinen Zugänglichkeit in besonderem Maße erschlossen, wie der öffentlichen Meinung und Kritik in ungewöhnlichem Grade ausgesetzt"[91]. Damit kommt ihren Bauten eine nicht zu vernachlässigende Bedeutung zu, auch wenn Christian Welzbacher sie für die Bauten der Oberpostdirektion ausschließlich in der Zweckbestimmtheit eines modernen Betriebs begründet sieht.[92] Die Vorworte zu den von der Postbauschule herausgegebenen Bänden *Neuere Postbauten in Bayern* geben aber Anlass zu einer anderen Interpretation.

Die Post verstand sich durchaus als Staatsbetrieb, der im Geiste der Weimarer Republik seine Bauten für die „Volksgemeinschaft" entwickelte. Mit einer charakteristischen Architektur wollte sich die Post im Städtebild und im Bewusstsein der Menschen verankern und damit auch die besondere Funktion von Amtsbauten zum Ausdruck bringen.[93] Nach Tradition der Post war es Aufgabe ihrer Bauten, „würdige Repräsentanten von Amt und Staat zu sein und zugleich eine Kulturmission zu erfüllen, in dem sie das Ihrige zum baulichen Gesicht der Zeit und Heimat beitragen"[94]. Zweifellos repräsentierten die Postämter den Staat der Weimarer Republik im öffentlichen Raum und wurden somit zu Objekten der Identifikation mit oder der Ablehnung der Demokratie als neuer Regierungsform. Mit betont modern-sachlichen Postämtern, die wie das Postamt an der Tegernseer Landstraße in München als Kontrapunkt in eine städtebaulich unbefriedigende Umgebung gesetzt wurden, verband sich ein staatlicher Geltungsanspruch, Präsenz zu zeigen

---

[89] Ebd., S. 42; Nerdinger, Winfried: Das Postamt am Goetheplatz. In: Stölzl: Die Zwanziger Jahre in München, S. 460.
[90] Jobst: Postamt Goetheplatz, S. 40.
[91] Popp: Neuere Postbauten in Bayern. Bd. 2, S. VII.
[92] Welzbacher: Die Staatsarchitektur der Weimarer Republik, S. 12.
[93] Schmidt: Amtsbauten, S. 7.
[94] Popp: Neuere Postbauten in Bayern. Bd. 2, S. VII.

und für Ordnung zu sorgen.⁹⁵ Fast ein wenig wehmütig klang es, wenn Hans Karlinger 1934 in den Bauten der Post, die nach dem Ersten Weltkrieg ihren Geist durch das ganze Land trugen, ein „Symbol eines jungen Deutschland"⁹⁶ sah, das man im Herzen behalten wolle.

Ein Blick auf das Konzept der Raumanordnung und Innenausstattung der Postämter stützt diese These. Waren öffentliche Schalter bisher im Sinne des obrigkeitlichen Staates der Kaiserzeit geradezu als Barrieren zwischen Beamten und Kunden gestaltet, gab es jetzt nur noch niedrige Theken, Metall und viel Glas.⁹⁷ Bei der Entwicklung neuer Konzepte war es rückblickend für Walther Schmidt von Vorteil, dass es kaum brauchbare Vorgaben aus dem Kaiserreich gab und somit die Chance bestand, den Zweck neu zu definieren und zur Gestaltungsgrundlage zu machen.⁹⁸ Dem demokratischen Grundgedanken entsprechend stellte beispielsweise bei der Goethepost allein die Positionierung der Schalterhalle im Zentrum des Gebäudekomplexes den Bürger als Kunden in den Mittelpunkt.⁹⁹ (Abb. 85) Die Postbauten strahlten einen eigenen Charakter aus, indem sie sich mit freundlichen Innenräumen und klarer, sachlicher Fassadengestaltung von den öffentlichen Bauten der Vorkriegszeit absetzten, die eher trutzigen, abweisenden Festungen glichen.¹⁰⁰ Die Postbauschule ergänzte ihr Konzept durch eine werbewirksame moderne Aufmachung der Telefonzellen, Briefkästen oder Kraftposthaltestellen.¹⁰¹

Vom Postamt an der Tegernseer Landstraße in München ging zugleich ein Signal aus. Mit dem Bau entwickelten Robert Vorhoelzer und Walther Schmidt einen Postamt-Prototyp für ganz Bayern, der nicht stereotyp hingestellt werden sollte, sondern, wie Fotos deutlich machen, variabel der jeweiligen örtlichen Bausubstanz, dem Geschmack und der Akzeptanz der Bevölkerung angepasst werden konnte. So zeigen unter anderem die Postämter in Regensburg, Schweinfurt oder an der Virchowstraße in Würzburg auffällige Ähnlichkeiten.¹⁰² Moderner Baustil und kundenfreundliche Gestaltung fanden in bayerischen Städten durchaus Anklang, wie der *Würzburger General-Anzeiger* berichtete. Das lichtdurchflutete und zweckmäßige Postamt gefiel, der Neubau passte sich geschmackvoll der Umgebung an, „verschönert[e] das Bild der Straße und f[iel] in seiner ruhigen Einfachheit angenehm auf"¹⁰³. Für die freundliche Aufnahme in Würzburg dürfte auch

---

[95] Frank, Harmut: Typus oder Norm. In: Aicher/Drepper: Robert Vorhoelzer – Ein Architektenleben, S. 14 f.
[96] Karlinger, Hans: Neuere Postbauten in Bayern. Bd. 3. München 1934, S. [XI].
[97] Sukzessive erfolgten Umbauten älterer Postämter nach dem neuen Konzept; Bier: Neue Münchener Postbauten. In: Die Form, Nr. 18, 15. September 1930, S. 170-188; Neue Postämter in München. In: DB, Nr. 5, 1930, S. 477-482.
[98] Schmidt: Amtsbauten, S. 14.
[99] Jobst: Postamt Goetheplatz, S. 41.
[100] Die neue Gestaltung wirkte sich positiv auf die Atmosphäre zwischen Publikum und Schalterbeamten aus und trug zu einem entspannten Umgang miteinander bei; Schmidt: Amtsbauten, S. 17.
[101] Arbeiten der Oberpostdirektion München. In: Die Form, Nr. 18, 15. September 1930, S. 483-486.
[102] Aicher: Das Postamt in der Stadt, S. 32 f.
[103] Das neue Postamt in der Virchowstraße. In: WGA, Nr. 110, 22. Juni 1931, S. 3.

die ambivalente Einstellung des konservativen Stadtbaurates Franz Kreuter beigetragen haben, der einerseits am liebsten die Modeströmungen neuer Baukunst von seiner Stadt ferngehalten hätte, andererseits sich für „die Neubauten der Reichspost, denen man die Anregungen der hervorragenden süddeutschen, speziell der Münchner Schule, unverkennbar ansieht"[104], begeistern konnte.

Die Flexibilität der Architekten der Postbauschule, die ihren neuen Stil nicht doktrinär Städten und Ortschaften überstülpten, sondern der Auffassung waren, dass Heimat und Tradition zu achten seien, ermöglichte es, dass die Moderne der Post in Bayern akzeptiert und zumindest für kurze Zeit eine treibende Kraft für das Neue Bauen wurde.[105] Die Postbauschule mit ihren führenden Köpfen Poeverlein und Vorhoelzer, vor allem aber die Postbauten, die über das Stadtgebiet verteilt „von der ebenso frischen wie künstlerisch mustergültigen Tätigkeit"[106] zeugten, wurden zum Aushängeschild der Stadt München für neue moderne Architektur. Walther Schmidt, der zusammen mit Vorhoelzer die modernen Bauten projektierte, traf folgende Einordnung für die bayerischen Postbauten aus dieser Zeit: „Zwischen den beiden polaren Richtungen baukünstlerischer Haltung und Zielsetzung, die die erste Hälfte unseres Jahrhunderts bestimmt haben, zwischen der traditionsgebundenen rückblickenden und der ‚rücksichtslosen' fortschrittlichen Richtung, ist hier ein besonderer Standpunkt gefunden, ausgebaut und behauptet worden, [...]."[107] Ruf und Einfluss des bayerischen Postbauwesens reichten „weit über Bayern hinaus"[108]. Die Münchner Postämter wurden in vielen Fachzeitschriften besprochen und das „post office and automatic telephone exchange in the Tegernseer Landstraße at Munich"[109] schaffte es sogar in die Londoner *Times*. Mies van der Rohe und Walter Gropius luden Robert Vorhoelzer zu internationalen Ausstellungen ein und selbst in der bayerischen Hauptstadt wurde dem Architekten trotz unterschiedlicher Meinungen mit der Berufung als Professor an die Technische Hochschule München Anerkennung zuteil.[110]

Wie sich der Funktionalismus der Postbauschule und Vorhoelzers Einfluss auf die weitere Entwicklung einer modernen Architektur in München und darüber hinaus in ganz Bayern ausgewirkt hätten, darüber kann nur spekuliert werden, da die nationalsozialistische Machtübernahme auch in der Architektur eine Zäsur mit sich brachte, wofür der Neubau des Postdienstgebäudes am Nürnberger Hauptbahnhof ein Beispiel ist. Dort manifestierte sich, wie bereits mit Erstarken der Nationalsozialisten von ihren Sympathisanten und konservativen Kreisen alle Hebel in Bewegung gesetzt wurden, um einen modernen Bau der Post zu verhindern. Das Projekt hatte am Rande des sensiblen Altstadtbereiches für heftige Diskussionen gesorgt und selbst der Oberbürgermeister der Stadt, Hermann

---

[104] Kreuter: Neue Stadtbaukunst. Würzburg, S. XIII.
[105] Popp: Neuere Postbauten in Bayern, S. XVII f.
[106] Beblo: Neue Stadtbaukunst. München, S. XIII.
[107] Schmidt: Amtsbauten, S. 11.
[108] Ebd., S. 10.
[109] Modern German Buildings. In: The Times, 1. April 1932, S. 14.
[110] Auf der Werkbundausstellung in Paris 1930 wurde ein Postamt von Robert Vorhoelzer gezeigt; Harbers, Guido: Ausstellungsquerschnitt 1930/Lüttich/Dresden/Paris/Wien. In: DB, Nr. 2, Februar 1930, S. 500–503.

Luppe, der in Schweizers progressiven Bauten wie dem Stadion und dem Milchhof eine Bereicherung für Nürnberg sah, tat sich schwer mit dem geplanten siebenstöckigen Postgebäude.[111] Ein Entwurf von 1931 wies Ähnlichkeit mit dem Postamt an der Tegernseer Landstraße auf, war aber höher und breiter. Der Stahlskelettbau mit Lochfassade, Ladengeschoss, Flachdach und gläsernem Aufzugsturm hätte modernes Großstadtflair an den Nürnberger Hauptbahnhof gebracht, aber vielen war der Kontrast zu stark. Die Höhe verursachte Bedenken, besonders der Baukunstausschuss der Stadt Nürnberg zeigte sich wenig begeistert. Gutachten wurden eingeholt und Gegenentwürfe vorgelegt, unter anderem von Ludwig Ruff, einem einflussreichen Mitglied des Baukunstausschusses, der nur wenige Jahre später die gigantische Kongresshalle für das Reichsparteitagsgelände entwarf. Vermittlungsversuche von Paul Bonatz und Otto Ernst Schweizer hatten wenig Erfolg. Ein Kompromissvorschlag, den Bau mit Travertin zu verkleiden, beschwichtigte die Wogen vorübergehend, so dass die Aufstellung des Stahlskeletts erfolgen konnte. Als 1933 Julius Streicher ins Nürnberger Rathaus einzog, saß Paul Ludwig Troost mit in der Jury, die sich für den Fassadenentwurf des Nürnberger Architekten Max Kälberer entschied.[112] Ein Gebäude mit Sockelgeschoss, Rundbögen, übergestülptem Walmdach, veränderter Fensterform und mit Naturstein verplattet entsprach eher der nationalsozialistischen Ideologie.[113] Auf diese Weise wandelte sich mit einfachen architektonischen Mitteln der Entwurf für ein offenes, bürgernahes Postgebäude zu einem trutzigen Machtbau.

Die befürchtete Entlassungswelle blieb nach Gleichschaltung und Auflösung der Postbauschule weitgehend aus. Obwohl mehrere maßgeblich beteiligte Architekten, wie Walther Schmidt rückblickend darlegt, schweren Verfolgungen ausgesetzt waren und der Baustil der Post von der offiziellen Kunstpolitik nach 1933 abgelehnt wurde, konnten einige Architekten zum Teil noch bei verschiedenen Bauprojekten mitarbeiten.[114] Flugzeugindustrie und Luftwaffe boten Ehemaligen der Postbauschule ein Betätigungsfeld, wobei durchaus versucht wurde, die Einstellung zur Neuen Sachlichkeit auch im „Dritten Reich" zu bewahren.[115] Robert Vorhoelzer, der zusammen mit dem Münchner Bund bestrebt war, mit fortschrittlich modernen Postbauten Bayern kulturpolitisch nach vorne zu bringen, verlor seine Professur an der Technischen Universität und wurde beruflich kalt gestellt. Er ging für einige Jahre in die Türkei, wo er an der Universität in Istanbul auf Vermittlung von Bonatz einen Lehrauftrag bekam. Welche Rolle Bestelmeyer, der Vorhoelzers moderner Richtung eine Nähe zum Bolschewismus unterstellt hatte, bei dessen Entlassung spielte, ist unklar.[116]

---

[111] Luppe: Mein Leben, S. 261.
[112] Schmidt: Kultur in Nürnberg, S. 247–249.
[113] Frank: Typus oder Norm, S. 34f.
[114] Schmidt: Amtsbauten, S. 10.
[115] Voigt, Wolfgang: Von der Postbauschule zur Luftwaffenmoderne – Auf den Spuren der Vorhoelzer-Schüler. In: Aicher/Drepper: Robert Vorhoelzer – Ein Architektenleben, S. 162–167; Bauer/Wiedenmann: Die bayerische Postbauschule, S. 157; Schmidt: Amtsbauten, S. 10.
[116] Drepper: Leben für die Architektur, S. 110f.

1.2. Der Nürnberger Milchhof

Nachdem die Weimarer Republik die Volksgesundheit zu einem zentralen Thema gemacht hatte, wurde der Bau von Krankenhäusern und Sportstätten befördert, die gesunde Wohnung sogar in der Verfassung garantiert. Neben sportlicher Betätigung, möglichst an frischer Luft, wurde auch gesunde Ernährung propagiert, da die Bevölkerung durch Krieg, Not und Mangel geschwächt war. Besonderes Augenmerk galt der Kinder- und Jugendgesundheit, da sich in dieser Altersgruppe die Sterblichkeitsrate im Vergleich zu den Vorkriegsjahren mehr als verdoppelt hatte.[117] Schulspeisungen wurden eingeführt und der Ernährungszustand der Kinder schulärztlich überwacht.[118] In der Regel beinhaltete das Konzept einer Neubausiedlung in den zwanziger Jahren auch eine Mütterberatungsstelle und ein Milchgeschäft. Die staatliche Gesundheitsfürsorge schuf mit dem sukzessiven Aufbau eines Versorgungssystems und dem Ausbau der Lebensmittelüberwachung ein Netz von Präventivmaßnahmen.[119]

Im 19. Jahrhundert, als mit fortschreitendem Urbanisierungsprozess städtisches Leben zum Ideal wurde, entstanden in größeren Städten nicht allein aus volks- und ernährungswirtschaftlichen, sondern primär aus hygienischen Gründen Schlachthöfe. Pettenkofer sah in deren Bau eine Grundvoraussetzung für die Bekämpfung von Typhus und Cholera, da Schlachtabfälle der Privatschlächtereien nicht nur Flüsse, sondern auch Straßen anhaltend verunreinigten.[120] Um die Jahrhundertwende, als „die für die Milch unzuträglichen Zustände des Straßenhandels gang und gäbe waren"[121] und Wochenmärkte regelmäßig Straßen und Plätze für den Verkehr unpassierbar machten, riefen Marktabfälle, verdorbene und übelriechende Lebensmittel zusehends Kritiker auf den Plan, die den Bau von Großmarkthallen oder Molkereien forderten.[122] München dämmte diesen Zustand bereits 1912 ein, als Richard Schachner mit seiner Großmarkthalle einen vorbildlichen Bau hinsichtlich Konstruktion, Belichtung und Belüftung schuf, zu dem erst Martin Elsaesser im Rahmen des „Neuen Frankfurt" einen alternativen Großmarkthallen-

---

[117] Die Gesundheitsfürsorge widmete sich den Entwicklungsstufen des Kindes von der Schwangerschaftsvorsorge an über Säuglings- und Kleinkindalter bis zum Schulkind und Jugendlichen; Fehlemann/Woelk: „Wiedergesundungsprozess", S. 190.

[118] Nürnberg war eine der ersten deutschen Städte, in der Schulärzte den gesundheitlichen und hygienischen Zustand der Kinder in Augenschein nahmen. Das System der Schulgesundheitsfürsorge wurde in der Weimarer Republik weiter ausgebaut; Windsheimer: 100 Jahre Klinikum Nürnberg, S. 129-131, 138f.

[119] Bis heute sorgen Beamte gebietsweise zum Beispiel durch ständige Kontrolle und Aufklärung der Landwirte für saubere und zweckmäßige Milchgewinnung. Als erprobte Reglementierungsmaßnahmen galten schon damals Prämien und Preiszuschläge für gute und Preisabschläge für nicht einwandfreie Milch; Stein: Monographien deutscher Städte. Bd. XXIIII, S. 315.

[120] Haeutle, Christian: 75 Jahre Schlacht- und Viehhof München. München 1953, S. 9.

[121] Stein: Monographien deutscher Städte. Bd. XXIII, S. 316.

[122] In Augsburg machte sich Thomas Wechs noch Mitte der zwanziger Jahre für den Bau einer Großmarkthalle stark, da er die ausgedehnten und über die gesamte Innenstadt verteilten Wochenmärkte für eine aufstrebende Großstadt als untragbar ansah; Wechs: Denkschrift, S. 5; vgl. auch Luppe: Mein Leben, S. 77.

typus entwarf.[123] Zentralisierte Versorgungseinrichtungen gewährleisteten auch eine bessere Verteilung der Waren in die einzelnen Stadtteile.

Milch verarbeitende Betriebe entstanden auf Grund der beschränkten Haltbarkeit der Milch erst relativ spät, als mit dem technischen Fortschritt Zentrifugen und Kühlanlagen entwickelt wurden.[124] Wissenschaftler wie Pettenkofer, Koch und Pasteur leisteten mit ihren grundlegenden Erkenntnissen, die zur Entwicklung bakteriologischer Untersuchungsmethoden und Behandlungsverfahren von Lebensmitteln führten, auch für die Bekämpfung der Tuberkulose einen wichtigen Beitrag. Wohl konnte sich Tbc in den unhygienischen und zusammengedrängten Wohnverhältnissen des Proletariats leichter verbreiten, aber mit ursächlich war die Übertragung vom Tier auf den Menschen. Dabei stellte die Sorglosigkeit, mit der Milch infizierter Kühe in den Verkehr gebracht wurde, ein großes Problem dar.[125] Unsachgemäße Behandlung und Verunreinigung waren häufig die Auslöser diverser Durchfallerkrankungen. Insbesondere in Mittelfranken, wo die Versorgung der Städte überwiegend an kleinbäuerlichen Betrieben hing, waren viele Bauern „wirtschaftlich und intellektuell gar nicht in der Lage"[126], die Bestimmungen moderner Hygiene zu erfüllen. Land- und Stadtbevölkerung galt es gleichermaßen aufzuklären und in den richtigen Umgang mit dem Nahrungsmittel Milch einzuweisen. Zudem mussten die Landwirte davon überzeugt werden, dass es besser war, sich zentralisierten Molkereibetrieben anzuschließen, als Milch selbst zu vermarkten.

Der Staat unterstützte diese Bestrebungen mit der Einrichtung von Fachschulen und Musterbetrieben sowie durch ein Genossenschaftsgesetz, das seit 1868 Erzeuger- und Vermarktungsgenossenschaften ermöglichte.[127] Überzeugung tat noch 1927 not. Auf der Ausstellung *Volksgesundheit Bayern* veranschaulichten Modelle der Süddeutschen Forschungsanstalt Weihenstephan und der Gemeinnützigen Milchversorgungsgesellschaft Nürnberg den Weg der Milch vom Bauern zum Verbraucher und stellten klar heraus: „Voraussetzung für einwandfreie Milch sind gesundes Vieh, richtiges Futter, luftige Ställe, gesunde, ärztlich überwachte Melker, peinlichste Sauberkeit bei Gewinnung und Abfüllung."[128]

Nicht nur die Bauern mussten in der Viehhaltung umdenken und mehr Sorgfalt walten lassen. Das Nahrungsmittel Milch, vor allem die Vorzugsmilch für die Kinder, musste auf schnellstem Wege in die Molkereien und zum Verbraucher gebracht werden. Am Beispiel des Nürnberger Milchhofs zeigt sich, wie moderne Wissenschaft und Technik gewohnte Handlungsweisen veränderten und neue marktwirtschaftliche Strukturen schufen. Erforderlich war letztendlich ein funktional durchdachtes Gebäude, das für Massenproduktion sowie Herstellung verschiedener Milchprodukte und Behandlungsverfahren wie Pasteurisierung geeignet war und einen reibungslosen hygienischen Betriebsablauf gewährleistete.

---

[123] Ritter, Hubert: Der Neubau der Leipziger Großmarkthalle. In: Die Form, Nr. 20, 15. Oktober 1929, S. 545f.
[124] Götschmann: Wirtschaftsgeschichte Bayerns, S. 229.
[125] Ausstellung Volksgesundheit. In: MNN, Nr. 129, 12. Mai 1927, S. 4.
[126] Stein: Monographien deutscher Städte. Bd. XXIII, S. 314.
[127] Götschmann: Wirtschaftsgeschichte Bayerns, S. 229.
[128] Ausstellung Volksgesundheit. In: MNN, Nr. 129, 12. Mai 1927, S. 4.

Sensibilisiert durch die Problematik einer Industriestadt mit einer hohen Tbc-Erkrankungsrate richtete Nürnberg bereits 1920 auf Initiative des Oberbürgermeisters Hermann Luppe ein städtisches Gesundheitsamt ein, das sich zusammen mit der städtischen Untersuchungsanstalt für Nahrungs- und Genussmittel auch um die Lebensmittelsicherheit kümmerte.[129] Schlechte Versorgungslage, Preissteigerungen und Missstände kennzeichneten über Jahre den Lebensmittelmarkt. Ein großes Problem stellten Lebensmittelpanschereien dar, besonders bei Milch, die häufig mit Wasser gestreckt wurde. Wichtig war eine ausgewogene Ernährung der Kinder, da Wohnverhältnisse mit wenig Licht und Sonne sowie einseitige Kost anfälliger für Krankheiten machten und auf Grund von Rachitis Deformierungen der Knochen zu befürchten waren.[130] Milch, reich an Calcium und Vitamin D, war ideal, um hier Abhilfe zu schaffen.

Die Bemühungen um eine bessere hygienische und geordnete Milchversorgung für die Stadtbevölkerung führten 1915 zur Gründung der Milchzentrale der Stadt Nürnberg und resultierten 1921 in der Fusion mit der Milchzentrale Fürth zur Gemeinnützigen Milchversorgungszentrale der Städte Nürnberg-Fürth GmbH. An dem halbstaatlichen Molkereiunternehmen waren beide Städte, die Spitzenorganisation der mittelfränkischen Landwirtschaft und der organisierte Milchhandel anteilsmäßig beteiligt.[131] Die Problematik einer einwandfreien ausreichenden Frischmilchversorgung wurde auch in anderen Großstädten kontrovers diskutiert[132], da die Milch auf langen Transportwegen, für Nürnberg bis aus dem Allgäu, oft sauer wurde und nur mit Natron neutralisiert an den Verbraucher abgegeben werden konnte.[133] Welches Konfliktpotenzial im Aufbau einer zentralisierten Milchversorgung lag, die unter anderem die Einschränkung des Straßenhandels und eine Milchpreisregulierung mit sich brachte, lässt Luppes Bemerkung vom „Milchkrieg"[134], der bei seinem Amtsantritt in vollem Gange war, erahnen. Luppe ließ sich nicht beirren und verfolgte zusammen mit dem Direktor der städtischen Milchzentrale deren kontinuierlichen Ausbau.[135] Um zum Milchtrinken zu motivieren, wurde die Werbetrommel kräftig gerührt, Schulen beliefert, Milchhallen im ganzen Stadtgebiet eingerichtet und auf Betreiben des Oberbürgermeisters sogar in der alkoholfreien Gaststätte auf dem Stadiongelände Milch ausgeschenkt.[136] Damit sollte auch dem weitverbreiteten Alkoholmissbrauch entgegengewirkt werden.

---

[129] Windsheimer: 100 Jahre Klinikum Nürnberg, S. 135.

[130] Schulärztliche Untersuchungen des Gesundheitsamtes ergaben Mitte der 1920er Jahre, dass ein Drittel der Nürnberger Schulkinder infolge von Mangelernährung Entwicklungsdefizite aufwies, chronisch krank war oder an Spätrachitis und Tuberkulose litt; Windsheimer: 100 Jahre Klinikum Nürnberg, S. 139.

[131] Die Städte Nürnberg und Fürth hielten insgesamt 60% an der Milchversorgungsgesellschaft; Stein: Monographien deutscher Städte. Bd. XXIII, S. 313, 316.

[132] Frischmilch für München. In: MNN, Nr. 97, 8./9. April 1928, S. 6; Die Frischmilchversorgung der Stadt München. In: MNN, Nr. 102, 14. April 1928, S. 6.

[133] Luppe: Mein Leben, S. 62.

[134] Ebd., S. 62.

[135] Ebd., S. 62f.

[136] Stein: Monographien deutscher Städte. Bd. XXIII, S. 316; vgl. auch Tschoeke: Die guten Jahre, S. 16.

1. Der moderne Zweckbau 371

Die Erfolge bestätigten die Strategie der Stadtverwaltung. Der gesamte Bedarf an Säuglingsmilch konnte durch den städtischen Milchviehstall erwirtschaftet werden, vermehrte Zufuhren aus der näheren Umgebung machten den Milchbezug aus dem Allgäu überflüssig und die Milchqualität verbesserte sich wesentlich.[137] Mit der Ausdehnung der Nürnberger Milchversorgung bis auf das Regensburger Stadtgebiet erfolgte die Umbenennung in „Bayerische Milchversorgung" und „ein Neubau nach modernsten Erfahrungen"[138] war nicht mehr länger aufzuschieben, zumal der Pachtvertrag mit der Deutschen Reichsbahn für das bisher genutzte Gelände auslief.[139]

Otto Ernst Schweizer, der mit Planetarium, Arbeitsamt und Stadion die Moderne bereits im Stadtbild der Frankenmetropole verankert hatte, bekam ohne vorherige Wettbewerbsausschreibung den Auftrag für den Neubau der Molkereizentrale, was für Unmut innerhalb der Nürnberger Architektenschaft sorgte. Ingrid Ostermann legt in ihrer Monographie *Fabrikbau und Moderne* nahe, dass Schweizer, der nach seiner Tätigkeit als Oberbaurat von 1925 bis 1929 auf Grund des angespannten Verhältnisses zu Oberbürgermeister Hermann Luppe nicht in das Amt des städtischen Hochbaureferenten nachrückte, den Auftrag für den Milchhof als Entschädigung erhielt. Dabei konnte der Milchhof trotz Luppes ambivalenter Einstellung zur Neuen Sachlichkeit als Fabrikgebäude „im modernen Stil"[140] errichtet werden.[141] Zudem ließen sich die Ideale des Demokraten Luppe mit Schweizer als Architekt bei kommunalen Großprojekten am besten umsetzen.

Wie allgemein bei Bauprojekten der Weimarer Zeit üblich, unternahm ein Bauausschuss Besichtigungsreisen in Städte, in denen es eine ähnliche Einrichtung bereits gab. Die Kommission, der Vorstandsmitglieder der Milchversorgungsgesellschaft und Vertreter der Landwirtschaft angehörten, fuhr unter anderem nach Stuttgart, Heidelberg, Frankfurt am Main, Düsseldorf, Budapest und Wien, wo zum Teil recht leistungsfähige Molkereibetriebe Eindruck hinterließen.[142] Ostermann, die zu Rahmenbedingungen und zum Bauprozess recherchiert hat, berichtet von diversen Schwierigkeiten. Auch das im März 1929 auf 3,5 bis 5 Millionen RM geschätzte Projekt des Milchhofs, für das eine Bauzeit von 1¼ Jahren veranschlagt worden war, geriet durch die Weltwirtschaftskrise in Turbulenzen. Einsparmöglichkeiten mussten geprüft und Planänderungen vorgenommen werden. Zum Beispiel sollte statt Einzelgaragen eine große Hallengarage gebaut werden. Baukünstlerischer Schmuck entfiel beim Verwaltungsbau weitgehend. An der Solidität der Anlage aber waren keine Abstriche geplant.

Die Zeit drängte, nicht nur weil die alte Molkerei aus allen Nähten platzte. Aufträge gingen wegen der schlechten Lage des Baugewerbes bevorzugt an ortsansäs-

---

[137] Luppe: Mein Leben, S. 160.
[138] Bamberg, Garmisch und Partenkirchen wurden ebenfalls mitversorgt; Luppe: Mein Leben, S. 160, 195.
[139] Ostermann: Fabrikbau und Moderne in Deutschland und den Niederlanden, S. 67.
[140] Luppe: Mein Leben, S. 262.
[141] Ostermann: Fabrikbau und Moderne in Deutschland und den Niederlanden, S. 66.
[142] Im Vorstand der Gemeinnützigen Milchversorgungs-Gesellschaft, deren Vorsitz Oberbürgermeister Hermann Luppe innehatte, saßen Stadträte der beteiligten Städte; Ostermann: Fabrikbau und Moderne in Deutschland und den Niederlanden, S. 68f.

sige Firmen, wobei es auch hier zu Problemen kam, als sich herausstellte, dass einige von ihnen keine Erfahrung mit neuen Bautechniken hatten. Trotz aller Erschwernisse gelang es, den für die Fertigstellung festgesetzten Termin, den 15. September 1930, einzuhalten und mit 5,8 Millionen RM Gesamtkosten die veranschlagte Bausumme nicht allzu sehr zu überschreiten.[143] Städtebaulich erwartete man sich durch den neuen Milchhof eine Aufwertung des Stadtteils östlich der Nürnberger Altstadt, der zwar in Nähe des Hauptbahnhofs gelegen, aber noch allzu sehr durch Wiesen geprägt war. Gleisanschluss und zwei sich kreuzende Hauptverkehrsstraßen boten äußerst günstige Standortfaktoren für Anlieferung und Abfuhr der Milch. Das zum Pegnitzgrund abfallende Gelände warf aber mit der Zerstückelung durch die Straßen einige Probleme auf.[144]

Schweizer orientierte sich an den Vorteilen, brachte die Höhenunterschiede in Einklang mit dem Fabrikationsvorgang und traf eine Einteilung in Betriebsgelände und Verwaltungsbereich.[145] Die nach ihrer Funktion unterschiedlichen Gebäude, deren Bestimmung formal eindeutig blieb, gliederten sich, wie Justus Bier darlegte, in Verwaltungsbau, Garagenhalle und Fabriktrakt, wozu noch der „riesige monolithische Eisenbetonkamin" trat[146]. Der Schornstein erhielt durch den Druckwasserbehälter im unteren Teil ein charakteristisches Aussehen, nach Ostermann nicht unähnlich dem Betriebskamin von Walter Gropius' Fagus-Werk.[147] Schweizer fügte seinem Betonturm, der als Gelenk der Gesamtanlage fungierte, eine verglaste Aussichtsplattform hinzu. Mit einer Gesamthöhe von 76 m weithin sichtbar wurde er mit der Aufschrift MILCHHOF für die Bayerische Milchversorgung zum Werbeträger.[148] (Abb. 86)

Die Stadionanlagen in Nürnberg und Wien sowie der Milchhof veranlassten Arnold Tschira, Ordinarius für Baugeschichte in Karlsruhe, zu der Äußerung, Schweizer sei der unbestrittene Meister des Stahlbetonbaus in Deutschland.[149] An Hand von Fotografien kann an den Gebäuden des Milchhofs eindrucksvoll der souveräne Umgang mit Stahlbeton nachvollzogen werden, der im Innen- und Außenbereich als schalungsrauer Sichtbeton in Wechselwirkung zu Glas und unverputztem Füllmauerwerk aus lichtem Kalkbackstein trat.[150] Für das viergeschossige Betriebsgebäude mit einem Stahlbetonskelett entwickelte der Architekt Schweizer in Zusammenarbeit mit dem Nürnberger Statiker Jacobi eine Aufsehen erregende Faltwerkkonstruktion. Der Bau wurde in seiner ganzen Tiefe von 24 m von einem wellenförmigen Schalendach in Eisenbeton überspannt, so dass ein stützenfreier Hauptbetriebsraum entstand.[151] Im Obergeschoß betrug die Spann-

---

[143] Ostermann: Fabrikbau und Moderne in Deutschland und den Niederlanden, S. 67-74.
[144] Boyken: Otto Ernst Schweizer 1890-1965. Bauten und Projekte, S. 137.
[145] Schweizer legte das Betriebsgebäude so, dass An- und Auslieferung von der höher gelegenen Bahntrasse im Obergeschoss und von der Straße aus im Erdgeschoss erfolgen konnte; Boyken: Otto Ernst Schweizer. Milchhof, S. 26.
[146] Bier, Justus: Die Bauten der Bayerischen Milchversorgung. In: Die Form, Nr. 3, 1931, S. 83.
[147] Ostermann: Fabrikbau und Moderne in Deutschland und den Niederlanden, S. 96.
[148] Boyken: Otto Ernst Schweizer 1890-1965. Bauten und Projekte, S. 137.
[149] Ders.: Otto Ernst Schweizer. Milchhof, S. 26.
[150] Bier: Die Bauten der Bayerischen Milchversorgung. In: Die Form, Nr. 3, 1931, S. 90.
[151] Ebd, S. 87.

1. Der moderne Zweckbau 373

weite wegen der Überdachung der Milchannahmestelle von der Bahnseite her sogar 37 m. Wie beim Stadiondach wurde die Lastenverteilung mit Hilfe eines Überzugs bewerkstelligt, da aus Hygienegründen keine Unterzüge zugelassen waren.[152] Auch die langgestreckte Ausgabehalle des Betriebsgebäudes wies Ähnlichkeit mit der Eingangshalle des Stadions auf.[153] Raffinierte Schalungstechnik erlaubte eine kostensparende Mehrfachverwendung. Dachkonstruktion und Skelettbauweise erweckten den Eindruck, als ob das Betriebsgebäude aus aneinandergereihten Rippen bestünde, die horizontal durch Laderampe, Füllmauerwerk und Fensterbänder zusammengehalten wurden. (Abb. 88 u. 89)

Der Bau war ausgelegt auf 160 000 bis 180 000 Liter Milch, die pro Tag den Betrieb mit Mischung, Reinigung, Pasteurisierung, Erhitzung, Auskühlung und Abfüllung durchliefen. Dazu kam die Herstellung von Milchprodukten wie Markenbutter, Joghurt, Käse, Quark und Trockenmilch.[154] Lager- und Kühlräume befanden sich im Kellergeschoß. In allen Bereichen war Hygiene oberstes Gebot, für die bis an die Decke gefliesten Produktionsräume und ein Laboratorium sorgen sollten.[155] Kannen, Flaschen oder Milchkästen wurden in Reinigungsanlagen für die Wiederverwendung gesäubert. Für das Personal gab es ausreichend Duschen und Bäder und eine betriebseigene Wäscherei kümmerte sich um hygienisch einwandfreie Arbeitskleidung.[156] Der an moderner Arbeitshygiene orientierte Betrieb hatte natürlich auch Personalräume, einen Vortragssaal und ein zweigeschossiges Kantinengebäude.[157] Rampen, Förderbänder und Aufzüge erleichterten nicht nur die Handhabung von schweren Milchkannen oder Produktpaletten, sondern verkürzten auch die Wege.[158] Schweizer konzipierte das Betriebsgebäude so, dass betriebliche Veränderungen von Anfang an mit einkalkuliert waren und zum Beispiel Maschinen ohne größere Probleme an anderen Stellen aufgestellt werden konnten.[159] Die Garagenhalle zeichnete sich durch ausgeklügelte stützenlose Spanntechnik und Stahlskelettbauweise aus. Modernität und Fortschritt symbolisierte die gegenüberliegende Tankstelle, die mit dünnen Betonplatten und Glaswänden die Flüchtigkeit des kurzen Aufenthalts beim Tankstopp zum Ausdruck brachte.[160]

Der blockartige Verwaltungsbau, zugleich Kopfbau der ganzen Anlage, war als dreiflügeliger Bau um einen Innenhof gestaltet. Der Kunstkritiker Justus Bier geriet geradezu ins Schwärmen, als er schilderte, dass der Hof „als ungeheure Halle in Höhe von drei Stockwerken ausgebildet ist, ein Raum, der hier mitten im Alltag

---

[152] Ostermann: Fabrikbau und Moderne in Deutschland und den Niederlanden, S. 77f.
[153] Ebd., S. 96f.
[154] Boyken: Otto Ernst Schweizer 1890-1965. Bauten und Projekte, S. 137.
[155] Das Laboratorium überwachte eingehende Milch sowie Frischmilch und Milchprodukte für den Handel. Damit nur einwandfreie Produkte zum Verbraucher gelangten, wurde Milch mit zu weit fortgeschrittener Säuerung zu Butter und Käse verarbeitet. Trink- und Haushaltsmilch wurde hinsichtlich Geschmack, Reinheit, Haltbarkeit und Hygiene getestet; Stein: Monographien deutscher Städte. Bd. XXIII, S. 315.
[156] Ostermann: Fabrikbau und Moderne in Deutschland und den Niederlanden, S. 36.
[157] Ebd., S. 82-86.
[158] Bier: Die Bauten der Bayerischen Milchversorgung. In: Die Form, Nr. 3, 1931, S. 84f.
[159] Ostermann: Fabrikbau und Moderne in Deutschland und den Niederlanden, S. 78.
[160] Ebd., S. 80.

emsigen Betriebs ein Erlebnis vermittelt, das jeden Menschen ergreifen muß, ein Erlebnis, das ohne jede Willkür, ohne Übersteigerung der Bauaufgabe durch eine klare, in ihrer Einfachheit überraschende Disposition zustande gekommen ist"[161]. Freitragende Balkone fungierten an drei Seiten als Korridore und führten zu den mit Glaswänden abgeteilten Büros.[162] Die Halle, eine Art Milchbörse, bildete den Kassenraum für den Publikumsverkehr. Sensationell war die Belichtung, da durch ein auf der Südseite über drei Geschosse gehendes Prismenfenster Tageslicht hereinströmte und zusätzlich von den anderen Seiten indirektes Licht aus den verglasten Büroräumen kam.[163] (Abb. 87) Voraussetzung für den Verwaltungsbau war ein Eisenbetonskelett. Um die Schallübertragung zu minimieren, wurden für Sockel und Außenpfeiler Muschelkalk verwendet. Beton beziehungsweise Muschelkalk und Glasflächen gliederten die Fassaden, so dass entgegen jeglicher Monumentalität der Bau transparent erschien. Eine Wohnung mit Dachterrasse für den Direktor des Milchhofs war im Obergeschoß des Gebäudes untergebracht, weitere Personalwohnungen in einem niedrigen Gebäudeflügel.[164]

Der Neubau der Bayerischen Milchversorgung, „damals der größte und modernste Milchhof Europas"[165], fand allgemein Bewunderung und Anerkennung. Positive Resonanz kam sogar vom bayerischen Ernährungsminister Anton Fehr und dem ehemaligen Reichslandwirtschaftsminister Andreas Hermes, wie sich Luppe erinnerte. Der Erfolg des Milchhofs, der im Rahmen der Gesundheitsfürsorge der Weimarer Republik ein Vorzeigeprojekt darstellte, zeigte sich daran, dass sich das Zulieferungs- und Versorgungssystem immer weiter ausdehnte und 1931 im Rahmen des Reichsmilchgesetzes von der bayerischen Regierung der Milchversorgungsverband Mittelfranken geschaffen wurde.[166]

Die Stadt Nürnberg hatte Vorbildliches auf den Weg gebracht und konnte einiges vorweisen. So wurden die Einladungskarten für die Eröffnung des neuen Betriebs- und Verwaltungsgebäudes der Bayerischen Milchversorgung G.m.b.H. am 15. Dezember 1930 und für die Eröffnung der Frauenklinik und des Säuglingsheims am 12. Dezember 1930 mit gleicher Post verschickt.[167] Durchaus passend erwies sich hier das Firmensignet der Bayerischen Milchversorgung mit einem stilisierten Storch, der auf die wichtige Rolle der Milch bei der gesunden Ernährung der Kinder hinwies.[168] Zur Einweihung erschien eine Sonderausgabe der *Süddeutschen Molkerei-Zeitung* und der *Fränkische Kurier* stellte den neuen Milchhof der breiten Öffentlichkeit in einer illustrierten Beilage

---

[161] Bier: Die Bauten der Bayerischen Milchversorgung. In: Die Form, Nr. 3, 1931, S. 90.
[162] Schweizers Gestaltungsprinzip mit einer sich über mehrere Geschosse erstreckenden Halle findet sich auch beim Kollegiengebäude der Universität Freiburg (1955–1961); Boyken: Otto Ernst Schweizer 1890–1965. Bauten und Projekte, S. 244f.
[163] Bier: Die Bauten der Bayerischen Milchversorgung. In: Die Form, Nr. 3, 1931, S. 90.
[164] Ostermann: Fabrikbau und Moderne in Deutschland und den Niederlanden, S. 80, 87.
[165] Luppe: Mein Leben, S. 262.
[166] Ebd.
[167] Einladungsschreiben des Gesundheits- und Jugendamtsreferates an Dr. Memelsdorff vom 25. November 1930. In: StAN, C 23/I/350 Krankenhäuser Allgemein.
[168] Das ursprüngliche Firmenzeichen der Gemeinnützigen Milchversorgungsgesellschaft der Städte Nürnberg-Fürth zeigte einen Storch mit Kleinkind auf dem Rücken; Ostermann: Fabrikbau und Moderne in Deutschland und den Niederlanden, S. 61.

vor.[169] Ostermann listet sechs verschiedene Fachzeitschriften auf, darunter *Die Form*, *Die Bauzeitung*, *Baugilde* und *Moderne Bauformen*, die über den Nürnberger Milchhof 1931-1933 publizierten. International beachtet wurde Schweizers Milchhof auf der *Ausstellung Deutscher zeitgenössischer Architektur* 1932 in Moskau. Wenige Jahre später widmete ihm der Engländer C. G. Holme in dem Buch *Industrial Architecture* seine Aufmerksamkeit.[170]

Auffällig ist das hervorragende Bildmaterial Kurt Grimms, Spezialist für Architektur- und Industriefotografie, über den Milchhof, was auf die Popularität dieser erstklassigen Architektur bei den Zeitgenossen schließen lässt.[171] Die Einmaligkeit und Novität brachte Justus Bier zum Ausdruck: „Die drei Bauten in ihrem lockeren und doch organischen Zusammenhang sind trotz der verzwickten, anscheinend durchaus einmaligen und untypischen Geländeverhältnisse, zum Prototyp eines Fabrikbaus geworden, so daß ohne entscheidende Schwierigkeiten auch ein gänzlich anderer Fabrikationszweig sich in ihnen installieren ließe. Und dies, trotzdem der bewältigte Fabrikationsvorgang ein höchst komplizierter ist, durch seine besonderen Anforderungen anscheinend einen besonderen Gebäudetypus erfordert."[172] Schweizer, der zugleich in Wien den Bau des Praterstadions ausführte und ab 1930 auch an der Technischen Hochschule Karlsruhe lehrte, war es gelungen, mit dem Milchhof ein weiteres signifikantes Bauwerk zu schaffen, das dem „Alten Nürnberg" ein „Neues Nürnberg" hinzufügte, das das Image einer fortschrittlichen Großstadt einmal mehr zum Ausdruck brachte.[173]

Für Luppe, der sich als Demokrat und Verfechter der Weimarer Republik in seiner Amtszeit als Nürnberger Oberbürgermeister schon mit dem Bau der Stadionanlagen permanent für die Volksgesundheit eingesetzt hatte und voller Stolz in seinen Lebenserinnerungen darauf verwies, dass auch der Neubau der Bayerischen Milchversorgung und damit ein Vorbild rationeller Milchwirtschaft unter seiner Ägide geschaffen worden sei, bekam dieses Projekt einen negativen Beigeschmack. Nicht alle waren von den neuen Marktstrukturen begeistert, und vor allem sah er sich selbst Anfeindungen nationalsozialistischer Kreise ausgesetzt. Gerüchte, wonach er als Aufsichtsratsvorsitzender Vergünstigungen durch die Milchversorgung erhalte, wurden in die Welt gesetzt und auch Luppes Frau, stellvertretende ehrenamtliche Geschäftsführerin der alkoholfreien Gaststätte auf dem Stadiongelände, blieb von übler Nachrede nicht verschont. Die Nationalsozialisten nutzten die Unsicherheit der Landwirte und Händler und deren Befürchtungen, durch die Zusammenarbeit mit der Bayerischen Milchversorgung Nachteile zu erleiden, für ihre Zwecke. Besonders bei den Bauern suchten sie daraus Kapital zu schlagen, indem sie von der Lieferung an den Milchhof abrieten und zur angeblich lukrativeren Selbstvermarktung aufriefen. Sarkastisch schrieb Luppe: „Die Selbstmarker hat

---

[169] Sembach: Architektur in Nürnberg, S. 159.
[170] Ostermann: Fabrikbau und Moderne in Deutschland und den Niederlanden, S. 90 f.; vgl. auch Boyken: Otto Ernst Schweizer 1890-1965. Bauten und Projekte, S. 137 f.
[171] Ostermann: Fabrikbau und Moderne in Deutschland und den Niederlanden, S. 90.
[172] Bier: Die Bauten der Bayerischen Milchversorgung. In: Die Form, Nr. 3, 1931, S. 84.
[173] Ingrid Ostermann verweist auf eine Bewertung der Gesamtanlage von Gustav Lampmann, die 1931 im Zentralblatt der Bauverwaltung erschien; Ostermann: Fabrikbau und Moderne in Deutschland und den Niederlanden, S. 91.

freilich bald nachher die gerechte Strafe ereilt, als im Dritten Reich mit Zwangsorganisation ernst gemacht, zuerst die Ausgleichspfennige eingezogen und bald das Selbstmarkten ganz verboten wurde."[174]

Im Zweiten Weltkrieg relativ unbeschädigt geblieben, war die Molkereizentrale bis in die 1990er Jahre in Betrieb. Nach dem Umzug der Bayerischen Milchunion in einen Neubau verfiel das Baudenkmal, das einmal größter und modernster Milchhof Europas war. Trotz Protesten blieb nur das Verwaltungsgebäude erhalten, alles andere fiel 2008 der Abrissbirne zum Opfer.[175]

2. Das Hochhaus der zwanziger Jahre

Konnten die modernen Zweckbauten der Fabriken und Betriebe demonstrieren, dass man mit der Zeit ging, so bot sich in den zwanziger Jahren für Firmen oder Stadtverwaltungen zur Profilierung durch moderne zweckmäßige Organisation auch das Hochhaus an, wobei die Fortschrittlichkeit mit neuartiger Stahlskelettkonstruktion und neuen Baumaterialien betont werden konnte. Mit der Erfindung elektrischer Fahrstühle durch Werner von Siemens 1880 stand eine Technik zur Verfügung, die eine mühelose vertikale Erschließung mehrgeschossiger Häuser ermöglichte.[176]

Amerika, das Land der unbegrenzten Möglichkeiten, hatte es vorgemacht, nachdem Adler und Sullivan im ausgehenden 19. Jahrhundert den Typus Hochhaus schufen und der Wettbewerb für das Verwaltungsgebäude der *Chicago Tribune* 1922 eine ganze Galerie mit Entwürfen phantastischer Wolkenkratzer hervorbrachte.[177] In der Folge wuchsen binnen weniger Jahre in Amerikas Städten, allen voran Chicago und New York, immer höhere Gebäude in den Himmel.[178] Die *Deutsche Bauzeitung* stellte nach einer durch amerikanische Toparchitekten vorgenommenen Kür die „15 besten Bürohochhäuser in den Vereinigten Staaten von Amerika"[179] vor. Höhenrekorde erzielten das Woolworth Building mit 241 m und das Empire State Building mit 381 m und bis zur Gebäudespitze sogar 443 m.[180] Bedingt durch hohe Grundstückspreise hatte die urbane Entwicklung in Amerika mit Tendenz zu Verdichtung und Zentralisation zum Turmhaus geführt. Fortschritt und Erfolg konnten an der Anzahl der Hochhäuser, den Symbolen einer modernen Großstadt, gemessen werden.

Auf verschiedenen Feldern konnte in den zwanziger Jahren auch das Deutsche Reich Fortschritte und Erfolge verbuchen. Währungsreform und Ende der Inflation unter Reichskanzler Stresemann sowie die Entscheidung der Vereinigten Staa-

---

[174] Luppe: Mein Leben, S. 263.
[175] Ostermann: Fabrikbau und Moderne in Deutschland und den Niederlanden, S. 87–90.
[176] Grünberg: Hochhausvisionen in der Münchner Innenstadt, S. 50.
[177] Zacharias: Blick der Moderne, S. 292f.
[178] Zur Entwicklung der amerikanischen Wolkenkratzer s. Pevsner: Europäische Architektur, S. 446–450.
[179] Just, Karl Wihelm: Die 15 besten Bürohochhäuser in den Vereinigten Staaten von Amerika. In: DBZ, Nr. 26/27, 30. März 1929, S. 239–244.
[180] Philipp: Das Reclam Buch der Architektur, S. 360.

ten, die darniederliegende deutsche Wirtschaft mit Krediten zu unterstützen und dadurch Deutschland die Erfüllung seiner Reparationsverpflichtungen zu ermöglichen, bewirkten ab 1924 einen deutlichen Wirtschaftsaufschwung. Durch geschicktes Taktieren gelang es der Reichsregierung gleichzeitig, die internationale Isolation nach dem Versailler Vertrag zu durchbrechen und mit den Verträgen von Rapallo 1922 und Locarno 1925 zu großen Teilen eine Stellung als kontinentaleuropäische Großmacht zurückzuerlangen. Der Beitritt zum Völkerbund 1926 und die umsichtige Außenpolitik Gustav Stresemanns verschafften zudem dem nach der Kriegsniederlage zum Paria-Staat gewordenen Deutschen Reich wieder internationales Ansehen.

Auch auf anderen Gebieten holte Deutschland rasant auf. Forschung und Wissenschaft verteidigten ihre weltweite Spitzenstellung. Als Gradmesser dafür können internationale Auszeichnungen wie die Nobelpreise gelten, die damals mehrheitlich an deutsche Staatsbürger gingen. Unter anderem wurde Albert Einstein 1922 mit dem Nobelpreis für Physik und Thomas Mann 1929 mit dem Literaturnobelpreis ausgezeichnet. Der Friedensnobelpreis wurde 1926 an Gustav Stresemann und 1927 an Ludwig Quidde verliehen. Daneben zeigten sich deutsche Produkte auf dem Weltmarkt durch Qualität und technische Überlegenheit als konkurrenzfähig mit den Erzeugnissen anderer exportorientierter Industrienationen wie Großbritannien, Frankreich oder den USA. Aushängeschilder für technologischen Fortschritt der Weimarer Republik waren die Schnelldampfer „Bremen" und „Europa", damals die schnellsten Schiffe der Welt, sowie das Luftschiff „Graf Zeppelin". Als Triumph deutscher Technologie galten auch der erste Ost-West-Atlantikflug 1928 mit dem Flugzeug „Bremen" oder der Jungfernflug des Dornier-Flugboots „DO-X".

Im Rekordfieber der Moderne wurden Hochhäuser zunehmend auch in deutschen Städten ein Statussymbol für wirtschaftlichen Aufschwung, technologischen Fortschritt und internationales Ansehen. Sie gehörten ins Stadtbild einer aufstrebenden Großstadt oder signalisierten in Berlin, Breslau oder München das Ende von Wohnungsnot und Arbeitslosigkeit.[181] „Das Hochhaus stellt – bezeichnenderweise in der Inflationszeit – ein neues, nun die Öffentlichkeit stark beschäftigendes Bauproblem"[182], wie Müller-Wulckow reflektierte. Angesichts der allgemeinen Aufbruchstimmung nach dem Krieg machte sich trotz Inflation und Wirtschaftskrise Optimismus breit, so dass der Gedanke, Turmhäuser nach US-amerikanischem Vorbild zu bauen, im Deutschland der Weimarer Republik eine regelrechte Hochhauseuphorie auslöste.[183] Eine gewisse Neigung zum Vertikalismus in der deutschen Baukunst, gepaart mit der entsprechenden politischen Einstellung, war Adolf Behne zufolge für „die Epidemie der Turmhaus-Ideal-Entwürfe"[184] verantwortlich. Mit Entwürfen für Hochhäuser aus Stahlkonstruktionen

---

[181] Stankiewitz: München. Stadt der Träume, S. 58.
[182] Müller-Wulckow: Bauten der Arbeit und des Verkehrs, S. 10.
[183] Behrendt, Walter Curt: Das erste Turmhaus in Berlin. In: Waetzoldt/Haas: Tendenzen der Zwanziger Jahre, S. 2/74.
[184] Die Neigung zum Vertikalismus und eine dementsprechende politische Einstellung brachte laut Behne auch eine „Bismarck-Turm-Epidemie" hervor; Behne: Der moderne Zweckbau, S. 49.

und gläsernen Curtain-Wall-Fassaden hatten sich deutsche Architekten am internationalen Chicago Tribune Tower Wettbewerb beteiligt.[185] Auf der Suche nach einer europäischen Version für das Hochhaus entstanden Ideen wie Le Corbusiers Idealstadt mit Wohnhäusern in streng geometrischer Anordnung und 24 Bürowolkenkratzern.[186] Den Typus Hochhaus als Ausdruck der neuen Zeit prägte Mies van der Rohe mit seinem Entwurf für den Berliner Friedrichstraßen-Wettbewerb 1921 am deutlichsten.[187]

In Metropolen war es inzwischen ein Problem, dass die City mit Büros, Geschäften und Firmen ein Zentrum der Arbeit bildete und kaum unbebaute Fläche vorhanden war. Für Hochhaus-Enthusiasten lagen die Vorteile auf der Hand und einige sahen darin die Lösung für verschiedene Probleme schlechthin.[188] Der Bau reiner Bürohochhäuser könnte zur Linderung der Wohnungsnot beitragen, da die Zweckentfremdung von Wohnungen durch gewerbliche Nutzung entfallen würde. Weitere Argumente waren unter anderem die Belebung der lokalen Wirtschaft durch Konzentration des Geschäftslebens oder eine effizientere administrative und bürgerfreundlichere Verwaltungsarbeit durch Zentralisation über das gesamte Stadtgebiet verteilter Ämter und Abteilungen. Ganz abgesehen davon ließen sich Wege in der Vertikalen mit Aufzügen schneller bewältigen als in weitläufigen horizontalen Gängen.[189] Der ursprüngliche Gedanke Sullivans, ein Zeichen für Demokratie erwachsen zu lassen, verblich allerdings, wenn Firmen ein werbewirksames Gebäude, Städte mit einer Dominante im Stadtbild neue Wahrzeichen oder Architekten sich ein Denkmal erschaffen wollten.[190] Die Idee des multifunktionalen Hochhauses, das im Erdgeschoss Geschäfte und in den darüber liegenden Stockwerken Büros, Arztpraxen oder sogar Wohnungen ansiedelte, beflügelte Architekten, sich der neuartigen Bauaufgabe zu widmen. Marcel Breuer stellte Vorteile und Ersparnisse von Hochhausanlagen für den Siedlungs-, Krankenhaus- und Fabrikbau vergleichend zum Flachbau heraus.[191] Gegner und Denkmalschützer, die eine zunehmende Amerikanisierung befürchteten, liefen Sturm gegen die „Verunstaltung" des Stadtbildes.[192] Verschattung der umliegenden Häuser, feuerpolizeiliche Bedenken – die Argumente waren vielfältig. Wieder andere sahen gerade im starken Kontrast des Nebeneinanders von Alt und Neu einen bestimmten Reiz.[193] Das Thema Hochhaus blieb in Fachzeitschriften wie auch Tageszeitungen die ganze Zeit der Weimarer Republik über aktuell. Die Frage „ob und wo Hochhäuser in Großstädten"[194] errichtet werden sollten, spielte nicht nur in Berlin, der

---

[185] Pfankuch/Schneider: Planen und Bauen in Europa, S. 2/79.
[186] Pevsner: Europäische Architektur, S. 460.
[187] Grünberg: Hochhausvisionen in der Münchner Innenstadt, S. 62.
[188] Paulsen: Wolkenkratzer in Deutschland. In: ANN, Nr. 50, 1. März 1926, S. 5.
[189] Mendelssohn, Heinrich: Zur Hochhausfrage in Berlin. In: DBZ, Nr. 23, 21. März 1928, S. 208.
[190] Huse: „Neues Bauen", S. 40.
[191] Breuer: Beiträge zur Frage des Hochhauses. In: Die Form, Nr. 5, 1930, S. 113–117.
[192] Bestelmeyer: Über neue deutsche Baukunst. In: DBZ, Nr. 103/104, 24. Dezember 1930, S. 703.
[193] Günther, Herbert: Alt und Neu. In: Die Form, Nr. 2, 1932, S. 55–57.
[194] Die Hochhausfrage in Berlin und das Europahaus im Besonderen. DBZ, Nr. 13, 15. Februar 1928, S. 128.

Hauptstadt des Reiches eine Rolle, sondern sogar in kleineren Städten wie Würzburg.[195]

„Der Hochhausgedanke in Deutschland ist vom Rheinland ausgegangen"[196], konstatierte Otto Peters in den *Augsburger Neuesten Nachrichten* und für Müller-Wulckow verschärfte sich die Problematik der Höhenentwicklung mit dem Entstehen erster Turmhäuser, nachdem Wilhelm Kreis in Düsseldorf mit dem 57 m hohen Wilhelm-Marx-Haus (1922-1924) „als Blickpunkt für den breiten Hindenburgwall"[197] den Typus geprägt hatte.[198] Paul Bonatz errichtete in Düsseldorf 1922-1925 für den Stumm-Konzern ein elfgeschossiges Verwaltungsgebäude.[199] Deutsche Städte, die auf der Hochhauswelle mitschwammen, schrieben Wettbewerbe aus und schmiedeten Pläne. Beeinflusst von den Wolkenkratzern Nordamerikas, aber mitunter auch von neuen Architekturströmungen der revolutionären Sowjetunion, entstanden teilweise eigenwillige Projekte.[200] Markante Beispiele sind das von Fritz Höger im Backstein-Expressionismus errichtete Chilehaus in Hamburg (1922-1924)[201], der Stuttgarter Tagblatt-Turm (1927/28) von Ernst Otto Oswald mit 61 m Höhe und Erich Mendelsohns Columbushaus in Berlin (1931/32). Die Zahl deutscher „Wolkenkratzer" aus der Zeit der Weimarer Republik blieb aber überschaubar, da häufig festgeschriebene Obergrenzen städtischer Bauordnungen das Höhenwachstum einschränkten.[202] Die Hochhausträume traditionsbewusster bayerischer Städte waren weniger augenfällig als die oben genannten. Gleichwohl ist im Kontext moderner Architektur der zwanziger Jahre in Bayern die Frage von Relevanz, welche Bedeutung dem Technischen Rathaus in München und dem Würzburger Hochhaus an der Augustinerstraße zukommt.

2.1. Das Technische Rathaus – ein Hochhaus in München

Zur Geschichte des Technischen Rathauses in München gehören zweifellos auch diverse Hochhausvisionen, Planungen und Überlegungen, die im Vorfeld dazu in den zwanziger Jahren kursierten. Sie waren symptomatisch für die Zeit, der sich die Bayerische Landeshauptstadt nicht verschloss.[203] Die offizielle Haltung der Münchner Stadtverwaltung zu Hochhäusern geht nach Mayr und Salzmann aus dem Zentralblatt der Bauverwaltung hervor, wonach Gebäude ab sieben Stockwerken als Hochhaus definiert und lediglich als Büro- und Geschäftshäuser ge-

---

[195] Ein Hochhaus im Zentrum von Würzburg. In: WGA, Nr. 128, 6. Juni 1929, S. 3.
[196] Peters, Otto: Das Hochhaus. In: ANN, Nr. 91, 21. April 1926, S. 5.
[197] Müller-Wulckow: Bauten der Arbeit und des Verkehrs, S. 10.
[198] Philipp: Das Reclam Buch der Architektur, S. 361.
[199] Miller Lane: Architektur und Politik, S. 45 f.
[200] Stankiewitz: München. Stadt der Träume, S. 58.
[201] Das einem Schiffsbug nachgebildete Haus wurde zum Symbol „für hanseatischen Wagemut und für Großstadt schlechthin"; Philipp: Das Reclam Buch der Architektur, S. 370 f.
[202] In Berlin waren Gebäude nur bis zu einer Höhe von 22 m Höhe und maximal fünf Stockwerken zulässig. Philipp: Das Reclam Buch der Architektur, S. 361.
[203] Ann Grünberg zitiert zur Hochhausdiskussion in München 1921 Albert Gut: „Auch in München tobt zurzeit ein Kampf der Meinungen, besser ein Kampf der Tageszeitungen, ob in der alten Isarstadt Hochhäuser errichtet werden sollen und errichtet werden dürfen.", Grünberg, Ann: Hochhausvisionen in der Münchner Innenstadt, S. 52.

nehmigt wurden. Des Weiteren durften Hochhäuser nur auf öffentlichem Grund und Boden errichtet werden, was von vornherein die Anzahl derartiger Projekte begrenzte und eine direkte Kontrolle durch die Stadtverwaltung ermöglichte. Generell wollte man Hochbauten nur in Ausnahmefällen zulassen unter der Auflage einer ästhetisch ansprechenden Wirkung in Höhe und Form hinsichtlich des Straßenbildes und der Fernwirkung.[204] Nach einem Referat Fritz Beblos zum Thema Hochhaus zeigte sich in der Stadtratssitzung vom 1. Februar 1921, dass der Stadtrat dem Bau von Hochhäusern grundsätzlich nicht abgeneigt war.[205]

Damit war die Diskussion in der bayerischen Landeshauptstadt, an der sich die bekanntesten Architekten Münchens beteiligten, eröffnet und diverse Hochhauspläne unter anderem für den Sendlinger-Tor-Platz, den Maximiliansplatz, die Zweibrückenstraße und den Viktualienmarkt entstanden. Wie die Ausgabe *Neue Werkkunst* von Adolf Feulner zeigt, setzte sich besonders O. O. Kurz mit Projektentwürfen für städtebauliche Akzente am Viktualienmarkt, an der Hackerbrücke oder in Verbindung mit einem Wohnblock im Münchner Westend ein.[206] (Abb. 90 u. 91) Theodor Fischer erregte 1920/21 mit seinem Entwurf für ein flachgedecktes fünfzehnstöckiges Hochhaus mit Eisenbetongerüst und Backsteinoptik einiges Aufsehen.[207] Im Zusammenhang mit der Kunststadtdebatte ging es bei all diesen Bemühungen darum, München das Flair von Moderne und Weltstadt zu geben.[208] Die interessantesten Vorschläge kamen von Herman Sörgel, der 1925 in der Fachzeitschrift *Baukunst* die Idee einer breiten, von Hochhäusern gesäumten, „Straße der Republik" vorstellte. Sörgel warb mit dem Argument, der junge Freistaat Bayern könne auf diesem Wege beweisen, dass er den Vergleich mit den großen künstlerischen und städtebaulichen Leistungen der Wittelsbacher nicht zu scheuen brauche. Ein derartiges Projekt würde es erlauben, die Tradition der Kunststadt München nunmehr unter demokratischen Vorzeichen fortzusetzen.[209] Eine Realisierung hätte zweifellos ein ausdrucksstarkes Symbol der Weimarer Demokratie beziehungsweise des neuen Freistaats geschaffen.

Zusammen mit O. O. Kurz brachte Sörgel außerdem einen Hochhausring mit vier bis zu fünfzehnstöckigen Hochbauten zwischen Hackerbrücke und Isar ins Gespräch, der sich mit dem Dom als Mittelpunkt in einem Radius von eineinhalb Kilometern um die Altstadt legen und neben fünf Kirchtürmen den Turm des Deutschen Museums sowie den der Technischen Hochschule mit einbeziehen sollte. Damit das viel beschworene Münchner Stadtbild keinen Schaden nehme, propagierten Kurz und Sörgel einen „Münchner Stil" mit Zierelementen wie Vor-

---

[204] Mayr/Salzmann: Post und Siedlung am Harras, S. 77f.
[205] Grünberg: Hochhausvisionen in der Münchner Innenstadt, S. 52f.; Stankiewitz: München. Stadt der Träume, S. 58.
[206] Grünberg: Hochhausvisionen in der Münchner Innenstadt, S. 53–55.
[207] Das Hochhaus war an der Stelle geplant, wo heute die Matthäuskirche steht; Pfister: Theodor Fischer. Leben und Wirken eines deutschen Baumeisters, S. 72; vgl. auch Nerdinger: Theodor Fischer. Architekt und Städtebauer, S. 290.
[208] Ideen zur Umgestaltung des Königsplatzes standen im selben Zusammenhang; Altenbuchner, Klaus: „Als wären die Bauten wie mit dem Schubkarren herangefahren". Klenze, Königsplatz und Konzeptionen. In: Billeter/Günther/Krämer: Münchner Moderne, S. 39–43.
[209] Stankiewitz: München. Stadt der Träume, S. 58f.

2. Das Hochhaus der zwanziger Jahre 381

bauten, Strebepfeilern oder Türmchen.[210] In der damit verbundenen Debatte gab Adolf Feulner zu bedenken: „[D]ie Stadt wird sich noch umstellen müssen, sie wird noch der modernen Industrie die Tore öffnen müssen, wenn sie nicht vollständig überflügelt und an die Wand gedrückt werden will."[211] Welcher Stellenwert dem Hochhaus als neuem Architekturtypus zukam, verdeutlicht die Tatsache, dass München allein mit der Idee von einem „Ring von Hochhäusern"[212] im Städteranking aufrückte und der Name der Stadt im gleichen Atemzug mit Berlin, Hamburg, Leipzig, Breslau, Köln und Frankfurt genannt wurde. Im Gegensatz zu amerikanischen Städten ohne baukünstlerische Tradition standen deutsche Städte vor der Problematik, mit einem Hochhausbau historisch wertvolle Stadtbilder nicht zu schädigen.[213]

Während sich alle anderen Hochhausträume entweder aus mangelndem Bedarf an Bürohochhäusern oder aus finanziellen Gründen zerschlugen, verfolgte die Stadt München seit der Ausschreibung eines Wettbewerbs im Juni 1919 kontinuierlich den Plan, ein großes städtisches Verwaltungsgebäude zu errichten.[214] Fritz Beblo erläuterte, dass die Entwicklung der Elektrizitätswerke den Anstoß gab, alle technischen Ämter, die zum Teil in gemieteten Räumen untergebracht waren, zentral in einem hohen Gebäude zusammenzuführen. Außer dem notwendigen Raumbedarf Rechnung zu tragen, war beabsichtigt, „eine starke Betonung dieses wichtigen kommunalen Bauwerkes im Stadtbild"[215] zu erreichen. Damit war von Anfang an klar, dass München als moderne Großstadt mit einer ausgebauten Elektrizitäts- und Gasversorgung, Verkehrsbetrieben und Bauämtern ein deutliches Zeichen setzen wollte.

Eines der größten Probleme beim Bau des Technischen Rathauses warf das konisch zulaufende Baugrundstück auf, das langgestreckte horizontale Baukörper entlang von Blumenstraße und Unteranger ermöglichte, während am südlichen Abschluss des geplanten Gebäudekomplexes nur eine schmale Front in Frage kam. Gerade dieser Stelle kam im Straßenbild besondere Bedeutung zu, da hier die Blumenstraße einen scharfen Knick macht. Ein bereits in den Kriegsjahren entstandenes Gebäude der städtischen Gaswerke war miteinzubeziehen und der Anschluss an das Angerkloster städtebaulich zu berücksichtigen.[216] Aus dem unter ortsansässigen Privatarchitekten ausgeschriebenen Wettbewerb ging Hermann Leitenstorfer als Sieger hervor, da sein Vorschlag die „Ecklösung"[217] am konsequentesten

---

[210] Ebd.
[211] Feulner: O. O. Kurz und E. Herbert, S. XI.
[212] Paulsen: Wolkenkratzer in Deutschland. In: ANN, Nr. 50, 1. März 1926, S. 5.
[213] Ebd.
[214] Becherer, Dirk: Technisches Rathaus. In: Meitinger, Otto (Hg.): Katalog zur Ausstellung an der Technischen Universität München. München 1992, S. 20; vgl. auch Beblo: Das technische Rathaus in München, S. 3.
[215] Beblo: Hochbauten der Stadtgemeinde, S. 4. Die Absicht, mit einer kräftigen Steigerung der Vertikalen in Form eines Hochhauses einen städtebaulichen Akzent zu setzen und damit die Bedeutung des wichtigen öffentlichen Gebäudes hervorzuheben, bekräftigte Beblo 1928 in seinen Erläuterungen zur „Neuen Stadtbaukunst"; Beblo: Neue Stadtbaukunst. München, S. XIV.
[216] Becherer: Technisches Rathaus, S. 20.
[217] Beblo: Stadtbauamt-Archiv, S. 18.

verfolgte und mit einem überzeugenden Raumprogramm zur Verteilung der verschiedenen Ämter über die einzelnen Trakte und Stockwerke aufwartete.[218] Knapp fasste Leitenstorfer die Ziele zusammen: „**Möglichste Ausnutzung des Grundstückes. Möglichst Allgemeinverwendbarkeit der zu schaffenden Räume**"[219] und ein „Bestmaß an Belichtung"[220] für die Büro- und Arbeitsräume. Damit waren einige Probleme benannt, die auf dem vorgegebenen Baugrundstück im innerstädtischen Bereich zu erwarten waren. Es sollte ein Zweckbau erstellt werden, der sich variabel an eine wachsende Stadtverwaltung einer Großstadt anpasste und zugleich mit guten Lichtverhältnissen an den Schreib- und Zeichentischen neuen arbeitshygienischen Forderungen entsprach.[221]

Da nicht überall gleich starker Publikumsverkehr zu erwarten war, beschränkte sich der Architekt auf eine Haupttreppe, die im Halbrund mit einer gewissen Großzügigkeit bis in das siebte Stockwerk führt. Danach wird das Treppenhaus wesentlich kleiner.[222] Für die weitere Vertikalerschließung waren Nebentreppen, Paternoster und ein Lastenaufzug geplant, der notfalls bis zu sechs Personen befördern konnte. Ausgangsprinzip für Breite der Flure und Zimmergrößen war das erwartete Besucheraufkommen, wobei die Erfordernisse eines normalen Arbeitsplatzes zugrunde gelegt wurden, um eine universale Verwendbarkeit der Räume zu erreichen. Auf diese Weise entstand ein Generalgrundriss als Ausgangsbasis für die Dimension des Baukörpers.[223] Obwohl Platz für Planschränke und Parteiverkehr zu berücksichtigen war, wurde versucht, die Zimmertiefen so gering wie möglich zu halten.[224] Um reichlich Fenster zu schaffen, ging Leitenstorfer statisch an die Grenze dessen, was die Tragfähigkeit der Pfeiler und des Backsteinmauerwerks zuließ.[225] Zentralisation der Ämter war ein Schlagwort, aber die Verwirklichung zwang auf dem vorgegebenen Grundstück zu Zwischentrakten mit Licht- und Verkehrshöfen. Daher legte der Architekt weniger wichtige Zimmer wie Nebenräume, Toiletten und Treppenhäuser an die engen Höfe oder in untere Stockwerke und die großen Konstruktions- und Zeichenbüros der Bauabteilungen in die obersten Stockwerke mit den besten Lichtverhältnissen.[226]

---

[218] Das Technische Rathaus. Das erste Turmhaus in München. In: MNN, Nr. 291, 25. Oktober 1929, S. 21.
[219] Leitenstorfer, Hermann: Das technische Rathaus in München. Baugestaltung. In: Beblo, Fritz/Leitenstorfer, Herman/Knorr, E. (Hg.): Monographien zur heutigen Baugestaltung. Das technische Rathaus in München. München 1930, S. 11.
[220] Leitenstorfer: Das technische Rathaus in München, S. 11.
[221] Beblo, Fritz: Einiges über die Entwicklungsgeschichte des technischen Rathauses. In: Beblo/Leitenstorfer/Knorr: Monographien zur heutigen Baugestaltung. Das technische Rathaus, S. 3-5.
[222] Leitenstorfer: Das technische Rathaus in München, S. 16.
[223] Der Grundriss beinhaltet einen Typus für die ersten sieben und eine Variante für die weiteren Stockwerke, was das schmälere Treppenhaus bedingt; Das neue „Technische Rathaus" in München. In: DB, Nr. 12, 1929, S. 418.
[224] Leitenstorfer: Das technische Rathaus in München, S. 11-14.
[225] Ebd., S. 12.
[226] Ebd.; Technisches Rathaus. Das erste Turmhaus in München. In: MNN, Nr. 291, 25. Oktober 1929, S. 20.

Zur Vermeidung von Finanzierungsengpässen sollte der Verwaltungskomplex in drei Bauabschnitten erstellt und mit den beiden langestreckten Flügelbauten begonnen werden, deren Konstruktion wesentlich einfacher war.[227] Der Baubeginn des Turmhauses, dessen architektonische Gestaltung als Gelenk des Bauensembles bedeutend war, verzögerte sich jedoch bis ins Jahr 1928. Da mit der rasanten Stadtentwicklung Aufgabenbereich und Raumbedarf der Stadtverwaltung anstiegen, waren wiederholt Umplanungen erforderlich, was Auswirkungen auf Ausgestaltung und Massenentwicklung des Hochhauses hatte.[228] So erhöhte sich beim Kopfbau des Technischen Rathauses die Anzahl der Stockwerke zunächst von sieben auf zehn, bis man sich zuletzt auf elf Obergeschosse festlegte. Eine Anpassung von Grund- und Aufriss war ebenfalls erforderlich geworden. In der Endphase sahen die Pläne an den Breitseiten je acht und an den Schmalseiten jeweils vier Fensterachsen vor. Auf diese Weise sollte die Südfassade in zwei Felder aufgeteilt werden. Durch eine Verbreiterung des Turms ergab sich eine Änderung der Komposition von vier auf fünf Achsen.[229]

Nicht nur um die Kosten niedrig zu halten, griff Leitenstorfer bei der Konstruktion für den in München völlig neuartigen Bürohaustypus auf eine Mischung aus Skelettbauweise mit Stahlbeton und Mauerwerk zurück.[230] Stahlbetonskelett und Rahmenkonstruktion garantierten auch Stabilität sowie schlankeres und wesentlich schnelleres Bauen.[231] Ziegel aus der Region kamen billiger, knüpften an eine alte Bautradition an und zogen optisch eine Parallele zwischen dem neuen Turm und den Türmen der Frauenkirche.[232] Die hellen Putzfassaden der beiden Flügelbauten bilden einen Gegensatz und lassen das Hochhaus als Solitär erscheinen.[233]

Konträr zur Backsteinoptik ist das Erdgeschoss als Sockel des Büroturms mit heimischem Nagelfluh gestaltet. Bei dem 45,5 m hohen Gebäude setzte Leitenstorfer auf Flächenwirkung und gliederte die Fassade oberhalb der Mitte durch leicht eingerückte Stockwerke sowie „durch eine Art Strebepfeiler zwischen den Fenstern"[234], wodurch wiederum ein Bezug zur Frauenkirche hergestellt wird.[235] Das massive Sockelgeschoss mit den Rundbogenöffnungen sowie die angedeuteten polygonalen Ecktürmchen in den obersten Geschossen sind dagegen eine Reminiszenz an das Angertor der mittelalterlichen Stadtmauer, dessen Fundamente bei den Aushubarbeiten entdeckt worden waren.[236] Entsprechend seiner Vermitt-

---

[227] Beblo: Entwicklungsgeschichte des technischen Rathauses, S. 5.
[228] Ders.: Das technische Rathaus in München, S. 3.
[229] Leitenstorfer: Das technische Rathaus in München, S. 15 f.
[230] Becherer: Technisches Rathaus, S. 22.
[231] Knorr, F.: Das technische Rathaus in München. In: Beblo/Leitenstorfer/Knorr: Monographien zur heutigen Baugestaltung. Das technische Rathaus, S. 25.
[232] Auch ein Teil der Innenwände wurde aus Ziegeln gemauert. Sämtliches Backsteinmaterial lieferte eine Oberföhringer Ziegelei; Knorr: Das technische Rathaus in München, S. 56.
[233] Technisches Rathaus. Das erste Turmhaus in München. In: MNN, Nr. 291, 25. Oktober 1929, S. 21.
[234] Eckstein: Die Kunststadt München und das Neue Bauen. In: Kunst und Künstler 1931, S. 347.
[235] Leitenstorfer: Das technische Rathaus in München, S. 12.
[236] Nerdinger, Winfried: Wettbewerb und Ausführung „Technisches Rathaus" an der Blumenstraße/Unterer Anger. In: Stölzl: Die Zwanziger Jahre in München, S. 394; vgl. auch Krämer: „Mythos Kunststadt", S. 14.

lerrolle zwischen Alt- und Neuzeit schließt das Turmhaus ein vorspringendes Attikagesims nach oben ab.

Die kontextuale Formensprache Leitenstorfers und die „modern-münchnerische" Bauweise, welche Architekten der städtischen Bauverwaltung wie Karl Meitinger bei den gleichzeitig entstandenen Großsiedlungen zu verwirklichen suchten, lässt darauf schließen, dass bei einer völlig neuen Bauaufgabe, wie der eines Hochhauses, im sensiblen Altstadtbereich Überlegungen des Denkmalschutzes eine wichtige Rolle spielten, zumal der mit der baulichen Oberleitung betraute Fritz Beblo auf dem Tag der Denkmalpflege und Heimatschutz in Würzburg und Nürnberg 1928 einer der Referenten zum Thema „Altstadt und Neuzeit" war.[237] Leitenstorfer selbst war sich der schwierigen Aufgabe bewusst, da er der Stadtsilhouette nicht einfach einen weiteren Turm verpassen wollte, sondern sich in zahlreichen Panoramastudien zur Fernwirkung des Hochhauses, unter anderem vom Dachauer Schloßberg aus, an die Einordnung herantastete.[238]

Die Stadt erledigte bei ihrem Verwaltungsbau vieles in Eigenregie und stellte damit auch das Können ihrer Mitarbeiter und deren versierten Umgang mit neuen Techniken in den Vordergrund. Neben Hermann Leitenstorfer und Fritz Beblo gehörte der städtische Baurat Knorr zum Projektteam. Städtische Ingenieure übernahmen die Arbeiten für Heiztechnik und Elektrik. Im Übrigen wurde Firmen aus München und Bayern bei der Vergabe der Aufträge der Vorzug gegeben.[239] Leitenstorfer zeichnete nicht nur die Pläne für das Technische Rathaus, sondern entwarf ähnlich wie die Architekten um Vorhoelzer bei ihren Postbauten auch die Inneneinrichtung.[240] Diese Vorgehensweise ist durchaus vergleichbar mit ganzheitlichen Ansätzen des Bauhauses beziehungsweise des Neuen Bauens, Häuser von Grund auf in allen Einzelheiten durchzukonstruieren. Während Leitenstorfer am Ende seiner Ausführungen in einer von der Stadt herausgegebenen Monographie die ganzheitliche Konzeption vom Grundriss bis zur Inneneinrichtung aus Nussbaum- und Eichenholz hervorhob[241], wurde das sachliche Design der Möbel in der Rezeption der *Münchner Neuesten Nachrichten* mit der damals allgemein üblichen Floskel bedacht: „Die Innenausstattung wurde der Not der Zeit gehorchend, in denkbar einfachster Weise ausgeführt, was nicht hinderte, bestes Material in exakter Ausführung zu verwenden."[242]

Trotz dieser über München hinausreichenden Ansätze verwahrte sich Leitenstorfer bei der Eröffnung des Technischen Rathauses dagegen, das neue Hochhaus in einen größeren Kontext zu stellen und erklärte: „Der Turm ist nicht etwa eine Modesache, und es ist irr, zu sagen: Nun hat München sein Hochhaus, als sei

---

[237] Wohler: Denkmalpflege und Heimatschutz (1/2). In: DBZ, Nr. 90, 1928, S. 767; vgl. auch Meitinger: Grundriß und Gestaltung des Münchner Wohnhauses, S. 145.
[238] Hart, Franz: Erinnerungen an Hermann Leitenstorfer. In: Meitinger, O.: Hermann Leitenstorfer 1886-1972. München 1992, S. 62.
[239] Technisches Rathaus. Das erste Turmhaus in München. In: MNN, Nr. 291, 25. Oktober 1929, S. 21.
[240] Becherer: Technisches Rathaus, S. 22, 26.
[241] Leitenstorfer: Das technische Rathaus in München, S. 19-21.
[242] Technisches Rathaus. Das erste Turmhaus in München. In: MNN, Nr. 291, 25. Oktober 1929, S. 20.

Amerika oder sonst etwas das Ziel unseres Bauens. Der Turm entstand im Plan aus dem Ort, an dem er steht, und aus der Bauaufgabe, ehe in deutschen Städten Hochhausideen auftraten."[243] Mit dieser Äußerung wird auch klar, dass für das Konzept des Verwaltungsbaus zwar Funktionalismus im Sinne der Amerikaner Ford und Taylor Ausgangspunkt war, dass man aber keine Nachahmung amerikanischer Baukultur wollte. Grundriss und Form ergaben sich aus dem Zweck, alle Ämter zusammenzufassen sowie der Wachstumsdynamik Münchens.[244] Zugleich beanspruchte der Architekt ein Urheberrecht darauf, das erste deutsche Hochhaus entwickelt zu haben.[245]

Leitenstorfer setzte der Neuen Sachlichkeit, die den radikalen Bruch mit der Vergangenheit erstrebte, Münchens „Neue Sachlichkeit" entgegen, die auf der Vergangenheit, auf der Geschichte der Stadt aufbaute. Dabei lag die Betonung auf der eigenständigen Leistung, da das Gebäude aus den vorhandenen Gegebenheiten heraus entstanden war. Ein derartiges Selbstbewusstsein Münchens brachte auch die Gestaltung des Titelblatts einer Monographie von 1930, mit der Stadtbaudirektor Fritz Beblo das Technische Rathaus vorstellte und die mit Ausführungen Hermann Leitenstorfers sowie umfangreichem Bildmaterial eindrucksvoll die Baugeschichte dokumentierte, zum Ausdruck.[246] Die Herausgeber wählten für das Layout eine moderne Schablonenschrift, die sich an die von F. H. Ehmke in München entwickelte Antiquaschrift anlehnte.[247] Neben dem Stolz auf die eigene neue Architektursprache schwang der Anspruch auf eine führende Rolle der bayerischen Hauptstadt als Hochburg der Typographie mit. (Abb. 92) Somit kann das Technische Rathaus durchaus als Symbol eines wiedergefundenen Selbstbewusstseins Münchens und einer Hoffnung auf eine bessere Zukunft nach schwierigen Zeiten gesehen werden.

Trotz aller Euphorie und Stolz klingt in der Monographie und zahlreichen Artikeln die in der Stadtbevölkerung geführte Diskussion an. Die Großbaustelle in der Innenstadt stieß auf den Widerstand der unmittelbaren Nachbarschaft, die dem Bauprojekt von Anfang an nicht gerade freundlich gesinnt war.[248] Als das Projekt des ersten Wolkenkratzers in München immer mehr Gestalt annahm, tauchten in Zeitungen vermehrt Artikel zum Thema Hochhaus auf, in denen mit Schlagzeilen wie „Wolkenkratzer in Brand"[249] reißerisch Sicherheitsfaktoren wie

---

[243] Becherer: Technisches Rathaus, S. 24.
[244] Im Technischen Rathaus waren ab 1929 die Verwaltung der Gas- und Elektrizitätswerke, Hoch- und Tiefbauamt, die Abteilung für Stadterweiterung, Heizung und Maschinenbau und das Vermessungsamt mit 1300 Beamten unter einem Dach zusammengefasst; Nerdinger: Wettbewerb und Ausführung „Technisches Rathaus". In: Stölzl: Die Zwanziger Jahre in München, S. 394.
[245] Ähnlichkeit des Technisches Rathauses zu Hochhausprojekten der damaligen Zeit sieht Dirk Becherer hinsichtlich Material und Konstruktion, Vertikalgliederung und Zitieren historischer Formen bis hin zur freien expressiven Formgebung bei dem Hochhaus am Hansaring in Köln (1924) von Jacob Koerfer, der Finanzdeputation in Hamburg (1918-1927) von Fritz Schumacher und dem Stummhaus in Düsseldorf (1922-1925) von Paul Bonatz; Becherer: Technisches Rathaus, S. 25.
[246] Zum Layout vgl. Beblo: Das technische Rathaus in München, S. 1.
[247] Zur Entwicklung der Antiquaschrift in München s.: Luidl: Post-Skriptum, S. 60.
[248] Knorr: Das technische Rathaus, S. 27.
[249] Wolkenkratzer in Brand. In: MNN, Nr. 102, 14. April 1927, S. 23. Die Meldung thematisiert den Brand in einem New Yorker Hotelhochhaus.

Brandschutz oder Statik zur Sprache gebracht wurden.[250] Als Reaktion darauf folgten ausführliche Erläuterungen der Fundierungsarbeiten für den „Riesenbau"[251] und der Hinweis auf geologische Gutachten im Vorfeld der Bauarbeiten.[252]

Mit Verweis auf die harmonische Eingliederung des Verwaltungsgebäudes mit seinem „Stirnturm"[253] wurde versucht, Befürchtungen zu entkräften, das Stadtbild könnte „verschandelt" werden. Dem Hochhaus im Stadtbild widmete sich auch die Sonderbeilage der *Münchner Neuesten Nachrichten* „Petersturm und Hochhaus"[254]. Manch Artikelschreiber versuchte, das Hochhaus geradezu kleinzureden, da sich, an amerikanischen Verhältnissen gemessen, die Münchner Version mit elf Stockwerken bescheiden ausnehme und es sich „streng genommen, bei dem Bauwerk nicht um ein Hochhaus oder gar um einen Wolkenkratzer, sondern um ein großes Bürohaus mit einem markanten Turm"[255] handle. Wohl bringe es eine neue Note, die aber nicht „als brutaler Trumpf"[256] zu werten sei, so das Urteil in der Zeitschrift *Baumeister*. Bedenken, München werde zu einer amerikanischen Großstadt mutieren, brachte Karl Valentin auf seine Art mit einer Fotomontage zum Ausdruck, auf der New Yorker Wolkenkratzer ins Stadtbild gestellt sind. Ihr fügte er den Kommentar bei: „Leider hat der Fortschritt, der ja nicht aufzuhalten ist, gradlinige oder viereckige Häuserkolosse mitten in die Stadt gestellt, sogar einen Wolkenkratzer, es beginnt also schon zu neuyorkeln."[257]

Symptomatisch für die Zeit der Weimarer Republik war die höchst unterschiedliche Bewertung eines Bauwerkes. Von Begeisterung bei jenen, die mit der architektonischen Formensprache des Münchner Mittelwegs einen Anschluss an die Moderne gefunden zu haben glaubten, über unsicheres Urteilen bis hin zu einem Sich-damit-Abfinden, weil der Fortschritt sowieso nicht aufzuhalten sei, war alles vertreten. Kunstkritiker wie Hans Eckstein sahen in dem Hochhaus an der Blumenstraße, dessen Architektur, besonders die Gliederung der oberen Stockwerke, belanglos in einem „historizistisch-romantischen" Stil verbleibe, eine vertane Chance für „eine städtebaulich so bedeutsame und durchaus moderne Bauaufgabe [...]"[258].

Lobend über die seit 1919 kontinuierliche Baupolitik der Stadt unter Oberbaudirektor Fritz Beblo und seinem Team, namentlich Leitenstorfer, Knorr und Meitinger, äußerte sich dagegen der Kunsthistoriker Hans Karlinger, wenn er der spe-

---

[250] Paulsen: Wolkenkratzer in Deutschland. In: ANN, Nr. 50, 1. März 1926, S. 5; Peters, Otto: Das Hochhaus. In: ANN, Nr. 91, 21. April 1926, S. 5; Wolkenkratzer in München. In: FV, Nr. 27, 3. Februar 1927, S. 3.
[251] Ein Wolkenkratzer in München. In: ANN, Nr. 217, 20. September 1928, S. 3.
[252] Technisches Rathaus. Das erste Turmhaus in München. In: MNN, Nr. 291, 25. Oktober 1929, S. 20f.
[253] Das Technische Rathaus vor der Einweihung. In: MNN, Nr. 289, 23. Oktober 1929, S. 3.
[254] Petersturm und Hochhaus. Das Alte und das Neue. In: MNN, Nr. 172, 27. Juni 1930, S. 17.
[255] Technisches Rathaus. Das erste Turmhaus in München. In: MNN, Nr. 291, 25. Oktober 1929, S. 20.
[256] Das neue „Technische Rathaus" in München. In: DB, Nr. 12, 1929, S. 418.
[257] Zit. nach: Bauer, Richard/Graf, Eva: Karl Valentins München. München 2007, S. 10.
[258] Eckstein: Die Kunststadt München und das Neue Bauen. In: Kunst und Künstler 1931, S. 347.

ziellen Münchner Architektur des Technischen Rathauses Tradition und Verantwortungsgefühl gegenüber der Zeit attestierte. Die „Münchener Form' neuzeitlichen Bauens"[259] ermöglichte es ihm, 1934 in der *Deutschen Bauzeitung* in einer Retrospektive über „Das Bauschaffen der Stadt München nach dem Kriege"[260] das Technische Rathaus als stolzesten aller Nachkriegsbauten zu bezeichnen.

Stolz herrschte 1929, dem Superjahr für München, in der Tat, wie man den *Münchner Neuesten Nachrichten* mit ihren Beiträgen und einer Sonderbeilage unter dem Titel „Das Neue München"[261] entnehmen konnte. „Das Neue München" stellte sich in der Tageszeitung als pulsierende moderne Großstadt dar. Berichte zu den fünf Großsiedlungen der Stadt, in denen die ersten Wohnungen bezugsfertig waren, wechselten sich ab mit Überschriften wie „Das technische München"[262] oder „Vom technischen München: Gas"[263]. Die Bürger der Stadt könnten eine „Fahrt durch ,Licht-München'"[264] oder eine „Besichtigungsfahrt zu den Münchner Großsiedlungen"[265] unternehmen und sozusagen Tag und Nacht mit Rundfahrten das moderne München bewundern. Eine zehnseitige Sonderbeilage „Licht und Wärme"[266] bereitete auf die Sonderbeilage „Das Technische Rathaus. Das erste Turmhaus in München"[267] zur Einweihung des städtischen Verwaltungshochhauses, das alle technischen Ämter beherbergt, im Oktober vor.

Nicht vergessen werden darf, dass ein anderer moderner, siebenstöckiger Baukomplex, die Dermatologische Klinik, im Juni und das Schwimmstadion im Dante-Bad im August des gleichen Jahres eröffnet worden waren.[268] Die ganze Palette dessen, was alles innerhalb kurzer Zeit in der Stadt entstanden war – Postbauten, Wohnhäuser, Kirchen etc. – konnte auf den Fahrten durch das „Neue München"[269] besichtigt werden, welche die *Münchner Neuesten Nachrichten* für ihre Leser organisiert hatten. Bezeichnenderweise kam die Selbstdarstellung des „Neuen München" im Jahr 1929, in dem eigenständig hervorgebrachtes „Modern-Münchnerisches" präsentiert wurde, nicht ohne einen Seitenhieb auf Berlin aus: „Eine Moderne, die Berlin eigen wäre und sich von der modernen Entwicklung anderwärts grundsätzlich unterscheide", gab es laut den *Münchner Neuesten Nachrichten* nicht[270], da hauptsächlich Künstler, die aus ganz Deutschland kämen, das Gesicht der Stadt geprägt hätten.

---

[259] Karlinger, Hans: Das Bauschaffen der Stadt München nach dem Kriege. In: DBZ, Nr. 29, 1934, S. 551.
[260] Ebd., S. 546–552.
[261] Das Neue München. Sonderbeilage MNN, Nr. 313, 17. November 1929, S. 25–40.
[262] Das technische München. Die Versorgung der Stadt mit Elektrizität. In: MNN, Nr. 280, 14. Oktober 1929, S. 3.
[263] Vom technischen München: Gas. In: MNN, Nr. 306, 10. November 1929, S. 3.
[264] Fahrt durch „Licht-München". In: MNN, Nr. 265, 29. September 1929, S. 4.
[265] Besichtigungsfahrt zu den Münchner Großsiedlungen. In: MNN, Nr. 302, 6. November 1929, S. 23.
[266] „Licht und Wärme". Sonderbeilage der MNN, Nr. 263, 27. September 1929.
[267] Technisches Rathaus. Das erste Turmhaus in München. In: MNN, Nr. 291, 25. Oktober 1929, S. 19–22.
[268] Münchens dritte medizinische Klinik. In: MAAZ, Nr. 160, 16. Juni 1929; Das Schwimmstadion im Dante-Bad. In: MAAZ, Nr. 130, 26. August 1929.
[269] Das Neue München. Sonderbeilage MNN, Nr. 313, 17. November 1929, S. 25–40.
[270] Das Gesicht des neuen Berlin. In: MNN, Nr. 236, 31. August 1929, S. 23.

388 V. „Bauten der Arbeit"

Die Absicht, als Landeshauptstadt ein deutliches Signal zu setzen und sich weiterhin führend an modernen Architekturprojekten zu beteiligen, scheint nicht ohne Wirkung geblieben zu sein. Während an Nürnberg die Hochhausdebatte weitgehend unauffällig vorüberzog[271] und Augsburg der Vision eines gigantischen Hochhausklinikums[272] nachhing, entstand in Nordbayern in Würzburg ein Pendant zum Münchner Hochhaus.

2.2. Das Hochhaus in Würzburg

Im Gegensatz zu München, wo schon ab 1920 eine Tendenz zum Turmhaus bestand, bleiben die Beweggründe, die zum Bau des Würzburger Hochhauses führten, weitgehend im Dunkeln. Laut Suse Schmuck, die im Rahmen ihres Einsatzes für den Erhalt des Baudenkmals zur Geschichte des Hochhauses Augustinerstraße 9 recherchiert hat, lassen sich erste Spuren im Zusammenhang mit einer beabsichtigten Straßenerweiterung in der Altstadt 1927 ausmachen.[273] Zu diesem Zweck hatte die Stadt in den Jahren zuvor ein barockes Gebäude erworben und abreißen lassen, da dessen aus der Baulinie hervorspringende Hausecke geradezu ein verkehrstechnisches Nadelöhr darstellte. Die engen Straßen der Innenstadt waren dem Verkehrsaufkommen kaum mehr gewachsen. Besonders an dieser nur sechs Meter breiten Stelle war eigentlich nur Platz für die Straßenbahnschienen und daher eine Verbreiterung äußerst wünschenswert.[274] Ein Kompromiss zwischen Bauausschuss und Stadtrat brachte mit halber Zurücksetzung der Baulinie eine Straßenverbreiterung auf dreizehn Meter und eine Arkadenpassage für den Gehweg. Der städtische Baubeamte Englert hatte dafür plädiert, dass „aus städtebildlichen Gründen die Ecke belassen"[275] werden sollte.[276]

Da sich die Idee, einen Investor für den Bau eines neuen Geschäftshauses zu gewinnen, durch dessen Rückzug nicht verwirklichen ließ, war die Stadt „schließlich gezwungen, die Sache zu übernehmen"[277]. Mit dem Projekt wurden die Pläne für ein siebengeschossiges Bürohaus des Architekten Franz Kleinsteuber übernommen.[278] Erste Entwürfe des Jahres 1928 zeigten ein multifunktionales Hochhaus, als „Frankenhaus" oder „Augustinerhof" bezeichnet, das im Aufbau nach Arkaden und Läden im Erdgeschoss ein Café im ersten Obergeschoss und für die weiteren Stockwerke Büros oder eventuell auch Arztpraxen vorsah. Neun Fensterachsen, ein deutliches Abschlussgesims und ein flaches Walmdach kennzeichneten das Gebäude.[279]

---

[271] Nach Herrmann Luppes Ansicht waren Hochhäuser eine fürchterliche und törichte städtebauliche Entgleisung; Schmidt: Kultur in Nürnberg, S. 63, 244.
[272] Neuzeitlicher Krankenhausbau und Augsburger Projekt. In: ANN, Nr. 16, 20. Januar 1928, S. 5.
[273] Schmuck: Das Hochhaus Augustinerstraße 9, S. 9.
[274] Die Baulinienführung in der Augustinerstraße. In: FV, Nr. 244, 22. Oktober 1927.
[275] Ebd.
[276] Schmuck: Das Hochhaus Augustinerstraße 9, S. 8–10.
[277] XXVIII. Verwaltungsbericht Würzburg, S. 83. Ursprünglich hätte ein Konsortium die Durchführung des Projektes übernehmen sollen.
[278] Schmuck: Das Hochhaus Augustinerstraße 9, S. 18.
[279] Ebd., S. 10–13; Die Baukostenabrechnung für das städt. Hochhaus in der Augustinerstraße. In: WGA, Nr. 173, 31. Juli 1931, S. 2.

Verwunderlich ist, dass in Würzburg, wo Projekte wie das Hallenbad heiß diskutiert wurden und auch Peter Feiles Flachdachhäuser einigen Staub aufwirbelten, bei einem so sensiblen Thema, wie es das Hochhaus in der Altstadt darstellte, offenbar eine Diskussion im Vorfeld nicht stattfand. Laut Schmuck ergeben sich weder aus Stadtratsprotokollen noch aus Zeitungen Hinweise dazu.[280] Lediglich die Bauakten lassen den Schluss zu, dass intern im Rahmen baurechtlicher Fragen die Auswirkungen auf das barocke Stadtbild erörtert wurden. Außer allgemeinen Bemerkungen über Hochhäuser, mit denen einige Städte hatten Akzente setzen wollen, weist kaum etwas darauf hin, dass städtebauliche oder denkmalpflegerische Aspekte eine Rolle gespielt hätten. Kleinsteuber konnte offenbar mit einer Fotografie der Straßenpassage, auf der in einer Art Simulation mittels einer Leiter und Messlatte der 28 m hohe Baukubus eingezeichnet war, und Bleistiftskizzen, auf denen er imaginär das Hochhaus ins Straßenbild zu intergrieren versuchte, überzeugen.[281] (Abb. 93)

Auch die Regierung von Unterfranken schien keine weiteren Einwendungen zu haben, wie aus einem von Suse Schmuck zitierten Schreiben hervorgeht: „[...] Die Errichtung des geplanten Hochhauses wird dem Straßenbild eine bestimmte Note geben und belebend wirken. Gute Beispiele dieser Art sind in anderen größeren Städten bereits ausgeführt. Jedoch hat die Einzeldurchbildung in schönheitlich ansprechender Weise zu erfolgen; in dieser Hinsicht können die Pläne vom 10. 8. 1928 noch nicht ganz befriedigen."[282] In der fehlenden öffentlichen Auseinandersetzung vermutet Schmuck die Absicht, dass sich die Stadt eine optimalere Bebauung und damit auch bessere Chancen für einen Verkauf versprach, wenn die Angelegenheit in der Öffentlichkeit nicht so hochkochen würde.[283]

Inwieweit Kleinsteuber ästhetische Gesichtspunkte stärker berücksichtigen musste, kann anhand der vielen Fassadenentwürfe nur erahnt werden. Der Architekt, der 1921 von München nach Würzburg kam und bis 1927 bei der Oberpostdirektion tätig war, hatte sich im Architekturbüro Christoph Mayer selbständig gemacht, das als Büro Mayer & Kleinsteuber firmierte. Die moderne Bauaufgabe eines Hochhauses traute man wohl am ehesten Franz Kleinsteuber zu, der, geprägt durch seinen Werdegang bei der bayerischen Postbauschule, mit neuen Bauweisen und neuer architektonischer Formensprache umzugehen wusste.[284] „Das besondere Können des Architekten"[285] auf diesem Gebiet wurde in einer Würdigung des neuen Verlagsgebäudes betont, das Kleinsteuber 1930 für den *Würzburger General-Anzeiger* errichtete.

Obwohl es kaum Hinweise zu seiner Tätigkeit bei der Post gibt und von seinen Postbauten nur der Umbau der Oberpostdirektion Würzburg erwähnt

---

[280] Auch Oberbaudirektor Franz Kreuter erwähnte im 1929 erschienenen Band *Neue Stadtbaukunst* das Hochhaus in der Augustinerstraße nicht, während er auf Feiles Häuser in der Keesburgstraße und das Hallenbad einging.
[281] Reitberger: Das alte Würzburg, S. 136; Schmuck: Das Hochhaus Augustinerstraße 9, S. 12 f.
[282] Schmuck: Das Hochhaus Augustinerstraße 9, S. 18.
[283] Ebd., S. 10.
[284] Ebd., S. 48.
[285] Schenk: Würdigung des neuen Verlagsgebäudes. In: WGA, 26. Mai 1933, S. 12.

wird[286], lassen Fassadenentwürfe und ein Modell zum Würzburger Hochhaus die Handschrift eines Architekten der Postbauschule erkennen.[287] (Abb. 94) So präsentierte sich der Baukörper im Vergleich zum Münchner Hochhaus auf den Planzeichnungen mit klarer Linienführung wesentlich kubisch betonter. Auch zeigen verschiedene Entwurfszeichnungen von 1928 architektonische Gestaltungselemente wie horizontale Fensterbänder oder Fenster, deren horizontal geführte Zwischensprossen auf ein „wohlabgewogenes Gegenspiel vertikaler und horizontaler Kräfte"[288] abzielten, die sich ebenso bei Postbauten unter Robert Vorhoelzers Einfluss wie auch beim Würzburger Verlagsgebäude finden lassen.[289] Das Konzept eines multifunktionalen Hochhauses, das ähnlich dem geplanten Hochhaus beim Postamt am Münchner Harras nicht nur Büros, sondern auch Gastronomie und Läden vorsah, entsprach ebenfalls dem Ideenreichtum der Postbauschule, die bei Postämtern auch eine Mehrfachnutzung plante. Mit Flachdach und Putzfassade lassen laut Schmuck die ersten Fassadenvorschläge eine Assoziation zum im selben Jahr fertiggestellten Stuttgarter Tagblattturm zu.[290]

Im weiteren Verlauf erfuhr die Fassade eine Anpassung an das Stadtbild. Der Architekt beugte sich den Wünschen von Regierung und Stadt, die mehr Vertikalismus und Monumentalität den Vorzug gaben.[291] In einem Nachruf 1961 heißt es, Kleinsteuber habe stets beklagt, seine Entwürfe seien von den Behörden negativ beeinflusst worden.[292] Inwieweit die gewünschte Anpassung an die bauliche Umgebung aus den Debatten auf dem Tag der Denkmalpflege und Heimatschutz in Würzburg und Nürnberg 1928 oder der Diskussionsrunde mit May und Lommel resultierte, bleibt offen.[293] Ein Einfluss, der vom Münchner Bau des Technischen Rathauses mit seinen vertikalen Sprossenfenstern und kräftigem Konsolgesims ausging, erscheint beim Betrachten des letzten Entwurfs aber gut möglich. Während Architekturzitate in München Bezug auf Frauenkirche und Angertor nehmen, sind Konsolen und Rundfenster in der fränkischen Universitätsstadt eine

---

[286] Als Regierungsbaumeister leitete Franz Kleinsteuber den Umbau der Oberpostdirektion Würzburg; Karlinger: Neuere Postbauten in Bayern. Bd. 1, Abb. 68-71.

[287] Im Kapitel *Lebensläufe*, das sich Architekten der Postbauschule und ihren Bauten widmet, ist Kleinsteuber unter der Rubrik „Mitarbeiter, für die ein Lebenslauf nicht erstellt werden konnte", genannt: Aicher/Brennauer/Schulz: Lebensläufe, S. 169.

[288] Schenk: Würdigung des neuen Verlagsgebäudes. In: WGA, 26. Mai 1933, S. 12.

[289] Schmuck: Das Hochhaus Augustinerstraße 9, S. 14f., 20-22.

[290] Ebd., S. 20.

[291] Suse Schmuck weist auf Alternativvorschläge zur Fassadengestaltung des städtischen Hochbauamtes hin, die vermutlich unter Stadtbaurat Kreuter von einem Mitarbeiter ausgearbeitet wurden. Nach einem Wechsel im Stadtbauamt übernahm Georg Stummer am 1. September 1929 die Leitung. Damit fiel wohl unter seinem Einfluss die Entscheidung für die endgültige Fassadengestaltung, die im Prinzip auf dem ersten Entwurf aufbaute; Schmuck: Das Hochhaus Augustinerstraße 9, S. 22, 26f.

[292] Schmuck: Das Hochhaus Augustinerstraße 9, S. 28.

[293] Wohler: Der Tag der Denkmalpflege und Heimatschutz in Würzburg und Nürnberg 1928. In: DBZ, Nr. 90, 1928, S. 767. Im gleichen Jahr nahmen Ernst May und der Würzburger Architekt August Lommel ebenfalls Stellung zum Thema neuzeitliches Bauen in Städten mit historischen Stadtbildern; Neuzeitliches Bauen. Ein Streitgespräch. In: WGA, Nr. 53, 3. März 1928, S. 3.

Reminiszenz an Bauwerke des alten Würzburgs wie Peter Speeths bedeutenden klassizistischen Zuchthausbau oder Balthasar Neumanns Aussichtskanzel.[294]

Wie aus dem knappen „Baubeschrieb"[295] für den Neubau Augustinerstraße 9 im XXVIII. Verwaltungsbericht der Stadt Würzburg hervorgeht, wurden auch sonst kleinere Abstriche gemacht. Die Entwürfe gingen mittlerweile von einem reinen Bürogebäude mit 1300 m^2 vermietbarer Bürofläche, auf sechs Stockwerke verteilt, aus. Ein Café im ersten Obergeschoss wurde nicht mehr erwähnt. Vorgesehen waren weiter 306 m^2 Ladenfläche und Kellerräume zur Vermietung sowie eine Hausmeisterwohnung im vierten Geschoss und eine Trafostation der städtischen Elektrizitätswerke im Erdgeschoss.[296] Der Grundriss wurde nicht verändert und größere Fensterflächen im ersten Stock wurden ebenfalls beibehalten.[297] Obwohl die Grundrisse ihrer Bestimmung nach funktional für die jeweilige Etage festgelegt waren, erlaubten Leichtsteinzwischenwände jederzeit eine andere Raumaufteilung.[298] Mit Beschluss vom 7. Mai 1929 wurde der Eisenbetonskelettbau mit Hohlblocksteinausmauerung der Würzburger Firma Josef Meixner übertragen, die Erfahrung mit neuen Bauweisen hatte. Das Architekturbüro Mayer & Kleinsteuber verpflichtete sich, den Bau bis 31. März 1930 schlüsselfertig zu erstellen.[299]

Obwohl offenbar wenig aus der Stadtverwaltung nach außen drang, dürften die Würzburger bis zum ersten Spatenstich am 27. Mai 1929 doch nicht ganz ahnungslos gewesen sein. So berichtete der *Würzburger General-Anzeiger* im Januar 1928 über den Baubeginn des ersten Hochhauses in München.[300] Berichte kurze Zeit später legen nahe, dass zumindest über die Bauabsichten spekuliert wurde, zumal die Provinzstadtdebatte voll im Gange war und man hoffte, mit Hallenbad oder Sportpark irgendwie mit München oder Nürnberg mithalten zu können.[301] Auf Hoffnungen, mit dem Hochhausprojekt Würzburgs kulturellen Dämmerzustand zu beenden und der Provinzstadt modernes Großstadtflair zu verschaffen, lassen auch Georg Stummers knappe Worte in seiner retrospektiven Darstellung *Fünfzig Jahre bauen an Würzburg* aus dem Jahre 1933 schließen: „[...] auch die Stadt selbst hat mit ihren hoffnungsvollen Bauten des Jahres 1929 bei den 1930 schon ungünstigen Verhältnissen wenig Glück (Augustinerstraße 9, Stadthalle, Theatergaststätten)."[302] Belebung erwartete auch die Geschäftswelt, worauf Werbung mit dem aus Strümpfen aufgebauten höchsten Turm Würzburgs oder eine Kinoreklame mit Hochhaus hinweist.[303]

---

[294] Schindler: Große Bayerische Kunstgeschichte. Bd. 2, S. 384 f.; Balthasar Neumann baute sich für sein Wohnhaus eine Aussichtskanzel mit Rundfenstern und einem Flachdach. Reitberger: Das alte Würzburg, S. 128 f.; vgl. auch Schmuck: Das Hochhaus Augustinerstraße 9, S. 24.
[295] XXVIII. Verwaltungsbericht Würzburg, S. 84.
[296] Vgl. Gerken: Die Selbstverwaltung der Stadt Würzburg, S. 171.
[297] Schmuck: Das Hochhaus Augustinerstraße 9, S. 18.
[298] Das Hochhaus ist fertig. In: FV, Nr. 186, 19. Juli 1930.
[299] XXVIII. Verwaltungsbericht Würzburg, S. 84.
[300] Kleine Münchener Chronik: In: WGA, Nr. 11, 14. Januar 1928, S. 16.
[301] Schmuck: Das Hochhaus Augustinerstraße 9, S. 49.
[302] Stummer: Fünfzig Jahre bauen an Würzburg. In: WGA, 26. Mai 1933, S. 19.
[303] Würzburgs höchster Turm. In: WGA, Nr. 68, 22. März 1929, S. 24; Schmuck: Das Hochhaus Augustinerstraße 9, S. 28.

Nachdem Bauarbeiter in der Baugrube schon eifrig mit der Abstützung der umliegenden Gebäude begonnen hatten, war die Ankündigung vom 6. Juni 1929, dass ein „Hochhaus im Zentrum von Würzburg"[304] gebaut werde, wohl für einige Einwohner trotzdem eine Überraschung. Was sie in der Altstadt zu erwarten hatten, malte der Artikel in leuchtenden Farben aus: „Dieser Bau wird wegen seiner beträchtlichen **Höhe von 32 Metern** allgemein Aufsehen erregen und der Würzburger Innenstadt ein neues Wahrzeichen geben."[305] Betriebe, die an der Peripherie lägen oder mit dumpfen Gebäuden vorliebnähmen, könnten in helle, gesunde und luftige Räume umsiedeln und sich in rationeller Weise neu organisieren. Der Büroturm locke Unternehmen mit begehbarem Flachdach, Zentralheizung, Fahrstuhl und überhaupt allen modernen Errungenschaften.

Es war aber doch nicht alles so glatt gelaufen, wie es den Anschein erweckte. Kurze Zeit später drohte sogar die Einstellung der Arbeiten, da Anwohner forderten, den Bau um vier Meter zurückzusetzen. Dies ließ im Stadtrat Kontroversen aufleben, da einige nach wie vor die durch Kompromiss vereinbarte Straßenbreite von dreizehn Metern als zu gering für das Verkehrsaufkommen erachteten. Bedenken kamen zur Sprache, wie Zweifel an der Rentabilität des Hochhauses, die „Verschandelung" der Augustinerstraße und die nur mit einer Stimme Mehrheit getroffene Entscheidung für den Neubau.[306] Die Diskussion offenbarte, dass es nicht nur Befürworter der Hochhauspläne gab. Über das Projekt spotteten Schlagzeilen der *Fränkischen Landeszeitung* wie „Simpler Bürgerschädel, das verstehst du nicht"[307] oder „Ein neuer Schildbürgerstreich in Würzburg"[308]. Letztendlich wurde der Bau wie geplant weitergeführt und bereits im Juli 1930 meldete das *Fränkische Volksblatt*: „Das Hochhaus ist fertig."[309]

Die Baustelle Augustinerstraße 9, die monatelang „im Mittelpunkt des öffentlichen Interesses"[310] gestanden hatte, präsentierte sich am Ende den Berichten zufolge als stolzes Hochhaus, das sich vom Häusermeer der Stadt abhob, selbstbewusst mit weißem Putz, sehr flachem Dach und einem auffälligen Kranzgesims, das zwischen den Konsolen runde Fenster hatte. Die Wirkung des städtischen Hochhauses, „das von den Fremden ebenso bestaunt wie von den Einheimischen kritisiert" wurde[311], fiel sehr unterschiedlich aus. Die Resonanz in der Presse, wie sie Heiner Reitberger und Suse Schmuck zusammengetragen haben, war ebenso zwiespältig.[312] War die harmonische Einordnung ins Stadtbild mehrfach angezweifelt worden, so suchten Teile der Öffentlichkeit mit Argumenten, dass es sich mehr um ein „hohes Haus" als um ein „Hochhaus" handle[313], ähnlich wie in Mün-

---

[304] Ein Hochhaus im Zentrum von Würzburg. In: WGA, Nr. 128, 6. Juni 1929, S. 3.
[305] Ebd.
[306] Das städtische Hochhaus in der Augustinerstraße. In: WGA, Nr. 170, 26. Juli 1929, S. 3.
[307] Zit. nach: Schmuck: Das Hochhaus Augustinerstraße 9, S. 49.
[308] Zit. nach: ebd.
[309] Das Hochhaus ist fertig. Der Hochhausneubau in der Augustinerstraße wird in Betrieb genommen. FVb, Nr. 186, 19. Juli 1930; vgl. auch Das städtische Hochhaus. In: WGA, Nr. 163, 18. Juli 1930, S. 3.
[310] Das Würzburger Hochhaus. In: FK, Nr. 240, 30. August 1929.
[311] Das städtische Hochhaus in Würzburg. In: WGA, Nr. 164, 19. Juli 1930, S. 7.
[312] Reitberger: Das alte Würzburg, S. 137 f.; Schmuck: Das Hochhaus Augustinerstraße 9, S. 49.
[313] Das Würzburger Hochhaus. In: FK, Nr. 25, 25. Januar 1930.

chen, das Hochhaus kleinzureden. Hob sich Kleinsteubers schlichte, klare Formgebung für einige wohltuend im Straßenbild ab, erschien die moderne Nüchternheit anderen geradezu als „unsichtbar"[314]. Der *Fränkische Kurier*, der sich über die „langweilige Bauweise"[315] des Stadtbauamtes mokierte und eine lange Bauzeit vermutet hatte, wurde eines Besseren belehrt, da allgemein der zügige Baufortschritt auf Grund des innovativen Eisenbetonskelettbaus, der zudem eine schlankere Bauweise ermöglichte, lobend anerkannt wurde.[316] Ein anderer Beitrag befand, dass abgesehen von dem der Renaissance entlehnten Gesims das Haus zwar etwas frostig wirke, aber dennoch nicht wie ein trostloser amerikanischer Wolkenkratzer das Leben in Würzburg verdüstere. Dennoch sei ein Hochhaus genug, weil dieser Typus generell nicht zum Charakter der Stadt passe: „Das Streben, Würzburg zu einer Fremdenstadt und Großstadt zu machen, es um jeden Preis zu modernisieren, dieser spekulative Trieb kann die alte Frankenstadt eines Tages den Ruf kosten, den sie als landschaftliches und historisches Kleinod und als eine der angenehmsten Wohnstädte Deutschlands heute noch unbestritten genießt."[317] (Abb. 95 u. 96)

Kleinsteubers Kompetenz im Neuen Bauen wurde dennoch allgemein anerkannt und das Architekturbüro Mayer & Kleinsteuber mietete sich selbst im vierten Stock des Hochhauses Augustinerstraße 9 ein.[318] Der Architekt Peter Feile, der mit seinen Flachdachvillen für Furore gesorgt hatte, richtete in der sechsten Etage mit „einem prächtigen Rundblick über die Stadt"[319] sein Büro ein, musste aber bereits Ende des Jahres 1931 wieder ausziehen, da seine avantgardistischen Villenprojekte ins Stocken gekommen waren und er die Miete nicht mehr bezahlen konnte.[320] Wie Stadtbaurat Stummer in seinem Artikel zum Baugeschehen in Würzburg durchblicken lässt, hatten die Auswirkungen der Weltwirtschaftskrise hochfliegende Zukunftspläne platzen lassen und der Entwicklung eine dramatische Wende gegeben.

Wie in anderen Städten kreideten es die Nationalsozialisten nach der Machtübernahme den Bürgermeistern an, wenn sie sich in den Jahren zuvor bemüht hatten, mit Neuer Sachlichkeit Moderne ins Stadtbild zu holen. So musste auch Hans Löffler, der Oberbürgermeister der Stadt Würzburg, der „**als Vertreter einer vergangenen Zeit** für das erwachte Deutschland **nicht mehr tragbar**"[321] war, nicht nur wegen seiner „früheren Gesamteinstellung zu politischen und kommunalen Fragen"[322], sondern unter anderem auch wegen der „Er-

---

[314] Schmuck: Das Hochhaus Augustinerstraße 9, S. 27.
[315] Wenn die Stadt baut. In: FK, Nr. 216, 6. August 1929.
[316] Das Hochhaus ist fertig. In: FV, Nr. 186, 19. Juli 1930.
[317] Das Würzburger Hochhaus. In: FK, Nr. 25, 25. Januar 1930.
[318] Unter anderem war er Architekt für Modernisierungsmaßnamen und Ausbau der Würzburger Synagoge (1929) und den Bau zweier Verlagsgebäude (1930) verantwortlich; Schmuck: Das Hochhaus Augustinerstraße 9, S. 48. Moderne funktionale Ausstellungsräume konnte Kleinsteuber beim Bau der Otto-Richter-Halle 1930 verwirklichen; Keß: „Konservative ‚Bildlesmalerei' gegen neue Ausdruckskunst", S. 15.
[319] Das städtische Hochhaus in Würzburg. WGA, Nr. 164, 19. Juli 1930, S. 7.
[320] Schmuck: Das Hochhaus Augustinerstraße 9, S. 31.
[321] Oberbürgermeister Dr. Löffler und Bürgermeister Zahn treten in den Ruhestand. In: WGA, Nr. 94, 24. April 1933, S. 3.
[322] Oberbürgermeister Dr. Löffler beurlaubt. In: WGA, Nr. 70, 24. März 1933, S. 3.

richtung des Hochhauses"[323] von seinem Amt zurücktreten. Dies lässt darauf schließen, dass Löffler, der auch Würzburgs progressivsten Architekten Peter Feile unterstützt hatte, einer der treibenden Kräfte beim Bau des Hochhauses war.

Das distanzierte Verhältnis der Würzburger zum Hochhaus setzte sich nach dem Zweiten Weltkrieg bis heute fort. Nachdem fast bedauert wurde, dass es als einer der wenigen Bauten dank seiner Eisenbetonkonstruktion den vernichtenden Feuersturm des Angriffs vom 16. März 1945 überdauert hatte, wurde „[d]ie größte Bausünde, die [...] in der letzten Zeit im Zentrum der Stadt begangen wurde [...] das turmartige Monstrum [...]"[324] doch wieder hergerichtet, der Dachstuhl erhöht, neu verputzt und in den 1980er Jahren braun gestrichen.[325] 1974 wurde das Hochhaus Augustinerstraße 9 sogar als Denkmal der Neuen Sachlichkeit in die Denkmalliste der Stadt Würzburg aufgenommen.[326] Als sich 2004 ein Betonteil von einer der Konsolen löste und auf die Straße fiel, schien das Schicksal mit dem Abriss des Gebäudes besiegelt zu sein. Neubauentwürfe scheiterten, Investoren sprangen ab, Abriss oder Erhalt des Denkmals – die Geschichte scheint sich fortzusetzen.[327] Inzwischen steht das Gebäude, das einmal „das erste Hochhaus in Nordbayern"[328] war, schon jahrelang mit grüner Plane verhüllt und wartet, ob es nicht doch noch auf irgendeine Weise in das bauliche Erbe Würzburgs integriert werden kann.[329]

---

[323] Ebd.
[324] ...wie die Faust aufs Auge. In: M-P, Nr. 116, 29. Juli 1950.
[325] Schmuck: Das Hochhaus Augustinerstraße 9, S. 32 f.
[326] Ebd., S. 42.
[327] Nachruf auf das erste Hochhaus. In: M-P, Nr. 204, 5. September 2007; Das Gute-Laune-Hochhaus. Siegerentwurf für Nachfolgebau in der Augustinerstraße vorgestellt. In: M-P, Nr. 280, 5. Dezember 2007.
[328] Das erste Hochhaus in Nordbayern. In: M-P, 1. September 2007.
[329] Hoffnung auf öffentlichen Aufschrei. Hochhaus Augustinerstraße: Denkmalschützer locken über 100 Zuhörer zum Infoabend. In: M-P, 4. Februar 2011.

VI. Zusammenfassung

Revolution, Räterepublik und Inflationsjahre bedeuteten eine schwere Hypothek für den jungen Freistaat Bayern, da von Anfang an die Handlungsfähigkeit der demokratischen Staatsform der Weimarer Republik in Frage gestellt war. Erst mit der Stabilisierung der wirtschaftlichen Lage durch die Währungsreform schien sich 1924 die Lage zu normalisieren. Den Gemeinden öffnete sich für die Realisierung anstehender großer kommunaler Bauaufgaben ein Zeitfenster, das sich aber mit Ausbruch der Weltwirtschaftskrise 1929 infolge steigender Wohlfahrtsausgaben, Schuldendienst und Deflation schnell wieder schloss. Ideen und neue architektonische Formensprache der Bauhausarchitekten konnten erst mit der wirtschaftlichen Konsolidierung auf die einzelnen Städte überspringen. Vor Ort mussten sich Architekten und Bauämter erst mit Grundrissgestaltung und Neuem Bauen auseinandersetzen.[1] Wie mühsam der Erarbeitungsprozess im Einzelnen verlaufen konnte, lassen die vielfach langgestreckten Projektierungsphasen erahnen. Fehlende Generalbebauungspläne oder nicht vorhandene Kanalisation schufen unterschiedliche Voraussetzungen, so dass einige Stadtverwaltungen der Herausforderung kaum gewachsen waren, Versäumnisse aufzuholen und die tiefgreifend veränderten Anforderungen an den Städtebau in Bezug auf Technik, Hygiene und Architektur zu berücksichtigen.[2]

Trotz aller Mühen und Widrigkeiten stellten sich Städte wie München, Nürnberg, Augsburg oder Würzburg den städtebaulichen Aufgaben, die mit der Weimarer Republik auf sie zugekommen waren. Aufbruchsstimmung und Begeisterung, mit der man sich der Arbeit widmete, klingen sowohl in der Reihe *Neue Stadtbaukunst* an als auch in den Lebenserinnerungen verschiedener Bürgermeister bayerischer Städte.[3] Entscheidend auf dem Weg in die Moderne war neben den finanziellen Möglichkeiten auch die personelle Konstellation in Kommunalpolitik und Stadtverwaltung, wobei Weitblick und Identifikation mit den Idealen der Weimarer Republik durchaus eine Rolle spielten. Während eine Vielzahl von Großstädten früh auf kommunale Wohnungsbauprogramme setzte, gaben andere Kommunen zunächst dem Genossenschaftsbau den Vorzug. Nürnbergs frühzeitiges Handeln auf Initiative des Oberbürgermeisters Hermann Luppe sowohl bei den Sportstätten als auch im Wohnungsbau galt als vorbildlich. Die 1925–1927 entstandene Siedlung St. Johannis und das Stadion, für das bereits während der Inflationsjahre Vorarbeiten stattgefunden hatten, waren Ziel zahlreicher Besichtigungsdelegationen anderer Städte.[4] In München dagegen musste Ende 1927 der städtische Wohnungsreferent Karl Preis einräumen, dass eine zögerliche Wohnungspolitik nicht den erwünschten Effekt gebracht und zudem eine einheitliche Linie verhindert habe.[5]

---

[1] Kähler: Nicht nur neues Bauen!, S. 324.
[2] XXIV. Verwaltungsbericht Würzburg, S. 416; Nohl: Die besonderen Verhältnisse in den mittleren Städten, S. 159; vgl. auch Kreuter: Würzburg, S. VIII.
[3] Hermann Luppe (Nürnberg), Karl Scharnagl (München), Benno Merkle (Schweinfurt).
[4] Peters: Planung der Bauten, S. 132; Sorg: Wohnbautätigkeit der Gemeinnützigen Wohnungsbaugesellschaft der Stadt Nürnberg, S. 355; Schieber/Schmidt/Windsheimer: Architektur Nürnberg. Bauten und Biografien. Bd. 1, S. 70–75; Rudloff: Die Wohlfahrtsstadt. Bd. 2, S. 794.
[5] Preis: Die Beseitigung der Wohnungsnot in München, S. 57f.

Entscheidend konnte auch die Wahl des Architekten sein: Theodor Fischer schuf in München mit der Siedlung Alte Haide und dem Ledigenheim an der Bergmannstraße Wegweisendes. Zu den Vertretern einer progressiven Architektur gehörte auch Richard Schachner, der bereits beim Krankenhaus München-Schwabing funktionalistische Konzepte erarbeitete und mit der Dermatologischen Klinik das erste Hochhaus im deutschen Krankenhausbau errichtete. Längst nicht alle Architekten der kaiserzeitlichen Riege ließen sich so bereitwillig auf Neues ein. August Lommel, der Schöpfer des Würzburger Luitpoldkrankenhauses, musste sich erst zu dem modernen Bau der Frauenklinik durchringen. Die Architekten der städtischen Hochbauämter waren durchaus motiviert, sich mit Neuem Bauen und neuer Wohnkultur zu befassen, scheiterten aber wie der Augsburger Stadtbaurat Otto Holzer mitunter an fachlicher Kompetenz.[6] Auch in Würzburg zeigt sich, dass den am städtischen Wohnungsbau Beteiligten vieles erst während der Planungsphase bei der Auseinandersetzung mit der Materie bewusst wurde.[7] Problematisch war die mangelnde Aufgeschlossenheit des Bauhandwerks. Arbeiter und Firmen waren wenig auf die neue Bauweise vorbereitet und nicht immer in der Lage, mit neuen Techniken und Verfahren umzugehen. Im Gegensatz zu den Zentren des Neuen Bauens im Ruhrgebiet mit seiner Eisen- und Stahlindustrie forderten bayerische Interessenvertreter den Rückgriff auf billigere heimische Baustoffe und traditionelle Bauweisen, um der besonderen Situation des Handwerks Rechnung zu tragen, das nach wie vor das Rückgrat der lokalen Wirtschaft bildete.[8] Die Plattenbauweise Ernst Mays war im Freistaat mit einem ausgeprägten Handwerkssektor nur schwer vermittelbar.[9] Materialmangel und Finanznöte konnten aber auch als Katalysator für das Neue Bauen wirken, indem sie eine Vereinfachung der Bauten erzwangen, was oftmals mit Formulierungen wie „der Not der Zeit gehorchend"[10] entschuldigt wurde, wie es bei der Nürnberger Frauenklinik der Fall war.

Was den Streit um das Neue Bauen anbelangt, konstatierte Hans Karlinger, „daß auf süddeutschem, speziell bayrischem Boden [...] moderne Architektur gerade keinen leichten Stand hat[te]"[11]. Anders ausgedrückt könnte man auch sagen, dass ein enormer Diskussionsbedarf bestand und viel Überzeugungsarbeit vonnöten war. Mit den verschiedenen Bauprojekten Wohnungsbau, Hallenbad oder Frauenklink ging eine tiefgreifende Veränderung der Gesellschaft einher, die das Leben jedes Einzelnen mehr oder weniger betreffen konnte.

---

[6] Wolf: Wohnarchitektur in Augsburg, S. 103-108; Lutz: Augsburgs Weg zur modernen Großstadt, S. 26 f.

[7] Stummer: Fünfzig Jahre Bauen an Würzburg, S. 18.

[8] Ostermann: Fabrikbau und Moderne, S. 67-74; Wolf: Wohnarchitektur in Augsburg, S. 130 f.; Drepper: Post und Heim, S. 241; Gut: Entwicklung des Wohnungswesens in Deutschland, S. 46 f.; ders: Wohnungsbau in Deutschland, S. 381; Städtische Siedlungspolitik. In: ANN, Nr. 22, 27. Januar 1928, S. 5; Preis: Beseitigung der Wohnungsnot in München, S. 97-99.

[9] Götschmann: Wirtschaftsgeschichte Bayerns, S. 322.

[10] Technisches Rathaus. Das erste Turmhaus in München. In: MNN, Nr. 291, 25. Oktober 1929, S. 20.

[11] Karlinger: Neuere Postbauten in Bayern. Bd. 1, S. [9].

Im katholischen Bayern schienen zudem nicht nur traditionelle Werte, sondern auch christlich-moralische Grundsätze ins Wanken zu geraten. Das Festhalten der Kirche an einem konservativen Wertekanon bot Sicherheit, brachte aber durch die Konfrontation mit einer neuen modernen Lebensweise nicht nur katholische Politiker in Gewissenskonflikte. Besonders deutlich wird dies an der Auseinandersetzung um die richtige Küchenform oder am Veto Karl Scharnagls, das Münchner Dantebad als Familienbad zu betreiben. Das Für und Wider wirkte sich mit kostspieligen Planungen nachteilig für die Hallenbadprojekte in München und Würzburg aus, wogegen in Schweinfurt lange Diskussionen durch Gewinnung eines Mäzens vermieden wurden und Ernst Sachs seine Vorstellung von einem Familienbad für die Stadtbevölkerung durchsetzte.[12] Die intensiven Debatten, die in der Regel kommunale Bauprojekte begleiteten, lassen einen grundsätzlich progressiven Tenor erkennen. Hier kommt die Diskussionsfreude der Gesellschaft in der Weimarer Republik zum Ausdruck, was durchaus als Zeichen einer lebendigen Demokratie gewertet werden kann, war doch eine derart offene Diskussionskultur in dieser Form zuvor undenkbar.[13] Ein starkes Interesse der Bevölkerung an moderner Architektur reflektiert die große Resonanz, die Peter Feiles Flachdachvillen in Würzburg oder die Fahrten durch das „Neue München" hervorriefen. Der Plan eines modernen Zentralklinikums in Augsburg ist ein weiteres Beispiel für die Partizipation der Bürger, die zahlreiche Vorschläge und Ideen einbrachten. Die breite Diskussionsbereitschaft verdeutlicht, dass man in Bayern nicht per se gegen das Neue Bauen eingenommen war. Vielmehr bilden die Debatten einen Meinungsbildungsprozess ab, wie Neues Bauen und dessen bayerische regionale Ausprägung aussehen sollten. Dieser Prozess war 1933 bei der „Machtergreifung" der Nationalsozialisten noch nicht abgeschlossen. Das „Dritte Reich" duldete keine öffentliche beziehungsweise kritische Meinungsbildung mehr.

Krieg, Revolution und wirtschaftliche Krisen hatten beim Mittelstand Angst vor sozialem Abstieg ausgelöst.[14] Bürgerliche Wohnungsgrundrisse, wie beim Augsburger Schubert- und Lessinghof oder den städtischen Wohnanlagen Würzburgs, das von Karl Meitinger in München propagierte „Modern-Münchnerische"[15] oder Konrad Sorgs Kombination von „Behaglichkeit"[16] und „einer ganz neuzeitlichen Wohnkultur"[17] in Nürnberg boten Möglichkeiten, den Bedeutungsverlust des Bürgertums zu kompensieren und die Balance zwischen Tradition und Moderne zu wahren.[18] Tradition und Moderne zeichneten auch das Wohnungs- und Sied-

---

[12] Merkle: Lebensbeschreibung, S. 136.
[13] Kähler: Nicht nur Neues Bauen!, S. 401.
[14] Hermann: Kommunale Kulturpolitik in München, S. 14f.; Schmelzle: Bayern – ein Finanzproblem, S. 422.
[15] Preis: Die Beseitigung der Wohnungsnot, S. 100; Meitinger: Grundriss und Gestaltung des Münchner Wohnhauses, S. 145.
[16] Sorg: Wohnbautätigkeit der Gemeinnützigen Wohnungsbaugesellschaft der Stadt Nürnberg, S. 355.
[17] Zit. nach: Schmidt: Die wbg-Siedlung St. Johannis, S. 159; vgl. auch ders.: Kultur in Nürnberg, S. 218.
[18] Adelheid von Saldern spricht vom Modewort „Behaglichkeit" in den zwanziger Jahren; Saldern: Gesellschaft und Lebensgestaltung, S. 70.

lungskonzept der Gemeinnützigen Wohnungsfürsorge A.G. aus, die sich ausdrücklich von der „Wohnmaschine" distanzierte und Wert darauf legte, ihre Wohnungen gemäß herkömmlichen Gegebenheiten und Familienbild entwickelt zu haben.[19] Die bayerische Postbauschule, die Vorhoelzer mit seiner Auffassung prägt, Licht, Luft, Sonne und Einbeziehung der Umgebung seien einer „Wohnmaschine" vorzuziehen, verband ebenfalls Tradition und Moderne.[20] Aber auch der Einrichtungsstil der spektakulär modernen Doppelwohnhaushälfte Peter Feiles mit einer Mischung aus industriellen Designermöbeln nach Entwürfen Marcel Breuers und eigenen Möbelstücken wurde als „behagliche Wohnlichkeit"[21] wahrgenommen.[22] Damit aber erscheint Neue Sachlichkeit nicht als festgefügter, definierter Kunst- und Formenkanon, sondern als frei und individuell interpretierbar. Gerade im Bereich des Wohnungsbaus in Bayern werden Präferenzen deutlich. Die katholisch geprägte, heimat- und traditionsverbundene bayerische Lebensweise unterschied sich von der Lebensart in anderen Regionen des Reiches, was man bei jeder Gelegenheit betonte, nicht zuletzt, um sich abzugrenzen und auf die Eigenständigkeit Bayerns hinzuweisen. Überraschenderweise zeigt sich gegen Ende der zwanziger Jahre ein gewisses Arrangement der Bevölkerung mit der neuen Wohnkultur, obwohl zur selben Zeit die Polemik vor allem von Seiten des „Kampfbundes für deutsche Kultur" immer schärfer wurde. Über einheitlichere und sachlichere Fassadengestaltung, funktional durchdachte Grundrisse und Typisierung versuchten die städtischen Hochbauämter, das Neue Bauen in Bayern zu etablieren und mit der bayerischen Lebensart zu vereinbaren.[23]

Den landesweiten Konsens der modernen Architektur in Bayern in Bezug auf Landschaft, Umgebung und Menschen schreibt Zukowsky nicht zuletzt dem Einfluss Theodor Fischers zu: „Es ist anzunehmen, daß Fischers Einfluß auf die Vielgestaltigkeit der gemäßigten Moderne, ja auf das Wesen der Moderne in Deutschland insgesamt, weit größer gewesen ist als jener der vielgerühmten Lehrer am Bauhaus."[24] Spürbar ist ein Einklang mit der Umgebung auch im Krankenhausbau bei Schachner, der sich bei dem neuen Kliniktyp der Dermatologie in München auf eine Kompromisslösung einließ oder bei Erdmannsdorffer, der den Neubau der Frauenklinik in Nürnberg nach moderner Art errichtete, aber doch „die extreme Richtung"[25] vermied. Selbst beim Hochhausbau wurde der städtebauliche Kontext berücksichtigt. Mit dieser regionalen Ausrichtung moderner Architektur stand Bayern beileibe nicht alleine. In seinem Aufsatz „Nicht nur Neues Bauen!" weist Gert Kähler auf weitere regionale Varianten moderner Architektur in Deutschland hin: „Es gab regionale Präferenzen – das ‚neue bauen' war südlich des Mains weniger vertreten, dort dominierte die ‚Stuttgarter Schule'; der Backstein-

---

[19] Die Siedlungen der Gemeinnützigen Wohnungsfürsorge A.G. München. München 1928, S. 6.
[20] Drepper: Post und Heim, S. 234.
[21] Bier: Ein Doppelwohnhaus in Würzburg. In: DB, Nr. 3, März 1929, S. 70.
[22] Meder: Offene Welten, S. 463; Schmuck: Der Architekt Peter Feile, S. 9.
[23] Sorg: Wohnbautätigkeit der Gemeinnützigen Wohnungsbaugesellschaft der Stadt Nürnberg, S. 355; vgl. auch Windsheimer/Schmidt/Schieber: Architektur Nürnberg, S. 70.
[24] Zukowsky: Stuttgart, München und der Süden, S. 166.
[25] Erdmannsdorffer: Die bauliche Anlage, S. 18.

Regionalismus war ein eher norddeutsches Phänomen [...]."²⁶ Ein ähnliches Bild vermitteln zeitgenössische Publikationen wie Albert Guts *Wohnungsbau in Deutschland,* die *Deutsche Bauzeitung* oder *Der Baumeister.*

Für den Freistaat Bayern trat auch unter dem Aspekt Architektur und Politik das Bestreben nach Eigenständigkeit in den Vordergrund, legitimiert durch die „Sonderstellung"²⁷ der im Verhältnis zum Reich wesentlich traditionsreicheren Bayerischen Geschichte.²⁸ Das Neue Bauen, das seine Protagonisten wie Taut oder Gropius als Symbol einer neuen Gesellschaft sahen, wurde auf Grund seiner Förderung durch das Reich mit dem Staat der Weimarer Republik assoziiert. Bayern, das gegenüber dem Reich nicht als rückständig gelten, aber dennoch die „preußische" Moderne Berlins, Frankfurts oder Stuttgarts nicht einfach übernehmen wollte, war dagegen bestrebt, eine eigene Ausprägung des Neuen Bauens zu entwickeln. Einigkeit bestand darin, eine Verbesserung der ungesunden und unhygienischen Lebensweise zu erzielen. In diesem Sinne setzte man, wie in der Kunststadtdebatte Münchens anklingt, auf „die Freiheit organischer Weiterentwicklung"²⁹. Die Betonung, eine eigenständige Moderne schaffen zu wollen, trat am deutlichsten in München zutage, aber die Städte Nürnberg, Augsburg oder Würzburg fügten sich mit einem regionalen Bezug ihrer Bauprojekte ebenfalls in einen landesweiten Konsens ein. Abgrenzung wurde nicht nur gegen Berlin bekundet, sondern auch gegen Stuttgart oder das sozialistisch inspirierte Wohnhofkonzept des „Roten Wien", indem bei Siedlungsprojekten bewusst Offenheit und moderne Zeilenbauweise propagiert wurden.³⁰ Mit der „Münchner Küche" und moderner bayerischer Wohnkultur positionierte sich die Ausstellung *Heim und Technik* gegen die „Frankfurter Küche" und die avantgardistischen Wohnmodelle der Weißenhofsiedlung.³¹

Bei den Bemühungen, der modernen Architektur eine eigene Note zu geben und der Avantgarde des Neuen Bauens eine selbstbewusste Alternative entgegenzusetzen, spielte die bayerische Postbauschule, die das Zusammenwirken der Faktoren Licht, Luft, Hygiene, Funktionalismus und Hightech bei ihren Bauten zum Prinzip erklärte, eine entscheidende Rolle. Sie entwickelte nicht nur die „Münchner Küche", sondern bekundete klar die Absicht, dem übrigen Deutschland zu zeigen, „dass auch in Bayern die Kräfte für ein vorbildliches modernes Bauen vorhanden"³² seien. Die bayerische Postbauschule begriff sich in ihrer Zwitterstellung sowohl als Teil einer Reichsbehörde als auch des Freistaats. Nach Tradition der Post war es Aufgabe ihrer Bauten, „würdige Repräsentanten von Amt und Staat zu sein und zugleich eine Kulturmission zu erfüllen, in dem sie das Ihrige zum baulichen Gesicht der Zeit und Heimat beitragen"³³.

---

[26] Kähler: Nicht nur Neues Bauen!, S. 358.
[27] Müller: Bayerische Geschichte, S. 14.
[28] Miller Lane: Architektur und Politik, S. 20.
[29] Das wahre München. In: MNN, Nr. 350, 19. Dezember 1926, S. 1.
[30] Preis: Die Beseitigung der Wohnungsnot in München, S. 79; Die Siedlungen der Gemeinnützigen Wohnungsfürsorge, S. 17.
[31] Einundzwanzig eingerichtete Kleinwohnungen auf der Ausstellung *Heim und Technik* München 1928. In: DB, Nr. 7, Juli 1928, S. 201; Harbers: Die Post-Versuchssiedlung an der Arnulfstraße in München. In: DB, Nr. 3, März 1930, S. 113-122.
[32] Popp: Paketzustellamt München. In: DB, Nr. 4, April 1927, S. 113.
[33] Ders.: Neuere Postbauten in Bayern. Bd. 2, S. VII.

Bayern wollte sich nicht einem wie auch immer gearteten Kunstdiktat des protestantisch-preußischen Norddeutschland unterwerfen, sondern seine Deutungshoheit über Kunst und Architektur verteidigen. Dies entsprach der offiziellen Kulturpolitik unter Kultusminister Goldenberger.[34] Hinweise zum Einfluss des Baukunstausschusses lassen den Schluss zu, dass der bayerische „Sonderweg" der Moderne zum Teil von staatlichen Behörden gelenkt wurde. Aufforderungen an Pfarrgemeinden in Franken, neue Kirchtürme „dem Geist unserer fränkischen Landschaft"[35] anzupassen, zeigen, dass ein Abweichen von der traditionellen landschaftlichen Prägung nicht immer Akzeptanz fand.[36] Mangelnde „Einfühlung in das Landschaftsbild"[37] lautete auch die Begründung im Ablehnungsbescheid der Regierung von Unterfranken zu einem geplanten Flachdachhaus Peter Feiles in Würzburg. Genehmigungen für Flachdächer von den Bauaufsichtsbehörden zu erhalten, war in Oberbayern ebenfalls schwierig.[38] Durchaus im Sinne des Neuen Bauens waren dagegen Auflagen des Ministeriums für Landwirtschaft und Arbeit und des Sozialministeriums, die im Fall der städtischen Wohnanlage an der Erthalstraße in Würzburg eine Verschattung der relativ kleinen Innenhöfe verhindern sollten.[39]

Im Spannungsfeld Neues Bauen – Weimarer Republik – Bayern fiel den Kirchen eine Positionierung besonders schwer. Der Sakralbau der zwanziger Jahre blieb aufgrund einer Wiederaufnahme romanischer Bauformen stärker dem Konservatismus verhaftet.[40] Die katholische Kirche beschritt einen Mittelweg zwischen Tradition und Moderne, der sich optisch an die bayerische Linie moderner Architektur anpasste.[41] Die neuen Dome und Gottesburgen symbolisierten eine distanzierte Haltung zur Weimarer Republik und einer zusehends aufgeklärten Gesellschaft. Dies gilt vor allem für den von Kardinal Faulhaber, der als Monarchist der Weimarer Republik äußerst skeptisch gegenüberstand, präferierten neobarocken Sakralbaustil. Der evangelische Kirchenbau Bestelmeyers spiegelt eindeutig eine reaktionäre Einstellung wider.[42]

Zusammenfassend lässt sich sagen, dass sich das moderne Bayern zur Zeit der Weimarer Republik um 1930 mit einem breiten Spektrum des Neuen Bauens präsentierte. Mit einer Reihe beeindruckender Leistungen, die den Fortschritt demonstrierten, trat Bayern dem Ruf der Rückständigkeit entgegen. Der medizi-

---

[34] Goldenberger: Bayerns Recht auf eigene Kulturverwaltung, S. 41–55.
[35] AdBA, GVPfAkt Großohrenbronn K4 Bauakten.
[36] Vgl. Vollert: Die St. Barbarakirche am Mönchberg, S. 33–36; Stuckenberger: Gottesburgen, S. 52.
[37] Bier: Das flache Dach in unserem Landschaftsbild. In: DB, Nr. 5, Mai 1928, S. B 95.
[38] Riezler: Der Kampf gegen das flache Dach. In: Die Form, Nr. 1, Januar 1927, S. 26 f.; Neues Bauen, neues Wohnen. In: ANN, Nr. 134, 13. Juni 1928, S. 4.
[39] Schreiben Kreuters betreffs Vorladung Kleinsteuber vom 27. Juni 1927. In: StAW, BA j. R., Nr. 4012; Schreiben Löhners (Staatsministerium für Landwirtschaft und Arbeit; Abteilung Arbeit) vom 5. Dezember 1929 an Stadtrat Würzburg. In: StAW, BA j. R., Nr. 4012.
[40] Der Sakralbau Deutschlands fällt im Vergleich zu profanen Bauprojekten dieser Jahre von einigen regionalen Ausnahmen wie dem Rheinland abgesehen deutlich konservativer aus; Zukowsky: Berlin, Hauptstadt der modernen Strömungen, S. 43.
[41] Lill: Zum modernen katholischen Kirchenbau. In: DB, Nr. 10, Oktober 1927, S. 250.
[42] Brülls: Neue Dome, S. 68 f.

nische und technische Standard der neuen Krankenhäuser war vorbildlich, die Nürnberger Stadionanlagen waren mit einer Goldmedaille prämiert worden, der modernste Milchhof Europas stand auf bayerischem Boden, moderne Wohnanlagen und Postbauten fanden im Ausland Beachtung, Hochhäuser fügten dem Stadtbild ein neues Element hinzu und auch die bayerische Kirchenlandschaft hatte sich nachhaltig verändert. Im Gegensatz zur Avantgarde, die den völligen Bruch mit der Vergangenheit postulierte, verfolgte Bayern den Weg der „Anpassung an neue Lebensbedürfnisse"[43] auf dem Boden der Tradition.

---

[43] Müller-Wulckow: Wohnbauten und Siedlungen, S. 8.

VII. Anhang

1. Abbildungen

1. Abbildungen   403

Abb. 1: Weißenhofsiedlung, Stuttgart, 1927

Abb. 2: Ernst May, Siedlung Bruchfeldstraße, Frankfurt a. M., 1926/27

Abb. 3: Walter Gropius, Siedlung Dammerstock, Karlsruhe, 1928/29

404 VII. Anhang

Abb. 4: Dominikus Böhm/Martin Weber, Kirche St. Peter und Paul, Dettingen, 2019

Abb. 5: Otto Bartning, Stahlkirche, Köln, 1928

1. Abbildungen 405

Abb. 6: Hans Volkart/ Paul Trüdinger, evangelische Kreuzkirche, Stuttgart-Hedelfingen, 1930

Abb. 7: Rudolf Schwarz, Fronleichnamskirche, Aachen, 1930

Abb. 8: Franz Xaver Boemmel, Kirche St. Theresia, München-Neuhausen, 1922–1924

Abb. 9: Hermann Buchert, Kirche St. Korbinian, München, 1926

1. Abbildungen   407

Abb. 10:
O. O. Kurz, Kirche St. Gabriel,
München, um 1930

Abb. 11:
O. O. Kurz, Kirche St. Sebastian,
München, um 1930

Abb. 12, 13: Albert Boßlet, Herz-Jesu Kirche mit Priesterseminar, „Mariannhill", Würzburg, 1928

Abb. 14: Albert Boßlet, Missionsärztliches Institut, Würzburg, 1928

Abb. 15: Albert Boßlet, Kirche Unsere Liebe Frau, Würzburg, 2012

Abb. 16: Michael Kurz, Kirche St. Anton, Augsburg, 1927

Abb. 17: German Bestelmeyer, Gustav-Adolf-Gedächtniskirche, Nürnberg, 1930

1. Abbildungen 411

Abb. 18: Allersberger Straße mit Postsiedlung und Blick auf die Gustav-Adolf-Gedächtniskirche, Nürnberg, 1933

Abb. 19: German Bestelmeyer, Auferstehungskirche, München, um 1933; mit Ledigenheim von Theodor Fischer

Abb. 20: Richard Schachner, Krankenhaus München-Schwabing, Kölner Platz, um 1929

Abb. 21: Richard Schachner, Kinderkrankenbau, München, um 1929

Abb. 22: Richard Schachner, Dermatologische Klinik an der Thalkirchner Straße, München, um 1930

Abb. 23: Robert Erdmannsdorffer, Frauenklinik Nürnberg, von Ecke Flurstraße/Kirchenweg aus gesehen, 1931

Abb. 24: Robert Erdmannsdorffer, Frauenklinik Nürnberg, Säuglingsheim, 1931

Abb. 25: Robert Erdmannsdorffer, Frauenklinik Nürnberg, Wöchnerinnenabteilung, 1931

Abb. 26: Robert Erdmannsdorffer, Frauenklinik Nürnberg, Treppenhaus, 1931

Abb. 27: August Lommel, Luitpoldkrankenhaus, Medizinische Krankenabteilung, Würzburg, um 1928

Abb. 28: August Lommel, Frauenklinik, Würzburg, Hofseite, 2012

Abb. 29: August Lommel, Frauenklinik, Würzburg, 2012

Abb. 30: Richard Schachner, Entwurf Zentralkrankenhaus Augsburg, 1928

418 VII. Anhang

Abb. 31: Richard Schachner, Entwurf Krankenhaus Augsburg, Haupteingang, 1929, Architekturmuseum der TU München

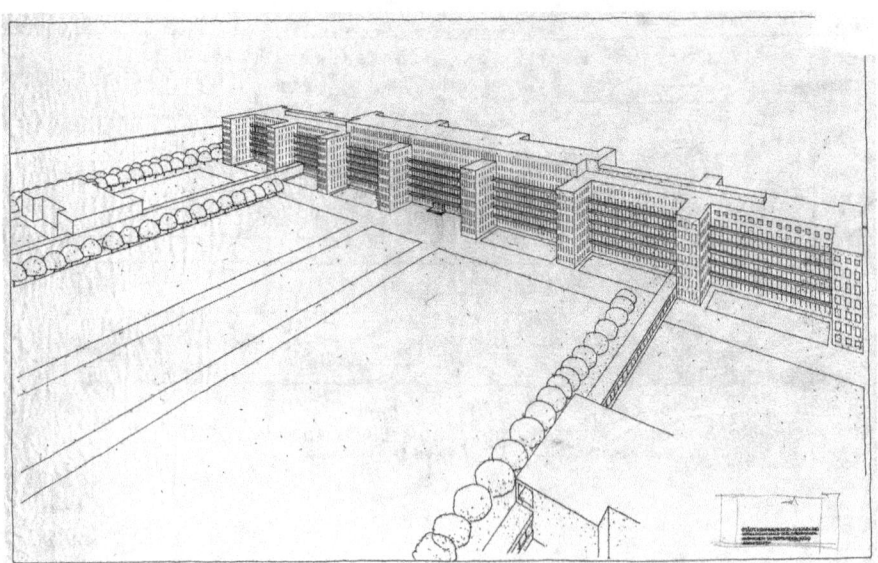

Abb. 32: Richard Schachner, Entwurf Krankenhaus Augsburg, Gartenseite, 1929, Architekturmuseum der TU München

1. Abbildungen 419

Abb. 33: Gustav Schaumann, Waldstadion, Frankfurt a. M., Haupttribüne, 1925

Abb. 34: Otto Ernst Schweizer, Stadion Nürnberg, Tribünengebäude, 1928

Abb. 35: Otto Ernst Schweizer, Stadion Nürnberg, Tribüne, 1928

Abb. 36: Otto Ernst Schweizer, Stadion Nürnberg, Alkoholfreie Gaststätte, 1929

Abb. 37: Otto Ernst Schweizer, Stadion Nürnberg, Sonnenbadcafé, 1929

Abb. 38, 39: Karl Meitinger, Dantestadion München, 1928

422　VII. Anhang

Abb. 40: Orientierungsplakat der städt. Bäder, Hochbauamt München, Dezember 1931

1. Abbildungen 423

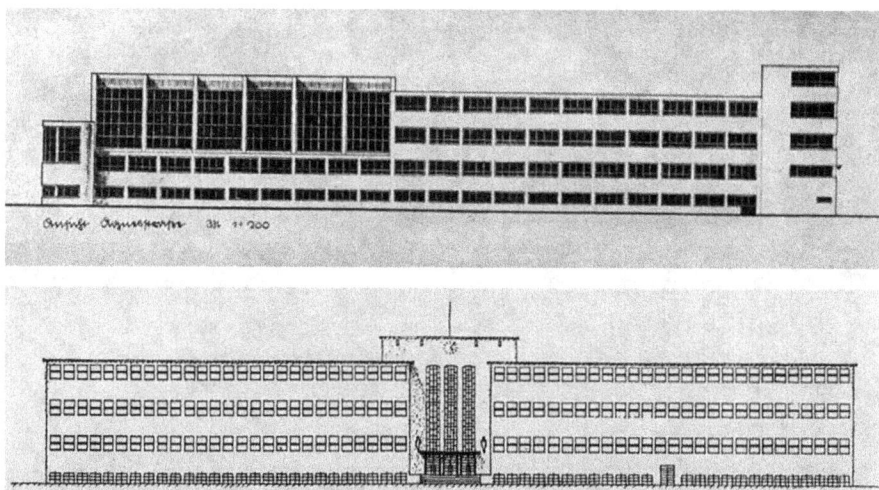

Abb. 41: Entwürfe des Wettbewerbs für ein Hallenschwimmbad in München, 1929

Abb. 42: Thomas Wechs, Sportparkprojekt auf der Rosenauhöhe, Modell, undat.

424   VII. Anhang

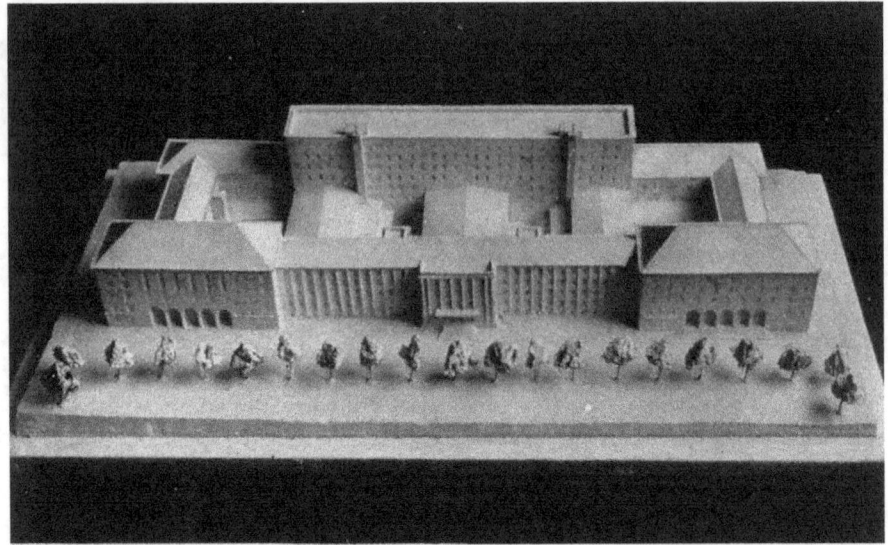

Abb. 43: Kleinsteuber/Mayer, Hallenbad Würzburg, Modell mit Studentenwohnhaus, um 1929

Abb. 44: Franz Kleinsteuber, Hallenbad Würzburg, um 1941

Abb. 45: Franz Kleinsteuber, Hallenbad Würzburg, Hofseite der Schwimmhalle, um 1941

Abb. 46: Franz Kleinsteuber, Hallenbad Würzburg, Schwimmhalle, um 1941

426 VII. Anhang

Abb. 47: Theodor Fischer, Alte Haide, um 1925, Architekturmuseum der TU München

Abb. 48: Theodor Fischer, Siedlung Alte Haide, Blick auf das Konsumgebäude, um 1925, Architekturmuseum der TU München

1. Abbildungen 427

Abb. 49: Musterwohnküche auf der Ausstellung „Heim und Technik", 1928

Abb. 50: Münchner Küche in der Postversuchssiedlung an der Arnulfstraße, 1928–1930

Abb. 51: Theodor Fischer, Ledigenheim an der Bergmannstraße, München, um 1930

Abb. 52: Siedlung am Walchenseeplatz, München, 1928–1930

1. Abbildungen 429

Abb. 53, 54:
Siedlung Neuharlaching,
München, 1928–1930

Abb. 55: Siedlung Friedenheim, München, 1928–1930

Abb. 56: Siedlung am Walchenseeplatz, München, 1928–1930

Abb. 57: Siedlung Neu-Ramersdorf, München, 1928–1930

1. Abbildungen 431

Abb. 58: Siedlung Neu-Ramersdorf, Innenhof, München

Abb. 59: Siedlung Neuhausen, München, 1928–1930

Abb. 60: O. O. Kurz, Siedlung Neuhausen, „Amerikanerblock", München

Abb. 61, 62: Konrad Sorg, Wohnsiedlung St. Johannis, Nürnberg, 1925–1927

Abb. 63, 64: Wohnsiedlung am Mainzer Platz (heute Dr.-Luppe-Platz), Nürnberg, 1929

Abb. 65: Siedlung Nordostbahnhof, Nürnberg, um 1929

Abb. 66: Siedlung Nordostbahnhof, Wohnhäuser mit Künstlerateliers, Nürnberg

1. Abbildungen 435

Abb. 67: Otto Holzer, Richard-Wagner-Hof, Augsburg, Modell, 1927

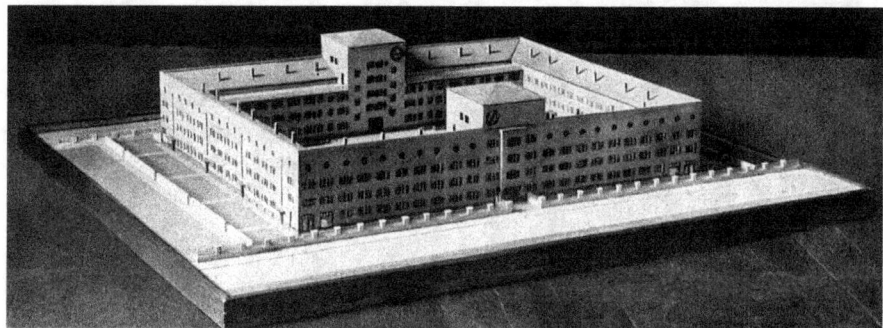

Abb. 68: Otto Holzer, städt. Hilfswohnungsanlage Birkenhof, Augsburg, Modell, 1927

Abb. 69: Thomas Wechs, Schuberthof, Ladenfront, Augsburg, 1929

Abb. 70: Thomas Wechs, Schubert-Lessinghof, Augsburg

Abb. 71: Heinz Moll/Christoph Miller, Städt.
Wohnblock an der Erthalstraße, Würzburg, 1929

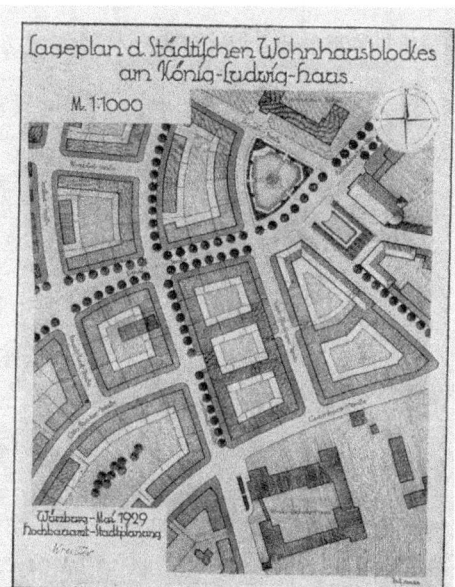 

Abb. 72: Heinz Moll/Christoph Miller, Städt. Wohnblock an der Erthalstraße, Lageplan
Abb. 73: Städt. Wohnblock an der Erthalstraße, Tordurchfahrt, Würzburg, 2012

Abb. 74: Peter Feile, Doppelhaus Feile/Laredo, Würzburg, 1929

Abb. 75: Peter Feile, Siedlung Lerchenhain, Haus Typ A, Würzburg

Abb. 76: Peter Feile, Siedlung Lerchenhain, Haus Typ B („Steigbügelhaus"), Würzburg

Abb. 77: Peter Feile, Siedlung Lerchenhain, Haus Typ C, Würzburg

Abb. 78: Postversuchssiedlung an der Arnulfstraße, Innenhof, München, 1928

Abb. 79: Robert Vorhoelzer/Georg Werner, Oberpostdirektion München, 1922–1924

1. Abbildungen 441

Abb. 80:
Robert Vorhoelzer/
Walther Schmidt/
Franz Holzhammer,
Paketzustellamt,
Innenhof mit Rotunde,
München, 1926

Abb. 81: Kraftpostwagenhalle, Nürnberg, 1930

Abb. 82: Robert Vorhoelzer/Walther Schmidt, Postamt an der Tegernseer Landstraße, München, 1929

Abb. 83: Robert Vorhoelzer/Hans Schnetzer, Post am Harras, München, 1931–1933

1. Abbildungen 443

Abb. 84: Walther Schmidt/Franz Holzhammer, Postamt am Goetheplatz („Goethepost"), München, 1931–1933

Abb. 85: Walther Schmidt/Franz Holzhammer, Postamt am Goetheplatz, Schalterraum, München, 1931–1933

Abb. 86: Otto Ernst Schweizer, Milchhof, Nürnberg, Verwaltungs- und Betriebsgebäude mit Schornstein, 1931

Abb. 87: Otto Ernst Schweizer, Milchhof, Nürnberg, Verwaltungsgebäude Innenraum (Milchbörse), 1931

Abb. 88: Otto Ernst Schweizer, Milchhof, Nürnberg, Betriebsgebäude, 1931

Abb. 89: Otto Ernst Schweizer, Milchhof, Nürnberg, Betriebsgebäude, Ausgabehalle, 1931

Abb. 90: O. O. Kurz, Entwurf für ein Hochhaus am Viktualienmarkt, München, 1921

Abb. 91: O. O. Kurz, Entwurf für ein Hochhaus an der Ganghofer-Ridlerstraße, München, 1927/28

Abb. 92: Titelblatt zu: Fritz Beblo/Hermann Leitenstorfer: *Monographien zur heutigen Baugestaltung. Das technische Rathaus in München*. München 1930

Abb. 93: Aufnahme der Augustinerstraße Würzburg mit Simulationszeichnung für das geplante Hochhaus, 1928

Abb. 94: Franz Kleinsteuber, Hochhaus Augustinerstraße, Würzburg, Modell, 1929

Abb. 95:
Franz Kleinsteuber,
Hochhaus Augustiner-
straße, Würzburg

Abb. 96: Altstadt Würzburg mit dem Hochhaus an der Augustinerstraße, 1942

2. Bildnachweis

Abb. 1: Der Baumeister, Nr. 2, 1928, S. 33.
Abb. 2: Der Baumeister, Nr. 4, 1929, S. 121.
Abb. 3: Bauhaus-Archiv Berlin, Fotograf unbekannt.
Abb. 4, 8, 15, 19, 28, 29, 51, 73: Privatbesitz.
Abb. 5, 6: Der Baumeister, Nr. 1, 1931, S. 26, 19.
Abb. 7: Der Baumeister, Nr. 1, 1932, S. 35.
Abb. 9: Archiv MKKZ.
Abb. 10: Der Baumeister, Nr. 10, 1927, S. 270.
Abb. 11: Pfarrer und Pfarrgemeinde St. Sebastian (Hg.): Kirche im Wandel. 50 Jahre Sankt Sebastian in München Schwabing. 1929-1979. München 1979, S. 6.
Abb. 12: Missionare von Mariannhill, Würzburg.
Abb. 13: Photo Gundermann, Würzburg (Sign. T2-6165).
Abb. 14, 43, 71, 72: Photo Gundermann, Würzburg.
Abb. 16: Der Baumeister, Nr. 10, 1927, S. 268.
Abb. 17: Deutsche Bauzeitung, Nr. 89/90, 1930, S. 609.
Abb. 18: Der Baumeister, Nr. 6, 1933, S. 187.
Abb. 20: Schachner, Richard (Hg.): Das städtische Krankenhaus München-Schwabing. Eine Baubeschreibung. Düsseldorf 1929, S. 10.
Abb. 21: Husler, Josef: Ueber Einrichtung und Betrieb des neuen Kinderhauses im Krankenhaus München-Schwabing. In: Schachner, Richard (Hg.): Das städtische Krankenhaus München-Schwabing. Eine Baubeschreibung. Düsseldorf 1929, S. 49, 51, 55.
Abb. 22: Schachner, R.: Das Hochhaus im Krankenhausbauwesen. In: Schachner, R./Schmieden, H./Winterstein, H. (eds): Krankenhausbau. Handbücherei für das gesamte Krankenhauswesen, vol 1. Springer, Berlin, Heidelberg 1930, S. 327.
Abb. 23-26: Erdmannsdorffer, Robert: Frauenklinik und Säuglingsheim Nürnberg. Nürnberg 1931.
Abb. 27: König, F.: Allgemeiner Bericht. In: König F. (eds): Das staatliche Luitpoldkrankenhaus zu Würzburg. Springer, Berlin, Heidelberg 1928, S. 5.
Abb. 30: Vorentwürfe für den Krankenhaus-Neubau. In: ANN, Nr. 39, 16. Februar 1928, S. 5.
Abb. 31, 32: Architekturmuseum der TU München (Sign. scha-9-14, scha-9-16).
Abb. 33: Fotografie Fa. Wayss & Freytag.
Abb. 34, 36, 37, 86, 87, 88, 89: saai/Südwestdeutsches Archiv für Architektur und Ingenieurbau am Karlsruher Institut für Technologie (KIT), Werkarchiv Otto Ernst Schweizer, Foto Kurt Grimm.
Abb. 35: Stadtarchiv Nürnberg, Sign. A 38 Nr. C-3-VI.
Abb. 38, 39: Der Baumeister, Nr. 8, 1928, S. 247, 248.
Abb. 40: Stadtarchiv München, Badeanstalten, Nr. 189.
Abb. 41: Der Baumeister, Nr. 2, 1931, S. 69.
Abb. 42: Architekturmuseum Schwaben, Nachlass Thomas Wechs.
Abb. 44, 45, 46: Deutsche Bauzeitung, Nr. 27, 1941, S. K 161, K 162, K 167.
Abb. 47, 48: Architekturmuseum der TU München (Sign. fis_t-46-1006, fis_t-46-1012).

Abb. 49: Der Baumeister, Nr. 7, 1928, S. 212.
Abb. 50: Der Baumeister, Nr. 3, 1930, S. 121.
Abb. 52: Der Baumeister, Nr. 2, 1930, S. 48.
Abb. 53, 55, 56, 57, 58, 59: Archiv GEWOFAG.
Abb. 54: Der Baumeister, Nr. 2, 1930, S. 55.
Abb. 60: Der Baumeister, Nr. 4, 1932, S. 134.
Abb. 61, 62, 64, 65, 66: Archiv wbg Nürnberg.
Abb. 63: Archiv Geschichte Für Alle e. V., Nürnberg.
Abb. 67, 68: Gut, Albert (Hg.): Der Wohnungsbau in Deutschland nach dem Weltkriege. Seine Entwicklung unter der unmittelbaren und mittelbaren Förderung durch die deutschen Gemeindeverwaltungen. München 1928, S. 381.
Abb. 69, 70: Architekturmuseum Schwaben, Nachlass Thomas Wechs.
Abb. 74: Der Baumeister, Nr. 3, 1929, S. 61.
Abb. 75, 76: Der Baumeister, Nr. 12, 1931, S. 467, 466.
Abb. 77: Archiv Schmuck.
Abb. 78: Der Baumeister, Nr. 3, 1930, S. 114.
Abb. 79: Karlinger, Hans: Neuere Postbauten in Bayern. Bd. 1. München 1925.
Abb. 80: Der Baumeister, Nr. 4, 1927, S. 103.
Abb. 81: Karlinger, Hans: Neuere Postbauten in Bayern. Bd. 3. München 1934.
Abb. 82: Der Baumeister, Nr. 5, 1930, S. 166.
Abb. 83, 84, 85: Schmidt, Walter: Amtsbauten aus Betriebsvorgängen gestaltet. Ravensburg, 1949, S. 127, 73, 121.
Abb. 90, 91: Feulner, Adolf: Neue Werkkunst. O. O. Kurz und E. Herbert. Berlin/Leipzig/Wien 1927, S. [49].
Abb. 92: Stadtarchiv München, Sign. DE-1992-FS-HB-V-b-1509.
Abb. 93: Reiterberger-Archiv, Würzburg.
Abb. 94: Stadtarchiv Würzburg, BA j. R., Sign. 9706.
Abb. 95: Main-Post Würzburg, Georg Heußner.
Abb. 96: Stadtarchiv Würzburg, vor 1945, Gesamtansichten.

3. Abkürzungen

AdAS	Archiv des Architekturmuseums Schwaben
ADB	Allgemeine Deutsche Biographie
AdBA	Archiv des Bistums Augsburg
AdEMF	Archiv des Erzbistums München und Freising
AEG	Allgemeine Elektrizitätsgesellschaft
AfL	Amt für Leibesübungen
AllgZ	Allgemeine Zeitung
ANN	Augsburger Neueste Nachrichten
AR	Augsburger Rundschau. Illustrierte Wochenschrift für Theater, Konzert, Kunst, Leben.
Az.	Aktenzeichen
AZ	Augsburger Zeitung
BA	Bauakt (Signatur StAW)
BASF	Badische Anilin- und Sodafabrik
Baugr.	Baugruppe
BBC	Berliner Börsen-Courier
BDA	Bund Deutscher Architekten
BK	Bayerischer Kurier
BKKZ	Bayerische Katholische Kirchenzeitung
BRZ	Bayerische Radio Zeitung und Bayernfunk
BSb	Berliner Stadtblatt
BStZ	Bayerische Staatszeitung
BTB	Berliner Tageblatt
BuB	Baukunst und Bauhandwerk (Beilage der Süddeutschen Zeitung, Stuttgart)
BVP	Bayerische Volkspartei
BVZ	Bayerische Volkszeitung
ChK	Die Christliche Kunst
CZ	Coburger Zeitung
DB	Der Baumeister
DBL	Das Bayerland. Offizielle Mitteilungen des Münchener Sport-Club
DBV	Das Bayerische Vaterland
DBZ	Deutsche Bauzeitung
DBZ-BuB	Deutsche Bauzeitung. Bauwirtschaft und Baurecht. Ausstellungen – Messen. Wochenbeilage zur Deutschen Bauzeitung
DBZ-KuA	Deutsche Bauzeitung. Konstruktion und Ausführung. Bauweisen – Baustoffe – Baubetrieb (Beilage DBZ)
DBZ-SuS	Deutsche Bauzeitung. Stadt und Siedlung. Stadt- und Landesplanung. Verkehrswesen. Versorgungsanlagen (Beilage DBZ)
DDP	Deutsche Demokratische Partei
DNVP	Deutschnationale Volkspartei

DS	Der Schwimmer
DVP	Deutsche Volkspartei
FK	Fränkischer Kurier
FTp	Fränkische Tagespost
FV	Fränkischer Volksfreund
FVb	Fränkisches Volksblatt
Gagfah	Gemeinnützige A.G. für Angestelltenheimstätten
Gesolei	Große Ausstellung Düsseldorf 1926 für Gesundheitspflege, Soziale Fürsorge und Leibesübung
GEWOFAG	Gemeinnützige Wohnungsfürsorgegesellschaft München mit beschränkter Haftung AG
GVPfAkt	Generalvikariat Pfarreiakten (Archiv des Bistums Augsburg)
HN	Hamburger Nachrichten
HNO	Hals-Nasen-Ohren
Hochw.	Hochwürden
j. R.	jüngere Reihe (Signatur StAW)
KAG	Kulturelle Arbeitsgemeinschaft
KKBW	Katholisches Kirchenblatt für die Pfarreien der Stadt Würzburg
KölZ	Kölner Zeitung
KPD	Kommunistische Partei Deutschlands
KSBDA	Katholisches Sonntagsblatt für die Diözese Augsburg
l. d. I.	links der Isar
MAAZ	München-Augsburger Abendzeitung (auch: Münchner-Augsburger Abendzeitung)
MAN	Maschinenfabrik Augsburg Nürnberg
MB	Münchener Beobachter (Beiblatt zum Völkischen Beobachter)
MGZ	Münchener Gemeinde-Zeitung
MKKZ	Münchner Katholische Kirchenzeitung. Organ der Pfarrgemeinden, Kongregationen und des katholischen Preßvereins für Bayern (E.V.)
MkPS	Monatsblatt der kath. Pfarreien in Schweinfurt
MNN	Münchner Neueste Nachrichten
M-P	Main-Post; auch Mainpost
MP	Münchener Post (SPD-Lokalzeitung für München)
MSPD	Mehrheitssozialdemokratische Partei
MTZ	Münchener Telegramm-Zeitung (Beilage zu MNN)
MZ	Münchener Zeitung
NAZ	Neue Augsburger Zeitung

3. Abkürzungen 455

NbZ	Nordbayerische Zeitung
NDB	Neue Deutsche Biographie
NeZ	Neue Zeitung (KPD-nahe Münchener Zeitung)
N-FMp	Nürnberg-Fürther Morgenpresse
NfVZ	Neue freie Volkszeitung (KPD-nahe Münchener Zeitung)
NL	Nachlass (Signatur AdEMF)
NMT	Neues Münchner Tagblatt
NNZ	Neue Nationalzeitung (NS-Zeitung für Augsburg)
NS	Nationalsozialismus/nationalsozialistisch
NSDAP	Nationalsozialistische Deutsche Arbeiterpartei
NZ	Nürnberger Zeitung
OHL	Oberste Heeresleitung
r.d.I.	rechts der Isar
RM	Reichsmark
SA	Sturmabteilung
SBZ	Schweizerische Bauzeitung
SPD	Sozialdemokratische Partei Deutschlands
SS	Schutzstaffel
SSp	Süddeutsche Sonntagspost
StAA	Stadtarchiv Augsburg
StAM	Stadtarchiv München
StAN	Stadtarchiv Nürnberg
StAS	Stadtarchiv Schweinfurt
StAW	Stadtarchiv Würzburg
STb	Schweinfurter Tagblatt
SuTZ	Sport- und Turn-Zeitung (Beilage zur MAAZ)
SVb	Schweinfurter Volksblatt
SVZ	Schwäbische Volkszeitung
SZ	Süddeutsche Zeitung
Tbc	Tuberkulose
TU	Technische Universität
TZ	Telegramm-Zeitung
U. L. F.	Unsere Liebe Frau
USA	United States of America
USPD	Unabhängige Sozialdemokratische Partei
VB	Völkischer Beobachter
VK	Völkischer Kurier (NS-Zeitung)
Vukuk	Vereinigung unterfränkischer Künstler und Kunsthandwerker e. V.
WaS	Welt am Sonntag (Münchner Sonntagszeitung; Boulevardblatt)

wbg	Wohnungsbaugesellschaft der Stadt Nürnberg
WBG	Wohnungsbaugesellschaft der Stadt Ausgsburg
WDB	Würzburger Diöcesan-Blatt
WGA	Würzburger General-Anzeiger
WMB	Wasmuths Monatshefte für Baukunst
Z	Zentrum
ZA	Zeitungsausschnitte (Signatur StAM)

4. Quellen und Literatur

4.1. Quellen

Ungedruckte Quellen

Archiv des Architekturmuseums Schwaben (AdAS)
Wechs, Thomas: Memoiren (unveröff. und undat. Typoskript)
Wechs, Thomas: Denkschrift zur Ausarbeitung eines Augsburger Stadtbauplans. Augsburg 1926

Archiv des Bistums Augsburg (AdBA)
GVPfAkt 305.1.1 (Großohrenbronn)
GVPfAkt 51.1.1 (St. Anton)

Archiv des Erzbistums München und Freising (AdEMF)
NL Faulhaber 5300, 9280

Bayerische Staatsbibliothek
Hendschel, Richard: 19 Jahre Kunstreferat 1915-1933. Einige Erlebnisse und Erfahrungen im Kunstreferat aus den Jahren 1915-1933. Auszüge aus den Lebenserinnerungen des Ministerialdirektors a. D. Richard Hendschel. Garmisch 1946

Stadtarchiv Augsburg (StAA)
Bestand 34, 626
Bestand 34, 628
Bestand 34, 786

Stadtarchiv München (StAM)
Hochbauamt, Nr. 1117
Krankenhäuser, Nr. 15/1, 61/1, 115
Krankenanstalten, Nr. 165
Badeanstalten, Nr. 106, 177, 182, 189, 198
AfL, Nr. 352/2
Stadtratsprotokolle
Akt des Stadtrates der Landeshauptstadt München. Betr. Gemeinnützige Wohnungsfürsorge A.-G. (GEWOFAG). Sonderbauprogramm 1929 Walchenseeplatz, Baugr. V
Filmsammlung Nr. 2

Stadtarchiv Nürnberg (StAN)
C 23/I/350 Krankenhäuser Allgemein

Stadtarchiv Schweinfurt (StAS)
Verwaltungsakten
HR-VR III, VII-A-23-76, Az. 5.50. Bd. 1
HR-VR III, VII-A-23-76, Az. 5.50. Bd. 2
HR-VR III, V-C-2-19
HR-VR III, VII-A-3-16

Stadtarchiv Würzburg (StAW)
BA, Nr. 763, 9451
BA j. R., Nr. 2090, 2091, 4010, 4012, 4014, 8525, 9451

Zeitungen und Zeitschriften

Allgemeine Zeitung, Jg. 1925
Augsburger Neueste Nachrichten, Jg. 1926-1928
Augsburger Rundschau. Illustrierte Wochenschrift für Theater, Konzert, Kunst, Leben, Jg. 1926
Augsburger Zeitung, Jg. 1925
Der Baumeister, Jg. 1927-1935
Bayerischer Kurier, Jg. 1926-1934
Bayerische Staatszeitung, Jg. 1924, 1928-1932
Christliche Kunst, Jg. 1926/1927-1931/32
Deutsche Bauzeitung, Jg. 1927-1934, 1941
Die Form, Jg. 1928-1932
Form und Sinn, Jg. 1925
Fränkischer Kurier, Jg. 1929, 1930
Fränkischer Volksfreund, Jg. 1921, 1927
Katholisches Kirchenblatt für die Pfarreien der Stadt Würzburg, Jg. 1929-1936
Katholisches Sonntagsblatt für die Diözese Augsburg, Jg. 1927
Kunst und Künstler. Illustrierte Monatsschrift für bildende Kunst und Kunstgewerbe, Jg. 1931.
Münchener Post, Jg. 1924, 1925, 1927-1932
Münchener Zeitung, Jg. 1919, 1923-1934
München-Augsburger Abendzeitung (auch: Münchner-Augsburger Abendzeitung), Jg. 1921, 1924-1934
Münchner Katholische Kirchenzeitung. Organ der Pfarrgemeinden, Kongregationen und des katholischen Preßvereins für Bayern (E.V.), Jg. 1926, 1929
Münchner Neueste Nachrichten, Jg. 1926-1931
Nürnberger Zeitung, Jg. 1928
The Times, Jg. 1931, 1932
Würzburger Diöcesan-Blatt, Jg. 1927-1933
Würzburger General-Anzeiger, Jg. 1921, 1927-1934

Gedruckte Quellen

XXIV. Bericht über die Verwaltung und den Stand der Gemeinde-Angelegenheiten der Stadt Würzburg für 1914 mit 31. März 1921. Würzburg 1925.
XXV. Bericht über die Verwaltung und den Stand der Gemeinde-Angelegenheiten der Stadt Würzburg für 1. April 1921 mit 31. März 1924. Würzburg 1926.
XXVI. Bericht über die Verwaltung und den Stand der Gemeinde-Angelegenheiten der Stadt Würzburg für 1. April 1924 mit 31. März 1926. Würzburg 1928.
XXVII. Bericht über die Verwaltung und den Stand der Gemeinde-Angelegenheiten der Stadt Würzburg für 1. April 1926 mit 31. März 1928. Würzburg 1929.
XXVIII. Bericht über die Verwaltung und den Stand der Gemeinde-Angelegenheiten der Stadt Würzburg für 1. April 1928 mit 31. März 1930. Würzburg 1932.
XXIX. Bericht über die Verwaltung und den Stand der Gemeinde-Angelegenheiten der Stadt Würzburg für 1. April 1930 mit März 1933. Würzburg 1935.
XXX. Bericht über die Verwaltung und den Stand der Gemeinde-Angelegenheiten der Stadt Würzburg für 1. April 1933 mit März 1938. Würzburg 1950.

Adler, Leo: Städtische Siedlungen in Nürnberg. In: WMB, Nr. 6, Juni 1928, S. 263-267.
Amthor, Ludwig: Die Orgel. In: Pfarramt Lichtenhof (Hg.): Festschrift zur Einweihung der Gustav-Adolf-Gedächtniskirche. Nürnberg-Lichtenhof, 29. Juni 1930, S. 92-96.
Arbeiten der Oberpostdirektion München. In: Die Form, Nr. 18, 15. September 1930, S. 483-486.

Baron, Erich: Aufbau. In: Taut, Bruno (Hg.): Die Stadtkrone. Jena 1919, S. 99-112.
Barthel, Ludwig Friedrich, u. a. (Hg.): Würzburg eine Provinzstadt? oder die kulturelle Sendung Würzburgs. Würzburg 1927.

Barthel, Ludwig Friedrich: Vom 18. zum 20. Jahrhundert. In: ders. u. a. (Hg.): Würzburg eine Provinzstadt? oder die kulturelle Sendung Würzburgs. Würzburg 1927, S. 5-8.
Barousch, Johann: Die Kurabteilung des Amalienbades in Wien. In: DB, Nr. 2, Februar 1931, S. B 34f.
Bartning, Otto: Vom neuen Kirchenbau. Berlin 1919.
Beblo, Fritz: Hochbauten der Stadtgemeinde in den letzten fünf Jahren. München 1926 (= Stadtbauamt-Archiv. Sonder-Ausgabe städtisches Hochbauamt München).
Beblo, Fritz: Neue Stadtbaukunst. München. Berlin/Leipzig/Wien 1928.
Beblo, Fritz/Leitenstorfer, Herman/Knorr, E. (Hg.): Monographien zur heutigen Baugestaltung. Das technische Rathaus in München. München 1930.
Beblo, Fritz: Einiges über die Entwicklungsgeschichte des technischen Rathauses. In: Beblo, Fritz/Leitenstorfer, Herman/Knorr, E. (Hg.): Monographien zur heutigen Baugestaltung. Das technische Rathaus in München. München 1930, S. 3-5.
Becker, Christoph: Missionsärztliche Kulturarbeit. Grundsätzliches und Geschichtliches. Würzburg 1928.
Behne, Adolf: Der moderne Zweckbau. München 1926.
Behne, Adolf: Dammerstock. In: Die Form, Nr. 6, 1930.
Behrent, Walter Curt: Vom neuen Bauen. In: DBZ, Nr. 30, 13. April 1929, S. 265-267.
Bergthold, Heinrich: Städtische Wohnhausgruppe in München an der Dachauer-, Baldur- und Sigenot-Straße. In: DB, Nr. 7, Juli 1927, S. 174f.
Bestelmeyer, German: Über neuere deutsche Baukunst. In: DBZ, Nr. 103/104, 24. Dezember 1930, S. 702-704.
Bier, Justus: Würzburgs Möglichkeiten als Kunststadt. In: Fränkische Monatshefte. Zeitschrift für Heimat, Kunst und Kultur, Nr. 1, Januar 1928, S. 30f.
Bier, Justus: Die Nürnberger Stadion-Bauten. In: NZ, Nr. 96, 24. April 1928, S. 6.
Bier, Justus: Das flache Dach in unserem Landschaftsbild. In: DB, Nr. 5, Mai 1928, S. B 95f.
Bier, Justus: Zu Otto Ernst Schweizers Nürnberger Stadionbauten. In: Die Form, Nr. 15, 1928, S. 419-427.
Bier, Justus: Neue Architektur in Nürnberg. In: Fränkische Monatshefte, Nr. 6, Juni 1928, S. 207f.
Bier, Justus: Die Nürnberger Stadionbauten von Otto Ernst Schweizer. In: DB, Nr. 1, Januar 1929, S. 1-17.
Bier, Justus: Ein Doppelwohnhaus in Würzburg. In: DB, Nr. 3, März 1929, S. 61-70.
Bier, Justus: O. E. Schweizers Kaffeehaus im Nürnberger Stadion. In: Die Form, Nr. 10, 15. Mai 1929, S. 268-271.
Bier, Justus: Ein Kaffee. In: Die Form, Nr. 1, 1. Januar 1930, S. 18-21.
Bier, Justus: Neue Münchener Postbauten. In: Die Form, Nr. 18, 15. September 1930, S. 469-482.
Bier, Justus: Die Bauten der Bayerischen Milchversorgung. In: Die Form, Nr. 3, März 1931, S. 81-91.
Bier, Justus: Die Siedlung Lerchenhain in Würzburg von Peter Feile und Walter Loos. In: DB, Nr. 12, Dezember 1931, S. 466-468.
Bier, Justus: Das Wiener Stadion von Otto Ernst Schweizer. In: DB, Nr. 1, Januar 1932, S. 23-43.
Bier, Justus: Rationelle Terrassenhaustypen/Einfamilienhäuser. In: Die Form, Nr. 1, Januar 1933.
Blunck: Zum Kirchenbaukongress in Magdeburg. Vom 2. bis 4. Mai. In: DBZ, Nr. 35, 2. Mai 1928, S. 305-311.
Bock, August: Bau- und kunstgeschichtliche Würdigung. In: Pfarramt Lichtenhof (Hg.): Festschrift zur Einweihung der Gustav-Adolf-Gedächtniskirche. Nürnberg-Lichtenhof, 29. Juni 1930, S. 97-106.
Brecht, Bertolt: Nordseekrabben. In: ders.: Nordseekrabben. Geschichten und Gespräche. Berlin/Leipzig 1987, S. 31-44.
Breuer, Marcel: Beiträge zur Frage des Hochhauses. In: Die Form, Nr. 5, 1930, S. 113-117.
Bühler, Bertrand: Geschichte des Kirchenbaues. In: Festschrift zur Einweihung der Pfarr- und Klosterkirche St. Gabriel München am 31. Oktober 1926. [München 1926], S. 1-8.

Busching, P.: Die gemeinnützigen Bauvereinigungen. In: Gut, Albert (Hg.): Das Wohnungswesen der Stadt München. München 1928, S. 189-199.

de Fries, Heinrich: Organisation eines Baugedankens. In: Die Form, Nr. 7, 1927.
Döhmann, Karl/Schaeffer, Emil: Durchleuchtete Körper. Zürich 1931.

Eckstein, Hans: Heimatschutz und neues Bauen. In: Die Form, Nr. 23/24, 1930, S. 604f.
Eckstein, Hans: Die schöne Wohnung. Beispiele neuzeitlicher deutscher Wohnräume. München 1931.
Eckstein, Hans: Die Kunststadt München und das Neue Bauen. In: Kunst und Künstler. Illustrierte Monatsschrift für bildende Kunst und Kunstgewerbe, Nr. 9, September 1931, S. 345-350.
Eckstein, Hans: Neue Wohnbauten. Ein Querschnitt durch die Wohnarchitektur in Deutschland. München 1932.
Ehlgötz: Die Aufschließung des Baugeländes. In: Gut, Albert (Hg.): Der Wohnungsbau in Deutschland nach dem Weltkriege. Seine Entwicklung unter der unmittelbaren und mittelbaren Förderung durch die deutschen Gemeindeverwaltungen. München 1928, S. 64-97.
Einundzwanzig eingerichtete Kleinwohnungen auf der Ausstellung „Heim und Technik" München 1928. In: DB, Nr. 7, Juli 1928, S. 201-244.
Erdmannsdorffer, Robert: Frauenklinik und Säuglingsheim Nürnberg. Nürnberg 1931.
Erdmannsdorffer, Robert: Die bauliche Anlage der Frauenklinik und des Säuglingsheimes Nürnberg. In: ders.: Frauenklinik und Säuglingsheim Nürnberg. Nürnberg 1931, S. 11-35.

Faulhaber, Michael von: Kirche und kirchliche Kunst. Silvesterpredigt des Herrn Kardinals Dr. Michael Faulhaber im Münchener Dom am 31. Dezember 1929. In: BK/NMT, Sonderdruck, 2. Januar 1930.
Ferstl, Alexius/Schnell, Hugo: Pfarr- und Klosterkirche St. Gabriel München. München 1930.
Festschrift zur Einweihung der Pfarr- und Klosterkirche St. Gabriel München am 31. Oktober 1926. [München 1926].
Feuchtwanger, Lion: Erfolg. Drei Jahre Geschichte einer Provinz. Berlin 2003.
Feulner, Adolf: Neue Werkkunst. O. O. Kurz und E. Herbert. Berlin/Leipzig/Wien 1927.
Fiehler, Karl (Hg.): München baut auf. Ein Tatsachen- und Bildbericht über den nationalsozialistischen Aufbau in der Hauptstadt der Bewegung. München [1937].
Fischer, Theodor: Der Bauherr. In: Form und Sinn, Nr. 5, 15. Dezember 1925, S. 80-84.
Fischer, Theodor: Altstadt und neue Zeit. In: Nerdinger, Winfried: Theodor Fischer. Architekt und Städtebauer 1862-1938. München 1988, S. 334-337.
Fuchs: Die Beschaffung von Baugelände. In: Gut, Albert (Hg.): Der Wohnungsbau in Deutschland nach dem Weltkriege. Seine Entwicklung unter der unmittelbaren und mittelbaren Förderung durch die deutschen Gemeindeverwaltungen. München 1928, S. 51-63.

Gänßbauer: Die Bedeutung der Frauenklinik in einer Großstadt. In: Erdmannsdorffer, Robert: Frauenklinik und Säuglingsheim Nürnberg. Nürnberg 1931, S. 7f.
Gärtner, A[ugust] (Hg.): Weyl's Handbuch der Hygiene. Bd. 5/2. Leipzig 1918.
Gärtner, A[ugust] (Hg.): Weyl's Handbuch der Hygiene. Bd. 5/3. Leipzig 1918.
Gasteiger, Michael: Ledigenheime, Altersheime und sonstige Wohnheime. In: Gut, Albert: Das Wohnungswesen der Stadt München. München 1928, S. 201-224.
Gebhardt, Franz: Das Gesundheitswesen in Bayern. In: Wolf, Georg Jacob (Hg.): Dem Bayerischen Volke. Der Weg der Bayern durch die Jahrhunderte. Ein Bekenntnis zu Bayern und zum Reich. München 1930, S. 329-336.
Geßner, Albert: Vom neuen Bauen. In: DBZ, Nr. 40/41, 18. Mai 1929, S. 367f.
Goldenberger, Franz: Bayerns Recht auf eigene Kulturverwaltung. In: Wolf, Georg Jacob (Hg.): Dem Bayerischen Volke. Der Weg der Bayern durch die Jahrhunderte. Ein Bekenntnis zu Bayern und zum Reich. München 1930, S. 41-55.

Goldenberger, Franz Xaver: Die grundsätzlichen Gesichtspunkte der staatlichen und städtischen Kunstpolitik. In: Kunstpolitische Vorträge – gehalten vor Ostern 1930 im Festsaale des Künstlerhauses. München 1930, S. 3-6.
Goldschmidt, Albert: Nürnberg und Umgebung. Berlin 1927 (= Griebens Reiseführer. Bd. 62).
Gottstein, Adolf (Hg.): Handbücherei für das gesamte Krankenhauswesen. Bd 1. Berlin 1930.
Grässel, Hans: Das neue Altersheim Sankt Joseph der Stadt München. München 1929.
Graf, Oskar Maria: Wir sind Gefangene. Ein Bekenntnis. München 2002.
Greven: Die Finanzierung des Wohnungsneubaus. In: Gut, Albert (Hg.): Der Wohnungsbau in Deutschland nach dem Weltkriege. Seine Entwicklung unter der unmittelbaren und mittelbaren Förderung durch die deutschen Gemeindeverwaltungen. München 1928, S. 98-118.
[Gröber, Conrad]: Merkblatt für den Clerus und geistliche Institutionen über die Zusammenarbeit mit Künstlern. In: WDB, Nr. 17, 19. Juli 1933.
Günther, Herbert: Alt und Neu. In: Die Form, Nr. 2, 1932, S. 55-57.
Gürtner, Franz: Einheitsstaat oder Bundesstaat? In: Wolf, Georg Jacob (Hg.): Dem Bayerischen Volke. Der Weg der Bayern durch die Jahrhunderte. Ein Bekenntnis zu Bayern und zum Reich. München 1930, S. 402-406.
Gut, Albert (Hg.): Der Wohnungsbau in Deutschland nach dem Weltkriege. Seine Entwicklung unter der unmittelbaren und mittelbaren Förderung durch die deutschen Gemeindeverwaltungen. München 1928.
Gut, Albert: Die Entwicklung des Wohnungswesens in Deutschland nach dem Weltkriege. In: ders.: Der Wohnungsbau in Deutschland nach dem Weltkriege. Seine Entwicklung unter der unmittelbaren und mittelbaren Förderung durch die deutschen Gemeindeverwaltungen. München 1928, S. 19-50.
Gut, Albert (Hg.): Das Wohnungswesen der Stadt München. München 1928.
Gut, Albert: Die Wohnungsnot und ihre Bekämpfung. In: Gut, Albert (Hg.): Das Wohnungswesen der Stadt München. München 1928, S. 97-118.
Gutachterausschuß für das öffentliche Krankenhauswesen (Hg.): Richtlinien für den Bau und Betrieb von Krankenanstalten. Aufgestellt vom Gutachterausschuß für das öffentliche Krankenhauswesen in den Jahren 1925-1928. Berlin 1929.

Hallenschwimmbad in Würzburg. In: DBZ, Nr. 27, 2. Juli 1941, S. K 161-167.
Halm, Philipp Maria: Volkskunde, Volkskunst, Heimatschutz. In: Wolf, Georg Jacob (Hg.): Dem Bayerischen Volke. Der Weg der Bayern durch die Jahrhunderte. Ein Bekenntnis zu Bayern und zum Reich. München 1930, S. 113-120.
Harbers, Guido: Roderich Fick. In: DB, Nr. 2, Februar 1928.
Harbers, Guido: Ausstellungsquerschnitt 1930/Lüttich/Dresden/Paris/Wien. In: DB, Nr. 2, Februar 1930, S. 500-503.
Harbers, Guido: Die Post-Versuchssiedlung an der Arnulfstraße in München. In: DB, Nr. 3, März 1930, S. 120-122.
Harbers, Guido: Evangelischer Kirchenbau. In: DB, Nr. 1, Januar 1931, S. 1-27.
Harbers, Guido: Was der Architekt vom Badewesen wissen sollte. In: DB, Nr. 2, Februar 1931, S. 45-70.
Harbers, Guido/Fick, Roderich: Das Ernst-Sachs-Bad in Schweinfurt. In: DB, Nr. 2, 6. Februar 1931, S. 87-89.
Hartig, Michael: Die Kunst der St. Gabrielskirche. In: Festschrift zur Einweihung der Pfarr- und Klosterkirche St. Gabriel München am 31. Oktober 1926. [München 1926], S. 9.
Haslinger, Heinrich: Das bayerische Handwerk und seine Stellung zum föderalen Gedanken. In: Wolf, Georg Jacob (Hg.): Dem Bayerischen Volke. Der Weg der Bayern durch die Jahrhunderte. Ein Bekenntnis zu Bayern und zum Reich. München 1930, S. 358-366.
Hegemann, Werner: Neue Werkkunst. German Bestelmeyer. Berlin/Leipzig/Wien 1929.
Heinel: Unser Wohnungsbau im Tagesstreit der Meinungen. In: DBZ-BuB, Nr. 8, 19. Februar 1930, S. 62-64.

Hellweg, Werner: Die Einflussnahme der Gemeinden auf die Planung und Ausführung der Bauten in schönheitlicher Beziehung. In: Gut, Albert: Der Wohnungsbau in Deutschland nach dem Weltkriege. Seine Entwicklung unter der unmittelbaren und mittelbaren Förderung durch die deutschen Gemeindeverwaltungen. München 1928, S. 140-147.

Helmreich: Die Finanzierung des Wohnungsneubaus in München 1918-1927. In: Gut, Albert (Hg.): Das Wohnungswesen der Stadt München. München 1928, S. 119-130.

Herbert, Eduard/Kurz, O. O. (Hg.): Was ein Bauherr wissen muß. Ratschläge für Bauende. München 1938.

Hess, H.: Körperkultur. In: Stein, Erwin (Hg.): Monographien deutscher Städte. Darstellung deutscher Städte und ihrer Arbeit in Wirtschaft, Finanzwesen, Hygiene, Sozialpolitik und Technik. Bd. XXIII. Nürnberg. Berlin-Friedenau 1927, S. 158-163.

Hilbersheimer, Ludwig: Die Wohnung unserer Zeit. In: Die Form, Nr. 7, 1930, S. 249-270.

Hipp, Otto: Das Städtewesen in Bayern. In: Wolf, Georg Jacob (Hg.): Dem Bayerischen Volke. Der Weg der Bayern durch die Jahrhunderte. Ein Bekenntnis zu Bayern und zum Reich. München 1930, S. 190-204.

Hoff, August: Wettbewerb für die Frauenfriedenskirche für Frankfurt a. M. In: ChK, 1927/1928, S. 298-308.

Hoffman, Richard: Die St. Gabrielskirche in München. In: DBZ, Nr. 60, 27. Juli 1927, S. 497-501.

Hoffman, Richard: Die St. Gabrielskirche in München. In: DBZ, Nr. 61, 30. Juli 1927, S. 505-510.

Hoffmann, Richard/Steinlein, Gustav (Hg.): Kirchen, Schulen, Klöster, Krankenhäuser, Innenräume. Albert Bosslet. Querschnitt durch sein Schaffen. München [1931].

Hoffmann, Richard: Kirchenbauten. In: Hoffmann, Richard/Steinlein, Gustav (Hg.): Albert Bosslet. Querschnitt durch sein Schaffen. München [1931], S. 3-69.

Hoffmann: Der Seminarbau und die Seminarkirche In: Missioner von Mariannhill (Hg.): Mariannhill. Missions-Priesterseminar Pius X. der Mariannhiller Missionare in Würzburg. Blätter der Erinnerung an die feierliche Konsekration der Herz-Jesu Seminarkirche. Reimlingen [1929], S. 37-78.

Holzer, Otto: Fremdes Bauen und Bauen in Augsburg. In: ANN, Nr. 107, 9. Mai 1928, S. 5.

Huber, Johann: Die St. Paulskirche in München. Festschrift zu Feier der Einweihung am 24. Juni 1906. München 1906.

Husler, Josef: Ueber Einrichtung und Betrieb des neuen Kinderhauses im Krankenhaus München-Schwabing. In: Schachner, Richard (Hg.): Das städtische Krankenhaus München-Schwabing. Eine Baubeschreibung. Düsseldorf 1929, S. 49-57.

Jan, Heinrich von: Bayern und das Reich. In: Wolf, Georg Jacob (Hg.): Dem Bayerischen Volke. Der Weg der Bayern durch die Jahrhunderte. Ein Bekenntnis zu Bayern und zum Reich. München 1930, S. 407-415.

Jelkmann, Carlo: Das Stadtbad Berlin-Mitte. In: DBZ, Nr. 59/60, 23. Juli 1930, S. 445-456.

Just, Karl Wihelm: Die 15 besten Bürohochhäuser in den Vereinigten Staaten von Amerika. In: DBZ, Nr. 26/27, 30. März 1929, S. 239-244.

Karlinger, Hans: Neuere Postbauten in Bayern. Bd. 1. München 1925, S. 7-10.

Karlinger, Hans: Neuere Postbauten in Bayern. Bd. 3. München 1934, S. VII-XI.

Karlinger, Hans: Das Problem des Sakralbaues. Vergangenheit und Ausblick. In: ChK, 1929/1930, S. 135-146.

Karlinger, Hans: Theodor Fischer und sein Werk zum 70. Geburtstage. In: DBZ, Nr. 22, 25. Mai 1932, S. 425-429.

Karlinger, Hans: Das Bauschaffen der Stadt München nach dem Kriege. In: DBZ, Nr. 29, 1934, S. 546-552.

Katholischer Kirchenbauverein St. Barbara in Würzburg (Hg.): Festschrift zur Einweihung der St. Barbara-Kirche in Würzburg. Würzburg 1927.

Keller, Eduard: Die Entwicklung der Expositurgemeinde St. Barbara am Mönchberg. In: Katholischer Kirchenbauverein St. Barbara in Würzburg (Hg.): Festschrift zur Einweihung der St. Barbarakirche in Würzburg. Würzburg 1927, S. 16-23.

Kengel, Rainer: Die Abtei Münsterschwarzach a. Main. München 1938.
Kerschensteiner, Hermann: Geschichte der Münchener Krankenanstalten insbesondere des Krankenhauses links der Isar. München/Berlin 1939.
Kiener, Hans: Die ev. Auferstehungskirche in München. In: DBZ, Nr. 42, 12. Oktober 1932, S. 829-833.
Kieselbach, Luise: Ausstellung Heim und Technik. In: NZ, Nr. 103, 2. Mai 1928, S. 7.
Kirchenführer St. Anton. München 1936, S. 1 (= AdBA, GV-PfAkt Nr. 51.1.1).
Knapp, Friedrich: Frankens Kultur und Kunst. In: Wolf, Georg Jacob (Hg.): Dem Bayerischen Volke. Der Weg der Bayern durch die Jahrhunderte. Ein Bekenntnis zu Bayern und zum Reich. München 1930, S. 223-234.
Knorr, F.: Das technische Rathaus in München. In: Beblo, Fritz/Leitenstorfer, Herman/Knorr, E. (Hg.): Monographien zur heutigen Baugestaltung. Das technische Rathaus in München. München 1930, S. 25-62.
Koenig, Johannes Karl: Von den Wissenschaften. In: Barthel, Ludwig Friedrich, u. a. (Hg.): Würzburg eine Provinzstadt? oder die kulturelle Sendung Würzburgs. Würzburg 1927, S. 33-41.
König, F[ritz] (Hg.): Das staatliche Luitpoldkrankenhaus zu Würzburg. Die ersten fünf Jahre des Vollbetriebes 1921-1926 bzw. 1923-1928. Berlin 1928.
König, Fritz: Zehn Jahre Luitpoldkrankenhaus. Eine zeitgemäße Betrachtung. In: WGA, Nr. 107, 11. Mai 1932, S. 4f.
Konwlarz, Richard: Der Sportpark Breslau-Leerbeutel. In: DBZ, Nr. 28, 6. April 1929, S. 249-255.
Korte, Jos. Wilh.: Die Vestische Kampfbahn am Wittringerwald in Gladbeck (Westf.). In: DBZ, Nr. 79, 2. Oktober 1929, S. 673.
Kramer, Ferdinand/Ksoll-Marcon, Margit/Schmid, Alois (Hg.): Die Protokolle des Bayerischen Ministerrats 1919-1945. Das Kabinett Hoffmann I. 17. März-31. Mai 1919. München 2010.
Kramer, Ferdinand/Ksoll-Marcon, Margit/Schmid, Alois (Hg.): Die Protokolle des Bayerischen Ministerrats 1919-1945. Das Kabinett Held IV. Mai 1932-März 1933. München 2010.
Krebs, Walter: Die Hygiene des Badens. In: Gärtner, A[ugust] (Hg.): Weyl's Handbuch der Hygiene. Bd. 5/3. Leipzig 1918, S. 483-496.
Kreppel, Ottmar: Lichtenhof im Wandel der Jahrhunderte. In: Pfarramt Lichtenhof (Hg.): Festschrift zur Einweihung der Gustav-Adolf-Gedächtniskirche. Nürnberg-Lichtenhof, 29. Juni 1930, S. 5-42.
Kreuter, Franz: Neue Stadtbaukunst. Würzburg. Berlin/Leipzig/Wien 1929.
Kurz, O. O.: Die kleine Wohnung in Halle 1 der Ausstellung Heim und Technik München 1928. 21 Wohnungen in Grundrissen, Vogelschaubildern u. Erläuterungen. München 1928.
Kurz, O. O.: Das ideale Heim von heute. In: ders. (Hg.): Die kleine Wohnung in Halle 1 der Ausstellung Heim und Technik München 1928. 21 Wohnungen in Grundrissen, Vogelschaubildern u. Erläuterungen. München 1928, S. 3-21.
Kurz, O. O.: Was wir wollen. Anregungen, Wünsche von Architekten, Hausfrauen, Technikern für den Wohnungsbau zusammengestellt von Prof. O. O. Kurz zur Ausstellung „Heim und Technik" München 1928. In: ders. (Hg.): Die kleine Wohnung in Halle 1 der Ausstellung Heim und Technik München 1928. 21 Wohnungen in Grundrissen, Vogelschaubildern samt Einführung. München 1928, S. 3-40.

Ledigenheim für Männer an der Bergmannstraße in München. In: DBZ, Nr. 1/2, 7. Januar 1928, S. 11-17.
Leitenstorfer, Hermann: Das technische Rathaus in München. Baugestaltung. In: Beblo, Fritz/Leitenstorfer, Herman/Knorr, E. (Hg.): Monographien zur heutigen Baugestaltung. Das technische Rathaus in München. München 1930, S. 11-24.
Lill, Georg: Zu den neuen Kirchen Münchens. In: ChK, 1926/1927, S. 323-346.
Lill, Georg: Zum modernen katholischen Kirchenbau. In: DB, Nr. 10, Oktober 1927, S. 250-273.

Lill, Georg: Die kirchliche Kunst der Gegenwart und das katholische Volk. In: ChK, 1927/1928, S. 65-79.
Lill, Georg: Westdeutsche Kirchenbaukunst. In: ChK, 1927/1928, S. 257-279.
Lill, Georg: Neue Werkkunst. Michael Kurz. Berlin/Leipzig/Wien 1929.
Lill, Georg: Tagung für Christliche Kunst zu Würzburg. In: ChK, 1931/32, S. 124.
Löhner: Das Siedlungswerk Nürnberg. In: Stein, Erwin (Hg.): Monographien deutscher Städte. Bd. XXIII. Nürnberg. Berlin-Friedenau 1927, S. 329-332.
Lommel, August: Das staatliche Luitpold-Krankenhaus in Würzburg. München 1925.
Lommel, August: Die Universität Würzburg. Ihre Anstalten, Institute und Kliniken. Düsseldorf 1927.
Lotz, W.: Die Gagfah-Siedlung. In: Die Form, Nr. 10, 1928, S. 289-298.
Luppe, Hermann: Mein Leben. Nürnberg 1977.

Manasse, Paul: Klinik, Poliklinik und Abteilung für Ohren-, Nasen- und Kehlkopfkranke. Bericht über die Klinik und ihre Tätigkeit in den ersten 3 Jahren ihres Bestehens 1923-1925. In: König, F[ritz] (Hg.): Das staatliche Luitpoldkrankenhaus zu Würzburg. Die ersten fünf Jahre des Vollbetriebes 1921-1926 bezw. 1923-1928. Berlin 1928, S. 45-51.
Mann, Thomas: Der Zauberberg. Frankfurt a. M. 2010.
Meitinger, Karl: Großsiedlung mit Familienbad und Sportplatz an der Dachauer-Dantestraße in München. In: DBZ, Nr. 62, 4. August 1928, S. 529-534.
Meitinger, Karl: Grundriss und Gestaltung des Münchner Wohnhauses nach dem Weltkriege. In: Gut, Albert (Hg.): Das Wohnungswesen der Stadt München. München 1928, S. 131-150.
Mendelssohn, Heinrich: Zur Hochhausfrage in Berlin. In: DBZ, Nr. 23, 21. März 1928, S. 208.
Merkle, Benno: Lebensbeschreibung. In: Petersen, Kathi (Hg.): Benno Merkle. Oberbürgermeister von Schweinfurt 1920-1933. Schweinfurt 2003, S. 73-147.
Meyer, Maximilian: Vom alten zum neuen Nürnberg. In: Wolf, Jacob (Hg.): Dem Bayerischen Volke. Der Weg der Bayern durch die Jahrhunderte. Ein Bekenntnis zu Bayern und zum Reich. München 1930, S. 215-222.
Miller, Konstantin: Bayerns Post und Telegraphie. In: Wolf, Georg Jacob (Hg.): Dem Bayerischen Volke. Der Weg der Bayern durch die Jahrhunderte. Ein Bekenntnis zu Bayern und zum Reich München 1930, S. 288-298.
Missionare von Mariannhill (Hg.): Mariannhill. Missions-Priesterseminar Pius X. der Mariannhiller Missionare in Würzburg. Blätter der Erinnerung an die feierliche Konsekration der Herz-Jesu Seminarkirche. Reimlingen [1929].
Müller, Karl Alexander von: Bayerische Geschichte. In: Wolf, Georg Jacob (Hg.): Dem Bayerischen Volke. Der Weg der Bayern durch die Jahrhunderte. Ein Bekenntnis zu Bayern und zum Reich. München 1930, S. 14-39.
Müller-Meiningen, Ernst: Turnen und Sport in Bayern. In: Wolf, Georg Jacob (Hg.): Dem Bayerischen Volke. Der Weg der Bayern durch die Jahrhunderte. Ein Bekenntnis zu Bayern und zum Reich. München 1930, S. 173-180.
Müller-Partenkirchen, Fritz: 2000 Kranke hören. In: BRZ, Nr. 3, 13. Januar 1929.
Müller-Partenkirchen, Fritz: Eine Bitte! Kopfhörer heraus! In: MNN, Nr. 43, 14. Februar 1932.
Müller-Wulckow, Walter: Deutsche Baukunst der Gegenwart. Wohnbauten und Siedlungen. Königstein im Taunus/Leipzig 1929.
Müller-Wulckow, Walter: Deutsche Baukunst der Gegenwart. Bauten der Gemeinschaft. Königstein im Taunus/Leipzig 1929.
Müller-Wulckow, Walter: Bauten der Arbeit und des Verkehrs aus deutscher Gegenwart. Königstein im Taunus/Leipzig 1929.
Mulert, Oskar: Zum Geleit. In: Gut, Albert (Hg.): Der Wohnungsbau in Deutschland nach dem Weltkriege. Seine Entwicklung unter der unmittelbaren und mittelbaren Förderung durch die deutschen Gemeindeverwaltungen. München 1928, S. 9-12.

Das neue Ledigenheim in München. In: DB, Nr. 6, 1927, S. 141-146.

Neue Postämter in München. In: DB, Nr. 5, 1930, S. 169-171.
Neumüller: Das Münchner Wohnhaus von 1870 bis zum Ausbruch des Weltkrieges. In: Gut, Albert. Das Wohnungswesen der Stadt München. München 1928, S. 81-94.
Nohl, [Emil]: Die besonderen Verhältnisse in den mittleren Städten. In: Gut, Albert (Hg.): Der Wohnungsbau in Deutschland nach dem Weltkriege. Seine Entwicklung unter der unmittelbaren und mittelbaren Förderung durch die deutschen Gemeindeverwaltungen. München 1928, S. 158-166.
Nürnberg und Umgebung. Grieben-Reiseführer. Berlin 1927.

Oud, Jacobus J. P.: Die städtische Siedlung „Kiefhoek" in Rotterdam. In: Die Form, Nr. 14, 1930, S. 357-369.

Peters: Die Einflussnahme auf die Planung der Bauten in gesundheitlicher, technischer und wirtschaftlicher Beziehung. In: Gut, Albert (Hg.): Der Wohnungsbau in Deutschland nach dem Weltkriege. Seine Entwicklung unter der unmittelbaren und mittelbaren Förderung durch die deutschen Gemeindeverwaltungen. München 1928, S. 119-140.
Pfarramt Lichtenhof (Hg.): Festschrift zur Einweihung der Gustav-Adolf-Gedächtniskirche. Nürnberg-Lichtenhof, 29. Juni 1930.
Pfister, Rudolf: Das Neue München. Aufklärungsschrift für die Gestaltung moderner Probleme. Sechstageschrift für Gestaltung spekulativen Kollektivbewusstseins [fü]r Architektur. München, 10. Februar 1929.
Pfister, Rudolf: Das Ernst-Sachs-Volksbad. In: DBL, Nr. 7/8, April 1936, S. 247-249.
Pflaesterer, C. P.: Ein Beitrag zur Durchführung des Zeilenbaues. In: DBZ, Stadt und Siedlung, Nr. 9, 2. Juli 1930.
Pitschi, Andreas: Das Münchener Westend von seinen Anfängen bis zur Gegenwart. Eine ortsgeschichtliche Studie. München 1936.
Plank, [Robert]: Die neuen Nürnberger Anstalten für Mütter- und Säuglingsfürsorge. (Frauenklinik, Mütter- und Säuglingsheim). In: Erdmannsdorffer, Robert: Frauenklinik und Säuglingsheim Nürnberg. Nürnberg 1931, S. 3-6.
Plank, Robert: Die neuen Nürnberger Anstalten für Mütter- und Säuglingsfürsorge (Frauenklinik, Mütter- und Säuglingsheim). In: Sonderdruck aus Zeitschrift für das gesamte Krankenhauswesen 1931, Nr. 22, 27. Oktober 1931, S. 609-614.
Plesch, Georg: Feste und Feiern. In: Pfarramt Lichtenhof (Hg.): Festschrift zur Einweihung der Gustav-Adolf-Gedächtniskirche. Nürnberg-Lichtenhof, 29. Juni 1930, S. 69-88.
Plesch, Georg: Die Pfarrei Lichtenhof in der Gegenwart. In: Pfarramt Lichtenhof (Hg.): Festschrift zur Einweihung der Gustav-Adolf-Gedächtniskirche. Nürnberg-Lichtenhof, 29. Juni 1930, S. 43-62.
Popp, Joseph: Paketzustellamt München. In: DB, Nr. 4, April 1927, S. 93-116.
Popp, Joseph: Neuere Postbauten in Bayern. Bd. 2. München 1928, S. VII-XXI.
Prechtl, Wolfgang: Die Katholische Kirche in Bayern. In: Wolf, Georg Jacob (Hg.): Dem Bayerischen Volke. Der Weg der Bayern durch die Jahrhunderte. Ein Bekenntnis zu Bayern und zum Reich. München 1930, S. 56-63.
Preis, Karl Sebastian: Die Beseitigung der Wohnungsnot in München. Denkschrift und Anträge des städt. Wohnungsreferenten vom 24. Dezember 1927. München 1928.
Preis, Karl: Die Beseitigung der Wohnungsnot in München. In: Gut, Albert (Hg.): Das Wohnungswesen der Stadt München. München 1928, S. 151-168.

Rappaport: Die Bedeutung der Freiflächen in der heutigen Stadtgestaltung. In: DBZ, Stadt und Siedlung, Nr. 18, 3. Dezember 1930, S. 125-130.
Recknagel: Behandlung von Wasser und Luft in Hallen-Schwimmbädern. In: DB, Nr. 2, Februar 1931, S. B 32 f.
Reichow, H.: Die Industrie im Dienste der Bau- und Wohnungshygiene nach dem Stande der Internat. Hygiene-Ausstellung, Dresden 1930. In: DBZ-KuA, Nr. 16, 3. September 1930, S. 121-128.
Riedrich, Otto: Bemerkungen zum Kirchenbau der Gegenwart. In: DBZ, Nr. 35, 2. Mai 1928, S. 306 f.

Rietschel, Hans: Klinik, Poliklinik und Abteilung für Kinderkrankheiten. In: König, F[ritz] (Hg.): Das staatliche Luitpoldkrankenhaus zu Würzburg. Die ersten fünf Jahre des Vollbetriebes 1921-1926 bezw. 1923-1928. Berlin 1928, S. 66-70.
Riezler, Walter: Der Kampf gegen das flache Dach. In: Die Form, Nr. 1, Januar 1927, S. 26 f.
Riezler, Walter: Die Sonderbauten der Pressa. In: Die Form, Nr. 9, 1928, S. 257-261.
Riezler, Walter: Organisierte Lichtreklame. In: Die Form, Nr. 9, 1. Mai 1929, S. 238.
Riezler, Walter: Wieder einmal das flache Dach. In: Die Form, Nr. 10, 15. Mai 1929, S. 272.
Riezler, Walter: Erneuerung des Kirchenbaus? In: Die Form, Nr. 21/22, 1930, S. 537-545.
R[iezler], W[alter]: Buchbesprechung. Joseph Gantner: Revision der Kunstgeschichte. In: Die Form, Nr. 9, 15. September 1932, S. 295 f.
Ritter, Hubert: Der Neubau der Leipziger Großmarkthalle. In: Die Form, Nr. 20, 15. Oktober 1929, S. 545 f.
Ritter, Hubert: Der Krankenhausbau der Gegenwart im In- und Ausland. Wirtschaft, Organisation und Technik. Stuttgart 1932.
Ritter, H[ubert]: Isolierungstechnik von Hallen-Schwimmbädern. Am Beispiel des Hallenbades Leipzig-West entwickelt. In: DB, Nr. 2, Februar 1931, S. B 29-B 32.
Ruppel, F[riedrich]: Der allgemeine Krankenhausbau der Neuzeit – seine Planung, Ausführung und Einrichtung nach hygienisch-technischen Grundsätzen. In: Gärtner, A[ugust] (Hg.): Weyl's Handbuch der Hygiene. Bd. 5/2. Leipzig 1918, S. 197-475.

Sauerland, Dominikus: Die Konsekration der Herz-Jesu-Kirche. In: Missionare von Mariannhill (Hg.): Mariannhill. Missions-Priesterseminar Pius X. der Mariannhiller Missionare in Würzburg. Blätter der Erinnerung an die feierliche Konsekration der Herz-Jesu Seminarkirche. Reimlingen [1929], S. 79-91.
Schachner, B.: Wesentliches über wirtschaftlichen Krankenhausbau. In: DB, Nr. 9, September 1931, S. 348-359.
Schachner, Richard: Das dritte Krankenhaus in München (1/2). In: DBZ, Nr. 76, 22. September 1906, S. 511-513.
Schachner, Richard: Das dritte Krankenhaus in München (2/2). In: DBZ, Nr. 80, 6. Oktober 1906, S. 539-544.
Schachner, Richard (Hg.): Das städtische Krankenhaus München-Schwabing. Eine Baubeschreibung. Düsseldorf 1929.
Schachner, Richard/Schmieden, Heinrich/Winterstein, Hans (Hg.): Krankenhausbau. Berlin 1930 (= Gottstein, Adolf [Hg.]: Handbücherei für das gesamte Krankenhauswesen. Bd. 1).
Schachner, Richard: Das Hochhaus im Krankenhausbauwesen. In: Schachner, Richard/Schmieden, Heinrich/Winterstein, Hans: Krankenhausbau. Berlin 1930 (= Gottstein, Adolf [Hg.]: Handbücherei für das gesamte Krankenhauswesen. Bd. 1), S. 318-339.
Scharnagl, Karl: Politische Begebenheiten meines Lebens, die nicht in den Akten stehen. München 1962. In: Wilhelm, Hermann (Hg.): Karl Scharnagl. Oberbürgermeister in schwerer Zeit. München 2006, S. 19-54.
Scharnagl, Karl: Die grundsätzlichen Gesichtspunkte der staatlichen und städtischen Kunstpolitik. In: Kunstpolitische Vorträge – gehalten vor Ostern 1930 im Festsaale des Künstlerhauses. München 1930, S. 6-15.
Schmelzle, Hans: Bayern – ein Finanzproblem. In: Wolf, Georg Jacob (Hg.): Dem Bayerischen Volke. Der Weg der Bayern durch die Jahrhunderte. Ein Bekenntnis zu Bayern und zum Reich. München 1930, S. 416 f.
Schmidt, Hans: Zum Zeilenbau der Dammerstock-Siedlung. In: Die Form, Nr. 14, 1930, S. 379 f.
Schmieden, Heinrich: Baumaterialien. In: Schachner, Richard/Schmieden, Heinrich/Winterstein, Hans (Hg.): Krankenhausbau. Berlin 1930 (= Gottstein, Adolf [Hg.]: Handbücherei für das gesamte Krankenhauswesen. Bd. 1), S. 255-317.
Schornbaum, Karl: Die Evangelische-Lutherische Kirche in Bayern. In: Wolf, Georg Jacob (Hg.): Dem Bayerischen Volke. Der Weg der Bayern durch die Jahrhunderte. Ein Bekenntnis zu Bayern und zum Reich. München 1930, S. 64-68.

Schulte, W.: Technische Einzelheiten und Geschichte des Baues. In: Missionare von Mariannhill (Hg.): Mariannhill. Missions-Priesterseminar Pius X. der Mariannhiller Missionare in Würzburg. Blätter der Erinnerung an die feierliche Konsekration der Herz-Jesu Seminarkirche. Reimlingen [1929], S. 21-36.
Schultze-Naumburg, Paul: Kunst und Rasse. München 1928.
Schultze, Rud.: Das deutsche Badewesen der Gegenwart. In: Gärtner, A[ugust] (Hg.): Weyl's Handbuch der Hygiene. Bd. 5/3. Leipzig 1918, S. 499-631.
Schwarz, Rudolf: Erneuerung des Kirchenbaus? In: Die Form, Nr. 21/22, 1930, S. 545f.
Schweizer, Otto Ernst: Sportbauten und Bäder. Berlin/Leipzig 1938.
Sörgel, Hermann: Wohnkultur und Zukunftsheizung. In: DBZ 1929, S. 195f.
Sorg, Konrad: Wohnbautätigkeit der Gemeinnützigen Wohnungsbaugesellschaft der Stadt Nürnberg m. b. H. In: Stein, Erwin (Hg.): Monographien deutscher Städte. Bd. XXIII. Nürnberg. Berlin-Friedenau 1927, S. 348-360.
Stadt München (Hg.): Die Siedlungen der gemeinnützigen Wohnungsfürsorge A.G. München. München 1928.
Stadtrat Nürnberg (Hg.): Das Nürnberger Stadion im Sport- und Volkspark auf dem Zeppelinfeld. Nürnberg 1929.
Stang, Georg: Das politische Leben Bayerns im Lichte der zentralistischen und einheitsstaatlichen Bestrebungen. In: Wolf, Georg Jacob (Hg.): Dem Bayerischen Volke. Der Weg der Bayern durch die Jahrhunderte. Ein Bekenntnis zu Bayern und zum Reich. München 1930, S. 390-399.
Stein, Erwin (Hg.): Monographien deutscher Städte. Bd. XXIII. Nürnberg. Berlin-Friedenau 1927.
Steinhaeusser, Friedrich: Das Augsburger Stadtbad. Teil I. In: SBZ, Nr. 20, 14. Mai 1904, S. 231-234.
Steinlein, Gustav: Neubau der Mariannhiller Mission in Würzburg. In: DBZ, Nr. 101, 19. Dezember 1928, S. 853-860.
Steinlein, Gustav: Profanbauten. In: Hoffmann, Richard/Steinlein, Gustav (Hg.): Kirchen, Schulen, Klöster, Krankenhäuser, Innenräume. Albert Bosslet. Querschnitt durch sein Schaffen. München [1931], S. 71-110.
Straub, Karl Willy: Die Architektur im Dritten Reich. Stuttgart 1932.

Taut, Bruno: Die Stadtkrone. In: ders. (Hg.): Die Stadtkrone. Jena 1919, S. 49-87.
Taut, Bruno: Die neue Wohnung. Die Frau als Schöpferin. Leipzig 1924.
Taut, Bruno: Zeige mir, wie Du wohnst. In: NZ, 5. Mai 1928, S. 1f.

Vetterlein, Ernst: Bebauungspläne von Hermann Jansen. In: DBZ-SuS, Nr. 1/2, 6. Januar 1926, S. 1-8.
Vollert, Peter: Die St. Barbarakirche am Mönchberg. In: Katholischer Kirchenbauverein St. Barbara in Würzburg (Hg.): Festschrift zur Einweihung der St. Barbarakirche in Würzburg. Würzburg 1927, S. 29-42.

Wagner, Georg: Aus der Tätigkeit des Kirchenbauvereins. In: Pfarramt Lichtenhof (Hg.): Festschrift zur Einweihung der Gustav-Adolf-Gedächtniskirche. Nürnberg-Lichtenhof, 29. Juni 1930, S. 63-68.
Wagner, Martin: Berliner Strandbadbauten. In: DBZ, Nr. 61/62, 30. Juli 1930, S. 457-472.
Wagner, Martin/Behne, Adolf (Hg.): Das Neue Berlin (Anzeige). In: DBZ, Nr. 23, 20. März 1929, S. 5.
Wamsler, Friedrich: Die bayerische Industrie und der Einheitsstaat. In: Wolf, Jacob (Hg.): Dem Bayerischen Volke. Der Weg der Bayern durch die Jahrhunderte. Ein Bekenntnis zu Bayern und zum Reich. München 1930, S. 343-357.
Weigel, Helmut: Bayerns Universitäten. In: Wolf, Georg Jacob (Hg.): Dem Bayerischen Volke. Der Weg der Bayern durch die Jahrhunderte. Ein Bekenntnis zu Bayern und zum Reich. München 1930, S. 140-150.
Winterstein, Alfred: Die katholische Gesamtkirchenverwaltung und der Bau von Kirche und Pfarrhaus für die neue Expositurgemeinde St. Barbara – Mönchberg. In: Katholischer

Kirchenbauverein St. Barbara in Würzburg (Hg.): Festschrift zur Einweihung der St. Barbarakirche in Würzburg. Würzburg 1927, S. 24-27.

Winterstein, Hans: Bau von Krankenhäusern. In: Schachner, Richard/Schmieden, Heinrich/Winterstein, Hans (Hg.): Krankenhausbau. Berlin 1930 (= Gottstein, Adolf [Hg.]: Handbücherei für das gesamte Krankenhauswesen. Bd. 1), S. 1-254.

Winterstein, Hans: Das Krankenhaus im Rahmen der Sonderschau auf der internat. Hygiene-Ausstellung Dresden 1930. In: DBZ-SuS, Nr. 12/13, 3. September 1930, S. 93-96.

Winterstein Hans: Bedürfen die Bestimmungen über Krankenanstalten einer baldigen Abänderung? (1/2). In: DBZ-BuB, Nr. 16, 2. Mai 1928, S. 61-64.

Winterstein Hans: Bedürfen die Bestimmungen über Krankenanstalten einer baldigen Abänderung? (2/2). In: DBZ-BuB, Nr. 17, 9. Mai 1928, S. 65-67.

Wohler, Gerhard: Der Tag für Denkmalpflege und Heimatschutz in Würzburg und Nürnberg 1928 (1/2). In: DBZ, Nr. 90, 10. November 1928, S. 765-769.

Wohler, Gerhard: Der Tag für Denkmalpflege und Heimatschutz in Würzburg und Nürnberg 1928 (2/2). In: DBZ, Nr. 91, November 1928, S. 782-786.

Wohler, Gerhard: Altstadt und Neuzeit. Referate auf dem Tag für Denkmalpflege und Heimatschutz 1928. In: DBZ, Nr. 23, 20. März 1929, S. 214-216.

Die Wohnungssiedlung in Nürnberg Rangierbahnhof. In: Stein, Erwin (Hg.): Monographien deutscher Städte. Bd. XXIII. Nürnberg. Berlin-Friedenau 1927, S. 342f.

Wolf, Georg Jacob (Hg.): Dem Bayerischen Volke. Der Weg der Bayern durch die Jahrhunderte. Ein Bekenntnis zu Bayern und zum Reich. München 1930.

Wolf, Georg Jacob: Bayerns Kunst – Ein Dokument der Eigenart Bayerns. In: ders. (Hg.): Dem Bayerischen Volke. Der Weg der Bayern durch die Jahrhunderte. Ein Bekenntnis zu Bayern und zum Reich. München 1930, S. 69-76.

Wolf, Paul: Die Sanierung von Altstädten. Notwendigkeit ihrer Förderung durch Mittel der Hauszinssteuer. In: DBZ-SuS, Nr. 2, 8. Februar 1930, S. 10f.

Wolf, Paul: Die Internationale Hygiene-Ausstellung in Dresden 1930. In: DBZ, Nr. 57/58, 16. Juli 1930, S. 433-444.

Wolf, Paul: Städtische Freiluft- und Hallenbäder. In: DBZ-SuS, Nr. 12/13, 3. September 1930, S. 85-88.

Xylander, Rudolf von: Das wehrhafte Bayern. In: Wolf, Georg Jacob (Hg.): Dem Bayerischen Volke. Der Weg der Bayern durch die Jahrhunderte. Ein Bekenntnis zu Bayern und zum Reich. München 1930, S. 181-189.

Zeltner, Edwin: Das neue Säuglingsheim. In: Erdmannsdorffer, Robert: Frauenklinik und Säuglingsheim Nürnberg. Nürnberg 1931, S. 9f.

Zieler, Karl: Klinik, Poliklinik und Abteilung für Haut- und Geschlechtskrankheiten. In: König, F[ritz] (Hg.): Das staatliche Luitpoldkrankenhaus zu Würzburg. Die ersten fünf Jahre des Vollbetriebes 1921-1926 bzw. 1923-1928. Berlin 1928, S. 75-85.

Zierl [Heinrich]: Der Neubau des Chirurgischen Krankenhauses in Schweinfurt. In: FV, Nr. 228, 4. Oktober 1930.

Zweig, Stefan: Die Welt von Gestern. Erinnerungen eines Europäers. Frankfurt a. M. 2002.

4.2. Literatur

Adam, Jürgen: Technische Bauten der Post und ihre geistigen Grundlagen. In: Aicher, Florian/Drepper, Uwe (Hg.): Robert Vorhoelzer – ein Architektenleben. Die klassische Moderne der Post. München 1990, S. 194-211.

Aicher, Florian/Drepper, Uwe (Hg.): Robert Vorhoelzer – Ein Architektenleben. Die klassische Moderne der Post. München 1990.

Aicher, Florian: Das Postamt in der Stadt. In: Aicher, Florian/Drepper, Uwe (Hg.): Robert Vorhoelzer – Ein Architektenleben. Die klassische Moderne der Post. München 1990, S. 24-39.

Aicher, Florian/Brennauer, Erna/Schulz, Renate: Lebensläufe. In: Aicher, Florian/Drepper, Uwe (Hg.): Robert Vorhoelzer – Ein Architektenleben. Die klassische Moderne der Post. München 1990, S. 168-187.
Aicher, Florian: Das Landpostamt. In: Aicher, Florian/Drepper, Uwe (Hg.): Robert Vorhoelzer – Ein Architektenleben. Die klassische Moderne der Post. München 1990, S. 212-219.
Albrecht, Dieter: Das konfessionelle Zeitalter. Die Herzöge Wilhelm V. und Maximilian I. In: Spindler, Max (Hg.): Handbuch der bayerischen Geschichte. Bd. 2. Das alte Bayern. Der Territorialstaat vom Ausgang des 12. Jahrhunderts bis zum Ausgang des 18. Jahrhunderts. München 1988, S. 406-457.
Albrecht, Dieter: Von der Reichsgründung bis zum Ende des Ersten Weltkrieges (1871-1918). In: Spindler, Max (Hg.): Handbuch der bayerischen Geschichte. Bd. 4/1. Das neue Bayern. Von 1800 bis zur Gegenwart. Staat und Politik. München 2003, S. 318-438.
Altenbuchner, Klaus: „Als wären die Bauten wie mit dem Schubkarren herangefahren". Klenze, Königsplatz und Konzeptionen. In: Billeter, Felix/Günther, Antje/Krämer, Steffen (Hg.): Münchner Moderne. Kunst und Architektur der zwanziger Jahre. München/Berlin 2002, S. 39-43.
Andernacht, Dietrich/Kuhn, Gerd: „Frankfurter Fordismus". In: Höpfner, Rosemarie (Hg.): Ernst May und das neue Frankfurt. Berlin 1986, S. 42-64.
Angerer, Fred: Stadtbau. In: Aicher, Florian/Drepper, Uwe (Hg.): Robert Vorhoelzer – Ein Architektenleben. Die klassische Moderne der Post. München 1990, S. 82-84.
Angermair, Elisabeth: Eduard Schmid (1919-1924). In: Hettler, Friedrich H./Sing, Achim (Hg.): Die Münchner Oberbürgermeister. 200 Jahre gelebte Stadtgeschichte. München 2008, S. 89-102.
Auerbach, Hellmuth: Held, Heinrich. In: NDB, hg. von der Historischen Kommission bei der Bayerischen Akademie der Wissenschaften. Bd. 8. Berlin 1969, S. 463f.

Baer, Wolfram/Bellot, Josef/Falk, Tilma, u. a. (Hg.): Augsburger Stadtlexikon. Geschichte, Gesellschaft, Kultur, Recht, Wirtschaft. Augsburg 1985.
Baier, Helmut: Die evangelische Kirche seit 1800. In: Spindler, Max (Hg.): Handbuch der bayerischen Geschichte. Bd. 4/2. Das Neue Bayern. Von 1800 bis zur Gegenwart. Die innere und kulturelle Entwicklung. München 2007, S. 331-355.
Bauer, Friedrich/Wiedenmann, Alfred: Die bayerische Postbauschule (1920-1934). In: Aicher, Florian/Drepper, Uwe (Hg.): Robert Vorhoelzer – Ein Architektenleben. Die klassische Moderne der Post. München 1990, S. 152-157.
Bauer, Jakob: Schwabinger Krankenhaus im Wandel. Vom Dorfspital zum Großstadtklinikum. 1861-1961. München 1997.
Bauer, Reinhard/Piper, Ernst (Hg.): München. Ein Lesebuch. Frankfurt a. M. 1986.
Baum, Hans-Peter: Prinzregent Luitpold von Bayern (1821-1912) und die Stadt Würzburg. In: Wagner, Ulrich (Hg.): Geschichte der Stadt Würzburg. Bd. 3/1. Vom Übergang an Bayern bis zum 21. Jahrhundert. Stuttgart 2007, S. 173-176.
Bayerischer Architekten- und Ingenieur-Verband e. V. (Hg.): München und seine Bauten nach 1912. München 1984.
Becherer, Dirk: Technisches Rathaus. In: Meitinger, Otto (Hg.): Katalog zur Ausstellung an der Technischen Universität München. München 1992, S. 14-27.
Becker, Nikola: Bürgerliche Lebenswelt und Politik in München. Autobiographien über das Fin de Siècle, den Ersten Weltkrieg und die Weimarer Republik. Kallmünz/Opf. 2014.
Becker, Winfried (Hg.): Die Minderheit als Mitte. Die Deutsche Zentrumspartei in der Innenpolitik des Reiches 1871-1933. Paderborn u. a. 1986.
Becker, Winfried/Chrobak, Werner (Hg.): Staat, Kultur, Politik. Beiträge zur Geschichte Bayerns und des Katholizismus. Kallmünz 1992.
Behrendt, Walter Curt: Das erste Turmhaus in Berlin. In: Waetzoldt, Stephan/Haas, Verena (Gesamtredaktion): Tendenzen der Zwanziger Jahre. 15. Europäische Kunstausstellung. Berlin 1977, S. 2/74.
Berg, Matthias: Ein zweifacher Aufbruch? Die Bayerische Akademie der Wissenschaften nach 1914 und 1918. In: Eckart, Wolfgang/Godel, Rainer (Hg.): „Krieg der Gelehrten" und die Welt der Akademien 1914-1924. Halle (Saale) 2016, S. 117-131.

Bielefeldt, Katrin (Hg.): Gostenhof. Muggenhof, Eberhardshof & Kleinweidenmühle. Geschichte eines Stadtteils. Nürnberg 2005 (= Nürnberger Stadtteilbücher. Bd. 9).
Bielefeldt, Katrin: Aufbruch in die neue Zeit. In: dies.: Gostenhof. Muggenhof, Eberhardshof & Kleinweidenmühle. Geschichte eines Stadtteils. Nürnberg 2005, S. 65-72.
Billeter, Felix/Günther, Antje/Krämer, Steffen (Hg.): Münchner Moderne. Kunst und Architektur der zwanziger Jahre. München/Berlin 2002.
Bitsch, Marianne: Zwölfuhrläuten aus der Herz-Jesu-Kirche in Augsburg-Pfersee. Typoskript 1985.
Biundo, Christina/Haus, Andreas (Hg.): Bauhaus-Ideen 1919-1994. Bibliografie und Beiträge zur Rezeption des Bauhausgedankens. Berlin 1994.
Blaich, Fritz: Der Schwarze Freitag. Inflation und Weltwirtschaftskrise. München 1985 (= Broszat, Martin/Benz, Wolfgang/Graml, Hermann [Hg.]: Deutsche Geschichte der neuesten Zeit vom 19. Jahrhundert bis zur Gegenwart).
Blessing, Werner: Zwischen Tradition, Aufbruch und Gleichschaltung. Kultur und Politik in Bayern 1918-1945. In: Kulturstaat Bayern 19. und 20. Jahrhundert. 1997, S. 45-64.
Blümm, Anke: „Entartete Baukunst"? Zum Umgang mit dem Neuen Bauen 1933-1945. München 2013.
Borchardt, Karl: Heidingsfeld in bayerischer Zeit bis zur Eingemeindung 1930. In: Wagner, Ulrich (Hg.): Geschichte der Stadt Würzburg. Bd. 3/1. Vom Übergang an Bayern bis zum 21. Jahrhundert. Stuttgart 2007.
Bosl, Karl (Hg.): Bosls bayerische Biographie. Bd. 1. 8000 Persönlichkeiten aus 15 Jahrhunderten. Regensburg 1983.
Boyken, Immo: Otto Ernst Schweizer 1890-1965. Bauten und Projekte. Stuttgart 1996.
Boyken, Immo: Otto Ernst Schweizer. Milchhof, Nürnberg. Stuttgart/London 2006.
Brandl, Andrea: Das Ernst-Sachs-Bad in Schweinfurt. In: Frankenland. Zeitschrift für fränkische Landeskunde und Kulturpflege, Nr. 1, Februar 2009, S. 114-118.
Brandt, Harm-Hinrich: Würzburger Kommunalpolitik 1869-1918. In: Wagner, Ulrich (Hg.): Geschichte der Stadt Würzburg. Bd. 3/1. Vom Übergang an Bayern bis zum 21. Jahrhundert. Stuttgart 2007, S. 64-166.
Brentano, Lujo: Ein Ledigenheim für München. In: Verein Ledigenheim e. V. (Hg.): Ledigenheim München 1987. 1913 Gründung des Vereins – 1927 Eröffnung des Heimes. München 1987, S. 40-50.
Brülls, Holger: Neue Dome. Wiederaufnahme romanischer Bauformen und antimoderne Kulturkritik im Kirchenbau der Weimarer Republik und der NS-Zeit. Berlin/München 1994.
Büttner, Frank: Die Kunst. In: Spindler, Max (Hg.): Handbuch der bayerischen Geschichte. Bd. 4/2. Das Neue Bayern. Von 1800 bis zur Gegenwart. Die innere und kulturelle Entwicklung. München 2007, S. 616-686.
Büttner, Ursula: Weimar. Die überforderte Republik 1918-1933. Leistung und Versagen in Staat, Gesellschaft, Wirtschaft und Kultur. Bonn 2010 (= Schriftenreihe der Bundeszentrale für politische Bildung. Bd. 729).

Clemens, Gabriele B./El Gammal, Jean/Lüsebrink, Hans-Jürgen (Hg.): Städtischer Raum im Wandel. Modernität – Mobilität – Repräsentationen. Espaces urbains en mutation. Modernités – mobilités – représentations. Berlin 2011.

Dehio, Georg: Handbuch der Deutschen Kunstdenkmäler. Bayern Bd. 1. Franken. [München/Berlin] 1979.
Dehio, Georg: Handbuch der Deutschen Kunstdenkmäler. Bayern Bd. 3. Schwaben. München/Berlin, 1989.
Dehio, Georg: Handbuch der Deutschen Kunstdenkmäler. Bayern Bd. 4. München und Oberbayern. München/Berlin 1990.
Dettelbacher, Werner: Damals in Würzburg. Bilddokumente aus der Zeit von 1914-1945. Würzburg 1971.
Dietl, Johannes (Hg.): 1805-2005. 200 Jahre Frauenklinik und Hebammenschule Würzburg. Würzburg 2005.

Dinçkal, Noyan: Sportlandschaften. Sport, Raum und (Massen-)Kultur in Deutschland 1880-1930. Göttingen 2013 (= Kritische Studien zur Geschichtswissenschaft. Bd. 211).
Dipper, Christof: Moderne. Version 2.0. In: Docupedia-Zeitgeschichte (Stand 17. Januar 2018), Permalink: http://dx.doi.org/10.14765/zzf.dok.2.1114.v2 (abger. 12. Januar 2019).
Donath, Matthias: Architektur in München 1933-1945. Ein Stadtführer. Berlin 2007.
Drepper, Uwe: Leben für die Architektur. In: Aicher, Florian/Drepper, Uwe (Hg.): Robert Vorhoelzer – Ein Architektenleben. Die klassische Moderne der Post. München 1990, S. 110-125.
Drepper, Uwe: Post und Heim. In Aicher, Florian/Drepper, Uwe (Hg.): Robert Vorhoelzer – Ein Architektenleben. Die klassische Moderne der Post. München 1990, S. 232-244.
Duden, Barbara: „Körper" der Moderne. Rückblicke auf das 20. Jahrhundert von der Historikerin des erlebten Frauenkörpers. In: Genge, Gabriele (Hg.): 1926-2004. GeSoLei. Kunst, Sport und Körper. Bd. 2. Methoden und Perspektiven. Düsseldorf 2004, S. 45-51.
Durth, Werner/Pehnt, Wolfgang/Wagner-Conzelmann, Sandra (Hg.): Otto Bartning. Architekt einer sozialen Moderne. Darmstadt/Berlin 2017.

Eckart, Wolfgang/Godel, Rainer (Hg.): „Krieg der Gelehrten" und die Welt der Akademien 1914-1924. Halle (Saale) 2016.
Eisenberg, Christiane: „English sports" und deutsche Bürger. Eine Gesellschaftsgeschichte 1800-1939. Paderborn u. a. 1999.
Eisenberg, Christiane: Fußball in Deutschland 1890-1914. Ein Gesellschaftsspiel für bürgerliche Mittelschichten. In: Geschichte und Gesellschaft. Zeitschrift für historische Sozialwissenschaft, Nr. 20, 1994, S. 181-210.
Eisenberg, Christiane: Sportgeschichte. Eine Dimension der modernen Kulturgeschichte. In: Geschichte und Gesellschaft. Zeitschrift für historische Sozialwissenschaft, Nr. 23, 1997, S. 295-310.
Eisenberg, Christiane: Massensport in der Weimarer Republik. Ein statistischer Überblick. In: Archiv für Sozialgeschichte, Nr. 33, 1993, S. 137-177.
Eisgruber, Bernt: 150 Jahre Oberste Baubehörde im Bayerischen Staatsministerium des Innern. München 1980.
Elliott, Sara: Exkurs: Das Café Tela. In: Aicher, Florian/Drepper, Uwe (Hg.): Robert Vorhoelzer – Ein Architektenleben. Die klassische Moderne der Post. München 1990, S. 12 f.

Faulstich, Werner (Hg.): Die Kultur des 20. Jahrhunderts im Überblick. München/Paderborn 2011.
Fehlemann, Silke/Woelk, Wolfgang: Der „Wiedergesundungsprozess des deutschen Menschen". Zum Verhältnis von Gesundheit, Hygiene und Gesellschaft auf der Düsseldorfer Gesolei. In: Körner, Hans/Stercken, Angela (Hg.): 1926-2004. GeSoLei. Kunst, Sport und Körper. Bd. 1. Düsseldorf 2004, S. 186-192.
Feitenhansl, Roland: Die städtische Frauen- und Kinderklinik in Nürnberg – ein Denkmal der 1930er bis 1950er Jahre. In: Denkmalpflege Informationen, Nr. 152, Juli 2012, S. 43-46.
Fenn, Monika/Körner, Hans-Michael: Das Schulwesen. In: Spindler, Max (Hg.): Handbuch der bayerischen Geschichte. Bd. 4/2. Das Neue Bayern. Von 1800 bis zur Gegenwart. Die innere und kulturelle Entwicklung. München 2007, S. 395-435.
Fenn, Monika/Meilchen, Gregor (Hg.): Bayerische Geschichte in Wissenschaft und Unterricht. München 2011.
Florschütz, Inez: Kommunale Sozialpolitik und deren historische Hintergründe am Beispiel des Nürnberger Volks- und Sportparkgeländes in der Weimarer Republik. Erlangen/Nürnberg 1993, unveröff. Zulassungsarbeit für Lehramt Geschichte am Gymnasium (= StAN, Av 5652,4).
[Forstner, Thomas] (Hg.): Kardinal Michael von Faulhaber. 1869-1952. Eine Ausstellung des Archivs des Erzbistums München und Freising, des Bayerischen Hauptstaatsarchivs und des Stadtarchivs München zum 50. Todestag. München 2002.
Forstner, Thomas: Auseinandersetzungen mit der bayerischen NS-Regierung. In: ders. (Hg.): Kardinal Michael von Faulhaber. 1869-1952. Eine Ausstellung des Archivs des

Erzbistums München und Freising, des Bayerischen Hauptstaatsarchivs und des Stadtarchivs München zum 50. Todestag. München 2002, S. 279-301.

Frank, Harmut: Typus oder Norm. In: Aicher, Florian/Drepper, Uwe (Hg.): Robert Vorhoelzer – Ein Architektenleben. Die klassische Moderne der Post. München 1990, S. 14-23.

Frölich, Jürgen: Müller-Meiningen, Ernst. In: NDB, hg. von der Historischen Kommission bei der Bayerischen Akademie der Wissenschaften. Bd. 18. Berlin 1997, S. 505-507.

Gay, Peter: Die Republik der Außenseiter. Geist und Kultur in der Weimarer Zeit 1918-1933. Frankfurt a. M. 2004.

Geiger, Franz: 150 Jahre Staatsbauwesen. 125 Jahre Oberste Baubehörde in Bayern. In: Wambsganz, Ludwig, u. a.: 125 Jahre Bayerische Oberste Baubehörde. München 1955, S. 3-40.

Genge, Gabriele (Hg.): 1926-2004. GeSoLei. Kunst, Sport und Körper. Bd. 2. Methoden und Perspektiven. Düsseldorf 2004.

Gerabek, Werner E.: Das Gesundheitswesen der Stadt Würzburg. In: Wagner, Ulrich (Hg.): Geschichte der Stadt Würzburg. Bd. 3/1. Vom Übergang an Bayern bis zum 21. Jahrhundert. Stuttgart 2007, S. 770-776.

Gerken, Daniel: Die Selbstverwaltung der Stadt Würzburg in der Weimarer Republik und im Dritten Reich. Würzburg 2004.

Gerstenberg, Günter: Die rote Burg der Einschichtigen. In: Müller-Rieger, Monika (Hg.): Westend. Von der Sendlinger Haid´ zum Münchner Stadtteil. München 1995, S. 130-150.

Geyer, Martin H.: Verkehrte Welt. Revolution, Inflation und Moderne, München 1914-1924. Göttingen 1998.

Gömmel, Rainer: Gewerbe, Handel und Verkehr. In: Spindler, Max (Hg.): Handbuch der bayerischen Geschichte. Bd. 4/2. Das Neue Bayern. Von 1800 bis zur Gegenwart. Die innere und kulturelle Entwicklung. München 2007, S. 216-299.

Götschmann, Dirk: Wirtschaftsgeschichte Bayerns. 19. und 20. Jahrhundert. Regensburg 2010.

Götschmann, Dirk: Bayerns Weg vom Agrarland zum postindustriellen Wirtschaftsstandort. In: Edition Bayern. Sonderheft Nr. 5. Industriekultur in Bayern. Augsburg 2012, S. 4-20.

Goetz, Christine: Kath. Stadtpfarrkirche St. Gabriel München. München/Zürich 1990.

Götz, Norbert: „Bauschmuck" zwischen Ästhetik und Politik. In: Aicher, Florian/Drepper, Uwe (Hg.): Robert Vorhoelzer – Ein Architektenleben. Die klassische Moderne der Post. München 1990, S. 256-264.

Goetz, Walter: Auer, Erhard. In: NDB, hg. von der Historischen Kommission bei der Bayerischen Akademie der Wissenschaften. Bd. 1. Berlin 1953, S. 429f.

Goschler, Constantin: Die Revolution der Wissenschaften. In: Wirsching, Andreas (Hg.): Neueste Zeit. München 2009, S. 75-88.

Grau, Bernhard: Kurt Eisner. 1867-1919. Eine Biographie. München 2001.

Grau, Bernhard: Faulhabers ärgster Widersacher. In: [Forstner, Thomas] (Hg.): Kardinal Michael von Faulhaber. 1869-1952. Eine Ausstellung des Archivs des Erzbistums München und Freising, des Bayerischen Hauptstaatsarchivs und des Stadtarchivs München zum 50. Todestag. München 2002, S. 183-185.

Grau, Bernhard: Widerstand gegen die Trennung von Staat und Kirche. In: [Forstner, Thomas] (Hg.): Kardinal Michael von Faulhaber. 1869-1952. Eine Ausstellung des Archivs des Erzbistums München und Freising, des Bayerischen Hauptstaatsarchivs und des Stadtarchivs München zum 50. Todestag. München 2002, S. 181-183.

Gropius, Walter: Architektur. Wege zu einer optischen Kultur. Frankfurt a. M./Hamburg 1956.

Gropius, Walter: Die neue Architektur und das Bauhaus. Grundzüge und Entwicklung einer Konzeption. Mainz 1965.

Grünberg, Ann: Hochhausvisionen in der Münchner Innenstadt. In: Billeter, Felix/Günther, Antje/Krämer, Steffen (Hg.): Münchner Moderne. Kunst und Architektur der zwanziger Jahre. München/Berlin 2002, S. 50-55.

Güldenstubbe, Erik von: Bischof Matthias Ehrenfried. In: Wagner, Ulrich (Hg.): Geschichte der Stadt Würzburg. Bd. 3/1. Vom Übergang an Bayern bis zum 21. Jahrhundert. Stuttgart 2007, S. 479-481.

Haeutle, Christian: 75 Jahre Schlacht- und Viehhof München. München 1953.
Hafner, Thomas: Heimstätten. In: Kähler, Gert (Hg.): Geschichte des Wohnens. Bd. 4. 1918-1945. Reform, Reaktion, Zerstörung. Stuttgart 1996, S. 557-597.
Hahn, Barbara/Baumhauer, Roland/Wiktorin, Dorothea (Hg.): Atlas Würzburg. Vielfalt und Wandel der Stadt im Kartenbild. Trento 2016.
Hahn, Barbara: Zellerau: ein Stadtteil im Umbruch. In: dies./Baumhauer, Roland/Wiktorin, Dorothea (Hg.): Atlas Würzburg. Vielfalt und Wandel der Stadt im Kartenbild. Trento 2016, S. 128f.
Harant, Thomas: Die Architektur von Roderich Fick. In: Hellerer, Friederike (Hg.): Roderich Fick. Baumeister in Herrsching. Herrsching 2007.
Hart, Franz: Erinnerungen an Hermann Leitenstorfer. In: Meitinger, Otto (Hg.): Hermann Leitenstorfer 1886-1972. München 1992, S. 62f.
Hartmann, Kristiana: Alltagskultur, Alltagsleben, Wohnkultur. In: Kähler, Gert (Hg.): Geschichte des Wohnens. Bd. 4, 1918-1945 Reform, Reaktion, Zerstörung. Stuttgart 1996, S. 183-301.
Hausberger, Karl: Sieben oberhirtliche Stellungnahmen zur Ausbildung des Klerus an den staatlichen Universitätsfakultäten Deutschlands aus dem Jahr 1899. In: Becker, Winfried/Chrobak, Werner (Hg.): Staat, Kultur, Politik. Beiträge zur Geschichte Bayerns und des Katholizismus. Kallmünz 1992, S. 273-285.
Heisig, Ines: „Kinder, die unter Steinen aufwachsen". Die Kinderdarstellung der Neuen Sachlichkeit im Kontext der Großstadt der Weimarer Republik. In: Clemens, Gabriele B./El Gammal, Jean/Lüsebrink, Hans-Jürgen (Hg.): Städtischer Raum im Wandel. Modernität – Mobilität – Repräsentationen. Espaces urbains en mutation. Modernités – mobilités – représentations. Berlin 2011, S. 137-257.
Heiß, Ulrich: Architekturführer. Architektur in Augsburg 1900-2000. Augsburg 2000.
Hellerer, Friederike (Hg.): Roderich Fick. Baumeister in Herrsching. Herrsching 2007.
Hellerer, Friederike: Der Architekt Roderich Fick – eine „rechte Karriere"? In: dies. (Hg.): Roderich Fick. Baumeister in Herrsching. Herrsching 2007.
Henning, Friedrich-Wilhelm: Handbuch der Wirtschafts- und Sozialgeschichte Deutschlands. Bd. 3/I. Paderborn 2003.
Hermann, Michael: Kommunale Kulturpolitik in München von 1919 bis 1935. München 2003 (= Bauer, Richard/Ziegler, Walter [Hg.]: Miscellanea Bavarica Monacensia. Dissertationen zur Bayerischen Landes- und Münchener Stadtgeschichte. Bd. 179).
Hettler, Friedrich/Sing, Achim (Hg.) Die Münchner Oberbürgermeister. München 2008.
Hetzer, Gerhard: Räterepublik. In: Baer, Wolfram/Bellot, Josef/Falk, Tilma, u. a. (Hg.): Augsburger Stadtlexikon. Geschichte, Gesellschaft, Kultur, Recht, Wirtschaft. Augsburg 1985, S. 293f.
Hetzer, Gerhard: Deutschnationale Volkspartei (DNVP). In: Baer, Wolfram/Bellot, Josef/Falk, Tilma, u. a. (Hg.): Augsburger Stadtlexikon. Geschichte, Gesellschaft, Kultur, Recht, Wirtschaft. Augsburg 1985, S. 79.
Hetzer, Gerhard: Deutschenbaur, Kaspar. In: Baer, Wolfram/Bellot, Josef/Falk, Tilma, u. a. (Hg.): Augsburger Stadtlexikon. Geschichte, Gesellschaft, Kultur, Recht, Wirtschaft. Augsburg 1985, S. 78.
Hetzer, Gerhard: Bayerische Volkspartei. In: Baer, Wolfram/Bellot, Josef/Falk, Tilma, u. a. (Hg.): Augsburger Stadtlexikon. Geschichte, Gesellschaft, Kultur, Recht, Wirtschaft. Augsburg 1985, S. 38.
Heyden, Thomas/Schmidt, Alexander: Ludwig Ruff. Von der Werderau zur Kongreßhalle. In: Schmidt: Geländebegehung. Das Reichsparteitagsgelände in Nürnberg. Nürnberg 2005, S. 175-177.
Hipolitschek, Kriemhild: Universitäts-Frauenklinik Würzburg. Zur Geschichte der Klinik und ihrer Direktoren. Würzburg 1975.

Hobsbawm, Eric: Das Zeitalter der Extreme. Weltgeschichte des 20. Jahrhunderts. München 2007.
Höpfner, Rosemarie (Hg.): Ernst May und das neue Frankfurt. 1925–1930. Berlin 1986.
Hoff, August/Muck, Herbert/Thoma, Raimund: Dominikus Böhm. München/Zürich 1962.
Hoff, August: Dominikus Böhm, Lebensbild und Persönlichkeit. In: Hoff, August/Muck, Herbert/Thoma, Raimund: Dominikus Böhm. München/Zürich 1962, S. [13–25].
Hollweck, Ludwig: München in den Zwanziger Jahren. Zwischen Tradition und Fortschritt. München 1982.
Honold, Matthias: „Nur halbvoll soll die Wanne sein". Zur Geschichte des Nürnberger Volksbades. In: Bielefeldt, Katrin (Hg.): Gostenhof. Muggenhof, Eberhardshof & Kleinweidenmühle. Geschichte eines Stadtteils. Nürnberg 2005 (= Nürnberger Stadtteilbücher. Bd. 9), S. 125–129.
Hoser, Paul: Die politischen, wirtschaftlichen und sozialen Hintergründe der Münchner Tagespresse zwischen 1914 und 1934. Methoden der Pressebeeinflussung. Frankfurt a. M. 1990.
Huber, Gottfried: 75 Jahre Pfarrgemeinde St. Rupert. Geschichte und Geschichten. In: Kath. Pfarramt St. Benedikt München/Kath. Pfarramt St. Rupert München/Evang.-Luth. Pfarramt Auferstehungskirche München (Hg.): Festschrift zum Jubiläum 1981. 100 Jahre Kirche St. Benedikt. 75 Jahre Pfarrei St. Rupert. 50 Jahre Auferstehungskirche. München 1981, S. 52–80.
Hürten, Heinz: Revolution und Zeit der Weimarer Republik. In: Spindler, Max (Hg.): Handbuch der bayerischen Geschichte. Bd. 4/1. Das Neue Bayern. Von 1800 bis zur Gegenwart. Staat und Politik. München 2003, S. 437–498.
Hürten, Heinz: Die katholische Kirche seit 1800. In: Spindler, Max (Hg.): Handbuch der bayerischen Geschichte. Bd. 4/2. Das Neue Bayern. Von 1800 bis zur Gegenwart. Die innere und kulturelle Entwicklung. München 2007, S. 300–330.
Huse, Norbert: „Neues Bauen" 1918 bis 1933. Moderne Architektur in der Weimarer Republik. Berlin 1985.
Huse, Norbert: Ein Nachwort oder schon ein Nachruf? In: Schmuck, Suse: Das Alte Krankenhaus. Würzburg 2011 (= Hefte für Schweinfurt. Bd.1), S. 37.

Irschl, Simon: Michael Kardinal von Faulhaber. München 1952.

Jehle, Manfred: Ein Bauherr und seine Architekten, Herrmann Luppe gewidmet. In: Sembach, Klaus-Jürgen (Hg.): Architektur in Nürnberg 1904–1994. Nürnberg 1994, S. 18–21.
Jobst, Martin: Postamt Goetheplatz. In: Aicher, Florian/Drepper, Uwe (Hg.): Robert Vorhoelzer – Ein Architektenleben. Die klassische Moderne der Post. München 1990, S. 40–49.
Joerg, Roland: Die Organisation der Bayerischen Staatsbauverwaltung – Historischer Rückblick und heutiger Stand. In: Eisgruber, Bernt: 150 Jahre Oberste Baubehörde im Bayerischen Staatsministerium des Innern. München 1980, S. 13–16.
Junghanns, Kurt: Bruno Taut 1880–1938. Architektur und sozialer Gedanke. Leipzig 1998.

Kähler, Gert (Hg.): Geschichte des Wohnens. Bd. 4. 1918–1945. Reform, Reaktion, Zerstörung. Stuttgart 1996.
Kähler, Gert: Nicht nur Neues Bauen! Stadtbau, Wohnung, Architektur. In: Kähler, Gert (Hg.): Geschichte des Wohnens. Bd. 4. 1918–1945. Reform, Reaktion, Zerstörung. Stuttgart 1996, S. 305–452.
Kähler, Gert: Wohnung und Stadt. Hamburg – Frankfurt – Wien. Modelle sozialen Wohnens in den zwanziger Jahren. Braunschweig/Wiesbaden 1985.
Kaiser, Jürgen: Herz-Jesu-Kirche der Mariannhiller Missionare Würzburg. Regensburg 2000.
Kamp, Michael: Die städtischen Kliniken Münchens in Geschichte und Gegenwart. München 2009.
Karnapp, Birgit-Verena: Der Neubau der Pfarrkirche und des Klosters St. Theresia in München-Neuhausen. In: [Forstner, Thomas] (Hg.): Kardinal Michael von Faulhaber. 1869-

1952. Eine Ausstellung des Archivs des Erzbistums München und Freising, des Bayerischen Hauptstaatsarchivs und des Stadtarchivs München zum 50. Todestag. München 2002, S. 246-249.

Karnapp, Birgit-Verena: Die Pfarrkirche St. Pius in München-Ramersdorf. In: [Forstner, Thomas] (Hg.): Kardinal Michael von Faulhaber. 1869-1952. Eine Ausstellung des Archivs des Erzbistums München und Freising, des Bayerischen Hauptstaatsarchivs und des Stadtarchivs München zum 50. Todestag. München 2002, S. 255-258.

Karnapp, Birgit-Verena: Kirchenbau und Friedenshoffnung: Königin des Friedens in München-Giesing. In: [Forstner, Thomas] (Hg.): Kardinal Michael von Faulhaber. 1869-1952. Eine Ausstellung des Archivs des Erzbistums München und Freising, des Bayerischen Hauptstaatsarchivs und des Stadtarchivs München zum 50. Todestag. München 2002, S. 258-261.

Kasberger, Erich: Unsere Jahre in Ramersdorf und Berg am Laim. Die Siedlung Neu-Ramersdorf und ihre Geschichte. München 2010.

Kath. Pfarramt St. Benedikt München/Kath. Pfarramt St. Rupert München/Evang.-Luth. Pfarramt Auferstehungskirche München (Hg.): Festschrift zum Jubiläum 1981. 100 Jahre Kirche St. Benedikt. 75 Jahre Pfarrei St. Rupert. 50 Jahre Auferstehungskirche. München 1981.

Kath. Stadtpfarrei Hl. Familie München-Harlaching (Hg.): 1931-1981. 50 Jahre Pfarrei Hl. Familie München-Harlaching. München 1981.

Katholisches Stadtpfarramt München St. Theresia (Hg.): 50 Jahre Pfarrei St Theresia in München 1935-1985. Festschrift zum 50jährigen Jubiläum der Pfarrei St. Theresia in München. Miesbach 1985.

Kerkhoff, Ulrich: Eine Abkehr vom Historizismus oder ein Weg zur Moderne. Theodor Fischer. Stuttgart 1987.

Keß, Bettina: Kunstleben und Kulturpolitik in der Provinz. Würzburg 1919 bis 1945. Würzburg 2001.

Keß, Bettina/Reese, Beate (Hg.): Tradition und Aufbruch. Würzburg und die Kunst der 1920er Jahre. Würzburg 2003.

Keß, Bettina: „Konservative ‚Bildlesmalerei' gegen neue Ausdruckskunst". In: dies./Reese, Beate (Hg.): Tradition und Aufbruch. Würzburg und die Kunst der 1920er Jahre. Würzburg 2003, S. 9-26.

Keß, Bettina: „Würzburgs Heim der modernen Kunst". Oskar Laredo und das Neue Graphische Kabinett. In: dies./Reese, Beate (Hg.): Tradition und Aufbruch. Würzburg und die Kunst der 1920er Jahre. Würzburg 2003, S. 67-74.

Kiiskinen, Elina: Die Deutschnationale Volkspartei in Bayern (Bayerische Mittelpartei) in der Regierungspolitik des Freistaats während der Weimarer Zeit. München 2005.

Klotz, Sabine: Fritz Landauer. Leben und Werk eines jüdischen Architekten. Berlin 2001.

Körner, Burkhard: Ein Schwung in der Landschaft: das Rosenaustadion in Augsburg. In: Denkmalpflege Informationen, Nr. 159, November 2014, S. 26f.

Körner, Hans/Stercken, Angela (Hg.): 1926-2004. GeSoLei. Kunst, Sport und Körper. Bd. 1. Düsseldorf 2004.

Körner, Hans-Michael: Parlamentarisierung und Eigenstaatlichkeit. Gibt es um 1900 eine Wende in der bayerischen Politik? In: Becker, Winfried/Chrobak, Werner (Hg.): Staat, Kultur, Politik. Beiträge zur Geschichte Bayerns und des Katholizismus. Kallmünz 1992, S. 287-299.

Kolb, Eberhard: Die Weimarer Republik. München 2009 (= Gall, Lothar/Hölkeskamp, Karl-Joachim/Jakobs, Hermann [Hg.]: Oldenbourg Grundriss der Geschichte. Bd. 16).

Koller, Christian (Hg.): Sport als städtisches Ereignis. 45. Arbeitstagung. Ostfildern 2008 (= Roeck, Bernd [Hg.]: Stadt in der Geschichte. Veröffentlichungen des Südwestdeutschen Arbeitskreises für Stadtgeschichtsforschung. Bd. 33).

Kornacker, Susanne: Hilfe gegen Hunger: Reisen in die USA (1923, 1926). In: [Forstner, Thomas] (Hg.): Kardinal Michael von Faulhaber. 1869-1952. Eine Ausstellung des Archivs des Erzbistums München und Freising, des Bayerischen Hauptstaatsarchivs und des Stadtarchivs München zum 50. Todestag. München 2002, S. 221-228.

Kornemann, Rolf: Gesetze, Gesetze ... Die amtliche Wohnungspolitik in der Zeit von 1918 bis 1945 in Gesetzen, Verordnungen und Erlassen. In: Kähler, Gert (Hg.): Geschichte des Wohnens. Band 4. 1918-1945. Reform, Reaktion, Zerstörung. Stuttgart 1996, S. 599-723.
Krack, Roland (Hg.): Die Parkstadt Bogenhausen in München. München 2006.
Krämer, Steffen: „Mythos Kunststadt" – Architektur der zwanziger Jahre in München. In: Billeter, Felix/Günther, Antje/Krämer, Steffen (Hg.): Münchner Moderne. Kunst und Architektur der zwanziger Jahre. München/Berlin 2002, S. 10-35.
Krämer, Steffen: Das Münchner Wohnungsbauprogramm von 1928-1930. In: Billeter, Felix/Günther, Antje/Krämer, Steffen (Hg.): Münchner Moderne. Kunst und Architektur der zwanziger Jahre. München/Berlin 2002, S. 66-79.
Kramer, Ferdinand: Der Lehrstuhl für bayerische Landesgeschichte von 1917 bis 1977. In: Volkert, Wilhelm/Ziegler, Walter (Hg.): Im Dienst der bayerischen Geschichte. 70 Jahre Kommission für bayerische Landesgeschichte. 50 Jahre Institut für Bayerische Geschichte. München 1998.
Kramer, Lore: Die Münchner Küche. Grundriss und Lebensform. In: Aicher, Florian/Drepper, Uwe (Hg.): Robert Vorhoelzer – Ein Architektenleben. Die klassische Moderne der Post. München 1990, S. 245-249.
Kraus, Andreas: Maximilian I. Bayerns großer Kurfürst. Graz u. a. 1990.
Kraus, Werner (Hg.): Schauplätze der Industriekultur in Bayern. Regensburg 2006.
Kraus, Werner: 170 Jahre Industriekultur in Bayern – ein Überblick. In: ders. (Hg.): Schauplätze der Industriekultur in Bayern. Regensburg 2006, S. 14-17.
Kreitl, Norbert (Hg.): 125 Jahre Ramersdorf bei München. München 1989.
[Krug, Klaus (Hg.)]: 75 Jahre Bauverein Schweinfurt. 1917-1992. Schweinfurt 1992.
Kuhn, Gerd: Landmann, Asch, May. In: Höpfner, Rosemarie: Ernst May und das neue Frankfurt. Berlin 1986, S. 20-27.
Kummer, Stefan: Bildende Kunst und Architektur vom Beginn der bayerischen Zeit bis zum Ende des Zweiten Weltkrieges. In: Wagner, Ulrich (Hg.): Geschichte der Stadt Würzburg. Bd. 3/1. Vom Übergang an Bayern bis zum 21. Jahrhundert. Stuttgart 2007, S. 829-868.
Kurrent, Friedrich: Die Architektur der Münchner Postbauten im internationalen Vergleich. In: Aicher, Florian/Drepper, Uwe (Hg.): Robert Vorhoelzer – Ein Architektenleben. Die klassische Moderne der Post. München 1990, S. 137-142.
Kutting, Dennis: „Neues Bauen für neue Menschen?" Planungen städtischer Verwaltungen und Aneignung durch die Bewohner im sozialen Wohnungsbau der 1920er Jahre. Speyer 2010.

Laible, Ulrike: Bauen für die Kirche. Der Architekt Michael Kurz. 1876-1957. Berlin 2003.
Landeshauptstadt München, Referat für Stadtplanung und Bauordnung (Hg.): 50. Todestag von Theodor Fischer. München 1988.
Laney-Lupton, Kennie Ann: Das Rheinland und der Westen. In: Zukowsky, John (Hg.): Architektur in Deutschland 1919-1939. Die Vielfalt der Moderne. München/New York 1994, S. 72-111.
Laturell, Volker D./Mooseder, Georg: Moosach. Geschichte und Gegenwart. München 1993.
Laube, Volker: Katholische Gesamtkirchengemeinde München. In: [Forstner, Thomas] (Hg.): Kardinal Michael von Faulhaber. 1869-1952. Eine Ausstellung des Archivs des Erzbistums München und Freising, des Bayerischen Hauptstaatsarchivs und des Stadtarchivs München zum 50. Todestag. München 2002, S. 243.
Laube, Volker: Kirchenbau als pastorale Aufgabe. In: [Forstner, Thomas] (Hg.): Kardinal Michael von Faulhaber. 1869-1952. Eine Ausstellung des Archivs des Erzbistums München und Freising, des Bayerischen Hauptstaatsarchivs und des Stadtarchivs München zum 50. Todestag. München 2002, S. 229-245.
Lenk, Leonhard: Hoffmann, Johannes. In: NDB, hg. von der Historischen Kommission bei der Bayerischen Akademie der Wissenschaften. Bd. 9. Berlin 1927, S. 427f.
Lesnikowski, Wojciech: Der Osten: Schlesien, Sachsen, Thüringen und Brandenburg. In: Zukowsky, John (Hg.): Architektur in Deutschland 1919-1939. Die Vielfalt der Moderne. München/New York 1994, S. 214-250.

Lieb, Norbert: Michael Kurz. In: NDB, hg. von der Historischen Kommission bei der Bayerischen Akademie der Wissenschaften. Bd. 13. Berlin 1982, S. 336f.
Löffelmeier, Anton: Vom Deutschen Turnfest zum Nanga-Parbat. Kommunale Sportförderung und Sportpolitik in München zwischen 1919 und 1935. In: Koller, Christian (Hg.): Sport als städtisches Ereignis. 45. Arbeitstagung. Ostfildern 2008 (= Roeck, Bernd [Hg.]: Stadt in der Geschichte. Veröffentlichungen des Südwestdeutschen Arbeitskreises für Stadtgeschichtsforschung. Bd. 33), S. 95-114.
Loibl, Richard: Themenroute: Textilstadt Augsburg. In: Kraus, Werner (Hg.): Schauplätze der Industriekultur in Bayern. Regensburg 2006, S. 26-35.
Luidl, Philipp: Post-Skriptum. In: Aicher, Florian/Drepper, Uwe (Hg.): Robert Vorhoelzer – Ein Architektenleben. Die klassische Moderne der Post. München 1990, S. 59-75.
Lutz, Werner: Augsburgs Weg zur modernen Großstadt 1907-72. Die Künstlervereinigung Augsburg „Die Ecke" als kritischer Wegbegleiter. Ausburg 2001.
Lutzenberger, Karin: Alte Haide. Geschichte und Geschichten. Bd. 1. Von der Schafweide zur Arbeitersiedlung. München [2003?].

Maasberg, Ute/Prinz, Regina: Die Neuen kommen! Weibliche Avantgarde in der Architektur der zwanziger Jahre. Hamburg 2005.
Mäder, Günter: Aus Geschichte und Gegenwart der Pfarrei Auferstehungskirche. In: Kath. Pfarramt St. Benedikt München/Kath. Pfarramt St. Rupert München/Evang.-Luth. Pfarramt Auferstehungskirche München (Hg.): Festschrift zum Jubiläum 1981. 100 Jahre Kirche St. Benedikt. 75 Jahre Pfarrei St. Rupert. 50 Jahre Auferstehungskirche. München 1981, S. 89-94.
Mäder, Renate: Der Architekt: German Bestelmeyer. In: Kath. Pfarramt St. Benedikt München/Kath. Pfarramt St. Rupert München/Evang.-Luth. Pfarramt Auferstehungskirche München (Hg.): Festschrift zum Jubiläum 1981. 100 Jahre Kirche St. Benedikt. 75 Jahre Pfarrei St. Rupert. 50 Jahre Auferstehungskirche. München 1981, S. 87-89.
May, Herbert: Themenroute: Nürnberg, vom Arbeiterquartier zur Gartenstadt. In: Kraus, Werner (Hg.): Schauplätze der Industriekultur in Bayern. Regensburg 2006, S. 106-110.
May, Nicola: „Hurra ... wir treiben Sport!" Leibesertüchtigung auf der Bühne der 20er Jahre. In: Genge, Gabriele (Hg.): 1926-2004. GeSoLei. Kunst, Sport und Körper. Bd. 2. Methoden und Perspektiven. Düsseldorf 2004, S. 33-43.
Mayr, Olivia/Salzmann, Astrid: Post und Siedlung am Harras. In: Aicher, Florian/Drepper, Uwe (Hg.): Robert Vorhoelzer – Ein Architektenleben. Die klassische Moderne der Post. München 1990, S. 76-81.
Meder, Iris: Offene Welten. Die Wiener Schule im Einfamilienhausbau 1910-1938. Stuttgart 2004.
Meier, Friederike/Perouansky, Serge/Stintzing, Jürgen (Hg.): Das Westend. Geschichte und Geschichten eines Münchner Stadtteils. München 2005.
Meitinger, Otto (Hg.): Katalog zur Ausstellung an der Technischen Universität München. München 1992.
Mergel, Thomas: Das Parlamentarische System von Weimar und die Folgelasten des Ersten Weltkriegs. In: Wirsching, Andreas (Hg.): Herausforderungen der parlamentarischen Demokratie. München 2007, S. 37-59.
Metzger, Rainer/Brandstätter, Christian: Berlin. Die Zwanzigerjahre. Kunst und Kultur 1918-1933, Wien 2006.
Miller Lane, Barbara: Architektur und Politik in Deutschland 1918-1945. Braunschweig/Wiesbaden 1986.
Mittenhuber, Martina/Schmidt, Alexander/Windsheimer, Bernd: Der Nürnberger Nordosten. StadtteilGeschichte. Nürnberg 2012 (= Geschichte für alle e. V. [Hg.]: Nürnberger Stadtteilbücher. Bd. 4).
Mittmann, Markus: Bauen im Nationalsozialismus. Braunschweig, die „Deutsche Siedlungsstadt" und die „Mustersiedlung der Deutschen Arbeitsfront" Braunschweig Mascherode. Ursprung – Gestaltung – Analyse. Hameln 2003.

Möller, Horst: Weimar. Die unvollendete Demokratie. München 1985 (= Broszat, Martin/ Benz, Wolfgang/Graml, Hermann [Hg.]: Deutsche Geschichte der neuesten Zeit vom 19. Jahrhundert bis zur Gegenwart).
Möller, Horst: Die Weimarer Republik. Eine unvollendete Demokratie. München 2004.
Mommsen, Hans: Die Krise der parlamentarischen Demokratie im Europa der Zwischenkriegszeit. In: Wirsching, Andreas (Hg.): Herausforderungen der parlamentarischen Demokratie. Die Weimarer Republik im europäischen Vergleich. München 2007 (= Schriftenreihe der Stiftung Reichspräsident-Friedrich-Ebert-Gedenkstätte. Bd. 13), S. 21–35.
Morsey, Rudolf: Prälaten auf der politischen Bühne. Zur Rolle geistlicher Parlamentarier im 19. und 20. Jahrhundert. In: Becker, Winfried/Chrobak, Werner (Hg.): Staat, Kultur, Politik. Beiträge zur Geschichte Bayerns und des Katholizismus. Kallmünz 1992, S. 313–323.
Müller-Rieger, Monika: Westend. Von der Sendlinger Haid' zum Münchner Stadtteil. München 1995.
Muller, Pierre: Geschichte der Gynäkologie vom 18. Jahrhundert bis zur Gegenwart. In: Toellner, Richard: Illustrierte Geschichte der Medizin. Bd. 3. Augsburg 2000, S. 1277–1323.
Murken, Axel Hinrich: Vom Armenhospital zum Großklinikum. Die Geschichte des Krankenhauses vom 18. Jahrhundert bis zur Gegenwart. Köln 1995.
Murken, Axel Hinrich: Geschichte des Hospital- und Krankenhauswesens im deutschsprachigen Raum. Von den ersten Hospitälern zur Zeit der Völkerwanderung bis zu den Universitätskliniken der Gegenwart. In: Toellner, Richard: Illustrierte Geschichte der Medizin. Bd. 3. Augsburg 2000, S. 1542–1599.

Naser, Markus: Würzburgs Blütezeit als Residenzstadt. In: Hahn, Barbara/Baumhauer, Roland/Wiktorin, Dorothea (Hg.): Atlas Würzburg. Vielfalt und Wandel der Stadt im Kartenbild. Trento 2016, S. 44–47.
Nerdinger, Winfried: Richard Riemerschmid. Vom Jugendstil zum Werkbund. Werke und Dokumente. München 1982.
Nerdinger, Winfried: Theodor Fischer. Architekt und Städtebauer 1862–1938. München 1988.
Nerdinger, Winfried (Hg.): Bauhaus-Moderne im Nationalsozialismus. Zwischen Anbiederung und Verfolgung. München 1993.
Nerdinger, Winfried: Modernisierung – Bauhaus – Nationalsozialismus. In: ders. (Hg.): Bauhaus-Moderne im Nationalsozialismus. Zwischen Anbiederung und Verfolgung. München 1993, S. 9–23.
Nerdinger, Winfried: Bauhaus-Architekten im „Dritten Reich". In: ders. (Hg.): Bauhaus-Moderne im Nationalsozialismus. Zwischen Anbiederung und Verfolgung. München 1993, S. 153–178.
Nerdinger, Winfried (Hg.): Thomas Wechs 1893–1970. Architekt der Moderne in Schwaben. Berlin 2005.
Nerdinger, Winfried: Thomas Wechs – Repräsentant der modernen Architektur in Schwaben. In: ders. (Hg.): Thomas Wechs 1893–1970. Architekt der Moderne in Schwaben. Berlin 2005, S. 9–16.
Nerdinger, Winfried: Architektur – Macht – Erinnerung. Stellungnahmen 1984 bis 2004. München u. a. 2004.
Nerdinger, Winfried: Ort und Erinnerung. München 2006.
Nerdinger, Winfried: Die „Kunststadt" München. In: Stölzl, Christoph (Hg.): Die Zwanziger Jahre in München. Katalog zur Ausstellung im Münchner Stadtmuseum Mai bis September 1979. [München 1979], S. 93–119, 344–346, 385, 392–394, 397, 400–402, 405, 410, 416, 445 f., 448, 456, 458, 460.
Niehuss, Merith: Lebenswelten in der Moderne. In: Wirsching, Andreas (Hg.): Neueste Zeit. München 2009, S. 89–102.

Orth, Friederike: Vom Zürichsee zum Ammersee. Notizen zur Biographie des Architekten Roderich Fick. In: Hellerer, Friederike (Hg.): Roderich Fick. Baumeister in Herrsching. Herrsching 2007.

Ostenrieder, Petra: Schuberthof. In: Baer, Wolfram/Bellot, Josef/Falk, Tilma, u. a. (Hg.): Augsburger Stadtlexikon. Geschichte, Gesellschaft, Kultur, Recht, Wirtschaft. Augsburg 1985, S. 333.
Ostermann, Ingrid: Fabrikbau und Moderne in Deutschland und den Niederlanden der 1920 und 30er Jahre. Berlin 2010.
Oswald, Rudolf: „Fußball-Volksgemeinschaft". Ideologie, Politik und Fanatismus im deutschen Fußball 1919-1964. Frankfurt a. M./New York 2008.
Otremba, Heinz (Hg.): 15 Jahrhunderte Würzburg. Eine Stadt und ihre Geschichte. Würzburg 1979.
Oury, Michel: Geschichte der Tuberkulose. In: Toellner, Richard (Hg.): Illustrierte Geschichte der Medizin. Bd. 5. Augsburg 2000, S. 2735-2755.

Pehnt, Wolfgang: Ein Pantheon für Postpakete. Das ehemalige Paketzustellamt an der Arnulfstraße. In: Aicher/Drepper: Robert Vorhoelzer – Ein Architektenleben. Die klassische Moderne der Post. München 1990, S. 188-193.
Peter, Franz: Kirchen. In: Drepper, Uwe/Aicher, Florian: Robert Vorhoelzer – Ein Architektenleben. Die klassische Moderne der Post. München 1990, S. 265-273.
Peter, Franz: Das Postamt an der Tegernseer Landstraße. In: Aicher, Florian/Drepper, Uwe (Hg.): Robert Vorhoelzer – Ein Architektenleben. Die klassische Moderne der Post. München 1990, S. 8-11.
Peters, Paulhans: Architektur nach 1918. In: Petzet, Michael (Hg.): Bayern – Kunst und Kultur. München 1972, S. 176-179.
Petersen, Kathi (Hg.): Benno Merkle. Oberbürgermeister von Schweinfurt 1920-1933. Schweinfurt 2003 (= Müller, Uwe [Hg.]: Veröffentlichungen des Stadtarchivs Schweinfurt, Nr. 18).
Petzet, Michael (Hg.): Bayern – Kunst und Kultur. München 1972.
Peukert, Detlev J. K.: Die Weimarer Republik. Krisenjahre der Klassischen Moderne. Frankfurt a. M. 1987.
Pevsner, Nikolaus: Europäische Architektur von den Anfängen bis zur Gegenwart. München 1973.
Pfankuch, Peter/Schneider Martina: Von der futuristischen zur funktionellen Stadt – Planen und Bauen in Europa 1913-1933. In: Waetzoldt, Stephan/Haas, Verena (Gesamtredaktion): Tendenzen der Zwanziger Jahre. 15. Europäische Kunstausstellung. Berlin 1977, S. 2/1-2/46.
Pfarrer und Pfarrgemeinde St. Sebastian (Hg.): Kirche im Wandel. 50 Jahre Sankt Sebastian in München Schwabing. 1929-1979. München 1979.
Pfister, Gertrud: Von der Kurzweyl zum Rekord – Körperkonzepte, Gesundheitsdiskurse und Leibesübungen im Wandel. In: Körner, Hans/Stercken, Angelika (Hg.): 1926-2002. GeSoLei. Kunst, Sport und Körper. Bd. 1. Ostfildern 2002, S. 77-88.
Pfister, Peter: Im Spannungsfeld von Orts- und Weltkirche: Freising, Fulda, Rom. In: [Forstner, Thomas] (Hg.): Kardinal Michael von Faulhaber. 1869-1952. Eine Ausstellung des Archivs des Erzbistums München und Freising, des Bayerischen Hauptstaatsarchivs und des Stadtarchivs München zum 50. Todestag. München 2002, S. 200-220.
Pfister, Rudolf: Theodor Fischer. Leben und Wirken eines deutschen Baumeisters. München 1968.
Philipp, Klaus Jan: Das Reclam Buch der Architektur. Stuttgart 2006.
Piper, Ernst: Aus der Sicht eines Unpolitischen. In: Bauer, Reinhard/Piper, Ernst (Hg.): München. Ein Lesebuch. Frankfurt a. M. 1986, S. 173-180.
Plumpe, Werner: Der Reichsverband der Deutschen Industrie und die Krise der Weimarer Wirtschaft. In: Wirsching, Andreas (Hg.): Herausforderungen der parlamentarischen Demokratie. München 2007, S. 129-157.
Poppelreuter, Tanja: Das neue Bauen für den neuen Menschen. Zur Wandlung und Wirkung des Menschenbildes in der Architektur der 1920er Jahre in Deutschland. Hildesheim/Zürich/New York 2007.
Prigge, Walter: Verflechtungen. In: Höpfner, Rosemarie: Ernst May und das neue Frankfurt. Berlin 1986, S. 13-19.

Raithel, Thomas: Konzepte der „Moderne" und Ansätze der „Postmoderne". In: Wirsching, Andreas (Hg.): Neueste Zeit. München 2009, S. 267-280.
Ramisch, Hans/Steiner, Peter: Katholische Kirchen in München. München 1984.
Ramisch, Hans: Der katholische Kirchenbau im Erzbistum München und Freising unter Kardinal Michael von Faulhaber. In: Schwaiger, Georg (Hg.): Das Erzbistum München und Freising in der Zeit der nationalsozialistischen Herrschaft. Bd. 1. München, 1984, S. 581-593.
Reitberger, Heiner: Das alte Würzburg. Würzburg 1977.
Ringshausen, Gerhard: Die Christenheit im 20. Jahrhundert. In: Faulstich, Werner (Hg.): Die Kultur des 20. Jahrhunderts im Überblick. München/Paderborn 2011, S. 49-70.
Rodenstein, Marianne/Böhm-Ott, Stefan: Gesunde Wohnungen und Wohnungen für gesunde Deutsche. In: Kähler, Gert (Hg.): Geschichte des Wohnens. Bd. 4. 1918-1945. Reform, Reaktion, Zerstörung. Stuttgart 1996, S. 453-555.
Rudloff, Wilfried: Die Wohlfahrtsstadt. Kommunale Ernährungs-, Fürsorge- und Wohnungspolitik am Beispiel Münchens 1910-1933. Bde. 1 u. 2, Göttingen 1998 (= Schriftenreihe der Historischen Kommission bei der Bayerischen Akademie der Wissenschaften. Bd. 63).
Ruppert, Karsten: Die Deutsche Zentrumspartei in der Mitverantwortung für die Weimarer Republik: Selbstverständnis und politische Leitideen einer konfessionellen Mittelpartei. In: Becker, Winfried (Hg.): Die Minderheit als Mitte. Die Deutsche Zentrumspartei in der Innenpolitik des Reiches 1871-1933. Paderborn u. a. 1986, S. 71-88.

Saldern, Adelheid von: Gesellschaft und Lebensgestaltung, Sozialkulturelle Streiflichter. In: Kähler, Gert (Hg.): Geschichte des Wohnens. Bd. 4. 1918-1945. Reform, Reaktion, Zerstörung. Stuttgart 1996, S. 45-181.
Sander, Johannes: Architektur des 19. und frühen 20. Jahrhunderts. In: Hahn, Barbara/Baumhauer, Roland/Wiktorin, Dorothea (Hg.): Atlas Würzburg. Vielfalt und Wandel der Stadt im Kartenbild. Trento 2016, S. 66-69.
Sarasin, Philipp: Reizbare Maschinen. Eine Geschichte des Körpers 1765-1914. Frankfurt a. M. 2001.
Schädler, Ulrich: Archäologie, Theater und Sport im Frankfurter Waldstadion. In: Lämmer, Manfred (Hg.): Stadion. Internationale Zeitschrift für Geschichte des Sports. Bd. 23. Sankt Augustin 1997.
Schieber, Martin/Schmidt, Alexander/Windsheimer, Bernd: St. Johannis. Geschichte eines Stadtteils. Nürnberg 2000 (= Nürnberger Stadtteilbücher. Bd. 7).
Schieber, Martin: Themenroute: Nürnberg, Gostenhof und Steinbühl. In: Kraus, Werner (Hg.): Schauplätze der Industriekultur in Bayern. Regensburg 2006, S. 110-112.
Schieber, Martin/Schmidt, Alexander/Windsheimer, Bernd: Architektur Nürnberg. Bauten und Biografien. Bd. 1. Vom Mittelalter bis zum Wiederaufbau. Nürnberg 2007.
Schindler, Herbert: Große Bayerische Kunstgeschichte. Bd. 2. Neuzeit. München 1976.
Schindler, Renate: Das Juliusspital. In: Wagner, Ulrich (Hg.): Geschichte der Stadt Würzburg. Bd. 3/1. Vom Übergang an Bayern bis zum 21. Jahrhundert. Stuttgart 2007, S. 786-789.
Schlossmann, Arthur: Schaubild als Erziehungsmodell. In: Körner, Hans/Stercken, Angela (Hg.): 1926-2004. GeSoLei. Kunst, Sport und Körper. Bd. 1. Düsseldorf 2004, S. 107-123.
Schmalzl, Markus: Erhard Auer. Wegbereiter der parlamentarischen Demokratie in Bayern. Kallmünz 2013.
Schmidt, Alexander: Die wbg-Siedlung St. Johannis. „... beste Anfänge einer ganz neuzeitlichen Wohnkultur...". In: Schieber, Martin/Schmidt, Alexander/Windsheimer, Bernd (Hg.): St. Johannis. Geschichte eines Stadtteils. Nürnberg 2000, S. 159-169.
Schmidt, Alexander: Kultur in Nürnberg 1918-1933. Die Weimarer Moderne in der Provinz. Nürnberg 2005.
Schmidt, Alexander: Geländebegehung. Das Reichsparteitagsgelände in Nürnberg. Nürnberg 2005.
Schmidt, Lydia: Kultusminister Franz Matt (1920-1926). Schul-, Kirchen- und Kunstpolitik in Bayern nach dem Umbruch von 1918. München 2000 (= Schriftenreihe zur Bayerischen Landesgeschichte. Bd. 126).

Schmidt, Walter: Amtsbauten aus Betriebsvorgängen gestaltet. Ravensburg 1949.
Schmidt, Walther: Theodor Fischer als Lehrmeister. In: Landeshauptstadt München, Referat für Stadtplanung und Bauordnung (Hg.): 50. Todestag von Theodor Fischer. München 1988.
Schmitt-Inkamp, Lioba: Roderich Fick (1886-1955). Wien/Köln/Weimar 2014 (= Nerdinger, Winfried/Rosenberg, Raphael [Hg.]: Hitlers Architekten. Historisch-kritische Monografien zur Regimearchitektur im Nationalsozialismus. Bd. 3).
Schmuck, Suse: Die Lerchenhainsiedlung. Würzburg 2002 (= Hefte für Würzburg. Bd. 2).
Schmuck, Suse: Von Kistenhäusern und Flachdächern. Peter Feile und das Neue Bauen in Würzburg. In: Keß, Bettina/Reese, Beate (Hg.): Tradition und Aufbruch. Würzburg und die Kunst der 1920er Jahre. Würzburg 2003, S. 113-135.
Schmuck, Suse: Der Architekt Peter Feile (1899-1972). Neue Sachlichkeit in Würzburg. Würzburg 2004/2005.
Schmuck, Suse: Das Hochhaus Augustinerstraße 9. Würzburg 2007 (= Hefte für Würzburg. Bd. 4).
Schmuck, Suse: Das Alte Krankenhaus. Würzburg 2011 (= Hefte für Schweinfurt. Bd. 1).
Schneider, Erich: Porträt: Ernst Sachs (1867-1932). In: Kraus, Werner (Hg.): Schauplätze der Industriekultur in Bayern. Regensburg 2006, S. 295 f.
Schneider, Erich (Hg.): Kunsthalle Schweinfurt. Im ehemaligen Ernst-Sachs-Bad. Schweinfurt 2007.
Schneider, Martina: Von der futuristischen zur funktionellen Stadt. Planen und Bauen in Europa von 1913 bis 1933. In: Waetzoldt, Stephan/Haas, Verena (Gesamtredaktion): Tendenzen der Zwanziger Jahre. 15. Europäische Kunstausstellung. Bd. 2. Berlin 1977, S. 1-47.
Schnell, Hugo: Der Kirchenbau des 20. Jahrhunderts in Deutschland. Dokumentation – Darstellung – Deutung. München/Zürich 1973.
Schreiber, Franz: Holzer, Otto. In: Baer, Wolfram/Bellot, Josef/Falk, Tilma, u. a. (Hg.): Augsburger Stadtlexikon. Geschichte, Gesellschaft, Kultur, Recht, Wirtschaft. Augsburg 1985, S. 175.
Schreiber, Franz: Wechs, Thomas. In: Baer, Wolfram/Bellot, Josef/Falk, Tilma, u. a. (Hg.): Augsburger Stadtlexikon. Geschichte, Gesellschaft, Kultur, Recht, Wirtschaft. Augsburg 1985, S. 404.
Schwaiger, Georg (Hg.): Das Erzbistum München und Freising in der Zeit der nationalsozialistischen Herrschaft. Bd. 1. München/Zürich 1984.
Schwend, Karl: Bayern zwischen Monarchie und Diktatur. München 1954.
Seiler, Joachim: Statistik des Erzbistums München und Freising in der ersten Hälfte des 20. Jahrhunderts. In: Schwaiger, Georg (Hg.): Das Erzbistum München und Freising in der Zeit der nationalsozialistischen Herrschaft. Bd. 1. München/Zürich 1984, S. 285-332.
Sembach, Klaus-Jürgen (Hg.): Architektur in Nürnberg 1904-1994. Nürnberg 1994.
Siebel, Peter: Die Vorstände der Obersten Baubehörde. Ein Rückblick auf die Geschichte der Bayerischen Staatsbauverwaltung. In: Eisgruber, Bernt: 150 Jahre Oberste Baubehörde im Bayerischen Staatsministerium des Innern. München 1980, S. 6-13.
Speth, Jan: Gartenstadt Keesburg. In: Hahn, Barbara/Baumhauer, Roland/Wiktorin, Dorothea (Hg.): Atlas Würzburg. Vielfalt und Wandel der Stadt im Kartenbild. Trento 2016, S. 132 f.
Speth, Jan: Gemeinnütziger Wohnungsbau. In: Hahn, Barbara/Baumhauer, Roland/Wiktorin, Dorothea (Hg.): Atlas Würzburg. Vielfalt und Wandel der Stadt im Kartenbild. Trento 2016, S. 134 f.
Spindler, Max (Hg.): Handbuch der bayerischen Geschichte. Bd. 2. Der Territorialstaat vom Ausgang des 12. Jahrhunderts bis zum Ausgang des 18. Jahrhunderts. München 1988.
Spindler, Max (Hg.): Handbuch der bayerischen Geschichte. Bd. 4/1. Das Neue Bayern. Von 1800 bis zur Gegenwart. Staat und Politik. München 2007.
Spindler, Max (Hg.): Handbuch der bayerischen Geschichte. Bd. 4/2. Das Neue Bayern. Von 1800 bis zur Gegenwart. Die innere und kulturelle Entwicklung. München 2007.
Stadt Schweinfurt (Hg.): Ernst-Sachs-Bad 1933-1983. Schweinfurt 1983.
Stankiewitz, Karl: München. Stadt der Träume. Projekte, Pleiten, Utopien. München 2005.

Steidle, Sabine: Kinoarchitektur als Chiffre für großstädtisches Leben und Modernität. In: Clemens, Gabriele B./El Gammal, Jean/Lüsebrink, Hans-Jürgen (Hg.): Städtischer Raum im Wandel. Modernität – Mobilität – Repräsentationen. Espaces urbains en mutation. Modernités – mobilités – représentations. Berlin 2011, S. 281-300.
Stercken, Angela: Die Gesolei als Schaubild des Körpers. Sektionen, Überblick. In: Körner, Hans/Stercken, Angela (Hg.): 1926-2004. GeSoLei. Kunst, Sport und Körper. Bd. 1. Düsseldorf 2004, S. 99-123.
Stephan, Michael: Karl Scharnagl. In: Hettler, Friedrich/Sing, Achim (Hg.) Die Münchner Oberbürgermeister. München 2008, S. 101-116.
Stickler, Matthias: Neuanfang und Kontinuität: Würzburg in der Weimarer Republik. In: Wagner, Ulrich (Hg.): Geschichte der Stadt Würzburg. Bd. 3/1. Vom Übergang an Bayern bis zum 21. Jahrhundert. Stuttgart 2007, S. 178-195.
Stölzl, Christoph (Hg.): Die Zwanziger Jahre in München. Katalog zur Ausstellung im Münchner Stadtmuseum Mai bis September 1979. [München 1979].
Stollenwerk, Manfred: Krankenhausentwürfe die nicht verwirklicht wurden. Beispiele aus dem deutschen Sprachraum von den Anfängen bis gegen 1930. Ein Beitrag zur Ideengeschichte des Krankenhausbaues in Westeuropa. Aachen 1971.
Stuckenberger, Peter: Gottesburgen. Kirchenbau unter Erzbischof Jacobus von Hauck 1912-1943. Bamberg 2004 (= Urban, Josef [Hg.]: Studien zur Bamberger Bistumsgeschichte. Bd. 1).

Toellner, Richard (Hg.): Illustrierte Geschichte der Medizin. Bd. 3. Augsburg 2000.
Toellner, Richard (Hg.): Illustrierte Geschichte der Medizin. Bd. 5. Augsburg 2000.
Treffler, Guido: Politischer Katholizismus, Staat und Kirche in der Weimarer Zeit. In: [Forstner, Thomas] (Hg.): Kardinal Michael von Faulhaber. 1869-1952. Eine Ausstellung des Archivs des Erzbistums München und Freising, des Bayerischen Hauptstaatsarchivs und des Stadtarchivs München zum 50. Todestag. München 2002, S. 197-199.
Tschoeke, Jutta: Die guten Jahre – 1925 bis 1933. In: Sembach, Klaus-Jürgen (Hg.): Architektur in Nürnberg 1904-1994. Nürnberg 1994, S. 14.

Vogelsang, Thilo: Geßler, Otto. In: NDB, hg. von der Historischen Kommission bei der Bayerischen Akademie der Wissenschaften. Bd. 6. Berlin 1964, S. 350.
Voigt, Wolfgang: Von der Postbauschule zur Luftwaffenmoderne – Auf den Spuren der Vorhoelzer-Schüler. In: Aicher, Florian/Drepper, Uwe (Hg.): Robert Vorhoelzer – Ein Architektenleben. Die klassische Moderne der Post. München 1990, S. 162-167.
Volk, Ludwig: Kardinal Michael von Faulhaber Erzbischof von München und Freising (1917-1952). In: Schwaiger, Georg (Hg.): Das Erzbistum München und Freising in der Zeit der nationalsozialistischen Herrschaft. Bd. 1. München/Zürich 1984, S. 192-255.
Vollhardt, Ulla-Britta: „Das Bayerland" und der Nationalsozialismus. Zum Wirken einer Heimatzeitschrift in Demokratie und Diktatur. St. Ottilien 1998.
Vollmer-Heitmann, Hanna: Wir sind von Kopf bis Fuß auf Liebe eingestellt. Die zwanziger Jahre. Hamburg 1993.

Wachter, Clemens: Hermann Luppe und das „rote Nürnberg". Zur Nürnberger Stadtpolitik vor 1933. In: Schmidt, Alexander (Hg.): Geländebegehung. Das Reichsparteitagsgelände in Nürnberg. Nürnberg 2005, S. 213-215.
Waetzoldt, Stephan/Haas, Verena (Gesamtredaktion): Tendenzen der Zwanziger Jahre. 15. Europäische Kunstausstellung. Berlin 1977.
Wagner, Horst-Günter: Die Stadtentwicklung Würzburgs 1814-2001. In: Wagner, Ulrich (Hg.): Geschichte der Stadt Würzburg. Bd. 3/1. Vom Übergang an Bayern bis zum 21. Jahrhundert. Stuttgart 2007, S. 398-426.
Wagner, Ulrich (Hg.): Geschichte der Stadt Würzburg. Bd. 3/1. Vom Übergang an Bayern 1814 bis zum 21. Jahrhundert. Stuttgart 2007.
Wagner, Ulrich: Die „Entfestigung" Würzburgs in den Jahren 1868 bis 1881. In: Hahn, Barbara/Baumhauer, Roland/Wiktorin, Dorothea (Hg.): Atlas Würzburg. Vielfalt und Wandel der Stadt im Kartenbild. Trento 2016, S. 48-51.

Wambsganz, Ludwig, u. a.: 125 Jahre Bayerische Oberste Baubehörde. München 1955.
Wehler, Hans-Ulrich: Deutsche Gesellschaftsgeschichte. Bd. 3. Von der „Deutschen Doppelrevolution" bis zum Beginn des Ersten Weltkrieges 1849-1914. München 1995.
Wehler, Hans-Ulrich: Deutsche Gesellschaftsgeschichte. Bd. 4. Vom Beginn des Ersten Weltkriegs bis zur Gründung der beiden deutschen Staaten 1914-1949. München 2003.
Weidisch, Peter: Würzburg im „Dritten Reich". In: Wagner, Ulrich (Hg.): Geschichte der Stadt Würzburg. Bd. 3/1. Vom Übergang an Bayern 1814 bis zum 21. Jahrhundert. Stuttgart 2007, S. 196-289.
Weidisch, Peter: Planen und Bauen im „Dritten Reich". In: Hahn, Barbara/Baumhauer, Roland/Wiktorin, Dorothea (Hg.): Atlas Würzburg. Vielfalt und Wandel der Stadt im Kartenbild. Trento 2016, S. 56-59.
Weihsmann, Helmut: Das Rote Wien oder „rot brennt es am Horizont". In: Zednicek, Walter (Hg.): Architektur des Roten Wien. Wien 2009, S. 3-10.
Weis, Eberhard: Die Begründung des modernen bayerischen Staates unter König Max I. (1799-1825). In: Spindler, Max (Hg.): Handbuch der bayerischen Geschichte. Bd. 4/1. Das neue Bayern. Von 1800 bis zur Gegenwart. Staat und Politik. München 2003, S. 3-126.
Weiß, Wolfgang: Die katholische Kirche im 19. Jahrhundert. In: Wagner, Ulrich (Hg.): Geschichte der Stadt Würzburg. Bd. 3/1. Vom Übergang an Bayern 1814 bis zum 21. Jahrhundert. Würzburg 2007, S. 430-449.
Weisz, Christoph: Geschichtsauffassung und politisches Denken Münchener Historiker der Weimarer Zeit. Konrad Beyerle, Max Buchner, Michael Doeberl, Erich Marcks, Karl Alexander von Müller, Hermann Oncken. Berlin 1970.
Welzbacher, Christian: Die Staatsarchitektur der Weimarer Republik. Berlin 2006.
Welzbacher, Christian: Monumente der Macht. Eine politische Architekturgeschichte Deutschlands 1920-1960. Berlin 2016.
Wendehorst, Alfred (Hg.): Würzburg. Geschichte in Bilddokumenten. München 1981.
Werner, Wolfgang: Der Architekt Heinrich Müller und die Bayerische Postbauschule in der Pfalz. Karlsruhe 2012.
Weyerer, Benedikt: Gewofag. In: Kreitl, Norbert (Hg.): 125 Jahre Ramersdorf bei München. München 1989, S. 99f.
Wilhelm, Hermann (Hg.): Karl Scharnagl. Oberbürgermeister in schwerer Zeit. München 2006.
Wilhelm, Hermann: München-Haidhausen. Vorstadt im Lauf der Zeit. München 2009.
Wiener, Jürgen: Rhythmus, Körper, Maschine. Aspekte der Architekturtheorie des Wilhelm Kreis im Licht der Gesolei. In: Körner, Hans/Stercken, Angela (Hg.): 1926-2004. GeSoLei. Kunst, Sport und Körper. Bd. 1. Düsseldorf 2004, S. 164-176.
Wimmer, Erich: Geselligkeit, Feste und Feiern. In: Wagner, Ulrich (Hg.): Geschichte der Stadt Würzburg. Bd. 3/1. Vom Übergang an Bayern bis zum 21. Jahrhundert. Stuttgart 2007, S. 1055-1080.
Windsheimer, Bernd: 100 Jahre Klinikum Nürnberg. Die Geschichte des Nürnberger Gesundheitswesens im späten 19. und 20. Jahrhundert. Nürnberg [1997].
Windsheimer, Bernd: Gibitzenhof, Werderau, Sandreuth. StadtteilGeschichte. Nürnberg 2010.
Winterstein, Axel: Borstei. Bernhard Borst – Leben für eine Idee. München 2005.
Wingler, Hans Maria: Das Bauhaus 1919-1933. Weimar – Dessau – Berlin und die Nachfolge in Chicago seit 1937. Köln 2009.
Wirsching, Andreas (Hg.): Herausforderungen der parlamentarischen Demokratie. Die Weimarer Republik im europäischen Vergleich. München 2007 (= Schriftenreihe der Stiftung Reichspräsident-Friedrich-Ebert-Gedenkstätte. Bd. 13).
Wirsching, Andreas (Hg.): Neueste Zeit. München 2009.
Wittstadt, Klaus: Kirche und Stadt im 20. Jahrhundert. In: Wagner, Ulrich (Hg.): Geschichte der Stadt Würzburg. Bd. 3/1. Vom Übergang an Bayern 1814 bis zum 21. Jahrhundert. Würzburg 2007, S. 453-478.
Wolf, Barbara: Wohnarchitektur in Augsburg. Kommunale Bauten der Weimarer Republik. Augsburg 2000.
Wolf, Barbara: Thomas Wechs und der Wohnungsbau. In: Nerdinger, Winfried (Hg.): Thomas Wechs 1893-1970. Architekt der Moderne in Schwaben. Berlin 2005, S. 48-69.

Zacharias, Thomas: Blick der Moderne. Einführung in ihre Kunst. München/Zürich 1984.
Zech, Ulli: Der Beitrag Theodor Fischers als Architekt und Stadtplaner zur Sozialreform in München. In: Verein Ledigenheim München (Hg.): Ledigenheim München 1987. 1913 Gründung des Vereins – 1927 Eröffnung des Heimes. München 1987, S. 11-17.
Zedler, Jörg: „Im Interesse der Anerkennung der Staatspersönlichkeit und der kirchenpolitischen Bedeutung Bayerns". Die bayerisch-vatikanischen Beziehungen zwischen Kulturkampf und Machtergreifung. In: Fenn, Monika/Meilchen, Gregor (Hg.): Bayerische Geschichte in Wissenschaft und Unterricht. München 2011, S. 177-206.
Zednicek, Walter (Hg.): Architektur des Roten Wien. Wien 2009.
Zorn, Wolfgang/Menges, Franz: Lerchenfeld Köfering, Hugo Graf von und zu. In: NDB, hg. von der Historischen Kommission bei der Bayerischen Akademie der Wissenschaften. Bd. 14, Berlin 1985, S. 314f.
Zukowsky, John (Hg.): Architektur in Deutschland 1919-1939. Die Vielfalt der Moderne. München/New York 1994.
Zukowsky, John: Berlin, Hauptstadt der modernen Strömungen. In: ders. (Hg.): Architektur in Deutschland 1919-1939. Die Vielfalt der Moderne. München/New York 1994, S. 22-55.
Zukowsky, John: Hamburg, Hannover und der Norden. In: ders. (Hg.): Architektur in Deutschland 1919-1939. Die Vielfalt der Moderne. München/New York 1994, S. 112-165.
Zukowsky, John: Stuttgart, München und der Süden. In: ders. (Hg.): Architektur in Deutschland 1919-1939. Die Vielfalt der Moderne. München/New York 1994, S. 156-213.

5. Danksagung

Die Idee, mich mit der Architektur zur Zeit der Weimarer Republik in München und auch in anderen Städten Bayerns näher zu beschäftigen, kam mir, als ich im Nachlass meines Großvaters die kleine Fotografie auf dem Cover dieses Buches fand. Sie zeigt im Hintergrund das von Theodor Fischer errichtete Ledigenheim im Münchner Westend, wo mein Großvater aufwuchs.

Für mein Vorhaben traf ich bei Prof. Dr. Thomas Raithel auf offene Ohren. Er ermöglichte es mir, diese Arbeit durchzuführen und übernahm als Doktorvater die fachliche Betreuung. Für die Zweitkorrektur konnte Prof. Dr. Ferdinand Kramer und für die Disputatio als Mitprüfer PD Dr. Thomas Schlemmer gewonnen werden.

Auf der Suche nach dem Neuen Bauen, nach der Moderne in Bayern zur Zeit der Weimarer Republik, war ich viel unterwegs, um Wohnsiedlungen, Kirchen, Krankenhäuser, Sportstadien, Schwimmbäder oder sonstige Gebäude, die in dieser Epoche entstanden sind, aufzuspüren und soweit möglich auch vor Ort in Augenschein zu nehmen. Bei meinen Recherchen zu den einzelnen Bauprojekten haben mich die freundlichen und stets zuvorkommenden Mitarbeiter des Archivs des Erzbistums München-Freising, des Archivs des Bistums Augsburg und insbesondere der Stadtarchive in München, Augsburg, Würzburg, Nürnberg und Schweinfurt beratend unterstützt. Dankenswerterweise ermöglichte mir Herr Dr. Werner Lutz vom Architekturmuseum Schwaben, Einsicht in den Nachlass von Thomas Wechs zu nehmen und stellte mir Material zur Verfügung. Frau Dr. Suse Schmuck lud mich nach Handthal ein, um mir wertvolle Hinweise zum Neuen Bauen in Würzburg und Schweinfurt zu geben, insbesondere zur Siedlung Lerchenhain von Peter Feile.

Mit Interesse haben meine Eltern meine Arbeit verfolgt und mir stets geduldig zugehört, wenn ich nach Besuchen in den verschiedenen Archiven berichtete, was ich in den Akten gefunden hatte. Mal waren die eingesehenen Unterlagen sehr ergiebig, mal weniger, was zum Teil auch daran lag, dass einige Archive im Zweiten Weltkrieg durch Luftangriffe große Bestandsverluste erlitten hatten. Dennoch kam am Ende so viel Material zusammen, dass für die vorliegende Arbeit eine Auswahl getroffen werden musste.

6. Personenregister

Aaken, Erwin van   108
Abel, Adolf   58f., 215
Acken, Johannes van   88f., 118
Ackermann, Friedrich   40, 96, 317f., 322, 327
Adenauer, Konrad   77, 87, 197
Adler, Dankmar   376
Alexandrine von Sachsen-Coburg-Gotha   245
Althaus, Paul   82
Apetz, Wilhelm   253, 258f.
Asch, Bruno   269
Auer, Erhard   28f.

Barthel, Ludwig   71
Bartning, Otto   10, 57, 84, 86-90, 120
Baudot, Anatole de   84
Baumgarten, Otto   83
Beblo, Fritz   22, 229, 234, 240-242, 279, 281, 306, 353f., 366, 380f., 384-386
Becker, Christoph   110
Behne, Adolf   1, 141, 268, 271f., 354, 377
Behrens, Peter   52, 57, 354
Bergthold, Heinrich   229
Berlage, Hendrik Petrus   267
Berndl, Richard   102, 297
Bestelmeyer, German   54, 57-60, 63, 85, 88, 90, 119, 120-131, 168, 282, 367
Bettinger, Franz von   96
Beyerle, Konrad   34
Bieber, Oswald E.   288
Biehler, Bruno   295
Bier, Justus   70, 208f., 216, 218f., 221, 304, 306, 332, 336f., 344f., 347-349, 351, 357, 365, 372-375, 398, 400
Bismarck, Otto Graf/Fürst von   8, 36, 68
Böhm, Dominikus   85, 87f., 93, 97, 101, 118f.
Boemmel, Franz Xaver   97
Bösch, Gottfried   317
Bohl, Otto   40, 318
Bonatz, Paul   52, 58-60, 367, 379, 385
Borst, Bernhard   17, 280
Boßlet, Albert   85, 99, 103, 108-114, 119, 124, 144, 349
Brand, Bernhard   44
Brecht, Bertolt   326
Brendel, Karl   125
Brentano, Lujo   131, 275, 281
Breuer, Marcel   141, 345, 378, 398
Brüning, Heinrich   77
Brugmann, Walter   167, 311
Buchert, Hermann   65, 98

Bürklein, Friedrich   146

Coubertin, Pierre de   207

Delisle, Oscar   297
Deutschenbaur, Kaspar   40, 317f., 326, 329
Dibelius, Otto   82f.
Diem, Carl   211, 227, 232
Dix, Otto   48, 337
Döblin, Alexander   48
Döllgast, Hans   58, 87, 119, 298
Dollmann, Marcel   228
Dosquet, Wilhelm   144
Dreindl, Eugen   240
Dreisch, Eugen   291, 294f.

Ebert, Friedrich   3, 26f.
Echter, Julius von   5, 107, 176
Eckert, Anton   186
Eckstein, Hans   6, 56, 59, 67, 271, 274, 283, 299, 383, 386
Ehmke, Fritz Helmuth   385
Ehrenfried, Matthias   79, 104, 113, 183, 214, 256
Einstein, Albert   377
Eisner, Kurt   7, 26-30, 34, 43f., 61f., 78
Elsaesser, Martin   58f., 269, 360, 368
Englert, Anton   350, 388
Epp, Franz Ritter von   29
Erdmannsdorffer, Robert   19, 21, 167, 170-172, 174f., 186, 311, 398
Erzberger, Matthias   25, 31f., 36, 44
Eßwein, Hermann   68

Faulhaber, Michael von   16, 18f., 28f., 63, 67, 69, 76-79, 81, 86, 91-94, 96-99, 101-105, 120, 286, 297, 362, 400
Fehr, Anton   69, 374
Fehrenbach, Constantin   77
Feile, Peter   18, 335-337, 343-351, 389, 393f., 397-400
Feininger, Lyonel   337, 345
Ferdinand Maria, Kurfürst von Bayern   74
Feuchtwanger, Lion   30, 48, 276
Feulner, Adolf   22, 84, 101, 287, 289, 380f.
Fick, Roderich   245f., 295
Fiehler, Karl   39, 157, 246f., 259, 301
Fischer, Theodor   7, 17, 54-60, 66, 81, 84, 88-90, 116f., 120, 126, 129f., 171, 218, 251, 266f., 278-282, 288, 294, 303, 306, 317f., 341, 357f., 361, 380, 396, 398
Ford, Henry   53, 141, 271, 355, 385

Frank, Josef 345
Franke, Josef 88
Freckmann, Karl 94
Frederik, Christine 273
Freymuth, Emil 300
Fries, Heinrich de 266, 269

Gärtner, Friedrich von 5, 63
Gareis, Heinrich 32
Gareis, Karl 32
Gauß, Carl Joseph 183, 185
Gebhardt, Franz 132, 135
Geßler, Otto 41, 305
Gogarten, Friedrich 82
Goldenberger, Franz 34, 63, 69f., 93, 112, 184f., 400
Gottstein, Adolf 132f., 140
Grässel, Hans 65, 280, 282
Graf, Oskar Maria 28-30, 283
Grieser, Andreas 44
Grimm, Kurt 375
Gröber, Konrad 94
Gropius, Walter 1f., 15, 52, 57, 59f., 209, 267f., 270, 287, 291, 293, 295, 313, 321, 327, 330, 347, 354f., 359, 366, 372, 399
Grossberg, Carl 345
Grund, Peter 90
Guardini, Romano 88
Gürtner, Hans 69
Gurlitt, Cornelius 120
Gut, Albert 12, 21, 261, 269, 280, 302, 309, 314, 323, 325, 331, 334, 399

Haase, Hugo 26
Häberl, Franz Xaver 139, 146
Häberl, Simon 135
Haecker 187f., 190
Häring, Hugo 57f., 60, 268, 321
Haesler, Otto 57, 267, 269, 329
Haiger, Ernst 240
Harbers, Guido 89, 246, 301
Hartig, Michael 100
Hauck, Jacobus von 78, 104
Hauberrisser, Georg 52, 96, 114
Hauner, August 146
Hegemann, Werner 124
Heim, Georg 33f.
Held, Heinrich 33-35, 62, 69, 78
Hendschel, Richard 19, 29, 32, 56, 62-64, 126
Hensel, Alfred 175, 218f., 223f.
Herbert, Eduard 84, 99, 100, 102, 287, 289
Herkommer, Hans 64-66, 80, 86f., 101
Hermes, Andreas 374
Herrenberger, Hermann 144, 168, 186
Herwegen, Ildefons 88

Hilbersheimer, Ludwig 57, 222, 266
Hindenburg, Paul von Beneckendorff und von 35
Hirsch, Emmanuel 82
Hitler, Adolf 27, 59f., 82f., 224, 247
Höger, Fritz 55, 117, 379
Hörburger, Gerhard 152f., 159, 165
Hoff, August 84, 87f.
Hoffmann, Georg Wilhelm 245
Hoffmann, Johannes 27-29, 31, 40, 44, 62, 78
Hoffmann, Josef 343, 347
Hofmann, Rudolph 105f.
Holl, Elias 5, 315
Hollweck, Wilhelm 288
Holme, C. G. 375
Holzer, Otto 40, 192, 272, 319-322, 324-329, 396
Holzhammer, Franz 146, 297, 359, 363
Holzmeister, Clemens 101
Horn, C. 89
Howard, Ebenezer 265
Hugenberg, Alfred 30, 47, 83
Husler, Josef 153-156

Ingwersen, Bernd 297

Jäger, Carl 295
Jahn, Friedrich Ludwig 69, 196f., 200, 211f.
Jansen, Hermann 125, 266, 305

Kälberer, Max 367
Kahr, Gustav Ritter von 31-33, 55, 62, 69, 212
Karlinger, Hans 58, 360, 365, 386f., 396
Kerschensteiner, Hermann 150, 152, 157
Kiener, Hans 128, 130
Kleinsteuber, Franz 254, 257-260, 336-338, 341f., 349, 357, 388-391, 393
Klenze, Leo von 5, 60, 63, 380
Knappe, Karl 281, 361
Knilling, Eugen Ritter von 32f., 62
Knorr, Hermann 384, 386
Koch, Robert 135, 253, 262, 369
Koelle, Fritz 297
Kölliker, Albert 135
König, Fritz 177, 181, 183, 185
Koerfer, Jacob 385
Körner, Max 313
Kohl, Georg 360
Kokoschka, Oskar 337
Kollmann, Josef 187
Kollwitz, Käthe 337
Kraepelin, Emil 135
Kramer, Ferdinand 269

Kreis, Wilhelm   7, 57, 379
Kreuter, Franz   22, 57, 108, 110, 179, 257, 336, 339-341, 354, 366, 389f., 400
Küfner, Hans   39, 68, 153, 228f., 241, 284, 289, 290
Kumpfmüller, Joseph   79
Kurz, Erwin   100
Kurz, Michael   16, 57, 65, 79, 85, 87f., 101, 114-119, 242, 317
Kurz, Otho Orlando   13, 21, 28, 58f., 84, 98-102, 129, 171, 229, 242, 271-273, 284, 287-289, 291, 298f., 358, 380

Landauer, Fritz   17, 242
Landmann, Ludwig   269
Laredo, Oskar   336f., 344-347, 349-351
Lasne, Otto   178, 242
Lassar, Oskar   200
Le Corbusier   13, 53, 59, 222, 266, 272, 313, 321, 343, 378
Lechner, Theo   240, 294
Leitenstorfer, Hermann   55, 58, 381-386
Leo XIII., Papst   74, 115
Lerchenfeld-Köfering, Hugo Graf von   32, 62
Lill, Georg   65, 73, 79, 85-87, 95-101, 114-119
Lindwurm, Joseph von   158
Lingg, Maximilian von   79, 198
Lister, Joseph   135
Löffler, Hans   44f., 184, 254-256, 258f., 332, 335f., 340f., 344, 393f.
Löv, Hanna   59, 284f., 295, 307, 358
Lommel, August   57, 178-183, 185, 256, 336f., 341, 344, 390, 396
Loos, Adolf   343
Loos, Walter   343, 345f., 349, 351
Lossow, Otto von   33
Luckhardt, Wassili   87
Ludwig I., König von Bayern   5, 60, 63f., 74f., 95, 101, 106, 128, 176, 212
Ludwig III., König von Bayern   28, 30, 334
Luitpold, Prinzregent von Bayern   43, 177
Luppe, Hermann   20, 31f., 38, 41f., 62, 70, 167, 169, 174-176, 210, 213, 215-218, 220, 222, 224, 301, 304-306, 308-311, 313, 367, 370f., 374-376, 388, 395

Mann, Thomas   12, 66, 137, 274, 377
Marx, Wilhelm   77
Maßmann, Hans Ferdinand   211
Matt, Franz   62f.
Maximilian I., Kurfürst von Bayern   5
May, Ernst   1, 15, 55, 58f., 179, 222, 261, 267, 268f., 274, 284, 289, 300, 306, 330, 337, 344, 357, 390, 396

Mayer, Christoph   254, 257, 341f., 389, 391, 393
Mayer, Fritz   168, 311
Meiser, Hans   82
Meitinger, Karl   229-232, 234-236, 240-242, 247f., 280, 287f., 291-293, 384, 386, 397
Memmel, Theo   45, 259
Mendelsohn, Erich   15, 58, 87, 93, 345, 379
Merkle, Benno   245, 395
Meyer, Erna   284
Meyer, Hannes   57
Mies van der Rohe, Ludwig   57, 313, 359, 366, 378
Miller, Christoph   341
Miller, Oskar von   28, 165, 353
Moll, Heinz   341
Moritz   88
Müller, Fritz   108
Müller-Meiningen, Ernst   211f., 215, 227
Müller-Wulckow, Walter   7, 10, 22f., 51, 73, 134, 203, 261, 269f., 354, 359, 377, 379, 401
Mulert, Oskar   41, 263
Murken, Axel   134, 144

Naneder, Ludwig   282f.
Naumann, Friedrich   75, 83
Neumann, Balthasar   5, 332, 391
Neumüller   275
Nida-Rümelin, Wilhelm   175, 313
Nolde, Emil   337
Norkauer, Fritz   294
Noske, Gustav   41
Nußbaum, Johann Nepomuk von   135, 146

Oswald, Ernst Otto   379
Oud, Jakobus Johannes Pieter   59, 90, 267, 287, 313, 359

Pacelli, Eugenio   6, 76
Pasteur, Lois   135, 169
Pechstein, Max   337
Pertsch, Johann Nepomuk   75
Peters, Otto   314, 379
Pettenkofer, Max von   136, 146, 163, 196, 200, 253, 262, 278, 368f.
Pfaff, August   40
Pfeifer, Mauritius   237
Pinno, Karl   90
Pius X., Papst   88, 107
Pius XI., Papst   76, 95, 111, 115
Pius XII., Papst   76
Pixis, Oskar   300
Plank, Robert   167
Poelzig, Hans   15, 57, 353

Poeverlein, Robert 56, 357, 366
Popp, Joseph 358-360, 364, 399
Port 187f., 190
Posselt, Karl 158
Prechtl, Wolfgang 73
Preis, Karl Sebastian 1, 62, 96, 264f., 274-277, 284-286, 289-294, 296, 301, 395
Prikker, Thorn 87

Quidde, Ludwig 377

Rade, Martin 83
Rank, Franz 98
Rathenau, Walther 32, 46
Redslob, Edwin 61, 207
Renner, Paul 66, 362
Riemerschmid, Richard 57, 59, 303, 344
Rietschel, Hans 182
Riezler, Walter 86f., 89, 224
Ritter, Hubert 131, 133, 137, 140-142, 145, 160
Röntgen, Wilhelm Conrad 136, 176, 334
Rosenhagen, Hans 66
Ruff, Ludwig 57, 303f., 367
Ruppel, Friedrich 131, 145, 147
Rupprecht, Kronprinz von Bayern 69, 99

Saalfrank, Fritz 341
Sachs, Ernst 245, 397
Salvisberg, Otto Rudolf 268, 321
Salzmann, Georg 186
Sauerbruch, Ferdinand 136, 146
Scanzoni, Wilhelm 135, 176
Schachner, Richard 21, 133, 137, 141-155, 157-161, 163, 165, 167, 172, 179, 190-194, 242, 368, 396, 398
Scharnagl, Anton 39, 297
Scharnagl, Karl 38f., 67, 157f., 163f., 213, 228, 230, 232-234, 237f., 242, 282f., 290, 395, 397
Scharoun, Hans 87, 330
Schell, Hermann 62, 75, 79
Scherer, Wilhelm 294f.
Schlicht, Heinrich 225-227, 233f., 243
Schlör, Ferdinand von 78, 103f., 113
Schmelzle, Hans 69, 309
Schmid, Eduard 38, 226, 238, 240f.
Schmid, Leo 108
Schmidt, Albert 128
Schmidt, Heinrich von 96, 101, 114, 126
Schmidt, Walther 59, 60, 284, 359, 361, 363, 365
Schmitthenner, Paul 56, 58f.
Schmitz, Joseph 106
Schnell, Hugo 101, 115, 119, 123
Schnetzer, Hans 363

Schnur, Hans 114
Schütte-Lihotzky, Margarete 269, 273, 284, 307
Schultze-Naumburg, Paul 54-60, 122
Schumacher, Fritz 54, 56f., 267, 289, 385
Schwarz, Rudolf 86f.
Schweizer, Ernst Otto 18, 128, 167f., 171, 199, 200, 202-204, 206-209, 215f., 218-225, 231, 306, 309, 311, 356, 367, 371-375
Seeck, Uli 298
Seewald, Richard 87
Seidl, Gabriel von 58, 96, 121, 129
Seifert, Alwin 295
Semmelweis, Ignaz 135
Siemens, Werner von 376
Sitte, Camillo 279
Sörgel, Hermann 380
Sorg, Konrad 306-308, 311f., 314, 397
Speer, Albert 60
Steidle, Richard 98, 102
Stein, Otto 217
Steinlein, Gustav 98f., 111
Stinnes, Hugo 47
Straub, Karl Willy 56
Streicher, Julius 42, 367
Stresemann, Gustav 376f.
Stützel, Karl 56, 111
Stummer, Georg 259, 336, 340, 390f., 393
Sullivan, Louis 376, 378

Taut, Bruno 1, 13, 15, 52f., 57f., 85, 87, 220, 222, 266, 268, 270-273, 287f., 293, 313, 321, 330, 347, 353, 399
Taut, Max 87
Taylor, Frederick Winslow 53, 271, 355, 385
Tessenow, Heinrich 268
Thiersch, Friedrich 58, 121
Tiepolo, Giovanni Batista 332
Tillich, Paul 89, 120
Treu, Martin 41, 167
Troeltsch, Ernst 83
Troost, Paul Ludwig 60, 367
Trüdinger, Paul 86
Tschira, Arnold 222, 372

Ullmann, Heinrich 64f., 106
Unwin, Raymond 266

Valentin, Karl 386
Virchow, Rudolf 135, 176, 253, 334
Vogt, Friedrich August 252
Volkart, Hans 86
Vollert, Peter 105-107
Vollmar, Georg von 28

Vorhoelzer, Robert   17, 59, 103, 146, 284, 292, 336, 357, 359, 361, 363, 365-367, 384, 390, 398

Wagner, Ludwig   170, 309-311
Wagner, Martin   1, 55, 204, 270, 289, 291
Wagner, Otto   84
Wagner, Richard   88
Waibel, Anton   43
Waldmann   187f., 190, 195
Weber, Carl   248
Wechs, Thomas   16f., 20, 40, 57-59, 71, 119, 248, 250f., 271, 317f., 326-330, 357, 368
Weidenbacher, Josef   317
Welzenbacher, Lois   90

Wilhelm II., deutscher Kaiser   2f., 26, 197
Wils, Jan   215
Winterstein, Alfred   105f.
Winterstein, Hans   143, 145
Wirth, Joseph   77
Wissel, Hans   87
Wright, Frank Lloyd   53

Zahn, Julius   44f., 336
Zametzer, Philipp   247
Ziemssen, Hugo   137, 146f., 167
Zierl, Heinrich   186
Zuccalli, Enrico   74
Zumbusch, Leo von   158, 163, 165
Zweig, Stefan   12, 46f.

www.ingramcontent.com/pod-product-compliance
Lightning Source LLC
Chambersburg PA
CBHW070256240426
43661CB00057B/2568